# ELETRO DINÂMICA

3ª edição

DAVID J. GRIFFITHS

# ELETRODINÂMICA

**3ª edição**

*Tradução:*
**Heloisa Coimbra de Souza**

*Revisão técnica:*
**Antonio Manoel Mansanares**
Instituto de Física Gleb Wataghin
Universidade Estadual de Campinas, Unicamp

*Diretor editorial:* Roger Trimer
*Gerente editorial:* Sabrina Cairo
*Supervisor de produção editorial:* Marcelo Françoso
*Editora plena:* Thelma Babaoka
*Editora de texto:* Sabrina Levensteinas
*Revisão:* Geisa Oliveira
*Capa:* Alexandre Mieda
*Composição e diagramação em LaTeX:* Figurativa Editorial

**Dados Internacionais de Catalogação na Publicação (CIP)**
**(Câmara Brasileira do Livro, SP, Brasil)**

Griffiths, David J.
Eletrodinâmica / David J. Griffiths; tradução Heloisa Coimbra de Souza; revisão técnica Antonio Manoel Mansanares. – 3. ed. – São Paulo: Pearson Addison Wesley, 2011.

Título original: Introduction to electrodynamics.
ISBN 978-85-7605-886-1

1. Eletrodinâmica I. Título.

10-11464 CDD-530

**Índices para catálogo sistemático:**
1. Eletrodinâmica : Física 530

Direitos exclusivos cedidos à
Pearson Education do Brasil Ltda.,
uma empresa do grupo Pearson Education
Av. Francisco Matarazzo, 1400,
7º andar, Edifício Milano
CEP 05033-070 - São Paulo - SP - Brasil
Fone: 19 3743-2155
pearsonuniversidades@pearson.com

Distribuição
Grupo A Educação
www.grupoa.com.br
Fone: 0800 703 3444

# Sumário

# Prefácio

Este é um livro texto sobre eletricidade e magnetismo, destinado aos alunos de penúltimo e último ano de faculdade. Ele pode ser totalmente estudado com tranquilidade, em dois semestres, talvez até com tempo de folga para tópicos especiais (circuitos de corrente alternada, métodos numéricos, física dos plasmas, linhas de transmissão, teoria das antenas etc.). Um curso de um semestre pode razoavelmente chegar até o Capítulo 7. Diferentemente da mecânica quântica e da termodinâmica (por exemplo), existe um consenso bastante generalizado em relação ao ensino da eletrodinâmica; os assuntos a serem incluídos, e até mesmo sua ordem de apresentação, não são particularmente controversos, e os livros texto diferem entre si principalmente quanto ao estilo e ao tom. Minha abordagem é, talvez, mais informal que a maioria; acredito que isso torna ideias difíceis mais interessantes e acessíveis.

Para a terceira edição, fiz um grande número de pequenas mudanças a fim de tornar o texto mais claro e gracioso. Modifiquei, também, parte da notação para evitar inconsistências e ambiguidades. Assim, os vetores unitários cartesianos $\hat{\imath}$, $\hat{\jmath}$ e $\hat{k}$ foram substituídos por $\hat{\mathbf{x}}$, $\hat{\mathbf{y}}$ e $\hat{\mathbf{z}}$, de forma que todos os vetores estão em negrito e todos os vetores unitários herdam a letra da coordenada correspondente. (Isso também libera $\mathbf{k}$ para ser o vetor de propagação das ondas eletromagnéticas.) Sempre me incomodou usar a mesma letra $r$ para coordenada esférica (distância à origem) e coordenada cilíndrica (distância ao eixo $z$). Uma alternativa comum para a segunda é $\rho$, que, no entanto, tem funções mais importantes na eletrodinâmica. Portanto, após uma busca exaustiva, optei pela letra $s$, que é pouco utilizada. Espero que esse uso não ortodoxo não cause confusão.

Alguns leitores me pediram que abandonasse a letra manuscrita $\boldsymbol{\mathscr{r}}$ (o vetor de um ponto fonte $\mathbf{r}'$ para o ponto do observação $\mathbf{r}$) em favor de $\mathbf{r} - \mathbf{r}'$, que é mais explícito. Mas isso torna muitas equações perturbadoramente enfadonhas, principalmente quando o vetor unitário $\hat{\boldsymbol{\mathscr{r}}}$ está envolvido. Sei, por minha própria experiência como professor, que alunos desatentos ficam tentados a ler $\boldsymbol{\mathscr{r}}$ como $\mathbf{r}$ — com certeza isso torna as integrais mais fáceis! Acrescentei uma seção ao Capítulo 1 explicando essa notação e espero que ela ajude. Se você é aluno, por favor anote: $\boldsymbol{\mathscr{r}} \equiv \mathbf{r} - \mathbf{r}'$, o que *não* é a mesma coisa que $\mathbf{r}$. Se você é professor, por favor avise seus alunos para que prestem atenção ao significado de $\boldsymbol{\mathscr{r}}$. Acredito que é uma *boa* notação, mas tem de ser manuseada com cuidado.

A maior mudança estrutural é que retirei as leis de conservação do Capítulo 7, criando dois novos capítulos curtos (8 e 10). Isso deve favorecer os cursos de um semestre e proporciona um enfoque mais compacto ao Capítulo 7.

Acrescentei alguns problemas e exemplos (e retirei outros que não eram eficazes). Incluí mais referências à literatura de fácil acesso (particularmente o *American Journal of Physics*). Sei, é claro, que a maioria dos leitores não terá tempo ou intenção de consultar esses recursos, mas creio que de qualquer forma vale a pena, nem que seja apenas para enfatizar que a eletrodinâmica, apesar de sua idade venerável, está bem viva, com descobertas novas e intrigantes acontecendo o tempo todo. Espero que, ocasionalmente, um dos problemas atice a sua curiosidade e que você fique inspirado a consultar a referência — algumas delas são verdadeiras joias.

Como nas edições anteriores, fiz distinção entre dois tipos de problemas. Alguns têm um objetivo especificamente pedagógico e deve-se trabalhar neles imediatamente após a leitura da seção à qual pertencem. Esses problemas foram colocados nos pontos pertinentes ao longo do capítulo. (Em alguns poucos casos, a solução de um problema é utilizada mais tarde no texto, e por isso eles estão identificados com um marcador (•) na margem esquerda.) Problemas mais longos, ou aqueles de natureza mais geral, serão encontrados ao final de cada capítulo. Quando ensino um assunto, passo alguns desses problemas como lição de casa e trabalho com outros na classe. Os problemas que são extraordinariamente desafiadores estão marcados com um ponto de exclamação (**!**) na margem. Muitos leitores pediram-me que as respostas dos problemas fossem colocadas no final do livro; infelizmente, outros tantos foram radicalmente contra isso. Fiz uma conciliação fornecendo as respostas onde isso me pareceu particularmente adequado. A editora disponibiliza (para professores) um manual com as soluções completas.

Fui beneficiado pelos comentários de vários colegas — não posso listar todos aqui. Mas gostaria de agradecer às seguintes pessoas pelas sugestões que contribuíram, especificamente, para a terceira edição: Burton Brody (Bard), Steven Grimes (Ohio), Mark Heald (Swarthmore), Jim McTavish (Liverpool), Matthew Moelter (Puget Sound), Paul Nachman (New Mexico State), Gigi Quartapelle (Milão), Carl A. Rotter (West Virginia), Daniel Schroeder (Weber State), Juri Silmberg (Ryerson

Polytechnic), Walther N. Spjeldvik (Weber State), Larry Tankersley (Naval Academy) e Dudley Towne (Amherst). Praticamente tudo o que sei sobre eletrodinâmica — com certeza tudo sobre o ensino da eletrodinâmica — eu devo a Edward Purcell.

**David J. Griffiths**

**Material de apoio do livro**

No site www.grupoa.com.br professores e alunos podem acessar os seguintes materiais adicionais:

*Esse material é de uso exclusivo para professores e está protegido por senha. Para ter acesso a ele, os professores que adotam o livro devem entrar em contato através do e-mail divulgacao@grupoa.com.br.*

# Mensagem

## O que é eletrodinâmica e como ela se encaixa no esquema geral da física?

### Os quatro campos da mecânica

No diagrama abaixo esbocei os quatro grandes campos da mecânica:

| | |
|---|---|
| **Mecânica clássica** (Newton) | **Mecânica quântica** (Bohr, Heisenberg, Schrödinger et al.) |
| **Relatividade especial** (Einstein) | **Teoria quântica de campo** (Dirac, Pauli, Feynman, Schwinger et al.) |

A mecânica newtoniana foi considerada inadequada no início deste século — ela serve para o 'dia a dia', mas para objetos que se movem com altas velocidades (próximos à velocidade da luz) ela é incorreta e deve ser substituída pela relatividade especial (introduzida por Einstein em 1905); para objetos extremamente pequenos (aproximadamente do tamanho dos átomos) ela é falha por vários motivos, sendo substituída pela mecânica quântica (desenvolvida por Bohr, Schrödinger, Heisenberg e muitos outros, principalmente na década de 1920). Para objetos que são ambos, muito rápidos *e* muito pequenos (como é comum na moderna física de partículas), requer-se uma mecânica que combine a relatividade e os princípios quânticos; essa mecânica quântica relativística é conhecida como a teoria quântica de campo — ela foi elaborada nas décadas de 1930 e 1940, mas até hoje não se pode dizer que seja um sistema completamente satisfatório. Neste livro, exceto pelo último capítulo, iremos trabalhar exclusivamente no domínio da mecânica clássica, embora a eletrodinâmica se estenda com simplicidade singular aos outros três campos. (De fato, a teoria é, na maioria dos aspectos, *automaticamente* consistente com a relatividade especial para a qual foi, historicamente, o principal estímulo.)

### Quatro tipos de força

A mecânica nos diz como um sistema irá se comportar quando estiver sujeito a uma determinada *força*. Existem apenas *quatro* forças fundamentais conhecidas (atualmente) na física; vou listá-las pela ordem de intensidade decrescente:

1. Forte.
2. Eletromagnética.
3. Fraca.
4. Gravitacional.

A brevidade desta lista pode surpreendê-lo. Onde está o atrito? Onde está a força 'normal' que não nos deixa atravessar o chão? Onde estão as forças químicas que mantêm as moléculas unidas? Onde está a força de impacto entre duas bolas de bilhar que colidem? A resposta é que *todas* essas forças são *eletromagnéticas*. De fato, não é exagero dizer que vivemos em um mundo eletromagnético — pois praticamente todas as forças que sentimos no nosso dia a dia, com exceção da gravidade, têm origem eletromagnética.

As **forças fortes**, que mantêm prótons e nêutrons unidos nos núcleos atômicos, têm um alcance extremamente curto e, portanto, não as 'sentimos', apesar do fato de serem cem vezes mais fortes do que as forças elétricas. As **forças fracas**, que respondem por certos tipos de decaimento radioativo, não só têm curto alcance, como são, antes de mais nada, muito mais fracas do que as eletromagnéticas. Quanto à gravidade, ela é tão desprezivelmente fraca (em comparação com as outras) que é somente em virtude das grandes concentrações de massa (como a da Terra e a do Sol) que podemos sequer percebê-la. A repulsão elétrica entre dois elétrons é $10^{42}$ vezes maior que sua atração gravitacional, e se os átomos fossem mantidos juntos por forças gravitacionais (em vez de elétricas) um único átomo de hidrogênio seria muito maior do que o universo conhecido.

Além de serem preponderantemente dominantes no dia a dia, as forças eletromagnéticas são as *únicas* totalmente compreendidas. Existe, é claro, uma teoria clássica para a gravidade (a lei da gravitação universal de Newton) e outra que é relativística (a teoria da relatividade geral de Einstein), mas nenhuma teoria de mecânica quântica satisfatória foi construída para a gravidade (embora muita gente esteja trabalhando nisso). Atualmente existe uma teoria muito bem-sucedida (embora excessivamente complicada) para as interações fracas e uma candidata extraordinariamente atraente (chamada **cromodinâmica**) para as interações fortes. Todas essas teorias tiram sua inspiração da eletrodinâmica; nenhuma delas pode alegar verificação experimental conclusiva no estágio atual. Portanto, a eletrodinâmica, uma teoria maravilhosamente completa e bem-sucedida, tornou-se uma espécie de paradigma dos físicos: um modelo ideal com o qual as outras teorias lutam para rivalizar.

As leis da eletrodinâmica clássica foram descobertas aos fragmentos por Franklin, Coulomb, Ampère, Faraday e outros. Mas a pessoa que completou a tarefa e empacotou tudo na forma compacta e consistente que ela tem hoje foi James Clerk Maxwell. A teoria, atualmente, tem pouco mais de cem anos.

### A unificação das teorias da física

No início, **eletricidade** e **magnetismo** eram assuntos totalmente separados. A primeira lidava com hastes de vidro e pelo de gato, bolinhas de sabugueiro, baterias, correntes, eletrólise e relâmpagos; o outro, com barras magnéticas, limalha de ferro, agulhas de bússola e o Polo Norte. Mas em 1820, Oersted percebeu que uma corrente *elétrica* podia afetar a agulha *magnética* de uma bússola. Pouco tempo depois, Ampère corretamente postulou que *todos* os fenômenos magnéticos são decorrentes do movimento de cargas elétricas. E então, em 1831, Faraday descobriu que um *magneto* em movimento gera uma corrente *elétrica*. Quando Maxwell e Lorentz deram os toques finais à teoria, eletricidade e magnetismo já estavam indissoluvelmente entrelaçados. Não poderiam mais ser considerados assuntos separados, mas sim, dois *aspectos* de um *único* assunto: **eletromagnetismo**.

Faraday havia especulado que a luz também é de natureza elétrica. A teoria de Maxwell forneceu uma justificativa espetacular para essa hipótese, e logo a **ótica** — o estudo das lentes, espelhos, prismas, interferência e difração — foi incorporada ao eletromagnetismo. Hertz, que apresentou a confirmação experimental decisiva da teoria de Maxwell em 1888, colocou desta forma: 'A ligação entre luz e eletricidade está agora estabelecida... Em cada chama, em cada partícula luminosa, vemos um processo elétrico... Assim, os domínios da eletricidade se estendem por toda a natureza. Ela inclusive nos afeta intimamente: percebemos que temos... um órgão elétrico — o olho.' Portanto, em 1900, três grandes ramificações da física (eletricidade, magnetismo e ótica) haviam-se amalgamado em uma teoria unificada. (E logo ficou claro que a luz visível representava apenas uma minúscula 'janela' no vasto espectro da radiação eletromagnética, do rádio às micro-ondas, ondas infravermelhas e ultravioletas, raios x e raios gama.)

Einstein sonhava com uma unificação ainda maior que combinaria gravidade e eletrodinâmica, praticamente da mesma forma que a eletricidade e o magnetismo haviam-se combinado um século antes. Sua **teoria do campo unificado** não foi particularmente bem-sucedida, mas na atualidade o mesmo impulso vem gerando uma hierarquia de esquemas de unificação cada vez mais ambiciosos (e especulativos). Começou na década de 1960 com a teoria **eletrofraca** de Glashow, Weinberg e Salam (que une as forças fraca e eletromagnética), e culminou na década de 1980 com a teoria das **supercordas** (que, segundo seus proponentes, incorpora as quatro forças em uma única 'teoria de tudo'). A cada passo, nessa hierarquia, as dificuldades matemáticas crescem e o hiato entre conjectura inspirada e testes experimentais aumenta. Mesmo assim, está claro que a unificação de forças iniciada pela eletrodinâmica tornou-se um dos grandes temas no avanço da física.

### A formulação de campo da eletrodinâmica

O problema fundamental que uma teoria eletromagnética espera resolver é o seguinte: se eu segurar uma porção de cargas elétricas *aqui* (e talvez as chacoalhe um pouco) — o que vai acontecer com as outras cargas elétricas, que estão *ali?* A solução clássica toma a forma de uma **teoria de campo**: dizemos que o espaço em torno de uma carga elétrica é permeado por **campos** elétricos e magnéticos (o 'odor' eletromagnético, por assim dizer, da carga). Uma segunda carga, na presença desses campos, sente uma força; os campos, então, transmitem a influência de uma carga para outra — eles intermedeiam a interação.

Quando uma carga sofre *aceleração*, uma parte do campo, em um certo sentido, se 'separa' e parte à velocidade da luz, levando consigo energia, momento linear e momento angular. Isso é o que chamamos de **radiação eletromagnética**. Sua existência nos convida (se não nos *obriga*) a considerar os campos como entidades dinâmicas e independentes, por si mesmas, tão 'reais' quanto os átomos ou as bolas de beisebol. Consequentemente, nosso interesse se desloca do estudo das forças entre as cargas para o da teoria dos próprios campos. Mas é preciso uma carga para *produzir* um campo eletromagnético e outra para *detectá-lo*. Portanto, é melhor começarmos revendo as propriedades essenciais das cargas elétricas.

### Carga elétrica

1. *As cargas existem em dois tipos,* que chamamos de 'positivas' e 'negativas', porque seus efeitos tendem a se *cancelar* (se você tiver $+q$ e $-q$ no mesmo ponto, eletricamente será como se ali não houvesse carga nenhuma). Isso pode parecer óbvio

demais para merecer um comentário, mas quero encorajá-lo a contemplar outras possibilidades: e se houvesse 8 ou 10 tipos diferentes de cargas? (Na cromodinâmica, de fato, existem *três* quantidades análogas à carga elétrica, cada uma das quais pode ser positiva ou negativa.) Ou então, e se os dois tipos não tendessem a se cancelar? O fato extraordinário é que essas cargas positivas e negativas ocorrem em quantidades *exatamente* iguais, em um grau de precisão fantástico, na matéria condensada, de forma que seus efeitos se tornam praticamente neutralizados. Se não fosse por isso, estaríamos sujeitos a forças imensas: uma batata explodiria se esse cancelamento tivesse uma imperfeição tão mínima quanto uma parte em $10^{10}$.

2. *A carga é conservada:* ela não pode ser criada ou destruída — o que existe hoje sempre existiu. (Uma carga positiva pode 'aniquilar' uma carga negativa equivalente, mas uma carga positiva não pode, simplesmente, desaparecer por si só — *alguma coisa* deve dar conta dessa carga elétrica.) Portanto, a carga total do universo está fixada para todo o sempre. Essa é a chamada conservação **global** de carga. Na realidade, posso fazer uma afirmação de um peso ainda maior: a conservação global permite que uma carga desapareça em Nova York e reapareça imediatamente em São Francisco (isso não afetaria o *total*), mas sabemos que isso não acontece. Se a carga *estivesse* em Nova York e *fosse* a São Francisco, teria de ter atravessado algum trajeto contínuo de um lugar a outro. Isso se chama conservação **local** da carga. Mais tarde veremos como formular uma lei matemática precisa que expressa a conservação local de carga — chama-se **equação de continuidade**.

3. *A carga é quantizada.* Embora nada na eletrodinâmica clássica exija que seja assim, o *fato* é que as cargas elétricas só vêm em blocos discretos — múltiplos inteiros da unidade básica de carga. Se chamarmos a carga do próton de $+e$, o elétron terá carga $-e$, o nêutron terá carga nula, os mésons $+e$, 0 e $-e$, o núcleo de carbono $+6e$, e assim por diante (nunca $7,392e$, ou mesmo $1/2e$).[1] Essa unidade fundamental de carga é extremamente pequena de forma que, para os objetivos práticos, geralmente é melhor ignorar totalmente a quantização. A água, também, consiste, 'realmente', de blocos discretos (moléculas); no entanto, se estivermos lidando com quantidades razoavelmente grandes de água, podemos tratá-la como um fluido contínuo. Isso, de fato, se aproxima muito mais da visão do próprio Maxwell; ele não sabia nada sobre elétrons e prótons — deve ter imaginado a carga como uma espécie de 'geleia' que poderia ser dividida em porções de qualquer tamanho e espalhada à vontade.

Essas, portanto, são as propriedades básicas das cargas. Antes de discutirmos as forças *entre* as cargas, algumas ferramentas matemáticas são necessárias; vamos nos ocupar da sua introdução no Capítulo 1.

## Unidades

O tópico da eletrodinâmica é atormentado por sistemas de unidades concorrentes entre si e que às vezes tornam difícil para os físicos comunicarem-se entre si. O problema é muito pior do que na mecânica, em que os Neandertais ainda falam em libras e pés; pois, pelo menos na mecânica, todas as equações têm a mesma *aparência*, seja qual for a unidade usada na medição das grandezas. A segunda lei de Newton continua sendo $\mathbf{F} = m\mathbf{a}$, seja em pés-libras-segundos, quilogramas-metros-segundos ou o que for. Mas não é assim no eletromagnetismo, onde a lei de Coulomb pode aparecer de formas variadas como

$$\frac{q_1 q_2}{\imath^2}\hat{\boldsymbol{\imath}} \ \text{(Gaussiano)}, \quad \text{ou} \quad \frac{1}{4\pi\epsilon_0}\frac{q_1 q_2}{\imath^2}\hat{\boldsymbol{\imath}} \ \text{(SI)}, \quad \text{ou} \quad \frac{1}{4\pi}\frac{q_1 q_2}{\imath^2}\hat{\boldsymbol{\imath}} \ \text{(HL)}.$$

Dos sistemas normalmente usados, os mais populares são o **Gaussiano** (cgs) e o **SI** (mks). Teóricos das partículas elementares são favoráveis a um terceiro sistema: **Heaviside-Lorentz**. Embora as unidades gaussianas ofereçam nítidas vantagens teóricas, a maioria dos professores de faculdade prefere o sistema SI, suponho que seja por ele incorporar as unidades conhecidas do dia a dia (volts, ampères e watts). Neste livro, portanto, usei as unidades SI. No apêndice C há um 'dicionário' para a conversão dos principais resultados em unidades gaussianas.

1. Na realidade, prótons e nêutrons são compostos de três **quarks,** que carregam cargas fracionárias ($\pm\frac{2}{3}e$ e $\pm\frac{1}{3}e$). No entanto, quarks *livres* aparentemente não existem na natureza e, de qualquer forma, isso não altera o fato de que a carga é quantizada; apenas reduz o tamanho da unidade básica.

# Capítulo 1

# Análise vetorial

## 1.1 Álgebra vetorial

### 1.1.1 Operações com vetores

Se você caminhar 4 milhas para o norte e depois 3 milhas para o leste (Figura 1.1), terá percorrido um total de 7 milhas, mas *não* estará a 7 milhas de distância de onde saiu — apenas 5. Precisamos de uma aritmética para descrever quantidades como essa, que evidentemente não se somam da forma usual. O motivo pelo qual elas não se somam assim, portanto, é que os **deslocamentos** (segmentos de linha reta que vão de um ponto a outro) têm *direção*, além de *magnitude* (comprimento), sendo necessário que ambas sejam levadas em consideração quando eles são combinados. Tais objetos são chamados de **vetores**: velocidade, aceleração, força e momento são outros exemplos. Em contraste, quantidades que têm magnitude, mas não têm direção, são chamadas de **escalares**; alguns exemplos são massa, carga, densidade e temperatura. Será usado **negrito** (**A**, **B** e assim por diante) para os vetores e o tipo comum para os escalares. A magnitude de um vetor **A** é escrita como $|\mathbf{A}|$, ou, de forma mais simplificada, $A$. Nos diagramas, os vetores são denotados pelas setas: o comprimento da seta é proporcional à magnitude do vetor e a ponta da seta indica sua direção e sentido. *Menos* **A** ($-\mathbf{A}$) é um vetor com a mesma magnitude de **A**, mas em sentido oposto (Figura 1.2). Observe que os vetores têm magnitude, direção e sentido, mas *não localização*: um deslocamento de 4 milhas para o norte, a partir de Washington, é representado pelo mesmo vetor que um deslocamento de 4 milhas a partir de Baltimore (negligenciando-se, é claro, a curvatura da Terra). Em um diagrama, portanto, pode-se movimentar a seta à vontade, desde que não se mude seu comprimento ou sua direção.

Definimos quatro operações vetoriais: soma e três tipos de multiplicação.

**(i) Soma de dois vetores.** Coloque a extremidade inicial de $\mathbf{B}$ na ponta de $\mathbf{A}$; a soma de $\mathbf{A} + \mathbf{B}$ é o vetor da extremidade inicial de $\mathbf{A}$ à ponta de $\mathbf{B}$ (Figura 1.3). (Esta regra generaliza o procedimento óbvio para combinar dois deslocamentos.) A soma é *comutativa*:

$$\mathbf{A} + \mathbf{B} = \mathbf{B} + \mathbf{A};$$

3 milhas para o leste seguidas de 4 milhas para o norte vai levá-lo ao mesmo lugar que 4 milhas para o norte seguidas de 3 milhas para o leste. A soma é também *associativa*:

$$(\mathbf{A} + \mathbf{B}) + \mathbf{C} = \mathbf{A} + (\mathbf{B} + \mathbf{C}).$$

Para subtrair um vetor (Figura 1.4), some seu oposto:

$$\mathbf{A} - \mathbf{B} = \mathbf{A} + (-\mathbf{B}).$$

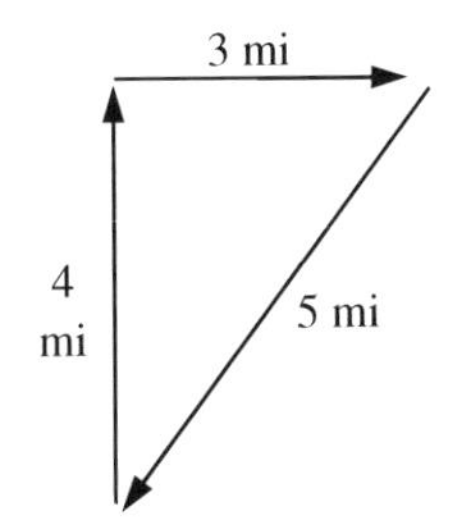


**Figura 1.1**

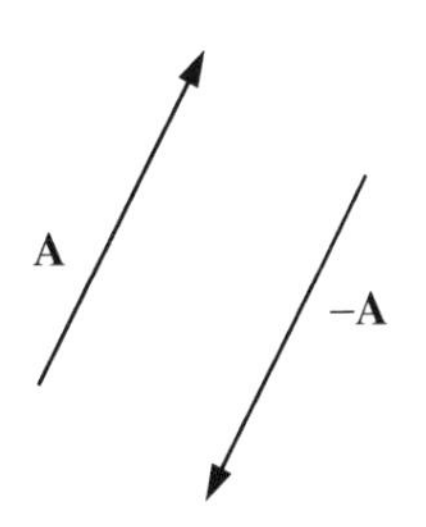


**Figura 1.2**

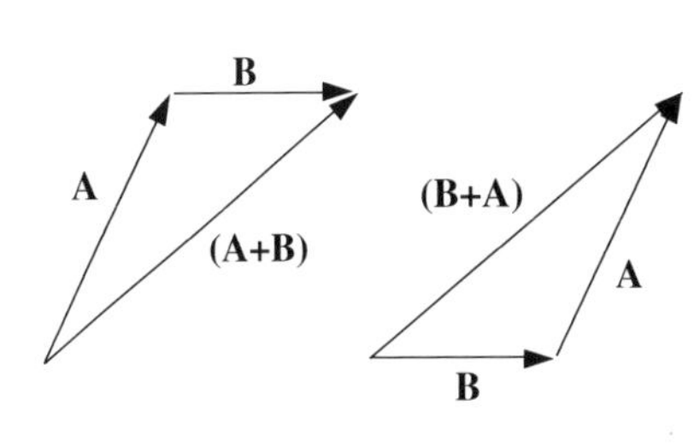


**Figura 1.3**

**(ii) Multiplicação por um escalar.** A multiplicação de um vetor por um escalar positivo $a$ multiplica a *magnitude*, mas deixa a direção inalterada (Figura 1.5). (Se $a$ for negativo, o sentido é invertido.) A multiplicação por um escalar é *distributiva*:

$$a(\mathbf{A} + \mathbf{B}) = a\mathbf{A} + a\mathbf{B}.$$

**(iii) Produto interno ou produto escalar de dois vetores.** O produto interno de dois vetores é definido por

$$\mathbf{A} \cdot \mathbf{B} \equiv AB\cos\theta, \tag{1.1}$$

onde $\theta$ é o ângulo que eles formam quando colocados cauda a cauda (Figura 1.6). Note que $\mathbf{A} \cdot \mathbf{B}$ é em si um *escalar* (daí o nome alternativo de **produto escalar**). O produto interno é *comutativo*,

$$\mathbf{A} \cdot \mathbf{B} = \mathbf{B} \cdot \mathbf{A},$$

e *distributivo*,

$$\mathbf{A} \cdot (\mathbf{B} + \mathbf{C}) = \mathbf{A} \cdot \mathbf{B} + \mathbf{A} \cdot \mathbf{C}. \tag{1.2}$$

Geometricamente, $\mathbf{A} \cdot \mathbf{B}$ é o produto de $A$ vezes a projeção de $\mathbf{B}$ ao longo de $\mathbf{A}$ (ou o produto de $B$ vezes a projeção de $\mathbf{A}$ ao longo de $\mathbf{B}$). Se os dois vetores forem paralelos, então $\mathbf{A} \cdot \mathbf{B} = AB$. Em particular, para qualquer vetor $\mathbf{A}$,

$$\mathbf{A} \cdot \mathbf{A} = A^2. \tag{1.3}$$

Se $\mathbf{A}$ e $\mathbf{B}$ forem perpendiculares, então $\mathbf{A} \cdot \mathbf{B} = 0$.

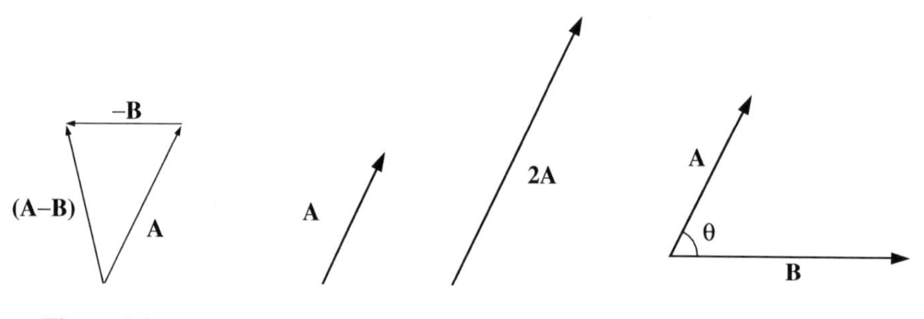


Figura 1.4 Figura 1.5 Figura 1.6

---

**Exemplo 1.1**

Considere que $\mathbf{C} = \mathbf{A} - \mathbf{B}$ (Figura 1.7) e calcule o produto interno de $\mathbf{C}$ consigo mesmo.

**Solução:**

$$\mathbf{C} \cdot \mathbf{C} = (\mathbf{A} - \mathbf{B}) \cdot (\mathbf{A} - \mathbf{B}) = \mathbf{A} \cdot \mathbf{A} - \mathbf{A} \cdot \mathbf{B} - \mathbf{B} \cdot \mathbf{A} + \mathbf{B} \cdot \mathbf{B},$$

ou

$$C^2 = A^2 + B^2 - 2AB\cos\theta.$$

Esta é a **lei dos cossenos**.

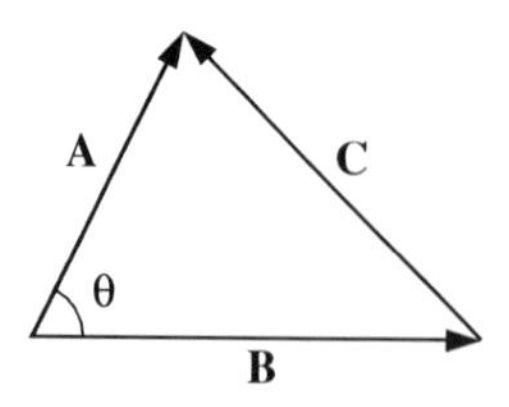


**Figura 1.7**

---

**(iv) Produto externo, ou produto vetorial, de dois vetores.** O produto externo de dois vetores é definido por

$$\mathbf{A} \times \mathbf{B} \equiv AB \operatorname{sen}\theta\, \hat{\mathbf{n}}, \tag{1.4}$$

onde $\hat{\mathbf{n}}$ é um **vetor unitário** (vetor de comprimento 1) apontando perpendicularmente para o plano de $\mathbf{A}$ e $\mathbf{B}$. (O acento circunflexo (ˆ) será usado para designar os vetores unitários.) É claro que há *duas* direções perpendiculares a qualquer plano: 'entrando no plano' e 'saindo do plano'. A ambiguidade se resolve com a **regra da mão direita**: aponte seus dedos na direção do primeiro vetor e vire-os (pelo menor ângulo) em direção ao segundo: seu polegar indicará a direção de $\hat{\mathbf{n}}$. (Na Figura 1.8, $\mathbf{A} \times \mathbf{B}$ aponta para *dentro* da página; $\mathbf{B} \times \mathbf{A}$ aponta para *fora* da página.) Observe que $\mathbf{A} \times \mathbf{B}$ é, em si, um *vetor* (daí o nome alternativo de **produto vetorial**). O produto vetorial é *distributivo*,

$$\mathbf{A} \times (\mathbf{B} + \mathbf{C}) = (\mathbf{A} \times \mathbf{B}) + (\mathbf{A} \times \mathbf{C}), \tag{1.5}$$

mas *não comutativo*. De fato,

$$(\mathbf{B} \times \mathbf{A}) = -(\mathbf{A} \times \mathbf{B}). \tag{1.6}$$

Geometricamente, $|\mathbf{A} \times \mathbf{B}|$ é a área do paralelogramo gerado por $\mathbf{A}$ e $\mathbf{B}$ (Figura 1.8). Se dois vetores são paralelos, seu produto vetorial é 0. Em particular,

$$\mathbf{A} \times \mathbf{A} = 0$$

para qualquer vetor $\mathbf{A}$.

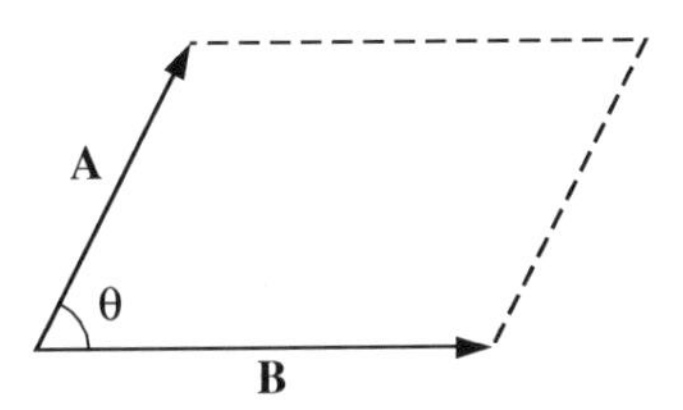


**Figura 1.8**

---

**Problema 1.1** Usando as definições nas equações 1.1 e 1.4, bem como os diagramas apropriados, mostre que os produtos escalar e vetorial são distributivos,

(a) quando os três vetores são coplanares;

! (b) no caso geral.

**Problema 1.2** O produto vetorial é associativo?

$$(\mathbf{A} \times \mathbf{B}) \times \mathbf{C} \stackrel{?}{=} \mathbf{A} \times (\mathbf{B} \times \mathbf{C}).$$

Em caso afirmativo, *prove*; se não, forneça um contraexemplo.

---

## 1.1.2 Álgebra vetorial: na forma de componentes

Na seção anterior, foram definidas as quatro operações vetoriais (soma, multiplicação por um escalar, produto vetorial e produto escalar) de forma 'abstrata', ou seja, sem referência a qualquer sistema particular de coordenadas. Na prática, é frequentemente mais fácil montar coordenadas cartesianas $x$ ,$y$, $z$ e trabalhar com 'componentes' vetoriais. Considere que $\hat{\mathbf{x}}$, $\hat{\mathbf{y}}$ e $\hat{\mathbf{z}}$ são vetores unitários paralelos aos eixos $x$, $y$ e $z$, respectivamente (Figura 1.9(a)). Um vetor arbitrário $\mathbf{A}$ pode ser expandido em termos desses **vetores de base** (Figura 1.9(b)):

$$\mathbf{A} = A_x\hat{\mathbf{x}} + A_y\hat{\mathbf{y}} + A_z\hat{\mathbf{z}}.$$

Os números $A_x$, $A_y$ e $A_z$ são chamados **componentes** de $\mathbf{A}$; geometricamente, eles são as projeções de $\mathbf{A}$ ao longo dos três eixos de coordenadas. Podemos agora reformular cada uma das quatro operações vetoriais como uma regra para a manipulação dos componentes:

$$\begin{aligned} \mathbf{A} + \mathbf{B} &= (A_x\hat{\mathbf{x}} + A_y\hat{\mathbf{y}} + A_z\hat{\mathbf{z}}) + (B_x\hat{\mathbf{x}} + B_y\hat{\mathbf{y}} + B_z\hat{\mathbf{z}}) \\ &= (A_x + B_x)\hat{\mathbf{x}} + (A_y + B_y)\hat{\mathbf{y}} + (A_z + B_z)\hat{\mathbf{z}}. \end{aligned} \tag{1.7}$$

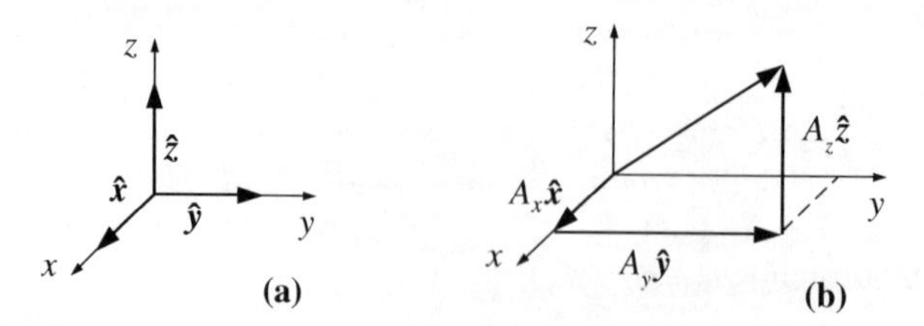


**Figura 1.9**

**(i) Regra:** *para somar vetores, some componentes semelhantes.*

$$a\mathbf{A} = (aA_x)\hat{\mathbf{x}} + (aA_y)\hat{\mathbf{y}} + (aA_z)\hat{\mathbf{z}}. \tag{1.8}$$

**(ii) Regra:** *para multiplicar por um escalar, multiplique cada componente.*

Como $\hat{\mathbf{x}}$, $\hat{\mathbf{y}}$ e $\hat{\mathbf{z}}$ são vetores unitários mutuamente perpendiculares,

$$\hat{\mathbf{x}} \cdot \hat{\mathbf{x}} = \hat{\mathbf{y}} \cdot \hat{\mathbf{y}} = \hat{\mathbf{z}} \cdot \hat{\mathbf{z}} = 1; \quad \hat{\mathbf{x}} \cdot \hat{\mathbf{y}} = \hat{\mathbf{x}} \cdot \hat{\mathbf{z}} = \hat{\mathbf{y}} \cdot \hat{\mathbf{z}} = 0. \tag{1.9}$$

Consequentemente,

$$\begin{aligned} \mathbf{A} \cdot \mathbf{B} &= (A_x\hat{\mathbf{x}} + A_y\hat{\mathbf{y}} + A_z\hat{\mathbf{z}}) \cdot (B_x\hat{\mathbf{x}} + B_y\hat{\mathbf{y}} + B_z\hat{\mathbf{z}}) \\ &= A_xB_x + A_yB_y + A_zB_z. \end{aligned} \tag{1.10}$$

**(iii) Regra:** *para calcular o produto escalar, multiplique componentes semelhantes e some.* Em particular,

$$\mathbf{A} \cdot \mathbf{A} = A_x^2 + A_y^2 + A_z^2,$$

então

$$A = \sqrt{A_x^2 + A_y^2 + A_z^2}. \tag{1.11}$$

(Esta é, por assim dizer, a generalização tridimensional do teorema de Pitágoras.) Observe que o produto escalar de $\mathbf{A}$ com qualquer vetor *unitário* é o componente de $\mathbf{A}$ ao longo daquela direção (portanto, $\mathbf{A} \cdot \hat{\mathbf{x}} = A_x$, $\mathbf{A} \cdot \hat{\mathbf{y}} = A_y$, e $\mathbf{A} \cdot \hat{\mathbf{z}} = A_z$).

Da mesma forma,[1]

$$\begin{aligned} \hat{\mathbf{x}} \times \hat{\mathbf{x}} = \hat{\mathbf{y}} \times \hat{\mathbf{y}} &= \hat{\mathbf{z}} \times \hat{\mathbf{z}} = 0, \\ \hat{\mathbf{x}} \times \hat{\mathbf{y}} = -\hat{\mathbf{y}} \times \hat{\mathbf{x}} &= \hat{\mathbf{z}}, \\ \hat{\mathbf{y}} \times \hat{\mathbf{z}} = -\hat{\mathbf{z}} \times \hat{\mathbf{y}} &= \hat{\mathbf{x}}, \\ \hat{\mathbf{z}} \times \hat{\mathbf{x}} = -\hat{\mathbf{x}} \times \hat{\mathbf{z}} &= \hat{\mathbf{y}}. \end{aligned} \tag{1.12}$$

Portanto,

$$\begin{aligned} \mathbf{A} \times \mathbf{B} &= (A_x\hat{\mathbf{x}} + A_y\hat{\mathbf{y}} + A_z\hat{\mathbf{z}}) \times (B_x\hat{\mathbf{x}} + B_y\hat{\mathbf{y}} + B_z\hat{\mathbf{z}}) \\ &= (A_yB_z - A_zB_y)\hat{\mathbf{x}} + (A_zB_x - A_xB_z)\hat{\mathbf{y}} + (A_xB_y - A_yB_x)\hat{\mathbf{z}}. \end{aligned} \tag{1.13}$$

Essa expressão de manejo difícil pode ser escrita de forma mais elegante como o determinante de uma matriz:

$$\mathbf{A} \times \mathbf{B} = \begin{vmatrix} \hat{\mathbf{x}} & \hat{\mathbf{y}} & \hat{\mathbf{z}} \\ A_x & A_y & A_z \\ B_x & B_y & B_z \end{vmatrix}. \tag{1.14}$$

**(iv) Regra:** *para calcular o produto vetorial, forme o determinante cuja primeira linha seja* $\hat{\mathbf{x}}$, $\hat{\mathbf{y}}$, $\hat{\mathbf{z}}$, *cuja segunda linha seja* $\mathbf{A}$ *(na forma de componentes) e cuja terceira linha seja* $\mathbf{B}$.

---

1. Esses sinais pertencem a um sistema de coordenadas *destrógiro* (eixo $x$ para fora da página, eixo $y$ para a direita, eixo $z$ para cima, ou qualquer combinação que mantém a sequência). Em um sistema *levógiro* (eixo $z$ para baixo), os sinais seriam invertidos: $\hat{\mathbf{x}} \times \hat{\mathbf{y}} = -\hat{\mathbf{z}}$ e assim por diante. Usaremos exclusivamente sistemas destrógiros.

**Exemplo 1.2**

Encontre o ângulo entre as diagonais das faces de um cubo.

**Solução:** é preferível usarmos um cubo de lado 1 e colocá-lo como mostra a Figura 1.10, com um dos vértices na origem. As diagonais das faces $\mathbf{A}$ e $\mathbf{B}$ são

$$\mathbf{A} = 1\,\hat{\mathbf{x}} + 0\,\hat{\mathbf{y}} + 1\,\hat{\mathbf{z}}; \qquad \mathbf{B} = 0\,\hat{\mathbf{x}} + 1\,\hat{\mathbf{y}} + 1\,\hat{\mathbf{z}}.$$

Então, na forma de componentes

$$\mathbf{A} \cdot \mathbf{B} = 1 \cdot 0 + 0 \cdot 1 + 1 \cdot 1 = 1.$$

Por outro lado, na forma 'abstrata',

$$\mathbf{A} \cdot \mathbf{B} = AB\cos\theta = \sqrt{2}\sqrt{2}\cos\theta = 2\cos\theta.$$

Portanto,

$$\cos\theta = 1/2, \quad \text{ou} \quad \theta = 60^\circ.$$

É claro que pode-se obter uma resposta com mais facilidade traçando uma diagonal no alto do cubo e completando um triângulo equilátero. Mas nos casos em que a geometria não é tão simples, este recurso de comparar a forma abstrata e os componentes para o produto escalar pode ser um meio muito eficiente para determinar ângulos.

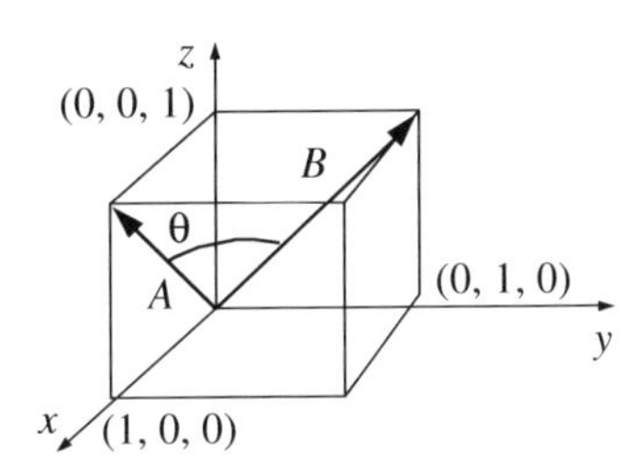


**Figura 1.10**

**Problema 1.3** Encontre o ângulo entre as diagonais do corpo de um cubo.

**Problema 1.4** Use o produto vetorial para encontrar os componentes do vetor unitário $\hat{\mathbf{n}}$, perpendicular ao plano mostrado na Figura 1.11.

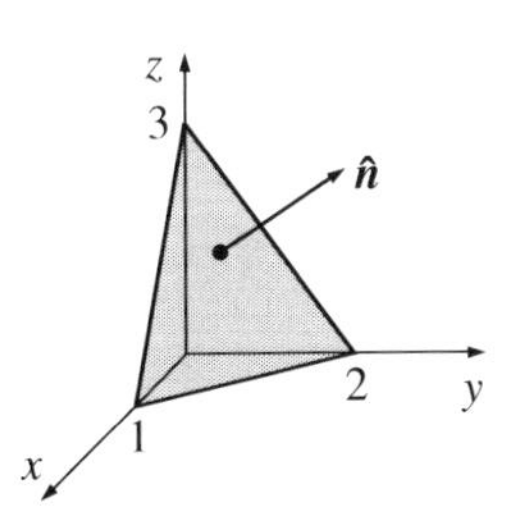


**Figura 1.11**

### 1.1.3 Produtos triplos

Como o produto vetorial de dois vetores é, em si, um vetor, ele pode ser multiplicado através do produto escalar ou do produto vetorial com um terceiro vetor para formar um produto *triplo*.

**(i) Produto escalar triplo:** $\mathbf{A} \cdot (\mathbf{B} \times \mathbf{C})$. Geometricamente, $|\mathbf{A} \cdot (\mathbf{B} \times \mathbf{C})|$ é o volume do paralelepípedo gerado por $\mathbf{A}$, $\mathbf{B}$ e $\mathbf{C}$, já que $|\mathbf{B} \times \mathbf{C}|$ é a área da base e $|\mathbf{A}\cos\theta|$ é a altura (Figura 1.12). Evidentemente,

$$\mathbf{A} \cdot (\mathbf{B} \times \mathbf{C}) = \mathbf{B} \cdot (\mathbf{C} \times \mathbf{A}) = \mathbf{C} \cdot (\mathbf{A} \times \mathbf{B}), \tag{1.15}$$

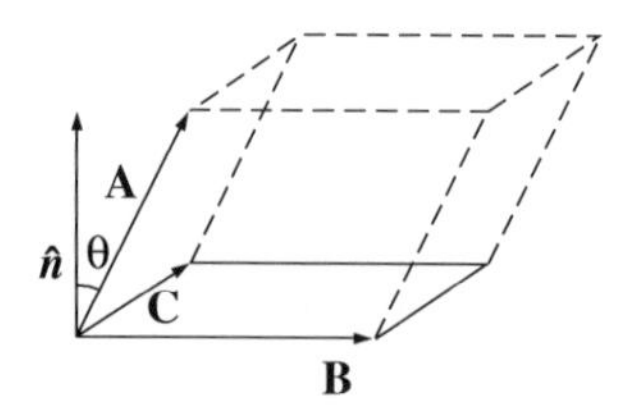


**Figura 1.12**

já que todos eles correspondem à mesma figura. Observe que a ordem 'alfabética' está preservada — em vista da Equação 1.6, os produtos triplos 'não alfabéticos',

$$\mathbf{A} \cdot (\mathbf{C} \times \mathbf{B}) = \mathbf{B} \cdot (\mathbf{A} \times \mathbf{C}) = \mathbf{C} \cdot (\mathbf{B} \times \mathbf{A}),$$

têm sinal oposto. Na forma de componentes,

$$\mathbf{A} \cdot (\mathbf{B} \times \mathbf{C}) = \begin{vmatrix} A_x & A_y & A_z \\ B_x & B_y & B_z \\ C_x & C_y & C_z \end{vmatrix}. \tag{1.16}$$

Observe que o produto escalar e o produto vetorial são intercambiáveis:

$$\mathbf{A} \cdot (\mathbf{B} \times \mathbf{C}) = (\mathbf{A} \times \mathbf{B}) \cdot \mathbf{C}$$

(isto é decorrência imediata da Equação 1.15); no entanto, a localização dos parênteses é essencial: $(\mathbf{A} \cdot \mathbf{B}) \times \mathbf{C}$ é uma expressão sem significado — não se pode fazer um produto vetorial a partir de um *escalar* e um vetor.

**(ii) Produto vetorial triplo:** $\mathbf{A} \times (\mathbf{B} \times \mathbf{C})$. O produto vetorial triplo pode ser simplificado pela chamada regra **BAC-CAB**:

$$\mathbf{A} \times (\mathbf{B} \times \mathbf{C}) = \mathbf{B}(\mathbf{A} \cdot \mathbf{C}) - \mathbf{C}(\mathbf{A} \cdot \mathbf{B}). \tag{1.17}$$

Observe que

$$(\mathbf{A} \times \mathbf{B}) \times \mathbf{C} = -\mathbf{C} \times (\mathbf{A} \times \mathbf{B}) = -\mathbf{A}(\mathbf{B} \cdot \mathbf{C}) + \mathbf{B}(\mathbf{A} \cdot \mathbf{C})$$

é um vetor completamente diferente. A propósito, todos os produtos vetoriais *superiores* podem ser reduzidos, da mesma forma, com frequência aplicando-se repetidamente a Equação 1.17. Assim, nunca é necessário que uma expressão contenha mais do que um produto vetorial em qualquer dos termos. Por exemplo,

$$\begin{aligned} (\mathbf{A} \times \mathbf{B}) \cdot (\mathbf{C} \times \mathbf{D}) &= (\mathbf{A} \cdot \mathbf{C})(\mathbf{B} \cdot \mathbf{D}) - (\mathbf{A} \cdot \mathbf{D})(\mathbf{B} \cdot \mathbf{C}); \\ \mathbf{A} \times (\mathbf{B} \times (\mathbf{C} \times \mathbf{D})) &= \mathbf{B}(\mathbf{A} \cdot (\mathbf{C} \times \mathbf{D})) - (\mathbf{A} \cdot \mathbf{B})(\mathbf{C} \times \mathbf{D}). \end{aligned} \tag{1.18}$$

---

**Problema 1.5** Demonstre a regra **BAC-CAB** escrevendo ambos os lados na forma das componentes.

**Problema 1.6** Prove que

$$[\mathbf{A} \times (\mathbf{B} \times \mathbf{C})] + [\mathbf{B} \times (\mathbf{C} \times \mathbf{A})] + [\mathbf{C} \times (\mathbf{A} \times \mathbf{B})] = 0.$$

Em que condições $\mathbf{A} \times (\mathbf{B} \times \mathbf{C}) = (\mathbf{A} \times \mathbf{B}) \times \mathbf{C}$?

---

### 1.1.4 Vetores posição, deslocamento e separação

A localização de um ponto em três dimensões pode ser descrita listando-se suas coordenadas cartesianas $(x, y, z)$. O vetor até esse ponto a partir da origem (Figura 1.13) é chamado de **vetor posição**:

$$\mathbf{r} \equiv x\,\hat{\mathbf{x}} + y\,\hat{\mathbf{y}} + z\,\hat{\mathbf{z}}. \tag{1.19}$$

Neste livro, a letra $\mathbf{r}$ é reservada para esta finalidade. Sua magnitude,

$$r = \sqrt{x^2 + y^2 + z^2}, \tag{1.20}$$

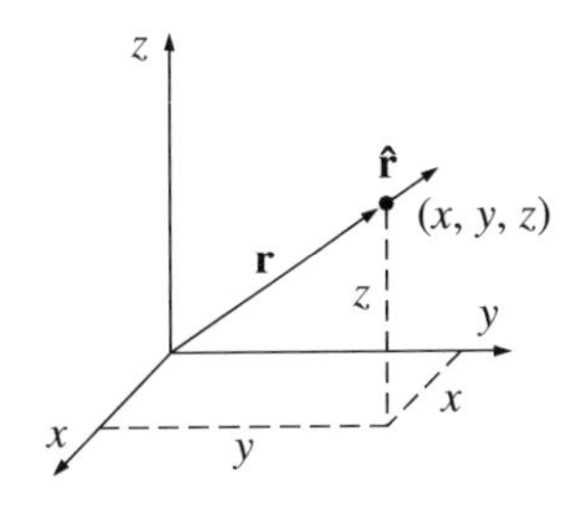


**Figura 1.13**

é a distância a partir da origem e

$$\hat{\mathbf{r}} = \frac{\mathbf{r}}{r} = \frac{x\,\hat{\mathbf{x}} + y\,\hat{\mathbf{y}} + z\,\hat{\mathbf{z}}}{\sqrt{x^2 + y^2 + z^2}} \tag{1.21}$$

é um vetor unitário que aponta radialmente para fora. O **vetor deslocamento infinitesimal**, de $(x, y, z)$ a $(x + dx, y + dy, z + dz)$, é

$$d\mathbf{l} = dx\,\hat{\mathbf{x}} + dy\,\hat{\mathbf{y}} + dz\,\hat{\mathbf{z}}. \tag{1.22}$$

(Poderíamos chamá-lo de $d\mathbf{r}$, já que é isto que o vetor infinitesimal é, mas é útil reservar uma letra especial para deslocamentos infinitesimais.)

Em eletrodinâmica, frequentemente encontramos problemas que envolvem *dois* pontos — tipicamente um **ponto fonte**, $\mathbf{r}'$, onde uma carga elétrica está localizada, e um **ponto de observação**, $\mathbf{r}$, no qual se está calculando o campo elétrico ou magnético (Figura 1.14). Vale a pena adotar, desde o início, algum tipo de notação abreviada para o **vetor separação** entre o ponto fonte e o ponto de observação. Usaremos para esse fim a letra manuscrita $\boldsymbol{\mathscr{r}}$:

$$\boldsymbol{\mathscr{r}} \equiv \mathbf{r} - \mathbf{r}'. \tag{1.23}$$

Sua magnitude é

$$\mathscr{r} = |\mathbf{r} - \mathbf{r}'|, \tag{1.24}$$

e um vetor unitário na direção de $\mathbf{r}'$ a $\mathbf{r}$ é

$$\hat{\boldsymbol{\mathscr{r}}} = \frac{\boldsymbol{\mathscr{r}}}{\mathscr{r}} = \frac{\mathbf{r} - \mathbf{r}'}{|\mathbf{r} - \mathbf{r}'|}. \tag{1.25}$$

Em coordenadas cartesianas,

$$\boldsymbol{\mathscr{r}} = (x - x')\hat{\mathbf{x}} + (y - y')\hat{\mathbf{y}} + (z - z')\hat{\mathbf{z}}, \tag{1.26}$$

$$\mathscr{r} = \sqrt{(x - x')^2 + (y - y')^2 + (z - z')^2}, \tag{1.27}$$

$$\hat{\boldsymbol{\mathscr{r}}} = \frac{(x - x')\hat{\mathbf{x}} + (y - y')\hat{\mathbf{y}} + (z - z')\hat{\mathbf{z}}}{\sqrt{(x - x')^2 + (y - y')^2 + (z - z')^2}} \tag{1.28}$$

(a partir do que você pode começar a apreciar a vantagem da notação $\mathscr{r}$-manuscrito).

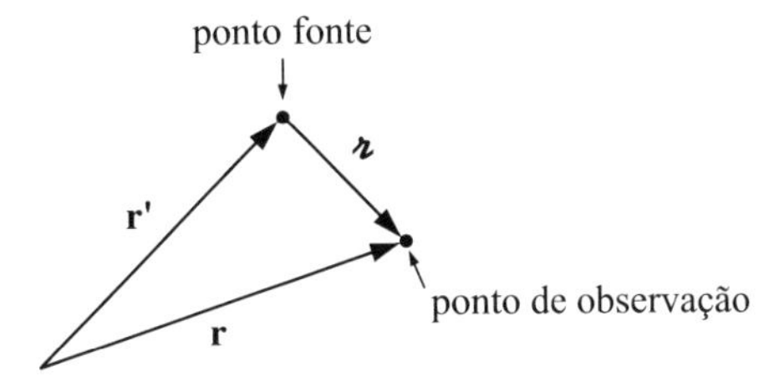


**Figura 1.14**

---

**Problema 1.7** Encontre o vetor separação $\boldsymbol{\mathscr{r}}$, a partir do ponto fonte (2,8,7) até o ponto de observação (4,6,8). Determine sua magnitude ($\mathscr{r}$) e construa o vetor unitário $\hat{\boldsymbol{\mathscr{r}}}$.

---

### 1.1.5 Como vetores transformam-se

A definição de um vetor como 'uma quantidade com magnitude, direção e sentido' não é totalmente satisfatória. O que, precisamente, *significa* 'direção e sentido'?[2] A questão pode parecer pedante, mas em breve encontraremos uma espécie de derivada que se *parece* com um vetor e então vamos querer saber com certeza se o é. Você pode se sentir tentado a dizer que um vetor é qualquer coisa com três componentes que se combinam adequadamente em uma soma. Bem, que tal isto: temos um barril de frutas que contém $N_x$ peras, $N_y$ maçãs e $N_z$ bananas. Será $\mathbf{N} = N_x\hat{\mathbf{x}} + N_y\hat{\mathbf{y}} + N_z\hat{\mathbf{z}}$ um vetor? Tem três componentes e quando você soma outro barril com $M_x$ peras, $M_y$ maçãs e $M_z$ bananas, o resultado é $(N_x + M_x)$ peras, $(N_y + M_y)$ maçãs, $(N_z + M_z)$ bananas. Portanto, *soma-se* como um vetor. No entanto, obviamente *não* é um vetor, no sentido que a física dá à palavra, porque na realidade não tem uma direção. O que, exatamente, está errado aqui?

A resposta é que **N** *não se transforma apropriadamente quando você troca de coordenadas*. O sistema de coordenadas que usamos para descrever as posições no espaço é, portanto, totalmente arbitrário. Mas existe uma lei específica de transformação geométrica para converter as componentes de um vetor de um sistema para outro. Suponha, por exemplo, que o sistema $\overline{x}, \overline{y}, \overline{z}$ sofra uma rotação de um ângulo $\theta$, em relação a $x, y, z$, em torno dos eixos comuns $x = \overline{x}$. A partir da Figura 1.15,

$$A_y = A\cos\theta, \qquad A_z = A\,\mathrm{sen}\,\theta,$$

enquanto

$$\begin{aligned}
\overline{A}_y &= A\cos\overline{\theta} = A\cos(\theta - \phi) = A(\cos\theta\cos\phi + \mathrm{sen}\,\theta\,\mathrm{sen}\,\phi)\\
&= \cos\phi A_y + \mathrm{sen}\,\phi A_z,\\
\overline{A}_z &= A\,\mathrm{sen}\,\overline{\theta} = A\,\mathrm{sen}(\theta - \phi) = A(\mathrm{sen}\,\theta\cos\phi - \cos\theta\,\mathrm{sen}\,\phi)\\
&= -\,\mathrm{sen}\,\phi A_y + \cos\phi A_z.
\end{aligned}$$

Podemos expressar esse resultado em notação matricial:

$$\begin{pmatrix} \overline{A}_y \\ \overline{A}_z \end{pmatrix} = \begin{pmatrix} \cos\phi & \mathrm{sen}\,\phi \\ -\,\mathrm{sen}\,\phi & \cos\phi \end{pmatrix} \begin{pmatrix} A_y \\ A_z \end{pmatrix}. \tag{1.29}$$

Em sentido mais amplo, para uma rotação em torno de um eixo *arbitrário* em três dimensões, a lei de transformação assume a forma

$$\begin{pmatrix} \overline{A}_x \\ \overline{A}_y \\ \overline{A}_z \end{pmatrix} = \begin{pmatrix} R_{xx} & R_{xy} & R_{xz} \\ R_{yx} & R_{yy} & R_{yz} \\ R_{zx} & R_{zy} & R_{zz} \end{pmatrix} \begin{pmatrix} A_x \\ A_y \\ A_z \end{pmatrix}, \tag{1.30}$$

ou, de forma mais compacta,

$$\overline{A}_i = \sum_{j=1}^{3} R_{ij} A_j, \tag{1.31}$$

onde o índice 1 representa $x$, 2 representa $y$ e 3 representa $z$. Para uma rotação dada, os elementos da matriz $R$ podem ser encontrados pelo mesmo tipo de argumentos geométricos que usamos para a rotação em torno do eixo $x$.

Agora, os componentes de **N** transformam-se assim? É *claro* que não. Não importa quais as coordenadas usadas para representar as posições no espaço, haverá o mesmo número de maçãs no barril. Não se pode converter uma pera em uma banana escolhendo um conjunto diferente de eixos, mas *pode-se*, sim, transformar $A_x$ em $\overline{A}_y$. Portanto, formalmente, *um vetor é qualquer conjunto de três componentes que se transforma da mesma maneira que um deslocamento, quando se mudam as coordenadas*. Como sempre, o deslocamento é o *modelo* para o comportamento de todos os vetores.

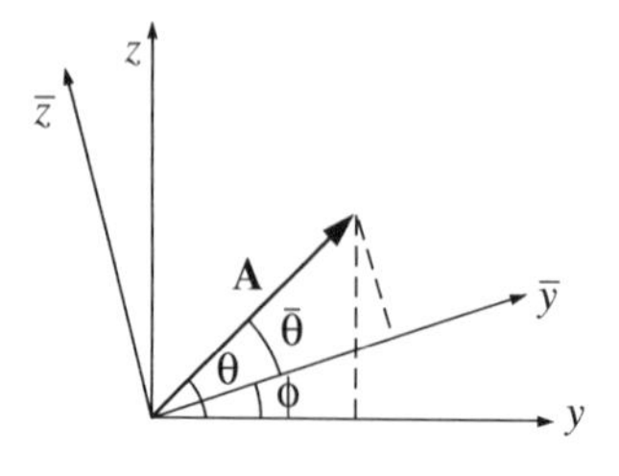


**Figura 1.15**

2. Esta seção pode ser pulada sem perda de continuidade.

Aliás, um **tensor** (de segunda ordem) é uma quantidade com *nove* componentes, $T_{xx}$, $T_{xy}$, $T_{xz}$, $T_{yx}$, ..., $T_{zz}$, que se transforma com dois fatores de $R$:

$$\begin{aligned}\overline{T}_{xx} &= R_{xx}(R_{xx}T_{xx} + R_{xy}T_{xy} + R_{xz}T_{xz}) \\ &+R_{xy}(R_{xx}T_{yx} + R_{xy}T_{yy} + R_{xz}T_{yz}) \\ &+R_{xz}(R_{xx}T_{zx} + R_{xy}T_{zy} + R_{xz}T_{zz}), \ldots\end{aligned}$$

ou, de forma mais compacta,

$$\overline{T}_{ij} = \sum_{k=1}^{3}\sum_{l=1}^{3} R_{ik}R_{jl}T_{kl}. \tag{1.32}$$

Em geral, um tensor de $n$-ésima ordem tem $n$ índices e $3^n$ componentes, e se transforma com $n$ fatores de $R$. Nessa hierarquia, um vetor é um tensor de ordem 1, e um escalar é um tensor de ordem zero.

---

**Problema 1.8** (a) Prove que a matriz de rotação bidimensional (1.29) preserva produtos escalares. (Ou seja, mostre que $\overline{A}_y\overline{B}_y + \overline{A}_z\overline{B}_z = A_yB_y + A_zB_z$.)

(b) Que restrições os elementos $(R_{ij})$ da matriz de rotação tridimensional (1.30) devem satisfazer a fim de preservar o comprimento de **A** (para todos os vetores **A**)?

**Problema 1.9** Encontre a matriz de transformação $R$ que descreve uma rotação de $120°$ em torno de um eixo que passa pela origem e pelo ponto $(1, 1, 1)$. A rotação é no sentido horário quando se olha ao longo do eixo em direção à origem.

**Problema 1.10** (a) Como os componentes de um vetor se transformam sob uma **translação** de coordenadas ($\overline{x} = x$, $\overline{y} = y - a$, $\overline{z} = z$, Figura 1.16a)?

(b) Como os componentes de um vetor se transformam sob uma **inversão** de coordenadas ($\overline{x} = -x$, $\overline{y} = -y$, $\overline{z} = -z$, Figura 1.16b)?

(c) Como o produto vetorial (1.13) de dois vetores se transforma sob inversão? [O produto vetorial de dois vetores é chamado de **pseudovetor**, devido a este comportamento 'anômalo']. O produto vetorial de dois pseudovetores é um vetor ou um pseudovetor? Identifique duas grandezas pseudovetoriais na mecânica clássica.

(d) Como o produto escalar triplo de três vetores se transforma sob inversões? (Tal objeto é chamado de **pseudoescalar**.)

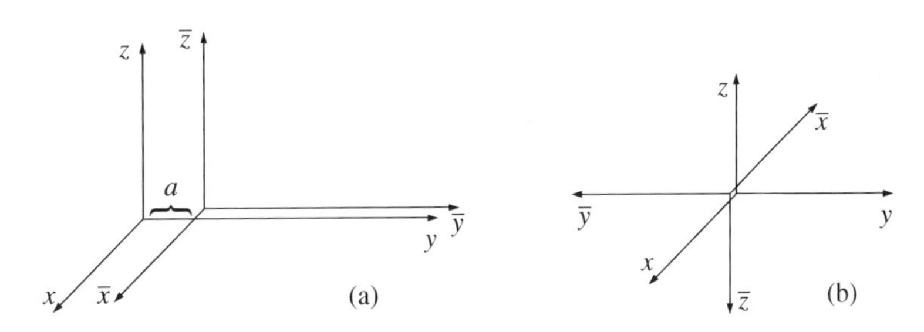


**Figura 1.16**

---

## 1.2 Cálculo diferencial

### 1.2.1 Derivadas 'ordinárias'

*Pergunta:* suponha que temos uma função de uma variável: $f(x)$. Em que a derivada $df/dx$ nos auxilia? *Resposta:* ela nos diz com que rapidez a função $f(x)$ varia quando mudamos o argumento $x$ por uma quantidade minúscula, $dx$:

$$df = \left(\frac{df}{dx}\right) dx. \tag{1.33}$$

Em palavras: se alterarmos $x$ por uma quantidade $dx$, então $f$ será alterada pela quantidade $df$; a derivada é o fator de proporcionalidade. Por exemplo, na Figura 1.17(a), a função varia lentamente com $x$ e a derivada também é pequena. Na Figura 1.17(b), $f$ aumenta rapidamente com $x$ e a derivada é grande, à medida que nos afastamos de $x = 0$.

*Interpretação geométrica:* a derivada $df/dx$ é a *inclinação* do gráfico $f$ *versus* $x$.

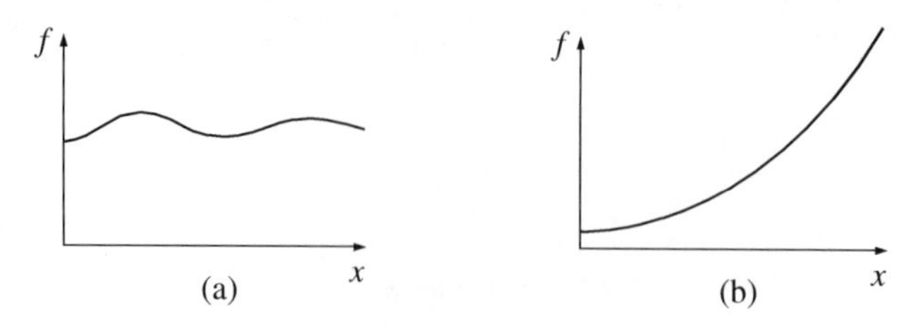


**Figura 1.17**

### 1.2.2 Gradiente

Agora suponha que temos uma função de *três* variáveis — digamos a temperatura $T(x, y, z)$ em uma sala. (Comece em um canto e monte um sistema de eixos. Então, para cada ponto $(x, y, z)$ da sala, $T$ fornece a temperatura naquele local.) Queremos generalizar a noção de 'derivada' para funções como $T$, que dependem não de *uma*, mas de *três* variáveis.

A derivada deve nos dizer com que rapidez a função varia, se nos movermos em uma pequena distância. Mas desta vez a situação é mais complicada, porque depende em que *direção* nos movemos. Se formos para cima, ao longo de uma reta, então a temperatura provavelmente aumentará com rapidez. Mas se nos movermos horizontalmente, ela pode não mudar quase nada. De fato, a pergunta 'Com que rapidez $T$ varia?' tem um número infinito de respostas, uma para cada direção que decidirmos explorar.

Felizmente, o problema não é tão ruim quanto parece. Um teorema de derivadas parciais diz que

$$dT = \left(\frac{\partial T}{\partial x}\right) dx + \left(\frac{\partial T}{\partial y}\right) dy + \left(\frac{\partial T}{\partial z}\right) dz. \tag{1.34}$$

Isso nos diz o quanto $T$ muda quando alteramos as três variáveis pelas quantidades infinitesimais $dx$, $dy$ e $dz$. Observe que *não* precisamos de um número infinito de derivadas — *três* são suficientes: as derivadas *parciais* ao longo de cada uma das três direções das coordenadas.

A Equação 1.34 provém de um produto escalar:

$$\begin{aligned} dT &= \left(\frac{\partial T}{\partial x}\hat{\mathbf{x}} + \frac{\partial T}{\partial y}\hat{\mathbf{y}} + \frac{\partial T}{\partial z}\hat{\mathbf{z}}\right) \cdot (dx\,\hat{\mathbf{x}} + dy\,\hat{\mathbf{y}} + dz\,\hat{\mathbf{z}}) \\ &= (\boldsymbol{\nabla} T) \cdot (d\mathbf{l}), \end{aligned} \tag{1.35}$$

onde

$$\boldsymbol{\nabla} T \equiv \frac{\partial T}{\partial x}\hat{\mathbf{x}} + \frac{\partial T}{\partial y}\hat{\mathbf{y}} + \frac{\partial T}{\partial z}\hat{\mathbf{z}} \tag{1.36}$$

é o **gradiente** de $T$. $\boldsymbol{\nabla} T$ é uma quantidade *vetorial*, com três componentes; é a derivada generalizada que estamos procurando. A Equação 1.35 é a versão tridimensional da Equação 1.33.

*Interpretação geométrica do gradiente:* como qualquer vetor, o gradiente tem *magnitude*, *direção* e *sentido*. Para determinar seu significado geométrico, vamos reescrever o produto escalar (1.35) na forma abstrata:

$$dT = \boldsymbol{\nabla} T \cdot d\mathbf{l} = |\boldsymbol{\nabla} T||d\mathbf{l}|\cos\theta, \tag{1.37}$$

onde $\theta$ é o ângulo entre $\boldsymbol{\nabla} T$ e $d\mathbf{l}$. Agora, se fixarmos a *magnitude* $|d\mathbf{l}|$ e buscarmos em várias *direções* (ou seja, variando $\theta$), a mudança *máxima* em $T$ evidentemente ocorrerá quando $\theta = 0$ (uma vez que $\cos\theta = 1$). Ou seja, para uma distância fixa $|d\mathbf{l}|$, $dT$ será o maior possível quando eu me mover na *mesma direção* que $\boldsymbol{\nabla} T$. Portanto:

*O gradiente $\boldsymbol{\nabla} T$ aponta na direção do aumento máximo da função $T$.*

Além disso:

*A magnitude $|\boldsymbol{\nabla} T|$ fornece a inclinação (taxa de aumento) ao longo dessa direção maximizadora.*

Imagine que você está na encosta de um morro. Olhe à sua volta e encontre a direção da subida mais íngreme. Essa é a *direção* do gradiente. Agora meça a *inclinação* nessa direção (altura sobre distância horizontal). Essa é a *magnitude* do gradiente. (Aqui, a função sobre a qual estamos falando é a altura do morro, e as coordenadas das quais ela depende são posições — digamos, latitude e longitude. Essa função depende somente de *duas* variáveis, não de *três*, mas o significado geométrico do gradiente é mais fácil de assimilar em duas dimensões.) Observe a partir da Equação 1.37 que a direção de *descida* máxima é oposta à direção de *subida* máxima, enquanto em ângulos retos ($\theta = 90°$) a inclinação é zero (o gradiente é perpendicular às curvas de nível). Pode-se conceber superfícies que não têm essas propriedades, mas elas sempre têm 'dobra' e correspondem a funções não diferenciáveis.

O que significaria se o gradiente se tornasse nulo? Se $\nabla T = 0$ em $(x, y, z)$, então $dT = 0$ para pequenos deslocamentos em torno do ponto $(x, y, z)$. Esse é, então, um **ponto crítico** da função $T(x, y, z)$. Pode ser um máximo (um pico), um mínimo (um vale), um ponto de sela, ou um 'ombro'. A situação é análoga à das funções com *uma* variável, onde uma derivada que se anula sinaliza um máximo, um mínimo ou uma inflexão. Em particular, se você quer localizar o extremo de uma função de três variáveis, faça o seu gradiente igual a zero.

---

**Exemplo 1.3**

Encontre o gradiente de $r = \sqrt{x^2 + y^2 + z^2}$ (a magnitude do vetor posição).

**Solução:**

$$\begin{aligned} \nabla r &= \frac{\partial r}{\partial x}\hat{\mathbf{x}} + \frac{\partial r}{\partial y}\hat{\mathbf{y}} + \frac{\partial r}{\partial z}\hat{\mathbf{z}} \\ &= \frac{1}{2}\frac{2x}{\sqrt{x^2+y^2+z^2}}\hat{\mathbf{x}} + \frac{1}{2}\frac{2y}{\sqrt{x^2+y^2+z^2}}\hat{\mathbf{y}} + \frac{1}{2}\frac{2z}{\sqrt{x^2+y^2+z^2}}\hat{\mathbf{z}} \\ &= \frac{x\,\hat{\mathbf{x}} + y\,\hat{\mathbf{y}} + z\,\hat{\mathbf{z}}}{\sqrt{x^2+y^2+z^2}} = \frac{\mathbf{r}}{r} = \hat{\mathbf{r}}. \end{aligned}$$

Isso faz sentido? Bem, o resultado diz que a distância à origem aumenta mais rapidamente na direção radial e que a sua *taxa* de aumento nessa direção é 1... justamente o que seria de se esperar.

---

**Problema 1.11** Encontre os gradientes das seguintes funções:

(a) $f(x, y, z) = x^2 + y^3 + z^4$.

(b) $f(x, y, z) = x^2 y^3 z^4$.

(c) $f(x, y, z) = e^x \operatorname{sen}(y) \ln(z)$.

**Problema 1.12** A altura de um certo morro (em pés) é dada por

$$h(x, y) = 10(2xy - 3x^2 - 4y^2 - 18x + 28y + 12),$$

onde $y$ é a distância (em milhas) para o norte e $x$ a distância para o leste de South Hadley.

(a) Onde fica o topo do morro?

(b) Que altura tem o morro?

(c) Quão íngreme é a inclinação (em pés por milha) em um ponto 1 milha ao norte e 1 milha a leste de South Hadley? Em que direção a inclinação é mais acentuada, nesse ponto?

• **Problema 1.13** Considere que $\boldsymbol{\mathscr{r}}$ seja o vetor separação de um ponto fixo $(x', y', z')$ até o ponto $(x, y, z)$ e que $\mathscr{r}$ é o seu comprimento. Mostre que

(a) $\nabla(\mathscr{r}^2) = 2\boldsymbol{\mathscr{r}}$.

(b) $\nabla(1/\mathscr{r}) = -\hat{\boldsymbol{\mathscr{r}}}/\mathscr{r}^2$.

(c) Qual é a fórmula *geral* para $\nabla(\mathscr{r}^n)$?

! **Problema 1.14** Suponha que $f$ é uma função de apenas duas variáveis ($y$ e $z$). Mostre que o gradiente $\nabla f = (\partial f/\partial y)\hat{\mathbf{y}} + (\partial f/\partial z)\hat{\mathbf{z}}$ transforma-se como um vetor sob rotações, Equação 1.29. [*Dica:* $(\partial f/\partial \overline{y}) = (\partial f/\partial y)(\partial y/\partial \overline{y}) + (\partial f/\partial z)(\partial z/\partial \overline{y})$ e a fórmula análoga para $\partial f/\partial \overline{z}$. Sabemos que $\overline{y} = y\cos\phi + z \operatorname{sen}\phi$ e $\overline{z} = -y\operatorname{sen}\phi + z\cos\phi$; 'resolva' estas equações para $y$ e $z$ (as funções de $\overline{y}$ e $\overline{z}$) e calcule as derivadas necessárias $\partial y/\partial \overline{y}$, $\partial z/\partial \overline{y}$ etc.]

### 1.2.3 O operador $\boldsymbol{\nabla}$

O gradiente tem a aparência formal de um vetor $\boldsymbol{\nabla}$, 'multiplicando' um escalar $T$:

$$\boldsymbol{\nabla}T = \left(\hat{\mathbf{x}}\frac{\partial}{\partial x} + \hat{\mathbf{y}}\frac{\partial}{\partial y} + \hat{\mathbf{z}}\frac{\partial}{\partial z}\right)T. \tag{1.38}$$

(Para variar os vetores unitários foram escritos na *esquerda*, para que ninguém pense que isto significa $\partial\hat{\mathbf{x}}/\partial x$ e assim por diante — o que seria zero, já que $\hat{\mathbf{x}}$ é constante.) O termo entre parênteses chama-se **'operador del'**:

$$\boxed{\boldsymbol{\nabla} = \hat{\mathbf{x}}\frac{\partial}{\partial x} + \hat{\mathbf{y}}\frac{\partial}{\partial y} + \hat{\mathbf{z}}\frac{\partial}{\partial z}.} \tag{1.39}$$

É claro que del *não* é um vetor, no sentido usual. De fato, ele não tem qualquer significado antes que forneçamos a ele uma função na qual atuar. Além disso, ele não 'multiplica' $T$; mais exatamente, ele é uma instrução para *diferenciar* o que se segue. Para sermos precisos, então, devemos dizer que $\boldsymbol{\nabla}$ é um **operador vetorial** que *age sobre* $T$, e não um vetor que multiplica $T$.

Com essa qualificação, contudo, $\boldsymbol{\nabla}$ imita o comportamento de um vetor ordinário, praticamente de todas as formas; quase tudo o que pode ser feito com outros vetores pode ser feito com $\boldsymbol{\nabla}$, bastando apenas traduzirmos 'multiplicar' por 'agir sobre'. Portanto, leve, sem dúvida, a aparência de vetor de $\boldsymbol{\nabla}$ a sério: ele é um exemplo maravilhoso de simplificação de notação, como você poderá ver se algum dia consultar o trabalho original de Maxwell sobre eletromagnetismo, escrito sem o recurso de $\boldsymbol{\nabla}$.

Agora, um vetor comum $\mathbf{A}$ pode multiplicar de três formas:

1. multiplicar um escalar $a$: $\mathbf{A}a$;
2. multiplicar outro vetor $\mathbf{B}$, através do produto escalar: $\mathbf{A}\cdot\mathbf{B}$;
3. multiplicar outro vetor através do produto vetorial: $\mathbf{A}\times\mathbf{B}$.

Analogamente, o operador $\boldsymbol{\nabla}$ pode atuar de três maneiras:

1. em uma função escalar $T$: $\boldsymbol{\nabla}T$ (o gradiente);
2. em uma função vetorial $\mathbf{v}$, através do produto escalar: $\boldsymbol{\nabla}\cdot\mathbf{v}$ (o **divergente**);
3. em uma função vetorial $\mathbf{v}$, através do produto vetorial: $\boldsymbol{\nabla}\times\mathbf{v}$ (o **rotacional**).

Já discutimos o gradiente. Nas próximas seções examinaremos as duas outras derivadas vetoriais: divergente e rotacional.

### 1.2.4 O divergente

A partir da definição de $\boldsymbol{\nabla}$ construímos o divergente:

$$\begin{aligned}\boldsymbol{\nabla}\cdot\mathbf{v} &= \left(\hat{\mathbf{x}}\frac{\partial}{\partial x} + \hat{\mathbf{y}}\frac{\partial}{\partial y} + \hat{\mathbf{z}}\frac{\partial}{\partial z}\right)\cdot(v_x\hat{\mathbf{x}} + v_y\hat{\mathbf{y}} + v_z\hat{\mathbf{z}}) \\ &= \frac{\partial v_x}{\partial x} + \frac{\partial v_y}{\partial y} + \frac{\partial v_z}{\partial z}.\end{aligned} \tag{1.40}$$

Observe que o divergente de uma função vetorial $\mathbf{v}$ é, em si, um *escalar* $\boldsymbol{\nabla}\cdot\mathbf{v}$. (Não se pode ter o divergente de um escalar: isso não faria sentido.)

*Interpretação geométrica:* o nome **divergente** é bem escolhido, pois $\boldsymbol{\nabla}\cdot\mathbf{v}$ é a medida de quanto o vetor $\mathbf{v}$ brota (diverge) do ponto em questão. Por exemplo, a função vetorial da Figura 1.18a tem um grande divergente (positivo) (se as setas apontassem para *dentro*, seria um grande divergente *negativo*), a função da Figura 1.18b tem divergente nulo e a função na Figura 1.18c também tem divergente positivo. (Por favor, entenda que $\mathbf{v}$, aqui, é uma *função* — há um vetor diferente associado a cada ponto no espaço. Nos diagramas, portanto, só é possível desenhar as setas em alguns poucos locais representativos.) Imagine que você está à beira de um lago. Jogue um pouco de serragem ou agulhas de pinheiro sobre a superfície. Se o material se espalhar, então você o jogou em um ponto de divergente positivo; se ele se juntar, você o jogou em um ponto de divergente negativo. (A função vetorial $\mathbf{v}$ neste modelo é a velocidade da água — este é um exemplo bidimensional, mas ajuda a dar uma noção do que é o divergente. Um ponto de divergente positivo é uma fonte ou 'torneira'; um ponto de divergente negativo é uma pia ou 'ralo'.)

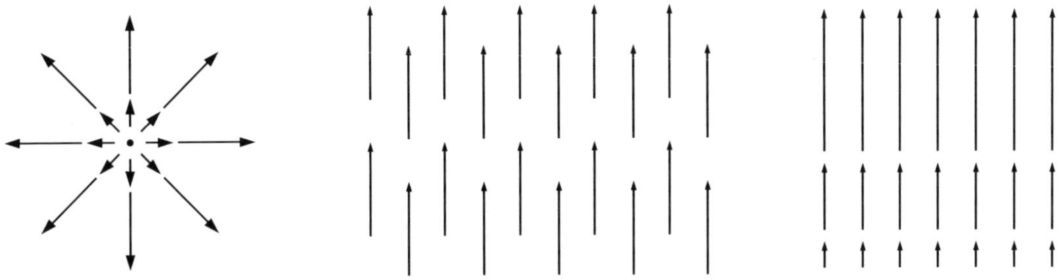

(a) (b) (c)

**Figura 1.18**

---

**Exemplo 1.4**

Suponha que as funções na Figura 1.18 sejam $\mathbf{v}_a = \mathbf{r} = x\,\hat{\mathbf{x}} + y\,\hat{\mathbf{y}} + z\,\hat{\mathbf{z}}$, $\mathbf{v}_b = \hat{\mathbf{z}}$ e $\mathbf{v}_c = z\,\hat{\mathbf{z}}$. Calcule seus divergentes.

**Solução:**

$$\boldsymbol{\nabla}\cdot\mathbf{v}_a = \frac{\partial}{\partial x}(x) + \frac{\partial}{\partial y}(y) + \frac{\partial}{\partial z}(z) = 1+1+1 = 3.$$

Como previsto, esta função tem um divergente positivo,

$$\boldsymbol{\nabla}\cdot\mathbf{v}_b = \frac{\partial}{\partial x}(0) + \frac{\partial}{\partial y}(0) + \frac{\partial}{\partial z}(1) = 0+0+0 = 0,$$

como se esperava.

$$\boldsymbol{\nabla}\cdot\mathbf{v}_c = \frac{\partial}{\partial x}(0) + \frac{\partial}{\partial y}(0) + \frac{\partial}{\partial z}(z) = 0+0+1 = 1.$$

---

**Problema 1.15** Calcule o divergente das seguintes funções vetoriais:

(a) $\mathbf{v}_a = x^2\,\hat{\mathbf{x}} + 3xz^2\,\hat{\mathbf{y}} - 2xz\,\hat{\mathbf{z}}$.

(b) $\mathbf{v}_b = xy\,\hat{\mathbf{x}} + 2yz\,\hat{\mathbf{y}} + 3zx\,\hat{\mathbf{z}}$.

(c) $\mathbf{v}_c = y^2\,\hat{\mathbf{x}} + (2xy + z^2)\,\hat{\mathbf{y}} + 2yz\,\hat{\mathbf{z}}$.

• **Problema 1.16** Esboce a função vetorial

$$\mathbf{v} = \frac{\hat{\mathbf{r}}}{r^2},$$

e calcule seu divergente. A resposta poderá surpreendê-lo... Você pode explicá-la?

! **Problema 1.17** Mostre que, em duas dimensões, o divergente se transforma como um escalar sob rotações. [*Dica:* use a Equação 1.29 para determinar $\overline{v}_y$ e $\overline{v}_z$, e o método do Problema 1.14 para calcular as derivadas. Seu objetivo é mostrar que $\partial\overline{v}_y/\partial\overline{y} + \partial\overline{v}_z/\partial\overline{z} = \partial v_y/\partial y + \partial v_z/\partial z$.]

---

## 1.2.5 O rotacional

A partir da definição de $\boldsymbol{\nabla}$, construímos o rotacional:

$$\begin{aligned}\boldsymbol{\nabla}\times\mathbf{v} &= \begin{vmatrix}\hat{\mathbf{x}} & \hat{\mathbf{y}} & \hat{\mathbf{z}}\\ \partial/\partial x & \partial/\partial y & \partial/\partial z\\ v_x & v_y & v_z\end{vmatrix}\\ &= \hat{\mathbf{x}}\left(\frac{\partial v_z}{\partial y} - \frac{\partial v_y}{\partial z}\right) + \hat{\mathbf{y}}\left(\frac{\partial v_x}{\partial z} - \frac{\partial v_z}{\partial x}\right) + \hat{\mathbf{z}}\left(\frac{\partial v_y}{\partial x} - \frac{\partial v_x}{\partial y}\right).\end{aligned} \tag{1.41}$$

Observe que o rotacional de uma função vetorial $\mathbf{v}$, como qualquer produto vetorial, é um *vetor*. (Não se pode ter o rotacional de um escalar; isso não faria sentido.)

*Interpretação geométrica:* o nome **rotacional** também foi bem escolhido, pois $\boldsymbol{\nabla} \times \mathbf{v}$ é uma medida de quanto o vetor $\mathbf{v}$ 'gira em torno' do ponto em questão. Portanto, as três funções da Figura 1.18 têm rotacional nulo (como você mesmo pode verificar), enquanto as funções da Figura 1.19 têm rotacionais consideráveis, apontando na direção $z$, como naturalmente sugere a regra da mão direita. Imagine, novamente, que você está à beira de um lago. Coloque uma pequena roda de pás na superfície (pode ser uma rolha com palitos espetados radialmente). Se ela começar a girar, então você a colocou em um ponto de *rotacional* não nulo. Um redemoinho seria uma região com um grande rotacional.

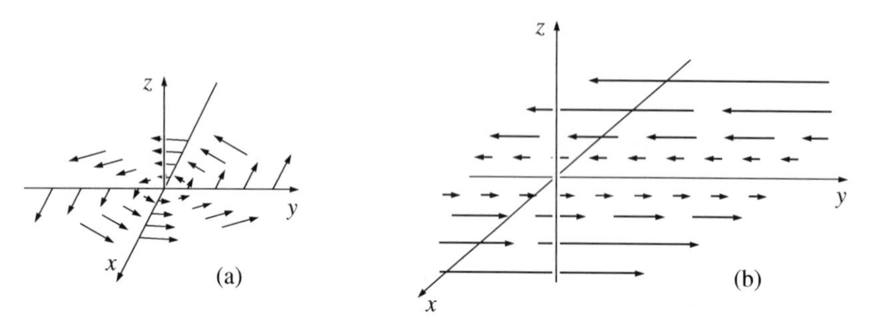


**Figura 1.19**

---

**Exemplo 1.5**

Suponha que a função desenhada na Figura 1.19a seja $\mathbf{v}_a = -y\hat{\mathbf{x}} + x\hat{\mathbf{y}}$, e que a da Figura 1.19b seja $\mathbf{v}_b = x\hat{\mathbf{y}}$. Calcule seus rotacionais.

**Solução:**

$$\boldsymbol{\nabla} \times \mathbf{v}_a = \begin{vmatrix} \hat{\mathbf{x}} & \hat{\mathbf{y}} & \hat{\mathbf{z}} \\ \partial/\partial x & \partial/\partial y & \partial/\partial z \\ -y & x & 0 \end{vmatrix} = 2\hat{\mathbf{z}},$$

e

$$\boldsymbol{\nabla} \times \mathbf{v}_b = \begin{vmatrix} \hat{\mathbf{x}} & \hat{\mathbf{y}} & \hat{\mathbf{z}} \\ \partial/\partial x & \partial/\partial y & \partial/\partial z \\ 0 & x & 0 \end{vmatrix} = \hat{\mathbf{z}}.$$

Como esperado, esses rotacionais apontam na direção $+z$. (Aliás, ambos têm divergente nulo, como você pode deduzir a partir das imagens: nada está 'brotando', apenas 'girando'.)

---

**Problema 1.18** Calcule os rotacionais das funções vetoriais do Problema 1.15.

**Problema 1.19** Construa uma função vetorial que tenha divergente nulo e rotacional nulo em todos os pontos. (Uma *constante* irá funcionar, é claro, mas faça algo um pouco mais interessante que isso!)

---

### 1.2.6 Regras de produtos

O cálculo das derivadas ordinárias é facilitado por uma série de regras gerais, tais como a regra de soma:

$$\frac{d}{dx}(f+g) = \frac{df}{dx} + \frac{dg}{dx},$$

a regra para multiplicação por uma constante:

$$\frac{d}{dx}(kf) = k\frac{df}{dx},$$

a regra do produto:

$$\frac{d}{dx}(fg) = f\frac{dg}{dx} + g\frac{df}{dx},$$

e a regra do quociente:

$$\frac{d}{dx}\left(\frac{f}{g}\right)=\frac{g\dfrac{df}{dx}-f\dfrac{dg}{dx}}{g^2}.$$

Existem relações semelhantes para as derivadas vetoriais. Assim,

$$\boldsymbol{\nabla}(f+g)=\boldsymbol{\nabla}f+\boldsymbol{\nabla}g, \qquad \boldsymbol{\nabla}\cdot(\mathbf{A}+\mathbf{B})=(\boldsymbol{\nabla}\cdot\mathbf{A})+(\boldsymbol{\nabla}\cdot\mathbf{B}),$$
$$\boldsymbol{\nabla}\times(\mathbf{A}+\mathbf{B})=(\boldsymbol{\nabla}\times\mathbf{A})+(\boldsymbol{\nabla}\times\mathbf{B}),$$

e

$$\boldsymbol{\nabla}(kf)=k\boldsymbol{\nabla}f, \qquad \boldsymbol{\nabla}\cdot(k\mathbf{A})=k(\boldsymbol{\nabla}\cdot\mathbf{A}), \qquad \boldsymbol{\nabla}\times(k\mathbf{A})=k(\boldsymbol{\nabla}\times\mathbf{A}),$$

como você mesmo pode verificar. As regras de produtos não são assim tão simples. Existem duas maneiras de construir um escalar como o produto de duas funções:

$fg$ (produto de duas funções escalares),
$\mathbf{A}\cdot\mathbf{B}$ (produto escalar de duas funções vetoriais),

e duas maneiras de fazer um vetor:

$f\mathbf{A}$ (escalar vezes vetor),
$\mathbf{A}\times\mathbf{B}$ (produto vetorial de dois vetores).

Da mesma forma, existem *seis* regras de produtos, duas para gradientes:

(i) $$\boldsymbol{\nabla}(fg)=f\boldsymbol{\nabla}g+g\boldsymbol{\nabla}f,$$

(ii) $$\boldsymbol{\nabla}(\mathbf{A}\cdot\mathbf{B})=\mathbf{A}\times(\boldsymbol{\nabla}\times\mathbf{B})+\mathbf{B}\times(\boldsymbol{\nabla}\times\mathbf{A})+(\mathbf{A}\cdot\boldsymbol{\nabla})\mathbf{B}+(\mathbf{B}\cdot\boldsymbol{\nabla})\mathbf{A},$$

duas para divergentes:

(iii) $$\boldsymbol{\nabla}\cdot(f\mathbf{A})=f(\boldsymbol{\nabla}\cdot\mathbf{A})+\mathbf{A}\cdot(\boldsymbol{\nabla}f),$$

(iv) $$\boldsymbol{\nabla}\cdot(\mathbf{A}\times\mathbf{B})=\mathbf{B}\cdot(\boldsymbol{\nabla}\times\mathbf{A})-\mathbf{A}\cdot(\boldsymbol{\nabla}\times\mathbf{B}),$$

e duas para rotacionais:

(v) $$\boldsymbol{\nabla}\times(f\mathbf{A})=f(\boldsymbol{\nabla}\times\mathbf{A})-\mathbf{A}\times(\boldsymbol{\nabla}f),$$

(vi) $$\boldsymbol{\nabla}\times(\mathbf{A}\times\mathbf{B})=(\mathbf{B}\cdot\boldsymbol{\nabla})\mathbf{A}-(\mathbf{A}\cdot\boldsymbol{\nabla})\mathbf{B}+\mathbf{A}(\boldsymbol{\nabla}\cdot\mathbf{B})-\mathbf{B}(\boldsymbol{\nabla}\cdot\mathbf{A}).$$

Essas regras de produtos serão usadas com tanta frequência que foram colocadas nas páginas finais do livro para facilitar a consulta. As provas vêm diretamente da regra do produto para derivadas ordinárias. Por exemplo,

$$\begin{aligned}\boldsymbol{\nabla}\cdot(f\mathbf{A}) &= \frac{\partial}{\partial x}(fA_x)+\frac{\partial}{\partial y}(fA_y)+\frac{\partial}{\partial z}(fA_z)\\ &= \left(\frac{\partial f}{\partial x}A_x+f\frac{\partial A_x}{\partial x}\right)+\left(\frac{\partial f}{\partial y}A_y+f\frac{\partial A_y}{\partial y}\right)+\left(\frac{\partial f}{\partial z}A_z+f\frac{\partial A_z}{\partial z}\right)\\ &= (\boldsymbol{\nabla}f)\cdot\mathbf{A}+f(\boldsymbol{\nabla}\cdot\mathbf{A}).\end{aligned}$$

Também é possível formular três regras para quocientes:

$$\begin{aligned}\boldsymbol{\nabla}\left(\frac{f}{g}\right) &= \frac{g\boldsymbol{\nabla}f-f\boldsymbol{\nabla}g}{g^2},\\ \boldsymbol{\nabla}\cdot\left(\frac{\mathbf{A}}{g}\right) &= \frac{g(\boldsymbol{\nabla}\cdot\mathbf{A})-\mathbf{A}\cdot(\boldsymbol{\nabla}g)}{g^2},\\ \boldsymbol{\nabla}\times\left(\frac{\mathbf{A}}{g}\right) &= \frac{g(\boldsymbol{\nabla}\times\mathbf{A})+\mathbf{A}\times(\boldsymbol{\nabla}g)}{g^2}.\end{aligned}$$

No entanto, como estas podem ser obtidas rapidamente a partir das regras de produtos correspondentes, não foram colocadas nas páginas finais do livro.

**Problema 1.20** Demonstre as regras de produtos (i), (iv) e (v).

**Problema 1.21** (a) Se $\mathbf{A}$ e $\mathbf{B}$ são duas funções vetoriais, o que a expressão $(\mathbf{A} \cdot \boldsymbol{\nabla})\mathbf{B}$ significa? (Ou seja, quais são suas componentes $x$, $y$ e $z$ em termos das componentes cartesianas de $\mathbf{A}$, $\mathbf{B}$ e $\boldsymbol{\nabla}$?)

(b) Calcule $(\hat{\mathbf{r}} \cdot \boldsymbol{\nabla})\hat{\mathbf{r}}$, onde $\hat{\mathbf{r}}$ é o vetor unitário definido na Equação 1.21.

(c) Para as funções do Problema 1.15, calcule $(\mathbf{v}_a \cdot \boldsymbol{\nabla})\mathbf{v}_b$.

**Problema 1.22** (Somente para masoquistas.) Demonstre as regras de produtos (ii) e (vi). Consulte o Problema 1.21 para a definição de $(\mathbf{A} \cdot \boldsymbol{\nabla})\mathbf{B}$.

**Problema 1.23** Deduza as três regras para quocientes.

**Problema 1.24** (a) Verifique a regra do produto (iv) (calculando cada termo separadamente), para as funções

$$\mathbf{A} = x\,\hat{\mathbf{x}} + 2y\,\hat{\mathbf{y}} + 3z\,\hat{\mathbf{z}}; \qquad \mathbf{B} = 3y\,\hat{\mathbf{x}} - 2x\,\hat{\mathbf{y}}.$$

(b) Faça o mesmo para a regra do produto (ii).

(c) Faça o mesmo para a regra (vi).

### 1.2.7 Segundas derivadas

O gradiente, o divergente e o rotacional são apenas as primeiras derivadas que podemos obter com $\boldsymbol{\nabla}$; aplicando-se $\boldsymbol{\nabla}$ *duas vezes*, podemos construir cinco tipos de *segundas* derivadas. O gradiente $\boldsymbol{\nabla}T$ é um *vetor*, de forma que podemos obter o seu *divergente* e o seu *rotacional*:

(1) Divergente do gradiente: $\boldsymbol{\nabla} \cdot (\boldsymbol{\nabla}T)$.

(2) Rotacional do gradiente: $\boldsymbol{\nabla} \times (\boldsymbol{\nabla}T)$.

O divergente $\boldsymbol{\nabla} \cdot \mathbf{v}$ é um *escalar* — podemos apenas obter seu *gradiente*:

(3) Gradiente do divergente: $\boldsymbol{\nabla}(\boldsymbol{\nabla} \cdot \mathbf{v})$.

O rotacional $\boldsymbol{\nabla} \times \mathbf{v}$ é um *vetor*, de forma que podemos obter seu *divergente* e seu *rotacional*:

(4) Divergente do rotacional: $\boldsymbol{\nabla} \cdot (\boldsymbol{\nabla} \times \mathbf{v})$.

(5) Rotacional do rotacional: $\boldsymbol{\nabla} \times (\boldsymbol{\nabla} \times \mathbf{v})$.

Isso esgota as possibilidades e, de fato, nem todas elas trazem algo de novo. Vamos analisá-las uma por vez:

$$\begin{aligned}(1) \qquad \boldsymbol{\nabla} \cdot (\boldsymbol{\nabla}T) &= \left(\hat{\mathbf{x}}\frac{\partial}{\partial x} + \hat{\mathbf{y}}\frac{\partial}{\partial y} + \hat{\mathbf{z}}\frac{\partial}{\partial z}\right) \cdot \left(\frac{\partial T}{\partial x}\hat{\mathbf{x}} + \frac{\partial T}{\partial y}\hat{\mathbf{y}} + \frac{\partial T}{\partial z}\hat{\mathbf{z}}\right) \\ &= \frac{\partial^2 T}{\partial x^2} + \frac{\partial^2 T}{\partial y^2} + \frac{\partial^2 T}{\partial z^2}. \end{aligned} \tag{1.42}$$

Este objeto, que escrevemos como $\nabla^2 T$ para abreviar, é o chamado operador **laplaciano** de $T$; vamos estudá-lo detalhadamente mais tarde. Observe que o laplaciano de um $T$ *escalar* é um *escalar*. Ocasionalmente falaremos sobre o laplaciano de um *vetor* $\nabla^2\mathbf{v}$. Com isso, nos referimos a uma quantidade *vetorial* cujo componente $x$ é o laplaciano de $v_x$ e assim por diante:[3]

$$\nabla^2\mathbf{v} \equiv (\nabla^2 v_x)\hat{\mathbf{x}} + (\nabla^2 v_y)\hat{\mathbf{y}} + (\nabla^2 v_z)\hat{\mathbf{z}}. \tag{1.43}$$

Isto nada mais é do que uma *extensão* conveniente do significado de $\nabla^2$.

(2) O rotacional de um gradiente é sempre *zero*:

$$\boldsymbol{\nabla} \times (\boldsymbol{\nabla}T) = 0. \tag{1.44}$$

3. Em coordenadas curvilíneas, onde os próprios vetores unitários dependem da posição, eles também devem ser diferenciados (veja a Seção 1.4.1).

Este é um fato importante que iremos usar repetidamente; ele pode ser facilmente provado a partir da definição de $\boldsymbol{\nabla}$, Equação 1.39. *Cuidado:* você pode pensar que a Equação 1.44 é 'obviamente' verdadeira — ela não é apenas $(\boldsymbol{\nabla} \times \boldsymbol{\nabla})T$ e também não é o produto vetorial de *qualquer* vetor (neste caso, $\boldsymbol{\nabla}$) consigo mesmo sempre nulo? Este raciocínio é *sugestivo*, mas não totalmente *conclusivo*, já que $\boldsymbol{\nabla}$ é um *operador* e não se 'multiplica' da forma usual. A prova da Equação 1.44, de fato, se apoia na igualdade das derivadas cruzadas:

$$\frac{\partial}{\partial x}\left(\frac{\partial T}{\partial y}\right) = \frac{\partial}{\partial y}\left(\frac{\partial T}{\partial x}\right). \tag{1.45}$$

Se você acha isso detalhista, teste sua intuição com este caso:

$$(\boldsymbol{\nabla} T) \times (\boldsymbol{\nabla} S).$$

Esse resultado *é* sempre zero? (*Seria*, é claro, se você substituísse os $\boldsymbol{\nabla}$ por um vetor ordinário.)

(3) $\boldsymbol{\nabla}(\boldsymbol{\nabla} \cdot \mathbf{v})$ por alguma razão raramente ocorre em aplicações físicas e não tem qualquer nome especial — é apenas o **gradiente do divergente**. Observe que $\boldsymbol{\nabla}(\boldsymbol{\nabla} \cdot \mathbf{v})$ *não* é o mesmo que o laplaciano de um vetor: $\nabla^2 \mathbf{v} = (\boldsymbol{\nabla} \cdot \boldsymbol{\nabla})\mathbf{v} \neq \boldsymbol{\nabla}(\boldsymbol{\nabla} \cdot \mathbf{v})$.

(4) O divergente de um rotacional, como o rotacional de um gradiente, é *sempre nulo*:

$$\boldsymbol{\nabla} \cdot (\boldsymbol{\nabla} \times \mathbf{v}) = 0. \tag{1.46}$$

Você pode comprovar isso por si mesmo. (Novamente, existe um atalho fraudulento para essa prova, usando a identidade vetorial $\mathbf{A} \cdot (\mathbf{B} \times \mathbf{C}) = (\mathbf{A} \times \mathbf{B}) \cdot \mathbf{C}$.)

(5) Como você pode verificar a partir da definição de $\boldsymbol{\nabla}$:

$$\boldsymbol{\nabla} \times (\boldsymbol{\nabla} \times \mathbf{v}) = \boldsymbol{\nabla}(\boldsymbol{\nabla} \cdot \mathbf{v}) - \nabla^2 \mathbf{v}. \tag{1.47}$$

Portanto, o rotacional do rotacional não traz nada de novo: o primeiro termo é apenas o caso (3) e o segundo é o laplaciano (de um vetor). (De fato, a Equação 1.47 é frequentemente usada para *definir* o laplaciano de um vetor, preferencialmente à Equação 1.43, que faz referência específica às coordenadas cartesianas.)

Então, na realidade, existem apenas dois tipos de segundas derivadas: o laplaciano (que é de importância fundamental) e o gradiente do divergente (que raramente encontramos). Poderíamos passar por um ritual semelhante para calcular as derivadas *terceiras*, mas felizmente as segundas derivadas são suficientes para praticamente todas as aplicações físicas.

Uma palavra final sobre o cálculo diferencial vetorial: *tudo* flui a partir do operador $\boldsymbol{\nabla}$ e de se levar a sério sua característica de vetor. Mesmo que você se lembre *apenas* da definição de $\boldsymbol{\nabla}$, deve ser capaz, em princípio, de reconstruir todo o resto.

---

**Problema 1.25** Calcule o laplaciano das seguintes funções:

(a) $T_a = x^2 + 2xy + 3z + 4$.

(b) $T_b = \text{sen}\, x \,\text{sen}\, y \,\text{sen}\, z$.

(c) $T_c = e^{-5x}\, \text{sen}\, 4y \cos 3z$.

(d) $\mathbf{v} = x^2\, \hat{\mathbf{x}} + 3xz^2\, \hat{\mathbf{y}} - 2xz\, \hat{\mathbf{z}}$.

**Problema 1.26** Prove que o divergente de um rotacional é sempre zero. *Verifique* para a função $\mathbf{v}_a$ no Problema 1.15.

**Problema 1.27** Prove que o rotacional de um gradiente é sempre zero. *Verifique* para a função (b) no Problema 1.11.

---

# 1.3 Cálculo integral

## 1.3.1 Integrais de linha, superfície e volume

Em eletrodinâmica, encontramos vários tipos de integrais, entre as quais as mais importantes são as **integrais de linha** (ou **de caminho**), as **integrais de superfície** (ou **fluxo**) e as **integrais de volume**.

(i) **Integrais de linha.** Uma integral de linha é uma expressão da forma

$$\int_{\mathbf{a}\,\mathcal{C}}^{\mathbf{b}} \mathbf{v} \cdot d\mathbf{l}, \tag{1.48}$$

onde $\mathbf{v}$ é uma função vetorial, $d\mathbf{l}$ é o vetor deslocamento infinitesimal (Equação 1.22) e a integração deve ser feita ao longo de um caminho definido $\mathcal{C}$, entre o ponto **a** e o ponto **b** (Figura 1.20). Se o caminho em questão é fechado (ou seja, se **b** = **a**), deve-se colocar um círculo no sinal de integral:

$$\oint \mathbf{v} \cdot d\mathbf{l}. \tag{1.49}$$

A cada ponto do caminho, fazemos o produto escalar de $\mathbf{v}$ (tomado naquele ponto) com o deslocamento $d\mathbf{l}$ até o próximo ponto do caminho. Para um físico, o exemplo mais familiar de uma integral de linha é o trabalho feito por uma força $\mathbf{F}$: $W = \int \mathbf{F} \cdot d\mathbf{l}$.

Via de regra, o valor de uma integral de linha depende criticamente do caminho particular para ir de **a** a **b**, mas existe uma classe especial de funções vetoriais para as quais a integral de linha é *independente* do caminho e é totalmente determinada pelos pontos extremos. Será nossa tarefa caracterizar, no momento oportuno, esse tipo especial de vetor. (Uma *força* que tem essa propriedade é chamada de força **conservativa**.)

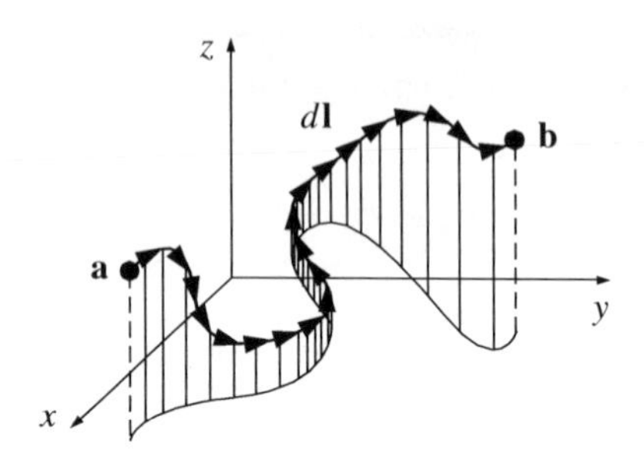


**Figura 1.20**

---

### Exemplo 1.6

Calcule a integral de linha da função $\mathbf{v} = y^2\,\hat{\mathbf{x}} + 2x(y+1)\,\hat{\mathbf{y}}$ do ponto $\mathbf{a} = (1,1,0)$ ao ponto $\mathbf{b} = (2,2,0)$, ao longo dos caminhos (1) e (2) da Figura 1.21. Qual é a $\oint \mathbf{v} \cdot d\mathbf{l}$ para o caminho fechado que vai de **a** a **b** ao longo de (1) e volta a **a** ao longo de (2)?

**Solução:** como sempre, $d\mathbf{l} = dx\,\hat{\mathbf{x}} + dy\,\hat{\mathbf{y}} + dz\,\hat{\mathbf{z}}$. O caminho (1) consiste em duas partes. Ao longo do segmento 'horizontal' $dy = dz = 0$, portanto

(i) $d\mathbf{l} = dx\,\hat{\mathbf{x}},\ y = 1,\ \mathbf{v} \cdot d\mathbf{l} = y^2\,dx = dx$, então $\int \mathbf{v} \cdot d\mathbf{l} = \int_1^2 dx = 1$.

No trecho 'vertical' $dx = dz = 0$, portanto

(ii) $d\mathbf{l} = dy\,\hat{\mathbf{y}},\ x = 2,\ \mathbf{v} \cdot d\mathbf{l} = 2x(y+1)\,dy = 4(y+1)\,dy$, então

$$\int \mathbf{v} \cdot d\mathbf{l} = 4\int_1^2 (y+1)\,dy = 10.$$

Pelo caminho (1), então,

$$\int_{\mathbf{a}}^{\mathbf{b}} \mathbf{v} \cdot d\mathbf{l} = 1 + 10 = 11.$$

Enquanto isso, no caminho (2) $x = y,\ dx = dy$ e $dz = 0$, portanto

$$d\mathbf{l} = dx\,\hat{\mathbf{x}} + dy\,\hat{\mathbf{y}},\ \mathbf{v} \cdot d\mathbf{l} = x^2\,dx + 2x(x+1)\,dx = (3x^2 + 2x)\,dx,$$

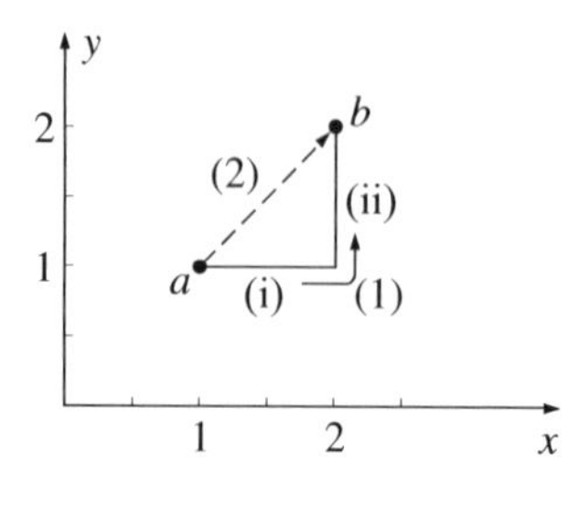


**Figura 1.21**

então

$$\int_{\mathbf{a}}^{\mathbf{b}} \mathbf{v} \cdot d\mathbf{l} = \int_1^2 (3x^2 + 2x)\, dx = (x^3 + x^2)\Big|_1^2 = 10.$$

(A estratégia aqui é colocar tudo em termos de uma variável; eu poderia também ter eliminado $x$ e deixado em função de $y$.)

Para o caminho fechado que *parte* através de (1) e *volta* através de (2), então,

$$\oint \mathbf{v} \cdot d\mathbf{l} = 11 - 10 = 1.$$

---

(ii) **Integrais de superfície.** Uma integral de superfície é uma expressão da forma

$$\int_{\mathcal{S}} \mathbf{v} \cdot d\mathbf{a}, \tag{1.50}$$

onde $\mathbf{v}$ é novamente alguma função vetorial e $d\mathbf{a}$ é um trecho infinitesimal da área, com direção perpendicular à superfície (Figura 1.22). Existem, é claro, *dois* sentidos perpendiculares a qualquer superfície, portanto o *sinal* de uma integral de superfície é intrinsecamente ambíguo. Se a superfície é *fechada* (formando um 'balão'), caso em que também devo colocar um círculo no sinal de integral

$$\oint \mathbf{v} \cdot d\mathbf{a},$$

então, dita a tradição que 'para fora' é positivo, mas no caso das superfícies abertas, é arbitrário. Se $\mathbf{v}$ descreve o fluxo de um fluido (massa por unidade de área e por unidade de tempo), então $\int \mathbf{v} \cdot d\mathbf{a}$ representa a massa total por unidade de tempo passando pela superfície — daí o nome alternativo de 'fluxo'.

Normalmente, o valor de uma integral de superfície depende da superfície específica escolhida, mas há uma classe especial de funções vetoriais para a qual ele é *independente* da superfície e é totalmente determinado pela linha que delimita aquela superfície. Logo estaremos em condições de caracterizar essa classe especial.

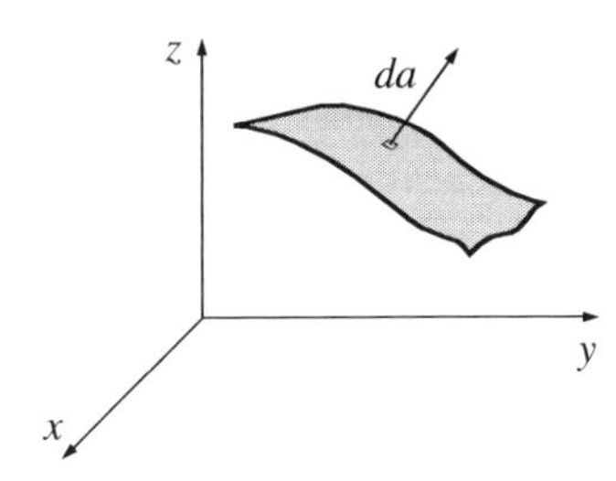


**Figura 1.22**

---

**Exemplo 1.7**

Calcule a integral de superfície de $\mathbf{v} = 2xz\,\hat{\mathbf{x}} + (x+2)\,\hat{\mathbf{y}} + y(z^2 - 3)\,\hat{\mathbf{z}}$ sobre cinco lados (excetuando o fundo) da caixa cúbica (de lado igual a 2) da Figura 1.23. Considere que 'para cima e para fora' é a direção positiva, como indicam as setas.

**Solução:** considerando um lado por vez:

(i) $x = 2,\ d\mathbf{a} = dy\,dz\,\hat{\mathbf{x}},\ \mathbf{v} \cdot d\mathbf{a} = 2xz\,dy\,dz = 4z\,dy\,dz$, portanto

$$\int \mathbf{v} \cdot d\mathbf{a} = 4\int_0^2 dy \int_0^2 z\,dz = 16.$$

(ii) $x = 0,\ d\mathbf{a} = -dy\,dz\,\hat{\mathbf{x}},\ \mathbf{v} \cdot d\mathbf{a} = -2xz\,dy\,dz = 0$, então

$$\int \mathbf{v} \cdot d\mathbf{a} = 0.$$

(iii) $y = 2,\ d\mathbf{a} = dx\,dz\,\hat{\mathbf{y}},\ \mathbf{v} \cdot d\mathbf{a} = (x+2)\,dx\,dz$, então

$$\int \mathbf{v} \cdot d\mathbf{a} = \int_0^2 (x+2)\,dx \int_0^2 dz = 12.$$

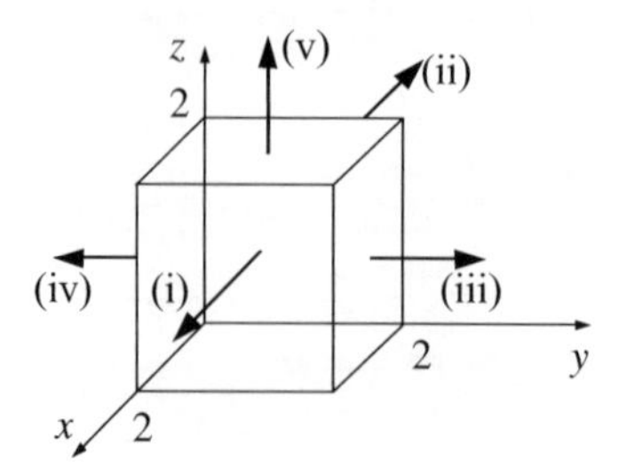


**Figura 1.23**

(iv) $y = 0,\ d\mathbf{a} = -dx\,dz\,\hat{\mathbf{y}},\ \mathbf{v}\cdot d\mathbf{a} = -(x+2)\,dx\,dz$, então

$$\int \mathbf{v}\cdot d\mathbf{a} = -\int_0^2 (x+2)\,dx \int_0^2 dz = -12.$$

(v) $z = 2,\ d\mathbf{a} = dx\,dy\,\hat{\mathbf{z}},\ \mathbf{v}\cdot d\mathbf{a} = y(z^2-3)\,dx\,dy = y\,dx\,dy$, então

$$\int \mathbf{v}\cdot d\mathbf{a} = \int_0^2 dx \int_0^2 y\,dy = 4.$$

Evidentemente, o fluxo *total* é

$$\int_{\text{superfície}} \mathbf{v}\cdot d\mathbf{a} = 16 + 0 + 12 - 12 + 4 = 20.$$

---

(iii) **Integrais de volume.** Uma integral de volume é uma expressão da forma

$$\int_{\mathcal{V}} T\,d\tau, \tag{1.51}$$

onde $T$ é uma função escalar e $d\tau$ é um elemento de volume infinitesimal. Em coordenadas cartesianas,

$$d\tau = dx\,dy\,dz. \tag{1.52}$$

Por exemplo, se $T$ é a densidade de uma substância (que pode variar de um ponto a outro), então a integral de volume daria a massa total. Ocasionalmente encontramos integrais de volume de funções *vetoriais*:

$$\int \mathbf{v}\,d\tau = \int (v_x\,\hat{\mathbf{x}} + v_y\,\hat{\mathbf{y}} + v_z\,\hat{\mathbf{z}})d\tau = \hat{\mathbf{x}}\int v_x d\tau + \hat{\mathbf{y}}\int v_y d\tau + \hat{\mathbf{z}}\int v_z d\tau; \tag{1.53}$$

como os vetores unitários são constantes, eles saem da integral.

---

**Exemplo 1.8**

Calcule a integral de volume de $T = xyz^2$ para o prisma da Figura 1.24.

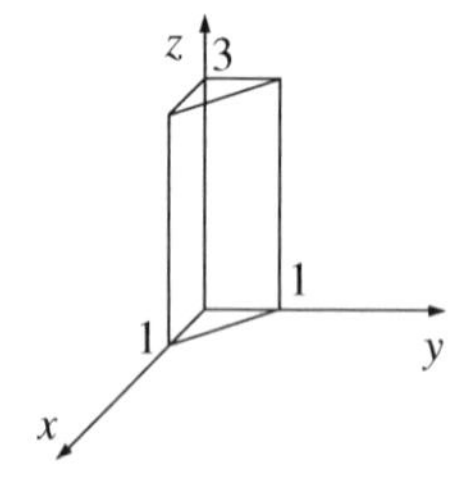


**Figura 1.24**

**Solução:** pode-se calcular as três integrais em qualquer ordem. Vamos começar com $x$: ele vai de 0 a $(1-y)$; depois $y$ (vai de 0 a 1), e finalmente $z$ (0 a 3):

$$\int T\,d\tau = \int_0^3 z^2 \left\{\int_0^1 y \left[\int_0^{1-y} x\,dx\right] dy\right\} dz = \frac{1}{2}\int_0^3 z^2\,dz \int_0^1 (1-y)^2 y\,dy = \frac{1}{2}(9)\left(\frac{1}{12}\right) = \frac{3}{8}.$$

---

**Problema 1.28** Calcule a integral de linha da função $\mathbf{v} = x^2\,\hat{\mathbf{x}} + 2yz\,\hat{\mathbf{y}} + y^2\,\hat{\mathbf{z}}$ da origem ao ponto (1,1,1) através de três rotas diferentes:

(a) $(0,0,0) \to (1,0,0) \to (1,1,0) \to (1,1,1)$;

(b) $(0,0,0) \to (0,0,1) \to (0,1,1) \to (1,1,1)$;

(c) A linha reta, direta.

(d) Qual é a integral de linha em torno do caminho fechado que *parte* ao longo do caminho (a) e *volta* ao longo do caminho (b)?

**Problema 1.29** Calcule a integral de superfície da função no Exemplo 1.7 para o *fundo* da caixa. Por coerência, adote 'para cima' como sendo a direção positiva. A integral de superfície depende somente da linha limite para esta função? Qual é o fluxo total sobre a superfície *fechada* da caixa (*inclusive* o fundo)? [*Nota:* para a superfície *fechada*, a direção positiva é 'para fora' e, portanto, 'para baixo' para a face inferior.]

**Problema 1.30** Calcule a integral de volume da função $T = z^2$ para o tetraedro com cantos em (0,0,0), (1,0,0), (0,1,0) e (0,0,1).

### 1.3.2 Teorema fundamental do cálculo

Suponha que $f(x)$ é uma função de uma variável. O **teorema fundamental do cálculo** diz que:

$$\int_a^b \frac{df}{dx}dx = f(b) - f(a). \tag{1.54}$$

Caso isso não pareça familiar, vamos escrevê-lo de outra forma:

$$\int_a^b F(x)\,dx = f(b) - f(a),$$

onde $df/dx = F(x)$. O teorema fundamental diz como integrar $F(x)$: você cria uma função $f(x)$ cuja *derivada* seja igual a $F$.

*Interpretação geométrica:* segundo a Equação 1.33, $df = (df/dx)dx$ é a variação infinitesimal em $f$, quando se vai de $(x)$ a $(x + dx)$. O teorema fundamental (1.54) diz que se você cortar o intervalo de $a$ a $b$ (Figura 1.25) em muitos pedaços minúsculos, $dx$, e somar os incrementos $df$ de cada pedacinho, o resultado será (sem qualquer surpresa) igual à variação total em $f$: $f(b) - f(a)$. Em outras palavras, há duas maneiras de determinar a variação total da função: tomar a diferença dos valores nas extremidades *ou* ir passo a passo somando todos os incrementos minúsculos à medida que se avança. De qualquer forma, a resposta será a mesma.

Observe o formato básico do teorema fundamental: *a integral de uma derivada sobre um intervalo é dada pelo valor da função nos pontos extremos (contornos).* Em cálculo vetorial existem três tipos de derivadas (gradiente, divergente e rotacional), e cada uma tem seu próprio 'teorema fundamental,' essencialmente com o mesmo formato. Não há pretensão de provar esses teoremas aqui; em vez disso, será explicado o seu *significado* e se tentará torná-los *plausíveis.* As provas são dadas no Apêndice A.

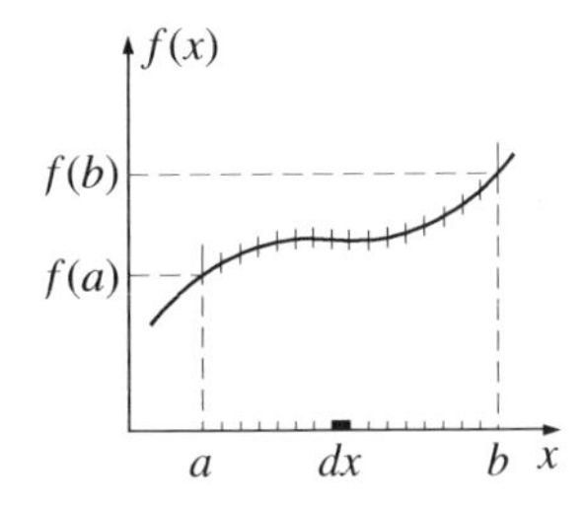


**Figura 1.25**

### 1.3.3 Teorema fundamental para gradientes

Suponha que temos uma função escalar com três variáveis $T(x, y, z)$. Começando no ponto **a**, nos movemos a uma pequena distância $d\mathbf{l}_1$ (Figura 1.26). Segundo a Equação 1.37, a função $T$ será alterada por uma quantidade

$$dT = (\nabla T) \cdot d\mathbf{l}_1.$$

Agora avançamos um pouco mais, com um pequeno deslocamento adicional $d\mathbf{l}_2$; o incremento em $T$ será $(\nabla T) \cdot d\mathbf{l}_2$. Dessa forma, avançando em passos infinitesimais, fazemos a jornada até o ponto **b**. A cada passo calculamos o gradiente de $T$ (naquele ponto) e fazemos a multiplicação escalar com o deslocamento $d\mathbf{l}$..., o que nos dá a variação de $T$. Evidentemente, a alteração *total* de $T$ no trajeto de **a** a **b** *ao longo do caminho escolhido* é

$$\boxed{\int_{\mathbf{a}\atop\mathcal{C}}^{\mathbf{b}} (\nabla T) \cdot d\mathbf{l} = T(\mathbf{b}) - T(\mathbf{a}).} \tag{1.55}$$

Este é o chamado **teorema fundamental para gradientes**; como o teorema fundamental 'ordinário', ele diz que a integral (no caso uma integral de *linha*) de uma derivada (no caso o *gradiente*) é dada pelo valor da função nos extremos (**a** e **b**).

*Interpretação geométrica:* suponha que você queira determinar a altura da Torre Eiffel. Você pode subir as escadas, usar uma régua para medir a altura de cada degrau e somar tudo (esse é o lado esquerdo da Equação 1.55), ou você pode colocar altímetros no topo e na base e fazer a diferença das duas leituras (esse é o lado direito). A resposta, de uma maneira ou de outra, deve ser a mesma (esse é o teorema fundamental).

Aliás, como constatamos no Exemplo 1.6, as integrais de linha geralmente dependem do *caminho* tomado de **a** a **b**. Mas o lado *direito* da Equação 1.55 não faz qualquer referência ao caminho — somente aos pontos extremos. Evidentemente, os *gradientes* têm a propriedade especial de que suas integrais de linha são independentes do caminho:

**Corolário 1:** $\int_{\mathbf{a}}^{\mathbf{b}} (\nabla T) \cdot d\mathbf{l}$ é independente do caminho tomado de **a** a **b**.

**Corolário 2:** $\oint (\nabla T) \cdot d\mathbf{l} = 0$, já que os pontos de inicial e final são idênticos, e, portanto, $T(\mathbf{b}) - T(\mathbf{a}) = 0$.

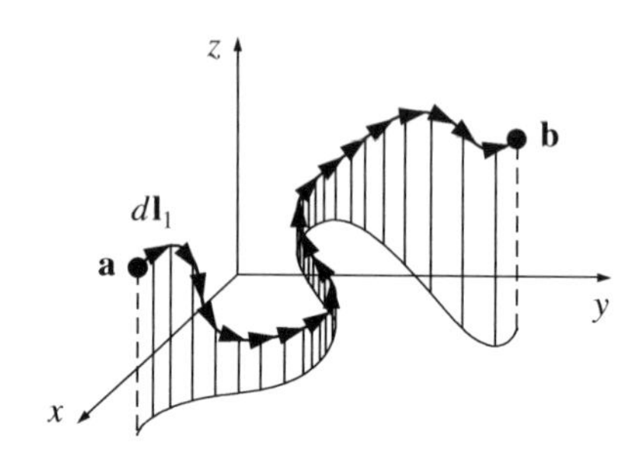


Figura 1.26

---

**Exemplo 1.9**

Seja $T = xy^2$, tome o ponto **a** como a origem $(0, 0, 0)$ e **b** como o ponto $(2, 1, 0)$. Verifique o teorema fundamental para gradientes.

**Solução:** embora a integral seja independente do caminho, precisamos *escolher* um determinado caminho para poder calculá-la. Vamos partir ao longo do eixo $x$ (passo (i)) e depois subir (passo (ii)) (Figura 1.27). Como sempre, $d\mathbf{l} = dx\,\hat{\mathbf{x}} + dy\,\hat{\mathbf{y}} + dz\,\hat{\mathbf{z}}$; $\nabla T = y^2\,\hat{\mathbf{x}} + 2xy\,\hat{\mathbf{y}}$.

(i) $y = 0$; $d\mathbf{l} = dx\,\hat{\mathbf{x}}$, $\nabla T \cdot d\mathbf{l} = y^2\,dx = 0$, portanto

$$\int_{\text{(i)}} \nabla T \cdot d\mathbf{l} = 0.$$

(ii) $x = 2$; $d\mathbf{l} = dy\,\hat{\mathbf{y}}$, $\nabla T \cdot d\mathbf{l} = 2xy\,dy = 4y\,dy$, portanto

$$\int_{\text{(ii)}} \nabla T \cdot d\mathbf{l} = \int_0^1 4y\,dy = 2y^2\Big|_0^1 = 2.$$

Evidentemente, a integral de linha total é 2. Isto é consistente com o teorema fundamental? Sim: $T(\mathbf{b}) - T(\mathbf{a}) = 2 - 0 = 2$.

Agora, apenas para convencê-lo de que a resposta é independente do caminho, vamos calcular a mesma integral ao longo do caminho (iii) (a linha reta entre $\mathbf{a}$ e $\mathbf{b}$):

(iii) $y = \frac{1}{2}x,\ dy = \frac{1}{2}\,dx,\ \boldsymbol{\nabla}T \cdot d\mathbf{l} = y^2\,dx + 2xy\,dy = \frac{3}{4}x^2\,dx$, portanto

$$\int_{\text{(iii)}} \boldsymbol{\nabla}T \cdot d\mathbf{l} = \int_0^2 \frac{3}{4}x^2\,dx = \frac{1}{4}x^3\Big|_0^2 = 2.$$

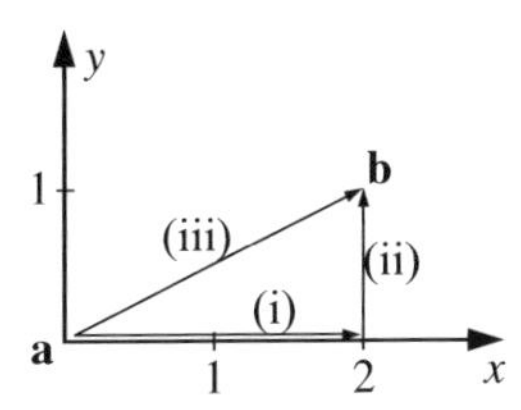


Figura 1.27

---

**Problema 1.31** Verifique o teorema fundamental para gradientes, usando $T = x^2 + 4xy + 2yz^3$, os pontos $\mathbf{a} = (0,0,0)$, $\mathbf{b} = (1,1,1)$ e os três caminhos da Figura 1.28:

(a) $(0,0,0) \to (1,0,0) \to (1,1,0) \to (1,1,1)$;

(b) $(0,0,0) \to (0,0,1) \to (0,1,1) \to (1,1,1)$;

(c) o caminho parabólico $z = x^2; y = x$.

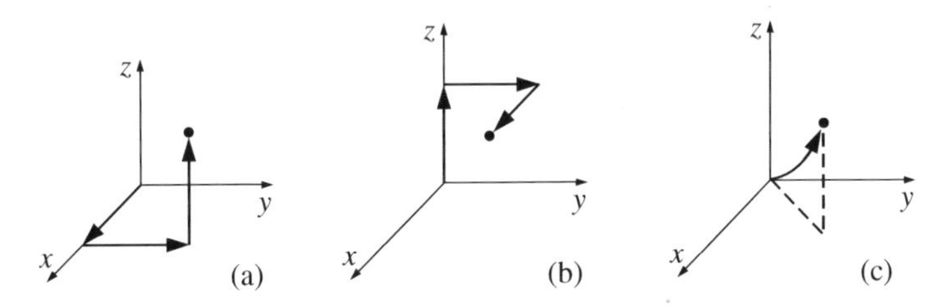


Figura 1.28

---

### 1.3.4 Teorema fundamental para divergentes

O teorema fundamental para divergentes diz que:

$$\boxed{\int_{\mathcal{V}} (\boldsymbol{\nabla} \cdot \mathbf{v})\,d\tau = \oint_{\mathcal{S}} \mathbf{v} \cdot d\mathbf{a}.} \tag{1.56}$$

Em honra, creio eu, da sua grande importância, este teorema tem pelo menos três nomes especiais: **teorema de Gauss**, **teorema de Green** ou, simplesmente, **teorema do divergente**. Como os outros 'teoremas fundamentais', ele diz que a *integral* de uma *derivada* (no caso o *divergente*) sobre uma *região* (no caso um *volume*) é igual ao valor da função no *contorno* (neste caso a *superfície* que limita o volume). Observe que o termo relativo ao contorno é em si uma integral (especificamente, uma integral de superfície). Isso é razoável: o 'contorno' de uma *linha* são apenas seus dois pontos extremos, mas o contorno de um *volume* é uma superfície (fechada).

*Interpretação geométrica:* se $\mathbf{v}$ representa o fluxo de um fluido incompressível, então o *fluxo* de $\mathbf{v}$ (o lado direito da Equação 1.56) é a quantidade total de líquido que passa pela superfície por unidade de tempo. Agora, o divergente mede a 'dispersão' dos vetores a partir de um ponto — um lugar de alto divergente é como uma 'torneira' derramando líquido. Se tivermos muitas torneiras em uma região cheia de fluido incompressível, uma quantidade igual de líquido será forçada para fora dos contornos da região. De fato, há *duas* maneiras de determinar quanto está sendo produzido: (a) podemos contar todas as torneiras, registrando quanto sai de cada uma, ou (b) podemos percorrer o contorno medindo o fluxo em cada ponto e somar tudo. De uma maneira ou de outra, a resposta será a mesma:

$$\int (\text{torneiras dentro do volume}) = \oint (\text{fluxo que sai pela superfície}).$$

Isto, em essência, é o que diz o teorema do divergente.

---

**Exemplo 1.10**

Verifique o teorema do divergente utilizando a função

$$\mathbf{v} = y^2\,\hat{\mathbf{x}} + (2xy + z^2)\,\hat{\mathbf{y}} + (2yz)\,\hat{\mathbf{z}}$$

e o cubo unitário localizado na origem (Figura 1.29).

**Solução:** neste caso

$$\boldsymbol{\nabla}\cdot\mathbf{v} = 2(x+y),$$

e

$$\int_{\mathcal{V}} 2(x+y)\,d\tau = 2\int_0^1\int_0^1\int_0^1 (x+y)\,dx\,dy\,dz,$$

$$\int_0^1 (x+y)\,dx = \tfrac{1}{2} + y,\qquad \int_0^1 (\tfrac{1}{2}+y)\,dy = 1,\qquad \int_0^1 1\,dz = 1.$$

Evidentemente,

$$\int_{\mathcal{V}} \boldsymbol{\nabla}\cdot\mathbf{v}\,d\tau = 2.$$

Isso para o lado esquerdo do teorema do divergente. Para calcular a integral de superfície, temos que considerar separadamente os seis lados do cubo:

(i)
$$\int \mathbf{v}\cdot d\mathbf{a} = \int_0^1\int_0^1 y^2 dy\,dz = \tfrac{1}{3}.$$

(ii)
$$\int \mathbf{v}\cdot d\mathbf{a} = -\int_0^1\int_0^1 y^2\,dy\,dz = -\tfrac{1}{3}.$$

(iii)
$$\int \mathbf{v}\cdot d\mathbf{a} = \int_0^1\int_0^1 (2x+z^2)\,dx\,dz = \tfrac{4}{3}.$$

(iv)
$$\int \mathbf{v}\cdot d\mathbf{a} = -\int_0^1\int_0^1 z^2\,dx\,dz = -\tfrac{1}{3}.$$

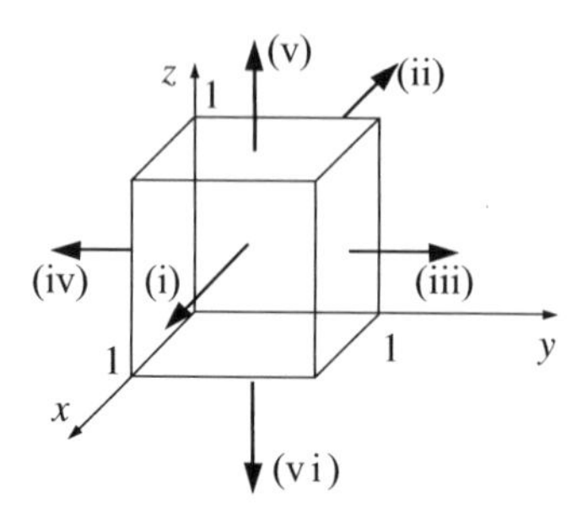


**Figura 1.29**

(v) $$\int \mathbf{v} \cdot d\mathbf{a} = \int_0^1 \int_0^1 2y \, dx \, dy = 1.$$

(vi) $$\int \mathbf{v} \cdot d\mathbf{a} = -\int_0^1 \int_0^1 0 \, dx \, dy = 0.$$

Portanto, o fluxo total é:

$$\oint_{\mathcal{S}} \mathbf{v} \cdot d\mathbf{a} = \tfrac{1}{3} - \tfrac{1}{3} + \tfrac{4}{3} - \tfrac{1}{3} + 1 + 0 = 2,$$

como se esperava.

---

**Problema 1.32** Teste o teorema do divergente para a função $\mathbf{v} = (xy)\,\hat{\mathbf{x}} + (2yz)\,\hat{\mathbf{y}} + (3zx)\,\hat{\mathbf{z}}$. Use como volume o cubo mostrado na Figura 1.30, com lados de comprimento 2.

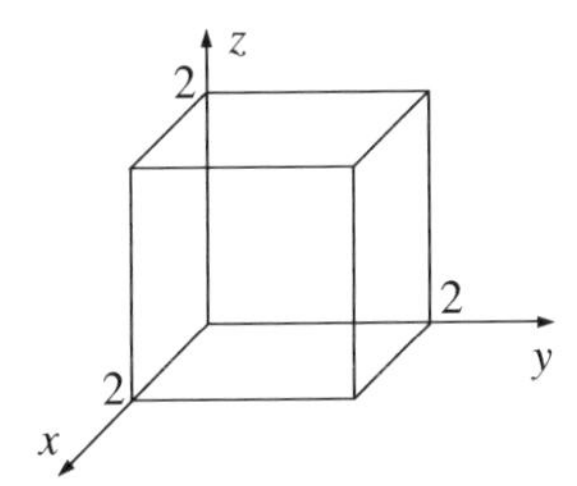


**Figura 1.30**

---

## 1.3.5 Teorema fundamental para rotacionais

O teorema fundamental para rotacionais, que é conhecido pelo nome especial de **teorema de Stokes**, diz que

$$\boxed{\int_{\mathcal{S}} (\nabla \times \mathbf{v}) \cdot d\mathbf{a} = \oint_{\mathcal{P}} \mathbf{v} \cdot d\mathbf{l}.} \tag{1.57}$$

Como sempre, a *integral* de uma *derivada* (no caso o *rotacional*) sobre uma *região* (no caso um trecho de *superfície*) é igual ao valor da função no *contorno* (no caso o perímetro do trecho considerado). Como no caso do teorema do divergente, o termo do contorno é em si uma integral — especificamente, uma integral de linha fechada.

*Interpretação geométrica:* lembre-se de que o rotacional é o 'giro' dos vetores $\mathbf{v}$; uma região com um alto rotacional é um redemoinho — se você colocar ali uma pequena roda de pás ela irá girar. Agora, a *integral* do rotacional sobre uma superfície (ou, mais precisamente, o *fluxo* do rotacional *através* dessa superfície) representa a 'quantidade total de giro', e podemos também determinar esse giro percorrendo a *borda* e descobrir quanto fluxo está atingindo o contorno (Figura 1.31). Talvez você considere esta interpretação do teorema de Stokes um tanto forçada, mas é, no mínimo, um recurso mnemônico que ajuda.

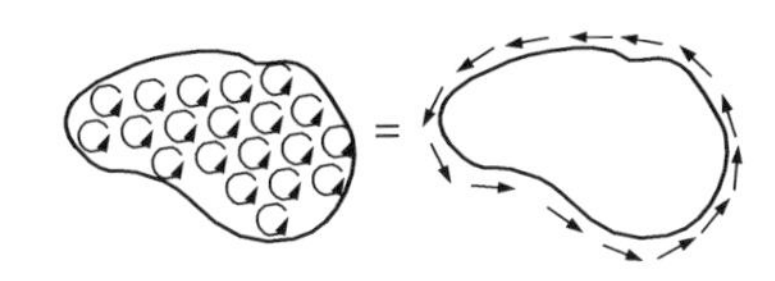


**Figura 1.31**

Talvez você tenha percebido uma aparente ambiguidade no teorema de Stokes: com relação à integral de linha do contorno, em que *sentido* devemos dar a volta (no sentido horário ou anti-horário)? Se formos para o lado 'errado', obteremos um erro geral de sinal. A resposta é que não *importa* para que lado se vá, desde que você seja *coerente*, pois também existe uma ambiguidade de sinal na integral de superfície: para que lado $d\mathbf{a}$ aponta? Para uma superfície *fechada* (como no teorema do divergente), $d\mathbf{a}$ aponta na direção normal *para fora*; para uma superfície *aberta*, que lado é 'para fora'? A coerência no teorema de Stokes (como em todas as questões do tipo) é dada pela regra da mão direita: se os dedos apontam no sentido da integral de linha, o polegar irá determinar o sentido de $d\mathbf{a}$ (Figura 1.32).

Agora, existem muitas superfícies (um número infinito) que compartilham qualquer linha de contorno dada. Faça um laço com um clipe de papel e mergulhe em água com sabão. O filme de sabão é uma superfície, com o laço de arame como contorno. Se você soprar, o filme irá se expandir, formando uma superfície maior, com o mesmo contorno. Em geral, uma integral de fluxo depende essencialmente da superfície sobre a qual ela é determinada, mas, evidentemente, esse *não* é o caso com os rotacionais. Isto porque o teorema de Stokes diz que $\int(\nabla \times \mathbf{v}) \cdot d\mathbf{a}$ é igual à integral de linha de $\mathbf{v}$ em torno do contorno e esta não faz qualquer referência à superfície escolhida.

**Corolário 1:** $\int(\nabla \times \mathbf{v}) \cdot d\mathbf{a}$ depende somente da linha de contorno, e não da superfície específica utilizada.

**Corolário 2:** $\oint(\nabla \times \mathbf{v}) \cdot d\mathbf{a} = 0$ para qualquer superfície fechada, já que a linha de contorno, como a boca de um balão, reduz-se a um ponto e, então, o lado direito da Equação 1.57 se anula.

Estes corolários são análogos aos do teorema do gradiente. Vamos desenvolver ainda mais esse paralelo no devido momento.

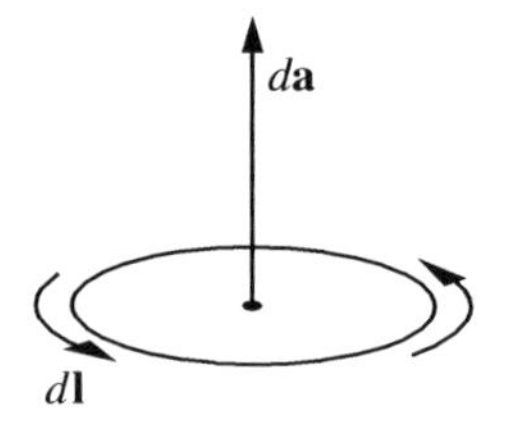


**Figura 1.32**

---

### Exemplo 1.11

Suponha que $\mathbf{v} = (2xz + 3y^2)\hat{\mathbf{y}} + (4yz^2)\hat{\mathbf{z}}$. Verifique o teorema de Stokes para a superfície quadrada mostrada na Figura 1.33.

**Solução:** aqui

$$\nabla \times \mathbf{v} = (4z^2 - 2x)\,\hat{\mathbf{x}} + 2z\,\hat{\mathbf{z}} \quad \text{e} \quad d\mathbf{a} = dy\,dz\,\hat{\mathbf{x}}.$$

(Ao dizer que $d\mathbf{a}$ aponta na direção $x$, estamos nos comprometendo com uma integral de linha no sentido anti-horário. Poderíamos, da mesma forma, escrever $d\mathbf{a} = -dy\,dz\,\hat{\mathbf{x}}$, mas, nesse caso, seríamos obrigados a seguir no sentido horário.) Como $x = 0$ para esta superfície,

$$\int (\nabla \times \mathbf{v}) \cdot d\mathbf{a} = \int_0^1 \int_0^1 4z^2\,dy\,dz = \tfrac{4}{3}.$$

Mas e a integral de linha? Temos de fazer a decomposição em quatro segmentos:

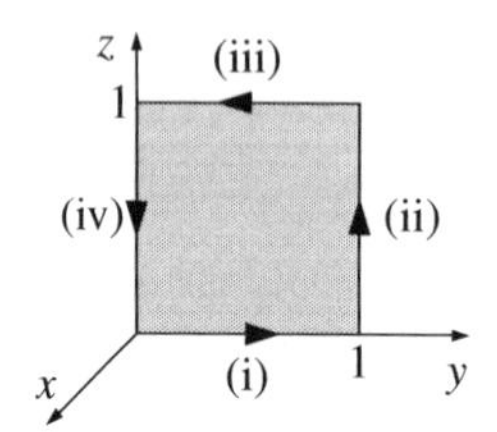


**Figura 1.33**

$$\text{(i)} \quad x = 0, \quad z = 0, \quad \mathbf{v} \cdot d\mathbf{l} = 3y^2\,dy, \quad \int \mathbf{v} \cdot d\mathbf{l} = \int_0^1 3y^2\,dy = 1,$$

$$\text{(ii)} \quad x = 0, \quad y = 1, \quad \mathbf{v} \cdot d\mathbf{l} = 4z^2\,dz, \quad \int \mathbf{v} \cdot d\mathbf{l} = \int_0^1 4z^2\,dz = \tfrac{4}{3},$$

$$\text{(ii)} \quad x = 0, \quad z = 1, \quad \mathbf{v} \cdot d\mathbf{l} = 3y^2\,dy, \quad \int \mathbf{v} \cdot d\mathbf{l} = \int_1^0 3y^2\,dy = -1,$$

$$\text{(iv)} \quad x = 0, \quad y = 0, \quad \mathbf{v} \cdot d\mathbf{l} = 0, \quad \int \mathbf{v} \cdot d\mathbf{l} = \int_1^0 0\,dz = 0.$$

Portanto,

$$\oint \mathbf{v} \cdot d\mathbf{l} = 1 + \frac{4}{3} - 1 + 0 = \frac{4}{3}.$$

Confere.

Um ponto estratégico: observe como tratou-se da etapa (iii). Aqui, existe a tentação de escrever $d\mathbf{l} = -dy\,\hat{\mathbf{y}}$, já que o caminho segue para a esquerda. Você pode conseguir, se insistir, fazendo a integral de $0 \to 1$. Pessoalmente, prefiro dizer $d\mathbf{l} = dx\,\hat{\mathbf{x}} + dy\,\hat{\mathbf{y}} + dz\,\hat{\mathbf{z}}$ *sempre* (nunca um sinal negativo) e deixar que os limites da integral definam a direção.

**Problema 1.33** Verifique o teorema de Stokes para a função $\mathbf{v} = (xy)\,\hat{\mathbf{x}} + (2yz)\,\hat{\mathbf{y}} + (3zx)\,\hat{\mathbf{z}}$ usando a área triangular sombreada da Figura 1.34.

**Problema 1.34** Verifique o Corolário 1 usando a mesma função e a mesma linha de contorno do Exemplo 1.11, mas calculando a integral sobre os cinco lados do cubo da Figura 1.35. A face de trás do cubo é aberta.

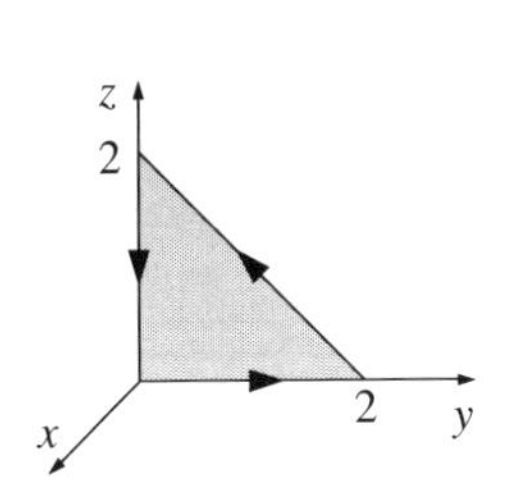


**Figura 1.34**

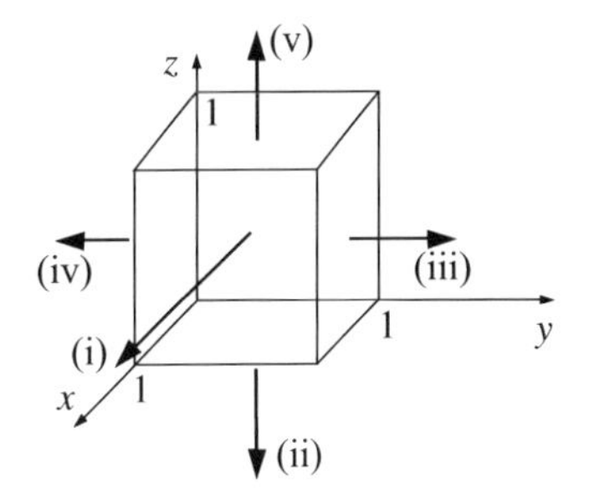


**Figura 1.35**

### 1.3.6 Integração por partes

A técnica conhecida (inconvenientemente) como **integração por partes** explora a regra do produto para derivadas:

$$\frac{d}{dx}(fg) = f\left(\frac{dg}{dx}\right) + g\left(\frac{df}{dx}\right).$$

Integrando ambos os lados e usando o teorema fundamental:

$$\int_a^b \frac{d}{dx}(fg)\,dx = fg\Big|_a^b = \int_a^b f\left(\frac{dg}{dx}\right)dx + \int_a^b g\left(\frac{df}{dx}\right)dx,$$

ou

$$\int_a^b f\left(\frac{dg}{dx}\right)dx = -\int_a^b g\left(\frac{df}{dx}\right)dx + fg\Big|_a^b. \tag{1.58}$$

Isso é a integração por partes. O método é pertinente para a situação em que é preciso integrar o produto entre uma função ($f$) e a *derivada* de outra ($g$); ele diz que se pode *transferir a derivada de $g$ a $f$*, ao custo de um sinal de menos e um termo de contorno.

**Exemplo 1.12**

Calcule a integral

$$\int_0^\infty xe^{-x}\,dx.$$

**Solução:** a exponencial pode ser expressa como a derivada:

$$e^{-x} = \frac{d}{dx}\left(-e^{-x}\right);$$

nesse caso, então, $f(x) = x$, $g(x) = -e^{-x}$, e $df/dx = 1$, portanto

$$\int_0^\infty xe^{-x}\,dx = \int_0^\infty e^{-x}\,dx - xe^{-x}\Big|_0^\infty = -e^{-x}\Big|_0^\infty = 1.$$

Podemos explorar as regras de produtos de cálculo vetorial, juntamente com os teoremas fundamentais apropriados, exatamente da mesma forma. Por exemplo, integrando

$$\nabla\cdot(f\mathbf{A}) = f(\nabla\cdot\mathbf{A}) + \mathbf{A}\cdot(\nabla f)$$

sobre um volume e usando o teorema do divergente, temos

$$\int \nabla\cdot(f\mathbf{A})\,d\tau = \int f(\nabla\cdot\mathbf{A})\,d\tau + \int \mathbf{A}\cdot(\nabla f)\,d\tau = \oint f\mathbf{A}\cdot d\mathbf{a},$$

ou

$$\int_{\mathcal{V}} f(\nabla\cdot\mathbf{A})\,d\tau = -\int_{\mathcal{V}} \mathbf{A}\cdot(\nabla f)\,d\tau + \oint_{\mathcal{S}} f\mathbf{A}\cdot d\mathbf{a}. \tag{1.59}$$

Aqui, novamente, o integrando é produto entre uma função ($f$) e a derivada (neste caso o *divergente*) de outra (**A**). A integração por partes nos permite transferir a derivada de **A** para $f$ (onde ela se torna um *gradiente*), ao preço de um sinal de menos e de um termo de contorno (neste caso uma integral de superfície).

Talvez você se pergunte com que frequência é possível encontrar uma integral que envolva o produto entre uma função e a derivada de outra. A resposta é que isso é *surpreendentemente* frequente e que a integração por partes resulta em uma das ferramentas mais poderosas do cálculo vetorial.

**Problema 1.35** (a) Mostre que

$$\int_{\mathcal{S}} f(\nabla\times\mathbf{A})\cdot d\mathbf{a} = \int_{\mathcal{S}} [\mathbf{A}\times(\nabla f)]\cdot d\mathbf{a} + \oint_{\mathcal{C}} f\mathbf{A}\cdot d\mathbf{l}. \tag{1.60}$$

(b) Mostre que

$$\int_{\mathcal{V}} \mathbf{B}\cdot(\nabla\times\mathbf{A})\,d\tau = \int_{\mathcal{V}} \mathbf{A}\cdot(\nabla\times\mathbf{B})\,d\tau + \oint_{\mathcal{S}} (\mathbf{A}\times\mathbf{B})\cdot d\mathbf{a}. \tag{1.61}$$

# 1.4 Coordenadas curvilíneas

## 1.4.1 Coordenadas polares esféricas

As coordenadas polares esféricas $(r, \theta, \phi)$ de um ponto $P$ estão definidas na Figura 1.36; $r$ é a distância a partir da origem (a magnitude do vetor posição), $\theta$ (o ângulo formado com o eixo $z$) é o chamado **ângulo polar** e $\phi$ (o ângulo de contorno a partir do eixo $x$) é o **ângulo azimutal**. Sua relação com as coordenadas cartesianas $(x, y, z)$ pode ser obtida a partir da Figura 1.36:

$$x = r\,\text{sen}\,\theta\cos\phi, \qquad y = r\,\text{sen}\,\theta\,\text{sen}\,\phi, \qquad z = r\cos\theta. \tag{1.62}$$

A Figura 1.36 também mostra os três vetores unitários $\hat{\mathbf{r}}, \hat{\boldsymbol{\theta}}, \hat{\boldsymbol{\phi}}$ que apontam na direção do aumento das coordenadas correspondentes. Eles constituem uma base ortogonal (mutuamente perpendiculares) (como $\hat{\mathbf{x}}, \hat{\mathbf{y}}, \hat{\mathbf{z}}$) e qualquer vetor **A** pode ser expresso em termos desses vetores unitários, da maneira usual:

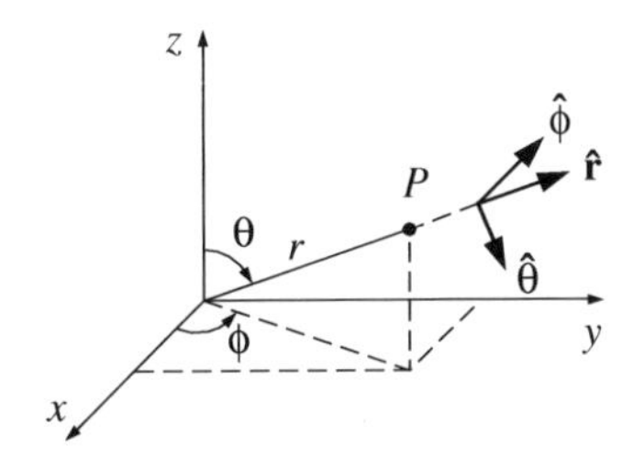


**Figura 1.36**

$$\mathbf{A} = A_r\,\hat{\mathbf{r}} + A_\theta\,\hat{\boldsymbol{\theta}} + A_\phi\,\hat{\boldsymbol{\phi}}. \tag{1.63}$$

$A_r$, $A_\theta$ e $A_\phi$ são as componentes radial, polar e azimutal de $\mathbf{A}$. Em termos dos vetores unitários cartesianos,

$$\left.\begin{aligned} \hat{\mathbf{r}} &= \operatorname{sen}\theta\cos\phi\,\hat{\mathbf{x}} + \operatorname{sen}\theta\operatorname{sen}\phi\,\hat{\mathbf{y}} + \cos\theta\,\hat{\mathbf{z}}, \\ \hat{\boldsymbol{\theta}} &= \cos\theta\cos\phi\,\hat{\mathbf{x}} + \cos\theta\operatorname{sen}\phi\,\hat{\mathbf{y}} - \operatorname{sen}\theta\,\hat{\mathbf{z}}, \\ \hat{\boldsymbol{\phi}} &= -\operatorname{sen}\phi\,\hat{\mathbf{x}} + \cos\phi\,\hat{\mathbf{y}}, \end{aligned}\right\} \tag{1.64}$$

como você mesmo pode facilmente verificar (Problema 1.37). Essas fórmulas estão no final do livro, para facilitar a consulta.

Mas aqui existe uma cobra venenosa à espreita, e é melhor que eu o alerte a respeito dela: $\hat{\mathbf{r}}$, $\hat{\boldsymbol{\theta}}$ e $\hat{\boldsymbol{\phi}}$ estão associados a um *ponto específico* $P$ e eles *mudam de direção* à medida que $P$ se movimenta. Por exemplo, $\hat{\mathbf{r}}$ sempre aponta radialmente para fora, mas 'radialmente para fora' pode ser a direção $x$, a direção $y$ ou qualquer outra direção, dependendo de onde você esteja. Na Figura 1.37, $\mathbf{A} = \hat{\mathbf{y}}$ e $\mathbf{B} = -\hat{\mathbf{y}}$ e, no entanto, *ambos* seriam escritos como $\hat{\mathbf{r}}$ em coordenadas esféricas. Poder-se-ia levar isso em conta indicando explicitamente o ponto de referência: $\hat{\mathbf{r}}(\theta,\phi)$, $\hat{\boldsymbol{\theta}}(\theta,\phi)$, $\hat{\boldsymbol{\phi}}(\theta,\phi)$, mas isso seria excessivamente trabalhoso e, desde que se tenha ciência do problema, não creio que haverá dificuldades.[4] Particularmente, não tenha a ingenuidade de combinar as componentes esféricas de vetores associados a pontos diferentes (na Figura 1.37, $\mathbf{A} + \mathbf{B} = 0$, não $2\hat{\mathbf{r}}$ e $\mathbf{A}\cdot\mathbf{B} = -1$, não $+1$). Tome cuidado ao diferenciar um vetor que esteja expresso em coordenadas esféricas, já que os vetores unitários, em si, são funções de posição ($\partial\hat{\mathbf{r}}/\partial\theta = \hat{\boldsymbol{\theta}}$, por exemplo). E não retire $\hat{\mathbf{r}}$, $\hat{\boldsymbol{\theta}}$ e $\hat{\boldsymbol{\phi}}$ de uma integral, como fizemos com $\hat{\mathbf{x}}$, $\hat{\mathbf{y}}$ e $\hat{\mathbf{z}}$ na Equação 1.53. Em geral, se você não estiver certo quanto à validade de uma operação, expresse o problema novamente em coordenadas cartesianas, nas quais essa dificuldade não ocorre.

Um deslocamento infinitesimal na direção $\hat{\mathbf{r}}$ é simplesmente $dr$ (Figura 1.38a), da mesma forma que um elemento infinitesimal de comprimento na direção $x$ é $dx$:

$$dl_r = dr. \tag{1.65}$$

Por outro lado, um elemento infinitesimal de comprimento na direção $\hat{\boldsymbol{\theta}}$ (Figura 1.38b), não é apenas $d\theta$ (isso é um *ângulo* — não tem as *unidades* corretas para comprimento), mas sim $r\,d\theta$:

$$dl_\theta = r\,d\theta. \tag{1.66}$$

Da mesma forma, um elemento infinitesimal de comprimento na direção $\hat{\boldsymbol{\phi}}$ (Figura 1.38c) é $r\operatorname{sen}\theta\,d\phi$:

$$dl_\phi = r\operatorname{sen}\theta\,d\phi. \tag{1.67}$$

Portanto, o deslocamento infinitesimal geral $d\mathbf{l}$ é

$$d\mathbf{l} = dr\,\hat{\mathbf{r}} + r\,d\theta\,\hat{\boldsymbol{\theta}} + r\operatorname{sen}\theta\,d\phi\,\hat{\boldsymbol{\phi}}. \tag{1.68}$$

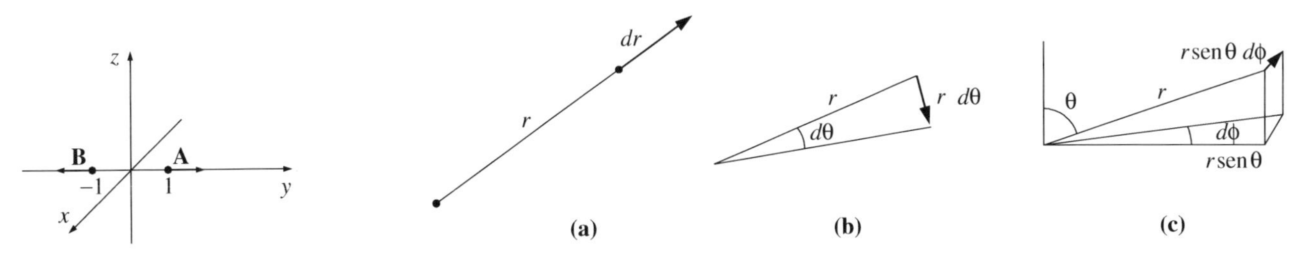


**Figura 1.37**

**Figura 1.38**

4. Aleguei no início que os vetores não têm localização e mantenho isso. Os vetores, em si, existem 'por aí', completamente independentes de nossa escolha de coordenadas. Mas a *notação* que usamos para representá-los, depende, sim, do ponto em questão, nas coordenadas curvilíneas.

Isso tem o papel (nas integrais de linha, por exemplo) que $d\mathbf{l} = dx\,\hat{\mathbf{x}} + dy\,\hat{\mathbf{y}} + dz\,\hat{\mathbf{z}}$ teve nas coordenadas cartesianas. O elemento de volume infinitesimal $d\tau$, nas coordenadas esféricas, é o produto dos três deslocamentos infinitesimais:

$$d\tau = dl_r\, dl_\theta\, dl_\phi = r^2 \operatorname{sen}\theta\, dr\, d\theta\, d\phi. \tag{1.69}$$

Não posso lhe dar uma expressão geral para elementos de *superfície* $d\mathbf{a}$, já que eles dependem da orientação da superfície. Você terá simplesmente que analisar a geometria para cada caso (isso vale tanto para as coordenadas cartesianas quanto para as curvilíneas). Se você estiver calculando a integral sobre a superfície de uma esfera, por exemplo, então $r$ é constante, enquanto $\theta$ e $\phi$ variam (Figura 1.39), portanto

$$d\mathbf{a}_1 = dl_\theta\, dl_\phi\, \hat{\mathbf{r}} = r^2 \operatorname{sen}\theta\, d\theta\, d\phi\, \hat{\mathbf{r}}.$$

Por outro lado, se a superfície está no plano $xy$, digamos, de forma que $\theta$ seja constante (a saber $\pi/2$), enquanto $r$ e $\phi$ variam, então

$$d\mathbf{a}_2 = dl_r\, dl_\phi\, \hat{\boldsymbol{\theta}} = r\, dr\, d\phi\, \hat{\boldsymbol{\theta}}.$$

Por fim, observe que o alcance de $r$ é de 0 a $\infty$, o de $\phi$ é de 0 a $2\pi$, e o de $\theta$ é de 0 a $\pi$ (não $2\pi$, pois isso faria contar cada ponto duas vezes).[5]

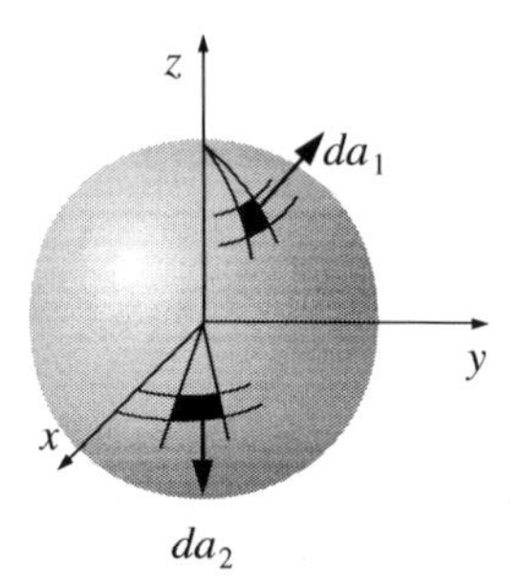


**Figura 1.39**

---

**Exemplo 1.13**

Encontre o volume de uma esfera de raio $R$.

**Solução:**

$$\begin{aligned} V &= \int d\tau = \int_{r=0}^{R}\int_{\theta=0}^{\pi}\int_{\phi=0}^{2\pi} r^2 \operatorname{sen}\theta\, dr\, d\theta\, d\phi \\ &= \left(\int_0^R r^2\, dr\right)\left(\int_0^\pi \operatorname{sen}\theta\, d\theta\right)\left(\int_0^{2\pi} d\phi\right) \\ &= \left(\frac{R^3}{3}\right)(2)(2\pi) = \tfrac{4}{3}\pi R^3. \end{aligned}$$

(Não é uma grande surpresa.)

---

Até o momento falamos apenas sobre a *geometria* das coordenadas esféricas. Agora gostaria de 'traduzir' as derivadas vetoriais (gradiente, divergente, rotacional e laplaciano) para a notação $r$, $\theta$, $\phi$. Em princípio, isso é totalmente direto: no caso do gradiente,

$$\boldsymbol{\nabla} T = \frac{\partial T}{\partial x}\hat{\mathbf{x}} + \frac{\partial T}{\partial y}\hat{\mathbf{y}} + \frac{\partial T}{\partial z}\hat{\mathbf{z}},$$

por exemplo, usaríamos primeiro a regra da cadeia para expressar novamente as derivadas parciais:

$$\frac{\partial T}{\partial x} = \frac{\partial T}{\partial r}\left(\frac{\partial r}{\partial x}\right) + \frac{\partial T}{\partial \theta}\left(\frac{\partial \theta}{\partial x}\right) + \frac{\partial T}{\partial \phi}\left(\frac{\partial \phi}{\partial x}\right).$$

5. Alternativamente, poderia-se variar $\phi$ de 0 a $\pi$ (o 'hemisfério oriental') e cobrir o 'hemisfério ocidental' estendendo $\theta$ de $\pi$ a $2\pi$. Mas essa é uma notação muito ruim, já que, entre outras coisas, $\operatorname{sen}\theta$ será, então, negativo e você terá de usar sinais de valor absoluto em torno do termo nos elementos de volume e superfície (sendo área e volume, intrinsecamente, quantidades positivas).

Os termos entre parênteses podem, então, ser calculados a partir da Equação 1.62 — ou melhor, o *inverso* dessas equações (Problema 1.36). Em seguida faríamos o mesmo para $\partial T/\partial y$ e $\partial T/\partial z$. Finalmente, substituiríamos as fórmulas para $\hat{\mathbf{x}}$, $\hat{\mathbf{y}}$ e $\hat{\mathbf{z}}$, em termos de $\hat{\mathbf{r}}$, $\hat{\boldsymbol{\theta}}$ e $\hat{\boldsymbol{\phi}}$ (Problema 1.37). Levaria uma hora para calcular o gradiente em coordenadas esféricas através desse método de força bruta. Suponho que tenha sido feito assim da primeira vez, mas existe uma abordagem indireta muito mais eficiente, explicada no Apêndice A, e que tem a vantagem de tratar de todos os sistemas de coordenadas de uma vez. Descrevi o método 'direto' apenas para mostrar que não há nada sutil ou misterioso sobre a transformação para coordenadas esféricas: você está expressando a *mesma quantidade* (gradiente, divergente, seja o que for) em notação diferente, só isso.

Aqui estão, então, as derivadas vetoriais em coordenadas esféricas:

*Gradiente:*

$$\boldsymbol{\nabla} T = \frac{\partial T}{\partial r}\hat{\mathbf{r}} + \frac{1}{r}\frac{\partial T}{\partial \theta}\hat{\boldsymbol{\theta}} + \frac{1}{r \operatorname{sen}\theta}\frac{\partial T}{\partial \phi}\hat{\boldsymbol{\phi}}. \tag{1.70}$$

*Divergente:*

$$\boldsymbol{\nabla} \cdot \mathbf{v} = \frac{1}{r^2}\frac{\partial}{\partial r}(r^2 v_r) + \frac{1}{r \operatorname{sen}\theta}\frac{\partial}{\partial \theta}(\operatorname{sen}\theta\, v_\theta) + \frac{1}{r \operatorname{sen}\theta}\frac{\partial v_\phi}{\partial \phi}. \tag{1.71}$$

*Rotacional:*

$$\begin{aligned}\boldsymbol{\nabla} \times \mathbf{v} &= \frac{1}{r \operatorname{sen}\theta}\left[\frac{\partial}{\partial \theta}(\operatorname{sen}\theta\, v_\phi) - \frac{\partial v_\theta}{\partial \phi}\right]\hat{\mathbf{r}} + \frac{1}{r}\left[\frac{1}{\operatorname{sen}\theta}\frac{\partial v_r}{\partial \phi} - \frac{\partial}{\partial r}(r v_\phi)\right]\hat{\boldsymbol{\theta}} \\ &+ \frac{1}{r}\left[\frac{\partial}{\partial r}(r v_\theta) - \frac{\partial v_r}{\partial \theta}\right]\hat{\boldsymbol{\phi}}.\end{aligned} \tag{1.72}$$

*Laplaciano:*

$$\nabla^2 T = \frac{1}{r^2}\frac{\partial}{\partial r}\left(r^2 \frac{\partial T}{\partial r}\right) + \frac{1}{r^2 \operatorname{sen}\theta}\frac{\partial}{\partial \theta}\left(\operatorname{sen}\theta \frac{\partial T}{\partial \theta}\right) + \frac{1}{r^2 \operatorname{sen}^2\theta}\frac{\partial^2 T}{\partial \phi^2}. \tag{1.73}$$

Para consulta, essas fórmulas estão listadas no final do livro.

---

**Problema 1.36** Encontre as fórmulas para $r, \theta, \phi$ em termos de $x, y, z$ (em outras palavras, o inverso da Equação 1.62).

• **Problema 1.37** Expresse os vetores unitários $\hat{\mathbf{r}}, \hat{\boldsymbol{\theta}}, \hat{\boldsymbol{\phi}}$ em termos de $\hat{\mathbf{x}}, \hat{\mathbf{y}}, \hat{\mathbf{z}}$ (ou seja, deduza a Equação 1.64).

Verifique as suas respostas de várias maneiras ($\hat{\mathbf{r}} \cdot \hat{\mathbf{r}} \stackrel{?}{=} 1$, $\hat{\boldsymbol{\theta}} \cdot \hat{\boldsymbol{\phi}} \stackrel{?}{=} 0$, $\hat{\mathbf{r}} \times \hat{\boldsymbol{\theta}} \stackrel{?}{=} \hat{\boldsymbol{\phi}}, \ldots$). Calcule também as fórmulas inversas dando $\hat{\mathbf{x}}, \hat{\mathbf{y}}, \hat{\mathbf{z}}$ em termos de $\hat{\mathbf{r}}, \hat{\boldsymbol{\theta}}, \hat{\boldsymbol{\phi}}$ (e $\theta, \phi$).

• **Problema 1.38** (a) Verifique o teorema do divergente para a função $\mathbf{v}_1 = r^2\hat{\mathbf{r}}$, usando, como volume, a esfera de raio $R$, centrada na origem.

(b) Faça o mesmo para $\mathbf{v}_2 = (1/r^2)\hat{\mathbf{r}}$. (Se a resposta o surpreender, consulte o Problema 1.16.)

**Problema 1.39** Calcule o divergente da função

$$\mathbf{v} = (r\cos\theta)\,\hat{\mathbf{r}} + (r\operatorname{sen}\theta)\,\hat{\boldsymbol{\theta}} + (r\operatorname{sen}\theta\cos\phi)\,\hat{\boldsymbol{\phi}}.$$

Verifique o teorema do divergente para esta função, usando para o volume a semiesfera invertida de raio $R$ apoiada no plano $xy$ e centrada na origem (Figura 1.40).

**Problema 1.40** Calcule o gradiente e o laplaciano da função $T = r(\cos\theta + \operatorname{sen}\theta\cos\phi)$. Verifique o laplaciano convertendo $T$ em coordenadas cartesianas e usando a Equação 1.42. Teste o teorema do gradiente para esta função, usando o caminho mostrado na Figura 1.41 de $(0, 0, 0)$ a $(0, 0, 2)$.

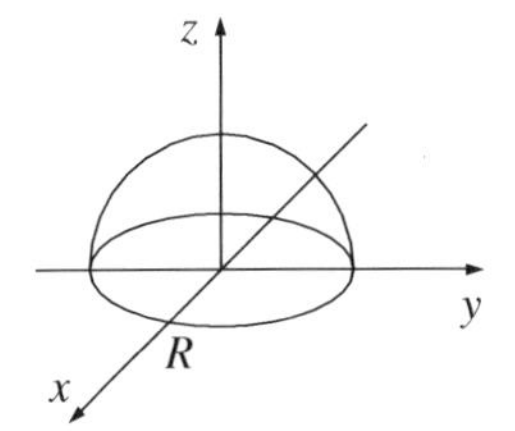

**Figura 1.40**

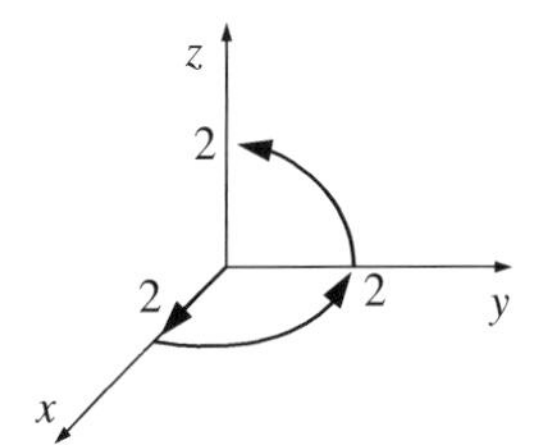

**Figura 1.41**

---

### 1.4.2 Coordenadas cilíndricas

As coordenadas cilíndricas $(s, \phi, z)$ de um ponto $P$ estão definidas na Figura 1.42. Observe que $\phi$ tem o mesmo significado que nas coordenadas esféricas e $z$ é o mesmo que nas cartesianas; $s$ é a distância até $P$ *a partir do eixo* $z$, enquanto a coordenada esférica $r$ é a distância a partir da *origem*. A relação com as coordenadas cartesianas é

$$x = s\cos\phi, \qquad y = s\,\mathrm{sen}\,\phi, \qquad z = z. \tag{1.74}$$

Os vetores unitários (Problema 1.41) são

$$\left.\begin{array}{rcl} \hat{\mathbf{s}} &=& \cos\phi\,\hat{\mathbf{x}} + \mathrm{sen}\,\phi\,\hat{\mathbf{y}}, \\ \hat{\boldsymbol{\phi}} &=& -\mathrm{sen}\,\phi\,\hat{\mathbf{x}} + \cos\phi\,\hat{\mathbf{y}}, \\ \hat{\mathbf{z}} &=& \hat{\mathbf{z}}. \end{array}\right\} \tag{1.75}$$

Os deslocamentos infinitesimais são

$$dl_s = ds, \qquad dl_\phi = s\,d\phi, \qquad dl_z = dz, \tag{1.76}$$

portanto

$$d\mathbf{l} = ds\,\hat{\mathbf{s}} + s\,d\phi\,\hat{\boldsymbol{\phi}} + dz\,\hat{\mathbf{z}}, \tag{1.77}$$

e o elemento de volume é

$$d\tau = s\,ds\,d\phi\,dz. \tag{1.78}$$

A faixa de $s$ é $0 \to \infty$, $\phi$ vai de $0 \to 2\pi$, e $z$ de $-\infty$ a $\infty$.

As derivadas vetoriais em coordenadas cilíndricas são:

*Gradiente:*

$$\boldsymbol{\nabla} T = \frac{\partial T}{\partial s}\,\hat{\mathbf{s}} + \frac{1}{s}\frac{\partial T}{\partial \phi}\,\hat{\boldsymbol{\phi}} + \frac{\partial T}{\partial z}\,\hat{\mathbf{z}}. \tag{1.79}$$

*Divergente:*

$$\boldsymbol{\nabla}\cdot\mathbf{v} = \frac{1}{s}\frac{\partial}{\partial s}(s v_s) + \frac{1}{s}\frac{\partial v_\phi}{\partial \phi} + \frac{\partial v_z}{\partial z}. \tag{1.80}$$

*Rotacional:*

$$\boldsymbol{\nabla}\times\mathbf{v} = \left(\frac{1}{s}\frac{\partial v_z}{\partial \phi} - \frac{\partial v_\phi}{\partial z}\right)\hat{\mathbf{s}} + \left(\frac{\partial v_s}{\partial z} - \frac{\partial v_z}{\partial s}\right)\hat{\boldsymbol{\phi}} + \frac{1}{s}\left[\frac{\partial}{\partial s}(s v_\phi) - \frac{\partial v_s}{\partial \phi}\right]\hat{\mathbf{z}}. \tag{1.81}$$

*Laplaciano:*

$$\nabla^2 T = \frac{1}{s}\frac{\partial}{\partial s}\left(s\frac{\partial T}{\partial s}\right) + \frac{1}{s^2}\frac{\partial^2 T}{\partial \phi^2} + \frac{\partial^2 T}{\partial z^2}. \tag{1.82}$$

Estas fórmulas também estão listadas nas páginas finais do livro.

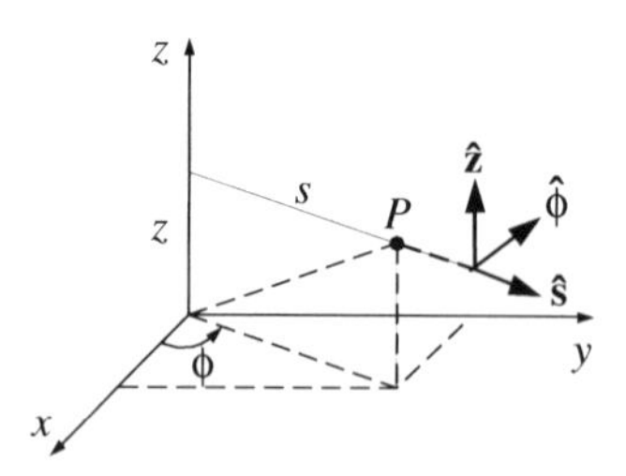


**Figura 1.42**

---

**Problema 1.41** Expresse os vetores unitários cilíndricos $\hat{\mathbf{s}}, \hat{\boldsymbol{\phi}}, \hat{\mathbf{z}}$ em termos de $\hat{\mathbf{x}}, \hat{\mathbf{y}}, \hat{\mathbf{z}}$ (ou seja, deduza a Equação 1.75). 'Inverta' as fórmulas para chegar a $\hat{\mathbf{x}}, \hat{\mathbf{y}}, \hat{\mathbf{z}}$ em termos de $\hat{\mathbf{s}}, \hat{\boldsymbol{\phi}}, \hat{\mathbf{z}}$ (e $\phi$).

**Problema 1.42** (a) Encontre o divergente da função

$$\mathbf{v} = s(2 + \mathrm{sen}^2\,\phi)\,\hat{\mathbf{s}} + s\,\mathrm{sen}\,\phi\cos\phi\;\hat{\boldsymbol{\phi}} + 3z\;\hat{\mathbf{z}}.$$

(b) Teste o teorema do divergente para essa função, usando o quarto de cilindro (raio 2, altura 5) mostrado na Figura 1.43.

(c) Encontre o rotacional de $\mathbf{v}$.

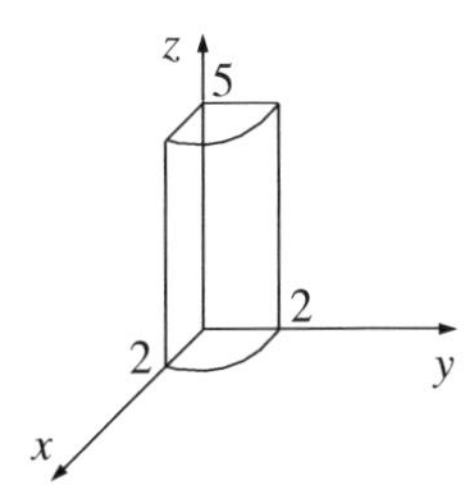


**Figura 1.43**

## 1.5 A função delta de Dirac

### 1.5.1 O divergente de $\hat{\mathbf{r}}/r^2$

Considere a função vetorial

$$\mathbf{v} = \frac{1}{r^2}\,\hat{\mathbf{r}}. \tag{1.83}$$

Em cada localização, $\mathbf{v}$ é dirigido radialmente para fora (Figura 1.44); se existe uma função que deveria ter um grande divergente positivo, é esta. No entanto, quando se *calcula*, de fato, o divergente (usando a Equação 1.71), chega-se, precisamente, a *zero*:

$$\nabla\cdot\mathbf{v} = \frac{1}{r^2}\frac{\partial}{\partial r}\left(r^2\frac{1}{r^2}\right) = \frac{1}{r^2}\frac{\partial}{\partial r}(1) = 0. \tag{1.84}$$

(Você já terá encontrado este paradoxo se trabalhou no Problema 1.16.) A trama se complicará se aplicar o teorema do divergente a esta função. Suponha que calculemos a integral sobre uma esfera de raio $R$, centrada na origem (Problema 1.38b); a integral de superfície é

$$\begin{aligned}\oint \mathbf{v}\cdot d\mathbf{a} &= \int\left(\frac{1}{R^2}\hat{\mathbf{r}}\right)\cdot(R^2\operatorname{sen}\theta\, d\theta\, d\phi\,\hat{\mathbf{r}})\\ &= \left(\int_0^{\pi}\operatorname{sen}\theta\, d\theta\right)\left(\int_0^{2\pi} d\phi\right) = 4\pi.\end{aligned} \tag{1.85}$$

Mas a integral de *volume* $\int\nabla\cdot\mathbf{v}\,d\tau$ é *zero*, se acreditarmos na Equação 1.84. Isso significa que o teorema do divergente é falso? O que está acontecendo aqui?

A origem do problema é o ponto $r = 0$, onde $\mathbf{v}$ explode (e onde, na Equação 1.84, nós inadvertidamente dividimos por zero). É verdade que $\nabla\cdot\mathbf{v} = 0$ em qualquer lugar, *exceto* na origem, mas bem na origem a situação é mais complicada. Observe que a integral de superfície (1.85) é *independente de* $R$; se o teorema do divergente estiver certo (e ele está), devemos obter $\int(\nabla\cdot\mathbf{v})\,d\tau = 4\pi$ para *qualquer* esfera centrada na origem, não importa quão pequena seja. Evidentemente, toda a contribuição deve estar vindo do ponto $r = 0$! Assim, $\nabla\cdot\mathbf{v}$ tem a propriedade bizarra de anular-se em qualquer lugar, exceto em um ponto; e, mesmo assim, sua *integral* (sobre qualquer volume que contenha esse ponto) é $4\pi$. Nenhuma função ordinária se comporta dessa forma. (Por outro lado, um *exemplo* físico nos vem à mente: a densidade (massa por unidade de volume) de uma partícula pontual. É zero, exceto na localização exata da partícula e, mesmo assim, sua *integral* é finita — a saber, a

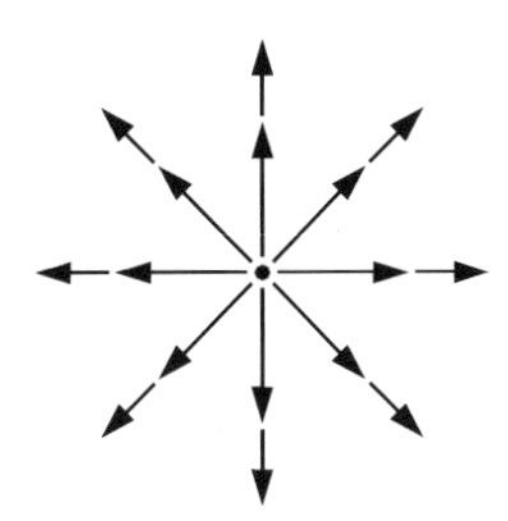

**Figura 1.44**

massa da partícula.) Chegamos por acaso a um objeto matemático conhecido pelos físicos como **função delta de Dirac**. Ele surge em muitas ramificações da física teórica. Além do mais, o problema específico que tem-se em mãos (o divergente da função $\hat{\mathbf{r}}/r^2$) não é apenas uma curiosidade enigmática — ele é, de fato, um aspecto central de toda a teoria da eletrodinâmica. Portanto, vale a pena fazer uma pausa aqui e estudar, com alguma atenção, a função delta de Dirac.

## 1.5.2 A função delta de Dirac unidimensional

A função delta de Dirac unidimensional, $\delta(x)$, pode ser ilustrada como um 'pico' infinitamente alto e infinitesimalmente estreito, com área 1 (Figura 1.45). Ou seja:

$$\delta(x) = \left\{ \begin{array}{ll} 0, & \text{se } x \neq 0 \\ \infty, & \text{se } x = 0 \end{array} \right\} \tag{1.86}$$

e

$$\int_{-\infty}^{\infty} \delta(x)\, dx = 1. \tag{1.87}$$

Tecnicamente, $\delta(x)$ não é, de forma alguma, uma função, já que seu valor não é finito em $x = 0$. Na literatura matemática, ela é conhecida como **função generalizada** ou **distribuição**. Ela é, se você preferir, o *limite* de uma *sequência* de funções, tais como retângulos $R_n(x)$, de altura $n$ e largura $1/n$, ou triângulos isósceles $T_n(x)$, de altura $n$ e base $2/n$ (Figura 1.46).

Se $f(x)$ for alguma função 'ordinária' (ou seja, que *não* é outra função delta — inclusive, por via das dúvidas, digamos que $f(x)$ seja *contínua*), então o *produto* $f(x)\delta(x)$ é zero em qualquer lugar, exceto em $x = 0$. Segue-se que

$$f(x)\delta(x) = f(0)\delta(x). \tag{1.88}$$

(Este é o fato mais importante sobre a função delta, portanto, certifique-se de entender por que ele é verdadeiro: como o produto é zero de qualquer forma, *exceto* em $x = 0$, podemos muito bem substituir $f(x)$ pelo valor que assume na origem.) Em particular

$$\int_{-\infty}^{\infty} f(x)\delta(x)\, dx = f(0) \int_{-\infty}^{\infty} \delta(x)\, dx = f(0). \tag{1.89}$$

Então, sob uma integral, a função delta 'escolhe' o valor de $f(x)$ em $x = 0$. (Aqui e abaixo, a integral não precisa ser calculada de $-\infty$ a $+\infty$; é suficiente que o domínio se estenda através da função delta, e de $-\epsilon$ a $+\epsilon$ seria suficiente.)

É claro que podemos mudar o pico de $x = 0$ para algum outro ponto, $x = a$ (Figura 1.47):

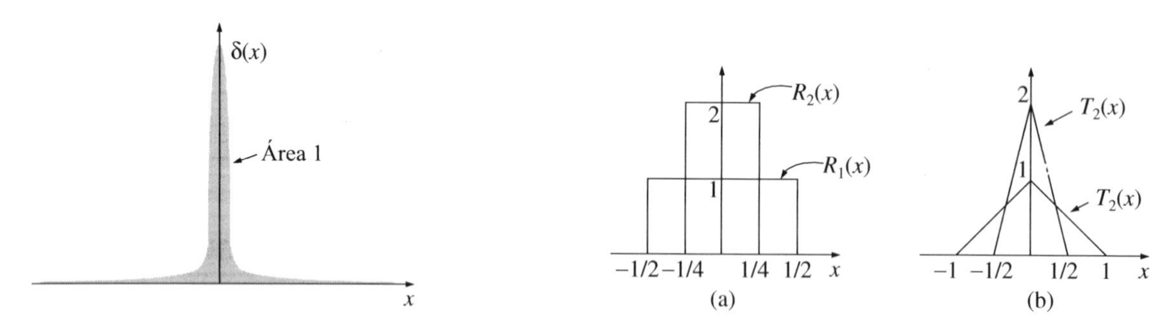


Figura 1.45

Figura 1.46

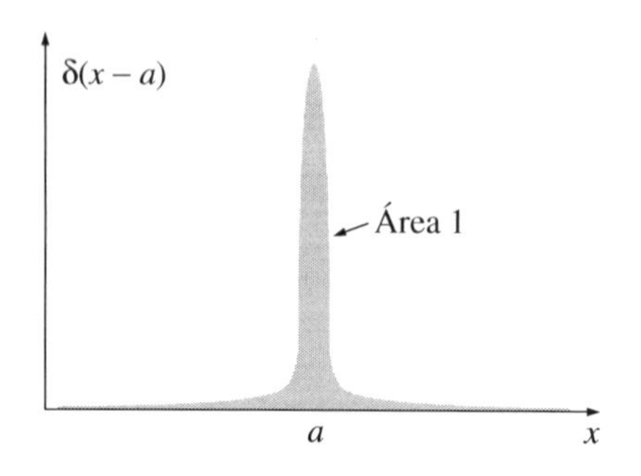


Figura 1.47

$$\delta(x-a)=\left\{\begin{array}{ll}0, & \text{se } x\neq a\\ \infty, & \text{se } x=a\end{array}\right\} \text{ com } \int_{-\infty}^{\infty}\delta(x-a)\,dx=1. \tag{1.90}$$

A Equação 1.88 torna-se

$$f(x)\delta(x-a)=f(a)\delta(x-a), \tag{1.91}$$

e a Equação 1.89 generaliza-se para

$$\int_{-\infty}^{\infty} f(x)\delta(x-a)\,dx=f(a). \tag{1.92}$$

---

**Exemplo 1.14**

Calcule a integral

$$\int_0^3 x^3\delta(x-2)\,dx.$$

**Solução:** a função delta escolhe o valor de $x^3$ no ponto $x=2$, portanto a integral é $2^3=8$. Observe, porém, que se o limite superior fosse 1 (em vez de 3), a resposta seria 0, porque o pico, nesse caso, ficaria fora do domínio de integração.

---

Embora $\delta$ em si não seja uma função legítima, *integrais* de $\delta$ são perfeitamente aceitáveis. De fato, é melhor pensar na função delta como algo sempre destinado a *ser usado dentro de uma integral.* Em particular, duas expressões que envolvem funções delta (digamos $D_1(x)$ e $D_2(x)$) são consideradas iguais se[6]

$$\int_{-\infty}^{\infty} f(x)D_1(x)\,dx=\int_{-\infty}^{\infty} f(x)D_2(x)\,dx, \tag{1.93}$$

para todas as funções ('ordinárias') $f(x)$.

---

**Exemplo 1.15**

Mostre que

$$\delta(kx)=\frac{1}{|k|}\delta(x), \tag{1.94}$$

onde $k$ é qualquer constante (diferente de zero). (Em particular, $\delta(-x)=\delta(x)$.)

**Solução:** para uma função de teste arbitrária $f(x)$, considere a integral

$$\int_{-\infty}^{\infty} f(x)\delta(kx)\,dx.$$

Mudando as variáveis, deixemos que $y\equiv kx$, de forma que $x=y/k$ e $dx=1/k\,dy$. Se $k$ for positivo, a integração ainda será de $-\infty$ a $+\infty$, mas se $k$ for *negativo*, então $x=\infty$ implica que $y=-\infty$ e vice-versa, de forma que a ordem dos limites fica invertida. A restauração da ordem 'adequada' custa um sinal de menos. Assim,

$$\int_{-\infty}^{\infty} f(x)\delta(kx)\,dx=\pm\int_{-\infty}^{\infty} f(y/k)\delta(y)\frac{dy}{k}=\pm\frac{1}{k}f(0)=\frac{1}{|k|}f(0).$$

(O sinal inferior se aplica quando $k$ é negativo e esclarecemos isso colocando barras de valor absoluto em torno do $k$ final, como indicado.) Dentro da integral, então, $\delta(kx)$ serve ao mesmo propósito que $(1/|k|)\delta(x)$:

$$\int_{-\infty}^{\infty} f(x)\delta(kx)\,dx=\int_{-\infty}^{\infty} f(x)\left[\frac{1}{|k|}\delta(x)\right]dx.$$

Segundo o critério 1.93, portanto, $\delta(kx)$ e $(1/|k|)\delta(x)$ são iguais.

---

6. Isso não é tão arbitrário quanto parece. O ponto crucial é que as integrais devem ser iguais para *qualquer* $f(x)$. Suponha que $D_1(x)$ e $D_2(x)$ de fato *difiram*, digamos, em torno do ponto $x=17$. Poderíamos, então, escolher uma função $f(x)$ com um pico agudo por volta de $x=17$ e as integrais não seriam iguais.

**Problema 1.43** Calcule as seguintes integrais:

(a) $\int_2^6 (3x^2 - 2x - 1)\,\delta(x-3)\,dx$.

(b) $\int_0^5 \cos x\,\delta(x-\pi)\,dx$.

(c) $\int_0^3 x^3\delta(x+1)\,dx$.

(d) $\int_{-\infty}^{\infty} \ln(x+3)\,\delta(x+2)\,dx$.

**Problema 1.44** Calcule as seguintes integrais:

(a) $\int_{-2}^{2} (2x+3)\,\delta(3x)\,dx$.

(b) $\int_0^2 (x^3+3x+2)\,\delta(1-x)\,dx$.

(c) $\int_{-1}^{1} 9x^2\delta(3x+1)\,dx$.

(d) $\int_{-\infty}^{a} \delta(x-b)\,dx$.

**Problema 1.45** (a) Mostre que

$$x\frac{d}{dx}(\delta(x)) = -\delta(x).$$

[*Dica:* use integração por partes.]

(b) Assuma que $\theta(x)$ é a **função degrau**:

$$\theta(x) \equiv \left\{ \begin{array}{ll} 1, & \text{se } x > 0 \\ 0, & \text{se } x \leq 0 \end{array} \right\}. \tag{1.95}$$

Mostre que $d\theta/dx = \delta(x)$.

### 1.5.3 A função delta tridimensional

É fácil generalizar a função delta para três dimensões:

$$\delta^3(\mathbf{r}) = \delta(x)\,\delta(y)\,\delta(z). \tag{1.96}$$

(Como sempre, $\mathbf{r} \equiv x\,\hat{\mathbf{x}} + y\,\hat{\mathbf{y}} + z\,\hat{\mathbf{z}}$ é o vetor posição, estendendo-se da origem ao ponto $(x, y, z)$). Essa função delta tridimensional é zero em qualquer lugar, exceto em $(0, 0, 0)$, onde ela explode. Sua integral de volume é 1:

$$\int_{\text{todo o espaço}} \delta^3(\mathbf{r})\,d\tau = \int_{-\infty}^{\infty}\int_{-\infty}^{\infty}\int_{-\infty}^{\infty} \delta(x)\,\delta(y)\,\delta(z)\,dx\,dy\,dz = 1. \tag{1.97}$$

E generalizando a Equação 1.92,

$$\int_{\text{todo o espaço}} f(\mathbf{r})\delta^3(\mathbf{r}-\mathbf{a})\,d\tau = f(\mathbf{a}). \tag{1.98}$$

Como no caso unidimensional, a integração com $\delta$ escolhe o valor da função $f$ no local do pico.

Estamos agora em condições de resolver o paradoxo introduzido na Seção 1.5.1. Como você recordará, constatamos que o divergente de $\hat{\mathbf{r}}/r^2$ é zero em todo lugar, exceto na origem e, mesmo assim, sua *integral* sobre qualquer volume contendo a origem é uma constante (a saber: $4\pi$). Essas são, precisamente, as condições que definem a função delta de Dirac; evidentemente

$$\boldsymbol{\nabla}\cdot\left(\frac{\hat{\mathbf{r}}}{r^2}\right) = 4\pi\delta^3(\mathbf{r}). \tag{1.99}$$

De forma mais geral,

$$\boxed{\boldsymbol{\nabla}\cdot\left(\frac{\hat{\boldsymbol{\mathscr{r}}}}{\mathscr{r}^2}\right) = 4\pi\delta^3(\boldsymbol{\mathscr{r}}),} \tag{1.100}$$

onde, como sempre, $\boldsymbol{\mathscr{r}}$ é o vetor separação: $\boldsymbol{\mathscr{r}} \equiv \mathbf{r} - \mathbf{r}'$. Observe que a diferenciação aqui é com respeito a $\mathbf{r}$, enquanto $\mathbf{r}'$ permanece constante. À propósito, como

$$\boldsymbol{\nabla}\left(\frac{1}{\mathscr{r}}\right) = -\frac{\hat{\boldsymbol{\mathscr{r}}}}{\mathscr{r}^2} \tag{1.101}$$

(Problema 1.13), segue-se que

$$\nabla^2 \frac{1}{\mathscr{r}} = -4\pi\delta^3(\boldsymbol{\mathscr{r}}). \tag{1.102}$$

---

**Exemplo 1.16**

Calcule a integral

$$J = \int_{\mathcal{V}} (r^2 + 2)\,\nabla \cdot \left(\frac{\hat{\mathbf{r}}}{r^2}\right) d\tau,$$

onde $\mathcal{V}$ é uma esfera de raio $R$ centrada na origem.

**Solução 1:** use a Equação 1.99 para reescrever o divergente, e a Equação 1.98 para fazer a integral

$$J = \int_{\mathcal{V}} (r^2 + 2) 4\pi\delta^3(\mathbf{r})\, d\tau = 4\pi(0 + 2) = 8\pi.$$

Esta solução de uma linha demonstra algo do poder e da beleza da função delta. No entanto, gostaria de mostrar um segundo método muito mais trabalhoso, mas que serve para ilustrar o método de integração por partes, Seção 1.3.6.

**Solução 2:** usando a Equação 1.59, transferimos a derivada de $\hat{\mathbf{r}}/r^2$ para $(r^2 + 2)$:

$$J = -\int \frac{\hat{\mathbf{r}}}{r^2} \cdot [\nabla(r^2 + 2)]\, d\tau + \oint (r^2 + 2)\frac{\hat{\mathbf{r}}}{r^2} \cdot d\mathbf{a}.$$

O gradiente é

$$\nabla(r^2 + 2) = 2r\hat{\mathbf{r}},$$

de forma que a integral de volume torna-se

$$\int \frac{2}{r}\, d\tau = \int \frac{2}{r} r^2 \operatorname{sen}\theta\, dr\, d\theta\, d\phi = 8\pi \int_0^R r\, dr = 4\pi R^2.$$

Enquanto isso, no contorno da esfera (onde $r = R$),

$$d\mathbf{a} = R^2 \operatorname{sen}\theta\, d\theta\, d\phi\, \hat{\mathbf{r}},$$

de forma que a integral de superfície torna-se

$$\int (R^2 + 2) \operatorname{sen}\theta\, d\theta\, d\phi = 4\pi(R^2 + 2).$$

Juntando tudo, então,

$$J = -4\pi R^2 + 4\pi(R^2 + 2) = 8\pi,$$

como antes.

---

**Problema 1.46** (a) Escreva uma expressão para a densidade volumétrica de carga elétrica $\rho(\mathbf{r})$ de uma carga pontual $q$ em $\mathbf{r}'$. Certifique-se de que a integral de volume de $\rho$ seja igual a $q$.

(b) Qual é a densidade volumétrica de carga de um dipolo elétrico que consiste de uma carga pontual $-q$ na origem e de uma carga pontual $+q$ em $\mathbf{a}$?

(c) Qual é a densidade volumétrica de carga de uma casca esférica uniforme infinitesimalmente fina, de raio $R$ e carga total $Q$, centrada na origem? [*Atenção:* a integral sobre todo o espaço deve ser igual a $Q$.]

**Problema 1.47** Calcule as seguintes integrais:

(a) $\int_{\text{todo o espaço}} (r^2 + \mathbf{r} \cdot \mathbf{a} + a^2)\delta^3(\mathbf{r} - \mathbf{a})\, d\tau$, onde $\mathbf{a}$ é um vetor constante e $a$ é a sua magnitude.

(b) $\int_{\mathcal{V}} |\mathbf{r} - \mathbf{b}|^2 \delta^3(5\mathbf{r})\, d\tau$, onde $\mathcal{V}$ é um cubo de lado 2, centrado na origem e $\mathbf{b} = 4\,\hat{\mathbf{y}} + 3\,\hat{\mathbf{z}}$.

(c) $\int_{\mathcal{V}} (r^4 + r^2(\mathbf{r} \cdot \mathbf{c}) + c^4)\delta^3(\mathbf{r} - \mathbf{c})\, d\tau$, onde $\mathcal{V}$ é uma esfera de raio 6 com centro na origem, $\mathbf{c} = 5\,\hat{\mathbf{x}} + 3\,\hat{\mathbf{y}} + 2\,\hat{\mathbf{z}}$ e $c$ é sua magnitude.

(d) $\int_{\mathcal{V}} \mathbf{r} \cdot (\mathbf{d} - \mathbf{r})\delta^3(\mathbf{e} - \mathbf{r})\, d\tau$, onde $\mathbf{d} = (1, 2, 3)$, $\mathbf{e} = (3, 2, 1)$ e $\mathcal{V}$ é uma esfera de raio 1.5, centrada em $(2, 2, 2)$.

**Problema 1.48** Calcule a integral

$$J = \int_{\mathcal{V}} e^{-r} \left(\nabla \cdot \frac{\hat{\mathbf{r}}}{r^2}\right) d\tau$$

(onde $\mathcal{V}$ é uma esfera de raio $R$, centrada na origem) por dois métodos distintos, como no Exemplo 1.16.

## 1.6 A teoria dos campos vetoriais

### 1.6.1 O teorema de Helmholtz

Desde Faraday, as leis de eletricidade e magnetismo são expressas em termos dos **campos elétrico** e **magnético**, **E** e **B**. Como muitas leis da física, elas são expressas de forma mais compacta na forma de equações diferenciais. Como **E** e **B** são *vetores*, as equações diferenciais naturalmente envolvem derivadas vetoriais: divergente e rotacional. De fato, Maxwell reduziu a teoria completa a quatro equações, especificando, respectivamente, o divergente e o rotacional de **E** e **B**.[7]

A formulação de Maxwell levanta uma importante questão matemática: até que ponto uma função vetorial é determinada pelo seu divergente e pelo seu rotacional? Em outras palavras, se eu lhe disser que o *divergente* de **F** (que significa **E** ou **B**, conforme o caso) é uma função (escalar) definida $D$,

$$\boldsymbol{\nabla} \cdot \mathbf{F} = D,$$

e que o rotacional de **F** é uma função (vetorial) definida **C**,

$$\boldsymbol{\nabla} \times \mathbf{F} = \mathbf{C},$$

(por coerência, o divergente de **C** deve ser nulo,

$$\boldsymbol{\nabla} \cdot \mathbf{C} = 0,$$

porque o divergente de um rotacional é sempre zero), você pode determinar a função **F**?

Bem... não totalmente. Por exemplo, como você deve ter percebido no Problema 1.19, existem muitas funções cujo divergente e rotacional são ambos zero em todo o espaço. O caso mais trivial é $\mathbf{F} = 0$, é claro, mas também $\mathbf{F} = yz\,\hat{\mathbf{x}} + zx\,\hat{\mathbf{y}} + xy\,\hat{\mathbf{z}}$, $\mathbf{F} = \operatorname{sen} x \cosh y\,\hat{\mathbf{x}} - \cos x \operatorname{senh} y\,\hat{\mathbf{y}}$ etc. Para resolver uma equação diferencial, você precisa ter, também, as **condições de contorno** adequadas. Em eletrodinâmica, normalmente pede-se que os campos anulem-se 'no infinito' (longe de todas as cargas).[8] Com essa informação extra, o **teorema de Helmholtz** garante que o campo seja univocamente determinado pelo divergente e pelo rotacional. (Uma prova do teorema de Helmholtz é dada no Apêndice B.)

### 1.6.2 Potenciais

Se o rotacional de um campo vetorial (**F**) se anula (em toda parte), então **F** pode ser escrito como o gradiente de um **potencial escalar** ($V$):

$$\boldsymbol{\nabla} \times \mathbf{F} = 0 \Longleftrightarrow \mathbf{F} = -\boldsymbol{\nabla} V. \tag{1.103}$$

(O sinal de menos é puramente uma convenção.) Essa é a síntese do seguinte teorema:

**Teorema 1:** **Campos de rotacional nulo** (ou '**irrotacionais**'). As seguintes condições são equivalentes (ou seja, **F** satisfará uma se e somente se satisfizer todas as outras):

(a) $\boldsymbol{\nabla} \times \mathbf{F} = 0$ em todo o espaço.

(b) $\int_{\mathbf{a}}^{\mathbf{b}} \mathbf{F} \cdot d\mathbf{l}$ é independente do caminho, para quaisquer pontos extremos.

(c) $\oint \mathbf{F} \cdot d\mathbf{l} = 0$ para qualquer caminho fechado.

(d) **F** é o gradiente de uma função escalar, $\mathbf{F} = -\boldsymbol{\nabla} V$.

O potencial escalar não é unívoco — qualquer constante pode ser acrescentada a $V$ impunemente, já que isso não afetará seu gradiente.

Se o divergente de um campo vetorial (**F**) se anula (em toda parte), então **F** pode ser expresso como o rotacional de um **potencial vetorial** (**A**):

$$\boldsymbol{\nabla} \cdot \mathbf{F} = 0 \Longleftrightarrow \mathbf{F} = \boldsymbol{\nabla} \times \mathbf{A}. \tag{1.104}$$

Essa é a principal conclusão do seguinte teorema:

---

7. Estritamente falando, isso só é verdade no caso estático; em geral, o divergente e o rotacional são dados em termos das derivadas temporais dos próprios campos.
8. Em alguns problemas encontrados em livros-texto, a carga em si estende-se ao infinito (falamos, por exemplo, do campo elétrico de um plano infinito, ou do campo magnético de um fio infinito). Nesses casos, as condições de contorno normais não se aplicam e é preciso recorrer a argumentos de simetria para determinar univocamente os campos.

**Teorema 2:** **Campos sem divergente** (ou '**solenoidais**'). As seguintes condições são equivalentes:
(a) $\nabla \cdot \mathbf{F} = 0$ em toda parte.
(b) $\int \mathbf{F} \cdot d\mathbf{a}$ é independente de superfície, para qualquer linha limite dada.
(c) $\oint \mathbf{F} \cdot d\mathbf{a} = 0$ para qualquer superfície fechada.
(d) $\mathbf{F}$ é o rotacional de algum vetor, $\mathbf{F} = \nabla \times \mathbf{A}$.

O potencial vetorial não é unívoco — o gradiente de qualquer função escalar pode ser adicional a $\mathbf{A}$ sem afetar o rotacional, já que o rotacional de um gradiente é zero.

A esta altura você deve ser capaz de provar todas as conexões entre esses teoremas, exceto pelas que dizem que (a), (b) ou (c) implicam em (d). Essas são as mais sutis e virão mais tarde. A propósito, em *todos* os casos (sejam quais forem o rotacional e o divergente), um campo vetorial $\mathbf{F}$ pode ser escrito como o gradiente de um escalar somado ao rotacional de um vetor:

$$\mathbf{F} = -\nabla V + \nabla \times \mathbf{A} \qquad \text{(sempre).} \tag{1.105}$$

---

**Problema 1.49** (a) Considere que $\mathbf{F}_1 = x^2\,\hat{\mathbf{z}}$ e $\mathbf{F}_2 = x\,\hat{\mathbf{x}} + y\,\hat{\mathbf{y}} + z\,\hat{\mathbf{z}}$. Calcule o divergente e o rotacional de $\mathbf{F}_1$ e $\mathbf{F}_2$. Qual deles pode ser escrito como o gradiente de um escalar? Encontre um potencial escalar que funcione. Qual pode ser escrito como o rotacional de um vetor? Encontre um potencial vetorial adequado.

(b) Mostre que $\mathbf{F}_3 = yz\,\hat{\mathbf{x}} + zx\,\hat{\mathbf{y}} + xy\,\hat{\mathbf{z}}$ pode ser escrito tanto como o gradiente de um escalar como o rotacional de um vetor. Encontre os potenciais escalar e vetorial para esta função.

**Problema 1.50** Para o Teorema 1, mostre que (d) $\Rightarrow$ (a), (a) $\Rightarrow$ (c), (c) $\Rightarrow$ (b), (b) $\Rightarrow$ (c) e (c) $\Rightarrow$ (a).

**Problema 1.51** Para o Teorema 2, mostre que (d) $\Rightarrow$ (a), (a) $\Rightarrow$ (c), (c) $\Rightarrow$ (b), (b) $\Rightarrow$ (c) e (c) $\Rightarrow$ (a).

**Problema 1.52** (a) Qual dos vetores do Problema 1.15 pode ser expresso como o gradiente de um escalar? Encontre uma função escalar que seja a solução.

(b) Qual deles pode ser expresso como o rotacional de um vetor? Encontre esse vetor.

---

## Mais problemas do Capítulo 1

**Problema 1.53** Verifique o teorema do divergente para a função

$$\mathbf{v} = r^2 \cos\theta\,\hat{\mathbf{r}} + r^2 \cos\phi\,\hat{\boldsymbol{\theta}} - r^2 \cos\theta \operatorname{sen}\phi\,\hat{\boldsymbol{\phi}},$$

usando como volume um octante de uma esfera de raio $R$ (Figura 1.48). Certifique-se de incluir *toda* a superfície. [*Resposta:* $\pi R^4/4$]

**Problema 1.54** Verifique o teorema de Stokes usando a função $\mathbf{v} = ay\,\hat{\mathbf{x}} + bx\,\hat{\mathbf{y}}$ ($a$ e $b$ são constantes) e o caminho circular de raio $R$, centrado na origem no plano $xy$. [*Resposta:* $\pi R^2(b - a)$]

**Problema 1.55** Calcule a integral de linha de

$$\mathbf{v} = 6\,\hat{\mathbf{x}} + yz^2\,\hat{\mathbf{y}} + (3y + z)\,\hat{\mathbf{z}}$$

ao longo do caminho triangular mostrado na Figura 1.49. Confira a sua resposta usando o teorema de Stokes. [*Resposta:* $8/3$]

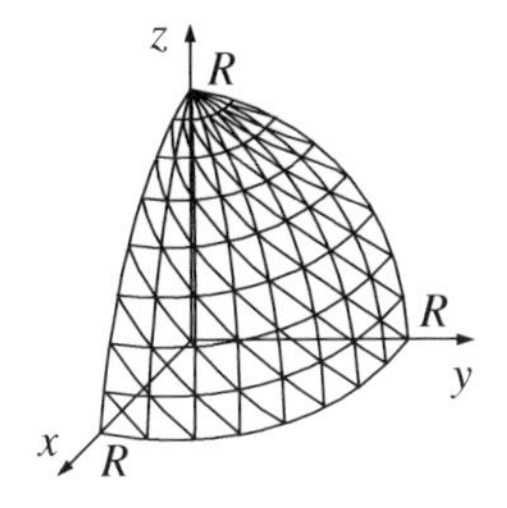


**Figura 1.48**

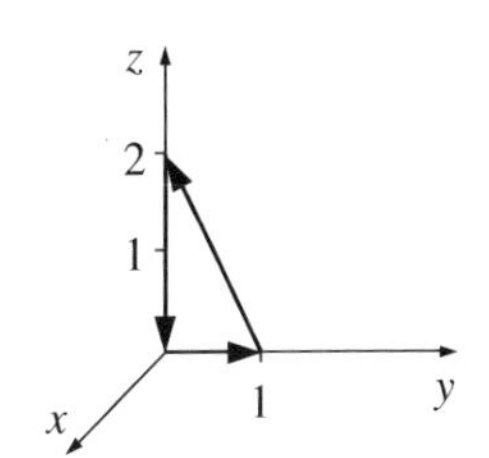


**Figura 1.49**

**Problema 1.56** Calcule a integral de linha de

$$\mathbf{v} = (r\cos^2\theta)\,\hat{\mathbf{r}} - (r\cos\theta\,\mathrm{sen}\,\theta)\,\hat{\boldsymbol{\theta}} + 3r\,\hat{\boldsymbol{\phi}}$$

através do caminho mostrado na Figura 1.50 (os pontos estão identificados por suas coordenadas cartesianas). Use coordenadas cilíndricas ou esféricas. Verifique sua resposta usando o teorema de Stokes. [*Resposta:* $3\pi/2$]

**Problema 1.57** Verifique o teorema de Stokes para a função $\mathbf{v} = y\,\hat{\mathbf{z}}$, usando a superfície triangular mostrada na Figura 1.51. [*Resposta:* $a^2$]

**Problema 1.58** Verifique o teorema do divergente para a função

$$\mathbf{v} = r^2\,\mathrm{sen}\,\theta\,\hat{\mathbf{r}} + 4r^2\cos\theta\,\hat{\boldsymbol{\theta}} + r^2\,\mathrm{tg}\,\theta\,\hat{\boldsymbol{\phi}},$$

usando o volume do 'cone de sorvete', mostrado na Figura 1.52 (a superfície superior é esférica, com raio $R$ e centrada na origem). [*Resposta:* $(\pi R^4/12)(2\pi + 3\sqrt{3})$]

**Problema 1.59** Aqui estão duas verificações bonitas para os teoremas fundamentais:

(a) Combine o Corolário 2 para o teorema do gradiente com o teorema de Stokes ($\mathbf{v} = \boldsymbol{\nabla}T$, neste caso). Mostre que o resultado é coerente com o que você já sabia sobre as segundas derivadas.

(b) Combine o Corolário 2 para o teorema de Stokes com o teorema do divergente. Mostre que o resultado é coerente com o que você já sabia.

• **Problema 1.60** Embora os teoremas do gradiente, do divergente e do rotacional sejam os teoremas fundamentais do cálculo integral vetorial, é possível derivar uma série de corolários a partir deles. Mostre que:

(a) $\int_{\mathcal{V}}(\boldsymbol{\nabla}T)\,d\tau = \oint_{\mathcal{S}} T\,d\mathbf{a}$. [*Dica:* considere que $\mathbf{v} = \mathbf{c}T$, onde $\mathbf{c}$ é uma constante, no teorema do divergente; use as regras de produtos.]

(b) $\int_{\mathcal{V}}(\boldsymbol{\nabla}\times\mathbf{v})\,d\tau = -\oint_{\mathcal{S}}\mathbf{v}\times d\mathbf{a}$. [*Dica:* substitua $\mathbf{v}$ por $(\mathbf{v}\times\mathbf{c})$ no teorema do divergente.]

(c) $\int_{\mathcal{V}}[T\nabla^2U + (\boldsymbol{\nabla}T)\cdot(\boldsymbol{\nabla}U)]\,d\tau = \oint_{\mathcal{S}}(T\boldsymbol{\nabla}U)\cdot d\mathbf{a}$. [*Dica:* Considere que $\mathbf{v} = T\boldsymbol{\nabla}U$ no teorema do divergente.]

(d) $\int_{\mathcal{V}}(T\nabla^2U - U\nabla^2T)\,d\tau = \oint_{\mathcal{S}}(T\boldsymbol{\nabla}U - U\boldsymbol{\nabla}T)\cdot d\mathbf{a}$. [*Comentário:* esta expressão é conhecida como o **teorema de Green**; ela é decorrente de (c), que às vezes é chamada de **identidade de Green**.]

(e) $\int_{\mathcal{S}}\boldsymbol{\nabla}T\times d\mathbf{a} = -\oint_{\mathcal{P}} T\,d\mathbf{l}$. (*Dica:* considere $\mathbf{v} = \mathbf{c}T$ no teorema de Stokes.]

• **Problema 1.61** A integral

$$\mathbf{a} \equiv \int_{\mathcal{S}} d\mathbf{a} \tag{1.106}$$

é às vezes chamada de **vetor área** da superfície $\mathcal{S}$. Se $\mathcal{S}$ for *plana*, então $|\mathbf{a}|$ é a área (escalar) *ordinária*, obviamente.

(a) Encontre a área vetorial de uma meia-esfera de raio $R$.

(b) Mostre que $\mathbf{a} = 0$ para qualquer superfície *fechada*. [*Dica:* use o Problema 1.60a.]

(c) Mostre que $\mathbf{a}$ é o mesmo para todas as superfícies que têm o mesmo contorno.

(d) Mostre que

$$\mathbf{a} = \tfrac{1}{2}\oint \mathbf{r}\times d\mathbf{l}, \tag{1.107}$$

onde a integral é em torno da linha de contorno. [*Dica:* uma maneira de fazer isso é desenhar o cone subentendido pelo laço na origem. Divida a superfície cônica em cunhas triangulares infinitesimais, cada uma delas com o vértice na origem e oposto ao lado $d\mathbf{l}$, e explore a interpretação geométrica do produto vetorial (Figura 1.8).]

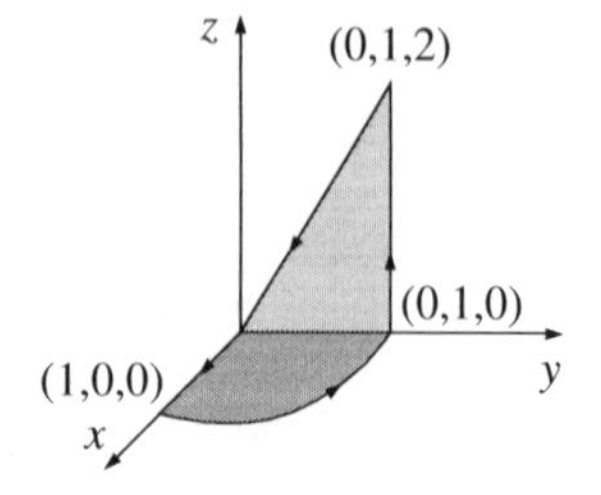

Figura 1.50

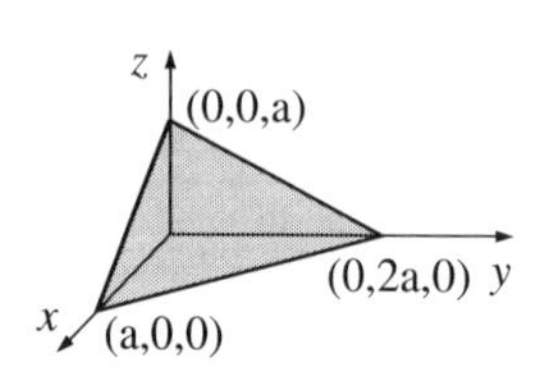

Figura 1.51

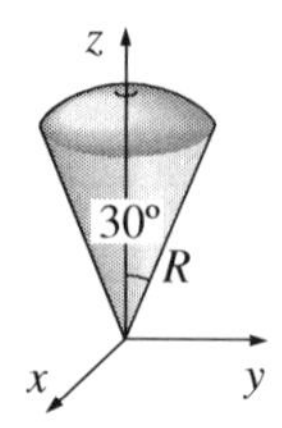

Figura 1.52

(e) Mostre que

$$\oint (\mathbf{c} \cdot \mathbf{r})\, d\mathbf{l} = \mathbf{a} \times \mathbf{c}, \tag{1.108}$$

para qualquer vetor constante **c**. [*Dica:* considere que $T = \mathbf{c} \cdot \mathbf{r}$ no Problema 1.60e.]

• **Problema 1.62** (a) Encontre o divergente da função

$$\mathbf{v} = \frac{\hat{\mathbf{r}}}{r}.$$

Primeiro calcule-o diretamente, como na Equação 1.84. Confira o seu resultado usando o teorema do divergente, como na Equação 1.85. Existe uma função delta na origem, como havia para $\hat{\mathbf{r}}/r^2$? Qual é a fórmula geral para o divergente de $r^n\hat{\mathbf{r}}$? [*Resposta:* $\boldsymbol{\nabla} \cdot (r^n\hat{\mathbf{r}}) = (n+2)r^{n-1}$, a menos que $n = -2$, em cujo caso será $4\pi\delta^3(\mathbf{r})$; para $n < -2$ o divergente é mal definido na origem.]

(b) Encontre o *rotacional* de $r^n\hat{\mathbf{r}}$. Verifique sua conclusão usando o Problema 1.60b. [*Resposta:* $\boldsymbol{\nabla} \times (r^n\hat{\mathbf{r}}) = 0$]

# Capítulo 2

# Eletrostática

## 2.1 O campo elétrico

### 2.1.1 Introdução

O problema fundamental que a teoria eletromagnética espera resolver é o seguinte (Figura 2.1): temos algumas cargas elétricas, $q_1, q_2, q_3, \ldots$ (vamos chamá-las de **cargas fontes**); que força elas exercem em outra carga, $Q$ (vamos chamá-la de **carga de prova**)? As posições das cargas fontes são *dadas* (como funções de tempo); a trajetória da partícula de prova deve *ser calculada*. Em geral, tanto as cargas fontes quanto a carga de prova estão em movimento.

A solução para este problema é simplificada pelo **princípio da superposição**, o qual diz que a interação entre duas cargas quaisquer não é modificada pela presença de outras. Isso significa que para determinar a força em $Q$, podemos primeiro calcular a força $\mathbf{F}_1$, devida apenas a $q_1$ (e ignorar todas as outras). Em seguida, calculamos a força $\mathbf{F}_2$, devida apenas a $q_2$; e assim sucessivamente. Por fim, tomamos a soma vetorial de todas essas forças individuais: $\mathbf{F} = \mathbf{F}_1 + \mathbf{F}_2 + \mathbf{F}_3 + \ldots$ Assim, se pudermos encontrar a força em $Q$ devida a uma *única* carga $q$, teremos, em princípio, terminado (o restante é apenas uma questão de repetir a mesma operação várias vezes e depois somar tudo).[1]

Bem, em princípio isso parece muito fácil: por que não posso apenas escrever a fórmula para a força em $Q$ devida a $q$ e pronto? Eu *poderia*, e no Capítulo 10 é o que farei, mas você ficaria assustado vendo isso neste momento, porque a força em $Q$ não só depende da distância $\mathscr{r}$ que separa as cargas (Figura 2.2), como também depende da velocidade e da *aceleração* de $q$. Além disso, não é a posição, velocidade e aceleração de $q$ que importam agora: as 'notícias' eletromagnéticas viajam à velocidade da luz e, portanto, o que importa para $Q$ é a posição, velocidade e aceleração que $q$ *tinha* em algum momento anterior, quando a mensagem foi enviada.

Portanto, apesar do fato de que a questão básica ('Qual é a força incidente em $Q$ devida a $q$?') é fácil de ser determinada, um confronto direto não compensa. Em vez disso, vamos abordá-la por etapas. Nesse meio-tempo, a teoria que iremos desenvolver vai permitir a solução de problemas eletromagnéticos mais sutis que não se apresentam em um formato assim tão simples. Inicialmente vamos considerar o caso especial da **eletrostática** no qual todas as *cargas fontes são estacionárias* (embora a carga de prova possa estar em movimento).

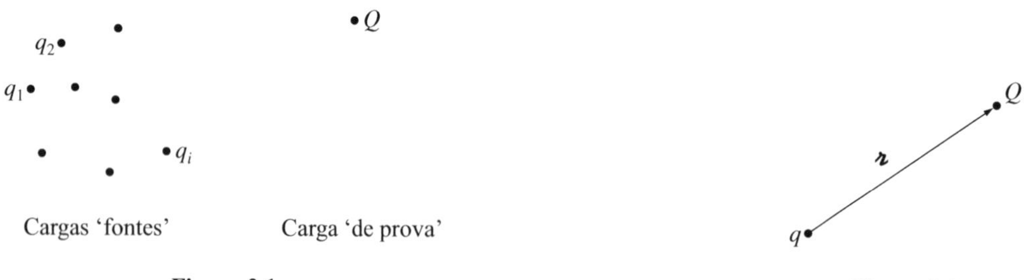


**Figura 2.1** **Figura 2.2**

1. O princípio da superposição pode parecer 'óbvio' para você, mas ele não *tem* necessariamente que ser tão simples: se a força eletromagnética fosse proporcional ao *quadrado* da carga fonte total, por exemplo, o princípio da superposição não se aplicaria, já que $(q_1 + q_2)^2 \neq q_1^2 + q_2^2$ (haveria 'termos cruzados' a considerar). A superposição não é uma *necessidade lógica*, mas um *fato experimental*.

### 2.1.2 Lei de Coulomb

Qual é a força incidente em uma carga de prova $Q$ devida a uma única carga pontual $q$ que está em *repouso* a uma distância $\mathscr{r}$? A resposta (com base na experimentação) é dada pela **lei de Coulomb**:

$$\boxed{\mathbf{F} = \frac{1}{4\pi\epsilon_0}\frac{qQ}{\mathscr{r}^2}\hat{\boldsymbol{\mathscr{r}}}.} \tag{2.1}$$

A constante $\epsilon_0$ é chamada de **permissividade do espaço livre.** Em unidades SI, com força em newtons (N), distância em metros (m) e carga em coulombs (C),

$$\epsilon_0 = 8,85 \times 10^{-12}\frac{\mathrm{C}^2}{\mathrm{N}\cdot\mathrm{m}^2}.$$

Em palavras, a força é proporcional ao produto das cargas e é inversamente proporcional ao quadrado da distância de separação. Como sempre (Seção 1.1.4), $\boldsymbol{\mathscr{r}}$ é o vetor separação entre $\mathbf{r}'$ (a localização de $q$) e $\mathbf{r}$ (a localização de $Q$):

$$\boldsymbol{\mathscr{r}} = \mathbf{r} - \mathbf{r}'; \tag{2.2}$$

$\mathscr{r}$ é a sua magnitude e $\hat{\boldsymbol{\mathscr{r}}}$ é a sua direção. A força aponta ao longo da linha que vai de $q$ até $Q$; ela será repulsiva se $q$ e $Q$ tiverem o mesmo sinal, e atrativa se seus sinais forem opostos.

A lei de Coulomb e o princípio da superposição são os ingredientes físicos da eletrostática — o restante, exceto por algumas propriedades especiais da matéria, é a elaboração matemática dessas regras fundamentais.

---

**Problema 2.1** (a) Doze cargas iguais, $q$, estão localizadas nos cantos de um polígono regular de 12 lados (por exemplo, em cada número do mostrador de um relógio). Qual é a força líquida sobre uma carga de prova $Q$ no centro?

(b) Suponha que uma das 12 cargas seja removida (a que está em '6 horas'). Qual será a força sobre $Q$? Explique cuidadosamente o seu raciocínio.

(c) Agora são 13 cargas iguais, $q$, colocadas nos cantos de um polígono regular de 13 lados. Qual é a força sobre a carga de prova $Q$ no centro?

(d) Se uma das 13 cargas for removida, qual será a força sobre $Q$? Explique o seu raciocínio.

---

### 2.1.3 O campo elétrico

Se tivermos *várias* cargas pontuais $q_1, q_2, \ldots, q_n$, às distâncias $\mathscr{r}_1, \mathscr{r}_2, \ldots, \mathscr{r}_n$ de $Q$, a força total sobre $Q$ será, evidentemente

$$\begin{aligned}\mathbf{F} &= \mathbf{F}_1 + \mathbf{F}_2 + \ldots = \frac{1}{4\pi\epsilon_0}\left(\frac{q_1Q}{\mathscr{r}_1^2}\hat{\boldsymbol{\mathscr{r}}}_1 + \frac{q_2Q}{\mathscr{r}_2^2}\hat{\boldsymbol{\mathscr{r}}}_2 + \ldots\right)\\ &= \frac{Q}{4\pi\epsilon_0}\left(\frac{q_1\hat{\boldsymbol{\mathscr{r}}}_1}{\mathscr{r}_1^2} + \frac{q_2\hat{\boldsymbol{\mathscr{r}}}_2}{\mathscr{r}_2^2} + \frac{q_3\hat{\boldsymbol{\mathscr{r}}}_3}{\mathscr{r}_3^2} + \ldots\right),\end{aligned}$$

ou

$$\boxed{\mathbf{F} = Q\mathbf{E},} \tag{2.3}$$

onde

$$\mathbf{E}(\mathbf{r}) \equiv \frac{1}{4\pi\epsilon_0}\sum_{i=1}^{n}\frac{q_i}{\mathscr{r}_i^2}\hat{\boldsymbol{\mathscr{r}}}_i. \tag{2.4}$$

$\mathbf{E}$ é chamado de **campo elétrico** das cargas fontes. Observe que ele é uma função da posição ($\mathbf{r}$), porque os vetores de separação $\boldsymbol{\mathscr{r}}_i$ dependem da localização do ponto de observação $P$ (Figura 2.3). Mas ele não faz qualquer referência à carga de prova $Q$. O campo elétrico é uma quantidade vetorial que varia de um ponto a outro e que é determinada pela configuração das cargas fontes; em termos físicos, $\mathbf{E}(\mathbf{r})$ é a força por unidade de carga que seria exercida sobre uma carga de prova que fosse colocada em $P$.

O que *é*, exatamente, um campo elétrico? Comecei, deliberadamente, com o que se pode chamar de interpretação 'mínima' de $\mathbf{E}$, como passo intermediário no cálculo das forças elétricas. Mas recomendo que pense no campo como uma entidade

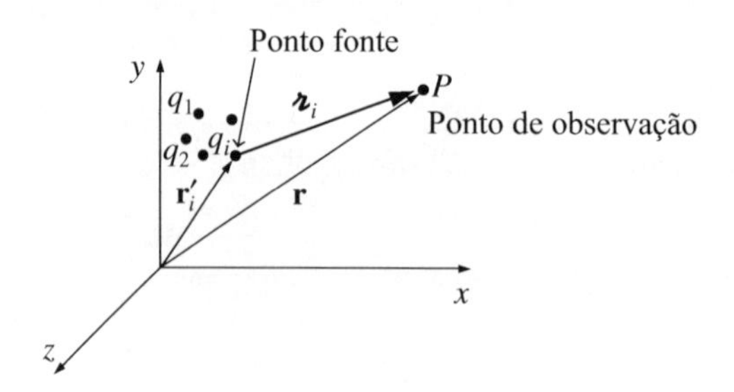


**Figura 2.3**

física 'real' que preenche o espaço em torno de qualquer carga elétrica. O próprio Maxwell chegou a acreditar que campos elétricos e magnéticos representavam tensões e deformações em um 'éter' invisível primordial, semelhante a uma geleia. A relatividade especial nos forçou a abandonar a ideia de éter e, com ela, a interpretação mecânica de Maxwell sobre os campos eletromagnéticos. (É até possível, embora excessivamente trabalhoso, formular a eletrodinâmica clássica como uma teoria de 'ação a distância' e dispensar, totalmente, a noção de campo.) Não posso, portanto, dizer o que *é* um campo, mas apenas como calculá-lo e o que ele pode fazer por você uma vez que você o calculou.

---

**Problema 2.2** (a) Encontre o campo elétrico (magnitude, direção e sentido) a uma distância $z$ acima do ponto central entre duas cargas iguais, $q$, que estão separadas por uma distância $d$ (Figura 2.4). Verifique se o resultado é coerente com o que se espera quando $z \gg d$.

(b) Repita a parte (a), só que desta vez faça a carga do lado direito igual a $-q$ em vez de $+q$.

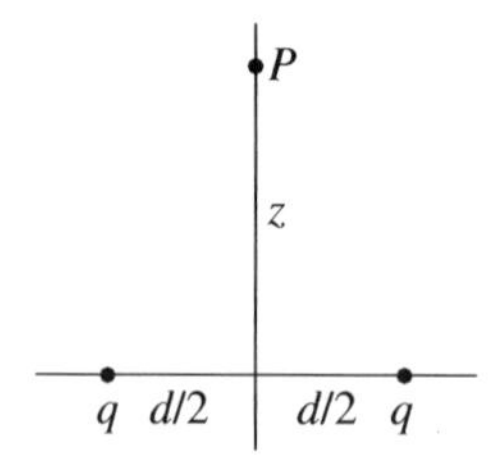


**Figura 2.4**

---

## 2.1.4 Distribuições contínuas de carga

Nossa definição do campo elétrico (Equação 2.4) assume que a fonte do campo é uma série de cargas pontuais discretas $q_i$. Se, em vez disso, a carga for distribuída continuamente sobre uma determinada região, a soma torna-se uma integral (Figura 2.5a):

$$\mathbf{E}(\mathbf{r}) = \frac{1}{4\pi\epsilon_0}\int \frac{1}{\boldsymbol{\mathscr{r}}^2}\hat{\boldsymbol{\mathscr{r}}}\, dq. \tag{2.5}$$

Se a carga se espalhar ao longo de uma *linha* (Figura 2.5b), com carga-por-unidade-de-comprimento $\lambda$, então $dq = \lambda\, dl'$ (onde $dl'$ é um elemento de comprimento ao longo da linha). Se a carga for espalhada sobre uma *superfície* (Figura 2.5c),

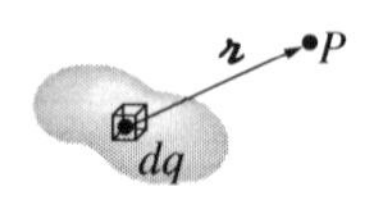


(a) Distribuição contínua

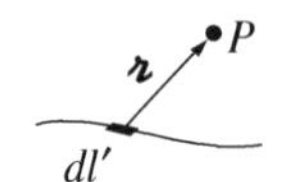


(b) Linha de carga, λ

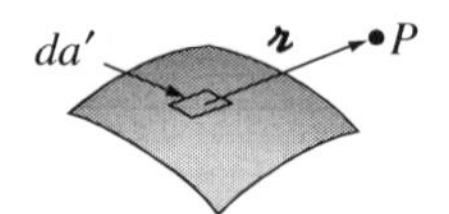


(c) Carga superficial, σ

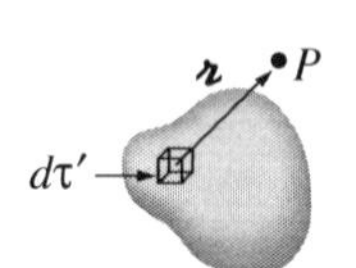


(d) Carga volumétrica, ρ

**Figura 2.5**

com carga-por-unidade-de-área $\sigma$, então $dq = \sigma\, da'$ (onde $da'$ é um elemento de área da superfície). E, se a carga preencher um *volume* (Figura 2.5d), com carga-por-unidade-de-volume $\rho$, então $dq = \rho\, d\tau'$ (onde $d\tau'$ é um elemento de volume):

$$dq \rightarrow \lambda\, dl' \sim \sigma\, da' \sim \rho\, d\tau'.$$

Então, o campo elétrico de uma distribuição linear de carga é

$$\mathbf{E}(\mathbf{r}) = \frac{1}{4\pi\epsilon_0}\int_{\mathcal{P}} \frac{\lambda(\mathbf{r}')}{\mathscr{r}^2}\hat{\mathscr{r}}\, dl'; \tag{2.6}$$

o de uma distribuição superficial de carga é

$$\mathbf{E}(\mathbf{r}) = \frac{1}{4\pi\epsilon_0}\int_{\mathcal{S}} \frac{\sigma(\mathbf{r}')}{\mathscr{r}^2}\hat{\mathscr{r}}\, da'; \tag{2.7}$$

e o de uma distribuição volumétrica de carga é

$$\boxed{\mathbf{E}(\mathbf{r}) = \frac{1}{4\pi\epsilon_0}\int_{\mathcal{V}} \frac{\rho(\mathbf{r}')}{\mathscr{r}^2}\hat{\mathscr{r}}\, d\tau'.} \tag{2.8}$$

A própria Equação 2.8 é frequentemente chamada de 'lei de Coulomb', porque está tão próxima da original (2.1), e porque a distribuição volumétrica de carga é, em certo sentido, o caso mais geral e realista. Por favor, observe atentamente o significado de $\mathscr{r}$ nessas fórmulas. Originalmente, na Equação 2.4, $\mathscr{r}_i$ significava o vetor entre a carga fonte $q_i$ e o ponto de observação $\mathbf{r}$. Correspondentemente, nas equações 2.5–2.8, $\mathscr{r}$ é o vetor entre $dq$ (portanto, de $dl'$, $da'$, ou $d\tau'$) e o ponto de observação $\mathbf{r}$.[2]

---

### Exemplo 2.1

Encontre o campo elétrico que está a uma distância $z$ acima do ponto central de um segmento de linha reta com comprimento $2L$, que tem uma densidade linear de carga uniforme $\lambda$ (Figura 2.6).

**Solução:** é aconselhável cortar a linha em pares colocados simetricamente (em $\pm x$), já que assim os componentes horizontais dos dois campos se cancelam e o campo líquido resultante do par é

$$d\mathbf{E} = 2\frac{1}{4\pi\epsilon_0}\left(\frac{\lambda\, dx}{\mathscr{r}^2}\right)\cos\theta\,\hat{\mathbf{z}}.$$

Aqui $\cos\theta = z/\mathscr{r}$, $\mathscr{r} = \sqrt{z^2 + x^2}$, e $x$ vai de 0 a $L$:

$$\begin{aligned} E &= \frac{1}{4\pi\epsilon_0}\int_0^L \frac{2\lambda z}{(z^2+x^2)^{3/2}}dx \\ &= \frac{2\lambda z}{4\pi\epsilon_0}\left[\frac{x}{z^2\sqrt{z^2+x^2}}\right]\Bigg|_0^L \\ &= \frac{1}{4\pi\epsilon_0}\frac{2\lambda L}{z\sqrt{z^2+L^2}}, \end{aligned}$$

e aponta na direção $z$.

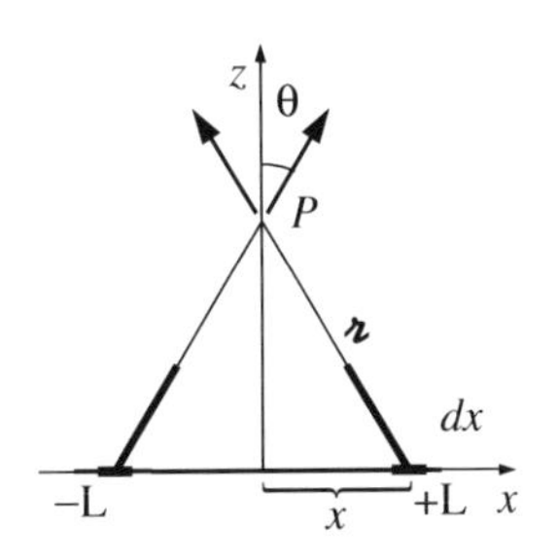


**Figura 2.6**

---

2. *Cuidado:* o vetor unitário $\hat{\mathscr{r}}$ *não* é constante; sua *direção* depende do ponto fonte $\mathbf{r}'$, e, portanto, ele *não* pode ser retirado das integrais 2.5–2.8. Na prática, você deve trabalhar com componentes *cartesianas* ($\hat{\mathbf{x}}, \hat{\mathbf{y}}, \hat{\mathbf{z}}$ *são* constantes e saem da integral), mesmo que use coordenadas curvilíneas para realizar a integração.

Para pontos distantes da linha ($z \gg L$), este resultado assume uma forma mais simples:

$$E \cong \frac{1}{4\pi\epsilon_0} \frac{2\lambda L}{z^2},$$

o que faz sentido: de longe, a linha 'parece' uma carga pontual $q = 2\lambda L$, de forma que o campo se reduz ao de uma carga pontual $q/(4\pi\epsilon_0 z^2)$. No limite $L \to \infty$, por outro lado, obtemos o campo de um fio reto infinito:

$$E = \frac{1}{4\pi\epsilon_0} \frac{2\lambda}{z};$$

ou, mais genericamente,

$$E = \frac{1}{4\pi\epsilon_0} \frac{2\lambda}{s}, \tag{2.9}$$

onde $s$ é a distância do fio.

---

**Problema 2.3** Encontre o campo elétrico a uma distância $z$ acima de uma das extremidades de um segmento de linha reta $L$ (Figura 2.7) e que tem uma distribuição linear de carga uniforme, de densidade $\lambda$. Verifique se a sua fórmula é coerente com o que seria de se esperar para o caso de $z \gg L$.

**Problema 2.4** Encontre o campo elétrico a uma distância $z$ acima do centro de uma espira quadrada (lado $a$) que tem uma densidade linear de carga uniforme $\lambda$ (Figura 2.8). [*Dica:* use o resultado do Exemplo 2.1.]

**Problema 2.5** Encontre o campo elétrico a uma distância $z$ acima do centro de uma espira circular de raio $r$ (Figura 2.9), que tem uma densidade linear de carga uniforme $\lambda$.

**Problema 2.6** Encontre o campo elétrico a uma distância $z$ acima do centro de um disco circular plano de raio $R$ (Figura 2.10), que tem uma densidade superficial de carga uniforme $\sigma$. O que a sua fórmula revela no limite $R \to \infty$? Verifique também o caso $z \gg R$.

! **Problema 2.7** Encontre o campo elétrico a uma distância $z$ do centro de uma superfície esférica de raio $R$ (Figura 2.11), que tem uma distribuição superficial de carga elétrica de densidade uniforme $\sigma$. Aborde o caso $z < R$ (interno), bem como $z > R$ (externo). Expresse suas respostas em termos da carga total $q$ na esfera. [*Dica:* use a lei dos cossenos para escrever $\mathscr{r}$ em termos de $R$ e $\theta$. Certifique-se de escolher a raiz quadrada *positiva*: $\sqrt{R^2 + z^2 - 2Rz} = (R - z)$ se $R > z$, mas é $(z - R)$ se $R < z$.]

**Problema 2.8** Use o resultado obtido no Problema 2.7 para encontrar os campos interno e externo de uma esfera de raio $R$, que tem uma distribuição volumétrica de carga com densidade $\rho$. Expresse sua resposta em termos de carga total da esfera, $q$. Desenhe um gráfico de $|\mathbf{E}|$ como função da distância a partir do centro.

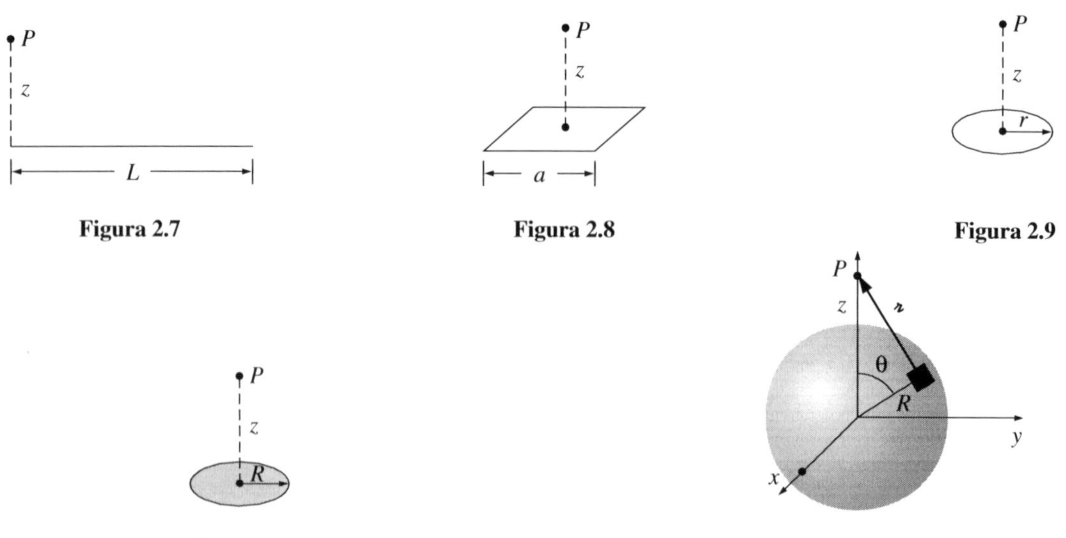


Figura 2.7

Figura 2.8

Figura 2.9

Figura 2.10

Figura 2.11

---

## 2.2 Divergente e rotacional de campos eletrostáticos

### 2.2.1 Linhas de campo, fluxo e lei de Gauss

Em princípio, *concluímos* o assunto da eletrostática. A Equação 2.8 nos mostra como calcular o campo de uma distribuição de carga, e a Equação 2.3 nos diz qual será a força sobre uma carga $Q$ colocada nesse campo. Infelizmente, como você pode ter descoberto resolvendo o Problema 2.7, as integrais envolvidas no cálculo de $\mathbf{E}$ podem ser complicadas, até mesmo para distribuições de carga razoavelmente simples. Boa parte do restante da eletrostática se dedica a encontrar um conjunto de ferramentas e truques para *evitar* essas integrais. Tudo começa com o divergente e o rotacional de $\mathbf{E}$. Calcularemos o divergente de $\mathbf{E}$ diretamente a partir da Equação 2.8, na Seção 2.2.2, mas primeiro mostraremos uma abordagem intuitiva mais qualitativa e talvez mais esclarecedora.

Comecemos com o caso mais simples possível: uma única carga pontual $q$, localizada na origem:

$$\mathbf{E}(\mathbf{r}) = \frac{1}{4\pi\epsilon_0}\frac{q}{r^2}\hat{\mathbf{r}}. \tag{2.10}$$

Para ter uma ideia desse campo, posso esboçar alguns vetores representativos, como na Figura 2.12a. Como o campo diminui como $1/r^2$, os vetores ficam mais curtos à medida que você se afasta da origem: eles sempre apontam radialmente para fora. Mas há uma maneira mais agradável de representar esse campo, que é conectando as setas para formar **linhas de campo** (Figura 2.12b). Você pode pensar que, assim, joguei fora a informação sobre a *intensidade* do campo que estava contida no comprimento das setas. Mas na realidade, não. A magnitude do campo é indicada pela *densidade* das linhas de campo: ele é mais forte perto do centro, onde as linhas de campo estão mais próximas umas das outras, enfraquecendo-se com a distância, quando elas ficam mais separadas.

Na verdade, o diagrama de linhas de campo engana, quando é desenhado em uma superfície bidimensional, já que a densidade das linhas que passam através de um círculo de raio $r$ é o número total dividido pela circunferência $(n/2\pi r)$, que é proporcional a $(1/r)$, e não a $(1/r^2)$. Mas se você imagina o modelo em três dimensões (uma almofada com alfinetes enfiados em todas as direções), então a densidade das linhas é o número total dividido pela área da esfera $(n/4\pi r^2)$, que *é* proporcional a $(1/r^2)$.

Esses diagramas também são convenientes para representar campos mais complicados. É claro que o número de linhas que você desenha depende da sua disposição (e do quão bem apontado seu lápis está), embora você deva incluir linhas suficientes para ter uma percepção precisa do campo. E você deve ser coerente: se a carga $q$ tem 8 linhas, então $2q$ tem de ter 16. Elas devem ter um espaçamento equilibrado, pois emanam de uma carga pontual simetricamente em todas as direções. As linhas de campo começam em cargas positivas e terminam em cargas negativas. Elas não podem simplesmente terminar em um ponto qualquer no espaço, embora possam se estender ao infinito. Além disso, as linhas de campo nunca se cruzam — em uma intersecção, o campo teria duas direções diferentes ao mesmo tempo! Com tudo isso em mente, fica fácil desenhar o campo de qualquer configuração simples de cargas pontuais: comece desenhando as linhas nas proximidades de cada carga e depois as conecte ou estenda ao infinito (figuras 2.13 e 2.14).

Neste modelo o *fluxo* de $\mathbf{E}$ através de uma superfície $\mathcal{S}$,

$$\Phi_E \equiv \int_{\mathcal{S}} \mathbf{E} \cdot d\mathbf{a}, \tag{2.11}$$

é uma medida do 'número de linhas de campo' que passam através de $\mathcal{S}$. Isto foi colocado entre aspas, porque é claro que só podemos desenhar uma *amostra* representativa das linhas de campo — o número *total* seria infinito. Mas para uma *dada taxa de amostragem*, o fluxo é *proporcional* ao número de linhas desenhadas, porque a intensidade do campo, lembre-se, é

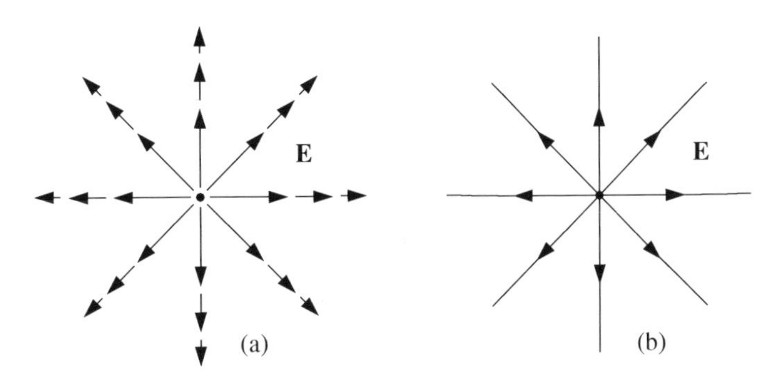


**Figura 2.12**

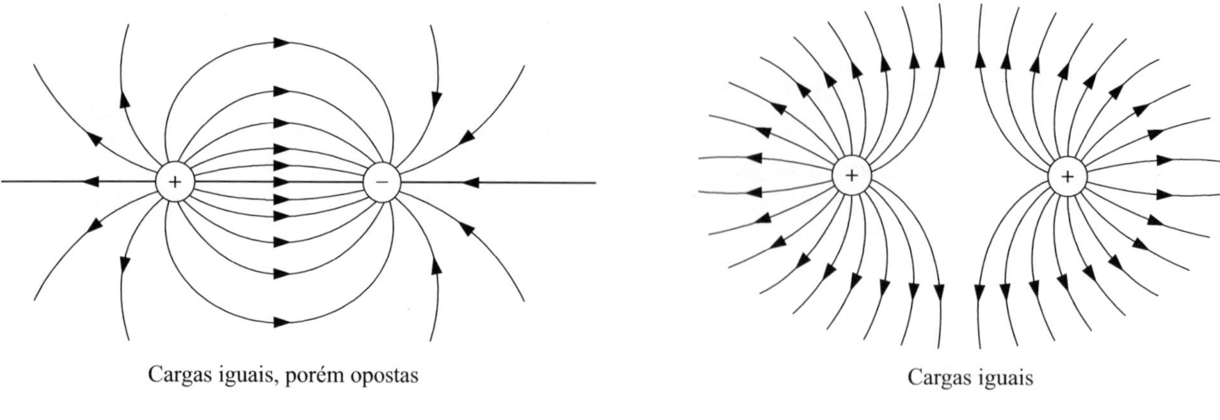

Cargas iguais, porém opostas

**Figura 2.13**

Cargas iguais

**Figura 2.14**

proporcional à densidade das linhas de campo (o número por unidade de área), e, portanto, $\mathbf{E} \cdot d\mathbf{a}$ é proporcional ao número de linhas que passam através da área infinitesimal $d\mathbf{a}$. (O produto escalar seleciona a componente de $d\mathbf{a}$ ao longo da direção de $\mathbf{E}$, como indicado na Figura 2.15. É somente a área no *plano perpendicular a* $\mathbf{E}$ que temos em mente quando dizemos que a densidade das linhas de campo é o número por unidade de área.)

Isto sugere que o fluxo através de qualquer superfície *fechada* é uma medida da carga total no seu interior. Isto porque as linhas de campo que se originam em uma carga positiva devem passar através da superfície ou terminar em uma carga negativa no interior da superfície (Figura 2.16a). Por outro lado, uma carga *externa* à superfície não contribuirá para o fluxo total, já que suas linhas de campo entram por um lado e saem pelo outro (Figura 2.16b). Essa é a *essência* da **lei de Gauss**. Agora, vamos torná-la quantitativa.

No caso de uma carga pontual $q$ na origem, o fluxo de $\mathbf{E}$ através de uma esfera de raio $r$ é

$$\oint \mathbf{E} \cdot d\mathbf{a} = \int \frac{1}{4\pi\epsilon_0}\left(\frac{q}{r^2}\hat{\mathbf{r}}\right) \cdot (r^2 \operatorname{sen}\theta \, d\theta \, d\phi \, \hat{\mathbf{r}}) = \frac{1}{\epsilon_0}q. \tag{2.12}$$

Observe que o raio da esfera se cancela, pois enquanto a área de superfície *aumenta* como $r^2$, o campo *diminui* como $1/r^2$, e, portanto, o produto é constante. Em termos das linhas de campo, isso faz sentido, já que o mesmo número de linhas de campo atravessa qualquer esfera centrada na origem, seja qual for o seu tamanho. Inclusive, não teria de ser uma esfera — qualquer superfície fechada, seja qual for a sua forma, interceptaria o mesmo número de linhas de campo. Evidentemente, *o fluxo através de qualquer superfície que contenha a carga é* $q/\epsilon_0$.

Agora, suponha que em vez de uma única carga na origem, temos uma porção de cargas espalhadas em torno da origem. Segundo o princípio da superposição, o campo total é a soma (vetorial) de todos os campos individuais:

$$\mathbf{E} = \sum_{i=1}^{n} \mathbf{E}_i.$$

O fluxo através de uma superfície que contém todas elas é, então,

$$\oint \mathbf{E} \cdot d\mathbf{a} = \sum_{i=1}^{n}\left(\oint \mathbf{E}_i \cdot d\mathbf{a}\right) = \sum_{i=1}^{n}\left(\frac{1}{\epsilon_0}q_i\right).$$

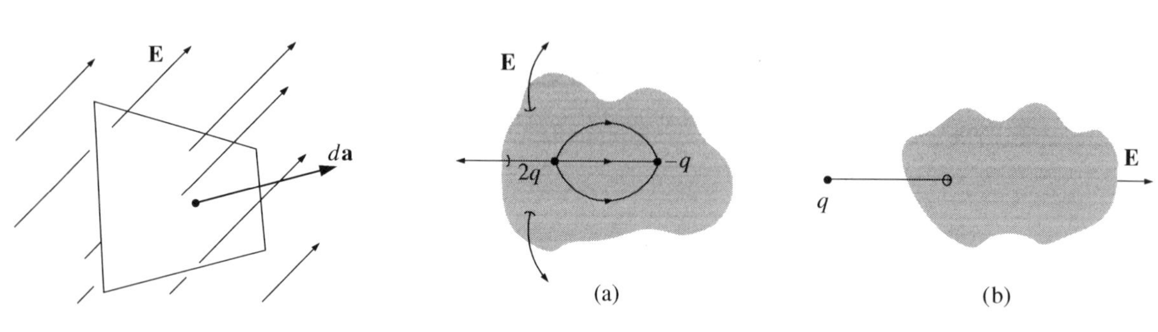


**Figura 2.15**

**Figura 2.16**

Para qualquer superfície fechada, então,

$$\boxed{\oint_{\mathcal{S}} \mathbf{E} \cdot d\mathbf{a} = \frac{1}{\epsilon_0} Q_{\text{enc}},} \tag{2.13}$$

onde $Q_{\text{enc}}$ é a carga total encerrada pela superfície. Esta é a forma quantitativa da lei de Gauss. Embora ela não contenha qualquer informação que já não estivesse presente na lei de Coulomb e no princípio da superposição, tem um poder quase mágico como você verá na Seção 2.2.3. Observe que o pivô de tudo isso é o caráter $1/r^2$ da lei de Coulomb; sem isso, o cancelamento crucial dos $r$ na Equação 2.12 não aconteceria e o fluxo total de $\mathbf{E}$ dependeria da superfície escolhida, e não apenas da carga total no interior. Outras forças que dependem de $1/r^2$ (estou pensando particularmente na lei da gravitação universal de Newton) obedecerão suas próprias 'leis de Gauss' e as aplicações que desenvolvermos aqui podem ser adotadas diretamente.

Tal como é, a lei de Gauss é uma equação *integral*, mas podemos prontamente transformá-la em uma equação *diferencial* aplicando o teorema do divergente:

$$\oint_{\mathcal{S}} \mathbf{E} \cdot d\mathbf{a} = \int_{\mathcal{V}} (\boldsymbol{\nabla} \cdot \mathbf{E})\, d\tau.$$

Reescrevendo $Q_{\text{enc}}$ em termos da densidade de carga $\rho$, temos

$$Q_{\text{enc}} = \int_{\mathcal{V}} \rho\, d\tau.$$

Portanto, a lei de Gauss torna-se

$$\int_{\mathcal{V}} (\boldsymbol{\nabla} \cdot \mathbf{E})\, d\tau = \int_{\mathcal{V}} \left(\frac{\rho}{\epsilon_0}\right) d\tau.$$

E como isso é verdadeiro para *qualquer* volume, os integrandos devem ser iguais:

$$\boxed{\boldsymbol{\nabla} \cdot \mathbf{E} = \frac{1}{\epsilon_0}\rho.} \tag{2.14}$$

A Equação 2.14 traz a mesma mensagem que a Equação 2.13; é a **lei de Gauss na forma diferencial.** A versão diferencial é mais ajeitada, mas a forma integral tem a vantagem de acomodar cargas pontuais, distribuições lineares e superficiais com mais naturalidade.

---

**Problema 2.9** Suponha que o campo elétrico em uma determinada região é dado por $\mathbf{E} = kr^3\hat{\mathbf{r}}$, em coordenadas esféricas ($k$ é uma constante).

(a) Encontre a densidade de carga de $\rho$.

(b) Encontre a carga total contida em uma esfera de raio $R$, centrada na origem. (Faça de duas formas diferentes.)

**Problema 2.10** Uma carga $q$ fica no vértice traseiro de um cubo, como mostra a Figura 2.17. Qual é o fluxo de $\mathbf{E}$ através da face sombreada?

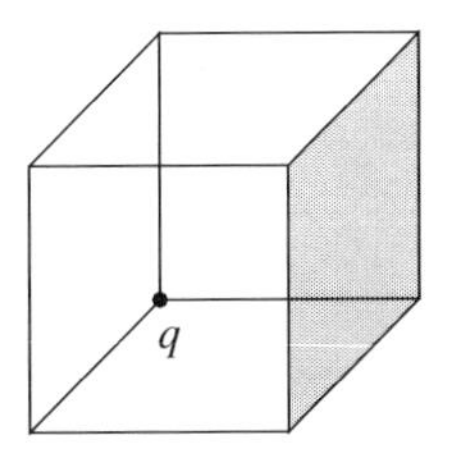


**Figura 2.17**

---

### 2.2.2 O divergente de E

Agora vamos voltar e calcular o divergente de $\mathbf{E}$ diretamente da Equação 2.8:

$$\mathbf{E}(\mathbf{r}) = \frac{1}{4\pi\epsilon_0} \int_{\text{todo o espaço}} \frac{\hat{\boldsymbol{\mathscr{r}}}}{\mathscr{r}^2} \rho(\mathbf{r}')\, d\tau'. \tag{2.15}$$

(Originalmente, a integração seria sobre o volume ocupado pela carga, mas posso muito bem estendê-la para todo o espaço, já que, de qualquer forma $\rho = 0$ na região exterior.) Observando que a dependência em $\mathbf{r}$ está contida em $\boldsymbol{\mathscr{r}} = \mathbf{r} - \mathbf{r}'$, temos

$$\boldsymbol{\nabla} \cdot \mathbf{E} = \frac{1}{4\pi\epsilon_0} \int \boldsymbol{\nabla} \cdot \left( \frac{\hat{\boldsymbol{\mathscr{r}}}}{\mathscr{r}^2} \right) \rho(\mathbf{r}')\, d\tau'.$$

Este é exatamente o divergente que calculamos na Equação 1.100:

$$\boldsymbol{\nabla} \cdot \left( \frac{\hat{\boldsymbol{\mathscr{r}}}}{\mathscr{r}^2} \right) = 4\pi\delta^3(\boldsymbol{\mathscr{r}}).$$

Assim,

$$\boldsymbol{\nabla} \cdot \mathbf{E} = \frac{1}{4\pi\epsilon_0} \int 4\pi\delta^3(\mathbf{r} - \mathbf{r}')\rho(\mathbf{r}')\, d\tau' = \frac{1}{\epsilon_0}\rho(\mathbf{r}), \tag{2.16}$$

que é a lei de Gauss na forma diferencial (2.14). Para voltar à forma integral (2.13), aplicamos o argumento anterior ao contrário — integrando sobre um volume e aplicando o teorema do divergente:

$$\int_{\mathcal{V}} \boldsymbol{\nabla} \cdot \mathbf{E}\, d\tau = \oint_{\mathcal{S}} \mathbf{E} \cdot d\mathbf{a} = \frac{1}{\epsilon_0} \int_{\mathcal{V}} \rho\, d\tau = \frac{1}{\epsilon_0} Q_{\text{enc}}.$$

### 2.2.3 Aplicações da lei de Gauss

É preciso interromper o desenvolvimento teórico neste ponto para mostrar o extraordinário poder da lei de Gauss, na forma integral. Quando a simetria o permite, ela oferece *de longe* a maneira mais rápida e fácil de calcular campos elétricos. O método será ilustrado através de uma série de exemplos.

---

**Exemplo 2.2**

Encontre o campo externo a uma esfera sólida uniformemente carregada de raio $R$ e carga total $q$.

**Solução:** desenhe uma superfície esférica com raio $r > R$ (Figura 2.18); no nosso meio, esta é a chamada 'superfície gaussiana'. A lei de Gauss diz que, para essa superfície (como para qualquer outra)

$$\oint_{\mathcal{S}} \mathbf{E} \cdot d\mathbf{a} = \frac{1}{\epsilon_0} Q_{\text{enc}},$$

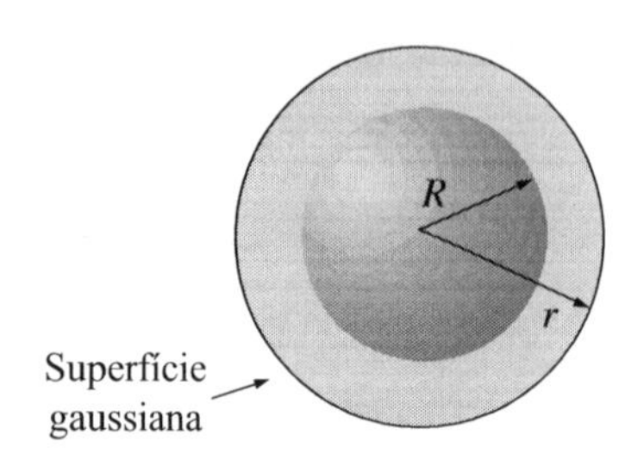


**Figura 2.18**

e $Q_{enc} = q$. À primeira vista isso não parece nos levar muito longe porque a quantidade que queremos ($\mathbf{E}$) está enterrada dentro da integral de superfície. Por sorte, a simetria nos permite extrair $\mathbf{E}$ da integral: $\mathbf{E}$ certamente aponta radialmente para fora,[3] assim como $d\mathbf{a}$, portanto podemos eliminar o produto escalar,

$$\int_{\mathcal{S}} \mathbf{E} \cdot d\mathbf{a} = \int_{\mathcal{S}} |\mathbf{E}|\, da,$$

e a *magnitude* de $\mathbf{E}$ é constante sobre a superfície gaussiana, de forma que ela sai da integral:

$$\int_{\mathcal{S}} |\mathbf{E}|\, da = |\mathbf{E}| \int_{\mathcal{S}} da = |\mathbf{E}|\, 4\pi r^2.$$

Assim

$$|\mathbf{E}|\, 4\pi r^2 = \frac{1}{\epsilon_0} q,$$

ou

$$\mathbf{E} = \frac{1}{4\pi\epsilon_0} \frac{q}{r^2} \hat{\mathbf{r}}.$$

Observe uma característica deste resultado que é digna de nota: o campo externo à esfera é exatamente *o mesmo que teríamos se toda a carga estivesse concentrada no centro.*

---

A lei de Gauss é sempre *válida*, mas nem sempre é *útil.* Se $\rho$ não fosse uniforme (ou, de qualquer forma, se não fosse esfericamente simétrico), ou se eu tivesse escolhido qualquer outra forma para a minha superfície gaussiana, ainda seria verdadeiro que o fluxo de $\mathbf{E}$ é $(1/\epsilon_0)q$, mas eu não teria certeza de que $\mathbf{E}$ estaria na mesma direção que $d\mathbf{a}$ e que ele teria magnitude constante sobre a superfície. E sem isso, eu não poderia retirar $|\mathbf{E}|$ da integral. *A simetria é crucial* para esta aplicação da lei de Gauss. Até onde sei, há apenas três tipos de simetria que funcionam:

1. *Simetria esférica.* Faça a sua superfície gaussiana uma esfera concêntrica.
2. *Simetria cilíndrica.* Faça a sua superfície gaussiana um cilindro coaxial (Figura 2.19).
3. *Simetria plana.* Use uma superfície gaussiana na forma de 'caixa de pílulas' ancorada na superfície plana (Figura 2.20).

Embora (2) e (3) requeiram cilindros infinitamente longos e planos que se estendem ao infinito em todas as direções, vamos usá-las frequentemente a fim de obter respostas aproximadas para cilindros 'longos' ou superfícies planas 'grandes' em pontos distantes das bordas.

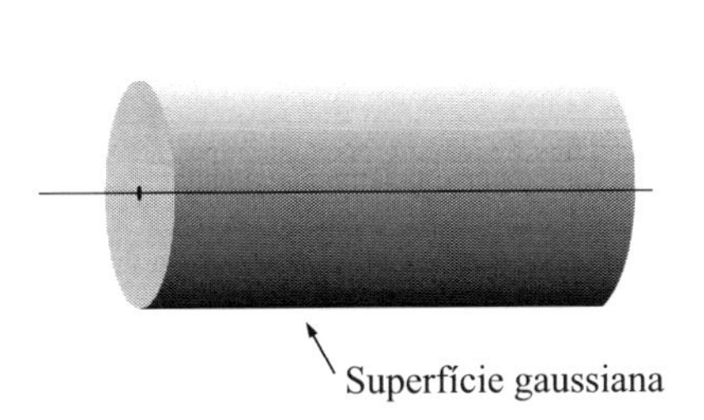


**Figura 2.19**

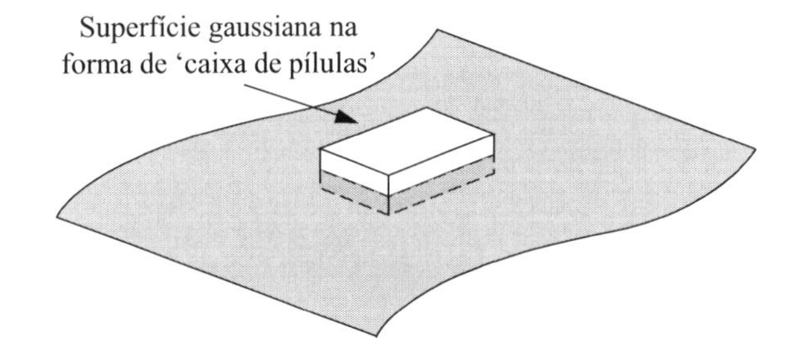


**Figura 2.20**

---

**Exemplo 2.3**

Um cilindro longo (Figura 2.21) tem uma densidade de carga que é proporcional à distância ao eixo: $\rho = ks$, sendo $k$ uma constante. Encontre o campo elétrico no interior desse cilindro.

---

3. Se você duvida que $\mathbf{E}$ é radial, considere a alternativa. Suponha, digamos, que ele aponta para o leste no 'equador'. Mas a orientação do equador é perfeitamente arbitrária — aqui nada está girando, portanto não há eixo natural 'norte-sul' — qualquer argumento que queira demonstrar que $\mathbf{E}$ aponta para o leste poderia também ser usado para mostrar que ele aponta para o oeste, para o norte, ou para qualquer outra direção. A *única* direção unívoca em uma esfera é a *radial*.

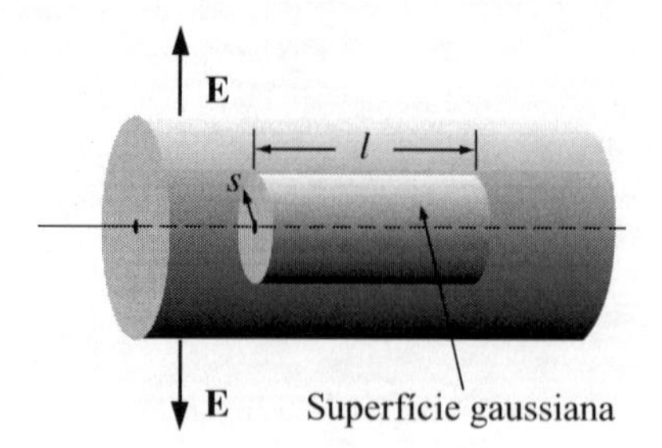


**Figura 2.21**

**Solução:** desenhe um cilindro gaussiano de comprimento $l$ e raio $s$. Para essa superfície, a lei de Gauss diz que:

$$\oint_{\mathcal{S}} \mathbf{E} \cdot d\mathbf{a} = \frac{1}{\epsilon_0} Q_{\text{enc}}.$$

A carga encerrada é

$$Q_{\text{enc}} = \int \rho \, d\tau = \int (ks')(s' \, ds' \, d\phi \, dz) = 2\pi kl \int_0^s s'^2 \, ds' = \tfrac{2}{3}\pi kls^3.$$

(Usei o elemento de volume adequado a coordenadas cilíndricas, Equação 1.78, e integrei $\phi$ de 0 a $2\pi$, $dz$ de 0 a $l$. Coloquei uma linha na variável de integração $s'$, para distingui-la do raio $s$ da superfície gaussiana.)

Agora, a simetria dita que $\mathbf{E}$ deve apontar radialmente para fora, de forma que para a porção curva do cilindro gaussiano temos:

$$\int \mathbf{E} \cdot d\mathbf{a} = \int |\mathbf{E}| \, da = |\mathbf{E}| \int da = |\mathbf{E}| \, 2\pi sl,$$

enquanto a contribuição das bases do cilindro é nula (aqui $\mathbf{E}$ é perpendicular a $d\mathbf{a}$). Assim,

$$|\mathbf{E}| \, 2\pi sl = \frac{1}{\epsilon_0} \frac{2}{3} \pi kls^3,$$

ou, finalmente,

$$\mathbf{E} = \frac{1}{3\epsilon_0} ks^2 \hat{\mathbf{s}}.$$

---

## Exemplo 2.4

Um plano infinito tem uma densidade superficial de carga uniforme $\sigma$. Encontre seu campo elétrico.

**Solução:** desenhe uma superfície gaussiana na forma de 'caixa de pílulas', deixando distâncias iguais acima e abaixo do plano (Figura 2.22). Aplique a lei de Gauss para esta superfície:

$$\oint \mathbf{E} \cdot d\mathbf{a} = \frac{1}{\epsilon_0} Q_{\text{enc}}.$$

Neste caso, $Q_{\text{enc}} = \sigma A$, onde $A$ é a área da tampa da caixa de pílulas. Por simetria, $\mathbf{E}$ aponta para fora do plano (para cima nos pontos acima e para baixo nos pontos abaixo). Assim, as superfícies superior e inferior resultam em

$$\int \mathbf{E} \cdot d\mathbf{a} = 2A|\mathbf{E}|,$$

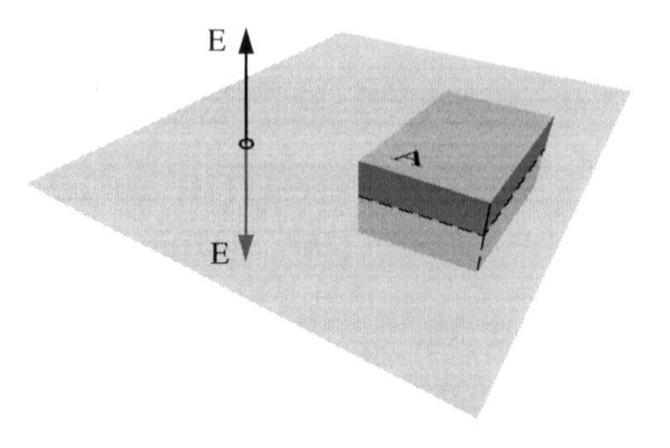


**Figura 2.22**

enquanto a contribuição dos lados é nula. Assim,

$$2A\,|\mathbf{E}| = \frac{1}{\epsilon_0}\sigma A,$$

ou

$$\mathbf{E} = \frac{\sigma}{2\epsilon_0}\hat{\mathbf{n}} \tag{2.17}$$

onde $\hat{\mathbf{n}}$ é um vetor unitário que aponta para fora da superfície. No Problema 2.6, você obteve esse mesmo resultado, através de um método muito mais trabalhoso.

Parece surpreendente, de início, que o campo de um plano infinito seja *independente da distância a que você está dele.* O que acontece com o $1/r^2$ da lei de Coulomb? Bem, a questão é que quanto mais você se afasta do plano, mais carga entra no seu 'campo de visão' (uma forma cônica que se estende a partir do seu olho), e isso compensa a influência cada vez menor de cada pedaço sozinho. O campo elétrico de uma esfera diminui como $1/r^2$; o campo elétrico de uma linha infinita diminui como $1/r$; e o campo elétrico de um plano infinito não diminui.

---

Embora o uso direto da lei de Gauss para calcular campos elétricos esteja limitado aos casos de simetria esférica, cilíndrica e plana, podemos montar *combinações* de objetos que têm essa simetria, mesmo que o conjunto, como um todo, não seja simétrico. Por exemplo, recorrendo ao princípio de superposição, podemos encontrar o campo nas proximidades de dois cilindros paralelos com distribuições uniformes de carga, ou de uma esfera próxima a um plano infinito carregado.

---

**Exemplo 2.5**

Dois planos infinitos paralelos têm densidades de carga uniformes de mesma magnitude, porém opostas $\pm\sigma$ (Figura 2.23). Encontre o campo em cada uma das três regiões: (i) à esquerda de ambos, (ii) entre eles, (iii) à direita de ambos.

**Solução:** a placa da esquerda produz um campo $(1/2\epsilon_0)\sigma$ que aponta para fora dela (Figura 2.24), para a esquerda na região (i) e para a direita nas regiões (ii) e (iii). A placa da direita, tendo carga negativa, produz um campo $(1/2\epsilon_0)\sigma$, que aponta *para si* — para a direita nas regiões (i) e (ii) e para a esquerda na região (iii). Os dois campos se cancelam nas regiões (i) e (iii); eles se somam na região (ii). *Conclusão:* o campo é $(1/\epsilon_0)\sigma$, e aponta para a direita entre os planos; nas demais partes é nulo.

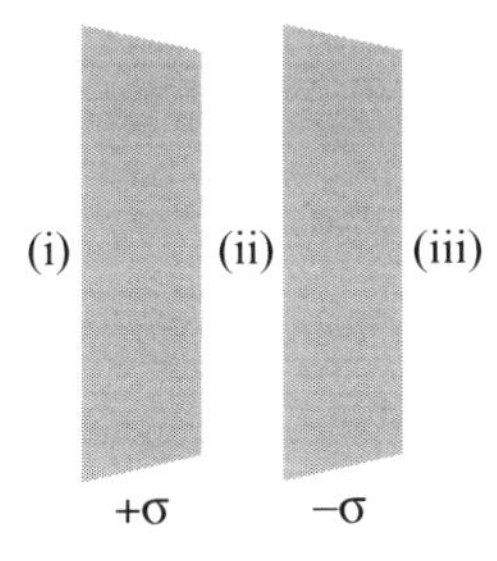


**Figura 2.23**

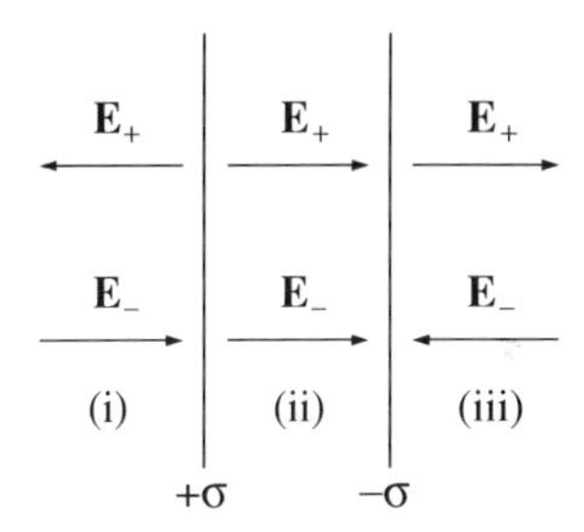


**Figura 2.24**

---

**Problema 2.11** Use a lei de Gauss para encontrar o campo elétrico dentro e fora de uma casca esférica de raio $R$, que tem uma densidade superficial de carga uniforme $\sigma$. Compare sua resposta ao Problema 2.7.

**Problema 2.12** Use a lei de Gauss para encontrar o campo elétrico dentro de uma esfera uniformemente carregada (com densidade de carga $\rho$). Compare sua resposta ao Problema 2.8.

**Problema 2.13** Encontre o campo elétrico a uma distância $s$ de um fio reto de comprimento infinito, que tem uma densidade linear de carga uniforme $\lambda$. Compare à Equação 2.9.

**Problema 2.14** Encontre o campo elétrico dentro de uma esfera com uma densidade de carga proporcional à distância da origem, $\rho = kr$, $k$ sendo uma constante. [*Dica:* esta densidade de carga *não* é uniforme e você deve *integrar* para chegar à carga encerrada.]

**Problema 2.15** Uma casca esférica oca tem a densidade de carga para o caso $b = 2a$.

$$\rho = \frac{k}{r^2}$$

na região $a \leq r \leq b$ (Figura 2.25). Encontre o campo elétrico nas três regiões: (i) $r < a$, (ii) $a < r < b$, (iii) $r > b$. Faça um gráfico de $|\mathbf{E}|$ como função de $r$.

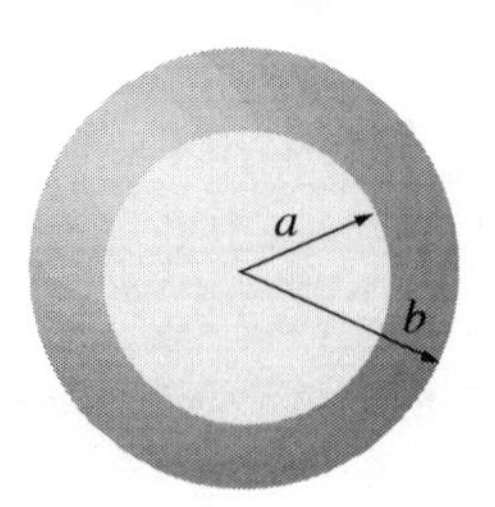


Figura 2.25

**Problema 2.16** Um cabo coaxial longo (Figura 2.26) possui uma densidade *volumétrica* de carga uniforme $\rho$ no cilindro interno (raio $a$), e uma densidade *superficial* de carga uniforme na casca externa do cilindro (raio $b$). Essa carga superficial é negativa e de magnitude exata para que o cabo, como um todo, seja eletricamente neutro. Encontre o campo elétrico em cada uma das três regiões: (i) dentro do cilindro interno ($s < a$), (ii) entre os dois cilindros ($a < s < b$), (iii) externa ao cabo ($s > b$). Faça um gráfico de $|\mathbf{E}|$ como função de $s$.

**Problema 2.17** Uma placa plana infinita, de espessura $2d$, possui uma densidade volumétrica de carga uniforme $\rho$ (Figura 2.27). Encontre o campo elétrico, como função de $y$, onde $y = 0$ no centro. Faça um gráfico de $E$ *versus* $y$, chamando $E$ de *positivo* quando apontar na direção $+y$ e de *negativo* quando apontar na direção $-y$.

• **Problema 2.18** Duas esferas, cada uma com raio $R$ e com distribuições volumétricas de carga de densidades uniformes $+\rho$ e $-\rho$, respectivamente, estão posicionadas de forma que se sobrepõem parcialmente (Figura 2.28). Chame o vetor do centro positivo ao centro negativo de $\mathbf{d}$. Mostre que o campo na região de sobreposição é constante e encontre seu valor. [*Dica:* use a resposta do Problema 2.12.]

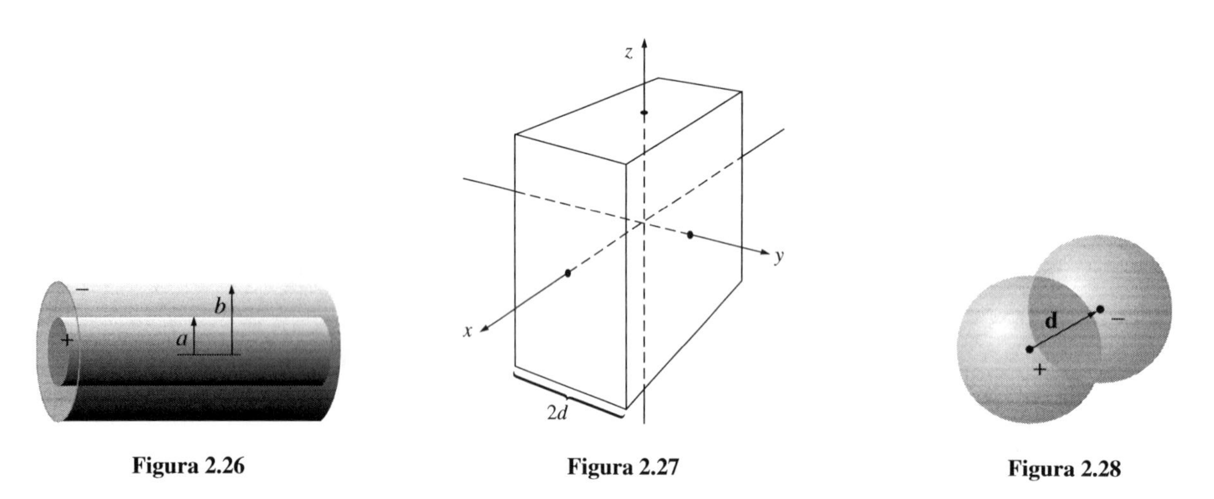


Figura 2.26 Figura 2.27 Figura 2.28

## 2.2.4 O rotacional de E

Calcularemos o rotacional de $\mathbf{E}$, como calculamos o divergente na Seção 2.2.1, estudando primeiro a configuração mais simples possível: uma carga pontual na origem. Neste caso

$$\mathbf{E} = \frac{1}{4\pi\epsilon_0}\frac{q}{r^2}\hat{\mathbf{r}}.$$

Agora, uma espiada na Figura 2.12 deve convencê-lo de que o rotacional deste campo tem de ser zero, mas suponho que podemos propor algo um pouco mais rigoroso que isso. Vamos calcular a integral de linha deste campo, a partir de um ponto **a** até um outro ponto **b** (Figura 2.29):

$$\int_{\mathbf{a}}^{\mathbf{b}} \mathbf{E}\cdot d\mathbf{l}.$$

Em coordenadas esféricas, $d\mathbf{l} = dr\,\hat{\mathbf{r}} + r\,d\theta\,\hat{\boldsymbol{\theta}} + r\,\text{sen}\,\theta\,d\phi\,\hat{\boldsymbol{\phi}}$, portanto

$$\mathbf{E}\cdot d\mathbf{l} = \frac{1}{4\pi\epsilon_0}\frac{q}{r^2}dr.$$

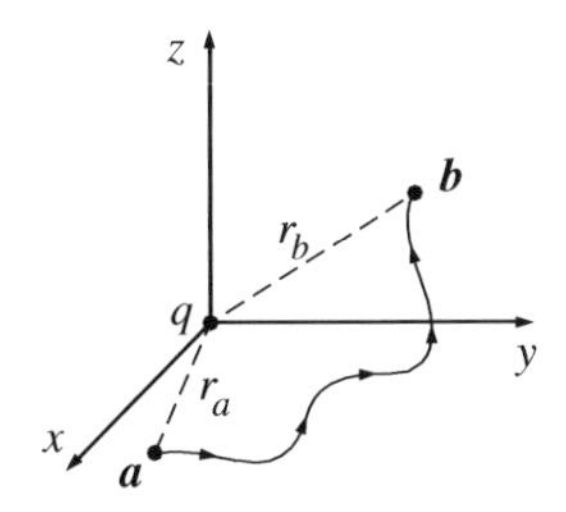


**Figura 2.29**

Consequentemente,

$$\int_{\mathbf{a}}^{\mathbf{b}} \mathbf{E} \cdot d\mathbf{l} = \frac{1}{4\pi\epsilon_0} \int_{\mathbf{a}}^{\mathbf{b}} \frac{q}{r^2} dr = \left. \frac{-1}{4\pi\epsilon_0} \frac{q}{r} \right|_{r_a}^{r_b} = \frac{1}{4\pi\epsilon_0} \left( \frac{q}{r_a} - \frac{q}{r_b} \right), \tag{2.18}$$

onde $r_a$ é a distância da origem ao ponto **a** e $r_b$ é a distância da origem até **b**. A integral em torno de um caminho *fechado* é, evidentemente, zero (porque, então, $r_a = r_b$):

$$\boxed{\oint \mathbf{E} \cdot d\mathbf{l} = 0,} \tag{2.19}$$

e então, aplicando o teorema de Stokes,

$$\boxed{\nabla \times \mathbf{E} = 0.} \tag{2.20}$$

Aqui, provamos as equações 2.19 e 2.20 apenas para o campo de uma única carga pontual na *origem*, mas estes resultados não fazem referência ao que, afinal de contas, é uma escolha perfeitamente arbitrária de coordenadas; eles continuam valendo independentemente de *onde* a carga está localizada. Além do mais, se tivermos muitas cargas, o princípio da superposição diz que o campo total é a soma vetorial dos campos individuais:

$$\mathbf{E} = \mathbf{E}_1 + \mathbf{E}_2 + \ldots,$$

então

$$\nabla \times \mathbf{E} = \nabla \times (\mathbf{E}_1 + \mathbf{E}_2 + \ldots) = (\nabla \times \mathbf{E}_1) + (\nabla \times \mathbf{E}_2) + \ldots = 0.$$

Assim, as equações 2.19 e 2.20 valem *para qualquer que seja a distribuição de carga estática.*

---

**Problema 2.19** Calcule $\nabla \times \mathbf{E}$ diretamente a partir da Equação 2.8, pelo método da Seção 2.2.2. Consulte o Problema 1.62 se tiver dificuldade.

---

## 2.3 Potencial elétrico

### 2.3.1 Introdução ao potencial

O campo elétrico **E** não é uma função vetorial *qualquer*; ele é um *tipo* de função vetorial especial, cujo rotacional é sempre zero. $\mathbf{E} = y\hat{\mathbf{x}}$, por exemplo, não poderia de forma alguma ser um campo eletrostático; *nenhum* conjunto de cargas, sejam quais forem seus tamanhos e posições, poderia produzir um campo assim. Nesta seção, vamos explorar esta propriedade especial dos campos elétricos, para reduzir um problema vetorial (encontrar **E**) a um problema escalar, bem mais simples. O primeiro teorema da Seção 1.6.2 diz que qualquer vetor cujo rotacional é zero é igual ao gradiente de algum escalar. O que faremos agora consiste em uma prova dessa alegação, no contexto da eletrostática.

Como $\nabla \times \mathbf{E} = 0$, a integral de linha de **E** em torno de qualquer caminho fechado é nula (isso decorre do teorema de Stokes). Como $\oint \mathbf{E} \cdot d\mathbf{l} = 0$, a integral de linha de **E** do ponto **a** ao ponto **b** é a mesma para todos os caminhos (caso contrário seria possível *ir* pelo percurso (i) e voltar pelo caminho (ii) — Figura 2.30 — obtendo $\oint \mathbf{E} \cdot d\mathbf{l} \neq 0$). Como a integral de linha é independente do caminho, podemos definir uma função [4]

$$\boxed{V(\mathbf{r}) \equiv -\int_{\mathcal{O}}^{\mathbf{r}} \mathbf{E} \cdot d\mathbf{l}.} \tag{2.21}$$

Aqui $\mathcal{O}$ é algum ponto de referência padrão o qual acordamos previamente; $V$, então, depende somente do ponto $\mathbf{r}$. Ele é chamado de **potencial elétrico.**

Evidentemente, a *diferença* entre dois pontos $\mathbf{a}$ e $\mathbf{b}$ é

$$\begin{aligned} V(\mathbf{b}) - V(\mathbf{a}) &= -\int_{\mathcal{O}}^{\mathbf{b}} \mathbf{E} \cdot d\mathbf{l} + \int_{\mathcal{O}}^{\mathbf{a}} \mathbf{E} \cdot d\mathbf{l} \\ &= -\int_{\mathcal{O}}^{\mathbf{b}} \mathbf{E} \cdot d\mathbf{l} - \int_{\mathbf{a}}^{\mathcal{O}} \mathbf{E} \cdot d\mathbf{l} = -\int_{\mathbf{a}}^{\mathbf{b}} \mathbf{E} \cdot d\mathbf{l}. \end{aligned} \tag{2.22}$$

Agora, o teorema fundamental para os gradientes diz que

$$V(\mathbf{b}) - V(\mathbf{a}) = \int_{\mathbf{a}}^{\mathbf{b}} (\nabla V) \cdot d\mathbf{l},$$

então

$$\int_{\mathbf{a}}^{\mathbf{b}} (\nabla V) \cdot d\mathbf{l} = -\int_{\mathbf{a}}^{\mathbf{b}} \mathbf{E} \cdot d\mathbf{l}.$$

Finalmente, como isto é verdade para *quaisquer* pontos $\mathbf{a}$ e $\mathbf{b}$, os integrandos devem ser iguais:

$$\boxed{\mathbf{E} = -\nabla V.} \tag{2.23}$$

A Equação 2.23 é a versão diferencial da Equação 2.21; ela diz que o campo elétrico é o gradiente de um potencial escalar, que é o que nos propusemos a provar.

Observe o papel sutil, porém crucial, da independência dos caminhos (ou, de forma equivalente, o fato de que $\nabla \times \mathbf{E} = 0$) neste argumento. Se a integral de linha de $\mathbf{E}$ dependesse do caminho, então a 'definição' de $V$, na Equação 2.21, seria sem sentido. Ela simplesmente não definiria uma função, já que a alteração do caminho alteraria o valor de $V(\mathbf{r})$. Aliás, não deixe que o sinal de menos da Equação 2.23 o distraia; ele vem da Equação 2.21 e é sobretudo uma questão de convenção.

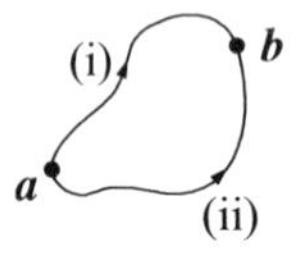


**Figura 2.30**

---

**Problema 2.20** Uma destas expressões é um campo eletrostático impossível. Qual delas?

(a) $\mathbf{E} = k[xy\,\hat{\mathbf{x}} + 2yz\,\hat{\mathbf{y}} + 3xz\,\hat{\mathbf{z}}]$;

(b) $\mathbf{E} = k[y^2\,\hat{\mathbf{x}} + (2xy + z^2)\,\hat{\mathbf{y}} + 2yz\,\hat{\mathbf{z}}]$.

Aqui, $k$ é uma constante com as unidades adequadas. Para o campo *possível*, encontre o potencial usando a *origem* como seu ponto de referência. Verifique suas respostas calculando $\nabla V$. [*Dica:* você deve escolher um caminho específico para a integração. Não importa *qual* é esse caminho, já que a resposta é independente do caminho escolhido, mas simplesmente não se pode integrar sem ter um caminho particular em mente.]

---

4. Para evitar qualquer ambiguidade, talvez eu devesse colocar uma linha na variável de integração:

$$V(\mathbf{r}) = -\int_{\mathcal{O}}^{\mathbf{r}} \mathbf{E}(\mathbf{r}') \cdot d\mathbf{l}'.$$

Mas isso torna a notação trabalhosa e prefiro, sempre que possível, reservar as linhas para os pontos fontes. No entanto, quando calcularmos explicitamente essas integrais (como no Exemplo 2.6), colocarei as linhas.

### 2.3.2 Comentários sobre o potencial

**(i) O nome.** A palavra 'potencial' é uma designação incorreta terrível porque ela inevitavelmente lembra *energia* potencial. Isso pode gerar confusão, uma vez que *existe* uma ligação entre 'potencial' e 'energia potencial', como você verá na Seção 2.4. Lamento que seja impossível evitar essa palavra. O máximo que posso fazer é insistir, de uma vez por todas, que 'potencial' e 'energia potencial' são termos completamente diferentes e que deveriam, com toda justiça, ter nomes diferentes. Diga-se de passagem, uma superfície sobre a qual o potencial é constante é chamada de **equipotencial**.

**(ii) Vantagem da formulação do potencial.** Se $V$ é conhecido, você pode facilmente obter $\mathbf{E}$ — basta calcular o gradiente: $\mathbf{E} = -\nabla V$. Isso é extraordinário quando se começa a pensar no assunto, já que $\mathbf{E}$ é uma quantidade *vetorial* (com três componentes), enquanto $V$ é um *escalar* (uma componente). Como é possível que *uma* função contenha todas as informações de *três* funções independentes? A resposta é que os três componentes de $\mathbf{E}$ não são, na realidade, tão independentes quanto parecem. Na realidade eles estão explicitamente inter-relacionados pela própria condição com a qual começamos, $\nabla \times \mathbf{E} = 0$. Em termos de componentes,

$$\frac{\partial E_x}{\partial y} = \frac{\partial E_y}{\partial x}, \quad \frac{\partial E_z}{\partial y} = \frac{\partial E_y}{\partial z}, \quad \frac{\partial E_x}{\partial z} = \frac{\partial E_z}{\partial x}.$$

Isso nos leva de volta à observação no início da Seção 2.3.1: **E** *é um vetor de um tipo muito especial.* O que a formulação do potencial faz é explorar essa característica para extrair o máximo de vantagem, reduzindo um problema vetorial a um problema escalar, no qual não há necessidade de se preocupar com componentes.

**(iii) O ponto de referência $\mathcal{O}$.** Existe uma ambiguidade intrínseca na definição de potencial, já que a escolha do ponto de referência $\mathcal{O}$ foi arbitrária. Mudar os pontos de referência corresponde a acrescentar uma constante $K$ ao potencial:

$$V'(\mathbf{r}) = -\int_{\mathcal{O}'}^{\mathbf{r}} \mathbf{E} \cdot d\mathbf{l} = -\int_{\mathcal{O}'}^{\mathcal{O}} \mathbf{E} \cdot d\mathbf{l} - \int_{\mathcal{O}}^{\mathbf{r}} \mathbf{E} \cdot d\mathbf{l} = K + V(\mathbf{r}),$$

onde $K$ é a integral de linha de $\mathbf{E}$ entre o antigo ponto de referência $\mathcal{O}$ e o novo $\mathcal{O}'$. É claro que acrescentar a constante a $V$ não irá afetar a *diferença* de potencial entre dois pontos:

$$V'(\mathbf{b}) - V'(\mathbf{a}) = V(\mathbf{b}) - V(\mathbf{a}),$$

já que os $K$ se cancelam. (Na realidade, já ficou claro a partir da Equação 2.22 que a diferença potencial é independente de $\mathcal{O}$, uma vez que ela pode ser escrita como a integral de linha de $\mathbf{E}$ entre **a** e **b**, sem referência a $\mathcal{O}$.) E a ambiguidade também não afeta o gradiente de $V$:

$$\nabla V' = \nabla V,$$

já que a derivada de uma constante é zero. É por isso que todos esses $V$, que diferem apenas na escolha do ponto de referência, correspondem ao mesmo campo $\mathbf{E}$.

É evidente que o potencial como tal não tem qualquer significado físico, já que em qualquer ponto dado podemos ajustar seu valor à vontade realocando adequadamente $\mathcal{O}$. Nesse sentido, ele é semelhante à altitude: se eu lhe perguntar qual a altitude de Denver, você provavelmente irá me responder a altura acima do nível do mar, porque é um ponto de referência conveniente e tradicional. Mas podemos muito bem concordar em medir a altitude acima de Washington D.C., de Greenwich, ou do que for. Isso acrescentaria (ou, melhor, subtrairia) uma quantia fixa de todas as nossas leituras referentes ao nível do mar, mas não alteraria nada no mundo real. A única quantidade de interesse intrínseco é a *diferença* em altitude entre dois pontos e essa *será* a mesma, *seja* qual for o ponto de referência.

Dito isso, no entanto, *existe* um ponto 'natural' a ser usado para $\mathcal{O}$ em eletrostática — de forma análoga ao nível do mar para a altitude — e é um ponto infinitamente distante da carga. Normalmente, então, 'ajustamos o zero do potencial no infinito.' (Como $V(\mathcal{O}) = 0$, escolher um ponto de referência equivale a selecionar um lugar onde $V$ deve ser zero.) Mas devo alertá-lo de que há uma situação especial em que esta convenção falha: quando a própria distribuição da carga se estende ao infinito. O sintoma do problema, nesses casos, é que o potencial explode. Por exemplo, o campo de um plano com distribuição uniforme de carga é $(\sigma/2\epsilon_0)\hat{\mathbf{n}}$, como constatamos no Exemplo 2.4; se inocentemente colocarmos $\mathcal{O} = \infty$, o potencial na altura $z$ acima do plano se tornará

$$V(z) = -\int_{\infty}^{z} \frac{1}{2\epsilon_0}\sigma \, dz = -\frac{1}{2\epsilon_0}\sigma(z - \infty).$$

A solução é simplesmente escolher algum outro ponto de referência (neste problema, você deve usar a origem). Observe que a dificuldade ocorre somente nos problemas de livros-texto; na 'vida real' não existe distribuição de carga que se estenda indefinidamente e *sempre* podemos usar o infinito como ponto de referência.

**(iv) O potencial obedece ao princípio da superposição.** O princípio original da superposição na eletrodinâmica aplica-se à força sobre uma carga de prova $Q$. Ele diz que a força total que age sobre $Q$ é a soma vetorial das forças atribuídas às cargas fontes individualmente:

$$\mathbf{F} = \mathbf{F}_1 + \mathbf{F}_2 + \ldots$$

Dividindo tudo por $Q$, constatamos que o campo elétrico também obedece ao princípio da superposição:

$$\mathbf{E} = \mathbf{E}_1 + \mathbf{E}_2 + \ldots$$

Integrando a partir de um ponto de referência comum **r**, segue-se que o potencial também satisfaz esse princípio:

$$V = V_1 + V_2 + \ldots$$

Ou seja, o potencial em qualquer ponto é a soma dos potenciais produzidos por todas as cargas fontes separadamente. Só que, desta vez, é uma soma *ordinária*, não uma *vetorial*, com a qual é muito mais fácil de trabalhar.

**(v) Unidades de potencial.** Nas nossas unidades, a força é medida em newton e a carga em coulomb; portanto, os campos elétricos são medidos em newton por coulomb. Consequentemente, o potencial é medido em newton vezes metro por coulomb, ou joule por coulomb. Um joule por coulomb é o que se chama de **volt**.

---

### Exemplo 2.6

Encontre o potencial dentro e fora de uma casca esférica de raio $R$ (Figura 2.31), que tem uma carga distribuída uniformemente na superfície. Coloque o ponto de referência no infinito.

**Solução:** a partir da lei de Gauss, o campo fora da casca é

$$\mathbf{E} = \frac{1}{4\pi\epsilon_0}\frac{q}{r^2}\hat{\mathbf{r}},$$

onde $q$ é a carga total na esfera. O campo dentro da esfera é nulo. Para pontos fora da esfera ($r > R$),

$$V(r) = -\int_{\mathcal{O}}^{\mathbf{r}} \mathbf{E}\cdot d\mathbf{l} = \frac{-1}{4\pi\epsilon_0}\int_{\infty}^{r}\frac{q}{r'^2}\,dr' = \frac{1}{4\pi\epsilon_0}\frac{q}{r'}\bigg|_{\infty}^{r} = \frac{1}{4\pi\epsilon_0}\frac{q}{r}.$$

Para encontrar o potencial dentro da esfera ($r < R$), temos que dividir a integral em duas seções, usando em cada região o campo que nela for pertinente:

$$V(r) = \frac{-1}{4\pi\epsilon_0}\int_{\infty}^{R}\frac{q}{r'^2}\,dr' - \int_{R}^{r}(0)\,dr' = \frac{1}{4\pi\epsilon_0}\frac{q}{r'}\bigg|_{\infty}^{R} + 0 = \frac{1}{4\pi\epsilon_0}\frac{q}{R}.$$

Observe que o potencial *não* é nulo dentro da casca, embora o campo o *seja*. $V$ é uma *constante* nessa região, com certeza, de forma que $\nabla V = 0$ — isso é o que interessa. Em problemas deste tipo, você deve sempre *considerar como ponto de partida o ponto de referência;* é aí que o potencial está 'fixado'. É tentador supor que se pode calcular o potencial dentro da esfera com base apenas no campo dentro da esfera, mas isso é falso: o potencial dentro da esfera é sensível também ao que está acontecendo fora dela. Se eu colocasse uma segunda casca uniformemente carregada com raio $R' > R$, o potencial dentro de $R$ se alteraria, embora o campo continuasse nulo. A lei de Gauss garante que a carga exterior a um determinado ponto (ou seja, a um $r$ maior) não produz um *campo* líquido nesse ponto, desde que ela seja esfericamente ou cilindricamente simétrica; mas essa regra não se aplica ao *potencial* quando o infinito é usado como ponto de referência.

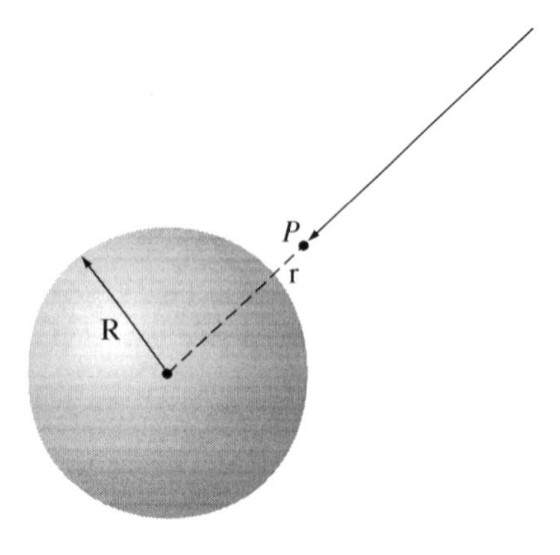


**Figura 2.31**

---

**Problema 2.21** Encontre o potencial dentro e fora de uma esfera sólida uniformemente carregada cujo raio é $R$ e cuja carga total é $q$. Use o infinito como ponto de referência. Calcule o gradiente de $V$ em cada região e verifique se ele fornece o campo correto. Esboce $V(r)$.

**Problema 2.22** Encontre o potencial a uma distância $s$ de um fio reto infinitamente longo que possui uma densidade linear de carga uniforme $\lambda$. Calcule o gradiente do potencial e verifique se ele fornece o campo correto.

**Problema 2.23** Para a configuração de carga do Problema 2.15, encontre o potencial no centro usando o infinito como seu ponto de referência.

**Problema 2.24** Para a configuração do Problema 2.16, encontre a diferença potencial entre um ponto no eixo e um ponto no cilindro externo. Observe que não é necessário vincular-se a um ponto de referência em particular se você usar a Equação 2.22.

### 2.3.3 Equação de Poisson e equação de Laplace

Constatamos na Seção 2.3.1 que o campo elétrico pode ser escrito como o gradiente de um potencial escalar.

$$\mathbf{E} = -\boldsymbol{\nabla} V.$$

Surge a questão: como as equações fundamentais para $\mathbf{E}$,

$$\boldsymbol{\nabla} \cdot \mathbf{E} = \frac{\rho}{\epsilon_0} \quad \text{e} \quad \boldsymbol{\nabla} \times \mathbf{E} = 0,$$

ficam em termos de $V$? Bem, $\boldsymbol{\nabla} \cdot \mathbf{E} = \boldsymbol{\nabla} \cdot (-\boldsymbol{\nabla} V) = -\nabla^2 V$, portanto, exceto por aquele sinal de menos persistente, o divergente de $\mathbf{E}$ é o laplaciano de $V$. A lei de Gauss então diz que

$$\boxed{\nabla^2 V = -\frac{\rho}{\epsilon_0}.} \tag{2.24}$$

Essa expressão é conhecida como **equação de Poisson**. Nas regiões onde não há carga, de forma que $\rho = 0$, a equação de Poisson se reduz à **equação de Laplace**,

$$\nabla^2 V = 0. \tag{2.25}$$

Exploraremos essas equações de forma mais completa no Capítulo 3.

Isso é o que acontece com relação à lei de Gauss. E quanto à lei do rotacional? Ela diz que

$$\boldsymbol{\nabla} \times \mathbf{E} = \boldsymbol{\nabla} \times (-\boldsymbol{\nabla} V)$$

deve ser igual a zero. Mas isso não é uma condição para $V$ — o rotacional de um gradiente é *sempre* zero. *Usamos*, é claro, a lei do rotacional para mostrar que $\mathbf{E}$ pode ser expresso como o gradiente de um escalar, de forma que na realidade não é surpreendente que isto funcione: $\boldsymbol{\nabla} \times \mathbf{E} = 0$ *permite* $\mathbf{E} = -\boldsymbol{\nabla} V$; em troca, $\mathbf{E} = -\boldsymbol{\nabla} V$ *garante* $\boldsymbol{\nabla} \times \mathbf{E} = 0$. Basta *uma* equação diferencial (a de Poisson) para determinar $V$, porque $V$ é um escalar; para $\mathbf{E}$ precisamos de *duas*, o divergente e o rotacional.

### 2.3.4 O potential de uma distribuição de carga localizada

Definimos $V$ em termos de $\mathbf{E}$ (Equação 2.21). Normalmente, no entanto, é $\mathbf{E}$ que estamos procurando (se $\mathbf{E}$ já fosse conhecido, não haveria muito sentido em calcular $V$). A ideia é que pode ser mais fácil obter primeiro $V$ e depois encontrar $\mathbf{E}$ calculando o gradiente. Tipicamente, então, sabemos onde a carga está (ou seja, conhecemos $\rho$), e queremos encontrar $V$. A equação de Poisson relaciona $V$ e $\rho$, mas infelizmente é 'no sentido errado': ela nos daria $\rho$, se soubéssemos $V$, enquanto queremos $V$, conhecendo-se $\rho$. O que temos de fazer, então, é 'inverter' a equação de Poisson. Esse é o objetivo desta seção, embora isso seja feito por meios indiretos, começando, como sempre, com uma carga pontual na origem.

Colocando o ponto de referência no infinito, o potencial de uma carga pontual $q$ na origem, é

$$V(r) = \frac{-1}{4\pi\epsilon_0} \int_{\infty}^{r} \frac{q}{r'^2}\, dr' = \frac{1}{4\pi\epsilon_0} \frac{q}{r'}\bigg|_{\infty}^{r} = \frac{1}{4\pi\epsilon_0} \frac{q}{r}.$$

(Aqui você vê a vantagem de usar o infinito como ponto de referência: ele mata o limite inferior da integral.) Observe o sinal de $V$; presumivelmente, o sinal convencional de menos na definição de $V$ (Equação 2.21) foi escolhido precisamente para *fazer* com que o potencial de uma carga positiva seja positivo. É útil lembrar que regiões de carga positiva são 'morros' potenciais, regiões de carga negativa são 'vales' potenciais e que o campo elétrico aponta para a 'descida', do positivo para o negativo.

Em geral, o potencial de uma carga pontual $q$ é

$$V(\mathbf{r}) = \frac{1}{4\pi\epsilon_0}\frac{q}{\mathscr{r}}, \tag{2.26}$$

onde $\mathscr{r}$, como sempre, é a distância entre a carga e $\mathbf{r}$ (Figura 2.32). Recorrendo ao princípio da superposição, então, o potencial de um conjunto de cargas é

$$V(\mathbf{r}) = \frac{1}{4\pi\epsilon_0}\sum_{i=1}^{n}\frac{q_i}{\mathscr{r}_i}, \tag{2.27}$$

ou, para uma distribuição contínua,

$$V(\mathbf{r}) = \frac{1}{4\pi\epsilon_0}\int \frac{1}{\mathscr{r}}dq. \tag{2.28}$$

Em particular, para uma distribuição volumétrica de carga, o potencial é

$$\boxed{V(\mathbf{r}) = \frac{1}{4\pi\epsilon_0}\int \frac{\rho(\mathbf{r}')}{\mathscr{r}}\,d\tau'.} \tag{2.29}$$

Esta é a equação que estávamos procurando e que nos diz como calcular $V$ quando $\rho$ é conhecido; ela é, por assim dizer, a 'solução' para a equação de Poisson, para uma distribuição de carga localizada.[5] Quero convidá-lo a comparar a Equação 2.29 com a fórmula correspondente para o *campo* elétrico, em termos de $\rho$ (Equação 2.8):

$$\mathbf{E}(\mathbf{r}) = \frac{1}{4\pi\epsilon_0}\int \frac{\rho(\mathbf{r}')}{\mathscr{r}^2}\hat{\boldsymbol{\mathscr{r}}}\,d\tau'.$$

A questão principal a se observar é que o incômodo vetor unitário $\hat{\boldsymbol{\mathscr{r}}}$ não aparece agora, de forma que não há necessidade de se preocupar com componentes. A propósito, os potenciais das distribuições linear e superficial de carga são

$$\frac{1}{4\pi\epsilon_0}\int \frac{\lambda(\mathbf{r}')}{\mathscr{r}}\,dl' \quad \text{e} \quad \frac{1}{4\pi\epsilon_0}\int \frac{\sigma(\mathbf{r}')}{\mathscr{r}}\,da'. \tag{2.30}$$

Quero alertá-lo de que tudo nesta seção é baseado no pressuposto de que o ponto de referência está no infinito. Isso não fica evidente na Equação 2.29, mas lembre-se de que *obtivemos* essa equação a partir do potencial de uma carga pontual na origem, $(1/4\pi\epsilon_0)(q/r)$, que é válida somente quando $\mathcal{O} = \infty$. Se você tentar aplicar essas fórmulas a um daqueles problemas artificiais nos quais a própria carga se estende ao infinito, a integral vai divergir.

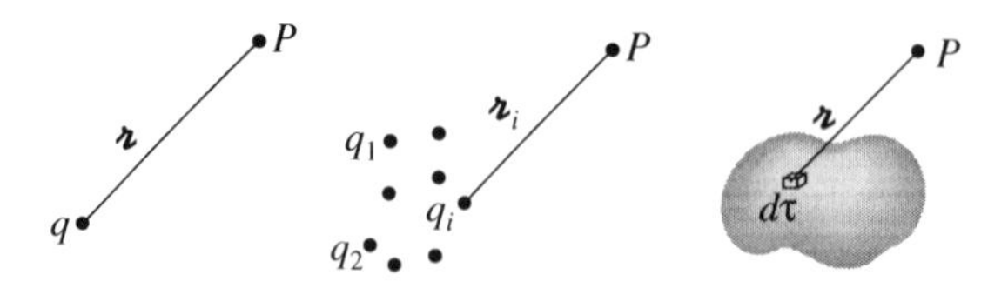


**Figura 2.32**

---

**Exemplo 2.7**

Encontre o potencial para uma casca esférica de raio $R$ com distribuição uniforme de carga (Figura 2.33).

**Solução:** este é o mesmo problema que resolvemos no Exemplo 2.6, mas desta vez vamos utilizar a Equação 2.30:

$$V(\mathbf{r}) = \frac{1}{4\pi\epsilon_0}\int \frac{\sigma}{\mathscr{r}}\,da'.$$

5. A Equação 2.29 é um exemplo do teorema de Helmholtz (Apêndice B), no contexto da eletrostática, onde o rotacional $\mathbf{E}$ é nulo e seu divergente é $\rho/\epsilon_0$.

**Figura 2.33**

Vamos colocar o ponto **r** no eixo $z$ e usar a lei dos cossenos para expressar $\mathscr{r}$ em termos do ângulo polar $\theta$:

$$\mathscr{r}^2 = R^2 + z^2 - 2Rz\cos\theta'.$$

Um elemento de área desta esfera é $R^2 \operatorname{sen}\theta'\, d\theta'\, d\phi'$, portanto

$$\begin{aligned}
4\pi\epsilon_0 V(z) &= \sigma \int \frac{R^2 \operatorname{sen}\theta'\, d\theta'\, d\phi'}{\sqrt{R^2+z^2-2Rz\cos\theta'}} \\
&= 2\pi R^2\sigma \int_0^{\pi} \frac{\operatorname{sen}\theta'}{\sqrt{R^2+z^2-2Rz\cos\theta'}}\, d\theta' \\
&= 2\pi R^2\sigma \left(\frac{1}{Rz}\sqrt{R^2+z^2-2Rz\cos\theta'}\right)\Bigg|_0^{\pi} \\
&= \frac{2\pi R\sigma}{z}\left(\sqrt{R^2+z^2+2Rz} - \sqrt{R^2+z^2-2Rz}\right) \\
&= \frac{2\pi R\sigma}{z}\left[\sqrt{(R+z)^2} - \sqrt{(R-z)^2}\right].
\end{aligned}$$

Neste ponto devemos tomar muito cuidado para usar a raiz *positiva*. Para pontos *externos* à esfera, $z$ é maior do que $R$, e, portanto, $\sqrt{(R-z)^2} = z - R$; para pontos *internos* à esfera, $\sqrt{(R-z)^2} = R - z$. Assim,

$$\begin{aligned}
V(z) &= \frac{R\sigma}{2\epsilon_0 z}[(R+z)-(z-R)] = \frac{R^2\sigma}{\epsilon_0 z}, && \text{externo;} \\
V(z) &= \frac{R\sigma}{2\epsilon_0 z}[(R+z)-(R-z)] = \frac{R\sigma}{\epsilon_0}, && \text{interno.}
\end{aligned}$$

Em termos da carga total da casca, $q = 4\pi R^2\sigma$, $V(z) = (1/4\pi\epsilon_0)(q/z)$ (ou, em geral, $V(r) = (1/4\pi\epsilon_0)(q/r)$) para pontos fora da esfera e $(1/4\pi\epsilon_0)(q/R)$ para pontos dentro dela.

É claro que, neste caso em particular, foi mais fácil obter $V$ usando 2.21 do que 2.30, porque a lei de Gauss nos deu **E** com pouco esforço. Mas se você comparar o Exemplo 2.7 com o Problema 2.7, poderá apreciar o poder da formulação do potencial.

---

**Problema 2.25** Usando as equações 2.27 e 2.30, encontre o potencial a uma distância $z$ acima do centro das distribuições de carga da Figura 2.34. Em cada caso, calcule $\mathbf{E} = -\boldsymbol{\nabla}V$, e compare suas respostas com o Problema 2.2a, Exemplo 2.1 e Problema 2.6, respectivamente. Suponha que alteramos a carga do lado direito da Figura 2.34a para $-q$; qual será, então, o potencial em $P$? Que campo isso sugere? Compare sua resposta com o Problema 2.2b, e explique cuidadosamente qualquer discrepância.

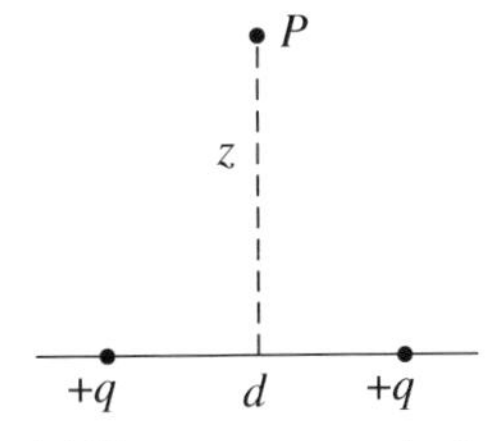

(a) Duas cargas pontuais

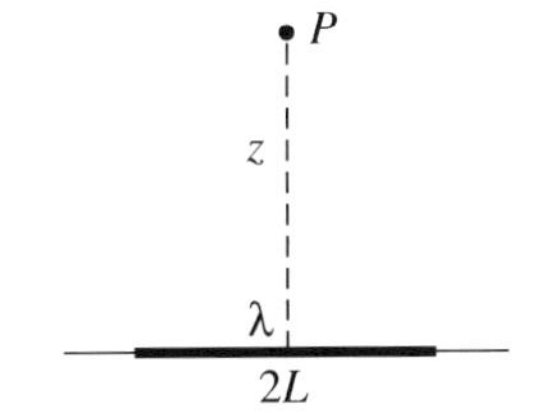

(b) Distribuição linear uniforme de carga

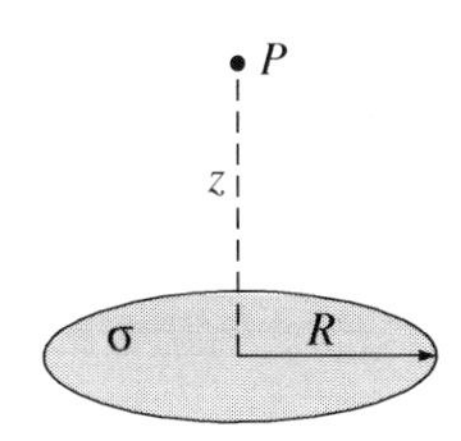

(c) Distribuição superficial uniforme de carga

**Figura 2.34**

**Problema 2.26** Uma superfície cônica (um cone de sorvete vazio) tem uma densidade de carga uniforme $\sigma$. A altura do cone é $h$, assim como o raio do topo. Encontre a diferença potencial entre os pontos **a** (o vértice) e **b** (o centro do topo).

**Problema 2.27** Encontre o potencial no eixo de um cilindro sólido uniformemente carregado, a uma distância $z$ do centro. O comprimento do cilindro é $L$, seu raio é $R$, e a densidade de carga é $\rho$. Use o seu resultado para calcular o campo elétrico nesse ponto. (Considere que $z > L/2$.)

**Problema 2.28** Use a Equação 2.29 para calcular o potencial dentro de uma esfera sólida de raio $R$ com densidade de carga uniforme e carga total $q$. Compare sua resposta ao Problema 2.21.

**Problema 2.29** Verifique se a Equação 2.29 satisfaz a equação de Poisson, aplicando o laplaciano e usando a Equação 1.102.

### 2.3.5 Resumo: condições de contorno na eletrostática

Em um problema típico de eletrostática, é dada uma distribuição de cargas fonte $\rho$, e o objetivo é encontrar o campo elétrico $\mathbf{E}$ que ela produz. A menos que a simetria do problema admita uma solução pela lei de Gauss, geralmente vale a pena calcular primeiro o potencial, como passo intermediário. Estas são, então, as três quantidades fundamentais da eletrostática: $\rho$, $\mathbf{E}$ e $V$. No decorrer da nossa discussão, derivamos todas as seis fórmulas que as relacionam. Essas equações estão resumidas na Figura 2.35. Começamos com apenas duas observações experimentais: (1) o princípio da superposição — uma ampla regra geral que se aplica a *todas* as forças eletromagnéticas e (2) a lei de Coulomb — que é a lei fundamental da eletrostática. Dessas segue-se todo o resto.

Estudando os exercícios 2.4 e 2.5, ou resolvendo problemas como o 2.7, 2.11 e 2.16, você deve ter notado que o campo elétrico sempre passa por uma descontinuidade quando se atravessa uma distribuição superficial de carga de densidade $\sigma$. Inclusive, é uma questão simples encontrar a *variação* de $\mathbf{E}$ nesse contorno. Suponha que desenhemos uma superfície gaussiana na forma de 'caixa de pílulas', fina como um wafer e que se estende pouco para cada um dos lados da superfície (Figura 2.36). A lei de Gauss diz que

$$\oint_{\mathcal{S}} \mathbf{E} \cdot d\mathbf{a} = \frac{1}{\epsilon_0} Q_{\text{enc}} = \frac{1}{\epsilon_0} \sigma A,$$

onde $A$ é a área da tampa da caixa de pílulas. (Se $\sigma$ variar de um ponto a outro, ou se a superfície for curva, temos que fazer com que $A$ seja extremamente pequena.) As *laterais* da caixa de pílulas não contribuem para o fluxo, no limite em que a espessura $\epsilon$ tende a zero, de forma que nos resta

$$E^{\perp}_{\text{acima}} - E^{\perp}_{\text{abaixo}} = \frac{1}{\epsilon_0}\sigma, \tag{2.31}$$

onde $E^{\perp}_{\text{acima}}$ denota a componente de $\mathbf{E}$ que é perpendicular à superfície imediatamente acima e $E^{\perp}_{\text{abaixo}}$ é o mesmo, só que abaixo da superfície. Por coerência, consideremos que 'para cima' é a direção positiva para ambos. *Conclusão: a componente normal de* $\mathbf{E}$ *é descontínua por um valor* $\sigma/\epsilon_0$ *em qualquer contorno.* Em particular, quando *não* há carga distribuída na superfície, $E^{\perp}$ é contínuo, como, por exemplo, na superfície de uma esfera sólida com carga uniforme.

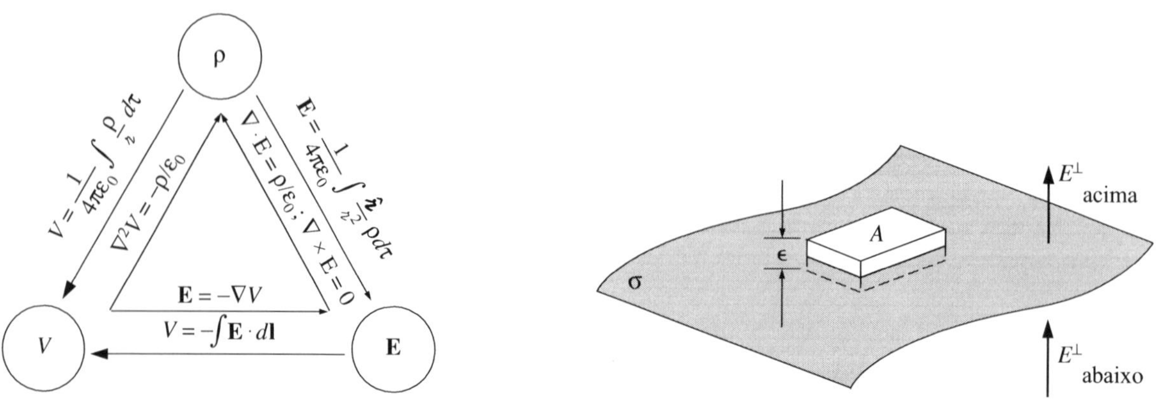


**Figura 2.35** **Figura 2.36**

A componente *tangencial* de $\mathbf{E}$, por outro lado, é *sempre* contínua. Se aplicarmos a Equação 2.19,

$$\oint \mathbf{E} \cdot d\mathbf{l} = 0,$$

à espira retangular fina da Figura 2.37, as pontas não contribuem (à medida que $\epsilon \to 0$), e as laterais resultam em $(E^{\parallel}_{\text{acima}} l - E^{\parallel}_{\text{abaixo}} l)$, portanto

$$\mathbf{E}^{\parallel}_{\text{acima}} = \mathbf{E}^{\parallel}_{\text{abaixo}}, \tag{2.32}$$

onde $\mathbf{E}^{\parallel}$ representa as componentes de $\mathbf{E}$ *paralelas* à superfície. As condições de contorno para $\mathbf{E}$ (equações 2.31 e 2.32) podem ser combinadas em uma única fórmula:

$$\mathbf{E}_{\text{acima}} - \mathbf{E}_{\text{abaixo}} = \frac{\sigma}{\epsilon_0}\hat{\mathbf{n}}, \tag{2.33}$$

onde $\hat{\mathbf{n}}$ é um vetor unitário perpendicular à superfície, apontando de 'baixo' para 'cima'.[6]

Entretanto, o potencial é contínuo através de qualquer contorno (Figura 2.38), já que

$$V_{\text{acima}} - V_{\text{abaixo}} = -\int_{\mathbf{a}}^{\mathbf{b}} \mathbf{E} \cdot d\mathbf{l};$$

à medida que o comprimento do caminho tende a zero, o mesmo acontece com a integral:

$$V_{\text{acima}} = V_{\text{abaixo}}. \tag{2.34}$$

No entanto, o *gradiente* de $V$ herda a descontinuidade de $\mathbf{E}$; já que $\mathbf{E} = -\nabla V$, a Equação 2.33 implica que

$$\nabla V_{\text{acima}} - \nabla V_{\text{abaixo}} = -\frac{1}{\epsilon_0}\sigma\hat{\mathbf{n}}, \tag{2.35}$$

ou, mais convenientemente,

$$\frac{\partial V_{\text{acima}}}{\partial n} - \frac{\partial V_{\text{abaixo}}}{\partial n} = -\frac{1}{\epsilon_0}\sigma, \tag{2.36}$$

onde

$$\frac{\partial V}{\partial n} = \nabla V \cdot \hat{\mathbf{n}} \tag{2.37}$$

denota a **derivada normal** de $V$ (ou seja, a taxa de mudança na direção perpendicular à superfície).

Por favor, observe que essas condições de contorno relacionam os campos e potenciais *imediatamente* acima e *imediatamente* abaixo da superfície. Por exemplo, as derivadas na Equação 2.36 são os valores *limites* à medida que nos aproximamos da superfície por qualquer um dos lados.

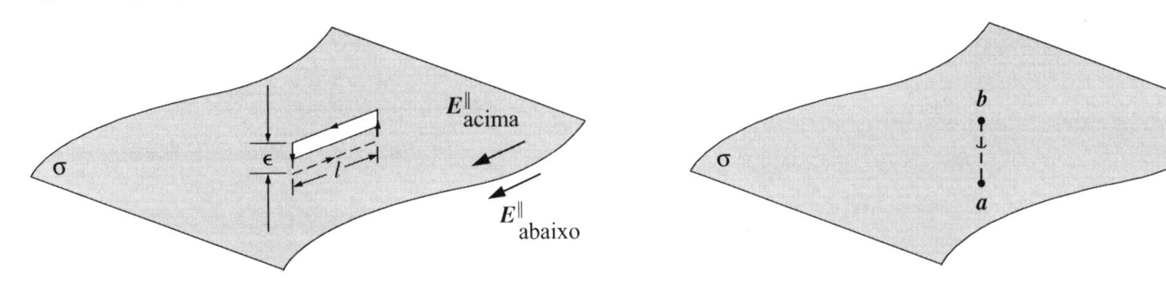


**Figura 2.37** **Figura 2.38**

---

**Problema 2.30** (a) Verifique se os resultados dos exercícios 2.4 e 2.5 e do Problema 2.11 são coerentes com a Equação 2.33.

(b) Use a lei de Gauss para encontrar o campo dentro e fora de um tubo cilíndrico oco longo, com uma densidade superficial de carga uniforme $\sigma$. Verifique se o seu resultado é coerente com a Equação 2.33.

(c) Verifique se o resultado do Exemplo 2.7 é coerente com as condições de contorno 2.34 e 2.36.

---

6. Observe que não importa que lado você chama de 'cima' ou de 'baixo', já que a inversão trocaria o sentido de $\hat{\mathbf{n}}$. Aliás, se você só estiver interessado no campo *devido a determinada área* (essencialmente plana) *de carga superficial*, a resposta é $(\sigma/2\epsilon_0)\hat{\mathbf{n}}$ imediatamente acima da superfície e $-(\sigma/2\epsilon_0)\hat{\mathbf{n}}$ imediatamente abaixo. Isso é decorrência do Exemplo 2.4, pois se você estiver próximo o bastante da área, ela 'parecerá' um plano infinito. Evidentemente, a *descontinuidade* total de $\mathbf{E}$ é atribuída a essa determinada área com carga.

## 2.4 Trabalho e energia na eletrostática

### 2.4.1 O trabalho feito para movimentar uma carga

Suponha que você tem uma configuração estacionária de cargas fontes e quer movimentar uma carga de prova $Q$ do ponto **a** ao ponto **b** (Figura 2.39). *Pergunta:* quanto trabalho você terá que realizar? Em qualquer ponto ao longo do caminho, a força elétrica sobre $Q$ é $\mathbf{F} = Q\mathbf{E}$; a força que *você* deve exercer, em oposição a essa força elétrica, é $-Q\mathbf{E}$. (Se o sinal o incomoda, imagine levantar um tijolo: a gravidade exerce a força $mg$ *para baixo,* mas *você* exerce a força $mg$ *para cima.* Você *poderia*, é claro, aplicar uma força ainda maior — então o tijolo sofreria uma aceleração e parte do seu esforço seria 'desperdiçado' gerando energia cinética. O que nos interessa aqui é a força *mínima* que você precisa exercer para realizar a tarefa.) O trabalho, portanto, é

$$W = \int_{\mathbf{a}}^{\mathbf{b}} \mathbf{F} \cdot d\mathbf{l} = -Q \int_{\mathbf{a}}^{\mathbf{b}} \mathbf{E} \cdot d\mathbf{l} = Q[V(\mathbf{b}) - V(\mathbf{a})].$$

Observe que a resposta é independente do trajeto escolhido para ir de **a** a **b**; então, em mecânica, chamaríamos a força eletrostática de 'conservativa'. Dividindo por $Q$, temos

$$V(\mathbf{b}) - V(\mathbf{a}) = \frac{W}{Q}. \tag{2.38}$$

Em palavras, a *diferença de potencial entre os pontos* **a** *e* **b** *é igual ao trabalho por unidade de carga necessário para transportar uma partícula de* **a** *a* **b**. Particularmente, se você quiser trazer a carga $Q$ de um ponto distante e colocá-la no ponto **r**, o trabalho que você deve realizar é

$$W = Q[V(\mathbf{r}) - V(\infty)],$$

portanto, se você estabeleceu o ponto de referência no infinito,

$$W = QV(\mathbf{r}). \tag{2.39}$$

Nesse sentido, *potencial* é *energia* potencial (o trabalho necessário para criar o sistema) *por unidade de carga* (da mesma forma que o *campo* é a *força* por unidade de carga).

### 2.4.2 A energia de uma distribuição de cargas pontuais

Quanto trabalho seria necessário para reunir todo um *conjunto* de cargas pontuais? Imagine aproximar as cargas, uma por uma, de uma longa distância (Figura 2.40). A primeira carga, $q_1$, *não* requer qualquer trabalho, já que ainda não há campo para enfrentar. Agora traga $q_2$. Segundo a Equação 2.39, isso vai lhe custar $q_2V_1(\mathbf{r}_2)$, onde $V_1$ é o potencial devido a $q_1$, e $\mathbf{r}_2$ é o lugar onde estamos colocando $q_2$:

$$W_2 = \frac{1}{4\pi\epsilon_0} q_2 \left(\frac{q_1}{\mathscr{r}_{12}}\right)$$

($\mathscr{r}_{12}$ é a distância entre $q_1$ e $q_2$, uma vez que estejam posicionadas). Agora traga $q_3$; isso requer o trabalho $q_3V_{1,2}(\mathbf{r}_3)$, onde $V_{1,2}$ é o potencial devido às cargas $q_1$ e $q_2$, ou seja, $(1/4\pi\epsilon_0)(q_1/\mathscr{r}_{13} + q_2/\mathscr{r}_{23})$. Assim,

$$W_3 = \frac{1}{4\pi\epsilon_0} q_3 \left(\frac{q_1}{\mathscr{r}_{13}} + \frac{q_2}{\mathscr{r}_{23}}\right).$$

Similarmente, o trabalho extra para aproximar $q_4$ será

$$W_4 = \frac{1}{4\pi\epsilon_0} q_4 \left(\frac{q_1}{\mathscr{r}_{14}} + \frac{q_2}{\mathscr{r}_{24}} + \frac{q_3}{\mathscr{r}_{34}}\right).$$

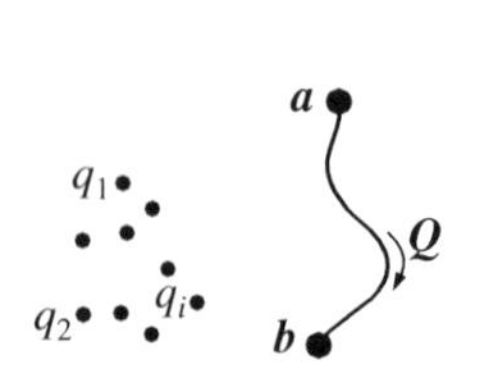

Figura 2.39

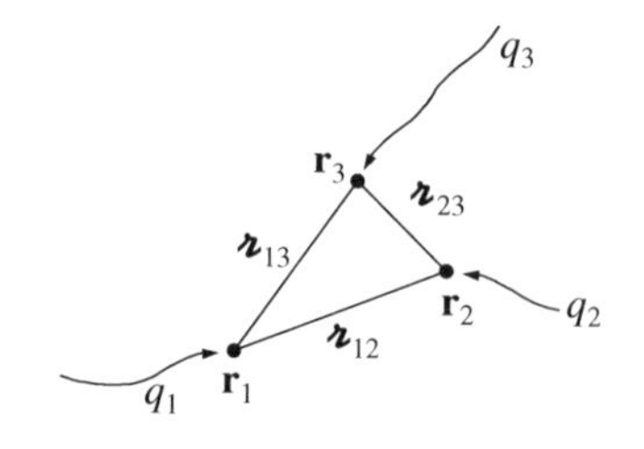

Figura 2.40

O trabalho *total* necessário para reunir as primeiras quatro cargas será, então,

$$W = \frac{1}{4\pi\epsilon_0}\left(\frac{q_1q_2}{\mathscr{r}_{12}} + \frac{q_1q_3}{\mathscr{r}_{13}} + \frac{q_1q_4}{\mathscr{r}_{14}} + \frac{q_2q_3}{\mathscr{r}_{23}} + \frac{q_2q_4}{\mathscr{r}_{24}} + \frac{q_3q_4}{\mathscr{r}_{34}}\right).$$

Você pode ver a regra geral: tome o produto de cada par de cargas, divida pela sua distância de separação e some tudo:

$$W = \frac{1}{4\pi\epsilon_0}\sum_{i=1}^{n}\sum_{j>i}^{n}\frac{q_iq_j}{\mathscr{r}_{ij}}. \tag{2.40}$$

A condição $j > i$ serve apenas para lembrá-lo de não contar o mesmo par duas vezes. Uma maneira mais elegante de chegar ao mesmo resultado é contar *intencionalmente* duas vezes cada par e depois dividir por 2:

$$W = \frac{1}{8\pi\epsilon_0}\sum_{i=1}^{n}\sum_{\substack{j=1\\ j\neq i}}^{n}\frac{q_iq_j}{\mathscr{r}_{ij}} \tag{2.41}$$

(ainda temos de evitar $i = j$, é claro). Observe que, nesta forma, a resposta simplesmente não depende da *ordem* na qual as cargas são agrupadas, já que todos os pares aparecem na soma. Em seguida extrairemos o fator $q_i$:

$$W = \frac{1}{2}\sum_{i=1}^{n} q_i\left(\sum_{\substack{j=1\\ j\neq i}}^{n}\frac{1}{4\pi\epsilon_0}\frac{q_j}{\mathscr{r}_{ij}}\right).$$

O termo entre parênteses é o potencial no ponto $\mathbf{r}_i$ (a posição de $q_i$) devido a todas as outras cargas — agora, todas elas, e não apenas as que estavam presentes em algum estágio do processo de agrupamento. Assim,

$$W = \frac{1}{2}\sum_{i=1}^{n} q_i V(\mathbf{r}_i). \tag{2.42}$$

Essa é a quantidade de trabalho necessária para reunir uma configuração de cargas pontuais; é também a quantidade de trabalho que você obteria de volta se desmantelasse o sistema. Nesse meio-tempo, representa a energia armazenada nessa configuração (energia 'potencial', se preferir, embora por razões óbvias, preferimos evitar essa palavra neste contexto).

---

**Problema 2.31** (a) Três cargas estão situadas nos vértices de um quadrado (de lado $a$), como mostra a Figura 2.41. Quanto trabalho será necessário para trazer outra carga, $+q$, de uma grande distância e colocá-la no quarto vértice?

(b) Quanto trabalho é necessário para agrupar o conjunto inteiro de quatro cargas?

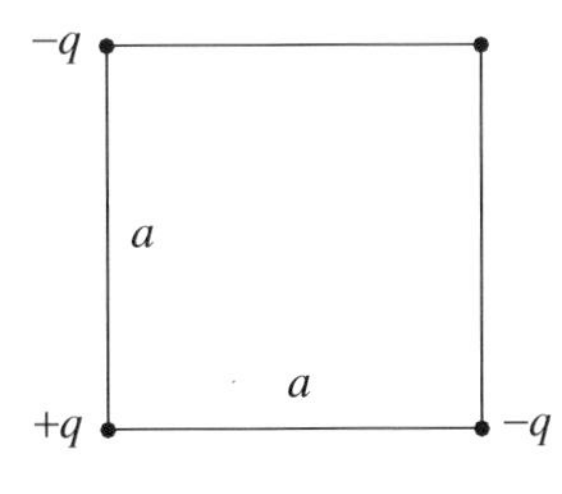


**Figura 2.41**

---

### 2.4.3 A energia de uma distribuição de carga contínua

Para uma densidade volumétrica de carga $\rho$, a Equação 2.42 torna-se

$$W = \frac{1}{2}\int \rho V\, d\tau. \tag{2.43}$$

(As integrais correspondentes para uma linha e uma superfície carregadas seriam $\int \lambda V\, dl$ e $\int \sigma V\, da$, respectivamente.) Existe uma maneira graciosa de reescrever este resultado, na qual $\rho$ e $V$ são eliminadas em favor de $\mathbf{E}$. Primeiro use a lei de Gauss para expressar $\rho$ em termos de $\mathbf{E}$:

$$\rho = \epsilon_0 \boldsymbol{\nabla} \cdot \mathbf{E}, \quad \text{portanto} \quad W = \frac{\epsilon_0}{2} \int (\boldsymbol{\nabla} \cdot \mathbf{E}) V\, d\tau.$$

Agora use a integração por partes (Equação 1.59) para transferir a derivada de $\mathbf{E}$ para $V$:

$$W = \frac{\epsilon_0}{2} \left[ -\int \mathbf{E} \cdot (\boldsymbol{\nabla} V)\, d\tau + \oint V\mathbf{E} \cdot d\mathbf{a} \right].$$

Mas $\boldsymbol{\nabla} V = -\mathbf{E}$, então

$$W = \frac{\epsilon_0}{2} \left( \int_{\mathcal{V}} E^2\, d\tau + \oint_{\mathcal{S}} V\mathbf{E} \cdot d\mathbf{a} \right). \tag{2.44}$$

Mas que volume *é* esse sobre o qual estamos integrando? Vamos voltar à fórmula com a qual começamos, a Equação 2.43. A partir da sua dedução, fica claro que devemos integrar sobre a região onde a carga está localizada. Mas na realidade, qualquer volume *maior* serviria: de qualquer forma, o território 'extra' que acrescentamos não dará qualquer contribuição à integral, já que lá, $\rho = 0$. Com isso em mente, vamos voltar à Equação 2.44. O que acontece *aqui,* quando aumentamos o volume além do mínimo necessário para conter toda a carga? Bem, a integral $E^2$ só pode aumentar (já que o integrando é positivo); evidentemente, a integral de superfície deve diminuir na mesma proporção para que a soma permaneça intacta. De fato, a grandes distâncias da carga, $E$ se comporta como $1/r^2$, e $V$ como $1/r$, enquanto a área da superfície cresce como $r^2$. Pode-se dizer, então, que a integral de superfície vai aproximadamente como $1/r$. Por favor, entenda que a Equação 2.44 lhe dá a energia $W$ correta, *seja* qual for o volume usado (desde que ele contenha toda a carga), mas a contribuição da integral de volume aumenta e a da integral de superfície diminui, à medida que os volumes aumentam. Particularmente, por que não integrar sobre *todo* o espaço? Assim, a integral de superfície anula-se e ficamos com

$$\boxed{W = \frac{\epsilon_0}{2} \int_{\text{todo o espaço}} E^2\, d\tau.} \tag{2.45}$$

---

**Exemplo 2.8**

Encontre a energia de uma casca esférica uniformemente carregada, com carga total $q$ e raio $R$.

**Solução 1:** use a Equação 2.43, na versão apropriada para cargas superficiais:

$$W = \frac{1}{2} \int \sigma V\, da.$$

Agora, o potencial na superfície da esfera é $(1/4\pi\epsilon_0)q/R$ (uma constante), portanto

$$W = \frac{1}{8\pi\epsilon_0} \frac{q}{R} \int \sigma\, da = \frac{1}{8\pi\epsilon_0} \frac{q^2}{R}.$$

**Solução 2:** use a Equação 2.45. Dentro da esfera $\mathbf{E} = 0$; fora,

$$\mathbf{E} = \frac{1}{4\pi\epsilon_0} \frac{q}{r^2} \hat{\mathbf{r}}, \quad \text{então} \quad E^2 = \frac{q^2}{(4\pi\epsilon_0)^2 r^4}.$$

Portanto,

$$\begin{aligned} W_{\text{tot}} &= \frac{\epsilon_0}{2(4\pi\epsilon_0)^2} \int_{\text{fora}} \left( \frac{q^2}{r^4} \right) (r^2 \operatorname{sen}\theta\, dr\, d\theta\, d\phi) \\ &= \frac{1}{32\pi^2\epsilon_0} q^2 4\pi \int_R^\infty \frac{1}{r^2}\, dr = \frac{1}{8\pi\epsilon_0} \frac{q^2}{R}. \end{aligned}$$

---

**Problema 2.32** Encontre a energia armazenada em uma esfera sólida uniformemente carregada de raio $R$ e carga $q$. Faça-o de três formas diferentes:

(a) Use a Equação 2.43. Você encontrou o potencial no Problema 2.21.

(b) Use a Equação 2.45. Não se esqueça de integrar sobre *todo o espaço.*

(c) Use a Equação 2.44. Tome um volume esférico de raio $a$. O que acontece quando $a \to \infty$?

**Problema 2.33** Aqui está uma quarta maneira de calcular a energia de uma esfera uniformemente carregada: monte a esfera camada por camada, trazendo, de cada vez, uma carga infinitesimal $dq$ de uma grande distância, espalhando-a uniformemente sobre a superfície e, consequentemente, aumentando o raio. Quanto trabalho $dW$ é necessário para aumentar o raio em $dr$? Integre isso para encontrar o trabalho necessário para criar a esfera inteira com raio $R$ e carga total $q$.

### 2.4.4 Comentários sobre a energia eletrostática

**(i) Uma 'inconsistência' desconcertante.** A Equação 2.45 indica, claramente, que a energia de uma distribuição de cargas estacionárias é sempre *positiva.* Por outro lado, a Equação 2.42 (da qual a 2.45 foi deduzida) pode ser positiva ou negativa. Por exemplo, segundo a Equação 2.42, a energia de duas cargas de mesmo módulo e sinais opostos, a uma distância $\mathscr{r}$ uma da outra, seria $-(1/4\pi\epsilon_0)(q^2/\mathscr{r})$. O que houve de errado? Qual é a equação certa?

A resposta é que *ambas* as equações estão certas, mas elas pertencem a situações ligeiramente diferentes. A Equação 2.42 não leva em consideração o trabalho necessário para, antes de mais nada, *formar* as cargas pontuais; *começamos* com cargas pontuais e simplesmente calculamos o trabalho necessário para reuni-las. Esse é um princípio sábio, já que a Equação 2.45 indica que a energia de uma carga pontual é, de fato, *infinita*:

$$W = \frac{\epsilon_0}{2(4\pi\epsilon_0)^2}\int\left(\frac{q^2}{r^4}\right)(r^2 \operatorname{sen}\theta\, dr\, d\theta\, d\phi) = \frac{q^2}{8\pi\epsilon_0}\int_0^\infty \frac{1}{r^2}\, dr = \infty.$$

A Equação 2.45 é mais *completa,* no sentido de que ela nos diz qual a energia *total* armazenada em um conjunto de cargas, mas a Equação 2.42 é mais adequada quando estamos lidando com cargas pontuais porque preferimos (por bons motivos!) deixar de fora essa parte da energia total que é atribuída à fabricação das próprias cargas pontuais. Na prática, afinal, as cargas pontuais (digamos, elétrons) são *dadas* prontas; tudo o que *temos* de fazer é movimentá-las. Como elas não foram montadas por nós e não podemos desmontá-las, não importa quanto trabalho esse processo requer. (Mesmo assim, a energia infinita de uma carga pontual é uma fonte recorrente de constrangimento para a teoria eletromagnética e aflige tanto a versão quântica quanto a clássica. Voltaremos ao problema no Capítulo 11.)

Agora, talvez você imagine onde a incoerência se infiltrou em uma dedução aparentemente fechada. A 'falha' está entre as equações 2.42 e 2.43: na primeira, $V(\mathbf{r}_i)$ representa o potencial devido a todas as *outras* cargas *exceto* $q_i$, enquanto na segunda, $V(\mathbf{r})$ é o potencial *total.* Para uma distribuição contínua, não existe distinção, já que a quantidade de carga *exatamente no ponto* $\mathbf{r}$ é nula e sua contribuição ao potencial é zero.

**(ii) Onde é que a energia está armazenada?** As Equações 2.43 e 2.45 oferecem duas maneiras diferentes para calcular a mesma coisa. A primeira é uma integral sobre a distribuição de carga; a segunda é uma integral sobre o campo. Elas podem envolver regiões completamente diferentes. Por exemplo, no caso de uma casca esférica (Exemplo 2.8) a carga fica confinada à superfície, enquanto o campo elétrico está presente por toda a parte de *fora* dessa superfície. Então, onde *está* a energia? Ela está armazenada no campo, como a Equação 2.45 aparentemente sugere, ou está armazenada na carga, como indica a Equação 2.43? No nível atual, essa é uma pergunta que não sabemos responder. Posso lhe dizer qual é a energia total e fornecer várias maneiras de calculá-la, mas não é necessário preocupar-se com a localização da energia. No contexto da teoria da radiação (Capítulo 11), é útil (e na relatividade geral é *essencial*) considerar a energia como armazenada no campo, com uma densidade

$$\frac{\epsilon_0}{2}E^2 = \text{energia por unidade de volume.} \tag{2.46}$$

Mas em eletrostática, pode-se também dizer que ela está armazenada na carga, com uma densidade $\frac{1}{2}\rho V$. A diferença é puramente uma questão de contabilidade.

**(iii) O princípio da superposição.** Como a energia eletrostática é *quadrática* nos campos, ela *não* obedece a um princípio da superposição. A energia de um sistema composto *não* é a soma das energias de suas partes consideradas separadamente — existem também 'termos cruzados':

$$W_{\text{tot}} = \frac{\epsilon_0}{2}\int E^2\, d\tau = \frac{\epsilon_0}{2}\int (\mathbf{E}_1 + \mathbf{E}_2)^2\, d\tau$$

$$
\begin{aligned}
&= \frac{\epsilon_0}{2}\int (E_1^2 + E_2^2 + 2\mathbf{E}_1 \cdot \mathbf{E}_2)\, d\tau \\
&= W_1 + W_2 + \epsilon_0 \int \mathbf{E}_1 \cdot \mathbf{E}_2\, d\tau. \qquad (2.47)
\end{aligned}
$$

Por exemplo, se você dobrar a carga em toda parte, irá *quadruplicar* a energia total.

---

**Problema 2.34** Considere duas cascas esféricas concêntricas de raios $a$ e $b$. Suponha que a esfera interna tem uma carga $q$, e que a externa tem uma carga $-q$ (ambas uniformemente distribuídas sobre a superfície). Calcule a energia desta configuração, (a) usando a Equação 2.45, e (b) usando a Equação 2.47 e os resultados do Exemplo 2.8.

---

# 2.5 Condutores

## 2.5.1 Propriedades básicas

Em um **isolante,** tal como vidro ou borracha, cada elétron está ligado a um determinado átomo. Já em um **condutor** metálico, em contrapartida, um ou mais elétrons por átomo ficam livres para percorrer o material. (Em condutores líquidos, tais como a água salgada, são os *íons* que se movimentam.) Um condutor *perfeito* seria um material que contivesse um suprimento *ilimitado* de cargas completamente livres. Na vida real não existem condutores perfeitos, mas muitas substâncias chegam surpreendentemente perto disso. A partir dessa definição, seguem-se imediatamente as propriedades eletrostáticas básicas dos condutores ideais:

**(i) E = 0 dentro de um condutor.** Por quê? Porque se *houvesse* algum campo, essas cargas livres iriam se movimentar e ele não seria mais *eletrostático*. Bem ... dificilmente essa é uma explicação satisfatória; talvez ela prove apenas que não se pode ter eletrostática quando há condutores presentes. É melhor examinarmos o que acontece quando colocamos um condutor em um campo elétrico externo $\mathbf{E}_0$ (Figura 2.42). Inicialmente, isso vai levar todas as cargas livres positivas para a direita e as negativas para a esquerda. (Na prática, são somente as cargas negativas — os elétrons — que se movimentam, mas quando eles se afastam, o lado direito fica com uma carga líquida positiva — os núcleos estacionários — de forma que realmente não importa quais as cargas que se movem; o efeito é o mesmo.) Quando chegam à beirada do material, as cargas se acumulam: positivas do lado direito, negativas do lado esquerdo. Agora, essas **cargas induzidas** produzem um campo próprio, $\mathbf{E}_1$, que, como você pode ver pela figura, tem *sentido oposto* a $\mathbf{E}_0$. Esse é o ponto importante, pois significa que o campo das cargas induzidas *tende a cancelar o campo original.* E o fluxo de carga continuará até que o cancelamento seja completo, e o campo resultante no interior do condutor seja exatamente zero.[7] O processo todo é praticamente instantâneo.

**(ii) $\rho$ = 0 dentro de um condutor.** Isso é decorrência da lei de Gauss: $\nabla \cdot \mathbf{E} = \rho/\epsilon_0$. Se $\mathbf{E} = 0$, então $\rho$ também é. Ainda há carga, mas a quantidade de carga positiva é exatamente a mesma que a de carga negativa, de forma que a densidade líquida de carga no interior é zero.

**(iii) Qualquer carga líquida fica na superfície.** Esse é o único lugar onde ela *pode* estar.

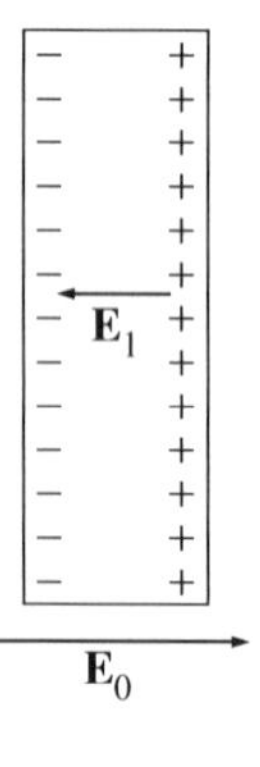


**Figura 2.42**

7. *Fora* do condutor o campo *não* é zero, já que lá $\mathbf{E}_0$ e $\mathbf{E}_1$ não se cancelam.

**(iv) Um condutor é equipotencial.** Pois, se **a** e **b** são dois pontos dentro (ou na superfície) de um determinado condutor, $V(\mathbf{b}) - V(\mathbf{a}) = -\int_{\mathbf{a}}^{\mathbf{b}} \mathbf{E} \cdot d\mathbf{l} = 0$, e, portanto, $V(\mathbf{a}) = V(\mathbf{b})$.

**(v) E é perpendicular à superfície imediatamente fora de um condutor.** Caso contrário, como em **(i)**, a carga irá imediatamente fluir ao longo da superfície até anular a componente tangencial (Figura 2.43). (*Perpendicular* à superfície a carga não pode fluir, é claro, já que está confinada ao objeto condutor.)

Acho estranho que a carga de um condutor flua para a superfície. Devido à sua repulsão mútua, as cargas naturalmente se espalham o máximo possível, mas o fato de *todas* elas irem à superfície parece um desperdício de espaço interno. Com certeza seria melhor, do ponto de vista de colocar cada carga o mais distante possível de suas vizinhas, espalhar *algumas* pelo volume... Bem, simplesmente não é assim. É melhor colocar *todas* as cargas na superfície e isso é verdade, seja qual for o tamanho ou a forma do condutor.[8]

O problema também pode ser expresso em termos de energia. Como qualquer outro sistema dinâmico livre, a carga em um condutor irá procurar a configuração que minimize sua energia potencial. O que a propriedade **(iii)** afirma é que a energia eletrostática de um objeto sólido (com forma especificada e carga total) é mínima quando essa carga está espalhada sobre a superfície. Por exemplo, a energia de uma esfera é $(1/8\pi\epsilon_0)(q^2/R)$ se a carga estiver uniformemente distribuída sobre a superfície, como constatamos no Exemplo 2.8, mas ela será maior, $(3/20\pi\epsilon_0)(q^2/R)$, se a carga estiver uniformemente distribuída no volume (Problema 2.32).

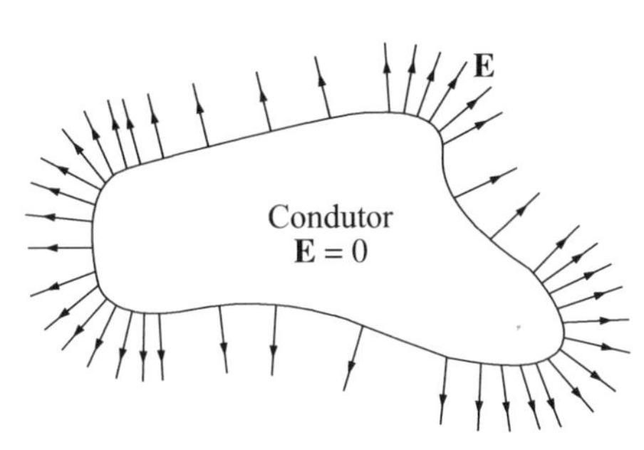


**Figura 2.43**

## 2.5.2 Cargas induzidas

Se você mantiver uma carga $+q$ próxima a um condutor não carregado (Figura 2.44), os dois irão se atrair mutuamente. O motivo para isso é que $q$ irá puxar cargas negativas para o lado mais próximo e repelir as cargas positivas para o lado distante. (Outra maneira de pensar nisso é que a carga se movimenta de tal forma a cancelar o campo de $q$ dentro do condutor, onde o campo total deve ser nulo.) Como a carga negativa induzida está mais próxima de $q$, existe uma força líquida de atração. (No Capítulo 3 vamos calcular explicitamente essa força para o caso de um condutor esférico.)

Diga-se de passagem que quando falo do campo, carga ou potencial 'dentro' de um condutor, quero dizer na 'carne' do condutor. Se houver algum tipo de *cavidade* no condutor e dentro dessa cavidade houver alguma carga, então o campo *dentro da cavidade não* será zero. Mas de uma maneira extraordinária, a cavidade e seu conteúdo ficam eletricamente isolados do mundo exterior pelo condutor que a cerca (Figura 2.45). Campos externos não penetram no condutor; eles são cancelados na superfície externa pela sua carga induzida. Similarmente, o campo devido às cargas internas à cavidade é anulado, para

**Figura 2.44**

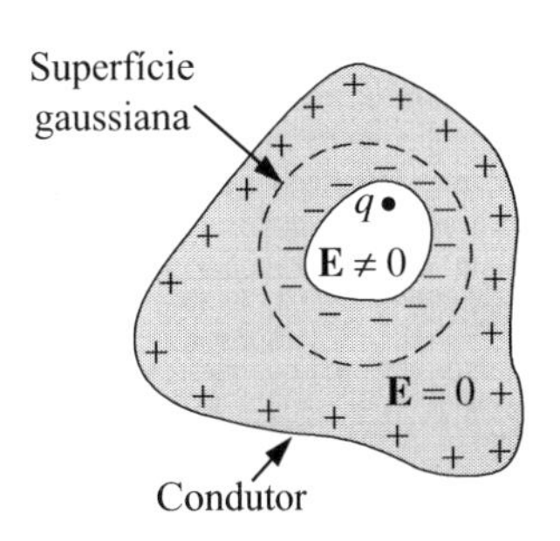


**Figura 2.45**

8. Diga-se de passagem que os análogos uni e bidimensionais são muito diferentes: a carga em um *disco* condutor *não* vai toda para o perímetro (R. Friedberg, *Am. J. of Phys.* **61**, 1084 (1993)), e nem a carga de uma agulha condutora vai para as pontas (D. J. Griffiths e Y. Li, *Am. J. of Phys.* **64**, 706 (1996)). Veja o Problema 2.52.

todos os pontos exteriores, pela carga induzida da superfície interna. (No entanto, a carga de compensação que sobra na superfície *externa* do condutor, efetivamente 'comunica' a presença de $q$ ao mundo exterior, como veremos no Exemplo 2.9.) Incidentalmente, a carga total induzida na parede da cavidade é igual e oposta à carga no seu interior, já que se cercarmos a cavidade com uma superfície gaussiana, com todos os seus pontos dentro do condutor (Figura 2.45), $\oint \mathbf{E} \cdot d\mathbf{a} = 0$, e, então (pela lei de Gauss), a carga líquida encerrada terá de ser zero. Mas $Q_{\text{enc}} = q + q_{\text{induzida}}$, portanto $q_{\text{induzida}} = -q$.

---

### Exemplo 2.9

Um condutor esférico sem carga centrado na origem tem escavada em si uma cavidade de um formato esquisito (Figura 2.46). Em algum lugar dentro da cavidade, há uma carga $q$. *Pergunta:* qual é o campo fora da esfera?

**Solução:** à primeira vista pode parecer que a resposta depende do formato da cavidade e da localização da carga. Mas isso está errado. A resposta é

$$\mathbf{E} = \frac{1}{4\pi\epsilon_0}\frac{q}{r^2}\hat{\mathbf{r}}$$

*de qualquer maneira.* O condutor oculta de nós toda a informação com relação à natureza da cavidade, revelando apenas a carga total que ela contém. Como isso é possível? Bem, a carga $+q$ induz uma carga $-q$ na parede da cavidade que se distribui de tal forma que seu campo cancela o de $q$, em todos os pontos externos à cavidade. Como o condutor não tem carga líquida, sobra $+q$ para ser distribuído uniformemente sobre a superfície da esfera. (É *uniforme* porque a influência assimétrica da carga pontual $+q$ é rechaçada pela da carga induzida $-q$ na superfície interna.) Para os pontos externos à esfera, então, a única coisa que sobrevive é o campo da carga $+q$ que sobra, uniformemente distribuída sobre a superfície externa.

Talvez lhe ocorra que há um aspecto em que este argumento pode ser questionado: aqui existem, na realidade, *três* campos em ação, $\mathbf{E}_q$, $\mathbf{E}_{\text{induzida}}$ e $\mathbf{E}_{\text{remanescente}}$. Só o que sabemos, com certeza, é que a soma dos três é zero dentro do condutor; no entanto, afirmei que os primeiros dois, *sozinhos* se cancelam, enquanto o terceiro, ali, é separadamente zero. Além do mais, mesmo que os dois primeiros se cancelem dentro do condutor, quem poderá dizer que eles continuarão se cancelando para pontos externos? Afinal, eles não se cancelam para pontos *internos* à cavidade. No momento não posso lhe dar uma resposta totalmente satisfatória, mas pelo menos isto é verdade: *existe* uma maneira de distribuir $-q$ sobre a superfície interna, de modo a cancelar o campo de $q$ em todos os pontos externos. Pois essa mesma cavidade poderia ter sido escavada em um condutor esférico *gigantesco*, com um raio de 27 milhas, ou anos-luz, o que fosse. Nesse caso, a carga $+q$ que sobra na superfície externa está simplesmente distante demais para produzir um campo significativo e os outros dois campos *teriam* de realizar o cancelamento por si mesmos. Portanto, sabemos que eles *podem* fazê-lo... mas temos certeza de que é isso o que eles *irão* fazer? Talvez, para esferas pequenas, a natureza prefira algum tipo de cancelamento tripartite complicado. Não: como veremos com os teoremas de unicidade do Capítulo 3, a eletrostática é muito parcimoniosa com suas opções: existe sempre precisamente uma maneira — não mais — de distribuir a carga em um condutor, de forma a tornar o campo interno nulo. Tendo encontrado uma maneira *possível*, temos a garantia de que não existe alternativa, nem mesmo em princípio.

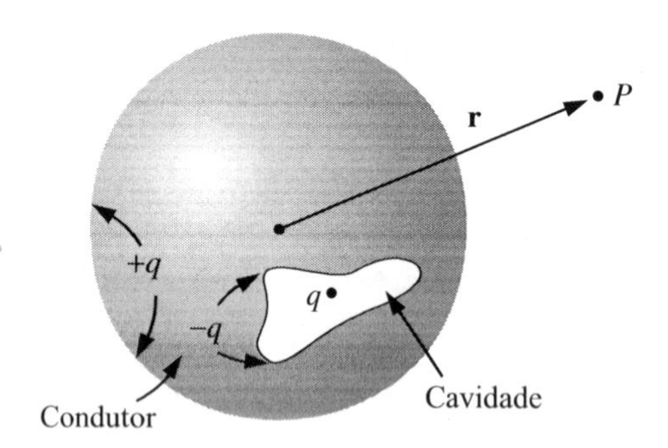


**Figura 2.46**

---

Se uma cavidade cercada por material condutor estiver ela mesma sem carga, então o campo dentro da cavidade será nulo. Qualquer linha de campo teria de começar e terminar na parede da cavidade, indo de uma carga positiva para uma carga negativa (Figura 2.47). Considerando essa linha de campo uma parte de um caminho fechado, o restante do qual está totalmente dentro do condutor (onde $\mathbf{E} = 0$), a integral $\oint \mathbf{E} \cdot d\mathbf{l}$ é nitidamente *positiva,* contrariando a Equação 2.19. Segue-se que $\mathbf{E} = 0$ dentro de uma cavidade *vazia*, e de fato *não* existe carga na superfície da cavidade. (Esse é o motivo pelo qual você fica razoavelmente seguro dentro de um carro de metal durante uma tempestade de raios — você pode *ser cozido* se um raio o atingir, mas não será *eletrocutado.* O mesmo princípio se aplica à colocação de aparelhos sensíveis dentro de uma **gaiola de Faraday** aterrada, para bloquear perturbações de campos elétricos. Na prática, a gaiola não precisa sequer ser de um condutor maciço — muitas vezes, tela de arame já basta.)

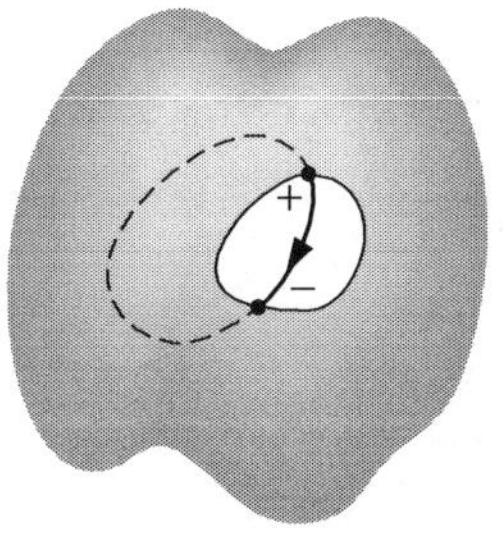

Figura 2.47

**Problema 2.35** Uma esfera metálica de raio $R$, com carga $q$, está cercada por uma grossa casca metálica concêntrica (raio interno $a$, raio externo $b$, conforme a Figura 2.48). A casca não tem carga líquida.

(a) Encontre a densidade superficial de carga $\sigma$ em $R$, em $a$ e em $b$.

(b) Encontre o potencial no centro, usando o infinito como ponto de referência.

(c) Agora a superfície externa foi encostada em um fio de aterramento que baixa seu potencial para zero (o mesmo que no infinito). Como as suas respostas para os itens (a) e (b) se alteram?

**Problema 2.36** Duas cavidades esféricas de raios $a$ e $b$ são escavadas no interior de uma esfera condutora (neutra) de raio $R$ (Figura 2.49). No centro de cada cavidade é colocada uma carga pontual — chame essas cargas de $q_a$ e $q_b$.

(a) Encontre as densidades superficiais de carga $\sigma_a$, $\sigma_b$ e $\sigma_R$.

(b) Qual é o campo fora do condutor?

(c) Qual é o campo dentro de cada cavidade?

(d) Qual é a força em $q_a$ e $q_b$?

(e) Qual dessas respostas mudaria se uma terceira carga, $q_c$, fosse aproximada do condutor?

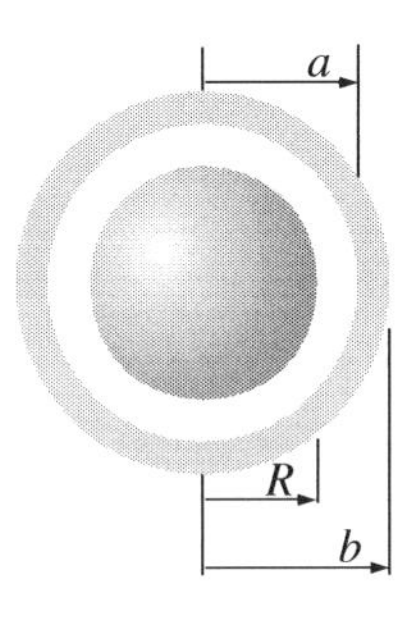


Figura 2.48

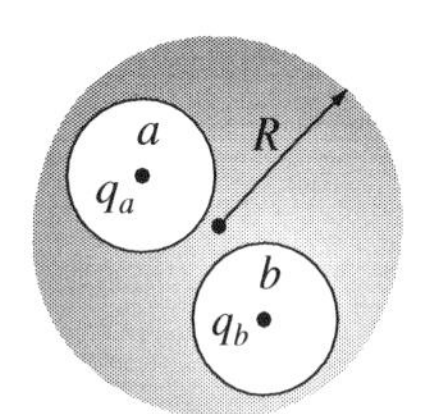


Figura 2.49

## 2.5.3 Carga superficial e força sobre um condutor

Como o campo dentro de um condutor é nulo, a condição de contorno 2.33 requer que o campo imediatamente *fora* seja

$$\mathbf{E} = \frac{\sigma}{\epsilon_0}\hat{\mathbf{n}}, \tag{2.48}$$

o que é coerente com nossas conclusões anteriores de que o campo é perpendicular à superfície. Em termos do potencial, a Equação 2.36 resulta em

$$\sigma = -\epsilon_0 \frac{\partial V}{\partial n}. \tag{2.49}$$

Essas equações permitem calcular a carga superficial em um condutor, se você puder determinar $\mathbf{E}$ ou $V$; vamos usá-las com frequência no próximo capítulo.

Na presença de um campo elétrico, uma carga superficial irá, naturalmente, sofrer a ação de uma força; a força por unidade de área, $\mathbf{f}$, é $\sigma\mathbf{E}$. Mas aqui há um problema, já que o campo elétrico é *descontínuo* em uma carga superficial. Então, que valor devemos usar: $\mathbf{E}_{\text{acima}}$, $\mathbf{E}_{\text{abaixo}}$, ou algo intermediário? A resposta é que devemos usar a *média* dos dois:

$$\mathbf{f} = \sigma\mathbf{E}_{\text{médio}} = \frac{1}{2}\sigma(\mathbf{E}_{\text{acima}} + \mathbf{E}_{\text{abaixo}}). \tag{2.50}$$

Por que a média? A razão é muito simples, embora sua explicação pareça complicada. Vamos concentrar nossa atenção em uma pequena área da superfície em torno do ponto em questão (Figura 2.50). Torne-a pequena o bastante para que seja essencialmente plana e que nela, a densidade de carga seja essencialmente constante. O campo *total* consiste de duas partes — a que é atribuída à pequena área em si e aquela atribuída a todo o resto (outras regiões da superfície, bem como quaisquer fontes externas que possam estar presentes):

$$\mathbf{E} = \mathbf{E}_{\text{pequena área}} + \mathbf{E}_{\text{outros}}.$$

Agora, a pequena área não pode exercer uma força sobre si mesma, da mesma forma que você não pode erguer a si mesmo entrando em um cesto e puxando as alças para cima. A força sobre a pequena área, portanto, é devida a $\mathbf{E}_{\text{outros}}$, e *este não* sofre descontinuidade (se removermos a pequena área, o campo no 'buraco' ficará perfeitamente suave). A descontinuidade é totalmente devida à carga na pequena área, que gera um campo $(\sigma/2\epsilon_0)$ em cada lado, apontando para fora da superfície (Figura 2.50). Assim,

$$\mathbf{E}_{\text{acima}} = \mathbf{E}_{\text{outros}} + \frac{\sigma}{2\epsilon_0}\hat{\mathbf{n}},$$
$$\mathbf{E}_{\text{abaixo}} = \mathbf{E}_{\text{outros}} - \frac{\sigma}{2\epsilon_0}\hat{\mathbf{n}},$$

e então

$$\mathbf{E}_{\text{outros}} = \frac{1}{2}(\mathbf{E}_{\text{acima}} + \mathbf{E}_{\text{abaixo}}) = \mathbf{E}_{\text{médio}}.$$

A média é na realidade apenas um recurso para remover a contribuição da própria pequena área.

Esse argumento se aplica a *qualquer* carga superficial; no caso particular de um condutor, o campo é zero dentro e $(\sigma/\epsilon_0)\hat{\mathbf{n}}$ fora (Equação 2.48), de forma que a média é $(\sigma/2\epsilon_0)\hat{\mathbf{n}}$, e a força por unidade de área é

$$\mathbf{f} = \frac{1}{2\epsilon_0}\sigma^2\hat{\mathbf{n}}. \tag{2.51}$$

Isso corresponde a uma **pressão eletrostática** sobre a superfície de dentro para fora, que tende a puxar o condutor para o campo, independentemente do sinal de $\sigma$. Expressando a pressão em termos do campo imediatamente fora da superfície,

$$P = \frac{\epsilon_0}{2}E^2. \tag{2.52}$$

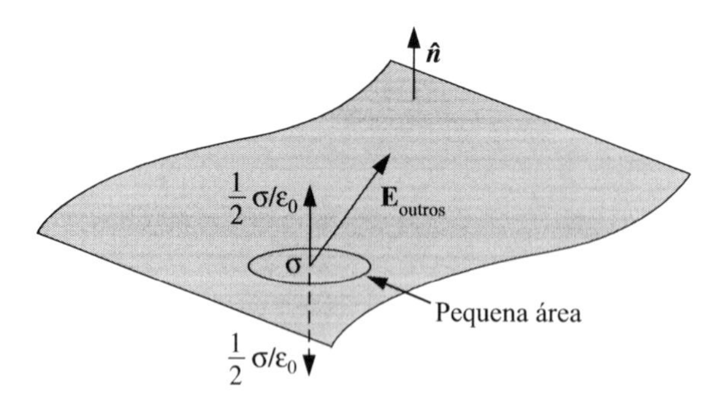


**Figura 2.50**

---

**Problema 2.37** Duas placas metálicas grandes (cada uma delas com área $A$) são mantidas a uma distância $d$ uma da outra. Suponha que coloquemos uma carga $Q$ em cada placa; qual será a pressão eletrostática sobre as placas?

**Problema 2.38** Uma esfera metálica de raio $R$ tem uma carga total $Q$. Qual é a força de repulsão entre o hemisfério 'norte' e o hemisfério 'sul'?

---

### 2.5.4 Capacitores

Suponha que temos *dois* condutores e que colocamos uma carga $+Q$ em um deles e $-Q$ no outro (Figura 2.51). Como $V$ é constante sobre um condutor, podemos falar sem ambiguidade da diferença potencial entre eles:

$$V = V_+ - V_- = -\int_{(-)}^{(+)} \mathbf{E} \cdot d\mathbf{l}.$$

Não sabemos como a carga se distribui nos dois condutores e calcular o campo seria uma confusão, se suas formas forem complicadas. Mas há algo que *sabemos* com certeza: $\mathbf{E}$ é *proporcional* a $Q$. $\mathbf{E}$ é dado pela lei de Coulomb:

$$\mathbf{E} = \frac{1}{4\pi\epsilon_0} \int \frac{\rho}{\mathscr{r}^2} \hat{\mathscr{r}}\, d\tau,$$

de forma que dobrando $\rho$, dobra-se $\mathbf{E}$. (Espere um pouco! Como sabemos que dobrando $Q$ (e também $-Q$) simplesmente dobramos $\rho$? Talvez a carga se *movimente* formando uma configuração completamente diferente, quadruplicando $\rho$ em alguns lugares e dividindo-a pela metade em outros, de forma que a carga *total* de cada condutor seja dobrada. O *fato* é que essa preocupação não tem razão de ser — dobrar $Q$ *dobra* $\rho$ em toda parte; isso *não* desloca a carga. A prova disso virá no Capítulo 3; por enquanto, você vai ter de acreditar em mim.)

Como $\mathbf{E}$ é proporcional a $Q$, $V$ também o é. A constante de proporcionalidade é chamada de **capacitância** do conjunto:

$$C \equiv \frac{Q}{V}. \tag{2.53}$$

Capacitância é uma quantidade puramente geométrica, determinada pelos tamanhos, formas e separação dos dois condutores. Em unidades SI, $C$ é medida em **farads** (F); um farad equivale a um coulomb por volt. Na realidade isso acaba sendo inconvenientemente grande;[9] unidades mais práticas são o microfarad ($10^{-6}$ F) e o picofarad ($10^{-12}$ F).

Observe que $V$ é, por definição, o potencial do condutor *positivo* menos o do condutor negativo; da mesma forma, $Q$ é a carga do condutor *positivo*. Consequentemente, capacitância é uma quantidade intrinsecamente positiva. (Aliás, você irá ocasionalmente ouvir alguém falar da capacitância de um *único* condutor. Nesse caso, o 'segundo condutor', com a carga negativa, é uma casca esférica de raio infinito que cerca o condutor único. Ela não contribui em nada para o campo, de forma que a capacitância é dada pela Equação 2.53, na qual $V$ é o potencial com o infinito como ponto de referência.)

**Figura 2.51**

---

**Exemplo 2.10**

Encontre a capacitância de um 'capacitor de placas paralelas' que consiste de duas superfícies metálicas de área $A$ mantidas a uma distância $d$ uma da outra (Figura 2.52).

**Solução:** se colocarmos $+Q$ em cima e $-Q$ embaixo, as cargas irão se espalhar uniformemente sobre as duas superfícies, desde que a área seja razoavelmente grande e a distância de separação, pequena.[10] A densidade superficial de carga, então, é $\sigma = Q/A$ na placa de cima, de forma que o campo, conforme o Exemplo 2.5, é $(1/\epsilon_0)Q/A$. A diferença de potencial entre as duas placas, portanto, é

$$V = \frac{Q}{A\epsilon_0} d,$$

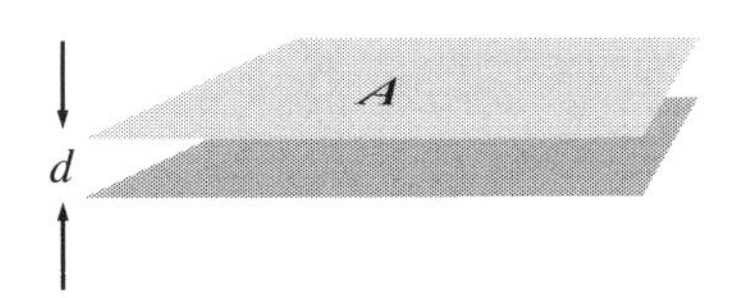


**Figura 2.52**

9. Na segunda edição, afirmei que seria necessária uma empilhadeira para transportar um capacitor de 1 F. Isso não é mais verdade — hoje você pode comprar um capacitor de 1 F que cabe confortavelmente em uma colher de sopa.

10. A solução *exata* não é fácil — mesmo para o caso mais simples de placas circulares. Consulte G. T. Carlson e B. L. Illman, *Am. J. Phys.* **62**, 1099 (1994).

e então

$$C = \frac{A\epsilon_0}{d}. \tag{2.54}$$

Se, por exemplo, as placas forem quadradas com 1 cm de lado e estiverem a 1 mm uma da outra, então a capacitância será $9 \times 10^{-13}$ F.

---

**Exemplo 2.11**

Encontre a capacitância de duas cascas metálicas esféricas e concêntricas, com raios $a$ e $b$.

**Solução:** coloque a carga $+Q$ na esfera interna e $-Q$ na externa. O campo entre as esferas é

$$\mathbf{E} = \frac{1}{4\pi\epsilon_0}\frac{Q}{r^2}\hat{\mathbf{r}},$$

de forma que a diferença de potencial entre elas é

$$V = -\int_a^b \mathbf{E} \cdot d\mathbf{l} = -\frac{Q}{4\pi\epsilon_0}\int_a^b \frac{1}{r^2}\,dr = \frac{Q}{4\pi\epsilon_0}\left(\frac{1}{a} - \frac{1}{b}\right).$$

Como prometido, $V$ é proporcional a $Q$; a capacitância é

$$C = \frac{Q}{V} = 4\pi\epsilon_0\frac{ab}{(b-a)}.$$

---

Para 'carregar' um capacitor, você precisa remover os elétrons da placa positiva e levá-los para a placa negativa. Ao fazer isso, você enfrenta o campo elétrico que está puxando-os de volta para o condutor positivo e afastando-os do negativo. Quanto trabalho seria necessário, então, para carregar o capacitor até uma quantidade final $Q$? Suponha que em algum estágio intermediário do processo, a carga da placa positiva seja $q$, de forma que a diferença de potencial seja $q/C$. Conforme a Equação 2.38, o trabalho que você precisa fazer para transportar a próxima porção de carga, $dq$, é

$$dW = \left(\frac{q}{C}\right) dq.$$

Então, o trabalho total necessário para ir de $q = 0$ a $q = Q$ é

$$W = \int_0^Q \left(\frac{q}{C}\right) dq = \frac{1}{2}\frac{Q^2}{C},$$

ou, como $Q = CV$,

$$W = \frac{1}{2}CV^2, \tag{2.55}$$

onde $V$ é a diferença de potencial final do capacitor.

---

**Problema 2.39** Encontre a capacitância por unidade de comprimento de dois tubos cilíndricos coaxiais metálicos, com raios $a$ e $b$ (Figura 2.53).

**Problema 2.40** Suponha que as placas de um capacitor de placas paralelas se aproximem de uma distância infinitesimal $\epsilon$, como resultado de sua atração mútua.

(a) Use a Equação 2.52 para expressar a quantidade de trabalho feito pelas forças eletrostáticas, em termos do campo $E$ e da área das placas $A$.

(b) Use a Equação 2.46 para expressar a energia perdida pelo campo nesse processo.

(Este problema é supostamente fácil, mas ele contém o embrião de uma dedução alternativa da Equação 2.52, usando a conservação de energia.)

**Figura 2.53**

## Mais problemas do Capítulo 2

**Problema 2.41** Encontre o campo elétrico a uma altura $z$ acima do centro de uma folha quadrada (lado $a$) que tem uma carga superficial de densidade uniforme $\sigma$. Verifique seu resultado para os casos limites $a \to \infty$ e $z \gg a$.

[*Resposta:* $(\sigma/2\epsilon_0)\{(4/\pi)\,\text{arctg}\,\sqrt{1+(a^2/2z^2)}-1\}$]

**Problema 2.42** Se o campo elétrico em uma região é dado (em coordenadas esféricas) pela expressão

$$\mathbf{E}(\mathbf{r}) = \frac{A\,\hat{\mathbf{r}} + B\,\text{sen}\,\theta\cos\phi\,\hat{\boldsymbol{\phi}}}{r},$$

onde $A$ e $B$ são constantes, qual é a densidade de carga? [*Resposta:* $\epsilon_0(A - B\,\text{sen}\,\phi)/r^2$]

**Problema 2.43** Encontre a força líquida que o hemisfério sul de uma esfera uniformemente carregada exerce sobre o hemisfério norte. Expresse sua resposta em termos do raio $R$ e da carga total $Q$. [*Resposta:* $(1/4\pi\epsilon_0)(3Q^2/16R^2)$]

**Problema 2.44** Uma meia-esfera invertida de raio $R$ tem uma densidade superficial de carga uniforme $\sigma$. Encontre a diferença de potencial entre o 'polo norte' e o centro. [*Resposta:* $(R\sigma/2\epsilon_0)(\sqrt{2}-1)$]

**Problema 2.45** Uma esfera de raio $R$ tem uma densidade de carga $\rho(r) = kr$ (onde $k$ é uma constante). Encontre a energia da configuração. Verifique sua resposta calculando de pelo menos duas formas diferentes. [*Resposta:* $\pi k^2 R^7/7\epsilon_0$]

**Problema 2.46** O potencial elétrico de uma determinada configuração é dado pela expressão

$$V(\mathbf{r}) = A\frac{e^{-\lambda r}}{r},$$

onde $A$ e $\lambda$ são constantes. Encontre o campo elétrico $\mathbf{E}(\mathbf{r})$, a densidade de carga $\rho(r)$ e a carga total $Q$. [*Resposta:* $\rho = \epsilon_0 A(4\pi\delta^3(\mathbf{r}) - \lambda^2 e^{-\lambda r}/r)$]

! **Problema 2.47** Dois fios de comprimento infinito dispostos paralelamente ao eixo $x$ têm densidades de carga uniforme $+\lambda$ e $-\lambda$ (Figura 2.54).

(a) Encontre o potencial em qualquer ponto $(x, y, z)$ usando a origem como referência.

(b) Mostre que as superfícies equipotenciais são cilindros circulares e encontre o eixo e o raio do cilindro que correspondem a um dado potencial $V_0$.

! **Problema 2.48** Em um diodo a vácuo, os elétrons são emitidos por aquecimento de um **catodo**, em potencial zero, e acelerados por uma distância até o **anodo**, que é mantido em um potencial positivo $V_0$. A nuvem de elétrons em movimento (chamada **carga espacial**) rapidamente se acumula ao ponto em que reduz o campo na superfície do catodo a zero. A partir daí, uma corrente estacionária $I$ flui entre as placas.

Suponha que as placas sejam grandes se comparadas à separação ($A \gg d^2$ na Figura 2.55), de forma que os efeitos de bordas podem ser negligenciados. Então $V$, $\rho$ e $v$ (a velocidade dos elétrons) são todos funções somente de $x$.

(a) Escreva a equação de Poisson para a região entre as placas.

(b) Presumindo que os elétrons partem do repouso no catodo, qual é a sua velocidade no ponto $x$, onde o potencial é $V(x)$?

(c) No estado estacionário, $I$ é independente de $x$. Qual é, nesse caso, a relação entre $\rho$ e $v$?

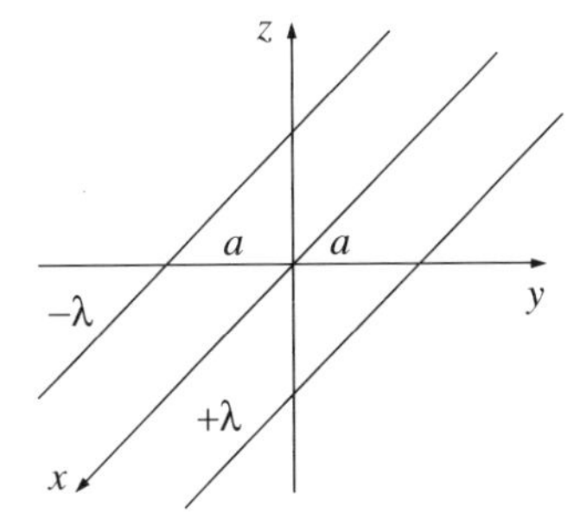


Figura 2.54

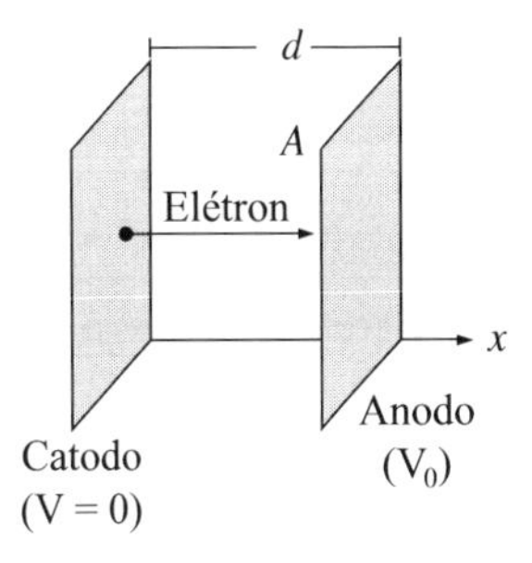


Figura 2.55

(d) Use estes resultados para obter uma equação diferencial para $V$, eliminando $\rho$ e $v$.

(e) Resolva esta equação para $V$ como uma função de $x$, $V_0$ e $d$. Faça um gráfico de $V(x)$ e compare-o ao potencial *sem* carga espacial. Encontre também $\rho$ e $v$ como funções de $x$.

(f) Mostre que

$$I = KV_0^{3/2}, \tag{2.56}$$

e encontre a constante $K$. (A Equação 2.56 é chamada de **lei de Child-Langmuir**. Ela também vale para outras geometrias, sempre que a carga espacial limita a corrente. Observe que o diodo limitado pela carga espacial é *não linear* — ele não obedece à lei de Ohm.)

! **Problema 2.49** Imagine que novas medições, extraordinariamente precisas, revelaram um erro na lei de Coulomb. Constatou-se que, *de fato*, a força de interação entre duas cargas pontuais é

$$\mathbf{F} = \frac{1}{4\pi\epsilon_0}\frac{q_1 q_2}{\mathscr{r}^2}\left(1 + \frac{\mathscr{r}}{\lambda}\right)e^{-\mathscr{r}/\lambda}\hat{\boldsymbol{\mathscr{r}}},$$

onde $\lambda$ é uma nova constante da natureza (tem dimensões de comprimento, obviamente, e é um número imenso — digamos, a metade do raio do universo conhecido — de forma que a correção é pequena, motivo pelo qual ninguém antes havia percebido a discrepância). Você está encarregado de reformular a eletrostática, de forma a acomodar a nova descoberta. Considere que o princípio da superposição continua verdadeiro.

(a) Qual é o campo elétrico de uma distribuição de carga $\rho$ (substituindo a Equação 2.8)?

(b) Esse campo elétrico admite um potencial escalar? Explique brevemente como chegou à sua conclusão. (Não é preciso prova formal — apenas um argumento convincente.)

(c) Encontre o potencial de uma carga pontual $q$ — análoga à Equação 2.26. (Se a sua resposta para (b) foi 'não', é melhor voltar e mudá-la!) Use $\infty$ como ponto de referência.

(d) Para uma carga pontual $q$ na origem, mostre que

$$\oint_{\mathcal{S}} \mathbf{E}\cdot d\mathbf{a} + \frac{1}{\lambda^2}\int_{\mathcal{V}} V\,d\tau = \frac{1}{\epsilon_0}q,$$

onde $\mathcal{S}$ é a superfície e $\mathcal{V}$ o volume de qualquer esfera centrada em $q$.

(e) Mostre que este resultado pode ser generalizado:

$$\oint_{\mathcal{S}} \mathbf{E}\cdot d\mathbf{a} + \frac{1}{\lambda^2}\int_{\mathcal{V}} V\,d\tau = \frac{1}{\epsilon_0}Q_{\text{enc}},$$

para *qualquer* distribuição de carga. (Esta é uma boa alternativa à lei de Gauss na nova 'eletrostática'.)

(f) Desenhe o diagrama triangular (como na Figura 2.35) para este mundo, colocando nele todas as fórmulas apropriadas. (Pense na equação de Poisson como a fórmula para $\rho$ em termos de $V$, e na lei de Gauss (forma diferencial) como uma equação para $\rho$ em termos de $\mathbf{E}$.)

**Problema 2.50** Suponha que um campo elétrico $\mathbf{E}(x, y, z)$ tem a forma

$$E_x = ax, \qquad E_y = 0, \qquad E_z = 0$$

onde $a$ é uma constante. Qual é a densidade de carga? Como você explica o fato de que o campo aponta em uma determinada direção, sendo a densidade de carga uniforme? [Este problema é mais sutil do que parece e merece uma análise cuidadosa.]

**Problema 2.51** Toda a eletrostática decorre do caráter $1/r^2$ da lei de Coulomb, aliado ao princípio da superposição. Uma teoria análoga pode, portanto, ser construída para a lei da gravitação universal de Newton. Qual é a energia gravitacional de uma esfera de massa $M$ e raio $R$, presumindo que sua densidade seja uniforme? Use o seu resultado para estimar a energia gravitacional do sol (consulte os números relevantes). Observe que esta energia é *negativa* — massas se *atraem*, enquanto cargas (de mesmo sinal) se repelem. À medida em que a matéria é 'consumida', para produzir a luz solar, a energia potencial é convertida em outras formas de energia (tipicamente térmica), e subsequentemente liberada na forma de radiação. O sol irradia a uma taxa de $3,86 \times 10^{26}$ W; se tudo isso viesse da energia gravitacional armazenada, quanto tempo o sol duraria? [O sol, na realidade, é muito mais velho do que isso, portanto, evidentemente, essa *não* é a fonte da sua energia.]

**Problema 2.52** Sabemos que a carga de um condutor vai para a superfície, mas não é fácil determinar exatamente como ela se distribui. Um exemplo famoso no qual a densidade de carga superficial pode ser explicitamente calculada é o elipsoide:

$$\frac{x^2}{a^2} + \frac{y^2}{b^2} + \frac{z^2}{c^2} = 1.$$

Neste caso[11]

$$\sigma = \frac{Q}{4\pi abc}\left(\frac{x^2}{a^4} + \frac{y^2}{b^4} + \frac{z^2}{c^4}\right)^{-1/2}, \tag{2.57}$$

onde $Q$ é a carga total. Escolhendo valores apropriados para $a$, $b$ e $c$, obtenha (a partir da Equação 2.57): (a) a densidade líquida (de ambos os lados) da carga superficial $\sigma(r)$ em um disco circular de raio $R$; (b) a densidade líquida da carga superficial $\sigma(x)$ em uma 'fita' condutora infinita no plano $xy$ que se sobrepõe ao eixo $y$ entre $x = -a$ e $x = a$ (considere que $\Lambda$ é a carga total por unidade de comprimento da fita); (c) a carga líquida por unidade de comprimento $\lambda(x)$ em uma 'agulha' condutora que fica entre $x = -a$ e $x = a$. Em cada caso, desenhe o gráfico do seu resultado.

---

11. Para a dedução (que é uma verdadeira proeza), consulte W. R. Smythe, *Static and Dynamic Electricity*, 3rd ed. (New York: Hemisphere, 1989), Sect. 5.02.

# Capítulo 3

# Técnicas especiais

## 3.1 Equação de Laplace

### 3.1.1 Introdução

A tarefa básica da eletrostática é encontrar o campo elétrico de uma distribuição de carga estacionária dada. Em princípio, esse propósito é atingido pela lei de Coulomb, na forma da Equação 2.8:

$$\mathbf{E}(\mathbf{r}) = \frac{1}{4\pi\epsilon_0}\int \frac{\hat{\boldsymbol{\mathscr{r}}}}{\mathscr{r}^2}\rho(\mathbf{r}')\,d\tau'. \tag{3.1}$$

Infelizmente, integrais deste tipo podem ser difíceis de calcular para qualquer configuração de carga, exceto as mais simples. Ocasionalmente podemos contornar essa dificuldade explorando a simetria e usando a lei de Gauss, mas geralmente a melhor estratégia é calcular primeiro o *potencial*, $V$, que é dado pela Equação 2.29, a qual é um tanto mais fácil de manejar:

$$V(\mathbf{r}) = \frac{1}{4\pi\epsilon_0}\int \frac{1}{\mathscr{r}}\rho(\mathbf{r}')\,d\tau'. \tag{3.2}$$

No entanto, até mesmo *essa* integral é frequentemente difícil demais de tratar analiticamente. Além do mais, em problemas que envolvem condutores $\rho$ em si, pode não ser conhecido de antemão: uma vez que a carga está livre para se mover, a única coisa que controlamos diretamente é a carga *total* (ou talvez o potencial) de cada condutor.

Nesses casos, vale a pena remodelar o problema na forma diferencial, usando a equação de Poisson (2.24),

$$\nabla^2 V = -\frac{1}{\epsilon_0}\rho, \tag{3.3}$$

que, juntamente com a condição de contorno adequada, é equivalente à Equação 3.2. Frequentemente, de fato, estamos interessados em encontrar o potencial onde $\rho = 0$. (Se $\rho = 0$ *por toda parte*, é claro, então, $V = 0$, e não há mais nada a dizer. Não é a isso a que me refiro. Pode haver bastante carga *em outro lugar,* mas estamos confinando nossa atenção a lugares onde não há carga.) Neste caso, a equação de Poisson se reduz à equação de Laplace:

$$\nabla^2 V = 0, \tag{3.4}$$

ou, escrita em coordenadas cartesianas,

$$\frac{\partial^2 V}{\partial x^2} + \frac{\partial^2 V}{\partial y^2} + \frac{\partial^2 V}{\partial z^2} = 0. \tag{3.5}$$

Esta fórmula é tão fundamental para o assunto que se pode até dizer que a eletrostática *é* o estudo da equação de Laplace. Ao mesmo tempo, é uma equação ubíqua que aparece em ramos diversos da física como a gravitação e magnetismo, teoria do calor e o estudo das bolhas de sabão. Na matemática, ela desempenha um papel muito importante na teoria das funções analíticas. Para obtermos uma boa percepção da equação de Laplace e suas soluções (que são chamadas de **funções harmônicas**), vamos começar com as versões uni e bidimensionais, que são as mais fáceis de descrever e que ilustram todas as propriedades essenciais do caso tridimensional (embora no exemplo unidimensional falte a riqueza dos outros dois).

### 3.1.2 Equação de Laplace em uma dimensão

Suponha que $V$ depende somente de uma variável, $x$. Então, a equação de Laplace torna-se

$$\frac{d^2V}{dx^2} = 0.$$

A solução geral é

$$V(x) = mx + b, \tag{3.6}$$

a equação para uma linha reta. Ela contém duas constantes indeterminadas ($m$ e $b$), como é adequado a uma equação diferencial (ordinária) de segunda ordem. Elas são fixadas, em qualquer caso particular, pelas condições de contorno do problema. Por exemplo, pode-se especificar que $V = 4$ em $x = 1$, e $V = 0$ em $x = 5$. Nesse caso $m = -1$ e $b = 5$, então $V = -x + 5$ (veja a Figura 3.1).

Quero chamar sua atenção para duas características desse resultado; elas podem parecer tolas e óbvias em uma dimensão, onde posso escrever a solução geral explicitamente, mas suas análogas em duas e três dimensões são poderosas e, de forma alguma, óbvias:

1. $V(x)$ é a *média* de $V(x + a)$ e $V(x - a)$, para qualquer $a$:

$$V(x) = \frac{1}{2}[V(x + a) + V(x - a)].$$

   A equação de Laplace é uma espécie de instrução para nivelação pela média; ela nos diz para atribuir ao ponto $x$ a média dos valores à esquerda e à direita de $x$. Soluções para a equação de Laplace são, neste sentido, *tão tediosas quanto é possível*, e, no entanto, se encaixam adequadamente nos limites.

2. A equação de Laplace não tolera *máximos ou mínimos locais;* valores extremos de $V$ devem ocorrer nas extremidades. Na realidade isto é uma consequência de (1), pois se *houvesse* um máximo local, $V$ nesse ponto, seria maior do que em qualquer lado e, portanto, não poderia ser a média. (Geralmente se espera que a segunda derivada seja negativa em um máximo e positiva em um mínimo. Mas como a equação de Laplace requer, ao contrário, que a segunda derivada seja nula, parece razoável que as soluções não tenham qualquer extremo. No entanto, isto não é uma *prova,* já que existem funções que têm máximos e mínimos em pontos onde a segunda derivada desaparece: $x^4$, por exemplo, tem um mínimo assim no ponto $x = 0$.)

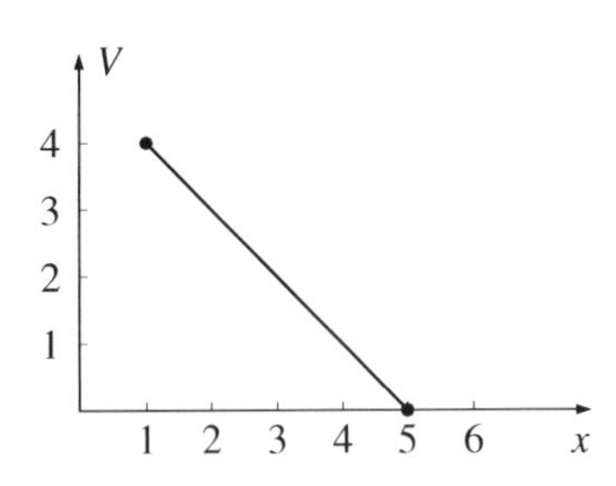


**Figura 3.1**

### 3.1.3 Equação de Laplace em duas dimensões

Se $V$ depende de duas variáveis, a equação de Laplace torna-se

$$\frac{\partial^2V}{\partial x^2} + \frac{\partial^2V}{\partial y^2} = 0.$$

Esta não é mais uma equação diferencial *ordinária* (ou seja, que envolve somente derivadas ordinárias); ela é uma equação diferencial *parcial.* Como consequência, algumas das regras com as quais você pode estar familiarizado não se aplicarão. Por exemplo, a solução geral para esta equação não contém apenas duas constantes arbitrárias — ou, a propósito, *qualquer* número finito — apesar de ser uma equação de segunda ordem. De fato, não se pode escrever uma 'solução geral' (pelo menos não de forma fechada como a Equação 3.6). Mesmo assim, é possível deduzir certas propriedades comuns a todas as soluções.

Talvez ajude ter em mente um exemplo físico. Imagine uma folha fina de borracha (ou um filme de sabão) esticada sobre algum tipo de apoio. Para maior exatidão, imagine que você cortou uma caixa de papelão sobre uma linha sinuosa, à volta toda, e retirou a parte de cima (Figura 3.2). Agora cole uma membrana de borracha bem esticada sobre a caixa, de forma que ela se encaixe como uma tampa de tambor (não será uma tampa *plana*, é claro, a menos que você resolva cortar as beiradas retas). Agora, se você escolher coordenadas $(x, y)$ no fundo da caixa, a altura $V(x, y)$ da membrana acima do ponto $(x, y)$ satisfará a equação de Laplace.[1] (O análogo unidimensional seria uma borracha esticada sobre dois pontos. Ela formaria, portanto, uma linha reta.)

Funções harmônicas em duas dimensões têm as mesmas propriedades que percebemos no caso unidimensional:

1. O valor de $V$ em um ponto $(x, y)$ é a média daqueles *à volta* do ponto. Mais precisamente, se você desenhar um círculo com um raio $R$ em torno do ponto $(x, y)$, o valor médio de $V$ no círculo será igual ao valor no centro:

$$V(x,y) = \frac{1}{2\pi R} \oint_{\text{círculo}} V \, dl.$$

(Isto, incidentalmente, sugere o **método de relaxamento** no qual se baseiam as soluções computadorizadas para a equação de Laplace: começando com valores especificados de $V$ no contorno e suposições razoáveis para $V$ em uma grade de pontos interiores, a primeira passagem atribui a cada ponto a média de seus vizinhos mais próximos. A segunda passagem repete o processo usando os valores corrigidos, e assim sucessivamente. Após algumas repetições, os números começam a se acomodar, de forma que as passagens seguintes produzem alterações desprezíveis e uma solução numérica para a equação de Laplace, com os valores de contorno dados, é atingida.)[2]

2. $V$ não tem máximos ou mínimos locais; todos os extremos ocorrem nos contornos. (Como antes, isso decorre de (1).) Novamente, a equação de Laplace escolhe a função com o mínimo possível de características, coerente com as condições de contorno: sem morros e sem vales, apenas a superfície mais plana disponível. Por exemplo, se colocar uma bola de pingue-pongue sobre a lâmina de borracha esticada da Figura 3.2, ela rolará para um dos lados e cairá — ela não encontrará um 'bolso' em algum lugar, onde possa se acomodar, já que a equação de Laplace não permite essas depressões na superfície. Do ponto de vista geométrico, da mesma forma que uma linha reta é a menor distância entre dois pontos, também uma função harmônica bidimensional minimiza a área de superfície que abrange a linha de contorno dada.

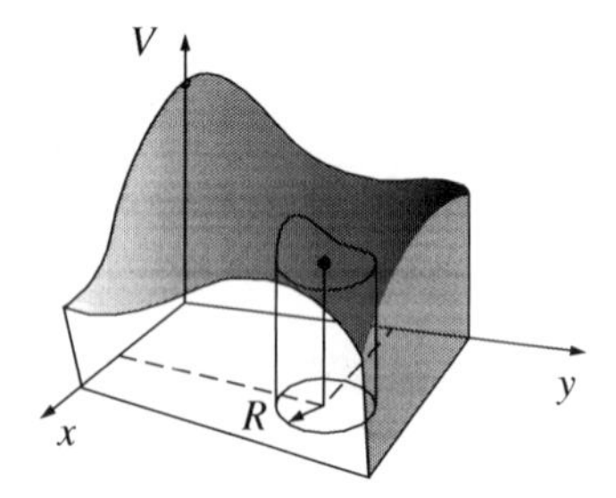


**Figura 3.2**

### 3.1.4 Equação de Laplace em três dimensões

Em três dimensões, não posso lhe fornecer uma solução explícita (como em uma dimensão) ou oferecer um exemplo físico sugestivo para orientar a sua intuição (como fiz com duas dimensões). Mesmo assim, as mesmas duas propriedades permanecem verdadeiras e, desta vez, vou esboçar uma prova.

1. O valor de $V$ no ponto $\mathbf{r}$ é a média do valor de $V$ sobre uma superfície esférica de raio $R$ centrada em $\mathbf{r}$:

$$V(\mathbf{r}) = \frac{1}{4\pi R^2} \oint_{\text{esfera}} V \, da.$$

1. Na realidade, a equação satisfeita por uma lâmina de borracha é

$$\frac{\partial}{\partial x}\left(g\frac{\partial V}{\partial x}\right) + \frac{\partial}{\partial y}\left(g\frac{\partial V}{\partial y}\right) = 0, \quad \text{onde} \quad g = \left[1 + \left(\frac{\partial V}{\partial x}\right)^2 + \left(\frac{\partial V}{\partial y}\right)^2\right]^{-1/2};$$

ela se reduz (aproximadamente) à equação de Laplace, desde que a superfície não se desvie demais de um plano.

2. Consulte, por exemplo, E. M. Purcell, *Electricity and Magnetism,* 2ª ed., Problema 3.30 (p. 119) (Nova York: McGraw-Hill, 1985).

2. Consequentemente, $V$ não pode ter máximos ou mínimos locais; os valores extremos de $V$ têm de ocorrer nos contornos. (Pois se $V$ tiver um máximo localizado em $\mathbf{r}$, então, pela própria natureza do máximo eu poderia desenhar uma esfera em torno de $\mathbf{r}$ sobre a qual todos os valores de $V$ — e, *ainda mais*, a média — seriam menores do que em $\mathbf{r}$.)

**Prova:** comecemos calculando o potencial médio sobre uma superfície esférica de raio $R$ devido a uma *única* carga pontual $q$ localizada fora da esfera. Podemos também centralizar a esfera na origem e escolher coordenadas de forma que $q$ fique no eixo $z$ (Figura 3.3). O potencial em um ponto da superfície é

$$V = \frac{1}{4\pi\epsilon_0}\frac{q}{\mathscr{r}},$$

onde

$$\mathscr{r}^2 = z^2 + R^2 - 2zR\cos\theta,$$

então

$$\begin{aligned} V_{\text{médio}} &= \frac{1}{4\pi R^2}\frac{q}{4\pi\epsilon_0}\int [z^2 + R^2 - 2zR\cos\theta]^{-1/2} R^2 \operatorname{sen}\theta \, d\theta \, d\phi \\ &= \frac{q}{4\pi\epsilon_0}\frac{1}{2zR}\sqrt{z^2 + R^2 - 2zR\cos\theta}\,\Big|_0^{\pi} \\ &= \frac{q}{4\pi\epsilon_0}\frac{1}{2zR}[(z+R) - (z-R)] = \frac{1}{4\pi\epsilon_0}\frac{q}{z}. \end{aligned}$$

Mas esse é precisamente o potencial devido a $q$ no *centro* da esfera! Pelo princípio da superposição, o mesmo vale para qualquer *grupo* de cargas externas à esfera: seu potencial médio sobre a esfera é igual ao potencial líquido que elas produzem no centro. c.q.d.

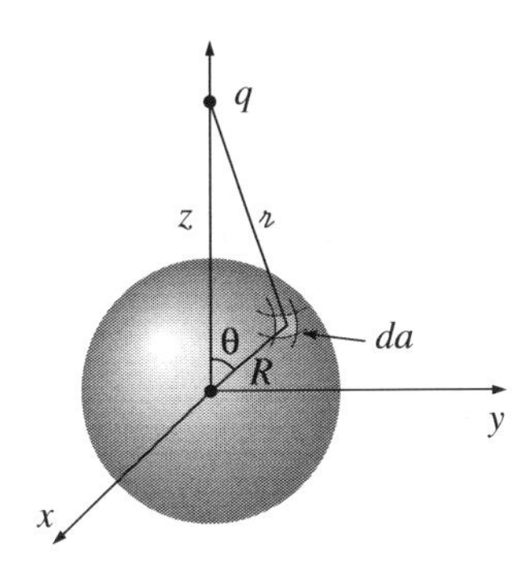


**Figura 3.3**

---

**Problema 3.1** Encontre o potencial médio sobre uma superfície esférica de raio $R$ devido a uma carga pontual $q$ localizada *dentro* (em outras palavras, o mesmo que acima, mas com $z < R$). (Neste caso, é claro, a equação de Laplace não funciona dentro da esfera.) Mostre que, em geral,

$$V_{\text{médio}} = V_{\text{centro}} + \frac{Q_{\text{enc}}}{4\pi\epsilon_0 R},$$

onde $V_{\text{centro}}$ é o potencial no centro devido a todas as cargas *externas*, e $Q_{\text{enc}}$ é a carga encerrada total.

**Problema 3.2** Em uma sentença, justifique o **teorema de Earnshaw:** *uma partícula carregada não pode ser mantida em equilíbrio estável somente pelas forças eletrostáticas.* Como exemplo, considere o arranjo cúbico de cargas fixas da Figura 3.4. *Parece,* de início, que uma carga positiva no centro ficaria suspensa no ar, já que seria repelida por cada um dos cantos. Onde está o furo nessa 'garrafa eletrostática'? [Para utilizar a fusão nuclear como uma fonte prática de energia, é necessário aquecer um plasma (um caldo de partículas carregadas) a temperaturas fantásticas — tão quentes que o contato faria evaporar uma panela comum. O teorema de Earnshaw diz que a contenção eletrostática também está fora de questão. Felizmente, *é* possível confinar o plasma quente *magneticamente.*]

**Problema 3.3** Encontre a solução geral para a equação de Laplace em coordenadas esféricas, para o caso em que $V$ depende somente de $r$. Faça o mesmo para as coordenadas cilíndricas, assumindo que $V$ depende apenas de $s$.

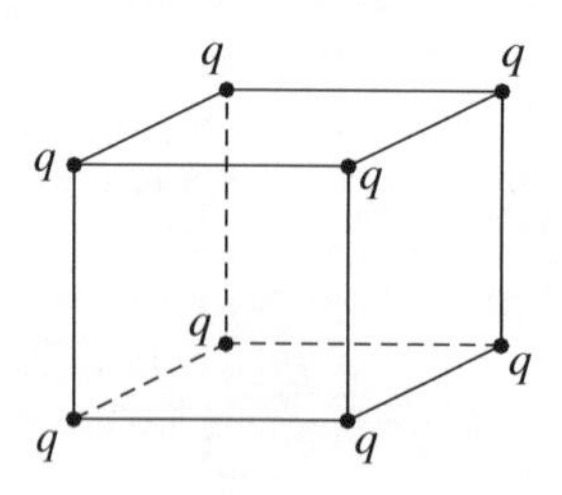


**Figura 3.4**

### 3.1.5 Condições de contorno e teoremas de unicidade

A equação de Laplace por si só não determina $V$; além dela, um conjunto adequado de condições de contorno deve ser fornecido. Isso levanta uma questão delicada: o que são condições de contorno adequadas, suficientes para determinar a resposta, mas não tão fortes que gerem inconsistências? O caso unidimensional é fácil, porque aqui a solução geral $V = mx+b$ contém duas constantes arbitrárias e nós, portanto, precisamos de duas condições de contorno. Podemos, por exemplo, especificar o valor da função nas duas extremidades, ou podemos dar o valor da função e sua derivada em uma extremidade ou o valor em uma extremidade e a derivada na outra e por aí afora. Mas não podemos ter *apenas* o valor ou *apenas* a derivada em *uma* extremidade — a informação seria insuficiente. Também não adiantaria especificar as derivadas em ambas as extremidades — isso seria redundante (se as duas forem iguais) ou incoerente (se não o forem).

Em duas ou três dimensões somos confrontados por uma equação diferencial parcial, e não é fácil determinar quais seriam as condições de contorno aceitáveis. Será o formato de uma membrana de borracha esticada, por exemplo, determinado exclusivamente pela armação sobre a qual ela está esticada, ou, como a tampa de um vidro de conserva, ela pode passar de uma configuração estável para outra? A resposta, como creio que a sua intuição sugere, é que $V$ *é* determinado exclusivamente pelo seu valor no contorno (os vidros de conserva, evidentemente, não obedecem à equação de Laplace). No entanto, outras condições de contorno também podem ser usadas (veja o Problema 3.4). A *prova* de que um conjunto proposto de condições de contorno será suficiente é geralmente apresentada na forma de um **teorema de unicidade**. Existem muitos desses teoremas para a eletrostática e todos compartilham do mesmo formato básico — serão mostrados os dois mais úteis.[3]

**Primeiro teorema de unicidade:** a solução para a equação de Laplace em um volume $\mathcal{V}$ é exclusivamente determinada se $V$ for especificado na superfície de contorno $\mathcal{S}$.

**Prova:** na Figura 3.5 desenhei uma região desse tipo e seu contorno. (Também poderia haver 'ilhas' dentro dela, desde que $V$ seja dado em todas as suas superfícies: também, o contorno externo pode estar no infinito, onde $V$ é normalmente considerado zero.) Suponha que houvesse *duas* soluções para a equação de Laplace:

$$\nabla^2 V_1 = 0 \quad \text{e} \quad \nabla^2 V_2 = 0,$$

ambas as quais assumem o valor especificado na superfície. Quero provar que elas têm de ser iguais. O segredo está em olhar para a *diferença* entre elas:

$$V_3 \equiv V_1 - V_2.$$

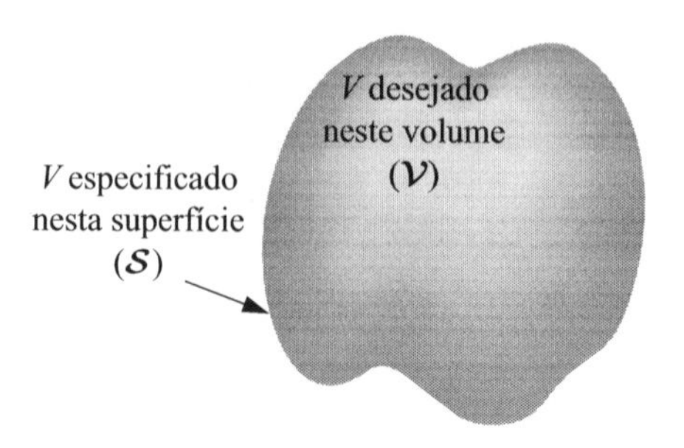


**Figura 3.5**

3. Aqui, não pretendo provar a *existência* das soluções — essa é uma tarefa muito mais difícil. No contexto, a existência é geralmente evidente em bases físicas.

Isto obedece à equação de Laplace,

$$\nabla^2 V_3 = \nabla^2 V_1 - \nabla^2 V_2 = 0,$$

e adquire o valor *zero* em todos os contornos (já que lá $V_1$ e $V_2$ são iguais). Mas a equação de Laplace não permite máximos e mínimos locais — todos os extremos ocorrem nos contornos. Portanto, o máximo e o mínimo de $V_3$ são zero. Consequentemente, $V_3$ deve ser zero em toda parte e então

$$V_1 = V_2. \quad \text{c.q.d.}$$

---

**Exemplo 3.1**

Mostre que o potencial é *constante* dentro de uma região fechada, completamente cercada por material condutor, desde que não haja carga dentro da região fechada.

**Solução:** o potencial na parede da cavidade é uma constante, $V_0$ (esse é o item (iv), na Seção 2.5.1), de forma que o potencial interno é uma função que satisfaz a equação de Laplace e que tem o valor constante $V_0$ no contorno. Não é preciso ser gênio para pensar em *uma* solução para o problema: $V = V_0$ em toda parte. O teorema de unicidade garante que esta é a *única* solução. (Segue-se que o *campo* dentro de uma cavidade vazia é zero — mesmo resultado que encontramos na Seção 2.5.2 em bases um tanto diferentes.)

---

O teorema de unicidade é uma licença para a sua imaginação. Não importa *como* você chega à solução; se (a) ela satisfaz a equação de Laplace e (b) tem o valor correto nos contornos, está *certa*. Você verá o poder deste argumento quando chegarmos ao método das imagens.

Incidentalmente, é fácil melhorar o primeiro teorema de unicidade: assumi que não havia carga dentro da região em questão, de forma que o potencial obedecia à equação de Laplace, mas podemos também acrescentar alguma carga (e nesse caso $V$ obedece à equação de Poisson). O argumento é o mesmo, só que desta vez

$$\nabla^2 V_1 = -\frac{1}{\epsilon_0}\rho, \qquad \nabla^2 V_2 = -\frac{1}{\epsilon_0}\rho,$$

e, então

$$\nabla^2 V_3 = \nabla^2 V_1 - \nabla^2 V_2 = -\frac{1}{\epsilon_0}\rho + \frac{1}{\epsilon_0}\rho = 0.$$

Mais uma vez, a *diferença* ($V_3 \equiv V_1 - V_2$) satisfaz a equação de Laplace e tem valor zero em todos os contornos, de forma que $V_3 = 0$ e, portanto, $V_1 = V_2$.

**Corolário:** o potencial em um volume $\mathcal{V}$ é determinado exclusivamente se (a) a densidade de carga em toda a região e (b) o valor de $V$ em todos os contornos forem especificados.

## 3.1.6 Condutores e o segundo teorema de unicidade

A maneira mais *simples* de estabelecer condições de contorno para um problema eletrostático é especificar o valor de $V$ em todas as superfícies que cercam a região de interesse. E essa situação frequentemente ocorre na prática. No laboratório, temos condutores conectados a baterias que mantêm um dado potencial, ou **aterrados**, que é a palavra do experimentalista para $V = 0$. No entanto, existem outras circunstâncias nas quais não conhecemos o *potencial* no contorno, mas sim as *cargas* em várias superfícies condutoras. Suponha que a carga $Q_1$ seja colocada no primeiro condutor, $Q_2$ no segundo e assim sucessivamente — não estou lhe dizendo como a carga se distribui sobre cada superfície condutora, porque assim que a coloco, ela se movimenta de uma forma que não está sob meu controle. E como precaução extra, digamos que existe alguma densidade de carga especificada $\rho$ na região entre os condutores. O campo elétrico agora está univocamente determinado? Ou existem, talvez, várias maneiras nas quais as cargas poderiam se agrupar nos seus respectivos condutores, cada uma levando a um campo diferente?

**Segundo teorema de unicidade:** em um volume $\mathcal{V}$ cercado por condutores e contendo uma densidade de carga especificada $\rho$, o campo elétrico é determinado univocamente se a *carga total* de cada condutor for dada (Figura 3.6). (A região como um todo pode ser delimitada por um outro condutor, ou então, não delimitada.)

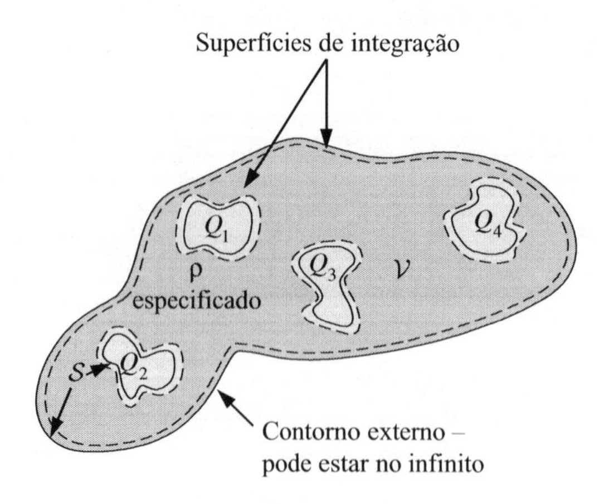


**Figura 3.6**

**Prova:** suponha que existem *dois* campos que satisfazem as condições do problema. Ambos obedecem à lei de Gauss na forma diferencial no espaço entre os condutores:

$$\nabla \cdot \mathbf{E}_1 = \frac{1}{\epsilon_0}\rho, \qquad \nabla \cdot \mathbf{E}_2 = \frac{1}{\epsilon_0}\rho.$$

E ambos obedecem à lei de Gauss na forma integral para uma superfície gaussiana que encerra cada condutor:

$$\oint_{\substack{i\text{-ésima}\\ \text{superfície}\\ \text{condutora}}} \mathbf{E}_1 \cdot d\mathbf{a} = \frac{1}{\epsilon_0}Q_i, \qquad \oint_{\substack{i\text{-ésima}\\ \text{superfície}\\ \text{condutora}}} \mathbf{E}_2 \cdot d\mathbf{a} = \frac{1}{\epsilon_0}Q_i.$$

Da mesma forma, para o contorno externo (seja ele imediatamente interno a um condutor circundante ou esteja ele no infinito),

$$\oint_{\substack{\text{contorno}\\ \text{externo}}} \mathbf{E}_1 \cdot d\mathbf{a} = \frac{1}{\epsilon_0}Q_{\text{tot}}, \qquad \oint_{\substack{\text{contorno}\\ \text{externo}}} \mathbf{E}_2 \cdot d\mathbf{a} = \frac{1}{\epsilon_0}Q_{\text{tot}}.$$

Como antes, examinamos a diferença

$$\mathbf{E}_3 \equiv \mathbf{E}_1 - \mathbf{E}_2,$$

que obedece

$$\nabla \cdot \mathbf{E}_3 = 0 \tag{3.7}$$

na região entre os condutores e

$$\oint \mathbf{E}_3 \cdot d\mathbf{a} = 0 \tag{3.8}$$

sobre cada superfície de contorno.

Agora, há uma última informação que precisamos explorar: embora não saibamos como a carga $Q_i$ se distribui sobre a $i$ésima superfície condutora, *sabemos* que cada condutor é um equipotencial e que, portanto, $V_3$ é uma *constante* (não necessariamente a *mesma* constante) sobre cada superfície condutora. (Ela não precisa ser *zero*, já que os potenciais $V_1$ e $V_2$ podem não ser iguais — só sabemos, com certeza, que *ambos* são *constantes* sobre qualquer condutor dado.) Em seguida vem um truque. Recorrendo à regra de produto número (5), constatamos que

$$\nabla \cdot (V_3\mathbf{E}_3) = V_3(\nabla \cdot \mathbf{E}_3) + \mathbf{E}_3 \cdot (\nabla V_3) = -(E_3)^2.$$

Aqui usei a Equação 3.7, e $\mathbf{E}_3 = -\nabla V_3$. Integrando sobre toda a região entre os condutores e aplicando o teorema da divergência ao lado esquerdo:

$$\int_{\mathcal{V}} \nabla \cdot (V_3\mathbf{E}_3)\, d\tau = \oint_{\mathcal{S}} V_3\mathbf{E}_3 \cdot d\mathbf{a} = -\int_{\mathcal{V}} (E_3)^2\, d\tau.$$

A integral de superfície cobre todos os contornos da região em questão — os condutores e o contorno externo. Agora $V_3$ é uma constante sobre cada superfície (se o contorno externo for infinito, lá, então, $V_3 = 0$), portanto ela sai de cada integral e o que sobra é zero, conforme a Equação 3.8. Por isso,

$$\int_{\mathcal{V}} (E_3)^2 \, d\tau = 0.$$

Mas este integrando nunca é negativo; a única maneira para que a integral se anule é que $E_3 = 0$ em toda parte. Consequentemente, $\mathbf{E}_1 = \mathbf{E}_2$, e o teorema está provado.

Esta prova não foi fácil e existe um perigo real de que o teorema em si lhe pareça mais plausível do que a prova. Caso você ache que o segundo teorema de unicidade é 'óbvio', considere este exemplo de Purcell: a Figura 3.7 mostra uma configuração eletrostática confortável que consiste de quatro condutores com cargas $\pm Q$, situados de forma que os positivos estejam próximos dos negativos. Parece bastante estável. Agora, o que acontece quando os juntamos em pares através de fios minúsculos, como indica a Figura 3.8? Como as cargas positivas estão muito próximas das negativas (que é onde elas *gostam* de estar), você pode muito bem supor que *nada* irá acontecer — a configuração parece estável.

Bem, isso parece razoável, mas está errado. A configuração da Figura 3.8 é *impossível*, já que existem agora, de fato, *dois* condutores e a carga total em cada um deles é *zero*. *Uma* maneira possível de distribuir carga zero sobre esses condutores é não ter acúmulo de carga em lugar algum e, portanto, campo zero em toda parte (Figura 3.9). Pelo segundo teorema de unicidade, essa deve ser a solução: a carga irá fluir pelos fios minúsculos, cancelando-se.

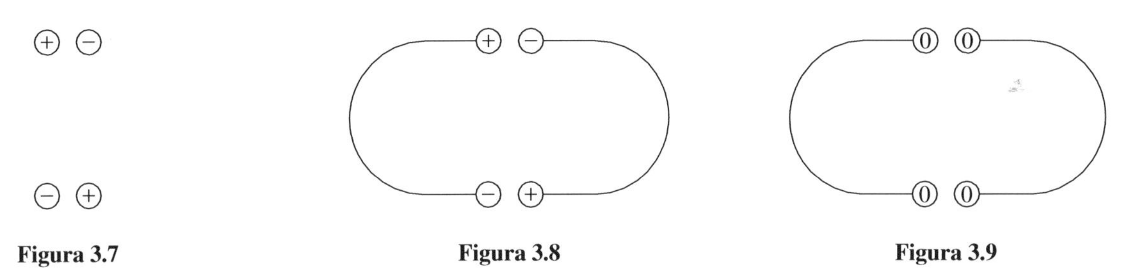


Figura 3.7 Figura 3.8 Figura 3.9

**Problema 3.4** Prove que o campo é univocamente determinado quando a densidade de carga $\rho$ é dada e *ou* $V$ *ou* a derivada normal $\partial V/\partial n$ é especificada em cada superfície de contorno. Não assuma que os contornos são condutores, ou que $V$ é constante sobre qualquer superfície dada.

**Problema 3.5** Uma prova mais elegante do segundo teorema de unicidade usa a identidade de Green (Problema 1.60c), com $T = U = V_3$. Forneça os detalhes.

## 3.2 O método das imagens

### 3.2.1 O problema clássico da carga imagem

Suponha que uma carga pontual $q$ seja mantida a uma distância $d$ acima de um plano condutor infinito e aterrado (Figura 3.10). *Pergunta:* qual é o potencial na região acima do plano? Não é apenas $(1/4\pi\epsilon_0)q/\mathscr{r}$, já que $q$ irá induzir uma

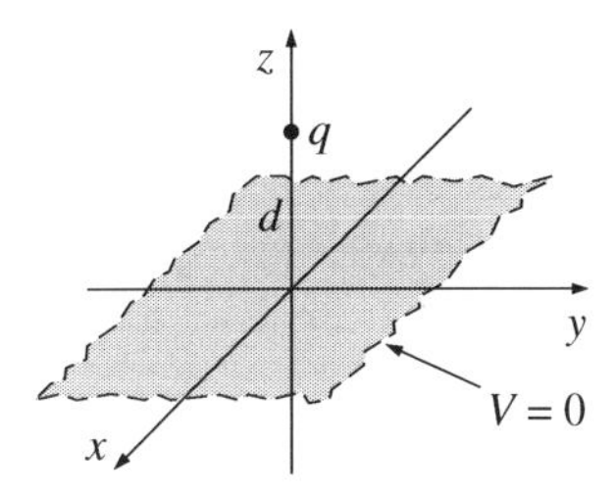


Figura 3.10

certa quantidade de carga negativa na superfície do condutor, nas proximidades de $q$. O potencial total é devido em parte diretamente a $q$ e em parte a essa carga induzida. Mas como podemos calcular o potencial quando não sabemos quanta carga é induzida ou como ela é distribuída?

De um ponto de vista matemático, nosso problema é resolver a equação de Poisson na região $z > 0$, com uma única carga pontual $q$ em $(0, 0, d)$, sujeito às condições de contorno:

1. $V = 0$ quando $z = 0$ (já que o plano condutor é aterrado), e

2. $V \to 0$ distante da carga (ou seja, para $x^2 + y^2 + z^2 \gg d^2$).

O primeiro teorema de unicidade (na realidade, seu corolário) garante que só existe uma função que satisfaz esses requisitos. Se por truque ou suposição inteligente conseguirmos descobrir tal função, ela tem de ser a resposta certa.

*Truque:* esqueça o problema real; vamos estudar uma situação *completamente diferente*. Este novo problema consiste em *duas* cargas pontuais, $+q$ em $(0, 0, d)$ e $-q$ em $(0, 0, -d)$, *sem* plano condutor (Figura 3.11). Para esta configuração posso facilmente expressar o potencial:

$$V(x, y, z) = \frac{1}{4\pi\epsilon_0}\left[\frac{q}{\sqrt{x^2 + y^2 + (z - d)^2}} - \frac{q}{\sqrt{x^2 + y^2 + (z + d)^2}}\right]. \tag{3.9}$$

(Os denominadores representam as distâncias entre $(x, y, z)$ e as cargas $+q$ e $-q$, respectivamente.) Segue-se que

1. $V = 0$ quando $z = 0$, e

2. $V \to 0$ para $x^2 + y^2 + z^2 \gg d^2$,

e a única carga na região $z > 0$ é a carga pontual $+q$ em $(0, 0, d)$. Mas estas são precisamente as condições do problema original! Evidentemente, a segunda configuração produz exatamente o mesmo potencial que a primeira configuração, na região 'superior' $z \geq 0$. (A região 'inferior', $z < 0$, é completamente diferente, mas quem se importa? A parte superior é tudo de que precisamos.) *Conclusão:* o potencial de uma carga pontual acima de um condutor infinito aterrado é dado pela Equação 3.9, para $z \geq 0$.

Observe o papel crucial desempenhado pelo teorema de unicidade neste argumento: sem ele ninguém acreditaria nesta solução, já que ela foi obtida para uma distribuição de carga completamente diferente. Mas o teorema de unicidade a certifica: se satisfaz a equação de Poisson na região de interesse e assume o valor correto nos contornos, então deve estar certo.

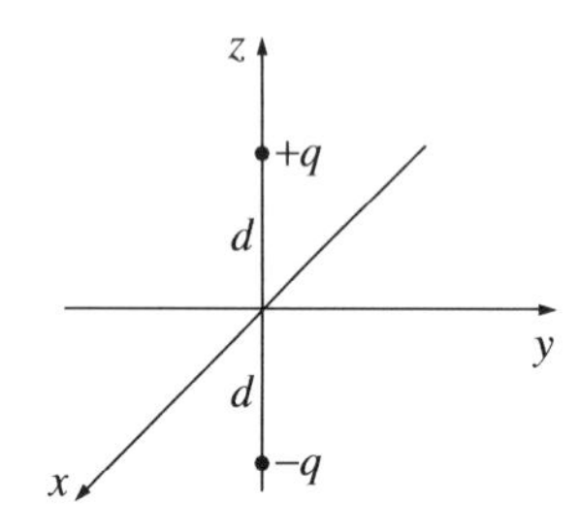


**Figura 3.11**

### 3.2.2 Carga superficial induzida

Agora que conhecemos o potencial, fica fácil calcular a densidade superficial de carga $\sigma$ induzida no condutor. Segundo a Equação 2.49,

$$\sigma = -\epsilon_0 \frac{\partial V}{\partial n},$$

onde $\partial V/\partial n$ é a derivada normal de $V$ na superfície. Neste caso, a direção normal é a direção $z$, então

$$\sigma = -\epsilon_0 \left.\frac{\partial V}{\partial z}\right|_{z=0}.$$

A partir da Equação 3.9,

$$\frac{\partial V}{\partial z} = \frac{1}{4\pi\epsilon_0}\left\{\frac{-q(z - d)}{[x^2 + y^2 + (z - d)^2]^{3/2}} + \frac{q(z + d)}{[x^2 + y^2 + (z + d)^2]^{3/2}}\right\},$$

então

$$\sigma(x, y) = \frac{-qd}{2\pi(x^2 + y^2 + d^2)^{3/2}}. \tag{3.10}$$

Como esperado, a carga induzida é negativa (assumindo que $q$ seja positiva) e maior em $x = y = 0$.

Já que estamos com a mão na massa, vamos calcular a carga *total* induzida

$$Q = \int \sigma \, da.$$

Esta integral sobre o plano $xy$ pode ser feita em coordenadas cartesianas, com $da = dx\,dy$, mas é um pouco mais fácil usar coordenadas polares $(r, \phi)$, com $r^2 = x^2 + y^2$ e $da = r\,dr\,d\phi$. Então

$$\sigma(r) = \frac{-qd}{2\pi(r^2 + d^2)^{3/2}},$$

e

$$Q = \int_0^{2\pi} \int_0^{\pi} \frac{-qd}{2\pi(r^2 + d^2)^{3/2}} r\,dr\,d\phi = \left.\frac{qd}{\sqrt{r^2 + d^2}}\right|_0^{\infty} = -q. \tag{3.11}$$

Evidentemente, a carga total induzida no plano é $-q$, como (aproveitando-se da visão retrospectiva) você talvez se convença de que *teria* de ser.

### 3.2.3 Força e energia

A carga $q$ é atraída em direção ao plano devido à carga induzida negativa. Vamos calcular a força de atração. Como o potencial nas proximidades de $q$ é o mesmo que no problema análogo (o que tem $+q$ e $-q$, mas sem condutor), o campo também o é e, portanto, a força:

$$\mathbf{F} = -\frac{1}{4\pi\epsilon_0} \frac{q^2}{(2d)^2} \hat{\mathbf{z}}. \tag{3.12}$$

*Atenção:* é fácil se empolgar e assumir que *tudo* é o mesmo nos dois problemas. A energia, porém, *não* é a mesma. Com as duas cargas pontuais e sem condutor, a Equação 2.42 resulta em

$$W = -\frac{1}{4\pi\epsilon_0} \frac{q^2}{2d}. \tag{3.13}$$

Mas para uma única carga e placa condutora, a energia é a *metade* disso:

$$W = -\frac{1}{4\pi\epsilon_0} \frac{q^2}{4d}. \tag{3.14}$$

Por que a metade? Pense na energia armazenada nos campos (Equação 2.45):

$$W = \frac{\epsilon_0}{2} \int E^2 \, d\tau.$$

No primeiro caso, tanto a região superior ($z > 0$) quanto a região inferior ($z < 0$) contribuem — e, por simetria, elas contribuem igualmente. Mas no segundo caso, só a região superior contém um campo não nulo e, portanto, a energia é a metade.

É claro que se pode também determinar a energia calculando o trabalho exigido para aproximar $q$ a partir do infinito. A força exigida (para se opor à força elétrica da Equação 3.12) é $(1/4\pi\epsilon_0)(q^2/4z^2)\hat{\mathbf{z}}$, então

$$\begin{aligned} W &= \int_{\infty}^{d} \mathbf{F} \cdot d\mathbf{l} = \frac{1}{4\pi\epsilon_0} \int_{\infty}^{d} \frac{q^2}{4z^2} \, dz \\ &= \frac{1}{4\pi\epsilon_0} \left.\left( -\frac{q^2}{4z} \right)\right|_{\infty}^{d} = -\frac{1}{4\pi\epsilon_0} \frac{q^2}{4d}. \end{aligned}$$

Quando movimento $q$ em direção ao condutor, trabalho *somente em* $q$. É verdade que a carga induzida está se aproximando do condutor, mas isso não me custa nada já que o condutor todo está em potencial zero. Em contrapartida, se eu trouxer simultaneamente *duas* cargas pontuais (sem condutor), exerço trabalho sobre *ambas* e o trabalho total é o dobro.

### 3.2.4 Outros problemas de carga imagem

O método que acabamos de descrever não se limita a uma única carga pontual; *qualquer* distribuição de carga estacionária próxima a um plano condutor aterrado pode ser tratada da mesma forma, introduzindo-se sua imagem no espelho — daí o nome **método de imagens.** (Lembre-se de que as cargas imagem têm o *sinal oposto;* isso é o que garante que o plano $xy$ terá potencial zero.) Há também alguns problemas exóticos que podem ser tratados de maneira semelhante; os melhores são os seguintes.

---

**Exemplo 3.2**

Uma carga pontual $q$ está situada à distância $a$ do centro de uma esfera condutora aterrada de raio $R$ (Figura 3.12). Encontre o potencial fora da esfera.

**Solução:** examine a configuração *completamente diferente* que consiste da carga pontual $q$ juntamente com outra carga pontual

$$q' = -\frac{R}{a}q, \tag{3.15}$$

colocada a uma distância

$$b = \frac{R^2}{a} \tag{3.16}$$

à direita do centro da esfera (Figura 3.13). Agora não há condutor — apenas as duas cargas pontuais. O potencial desta configuração é

$$V(\mathbf{r}) = \frac{1}{4\pi\epsilon_0}\left(\frac{q}{\mathscr{r}} + \frac{q'}{\mathscr{r}'}\right), \tag{3.17}$$

onde $\mathscr{r}$ e $\mathscr{r}'$ são as distâncias de $q$ e $q'$, respectivamente. Agora acontece (consulte o Problema 3.7) que este potencial anula-se em todos os pontos da esfera e, portanto, se encaixa nas condições de contorno para o nosso problema original, na região exterior.

*Conclusão:* a Equação 3.17 é o potencial de uma carga pontual próxima a uma esfera condutora aterrada. (Observe que $b$ é menor do que $R$, de forma que a carga 'imagem' $q'$ está seguramente dentro da esfera — *não se pode colocar as cargas imagem na região onde você está calculando* $V$; isso mudaria $\rho$, e você estaria resolvendo a equação de Poisson com a fonte errada.) Particularmente, a força de atração entre a carga e a esfera é

$$F = \frac{1}{4\pi\epsilon_0}\frac{qq'}{(a-b)^2} = -\frac{1}{4\pi\epsilon_0}\frac{q^2Ra}{(a^2-R^2)^2}. \tag{3.18}$$

Esta solução é deliciosamente simples, mas extraordinariamente afortunada. Há tanta arte quanto ciência no método das imagens, já que você tem, de alguma forma, criar o 'problema auxiliar' certo para analisar. A primeira pessoa que resolveu o problema desta maneira não pode ter sabido de antemão que carga imagem $q'$ utilizar ou onde colocá-la. Presumivelmente, ela começou com uma carga *arbitrária* em um ponto *arbitrário* dentro da esfera, calculou o potencial na esfera e depois descobriu que com $q'$ e $b$ certos, o potencial da esfera simplesmente desaparece. Mas é realmente um milagre que *alguma* escolha funcione — com um cubo em vez de uma esfera, por exemplo, *nenhuma* carga em lugar *nenhum* no seu interior tornaria o potencial na superfície nulo.

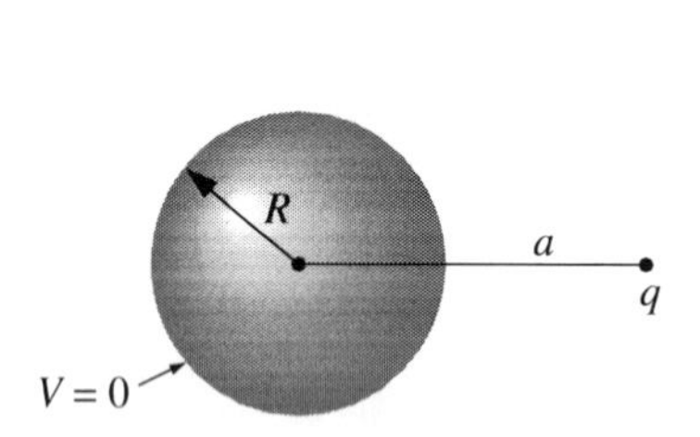


**Figura 3.12**

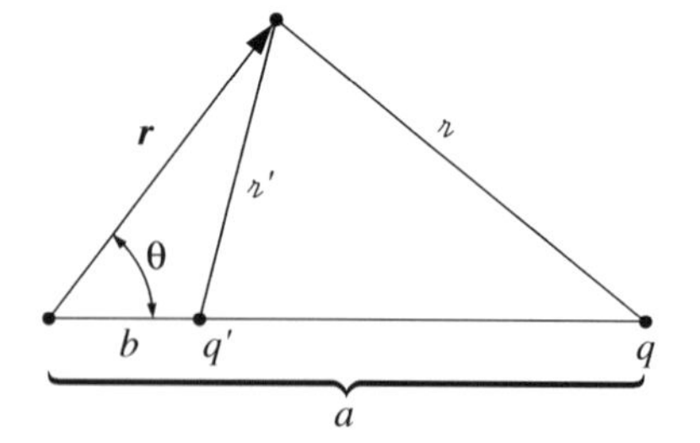


**Figura 3.13**

---

**Problema 3.6** Encontre a força na carga $+q$ na Figura 3.14. (O plano $xy$ é um condutor aterrado.)

**Problema 3.7** (a) Usando a lei dos cossenos, mostre que a Equação 3.17 pode ser escrita como se segue:

$$V(r,\theta) = \frac{1}{4\pi\epsilon_0}\left[\frac{q}{\sqrt{r^2+a^2-2ra\cos\theta}} - \frac{q}{\sqrt{R^2+(ra/R)^2-2ra\cos\theta}}\right], \tag{3.19}$$

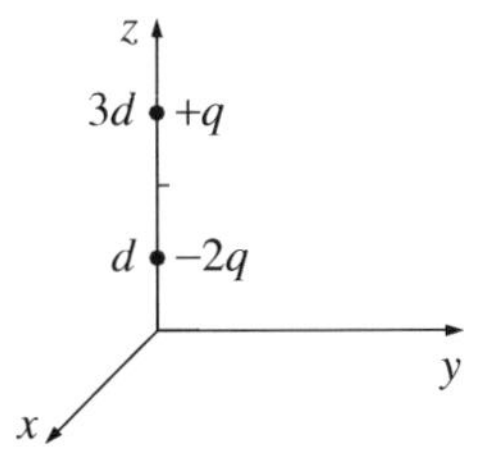

**Figura 3.14**

onde $r$ e $\theta$ são as coordenadas esféricas polares usuais, com o eixo $z$ ao longo da linha através de $q$. Nessa forma, é óbvio que $V = 0$ na esfera, $r = R$.

(b) Encontre a densidade de carga superficial induzida na esfera, como função de $\theta$. Integre isso para chegar à carga induzida total. (Qual *deveria* ser?)

(c) Calcule a energia desta configuração.

**Problema 3.8** No Exemplo 3.2 assumimos que a esfera condutora era aterrada ($V = 0$). Mas acrescentando-se uma segunda carga imagem, o mesmo modelo básico funcionará para o caso de qualquer esfera em *qualquer* potencial $V_0$ (relativo, é claro, ao infinito). Que carga você deveria usar e onde deveria colocá-la? Encontre a força de atração entre uma carga pontual $q$ e uma esfera condutora *neutra*.

! **Problema 3.9** Uma linha de carga uniforme $\lambda$ é colocada em um fio reto infinito, a uma distância $d$ acima de um plano condutor aterrado. (Digamos que o fio corre paralelo ao eixo $x$ e diretamente acima dele e que o plano condutor é o plano $xy$.)

(a) Encontre o potencial na região acima do plano. [*Dica:* refira-se ao Problema 2.47.]

(b) Encontre a densidade de carga $\sigma$ induzida no plano condutor.

**Problema 3.10** Dois planos condutores aterrados e semi-infinitos encontram-se em ângulos retos. Na região entre eles há uma carga pontual $q$, situada como mostra a Figura 3.15. Monte a configuração de imagem e calcule o potencial nessa região. De que cargas você precisa e onde elas devem estar localizadas? Qual é a força sobre $q$? Quanto trabalho foi necessário para trazer $q$ do infinito? Suponha que os planos se encontraram em um ângulo diferente de $90°$; você ainda seria capaz de resolver o problema pelo método das imagens? Se não, para que ângulos em particular o método *funciona*?

! **Problema 3.11** Dois tubos retos de cobre, cada um com raio $R$, são mantidos separados por uma distância $2d$. Um tem potencial $V_0$, e o outro tem potencial $-V_0$ (Figura 3.16). Encontre o potencial em toda parte. [*Sugestão:* aproveite o resultado do Problema 2.47.]

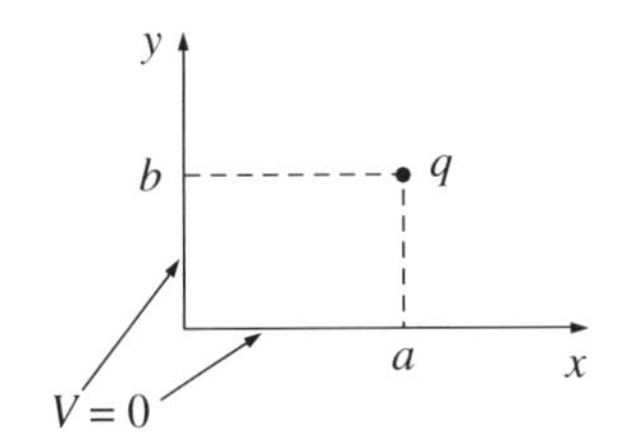


**Figura 3.15**

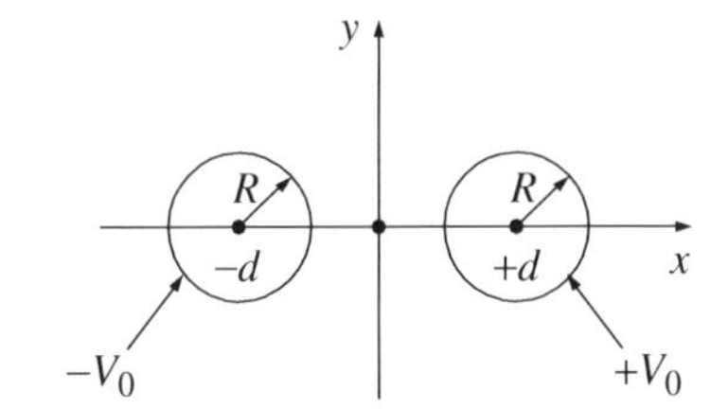


**Figura 3.16**

## 3.3 Separação de variáveis

Nesta seção vamos atacar diretamente a equação de Laplace, usando o método de **separação de variáveis**, que é a ferramenta favorita dos físicos para resolver equações diferenciais parciais. O método se aplica em circunstâncias nas quais o potencial ($V$) ou a densidade de carga ($\sigma$) são especificados nos contornos de alguma região e temos de encontrar o potencial no interior. A estratégia básica é bastante simples: *procuramos soluções que sejam* produtos *de funções, cada uma das quais depende somente de* uma *das coordenadas.* Os detalhes algébricos, no entanto, podem ser descomunais. Portanto, vou desenvolver o método através de uma sequência de exemplos. Vamos começar com as coordenadas cartesianas e depois passaremos às coordenadas esféricas (vou deixar que você resolva sozinho o caso cilíndrico, no Problema 3.23).

### 3.3.1 Coordenadas cartesianas

**Exemplo 3.3**

Duas placas metálicas infinitas e aterradas estão paralelas ao plano $xz$, uma em $y = 0$, e a outra em $y = a$ (Figura 3.17). A extremidade esquerda, em $x = 0$, está fechada por uma faixa infinita isolada das duas placas e mantida a um potencial específico $V_0(y)$. Encontre o potencial dentro desse 'vão'.

**Solução:** a configuração é independente de $z$, de forma que o problema é na realidade *bidimensional*. Em termos matemáticos, precisamos resolver a equação de Laplace,

$$\frac{\partial^2 V}{\partial x^2} + \frac{\partial^2 V}{\partial y^2} = 0, \tag{3.20}$$

sujeita às condições de contorno

$$\left.\begin{array}{ll} \text{(i)} & V = 0 \text{ quando } y = 0, \\ \text{(ii)} & V = 0 \text{ quando } y = a, \\ \text{(iii)} & V = V_0(y) \text{ quando } x = 0, \\ \text{(iv)} & V \to 0 \text{ à medida que } x \to \infty. \end{array}\right\} \tag{3.21}$$

(A última condição, embora não esteja especificamente expressa no problema, é necessária em termos físicos: à medida que você se afasta cada vez mais da faixa 'quente' em $x = 0$, o potencial deve cair para zero.) Como o potencial está especificado em todos os contornos, a resposta é univocamente determinada.

O primeiro passo é procurar soluções na forma de produtos:

$$V(x, y) = X(x)Y(y). \tag{3.22}$$

À primeira vista, essa é uma restrição absurda — a esmagadora maioria das soluções para a equação de Laplace *não* têm essa forma. Por exemplo, $V(x, y) = (5x + 6y)$ satisfaz a Equação 3.20, mas não se pode expressá-la como o produto de uma função de $x$ vezes uma função de $y$. Obviamente, por esse meio vamos obter apenas um subconjunto minúsculo de todas as soluções possíveis e seria um *milagre* se alguma delas se encaixasse nas condições de contorno do nosso problema... Mas, espere, porque as soluções que vamos obter são muito especiais e ocorre que juntando-as podemos construir a solução geral.

De qualquer forma, colocando a Equação 3.22 na Equação 3.20, obtemos

$$Y\frac{d^2X}{dx^2} + X\frac{d^2Y}{dy^2} = 0.$$

O próximo passo é 'separar as variáveis' (ou seja, reunir tudo o que é dependente de $x$ em um dos termos e tudo o que é dependente de $y$ no outro). Tipicamente, isso é feito dividindo-se por $V$:

$$\frac{1}{X}\frac{d^2X}{dx^2} + \frac{1}{Y}\frac{d^2Y}{dy^2} = 0. \tag{3.23}$$

Aqui, o primeiro termo depende somente de $x$ e o segundo, somente de $y$; em outras palavras, temos uma equação com a forma

$$f(x) + g(y) = 0. \tag{3.24}$$

Agora, só existe uma forma para que isso seja verdade: *$f$ e $g$ têm de ser ambas constantes.* Porque, se $f(x)$ *mudasse,* à medida que $x$ variasse — então, se mantivéssemos $y$ fixo e mexêssemos com $x$, a soma $f(x) + g(y)$ se *alteraria*, contrariando a Equação 3.24,

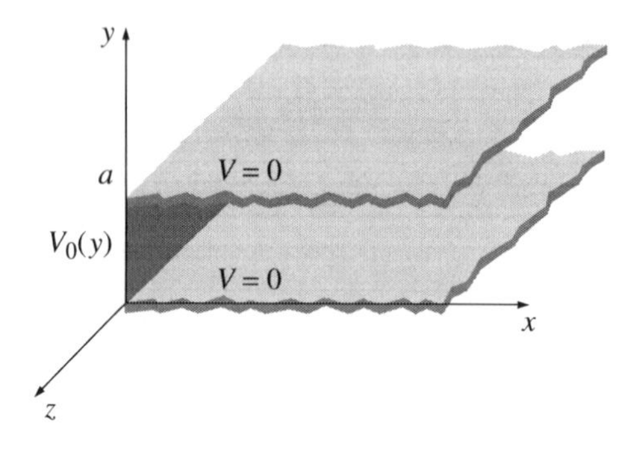


**Figura 3.17**

a qual diz que o resultado é sempre zero. (Esse é um argumento simples, mas um tanto evasivo; não o aceite sem pensar bastante porque este método baseia-se totalmente nele.) Então, segue-se a partir da Equação 3.23 que,

$$\frac{1}{X}\frac{d^2X}{dx^2} = C_1 \quad \text{e} \quad \frac{1}{Y}\frac{d^2Y}{dy^2} = C_2, \qquad \text{com} \quad C_1 + C_2 = 0. \tag{3.25}$$

Uma destas constantes é positiva e a outra é negativa (ou talvez ambas sejam zero). Em geral, temos de investigar todas as possibilidades; entretanto, no nosso problema em particular, precisamos de $C_1$ positiva e $C_2$ negativa, por motivos que ficarão claros dentro de instantes. Assim

$$\frac{d^2X}{dx^2} = k^2X, \qquad \frac{d^2Y}{dy^2} = -k^2Y. \tag{3.26}$$

Observe o que aconteceu: uma equação diferencial *parcial* (3.20) foi convertida em duas equações diferenciais *ordinárias* (3.26). A vantagem disso é óbvia: equações diferenciais ordinárias são muito mais fáceis de serem resolvidas. De fato:

$$X(x) = Ae^{kx} + Be^{-kx}, \qquad Y(y) = C\,\text{sen}\,ky + D\cos ky,$$

de forma que

$$V(x,y) = (Ae^{kx} + Be^{-kx})(C\,\text{sen}\,ky + D\cos ky). \tag{3.27}$$

Esta é a solução separável adequada para a equação de Laplace; falta impormos as condições de contorno para ver o que elas nos dirão sobre as constantes. Para começar pelo fim, a condição (iv) requer que $A$ seja igual a zero.[4] Absorvendo $B$ em $C$ e $D$, ficamos com

$$V(x,y) = e^{-kx}(C\,\text{sen}\,ky + D\cos ky).$$

A condição (i) exige que $D$ seja igual a zero, então

$$V(x,y) = Ce^{-kx}\,\text{sen}\,ky. \tag{3.28}$$

Enquanto isso, (ii) resulta em $\text{sen}\,ka = 0$, do qual decorre que

$$k = \frac{n\pi}{a}, \qquad (n = 1, 2, 3, \ldots). \tag{3.29}$$

(A esta altura, você pode ver porque escolhi $C_1$ positiva e $C_2$ negativa: se $X$ fosse senoidal, nunca conseguiríamos fazer com que se anulasse no infinito, e se $Y$ fosse exponencial, não poderíamos fazê-la se anular tanto em 0 quanto em $a$. Incidentalmente, $n = 0$ não serve, pois nesse caso, o potencial anula-se *em toda parte*. E já excluímos os $n$ negativos.)

Isso é o máximo que conseguimos usando as soluções separáveis, e a menos que $V_0(y)$ por acaso tenha a forma $\text{sen}(n\pi y/a)$ para algum número inteiro $n$, simplesmente *não podemos* satisfazer à última condição de contorno em $x = 0$. Mas agora vem o passo crucial que redime o método: a separação de variáveis nos deu um *conjunto infinito* de soluções (uma para cada $n$), e embora nenhumas delas, *por si só*, satisfaça a última condição de contorno, é possível combiná-las de uma forma que a *satisfaça*. A equação de Laplace é *linear*, no sentido de que se $V_1, V_2, V_3, \ldots$ a satisfaz, o mesmo será verdade para qualquer outra combinação linear, $V = \alpha_1V_1 + \alpha_2V_2 + \alpha_3V_3 + \ldots$, onde $\alpha_1, \alpha_2, \ldots$ são constantes arbitrárias. Pois

$$\nabla^2V = \alpha_1\nabla^2V_1 + \alpha_2\nabla^2V_2 + \ldots = 0\alpha_1 + 0\alpha_2 + \ldots = 0.$$

Explorando esse fato, podemos montar as soluções separáveis (3.28) para construir uma solução muito mais geral:

$$V(x,y) = \sum_{n=1}^{\infty} C_n e^{-n\pi x/a}\,\text{sen}(n\pi y/a). \tag{3.30}$$

Isto ainda satisfaz as três primeiras condições de contorno; a pergunta é: podemos (com uma escolha astuta dos coeficientes $C_n$) satisfazer à última condição de contorno?

$$V(0,y) = \sum_{n=1}^{\infty} C_n\,\text{sen}(n\pi y/a) = V_0(y). \tag{3.31}$$

Bem, talvez você reconheça esta soma — é uma série senoide de Fourier. E o teorema de Dirichlet[5] garante que virtualmente *qualquer* função $V_0(y)$ — ela pode ter até um número finito de descontinuidades — pode ser expandida em uma série assim.

4. Assumindo que $k$ seja positivo, mas isso não significa perda de generalidade — $k$ negativo nos dá a mesma solução (3.27), mas com as constantes mudando de posição ($A \leftrightarrow B, C \to -C$). Ocasionalmente (mas não neste exemplo) $k = 0$ também deve ser incluído (veja o Problema 3.47).

5. Boas, M., *Mathematical Methods in the Physical Sciences*, 2ª ed. (Nova York: John Wiley, 1983).

Mas como, de fato, *determinamos* os coeficientes $C_n$, enterrados como estão nessa soma infinita? O dispositivo para consumar isso é tão adorável que merece um nome — eu o chamo de **truque de Fourier**, embora aparentemente Euler tenha usado essencialmente a mesma ideia algum tempo antes. Eis como funciona: multiplique a Equação 3.31 by $\operatorname{sen}(n'\pi y/a)$ (onde $n'$ é um número inteiro positivo), e integre de 0 a $a$:

$$\sum_{n=1}^{\infty} C_n \int_0^a \operatorname{sen}(n\pi y/a)\operatorname{sen}(n'\pi y/a)\,dy = \int_0^a V_0(y)\operatorname{sen}(n'\pi y/a)\,dy. \tag{3.32}$$

Você pode resolver por si mesmo a integral à esquerda; a resposta é

$$\int_0^a \operatorname{sen}(n\pi y/a)\operatorname{sen}(n'\pi y/a)\,dy = \begin{cases} 0, & \text{se } n' \neq n, \\ \dfrac{a}{2}, & \text{se } n' = n. \end{cases} \tag{3.33}$$

Assim, todos os termos da série caem, salvando-se apenas aquele em que $n' = n$, e o lado esquerdo da Equação 3.32 se reduz a $(a/2)C_{n'}$. *Conclusão:*[6]

$$C_n = \frac{2}{a}\int_0^a V_0(y)\operatorname{sen}(n\pi y/a)\,dy. \tag{3.34}$$

E *pronto*: a Equação 3.30 é a solução com os coeficientes dados pela Equação 3.34. Como exemplo concreto, suponha que a faixa em $x = 0$ é uma placa de metal com potencial constante $V_0$ (lembre-se de que ela está isolada das placas aterradas em $y = 0$ e $y = a$). Então

$$C_n = \frac{2V_0}{a}\int_0^a \operatorname{sen}(n\pi y/a)\,dy = \frac{2V_0}{n\pi}(1-\cos n\pi) = \begin{cases} 0, & \text{se } n \text{ for par}, \\ \dfrac{4V_0}{n\pi}, & \text{se } n \text{ for ímpar}. \end{cases} \tag{3.35}$$

Evidentemente,

$$V(x,y) = \frac{4V_0}{\pi}\sum_{n=1,3,5\ldots} \frac{1}{n} e^{-n\pi x/a}\operatorname{sen}(n\pi y/a). \tag{3.36}$$

A Figura 3.18 é um gráfico deste potencial; a Figura 3.19 mostra como os poucos termos iniciais da série de Fourier se combinam para chegar a uma aproximação cada vez melhor da constante $V_0$: (a) é apenas $n = 1$, (b) inclui $n$ até 5, (c) é a soma dos primeiros 10 termos, e (d) é a soma dos primeiros 100 termos.

Incidentalmente, a série infinita na Equação 3.36 pode ser somada explicitamente (você pode tentar, se quiser); o resultado é

$$V(x,y) = \frac{2V_0}{\pi}\operatorname{arctg}\left(\frac{\operatorname{sen}(\pi y/a)}{\operatorname{senh}(\pi x/a)}\right). \tag{3.37}$$

Nesta forma é fácil verificar que a equação de Laplace é obedecida e que as quatro condições de contorno (3.21) são satisfeitas.

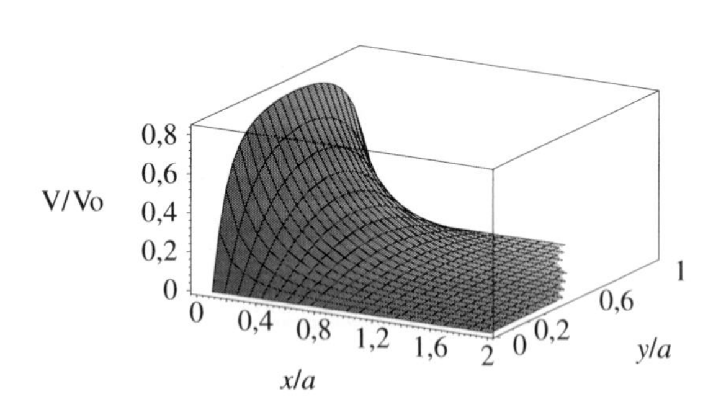


**Figura 3.18**

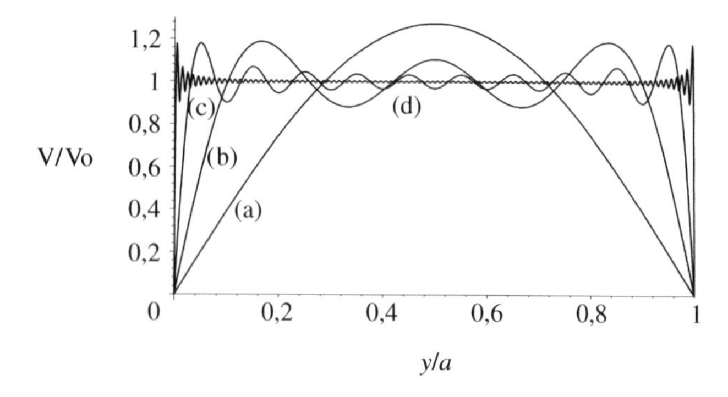


**Figura 3.19**

6. Por razões estéticas, não usei a linha; a Equação 3.34 se mantém para $n = 1, 2, 3, \ldots$, e não importa (é óbvio) que letra você usa para o índice 'fictício'.

O sucesso deste método se apoia em duas propriedades extraordinárias das soluções separáveis (3.28): **completeza** e **ortogonalidade**. Um conjunto de funções $f_n(y)$ é considerado **completo** se qualquer outra função $f(y)$ puder ser expressa como uma combinação linear das funções desse conjunto:

$$f(y) = \sum_{n=1}^{\infty} C_n f_n(y). \tag{3.38}$$

As funções $\text{sen}(n\pi y/a)$ são completas no intervalo $0 \leq y \leq a$. Foi este fato, assegurado pelo teorema de Dirichlet, o que nos garantiu que a Equação 3.31 poderia ser satisfeita, dada a escolha adequada de coeficientes $C_n$. (A *prova* de completeza, para um determinado conjunto de funções é uma tarefa extraordinariamente difícil e receio que os físicos assumam que ela é um fato, deixando que outros façam essa verificação.) Um conjunto de funções é **ortogonal** se a integral do produto de dois membros diferentes do conjunto for zero:

$$\int_0^a f_n(y) f_{n'}(y)\, dy = 0 \qquad \text{para } n' \neq n. \tag{3.39}$$

As funções seno são ortogonais (Equação 3.33); esta é a propriedade na qual o truque de Fourier se baseia, permitindo eliminar todos os termos exceto um na série infinita e, portanto, encontrar a solução para os coeficientes $C_n$. (Prova de ortogonalidade é geralmente bastante simples, ou por integração direta, ou por análise da equação diferencial da qual as funções vieram.)

---

**Exemplo 3.4**

Duas placas de metal aterradas e de comprimento infinito, novamente em $y = 0$ e $y = a$, são conectadas em $x = \pm b$ por tiras de metal mantidas em potencial constante $V_0$, como mostra a Figura 3.20 (uma camada fina de isolamento em cada canto evita que elas entrem em curto). Encontre o potencial dentro do tubo retangular resultante.

**Solução:** mais uma vez, a configuração é independente de $z$. Nosso problema é resolver a equação de Laplace

$$\frac{\partial^2 V}{\partial x^2} + \frac{\partial^2 V}{\partial y^2} = 0,$$

sujeita às condições de contorno

$$\left.\begin{array}{ll} \text{(i)} & V = 0 \text{ quando } y = 0, \\ \text{(ii)} & V = 0 \text{ quando } y = a, \\ \text{(iii)} & V = V_0 \text{ quando } x = b, \\ \text{(iv)} & V = V_0 \text{ quando } x = -b. \end{array}\right\} \tag{3.40}$$

O argumento se desenvolve como antes, até a Equação 3.27:

$$V(x, y) = (Ae^{kx} + Be^{-kx})(C \,\text{sen}\, ky + D \cos ky).$$

Desta vez, no entanto, não podemos fazer/fixar $A = 0$; a região em questão não se estende a $x = \infty$, de forma que $e^{kx}$ é perfeitamente aceitável. Por outro lado, a situação é *simétrica* com relação a $x$, de forma que $V(-x, y) = V(x, y)$, e segue-se que $A = B$. Usando

$$e^{kx} + e^{-kx} = 2 \cosh kx,$$

e absorvendo $2A$ em $C$ e $D$, temos

$$V(x, y) = \cosh kx \,(C \,\text{sen}\, ky + D \cos ky).$$

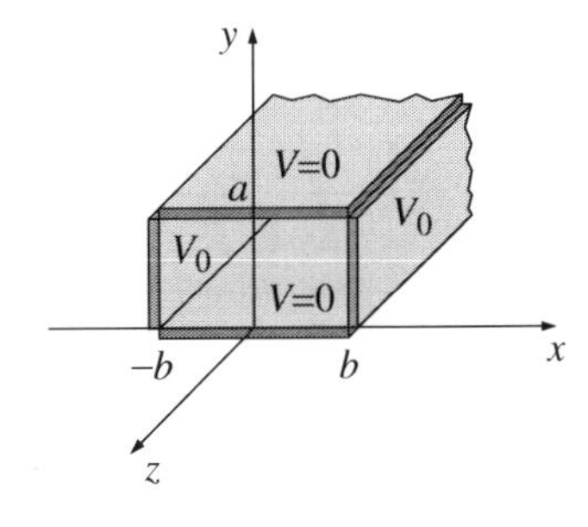


**Figura 3.20**

As condições de contorno (i) e (ii) requerem, como antes, que $D = 0$ e $k = n\pi/a$, então

$$V(x, y) = C \cosh(n\pi x/a)\ \text{sen}(n\pi y/a). \tag{3.41}$$

Como $V(x, y)$ é par em $x$, atenderá automaticamente à condição (iv) se atender à condição (iii). Resta, portanto, construir a combinação linear geral,

$$V(x, y) = \sum_{n=1}^{\infty} C_n \cosh(n\pi x/a)\ \text{sen}(n\pi y/a),$$

e escolher os coeficientes $C_n$ de forma a satisfazer a condição (iii):

$$V(b, y) = \sum_{n=1}^{\infty} C_n \cosh(n\pi b/a)\ \text{sen}(n\pi y/a) = V_0.$$

Este é o mesmo problema da análise de Fourier que enfrentamos antes; cito o resultado da Equação 3.35:

$$C_n \cosh(n\pi b/a) = \begin{cases} 0, & \text{se } n \text{ for par} \\ \dfrac{4V_0}{n\pi}, & \text{se } n \text{ for ímpar} \end{cases}$$

*Conclusão:* o potencial neste caso é dado por

$$V(x, y) = \frac{4V_0}{\pi} \sum_{n=1,3,5\ldots} \frac{1}{n} \frac{\cosh(n\pi x/a)}{\cosh(n\pi b/a)}\ \text{sen}(n\pi y/a). \tag{3.42}$$

Esta função está ilustrada na Figura 3.21.

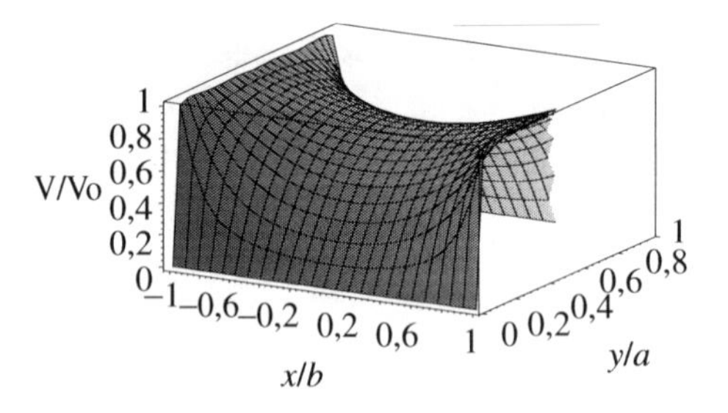


**Figura 3.21**

---

## Exemplo 3.5

Um tubo de metal retangular e infinitamente longo (lados $a$ e $b$) está aterrado, mas uma das extremidades, em $x = 0$, é mantida a um potencial específico $V_0(y, z)$, como mostra a Figura 3.22. Encontre o potencial no interior do tubo.

**Solução:** este é um problema genuinamente tridimensional,

$$\frac{\partial^2 V}{\partial x^2} + \frac{\partial^2 V}{\partial y^2} + \frac{\partial^2 V}{\partial z^2} = 0, \tag{3.43}$$

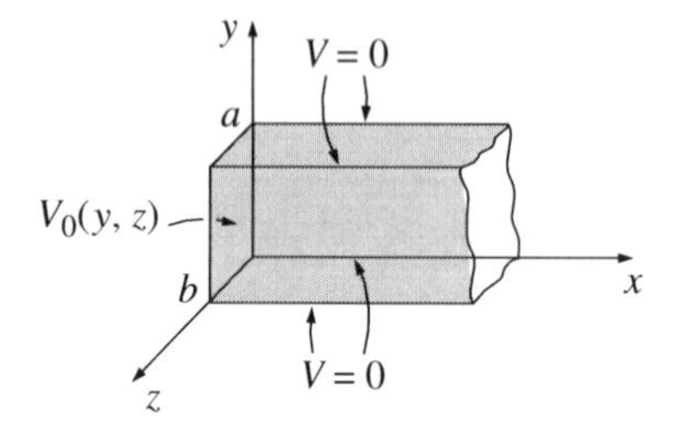


**Figura 3.22**

sujeito às condições de contorno

$$\left.\begin{array}{ll}\text{(i)} & V = 0 \text{ quando } y = 0,\\ \text{(ii)} & V = 0 \text{ quando } y = a,\\ \text{(iii)} & V = 0 \text{ quando } z = 0,\\ \text{(iv)} & V = 0 \text{ quando } z = b,\\ \text{(v)} & V \to 0 \text{ à medida que } x \to \infty,\\ \text{(vi)} & V = V_0(y, z) \text{ quando } x = 0.\end{array}\right\} \tag{3.44}$$

Como sempre, procuramos soluções que são produtos:

$$V(x, y, z) = X(x)Y(y)Z(z). \tag{3.45}$$

Colocando isso na Equação 3.43, e dividindo por $V$, encontramos

$$\frac{1}{X}\frac{d^2X}{dx^2} + \frac{1}{Y}\frac{d^2Y}{dy^2} + \frac{1}{Z}\frac{d^2Z}{dz^2} = 0.$$

Segue-se que

$$\frac{1}{X}\frac{d^2X}{dx^2} = C_1, \quad \frac{1}{Y}\frac{d^2Y}{dy^2} = C_2, \quad \frac{1}{Z}\frac{d^2Z}{dz^2} = C_3, \quad \text{com } C_1 + C_2 + C_3 = 0.$$

Nossa experiência anterior (Exemplo 3.3) sugere que $C_1$ deve ser positivo, $C_2$ e $C_3$, negativos. Determinando $C_2 = -k^2$ e $C_3 = -l^2$, temos $C_1 = k^2 + l^2$, e, portanto

$$\frac{d^2X}{dx^2} = (k^2 + l^2)X, \quad \frac{d^2Y}{dy^2} = -k^2Y, \quad \frac{d^2Z}{dz^2} = -l^2Z. \tag{3.46}$$

Mais uma vez, a separação das variáveis transformou uma equação diferencial *parcial* em equações diferenciais *ordinárias*. As soluções são

$$\begin{aligned} X(x) &= Ae^{\sqrt{k^2+l^2}\,x} + Be^{-\sqrt{k^2+l^2}\,x},\\ Y(y) &= C \operatorname{sen} ky + D\cos ky,\\ Z(z) &= E \operatorname{sen} lz + F\cos lz. \end{aligned}$$

A condição de contorno (v) implica $A = 0$, (i) dá $D = 0$, e (iii) resulta em $F = 0$, enquanto (ii) e (iv) requerem que $k = n\pi/a$ e $l = m\pi/b$, onde $n$ e $m$ são números inteiros positivos. Combinando as constantes que sobram, ficamos com

$$V(x, y, z) = Ce^{-\pi\sqrt{(n/a)^2+(m/b)^2}\,x} \operatorname{sen}(n\pi y/a) \operatorname{sen}(m\pi z/b). \tag{3.47}$$

Esta solução atende a todas as condições de contorno exceto (vi). Ela contém *dois* números inteiros não especificados ($n$ e $m$), e a condição linear mais geral é uma soma *dupla*:

$$V(x, y, z) = \sum_{n=1}^{\infty}\sum_{m=1}^{\infty} C_{n,m}e^{-\pi\sqrt{(n/a)^2+(m/b)^2}\,x} \operatorname{sen}(n\pi y/a) \operatorname{sen}(m\pi z/b). \tag{3.48}$$

Esperamos atender à condição de contorno que resta,

$$V(0, y, z) = \sum_{n=1}^{\infty}\sum_{m=1}^{\infty} C_{n,m} \operatorname{sen}(n\pi y/a) \operatorname{sen}(m\pi z/b) = V_0(y, z), \tag{3.49}$$

por meio da escolha apropriada dos coeficientes $C_{n,m}$. Para determinar essas constantes, multiplicamos por $\operatorname{sen}(n'\pi y/a) \operatorname{sen}(m'\pi z/b)$, onde $n'$ e $m'$ são números inteiros positivos arbitrários e integramos:

$$\begin{aligned} \sum_{n=1}^{\infty}\sum_{m=1}^{\infty} C_{n,m} \int_0^a \operatorname{sen}(n\pi y/a) \operatorname{sen}(n'\pi y/a)\, dy \int_0^b \operatorname{sen}(m\pi z/b) \operatorname{sen}(m'\pi z/b)\, dz \\ = \int_0^a\int_0^b V_0(y, z) \operatorname{sen}(n'\pi y/a) \operatorname{sen}(m'\pi z/b)\, dy\, dz. \end{aligned}$$

Citando a Equação 3.33, o lado esquerdo é $(ab/4)C_{n',m'}$, portanto

$$C_{n,m} = \frac{4}{ab}\int_0^a\int_0^b V_0(y, z) \operatorname{sen}(n\pi y/a) \operatorname{sen}(m\pi z/b)\, dy\, dz. \tag{3.50}$$

A Equação 3.48, com os coeficientes dados pela Equação 3.50, é a solução para o nosso problema.

Por exemplo, no fim do tubo há um condutor com um potencial *constante* $V_0$,

$$\begin{aligned} C_{n,m} &= \frac{4V_0}{ab}\int_0^a \operatorname{sen}(n\pi y/a)\,dy \int_0^b \operatorname{sen}(m\pi z/b)\,dz \\ &= \begin{cases} 0, & \text{se } n \text{ ou } m \text{ for par,} \\ \dfrac{16V_0}{\pi^2 nm}, & \text{se } n \text{ e } m \text{ forem ímpares.} \end{cases} \end{aligned} \tag{3.51}$$

Neste caso

$$V(x,y,z) = \frac{16V_0}{\pi^2} \sum_{n,m=1,3,5\ldots}^{\infty} \frac{1}{nm} e^{-\pi\sqrt{(n/a)^2+(m/b)^2}\,x} \operatorname{sen}(n\pi y/a)\operatorname{sen}(m\pi z/b). \tag{3.52}$$

Observe que os termos sucessivos decrescem rapidamente; uma aproximação razoável seria obtida mantendo-se apenas uns poucos dos primeiros termos iniciais.

---

**Problema 3.12** Encontre o potencial no vão infinito do Exemplo 3.3 se o contorno em $x = 0$ consiste de duas tiras de metal: uma, de $y = 0$ a $y = a/2$, é mantida em potencial constante $V_0$, e a outra, de $y = a/2$ a $y = a$, tem potencial $-V_0$.

**Problema 3.13** Para o vão infinito (Exemplo 3.3), determine a densidade de carga $\sigma(y)$ da faixa em $x = 0$, assumindo que ela é condutora em potencial constante $V_0$.

**Problema 3.14** Um tubo retangular que corre paralelo ao eixo $z$ (de $-\infty$ a $+\infty$), tem três lados de metal aterrados, em $y = 0$, $y = a$ e $x = 0$. O quarto lado, em $x = b$, é mantido em um potencial específico $V_0(y)$.

(a) Desenvolva uma fórmula geral para o potencial no interior do tubo.

(b) Encontre o potencial explicitamente, para o caso $V_0(y) = V_0$ (uma constante).

**Problema 3.15** Uma caixa cúbica (com lados de comprimento $a$) consiste de cinco placas de metal que estão soldadas juntas e aterradas (Figura 3.23). O topo é feito de uma folha de metal separada, isolada das outras e mantida a um potencial constante $V_0$. Encontre o potencial dentro da caixa.

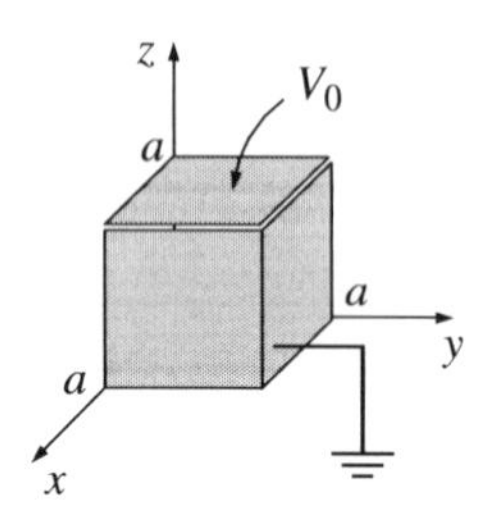


**Figura 3.23**

---

## 3.3.2 Coordenadas esféricas

Nos exemplos considerados até agora, as coordenadas cartesianas foram evidentemente apropriadas, já que os contornos eram *planos*. Para objetos *arredondados* as coordenadas esféricas são mais naturais. No sistema esférico, a equação de Laplace diz que:

$$\frac{1}{r^2}\frac{\partial}{\partial r}\left(r^2\frac{\partial V}{\partial r}\right) + \frac{1}{r^2 \operatorname{sen}\theta}\frac{\partial}{\partial\theta}\left(\operatorname{sen}\theta\frac{\partial V}{\partial\theta}\right) + \frac{1}{r^2\operatorname{sen}^2\theta}\frac{\partial^2 V}{\partial\phi^2} = 0. \tag{3.53}$$

Vou assumir que o problema tem **simetria azimutal**, de forma que *$V$ é independente de $\phi$*;[7] nesse caso, a Equação 3.53 se reduz para

$$\frac{\partial}{\partial r}\left(r^2\frac{\partial V}{\partial r}\right) + \frac{1}{\operatorname{sen}\theta}\frac{\partial}{\partial\theta}\left(\operatorname{sen}\theta\frac{\partial V}{\partial\theta}\right) = 0. \tag{3.54}$$

7. O caso geral para potenciais dependentes de $\phi$ é tratado em todos os textos de pós-graduação. Veja, por exemplo, *Classical Electrodynamics*, de J. D. Jackson's, 3ª ed., Capítulo 3 (Nova York: John Wiley, 1999).

Como antes, procuramos soluções que sejam produtos:

$$V(r,\theta) = R(r)\Theta(\theta). \tag{3.55}$$

Colocando isso na Equação 3.54, e dividindo por $V$,

$$\frac{1}{R}\frac{d}{dr}\left(r^2\frac{dR}{dr}\right) + \frac{1}{\Theta\,\mathrm{sen}\,\theta}\frac{d}{d\theta}\left(\mathrm{sen}\,\theta\frac{d\Theta}{d\theta}\right) = 0. \tag{3.56}$$

Como o primeiro termo depende somente de $r$, e o segundo somente de $\theta$, segue-se que cada um deles deve ser uma constante:

$$\frac{1}{R}\frac{d}{dr}\left(r^2\frac{dR}{dr}\right) = l(l+1), \quad \frac{1}{\Theta\,\mathrm{sen}\,\theta}\frac{d}{d\theta}\left(\mathrm{sen}\,\theta\frac{d\Theta}{d\theta}\right) = -l(l+1). \tag{3.57}$$

Aqui $l(l+1)$ é somente uma forma sofisticada de escrever a constante de separação — em um minuto você verá por que isso é conveniente.

Como sempre, a separação das variáveis converteu uma equação diferencial *parcial* (3.54) em equações diferenciais *ordinárias* (3.57). A equação radial,

$$\frac{d}{dr}\left(r^2\frac{dR}{dr}\right) = l(l+1)R, \tag{3.58}$$

tem a solução geral

$$R(r) = Ar^l + \frac{B}{r^{l+1}}, \tag{3.59}$$

como você pode facilmente verificar; $A$ e $B$ são duas constantes arbitrárias que são esperadas na solução de uma equação diferencial de segunda ordem. Mas a equação angular,

$$\frac{d}{d\theta}\left(\mathrm{sen}\,\theta\frac{d\Theta}{d\theta}\right) = -l(l+1)\,\mathrm{sen}\,\theta\,\Theta, \tag{3.60}$$

não é tão simples. As soluções são **polinômios de Legendre** na variável $\cos\theta$:

$$\Theta(\theta) = P_l(\cos\theta). \tag{3.61}$$

$P_l(x)$ é definido de forma mais conveniente pela **fórmula de Rodrigues:**

$$P_l(x) = \frac{1}{2^l l!}\left(\frac{d}{dx}\right)^l (x^2-1)^l. \tag{3.62}$$

Os primeiros polinômios de Legendre estão listados na Tabela 3.1.

**Tabela 3.1** Polinômios de Legendre

| | | |
|---|---|---|
| $P_0(x)$ | = | $1$ |
| $P_1(x)$ | = | $x$ |
| $P_2(x)$ | = | $(3x^2-1)/2$ |
| $P_3(x)$ | = | $(5x^3-3x)/2$ |
| $P_4(x)$ | = | $(35x^4-30x^2+3)/8$ |
| $P_5(x)$ | = | $(63x^5-70x^3+15x)/8$ |

Observe que $P_l(x)$ é (como o nome sugere) um *polinômio* em $x$ de $l$-ésima ordem; ele contém *somente* potências pares, se $l$ for par, e potências *ímpares*, se $l$ for ímpar. O fator na frente $(1/2^l l!)$ foi escolhido de forma que

$$P_l(1) = 1. \tag{3.63}$$

A fórmula de Rodrigues obviamente funciona apenas para valores não negativos de $l$. Além disso, ela nos fornece apenas *uma* solução. Mas a Equação 3.60 é de *segunda* ordem, e deve ter *duas* soluções independentes, para *cada* valor de $l$. Ocorre que essas 'outras soluções' explodem em $\theta = 0$ e/ou $\theta = \pi$, e são, portanto, inaceitáveis em bases físicas.[8] Por exemplo, a segunda solução para $l = 0$ é

$$\Theta(\theta) = \ln\left(\mathrm{tg}\,\frac{\theta}{2}\right). \tag{3.64}$$

8. Em raros casos, onde o eixo $z$ é, por algum motivo, inacessível, essas 'outras soluções' talvez tenham de ser consideradas.

Você pode querer verificar por si mesmo que ela satisfaz a Equação 3.60.

No caso da simetria azimutal, portanto, a solução *separável* mais geral para a equação de Laplace, coerente com o mínimo de requisitos físicos, é

$$V(r,\theta) = \left(Ar^l + \frac{B}{r^{l+1}}\right) P_l(\cos\theta).$$

(Não houve necessidade de incluir uma constante geral na Equação 3.61 porque neste estágio ela pode ser absorvida em $A$ e $B$.) Como antes, a separação de variáveis gera um conjunto infinito de soluções, uma para cada $l$. A solução *geral* é a combinação linear de soluções separáveis:

$$\boxed{V(r,\theta) = \sum_{l=0}^{\infty} \left(A_l r^l + \frac{B_l}{r^{l+1}}\right) P_l(\cos\theta).} \tag{3.65}$$

O exemplo a seguir ilustra o poder desse importante resultado.

---

**Exemplo 3.6**

O potencial $V_0(\theta)$ é especificado na superfície de uma esfera oca, de raio $R$. Encontre o potencial dentro da esfera.

**Solução:** neste caso, $B_l = 0$ para todos os $l$ — caso contrário o potencial explodiria na origem. Assim,

$$V(r,\theta) = \sum_{l=0}^{\infty} A_l r^l P_l(\cos\theta). \tag{3.66}$$

Em $r = R$ isso deve combinar com a função especificada $V_0(\theta)$:

$$V(R,\theta) = \sum_{l=0}^{\infty} A_l R^l P_l(\cos\theta) = V_0(\theta). \tag{3.67}$$

Essa equação *pode* ser satisfeita, para uma escolha apropriada de coeficientes $A_l$? *Sim:* os polinômios de Legendre (como os senos) constituem um conjunto completo de funções, no intervalo $-1 \leq x \leq 1$ $(0 \leq \theta \leq \pi)$. Como determinamos as constantes? Mais uma vez, com o truque de Fourier, já que os polinômios de Legendre (como os senos) são funções *ortogonais*:[9]

$$\begin{aligned}\int_{-1}^{1} P_l(x)P_{l'}(x)\,dx &= \int_0^{\pi} P_l(\cos\theta)P_{l'}(\cos\theta)\,\mathrm{sen}\,\theta\,d\theta \\ &= \begin{cases} 0, & \text{se } l' \neq l, \\ \dfrac{2}{2l+1}, & \text{se } l' = l. \end{cases}\end{aligned} \tag{3.68}$$

Assim, multiplicando a Equação 3.67 por $P_{l'}(\cos\theta)\,\mathrm{sen}\,\theta$ e integrando, temos

$$A_{l'} R^{l'} \frac{2}{2l'+1} = \int_0^{\pi} V_0(\theta) P_{l'}(\cos\theta)\,\mathrm{sen}\,\theta\,d\theta,$$

ou

$$A_l = \frac{2l+1}{2R^l} \int_0^{\pi} V_0(\theta) P_l(\cos\theta)\,\mathrm{sen}\,\theta\,d\theta. \tag{3.69}$$

A Equação 3.66 é a solução para o nosso problema, com os coeficientes dados pela Equação 3.69.

Pode ser difícil resolver integrais da forma 3.69 analiticamente, e na prática é frequentemente mais fácil resolver a Equação 3.67 'a olho'.[10] Por exemplo, suponha que nos digam que o potencial da esfera é

$$V_0(\theta) = k\,\mathrm{sen}^2(\theta/2), \tag{3.70}$$

onde $k$ é uma constante. Usando a fórmula do semi-ângulo, reescrevemos isto como

$$V_0(\theta) = \frac{k}{2}(1 - \cos\theta) = \frac{k}{2}[P_0(\cos\theta) - P_1(\cos\theta)].$$

---

9. M. Boas, *Mathematical Methods in the Physical Sciences*, 2ª ed., Seção 12.7 (Nova York: John Wiley, 1983).

10. Isto é certamente verdade quando $V_0(\theta)$ pode ser expresso como um polinômio em $\cos\theta$. O grau do polinômio nos diz qual o maior $l$ de que precisamos e o coeficiente principal determina o $A_l$ correspondente. Subtraindo $A_l R^l P_l(\cos\theta)$ e repetindo o processo, trabalhamos sistematicamente até a redução a $A_0$. Observe que se $V_0$ é uma função *par* de $\cos\theta$, então apenas termos pares aparecerão na soma (o mesmo ocorre com as funções ímpares).

Colocando isto na Equação 3.67, vemos imediatamente que $A_0 = k/2$, $A_1 = -k/(2R)$, e todos os outros $A_l$ se anulam. Evidentemente,

$$V(r,\theta) = \frac{k}{2}\left[r^0 P_0(\cos\theta) - \frac{r^1}{R}P_1(\cos\theta)\right] = \frac{k}{2}\left(1 - \frac{r}{R}\cos\theta\right). \tag{3.71}$$

---

## Exemplo 3.7

O potencial $V_0(\theta)$ é novamente especificado na superfície de uma esfera de raio $R$, mas desta vez nos pedem para encontrar o potencial *externo*, assumindo que lá não há carga.

**Solução:** neste caso, são os $A_l$ que devem ser zero (caso contrário, $V$ não tenderia a zero no $\infty$), portanto

$$V(r,\theta) = \sum_{l=0}^{\infty} \frac{B_l}{r^{l+1}} P_l(\cos\theta). \tag{3.72}$$

Na superfície da esfera precisamos que

$$V(R,\theta) = \sum_{l=0}^{\infty} \frac{B_l}{R^{l+1}} P_l(\cos\theta) = V_0(\theta).$$

Multiplicando por $P_{l'}(\cos\theta)\,\mathrm{sen}\,\theta$ e integrando — aproveitando, novamente, a relação de ortogonalidade 3.68 — temos

$$\frac{B_{l'}}{R^{l'+1}}\frac{2}{2l'+1} = \int_0^{\pi} V_0(\theta) P_{l'}(\cos\theta)\,\mathrm{sen}\,\theta\,d\theta,$$

ou

$$B_l = \frac{2l+1}{2}R^{l+1}\int_0^{\pi} V_0(\theta) P_l(\cos\theta)\,\mathrm{sen}\,\theta\,d\theta. \tag{3.73}$$

A Equação 3.72, com os coeficientes dados pela Equação 3.73, é a solução para o nosso problema.

---

## Exemplo 3.8

Uma esfera metálica sem carga de raio $R$ é colocada em um campo elétrico inicialmente uniforme $\mathbf{E} = E_0\hat{\mathbf{z}}$. [O campo irá empurrar a carga positiva para a superfície 'norte' da esfera, deixando uma carga negativa na superfície 'sul' (Figura 3.24). Essa carga induzida, por sua vez, distorce o campo nas proximidades da esfera.] Encontre o potencial na região externa da esfera.

**Solução:** a esfera é uma equipotencial — podemos até fazê-la igual a zero. Então, por simetria, todo o plano $xy$ tem potencial zero. Desta vez, no entanto, $V$ *não* tende a zero se $z$ é grande. De fato, longe da esfera o campo é $E_0\hat{\mathbf{z}}$ e, portanto,

$$V \to -E_0 z + C.$$

Como $V = 0$ no plano equatorial, a constante $C$ deve ser zero. Consequentemente, as condições de contorno para este problema são

$$\left.\begin{array}{ll} \text{(i)} & V = 0 \quad \text{quando } r = R, \\ \text{(ii)} & V \to -E_0 r\cos\theta \quad \text{para } r \gg R. \end{array}\right\} \tag{3.74}$$

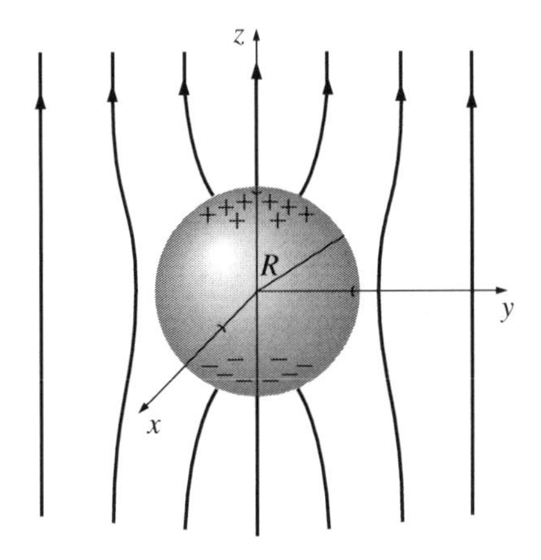


**Figura 3.24**

Temos de atender a essas condições de contorno com uma função da forma 3.65.

A primeira condição gera

$$A_l R^l + \frac{B_l}{R^{l+1}} = 0,$$

ou

$$B_l = -A_l R^{2l+1}, \tag{3.75}$$

então

$$V(r,\theta) = \sum_{l=0}^{\infty} A_l \left( r^l - \frac{R^{2l+1}}{r^{l+1}} \right) P_l(\cos\theta).$$

Para $r \gg R$, o segundo termo entre parênteses é desprezível e, portanto, a condição (ii) requer que

$$\sum_{l=0}^{\infty} A_l r^l P_l(\cos\theta) = -E_0 r \cos\theta.$$

Evidentemente, somente um termo está presente: $l = 1$. De fato, como $P_1(\cos\theta) = \cos\theta$, podemos ver, imediatamente,

$$A_1 = -E_0, \quad \text{todos os outros } A_l \text{ zeram.}$$

*Conclusão:*

$$V(r,\theta) = -E_0 \left( r - \frac{R^3}{r^2} \right) \cos\theta. \tag{3.76}$$

O primeiro termo $(-E_0 r \cos\theta)$ é devido ao campo externo; a contribuição atribuída à carga induzida é, evidentemente,

$$E_0 \frac{R^3}{r^2} \cos\theta.$$

Se você quiser saber qual a densidade de carga induzida, ela pode ser calculada da forma usual:

$$\sigma(\theta) = -\epsilon_0 \left.\frac{\partial V}{\partial r}\right|_{r=R} = \epsilon_0 E_0 \left( 1 + 2\frac{R^3}{r^3} \right) \cos\theta \Big|_{r=R} = 3\epsilon_0 E_0 \cos\theta. \tag{3.77}$$

Como esperado, ela é positiva no hemisfério 'norte' $(0 \le \theta \le \pi/2)$ e negativa no hemisfério 'sul' $(\pi/2 \le \theta \le \pi)$.

---

## Exemplo 3.9

Uma carga específica de densidade $\sigma_0(\theta)$ está colada sobre a superfície de uma casca esférica de raio $R$. Encontre o potencial resultante, dentro e fora da esfera.

**Solução:** você poderia, é claro, fazer isto por integração direta:

$$V = \frac{1}{4\pi\epsilon_0} \int \frac{\sigma_0}{\mathscr{r}} \, da,$$

mas a separação de variáveis é muitas vezes mais fácil. Para a região interna temos

$$V(r,\theta) = \sum_{l=0}^{\infty} A_l r^l P_l(\cos\theta) \qquad (r \le R) \tag{3.78}$$

(sem termos $B_l$ — eles explodem na origem); na região externa

$$V(r,\theta) = \sum_{l=0}^{\infty} \frac{B_l}{r^{l+1}} P_l(\cos\theta) \qquad (r \ge R) \tag{3.79}$$

(sem termos $A_l$ — eles não tendem a zero no infinito). Essas duas funções devem ser unidas pelas condições de contorno apropriadas, na própria superfície. Primeiro, o potencial é *contínuo* em $r = R$ (Equação 2.34):

$$\sum_{l=0}^{\infty} A_l R^l P_l(\cos\theta) = \sum_{l=0}^{\infty} \frac{B_l}{R^{l+1}} P_l(\cos\theta). \tag{3.80}$$

Segue-se que os coeficientes de polinômios de Legendre similares são iguais:

$$B_l = A_l R^{2l+1}. \tag{3.81}$$

(Para provar isso, formalmente, multiplique ambos os lados da Equação 3.80 por $P_{l'}(\cos\theta)$ sen $\theta$ e integre de 0 a $\pi$, usando a relação de ortogonalidade 3.68.) Segundo, a derivada radial de $V$ sofre uma descontinuidade na superfície (Equação 2.36):

$$\left(\frac{\partial V_{\text{fora}}}{\partial r} - \frac{\partial V_{\text{dentro}}}{\partial r}\right)\bigg|_{r=R} = -\frac{1}{\epsilon_0}\sigma_0(\theta). \tag{3.82}$$

Assim

$$-\sum_{l=0}^{\infty}(l+1)\frac{B_l}{R^{l+2}}P_l(\cos\theta) - \sum_{l=0}^{\infty} l A_l R^{l-1} P_l(\cos\theta) = -\frac{1}{\epsilon_0}\sigma_0(\theta),$$

ou, usando a Equação 3.81:

$$\sum_{l=0}^{\infty}(2l+1)A_l R^{l-1} P_l(\cos\theta) = \frac{1}{\epsilon_0}\sigma_0(\theta). \tag{3.83}$$

A partir daqui, os coeficientes podem ser determinados usando-se o truque de Fourier:

$$A_l = \frac{1}{2\epsilon_0 R^{l-1}} \int_0^{\pi} \sigma_0(\theta) P_l(\cos\theta) \operatorname{sen}\theta \, d\theta. \tag{3.84}$$

As equações 3.78 e 3.79 constituem a solução para o nosso problema, com os coeficientes dados pelas equações 3.81 e 3.84.

Por exemplo, se

$$\sigma_0(\theta) = k\cos\theta = kP_1(\cos\theta), \tag{3.85}$$

para alguma constante $k$, então todos os $A_l$ são zero, exceto para $l = 1$, e

$$A_1 = \frac{k}{2\epsilon_0}\int_0^{\pi}[P_1(\cos\theta)]^2 \operatorname{sen}\theta \, d\theta = \frac{k}{3\epsilon_0}.$$

O potencial dentro da esfera é, portanto,

$$V(r,\theta) = \frac{k}{3\epsilon_0} r\cos\theta \qquad (r \le R), \tag{3.86}$$

enquanto fora da esfera

$$V(r,\theta) = \frac{kR^3}{3\epsilon_0}\frac{1}{r^2}\cos\theta \qquad (r \ge R). \tag{3.87}$$

Em particular, se $\sigma_0(\theta)$ é a carga induzida em uma esfera de metal em um campo $E_0\hat{\mathbf{z}}$, de forma que $k = 3\epsilon_0 E_0$ (Equação 3.77), então o potencial interno é $E_0 r\cos\theta = E_0 z$, e o *campo* é $-E_0\hat{\mathbf{z}}$ — exato para cancelar o campo externo, como, é claro, *deveria* ser. Fora da esfera, o potencial devido a essa carga superficial é

$$E_0\frac{R^3}{r^2}\cos\theta,$$

coerente com a nossa conclusão no Exemplo 3.8.

---

**Problema 3.16** Derive $P_3(x)$ da fórmula de Rodrigues e verifique se $P_3(\cos\theta)$ satisfaz a equação angular (3.60) para $l = 3$. Verifique se $P_3$ e $P_1$ são ortogonais por integração explícita.

**Problema 3.17** (a) Suponha que o potencial é uma *constante* $V_0$ sobre a superfície da esfera. Use os resultados do Exemplo 3.6 e do Exemplo 3.7 para encontrar o potencial dentro e fora da esfera. (Você, é claro, já conhece as respostas antecipadamente — esta é apenas uma verificação de coerência do método.)

(b) Encontre o potencial dentro e fora de uma casca esférica com uma carga *uniforme* $\sigma_0$, usando os resultados do Exemplo 3.9.

**Problema 3.18** O potencial na superfície de uma esfera (raio $R$) é dado por

$$V_0 = k\cos 3\theta,$$

onde $k$ é uma constante. Encontre o potencial dentro e fora da esfera, bem como a densidade superficial de carga $\sigma(\theta)$ na esfera. (Assuma que não há carga dentro ou fora da esfera.)

**Problema 3.19** Suponha que o potencial $V_0(\theta)$ na superfície de uma esfera é especificado e que não há carga dentro ou fora da esfera. Mostre que a densidade de carga na esfera é dada por

$$\sigma(\theta) = \frac{\epsilon_0}{2R}\sum_{l=0}^{\infty}(2l+1)^2 C_l P_l(\cos\theta), \tag{3.88}$$

onde

$$C_l = \int_0^{\pi} V_0(\theta) P_l(\cos\theta) \operatorname{sen}\theta \, d\theta. \tag{3.89}$$

**Problema 3.20** Encontre o potencial fora de uma esfera de metal *carregada* (carga $Q$, raio $R$) colocada em um campo elétrico $\mathbf{E}_0$, que é inicialmente uniforme. Explique claramente onde você está estabelecendo o zero do potencial.

**Problema 3.21** No Problema 2.25 você encontrou o potencial em um eixo de um disco uniformemente carregado:

$$V(r,0) = \frac{\sigma}{2\epsilon_0}(\sqrt{r^2+R^2} - r).$$

(a) Use isto, juntamente com o fato de $P_l(1) = 1$, para calcular os primeiros três termos da expansão (3.72) para o potencial do disco *fora* do eixo, assumindo que $r > R$.

(b) Encontre o potencial para $r < R$ pelo mesmo método, usando (3.66). [*Observe:* você precisa quebrar a região interior em dois hemisférios, acima e abaixo do disco. *Não* assuma que os coeficientes $A_l$ são os mesmos em ambos os hemisférios.]

**Problema 3.22** Uma casca esférica de raio $R$ tem densidade superficial de carga uniforme $\sigma_0$ no hemisfério 'norte' e uma densidade superficial de carga uniforme $-\sigma_0$ no hemisfério 'sul'. Encontre o potencial dentro e fora da esfera, calculando os coeficientes explicitamente até $A_6$ e $B_6$.

• **Problema 3.23** Resolva a equação de Laplace pela separação de variáveis em coordenadas *cilíndricas* assumindo que não há dependência em $z$ (simetria cilíndrica). [Certifique-se de encontrar *todas* as soluções para a equação radial; em particular, seu resultado deve acomodar o caso de uma linha de carga infinita, para a qual (é claro) já sabemos a resposta.]

**Problema 3.24** Encontre o potencial fora de um tubo de metal infinitamente longo, de raio $R$, colocado em ângulos retos em um campo elétrico $\mathbf{E}_0$ originalmente é uniforme. Encontre a carga superficial induzida no tubo. [Use o resultado obtido no Problema 3.23.]

**Problema 3.25** A densidade de carga

$$\sigma(\phi) = a \operatorname{sen} 5\phi$$

(na qual $a$ é uma constante) está colada sobre a superfície de um cilindro infinito de raio $R$ (Figura 3.25). Encontre o potencial dentro e fora do cilindro. [Use o seu resultado do Problema 3.23.]

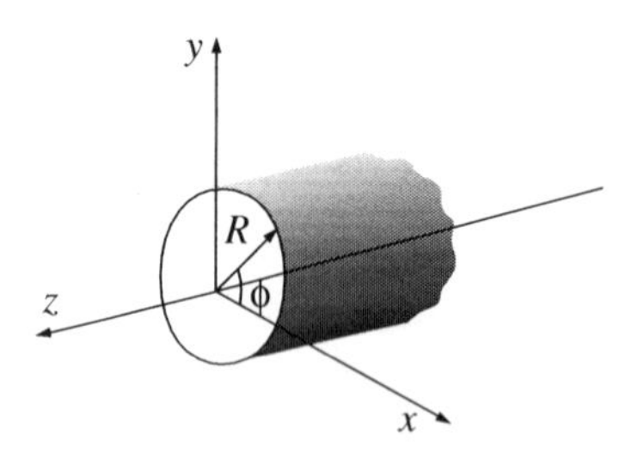


**Figura 3.25**

# 3.4 Expansão multipolar

## 3.4.1 Potenciais aproximados para grandes distâncias

Se você está muito distante de uma distribuição de carga localizada, ela 'parece' uma carga pontual e seu potencial é — em uma boa aproximação — $(1/4\pi\epsilon_0)Q/r$, onde $Q$ é a carga total. Usamos isso frequentemente como verificação em fórmulas para $V$. Mas e se $Q$ for *zero?* Você pode responder que o potencial, então, será aproximadamente zero e, portanto, você tem *razão,* em um certo sentido (de fato, o potencial em $r$ grande é *bem pequeno*, mesmo que $Q$ *não* seja zero). Mas estamos procurando por algo um pouco mais informativo que isso.

---

**Exemplo 3.10**

Um **dipolo elétrico** (físico) consiste de duas cargas iguais e opostas ($\pm q$) separadas por uma distância $d$. Encontre o potencial aproximado para pontos distantes do dipolo.

**Solução:** Seja $\mathscr{r}_-$ a distância a partir de $-q$ e $\mathscr{r}_+$ a distância a partir de $+q$ (Figura 3.26). Então

$$V(\mathbf{r}) = \frac{1}{4\pi\epsilon_0}\left(\frac{q}{\mathscr{r}_+} - \frac{q}{\mathscr{r}_-}\right),$$

e (a partir da lei dos cossenos)

$$\mathscr{r}_\pm^2 = r^2 + (d/2)^2 \mp rd\cos\theta = r^2\left(1 \mp \frac{d}{r}\cos\theta + \frac{d^2}{4r^2}\right).$$

Estamos interessados no regime $r \gg d$, de forma que o terceiro termo é desprezível e a expansão binomial gera

$$\frac{1}{\mathscr{r}_\pm} \cong \frac{1}{r}\left(1 \mp \frac{d}{r}\cos\theta\right)^{-1/2} \cong \frac{1}{r}\left(1 \pm \frac{d}{2r}\cos\theta\right).$$

Assim

$$\frac{1}{\mathscr{r}_+} - \frac{1}{\mathscr{r}_-} \cong \frac{d}{r^2}\cos\theta,$$

e então

$$V(\mathbf{r}) \cong \frac{1}{4\pi\epsilon_0}\frac{qd\cos\theta}{r^2}. \tag{3.90}$$

Evidentemente, o potencial de um dipolo é proporcional a $1/r^2$ para $r$ grande; como poderíamos ter previsto, ele diminui mais rapidamente do que o potencial de uma carga pontual. Incidentalmente, se juntarmos um par de *dipolos* iguais e opostos para formar um **quadrupolo**, o potencial passa a ter a forma de $1/r^3$; para dois *quadrupolos* justapostos (um **octopolo**) ele é da forma $1/r^4$; e assim sucessivamente. A Figura 3.27 resume essa hierarquia; por completeza, incluí o **monopolo elétrico** (carga pontual), cujo potencial, portanto, é da forma $1/r$.

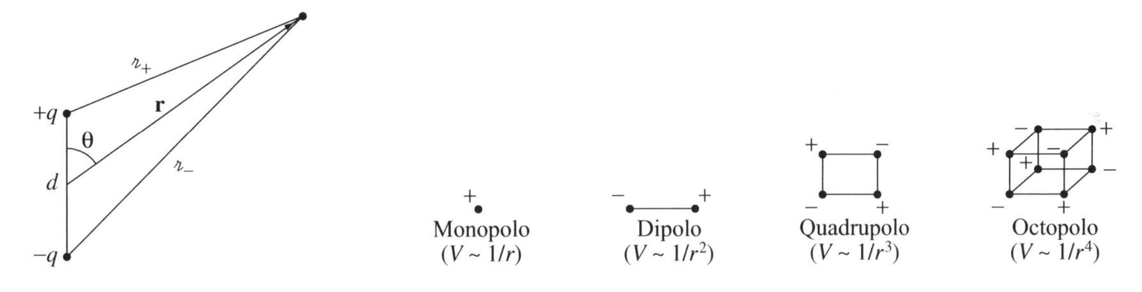


Figura 3.26

Figura 3.27

---

O Exemplo 3.10 pertence a uma configuração de carga muito especial. Agora, proponho desenvolver uma *expansão sistemática para o potencial de uma distribuição de carga arbitrária localizada, em potências de* $1/r$. A Figura 3.28 define as variáveis adequadas; o potencial em $\mathbf{r}$ é dado por

$$V(\mathbf{r}) = \frac{1}{4\pi\epsilon_0}\int \frac{1}{\mathscr{r}}\rho(\mathbf{r}')\,d\tau'. \tag{3.91}$$

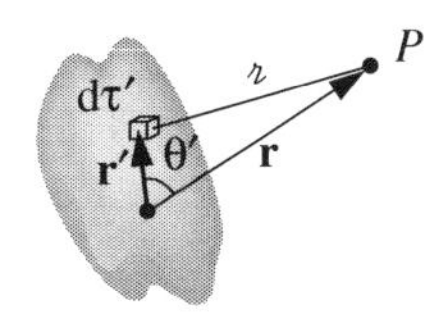


Figura 3.28

Usando a lei dos cossenos,

$$\mathscr{r}^2 = r^2 + (r')^2 - 2rr'\cos\theta' = r^2\left[1 + \left(\frac{r'}{r}\right)^2 - 2\left(\frac{r'}{r}\right)\cos\theta'\right],$$

ou

$$\mathscr{r} = r\sqrt{1+\epsilon} \tag{3.92}$$

onde

$$\epsilon \equiv \left(\frac{r'}{r}\right)\left(\frac{r'}{r} - 2\cos\theta'\right).$$

Para pontos bem externos à distribuição de carga, $\epsilon$ é muito menor que 1 e isso convida a uma expansão binomial:

$$\frac{1}{\mathscr{r}} = \frac{1}{r}(1+\epsilon)^{-1/2} = \frac{1}{r}\left(1 - \frac{1}{2}\epsilon + \frac{3}{8}\epsilon^2 - \frac{5}{16}\epsilon^3 + \ldots\right), \tag{3.93}$$

ou, em termos de $r$, $r'$ e $\theta'$:

$$\begin{aligned}\frac{1}{\mathscr{r}} &= \frac{1}{r}\left[1 - \frac{1}{2}\left(\frac{r'}{r}\right)\left(\frac{r'}{r} - 2\cos\theta'\right) + \frac{3}{8}\left(\frac{r'}{r}\right)^2\left(\frac{r'}{r} - 2\cos\theta'\right)^2 - \frac{5}{16}\left(\frac{r'}{r}\right)^3\left(\frac{r'}{r} - 2\cos\theta'\right)^3 + \ldots\right]\\ &= \frac{1}{r}\left[1 + \left(\frac{r'}{r}\right)(\cos\theta') + \left(\frac{r'}{r}\right)^2(3\cos^2\theta' - 1)/2 + \left(\frac{r'}{r}\right)^3(5\cos^3\theta' - 3\cos\theta')/2 + \ldots\right].\end{aligned}$$

No último passo reuni as potências de $(r'/r)$; surpreendentemente, seus coeficientes (os termos entre parênteses) são polinômios de Legendre! O resultado notável[11] é que

$$\frac{1}{\mathscr{r}} = \frac{1}{r}\sum_{n=0}^{\infty}\left(\frac{r'}{r}\right)^n P_n(\cos\theta'), \tag{3.94}$$

onde $\theta'$ é o ângulo entre $\mathbf{r}$ e $\mathbf{r}'$. Substituindo isto de volta na Equação 3.91, e observando que $r$ é uma constante, no que se refere à integração, concluo que

$$\boxed{V(\mathbf{r}) = \frac{1}{4\pi\epsilon_0}\sum_{n=0}^{\infty}\frac{1}{r^{(n+1)}}\int (r')^n P_n(\cos\theta')\rho(\mathbf{r}')\,d\tau',} \tag{3.95}$$

ou, mais explicitamente,

$$\begin{aligned}V(\mathbf{r}) &= \frac{1}{4\pi\epsilon_0}\left[\frac{1}{r}\int\rho(\mathbf{r}')\,d\tau' + \frac{1}{r^2}\int r'\cos\theta'\rho(\mathbf{r}')\,d\tau'\right.\\ &\quad \left. + \frac{1}{r^3}\int(r')^2\left(\frac{3}{2}\cos^2\theta' - \frac{1}{2}\right)\rho(\mathbf{r}')\,d\tau' + \ldots\right].\end{aligned} \tag{3.96}$$

Este é o resultado desejado — a **expansão multipolar** de $V$ em potências de $1/r$. O primeiro termo ($n = 0$) é a contribuição monopolar (ela é $1/r$); o segundo ($n = 1$) é a dipolar (é $1/r^2$); o terceiro é a quadrupolar; o quarto octopolar e, assim, sucessivamente. Como está, a Equação 3.95 é *exata,* mas ela é útil principalmente como um esquema de *aproximação*: o termo mais baixo da expansão, diferente de zero, fornece o potencial aproximado em $r$ grande, e os termos sucessivos nos dizem como melhorar a aproximação se for necessária uma precisão maior.

---

**Problema 3.26** Uma esfera de raio $R$, centrada na origem, tem densidade de carga

$$\rho(r,\theta) = k\frac{R}{r^2}(R - 2r)\,\mathrm{sen}\,\theta,$$

onde $k$ é uma constante e $r$, $\theta$ são as coordenadas esféricas usuais. Encontre o potencial aproximado para pontos do eixo $z$ distantes da esfera.

---

11. Incidentalmente, isso permite uma segunda maneira de se obter os polinômios de Legendre (sendo a primeira, a fórmula de Rodrigues); $1/\mathscr{r}$ é a **função geradora** para os polinômios de Legendre.

### 3.4.2 Os termos de monopolo e de dipolo

Geralmente, a expansão multipolar é dominada (para $r$ grande) pelo termo de monopolo:

$$V_{\text{mon}}(\mathbf{r}) = \frac{1}{4\pi\epsilon_0}\frac{Q}{r}, \tag{3.97}$$

onde $Q = \int \rho\, d\tau$ é a carga total da configuração. Era justamente isso o que esperávamos para o potencial aproximado a grandes distâncias da carga. Incidentalmente, para uma carga *pontual na origem,* $V_{\text{mon}}$ representa o potencial *exato* em toda parte, não apenas uma primeira aproximação em $r$ grande; neste caso todos os multipolos mais altos desaparecem.

Se a carga total é zero, o termo dominante no potencial será o de dipolo (a menos, é claro, que ele *também* desapareça):

$$V_{\text{dip}}(\mathbf{r}) = \frac{1}{4\pi\epsilon_0}\frac{1}{r^2}\int r'\cos\theta' \rho(\mathbf{r}')\, d\tau'.$$

Como $\theta'$ é o ângulo entre $\mathbf{r}'$ e $\mathbf{r}$ (Figura 3.28),

$$r'\cos\theta' = \hat{\mathbf{r}}\cdot\mathbf{r}',$$

e o potencial de dipolo pode ser escrito mais sucintamente:

$$V_{\text{dip}}(\mathbf{r}) = \frac{1}{4\pi\epsilon_0}\frac{1}{r^2}\hat{\mathbf{r}}\cdot\int \mathbf{r}'\rho(\mathbf{r}')\, d\tau'.$$

Esta integral, que não depende em nada de $\mathbf{r}$, é o chamado **momento de dipolo** da distribuição:

$$\boxed{\mathbf{p} \equiv \int \mathbf{r}'\rho(\mathbf{r}')\, d\tau',} \tag{3.98}$$

e a contribuição dipolar ao potencial pode ser simplificada para

$$\boxed{V_{\text{dip}}(\mathbf{r}) = \frac{1}{4\pi\epsilon_0}\frac{\mathbf{p}\cdot\hat{\mathbf{r}}}{r^2}.} \tag{3.99}$$

O momento de dipolo é determinado pela geometria (tamanho, forma e densidade) da distribuição de carga. A Equação 3.98 se traduz da forma costumeira (Seção 2.1.4) para cargas pontuais, e distribuições lineares e superficiais de carga. Assim, o momento de dipolo de um conjunto de cargas *pontuais* é

$$\mathbf{p} = \sum_{i=1}^{n} q_i\mathbf{r}'_i. \tag{3.100}$$

Para o dipolo 'físico' (cargas opostas e iguais, $\pm q$)

$$\mathbf{p} = q\mathbf{r}'_+ - q\mathbf{r}'_- = q(\mathbf{r}'_+ - \mathbf{r}'_-) = q\mathbf{d}, \tag{3.101}$$

onde $\mathbf{d}$ é o vetor da carga negativa para a carga positiva (Figura 3.29).

Isto é coerente com o que temos para um dipolo *físico*, no Exemplo 3.10? Sim: se você puser a Equação 3.100 na Equação 3.99, irá reencontrar a Equação 3.90. Observe, porém, que esse é apenas o potencial *aproximado* do dipolo físico — evidentemente existem contribuições multipolares mais altas. É claro que à medida que você se afasta cada vez mais, $V_{\text{dip}}$

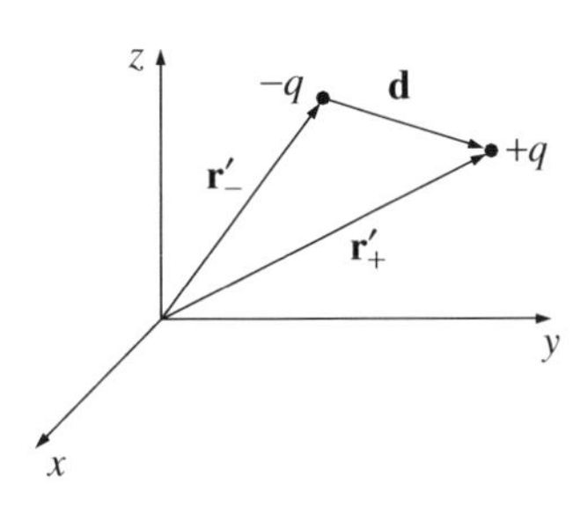


**Figura 3.29**

torna-se uma aproximação cada vez melhor, uma vez que os termos maiores se extinguem mais depressa com o aumento de $r$. Pelo mesmo raciocínio, com $r$ fixo a aproximação dipolar melhora à medida que diminui a separação $d$. Para construir um dipolo 'puro' cujo potencial seja dado *exatamente* pela Equação 3.99, você teria que fazer $d$ aproximar-se de zero. Infelizmente, você, então, perderia o termo dipolar *também*, a menos que simultaneamente fizesse com que $q$ tendesse a infinito! Um dipolo *físico* torna-se, então, um dipolo *puro* no limite um tanto artificial $d \to 0$, $q \to \infty$, com o produto $qd = p$ mantido fixo. (Quando alguém usa a palavra 'dipolo', você nem sempre sabe se é uma referência a um dipolo *físico* (com uma separação finita entre as cargas) ou a um dipolo *puro* (pontual). Na dúvida, assuma que $d$ é pequeno o bastante (se comparado a $r$) para que você possa aplicar com segurança a Equação 3.99.)

Momentos de dipolo são *vetores,* e eles se somam como tal: se você tem dois dipolos, $\mathbf{p}_1$ e $\mathbf{p}_2$, o momento de dipolo total é $\mathbf{p}_1 + \mathbf{p}_2$. Por exemplo, com quatro cargas nos cantos de um quadrado, como mostra a Figura 3.30, o momento de dipolo líquido é zero. Você pode verificar isso combinando as cargas em pares (verticalmente, $\downarrow + \uparrow = 0$, ou horizontalmente, $\rightarrow + \leftarrow = 0$) ou somando as quatro contribuições individualmente, usando a Equação 3.100. Isto é um *quadrupolo,* como apontei anteriormente, e na expansão multipolar, seu potencial é dominado pelo termo quadrupolar.)

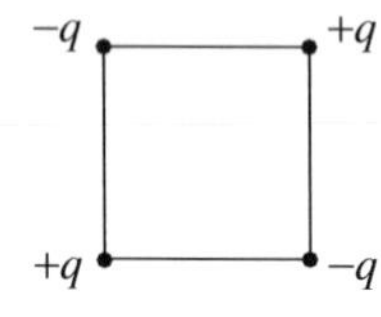


**Figura 3.30**

---

**Problema 3.27** Quatro partículas (uma de carga $q$, uma de carga $3q$ e duas de carga $-2q$) estão dispostas como mostra a Figura 3.31, cada uma delas a uma distância $a$ da origem. Encontre uma fórmula simples aproximada para o potencial, válida em pontos distantes da origem. (Expresse sua resposta em coordenadas esféricas.)

**Problema 3.28** No Exemplo 3.9, deduzimos o potencial exato para uma casca esférica de raio $R$, com uma densidade superficial de carga $\sigma = k\cos\theta$.

(a) Calcule o momento de dipolo dessa distribuição de carga.

(b) Encontre o potencial aproximado, para pontos distantes da esfera, e compare com a resposta exata (3.87). O que você pode concluir sobre os multipolos mais altos?

**Problema 3.29** Para o dipolo do Exemplo 3.10, expanda $1/\mathscr{r}_\pm$ até a ordem $(d/r)^3$, e use isso para determinar os termos quadrupolar e octopolar do potencial.

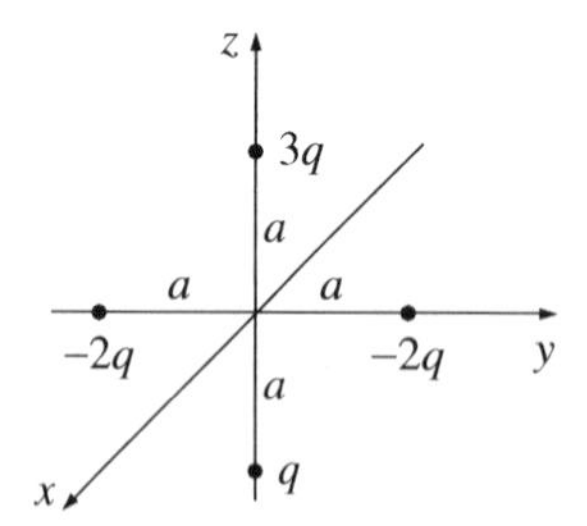


**Figura 3.31**

---

## 3.4.3 Origem das coordenadas nas expansões multipolares

Foi mencionado anteriormente que uma carga pontual na origem constitui um monopolo 'puro'. Se *não* estiver na origem, não será mais um monopolo puro. Por exemplo, a carga na Figura 3.32 tem um momento de dipolo $\mathbf{p} = qd\hat{\mathbf{y}}$, e um termo de dipolo correspondente no seu potencial. O potencial de monopolo $(1/4\pi\epsilon_0)q/r$ não é exatamente correto para esta configuração; de fato, o potencial exato é $(1/4\pi\epsilon_0)q/\mathscr{r}$. Lembre-se de que a expansão multipolar é uma série de potências inversas de $r$ (a distância até a *origem*), e quando expandimos $1/\mathscr{r}$ obtemos *todas* as potências, não apenas a primeira.

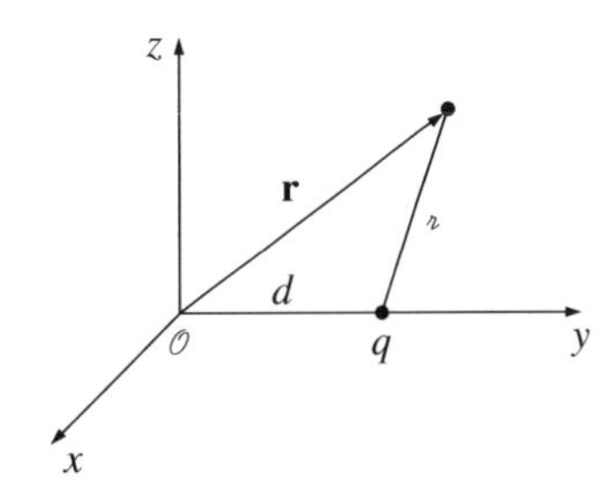


**Figura 3.32**

Então, movendo a origem (ou, o que resulta no mesmo, movendo a *carga*) podemos alterar radicalmente uma expansão multipolar. O **momento de monopolo** $Q$ não se altera, já que a carga total é, obviamente, independente do sistema de coordenadas. (Na Figura 3.32 o termo de monopolo não foi afetado quando afastamos $q$ da origem — mas essa não foi a história toda: um termo de dipolo — e aliás, todos os polos mais altos — apareceram também.) Normalmente, o momento de dipolo *se* altera quando você muda a origem, mas existe uma exceção importante: *se a carga total é nula, então, o momento de dipolo é independente da escolha da origem.* Suponha que desloquemos a origem por uma quantidade $\mathbf{a}$ (Figura 3.33). O novo momento de dipolo, então, é

$$\begin{aligned}\bar{\mathbf{p}} &= \int \bar{\mathbf{r}}'\rho(\mathbf{r}')\,d\tau' = \int (\mathbf{r}' - \mathbf{a})\rho(\mathbf{r}')\,d\tau' \\ &= \int \mathbf{r}'\rho(\mathbf{r}')\,d\tau' - \mathbf{a}\int \rho(\mathbf{r}')\,d\tau' = \mathbf{p} - Q\mathbf{a}.\end{aligned}$$

Em particular, se $Q = 0$, então $\bar{\mathbf{p}} = \mathbf{p}$. Portanto, se alguém perguntar pelo momento de dipolo da Figura 3.34(a), você pode responder com segurança '$q\mathbf{d}$', mas se lhe pedirem o momento de dipolo da Figura 3.34(b) a resposta apropriada seria: 'Com respeito a *que origem*?'

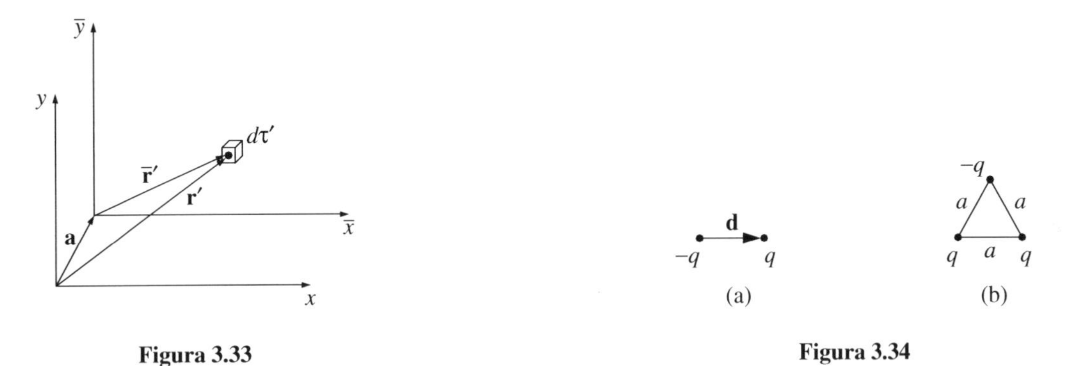


**Figura 3.33** **Figura 3.34**

---

**Problema 3.30** Duas cargas pontuais, $3q$ e $-q$ estão separadas por uma distância $a$. Para cada um dos arranjos da Figura 3.35, encontre (i) o momento de monopolo, (ii) o momento de dipolo e (iii) o potencial aproximado (em coordenadas esféricas) em $r$ grande (inclua tanto a contribuição monopolar quanto a dipolar).

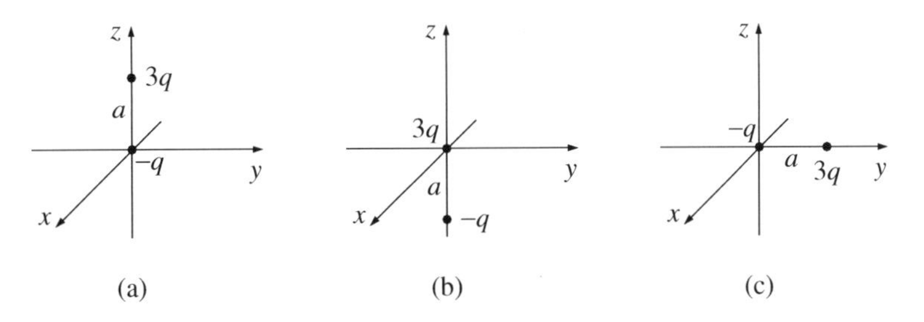


**Figura 3.35**

---

### 3.4.4 O campo elétrico de um dipolo

Até o momento, trabalhamos apenas com *potenciais*. Agora, eu gostaria de calcular o *campo* elétrico de um dipolo (puro). Se escolhermos coordenadas de forma que $\mathbf{p}$ esteja na origem e apontando na direção $z$ (Figura 3.36), então o potencial em $r, \theta$ é (Equação 3.99):

$$V_{\text{dip}}(r,\theta) = \frac{\hat{\mathbf{r}} \cdot \mathbf{p}}{4\pi\epsilon_0 r^2} = \frac{p\cos\theta}{4\pi\epsilon_0 r^2}. \tag{3.102}$$

Para obter o campo, tomamos o gradiente negativo de $V$:

$$\begin{aligned} E_r &= -\frac{\partial V}{\partial r} = \frac{2p\cos\theta}{4\pi\epsilon_0 r^3}, \\ E_\theta &= -\frac{1}{r}\frac{\partial V}{\partial \theta} = \frac{p\,\text{sen}\,\theta}{4\pi\epsilon_0 r^3}, \\ E_\phi &= -\frac{1}{r\,\text{sen}\,\theta}\frac{\partial V}{\partial \phi} = 0. \end{aligned}$$

Assim

$$\boxed{\mathbf{E}_{\text{dip}}(r,\theta) = \frac{p}{4\pi\epsilon_0 r^3}(2\cos\theta\,\hat{\mathbf{r}} + \text{sen}\,\theta\,\hat{\boldsymbol{\theta}}).} \tag{3.103}$$

Esta fórmula faz referência explícita a um sistema particular de coordenadas (esférico) e considera uma determinada orientação para $\mathbf{p}$ (ao longo de $z$). Ela pode ser remodelada em uma forma sem coordenadas, análoga à do potencial na Equação 3.99 — veja o Problema 3.33.

Observe que o campo de dipolo diminui com o inverso do *cubo* de $r$; o campo *de monopolo* $(Q/4\pi\epsilon_0 r^2)\hat{\mathbf{r}}$ com o inverso do *quadrado*, é claro. Campos quadripolares diminuem com $1/r^4$, octopolares com $1/r^5$, e assim sucessivamente. (Isto simplesmente reflete o fato de que *potenciais* de monopolo caem com $1/r$, de dipolo com $1/r^2$, quadrupolares a $1/r^3$, e assim sucessivamente — o gradiente introduz outro fator $1/r$.)

A Figura 3.37(a) mostra as linhas de campo de um dipolo 'puro' (Equação 3.103). Para fins de comparação, desenhei também as linhas de campo de um dipolo 'físico' na Figura 3.37(b). Observe como as duas ilustrações são semelhantes se você eliminar toda a região central; de perto, no entanto, elas são inteiramente diferentes. Somente para os pontos $r \gg d$ a Equação 3.103 representa uma aproximação válida do campo de um dipolo físico. Como mencionei antes, este regime pode ser alcançado buscando-se $r$ grande ou colocando-se as cargas bem juntas.[12]

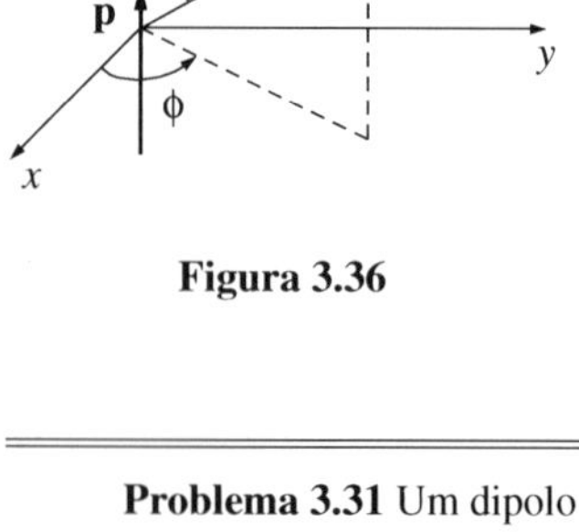

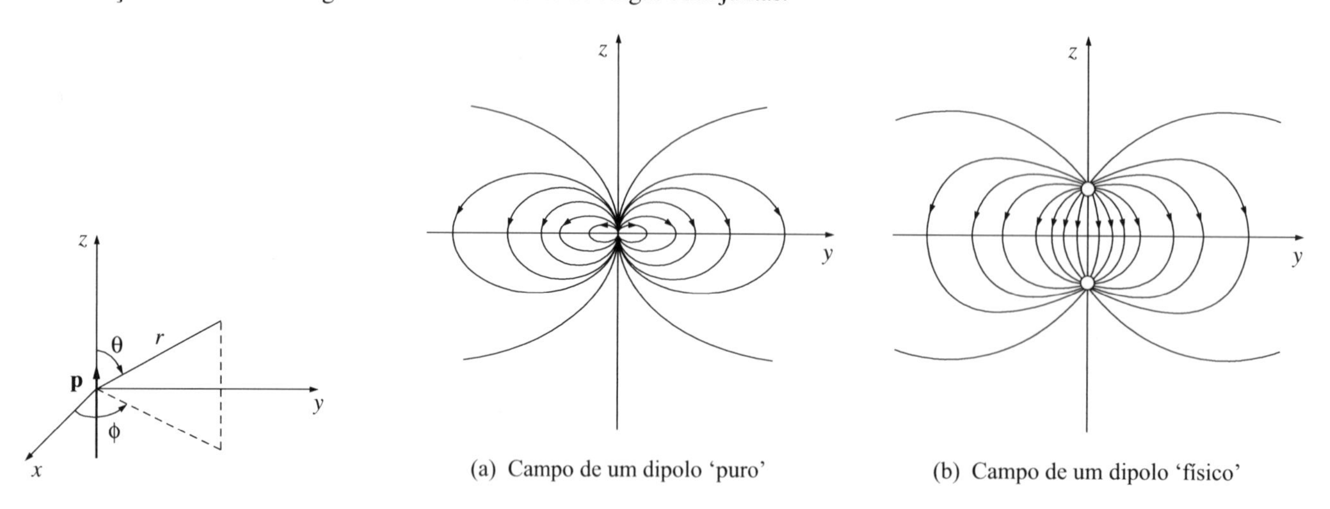


Figura 3.36

(a) Campo de um dipolo 'puro'

(b) Campo de um dipolo 'físico'

Figura 3.37

**Problema 3.31** Um dipolo 'puro' $p$ está localizado na origem, apontando na direção $z$.

(a) Qual é a força sobre uma carga pontual $q$ em $(a, 0, 0)$ (coordenadas cartesianas)?

(b) Qual é a força sobre $q$ em $(0, 0, a)$?

(c) Quanto trabalho é necessário para movimentar $q$ de $(a, 0, 0)$ a $(0, 0, a)$?

12. Mesmo no limite, resta uma região infinitesimal na origem onde o campo de um dipolo físico aponta na direção 'errada', como você pode ver 'descendo' pelo eixo $z$ na Figura 3.35(b). Se quiser explorar este ponto sutil e importante, resolva o Problema 3.42.

**Problema 3.32** Três cargas pontuais estão localizadas como mostra a Figura 3.38, cada uma a uma distância $a$ da origem. Encontre o campo elétrico aproximado em pontos distantes da origem. Expresse a sua resposta em coordenadas esféricas e inclua as duas ordens mais baixas na expansão multipolar.

• **Problema 3.33** Mostre que o campo elétrico de um dipolo ('puro') (Equação 3.103) pode ser escrito na forma livre de coordenadas

$$\boxed{\mathbf{E}_{\text{dip}}(\mathbf{r}) = \frac{1}{4\pi\epsilon_0}\frac{1}{r^3}\left[3(\mathbf{p}\cdot\hat{\mathbf{r}})\hat{\mathbf{r}} - \mathbf{p}\right].} \tag{3.104}$$

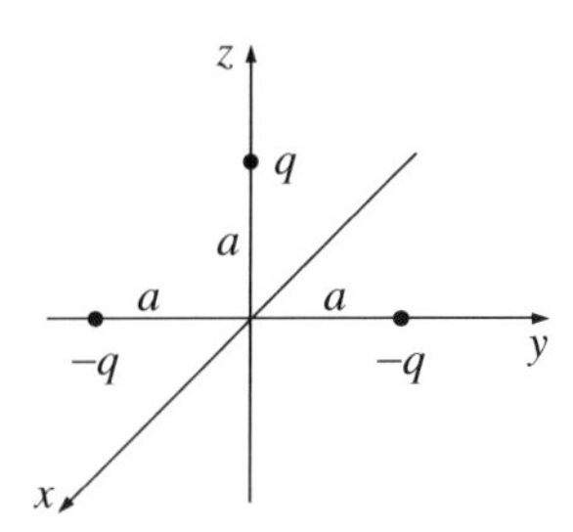


**Figura 3.38**

## Mais problemas do Capítulo 3

**Problema 3.34** Uma carga pontual $q$ de massa $m$ é liberada do repouso a uma distância $d$ de um plano condutor infinito aterrado. Quanto tempo a carga irá demorar para atingir o plano? [*Resposta:* $(\pi d/q)\sqrt{2\pi\epsilon_0 md}$.]

**Problema 3.35** Dois planos condutores infinitos paralelos e aterrados são mantidos separados por uma distância $a$. Uma carga pontual $q$ é colocada na região entre eles, a uma distância $x$ de uma das placas. Encontre a força sobre $q$. Verifique se sua resposta está correta para os casos especiais $a \to \infty$ e $x = a/2$. (Obter a superfície induzida não é tão fácil. Consulte B. G. Dick, *Am. J. Phys.* **41**, 1289 (1973), M. Zahn, *Am. J. Phys.* **44**, 1132 (1976), J. Pleines e S. Mahajan, *Am. J. Phys.* **45**, 868 (1977), e o Problema 3.44 a seguir.)

**Problema 3.36** Dois fios longos e retos com densidades lineares uniformes e opostas $\pm\lambda$ estão situados em cada um dos lados de um longo cilindro condutor (Figura 3.39). O cilindro (que não tem carga líquida) tem raio $R$, e os fios estão a uma distância $a$ do eixo. Encontre o potencial no ponto $\mathbf{r}$.

$$\left[\textit{Resposta: } V(s,\phi) = \frac{\lambda}{4\pi\epsilon_0}\ln\left\{\frac{(s^2+a^2+2sa\cos\phi)[(sa/R)^2+R^2-2sa\cos\phi]}{(s^2+a^2-2sa\cos\phi)[(sa/R)^2+R^2+2sa\cos\phi]}\right\}\right]$$

**Problema 3.37** Uma esfera condutora de raio $a$, no potencial $V_0$, está cercada por uma casca fina e concêntrica de raio $b$, sobre a qual alguém colocou uma carga superficial de densidade

$$\sigma(\theta) = k\cos\theta,$$

onde $k$ é uma constante e $\theta$ é a coordenada esférica usual.

(a) Encontre o potencial em cada região: (i) $r > b$ e (ii) $a < r < b$.

(b) Encontre a densidade superficial de carga induzida $\sigma_i(\theta)$ no condutor.

(c) Qual é a carga total desse sistema? Verifique se a sua resposta é coerente com o comportamento de $V$ para $r$ grande.

$$\left[\textit{Resposta: } V(r,\theta) = \begin{cases} aV_0/r + (b^3-a^3)k\cos\theta/3r^2\epsilon_0, & r \geq b \\ aV_0/r + (r^3-a^3)k\cos\theta/3r^2\epsilon_0, & r \leq b \end{cases}\right]$$

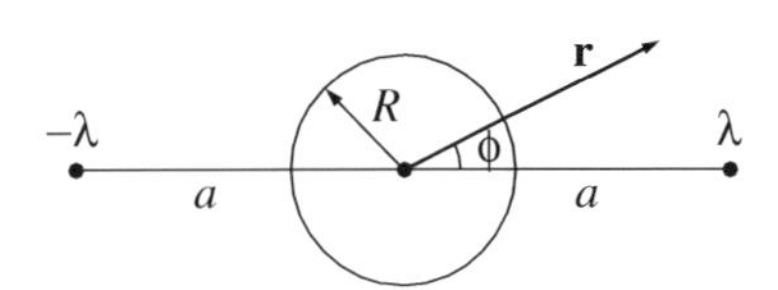


**Figura 3.39**

**Problema 3.38** Uma carga $+Q$ está distribuída uniformemente ao longo do eixo $z$ de $z = -a$ a $z = +a$. Mostre que o potencial elétrico no ponto $\mathbf{r}$ é dado por

$$V(r, \theta) = \frac{Q}{4\pi\epsilon_0}\frac{1}{r}\left[1 + \frac{1}{3}\left(\frac{a}{r}\right)^2 P_2(\cos\theta) + \frac{1}{5}\left(\frac{a}{r}\right)^4 P_4(\cos\theta) + \ldots\right],$$

para $r > a$.

**Problema 3.39** Uma longa casca cilíndrica de raio $R$ tem uma densidade superficial de carga uniforme $\sigma_0$ na metade superior e uma densidade de carga oposta $-\sigma_0$ na metade inferior (Figura 3.40). Encontre o potencial elétrico dentro e fora do cilindro.

**Problema 3.40** Uma haste isolante fina que vai de $z = -a$ a $z = +a$ tem as seguintes densidades lineares de carga. Em cada caso, encontre o termo principal na expansão multipolar do potencial: (a) $\lambda = k\cos(\pi z/2a)$, (b) $\lambda = k\,\text{sen}(\pi z/a)$, (c) $\lambda = k\cos(\pi z/a)$, onde $k$ é uma constante.

• **Problema 3.41** Mostre que o campo *médio* dentro de uma esfera de raio $R$, devido a toda a carga dentro da esfera, é

$$\mathbf{E}_{\text{médio}} = -\frac{1}{4\pi\epsilon_0}\frac{\mathbf{p}}{R^3} \tag{3.105}$$

onde $\mathbf{p}$ é o momento de dipolo total. Há várias maneiras de provar este resultado deliciosamente simples. Eis um dos métodos:

(a) Mostre que o campo médio devido a uma única carga $q$ no ponto $\mathbf{r}$ dentro da esfera é o mesmo que o campo em $\mathbf{r}$ devido a uma esfera uniformemente carregada com $\rho = -q/(\frac{4}{3}\pi R^3)$, a saber

$$\frac{1}{4\pi\epsilon_0}\frac{1}{(\frac{4}{3}\pi R^3)}\int \frac{q}{\mathscr{r}^2}\hat{\mathscr{r}}\,d\tau',$$

onde $\mathscr{r}$ é o vetor de $\mathbf{r}$ a $d\tau'$.

(b) O expresso anteriormente pode ser encontrado pela lei de Gauss (veja o Problema 2.12). Expresse a resposta em termos do momento de dipolo de $q$.

(c) Use o princípio da superposição e generalize para uma distribuição arbitrária de carga.

(d) Enquanto está com a mão na massa, mostre que o campo médio sobre a esfera devido a todas as cargas *externas* é o mesmo que o campo que elas produzem no centro.

**Problema 3.42** Usando a Equação 3.103, calcule o campo elétrico médio de um dipolo sobre um volume esférico de raio $R$, centrado na origem. Faça primeiro as integrais angulares. [*Nota:* você *precisa* expressar $\hat{\mathbf{r}}$ e $\hat{\boldsymbol{\theta}}$ em termos de $\hat{\mathbf{x}}$, $\hat{\mathbf{y}}$ e $\hat{\mathbf{z}}$ (consulte as páginas finais do livro) antes de integrar. Se não entende por que, releia a discussão da Seção 1.4.1.] Compare a sua resposta com o teorema geral da Equação 3.105. A discrepância aqui está relacionada ao fato de que o campo de um dipolo explode em $r = 0$. A integral angular é zero, mas a integral radial é infinita e, portanto, não sabemos, realmente, *o que fazer com* a resposta. Para resolver este dilema, digamos que a Equação 3.103 se aplica *externamente a uma minúscula esfera de raio* $\epsilon$ — sua contribuição para $E_{\text{médio}}$, portanto, é *inequivocamente* zero e a resposta toda tem de vir do campo *interno* à esfera $\epsilon$.

(b) Qual deve ser o campo *interno* à esfera $\epsilon$ para que o teorema geral (3.105) seja verdadeiro? [*Dica:* como $\epsilon$ é arbitrariamente pequeno, estamos falando de algo que é infinito em $r = 0$ e cuja integral sobre um volume infinitesimal é finita.] [*Resposta:* $-(\mathbf{p}/3\epsilon_0)\delta^3(\mathbf{r})$]

[Evidentemente, o *verdadeiro* campo de um dipolo é

$$\mathbf{E}_{\text{dip}}(\mathbf{r}) = \frac{1}{4\pi\epsilon_0}\frac{1}{r^3}[3(\mathbf{p}\cdot\hat{\mathbf{r}})\hat{\mathbf{r}} - \mathbf{p}] - \frac{1}{3\epsilon_0}\mathbf{p}\,\delta^3(\mathbf{r}). \tag{3.106}$$

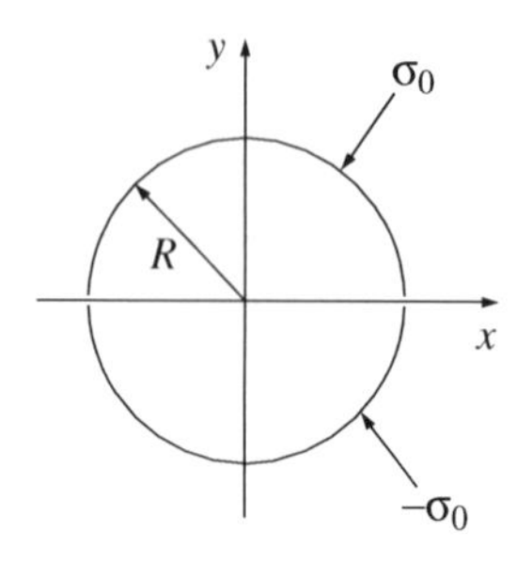


**Figura 3.40**

Você pode talvez se perguntar como deixamos passar o termo da função delta quando calculamos o campo na Seção 3.4.4. A resposta é que a diferenciação que leva à Equação 3.103 é perfeitamente válida, *exceto* em $r = 0$, mas deveríamos saber (pela nossa experiência na Seção 1.5.1) que o ponto $r = 0$ é problemático. Consulte C. P. Frahm, *Am. J. Phys.* **51**, 826 (1983), ou, mais recentemente, R. Estrada e R. P. Kanwal, *Am. J. Phys.* **63**, 278 (1995). Para outros detalhes e aplicações, consulte D. J. Griffiths, *Am. J. Phys.* **50**, 698 (1982).]

**Problema 3.43** (a) Suponha que uma distribuição de carga $\rho_1(\mathbf{r})$ produz um potencial $V_1(\mathbf{r})$, e uma outra distribuição de carga $\rho_2(\mathbf{r})$ produz um potencial $V_2(\mathbf{r})$. [As duas situações podem não ter nada em comum, pelo que me importa — talvez a primeira seja uma esfera uniformemente carregada e a segunda seja um capacitor de placas paralelas. Por favor, entenda que $\rho_1$ e $\rho_2$ não estão presentes *ao mesmo tempo;* estamos falando sobre dois *problemas diferentes*, um no qual somente $\rho_1$ está presente e outro no qual somente $\rho_2$ está presente.] Prove o **teorema da reciprocidade de Green:**

$$\int_{\text{todo o espaço}} \rho_1 V_2 \, d\tau = \int_{\text{todo o espaço}} \rho_2 V_1 \, d\tau.$$

[*Dica:* calcule $\int \mathbf{E}_1 \cdot \mathbf{E}_2 \, d\tau$ de duas formas, escrevendo primeiro $\mathbf{E}_1 = -\nabla V_1$ e usando a integração por partes para transferir a derivada para $\mathbf{E}_2$, depois escreva $\mathbf{E}_2 = -\nabla V_2$ e transfira a derivada para $\mathbf{E}_1$.]

(b) Suponha agora que você tem dois condutores separados (Figura 3.41). Se você carregar o condutor $a$ com a quantidade $Q$ (deixando $b$ sem carga) o potencial de $b$ seria $V_{a,b}$. Por outro lado, se você puser a mesma carga $Q$ no condutor $b$ (deixando $a$ sem carga), o potencial de $a$ seria $V_{b,a}$. Use o teorema da reciprocidade de Green para mostrar que $V_{a,b} = V_{b,a}$ (um resultado surpreendente já que não assumimos nada sobre a forma ou localização dos condutores).

**Problema 3.44** Use o teorema da reciprocidade de Green (Problema 3.43) para resolver os dois problemas a seguir. [*Dica:* para a distribuição 1, use a situação dada; para a distribuição 2, remova $q$ e coloque um dos condutores em potencial $V_0$.]

(a) Ambas as placas de um capacitor de placas paralelas estão aterradas e uma carga pontual $q$ é colocada entre elas a uma distância $x$ da placa 1. A separação entre as placas é $d$. Encontre a carga induzida em cada placa. [*Resposta:* $Q_1 = q(x/d - 1)$; $Q_2 = -qx/d$]

(b) Duas cascas condutoras esféricas e concêntricas (de raios $a$ e $b$) estão aterradas e uma carga pontual $q$ é colocada entre elas (no raio $r$). Encontre a carga induzida em cada esfera.

**Problema 3.45** (a) Mostre que o termo quadrupolar na expansão multipolar pode ser escrito

$$V_{\text{quad}}(\mathbf{r}) = \frac{1}{4\pi\epsilon_0} \frac{1}{2r^3} \sum_{i,j=1}^{3} \hat{r}_i \hat{r}_j Q_{ij},$$

(na notação da Equação 1.31), onde

$$Q_{ij} \equiv \int [3r'_i r'_j - (r')^2 \delta_{ij}] \rho(\mathbf{r}') \, d\tau'.$$

Aqui

$$\delta_{ij} = \begin{cases} 1 & \text{se } i = j \\ 0 & \text{se } i \neq j \end{cases}$$

é o **delta de Kronecker**, e $Q_{ij}$ é o **momento de quadrupolo** da distribuição de carga. Observe a hierarquia:

$$V_{\text{mon}} = \frac{1}{4\pi\epsilon_0} \frac{Q}{r}; \quad V_{\text{dip}} = \frac{1}{4\pi\epsilon_0} \frac{\sum \hat{r}_i p_i}{r^2}; \quad V_{\text{quad}} = \frac{1}{4\pi\epsilon_0} \frac{\frac{1}{2}\sum \hat{r}_i \hat{r}_j Q_{ij}}{r^3}; \ldots$$

O momento de monopolo ($Q$) é um escalar, o momento de dipolo ($\mathbf{p}$) é um vetor, o momento de quadrupolo ($Q_{ij}$) é um tensor de segunda ordem, e assim sucessivamente.

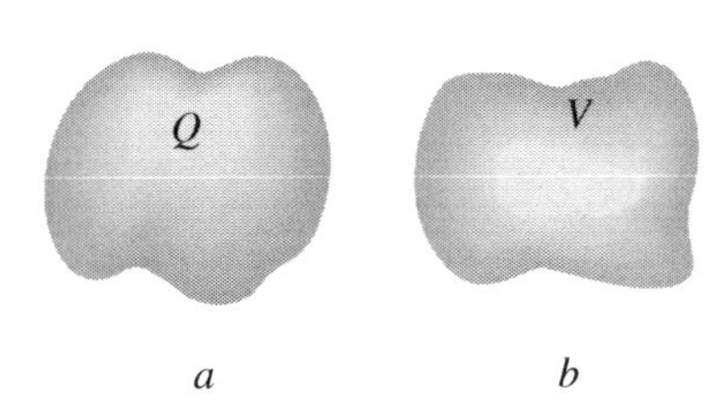


**Figura 3.41**

(b) Encontre todos os nove componentes de $Q_{ij}$ para a configuração da Figura 3.30 (assuma que o quadrado tem lado $a$ e está no plano $xy$, centrado na origem).

(c) Mostre que o momento de quadrupolo é independente da origem se os momentos de monopolo e de dipolo se anularem. (Isso funciona para toda a hierarquia — o momento multipolar mais baixo não nulo é sempre independente da origem.)

(d) Como você definiria o **momento de octopolo**? Expresse o termo octopolar da expansão multipolar em termos do momento de octopolo.

**Problema 3.46** No Exemplo 3.8 determinamos o campo elétrico externo a um condutor esférico (raio R) colocado em um campo uniforme externo $\mathbf{E}_0$. Resolva agora o problema usando o método das imagens e verifique se sua resposta concorda com a Equação 3.76. [*Dica:* use o Exemplo 3.2, mas acrescente outra carga, $-q$, diametralmente oposta a $q$. Considere $a \to \infty$, com $(1/4\pi\epsilon_0)(2q/a^2) = -E_0$ mantido constante.]

! **Problema 3.47** Para o tubo retangular do Exemplo 3.4, suponha que o potencial embaixo ($y = 0$) e dos dois lados ($x = \pm b$) seja zero, mas que o potencial em cima ($y = a$) seja uma constante $V_0$ não nula. Encontre o potencial dentro do tubo. [*Nota:* esta é uma versão invertida do Problema 3.14(b), mas montada como no Exemplo 3.4 usando funções senoidais em $y$ e hiperbólicas em $x$. É um caso incomum no qual $k = 0$ deve ser incluída. Comece encontrando a solução geral para a Equação 3.26 quando $k = 0$. Para uma discussão mais detalhada, consulte S. Hassani, *Am. J. Phys.* **59**, 470 (1991).]

$\left[\textit{Resposta: } V_0\left(\frac{y}{a} + \frac{2}{\pi}\sum_{n=1}^{\infty}\frac{(-1)^n}{n}\frac{\cosh(n\pi x/a)}{\cosh(n\pi b/a)}\operatorname{sen}(n\pi y/a)\right)\right.$. De maneira alternativa, usando funções senoidais de $x$ e hiperbólicas em $y$, $\left.-\frac{2V_0}{b}\sum_{n=1}^{\infty}\frac{(-1)^n \operatorname{senh}(\alpha_n y)}{\alpha_n \operatorname{senh}(\alpha_n a)}\cos(\alpha_n x), \text{ onde } \alpha_n \equiv (2n-1)\pi/2b.\right]$

! **Problema 3.48**

(a) Um longo tubo de metal de corte transversal quadrado (lado $a$) está com três lados aterrados, enquanto o quarto (que está isolado dos demais) é mantido num potencial constante $V_0$. Encontre a carga líquida por unidade de comprimento no lado *oposto* a $V_0$. [*Dica:* aproveite sua resposta do Problema 3.14 ou Problema 3.47.]

(b) Um longo tubo de metal de corte transversal circular (raio $R$) está dividido (no sentido do comprimento) em quatro seções iguais, três das quais são aterradas, enquanto a quarta é mantida no potencial constante $V_0$. Encontre a carga líquida por unidade de comprimento no lado oposto a $V_0$. [*Resposta para ambos, (a) e (b):* $\lambda = -(\epsilon_0 V_0/\pi)\ln 2$][13]

**Problema 3.49** Um dipolo elétrico ideal está localizado na origem e aponta na direção $z$, como na Figura 3.36. Uma carga elétrica é liberada do repouso em um ponto no plano $xy$. Mostre que ela balança para a frente e para trás em um arco semicircular, como se fosse um pêndulo sustentado na origem. [O crédito deste resultado encantador é de R. S. Jones, *Am. J. Phys.* **63**, 1042 (1995).]

---

13. Estes são casos especiais do **teorema de Thompson-Lampard**; consulte J. D. Jackson, *Am. J. Phys.* **67**, 107 (1999).

# Capítulo 4

# Campos elétricos na matéria

## 4.1 Polarização

### 4.1.1 Dielétricos

Neste capítulo vamos estudar os campos elétricos na matéria. A matéria, é claro, existe em vários tipos — sólidos, líquidos, gases, metais, madeiras, vidros — e nem todas essas substâncias respondem da mesma maneira aos campos eletrostáticos. Mesmo assim, a *maior* parte dos objetos do dia a dia pertence (pelo menos com boa aproximação) a uma de duas grandes classes: **condutores** e **isolantes** (ou **dielétricos**). Já conversamos sobre condutores; são substâncias que contêm uma fonte 'ilimitada' de cargas livres para se movimentarem através do material. Na prática, o que isso normalmente significa é que muitos elétrons (um ou dois por átomo em um metal típico) não estão associados a qualquer núcleo em particular, mas transitam à vontade. Nos dielétricos, em contrapartida, *todas as cargas estão ligadas a átomos ou moléculas específicos* — eles estão presos com rédea curta e só podem movimentar-se um pouco *dentro* do átomo ou molécula. Tais deslocamentos microscópicos não são tão radicais quanto a reorganização por atacado da carga em um condutor, mas seus efeitos cumulativos respondem pelo comportamento característico dos materiais dielétricos. Existem, de fato, dois mecanismos principais por meio dos quais os campos elétricos podem distorcer a distribuição de carga de um átomo ou molécula dos dielétricos: *estiramento* e *rotação*. Nas próximas duas seções, discutiremos estes processos.

### 4.1.2 Dipolos induzidos

O que acontece a um átomo neutro quando ele é colocado em um campo elétrico $\mathbf{E}$? Sua primeira suposição pode muito bem ser: 'Absolutamente nada — como o átomo não está carregado, o campo não tem efeito sobre ele.' Mas isso é incorreto. Embora o átomo como um todo seja eletricamente neutro, *existe* um cerne com carga positiva (o núcleo) e uma nuvem de elétrons com carga negativa que o cerca. Essas duas regiões de carga dentro do átomo são influenciadas pelo campo: o núcleo é empurrado no sentido do campo e os elétrons, no sentido oposto. Em princípio, se o campo for grande o suficiente, ele poderá despedaçar totalmente o átomo, 'ionizando-o' (a substância, então, torna-se condutora). Com campos menos radicais, porém, o equilíbrio logo se estabelece, já que se o centro da nuvem de elétrons não coincide com o núcleo, as cargas positiva e negativa se atraem e isso mantém os átomos inteiros. As duas forças opostas — $\mathbf{E}$ separando elétrons e núcleos enquanto sua atração mútua os une — chegam a um equilíbrio deixando o átomo **polarizado**, com a carga positiva ligeiramente deslocada para um lado e a negativa para o outro. O átomo agora tem um pequeno momento de dipolo $\mathbf{p}$, que aponta na *mesma direção que* $\mathbf{E}$. Tipicamente, esse momento de dipolo induzido é aproximadamente proporcional ao campo (desde que este não seja forte demais):

$$\mathbf{p} = \alpha \mathbf{E}. \tag{4.1}$$

A constante de proporcionalidade $\alpha$ é chamada de **polarizabilidade atômica.** Seu valor depende da estrutura detalhada do átomo em questão. A Tabela 4.1 relaciona algumas polarizabilidades atômicas determinadas experimentalmente.

**Tabela 4.1** Polarizabilidades atômicas ($\alpha/4\pi\epsilon_0$, em unidades de $10^{-30}$ m$^3$).

| H | He | Li | Be | C | Ne | Na | Ar | K | Cs |
|---|---|---|---|---|---|---|---|---|---|
| 0,667 | 0,205 | 24,3 | 5,60 | 1,76 | 0,396 | 24,1 | 1,64 | 43,4 | 59,6 |

*Fonte: Handbook of Chemistry and Physics*, 78ª ed. (Boca Raton: CRC Press, Inc., 1997).

## Exemplo 4.1

Um modelo primitivo de um átomo consiste de um núcleo pontual ($+q$) cercado por uma nuvem esférica uniformemente carregada ($-q$) de raio $a$ (Figura 4.1). Calcule a polarizabilidade atômica desse átomo.

**Solução:** na presença de um campo externo $\mathbf{E}$, o núcleo será deslocado ligeiramente para a direita e a nuvem de elétrons para a esquerda, como mostra a Figura 4.2. (Como os deslocamentos envolvidos de fato são extremamente pequenos, como você verá no Problema 4.1, é razoável supor que a nuvem de elétrons mantém seu formato esférico.) Digamos que o equilíbrio ocorre quando o núcleo é deslocado a uma distância $d$ do centro da esfera. Nesse ponto, o campo externo empurrando o núcleo para a direita equilibra, exatamente, o campo interno que o puxa para a esquerda: $E = E_e$, onde $E_e$ é o campo produzido pela nuvem de elétrons. Agora, o campo a uma distância $d$ do centro de uma esfera uniformemente carregada é

$$E_e = \frac{1}{4\pi\epsilon_0}\frac{qd}{a^3}$$

(Problema 2.12). Em equilíbrio, então,

$$E = \frac{1}{4\pi\epsilon_0}\frac{qd}{a^3}, \quad \text{ou } p = qd = (4\pi\epsilon_0 a^3)E.$$

A polarizabilidade atômica, portanto, é

$$\alpha = 4\pi\epsilon_0 a^3 = 3\epsilon_0 v, \tag{4.2}$$

onde $v$ é o volume do átomo. Embora este modelo atômico seja extremamente cru, o resultado (4.2) não é tão ruim — ele tem precisão dentro de um fator quatro, ou algo assim, para muitos átomos simples.

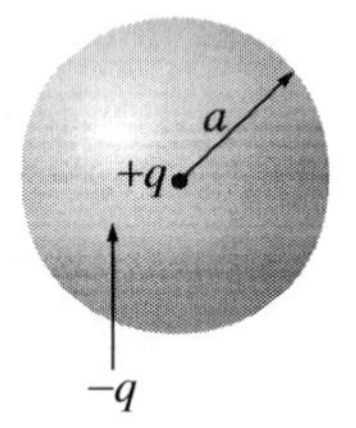


**Figura 4.1**

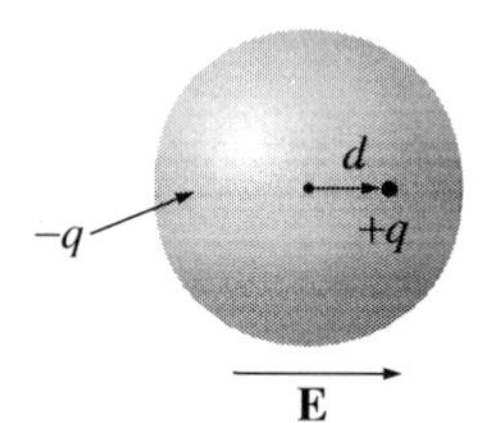


**Figura 4.2**

Para as moléculas, a situação não é tão simples, porque frequentemente elas se polarizam mais facilmente em uma direção do que em outras. O dióxido de carbono (Figura 4.3), por exemplo, tem uma polarizabilidade de $4,5 \times 10^{-40}\ \mathrm{C^2 \cdot m/N}$ quando se aplica o campo ao longo do eixo da molécula, mas de apenas $2 \times 10^{-40}$ para campos perpendiculares a essa direção. Quando o campo está em *ângulo* com o eixo, é preciso separá-lo em componentes paralelos e perpendiculares, multiplicando cada um pela polarizabilidade pertinente:

$$\mathbf{p} = \alpha_\perp \mathbf{E}_\perp + \alpha_\parallel \mathbf{E}_\parallel .$$

Nesse caso, o momento de dipolo induzido pode nem mesmo estar na mesma *direção* de $\mathbf{E}$. E $CO_2$ é relativamente simples, quando se trata de moléculas, já que os átomos pelo menos organizam-se em linha reta; para uma molécula completamente assimétrica a Equação 4.1 é substituída pela relação linear mais generalizada entre $\mathbf{E}$ e $\mathbf{p}$:

$$\left.\begin{aligned} p_x &= \alpha_{xx}E_x + \alpha_{xy}E_y + \alpha_{xz}E_z \\ p_y &= \alpha_{yx}E_x + \alpha_{yy}E_y + \alpha_{yz}E_z \\ p_z &= \alpha_{zx}E_x + \alpha_{zy}E_y + \alpha_{zz}E_z \end{aligned}\right\} \tag{4.3}$$

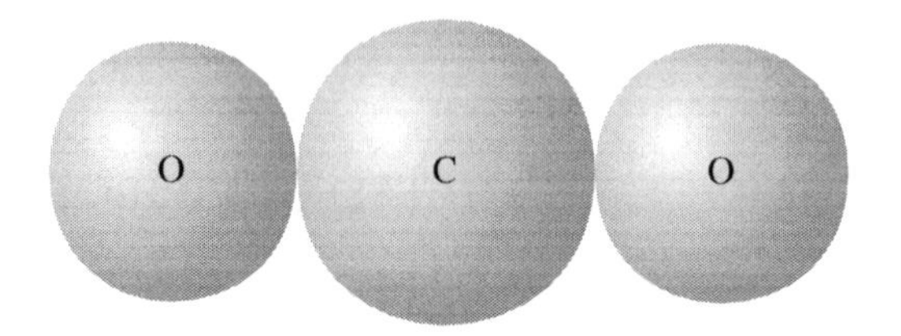


**Figura 4.3**

O conjunto de nove constantes $\alpha_{ij}$ constitui o **tensor de polarizabilidade** para a molécula. Seus valores, de fato, dependem da orientação dos eixos que você escolher, embora seja sempre possível escolher eixos 'principais' de forma que todos os termos não diagonais ($\alpha_{xy}$, $\alpha_{zx}$ etc.) se anulem, deixando apenas três polarizabilidades não nulas: $\alpha_{xx}$, $\alpha_{yy}$ e $\alpha_{zz}$.

---

**Problema 4.1** Um átomo de hidrogênio (com um raio de Bohr de meio angstrom) está situado entre duas placas de metal distantes 1 mm uma da outra, conectadas a terminais opostos de uma bateria de 500 V. A que fração do raio atômico chega a distância de separação $d$ aproximadamente? Estime a voltagem que seria necessária, com esse aparato, para ionizar o átomo. [Use o valor de $\alpha$ da Tabela 4.1. *Conclusão:* os deslocamentos de que estamos falando são *ínfimos,* mesmo em escala atômica.]

**Problema 4.2** Segundo a mecânica quântica, a nuvem de elétrons de um átomo de hidrogênio em estado fundamental tem uma densidade de carga

$$\rho(r) = \frac{q}{\pi a^3}e^{-2r/a},$$

onde $q$ é a carga do elétron e $a$ é o raio de Bohr. Encontre a polarizabilidade atômica desse átomo. [*Dica:* primeiro calcule o campo elétrico da nuvem de elétrons, $E_e(r)$; depois expanda o potencial assumindo que $r \ll a$. Para uma abordagem mais sofisticada, consulte W. A. Bowers, *Am. J. Phys.* **54**, 347 (1986).]

**Problema 4.3** Segundo a Equação 4.1, o momento de dipolo induzido de um átomo é proporcional ao campo externo. Esta é uma 'regra prática', não uma lei fundamental e é fácil conceber exceções — na teoria. Suponha, por exemplo, que a densidade de carga da nuvem de elétrons fosse proporcional à distância do centro, até um raio $R$. A que potência de $E$ $p$ seria proporcional, nesse caso? Encontre a condição sobre $\rho(r)$ de forma que a Equação 4.1 seja verdadeira no limite de campo fraco.

**Problema 4.4** Uma carga pontual $q$ está situada a uma grande distância $r$ de um átomo neutro de polarizabilidade $\alpha$. Encontre a força de atração entre eles.

---

### 4.1.3 Alinhamento de moléculas polares

O átomo neutro discutido na Seção 4.1.2 não tinha, inicialmente, momento de dipolo — $\mathbf{p}$ foi *induzido* pelo campo aplicado. Algumas moléculas têm momentos de dipolo estruturais. Na molécula de água, por exemplo, os elétrons tendem a se acumular em torno do átomo de oxigênio (Figura 4.4), e como a molécula tem uma curvatura de 105°, isso resulta em carga negativa no vértice e carga líquida positiva na extremidade oposta. (O momento de dipolo da água é excepcionalmente grande: $6,1 \times 10^{-30}\text{C}\cdot\text{m}$; de fato, esta é a razão para sua eficácia como solvente.) O que acontece quando tais moléculas (chamadas **moléculas polares**) são colocadas em um campo elétrico?

Se o campo é uniforme, a *força* na extremidade positiva, $\mathbf{F}_+ = q\mathbf{E}$, cancela exatamente a força na extremidade negativa, $\mathbf{F}_- = -q\mathbf{E}$ (Figura 4.5). No entanto, haverá um *torque:*

$$\begin{aligned}\mathbf{N} &= (\mathbf{r}_+ \times \mathbf{F}_+) + (\mathbf{r}_- \times \mathbf{F}_-)\\ &= [(\mathbf{d}/2)\times(q\mathbf{E})] + [(-\mathbf{d}/2)\times(-q\mathbf{E})] = q\mathbf{d}\times\mathbf{E}.\end{aligned}$$

Assim, um dipolo $\mathbf{p} = q\mathbf{d}$ em um campo uniforme $\mathbf{E}$ sofre um torque

$$\boxed{\mathbf{N} = \mathbf{p}\times\mathbf{E}.} \tag{4.4}$$

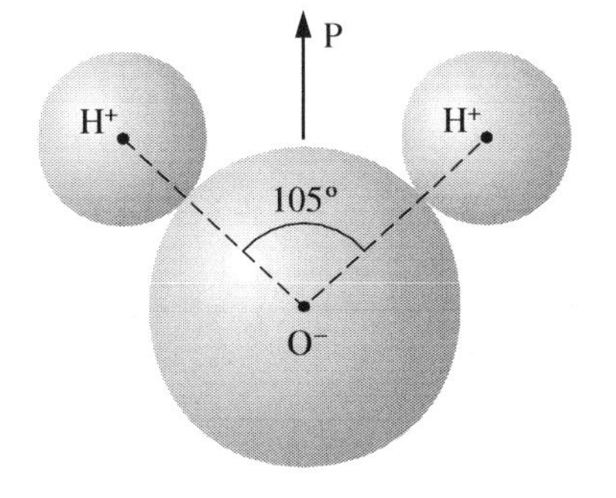


**Figura 4.4**

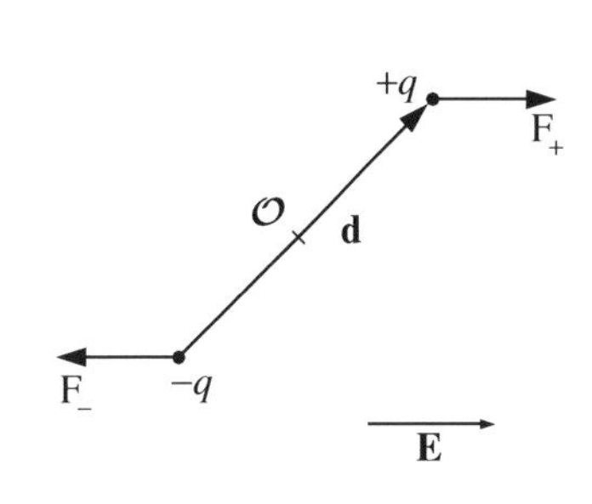


**Figura 4.5**

Observe que $\mathbf{N}$ está em uma direção tal que tende a alinhar $\mathbf{p}$ *paralelamente* a $\mathbf{E}$; uma molécula polar que tem rotação livre irá oscilar até apontar na direção do campo aplicado.

Se o campo *não* for uniforme, de forma que $\mathbf{F}_+$ não equilibra $\mathbf{F}_-$, exatamente, haverá uma *força* líquida sobre o dipolo, além do torque. É claro que $\mathbf{E}$ tem de se alterar de forma um tanto abrupta para que ocorra uma variação significativa no espaço de uma molécula, de forma que isto não é normalmente uma grande preocupação na discussão quanto ao comportamento dos dielétricos. No entanto, a fórmula da força não tem interesse; nós temos interesse nesse tipo de força:

$$\mathbf{F} = \mathbf{F}_+ + \mathbf{F}_- = q(\mathbf{E}_+ - \mathbf{E}_-) = q(\Delta\mathbf{E}),$$

onde $\Delta\mathbf{E}$ representa a diferença entre o campo na extremidade positiva e o campo na extremidade negativa. Assumindo que o dipolo seja bastante curto, podemos usar a Equação 1.35 para uma aproximação da pequena mudança em $E_x$:

$$\Delta E_x \equiv (\boldsymbol{\nabla} E_x) \cdot \mathbf{d},$$

com fórmulas correspondentes para $E_y$ e $E_z$. De forma mais compacta,

$$\Delta\mathbf{E} = (\mathbf{d} \cdot \boldsymbol{\nabla})\mathbf{E},$$

e, portanto[1]

$$\boxed{\mathbf{F} = (\mathbf{p} \cdot \boldsymbol{\nabla})\mathbf{E}.} \tag{4.5}$$

Para um dipolo 'perfeito' de comprimento infinitesimal, a Equação 4.4 resulta no torque *em torno do centro do dipolo* mesmo em um campo *não* uniforme; em torno de qualquer *outro* ponto $\mathbf{N} = (\mathbf{p} \times \mathbf{E}) + (\mathbf{r} \times \mathbf{F})$.

**Problema 4.5** Na Figura 4.6, $\mathbf{p}_1$ e $\mathbf{p}_2$ são dipolos (perfeitos) separados por uma distância $r$. Qual é o torque em $\mathbf{p}_1$ devido a $\mathbf{p}_2$? Qual é o torque em $\mathbf{p}_2$ devido a $\mathbf{p}_1$? [Em cada um dos casos queremos o torque que o dipolo *sofre em torno de seu próprio centro*. Se o fato de que as respostas não são iguais e opostas o incomoda, veja o Problema 4.29.]

**Problema 4.6** Um dipolo (perfeito) $\mathbf{p}$ está localizado a uma distância $z$ acima de um plano condutor infinito (Figura 4.7). O dipolo forma um ângulo $\theta$ com a perpendicular ao plano. Encontre o torque sobre $\mathbf{p}$. Se o dipolo tiver rotação livre, em que direção ficará em repouso?

**Problema 4.7** Mostre que a energia de um dipolo ideal $\mathbf{p}$ em um campo elétrico $\mathbf{E}$ é dada por

$$\boxed{U = -\mathbf{p} \cdot \mathbf{E}.} \tag{4.6}$$

**Problema 4.8** Mostre que a energia de interação de dois dipolos separados por um deslocamento $\mathbf{r}$ é

$$U = \frac{1}{4\pi\epsilon_0}\frac{1}{r^3}[\mathbf{p}_1 \cdot \mathbf{p}_2 - 3(\mathbf{p}_1 \cdot \hat{\mathbf{r}})(\mathbf{p}_2 \cdot \hat{\mathbf{r}})]. \tag{4.7}$$

[*Dica:* use o Problema 4.7 e a Equação 3.104.]

**Problema 4.9** Um dipolo $\mathbf{p}$ está a uma distância $r$ de uma carga pontual $q$, e orientado de forma que $\mathbf{p}$ forma um ângulo $\theta$ com o vetor $\mathbf{r}$ entre $q$ e $\mathbf{p}$.

(a) Qual é a força incidente sobre $\mathbf{p}$?

(b) Qual é a força incidente sobre $q$?

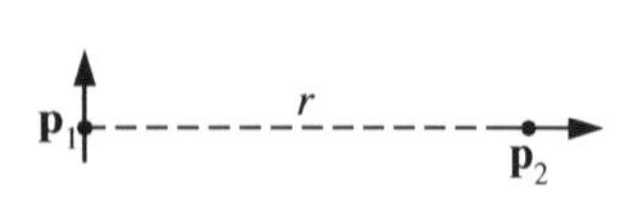


**Figura 4.6**

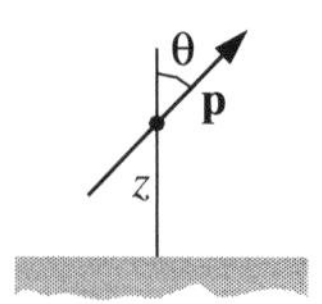


**Figura 4.7**

1. No presente contexto, a Equação 4.5 poderia ser escrita mais convenientemente como $\mathbf{F} = \boldsymbol{\nabla}(\mathbf{p} \cdot \mathbf{E})$. No entanto, é mais seguro ficar com $(\mathbf{p} \cdot \boldsymbol{\nabla})\mathbf{E}$, porque aplicaremos a fórmula a materiais nos quais o momento de dipolo (por unidade de volume) é em si uma função de posição e esta segunda expressão implicaria (incorretamente) que $\mathbf{p}$ *também* deve ser diferenciado.

### 4.1.4 Polarização

Nas duas seções anteriores, consideramos o efeito de um campo elétrico externo sobre um átomo ou molécula individual. Estamos agora em posição de responder (qualitativamente) à pergunta original: o que acontece com um material dielétrico que é colocado em um campo elétrico? Se a substância consiste de átomos neutros (ou de moléculas não polares), o campo induzirá em cada um deles um minúsculo momento de dipolo, apontando na mesma direção do campo.[2] Se o material for feito de moléculas polares, cada dipolo permanente sofrerá um torque, com tendência a alinhá-lo ao longo da direção do campo. (Movimentos térmicos aleatórios competem com este processo, de forma que o alinhamento nunca é completo, principalmente em temperaturas mais altas, e desaparece quase que instantaneamente quando o campo é removido.)

Observe que esses dois mecanismos produzem o mesmo resultado básico: *muitos pequenos dipolos apontando ao longo da direção do campo* — o material torna-se **polarizado**. Uma medida conveniente desse efeito é

$$\mathbf{P} \equiv \textit{momento de dipolo por unidade de volume,}$$

que é chamado de **polarização**. Daqui por diante não vamos nos preocupar muito com a forma como a polarização *aconteceu*. Na realidade, os dois mecanismos descritos não são tão bem definidos quanto pretendia. Mesmo nas moléculas polares haverá alguma polarização por deslocamento (embora geralmente seja muito mais fácil rodar uma molécula do que estirá-la, de forma que o segundo mecanismo predomina). Em alguns materiais, é até possível 'fixar' a polarização, de forma que ela persista quando o campo for removido. Mas vamos esquecer, por um instante, a *causa* da polarização e estudar o campo que o *próprio* pedaço de material polarizado produz. Depois, na Seção 4.3, juntaremos tudo: o campo original que foi *responsável* por $\mathbf{P}$, mais o novo campo que é *decorrente* de $\mathbf{P}$.

## 4.2 O campo de um objeto polarizado

### 4.2.1 Cargas de polarização

Suponha que temos um material polarizado — ou seja, um objeto que contém uma porção de dipolos microscópicos alinhados. O momento de dipolo por unidade de volume $\mathbf{P}$ é dado. *Pergunta:* qual é o campo produzido por este objeto (não o campo que pode ter *causado* a polarização, mas o campo que a *própria* polarização causa)? Bem, sabemos como é o campo de um dipolo individual, portanto, por que não dividir o material em dipolos infinitesimais e integrar para obter o total? Como de costume, é mais fácil trabalhar com o potencial. Para um único dipolo $\mathbf{p}$ temos a equação (Equação 3.99),

$$V(\mathbf{r}) = \frac{1}{4\pi\epsilon_0}\frac{\hat{\boldsymbol{\mathscr{r}}}\cdot\mathbf{p}}{\mathscr{r}^2}, \tag{4.8}$$

onde $\mathscr{r}$ é o vetor entre o dipolo e o ponto no qual estamos calculando o potencial (Figura 4.8). Neste contexto temos um momento de dipolo $\mathbf{p} = \mathbf{P}\,d\tau'$ em cada elemento de volume $d\tau'$, de forma que o potencial total é

$$V(\mathbf{r}) = \frac{1}{4\pi\epsilon_0}\int_{\mathcal{V}} \frac{\hat{\boldsymbol{\mathscr{r}}}\cdot\mathbf{P}(\mathbf{r}')}{\mathscr{r}^2}\,d\tau'. \tag{4.9}$$

Isso, em princípio, *basta*. Mas com um pequeno truque de prestidigitação colocamos esta integral em uma forma muito mais esclarecedora. Observando que

$$\nabla'\left(\frac{1}{\mathscr{r}}\right) = \frac{\hat{\boldsymbol{\mathscr{r}}}}{\mathscr{r}^2},$$

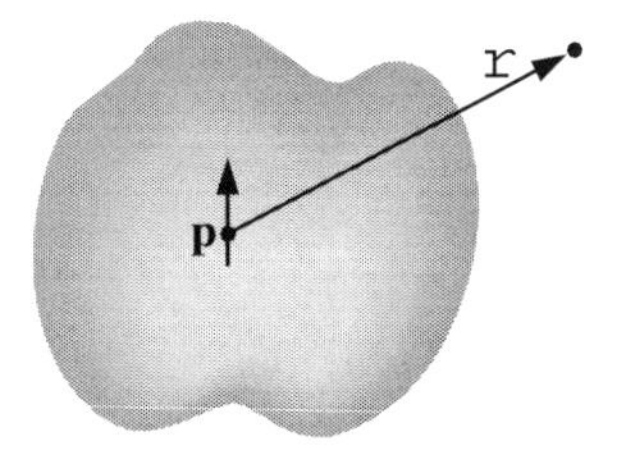


**Figura 4.8**

2. Em moléculas assimétricas o momento de dipolo induzido pode não ser paralelo ao campo, mas se as moléculas estiverem direcionadas aleatoriamente, a *média* das contribuições perpendiculares será zero. Dentro de um único cristal, as direções certamente *não* são aleatórias e teríamos de tratar este caso separadamente.

onde (diferentemente do Problema 1.13) a diferenciação diz respeito às coordenadas da *fonte* ($\mathbf{r}'$), temos

$$V = \frac{1}{4\pi\epsilon_0} \int_{\mathcal{V}} \mathbf{P} \cdot \nabla' \left( \frac{1}{\imath} \right) d\tau'.$$

Integrando por partes, usando a regra de produto número 5, temos

$$V = \frac{1}{4\pi\epsilon_0} \left[ \int_{\mathcal{V}} \nabla' \cdot \left( \frac{\mathbf{P}}{\imath} \right) d\tau' - \int_{\mathcal{V}} \frac{1}{\imath} (\nabla' \cdot \mathbf{P})\, d\tau' \right],$$

ou, usando o teorema do divergente,

$$V = \frac{1}{4\pi\epsilon_0} \oint_{\mathcal{S}} \frac{1}{\imath} \mathbf{P} \cdot d\mathbf{a}' - \frac{1}{4\pi\epsilon_0} \int_{\mathcal{V}} \frac{1}{\imath} (\nabla' \cdot \mathbf{P})\, d\tau'. \tag{4.10}$$

O primeiro termo parece o potencial de uma carga superficial

$$\boxed{\sigma_p = \mathbf{P} \cdot \hat{\mathbf{n}}} \tag{4.11}$$

(no qual $\hat{\mathbf{n}}$ é o vetor unitário normal), enquanto o segundo termo parece o potencial de uma carga volumétrica

$$\boxed{\rho_p = -\nabla \cdot \mathbf{P}.} \tag{4.12}$$

Com essas definições, a Equação 4.10 torna-se

$$V(\mathbf{r}) = \frac{1}{4\pi\epsilon_0} \oint_{\mathcal{S}} \frac{\sigma_p}{\imath}\, da' + \frac{1}{4\pi\epsilon_0} \int_{\mathcal{V}} \frac{\rho_p}{\imath}\, d\tau'. \tag{4.13}$$

O que isso significa é que o potencial (e também o campo) de um objeto polarizado é o mesmo que aquele produzido pela densidade de uma carga volumétrica $\rho_p = -\nabla \cdot \mathbf{P}$ somada à densidade de uma carga superficial $\sigma_p = \mathbf{P} \cdot \hat{\mathbf{n}}$. Em vez de integrar as contribuições de todos os dipolos infinitesimais, como na Equação 4.9, simplesmente encontramos essas **cargas de polarização**, para depois calcularmos os campos que *elas* produzem, da mesma forma que calculamos o campo de quaisquer outras cargas volumétricas ou superficiais (usando, por exemplo, a lei de Gauss).

## Exemplo 4.2

Encontre o campo elétrico produzido por uma esfera uniformemente polarizada de raio $R$.

**Solução:** é preferível escolhermos o eixo $z$ para coincidir com a direção da polarização (Figura 4.9). A densidade volumétrica da carga de polarização $\rho_p$ é zero, já que $\mathbf{P}$ é uniforme, mas

$$\sigma_p = \mathbf{P} \cdot \hat{\mathbf{n}} = P \cos\theta,$$

onde $\theta$ é a coordenada esférica usual. O que queremos, então, é o campo produzido por uma densidade de carga $P\cos\theta$ espalhada sobre a superfície de uma esfera. Mas já calculamos o potencial dessa configuração no Exemplo 3.9:

$$V(r,\theta) = \begin{cases} \dfrac{P}{3\epsilon_0} r\cos\theta, & \text{para } r \le R, \\[2ex] \dfrac{P}{3\epsilon_0} \dfrac{R^3}{r^2} \cos\theta, & \text{para } r \ge R. \end{cases}$$

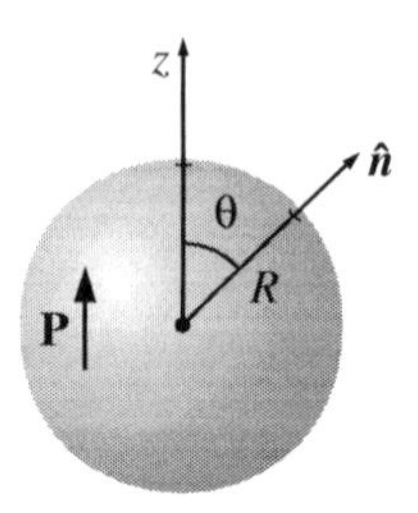


**Figura 4.9**

Como $r\cos\theta = z$, o *campo* dentro da esfera é uniforme,

$$\mathbf{E} = -\nabla V = -\frac{P}{3\epsilon_0}\hat{\mathbf{z}} = -\frac{1}{3\epsilon_0}\mathbf{P}, \quad \text{para } r < R. \tag{4.14}$$

Este resultado extraordinário será muito útil no que se segue. Fora da esfera, o potencial é idêntico ao de um dipolo perfeito na origem,

$$V = \frac{1}{4\pi\epsilon_0}\frac{\mathbf{p}\cdot\hat{\mathbf{r}}}{r^2}, \quad \text{para } r \geq R, \tag{4.15}$$

cujo momento de dipolo, como era de se esperar, é igual ao momento de dipolo total da esfera:

$$\mathbf{p} = \tfrac{4}{3}\pi R^3\mathbf{P}. \tag{4.16}$$

O campo da esfera uniformemente polarizada é mostrado na Figura 4.10.

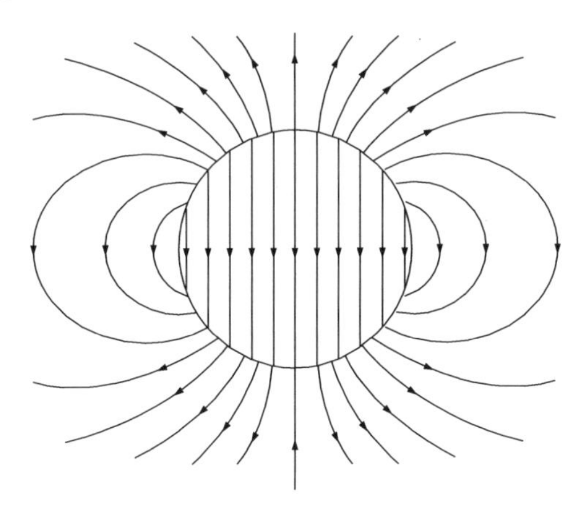

**Figura 4.10**

---

**Problema 4.10** Uma esfera de raio $R$ tem uma polarização

$$\mathbf{P}(\mathbf{r}) = k\mathbf{r},$$

onde $k$ é uma constante e $\mathbf{r}$ é o vetor a partir do centro.

(a) Calcule as cargas de polarização $\sigma_p$ e $\rho_p$.

(b) Encontre o campo dentro e fora da esfera.

**Problema 4.11** Um cilindro curto de raio $a$ e comprimento $L$ tem uma polarização uniforme 'congelada' $\mathbf{P}$, paralela ao eixo. Encontre a carga de polarização e esboce o campo elétrico (i) para $L \gg a$, (ii) para $L \ll a$ e (iii) para $L \approx a$. [Este dispositivo é conhecido como **barra de eletreto**; é o análogo elétrico de uma barra magnética. Na prática, somente materiais muito especiais — titanato de bário é o exemplo mais 'conhecido' — mantêm uma polarização elétrica permanente. Por isso você não pode comprar eletretos em uma loja de brinquedos.]

**Problema 4.12** Calcule o potencial de uma esfera uniformemente polarizada (Exemplo 4.2) diretamente a partir da Equação 4.9.

---

### 4.2.2 Interpretação física das cargas de polarização

Na seção anterior vimos que o campo de um objeto polarizado é idêntico ao campo que seria produzido por uma certa distribuição de 'cargas de polarização', $\sigma_p$ e $\rho_p$. Mas esta conclusão surgiu no decorrer de manipulações abstratas na integral da Equação 4.9, e nos deixou sem entender o significado físico dessas cargas de polarização. Inclusive, alguns autores dão a impressão de que as cargas de polarização são, em um certo sentido, 'fictícias' — meros dispositivos de contabilidade para facilitar o cálculo dos campos. Nada poderia estar mais longe da verdade; $\rho_p$ e $\sigma_p$ representam *acúmulos de carga perfeitamente genuínos*. Nesta seção, será explicado como a polarização leva a tais acúmulos de carga.

A ideia básica é muito simples: suponha que temos uma longa linha de dipolos, como mostra a Figura 4.11. Ao longo da linha, a cabeça de um efetivamente cancela a cauda do seu vizinho, mas, nas extremidades, restam duas cargas: positiva na extremidade direita e negativa na esquerda. É como se tivéssemos retirado um elétron de uma ponta e levado à outra, embora nenhum elétron tenha feito esse caminho todo — uma série de deslocamentos minúsculos resulta em um deslocamento grande. Chamamos cada carga líquida nas extremidades de carga *ligada* para nos lembrarmos de que ela não pode ser removida; em um dielétrico, todos os elétrons estão ligados a átomos ou moléculas específicos. Mas fora isso, a carga de polarização não é diferente de nenhuma outra.

Para calcular a *quantidade* de fato de carga ligada que resulta de uma dada polarização, examine um 'tubo' de dielétrico paralelo a $\mathbf{P}$. O momento de dipolo do pedaço pequeno mostrado na Figura 4.12 é $P(Ad)$, onde $A$ é a área da seção transversal do tubo e $d$ é o comprimento do pedaço. Em termos de carga ($q$) na extremidade, este mesmo momento de dipolo pode ser escrito $qd$. A carga de polarização que se acumula à direita do tubo é, portanto,

$$q = PA.$$

Se as extremidades forem fatiadas perpendicularmente, a densidade de carga superficial será

$$\sigma_p = \frac{q}{A} = P.$$

No caso de um corte oblíquo (Figura 4.13), a *carga* ainda é a mesma, mas $A = A_{\text{extrem}} \cos\theta$, portanto

$$\sigma_p = \frac{q}{A_{\text{extrem}}} = P\cos\theta = \mathbf{P}\cdot\hat{\mathbf{n}}.$$

O efeito da polarização, então, é espalhar uma carga ligada $\sigma_p = \mathbf{P}\cdot\hat{\mathbf{n}}$ sobre a superfície do material. Isso foi exatamente o que constatamos através de meios mais rigorosos, na Seção 4.2.1. Mas agora sabemos de onde *vem* a carga de polarização.

Se a polarização não é uniforme, ocorrem acúmulos de carga ligada *dentro* do material, bem como na superfície. Um olhar sobre a Figura 4.14 sugere que um $\mathbf{P}$ divergente resulta em um empilhamento ou acumulação de cargas negativas. De fato, a carga ligada líquida $\int \rho_p \, d\tau$ em um dado volume é igual e oposta à quantidade que foi empurrada para fora através da superfície. Este (pelo mesmo raciocínio que usamos antes) é $\mathbf{P}\cdot\hat{\mathbf{n}}$ por unidade de área, portanto,

$$\int_{\mathcal{V}} \rho_p \, d\tau = -\oint_{\mathcal{S}} \mathbf{P}\cdot d\mathbf{a} = -\int_{\mathcal{V}} (\nabla\cdot\mathbf{P})\, d\tau.$$

Figura 4.11

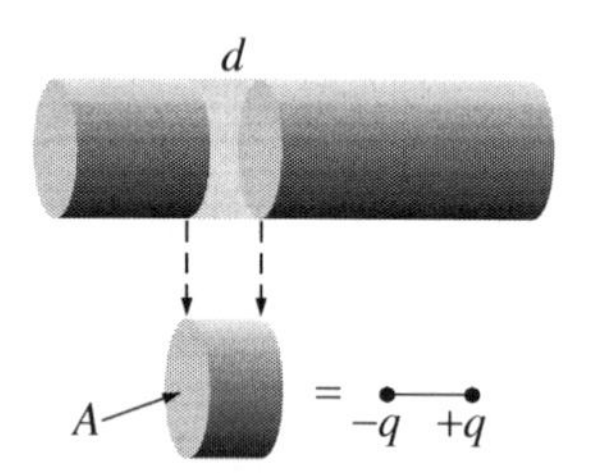


Figura 4.12

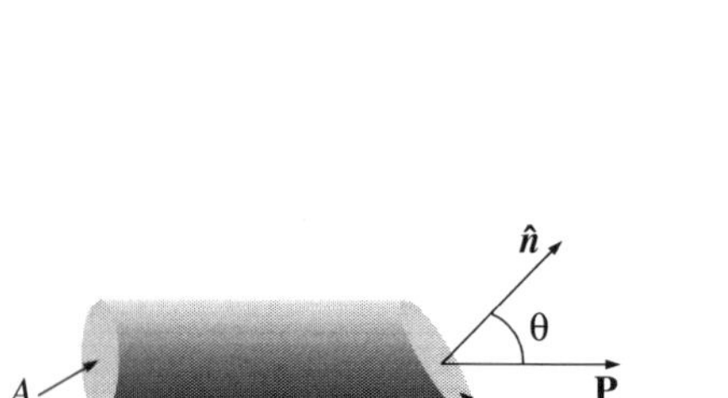


Figura 4.13

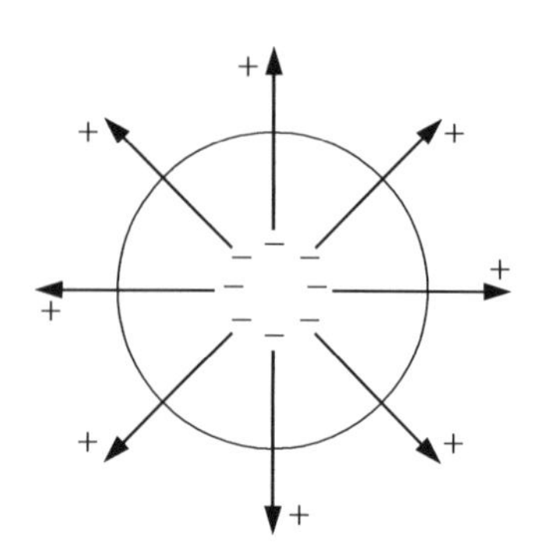

Figura 4.14

Como isso é verdade para *qualquer* volume, temos

$$\rho_p = -\nabla \cdot \mathbf{P},$$

confirmando, outra vez, a conclusão mais rigorosa da Seção 4.2.1.

---

**Exemplo 4.3**

Existe outra maneira de analisar a esfera uniformemente polarizada (Exemplo 4.2), que ilustra muito bem a ideia de uma carga ligada. O que temos, na realidade, são *duas* esferas de carga: uma esfera positiva e outra negativa. Sem polarização, as duas se sobrepõem e se cancelam completamente. Mas quando o material é uniformemente polarizado, todas as cargas positivas se movimentam ligeiramente *para cima* (na direção $z$), e todas as cargas negativas se movimentam ligeiramente *para baixo* (Figura 4.15). As duas esferas já não se sobrepõem perfeitamente: em cima há uma 'capa' de carga positiva que sobrou e, embaixo, há uma capa de carga negativa. Essa carga 'restante' é, precisamente, a carga superficial de polarização $\sigma_p$.

No Problema 2.18 calculamos o campo na região de superposição entre duas esferas uniformemente carregadas. A resposta foi

$$\mathbf{E} = -\frac{1}{4\pi\epsilon_0}\frac{q\mathbf{d}}{R^3},$$

onde $q$ é a carga total da esfera positiva, $\mathbf{d}$ é o vetor entre o centro negativo e o centro positivo e $R$ é o raio da esfera. Podemos expressar isto em termos da polarização da esfera, $\mathbf{p} = q\mathbf{d} = (\frac{4}{3}\pi R^3)\mathbf{P}$, como

$$\mathbf{E} = -\frac{1}{3\epsilon_0}\mathbf{P}.$$

Entretanto, para pontos *externos,* é como se a carga toda de cada esfera estivesse concentrada no seu respectivo centro. Temos, então, um dipolo com o potencial

$$V = \frac{1}{4\pi\epsilon_0}\frac{\mathbf{p}\cdot\hat{\mathbf{r}}}{r^2}.$$

(Lembre-se de que $\mathbf{d}$ é uma pequena fração de um raio atômico; a Figura 4.15 está excessivamente exagerada.) Estas respostas concordam, portanto, com os resultados do Exemplo 4.2.

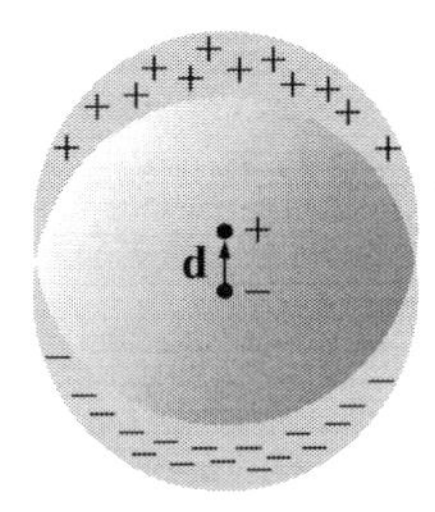


**Figura 4.15**

---

---

**Problema 4.13** Um cilindro muito longo, de raio $a$, tem uma polarização uniforme $\mathbf{P}$ perpendicular ao seu eixo. Encontre o campo elétrico dentro do cilindro. Mostre que o campo *fora* do cilindro pode ser expresso na forma

$$\mathbf{E}(\mathbf{r}) = \frac{a^2}{2\epsilon_0 s^2}[2(\mathbf{P}\cdot\hat{\mathbf{s}})\hat{\mathbf{s}} - \mathbf{P}].$$

[*Cuidado:* eu disse 'uniforme', e não 'radial'!]

**Problema 4.14** Quando você polariza um dielétrico neutro, a carga se movimenta um pouco, mas a carga *total* permanece nula. Este fato deve se refletir nas cargas ligadas $\sigma_p$ e $\rho_p$. Prove, a partir das Equações 4.11 e 4.12 que a carga ligada total é nula.

---

### 4.2.3 O campo interno de um dielétrico

Venho sendo desleixado quanto à distinção entre dipolos 'puros' e dipolos 'físicos'. No desenvolvimento da teoria de cargas de polarização, assumi que estávamos trabalhando com o tipo puro — inclusive, comecei com a Equação 4.8, a fórmula para o potencial de um dipolo puro. E, no entanto, um verdadeiro dielétrico polarizado consiste de dipolos *físicos*, mesmo que às vezes sejam minúsculos. Além disso, pretendi representar dipolos moleculares discretos por meio de uma função de densidade contínua $\mathbf{P}$. Como posso justificar esse método? *Fora* do dielétrico não existe realmente problema; aqui estamos distantes das moléculas ($r$ é muitas vezes maior do que a distância de separação entre as cargas positivas e negativas), de forma que o potencial de dipolo tem uma predominância esmagadora e a 'granularidade' detalhada da fonte fica obscurecida com a distância. *Dentro* do dielétrico, no entanto, dificilmente podemos fingir que estamos distantes de todos os dipolos e o procedimento que usei na Seção 4.2.1 fica seriamente sujeito a contestação.

De fato, se você parar para pensar, o campo elétrico dentro da matéria deve ser fantasticamente complicado no nível microscópico. Se você estiver muito próximo a um elétron, o campo será gigantesco, mas a uma pequena distância ele pode ser pequeno ou apontar em uma direção completamente diferente. Além do mais, com a movimentação dos átomos, em questão de instantes o campo terá se alterado totalmente. Esse campo **microscópico** verdadeiro seria absolutamente impossível de ser calculado e também não seria de muito interesse se isso fosse possível. Da mesma forma que para fins macroscópicos consideramos a água como um fluido contínuo, ignorando sua estrutura molecular, podemos também ignorar os detalhes do campo elétrico dentro da matéria e nos concentrarmos no campo **macroscópico**. Ele é definido como o campo *médio* sobre regiões grandes o suficiente para conter muitos milhares de átomos (de forma que as flutuações microscópicas sem interesse ficam atenuadas), mas pequenas o bastante para garantir que quaisquer variações significativas de grande escala, no campo, não serão ignoradas. (Na prática, isso significa que calculamos a média sobre regiões muito menores do que o próprio objeto.) Normalmente, é ao campo macroscópico que as pessoas se *referem* quando dizem 'o' campo dentro da matéria.[3]

Falta demonstrar que o campo macroscópico é o que de fato obtemos quando usamos os métodos da Seção 4.2.1. O argumento é sutil, portanto, aguarde. Suponha que quero calcular o campo macroscópico em um ponto $\mathbf{r}$ dentro de um dielétrico (Figura 4.16). Sei que preciso calcular a média do verdadeiro campo (microscópico) sobre um volume adequado, portanto, deixe-me desenhar uma esfera em torno de $\mathbf{r}$, de tamanho, digamos, mil vezes maior do que o de uma molécula. O campo macroscópico em $\mathbf{r}$, então, consiste de duas partes: o campo médio sobre a esfera devido a todas as cargas *externas*, somado à média devida a todas as cargas *internas:*

$$\mathbf{E} = \mathbf{E}_{\text{fora}} + \mathbf{E}_{\text{dentro}}.$$

Agora, você já provou no Problema 3.41(d) que o campo médio (sobre uma esfera), produzido pelas cargas de *fora* (externas), é igual ao campo que elas produzem no centro, de forma que $\mathbf{E}_{\text{fora}}$ é o campo em $\mathbf{r}$ devido aos dipolos externos à esfera. Estes estão distantes o suficiente para podermos usar a Equação 4.9 com segurança:

$$V_{\text{fora}} = \frac{1}{4\pi\epsilon_0}\int_{\text{fora}} \frac{\hat{\boldsymbol{\imath}} \cdot \mathbf{P}(\mathbf{r}')}{\imath^2}\, d\tau'. \tag{4.17}$$

Os dipolos no *interior* da esfera estão próximos demais para serem tratados desta forma. Mas, felizmente, precisamos apenas do seu campo *médio* e ele, de acordo com a Equação 3.105, é

$$\mathbf{E}_{\text{dentro}} = -\frac{1}{4\pi\epsilon_0}\frac{\mathbf{p}}{R^3},$$

*independentemente* dos detalhes da distribuição de carga no interior da esfera. A única quantidade relevante é o momento de dipolo total, $\mathbf{p} = (\frac{4}{3}\pi R^3)\mathbf{P}$:

$$\mathbf{E}_{\text{dentro}} = -\frac{1}{3\epsilon_0}\mathbf{P}. \tag{4.18}$$

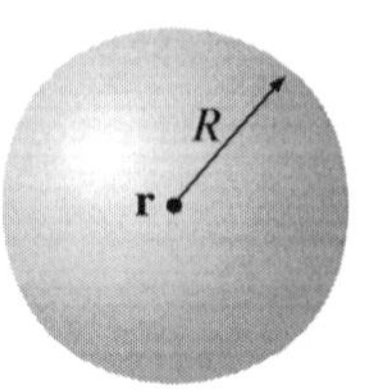


**Figura 4.16**

3. Caso a introdução do campo macroscópico lhe pareça suspeita, quero ressaltar que você calcula *exatamente* a mesma média quando fala da *densidade* de um material.

Agora, por pressuposto, a esfera é pequena o bastante para que $\mathbf{P}$ não tenha uma variação significativa ao longo do seu volume, de forma que o termo *não incluído* da integral na Equação 4.17 corresponde ao campo no centro de uma esfera *uniformemente* polarizada, a saber: $-(1/3\epsilon_0)\mathbf{P}$ (Equação 4.14). Mas isso é precisamente o que $\mathbf{E}_{\text{dentro}}$ (Equação 4.18) coloca de volta! O campo macroscópico, então, é dado pelo potencial

$$V(\mathbf{r}) = \frac{1}{4\pi\epsilon_0}\int \frac{\hat{\boldsymbol{\mathscr{r}}}\cdot\mathbf{P}(\mathbf{r}')}{\mathscr{r}^2}\,d\tau', \tag{4.19}$$

onde a integral abrange *todo* o volume do dielétrico. Isto, é claro, foi o que usamos na Seção 4.2.1; sem perceber, estávamos calculando corretamente o campo macroscópico médio para pontos dentro do dielétrico.

Talvez seja preciso reler os dois últimos parágrafos para entender bem o argumento. Observe que tudo gira em torno do fato curioso de que o campo médio sobre *qualquer* esfera (devido à carga interna) é o mesmo que o campo no centro de uma esfera *uniformemente polarizada*, com o mesmo momento de dipolo total. Isso significa que por mais maluca que seja a configuração da carga microscópica, de fato, podemos substituí-la por uma bela e regular distribuição de dipolos perfeitos, se queremos apenas o campo (médio) macroscópico. Diga-se de passagem, que embora o argumento se baseie ostensivamente na forma esférica sobre a qual escolho calcular a média, o campo macroscópico é certamente independente da geometria da região sobre a qual se toma a média, e isso se reflete na resposta final, Equação 4.19. Presumivelmente, poder-se-ia reproduzir o mesmo argumento para um cubo, um elipsoide, o que fosse — o cálculo pode ser mais difícil, mas a conclusão seria a mesma.

## 4.3 O deslocamento elétrico

### 4.3.1 Lei de Gauss na presença de dielétricos

Na Seção 4.2 descobrimos que o efeito da polarização é produzir acúmulos de carga ligada, $\rho_p = -\nabla\cdot\mathbf{P}$ dentro do dielétrico e $\sigma_p = \mathbf{P}\cdot\hat{\mathbf{n}}$ na superfície. O campo devido à polarização do meio é apenas o campo dessa carga ligada. Estamos agora prontos para juntar tudo: o campo atribuído à carga ligada, somado ao campo devido a tudo o *mais* (que, por falta de um termo melhor, chamamos de **carga livre**). A carga livre pode se constituir de elétrons, em um condutor, de íons incorporados ao material dielétrico, ou o que for; em outras palavras, qualquer carga que *não* seja resultado de polarização. Dentro do dielétrico, então, a densidade total de carga pode ser expressa como:

$$\rho = \rho_p + \rho_l, \tag{4.20}$$

e a lei de Gauss diz que

$$\epsilon_0\nabla\cdot\mathbf{E} = \rho = \rho_p + \rho_l = -\nabla\cdot\mathbf{P} + \rho_l,$$

onde $\mathbf{E}$ é agora o campo *total* não apenas a porção gerada pela polarização.

É conveniente combinar os dois termos de divergentes:

$$\nabla\cdot(\epsilon_0\mathbf{E} + \mathbf{P}) = \rho_l.$$

A expressão entre parênteses, designada pela letra $\mathbf{D}$,

$$\boxed{\mathbf{D} \equiv \epsilon_0\mathbf{E} + \mathbf{P},} \tag{4.21}$$

é conhecida como **deslocamento elétrico**. Em termos de $\mathbf{D}$, diz a lei de Gauss fica

$$\boxed{\nabla\cdot\mathbf{D} = \rho_l,} \tag{4.22}$$

ou, na forma integral,

$$\oint \mathbf{D}\cdot d\mathbf{a} = Q_{l_{\text{enc}}}, \tag{4.23}$$

onde $Q_{l_{\text{enc}}}$ denota a carga livre total dentro do volume. Esta é uma maneira particularmente útil de expressar a lei de Gauss no contexto de dielétricos, porque *faz referência apenas às cargas livres*, e carga livre é o que controlamos. A carga ligada vem de carona: quando colocamos a carga livre no lugar, uma certa polarização automaticamente ocorre, pelos mecanismos da Seção 4.1, e essa polarização produz a carga ligada. Em um problema típico, portanto, conhecemos $\rho_l$, mas não conhecemos (inicialmente) $\rho_p$; a Equação 4.23 nos permite começar imediatamente a trabalhar com a informação de que dispomos. Em particular, sempre que há o requisito de simetria, podemos imediatamente calcular $\mathbf{D}$ pelos métodos padrão da lei de Gauss.

### Exemplo 4.4

Um longo fio reto com densidade uniforme de carga $\lambda$ está cercado por isolamento de borracha até um raio $a$ (Figura 4.17). Calcule o deslocamento elétrico.

**Solução:** desenhando uma superfície cilíndrica gaussiana de $s$ e comprimento $L$, e aplicando a Equação 4.23, encontramos

$$D(2\pi sL) = \lambda L.$$

Portanto,

$$\mathbf{D} = \frac{\lambda}{2\pi s}\hat{\mathbf{s}}. \tag{4.24}$$

Observe que esta fórmula é verdadeira tanto dentro do isolante quanto fora dele. Nesta última região, $\mathbf{P} = 0$, portanto

$$\mathbf{E} = \frac{1}{\epsilon_0}\mathbf{D} = \frac{\lambda}{2\pi\epsilon_0 s}\hat{\mathbf{s}}, \quad \text{para } s > a.$$

*Dentro* da borracha, o campo elétrico não pode ser determinado, já que não conhecemos $\mathbf{P}$.

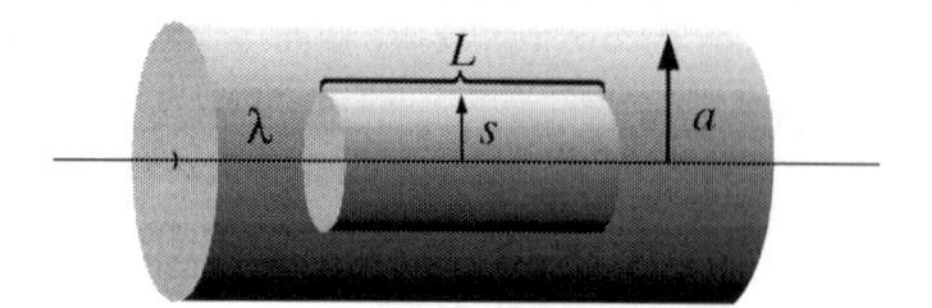


**Figura 4.17**

Pode parecer que a carga ligada de superfície $\sigma_p$ foi deixada de fora ao derivar a Equação 4.22, e, em certo sentido, isso é verdade. Não podemos aplicar a lei de Gauss precisamente *na* superfície de um dielétrico, pois aqui $\rho_p$ explode, levando consigo o divergente de $\mathbf{E}$. Mas para *todos* os outros lugares a lógica funciona e, de fato, se imaginarmos a beirada de um dielétrico como tendo uma espessura finita dentro da qual a polarização diminui gradualmente a zero (de qualquer forma, é provavelmente um modelo mais realista do que uma interrupção abrupta), então não *há* carga superficial ligada; $\rho_p$ varia rápida, porém suavemente dentro dessa 'pele', e a lei de Gauss pode ser seguramente aplicada em *toda parte.* Em qualquer caso, a forma integral (Equação 4.23) está livre desse 'defeito'.

**Problema 4.15** Uma casca esférica grossa (raio interno $a$, raio externo $b$) é feita de material dielétrico, com polarização 'congelada'

$$\mathbf{P}(\mathbf{r}) = \frac{k}{r}\hat{\mathbf{r}},$$

onde $k$ é uma constante e $r$ é a distância a partir do centro (Figura 4.18). (Não existe carga *livre* no problema.) Encontre o campo elétrico nas três regiões por dois métodos diferentes:

(a) Localize toda a carga de polarização e use a lei de Gauss (Equação 2.13) para calcular o campo que ela produz.

(b) Use a Equação 4.23 para encontrar $\mathbf{D}$, e depois obtenha $\mathbf{E}$ com a Equação 4.21. [Observe que o segundo método é muito mais rápido e evita qualquer referência explícita às cargas de polarização.]

**Problema 4.16** Suponha que o campo dentro de um pedaço grande de material dielétrico é $\mathbf{E}_0$, de forma que o deslocamento dielétrico é $\mathbf{D}_0 = \epsilon_0\mathbf{E}_0 + \mathbf{P}$.

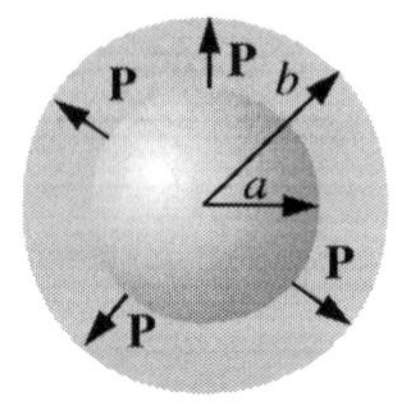


**Figura 4.18**

(a) Agora, uma pequena cavidade esférica (Figura 4.19a) é escavada no material. Encontre o campo no centro da cavidade, em termos de $\mathbf{E}_0$ e $\mathbf{P}$. Encontre também o deslocamento no centro da cavidade, em termos de $\mathbf{D}_0$ e $\mathbf{P}$.

(b) Faça o mesmo para uma longa cavidade em forma de agulha, paralela a $\mathbf{P}$ (Figura 4.19b).

(c) Faça o mesmo para uma fina cavidade em forma de bolacha, perpendicular a $\mathbf{P}$ (Figura 4.19c).

[Assuma que as cavidades são pequenas o bastante para que $\mathbf{P}$, $\mathbf{E}_0$ e $\mathbf{D}_0$ sejam essencialmente uniformes. *Dica:* escavar a cavidade é o mesmo que sobrepor um objeto com a mesma forma, mas com polarização oposta.]

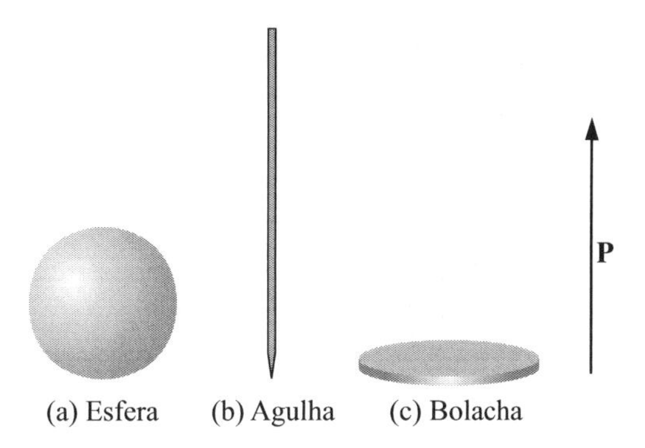


**Figura 4.19**

## 4.3.2 Um paralelo enganoso

A Equação 4.22 se parece com a lei de Gauss, exceto pela substituição da densidade de carga *total* $\rho$ pela densidade de carga *livre* $\rho_l$, e pela substituição de $\mathbf{D}$ por $\epsilon_0\mathbf{E}$. Por isso, talvez você fique tentado a concluir que $\mathbf{D}$ é 'exatamente como' $\mathbf{E}$ (à parte do fator $\epsilon_0$), exceto por sua fonte ser $\rho_l$, e não $\rho$: 'Para resolver problemas com dielétricos, basta esquecer a carga de polarização — calcule o campo como o faria normalmente, mas chamando a resposta de $\mathbf{D}$ em vez de $\mathbf{E}$.' Esse raciocínio é sedutor, mas a conclusão é falsa; em particular, não há 'lei de Coulomb' para $\mathbf{D}$:

$$\mathbf{D}(\mathbf{r}) \neq \frac{1}{4\pi}\int \frac{\hat{\boldsymbol{\imath}}}{\imath^2}\rho_l(\mathbf{r}')\,d\tau'.$$

O paralelo entre $\mathbf{E}$ e $\mathbf{D}$ é mais sutil que isso.

Isto porque o divergente sozinho não é suficiente para a determinação do campo vetorial; é preciso conhecer, também, o rotacional. Em se tratando de campos eletrostáticos, existe a tendência de se esquecer isso porque o rotacional de $\mathbf{E}$ é sempre nulo. Mas o rotacional de $\mathbf{D}$ *nem* sempre é igual a zero.

$$\boldsymbol{\nabla}\times\mathbf{D} = \epsilon_0(\boldsymbol{\nabla}\times\mathbf{E}) + (\boldsymbol{\nabla}\times\mathbf{P}) = \boldsymbol{\nabla}\times\mathbf{P}, \tag{4.25}$$

e, em geral, não há motivo para supor que o rotacional de $\mathbf{P}$ se anula. Às vezes acontece, como no Exemplo 4.4 e no Problema 4.15, mas o contrário é mais frequente. A barra de eletreto do Problema 4.11 é um caso apropriado: aqui não há carga livre em lugar nenhum, de forma que se você realmente acredita que a única fonte de $\mathbf{D}$ é $\rho_l$, será forçado a concluir que $\mathbf{D} = 0$ em toda parte e que, portanto, $\mathbf{E} = (-1/\epsilon_0)\mathbf{P}$ dentro e $\mathbf{E} = 0$ fora do eletreto, o que obviamente está errado. (Deixo para você descobrir o lugar onde $\boldsymbol{\nabla}\times\mathbf{P} \neq 0$ neste problema.) Além do mais, como $\boldsymbol{\nabla}\times\mathbf{D} \neq 0$, $\mathbf{D}$ não pode ser expresso como gradiente de um escalar — não há 'potencial' para $\mathbf{D}$.

*Conselho:* quando lhe pedirem para calcular o deslocamento elétrico, analise primeiro a simetria. Se o problema tiver simetria esférica, cilíndrica ou plana, você poderá obter $\mathbf{D}$ diretamente a partir da Equação 4.23 com os métodos usuais da lei de Gauss. (Evidentemente nesses casos $\boldsymbol{\nabla}\times\mathbf{P}$ é automaticamente nulo, mas como a simetria por si determina a resposta, você não precisa realmente se preocupar com o rotacional.) Se o requisito simetria estiver ausente, você terá de pensar em outra abordagem e, particularmente, *não* deve presumir que $\mathbf{D}$ é determinado exclusivamente pela carga livre.

## 4.3.3 Condições de contorno

As condições de contorno da eletrostática da Seção 2.3.5 podem ser reformuladas em termos de $\mathbf{D}$. A Equação 4.23 nos dá a descontinuidade no componente perpendicular de uma interface:

$$D^{\perp}_{\text{acima}} - D^{\perp}_{\text{abaixo}} = \sigma_l, \tag{4.26}$$

enquanto a Equação 4.25 nos dá a descontinuidade dos componentes paralelos:

$$\mathbf{D}^{\parallel}_{\text{acima}} - \mathbf{D}^{\parallel}_{\text{abaixo}} = \mathbf{P}^{\parallel}_{\text{acima}} - \mathbf{P}^{\parallel}_{\text{abaixo}}. \tag{4.27}$$

Na presença de dielétricos, elas são às vezes mais úteis do que as condições de contorno correspondentes de $\mathbf{E}$ (equações 2.31 e 2.23):

$$E^{\perp}_{\text{acima}} - E^{\perp}_{\text{abaixo}} = \frac{1}{\epsilon_0}\sigma, \tag{4.28}$$

e

$$\mathbf{E}^{\parallel}_{\text{acima}} - \mathbf{E}^{\parallel}_{\text{abaixo}} = 0. \tag{4.29}$$

Você pode tentar aplicá-las, por exemplo, aos Problemas 4.16 e 4.17.

---

**Problema 4.17** Para a barra de eletreto do Problema 4.11, faça três esboços cuidadosos: um de $\mathbf{P}$, um de $\mathbf{E}$ e um de $\mathbf{D}$. Assuma que $L$ é cerca de $2a$. [*Dica:* linhas de $\mathbf{E}$ terminam em cargas; linhas $\mathbf{D}$ terminam em cargas *livres*.]

---

# 4.4 Dielétricos lineares

## 4.4.1 Suscetibilidade, permissividade, constante dielétrica

Nas Seções 4.2 e 4.3 não nos comprometemos com a *causa* de $\mathbf{P}$; lidamos apenas com os *efeitos* da polarização. A partir da discussão qualitativa da Seção 4.1, no entanto, sabemos que a polarização de um dielétrico normalmente resulta de um campo elétrico que alinha os dipolos atômicos ou moleculares. De fato, para muitas substâncias, a polarização é *proporcional* ao campo, desde que $\mathbf{E}$ não seja forte demais:

$$\mathbf{P} = \epsilon_0 \chi_e \mathbf{E}. \tag{4.30}$$

A constante de proporcionalidade, $\chi_e$, é chamada de **suscetibilidade elétrica** do meio (um fator $\epsilon_0$ foi extraído para tornar $\chi_e$ adimensional). O valor de $\chi_e$ depende da estrutura microscópica da substância em questão (e também de condições externas, tais como a temperatura). Os materiais que obedecem à Equação 4.30 serão chamados de **dielétricos lineares**.[4]

Observe que $\mathbf{E}$ na Equação 4.30 é o campo *total*; ele pode ser devido em parte a cargas livres e, em parte, à própria polarização. Se, por exemplo, colocarmos um dielétrico em um campo externo $\mathbf{E}_0$, não poderemos calcular $\mathbf{P}$ diretamente a partir da Equação 4.30; o campo externo irá polarizar o material; essa polarização produzirá seu próprio campo que então contribui para o campo total; este, por sua vez, modificará a polarização, e assim por diante. Quebrar esse ciclo infinito nem sempre é fácil. Você verá alguns exemplos a seguir. A abordagem mais simples é começar com o *deslocamento,* pelo menos nos casos em que $\mathbf{D}$ pode ser deduzido diretamente a partir da distribuição de carga livre.

Nos meios lineares temos

$$\mathbf{D} = \epsilon_0\mathbf{E} + \mathbf{P} = \epsilon_0\mathbf{E} + \epsilon_0\chi_e\mathbf{E} = \epsilon_0(1+\chi_e)\mathbf{E}, \tag{4.31}$$

de forma que $\mathbf{D}$ é *também* proporcional a $\mathbf{E}$:

$$\mathbf{D} = \epsilon\mathbf{E}, \tag{4.32}$$

onde

$$\epsilon \equiv \epsilon_0(1+\chi_e). \tag{4.33}$$

Esta nova constante $\epsilon$ é chamada de **permissividade** do material. (No vácuo, onde não há matéria para polarizar, a suscetibilidade é zero e a permissividade é $\epsilon_0$. Por isso, $\epsilon_0$ é chamada de **permissividade do vácuo**. Não gosto desse termo, pois ele sugere que o vácuo é apenas um tipo especial de dielétrico linear, no qual a permissividade, por acaso, tem o valor $8,85 \times 10^{-12}\ \mathrm{C}^2/\mathrm{N}\cdot\mathrm{m}^2$.) Se você dividir por $\epsilon_0$, a quantidade adimensional que resta

$$\epsilon_r \equiv 1 + \chi_e = \frac{\epsilon}{\epsilon_0} \tag{4.34}$$

---

4. Nas modernas aplicações óticas, principalmente, os materiais *não* lineares vêm se tornando cada vez mais importantes. Para eles, há um segundo termo na fórmula para $\mathbf{P}$ como função de $\mathbf{E}$ — tipicamente um termo *cúbico*. Em geral, a Equação 4.30 pode ser considerada como o primeiro termo (não nulo) na expansão de Taylor para $\mathbf{P}$ em potências de $\mathbf{E}$.

**Tabela 4.2** Constantes dielétricas (a menos que especificado de outra forma, os valores dados são para 1 atm e 20° C).

| Material | Constante dielétrica | Material | Constante dielétrica |
|---|---|---|---|
| Vácuo | 1 | Benzeno | 2,28 |
| Hélio | 1,000065 | Diamante | 5,7 |
| Neon | 1,00013 | Sal | 5,9 |
| Hidrogênio | 1,00025 | Silício | 11,8 |
| Argônio | 1,00052 | Metanol | 33,0 |
| Ar (seco) | 1,00054 | Água | 80,1 |
| Nitrogênio | 1,00055 | Gelo (-30° C) | 99 |
| Vapor d'água (100° C) | 1,00587 | $KTaNbO_3$ (0° C) | 34.000 |

*Fonte: Handbook of Chemistry and Physics*, 78ª ed. (Boca Raton: CRC Press, Inc., 1997).

é a chamada **permissividade relativa**, ou **constante dielétrica** do material. As constantes dielétricas de algumas substâncias comuns estão listadas na Tabela 4.2. É claro que a permissividade e a constante dielétrica não nos dão qualquer informação que já não estivesse disponível na suscetibilidade, e não há nada de essencialmente novo na Equação 4.32; a *física* dos dielétricos lineares está toda contida na Equação 4.30.[5]

## Exemplo 4.5

Uma esfera de metal de raio $a$ tem uma carga $Q$ (Figura 4.20). Ela está cercada, até o raio $b$, por um material dielétrico linear de permissividade $\epsilon$. Encontre o potencial no centro (relativo ao infinito).

**Solução:** para calcular $V$, precisamos conhecer $\mathbf{E}$; para encontrar $\mathbf{E}$, precisamos primeiro tentar localizar a carga de polarização. Poderíamos obter a carga de polarização a partir de $\mathbf{P}$, mas não podemos calcular $\mathbf{P}$ a menos que já conheçamos $\mathbf{E}$ (Equação 4.30). Aparentemente estamos amarrados. O *que* conhecemos é a carga *livre* $Q$, e, felizmente, o arranjo tem simetria esférica; portanto, vamos começar calculando $\mathbf{D}$, usando a Equação 4.23:

$$\mathbf{D} = \frac{Q}{4\pi r^2}\hat{\mathbf{r}}, \qquad \text{para todos os pontos } r > a.$$

(Dentro da esfera de metal, é claro, $\mathbf{E} = \mathbf{P} = \mathbf{D} = 0$.) Uma vez que conhecemos $\mathbf{D}$, torna-se uma questão simples obter $\mathbf{E}$, usando a Equação 4.32:

$$\mathbf{E} = \begin{cases} \dfrac{Q}{4\pi\epsilon r^2}\hat{\mathbf{r}}, & \text{para } a < r < b, \\[2ex] \dfrac{Q}{4\pi\epsilon_0 r^2}\hat{\mathbf{r}}, & \text{para } r > b. \end{cases}$$

O potencial no centro é, portanto,

$$\begin{aligned} V &= -\int_{\infty}^{0} \mathbf{E}\cdot d\mathbf{l} = -\int_{\infty}^{b}\left(\frac{Q}{4\pi\epsilon_0 r^2}\right)dr - \int_{b}^{a}\left(\frac{Q}{4\pi\epsilon r^2}\right)dr - \int_{a}^{0}(0)\,dr \\ &= \frac{Q}{4\pi}\left(\frac{1}{\epsilon_0 b} + \frac{1}{\epsilon a} - \frac{1}{\epsilon b}\right). \end{aligned}$$

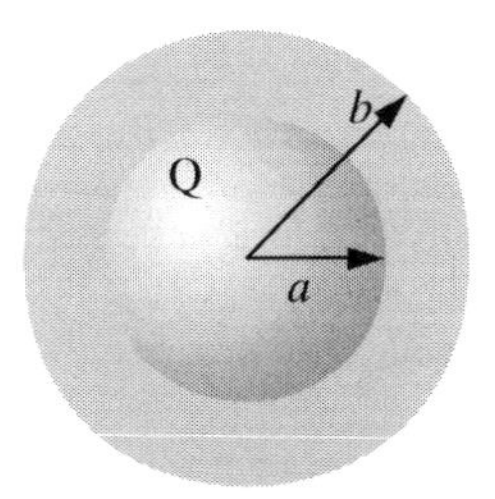


**Figura 4.20**

5. Já que nos embrenhamos nesta orgia de terminologia e notações desnecessárias, aproveito para mencionar que as fórmulas para **D** em termos de **E** (Equação 4.32, no caso de dielétricos lineares) são chamadas de **relações constitutivas**.

Constatamos que não foi necessário calcular explicitamente a polarização ou a carga de polarização, embora isso possa facilmente ser feito:

$$\mathbf{P} = \epsilon_0 \chi_e \mathbf{E} = \frac{\epsilon_0 \chi_e Q}{4\pi\epsilon r^2}\hat{\mathbf{r}},$$

no dielétrico e, portanto,

$$\rho_p = -\boldsymbol{\nabla} \cdot \mathbf{P} = 0,$$

enquanto

$$\sigma_p = \mathbf{P} \cdot \hat{\mathbf{n}} = \begin{cases} \dfrac{\epsilon_0 \chi_e Q}{4\pi\epsilon b^2}, & \text{na superfície externa,} \\ \dfrac{-\epsilon_0 \chi_e Q}{4\pi\epsilon a^2}, & \text{na superfície interna.} \end{cases}$$

Observe que a carga de polarização da superfície em $a$ é *negativa* ($\hat{\mathbf{n}}$ aponta para fora *com relação ao dielétrico,* que é $+\hat{\mathbf{r}}$ em $b$, mas $-\hat{\mathbf{r}}$ em $a$). Isto é natural, já que a carga na esfera de metal atrai sua oposta em todas as moléculas dielétricas. É esta camada de carga negativa que reduz o campo, dentro do dielétrico, de $1/4\pi\epsilon_0(Q/r^2)\hat{\mathbf{r}}$ para $1/4\pi\epsilon(Q/r^2)\hat{\mathbf{r}}$. Nesse sentido, um dielétrico é, de certa forma, como um *condutor* imperfeito: em uma casca *condutora,* a carga superficial induzida seria tal que cancelaria *completamente* o campo de $Q$ na região $a < r < b$; o dielétrico faz o melhor que pode, mas o cancelamento é apenas parcial.

---

Talvez você suponha que dielétricos lineares escapariam à falha do paralelo entre $\mathbf{E}$ e $\mathbf{D}$. Já que $\mathbf{P}$ e $\mathbf{D}$ são agora proporcionais a $\mathbf{E}$, não se segue que seus rotacionais, assim como o rotacional de $\mathbf{E}$, devem se anular? Infelizmente *não,* já que a integral de linha de $\mathbf{P}$ em torno de um caminho fechado que *está sobre o contorno entre um tipo de material e outro*, não tem, necessariamente, de ser zero, embora a integral de $\mathbf{E}$ em torno do mesmo laço *tenha.* O motivo é que o fator de proporcionalidade $\epsilon_0\chi_e$ é diferente dos dois lados. Por exemplo, na interface entre um dielétrico polarizado e o vácuo (Figura 4.21), $\mathbf{P}$ é zero de um lado, mas não do outro. Em torno desse laço $\oint \mathbf{P} \cdot d\mathbf{l} \neq 0$, e, portanto, pelo teorema de Stokes, o rotacional de $\mathbf{P}$ não pode se anular em toda parte dentro do laço (inclusive, ele é *infinito* no contorno).

É claro que se o espaço estiver *totalmente* preenchido com um dielétrico linear homogêneo[6] esta objeção é fútil. Nessa circunstância um tanto especial

$$\boldsymbol{\nabla} \cdot \mathbf{D} = \rho_l \quad \text{e} \quad \boldsymbol{\nabla} \times \mathbf{D} = 0,$$

então $\mathbf{D}$ pode ser calculado a partir da carga livre, como se o dielétrico não existisse:

$$\mathbf{D} = \epsilon_0 \mathbf{E}_{\text{vac}},$$

onde $\mathbf{E}_{\text{vac}}$ é o campo que a mesma distribuição de carga produziria na ausência de qualquer dielétrico. Conforme as Equações 4.32 e 4.34, portanto,

$$\mathbf{E} = \frac{1}{\epsilon}\mathbf{D} = \frac{1}{\epsilon_r}\mathbf{E}_{\text{vac}}. \tag{4.35}$$

*Conclusão:* quando o espaço todo está preenchido com um dielétrico linear homogêneo, o campo em toda parte é simplesmente reduzido por um fator de um sobre a constante dielétrica. (Na realidade não é necessário que o dielétrico preencha *todo* o espaço: em regiões onde o campo é zero, dificilmente importa se o dielétrico está presente ou não, já que de qualquer forma não há polarização.)

Por exemplo, se uma carga livre $q$ está incorporada a um grande dielétrico, o campo que ela produz é

$$\mathbf{E} = \frac{1}{4\pi\epsilon}\frac{q}{r^2}\hat{\mathbf{r}} \tag{4.36}$$

(é $\epsilon$, e não $\epsilon_0$), e a força que ela exerce sobre as cargas próximas é, consequentemente, reduzida. Mas não é que haja algo de errado com a lei de Coulomb; mais propriamente, a polarização do meio 'protege' parcialmente a carga, cercando-a com carga ligada de sinal oposto (Figura 4.22).[7]

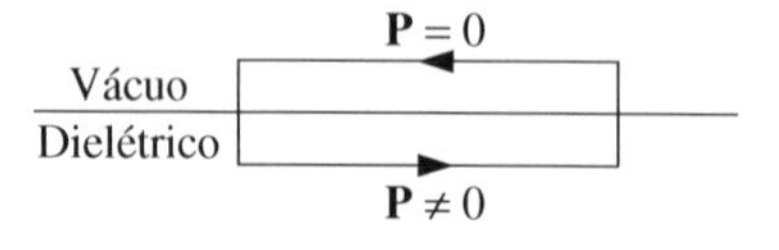


**Figura 4.21**

6. Um meio **homogêneo** é aquele cujas propriedades (neste caso a suscetibilidade) não variam com a posição.
7. Em eletrodinâmica *quântica*, o vácuo em si pode ser polarizado e isso significa que a carga efetiva (ou 'renormalizada') do elétron, como você a mediria em laboratório, não é o seu valor verdadeiro ('nu') e, de fato, depende ligeiramente da distância a que você está!

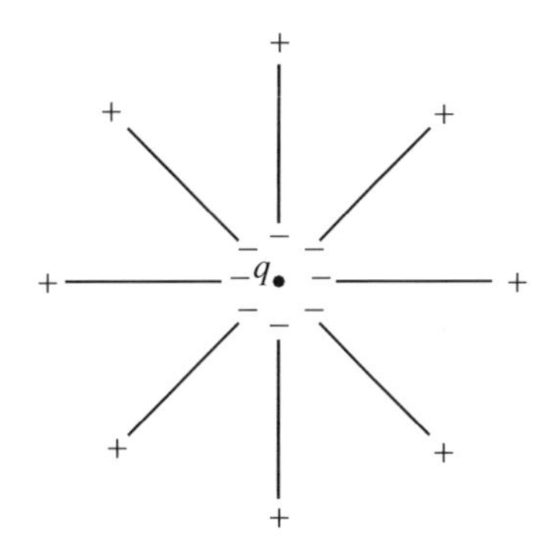


**Figura 4.22**

## Exemplo 4.6

Um capacitor de placas paralelas (Figura 4.23) é preenchido com material isolante de constante dielétrica $\epsilon_r$. Que efeito isso tem na sua capacitância?

**Solução:** como o campo está confinado ao espaço entre as placas, o dielétrico reduzirá **E**, e, portanto, também a diferença potencial $V$, por um fator de $1/\epsilon_r$. Consequentemente, a capacitância $C = Q/V$ *é aumentada por um fator da constante dielétrica,*

$$C = \epsilon_r C_{\text{vac}}. \tag{4.37}$$

Esta é, de fato, uma maneira comum de reforçar um capacitor.

**Figura 4.23**

Aliás, um *cristal* é geralmente mais fácil de ser polarizado em algumas direções do que em outras,[8] e, neste caso, a Equação 4.30 é substituída pela relação linear geral

$$\left. \begin{array}{l} P_x = \epsilon_0(\chi_{e_{xx}} E_x + \chi_{e_{xy}} E_y + \chi_{e_{xz}} E_z) \\ P_y = \epsilon_0(\chi_{e_{yx}} E_x + \chi_{e_{yy}} E_y + \chi_{e_{yz}} E_z) \\ P_z = \epsilon_0(\chi_{e_{zx}} E_x + \chi_{e_{zy}} E_y + \chi_{e_{zz}} E_z) \end{array} \right\}, \tag{4.38}$$

da mesma forma que a Equação 4.1 foi substituída pela Equação 4.3 para moléculas assimétricas. Os nove coeficientes, $\chi_{e_{xx}}$, $\chi_{e_{xy}}$,..., constituem o **tensor de suscetibilidade.**

8. Um meio é dito **isotrópico** se suas propriedades (tais como a suscetibilidade) são as mesmas em todas as direções. Assim, a Equação 4.30 é o caso especial da Equação 4.38 que é válida para meios isotrópicos. Os físicos tendem a ser negligentes com a linguagem e, a menos que esteja especificado o contrário, o termo 'dielétrico linear' com certeza significa 'dielétrico linear isotrópico' e provavelmente significa 'dielétrico linear isotrópico homogêneo'.

**Problema 4.18** O espaço entre as placas de um capacitor de placas paralelas (Figura 4.24) é preenchido com duas chapas de material dielétrico linear. Cada chapa tem espessura $a$, de forma que a distância total entre as placas é $2a$. A chapa 1 tem constante dielétrica 2, e a chapa 2 tem constante dielétrica $1,5$. A densidade de carga livre na placa superior é $\sigma$ e na placa inferior é $-\sigma$.

(a) Encontre o deslocamento dielétrico $\mathbf{D}$ em cada chapa.

(b) Encontre o campo elétrico $\mathbf{E}$ em cada chapa.

(c) Encontre a polarização $\mathbf{P}$ em cada chapa.

(d) Encontre a diferença de potencial entre as placas.

(e) Encontre a localização e a quantidade de toda a carga de polarização.

(f) Agora que você conhece toda a carga (livre e de polarização), recalcule o campo em cada chapa e confirme sua resposta para (b).

**Problema 4.19** Suponha que você tem material dielétrico linear de constante dielétrica $\epsilon_r$, em quantidade suficiente para preencher pela *metade* um capacitor de placas paralelas (Figura 4.25). Qual o coeficiente de aumento da capacitância quando você distribui o material como na Figura 4.25(a)? E como na Figura 4.25(b)? Para uma diferença de potencial $V$ dada entre as placas, encontre $\mathbf{E}$, $\mathbf{D}$ e $\mathbf{P}$, em cada região, como também a carga livre e a carga de polarização em todas as superfícies, para ambos os casos.

**Problema 4.20** Uma esfera de material dielétrico linear tem incorporada em si uma carga livre de densidade uniforme $\rho$. Encontre o potencial no centro da esfera (relativo ao infinito), se o seu raio é $R$ e sua constante dielétrica é $\epsilon_r$.

**Problema 4.21** Um certo cabo coaxial consiste de fio de cobre de raio $a$, cercado por um tubo concêntrico de cobre de raio interno $c$ (Figura 4.26). O espaço intermediário está parcialmente preenchido (entre $b$ e $c$) com material de constante dielétrica $\epsilon_r$, conforme mostrado. Encontre a capacitância por unidade de comprimento desse cabo.

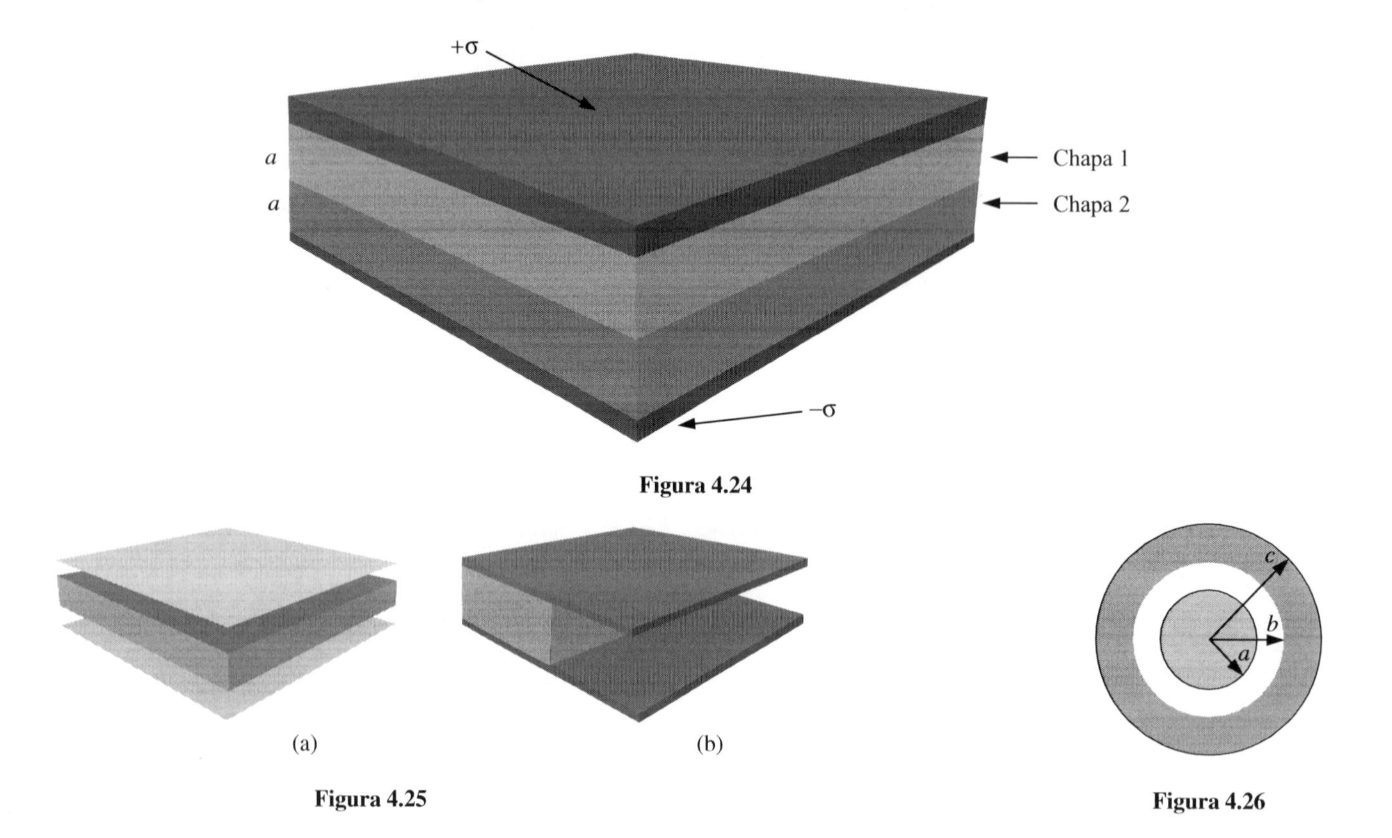


Figura 4.24

Figura 4.25

Figura 4.26

### 4.4.2 Problemas de valor de contorno com dielétricos lineares

Em um dielétrico linear homogêneo, a densidade de carga de polarização ($\rho_p$) é proporcional à densidade da carga livre ($\rho_l$):[9]

$$\rho_p = -\nabla \cdot \mathbf{P} = -\nabla \cdot \left(\epsilon_0 \frac{\chi_e}{\epsilon}\mathbf{D}\right) = -\left(\frac{\chi_e}{1+\chi_e}\right)\rho_l. \tag{4.39}$$

Em particular, a menos que a carga livre esteja de fato fixada no material, $\rho = 0$, e qualquer carga líquida deve estar na superfície. Dentro desse dielétrico, então, o potencial obedece à equação de Laplace e todos os mecanismos do Capítulo 3 se aplicam. É conveniente, no entanto, reescrever as condições de contorno de uma forma que faça referência apenas à carga livre. A Equação 4.26 diz

$$\epsilon_{\text{acima}} E^{\perp}_{\text{acima}} - \epsilon_{\text{abaixo}} E^{\perp}_{\text{abaixo}} = \sigma_l, \tag{4.40}$$

ou (em termos de potencial),

$$\epsilon_{\text{acima}} \frac{\partial V_{\text{acima}}}{\partial n} - \epsilon_{\text{abaixo}} \frac{\partial V_{\text{abaixo}}}{\partial n} = -\sigma_l, \tag{4.41}$$

ao passo que o potencial em si é, portanto, contínuo (Equação 2.34):

$$V_{\text{acima}} = V_{\text{abaixo}}. \tag{4.42}$$

---

**Exemplo 4.7**

Uma esfera de material dielétrico linear e homogêneo é colocada em um campo elétrico $\mathbf{E}_0$ (Figura 4.27). Encontre o campo elétrico dentro da esfera.

**Solução:** este exemplo é similar ao Exemplo 3.8, no qual uma esfera *condutora* de carga nula era introduzida em um campo uniforme. Naquele caso, o campo da carga induzida cancelava completamente $\mathbf{E}_0$ dentro da esfera. Em um *dielétrico,* o cancelamento (da carga produzida pela carga de polarização) é apenas parcial.

Nosso problema é resolver a equação de Laplace para $V_{\text{dentro}}(r, \theta)$ quando $r \leq R$, e $V_{\text{fora}}(r, \theta)$ quando $r \geq R$, respeitadas as condições de contorno

$$\left.\begin{array}{lrcll} \text{(i)} & V_{\text{dentro}} & = & V_{\text{fora}}, & \text{em } r = R, \\[6pt] \text{(ii)} & \epsilon \dfrac{\partial V_{\text{dentro}}}{\partial r} & = & \epsilon_0 \dfrac{\partial V_{\text{fora}}}{\partial r}, & \text{em } r = R, \\[6pt] \text{(iii)} & V_{\text{fora}} & \rightarrow & -E_0 r \cos\theta, & \text{para } r \gg R. \end{array}\right\} \tag{4.43}$$

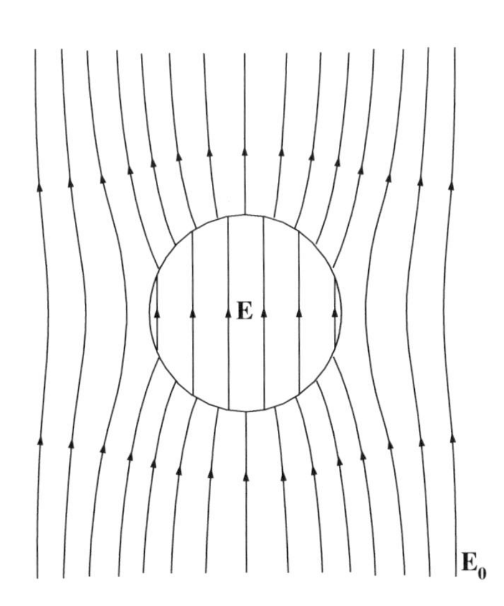


**Figura 4.27**

9. Isso não se aplica à carga superficial ($\sigma_p$), porque $\chi_e$ não é independente de posição (obviamente) no contorno.

(A segunda condição decorre da Equação 4.41, já que não há carga livre na superfície.) Dentro da esfera, diz a Equação 3.65 que

$$V_{\text{dentro}}(r,\theta) = \sum_{l=0}^{\infty} A_l\, r^l P_l(\cos\theta); \tag{4.44}$$

fora da esfera, diante de (iii), temos

$$V_{\text{fora}}(r,\theta) = -E_0 r\cos\theta + \sum_{l=0}^{\infty} \frac{B_l}{r^{l+1}} P_l(\cos\theta). \tag{4.45}$$

A condição de contorno (i) requer que

$$\sum_{l=0}^{\infty} A_l\, R^l P_l(\cos\theta) = -E_0 R\cos\theta + \sum_{l=0}^{\infty} \frac{B_l}{R^{l+1}} P_l(\cos\theta),$$

portanto[10]

$$\left.\begin{aligned} A_l R^l &= \frac{B_l}{R^{l+1}}, \quad \text{para } l \neq 1, \\ A_1 R &= -E_0 R + \frac{B_1}{R^2}. \end{aligned}\right\} \tag{4.46}$$

Por sua vez, a condição (ii) resulta em

$$\epsilon_r \sum_{l=0}^{\infty} l A_l R^{l-1} P_l(\cos\theta) = -E_0\cos\theta - \sum_{l=0}^{\infty} \frac{(l+1)B_l}{R^{l+2}} P_l(\cos\theta),$$

então

$$\left.\begin{aligned} \epsilon_r l A_l R^{l-1} &= -\frac{(l+1)B_l}{R^{l+2}}, \quad \text{para } l \neq 1, \\ \epsilon_r A_1 &= -E_0 - \frac{2B_1}{R^3}. \end{aligned}\right\} \tag{4.47}$$

Segue-se que

$$\left.\begin{aligned} A_l &= B_l = 0, \qquad \text{para } l \neq 1, \\ A_1 &= -\tfrac{3}{\epsilon_r+2}E_0 \quad B_1 = \tfrac{\epsilon_r-1}{\epsilon_r+2}R^3 E_0. \end{aligned}\right\} \tag{4.48}$$

Evidentemente,

$$V_{\text{dentro}}(r,\theta) = -\frac{3E_0}{\epsilon_r+2}\, r\cos\theta = -\frac{3E_0}{\epsilon_r+2}\, z,$$

e, portanto, o campo interno da esfera é (surpreendentemente) *uniforme*:

$$\mathbf{E} = \frac{3}{\epsilon_r+2}\mathbf{E}_0. \tag{4.49}$$

---

## Exemplo 4.8

Suponha que toda a região abaixo do plano $z = 0$ na Figura 4.28 está preenchida com material dielétrico linear e uniforme de suscetibilidade $\chi_e$. Calcule a força sobre uma carga pontual $q$ localizada a uma distância $d$ acima da origem.

**Solução:** a carga de polarização de superfície no plano $xy$ é de sinal oposto a $q$, de forma que a força será atrativa. (Em vista da Equação 4.39, não há carga de polarização no volume.) Vamos primeiro calcular $\sigma_p$, usando as Equações 4.11 e 4.30.

$$\sigma_p = \mathbf{P}\cdot\hat{\mathbf{n}} = P_z = \epsilon_0\chi_e E_z,$$

onde $E_z$ é o componente $z$ do campo total, logo no interior do dielétrico, em $z = 0$. Esse campo é devido em parte a $q$ e em parte à própria carga de polarização. A partir da lei de Coulomb, a primeira contribuição é

$$-\frac{1}{4\pi\epsilon_0}\frac{q}{(r^2+d^2)}\cos\theta = -\frac{1}{4\pi\epsilon_0}\frac{qd}{(r^2+d^2)^{3/2}},$$

10. Lembre-se, $P_1(\cos\theta) = \cos\theta$, e os coeficientes devem ser iguais para cada $l$, como você poderia comprovar multiplicando por $P_{l'}(\cos\theta)\,\mathrm{sen}\,\theta$, integrando de 0 a $\pi$, e recorrendo à ortogonalidade dos polinômios de Legendre (Equação 3.68).

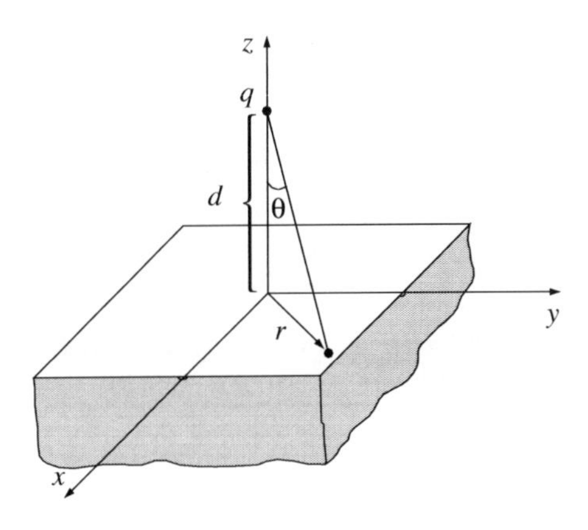


**Figura 4.28**

onde $r = \sqrt{x^2 + y^2}$ é a distância a partir da origem. O componente $z$ do campo da carga de polarização, por sua vez, é $-\sigma_p/2\epsilon_0$ (veja a nota de rodapé 6). Assim

$$\sigma_p = \epsilon_0 \chi_e \left[ -\frac{1}{4\pi\epsilon_0} \frac{qd}{(r^2 + d^2)^{3/2}} - \frac{\sigma_p}{2\epsilon_0} \right],$$

que podemos resolver para $\sigma_p$:

$$\sigma_p = -\frac{1}{2\pi} \left( \frac{\chi_e}{\chi_e + 2} \right) \frac{qd}{(r^2 + d^2)^{3/2}}. \tag{4.50}$$

Exceto pelo fator $\chi_e/(\chi_e + 2)$, isso é exatamente o mesmo que uma carga induzida em um plano *condutor* infinito sob circunstâncias similares (Equação 3.10).[11] Evidentemente, a carga de polarização *total* é

$$q_p = -\left( \frac{\chi_e}{\chi_e + 2} \right) q. \tag{4.51}$$

Podemos, é claro, obter o campo de $\sigma_p$ pela integração direta

$$\mathbf{E} = \frac{1}{4\pi\epsilon_0} \int \left( \frac{\hat{\boldsymbol{\imath}}}{\imath^2} \right) \sigma_p \, da.$$

Mas como no caso do plano condutor, existe uma solução mais interessante pelo método das imagens. De fato, se substituirmos o dielétrico por uma única carga pontual $q_p$ na posição de imagem $(0, 0, -d)$, temos

$$V = \frac{1}{4\pi\epsilon_0} \left[ \frac{q}{\sqrt{x^2 + y^2 + (z - d)^2}} + \frac{q_p}{\sqrt{x^2 + y^2 + (z + d)^2}} \right], \tag{4.52}$$

na região $z > 0$. Por sua vez, uma carga $(q + q_p)$ em $(0, 0, d)$ gera o potencial

$$V = \frac{1}{4\pi\epsilon_0} \left[ \frac{q + q_p}{\sqrt{x^2 + y^2 + (z - d)^2}} \right], \tag{4.53}$$

para a região $z < 0$. Juntas, as equações 4.52 e 4.53 constituem uma função que satisfaz a equação de Poisson com uma carga pontual $q$ em $(0, 0, d)$, que vai a zero no infinito; que é contínua na contorno $z = 0$, e cuja derivada normal exibe a descontinuidade apropriada para uma densidade superficial de carga $\sigma_p$ em $z = 0$:

$$-\epsilon_0 \left( \left. \frac{\partial V}{\partial z} \right|_{z=0^+} - \left. \frac{\partial V}{\partial z} \right|_{z=0^-} \right) = -\frac{1}{2\pi} \left( \frac{\chi_e}{\chi_e + 2} \right) \frac{qd}{(x^2 + y^2 + d^2)^{3/2}}.$$

Consequentemente, este é o potencial correto para o nosso problema. Particularmente, a força sobre $q$ é:

$$\mathbf{F} = \frac{1}{4\pi\epsilon_0} \frac{q q_p}{(2d)^2} \hat{\mathbf{z}} = -\frac{1}{4\pi\epsilon_0} \left( \frac{\chi_e}{\chi_e + 2} \right) \frac{q^2}{4d^2} \hat{\mathbf{z}}. \tag{4.54}$$

Não alego que tenha fornecido uma *motivação* irresistível para as Equações 4.52 e 4.53 — como todas as soluções por imagem, esta deve sua justificativa ao fato de que *funciona:* ela resolve a equação de Poisson e satisfaz as condições de contorno. No entanto,

11. Para alguns propósitos, um condutor pode ser considerado o caso limite de um dielétrico linear, com $\chi_e \to \infty$. Esta é, frequentemente, uma verificação útil; tente aplicá-la aos Exemplos 4.5, 4.6 e 4.7.

encontrar uma solução por imagem não é no todo uma questão de adivinhação. Existem pelo menos duas 'regras do jogo': (1) Você nunca deve colocar uma carga imagem na região em que está calculando o potencial. (Assim, a Equação 4.52 dá o potencial para $z > 0$, mas esta carga imagem $q_p$ está em $z = -d$; quando nos voltamos para a região $z < 0$ (Equação 4.53), a carga imagem $(q + q_p)$ está em $z = +d$.) (2) A soma das cargas imagem deve atingir o total correto em cada região. (Foi assim que eu soube usar $q_p$ para responder pela carga na região $z \leq 0$, e$(q + q_p)$ para cobrir a região $z \geq 0$.)

---

**Problema 4.22** Um cilindro muito longo de material dielétrico linear é colocado em um campo elétrico $\mathbf{E}_0$ que inicialmente é uniforme. Encontre o campo resultante dentro do cilindro. (O raio é $a$, a suscetibilidade é $\chi_e$ e o eixo é perpendicular a $\mathbf{E}_0$.)

**Problema 4.23** Encontre o campo dentro de uma esfera de material dielétrico linear em um campo elétrico $\mathbf{E}_0$ que inicialmente é uniforme (Exemplo 4.7) pelo seguinte método de aproximações sucessivas: primeiro faça de conta que o campo interno é apenas $\mathbf{E}_0$, e use a Equação 4.30 para escrever a polarização resultante $\mathbf{P}_0$. Esta polarização gera um campo próprio, $\mathbf{E}_1$ (Exemplo 4.2), que por sua vez modifica a polarização por uma quantidade $\mathbf{P}_1$, a qual altera ainda mais o campo por uma quantidade $\mathbf{E}_2$, e assim por diante. O campo resultante é $\mathbf{E}_0 + \mathbf{E}_1 + \mathbf{E}_2 + \cdots$. Some a série e compare sua resposta à Equação 4.49.

**Problema 4.24** Uma esfera condutora sem carga, de raio $a$, é revestida com uma casca isolante espessa (constante dielétrica $\epsilon_r$) até um raio $b$. Este objeto é agora colocado em um campo elétrico $\mathbf{E}_0$, que inicialmente é uniforme. Encontre o campo elétrico no isolante.

! **Problema 4.25** Suponha que a região *acima* do plano $xy$ no Exemplo 4.8 é *também* preenchida com um dielétrico linear, mas de uma suscetibilidade diferente $\chi_e'$. Encontre o potencial em toda parte.

---

### 4.4.3 Energia em sistemas dielétricos

Carregar um capacitor requer trabalho (Equação 2.55):

$$W = \tfrac{1}{2}CV^2.$$

Se o capacitor é preenchido com um dielétrico linear, sua capacitância excede o valor do vácuo por um fator igual à constante dielétrica,

$$C = \epsilon_r C_{\text{vac}},$$

como constatamos no Exemplo 4.6. Evidentemente, o trabalho necessário para carregar um capacitor preenchido com dielétrico é aumentado pelo mesmo fator. O motivo é bastante claro: você precisa colocar mais carga (livre) para atingir um determinado potencial porque parte do campo é cancelado pelas cargas ligadas.

No Capítulo 2, foi deduzida uma fórmula geral para a energia armazenada em qualquer sistema eletrostático (Equação 2.45):

$$W = \frac{\epsilon_0}{2}\int E^2\,d\tau. \tag{4.55}$$

O caso do capacitor preenchido com dielétrico sugere que ela poderia ser alterada para

$$W = \frac{\epsilon_0}{2}\int \epsilon_r E^2\,d\tau = \frac{1}{2}\int \mathbf{D}\cdot\mathbf{E}\,d\tau,$$

na presença de dielétricos lineares. Para *provar isto*, suponha que o material dielétrico está fixado em sua posição e que vamos aproximar as cargas livres, um pouquinho por vez. À medida que $\rho_l$ for aumentado por uma quantidade de $\Delta\rho_l$, a polarização irá mudar e com ela a distribuição de carga de polarização; mas estamos interessados somente no trabalho feito sobre a carga *livre* adicional:

$$\Delta W = \int (\Delta\rho_l)V\,d\tau. \tag{4.56}$$

Como $\boldsymbol{\nabla}\cdot\mathbf{D} = \rho_l$, $\Delta\rho_l = \boldsymbol{\nabla}\cdot(\Delta\mathbf{D})$, onde $\Delta\mathbf{D}$ é a alteração resultante em $\mathbf{D}$, então

$$\Delta W = \int [\boldsymbol{\nabla}\cdot(\Delta\mathbf{D})]V\,d\tau.$$

Agora

$$\boldsymbol{\nabla}\cdot[(\Delta\mathbf{D})V] = [\boldsymbol{\nabla}\cdot(\Delta\mathbf{D})]V + \Delta\mathbf{D}\cdot(\boldsymbol{\nabla}V),$$

e, portanto (integrando por partes):

$$\Delta W = \int \boldsymbol{\nabla} \cdot [(\Delta \mathbf{D})V]\, d\tau + \int (\Delta \mathbf{D}) \cdot \mathbf{E}\, d\tau.$$

O teorema do divergente transforma o primeiro termo em uma integral de superfície que se anula se integrarmos sobre todo o espaço. Portanto, o trabalho realizado é igual a

$$\Delta W = \int (\Delta \mathbf{D}) \cdot \mathbf{E}\, d\tau. \tag{4.57}$$

Até aqui, isso se aplica a *qualquer* material. Agora, se o meio for um dielétrico linear, então $\mathbf{D} = \epsilon \mathbf{E}$, portanto

$$\tfrac{1}{2}\Delta(\mathbf{D} \cdot \mathbf{E}) = \tfrac{1}{2}\Delta(\epsilon E^2) = \epsilon(\Delta \mathbf{E}) \cdot \mathbf{E} = (\Delta \mathbf{D}) \cdot \mathbf{E}$$

(para incrementos infinitesimais). Assim

$$\Delta W = \Delta \left( \frac{1}{2} \int \mathbf{D} \cdot \mathbf{E}\, d\tau \right).$$

O trabalho total realizado, então, à medida que aumentamos a carga livre de zero à sua configuração final, é

$$W = \frac{1}{2} \int \mathbf{D} \cdot \mathbf{E}\, d\tau, \tag{4.58}$$

como previsto.[12]

Pode intrigá-lo que a Equação 4.55, a qual deduzimos de forma bastante generalizada no Capítulo 2, aparentemente não se aplique na presença de dielétricos, onde é substituída pela Equação 4.58. A questão não é que uma ou outra dessas equações esteja *errada*, mas que elas se referem a questões um tanto diferentes. A distinção é sutil, portanto, voltemos ao começo: o que *queremos dizer* com 'a energia de um sistema'? *Resposta:* é o trabalho necessário para montar o sistema. Muito bem, mas quando se trata de dielétricos, há duas formas bastante diferentes de realizar esse processo: (1) aproximamos todas as cargas (livres *e* de polarização), uma por uma, com pinça, e colamos cada uma no seu lugar final adequado. Se é *isto* o que você quer dizer com 'montar o sistema', a Equação 4.55 é a sua fórmula para a energia armazenada. Observe, no entanto, que isso *não* inclui o trabalho necessário para estirar e torcer as moléculas dielétricas (se imaginarmos as cargas positivas e negativas como unidas por molas minúsculas, não inclui a energia elástica da mola, $\frac{1}{2}kx^2$, associada à polarização de cada molécula).[13] (2) Com o dielétrico não polarizado posicionado, aproximamos as cargas *livres* uma por uma, deixando que o dielétrico responda como achar adequado. Se *isto* é o que você quer dizer com 'montar o sistema' (e geralmente *é,* já que a carga livre é o que de fato movimentamos), então a Equação 4.58 é a fórmula que você quer. Neste caso, a energia elástica 'de mola' *está* incluída, embora indiretamente, porque a força que você tem de aplicar às cargas *livres* depende da disposição das cargas *de polarização*; à medida que você movimenta as cargas livres, está automaticamente esticando essas 'molas'. Colocando de outra forma, no método (2) a energia total do sistema consiste de três partes: a energia eletrostática da carga livre, a energia eletrostática da carga de polarização e a energia elástica da 'mola':

$$W_{\text{tot}} = W_{\text{livre}} + W_{\text{de polarização}} + W_{\text{mola}}.$$

As duas últimas são iguais e opostas (no procedimento (2) as cargas de polarização estão sempre em equilíbrio e, portanto, o trabalho *líquido* feito sobre elas é nulo); assim, o cálculo de $W_{\text{livre}}$ pelo método (2) na realidade resulta no cálculo de $W_{\text{tot}}$, enquanto pelo método (1), o cálculo de $W_{\text{livre}} + W_{\text{de polarização}}$ deixa de fora $W_{\text{mola}}$.

A propósito, alega-se, às vezes, que a Equação 4.58 representa a energia mesmo para dielétricos *não* lineares, mas isso é falso. Para ir além da Equação 4.57 é preciso assumir linearidade. De fato, para sistemas dissipativos, toda a noção de 'energia armazenada' perde o significado, porque o trabalho feito depende não somente da configuração final, mas também de *como se chegou até ela.* Se as 'molas' moleculares puderem ter algum *atrito,* por exemplo, então $W_{\text{mola}}$ poderá ser tão grande quanto você quiser, montando-se as cargas de tal forma que a mola é obrigada a expandir-se e contrair-se muitas vezes antes de chegar ao seu estado final. Os resultados são sem sentido, sobretudo se você tentar aplicar a Equação 4.58 a eletretos, com polarização congelada (veja o Problema 4.27).

12. Caso você esteja se perguntando por que não fiz isto de uma forma mais simples pelo método da Seção 2.4.3, começando com $W = \frac{1}{2}\int \rho_l V\, d\tau$, o motivo é que *esta* fórmula geralmente não é verdadeira. Estude a dedução da Equação 2.42 e você verá que ela se aplica apenas à carga *total.* Para dielétricos *lineares* ela funciona somente com as cargas livres, mas isso dificilmente fica óbvio *a priori* e, de fato, se confirma com mais facilidade trabalhando retroativamente a partir da Equação 4.58.

13. A própria 'mola' pode ser de natureza elétrica, mas mesmo assim não está incluída na Equação 4.55, se $\mathbf{E}$ for considerado o campo *macroscópico.*

**Problema 4.26** Um condutor esférico de raio $a$ tem uma carga $Q$ (Figura 4.29). Ele está cercado por um material dielétrico linear de suscetibilidade $\chi_e$, até o raio $p$. Calcule a energia desta configuração (Equação 4.58).

**Problema 4.27** Calcule $W$ usando as Equações 4.55 e 4.58, para uma esfera de raio $R$ com polarização uniforme congelada $\mathbf{P}$ (Exemplo 4.2). Comente sobre a discrepância. Qual (se alguma) é a 'verdadeira' energia do sistema?

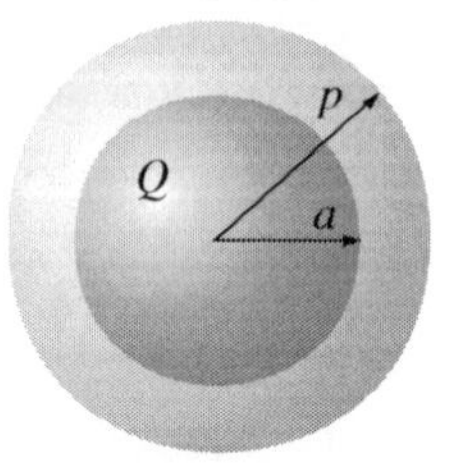


**Figura 4.29**

### 4.4.4 Forças em dielétricos

Assim como um condutor é atraído para um campo elétrico (Equação 2.51), o mesmo ocorre com um dielétrico — e basicamente pela mesma razão: a carga de polarização tende a se acumular próxima à carga livre de sinal oposto. Mas o cálculo da força nos dielétricos pode ser surpreendentemente complicado. Considere, por exemplo, o caso de uma chapa de material dielétrico linear, parcialmente inserida entre as placas de um capacitor de placas paralelas (Figura 4.30). Sempre fizemos de conta que o campo é uniforme dentro de um capacitor de placas paralelas, e que é nulo fora dele. Se isso fosse literalmente verdade, não haveria qualquer força líquida no dielétrico, já o campo em toda parte seria perpendicular às placas. No entanto, existe na realidade um **campo marginal** em torno das beiradas que para a maioria dos propósitos pode ser

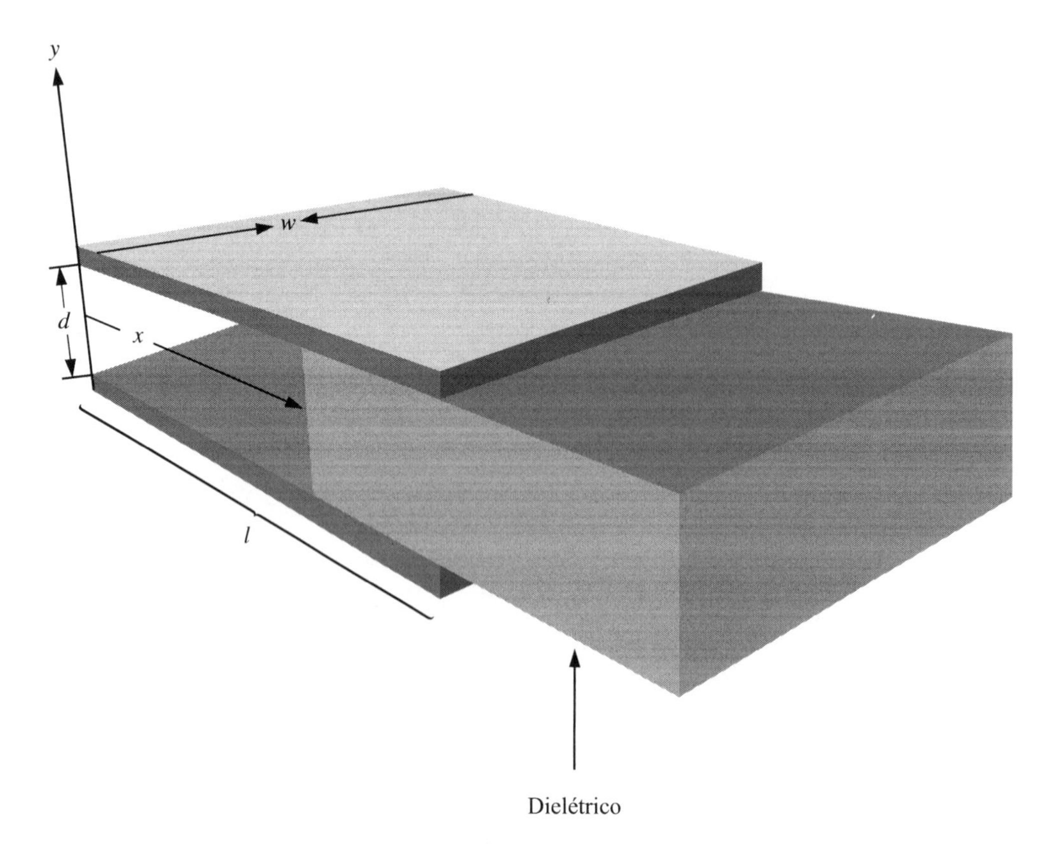


**Figura 4.30**

ignorado, mas que neste caso é responsável pelo efeito todo. (De fato, o campo não *poderia* terminar de repente na beirada do capacitor, porque se isso acontecesse, a integral de linha de $\mathbf{E}$ em torno do caminho fechado mostrado na Figura 4.31 não seria zero.) É esse campo marginal não uniforme que puxa o dielétrico para dentro do capacitor.

Os campos marginais são notoriamente difíceis de serem calculados. Por sorte, podemos evitar isso usando o método criativo a seguir. Considere que $W$ é a energia do sistema — ela depende, é claro, da quantidade de superposição. Se eu puxar o dielétrico para fora numa distância infinitesimal $dx$, a energia se altera em quantidade igual à do trabalho feito:

$$dW = F_{\text{minha}}\, dx, \tag{4.59}$$

onde $F_{\text{minha}}$ é a força que devo exercer para neutralizar a força elétrica $F$ do dielétrico: $F_{\text{minha}} = -F$. Portanto, a força elétrica na chapa é

$$F = -\frac{dW}{dx}. \tag{4.60}$$

Já a energia armazenada no capacitor é

$$W = \tfrac{1}{2}CV^2, \tag{4.61}$$

e a capacitância, neste caso, é

$$C = \frac{\epsilon_0 w}{d}(\epsilon_r l - \chi_e x), \tag{4.62}$$

onde $l$ é o comprimento das placas (Figura 4.30). Vamos assumir que a carga total nas placas ($Q = CV$) é mantida constante, enquanto o dielétrico se movimenta. Em termos de $Q$,

$$W = \frac{1}{2}\frac{Q^2}{C}, \tag{4.63}$$

então

$$F = -\frac{dW}{dx} = \frac{1}{2}\frac{Q^2}{C^2}\frac{dC}{dx} = \frac{1}{2}V^2\frac{dC}{dx}. \tag{4.64}$$

Mas

$$\frac{dC}{dx} = -\frac{\epsilon_0 \chi_e w}{d},$$

e, portanto,

$$F = -\frac{\epsilon_0 \chi_e w}{2d}V^2. \tag{4.65}$$

(O sinal negativo indica que a força está no sentido negativo de $x$; o dielétrico é puxado para *dentro* do capacitor.)

É um erro comum usar a Equação 4.61 (com $V$ constante) no lugar da Equação 4.63 (com $Q$ constante) para calcular a força. Obtém-se, nesse caso

$$F = -\frac{1}{2}V^2\frac{dC}{dx},$$

que está errado devido a um sinal. É *possível*, é claro, manter o capacitor em potencial fixo, conectando-o a uma bateria. Mas nesse caso, a *bateria também trabalha* quando o dielétrico se move; em lugar da Equação 4.59, agora temos

$$dW = F_{\text{minha}}\, dx + V\, dQ, \tag{4.66}$$

onde $V\,dQ$ é o trabalho feito pela bateria. Segue-se que

$$F = -\frac{dW}{dx} + V\frac{dQ}{dx} = -\frac{1}{2}V^2\frac{dC}{dx} + V^2\frac{dC}{dx} = \frac{1}{2}V^2\frac{dC}{dx}, \tag{4.67}$$

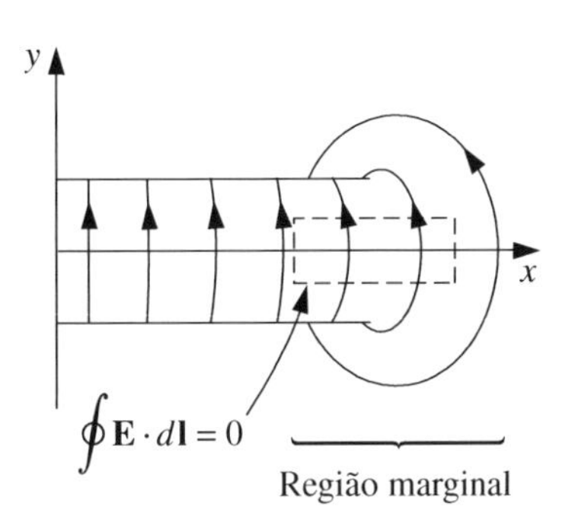


**Figura 4.31**

o mesmo que antes (Equação 4.64), com o sinal *correto*. (Por favor, entenda que a força no dielétrico não pode, de forma alguma, depender da sua escolha em manter $Q$ ou $V$ constante — ela é totalmente determinada pela distribuição de carga, livre e de polarização. É mais fácil *calcular* a força com $Q$ constante, porque, então, você não precisa se preocupar com o trabalho feito pela bateria; mas se você insiste, pode ser feito corretamente de um jeito ou de outro.)

Observe que pudemos determinar a força *sem saber nada sobre os campos marginais que são, em última instância, responsáveis por ela!* Está inserido, é claro, na estrutura geral da eletrostática que $\nabla \times \mathbf{E} = 0$, e que, portanto, os campos marginais devem estar presentes; não é que estejamos obtendo algo sem finalidade, mas apenas explorando de forma inteligente a coerência interna da teoria. A energia armazenada nos próprios campos marginais (que não foi considerada nesta dedução) permanece constante, à medida que a chapa se movimenta; o *que* se modifica é a energia *dentro* do capacitor, onde o campo é uniforme.

---

**Problema 4.28** Dois tubos longos de metal, cilíndricos e coaxiais (raio interno $a$, raio externo $b$) estão colocados verticalmente em um tanque de óleo dielétrico (suscetibilidade $\chi_e$, densidade de massa $\rho$). O tubo interno é mantido a um potencial $V$, enquanto o externo está aterrado (Figura 4.32). A que altura ($h$) o óleo sobe no espaço entre os tubos?

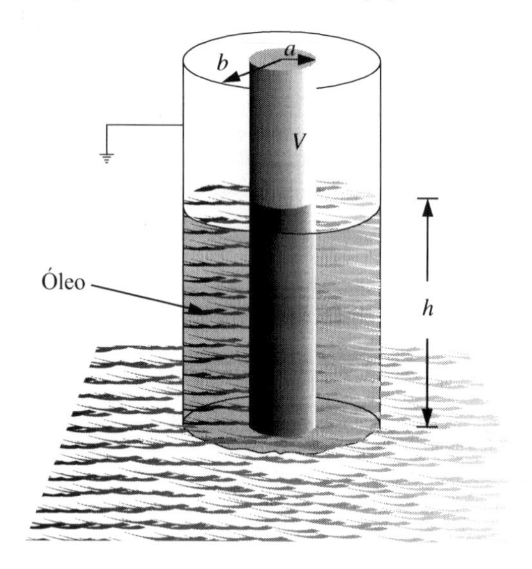


**Figura 4.32**

---

## Mais problemas do Capítulo 4

**Problema 4.29** (a) Para a configuração do Problema 4.5, calcule a *força* em $\mathbf{p}_2$ devida a $\mathbf{p}_1$, e a força em $\mathbf{p}_1$ devida a $\mathbf{p}_2$. As respostas são coerentes com a terceira lei de Newton?

(b) Encontre o torque total em $\mathbf{p}_2$ *com relação ao centro de* $\mathbf{p}_1$, e compare com o torque de $\mathbf{p}_1$ *em torno do mesmo ponto*. [*Dica:* combine a sua resposta para (a) com o resultado do Problema 4.5.]

**Problema 4.30** Um dipolo elétrico $\mathbf{p}$, apontando na direção $y$, é colocado a meio caminho entre duas grandes placas condutoras, como mostra a Figura 4.33. Cada placa forma um pequeno ângulo $\theta$ em relação ao eixo $x$ e as duas são mantidas em potenciais $\pm V$. Qual é a *direção* da força líquida sobre $\mathbf{p}$? (Aqui não há o que *calcular*, mas explique sua resposta qualitativamente.)

**Problema 4.31** Um cubo dielétrico de lado $a$, centrado na origem, tem uma polarização 'congelada' $\mathbf{P} = k\mathbf{r}$, onde $k$ é uma constante. Encontre todas as cargas de polarização e verifique se sua soma total é zero.

**Problema 4.32** Uma carga pontual $q$ está embutida no centro de uma esfera de material dielétrico linear (com suscetibilidade $\chi_e$ e raio $R$). Encontre o campo elétrico, a polarização e as densidades $\rho_p$ e $\sigma_p$ das cargas de polarização. Qual é a carga de polarização total na superfície? Onde está localizada a carga de polarização negativa de compensação?

**Problema 4.33** Na interface entre um dielétrico linear e outro, as linhas do campo elétrico se dobram (veja a Figura 4.34). Mostre que

$$\operatorname{tg}\theta_2/\operatorname{tg}\theta_1 = \epsilon_2/\epsilon_1, \tag{4.68}$$

assumindo que não haja carga *livre* no contorno. [*Comentário:* a Equação 4.68 lembra a lei de Snell na ótica. Uma 'lente' convexa de material dielétrico teria a tendência de 'focar' ou 'desfocar' o campo elétrico?]

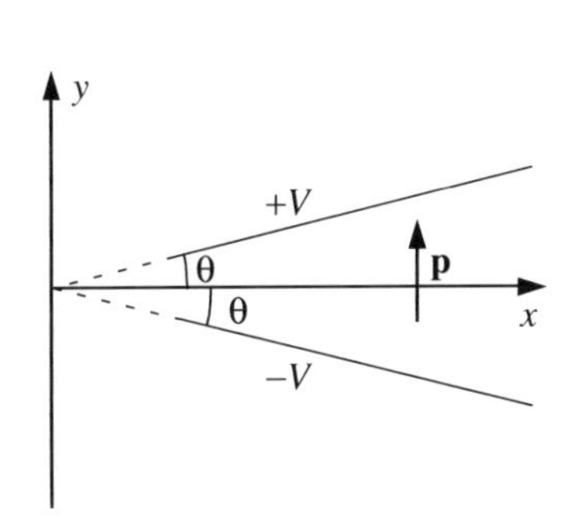


**Figura 4.33**

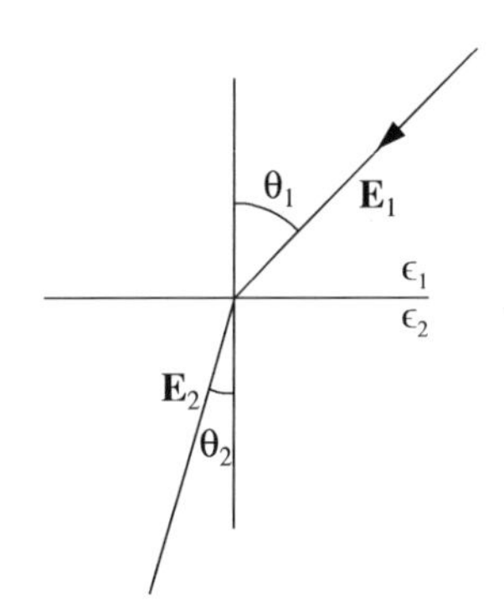


**Figura 4.34**

! **Problema 4.34** Um dipolo pontual $\mathbf{p}$ está embutido no centro de uma esfera de material dielétrico linear (com raio $R$ e constante dielétrica $\epsilon_r$). Encontre o potencial elétrico dentro e fora da esfera.

$$\left[\textit{Resposta:}\quad \frac{p\cos\theta}{4\pi\epsilon r^2}\left(1+2\frac{r^3}{R^3}\frac{(\epsilon_r-1)}{(\epsilon_r+2)}\right),\ (r\le R);\quad \frac{p\cos\theta}{4\pi\epsilon_0 r^2}\left(\frac{3}{\epsilon_r+2}\right),\ (r\ge R)\right]$$

**Problema 4.35** Prove o seguinte teorema de unicidade: um volume $\mathcal{V}$ contém uma distribuição de carga livre especificada e vários pedaços de material dielétrico linear, sendo a suscetibilidade de cada um deles dada. Se o potencial for especificado nos contornos $\mathcal{S}$ de $\mathcal{V}$ ($V = 0$ no infinito seria adequado), então o potencial em $\mathcal{V}$ inteiro será univocamente determinado. [*Dica:* integre $\boldsymbol{\nabla}\cdot(V_3\mathbf{D}_3)$ sobre $\mathcal{V}$.]

**Problema 4.36** Uma esfera condutora com potencial $V_0$ está embutida pela metade em material dielétrico linear de suscetibilidade $\chi_e$, que ocupa a região $z < 0$ (Figura 4.35). *Alegação:* o potencial em toda parte é exatamente o mesmo que seria na ausência do dielétrico! Verifique esta alegação como se segue:

(a) Escreva a fórmula para o potencial proposto $V(r)$, em termos de $V_0$, $R$ e $r$. Use-o para determinar o campo, a polarização, a carga de polarização e a distribuição de carga livre na esfera.

(b) Mostre que a configuração de carga total de fato produziria o potencial $V(r)$.

(c) Recorra ao teorema de unicidade do Problema 4.35 para completar o argumento.

(d) Você poderia resolver as configurações da Figura 4.36 com o mesmo potencial? Se não, explique *por quê.*

**Problema 4.37** Segundo a Equação 4.5, a força em um único dipolo é $(\mathbf{p}\cdot\boldsymbol{\nabla})\mathbf{E}$, de forma que a força *líquida* em um objeto dielétrico é

$$\mathbf{F} = \int (\mathbf{P}\cdot\boldsymbol{\nabla})\mathbf{E}_{\text{ext}}\,d\tau. \tag{4.69}$$

[Aqui $\mathbf{E}_{\text{ext}}$ é o campo de tudo, *exceto* o dielétrico. Você pode pressupor que não importaria se usasse o campo *total*; afinal, o dielétrico não pode exercer força sobre *si mesmo.* No entanto, como o campo do dielétrico é descontínuo no local de qualquer carga superficial, a derivada introduz uma função delta espúria e você tem de acrescentar um termo de superfície para compensação, ou (melhor) ficar com $\mathbf{E}_{\text{ext}}$, que não sofre descontinuidade.] Use a Equação 4.69 para determinar a força sobre uma esfera minúscula de raio $R$, composta de material dielétrico linear de suscetibilidade $\chi_e$, que está situada a uma distância $s$ de um fio fino que possui uma densidade linear de carga uniforme $\lambda$.

! **Problema 4.38** Em um dielétrico linear, a polarização é proporcional ao campo: $\mathbf{P} = \epsilon_0\chi_e\mathbf{E}$. Se o material consiste de átomos (ou de moléculas não polares), o momento de dipolo induzido de cada um é da mesma forma proporcional ao campo $\mathbf{p} = \alpha\mathbf{E}$. *Pergunta:* qual a relação entre polarizabilidade atômica $\alpha$ e a suscetibilidade $\chi_e$?

Como $\mathbf{P}$ (o momento de dipolo por unidade de volume) é $\mathbf{p}$ (o momento de dipolo por átomo) vezes $N$ (o número de átomos por unidade de volume), $\mathbf{P} = N\mathbf{p} = N\alpha\mathbf{E}$, a tendência inicial é dizer que

$$\chi_e = \frac{N\alpha}{\epsilon_0}. \tag{4.70}$$

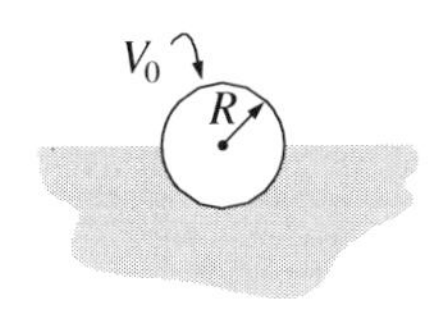


**Figura 4.35**

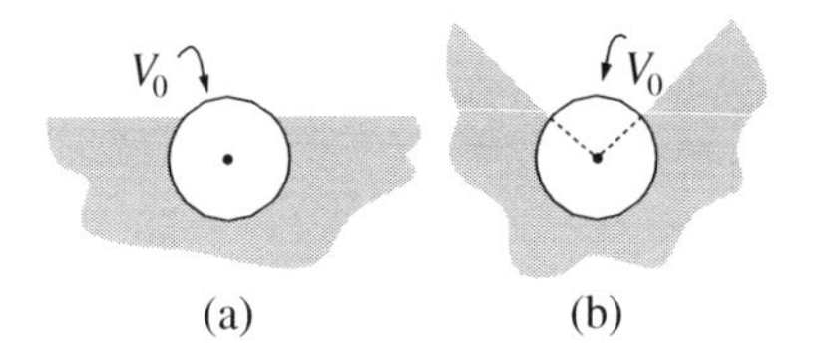


**Figura 4.36**

E, de fato, isso não está tão errado se a densidade for baixa. Mas um exame mais de perto revela um problema sutil, já que o campo **E** na Equação 4.30 é o campo *total macroscópico* no meio, enquanto o campo na Equação 4.1 é devido a tudo, *exceto* o átomo particular que está sendo considerado (a polarizabilidade foi definida para um átomo isolado sujeito a um campo externo específico); chame este campo de $\mathbf{E}_{\text{dos outros}}$. Imagine que o espaço alocado para cada átomo é uma esfera de raio $R$, e mostre que

$$\mathbf{E} = \left(1 - \frac{N\alpha}{3\epsilon_0}\right) \mathbf{E}_{\text{dos outros}}. \tag{4.71}$$

Use isso para concluir que

$$\chi_e = \frac{N\alpha/\epsilon_0}{1 - N\alpha/3\epsilon_0},$$

ou

$$\alpha = \frac{3\epsilon_0}{N}\left(\frac{\epsilon_r - 1}{\epsilon_r + 2}\right). \tag{4.72}$$

A Equação 4.72 é conhecida como a Fórmula de **Clausius-Mossotti**, ou, na sua aplicação em ótica, equação de **Lorentz-Lorenz**.

**Problema 4.39** Verifique a relação de Clausius-Mossotti (Equação 4.72) para os gases listados na Tabela 4.1. (As constantes dielétricas são dadas na Tabela 4.2.) (As densidades aqui são tão pequenas que as Equações 4.70 e 4.72 são indistinguíveis. Para dados experimentais que confirmam o termo de correção de Clausius-Mossotti consulte, por exemplo, a primeira edição de *Electricity and Magnetism,* de Purcell, Problema 9.28.)[14]

! **Problema 4.40** A equação de Clausius-Mossotti (Problema 4.38) lhe diz como calcular a suscetibilidade de uma substância *não polar*, em termos da polarizabilidade atômica $\alpha$. A equação de Langevin lhe diz como calcular a suscetibilidade de uma substância *polar*, em termos de momento de dipolo molecular permanente $p$. Eis como funciona:

(a) A energia de um dipolo em um campo externo **E** é $u = -\mathbf{p} \cdot \mathbf{E}$ (Equação 4.6); seu alcance é de $-pE$ a $+pE$, dependendo da direção. A mecânica estatística diz que para um material em equilíbrio a uma temperatura absoluta $T$, a probabilidade de uma dada molécula ter energia $u$ é proporcional ao fator de Boltzmann,

$$\exp(-u/kT).$$

A energia média dos dipolos é, portanto,

$$<u> = \frac{\int u e^{-(u/kT)}\, du}{\int e^{-(u/kT)}\, du},$$

onde as integrais vão de $-pE$ a $+pE$. Use isso para mostrar que a polarização de uma substância contendo $N$ moléculas por unidade de volume é

$$P = Np[\coth(pE/kT) - (kT/pE)]. \tag{4.73}$$

Essa é a **fórmula de Langevin**. Desenhe $P/Np$ como uma função de $pE/kT$.

(b) Observe que para campos grandes/temperaturas baixas, virtualmente *todas* as moléculas estão alinhadas e o material é *não* linear. Normalmente, no entanto, $kT$ é muito maior que $pE$. Mostre que nesse regime, o material *é* linear, e calcule sua suscetibilidade, em termos de $N$, $p$, $T$ e $k$. Calcule a suscetibilidade da água a 20° C, e compare ao valor experimental da Tabela 4.2. (O momento de dipolo da água é $6,1 \times 10^{-30}$ C·m.) A discrepância é grande porque mais uma vez negligenciamos a distinção entre **E** e $\mathbf{E}_{\text{dos outros}}$. A concordância é melhor em gases de baixa densidade, para os quais a diferença entre **E** e $\mathbf{E}_{\text{dos outros}}$ é desprezível. Experimente para o vapor d'água a 100° C e 1 atm.

14. E. M. Purcell, *Electricity and Magnetism* (Berkeley Physics Course, Vol. 2), (New York: McGraw-Hill, 1963).

# Capítulo 5

# Magnetostática

## 5.1 Lei de força de Lorentz

### 5.1.1 Campos magnéticos

Lembre-se do problema básico da eletrodinâmica clássica: temos uma série de cargas $q_1$, $q_2$, $q_3$, ... (as cargas 'fontes'), e queremos calcular a força que elas exercem em alguma outra carga $Q$ (a carga de 'prova'). (Veja a Figura 5.1.) Segundo o princípio da superposição, basta encontrar a força de uma *única* carga fonte — o total será a soma vetorial de todas as forças individuais. Até agora, restringimos nossa atenção ao caso mais simples, a *eletrostática*, na qual a carga fonte está *em repouso* (embora a carga de prova não tenha necessariamente que estar). Chegou a hora de considerar as forças entre cargas *em movimento*.

Para lhe dar uma ideia do que o aguarda, imagine que foi montada a seguinte demonstração: dois fios estão pendurados a partir do teto, a poucos centímetros um do outro; quando ligamos uma corrente, de forma que suba por um dos fios e desça pelo outro, os fios se afastam, de repente — eles evidentemente se repelem (Figura 5.2(a)). Como você explica isso? Bem, talvez você suponha que a bateria (ou seja, o que for que conduz a corrente) está carregando o fio e que a força é simplesmente devida à repulsão elétrica de cargas iguais. Mas esta explicação está incorreta. Se eu mantivesse uma carga de prova próxima

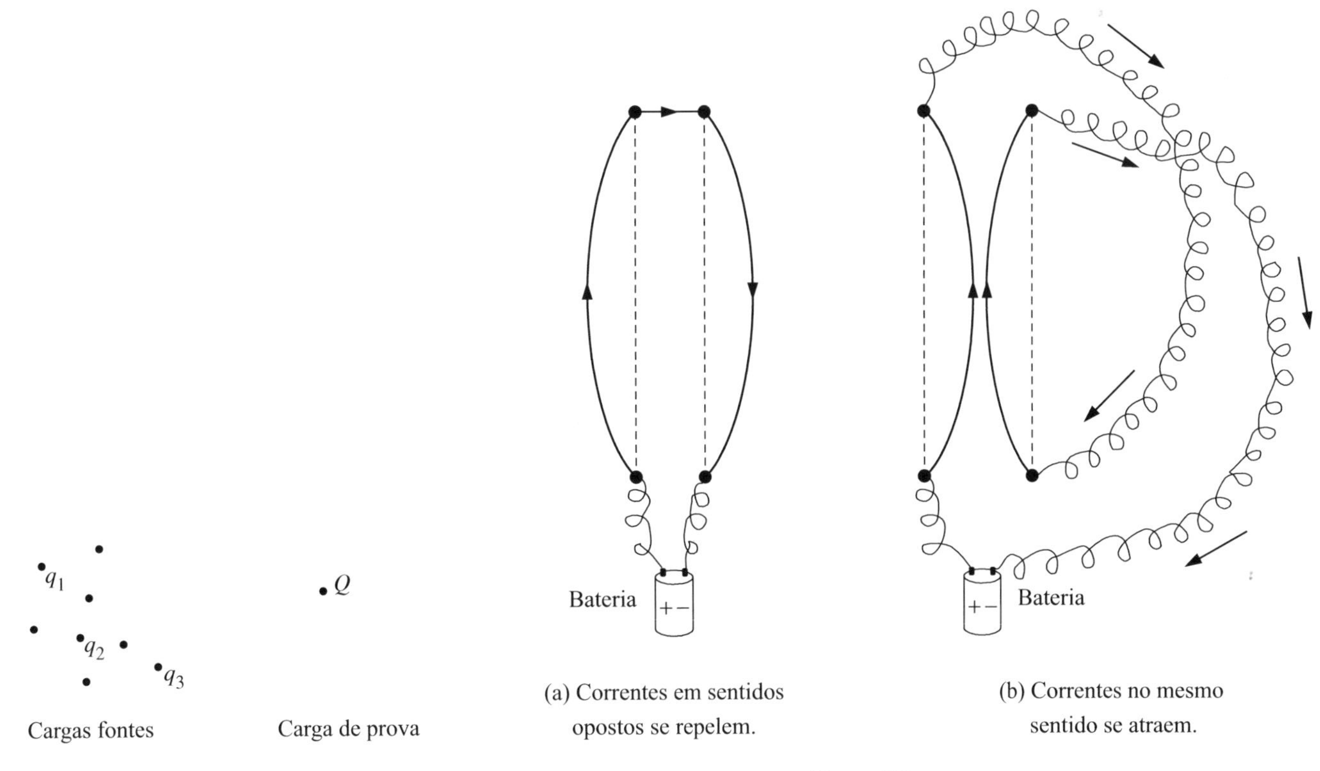


Figura 5.1

(a) Correntes em sentidos opostos se repelem.

(b) Correntes no mesmo sentido se atraem.

Figura 5.2

a esses fios, *não* haveria qualquer força sobre ela, já que os fios são, de fato, eletricamente neutros. (É verdade que elétrons estão fluindo pelo fio — uma corrente *é* isso — mas existem tantas cargas estacionárias positivas quanto cargas negativas em movimento em qualquer segmento dado.) Além disso, eu poderia montar minha demonstração de forma que a corrente passasse por *ambos* os fios (Figura 5.2(b)); neste caso, elas *se atraem.*

Seja qual for a força que responde pela atração de correntes paralelas e pela repulsão de correntes antiparalelas (em sentidos opostos), ela *não* é de natureza eletrostática. É nosso primeiro encontro com uma força *magnética*. Enquanto uma carga *estacionária* produz somente um campo elétrico **E** no espaço à sua volta, uma carga *em movimento* gera, também, um campo magnético **B**. Inclusive, os campos magnéticos são muito mais fáceis de serem detectados na prática — você só precisa de uma bússola. Como esses dispositivos funcionam é irrelevante no momento: basta saber que a agulha aponta na direção do campo magnético local. Normalmente, isso significa o *norte*, em resposta ao campo magnético da *Terra*, mas em um laboratório, onde os campos típicos podem ser centenas de vezes mais fortes que isso, a bússola indica a direção do campo magnético que estiver presente.

Agora, se você colocar uma bússola pequena nas proximidades de um fio condutor de corrente, rapidamente irá descobrir algo bastante peculiar: o campo não aponta *em direção* ao fio, ou *afastando-se* dele, mas de fato, *circula em torno do fio*. Inclusive, se você segurar o fio com a mão direita — com o polegar no sentido da corrente — seus dedos irão se dobrar na direção do campo magnético (Figura 5.3). Como pode esse campo levar a uma força de atração sobre uma corrente paralela próxima? No segundo fio, o campo magnético aponta para *dentro da página* (Figura 5.4), a velocidade das cargas é *para cima*, e, mesmo assim, a força resultante é *para a esquerda*. Será preciso uma lei estranha para explicar essas direções! Apresentaremos essa lei na próxima seção. Mais adiante, na Seção 5.2, voltaremos ao que é logicamente a pergunta inicial: como se calcula o campo magnético do primeiro fio?

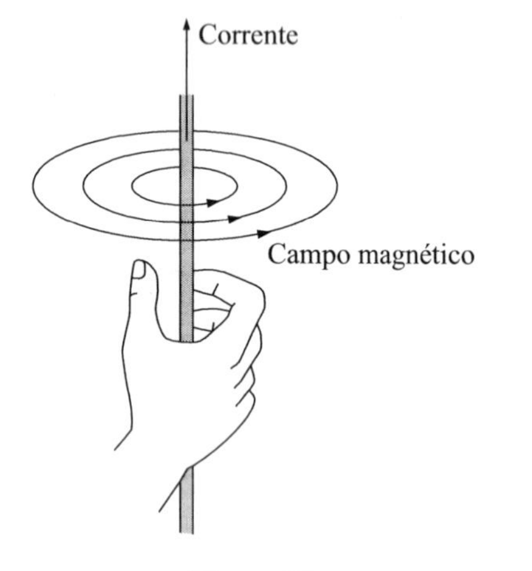


**Figura 5.3**

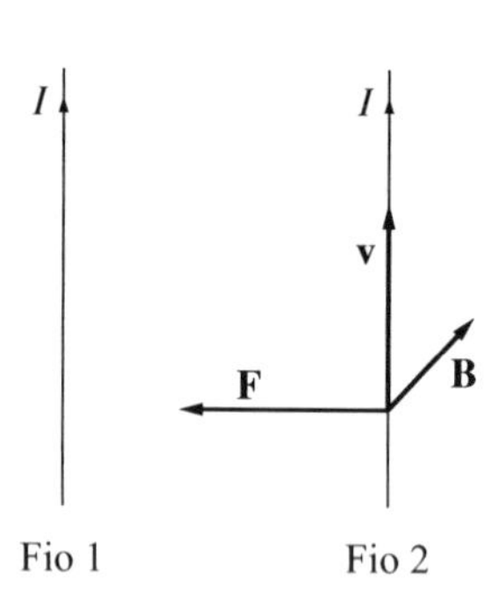


**Figura 5.4**

## 5.1.2 Forças magnéticas

Pode ter lhe ocorrido que a combinação das direções na Figura 5.4 é perfeita para um produto vetorial. De fato, a força magnética de uma carga $Q$, movendo-se com velocidade **v** em um campo magnético **B**, é[1]

$$\boxed{\mathbf{F}_{\text{mag}} = Q(\mathbf{v} \times \mathbf{B}).} \tag{5.1}$$

Esta é a chamada **lei de força de Lorentz**. Na presença de ambos, campos elétricos *e* magnéticos, a força líquida sobre $Q$ seria

$$\mathbf{F} = Q[\mathbf{E} + (\mathbf{v} \times \mathbf{B})]. \tag{5.2}$$

Não vou fingir que *deduzimos* a Equação 5.1, é claro; ela é um axioma fundamental da teoria, cuja justificação encontra-se em experimentos como o descrito na Seção 5.1.1. Nossa principal tarefa daqui por diante será calcular o campo magnético **B** (e, aliás, também o campo elétrico **E**, já que as regras são mais complicadas quando as cargas fontes estão em movimento). Mas antes de prosseguirmos, vale a pena analisar a própria lei de força de Lorentz; é uma lei peculiar e leva a algumas trajetórias de partícula realmente bizarras.

1. Como **F** e **v** são vetores, **B** é na realidade um *pseudo*vetor.

## Exemplo 5.1

### Movimento ciclotrônico

O movimento arquetípico de uma partícula carregada em movimento, em um campo magnético, é circular, com a força magnética produzindo a aceleração centrípeta. Na Figura 5.5, um campo magnético uniforme aponta *para dentro* da página; se a carga $Q$ movimenta-se no sentido anti-horário, com velocidade $v$, em torno de um círculo de raio $R$, a força magnética (5.1) aponta *para o centro*, e tem uma magnitude fixa $(QvB)$ — exata para sustentar o movimento circular uniforme:

$$QvB = m\frac{v^2}{R}, \quad \text{ou} \quad p = QBR, \tag{5.3}$$

onde $m$ é a partícula de massa e $p = mv$ é o seu momento. A Equação 5.3 é conhecida como **fórmula de cíclotron**, porque descreve o movimento de uma partícula em um cíclotron — o primeiro entre os aceleradores de partículas modernos. Sugere, também, uma técnica experimental simples para encontrar o momento de uma partícula: enviá-la através de uma região com um campo magnético conhecido e medir o raio da sua trajetória circular. Este é, inclusive, o padrão para se determinar o momento de partículas elementares.

A propósito, assumi que a carga se movimenta em um plano perpendicular a **B**. Se ela tem inicialmente alguma velocidade $v_\parallel$ *paralela* a **B**, esse componente do movimento não é afetado pelo campo magnético e o movimento da partícula é *helicoidal* (Figura 5.6). O raio continua sendo dado pela Equação 5.3, mas a velocidade em questão, agora, é o componente perpendicular a **B**, $v_\perp$.

Figura 5.5 Figura 5.6

## Exemplo 5.2

### Movimento cicloide

Uma trajetória mais exótica ocorre se incluirmos um campo elétrico uniforme formando um ângulo reto com o campo magnético. Suponha, por exemplo, que **B** aponta na direção $x$ e **E** na direção $z$, como mostra a Figura 5.7. Uma partícula em repouso é liberada da origem; qual será o seu caminho?

**Solução**: vamos primeiro raciocinar qualitativamente. Inicialmente a partícula está em repouso, de forma que a força magnética é zero e o campo elétrico acelera a carga na direção $z$. À medida que ela ganha velocidade, uma força magnética se desenvolve e, segundo a Equação 5.1, puxa a carga para a direita. Quanto maior a velocidade, mais forte $F_{\text{mag}}$ se torna, até que, em um dado momento, traz a partícula, em curva, de volta ao eixo $y$. A essa altura, a carga está se movendo *contra* a força elétrica, de forma que começa a desacelerar — a força magnética, então, diminui e a força elétrica passa a prevalecer, trazendo a carga ao repouso no ponto $a$ da Figura 5.7. Ali, o processo reinicia levando a partícula ao ponto $b$, e assim sucessivamente.

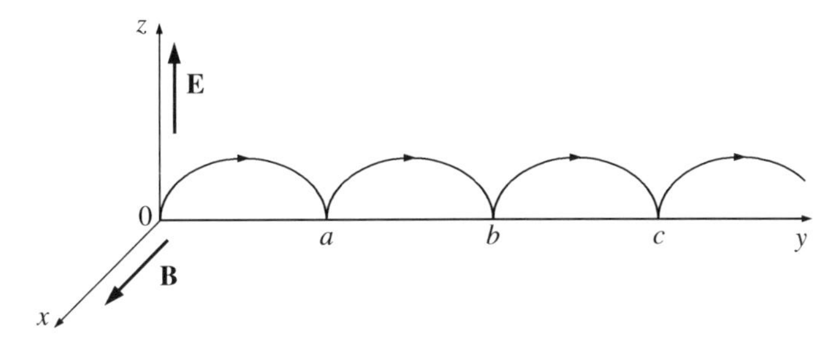


Figura 5.7

Agora, vamos analisar quantitativamente. Como não há força na direção $x$, a posição da partícula em qualquer momento $t$ pode ser descrita pelo vetor $(0, y(t), z(t))$; a velocidade é, portanto,

$$\mathbf{v} = (0, \dot{y}, \dot{z}),$$

onde os pontos indicam derivadas temporais. Assim,

$$\mathbf{v} \times \mathbf{B} = \begin{vmatrix} \hat{\mathbf{x}} & \hat{\mathbf{y}} & \hat{\mathbf{z}} \\ 0 & \dot{y} & \dot{z} \\ B & 0 & 0 \end{vmatrix} = B\dot{z}\,\hat{\mathbf{y}} - B\dot{y}\,\hat{\mathbf{z}},$$

e então, aplicando-se a segunda lei de Newton,

$$\mathbf{F} = Q(\mathbf{E} + \mathbf{v} \times \mathbf{B}) = Q(E\,\hat{\mathbf{z}} + B\dot{z}\,\hat{\mathbf{y}} - B\dot{y}\,\hat{\mathbf{z}}) = m\mathbf{a} = m(\ddot{y}\,\hat{\mathbf{y}} + \ddot{z}\,\hat{\mathbf{z}}).$$

Ou, tratando os componentes $\hat{\mathbf{y}}$ e $\hat{\mathbf{z}}$ separadamente,

$$QB\dot{z} = m\ddot{y}, \qquad QE - QB\dot{y} = m\ddot{z}.$$

Por conveniência, consideremos que

$$\omega \equiv \frac{QB}{m}. \tag{5.4}$$

(Esta é a **frequência ciclotrônica**, na qual a partícula revolveria na ausência de qualquer campo elétrico.) Então, as equações de movimento tomam a forma

$$\ddot{y} = \omega\dot{z}, \qquad \ddot{z} = \omega\left(\frac{E}{B} - \dot{y}\right). \tag{5.5}$$

Sua solução geral[2] é

$$\left.\begin{array}{rcl} y(t) & = & C_1 \cos\omega t + C_2 \operatorname{sen}\omega t + (E/B)t + C_3, \\ z(t) & = & C_2 \cos\omega t - C_1 \operatorname{sen}\omega t + C_4. \end{array}\right\} \tag{5.6}$$

Mas a partícula começou em repouso ($\dot{y}(0) = \dot{z}(0) = 0$), na origem ($y(0) = z(0) = 0$); estas quatro condições determinam as constantes $C_1$, $C_2$, $C_3$ e $C_4$:

$$y(t) = \frac{E}{\omega B}(\omega t - \operatorname{sen}\omega t), \qquad z(t) = \frac{E}{\omega B}(1 - \cos\omega t). \tag{5.7}$$

Nesta forma, a resposta não é terrivelmente esclarecedora, mas se considerarmos

$$R \equiv \frac{E}{\omega B}, \tag{5.8}$$

e eliminarmos os senos e cossenos explorando a identidade trigonométrica $\operatorname{sen}^2\omega t + \cos^2\omega t = 1$, constatamos que

$$(y - R\omega t)^2 + (z - R)^2 = R^2. \tag{5.9}$$

Esta é a fórmula para um *círculo*, de raio $R$, cujo centro $(0, R\omega t, R)$ viaja na direção $y$ a uma velocidade constante,

$$v = \omega R = \frac{E}{B}. \tag{5.10}$$

A partícula movimenta-se como se fosse um ponto na beirada de uma roda, rolando pelo eixo $y$ à velocidade $v$. A curva gerada dessa forma chama-se **cicloide**. Observe que o movimento como um todo (ou líquido resultante) *não* segue na direção de **E**, como você poderia supor, mas é perpendicular a ele.

---

Uma característica da lei de força magnética (Equação 5.1) merece atenção especial:

**Forças magnéticas não realizam trabalho.**

Pois se $Q$ movimenta uma quantidade $d\mathbf{l} = \mathbf{v}\,dt$, o trabalho realizado é

$$dW_{\text{mag}} = \mathbf{F}_{\text{mag}} \cdot d\mathbf{l} = Q(\mathbf{v} \times \mathbf{B}) \cdot \mathbf{v}\,dt = 0. \tag{5.11}$$

Isso ocorre porque $(\mathbf{v} \times \mathbf{B})$ é perpendicular a **v**, e então $(\mathbf{v} \times \mathbf{B}) \cdot \mathbf{v} = 0$. Forças magnéticas podem alterar a *direção* em que uma partícula se movimenta, mas não podem acelerá-la ou desacelerá-la. O fato de que as forças magnéticas não realizam trabalho é uma consequência elementar e direta da lei de força de Lorentz, mas há muitas situações em que ela *parece* tão manifestamente falsa que nossa confiança tende a fraquejar. Quando um guincho magnético ergue uma carcaça de carro em

2. Como equações diferenciais acopladas, elas são facilmente resolvidas, diferenciando-se a primeira e usando a segunda para eliminar $\ddot{z}$.

um ferro velho, por exemplo, *alguma* coisa está, obviamente, realizando um trabalho e parece irracional negar que a força magnética é a responsável. Bem, irracional ou não, temos de negar e pode ser uma questão sutil descobrir qual agente *é* merecedor do crédito nessas circunstâncias. Vou lhe mostrar vários exemplos à medida que avançarmos.

---

**Problema 5.1** Uma partícula de carga $q$ entra em uma região de campo magnético uniforme $\mathbf{B}$ (apontando para *dentro* da página). O campo deflete a partícula uma distância $d$ acima da linha de trajeto original, como mostra a Figura 5.8. A carga é positiva ou negativa? Em termos de $a$, $d$, $B$ e $q$, encontre o momento da partícula.

**Problema 5.2** Encontre e desenhe a trajetória da partícula do Exemplo 5.2, se ela parte da origem, com velocidade

(a) $\mathbf{v}(0) = (E/B)\hat{\mathbf{y}}$,

(b) $\mathbf{v}(0) = (E/2B)\hat{\mathbf{y}}$,

(c) $\mathbf{v}(0) = (E/B)(\hat{\mathbf{y}} + \hat{\mathbf{z}})$.

**Problema 5.3** Em 1897 J. J. Thomson 'descobriu' o elétron medindo a razão carga-por-massa de uma partícula de 'raios catódicos' (na realidade, feixe de elétrons, com carga $q$ e massa $m$) como se segue:

(a) Primeiro ele passou o feixe através de campos cruzados $\mathbf{E}$ e $\mathbf{B}$ (mutuamente perpendiculares e ambos perpendiculares ao feixe), e foi ajustando o campo elétrico até atingir deflexão zero. Qual seria, então, a velocidade das partículas (em termos de $E$ e $B$)?

(b) Ele, então, desligou o campo elétrico e mediu o raio de curvatura, $R$, do feixe, sujeito apenas à deflexão do campo magnético. Em termos de $E$, $B$ e $R$, qual a razão entre carga e massa ($q/m$) das partículas?

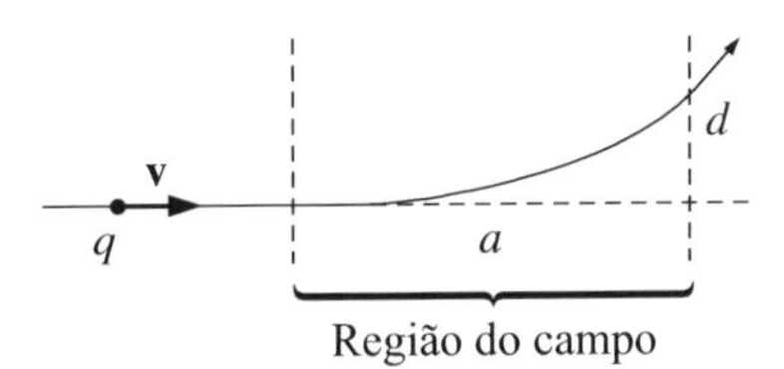


**Figura 5.8**

---

### 5.1.3 Correntes

A **corrente** em um fio é a *carga por unidade de tempo* que passa por um determinado ponto. Por definição, cargas negativas movendo-se para a esquerda contam o mesmo que cargas positivas movendo-se para a direita. Isso convenientemente reflete o fato *físico* de que quase todos os fenômenos que envolvem cargas em movimento dependem do *produto* de carga e velocidade — se alterar o sinal de $q$ e $\mathbf{v}$, a resposta será a mesma, de forma que não importa quais você tem. (A lei de força de Lorentz é um exemplo característico; o efeito Hall (Problema 5.39) é uma exceção notória.) Na prática, são normalmente os elétrons com carga negativa que se movimentam — na direção *oposta* à da corrente elétrica. Para evitar as complicações triviais que isso acarreta, frequentemente farei de conta que são as cargas positivas que se movimentam, como, de fato, durante um século todos assumiram que ocorresse, depois que Benjamin Franklin estabeleceu sua infeliz convenção.[3] Correntes são medidas em coulombs por segundo, ou **ampères** (A):

$$1 \text{ A} = 1 \text{ C/s}. \tag{5.12}$$

Uma linha de carga com densidade $\lambda$ passando por um fio à velocidade $v$ (Figura 5.9) constitui uma corrente

$$I = \lambda v, \tag{5.13}$$

porque um segmento de comprimento $v\Delta t$, com uma carga $\lambda v \Delta t$, passa por um ponto $P$ em um intervalo de tempo $\Delta t$. Uma corrente é, de fato, um *vetor:*

$$\mathbf{I} = \lambda \mathbf{v}; \tag{5.14}$$

3. Se chamássemos o elétron de positivo e o próton de negativo, o problema não existiria. No contexto das experiências de Franklin com pelos de gato e hastes de vidro, a escolha foi completamente arbitrária.

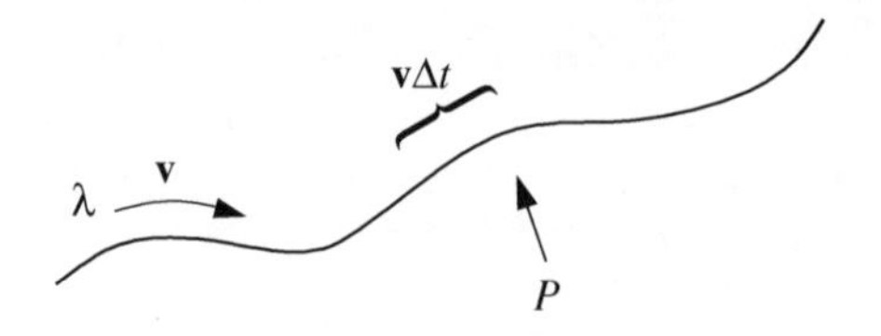


**Figura 5.9**

Como o trajeto do fluxo é ditado pelo formato do fio, a maioria das pessoas não se preocupa em exibir o caráter vetorial de **I** explicitamente, mas quando se trata de correntes superficiais e volumétricas, não podemos nos dar ao luxo de ser tão informais e, para o bem da coerência de notação, é uma boa ideia reconhecer isso desde o início. Um fio neutro contém, é claro, tanto cargas positivas estacionárias quanto cargas negativas móveis. As primeiras não contribuem para a corrente — a densidade de carga $\lambda$ na Equação 5.13 refere-se apenas às cargas *móveis*. Na situação incomum em que *ambos* os tipos se movimentam, $\mathbf{I} = \lambda_+\mathbf{v}_+ + \lambda_-\mathbf{v}_-$.

A força magnética em um segmento de fio pelo qual passa uma corrente é, evidentemente,

$$\mathbf{F}_{\text{mag}} = \int (\mathbf{v} \times \mathbf{B})\, dq = \int (\mathbf{v} \times \mathbf{B})\lambda\, dl = \int (\mathbf{I} \times \mathbf{B})\, dl. \tag{5.15}$$

Na medida em que **I** e $d\mathbf{l}$ apontam ambas na mesma direção, podemos também escrever a expressão da seguinte forma:

$$\boxed{\mathbf{F}_{\text{mag}} = \int I\, (d\mathbf{l} \times \mathbf{B}).} \tag{5.16}$$

Tipicamente, a corrente é constante (em magnitude) ao longo do fio e, nesse caso, $I$ sai da integral:

$$\mathbf{F}_{\text{mag}} = I \int (d\mathbf{l} \times \mathbf{B}). \tag{5.17}$$

## Exemplo 5.3

Um circuito de fio, de forma retangular, sustentando uma massa $m$, está pendurado na vertical, com um dos lados em um campo magnético **B**, que aponta para dentro da página na região sombreada da Figura 5.10. Para que corrente $I$, no circuito, a força magnética para cima equilibraria exatamente a força gravitacional para baixo?

**Solução**: antes de mais nada, a corrente deve circular no sentido horário para que $(\mathbf{I} \times \mathbf{B})$ no segmento horizontal aponte para cima. A força é

$$F_{\text{mag}} = IBa,$$

onde $a$ é a largura do circuito. (As forças magnéticas nos dois segmentos verticais se cancelam.) Para que $F_{\text{mag}}$ equilibre o peso $(mg)$, temos, portanto, de ter

$$I = \frac{mg}{Ba}. \tag{5.18}$$

O peso fica simplesmente *pendurado*, suspenso em pleno ar!

O que acontecerá se agora *aumentarmos* a corrente? A força magnética para cima, então, irá *exceder* a força da gravidade, para baixo, e o circuito irá subir, erguendo o peso. *Alguém* está fazendo o trabalho e com certeza parece que a força magnética é a responsável. De fato, pode-se cair na tentação de escrever

$$W_{\text{mag}} = F_{\text{mag}}h = IBah, \tag{5.19}$$

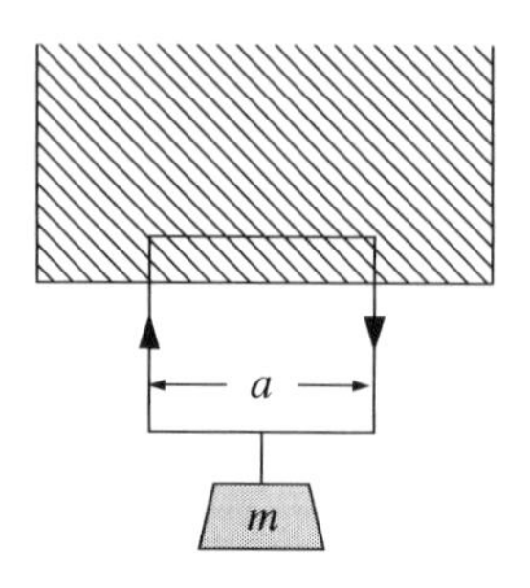


**Figura 5.10**

onde $h$ é a distância que o circuito sobe. Mas sabemos que as forças magnéticas *nunca* realizam o trabalho. O que está acontecendo aqui?

Bem, quando o circuito começa a subir, as cargas no fio não estão mais se movendo horizontalmente — sua velocidade adquire um componente para cima $u$, a velocidade do circuito (Figura 5.11), além do componente horizontal $w$ associado à corrente ($I = \lambda w$). A força magnética, que é sempre perpendicular à velocidade, não aponta mais diretamente para cima, mas inclina-se para trás. Ela fica perpendicular ao deslocamento *líquido* da carga (que está na direção de $\mathbf{v}$), e, portanto, *não realiza qualquer trabalho sobre* $q$. Ela tem um *componente* vertical ($qwB$); de fato, a força vertical líquida sobre toda a carga ($\lambda a$) no segmento superior do circuito é

$$F_{\text{vert}} = \lambda a w B = IBa \tag{5.20}$$

(como antes); mas agora tem também um componente *horizontal* ($quB$), que se opõe ao fluxo da corrente. Seja quem for que esteja encarregado de manter a corrente, portanto, tem agora de *empurrar* as cargas adiante, contra o componente da força magnética que aponta para trás.

A força horizontal total no segmento superior é, evidentemente,

$$F_{\text{horiz}} = \lambda a u B. \tag{5.21}$$

No tempo $dt$ as cargas percorrem uma distância (horizontal) $w\,dt$, de forma que o trabalho realizado por esse agente (presumivelmente uma bateria ou gerador) é

$$W_{\text{bateria}} = \lambda a B \int uw\,dt = IBah,$$

que é precisamente o que nós, ingenuamente, atribuímos à força *magnética* na Equação 5.19. Foi realizado trabalho nesse processo? Certamente! Quem o *realizou*? A bateria! Qual foi, então, o papel da força magnética? Bem, ela *redirecionou* a força horizontal da bateria para o movimento *vertical* do circuito e do peso.

Talvez ajude se fizermos uma analogia mecânica. Imagine que você está deslizando uma caixa, na subida de uma rampa sem atrito, empurrando-a horizontalmente com um esfregão (Figura 5.12). A força normal (**N**) não realiza qualquer trabalho, porque é perpendicular ao deslocamento. Mas ela *tem* um componente vertical (que é o que de fato ergue a caixa), e um componente horizontal (para trás) (que você tem de vencer, empurrando com o esfregão). Quem está fazendo o trabalho aqui? *Você* está, é óbvio — e, no entanto, a sua *força* (que é puramente horizontal) não é (pelo menos não diretamente) o que ergue a caixa. A força normal desempenha esse mesmo papel passivo (porém crítico) que a força magnética exerce no Exemplo 5.3: embora ela mesma não realize qualquer trabalho, ela *redireciona* o esforço do agente ativo (você ou a bateria, conforme o caso), de horizontal para vertical.

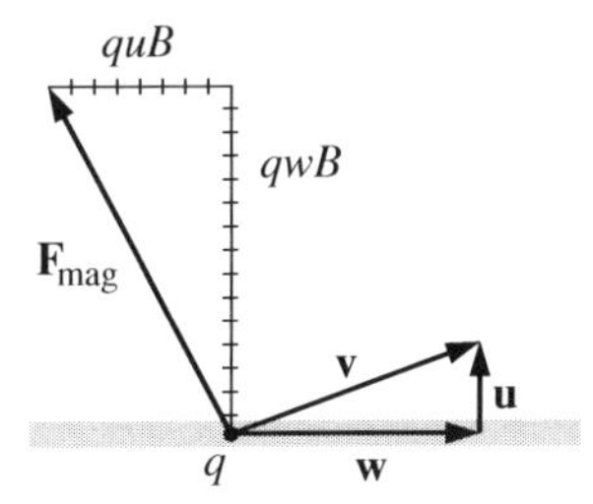


**Figura 5.11**

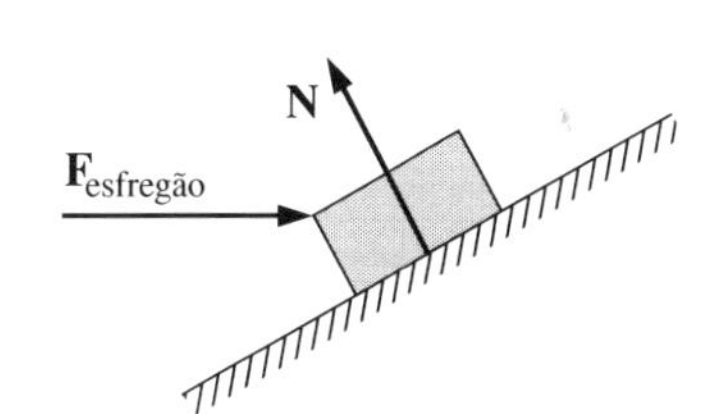


**Figura 5.12**

---

Quando uma carga flui por uma *superfície*, ela é descrita pela **densidade superficial de corrente**, **K**, definida da seguinte forma: considere uma 'fita' de largura infinitesimal $dl_\perp$, disposta paralela ao fluxo (Figura 5.13). Se a corrente nessa fita é $d\mathbf{I}$, a densidade superficial de corrente é

$$\mathbf{K} \equiv \frac{d\mathbf{I}}{dl_\perp}. \tag{5.22}$$

Em palavras, $K$ é a *corrente por unidade da largura-perpendicular-ao-fluxo*. Particularmente, se a densidade de carga superficial (móvel) é $\sigma$ e sua velocidade é $\mathbf{v}$, então

$$\mathbf{K} = \sigma\mathbf{v}. \tag{5.23}$$

Em geral, **K** varia de ponto a ponto sobre a superfície, refletindo variações em $\sigma$ e/ou $\mathbf{v}$. A força magnética sobre a corrente superficial é

$$\mathbf{F}_{\text{mag}} = \int (\mathbf{v} \times \mathbf{B})\sigma\,da = \int (\mathbf{K} \times \mathbf{B})\,da. \tag{5.24}$$

*Advertência*: assim como **E** sofre uma descontinuidade em uma distribuição superficial de *carga*, **B** também é descontínuo em uma *corrente* superficial. Na Equação 5.24, você deve ter o cuidado de usar o campo *médio*, como fizemos na Seção 2.5.3.

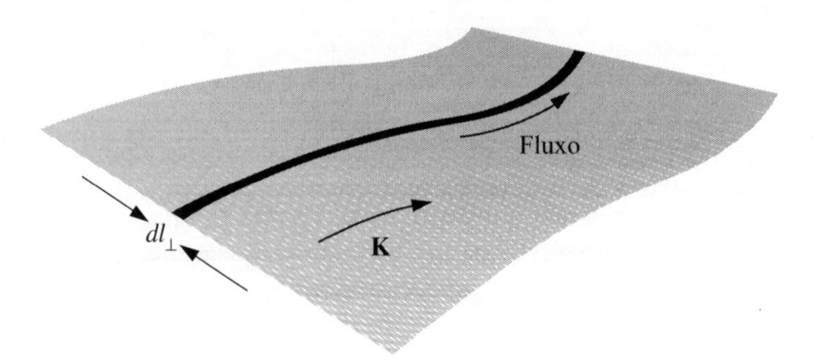


Figura 5.13

Quando o fluxo da carga é distribuído em uma região tridimensional, nós o descrevemos como **densidade volumétrica de corrente**, **J**, definida como se segue: considere um 'tubo' de seção transversal infinitesimal $da_\perp$, disposto paralelamente ao fluxo (Figura 5.14). Se a corrente no tubo é $d\mathbf{I}$, a densidade volumétrica de corrente é

$$\mathbf{J} \equiv \frac{d\mathbf{I}}{da_\perp}. \tag{5.25}$$

Em palavras, $J$ é a *corrente por unidade de área-perpendicular-ao-fluxo*. Se a densidade volumétrica de carga (móvel) é $\rho$ e sua velocidade é **v**, então

$$\mathbf{J} = \rho\mathbf{v}. \tag{5.26}$$

A força magnética em uma corrente volumétrica é, então,

$$\mathbf{F}_{\text{mag}} = \int (\mathbf{v} \times \mathbf{B})\rho \, d\tau = \int (\mathbf{J} \times \mathbf{B}) \, d\tau. \tag{5.27}$$

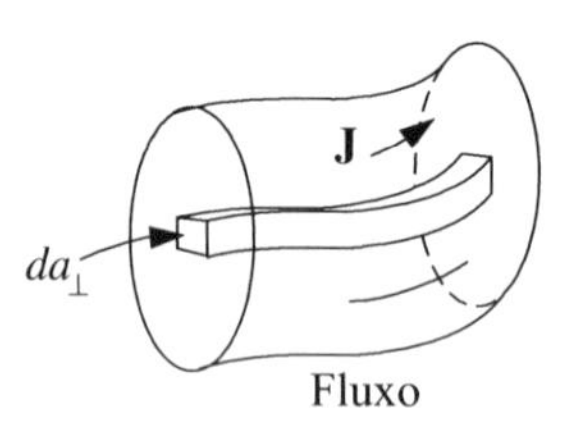


Figura 5.14

### Exemplo 5.4

(a) Uma corrente $I$ está uniformemente distribuída em um fio de corte transversal com raio $a$ (Figura 5.15). Encontre a densidade volumétrica de corrente $J$.

**Solução:** a área-perpendicular-ao-fluxo é $\pi a^2$, então

$$J = \frac{I}{\pi a^2}.$$

Essa foi fácil porque a densidade de corrente era uniforme.

(b) Suponha que a densidade de corrente no fio é proporcional à distância do eixo,

$$J = ks$$

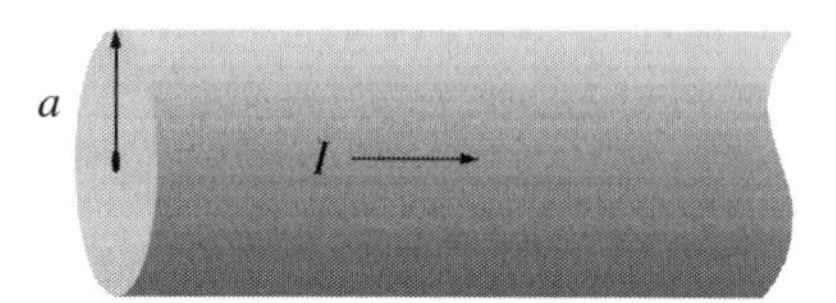


Figura 5.15

(para uma constante $k$). Encontre a corrente total no fio.

**Solução:** como $J$ varia com $s$, temos de *integrar* a Equação 5.25. A corrente na área sombreada (Figura 5.16) é $J da_\perp$, e $da_\perp = s\, ds\, d\phi$. Portanto,

$$I = \int (ks)(s\, ds\, d\phi) = 2\pi k \int_0^a s^2\, ds = \frac{2\pi k a^3}{3}.$$

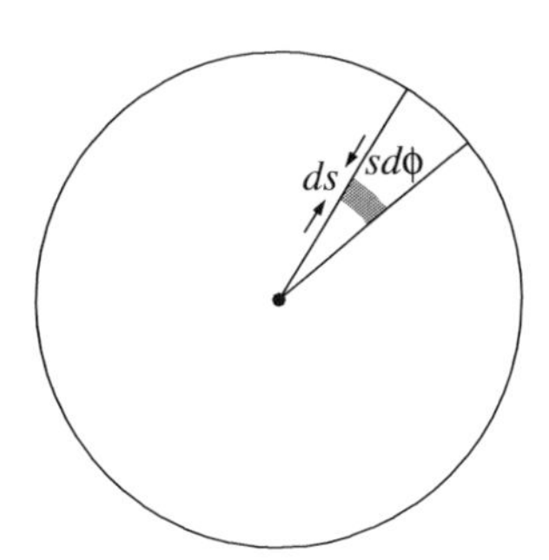


**Figura 5.16**

---

Segundo a Equação 5.25, a corrente que atravessa a superfície $\mathcal{S}$ pode ser escrita como

$$I = \int_{\mathcal{S}} J\, da_\perp = \int_{\mathcal{S}} \mathbf{J} \cdot d\mathbf{a}. \tag{5.28}$$

(O produto escalar serve impecavelmente para identificar o componente apropriado de $d\mathbf{a}$.) Enfim, a carga total por unidade de tempo que sai de um volume $\mathcal{V}$ é

$$\oint_{\mathcal{S}} \mathbf{J} \cdot d\mathbf{a} = \int_{\mathcal{V}} (\boldsymbol{\nabla} \cdot \mathbf{J})\, d\tau.$$

*Como a carga é conservada*, o que flui pela superfície vem à custa do que sobra no interior:

$$\int_{\mathcal{V}} (\boldsymbol{\nabla} \cdot \mathbf{J})\, d\tau = -\frac{d}{dt} \int_{\mathcal{V}} \rho\, d\tau = -\int_{\mathcal{V}} \left(\frac{\partial \rho}{\partial t}\right) d\tau.$$

(O sinal negativo reflete o fato de que um fluxo *para fora diminui* a carga restante em $\mathcal{V}$.) Como isso se aplica a *qualquer* volume, concluímos que

$$\boxed{\boldsymbol{\nabla} \cdot \mathbf{J} = -\frac{\partial \rho}{\partial t}.} \tag{5.29}$$

Esta é a expressão matemática precisa da conservação de carga local; é chamada de **equação de continuidade**.

Para referência futura, resumiremos o 'dicionário' que implicitamente desenvolvemos para traduzir equações nas formas adequadas para correntes pontuais, lineares, superficiais e volumétricas:

$$\sum_{i=1}^{n} (\quad) q_i \mathbf{v}_i \sim \int_{\text{linha}} (\quad) \mathbf{I}\, dl \sim \int_{\text{superficial}} (\quad) \mathbf{K}\, da \sim \int_{\text{volume}} (\quad) \mathbf{J}\, d\tau. \tag{5.30}$$

Essa correspondência, que é análoga a $q \sim \lambda\, dl \sim \sigma\, da \sim \rho\, d\tau$ para as várias distribuições de carga, gera as equações 5.15, 5.24 e 5.27 a partir da lei de força de Lorentz original (5.1).

---

**Problema 5.4** Suponha que o campo magnético em uma determinada região tem a forma

$$\mathbf{B} = kz\, \hat{\mathbf{x}}$$

(onde $k$ é uma constante). Encontre a força em um circuito quadrado (de lado $a$), que está no plano $yz$ e centrado na origem, se ele tem uma corrente $I$, que flui no sentido anti-horário quando se olha de cima do eixo $x$.

**Problema 5.5** Uma corrente $I$ flui por um fio de raio $a$.

(a) Se ela estiver distribuída uniformemente sobre a superfície, qual é a densidade superficial de corrente $K$?

(b) Se ela estiver distribuída de forma que a corrente volumétrica seja inversamente proporcional à distância do eixo, quanto vale $J$?

**Problema 5.6** (a) Um disco fonográfico tem uma densidade uniforme de 'eletricidade estática' $\sigma$. Se sua rotação for na velocidade angular $\omega$, qual será a densidade superficial de corrente $K$ a uma distância $r$ do centro?

(b) Uma esfera sólida uniformemente carregada, de raio $R$ e carga total $Q$, está centrada na origem e girando a uma velocidade angular constante $\omega$ em torno do eixo $z$. Encontre a densidade de corrente $\mathbf{J}$ em qualquer ponto $(r, \theta, \phi)$ dentro da esfera.

**Problema 5.7** Para uma configuração de cargas e correntes confinadas dentro de um volume $\mathcal{V}$, mostre que

$$\int_{\mathcal{V}} \mathbf{J}\, d\tau = d\mathbf{p}/dt,$$

onde $\mathbf{p}$ é o momento de dipolo total. [*Dica:* calcule $\int_{\mathcal{V}} \boldsymbol{\nabla} \cdot (x\mathbf{J})\, d\tau$.]

# 5.2 Lei de Biot-Savart

## 5.2.1 Correntes estacionárias

*Cargas estacionárias* produzem campos elétricos que são constantes no tempo; daí o termo **eletrostática**.[4] *Correntes estacionárias* produzem campos magnéticos que são constantes no tempo; a teoria das correntes estacionárias chama-se **magnetostática**.

| | | |
|---|---|---|
| **Cargas estacionárias** | $\Rightarrow$ | **campos elétricos constantes: eletrostática.** |
| **Correntes estacionárias** | $\Rightarrow$ | **campos magnéticos constantes: magnetostática.** |

Por **corrente estacionária** quero dizer um fluxo contínuo que existe desde sempre, sem alterações e sem acúmulo de carga em lugar algum. (Pessoalmente acho que o termo 'corrente estacionária' é uma contradição.) É claro que na prática não existe uma corrente *verdadeiramente* estacionária, como não existe uma carga *verdadeiramente* estacionária. Neste sentido, tanto a eletrostática quanto a magnetostática descrevem mundos artificiais que existem apenas nos compêndios. No entanto, elas representam *aproximações* adequadas, desde que as flutuações, de fato, sejam razoavelmente lentas; inclusive, para a maior parte das finalidades, a magnetostática se aplica muito bem às correntes domésticas que se alternam 60 vezes por segundo!

Observe que uma carga *pontual em movimento não pode, de forma alguma, constituir uma corrente estacionária.* Se ela está aqui em um instante, no outro já não está mais. Isso pode parecer sem importância, mas é uma dor de cabeça enorme para mim. Desenvolvi cada tópico de eletrostática começando com o caso simples de uma carga pontual em repouso; depois, generalizei uma distribuição arbitrária de carga, recorrendo ao princípio da superposição. Essa abordagem não está disponível para nós na magnetostática, já que, para início de conversa, uma carga pontual móvel não produz um campo estático. Somos *forçados* a tratar, desde o início, com as distribuições de correntes estendidas e, consequentemente, os argumentos tendem a ser mais complicados.

Quando uma corrente estacionária flui por um fio, sua magnitude $I$ deve ser a mesma ao longo de todo o fio; caso contrário, a carga estaria se acumulando em algum lugar e a corrente não seria estacionária. Da mesma forma, $\partial\rho/\partial t = 0$ em magnetostática e, portanto, a equação de continuidade (5.29) torna-se

$$\boldsymbol{\nabla} \cdot \mathbf{J} = 0. \tag{5.31}$$

## 5.2.2 O campo magnético de uma corrente estacionária

O campo magnético de uma linha de corrente estacionária é dado pela **lei de Biot-Savart**:

$$\boxed{\mathbf{B}(\mathbf{r}) = \frac{\mu_0}{4\pi} \int \frac{\mathbf{I} \times \hat{\boldsymbol{\imath}}}{\imath^2}\, dl' = \frac{\mu_0}{4\pi} I \int \frac{d\mathbf{l}' \times \hat{\boldsymbol{\imath}}}{\imath^2}.} \tag{5.32}$$

4. Na realidade, não é necessário que as cargas sejam estacionárias, mas que a *densidade* de carga em cada ponto seja constante. Por exemplo, a esfera do Problema 5.6b produz um campo eletrostático $1/4\pi\epsilon_0(Q/r^2)\hat{\mathbf{r}}$, mesmo que esteja girando, porque $\rho$ não depende de $t$.

A integração é ao longo do caminho da corrente, na direção do fluxo; $d\mathbf{l}'$ é um elemento de comprimento ao longo do fio e $\boldsymbol{\mathscr{r}}$, como sempre, é o vetor da origem até o ponto $\mathbf{r}$ (Figura 5.17). A constante $\mu_0$ é a chamada **permeabilidade do espaço livre**:[5]

$$\mu_0 = 4\pi \times 10^{-7}\ \mathrm{N/A^2}. \tag{5.33}$$

Essas unidades estão de tal forma que o próprio $\mathbf{B}$ é dado em newtons por ampère-metro (como requer a lei de força de Lorentz), ou **teslas** (T):[6]

$$1\ \mathrm{T} = 1\ \mathrm{N/(A \cdot m)}. \tag{5.34}$$

Como ponto inicial da magnetostática, a lei de Biot-Savart tem um papel análogo ao da lei de Coulomb na eletrostática. De fato, a dependência $1/\mathscr{r}^2$ é comum a ambas as leis.

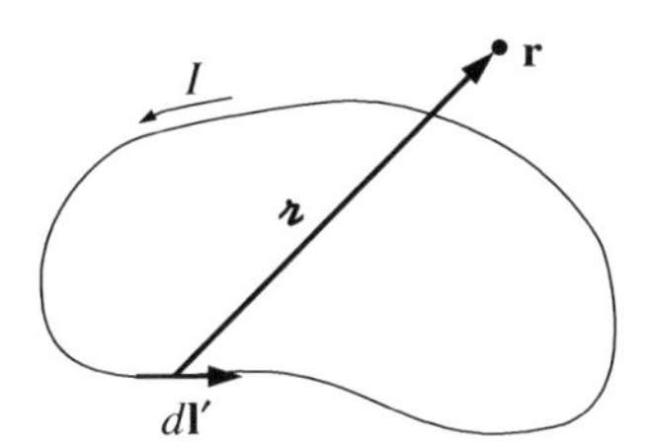


**Figura 5.17**

---

## Exemplo 5.5

Encontre o campo magnético a uma distância $s$ de um fio longo e reto pelo qual passa uma corrente estacionária $I$ (Figura 5.18).

**Solução:** no diagrama $(d\mathbf{l}' \times \hat{\boldsymbol{\mathscr{r}}})$ aponta *para fora* da página e tem a magnitude

$$dl' \operatorname{sen}\alpha = dl' \cos\theta.$$

Também, $l' = s \operatorname{tg}\theta$, portanto

$$dl' = \frac{s}{\cos^2\theta}\, d\theta,$$

e $s = \mathscr{r}\cos\theta$, então

$$\frac{1}{\mathscr{r}^2} = \frac{\cos^2\theta}{s^2}.$$

Assim

$$\begin{aligned} B &= \frac{\mu_0 I}{4\pi} \int_{\theta_1}^{\theta_2} \left(\frac{\cos^2\theta}{s^2}\right)\left(\frac{s}{\cos^2\theta}\right) \cos\theta\, d\theta \\ &= \frac{\mu_0 I}{4\pi s} \int_{\theta_1}^{\theta_2} \cos\theta\, d\theta = \frac{\mu_0 I}{4\pi s}(\operatorname{sen}\theta_2 - \operatorname{sen}\theta_1). \end{aligned} \tag{5.35}$$

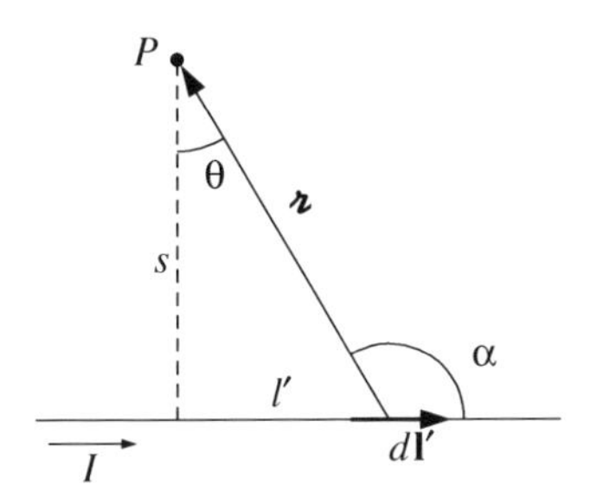


**Figura 5.18**

5. Este é um número exato, e não uma constante empírica. Ela serve (através da Equação 5.37) para definir o ampère, e o ampère, por sua vez, define o coulomb.

6. Por alguma razão, neste caso exclusivo, a unidade cgs (o **gauss**) é mais comumente usada do que a unidade SI: 1 tesla = $10^4$ gauss. O campo magnético da Terra é de cerca de meio gauss; um campo magnético de laboratório razoavelmente forte é de, digamos, 10.000 gauss.

A Equação 5.35 dá o campo de qualquer segmento reto de fio, em termos dos ângulos inicial e final $\theta_1$ e $\theta_2$ (Figura 5.19). É claro que um segmento finito por si mesmo jamais conseguiria manter uma corrente estacionária (para onde a carga iria quando chegasse ao fim?), mas ele pode ser um *pedaço* de um circuito fechado, e a Equação 5.35 representaria, então, a sua contribuição para o campo total. No caso de um fio infinito, $\theta_1 = -\pi/2$ e $\theta_2 = \pi/2$, de forma que obtemos

$$B = \frac{\mu_0 I}{2\pi s}. \tag{5.36}$$

Observe que o campo é inversamente proporcional à distância a partir do fio — como o campo elétrico de uma linha infinita de carga. Na região *abaixo* do fio, **B** aponta *para dentro* da página e, em geral, 'circula em torno' do fio, em concordância com a regra da mão direita apresentada anteriormente (Figura 5.3).

Como aplicação, vamos encontrar a força de atração entre dois fios longos e paralelos a uma distância $d$ um do outro, pelos quais passam as correntes $I_1$ e $I_2$ (Figura 5.20). O campo em (2) devido a (1) é

$$B = \frac{\mu_0 I_1}{2\pi d},$$

e ele aponta para dentro da página. A lei de força de Lorentz (na forma apropriada para linhas de corrente, Equação 5.17) prevê uma força dirigida para (1), de magnitude

$$F = I_2 \left(\frac{\mu_0 I_1}{2\pi d}\right) \int dl.$$

A força *total*, como seria de se esperar, é infinita, mas a força por unidade de comprimento é

$$f = \frac{\mu_0}{2\pi} \frac{I_1 I_2}{d}. \tag{5.37}$$

Se as correntes tiverem sentidos contrários (uma subindo e outra descendo), a força será repulsiva — o que também é consistente com as observações qualitativas da Seção 5.1.1.

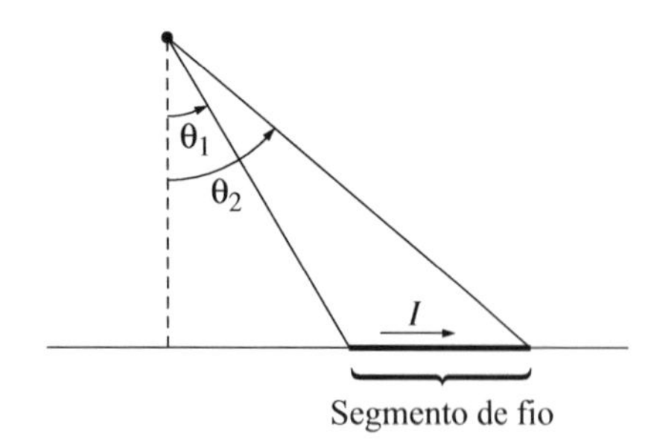


**Figura 5.19**

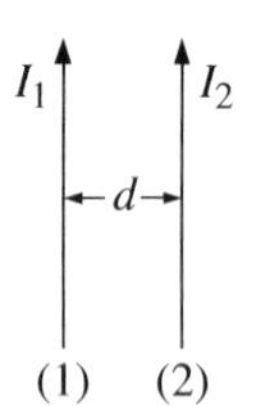


**Figura 5.20**

---

## Exemplo 5.6

Encontre o campo magnético a uma distância $z$ acima do centro de um circuito circular de raio $R$, pelo qual passa uma corrente estacionária $I$ (Figura 5.21).

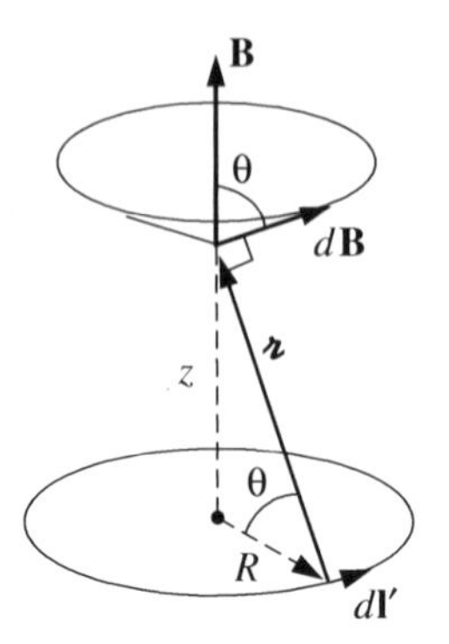


**Figura 5.21**

**Solução:** o campo $d\mathbf{B}$ atribuído ao segmento $d\mathbf{l}'$ aponta conforme está mostrado. À medida que integramos $d\mathbf{l}'$ em torno do circuito, $d\mathbf{B}$ varre um cone. Os componentes horizontais se cancelam e os componentes verticais se combinam resultando em

$$B(z) = \frac{\mu_0}{4\pi} I \int \frac{dl'}{\mathscr{r}^2} \cos\theta.$$

(Observe que $d\mathbf{l}'$ e $\hat{\mathscr{r}}$ são perpendiculares neste caso; o fator do $\cos\theta$ projeta o componente vertical.) Agora, $\cos\theta$ e $\mathscr{r}^2$ são constantes e $\int dl'$ é simplesmente a circunferência, $2\pi R$, então

$$B(z) = \frac{\mu_0 I}{4\pi} \left(\frac{\cos\theta}{\mathscr{r}^2}\right) 2\pi R = \frac{\mu_0 I}{2} \frac{R^2}{(R^2 + z^2)^{3/2}}. \tag{5.38}$$

---

Para correntes superficiais e volumétricas, a lei de Biot-Savart torna-se

$$\mathbf{B}(\mathbf{r}) = \frac{\mu_0}{4\pi} \int \frac{\mathbf{K}(\mathbf{r}') \times \hat{\mathscr{r}}}{\mathscr{r}^2} da' \quad \text{e} \quad \mathbf{B}(\mathbf{r}) = \frac{\mu_0}{4\pi} \int \frac{\mathbf{J}(\mathbf{r}') \times \hat{\mathscr{r}}}{\mathscr{r}^2} d\tau', \tag{5.39}$$

respectivamente. Você pode ficar tentado a escrever a fórmula correspondente para uma carga pontual em movimento, usando o 'dicionário' 5.30:

$$\mathbf{B}(\mathbf{r}) = \frac{\mu_0}{4\pi} \frac{q\mathbf{v} \times \hat{\mathscr{r}}}{\mathscr{r}^2}, \tag{5.40}$$

mas isto está, simplesmente, *errado*.[7] Como mencionei antes, uma carga pontual não constitui uma corrente estacionária e a lei de Biot-Savart, que serve apenas para correntes estacionárias, não determina corretamente seu campo.

A propósito, o princípio da superposição se aplica aos campos magnéticos, da mesma forma que aos campos elétricos: se você tem um *conjunto* de correntes fonte, o campo líquido é a soma (vetorial) dos campos devidos a cada uma delas, tomados separadamente.

---

**Problema 5.8** (a) Encontre o campo magnético no centro de um circuito quadrado, pelo qual passa uma corrente estacionária $I$. Considere que $R$ é a distância entre o centro e a lateral (Figura 5.22).

(b) Encontre o campo no centro de um polígono de $n$ lados, pelo qual passa uma corrente estacionária $I$. Novamente, considere que $R$ é a distância entre o centro e qualquer um dos lados.

(c) Certifique-se de que sua fórmula se reduz ao campo no centro de um circuito circular, no limite $n \to \infty$.

**Problema 5.9** Encontre o campo magnético no ponto $P$ para cada uma das configurações de corrente estacionária mostradas na Figura 5.23.

**Problema 5.10** (a) Encontre a força em um circuito quadrado posicionado como mostra a Figura 5.24(a), próximo a um fio reto infinito. Tanto pelo circuito como pelo fio passa uma corrente estacionária $I$.

(b) Encontre a força no circuito triangular da Figura 5.24(b).

**Problema 5.11** Encontre o campo magnético no ponto $P$ no eixo de um solenoide enrolado de forma compacta (bobina helicoidal) com $n$ voltas por unidade de comprimento, envolvendo um tubo cilíndrico de raio $a$ e pelo qual passa a corrente $I$ (Figura 5.25). Expresse sua resposta em termos de $\theta_1$ e $\theta_2$ (é o jeito mais fácil). Considere que as voltas são essencialmente circulares e use o resultado do Exemplo 5.6. Qual é o campo no eixo de um solenoide *infinito* (infinito nos dois sentidos)?

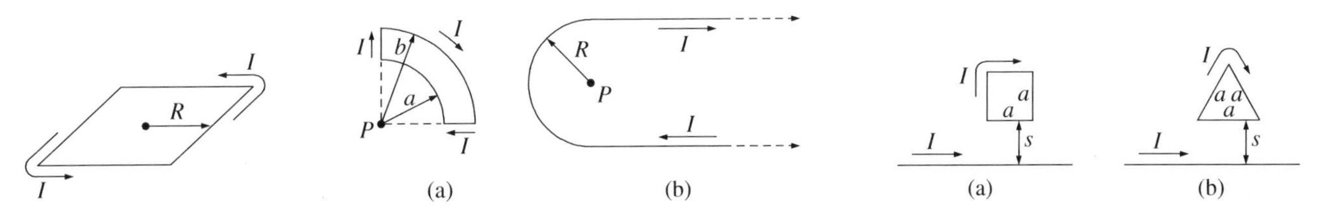


**Figura 5.22** **Figura 5.23** **Figura 5.24**

7. Digo isto em alto e bom tom para enfatizar o ponto em questão; na realidade, a Equação 5.40 é *aproximadamente* correta para cargas não relativísticas ($v \ll c$), em condições nas quais o retardamento pode ser desprezado (veja o Exemplo 10.4).

**Problema 5.12** Suponha que você tem duas linhas de carga com densidade $\lambda$, a uma distância $d$ uma da outra, movendo-se com velocidade constante $v$ (Figura 5.26). Que valor $v$ teria de ter para que a atração magnética equilibrasse a repulsão elétrica? Calcule o número. Essa velocidade é razoável?[8]

Figura 5.25

Figura 5.26

# 5.3 Divergente e rotacional de B

## 5.3.1 Correntes em linha reta

A Figura 5.27 mostra o campo magnético de um fio reto infinito (a corrente está *saindo* da página). De imediato, fica claro que este campo tem um rotacional não nulo (algo que você *jamais* verá em um campo *eletrostático*); vamos *calculá-lo*.

Conforme a Equação 5.36, a integral de **B** em torno de um caminho circular de raio $s$, centrado no fio, é

$$\oint \mathbf{B} \cdot d\mathbf{l} = \oint \frac{\mu_0 I}{2\pi s} dl = \frac{\mu_0 I}{2\pi s} \oint dl = \mu_0 I.$$

Observe que a resposta é independente de $s$; isso porque $B$ tem uma *diminuição* inversamente proporcional ao *aumento* da circunferência. Inclusive, nem é preciso que seja um círculo; para *qualquer* circuito que encerre o fio, a resposta será a mesma. Pois, se usamos coordenadas cilíndricas $(s, \phi, z)$, com a corrente fluindo através do eixo $z$,

$$\mathbf{B} = \frac{\mu_0 I}{2\pi s} \hat{\boldsymbol{\phi}}, \tag{5.41}$$

e $d\mathbf{l} = ds\,\hat{\mathbf{s}} + s\,d\phi\,\hat{\boldsymbol{\phi}} + dz\,\hat{\mathbf{z}}$, portanto

$$\oint \mathbf{B} \cdot d\mathbf{l} = \frac{\mu_0 I}{2\pi} \oint \frac{1}{s} s\,d\phi = \frac{\mu_0 I}{2\pi} \int_0^{2\pi} d\phi = \mu_0 I.$$

Isto presume que o circuito circunda o fio exatamente uma vez; se fossem duas vezes, $\phi$ iria de 0 a $4\pi$, e se ele não circundasse o fio, $\phi$ iria de $\phi_1$ a $\phi_2$ e voltaria, com $\int d\phi = 0$ (Figura 5.28).

Agora, suponha que temos uma *coleção* de fios retos. Cada fio que passa pelo nosso circuito contribui com $\mu_0 I$, e os que ficam de fora não contribuem com nada (Figura 5.29). A integral de linha será, então,

$$\oint \mathbf{B} \cdot d\mathbf{l} = \mu_0 I_{\text{enc}}, \tag{5.42}$$

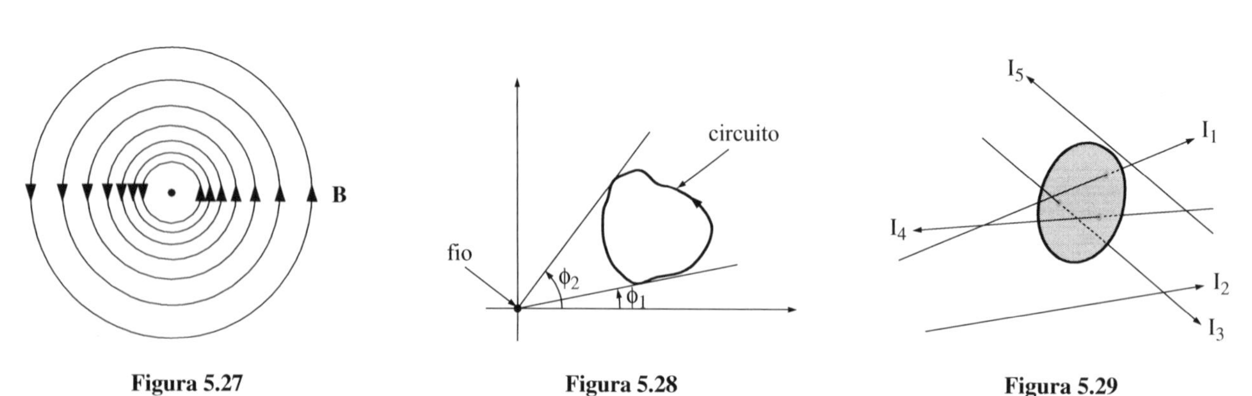


Figura 5.27

Figura 5.28

Figura 5.29

8. Se você estudou a relatividade especial, talvez fique tentado a procurar, neste problema, complexidades que de fato não existem — $\lambda$ e $v$ são ambos medidos *no referencial de laboratório*, e isto é *eletrostática comum* (veja a nota de rodapé 4).

onde $I_{enc}$ representa a corrente total encerrada pelo caminho de integração. Se o fluxo de carga é representado por uma corrente volumétrica de densidade **J**, a corrente encerrada é

$$I_{enc} = \int \mathbf{J} \cdot d\mathbf{a}, \tag{5.43}$$

com a integral calculada sobre uma superfície encerrada pelo circuito. Aplicando o teorema de Stokes à Equação 5.42, então,

$$\int (\nabla \times \mathbf{B}) \cdot d\mathbf{a} = \mu_0 \int \mathbf{J} \cdot d\mathbf{a},$$

e, portanto,

$$\nabla \times \mathbf{B} = \mu_0 \mathbf{J}. \tag{5.44}$$

Com o mínimo de trabalho, obtivemos a fórmula geral para o rotacional de **B**. Mas nossa dedução é seriamente prejudicada pela restrição às correntes em linhas retas infinitas (e suas combinações). A maioria das configurações de correntes *não* pode ser feita a partir de fios retos infinitos e não temos o direito de assumir que a Equação 5.44 aplica-se a elas. Portanto, a próxima seção é dedicada à dedução formal do divergente e do rotacional de **B**, começando com a própria lei de Biot-Savart.

## 5.3.2 Divergente e rotacional de B

A lei de Biot-Savart para o caso geral de uma corrente volumétrica diz que

$$\mathbf{B}(\mathbf{r}) = \frac{\mu_0}{4\pi} \int \frac{\mathbf{J}(\mathbf{r}') \times \hat{\boldsymbol{\mathscr{r}}}}{\mathscr{r}^2} d\tau'. \tag{5.45}$$

Esta fórmula resulta no campo magnético em um ponto $\mathbf{r} = (x, y, z)$ em termos de uma integral sobre a distribuição de corrente $\mathbf{J}(x', y', z')$ (Figura 5.30). Nesta etapa, é melhor ser absolutamente explícito:

$$\begin{aligned} \mathbf{B} \quad &\text{é uma função de} \quad (x, y, z), \\ \mathbf{J} \quad &\text{é uma função de} \quad (x', y', z'), \\ \boldsymbol{\mathscr{r}} &= (x - x')\,\hat{\mathbf{x}} + (y - y')\,\hat{\mathbf{y}} + (z - z')\,\hat{\mathbf{z}}, \\ d\tau' &= dx'\,dy'\,dz'. \end{aligned}$$

A integração é sobre as coordenadas *com linhas*; o divergente e o rotacional devem ser calculados com respeito às coordenadas *sem linhas*.

Aplicando o divergente à Equação 5.45, obtemos:

$$\nabla \cdot \mathbf{B} = \frac{\mu_0}{4\pi} \int \nabla \cdot \left( \mathbf{J} \times \frac{\hat{\boldsymbol{\mathscr{r}}}}{\mathscr{r}^2} \right) d\tau'. \tag{5.46}$$

Recorrendo à regra de produto número (6),

$$\nabla \cdot \left( \mathbf{J} \times \frac{\hat{\boldsymbol{\mathscr{r}}}}{\mathscr{r}^2} \right) = \frac{\hat{\boldsymbol{\mathscr{r}}}}{\mathscr{r}^2} \cdot (\nabla \times \mathbf{J}) - \mathbf{J} \cdot \left( \nabla \times \frac{\hat{\boldsymbol{\mathscr{r}}}}{\mathscr{r}^2} \right). \tag{5.47}$$

Mas $\nabla \times \mathbf{J} = 0$, porque **J** não depende das variáveis sem linha $(x, y, z)$, enquanto $\nabla \times (\hat{\boldsymbol{\mathscr{r}}}/\mathscr{r}^2) = 0$ (Problema 1.62), portanto

$$\boxed{\nabla \cdot \mathbf{B} = 0.} \tag{5.48}$$

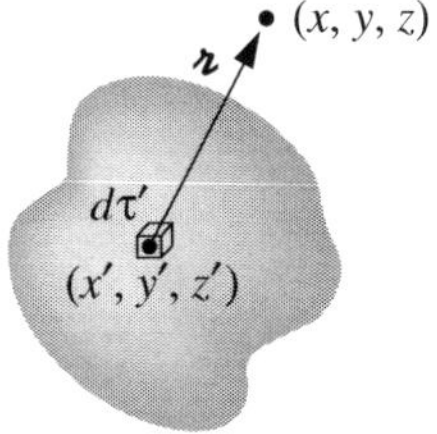


**Figura 5.30**

Evidentemente, o *divergente* do campo magnético é *zero*.

Aplicando o rotacional à Equação 5.45, obtemos:

$$\nabla \times \mathbf{B} = \frac{\mu_0}{4\pi} \int \nabla \times \left( \mathbf{J} \times \frac{\hat{\boldsymbol{\mathscr{r}}}}{\mathscr{r}^2} \right) d\tau'. \tag{5.49}$$

Aqui, também, nossa estratégia é expandir o integrando, usando a regra de produto adequada — neste caso, a de número 8:

$$\nabla \times \left( \mathbf{J} \times \frac{\hat{\boldsymbol{\mathscr{r}}}}{\mathscr{r}^2} \right) = \mathbf{J} \left( \nabla \cdot \frac{\hat{\boldsymbol{\mathscr{r}}}}{\mathscr{r}^2} \right) - (\mathbf{J} \cdot \nabla) \frac{\hat{\boldsymbol{\mathscr{r}}}}{\mathscr{r}^2}. \tag{5.50}$$

(Excluir termos que envolvem derivadas de **J**, porque **J** não depende de $x, y, z$.) O segundo termo integrado dá zero, como veremos no próximo parágrafo. O primeiro termo envolve o divergente que tivemos trabalho para calcular no Capítulo 1 (Equação 1.100):

$$\nabla \cdot \left( \frac{\hat{\boldsymbol{\mathscr{r}}}}{\mathscr{r}^2} \right) = 4\pi\delta^3(\boldsymbol{\mathscr{r}}). \tag{5.51}$$

Assim,

$$\nabla \times \mathbf{B} = \frac{\mu_0}{4\pi} \int \mathbf{J}(\mathbf{r}') 4\pi\delta^3(\mathbf{r} - \mathbf{r}')\, d\tau' = \mu_0 \mathbf{J}(\mathbf{r}),$$

o que confirma que a Equação 5.44 não se restringe a correntes em linha reta, mas vale de forma geral para a magnetostática.

No entanto, para completar o argumento, temos de nos certificar de que a integral do segundo termo na Equação 5.50 dá zero. Como a derivada atua somente em $\hat{\boldsymbol{\mathscr{r}}}/\mathscr{r}^2$, podemos trocar de $\nabla$ para $\nabla'$ ao custo de um sinal negativo:[9]

$$-(\mathbf{J} \cdot \nabla) \frac{\hat{\boldsymbol{\mathscr{r}}}}{\mathscr{r}^2} = (\mathbf{J} \cdot \nabla') \frac{\hat{\boldsymbol{\mathscr{r}}}}{\mathscr{r}^2}. \tag{5.52}$$

O componente $x$, em particular, é

$$(\mathbf{J} \cdot \nabla') \left( \frac{x - x'}{\mathscr{r}^3} \right) = \nabla' \cdot \left[ \frac{(x - x')}{\mathscr{r}^3} \mathbf{J} \right] - \left( \frac{x - x'}{\mathscr{r}^3} \right) (\nabla' \cdot \mathbf{J})$$

(usando a regra de produto 5). Agora, para correntes *estacionárias*, o divergente de **J** é zero (Equação 5.31), de forma que

$$\left[ -(\mathbf{J} \cdot \nabla) \frac{\hat{\boldsymbol{\mathscr{r}}}}{\mathscr{r}^2} \right]_x = \nabla' \cdot \left[ \frac{(x - x')}{\mathscr{r}^3} \mathbf{J} \right],$$

e, portanto, esta contribuição para a integral (5.49) pode ser escrita como

$$\int_{\mathcal{V}} \nabla' \cdot \left[ \frac{(x - x')}{\mathscr{r}^3} \mathbf{J} \right] d\tau' = \oint_{\mathcal{S}} \frac{(x - x')}{\mathscr{r}^3} \mathbf{J} \cdot d\mathbf{a}'. \tag{5.53}$$

(O motivo para trocar de $\nabla$ para $\nabla'$ foi, precisamente, permitir esta integração por partes.) Mas sobre que região estamos integrando? Bem, é o volume que aparece na lei de Biot-Savart (5.45) — ou seja, grande o bastante para incluir toda a corrente. Você pode torná-lo *maior* que isso, se quiser; lá fora, de qualquer maneira $\mathbf{J} = 0$ de forma que não acrescentará nada à integral. O essencial é que no *contorno* a corrente é *zero* (a corrente toda está, seguramente, *dentro*) e, portanto, a integral de superfície (5.53) anula-se.[10]

## 5.3.3 Aplicações da lei de Ampère

A equação para o rotacional de **B**

$$\boxed{\nabla \times \mathbf{B} = \mu_0 \mathbf{J},} \tag{5.54}$$

chama-se **lei de Ampère** (na forma diferencial). Ela pode ser convertida à forma integral pelo recurso usual de aplicar um dos teoremas fundamentais — neste caso, o teorema de Stokes:

$$\int (\nabla \times \mathbf{B}) \cdot d\mathbf{a} = \oint \mathbf{B} \cdot d\mathbf{l} = \mu_0 \int \mathbf{J} \cdot d\mathbf{a}.$$

---

9. O que importa aqui é que $\boldsymbol{\mathscr{r}}$ depende somente da *diferença* entre as coordenadas, e $(\partial/\partial x) f(x - x') = -(\partial/\partial x') f(x - x')$.

10. Se **J** em si estende-se ao infinito (como no caso de um fio reto infinito), a integral de superfície continua sendo, tipicamente, zero, embora a análise requeira um cuidado maior.

Agora, $\int \mathbf{J} \cdot d\mathbf{a}$ é a corrente total que passa pela superfície (Figura 5.31), que chamamos de $I_{\text{enc}}$ (a **corrente encerrada** pelo **circuito amperiano**). Assim

$$\boxed{\oint \mathbf{B} \cdot d\mathbf{l} = \mu_0 I_{\text{enc}}.} \tag{5.55}$$

Esta é a versão integral da lei de Ampère; ela generaliza a Equação 5.42 para correntes estacionárias *arbitrárias*. Observe que a Equação 5.55 herda a ambiguidade de sinais do teorema de Stokes (Seção 1.3.5): em que *sentido* em volta do circuito devo seguir? E que *sentido* através da superfície corresponde à de uma corrente 'positiva'? A solução, como sempre, é a regra da mão direita: se os dedos da sua mão direita indicam o sentido de integração em volta do contorno, então o seu polegar define o sentido de uma corrente positiva.

Assim como a lei de Biot-Savart tem um papel na magnetostática correspondente ao da lei de Coulomb na eletrostática, a lei de Ampère desempenha o papel da lei de Gauss:

$$\begin{cases} \text{Eletrostática:} & \text{Coulomb} \rightarrow \text{Gauss,} \\ \text{Magnetostática:} & \text{Biot–Savart} \rightarrow \text{Ampère.} \end{cases}$$

Em particular, para correntes com a simetria adequada, a lei de Ampère na forma integral oferece um meio adorável e extremamente eficiente para calcular o campo magnético.

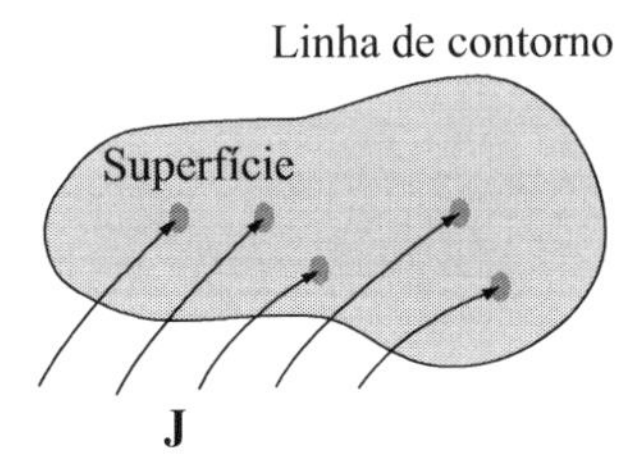


**Figura 5.31**

## Exemplo 5.7

Encontre o campo magnético a uma distância $s$ de um longo fio reto (Figura 5.32), pelo qual passa uma corrente estacionária $I$ (o mesmo problema que resolvemos no Exemplo 5.5, usando a lei de Biot-Savart).

**Solução**: sabemos que a direção de **B** é 'tangente a uma circunferência centrada no fio', circundando-o como indica a regra da mão direita. Por simetria, a magnitude de **B** é constante em torno de um circuito amperiano de raio $s$, centrado no fio. Portanto, a lei de Ampère nos dá

$$\oint \mathbf{B} \cdot d\mathbf{l} = B \oint dl = B2\pi s = \mu_0 I_{\text{enc}} = \mu_0 I,$$

ou

$$B = \frac{\mu_0 I}{2\pi s}.$$

Esta é a mesma resposta que obtivemos antes (Equação 5.36), mas ela foi obtida, desta vez, com muito menos esforço.

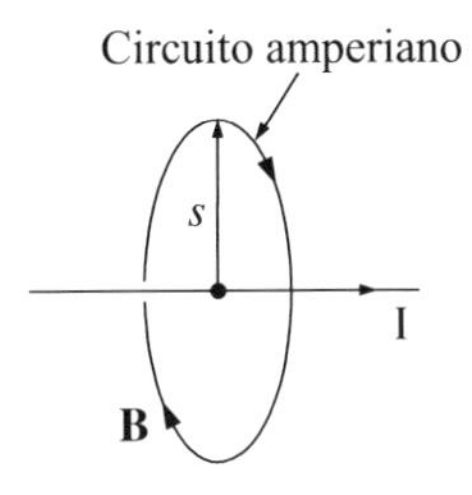


**Figura 5.32**

## Exemplo 5.8

Encontre o campo magnético de uma corrente superficial de densidade uniforme infinita $\mathbf{K} = K\,\hat{\mathbf{x}}$, que flui sobre o plano $xy$ (Figura 5.33).

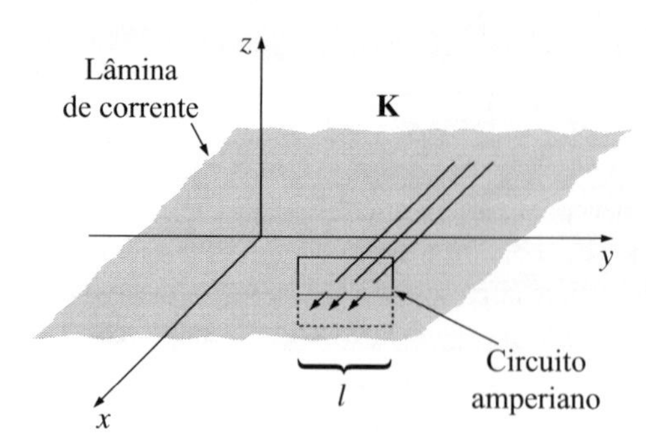


Figura 5.33

**Solução**: antes de mais nada, qual é a *direção* de **B**? Ele pode ter algum componente $x$? *Não*: um olhar para a lei de Biot-Savart (5.39) revela que **B** é *perpendicular* a **K**. Ele pode ter um componente $z$? *Também não*. Isso você pode confirmar observando que qualquer contribuição vertical de um filamento em $+y$ é cancelado pelo filamento correspondente em $-y$. Mas existe um argumento melhor: suponha que o campo apontasse para fora do plano. Invertendo o sentido da corrente, eu poderia fazê-lo apontar *para* o plano (na lei de Biot-Savart, mudar o sinal da corrente muda o sinal do campo). Mas o componente $z$ de **B** não pode de forma alguma depender da *direção* da corrente no plano $xy$. (Pense nisso!) Portanto, **B** só pode ter um componente $y$ e uma verificação rápida com sua mão direita deve convencê-lo de que ela aponta para a *esquerda* acima do plano, e para a *direita* abaixo dele.

Com isso em mente, desenhamos um circuito amperiano retangular, como mostra a Figura 5.33, paralelo ao plano $yz$ e estendendo-se uma distância igual acima e abaixo da superfície. Aplicando a lei de Ampère, constatamos que

$$\oint \mathbf{B} \cdot d\mathbf{l} = 2Bl = \mu_0 I_{\text{enc}} = \mu_0 K l,$$

(um $Bl$ vem do segmento superior e outro, do inferior), portanto $B = (\mu_0/2)K$, ou, mais precisamente,

$$\mathbf{B} = \begin{cases} +(\mu_0/2)K\,\hat{\mathbf{y}} & \text{para } z < 0, \\ -(\mu_0/2)K\,\hat{\mathbf{y}} & \text{para } z > 0. \end{cases} \tag{5.56}$$

Observe que o campo é independente da distância ao plano, justamente como o campo *elétrico* de um *plano* uniformemente carregado (Exemplo 2.4).

---

## Exemplo 5.9

Encontre o campo magnético de um solenoide muito longo que consiste de $n$ voltas compactas por unidade de comprimento, em torno de um cilindro de raio $R$ pelo qual passa uma corrente estacionária $I$ (Figura 5.34). [O motivo pelo qual as voltas são tão apertadas é que se pode, então, fazer de conta que cada volta é circular. Se isso o preocupa (afinal existe uma corrente líquida $I$ na direção do eixo do solenoide, por mais justo que ele esteja enrolado), imagine, em vez disso, uma folha de papel alumínio enrolada em volta do cilindro transportando a corrente superficial uniforme equivalente $K = nI$ (Figura 5.35). Ou enrole duplamente subindo até uma extremidade e, depois — sempre no mesmo sentido —, descendo até a outra para eliminar, assim, a corrente longitudinal. Mas, na realidade, tudo isso são meticulosidades desnecessárias, já que o campo dentro de um solenoide é enorme (relativamente falando), e o campo da corrente longitudinal é, no máximo, um refinamento minúsculo.]

**Solução:** antes de mais nada, qual é a *direção* de **B**? Ele pode ter um componente radial? *Não*. Pois, suponha que $B_s$ fosse *positivo*; se invertêssemos a direção da corrente, $B_s$, então, seria *negativo*. Mas inverter $I$ equivale a fisicamente virar o solenoide de cabeça

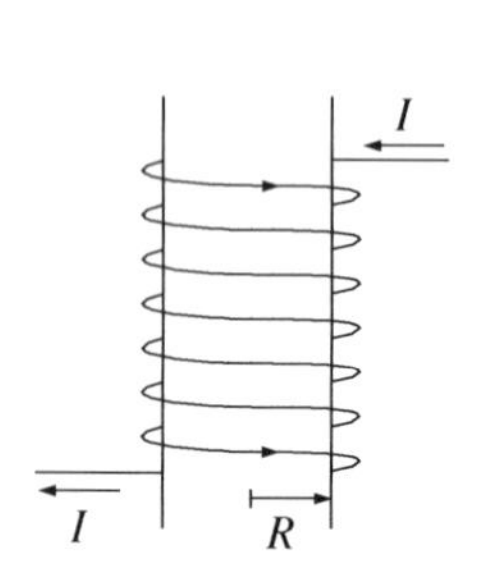


Figura 5.34

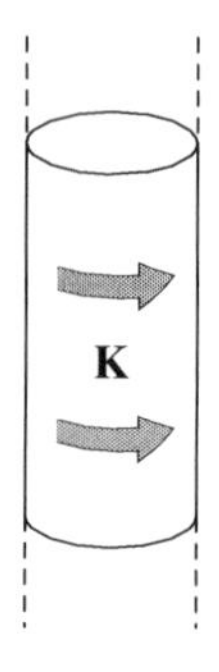


Figura 5.35

para baixo, e isso, certamente, não alteraria o campo radial. Que tal um componente 'circunferencial'? *Não*. Pois $B_\phi$ seria constante em torno de um circuito amperiano concêntrico com o solenoide (Figura 5.36), e então

$$\oint \mathbf{B} \cdot d\mathbf{l} = B_\phi(2\pi s) = \mu_0 I_{\text{enc}} = 0,$$

já que o circuito não encerra corrente.

Portanto, o campo magnético de um solenoide infinito e compacto é *paralelo ao eixo*. Pela regra da mão direita, esperamos que ele aponte para cima, dentro do solenoide, e para baixo, fora dele. Além do mais, ele certamente tende a zero à medida que nos afastamos muito. Com isso em mente, vamos aplicar a lei de Ampère aos dois circuitos retangulares da Figura 5.37. O circuito 1 está totalmente fora do solenoide, com suas laterais às distâncias $a$ e $b$ do eixo:

$$\oint \mathbf{B} \cdot d\mathbf{l} = [B(a) - B(b)]L = \mu_0 I_{\text{enc}} = 0,$$

então

$$B(a) = B(b).$$

Evidentemente, o *campo externo não depende da distância do eixo*. Mas sabemos que ele tende a *zero* para $s$ grande. Ele deve, portanto, ser zero em *toda parte*! (Este resultado surpreendente pode também ser obtido da lei de Biot-Savart, é claro, mas fica muito mais difícil. Veja o Problema 5.44.)

Quanto ao circuito 2, que está meio dentro e meio fora, a lei de Ampère resulta em

$$\oint \mathbf{B} \cdot d\mathbf{l} = BL = \mu_0 I_{\text{enc}} = \mu_0 n I L,$$

onde $B$ é o campo interno ao solenoide. (O lado direito do circuito não contribui com nada, já que lá fora $B = 0$.) *Conclusão:*

$$\mathbf{B} = \begin{cases} \mu_0 n I \, \hat{\mathbf{z}}, & \text{dentro do solenoide,} \\ 0, & \text{fora do solenoide.} \end{cases} \tag{5.57}$$

Observe que o campo interno é *uniforme*; nesse sentido, o solenoide é para a magnetostática o que o capacitor de placas paralelas é para a eletrostática: um dispositivo simples para se produzir campos intensos e uniformes.

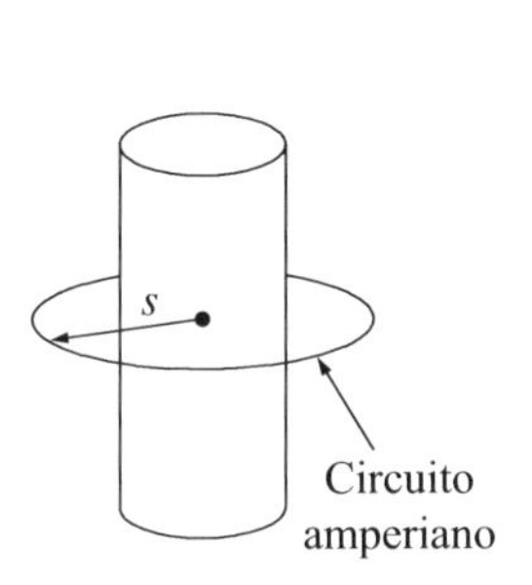


**Figura 5.36**

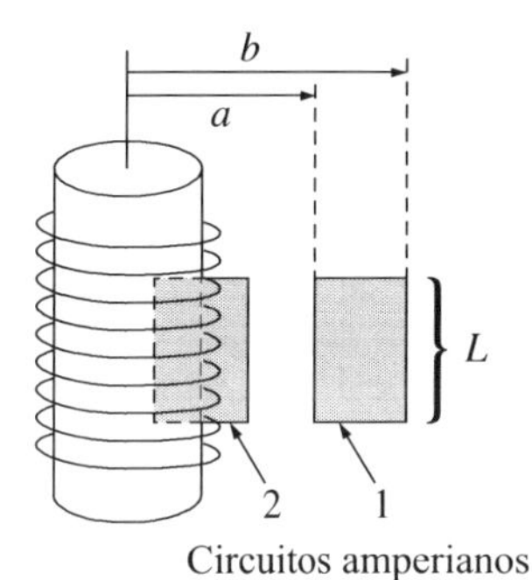


**Figura 5.37**

---

Como a lei de Gauss, a lei de Ampère é sempre *verdadeira* (para correntes estacionárias), mas nem sempre *útil*. Somente quando a simetria do problema permite que você puxe $B$ para fora da integral $\oint \mathbf{B} \cdot d\mathbf{l}$ é que o campo magnético pode ser calculado a partir da lei de Ampère. Nas circunstâncias em que ela funciona, é de longe o método mais rápido; caso contrário, você tem de recorrer à lei de Biot-Savart. As configurações de corrente nas quais a lei de Ampère pode ser aplicada são:

1. Linhas retas infinitas (protótipo: Exemplo 5.7).
2. Planos infinitos (protótipo: Exemplo 5.8).
3. Solenoides infinitos (protótipo: Exemplo 5.9).
4. Toroides (protótipo: Exemplo 5.10).

O último é uma aplicação surpreendente e elegante da lei de Ampère e será abordado no próximo exemplo. Como nos Exemplos 5.8 e 5.9, a parte difícil é descobrir a *direção* do campo (o que agora teremos feito, de uma vez por todas, para cada uma das quatro formas geométricas); a aplicação da lei de Ampère em si requer apenas uma linha.

## Exemplo 5.10

Uma bobina toroidal consiste de um anel circular, ou 'rosquinha', em torno do qual um longo fio é enrolado (Figura 5.38). O enrolamento é uniforme e compacto o bastante para que cada volta seja considerada um circuito fechado. O corte transversal da bobina é irrelevante. Eu o fiz retangular na Figura 5.38 em prol da simplicidade, mas ele poderia muito bem ser circular ou ter qualquer formato assimétrico esquisito, como o da Figura 5.39, desde que esse formato permanecesse o mesmo à volta toda do anel. Nesse caso, segue-se que o *campo magnético do toroide é circunferencial em todos os pontos, tanto dentro quanto fora da bobina.*

**Prova:** segundo a lei de Biot-Savart, o campo **r** devido ao elemento de corrente em $\mathbf{r}'$ é

$$d\mathbf{B} = \frac{\mu_0}{4\pi}\frac{\mathbf{I}\times\boldsymbol{\mathscr{r}}}{\mathscr{r}^3}\,dl'.$$

É preferível colocar **r** no plano $xz$ (Figura 5.39), de forma que seus componentes cartesianos são $(x, 0, z)$, enquanto as coordenadas da fonte são

$$\mathbf{r}' = (s'\cos\phi', s'\,\mathrm{sen}\,\phi', z').$$

Então

$$\boldsymbol{\mathscr{r}} = (x - s'\cos\phi', -s'\,\mathrm{sen}\,\phi', z - z').$$

Como a corrente não tem componente $\phi$, $\mathbf{I} = I_s\,\hat{\mathbf{s}} + I_z\,\hat{\mathbf{z}}$, ou (em coordenadas cartesianas)

$$\mathbf{I} = (I_s\cos\phi', I_s\,\mathrm{sen}\,\phi', I_z).$$

Consequentemente,

$$\begin{aligned}\mathbf{I}\times\boldsymbol{\mathscr{r}} &= \begin{bmatrix}\hat{\mathbf{x}} & \hat{\mathbf{y}} & \hat{\mathbf{z}}\\ I_s\cos\phi' & I_s\,\mathrm{sen}\,\phi' & I_z\\ (x - s'\cos\phi') & (-s'\,\mathrm{sen}\,\phi') & (z - z')\end{bmatrix}\\ &= [\mathrm{sen}\,\phi'(I_s(z-z') + s'I_z)]\,\hat{\mathbf{x}}\\ &\quad + [I_z(x - s'\cos\phi') - I_s\cos\phi'(z-z')]\,\hat{\mathbf{y}} + [-I_s x\,\mathrm{sen}\,\phi']\,\hat{\mathbf{z}}.\end{aligned}$$

Mas existe um elemento de corrente simetricamente posicionado em $\mathbf{r}''$, com o mesmo $s'$, o mesmo $\mathscr{r}$, o mesmo $dl'$, o mesmo $I_s$ e o mesmo $I_z$, *mas* $\phi'$ *negativo* (Figura 5.39). Como sen $\phi'$ muda de sinal, as contribuições nas direções $\hat{\mathbf{x}}$ e $\hat{\mathbf{z}}$ devidas a $\mathbf{r}'$ e $\mathbf{r}''$ cancelam-se, deixando somente um termo na direção $\hat{\mathbf{y}}$. Portanto, o campo em **r** está na direção $\hat{\mathbf{y}}$ e, no geral, o campo aponta na direção de $\hat{\boldsymbol{\phi}}$. cqd

Agora que sabemos que o campo é circunferencial, determinar sua magnitude é de uma facilidade ridícula. Basta aplicar a lei de Ampère ao círculo de raio $s$ em torno do eixo do toroide:

$$B2\pi s = \mu_0 I_{\text{enc}},$$

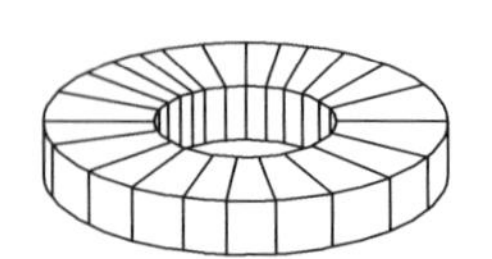

Figura 5.38

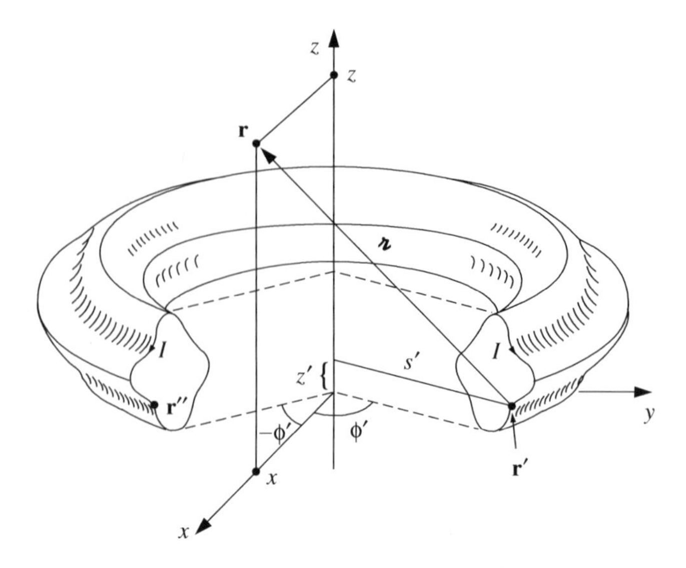


Figura 5.39

e, portanto,

$$\mathbf{B}(\mathbf{r}) = \begin{cases} \dfrac{\mu_0 N I}{2\pi s}\hat{\boldsymbol{\phi}}, & \text{para pontos dentro da bobina,} \\ 0, & \text{para pontos fora da bobina,} \end{cases} \tag{5.58}$$

onde $N$ é o número total de voltas.

---

**Problema 5.13** Uma corrente estacionária $I$ flui por um longo fio cilíndrico de raio $a$ (Figura 5.40). Encontre o campo magnético tanto dentro quanto fora do fio, se

(a) a corrente está uniformemente distribuída sobre a superfície externa do fio.

(b) a corrente está distribuída de forma que $J$ é proporcional a $s$, a distância ao eixo.

**Problema 5.14** Uma chapa grossa que se estende de $z = -a$ a $z = +a$ tem uma corrente volumétrica de densidade uniforme $\mathbf{J} = J\,\hat{\mathbf{x}}$ (Figura 5.41). Encontre o campo magnético como função de $z$, tanto dentro quanto fora da chapa.

**Problema 5.15** Dois solenoides longos e coaxiais transportam, cada um, uma corrente $I$, mas em sentidos opostos, como mostra a Figura 5.42. O solenoide interno (de raio $a$) tem $n_1$ voltas por unidade de comprimento, enquanto o externo (de raio $b$) tem $n_2$. Encontre **B** em cada uma das três regiões: (i) dentro do solenoide interno, (ii) entre eles e (iii) fora dos dois.

**Problema 5.16** Um grande capacitor de placas paralelas com carga superficial de densidade uniforme $\sigma$ na placa superior e $-\sigma$ na inferior está se movendo com velocidade constante $v$, como mostra a Figura 5.43.

(a) Encontre o campo magnético entre as placas e, também, acima e abaixo delas.

(b) Encontre a força magnética por unidade de área na placa superior, incluindo sua direção e sentido.

(c) Com que velocidade $v$ a força magnética equilibraria a força elétrica?[11]

! **Problema 5.17** Mostre que o campo magnético de um solenoide infinito é paralelo ao eixo, *seja qual for a forma da seção transversal da bobina*, desde que esse formato seja o mesmo ao longo de todo o solenoide. Qual é a magnitude do campo interno e externo dessa bobina? Mostre que o campo toroidal (5.58) se reduz ao campo do solenoide quando o raio do anel é tão grande que um segmento pode ser considerado essencialmente reto.

**Problema 5.18** No cálculo de uma corrente encerrada por um circuito amperiano, deve-se, em geral, resolver uma integral com a forma

$$I_{\text{enc}} = \int_S \mathbf{J} \cdot d\mathbf{a}.$$

O problema é que existe uma infinidade de superfícies que compartilham da mesma linha de contorno. Qual delas devemos usar?

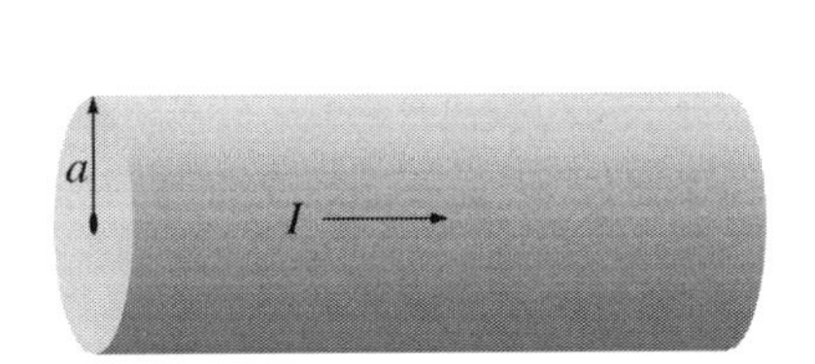


**Figura 5.40**

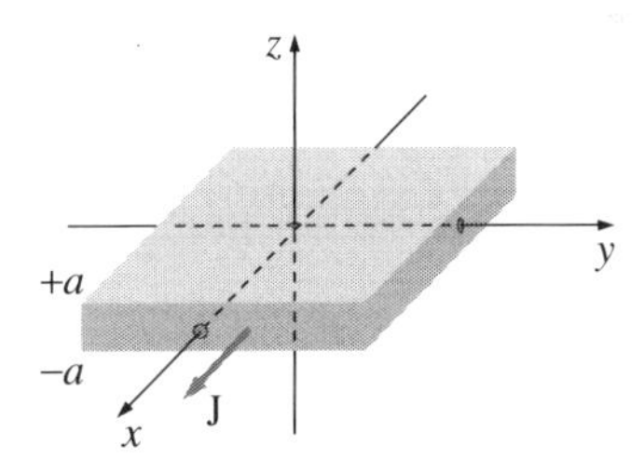


**Figura 5.41**

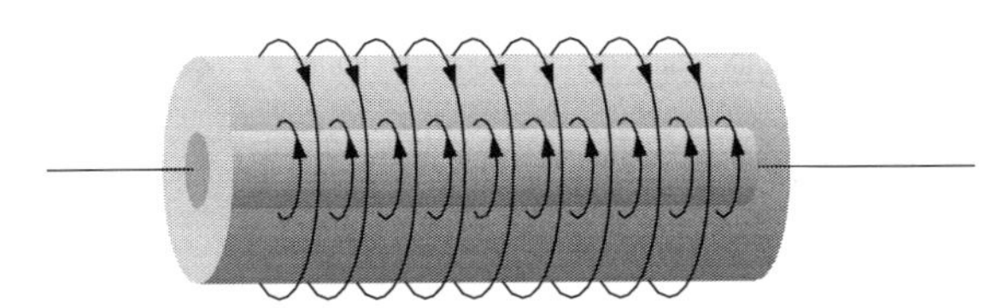

**Figura 5.42**

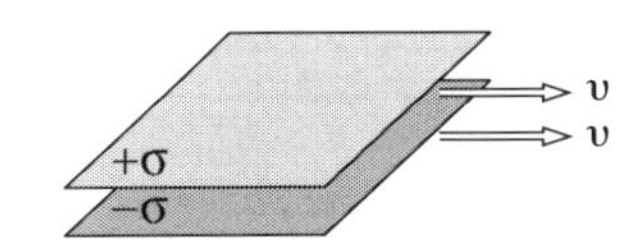


**Figura 5.43**

---

11. Consulte a nota de rodapé 8.

### 5.3.4 Comparação entre magnetostática e eletrostática

O divergente e o rotacional do campo *eletrostático* são

$$\begin{cases} \nabla \cdot \mathbf{E} = \dfrac{1}{\epsilon_0}\rho, & \text{(lei de Gauss);} \\ \nabla \times \mathbf{E} = 0, & \text{(sem nome).} \end{cases}$$

Estas são as **equações de Maxwell** para a eletrostática. Juntamente com a condição de contorno $\mathbf{E} \to 0$ distante de todas as cargas, as equações de Maxwell determinam o campo, se a densidade da carga $\rho$ for dada; elas contêm, essencialmente, a mesma informação que a lei de Coulomb, mais o princípio da superposição. O divergente e o rotacional do campo *magnetostático* são

$$\begin{cases} \nabla \cdot \mathbf{B} = 0, & \text{(sem nome);} \\ \nabla \times \mathbf{B} = \mu_0 \mathbf{J}, & \text{(lei de Ampère).} \end{cases}$$

Estas são as equações de Maxwell para a magnetostática. Aqui também, juntamente com a condição de contorno $\mathbf{B} \to 0$ longe de todas as correntes, as equações de Maxwell determinam o campo magnético: elas são equivalentes à lei de Biot-Savart (mais a superposição). As equações de Maxwell e a lei de força

$$\mathbf{F} = Q(\mathbf{E} + \mathbf{v} \times \mathbf{B})$$

constituem a formulação mais elegante da eletrostática e da magnetostática.

O campo elétrico *diverge* de uma carga (positiva); a linha do campo magnético *enrola-se em volta* de uma corrente (Figura 5.44). As linhas dos campos elétricos originam-se em cargas positivas e terminam em cargas negativas; as linhas dos campos magnéticos não começam ou terminam em lugar algum — para tanto seria necessário um divergente não nulo. Elas formam circuitos fechados ou estendem-se ao infinito. Colocando de outra forma, *não há fontes pontuais para* **B**, como há para **E**; não existe análogo para a carga elétrica. Este é o conteúdo físico da expressão $\nabla \cdot \mathbf{B} = 0$. Coulomb e outros acreditavam que o magnetismo era produzido por **cargas magnéticas** (**monopolos magnéticos**, como são chamados atualmente), e em alguns livros mais antigos você ainda irá encontrar referências a uma versão magnética da lei de Coulomb que dá a força de atração ou repulsão entre elas. Foi Ampère quem primeiro especulou que todos os efeitos magnéticos são atribuídos a cargas *elétricas em movimento* (correntes). Até onde sabemos, Ampère estava certo; mesmo assim, continua sendo uma questão experimental aberta se existem monopolos magnéticos na natureza (eles são obviamente muito *raros*, ou alguém já teria encontrado um[12]), e, de fato, algumas teorias recentes sobre as partículas elementares os *exigem*. Para os nossos objetivos, porém, **B** não tem divergente e não existem monopolos magnéticos. É preciso uma carga elétrica em *movimento* para *produzir* um campo magnético, e é preciso outra carga elétrica em movimento para 'sentir' um campo magnético.

Tipicamente, as forças elétricas são imensamente maiores que as magnéticas. Isso não é algo que se identifica a partir da teoria como tal; tem a ver com o tamanho das constantes fundamentais $\epsilon_0$ e $\mu_0$. Em geral, é somente quando a carga fonte e a carga de prova estão se movendo em velocidades comparáveis à velocidade da luz que a força magnética se aproxima da força elétrica em termos de intensidade. (Os problemas 5.12 e 5.16 ilustram esta regra.) Como é, então, que notamos os efeitos

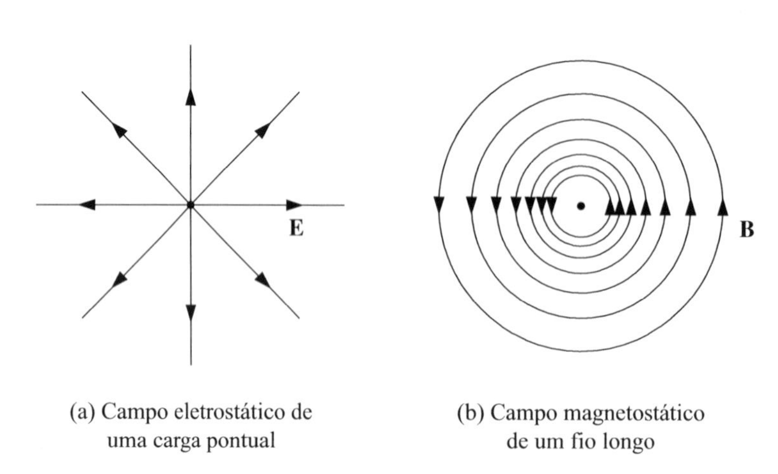


(a) Campo eletrostático de uma carga pontual

(b) Campo magnetostático de um fio longo

**Figura 5.44**

12. Uma detecção aparente (B. Cabrera, *Phys. Rev. Lett.* **48**, 1378 (1982)) nunca foi reproduzida — e não por falta de tentativas. Para uma encantadora e breve história das ideias sobre o magnetismo, leia o Capítulo 1 do livro de D. C. Mattis, *The Theory of Magnetism* (Nova York: Harper and Row, 1965).

magnéticos? A resposta é que tanto na produção de um campo magnético (Biot-Savart) quanto na sua detecção (Lorentz) é a *corrente* (carga vezes velocidade) que entra, e podemos compensar uma velocidade baixa colocando quantidades enormes de carga no fio. Normalmente, essa carga geraria simultaneamente uma força *elétrica* tão grande que ela sobrepujaria a força magnética. Mas se mantivermos o fio *neutro*, incorporando nele uma quantidade igual de carga oposta em repouso, o campo elétrico se anulará, deixando o campo magnético independente. Parece muito trabalhoso mas, é claro, é precisamente o que acontece em um fio comum pelo qual passa uma corrente.

---

**Problema 5.19** (a) Encontre a densidade $\rho$ das cargas móveis em um pedaço de cobre, assumindo que cada átomo contribui com um elétron livre. [Pesquise as constantes físicas necessárias.]

(b) Calcule a velocidade média dos elétrons em um fio de cobre com 1 mm de diâmetro, pela qual passa uma corrente de 1 A. [*Nota*: esta é literalmente uma velocidade de *lesma*. Como você pode, então, ter uma conversa telefônica de longa distância?]

(c) Qual é a força de atração entre dois fios desses, a 1 cm um do outro?

(d) Se você pudesse, de alguma forma, remover os íons positivos estacionários, qual seria a força de repulsão elétrica? Quantas vezes ela é maior que a força magnética?

**Problema 5.20** A lei de Ampère é coerente com a regra geral (Equação 1.46) de que o divergente do rotacional é sempre zero? Demonstre que a lei de Ampère, em geral, *não* é válida fora da magnetostática. Esse 'defeito' existe nas outras três equações de Maxwell?

**Problema 5.21** Suponha que *existissem* monopolos magnéticos. Como você modificaria as equações de Maxwell e a lei de força para acomodá-los? Se acredita que há várias opções plausíveis, relacione-as e sugira como você poderia decidir, experimentalmente, qual é a correta.

---

# 5.4 Potencial vetorial magnético

## 5.4.1 O potencial vetorial

Assim como $\nabla \times \mathbf{E} = 0$ nos permitiu introduzir o potencial escalar ($V$) em eletrostática,

$$\mathbf{E} = -\nabla V,$$

$\nabla \cdot \mathbf{B} = 0$ também nos convida à introdução de um potencial *vetorial* $\mathbf{A}$ em magnetostática:

$$\boxed{\mathbf{B} = \nabla \times \mathbf{A}.} \tag{5.59}$$

A primeira é autorizada pelo Teorema 1 (da Seção 1.6.2), e a segunda, pelo Teorema 2 (a prova do Teorema 2 será desenvolvida no Problema 5.30). A formulação do potencial automaticamente cuida de $\nabla \cdot \mathbf{B} = 0$ (já que o divergente de um rotacional é *sempre* nulo); resta a lei de Ampère:

$$\nabla \times \mathbf{B} = \nabla \times (\nabla \times \mathbf{A}) = \nabla(\nabla \cdot \mathbf{A}) - \nabla^2 \mathbf{A} = \mu_0 \mathbf{J}. \tag{5.60}$$

Agora, o potencial elétrico tinha em si uma ambiguidade: você pode acrescentar a $V$ qualquer função cujo gradiente seja zero (o que equivale a dizer qualquer *constante*), sem alterar a quantidade *física* $\mathbf{E}$. Da mesma forma, você pode somar ao potencial magnético qualquer função cujo *rotacional* seja nulo (o que equivale a dizer o *gradiente de qualquer escalar*), sem afetar $\mathbf{B}$. Podemos explorar essa liberdade para eliminar o divergente de $\mathbf{A}$:

$$\boxed{\nabla \cdot \mathbf{A} = 0.} \tag{5.61}$$

Para provar que isto é sempre possível, suponha que nosso potencial original, $\mathbf{A}_o$, *não* tenha divergente nulo. Se acrescentarmos a ele o gradiente de $\lambda$ ($\mathbf{A} = \mathbf{A}_o + \nabla\lambda$), o novo divergente será

$$\nabla \cdot \mathbf{A} = \nabla \cdot \mathbf{A}_o + \nabla^2 \lambda.$$

Podemos, então, acomodar a Equação 5.61 se pudermos encontrar uma função $\lambda$ que satisfaça

$$\nabla^2 \lambda = -\nabla \cdot \mathbf{A}_o.$$

Mas isto é *matematicamente* idêntico à equação de Poisson (2.24),

$$\nabla^2 V = -\frac{\rho}{\epsilon_0},$$

com $\boldsymbol{\nabla}\cdot\mathbf{A}_o$ em lugar de $\rho/\epsilon_0$ como a 'fonte'. E *sabemos* resolver a equação de Poisson — esse é todo o objetivo da eletrostática ('dada a distribuição de carga, encontre o potencial'). Sobretudo, se $\rho$ tende a zero no infinito, a solução é a Equação 2.29:

$$V = \frac{1}{4\pi\epsilon_0}\int \frac{\rho}{\mathscr{r}}\, d\tau',$$

e, da mesma forma, se $\boldsymbol{\nabla}\cdot\mathbf{A}_o$ tende a zero no infinito, então

$$\lambda = \frac{1}{4\pi}\int \frac{\boldsymbol{\nabla}\cdot\mathbf{A}_o}{\mathscr{r}}\, d\tau'.$$

Se $\boldsymbol{\nabla}\cdot\mathbf{A}_o$ *não* tende a zero no infinito, temos de usar outros meios para descobrir o $\lambda$ adequado, da mesma forma que obtemos o potencial elétrico por outros meios quando a distribuição de carga se estende ao infinito. Mas o ponto *essencial* permanece: *É sempre possível fazer com que o potencial vetorial tenha divergente nulo.* Colocando de outra forma: a definição de $\mathbf{B} = \boldsymbol{\nabla}\times\mathbf{A}$ especifica o *rotacional* de $\mathbf{A}$, mas não diz nada sobre o *divergente* — temos a liberdade de escolher o que acharmos melhor, e zero é, geralmente, a escolha mais simples.

Com esta condição para **A**, a lei de Ampère (5.60) torna-se

$$\boxed{\nabla^2\mathbf{A} = -\mu_0\mathbf{J}.} \tag{5.62}$$

Esta, *novamente*, é nada mais que a equação de Poisson — ou melhor, são *três* equações de Poisson, uma para cada componente cartesiano.[13] Assumindo que **J** tende a zero no infinito, podemos ditar a solução:

$$\boxed{\mathbf{A}(\mathbf{r}) = \frac{\mu_0}{4\pi}\int \frac{\mathbf{J}(\mathbf{r}')}{\mathscr{r}}\, d\tau'.} \tag{5.63}$$

Para linhas de corrente e correntes superficiais,

$$\mathbf{A} = \frac{\mu_0}{4\pi}\int \frac{\mathbf{I}}{\mathscr{r}}\, dl' = \frac{\mu_0 I}{4\pi}\int \frac{1}{\mathscr{r}}\, d\mathbf{l}'; \qquad \mathbf{A} = \frac{\mu_0}{4\pi}\int \frac{\mathbf{K}}{\mathscr{r}}\, da'. \tag{5.64}$$

(Se a corrente *não* tender a zero no infinito, temos de encontrar outras maneiras de obter **A**; algumas delas são exploradas no Exemplo 5.12 e nos problemas ao final da seção.)

É preciso que se diga que **A** não é tão *útil* quanto $V$. Entre outras coisas, continua sendo um *vetor*, e embora seja mais fácil trabalhar com as equações 5.63 e 5.64 do que com a lei de Biot-Savart, ainda é necessário preocupar-se com os componentes. Seria bom se pudéssemos nos safar com um potencial *escalar*,

$$\mathbf{B} = -\boldsymbol{\nabla}U, \tag{5.65}$$

mas isso é incompatível com a lei de Ampère, já que o rotacional de um gradiente é sempre nulo. (Um **potencial magnetostático escalar** *pode* ser usado se você se mantiver escrupulosamente no âmbito de regiões simplesmente conexas e sem correntes, mas como ferramenta teórica seu interesse é limitado. Veja o Problema 5.28.) Além do mais, como as forças magnéticas não realizam trabalho, **A** não admite uma interpretação física simples em termos da energia potencial por unidade de carga. (Em alguns contextos pode ser interpretado como *momento* por unidade de carga.[14]) De qualquer forma, o potencial vetorial tem uma importância teórica substancial, como veremos no Capítulo 10.

**Exemplo 5.11**

Uma casca esférica de raio $R$, com uma carga superficial de densidade uniforme $\sigma$, é colocada para girar com uma velocidade angular $\boldsymbol{\omega}$. Encontre o potencial vetorial que ela produz no ponto **r** (Figura 5.45).

**Solução:** pode parecer natural alinhar o eixo polar ao longo de $\boldsymbol{\omega}$, mas o fato é que a integração se torna mais fácil se deixarmos que **r** fique no eixo $z$, de forma que $\boldsymbol{\omega}$ fique inclinada a um ângulo $\psi$. Podemos muito bem orientar o eixo $x$ de forma que $\boldsymbol{\omega}$ fique no plano $xz$, como mostra a Figura 5.46. Conforme a Equação 5.64,

13. Em coordenadas cartesianas, $\nabla^2\mathbf{A} = (\nabla^2 A_x)\hat{\mathbf{x}} + (\nabla^2 A_y)\hat{\mathbf{y}} + (\nabla^2 A_z)\hat{\mathbf{z}}$, de forma que a Equação 5.62 se reduz para $\nabla^2 A_x = -\mu_0 J_x$, $\nabla^2 A_y = -\mu_0 J_y$ e $\nabla^2 A_z = -\mu_0 J_z$. Em coordenadas curvilíneas, os *próprios* vetores unitários são funções da posição e devem ser diferenciados e, portanto, *não* é o caso, por exemplo, de $\nabla^2 A_r = -\mu_0 J_r$. A maneira mais segura de calcular o laplaciano de um *vetor*, em termos de seus componentes curvilíneos, é usar $\nabla^2\mathbf{A} = \boldsymbol{\nabla}(\boldsymbol{\nabla}\cdot\mathbf{A}) - \boldsymbol{\nabla}\times(\boldsymbol{\nabla}\times\mathbf{A})$. Lembre-se também de que mesmo que você *calcule* integrais tais como a 5.63 usando coordenadas curvilíneas, deve primeiro expressar **J** em termos de seus componentes *cartesianos* (veja a Seção 1.4.1).

14. M. D. Semon e J. R. Taylor, *Am. J. Phys.* **64**, 1361 (1996).

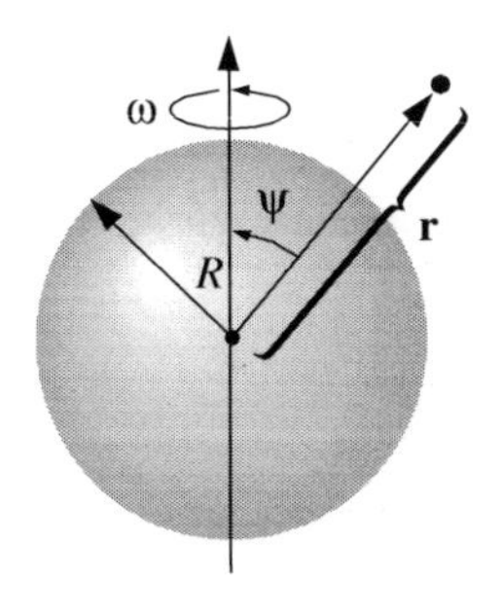

Figura 5.45

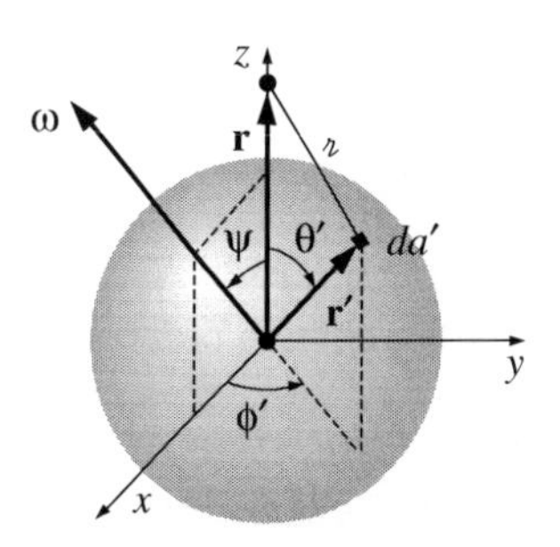

Figura 5.46

$$\mathbf{A}(\mathbf{r}) = \frac{\mu_0}{4\pi}\int \frac{\mathbf{K}(\mathbf{r}')}{\imath}\,da',$$

onde $\mathbf{K} = \sigma\mathbf{v}$, $\imath = \sqrt{R^2 + r^2 - 2Rr\cos\theta'}$ e $da' = R^2 \operatorname{sen}\theta'\,d\theta'\,d\phi'$. Agora, a velocidade de um ponto $\mathbf{r}'$ em um corpo rígido giratório é dada por $\boldsymbol{\omega} \times \mathbf{r}'$; neste caso,

$$\mathbf{v} = \boldsymbol{\omega} \times \mathbf{r}' = \begin{vmatrix} \hat{\mathbf{x}} & \hat{\mathbf{y}} & \hat{\mathbf{z}} \\ \omega\operatorname{sen}\psi & 0 & \omega\cos\psi \\ R\operatorname{sen}\theta'\cos\phi' & R\operatorname{sen}\theta'\operatorname{sen}\phi' & R\cos\theta' \end{vmatrix}$$

$$= R\omega[-(\cos\psi\operatorname{sen}\theta'\operatorname{sen}\phi')\,\hat{\mathbf{x}} + (\cos\psi\operatorname{sen}\theta'\cos\phi' - \operatorname{sen}\psi\cos\theta')\,\hat{\mathbf{y}} + (\operatorname{sen}\psi\operatorname{sen}\theta'\operatorname{sen}\phi')\,\hat{\mathbf{z}}].$$

Observe que todos esses termos, exceto um, incluem $\operatorname{sen}\phi'$ ou $\cos\phi'$. Como

$$\int_0^{2\pi} \operatorname{sen}\phi'\,d\phi' = \int_0^{2\pi} \cos\phi'\,d\phi' = 0,$$

a contribuição desses termos é nula. Resta, então

$$\mathbf{A}(\mathbf{r}) = -\frac{\mu_0 R^3 \sigma\omega\operatorname{sen}\psi}{2}\left(\int_0^{\pi} \frac{\cos\theta'\operatorname{sen}\theta'}{\sqrt{R^2 + r^2 - 2Rr\cos\theta'}}\,d\theta'\right)\hat{\mathbf{y}}.$$

Considerando $u \equiv \cos\theta'$, a integral torna-se

$$\int_{-1}^{+1} \frac{u}{\sqrt{R^2 + r^2 - 2Rru}}\,du = -\frac{(R^2 + r^2 + Rru)}{3R^2r^2}\sqrt{R^2 + r^2 - 2Rru}\,\Bigg|_{-1}^{+1}$$

$$= -\frac{1}{3R^2r^2}\left[(R^2 + r^2 + Rr)|R - r| - (R^2 + r^2 - Rr)(R + r)\right].$$

Se o ponto $\mathbf{r}$ fica *dentro* da esfera, então $R > r$, e essa expressão se reduz a $(2r/3R^2)$; se $\mathbf{r}$ está *fora* da esfera, de forma que $R < r$, ela se reduz a $(2R/3r^2)$. Observando que $(\boldsymbol{\omega} \times \mathbf{r}) = -\omega r\operatorname{sen}\psi\,\hat{\mathbf{y}}$, temos, finalmente,

$$\mathbf{A}(\mathbf{r}) = \begin{cases} \dfrac{\mu_0 R\sigma}{3}(\boldsymbol{\omega} \times \mathbf{r}), & \text{para pontos } \textit{dentro} \text{ da esfera,} \\[2ex] \dfrac{\mu_0 R^4\sigma}{3r^3}(\boldsymbol{\omega} \times \mathbf{r}), & \text{para pontos } \textit{fora} \text{ da esfera.} \end{cases} \tag{5.66}$$

Uma vez calculada a integral, volto às coordenadas 'naturais' da Figura 5.45, onde $\boldsymbol{\omega}$ coincide com o eixo $z$ e o ponto $\mathbf{r}$ está em $(r, \theta, \phi)$:

$$\mathbf{A}(r, \theta, \phi) = \begin{cases} \dfrac{\mu_0 R\omega\sigma}{3} r\operatorname{sen}\theta\,\hat{\boldsymbol{\phi}}, & (r \le R), \\[2ex] \dfrac{\mu_0 R^4\omega\sigma}{3}\dfrac{\operatorname{sen}\theta}{r^2}\,\hat{\boldsymbol{\phi}}, & (r \ge R). \end{cases} \tag{5.67}$$

Curiosamente, o campo dentro dessa casca esférica é *uniforme*:

$$\mathbf{B} = \nabla \times \mathbf{A} = \frac{2\mu_0 R\omega\sigma}{3}(\cos\theta\,\hat{\mathbf{r}} - \operatorname{sen}\theta\,\hat{\boldsymbol{\theta}}) = \frac{2}{3}\mu_0\sigma R\omega\,\hat{\mathbf{z}} = \frac{2}{3}\mu_0\sigma R\boldsymbol{\omega}. \tag{5.68}$$

**Exemplo 5.12**

Encontre o potencial vetorial de um solenoide infinito com $n$ voltas por unidade de comprimento, raio $R$ e corrente $I$.

**Solução:** desta vez não podemos usar a Equação 5.64, já que a própria corrente se estende ao infinito. Mas há um belo método que funciona. Observe que

$$\oint \mathbf{A} \cdot d\mathbf{l} = \int (\nabla \times \mathbf{A}) \cdot d\mathbf{a} = \int \mathbf{B} \cdot d\mathbf{a} = \Phi, \tag{5.69}$$

onde $\Phi$ é o fluxo de $\mathbf{B}$ através do circuito em questão. Isto lembra a lei de Ampère na forma de integral (5.55),

$$\oint \mathbf{B} \cdot d\mathbf{l} = \mu_0 I_{\text{enc}}.$$

De fato, é a mesma equação, com $\mathbf{B} \to \mathbf{A}$ e $\mu_0 I_{\text{enc}} \to \Phi$. Se a simetria o permite, podemos determinar $\mathbf{A}$ a partir de $\Phi$ da mesma forma que obtivemos $\mathbf{B}$ de $I_{\text{enc}}$, na Seção 5.3.3. O presente problema (com um campo magnético longitudinal uniforme $\mu_0 nI$ dentro do solenoide e sem campo fora) é análogo ao problema da lei de Ampère de um fio grosso que transporta uma corrente uniformemente distribuída. O potencial vetorial é 'circunferencial' (ele imita o campo magnético do fio); usando um 'circuito amperiano' circular com raio $s$ *dentro* do solenoide, temos

$$\oint \mathbf{A} \cdot d\mathbf{l} = A(2\pi s) = \int \mathbf{B} \cdot d\mathbf{a} = \mu_0 nI(\pi s^2),$$

então

$$\mathbf{A} = \frac{\mu_0 nI}{2} s\,\hat{\boldsymbol{\phi}}, \quad \text{para } s \leq R. \tag{5.70}$$

Para um circuito amperiano *externo* ao solenoide, o fluxo é

$$\int \mathbf{B} \cdot d\mathbf{a} = \mu_0 nI(\pi R^2),$$

já que o campo só se estende até $R$. Assim

$$\mathbf{A} = \frac{\mu_0 nI}{2} \frac{R^2}{s}\,\hat{\boldsymbol{\phi}}, \quad \text{para } s \geq R. \tag{5.71}$$

Se você tem qualquer dúvida quanto a esta resposta, *verifique-a*: $\nabla \times \mathbf{A} = \mathbf{B}$? $\nabla \cdot \mathbf{A} = 0$? Se sim, terminamos.

---

Tipicamente, a direção de $\mathbf{A}$ irá imitar a direção da corrente. Por exemplo, ambas eram azimutais nos Exemplos 5.11 e 5.12. De fato, se todas as correntes fluem na *mesma* direção, então a Equação 5.63 sugere que $\mathbf{A}$ também *deve* apontar nessa direção. Assim, o potencial de um segmento finito de fio reto (Problema 5.22) está na direção da corrente. É claro que se a corrente se estende ao infinito, você não pode, para início de conversa, usar a Equação 5.63 (veja os problemas 5.25 e 5.26). Além do mais, você sempre pode adicionar um vetor constante arbitrário a $\mathbf{A}$ — o que é análogo a alterar o ponto de referência para $V$, e não afetará o divergente ou o rotacional de $\mathbf{A}$, que é o que importa (na Equação 5.63 escolhemos a constante de forma que $\mathbf{A}$ fosse de zero no infinito). Em princípio, você pode até usar um potencial vetorial que não tenha divergente nulo, e nesse caso tudo muda. Apesar desses comentários, o ponto essencial permanece: *normalmente*, a direção de $\mathbf{A}$ será a mesma que a direção da corrente.

---

**Problema 5.22** Encontre o potencial vetorial magnético de um segmento finito de fio reto pelo qual passa a corrente $I$. [Coloque o fio no eixo $z$, de $z_1$ a $z_2$, e use a Equação 5.64.] Verifique se a sua resposta é coerente com a Equação 5.35.

**Problema 5.23** Que densidade de corrente produziria o potencial vetorial, $\mathbf{A} = k\,\hat{\boldsymbol{\phi}}$ (onde $k$ é uma constante), em coordenadas cilíndricas?

**Problema 5.24** Se $\mathbf{B}$ é *uniforme*, mostre que $\mathbf{A}(\mathbf{r}) = -\frac{1}{2}(\mathbf{r} \times \mathbf{B})$ funciona. Ou seja, verifique se $\nabla \cdot \mathbf{A} = 0$ e $\nabla \times \mathbf{A} = \mathbf{B}$. Esse resultado é único ou existem outras funções com o mesmo divergente e rotacional?

**Problema 5.25** (a) Usando quaisquer meios que possa imaginar (exceto a consulta), encontre o potencial vetorial a uma distância $s$ de um fio reto pelo qual passa uma corrente $I$. Verifique se $\nabla \cdot \mathbf{A} = 0$ e $\nabla \times \mathbf{A} = \mathbf{B}$.

(b) Encontre o potencial magnético *dentro* do fio, se ele tem raio $R$ e a corrente está uniformemente distribuída.

**Problema 5.26** Encontre o potencial vetorial acima e abaixo da corrente superficial plana do Exemplo 5.8.

**Problema 5.27** (a) Verifique se a Equação 5.63 é coerente com a Equação 5.61, aplicando o *divergente*.

(b) Verifique se a Equação 5.63 é coerente com a Equação 5.45, aplicando o *rotacional*.

(c) Verifique se a Equação 5.63 é coerente com a Equação 5.62, aplicando o *laplaciano*.

**Problema 5.28** Suponha que você quer definir um potencial escalar magnético $U$ (Equação 5.65), nas proximidades de um fio pelo qual passa uma corrente. Antes de mais nada, você precisa se distanciar do próprio fio (lá $\nabla \times \mathbf{B} \neq 0$); mas isso não basta. Mostre, com a aplicação da lei de Ampère a um caminho que começa em **a** e circunda o fio retornando a **b** (Figura 5.47), que o potencial escalar não pode ter um valor único (ou seja, $U(\mathbf{a}) \neq U(\mathbf{b})$, mesmo que eles representem o mesmo ponto físico). Como exemplo, encontre o potencial escalar para um fio reto infinito. (Para evitar um potencial com múltiplos valores, é preciso restringir-se às regiões simplesmente conexas que permanecem de um lado ou do outro de cada fio, nunca permitindo que se dê a volta toda.)

**Problema 5.29** Use os resultados do Exemplo 5.11 para encontrar o campo dentro de uma esfera uniformemente carregada, de carga total $Q$ e raio $R$, e que está girando a uma velocidade angular constante $\boldsymbol{\omega}$.

**Problema 5.30** (a) Complete a prova do Teorema 2, Seção 1.6.2. Ou seja, mostre que qualquer campo vetorial $\mathbf{F}$ com divergente nulo pode ser expresso como o rotacional de um potencial vetorial $\mathbf{A}$. O que você tem de fazer é encontrar $A_x$, $A_y$ e $A_z$ de forma que: (i) $\partial A_z/\partial y - \partial A_y/\partial z = F_x$; (ii) $\partial A_x/\partial z - \partial A_z/\partial x = F_y$; e (iii) $\partial A_y/\partial x - \partial A_x/\partial y = F_z$. Eis uma maneira de fazê-lo: escolha $A_x = 0$, e resolva (ii) e (iii) para $A_y$ e $A_z$. Observe que as 'constantes de integração' aqui são elas próprias funções de $y$ e $z$ — são constantes apenas com respeito a $x$. Agora, coloque essas expressões em (i), e use o fato de que $\nabla \cdot \mathbf{F} = 0$ para obter

$$A_y = \int_0^x F_z(x', y, z)\, dx'; \quad A_z = \int_0^y F_x(0, y', z)\, dy' - \int_0^x F_y(x', y, z)\, dx'.$$

(b) Por diferenciação direta, verifique se o $\mathbf{A}$ que você obteve na parte (a) satisfaz $\nabla \times \mathbf{A} = \mathbf{F}$. $\mathbf{A}$ tem divergente nulo? [Esta foi uma construção bastante assimétrica e seria surpreendente se *tivesse* — embora saibamos que *existe* um vetor cujo rotacional é $\mathbf{F}$ *e* cujo divergente é nulo.]

(c) Como exemplo, considere que $\mathbf{F} = y\,\hat{\mathbf{x}} + z\,\hat{\mathbf{y}} + x\,\hat{\mathbf{z}}$. Calcule $\mathbf{A}$, e confirme que $\nabla \times \mathbf{A} = \mathbf{F}$. (Para aprofundar a discussão, consulte o Problema 5.51.)

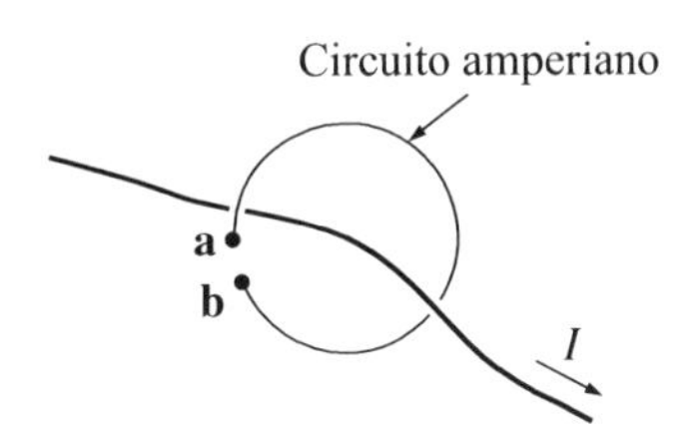


**Figura 5.47**

## 5.4.2 Resumo: condições de contorno na magnetostática

No capítulo 2, foi apresentado um diagrama triangular para resumir as relações entre as três grandezas fundamentais da eletrostática: a densidade de carga $\rho$, o campo elétrico $\mathbf{E}$ e o potencial $V$. Um diagrama semelhante pode ser montado para a magnetostática (Figura 5.48), relacionando a densidade de corrente $\mathbf{J}$, o campo $\mathbf{B}$ e o potencial $\mathbf{A}$. Há um 'elo perdido' no diagrama: a equação para $\mathbf{A}$ em termos de $\mathbf{B}$. É improvável que você venha a precisar dessa fórmula, mas, caso esteja interessado, consulte os Problemas 5.50 e 5.51.

Assim como o campo elétrico sofre descontinuidade em uma distribuição superficial de *carga*, também o campo magnético é descontínuo em uma distribuição superficial de *corrente*. Só que, nesse caso, é o componente *tangencial* que muda. Pois, se aplicarmos a Equação 5.48, na forma integral

$$\oint \mathbf{B} \cdot d\mathbf{a} = 0,$$

a uma caixa de pílulas finíssima que esteja sobre a superfície (Figura 5.49), obteremos

$$B^{\perp}_{\text{acima}} = B^{\perp}_{\text{abaixo}}. \tag{5.72}$$

Quanto aos componentes tangenciais, um circuito amperiano perpendicular à corrente (Figura 5.50) resultará em

$$\oint \mathbf{B} \cdot d\mathbf{l} = (B^{\parallel}_{\text{acima}} - B^{\parallel}_{\text{abaixo}})l = \mu_0 I_{\text{enc}} = \mu_0 K l,$$

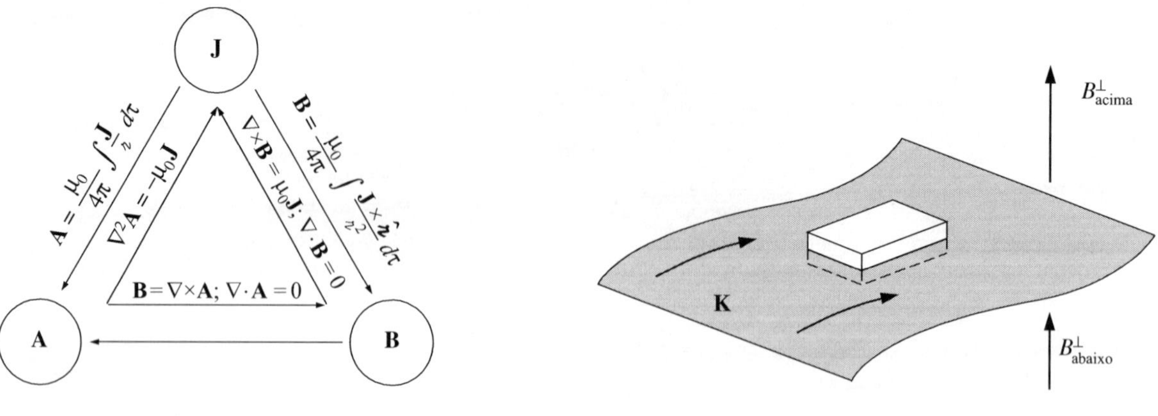


**Figura 5.48**

**Figura 5.49**

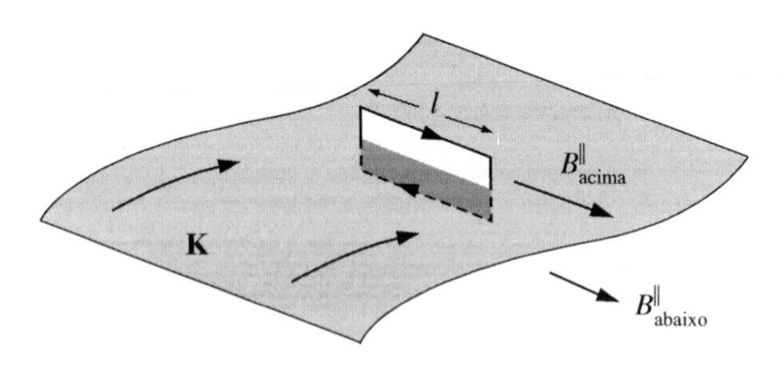


**Figura 5.50**

ou

$$B^{\parallel}_{\text{acima}} - B^{\parallel}_{\text{abaixo}} = \mu_0 K. \tag{5.73}$$

Portanto, o componente de **B**, que é paralelo à superfície mas perpendicular à corrente, é descontínuo pela quantidade $\mu_0 K$. Um circuito amperiano semelhante *paralelo* à corrente revela que o componente *paralelo* é *contínuo*. Esses resultados podem ser resumidos em uma única fórmula:

$$\mathbf{B}_{\text{acima}} - \mathbf{B}_{\text{abaixo}} = \mu_0(\mathbf{K} \times \hat{\mathbf{n}}), \tag{5.74}$$

onde $\hat{\mathbf{n}}$ é um vetor unitário perpendicular à superfície, apontando 'para cima'.

Como o potencial escalar em eletrostática, o potencial vetorial é contínuo através de qualquer contorno:

$$\mathbf{A}_{\text{acima}} = \mathbf{A}_{\text{abaixo}}, \tag{5.75}$$

visto que $\boldsymbol{\nabla} \cdot \mathbf{A} = 0$ garante[15] que o componente *normal* é contínuo e $\boldsymbol{\nabla} \times \mathbf{A} = \mathbf{B}$, na forma

$$\oint \mathbf{A} \cdot d\mathbf{l} = \int \mathbf{B} \cdot d\mathbf{a} = \Phi,$$

significa que os componentes tangenciais são contínuos (o fluxo através de um circuito amperiano de espessura desprezível é nulo). Mas a *derivada* de **A** herda a descontinuidade de **B**:

$$\frac{\partial \mathbf{A}_{\text{acima}}}{\partial n} - \frac{\partial \mathbf{A}_{\text{abaixo}}}{\partial n} = -\mu_0 \mathbf{K}. \tag{5.76}$$

---

**Problema 5.31** (a) Verifique a Equação 5.74 para a configuração do Exemplo 5.9.

(b) Verifique as equações 5.75 e 5.76 para a configuração do Exemplo 5.11.

**Problema 5.32** Prove a Equação 5.76 usando as equações 5.61, 5.74 e 5.75. [*Sugestão:* eu montaria coordenadas cartesianas na superfície, com $z$ perpendicular à superfície e $y$ paralelo à corrente.]

---

15. Observe que as equações 5.75 e 5.76 pressupõem que **A** tem divergente nulo.

### 5.4.3 Expansão multipolar do potencial vetorial

Se você quer uma fórmula aproximada para o potencial vetorial de uma distribuição em corrente localizada, válida para pontos distantes, uma expansão multipolar é necessária. Lembre-se: a ideia de uma expansão multipolar é escrever o potencial na forma de uma série de potências em $1/r$, onde $r$ é a distância até o ponto em questão (Figura 5.51); se $r$ for suficientemente grande, a série será dominada pela menor contribuição diferente de zero e os termos maiores podem ser ignorados. Como constatamos na Seção 3.4.1 (Equação 3.94),

$$\frac{1}{\mathscr{r}} = \frac{1}{\sqrt{r^2 + (r')^2 - 2rr'\cos\theta'}} = \frac{1}{r}\sum_{n=0}^{\infty}\left(\frac{r'}{r}\right)^n P_n(\cos\theta'). \tag{5.77}$$

Consequentemente, o potencial vetorial de um circuito de corrente pode ser expresso como

$$\mathbf{A}(\mathbf{r}) = \frac{\mu_0 I}{4\pi}\oint \frac{1}{\mathscr{r}}\,d\mathbf{l}' = \frac{\mu_0 I}{4\pi}\sum_{n=0}^{\infty}\frac{1}{r^{n+1}}\oint (r')^n P_n(\cos\theta')\,d\mathbf{l}', \tag{5.78}$$

ou, mais explicitamente:

$$\begin{aligned}\mathbf{A}(\mathbf{r}) = \ & \frac{\mu_0 I}{4\pi}\left[\frac{1}{r}\oint d\mathbf{l}' + \frac{1}{r^2}\oint r'\cos\theta'\,d\mathbf{l}'\right. \\ & \left. + \frac{1}{r^3}\oint (r')^2\left(\frac{3}{2}\cos^2\theta' - \frac{1}{2}\right)d\mathbf{l}' + \cdots\right].\end{aligned} \tag{5.79}$$

Como na expansão multipolar de $V$, chamamos o primeiro termo (que vai como $1/r$) de termo de **monopolo**, o segundo (que vai como $1/r^2$) de termo de **dipolo**, o terceiro de **quadrupolar**, e assim por diante.

Agora, ocorre que o *termo de monopolo magnético é sempre zero*, pois a integral é apenas o vetor deslocamento total em torno de um circuito fechado:

$$\oint d\mathbf{l}' = 0. \tag{5.80}$$

Isto reflete o fato de que (aparentemente) não há monopolos magnéticos na natureza (um pressuposto contido na equação de Maxwell $\boldsymbol{\nabla}\cdot\mathbf{B} = 0$, na qual toda a teoria do potencial vetorial se baseia).

Na ausência de qualquer contribuição de monopolo, o termo dominante é o de dipolo (exceto no caso raro em que ele também se anula):

$$\mathbf{A}_{\text{dip}}(\mathbf{r}) = \frac{\mu_0 I}{4\pi r^2}\oint r'\cos\theta'\,d\mathbf{l}' = \frac{\mu_0 I}{4\pi r^2}\oint (\hat{\mathbf{r}}\cdot\mathbf{r}')\,d\mathbf{l}'. \tag{5.81}$$

Esta integral pode ser reescrita de forma mais esclarecedora, se recorrermos à Equação 1.108, com $\mathbf{c} = \hat{\mathbf{r}}$:

$$\oint (\hat{\mathbf{r}}\cdot\mathbf{r}')\,d\mathbf{l}' = -\hat{\mathbf{r}}\times\int d\mathbf{a}'. \tag{5.82}$$

Então

$$\boxed{\mathbf{A}_{\text{dip}}(\mathbf{r}) = \frac{\mu_0}{4\pi}\frac{\mathbf{m}\times\hat{\mathbf{r}}}{r^2},} \tag{5.83}$$

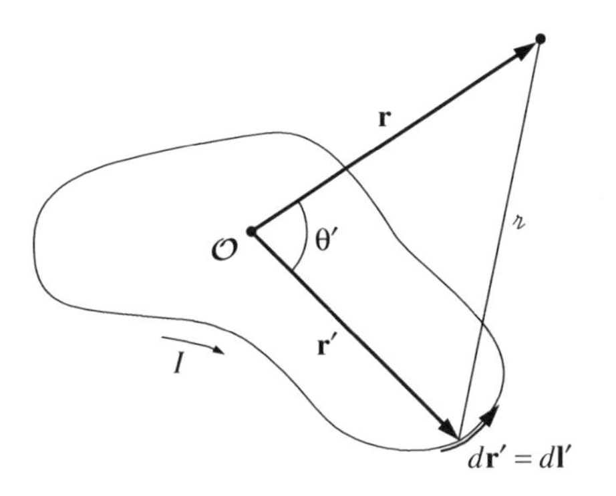


**Figura 5.51**

onde $\mathbf{m}$ é o **momento de dipolo magnético**:

$$\boxed{\mathbf{m} \equiv I \int d\mathbf{a} = I\mathbf{a}.} \tag{5.84}$$

Aqui $\mathbf{a}$ é a 'área vetorial' do circuito (Problema 1.61); se o circuito é *plano*, $\mathbf{a}$ é a área comum encerrada, com a direção determinada, como de costume, pela regra da mão direita (dedos na direção da corrente).

---

**Exemplo 5.13**

Encontre o momento de dipolo magnético do circuito 'em forma de suporte de livros', mostrado na Figura 5.52. Todos os lados têm comprimento $w$, e por ele passa uma corrente $I$.

**Solução:** este fio poderia ser considerado como a superposição de dois circuitos planos quadrados (Figura 5.53). Os lados 'extras' ($AB$) anulam-se quando são colocados juntos, já que as correntes fluem em sentidos opostos. O momento de dipolo magnético líquido é

$$\mathbf{m} = Iw^2\,\hat{\mathbf{y}} + Iw^2\,\hat{\mathbf{z}};$$

sua magnitude é $\sqrt{2}Iw^2$, e ele aponta ao longo da linha a 45° $z = y$.

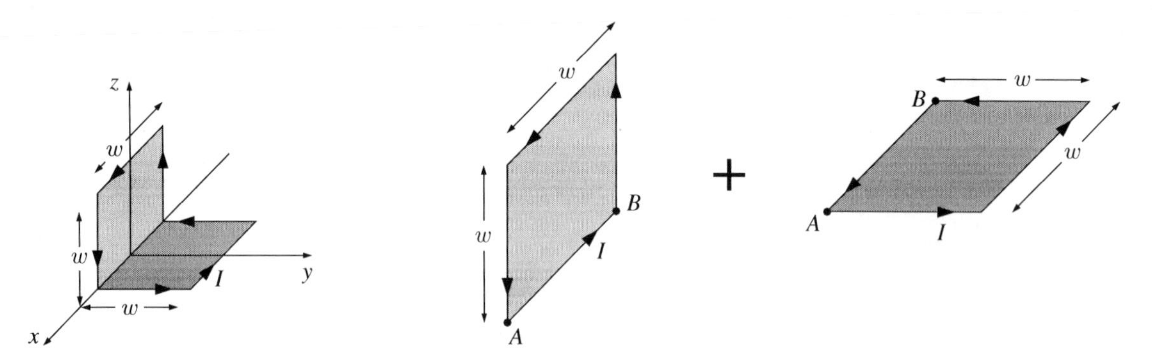


Figura 5.52

Figura 5.53

---

Fica claro, a partir da Equação 5.84, que o momento de dipolo magnético é independente da escolha da origem. Você talvez se recorde de que o momento de dipolo *elétrico* é independente da origem somente quando a carga total é nula (Seção 3.4.3). Como o momento de monopolo *magnético* é *sempre* zero, não é realmente surpreendente que o momento de dipolo seja sempre independente da origem.

Embora o termo dipolar *domine* a expansão multipolar (a menos que $\mathbf{m} = 0$) e, portanto, ofereça uma boa aproximação do verdadeiro potencial, ele não é, ordinariamente, o potencial *exato*; haverá contribuições quadrupolares, octopolares e mais altas. Talvez você se pergunte se é possível conceber uma distribuição de corrente cujo potencial seja 'puramente' dipolar — para a qual a Equação 5.83 seja *exata*? Bem, sim e não; como seu análogo elétrico, pode ser feito, mas o modelo é um tanto artificial. Para começar, é necessário que haja um circuito *infinitesimalmente pequeno* na origem; mas, para manter o momento de dipolo finito, é necessário exacerbar a corrente ao infinito, mantendo o produto $m = Ia$ fixo. Na prática, o potencial de dipolo é uma aproximação adequada sempre que a distância $r$ exceder em muito o tamanho do circuito.

O *campo* magnético de um dipolo (puro) fica mais fácil de ser calculado se colocarmos $\mathbf{m}$ na origem e deixarmos que aponte na direção $z$ (Figura 5.54). Segundo a Equação 5.83, o potencial no ponto $(r, \theta, \phi)$ é

$$\mathbf{A}_{\text{dip}}(\mathbf{r}) = \frac{\mu_0}{4\pi}\frac{m \operatorname{sen}\theta}{r^2}\,\hat{\boldsymbol{\phi}}, \tag{5.85}$$

e, portanto,

$$\mathbf{B}_{\text{dip}}(\mathbf{r}) = \boldsymbol{\nabla} \times \mathbf{A} = \frac{\mu_0 m}{4\pi r^3}(2\cos\theta\,\hat{\mathbf{r}} + \operatorname{sen}\theta\,\hat{\boldsymbol{\theta}}). \tag{5.86}$$

Surpreendentemente, isso é estruturalmente *idêntico* ao campo de um dipolo *elétrico* (Equação 3.103)! (De perto, porém, o campo de um dipolo magnético *físico* — um pequeno circuito de corrente — tem uma aparência muito diferente do campo de um dipolo elétrico físico — cargas positivas e negativas separadas por uma pequena distância. Compare as figuras 5.55 e 3.37.)

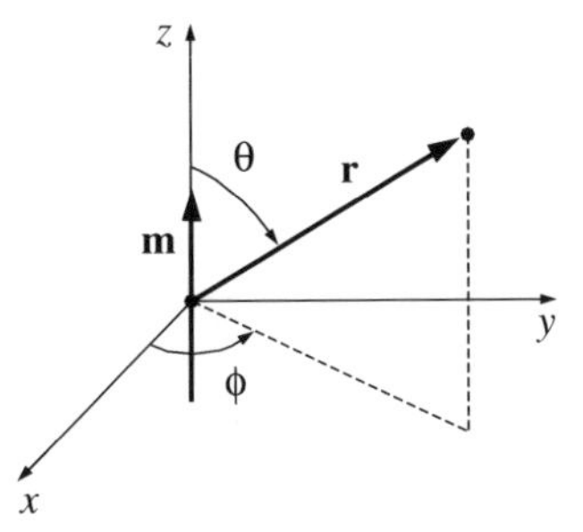


Figura 5.54

(a) Campo de um dipolo 'puro'

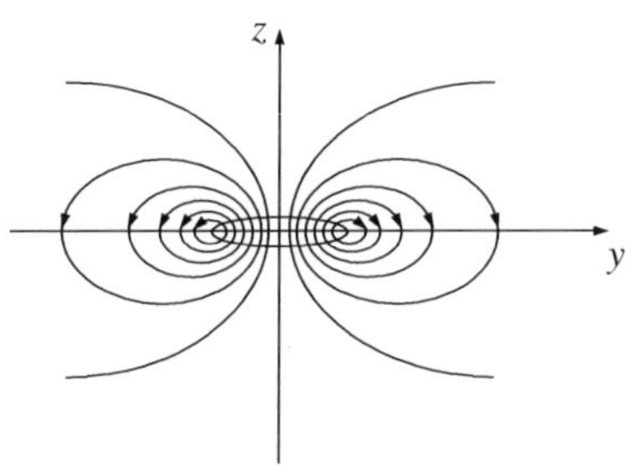


(b) Campo de um dipolo 'físico'

Figura 5.55

---

• **Problema 5.33** Mostre que o campo magnético de um dipolo pode ser escrito na forma livre de coordenadas:

$$\boxed{\mathbf{B}_{\text{dip}}(\mathbf{r}) = \frac{\mu_0}{4\pi}\frac{1}{r^3}[3(\mathbf{m}\cdot\hat{\mathbf{r}})\hat{\mathbf{r}} - \mathbf{m}].} \tag{5.87}$$

**Problema 5.34** Um circuito circular de fio, com raio $R$, está no plano $xy$ centrado na origem e por ele passa uma corrente $I$ no sentido anti-horário, olhando-se do eixo $z$ positivo.

(a) Qual é o seu momento de dipolo magnético?

(b) Qual é o campo magnético (aproximado) para pontos distantes da origem?

(c) Mostre que, para pontos no eixo $z$, sua resposta é coerente com o campo *exato* (Exemplo 5.6), quando $z \gg R$.

**Problema 5.35** Um disco fonográfico de raio $R$, com densidade superficial de carga uniforme $\sigma$, está girando à velocidade angular constante $\omega$. Encontre seu momento de dipolo magnético.

**Problema 5.36** Encontre o momento de dipolo magnético da casca esférica giratória do Exemplo 5.11. Mostre que para os pontos $r > R$ o potencial é o de um dipolo perfeito.

**Problema 5.37** Encontre o campo magnético exato a uma distância $z$ acima do centro de um circuito quadrado de lado $w$, pelo qual passa uma corrente $I$. Verifique se ele se reduz ao campo de um dipolo, com o momento de dipolo adequado, quando $z \gg w$.

---

## Mais problemas do Capítulo 5

**Problema 5.38** Pode ter lhe ocorrido que como as correntes paralelas se atraem, a corrente dentro de um único fio deve se contrair em um fluxo minúsculo ao longo do eixo. No entanto, na prática, a corrente normalmente se distribui bastante uniformemente pelo fio. Como se explica isso? Se as cargas positivas (densidade $\rho_+$) estão em repouso e as cargas negativas (densidade $\rho_-$) movimentam-se à velocidade $v$ (e nenhuma delas depende da distância do eixo), mostre que $\rho_- = -\rho_+\gamma^2$, onde $\gamma \equiv 1/\sqrt{1-(v/c)^2}$ e $c^2 = 1/\mu_0\epsilon_0$. Se o fio como um todo é neutro, onde está localizada a carga de compensação?[16] [Observe que, para velocidades típicas (veja o Problema 5.19), as duas densidades de carga permanecem essencialmente inalteradas pela corrente (já que $\gamma \approx 1$). Em **plasmas**, no entanto, onde as cargas positivas *também* têm liberdade de movimento, o assim chamado **efeito de pinça** pode ser muito significativo.]

**Problema 5.39** Uma corrente $I$ flui para a direita através de uma barra retangular de material condutor, na presença de um campo magnético uniforme **B** que aponta para fora da página (Figura 5.56).

(a) Se as cargas em movimento forem *positivas*, em que direção elas serão defletidas pelo campo magnético? Essa deflexão resulta em acúmulo de carga nas superfícies superior e inferior da barra, o que por sua vez produz uma força elétrica que contrabalança a força magnética. O equilíbrio ocorre quando as duas se anulam, exatamente. (Esse fenômeno é conhecido como **efeito Hall**.)

(b) Encontre a diferença potencial resultante (**voltagem Hall**) entre a parte superior e a inferior da barra, em termos de $B$, $v$ (velocidade das cargas), e dimensões relevantes da barra.[17]

(c) Como sua análise se alteraria se as cargas fossem *negativas*? [O efeito Hall é a maneira clássica de determinar o sinal dos portadores de cargas móveis em um material.]

---

16. Para uma discussão mais aprofundada, consulte D. C. Gabuzda, *Am. J. Phys.* **61**, 360 (1993).
17. O potencial *no interior* da barra é um problema interessante de valor de contorno. Veja M. J. Moelter, J. Evans e G. Elliot, *Am. J. Phys.* **66**, 668 (1998).

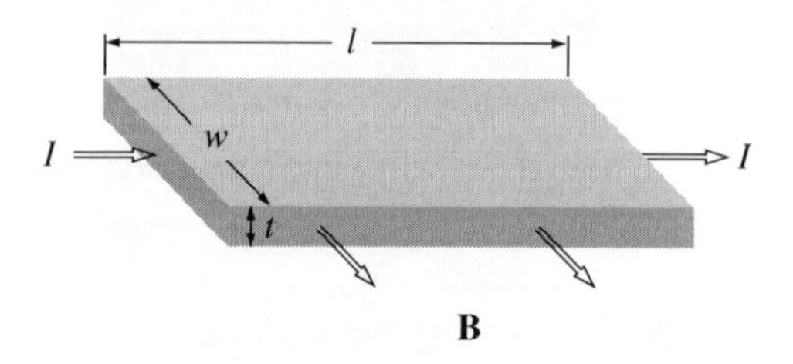


Figura 5.56

**Problema 5.40** Um circuito de fio, plano e de forma irregular, está posicionado de forma a ocupar parcialmente um campo magnético uniforme **B** (na Figura 5.57 o campo ocupa a região sombreada e aponta perpendicularmente para o plano do circuito). O circuito tem uma corrente $I$. Mostre que a força magnética líquida no circuito é $F = IBw$, onde $w$ é a corda subtendida. Generalize o resultado para o caso em que a região do campo magnético em si tem um formato irregular. Qual é a direção da força?

**Problema 5.41** Um campo magnético circularmente simétrico (**B** depende apenas da distância ao eixo), apontando perpendicularmente para a página, ocupa a região sombreada da Figura 5.58. Se o fluxo total ($\int \mathbf{B} \cdot d\mathbf{a}$) é zero, mostre que uma partícula carregada que parte do centro irá emergir do campo em um caminho *radial* (considerando-se que ela escape — se a velocidade inicial for grande demais ela pode simplesmente circular para sempre). Na trajetória contrária, uma partícula disparada de fora em direção ao centro atingirá seu alvo, embora possa percorrer um caminho estranho para chegar lá. [*Dica:* calcule o momento angular total adquirido pela partícula, usando a lei de força de Lorentz.]

**Problema 5.42** Calcule a força de atração magnética entre os hemisférios norte e sul de uma casca esférica giratória carregada (Exemplo 5.11). [*Resposta:* $(\pi/4)\mu_0\sigma^2\omega^2R^4$.]

! **Problema 5.43** Considere o movimento de uma partícula de massa $m$ e carga elétrica $q_e$ no campo de um *monopolo* magnético estacionário (hipotético) $q_m$ na origem:

$$\mathbf{B} = \frac{\mu_0}{4\pi}\frac{q_m}{r^2}\,\hat{\mathbf{r}}.$$

(a) Encontre a aceleração de $q_e$, expressando sua resposta em termos de $q$, $q_m$, $m$, $\mathbf{r}$ (a posição da partícula) e $\mathbf{v}$ (sua velocidade).

(b) Mostre que a velocidade $v = |\mathbf{v}|$ é uma constante do movimento.

(c) Mostre que a quantidade vetorial

$$\mathbf{Q} \equiv m(\mathbf{r} \times \mathbf{v}) - \frac{\mu_0 q_e q_m}{4\pi}\,\hat{\mathbf{r}}$$

é uma constante do movimento. [*Dica:* faça a diferenciação com relação ao tempo e prove — usando a equação de movimento de (a) — que a derivada é zero.]

(d) Escolhendo coordenadas esféricas $(r, \theta, \phi)$, com o eixo polar ($z$) ao longo de $\mathbf{Q}$,

(i) Calcule $\mathbf{Q} \cdot \hat{\boldsymbol{\phi}}$, e mostre que $\theta$ é uma constante do movimento (de forma que $q_e$ movimenta-se na superfície de um cone — algo que Poincaré descobriu em 1896);[18]

(ii) Calcule $\mathbf{Q} \cdot \hat{\mathbf{r}}$, e mostre que a magnitude de $\mathbf{Q}$ é

$$Q = \frac{\mu_0}{4\pi}\left|\frac{q_e q_m}{\cos\theta}\right|;$$

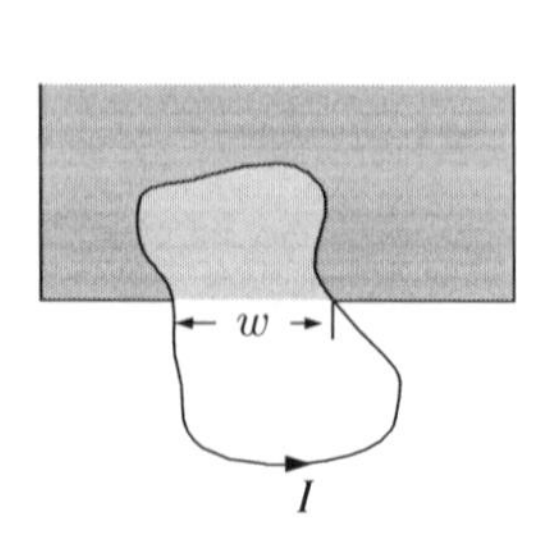


Figura 5.57

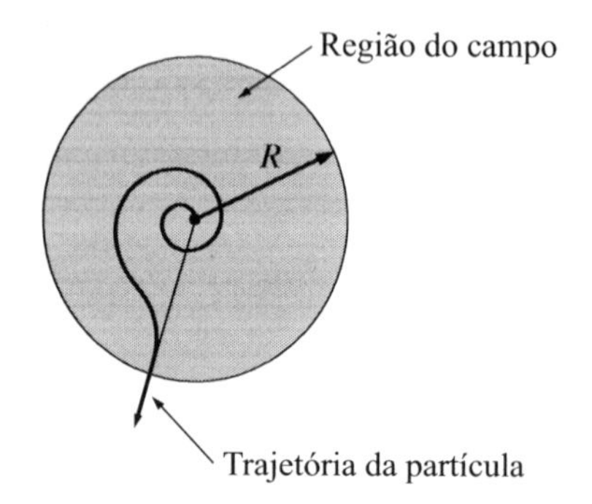


Figura 5.58

18. Mais precisamente, a carga segue uma *geodésica* no cone. O estudo original é H. Poincaré, *Comptes rendus de l'Academie des Sciences* **123**, 530 (1896); para um tratamento mais moderno, veja B. Rossi e S. Olbert, *Introduction to the Physics of Space* (Nova York: McGraw-Hill, 1970).

(iii) Calcule $\mathbf{Q} \cdot \hat{\boldsymbol{\theta}}$, mostre que

$$\frac{d\phi}{dt} = \frac{k}{r^2},$$

e determine a constante $k$.

(e) Expressando $v^2$ em coordenadas esféricas, obtenha a equação para a trajetória na forma

$$\frac{dr}{d\phi} = f(r)$$

(ou seja: determine a função $f(r)$).

(f) Resolva esta equação para $r(\phi)$.

! **Problema 5.44** Use a lei de Biot-Savart (mais convenientemente na forma 5.39, apropriada para correntes superficiais) para encontrar o campo dentro e fora de um solenoide infinitamente longo de raio $R$, com $n$ voltas por unidade de comprimento, pelo qual passa uma corrente estacionária $I$.

**Problema 5.45** Por um fio semicircular passa uma corrente estacionária $I$ (ele deve estar ligado a alguns *outros* fios para completar o circuito, mas não vamos nos preocupar com eles aqui). Encontre o campo magnético no ponto $P$ no outro semicírculo (Figura 5.59). [*Resposta:* $(\mu_0 I/8\pi R)\ln\{\text{tg}\left(\frac{\theta+\pi}{4}\right) / \text{tg}\left(\frac{\theta}{4}\right)\}$]

**Problema 5.46** O campo magnético no eixo de um circuito circular de corrente (Equação 5.38) está longe de ser uniforme (ele diminui acentuadamente com o aumento de $z$). Você pode produzir um campo mais uniforme usando *dois* circuitos desses a uma distância $d$ um do outro (Figura 5.60).

(a) Encontre o campo ($B$) como função de $z$, e mostre que $\partial B/\partial z$ é zero no ponto a meio caminho entre eles ($z = 0$). Agora, se você escolher $d$ corretamente, a *segunda* derivada de $B$ *também* irá se anular no ponto médio. Este arranjo é conhecido como **bobina de Helmholtz**; é uma maneira conveniente de produzir campos relativamente uniformes em laboratório.

(b) Determine $d$ de forma que $\partial^2 B/\partial z^2 = 0$ no ponto médio e encontre o campo magnético resultante no centro. [*Resposta:* $8\mu_0 I/5\sqrt{5}R$]

! **Problema 5.47** Encontre o campo magnético em um ponto $z > R$ no eixo (a) do disco giratório e (b) da esfera giratória do Problema 5.6.

**Problema 5.48** Suponha que você quer encontrar o campo de um circuito circular (Exemplo 5.6) em um ponto $\mathbf{r}$ que *não* está diretamente acima do centro (Figura 5.61). É preferível escolher os eixos de forma que $\mathbf{r}$ fique no plano $yz$ em $(0, y, z)$. O ponto fonte é $(R\cos\phi', R\,\text{sen}\,\phi', 0)$ e $\phi'$ vai de 0 a $2\pi$. Monte as integrais a partir das quais você poderia calcular $B_x$, $B_y$ e $B_z$ e calcule explicitamente $B_x$.

**Problema 5.49** A magnetostática trata a 'corrente fonte' (a que estabelece o campo) e a 'corrente de prova' (a que sofre a força) tão assimetricamente que de forma alguma fica óbvio que a força magnética entre os dois circuitos de corrente é coerente com a terceira lei de Newton. Mostre, começando com a lei de Biot-Savart (5.32) e com a lei de força de Lorentz (5.16), que a força no circuito 2, devida ao circuito 1 (Figura 5.62), pode ser escrita como

$$\mathbf{F}_2 = -\frac{\mu_0}{4\pi} I_1 I_2 \oint \oint \frac{\hat{\boldsymbol{\mathscr{r}}}}{\mathscr{r}^2}\, d\mathbf{l}_1 \cdot d\mathbf{l}_2. \tag{5.88}$$

Dessa forma, fica claro que $\mathbf{F}_2 = -\mathbf{F}_1$, já que $\hat{\boldsymbol{\mathscr{r}}}$ muda de sentido quando os papéis de 1 e 2 são permutados. (Se parece que você está obtendo um termo 'a mais', vai ajudá-lo observar que $d\mathbf{l}_2 \cdot \hat{\boldsymbol{\mathscr{r}}} = d\mathscr{r}$.)

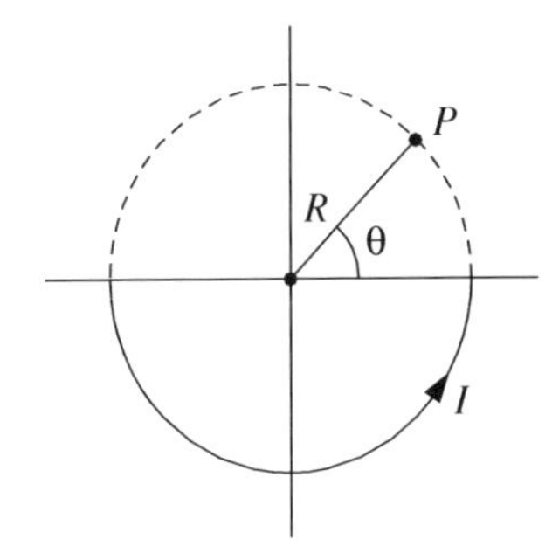


Figura 5.59

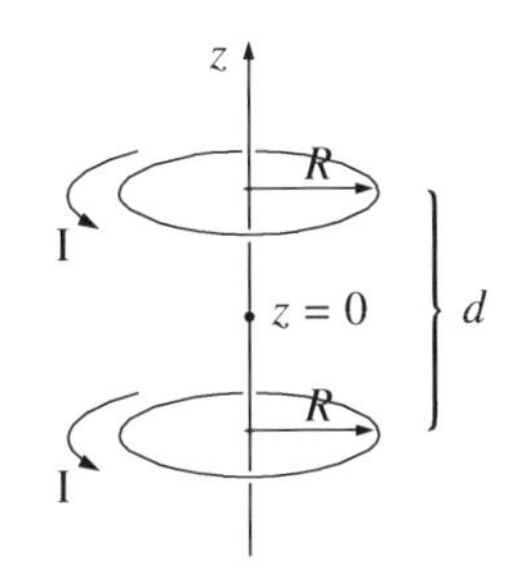


Figura 5.60

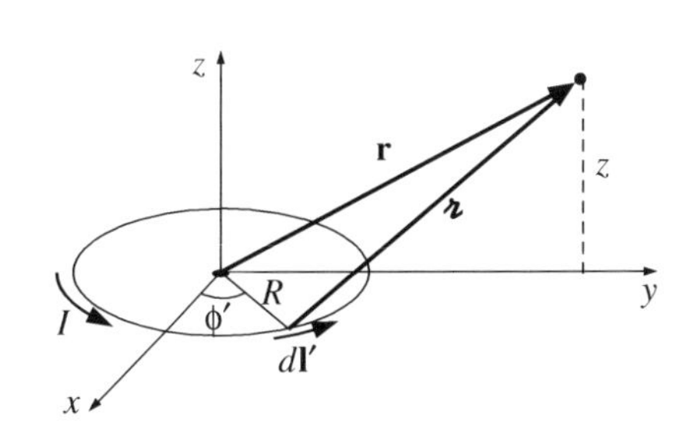


Figura 5.61

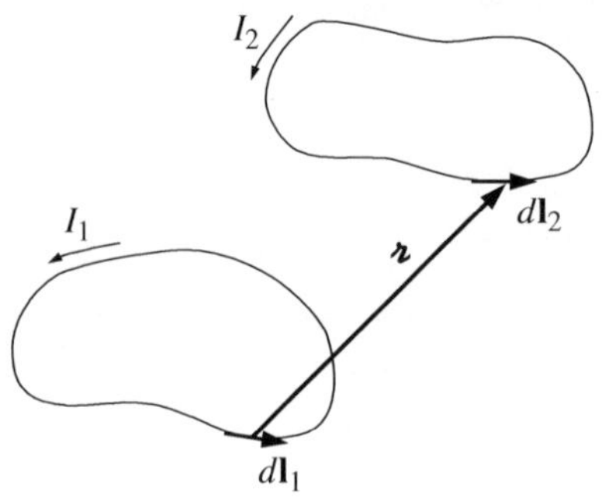

**Figura 5.62**

**Problema 5.50** (a) Uma das maneiras de preencher o 'elo perdido' da Figura 5.48 é explorar a analogia entre as equações que definem $\mathbf{A}$ ($\boldsymbol{\nabla}\cdot\mathbf{A}=0$, $\boldsymbol{\nabla}\times\mathbf{A}=\mathbf{B}$) e as equações de Maxwell para $\mathbf{B}$ ($\boldsymbol{\nabla}\cdot\mathbf{B}=0$, $\boldsymbol{\nabla}\times\mathbf{B}=\mu_0\mathbf{J}$). Evidentemente, $\mathbf{A}$ depende de $\mathbf{B}$ exatamente da mesma maneira que $\mathbf{B}$ depende de $\mu_0\mathbf{J}$ (a saber: a lei de Biot-Savart). Use esta observação para escrever a fórmula para $\mathbf{A}$ em termos de $\mathbf{B}$.

(b) o análogo elétrico para o seu resultado em (a) é

$$V(\mathbf{r})=-\frac{1}{4\pi}\int\frac{\mathbf{E}(\mathbf{r}')\cdot\hat{\boldsymbol{\mathscr{r}}}}{\mathscr{r}^2}\,d\tau'.$$

Deduza-o, explorando a analogia apropriada.

! **Problema 5.51** Outra maneira de preencher o 'elo perdido' na Figura 5.48 é procurar um análogo magnetostático para a Equação 2.21. O candidato óbvio seria

$$\mathbf{A}(\mathbf{r})=\int_{\mathcal{O}}^{\mathbf{r}}(\mathbf{B}\times d\mathbf{l}).$$

(a) Teste esta fórmula para o caso mais simples possível — $\mathbf{B}$ uniforme (use a origem como seu ponto de referência). O resultado é coerente com o Problema 5.24? Você pode remediar este problema acrescentando um fator $\frac{1}{2}$, mas a falha desta equação é mais profunda.

(b) Mostre que $\int(\mathbf{B}\times d\mathbf{l})$ *não* é independente do caminho, calculando $\oint(\mathbf{B}\times d\mathbf{l})$ em torno do circuito retangular mostrado na Figura 5.63.

Até onde eu sei[19] o melhor que se pode fazer seguindo essas linhas é o par de equações

(i) $V(\mathbf{r})=-\mathbf{r}\cdot\int_0^1\mathbf{E}(\lambda\mathbf{r})\,d\lambda$,

(ii) $\mathbf{A}(\mathbf{r})=-\mathbf{r}\times\int_0^1\lambda\mathbf{B}(\lambda\mathbf{r})\,d\lambda$.

[A Equação (i) equivale a escolher um caminho *radial* para a integral da Equação 2.21; a equação (ii) constitui uma solução mais 'simétrica' para o Problema 5.30.]

(c) Use (ii) para encontrar o potencial vetorial para $\mathbf{B}$ *uniforme*.

(d) Use (ii) para encontrar o potencial vetorial de um fio reto infinito pelo qual passa uma corrente estacionária $I$. (ii) satisfaz automaticamente $\boldsymbol{\nabla}\cdot\mathbf{A}=0$? [*Resposta:* $(\mu_0 I/2\pi s)(z\,\hat{\mathbf{s}}-s\,\hat{\mathbf{z}})$]

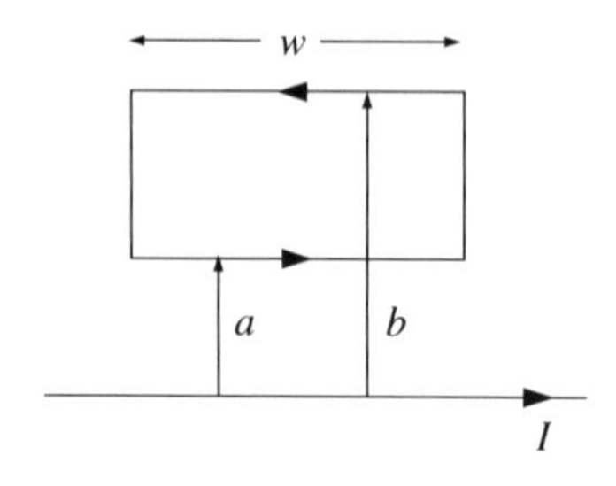


**Figura 5.63**

19. R. L. Bishop e S. I. Goldberg, *Tensor Analysis on Manifolds*, Seção 4.5 (Nova York: Macmillan, 1968).

**Problema 5.52** (a) Construa o potencial escalar $U(\mathbf{r})$ para um dipolo magnético 'puro' $\mathbf{m}$.

(b) Construa um potencial escalar para a casca esférica giratória (Exemplo 5.11). [*Dica:* para $r > R$ este é um campo dipolar puro, como você pode ver comparando as equações 5.67 e 5.85.]

(c) Tente fazer o mesmo para o interior de uma esfera giratória *maciça*. [*Dica:* se você resolveu o Problema 5.29, já conhece o *campo*; iguale-o a $-\nabla U$, e resolva para $U$. Qual é o problema?]

**Problema 5.53** Assim como $\nabla \cdot \mathbf{B} = 0$ nos permite expressar **B** como o rotacional de um potencial vetorial ($\mathbf{B} = \nabla \times \mathbf{A}$), também $\nabla \cdot \mathbf{A} = 0$ nos permite expressar o próprio **A** como o rotacional de um potencial 'mais alto': $\mathbf{A} = \nabla \times \mathbf{W}$. (E esta hierarquia pode ser estendida ao infinito.)

(a) Encontre a fórmula geral para **W** (como uma integral de **B**), que vale quando $\mathbf{B} \to 0$ no $\infty$.

(b) Determine **W** para o caso de um campo magnético *uniforme* **B**. [*Dica:* veja o Problema 5.24.]

(c) Encontre **W** dentro e fora de um solenoide infinito. [*Dica:* veja o Exemplo 5.12.]

**Problema 5.54** Prove o seguinte teorema de unicidade: se a densidade de corrente **J** é especificada em todo o volume $\mathcal{V}$, e o potencial **A** *ou* o campo magnético **B** é especificado na superfície $\mathcal{S}$ que encerra $\mathcal{V}$, então o campo magnético em si é univocamente determinado em todo $\mathcal{V}$. [*Dica:* primeiro use o teorema do divergente para mostrar que

$$\int \{(\nabla \times \mathbf{U}) \cdot (\nabla \times \mathbf{V}) - \mathbf{U} \cdot [\nabla \times (\nabla \times \mathbf{V})]\}\, d\tau = \oint [\mathbf{U} \times (\nabla \times \mathbf{V})] \cdot d\mathbf{a},$$

para as funções vetoriais arbitrárias **U** e **V**.]

**Problema 5.55** Um dipolo magnético $\mathbf{m} = -m_0\,\hat{\mathbf{z}}$ está situado na origem, em um campo magnético $\mathbf{B} = B_0\,\hat{\mathbf{z}}$ que inicialmente é uniforme. Mostre que existe uma superfície esférica, centrada na origem, pela qual não passam linhas do campo magnético. Encontre o raio dessa esfera e desenhe as linhas de campo, internas e externas.

**Problema 5.56** Uma rosquinha fina e uniforme com carga $Q$ e massa $M$ gira no próprio eixo como mostra a Figura 5.64.

(a) Encontre a relação entre seu momento de dipolo magnético e seu momento angular. Essa é a chamada **razão giromagnética**.

(b) Qual a razão giromagnética para uma esfera giratória uniforme? [Isto não requer novos cálculos; simplesmente decomponha a esfera em anéis infinitesimais e aplique o resultado da parte (a).]

(c) Segundo a mecânica quântica, o momento angular do spin de um elétron é $\frac{1}{2}\hbar$, em que $\hbar$ é a constante de Planck. Qual é, então, o momento de dipolo magnético do elétron, em $\mathrm{A} \cdot m^2$? [Este valor semiclássico, na realidade, está errado por um fator de quase exatamente 2. A teoria de Dirac sobre o comportamento relativístico do elétron consertou o 2 e, mais tarde, Feynman, Schwinger e Tomonaga fizeram outras correções menores. A determinação do momento de dipolo magnético do elétron continua sendo a mais admirável conquista da eletrodinâmica quântica e demonstra o que é, talvez, a concordância mais surpreendentemente precisa entre teoria e experimentação, de toda a física. A propósito, a quantia $(e\hbar/2m)$, onde $e$ é a carga do elétron e $m$ é sua massa, é chamada de **magneton de Bohr**.]

**Problema 5.57** (a) Prove que o campo magnético médio, sobre uma esfera de raio $R$, devido às correntes estacionárias internas à esfera, é

$$\mathbf{B}_{\text{médio}} = \frac{\mu_0}{4\pi}\frac{2\mathbf{m}}{R^3}, \tag{5.89}$$

onde **m** é o momento de dipolo total da esfera. Compare ao resultado eletrostático, Equação 3.105. [É difícil, portanto, vou dar o ponto de partida:

$$\mathbf{B}_{\text{médio}} = \frac{1}{\frac{4}{3}\pi R^3}\int \mathbf{B}\, d\tau.$$

Expresse **B** como $(\nabla \times \mathbf{A})$, e aplique o Problema 1.60b. Agora, acrescente a Equação 5.63, e calcule primeiro a integral de superfície, mostrando que

$$\int \frac{1}{\mathscr{r}}\, d\mathbf{a} = \frac{4}{3}\pi \mathbf{r}$$

(veja a Figura 5.65). Use a equação 5.91 se quiser.]

(b) Mostre que o campo magnético médio devido às correntes estacionárias *externas* à esfera é o mesmo que o campo que elas produzem no seu centro.

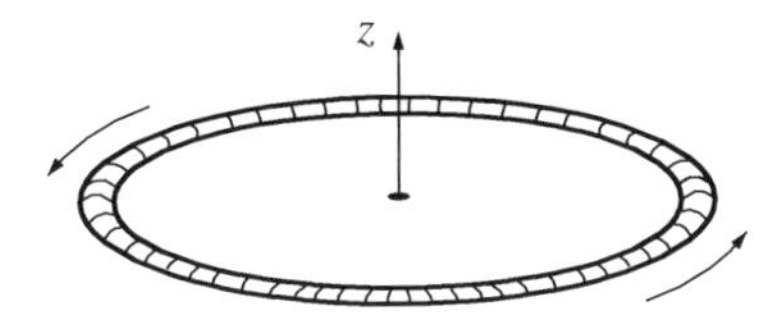


**Figura 5.64**

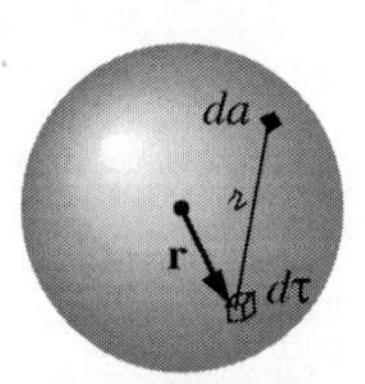


Figura 5.65

**Problema 5.58** Uma esfera maciça uniformemente carregada de raio $R$ tem uma carga total $Q$, e é colocada em rotação com velocidade angular $\omega$ em torno do eixo $z$.

(a) Qual é o momento de dipolo magnético da esfera?

(b) Encontre o campo magnético médio dentro da esfera (veja o Problema 5.57).

(c) Encontre o potencial vetorial aproximado em um ponto $(r, \theta)$ onde $r \gg R$.

(d) Encontre o potencial *exato* em um ponto $(r, \theta)$ fora da esfera e verifique sua coerência com (c). [*Dica:* consulte o Exemplo 5.11.]

(e) Encontre o campo magnético no ponto $(r, \theta)$ *dentro* da esfera e verifique sua coerência com (b).

**Problema 5.59** Usando a Equação 5.86, calcule o campo magnético médio de um dipolo sobre uma esfera de raio $R$ centrada na origem. Calcule primeiro as integrais angulares. Compare sua resposta com o teorema geral do Problema 5.57. Explique a discrepância e indique como a Equação 5.87 pode ser corrigida para resolver a ambiguidade em $r = 0$. (Se você empacar, consulte o Problema 3.42.)

Evidentemente, o *verdadeiro* campo de um dipolo magnético é

$$\mathbf{B}_{\text{dip}}(\mathbf{r}) = \frac{\mu_0}{4\pi}\frac{1}{r^3}[3(\mathbf{m}\cdot\hat{\mathbf{r}})\hat{\mathbf{r}} - \mathbf{m}] + \frac{2\mu_0}{3}\mathbf{m}\delta^3(\mathbf{r}). \tag{5.90}$$

Compare o análogo eletrostático, Equação 3.106. [A propósito, o termo da função delta é responsável pelo **desdobramento hiperfino** do espectro atômico — veja, por exemplo, D. J. Griffiths, *Am. J. Phys.* **50**, 698 (1982).]

**Problema 5.60** Calculei a expansão multipolar para o potencial vetorial de uma *linha* de corrente porque é o tipo mais comum e, em alguns aspectos, é mais fácil de lidar. Para uma corrente *volumétrica* **J**:

(a) Escreva a expansão multipolar análoga à Equação 5.78.

(b) Escreva o potencial de monopolo e prove que ele se anula.

(c) Usando as equações 1.107 e 5.84, mostre que o momento de dipolo pode ser escrito como

$$\mathbf{m} = \tfrac{1}{2}\int(\mathbf{r}\times\mathbf{J}\mathbf{r})\,d\tau. \tag{5.91}$$

**Problema 5.61** Por uma haste fina de vidro de raio $R$ e comprimento $L$ passa uma corrente de densidade superficial uniforme $\sigma$. Ela é posta para girar em torno do próprio eixo a uma velocidade angular $\omega$. Encontre o campo magnético à distância $s \gg R$ a partir do centro da haste (Figura 5.66). [*Dica:* trate-a como uma pilha de dipolos magnéticos.] [*Resposta:* $\mu_0\omega\sigma LR^3/4[s^2 + (L/2)^2]^{3/2}$]

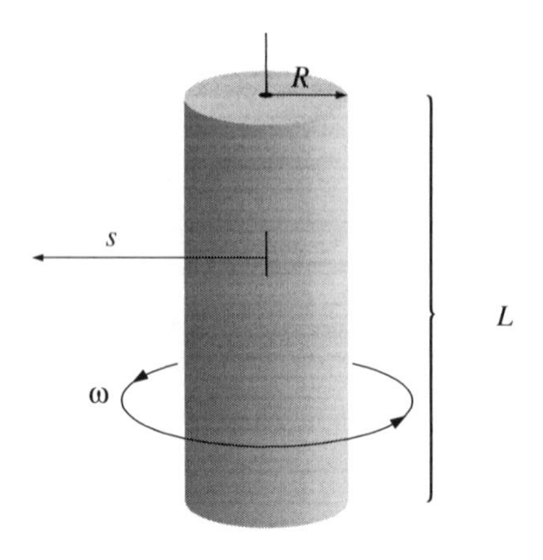


Figura 5.66

# Capítulo 6

# Campos magnéticos na matéria

## 6.1 Magnetização

### 6.1.1 Diamagnetos, paramagnetos e ferromagnetos

Se você perguntar a uma pessoa comum o que é 'magnetismo', ela provavelmente irá lhe falar sobre ímãs, agulhas de bússola e o Polo Norte — nenhum dos quais tem qualquer relação óbvia com cargas em movimento ou fios pelos quais passam correntes. E, no entanto, todos os fenômenos magnéticos são devidos a cargas elétricas em movimento. Inclusive, se você pudesse examinar um pedaço de material magnético em escala atômica, *encontraria*, de fato, correntes minúsculas: elétrons orbitando em volta dos núcleos e elétrons girando no próprio eixo. Para propósitos macroscópicos, essas espiras de corrente são tão pequenas que podem ser tratadas como dipolos magnéticos. Normalmente, elas cancelam umas às outras devido à orientação aleatória dos átomos. Mas quando um campo magnético é aplicado, ocorre o alinhamento líquido desses dipolos magnéticos e o meio torna-se magneticamente polarizado, ou **magnetizado**.

Diferente da polarização elétrica que é quase sempre na mesma direção de **E**, há materiais que adquirem magnetização *paralela* a **B** (*paramagnetos*) e outros, *oposta* a **B** (*diamagnetos*). Algumas substâncias (chamadas *ferromagnetos*, em consideração ao exemplo mais comum, o ferro) retêm a magnetização mesmo depois que o campo externo foi removido. Para elas, a magnetização não é determinada pelo campo *atual*, mas por toda a 'história' magnética do objeto. Ímãs permanentes feitos de ferro são os exemplos mais conhecidos de magnetismo, embora do ponto de vista teórico eles sejam os mais complicados. Deixaremos o ferromagnetismo para o fim do capítulo e começaremos com modelos qualitativos de paramagnetismo e diamagnetismo.

### 6.1.2 Torques e forças nos dipolos magnéticos

Um dipolo magnético sofre um torque em um campo magnético, da mesma forma que um dipolo elétrico em um campo elétrico. Vamos calcular o torque em uma espira de corrente com forma retangular em um campo uniforme **B**. (Como qualquer espira de corrente pode ser construída a partir de retângulos infinitesimais, com todos os lados 'internos' anulando-se, como indica a Figura 6.1, também não há perda de generalidade no uso dessa forma. Mas se você pretende começar do zero com uma forma arbitrária, veja o Problema 6.2.) Centralize a espira na origem e incline-a a um ângulo $\theta$ do eixo $z$ em direção ao eixo $y$ (Figura 6.2). Faça **B** apontar na direção $z$. As forças sobre os dois lados inclinados anulam-se (elas tendem a *esticar* a

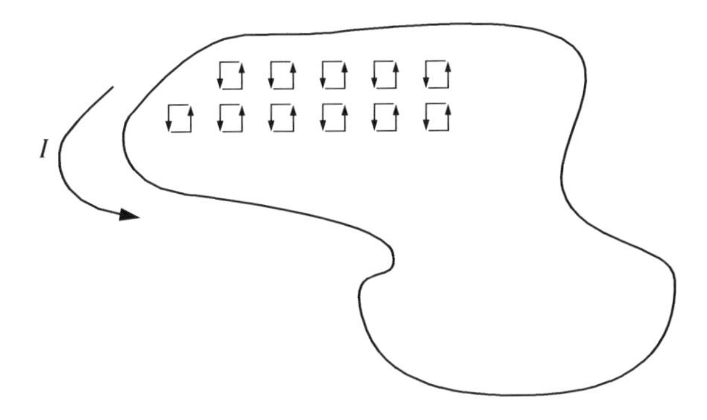


**Figura 6.1**

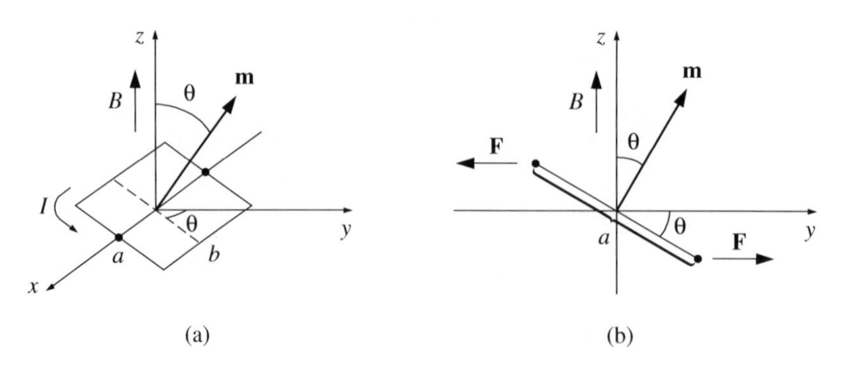


**Figura 6.2**

espira, mas não provocam sua *rotação*). As forças sobre os lados 'horizontais' também são iguais e opostas (de forma que a *força* líquida na espira é nula), mas elas geram um torque:

$$\mathbf{N} = aF \operatorname{sen}\theta\,\hat{\mathbf{x}}.$$

A magnitude da força em cada um desses segmentos é

$$F = IbB,$$

e, portanto,

$$\mathbf{N} = IabB \operatorname{sen}\theta\,\hat{\mathbf{x}} = mB \operatorname{sen}\theta\,\hat{\mathbf{x}},$$

ou

$$\boxed{\mathbf{N} = \mathbf{m} \times \mathbf{B},} \tag{6.1}$$

onde $m = Iab$ é o momento de dipolo magnético da espira. A Equação 6.1 dá o torque exato para *qualquer* distribuição localizada de corrente, na presença de um campo *uniforme*; em um campo *não uniforme* é o torque exato (em torno do centro) para um dipolo *perfeito* de dimensão infinitesimal.

Observe que a Equação 6.1 é idêntica em forma à análoga elétrica, Equação 4.4: $\mathbf{N} = \mathbf{p} \times \mathbf{E}$. Sobretudo, o torque está novamente em uma direção tal que alinha o dipolo *paralelamente* ao campo. É esse torque que responde pelo **paramagnetismo**. Como todo elétron constitui um dipolo magnético (imagine-o, se preferir, como uma minúscula esfera de carga em rotação), talvez você suponha que o paramagnetismo seja um fenômeno universal. Na realidade, as leis da mecânica quântica (especificamente o princípio de exclusão de Pauli) ditam que os elétrons de um determinado átomo juntam-se em pares de spins contrários e isso efetivamente neutraliza o torque da combinação. Como resultado, o paramagnetismo normalmente ocorre em átomos ou moléculas com número ímpar de elétrons, onde o membro 'extra' sem par fica sujeito ao torque magnético. Mesmo aqui o alinhamento está longe de ser completo, já que as colisões térmicas aleatórias tendem a destruir a ordem.

Em um campo *uniforme*, a força *líquida* sobre uma espira de corrente é nula:

$$\mathbf{F} = I \oint (d\mathbf{l} \times \mathbf{B}) = I \left( \oint d\mathbf{l} \right) \times \mathbf{B} = 0;$$

a constante **B** sai da integral e o deslocamento líquido de $\oint d\mathbf{l}$ em torno de uma espira fechada dá zero. Em um campo *não uniforme* esse não é mais o caso. Por exemplo, suponha que um fio circular de raio $R$, pelo qual passa uma corrente $I$, está suspenso sobre um curto solenoide na região 'marginal' (Figura 6.3). Aqui **B** tem um componente radial e há uma força líquida para baixo sobre a espira (Figura 6.4):

$$F = 2\pi IRB\cos\theta. \tag{6.2}$$

Para uma espira *infinitesimal* com momento de dipolo **m**, em um campo **B**, a força é

$$\boxed{\mathbf{F} = \boldsymbol{\nabla}(\mathbf{m} \cdot \mathbf{B})} \tag{6.3}$$

(veja o Problema 6.4). Mais uma vez, a fórmula magnética é idêntica à sua 'gêmea' elétrica, desde que concordemos em expressar esta última na forma $\mathbf{F} = \boldsymbol{\nabla}(\mathbf{p} \cdot \mathbf{E})$.

Se você está começando a ter uma sensação de *déjà vu*, talvez sinta mais respeito pelos físicos de antigamente, os quais pensavam que os dipolos magnéticos consistiam de 'cargas' magnéticas positivas e negativas ('polos' norte e sul, como os chamavam), separados por uma pequena distância, exatamente como os dipolos elétricos (Figura 6.5(a)). Eles escreveram uma

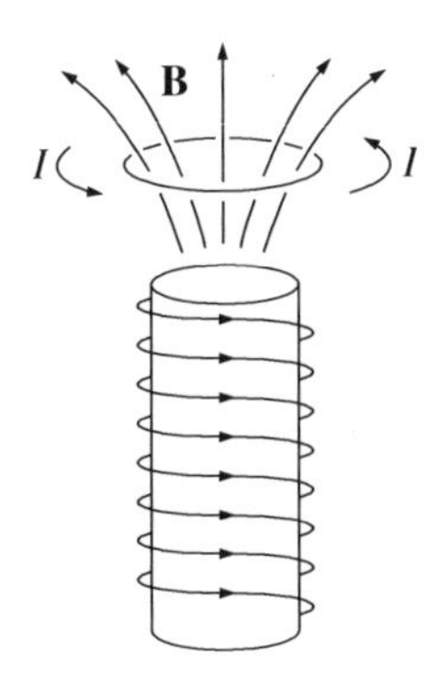


Figura 6.3

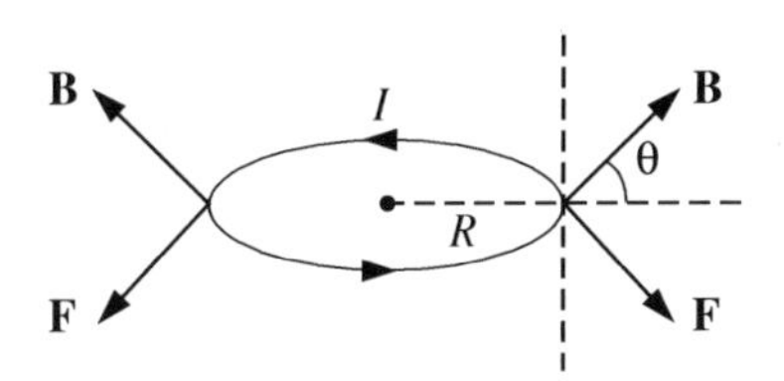


Figura 6.4

'lei de Coulomb' para a atração e repulsão desses polos e desenvolveram toda a magnetostática como uma analogia exata da eletrostática. Para vários propósitos, não é um modelo ruim — ele dá o campo correto de um dipolo (pelo menos, distante da origem), o torque certo em um dipolo (pelo menos, em um dipolo *estacionário*), e a força apropriada sobre um dipolo (pelo menos, na ausência de correntes externas). Mas é uma física ruim, porque *não existe tal coisa* como um único polo norte magnético ou polo sul. Se você quebrar ao meio uma barra magnética, não ficará com o polo norte em uma mão e o polo sul na outra; você terá dois ímãs completos. O magnetismo *não* é decorrente de dois monopolos magnéticos, mas sim de *cargas elétricas em movimento*; os dipolos magnéticos são minúsculas espiras de corrente (Figura 6.5(c)), e é algo realmente extraordinário que as fórmulas que envolvem **m** tenham qualquer semelhança que seja com as fórmulas correspondentes para **p**. Às vezes é mais fácil pensar em termos do modelo de 'Gilbert' de um dipolo magnético (monopolos separados) em vez do fisicamente correto modelo de 'Ampère' (espira de corrente). De fato, essa imagem ocasionalmente fornece uma solução rápida e inteligente para um problema que de outra forma seria trabalhoso (basta copiar o resultado correspondente da eletrostática substituindo **p** por **m**, $1/\epsilon_0$ por $\mu_0$, e **E** por **B**). Mas sempre que as características *mais detalhadas* do dipolo entram em cena, os dois modelos podem resultar em respostas surpreendentemente diferentes. Meu conselho é usar o modelo de Gilbert para 'sentir' intuitivamente o problema, mas nunca confiar nele para resultados quantitativos.

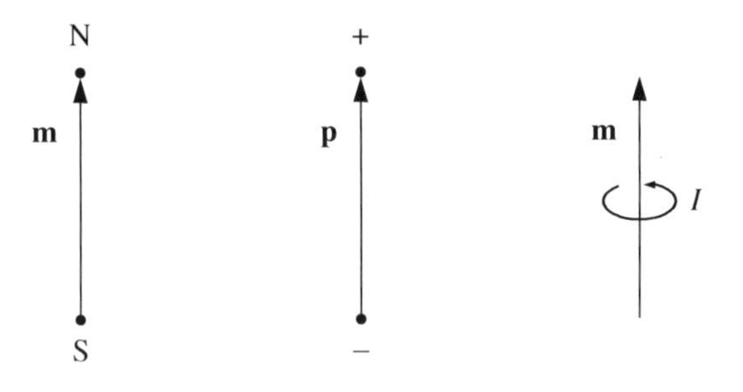


(a) Dipolo magnético (modelo de Gilbert) (b) Dipolo elétrico (c) Dipolo magnético (modelo de Ampère)

Figura 6.5

---

**Problema 6.1** Calcule o torque exercido sobre a espira quadrada mostrada na Figura 6.6, devido à espira circular (assuma que $r$ é muito maior que $a$ ou $b$). Se a espira quadrada estiver livre para girar, qual será a sua orientação de equilíbrio?

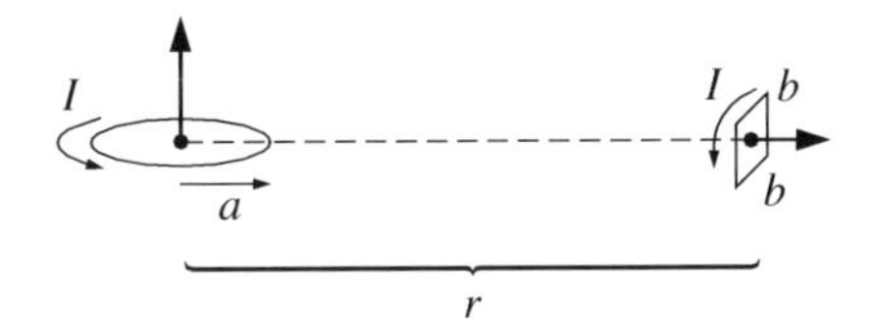


Figura 6.6

**Problema 6.2** Começando com a lei de força de Lorentz, na forma da Equação 5.16, mostre que o torque em *qualquer* distribuição de corrente estacionária (não apenas em uma espira quadrada) em um campo uniforme **B** é $\mathbf{m} \times \mathbf{B}$.

**Problema 6.3** Encontre a força de atração entre dois dipolos magnéticos, $\mathbf{m}_1$ e $\mathbf{m}_2$, orientados como mostra a Figura 6.7, a uma distância $r$ um do outro, (a) usando a Equação 6.2, e (b) usando a Equação 6.3.

**Problema 6.4** Deduza a Equação 6.3. [Eis uma maneira: assuma que o dipolo é um quadrado infinitesimal de lado $\epsilon$ (se não for, corte-o em quadrados e aplique o argumento a cada um deles). Escolha eixos, como mostra a Figura 6.8, e calcule $\mathbf{F} = I \int (d\mathbf{l} \times \mathbf{B})$ ao longo de cada um dos quatro lados. Faça a expansão de **B** em uma série de Taylor — do lado direito, por exemplo,

$$\mathbf{B} = \mathbf{B}(0, \epsilon, z) \cong \mathbf{B}(0, 0, z) + \epsilon \left. \frac{\partial \mathbf{B}}{\partial y} \right|_{(0,0,z)} .$$

Para um método mais sofisticado, veja o Problema 6.22.]

**Problema 6.5** Uma corrente uniforme de densidade $\mathbf{J} = J_0\,\hat{\mathbf{z}}$ enche uma chapa apoiada sobre o plano $yz$, de $x = -a$ a $x = +a$. Um dipolo magnético $\mathbf{m} = m_0\,\hat{\mathbf{x}}$ está situado na origem.

(a) Encontre a força sobre o dipolo usando a Equação 6.3.

(b) Faça o mesmo para um dipolo que aponta na direção $y$: $\mathbf{m} = m_0\hat{\mathbf{y}}$.

(c) No caso *eletrostático* as expressões $\mathbf{F} = \boldsymbol{\nabla}(\mathbf{p} \cdot \mathbf{E})$ e $\mathbf{F} = (\mathbf{p} \cdot \boldsymbol{\nabla})\mathbf{E}$ são equivalentes (prove), mas esse *não* é o caso para os análogos magnéticos (explique por quê). Como exemplo, calcule $(\mathbf{m} \cdot \boldsymbol{\nabla})\mathbf{B}$ para as configurações em (a) e (b).

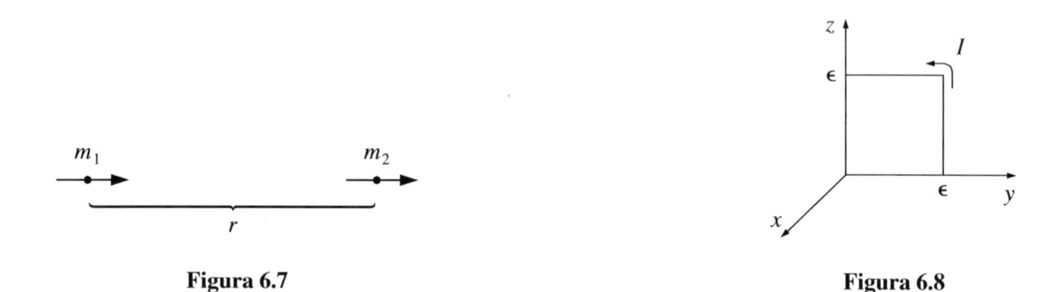


Figura 6.7

Figura 6.8

### 6.1.3 Efeito de um campo magnético nas órbitas atômicas

Os elétrons não têm apenas *rotação*; eles também *orbitam* em torno do núcleo — para facilitar, vamos supor que a órbita é um círculo de raio $R$ (Figura 6.9). Embora tecnicamente esse movimento orbital não constitua uma corrente estacionária, na prática o período $T = 2\pi R/v$ é tão curto que, a menos que você pisque muito depressa, ele irá *parecer* uma corrente estacionária:

$$I = \frac{e}{T} = \frac{ev}{2\pi R}.$$

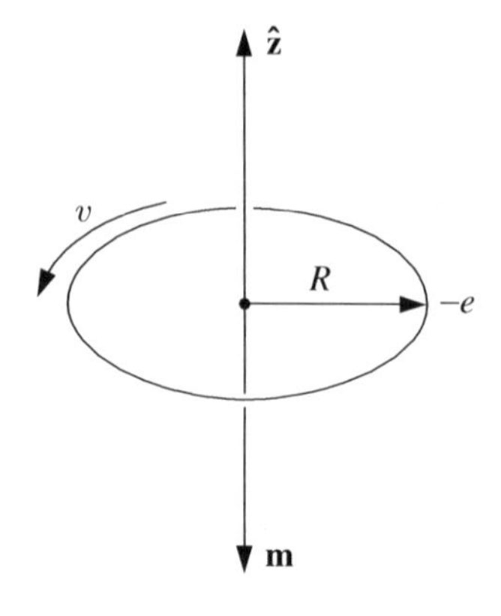


Figura 6.9

Consequentemente, o momento de dipolo orbital ($I\pi R^2$) é

$$\mathbf{m} = -\frac{1}{2}evR\,\hat{\mathbf{z}}. \tag{6.4}$$

(O sinal negativo é devido a carga negativa do elétron.) Como qualquer outro dipolo magnético, este está sujeito a um torque ($\mathbf{m} \times \mathbf{B}$) quando o átomo é colocado em um campo magnético. Mas é muito mais difícil inclinar a órbita toda do que o spin, de forma que a contribuição orbital para o paramagnetismo é pequena. Existe, no entanto, um efeito mais significativo no movimento orbital: o elétron *é acelerado* ou *desacelerado*, conforme a orientação de **B**. Pois, embora a aceleração centrípeta $v^2/R$ seja normalmente mantida apenas pelas forças elétricas,[1]

$$\frac{1}{4\pi\epsilon_0}\frac{e^2}{R^2} = m_e\frac{v^2}{R}, \tag{6.5}$$

na presença de um campo magnético existe uma força adicional, $-e(\mathbf{v} \times \mathbf{B})$. Por pura hipótese, digamos que **B** seja perpendicular ao plano da órbita, como mostra a Figura 6.10; então

$$\frac{1}{4\pi\epsilon_0}\frac{e^2}{R^2} + e\bar{v}B = m_e\frac{\bar{v}^2}{R}. \tag{6.6}$$

Nessas condições, a nova velocidade $\bar{v}$ é *maior* que $v$:

$$e\bar{v}B = \frac{m_e}{R}(\bar{v}^2 - v^2) = \frac{m_e}{R}(\bar{v} + v)(\bar{v} - v),$$

ou, assumindo que a mudança $\Delta v = \bar{v} - v$ seja pequena,

$$\Delta v = \frac{eRB}{2m_e}. \tag{6.7}$$

Quando **B** é ativado, então o elétron é acelerado.[2]

Mudança na velocidade orbital significa mudança no momento de dipolo (6.4):

$$\Delta\mathbf{m} = -\frac{1}{2}e(\Delta v)R\,\hat{\mathbf{z}} = -\frac{e^2R^2}{4m_e}\mathbf{B}. \tag{6.8}$$

Observe que a *mudança em* **m** *é oposta ao sentido de* **B**. (Um elétron circulando no outro sentido teria um momento de dipolo apontando *para cima*, mas tal órbita seria *desacelerada* pelo campo, de forma que a *mudança continua* sendo oposta a **B**.) Normalmente, as órbitas do elétron têm orientação aleatória e os momentos de dipolo orbitais se anulam. Mas, na presença de um campo magnético, cada átomo adquire um pouquinho de momento de dipolo 'extra' e esses incrementos são todos *antiparalelos* ao campo. Esse é o mecanismo responsável pelo **diamagnetismo**. É um fenômeno universal que afeta todos os átomos. No entanto, ele é tipicamente muito mais fraco que o paramagnetismo e, portanto, é observado principalmente em átomos com número *par* de elétrons, nos quais o paramagnetismo está normalmente ausente.

Ao deduzir a Equação 6.8 assumi que a órbita permanece circular, com seu raio original $R$. Não posso dar uma justificativa para isso no estágio atual. Se o átomo fica estacionário enquanto o campo é ligado, então meu pressuposto pode ser provado — mas isso não é *magnetostática*, e os detalhes terão de esperar pelo Capítulo 7 (veja o Problema 7.49). Se o átomo for deslocado

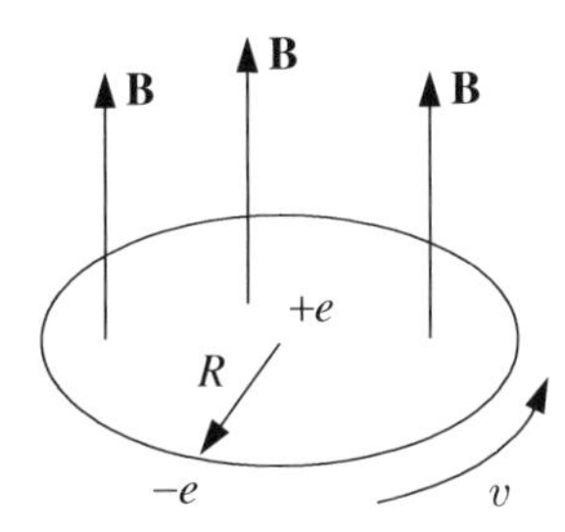


**Figura 6.10**

1. Para evitar confusão com o momento de dipolo magnético $m$, escreverei a massa do elétron com o subscrito: $m_e$.
2. Eu disse anteriormente (Equação 5.11) que os campos magnéticos não realizam trabalho e são incapazes de acelerar uma partícula. Reafirmo isso. No entanto, como veremos no Capítulo 7, um campo magnético *variável* induz um campo *elétrico* e é este último que, nesse caso, acelera os elétrons.

para dentro do campo, a situação fica enormemente mais complicada. Mas não se preocupe — quero apenas lhe dar uma descrição qualitativa do diamagnetismo. Assuma, se preferir, que a velocidade permanece a mesma enquanto o *raio* se modifica — a fórmula (6.8) é alterada (por um fator 2), mas a *conclusão* permanece a mesma. A verdade é que este modelo clássico é fundamentalmente falho (o diamagnetismo é um fenômeno *quântico*), e portanto não há muito sentido em refinar os detalhes.[3] O que *é* importante é o fato *empírico* de que em materiais diamagnéticos, os momentos de dipolo induzidos apontam no sentido *oposto* ao campo magnético.

### 6.1.4 Magnetização

Na presença de um campo magnético, a matéria se torna *magnetizada*; isto é, um exame microscópico revelaria que ela contém muitos dipolos minúsculos, com um alinhamento líquido ao longo de determinada direção. Já discutimos dois mecanismos que respondem por essa polarização magnética: (1) paramagnetismo (os dipolos associados ao spin de elétrons sem par sofrem um torque que tende a alinhá-los paralelamente ao campo) e (2) diamagnetismo (a velocidade orbital dos elétrons é afetada de forma a alterar o momento de dipolo orbital em um sentido *oposto* ao campo). Seja qual for a *causa*, descrevemos o estado de polarização magnética pela grandeza vetorial

$$\mathbf{M} \equiv \text{ momento do dipolo magnético por unidade de volume.} \tag{6.9}$$

**M** é a **magnetização**; ela tem um papel análogo à polarização **P** em eletrostática. Na seção a seguir não vamos nos preocupar com a causa da magnetização — pode ser o paramagnetismo, o diamagnetismo ou até o ferromagnetismo — consideraremos **M** como *dado*, e calcularemos o campo que essa magnetização em si produz.

A propósito, você pode ter se surpreendido ao saber que outros materiais além do famoso trio ferromagnético (ferro, níquel e cobalto) *são sim afetados* por um campo magnético. Você não pode, é claro, levantar um pedaço de madeira ou alumínio com um ímã. O motivo é que o diamagnetismo e o paramagnetismo são extremamente fracos: para conseguir detectá-los é preciso um experimento delicado e um magneto poderoso. Se você suspendesse um pedaço de material paramagnético sobre um solenoide, como na Figura 6.3, o sentido da magnetização induzida seria para cima e o da força, portanto, seria para baixo. Em contrapartida, o sentido da magnetização de um objeto diamagnético seria para baixo e o da força, para cima. Em geral, quando uma amostra é colocada em região de campo não uniforme, o *paramagneto é atraído para o campo*, enquanto o *diamagneto é repelido por ele*. Mas as forças em si são extremamente fracas — em um arranjo experimental típico, a força em uma amostra comparável de ferro seria $10^4$ ou $10^5$ vezes maior. Por isso foi razoável calcularmos o campo dentro de um pedaço de fio de cobre, digamos, no Capítulo 5, sem nos preocuparmos com os efeitos da magnetização.

---

**Problema 6.6** Dos seguintes materiais, quais você espera que sejam paramagnéticos? E diamagnéticos? Alumínio, cobre, cloreto de cobre ($\mathrm{CuCl_2}$), carbono, chumbo, nitrogênio ($\mathrm{N_2}$), sal (NaCl), sódio, enxofre e água. (Na realidade, o cobre é ligeiramente *diamagnético*; fora isso, são todos o que seria de se esperar.)

---

## 6.2 O campo de um objeto magnetizado

### 6.2.1 Correntes de magnetização

Suponha que temos um pedaço de material magnetizado; o momento de dipolo magnético por unidade de volume, **M**, é dado. Que campo esse objeto produz? Bem, o potencial vetorial de um único dipolo **m** é dado pela Equação 5.83:

$$\mathbf{A}(\mathbf{r}) = \frac{\mu_0}{4\pi}\frac{\mathbf{m}\times\hat{\boldsymbol{\mathscr{r}}}}{\mathscr{r}^2}. \tag{6.10}$$

No objeto magnetizado, cada elemento de volume $d\tau'$ traz um momento de dipolo $\mathbf{M}\,d\tau'$, de forma que o potencial vetorial total é (Figura 6.11)

$$\mathbf{A}(\mathbf{r}) = \frac{\mu_0}{4\pi}\int\frac{\mathbf{M}(\mathbf{r}')\times\hat{\boldsymbol{\mathscr{r}}}}{\mathscr{r}^2}\,d\tau'. \tag{6.11}$$

3. S. L. O'Dell e R. K. P. Zia, *Am. J. Phys.* **54**, 32, (1986); R. Peierls, *Surprises in Theoretical Physics*, Seção 4.3 (Princeton, N.J.: Princeton University Press, 1979); R. P. Feynman, R. B. Leighton e M. Sands, *The Feynman Lectures on Physics*, Vol. 2, Seção 34–36 (Nova York: Addison-Wesley, 1966).

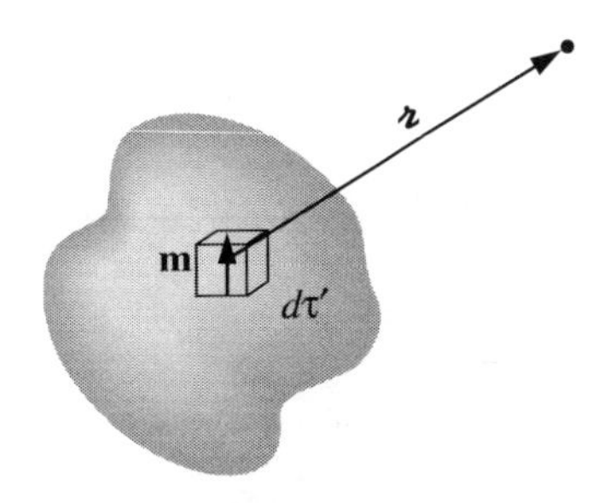


**Figura 6.11**

Em princípio, isso *basta*. Mas como no caso elétrico (Seção 4.2.1), a integral pode ser moldada de uma forma mais esclarecedora, explorando-se a identidade

$$\nabla' \frac{1}{\mathscr{r}} = \frac{\hat{\mathscr{r}}}{\mathscr{r}^2}.$$

Com isso,

$$\mathbf{A}(\mathbf{r}) = \frac{\mu_0}{4\pi} \int \left[\mathbf{M}(\mathbf{r}') \times \left(\nabla' \frac{1}{\mathscr{r}}\right)\right] d\tau'.$$

A integração por partes usando a regra de produto 7 resulta em

$$\mathbf{A}(\mathbf{r}) = \frac{\mu_0}{4\pi} \left\{ \int \frac{1}{\mathscr{r}} [\nabla' \times \mathbf{M}(\mathbf{r}')]\, d\tau' - \int \nabla' \times \left[\frac{\mathbf{M}(\mathbf{r}')}{\mathscr{r}}\right] d\tau' \right\}.$$

O Problema 1.60(b) nos convida a expressar esta última como uma integral de superfície,

$$\mathbf{A}(\mathbf{r}) = \frac{\mu_0}{4\pi} \int \frac{1}{\mathscr{r}} [\nabla' \times \mathbf{M}(\mathbf{r}')]\, d\tau' + \frac{\mu_0}{4\pi} \oint \frac{1}{\mathscr{r}} [\mathbf{M}(\mathbf{r}') \times d\mathbf{a}']. \tag{6.12}$$

O primeiro termo parece o potencial de uma corrente *volumétrica*,

$$\boxed{\mathbf{J}_M = \nabla \times \mathbf{M},} \tag{6.13}$$

enquanto o segundo parece o potencial de uma corrente superficial,

$$\boxed{\mathbf{K}_M = \mathbf{M} \times \hat{\mathbf{n}},} \tag{6.14}$$

onde $\hat{\mathbf{n}}$ é o vetor unitário normal. Com essas definições,

$$\mathbf{A}(\mathbf{r}) = \frac{\mu_0}{4\pi} \int_{\mathcal{V}} \frac{\mathbf{J}_M(\mathbf{r}')}{\mathscr{r}}\, d\tau' + \frac{\mu_0}{4\pi} \oint_{\mathcal{S}} \frac{\mathbf{K}_M(\mathbf{r}')}{\mathscr{r}}\, da'. \tag{6.15}$$

O que isso significa é que o potencial (e, portanto, também o campo) de um objeto magnetizado é o mesmo que seria produzido por uma corrente volumétrica de densidade $\mathbf{J}_M = \nabla \times \mathbf{M}$ em todo o material, aliado a uma corrente superficial de densidade $\mathbf{K}_M = \mathbf{M} \times \hat{\mathbf{n}}$, no contorno. Em vez de integrar as contribuições de todos os dipolos infinitesimais, como na Equação 6.11, primeiro determinamos essas **correntes de magnetização**, e depois encontramos os campos que *elas* produzem, da mesma forma que calcularíamos o campo de quaisquer outras correntes volumétricas e superficiais. Observe o paralelo notável com o caso elétrico: lá o campo de um objeto polarizado era o mesmo que o de uma carga volumétrica ligada $\rho_p = -\nabla \cdot \mathbf{P}$ mais uma carga superficial ligada $\sigma_p = \mathbf{P} \cdot \hat{\mathbf{n}}$.

---

**Exemplo 6.1**

Encontre o campo magnético de uma esfera uniformemente magnetizada.

**Solução**: escolhendo o eixo $z$ ao longo da direção de $\mathbf{M}$ (Figura 6.12), temos

$$\mathbf{J}_M = \nabla \times \mathbf{M} = 0, \quad \mathbf{K}_M = \mathbf{M} \times \hat{\mathbf{n}} = M \operatorname{sen}\theta\, \hat{\boldsymbol{\phi}}.$$

Agora, uma casca esférica em rotação, com carga superficial de densidade uniforme $\sigma$, corresponde a uma densidade superficial de corrente

$$\mathbf{K} = \sigma\mathbf{v} = \sigma\omega R \operatorname{sen}\theta\, \hat{\boldsymbol{\phi}}.$$

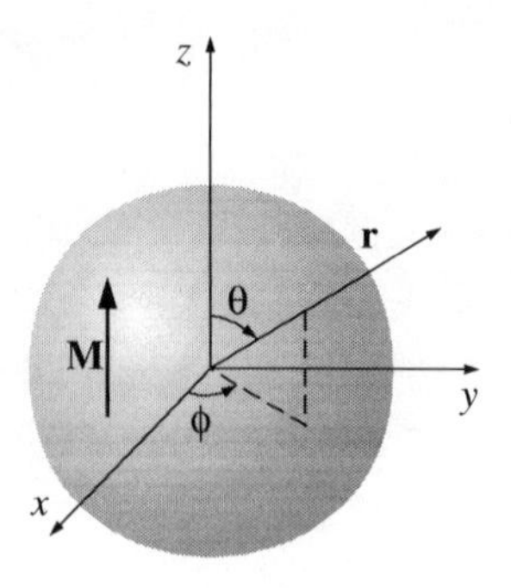


Figura 6.12

Segue-se, portanto, que o campo de uma esfera uniformemente magnetizada é idêntico ao campo de uma casca esférica em rotação, com a identificação $\sigma R\boldsymbol{\omega} \rightarrow \mathbf{M}$. Reportando-me ao Exemplo 5.11, concluo que

$$\mathbf{B} = \frac{2}{3}\mu_0\mathbf{M}, \tag{6.16}$$

dentro da esfera, enquanto o campo fora da esfera é o mesmo que o de um dipolo puro,

$$\mathbf{m} = \frac{4}{3}\pi R^3\mathbf{M}.$$

Observe que o campo interno é *uniforme*, como o campo *elétrico* dentro de uma esfera uniformemente *polarizada* (Equação 4.14), embora as *fórmulas* de fato para os dois casos sejam curiosamente diferentes ($\frac{2}{3}$ em lugar de $-\frac{1}{3}$). Os campos externos também são análogos: dipolo puro nos dois casos.

---

**Problema 6.7** Um cilindro circular infinitamente longo tem magnetização uniforme **M** paralela ao seu eixo. Encontre o campo magnético (devido a **M**) dentro e fora do cilindro.

**Problema 6.8** Um longo cilindro circular de raio $R$ tem magnetização $\mathbf{M} = ks^2\,\hat{\boldsymbol{\phi}}$, onde $k$ é uma constante, $s$ é a distância a partir do eixo e $\hat{\boldsymbol{\phi}}$ é o vetor unitário azimutal usual (Figura 6.13). Encontre o campo magnético devido a **M**, para pontos internos e externos ao cilindro.

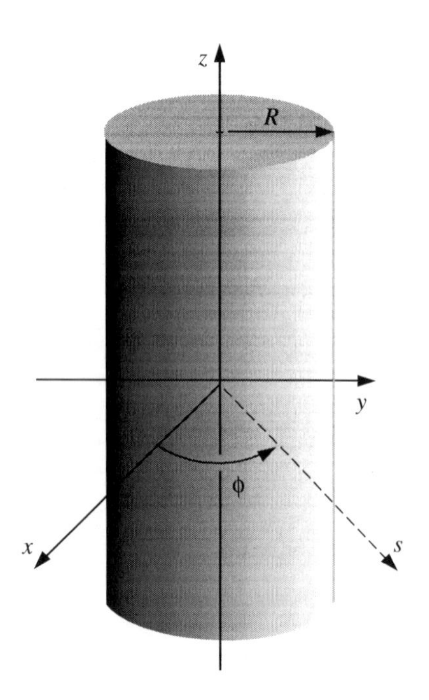


Figura 6.13

**Problema 6.9** Um cilindro circular curto de raio $a$ e comprimento $L$ tem magnetização 'congelada' e uniforme $\mathbf{M}$ paralela ao eixo. Encontre a corrente de magnetização e esboce o campo magnético do cilindro. (Faça três gráficos: um para $L \gg a$, um para $L \ll a$, e um para $L \approx a$.) Compare essa **barra magnética** com a barra de eletreto do Problema 4.11.

**Problema 6.10** Uma haste de ferro de comprimento $L$ e corte transversal quadrado (de lado $a$) recebe uma magnetização longitudinal uniforme $\mathbf{M}$, e em seguida é dobrada na forma de um círculo no qual fica um pequeno vão (de largura $w$), como mostra a Figura 6.14. Encontre o campo magnético no centro do vão, assumindo que $w \ll a \ll L$. [*Dica:* trate como a superposição de um toroide *completo* mais uma espira quadrada com corrente inversa.]

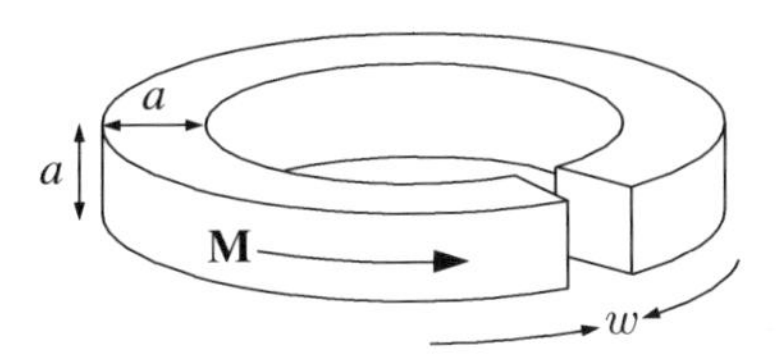


**Figura 6.14**

---

### 6.2.2 Interpretação física de correntes de magnetização

Na última seção constatamos que o campo de um objeto magnetizado é idêntico ao campo que seria produzido por uma certa distribuição de correntes 'ligadas', $\mathbf{J}_M$ e $\mathbf{K}_M$. Quero mostrar a você como essas correntes surgem fisicamente. Este argumento será *heurístico* — a dedução *rigorosa* já foi dada. A Figura 6.15 mostra uma chapa de material uniformemente magnetizado, com dipolos representados por espiras minúsculas. Observe que todas as correntes 'internas' se anulam: sempre que uma vai para a direita, outra que lhe é contígua vai para a esquerda. No entanto, na beirada não há *espira adjacente que faça a anulação*. A coisa toda, então, equivale a uma única faixa de corrente $I$ que flui pelo contorno (Figura 6.16).

O que *é* essa corrente em termos de $\mathbf{M}$? Digamos que cada uma das minúsculas espiras tem área $a$ e espessura $t$ (Figura 6.17). Em termos da magnetização $M$, seu momento de dipolo é $m = Mat$. Em termos da corrente circulante $I$, no entanto, $m = Ia$. Portanto, $I = Mt$, de forma que a densidade superficial de corrente é $K_M = I/t = M$. Usando o vetor unitário $\hat{\mathbf{n}}$ (Figura 6.16), a direção de $\mathbf{K}_M$ é convenientemente indicada pelo produto vetorial:

$$\mathbf{K}_M = \mathbf{M} \times \hat{\mathbf{n}}.$$

(Esta expressão também registra o fato de que *não* há corrente nas superfícies superior e inferior da chapa; aqui $\mathbf{M}$ é paralela a $\hat{\mathbf{n}}$, portanto, o produto vetorial se anula.)

Essa corrente ligada de superfície é exatamente o que obtivemos na Seção 6.2.1. Ela é um *tipo* peculiar de corrente no sentido de que nenhuma carga individual faz a viagem toda — pelo contrário, cada carga se movimenta apenas em uma espira minúscula dentro de um único átomo. Mesmo assim, o efeito líquido é uma corrente macroscópica que passa sobre a superfície do objeto magnetizado. Ela é chamada de corrente 'ligada' para nos lembrarmos de que cada carga está ligada a um átomo em particular, mas é uma corrente perfeitamente genuína e produz um campo magnético da mesma forma que qualquer outra corrente.

Quando a magnetização *não* é uniforme, as correntes internas não mais se anulam. A Figura 6.18a mostra dois pedaços adjacentes de material magnetizado, com uma seta maior no que está à direita, indicando mais magnetização nesse ponto. Na superfície onde eles se encontram há uma corrente líquida na direção $x$, dada por

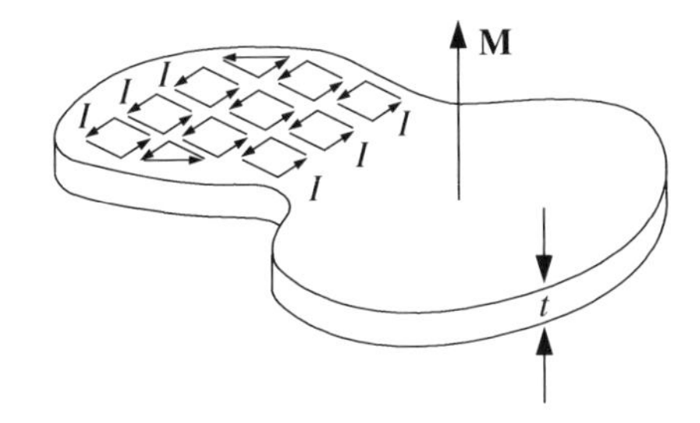


**Figura 6.15**

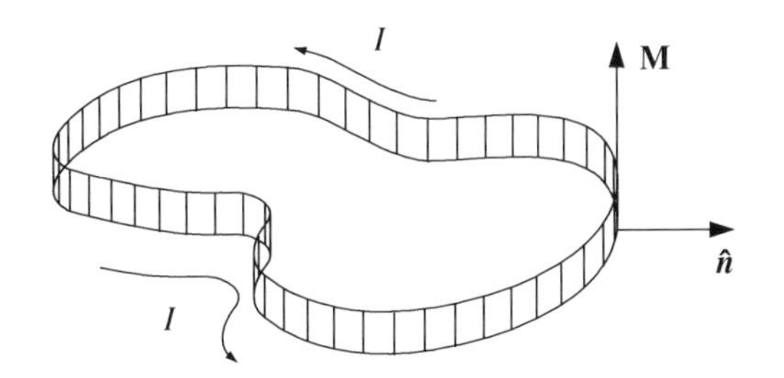


**Figura 6.16**

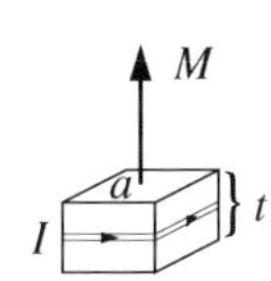


**Figura 6.17**

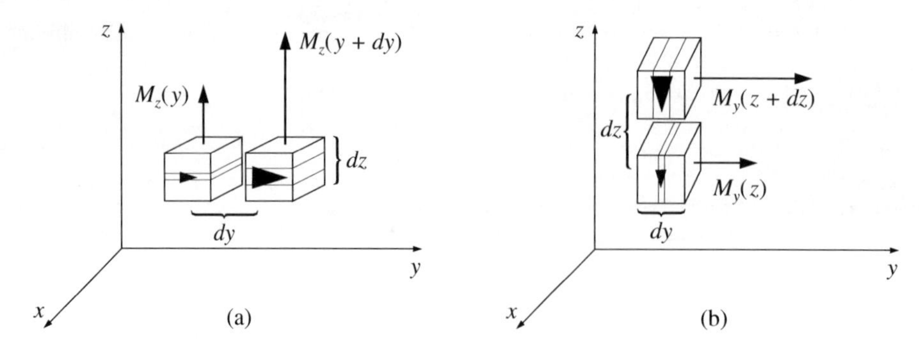


**Figura 6.18**

$$I_x = [M_z(y + dy) - M_z(y)]\, dz = \frac{\partial M_z}{\partial y}\, dy\, dz.$$

A densidade volumétrica de corrente correspondente é, portanto,

$$(J_M)_x = \frac{\partial M_z}{\partial y}.$$

Similarmente, a magnetização não uniforme na direção $y$ contribuiria com $-\partial M_y/\partial z$ (Figura 6.18b), portanto,

$$(J_M)_x = \frac{\partial M_z}{\partial y} - \frac{\partial M_y}{\partial z}.$$

Em geral, então,

$$\mathbf{J}_M = \boldsymbol{\nabla} \times \mathbf{M},$$

o que novamente é coerente com o resultado da Seção 6.2.1. A propósito, como qualquer outra corrente estacionária, $\mathbf{J}_M$ deve obedecer à lei de conservação 5.31:

$$\boldsymbol{\nabla} \cdot \mathbf{J}_M = 0.$$

E obedece? *Sim*, pois o divergente de um rotacional é *sempre* nulo.

### 6.2.3 O campo magnético dentro da matéria

Como no campo elétrico, o campo magnético *microscópico* de fato dentro da matéria flutua desenfreadamente de um ponto a outro, a cada instante. Quando falamos sobre 'o' campo magnético dentro da matéria, estamos nos referindo ao campo *macroscópico*: a média sobre regiões grandes o bastante para conter muitos átomos. (A magnetização **M** é 'suavizada' no mesmo sentido.) É esse campo macroscópico que obtemos quando os métodos da Seção 6.2.1 são aplicados a pontos dentro do material magnetizado, como você mesmo pode comprovar no problema a seguir.

---

**Problema 6.11** Na Seção 6.2.1, começamos com o potencial de um dipolo *perfeito* (Equação 6.10), embora, *na realidade* estejamos lidando com dipolos *físicos*. Mostre, pelo método da Seção 4.2.3, que mesmo assim obtemos o campo macroscópico correto.

---

## 6.3 O campo auxiliar H

### 6.3.1 Lei de Ampère em materiais magnetizados

Na Seção 6.2 constatamos que o efeito da magnetização é estabelecer correntes de magnetização $\mathbf{J}_M = \boldsymbol{\nabla} \times \mathbf{M}$ dentro do material e $\mathbf{K}_M = \mathbf{M} \times \hat{\mathbf{n}}$ na sua superfície. O campo devido à magnetização do meio é apenas o campo produzido por essas correntes de magnetização. Estamos agora prontos para juntar tudo: o campo atribuído às correntes de magnetização mais o campo devido a tudo o mais — que eu chamarei de **corrente livre** (N.R.T.: também chamada de corrente de condução).

A corrente livre pode fluir através de fios incorporados à substância magnetizada ou, se ele for condutor, através do próprio material. De qualquer forma, a corrente total pode ser expressa como

$$\mathbf{J} = \mathbf{J}_M + \mathbf{J}_l. \tag{6.17}$$

Não há nada de novo em termos de física na Equação 6.17; é simplesmente uma *conveniência* separar a corrente nessas duas partes porque elas *chegaram* onde estão por meios muito diferentes: a corrente livre está ali porque alguém ligou um fio a uma bateria — ela envolve a condução da carga; a corrente ligada está ali devido à magnetização — é o resultado da conspiração de muitos dipolos atômicos alinhados.

Diante das Equações 6.13 e 6.17, a lei de Ampère pode ser escrita como

$$\frac{1}{\mu_0}(\nabla \times \mathbf{B}) = \mathbf{J} = \mathbf{J}_l + \mathbf{J}_M = \mathbf{J}_l + (\nabla \times \mathbf{M}),$$

ou, juntando os dois rotacionais:

$$\nabla \times \left(\frac{1}{\mu_0}\mathbf{B} - \mathbf{M}\right) = \mathbf{J}_l.$$

A grandeza entre parênteses é designada pela letra **H**:

$$\boxed{\mathbf{H} \equiv \frac{1}{\mu_0}\mathbf{B} - \mathbf{M}.} \tag{6.18}$$

Em termos de **H**, então, a lei de Ampère é

$$\boxed{\nabla \times \mathbf{H} = \mathbf{J}_l,} \tag{6.19}$$

ou, na forma integral,

$$\oint \mathbf{H} \cdot d\mathbf{l} = I_{l_{\text{enc}}}, \tag{6.20}$$

onde $I_{l_{\text{enc}}}$ é a corrente *livre* total que passa pela curva amperiana.

O papel de **H** na magnetostática é análogo ao de **D** na eletrostática: como **D** nos permitiu expressar a lei de *Gauss* em termos de *carga* livre apenas, **H** nos permite expressar a lei de Ampère em termos de *corrente* livre — e corrente livre é o que controlamos diretamente. A corrente de magnetização, como a carga de polarização, vem de carona — o material é magnetizado e isso resulta em correntes de magnetização; não podemos ligá-las ou desligá-las independentemente, como podemos fazer com as correntes de condução. Na aplicação da Equação 6.20 só temos de nos preocupar com a corrente *livre*, que conhecemos porque a *colocamos* ali. Sobretudo quando a simetria o permite, podemos calcular **H** imediatamente a partir da Equação 6.20 com os métodos usuais da lei de Ampère. (Por exemplo, os Problemas 6.7 e 6.8 podem ser feitos em uma linha, observando-se que $\mathbf{H} = 0$.)

---

**Exemplo 6.2**

Uma longa haste de cobre de raio $R$ conduz uma corrente (livre) $I$ uniformemente distribuída (Figura 6.19). Encontre $H$ dentro e fora da haste.

**Solução**: o cobre é levemente diamagnético, de forma que os dipolos irão se alinhar *opostos* ao campo. Isso resulta em uma corrente de magnetização *antiparalela* a $I$ dentro do fio e *paralela* a $I$ ao longo da superfície (veja a Figura 6.20). Quanto à *grandeza* dessas correntes de magnetização, ainda não estamos em posição de dizer — mas para calcular **H** basta saber que todas as correntes são longitudinais e, portanto, **B**, **M**, e consequentemente também **H**, são 'circunferenciais'. Aplicando a Equação 6.20 a uma curva amperiana de raio $s < R$,

$$H(2\pi s) = I_{l_{\text{enc}}} = I\frac{\pi s^2}{\pi R^2},$$

então

$$\mathbf{H} = \frac{I}{2\pi R^2} s\,\hat{\boldsymbol{\phi}} \qquad (s \leq R), \tag{6.21}$$

dentro do fio. Enquanto isso, fora do fio

$$\mathbf{H} = \frac{I}{2\pi s}\,\hat{\boldsymbol{\phi}} \qquad (s \geq R). \tag{6.22}$$

Nessa última região (como sempre no espaço vazio) $\mathbf{M} = 0$, então

$$\mathbf{B} = \mu_0 \mathbf{H} = \frac{\mu_0 I}{2\pi s}\,\hat{\boldsymbol{\phi}} \qquad (s \geq R),$$

o mesmo que para um fio *não* magnetizado (Exemplo 5.7). *Dentro* do fio **B** não pode ser determinado neste estágio, já que não temos como conhecer **M** (embora na prática a magnetização do cobre seja tão leve que para a maioria dos objetivos podemos ignorá-la totalmente).

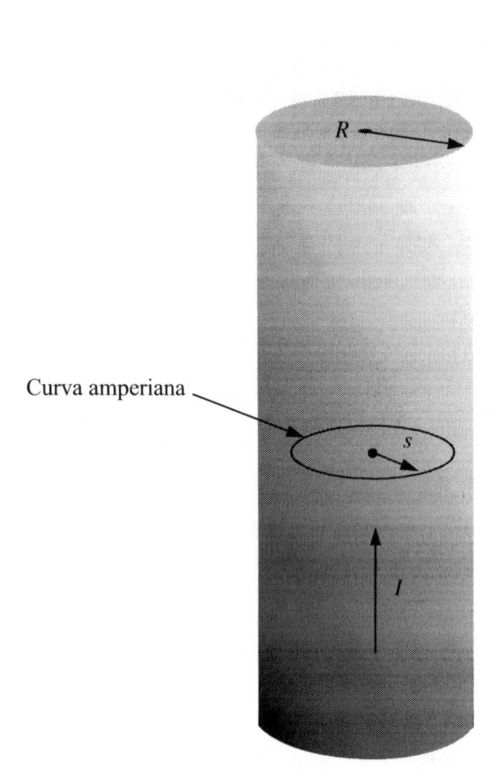

Figura 6.19

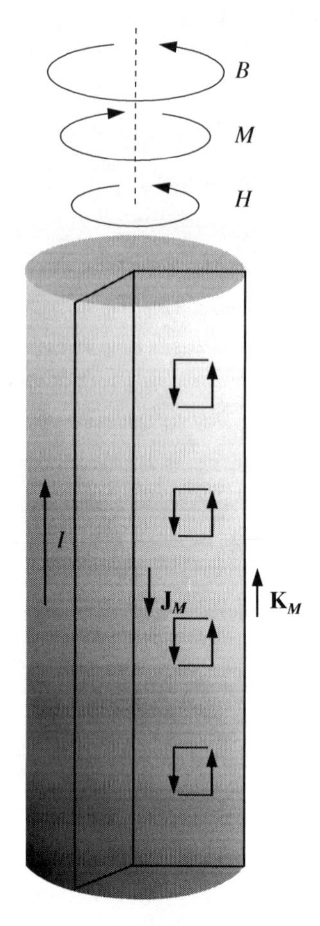


Figura 6.20

---

Pelo que se viu, **H** é uma grandeza muito mais útil que **D**. Em laboratório, você frequentemente vai ouvir as pessoas falando de **H** (mais até do que de **B**), mas nunca vai ouvir alguém falando de **D** (só de **E**). E o motivo é o seguinte: para montar um eletromagneto pode-se passar uma determinada corrente (livre) por uma bobina. A *corrente* é o que você lê no mostrador e ela determina **H** (ou, pelo menos, a integral de linha de **H**); **B** depende dos materiais específicos que você usou e, até mesmo, se houver ferro presente, do histórico do seu magneto. Por outro lado, se você quiser criar um campo *elétrico*, *não* irá grudar uma carga conhecida nas placas de um capacitor de placas paralelas; em vez disso, você irá conectá-las a uma bateria de *voltagem* conhecida. É a *diferença de potencial* que você vê no mostrador, e ela determina **E** (ou, pelo menos, a integral de linha de **E**); **D** depende dos detalhes do dielétrico que você está usando. Se fosse fácil medir a carga e difícil medir o potencial, você encontraria experimentalistas falando sobre **D** em lugar de **E**. Portanto, a relativa familiaridade de **H**, em contraste com **D**, resulta de considerações puramente práticas; teoricamente, estão todos em pé de igualdade.

Muitos autores chamam **H**, e não **B**, de 'campo magnético'. Depois eles têm de inventar uma nova palavra para **B**: 'densidade de fluxo', ou 'indução' magnética (uma escolha absurda, já que esse termo tem pelo menos dois outros significados em eletrodinâmica). De qualquer forma, **B** é inquestionavelmente a grandeza fundamental, de forma que continuarei a chamá-la de 'campo magnético', como todo mundo faz na linguagem falada. **H** não tem um nome lógico: chame simplesmente de '**H**'.[4]

---

**Problema 6.12** Um cilindro infinitamente longo de raio $R$, tem magnetização 'congelada' paralela ao eixo,

$$\mathbf{M} = ks\,\hat{\mathbf{z}},$$

onde $k$ é uma constante e $s$ é a distância ao eixo. Não há corrente livre em lugar algum. Encontre o campo magnético dentro e fora do cilindro por dois métodos diferentes:

4. Para os que discordam, cito A. Sommerfeld, *Electrodynamics* (Nova York: Academic Press, 1952), p. 45: 'O infeliz termo 'campo magnético' para **H** deve ser evitado o máximo possível. Nos parece que esse termo levou a erro ninguém menos que o próprio Maxwell...'

(a) Como na Seção 6.2, localize todas as correntes ligadas e calcule o campo que elas produzem.

(b) Use a lei de Ampère (na forma da Equação 6.20) para encontrar **H**, e em seguida obtenha **B** a partir da Equação 6.18. (Observe que o segundo método é muito mais rápido e evita qualquer referência explícita às correntes ligadas.)

**Problema 6.13** Suponha que o campo dentro de um pedaço grande de material magnético é $\mathbf{B}_0$, de forma que $\mathbf{H}_0 = (1/\mu_0)\mathbf{B}_0 - \mathbf{M}$.

(a) Uma pequena cavidade esférica é escavada do material (Figura 6.21). Encontre o campo no centro da cavidade, em termos de $\mathbf{B}_0$ e $\mathbf{M}$. Encontre também **H** no centro da cavidade, em termos de $\mathbf{H}_0$ e $\mathbf{M}$.

(b) Faça o mesmo para uma cavidade longa em forma de agulha disposta paralelamente a **M**.

(c) Faça o mesmo para uma cavidade fina em forma de bolacha, perpendicular a **M**.

Assuma que as cavidades são pequenas o bastante para que $\mathbf{M}$, $\mathbf{B}_0$ e $\mathbf{H}_0$ sejam praticamente constantes. Compare ao Problema 4.16. [*Dica:* escavar uma cavidade é a mesma coisa que sobrepor um objeto com o mesmo formato, mas magnetização oposta.]

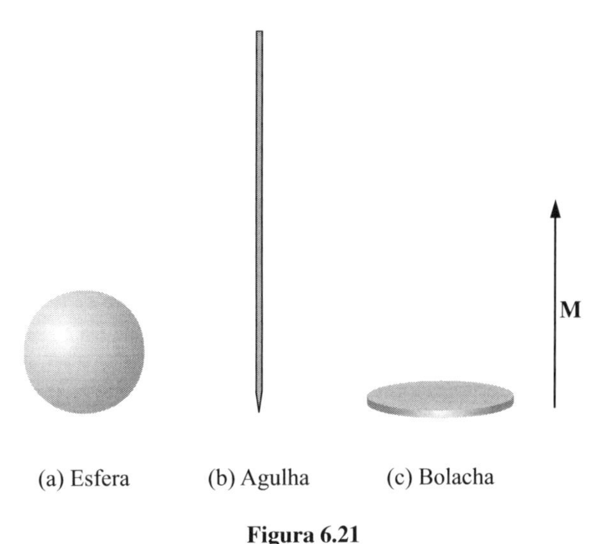


**Figura 6.21**

---

## 6.3.2 Um paralelo enganoso

A Equação 6.19 se parece exatamente com a lei original de Ampère (5.54), exceto que a corrente *total* é substituída pela corrente *livre*, e **B** é substituído por $\mu_0\mathbf{H}$. No entanto, como no caso de **D**, preciso alertá-lo para não enxergar além da conta nessa analogia. Ela *não* diz que $\mu_0\mathbf{H}$ é 'exatamente como **B**, diz somente que sua fonte é $\mathbf{J}_l$ em vez de **J**'. Pois o rotacional sozinho não determina um campo vetorial — você precisa conhecer também o divergente. E embora $\nabla \cdot \mathbf{B} = 0$, o divergente de **H** em geral *não* é nulo. Inclusive, a partir da Equação 6.18

$$\nabla \cdot \mathbf{H} = -\nabla \cdot \mathbf{M}. \tag{6.23}$$

Somente quando o divergente de **M** dá zero, o paralelo entre **B** e $\mu_0\mathbf{H}$ é verdadeiro.

Se você acha que estou sendo meticuloso, considere o exemplo da barra magnética — um cilindro curto de ferro com magnetização uniforme e permanente **M** paralela ao seu eixo. (Veja os Problemas 6.9 e 6.14.) Neste caso não há corrente livre em lugar algum e uma aplicação ingênua da Equação 6.20 pode levá-lo a supor que $\mathbf{H} = 0$ e, portanto, $\mathbf{B} = \mu_0\mathbf{M}$ dentro do magneto e $\mathbf{B} = 0$ fora dele, o que não faz sentido. É bem verdade que o *rotacional* de **H** se anula em toda parte, mas o divergente não. (Você pode ver onde $\nabla \cdot \mathbf{M} \neq 0$?) *Conselho*: quando lhe pedirem para encontrar **B** ou **H** em um problema envolvendo materiais magnéticos, primeiro procure por simetria. Se o problema incluir simetria cilíndrica, plana, solenoide ou toroide, você poderá obter **H** diretamente a partir da Equação 6.20 pelos métodos usuais da lei de Ampère. (Evidentemente, nesses casos $\nabla \cdot \mathbf{M}$ é automaticamente nulo, já que a corrente livre sozinha determina a resposta.) Se o requisito simetria estiver ausente, você terá de pensar em outra abordagem e, sobretudo, *não* deverá assumir que **H** é zero simplesmente porque não vê corrente livre.

### 6.3.3 Condições de contorno

As condições de contorno na magnetostática da Seção 5.4.2 podem ser reescritas em termos de **H** e da corrente *livre*. A partir da Equação 6.23, segue-se que

$$H^{\perp}_{\text{acima}} - H^{\perp}_{\text{abaixo}} = -(M^{\perp}_{\text{acima}} - M^{\perp}_{\text{abaixo}}), \tag{6.24}$$

enquanto a Equação 6.19 diz

$$\mathbf{H}^{\parallel}_{\text{acima}} - \mathbf{H}^{\parallel}_{\text{abaixo}} = \mathbf{K}_l \times \hat{\mathbf{n}}. \tag{6.25}$$

Na presença de materiais, isso é às vezes mais útil dos que as condições de contorno correspondentes para **B** (Equações 5.72 e 5.73):

$$B^{\perp}_{\text{acima}} - B^{\perp}_{\text{abaixo}} = 0, \tag{6.26}$$

e

$$\mathbf{B}^{\parallel}_{\text{acima}} - \mathbf{B}^{\parallel}_{\text{abaixo}} = \mu_0(\mathbf{K} \times \hat{\mathbf{n}}). \tag{6.27}$$

Talvez você queira conferir com o Exemplo 6.2 ou o Problema 6.14.

---

**Problema 6.14** Para a barra magnética do Problema 6.9, faça esboços cuidadosos de **M**, **B** e **H**, supondo que $L$ é cerca de $2a$. Compare ao Problema 4.17.

**Problema 6.15** Se $\mathbf{J}_l = 0$ em toda parte, o rotacional de **H** se anula (Equação 6.19), e podemos expressar **H** como o gradiente de um potencial escalar $W$:

$$\mathbf{H} = -\boldsymbol{\nabla} W.$$

Segundo a Equação 6.23, então,

$$\nabla^2 W = (\boldsymbol{\nabla} \cdot \mathbf{M}),$$

de forma que $W$ obedece à equação de Poisson, com $\boldsymbol{\nabla} \cdot \mathbf{M}$ como a 'fonte'. Isso abre a possibilidade de usar todo o mecanismo do Capítulo 3. Como exemplo, encontre o campo dentro de uma esfera uniformemente magnetizada (Exemplo 6.1) pela separação de variáveis. [*Dica:* $\boldsymbol{\nabla} \cdot \mathbf{M} = 0$ em toda parte exceto a superfície ($r = R$), de forma que $W$ satisfaz a equação de Laplace nas regiões $r < R$ e $r > R$; use a Equação 3.65 e, a partir da Equação 6.24, encontre a condição de contorno apropriada para $W$.]

---

## 6.4 Meios lineares e não lineares

### 6.4.1 Suscetibilidade e permeabilidade magnéticas

Em materiais paramagnéticos e diamagnéticos, a magnetização é sustentada pelo campo; quando **B** é removido, **M** desaparece. Inclusive, para a maioria das substâncias, a magnetização é *proporcional* ao campo, desde que o campo não seja forte demais. Por coerência de notação com o caso elétrico (Equação 4.30), eu *deveria* expressar a proporcionalidade assim:

$$\mathbf{M} = \frac{1}{\mu_0}\chi_m \mathbf{B} \quad \text{(incorreto!)}. \tag{6.28}$$

Mas o costume determina que ela seja escrita em termos de **H**, em vez de **B**:

$$\boxed{\mathbf{M} = \chi_m \mathbf{H}.} \tag{6.29}$$

A constante de proporcionalidade $\chi_m$ é chamada de **suscetibilidade magnética**; é uma grandeza sem dimensão que varia de uma substância para outra — positiva em paramagnetos e negativa em diamagnetos. Seus valores típicos estão em torno de $10^{-5}$ (veja a Tabela 6.1).

Os materiais que obedecem à Equação 6.29 são chamados de **meios lineares**. Em vista da Equação 6.18,

$$\mathbf{B} = \mu_0(\mathbf{H} + \mathbf{M}) = \mu_0(1 + \chi_m)\mathbf{H}, \tag{6.30}$$

para meios lineares. Assim, **B** é *também* proporcional a **H**:[5]

$$\mathbf{B} = \mu \mathbf{H}, \tag{6.31}$$

5. Fisicamente, portanto, a Equação 6.28 diria exatamente o mesmo que a Equação 6.29, exceto que a constante $\chi_m$ teria um valor diferente. A Equação 6.29 é um pouco mais conveniente porque os experimentalistas acham mais fácil trabalhar com **H** do que com **B**.

**Tabela 6.1** Suscetibilidades magnéticas (a menos que especificado de outra forma, os valores são para 1 atm, 20° C). Fonte: *Handbook of Chemistry and Physics,* 67ª ed. (Boca Raton: CRC Press, Inc., 1986).

| Material | Suscetibilidade | Material | Suscetibilidade |
|---|---|---|---|
| *Diamagnéticos:* | | *Paramagnéticos:* | |
| Bismuto | $-1,6 \times 10^{-4}$ | Oxigênio | $1,9 \times 10^{-6}$ |
| Ouro | $-3,4 \times 10^{-5}$ | Sódio | $8,5 \times 10^{-6}$ |
| Prata | $-2,4 \times 10^{-5}$ | Alumínio | $2,1 \times 10^{-5}$ |
| Cobre | $-9,7 \times 10^{-6}$ | Tungstênio | $7,8 \times 10^{-5}$ |
| Água | $-9,0 \times 10^{-6}$ | Platina | $2,8 \times 10^{-4}$ |
| Dióxido de carbono | $-1,2 \times 10^{-8}$ | Oxigênio líquido (−200° C) | $3,9 \times 10^{-3}$ |
| Hidrogênio | $-2,2 \times 10^{-9}$ | Gadolínio | $4,8 \times 10^{-1}$ |

onde

$$\mu \equiv \mu_0(1 + \chi_m). \tag{6.32}$$

$\mu$ é a chamada **permeabilidade** do material.[6] No vácuo, onde não há matéria para magnetizar, a suscetibilidade $\chi_m$ é zero e a permeabilidade é $\mu_0$. Por isso, $\mu_0$ é chamada de **permeabilidade do espaço livre**.

---

**Exemplo 6.3**

Um solenoide infinito ($n$ voltas por unidade de comprimento, corrente $I$) está cheio de material linear com suscetibilidade $\chi_m$. Encontre o campo magnético dentro do solenoide.

**Solução**: como $\mathbf{B}$ é devido em parte a correntes ligadas (que ainda não conhecemos), não podemos calculá-lo diretamente. No entanto, este é um daqueles casos simétricos nos quais podemos obter $\mathbf{H}$ a partir da corrente livre apenas usando a lei de Ampère na forma da Equação 6.20:

$$\mathbf{H} = nI\,\hat{\mathbf{z}}$$

(Figura 6.22). Segundo a Equação 6.31, então,

$$\mathbf{B} = \mu_0(1 + \chi_m)nI\,\hat{\mathbf{z}}.$$

Se o meio é paramagnético, o campo fica ligeiramente mais forte; se for diamagnético, o campo fica um pouco reduzido. Isso reflete o fato de que a corrente superficial ligada

$$\mathbf{K}_M = \mathbf{M} \times \hat{\mathbf{n}} = \chi_m(\mathbf{H} \times \hat{\mathbf{n}}) = \chi_m nI\,\hat{\boldsymbol{\phi}}$$

está no mesmo sentido que $I$, no primeiro caso ($\chi_m > 0$), e no sentido oposto, no segundo ($\chi_m < 0$).

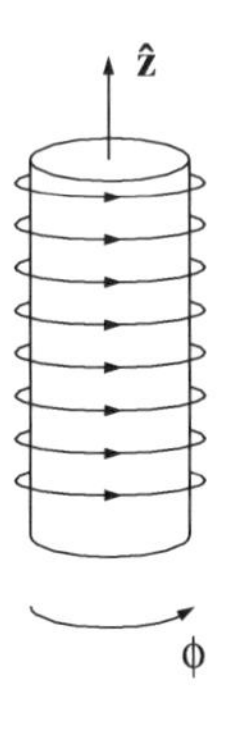


**Figura 6.22**

---

Você pode supor que os meios lineares escapem à falha no paralelo entre $\mathbf{B}$ e $\mathbf{H}$: como $\mathbf{M}$ e $\mathbf{H}$ passam a ser proporcionais a $\mathbf{B}$, não se segue que seus divergentes, como o de $\mathbf{B}$, devem sempre se anular? Infelizmente *não*; no *contorno* entre dois materiais de permeabilidades diferentes, o divergente de $\mathbf{M}$ pode, de fato, ser infinito. Por exemplo, na extremidade de um

6. Se você fatorar $\mu_0$, o que sobra é a chamada **permeabilidade relativa**: $\mu_r \equiv 1 + \chi_m = \mu/\mu_0$. Aliás, fórmulas para $\mathbf{H}$ em termos de $\mathbf{B}$ (Equação 6.31, no caso dos meios lineares) são chamadas de **relações constitutivas**, da mesma forma que aquelas para $\mathbf{D}$ em termos de $\mathbf{E}$.

cilindro de material paramagnético linear, **M** é zero em um dos lados, mas não no outro. Para a superfície gaussiana na forma de 'caixa de pílulas' mostrada na Figura 6.23, $\oint \mathbf{M} \cdot d\mathbf{a} \neq 0$ e, portanto, conforme o teorema do divergente, $\nabla \cdot \mathbf{M}$ não pode se anular em toda a parte com ele.

A propósito, a densidade volumétrica de corrente de magnetização em um material linear homogêneo é proporcional à densidade de corrente *livre*:

$$\mathbf{J}_M = \nabla \times \mathbf{M} = \nabla \times (\chi_m \mathbf{H}) = \chi_m \mathbf{J}_l. \tag{6.33}$$

Sobretudo, a menos que a corrente livre de fato flua *através* do material, toda a corrente de magnetização estará na superfície.

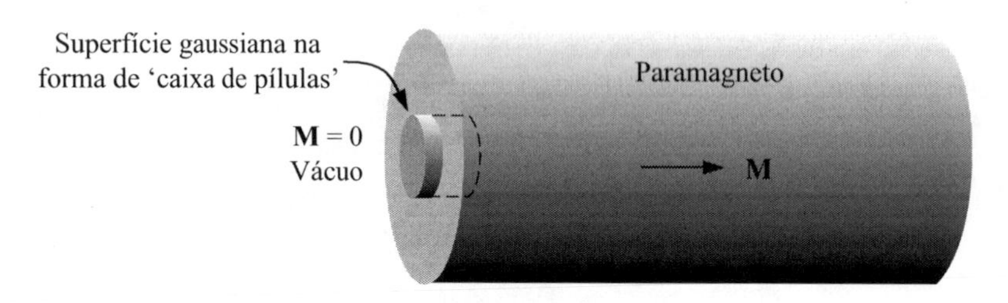


**Figura 6.23**

---

**Problema 6.16** Um cabo coaxial consiste de dois tubos cilíndricos muito longos, separados por material isolante de suscetibilidade $\chi_m$. Uma corrente $I$ passa pelo condutor interno e retorna ao longo do externo; em cada caso a corrente se distribui uniformemente sobre a superfície (Figura 6.24). Encontre o campo magnético na região entre os tubos. Como verificação, calcule a magnetização e as correntes ligadas, confirmando que (juntamente, é claro, com as correntes livres) elas geram o campo correto.

**Problema 6.17** Uma corrente $I$ passa por um fio longo e reto de raio $a$. Se o fio for feito de material linear (digamos cobre, ou alumínio) com suscetibilidade $\chi_m$, e a corrente for uniformemente distribuída, qual será o campo magnético a uma distância $s$ do eixo? Encontre todas as correntes de magnetização. Qual é a corrente de magnetização *líquida* que passa pelo fio?

! **Problema 6.18** Uma esfera de material magnético linear é colocada em um campo magnético $\mathbf{B}_0$ que inicialmente é uniforme. Encontre o novo campo dentro da esfera. [*Dica:* veja o Problema 6.15 ou o Problema 4.23.]

**Problema 6.19** Com base no modelo ingênuo apresentado na Seção 6.1.3, estime a suscetibilidade magnética de um metal diamagnético como o cobre. Compare sua resposta com o valor empírico da Tabela 6.1, e comente qualquer discrepância.

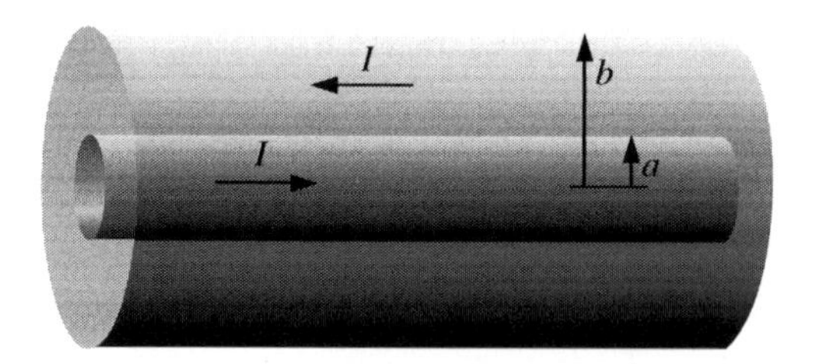


**Figura 6.24**

---

## 6.4.2 Ferromagnetismo

Em um meio linear, o alinhamento dos dipolos atômicos é mantido por um campo magnético imposto de fora para dentro. Os ferromagnetos — que são enfaticamente *não* lineares[7]— não requerem campos externos para manter a magnetização: o alinhamento é 'congelado'. Como o paramagnetismo, o ferromagnetismo envolve os dipolos magnéticos associados aos spins dos elétrons sem par. A nova característica que torna o ferromagnetismo tão diferente do paramagnetismo é a interação entre

7. Neste caso é capcioso falar em suscetibilidade ou permeabilidade de um ferromagneto. Os termos *são* usados para esses materiais, mas eles se referem ao fator de proporcionalidade entre um incremento *diferencial* em **H** e a alteração *diferencial* resultante em **M** (ou **B**); além do mais, não são *constantes*, mas funções de **H**.

dipolos próximos: em um ferromagneto, *cada dipolo 'gosta' de apontar na mesma direção que seus vizinhos*. O *motivo* dessa preferência diz respeito, essencialmente, à mecânica quântica e não vou tentar explicá-lo aqui; basta saber que a correlação é tão forte que alinha virtualmente 100 por cento dos spins dos elétrons sem par. Se você pudesse de alguma forma ampliar um pedaço de ferro para 'ver' os dipolos individuais como setas minúsculas, veria algo como a Figura 6.25, com todos os spins apontando na mesma direção.

Mas se isso é verdade, por que todas as ferramentas e pregos não são ímãs poderosos? A resposta é que o alinhamento ocorre em áreas relativamente pequenas chamadas **domínios**. Cada domínio contém bilhões de dipolos, todos alinhados (esses domínios são de fato *visíveis* sob o microscópio, quando se usa técnicas de revelação adequadas — veja a Figura 6.26), mas a orientação dos domínios *em si* é aleatória. Uma chave inglesa comum contém uma quantidade enorme de domínios e seus campos magnéticos se anulam, de forma que a ferramenta, como um todo, não é magnetizada. (Na realidade, a orientação dos domínios não é *completamente* aleatória; dentro de um determinado cristal pode haver um alinhamento preferencial ao longo do eixo. Mas haverá tantos domínios apontando em uma direção quanto na outra, de forma que não há magnetização em grande escala. Além do mais, os próprios cristais têm orientação aleatória em qualquer pedaço de metal de tamanho considerável.)

Como, então, você produziria um **ímã permanente**, como os que são vendidos nas lojas de brinquedos? Quando você coloca um pedaço de ferro em um campo magnético forte, o torque $\mathbf{N} = \mathbf{m} \times \mathbf{B}$ tende a alinhar os dipolos paralelamente ao campo. Como eles gostam de ficar paralelos aos seus vizinhos, a maior parte dos dipolos irá resistir ao torque. No entanto, no *contorno* entre os dois domínios, há a *competição* dos vizinhos e o torque colocará o seu peso a favor do domínio paralelamente mais próximo ao campo. Esse domínio irá ganhar alguns adeptos à custa dos que tiverem orientação menos favorável. O efeito líquido do campo magnético, então, é *alterar os contornos dos domínios*. Os domínios paralelos ao campo aumentam e os demais diminuem. Se o campo for forte o bastante um dos domínios assumirá o todo e o ferro será considerado 'saturado'.

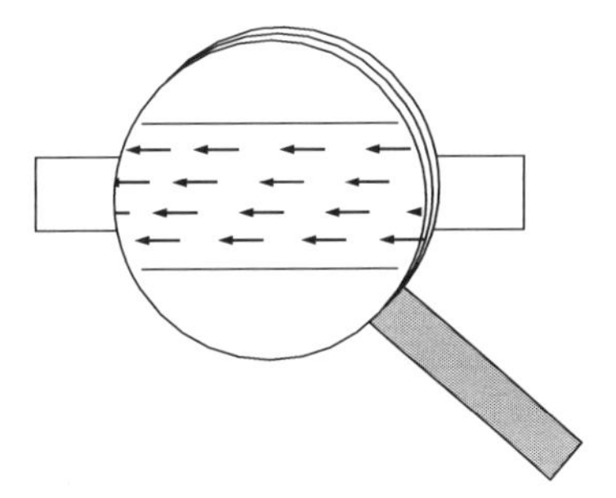

**Figura 6.25**

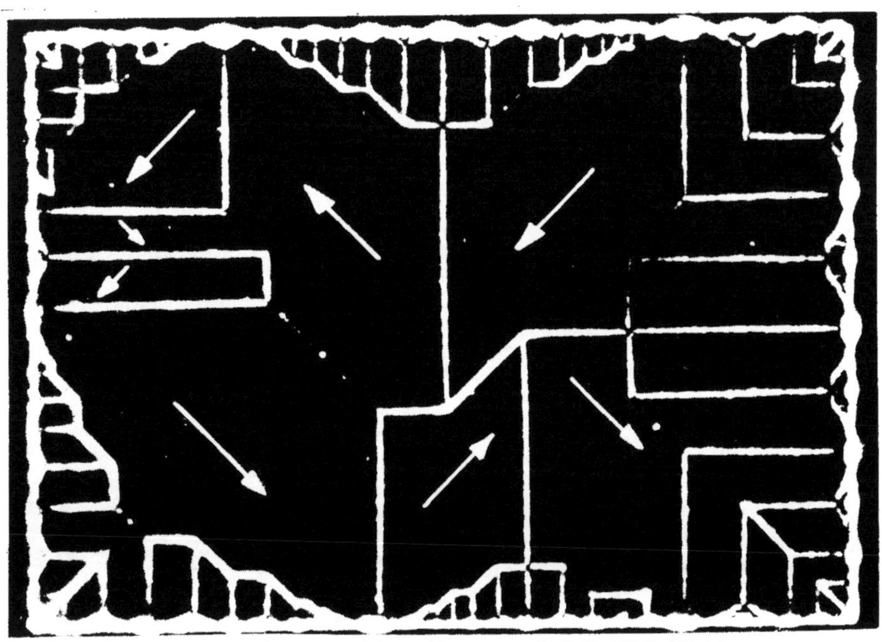

Domínios ferromagnéticos. (Foto cortesia de R. W. DeBlois)

**Figura 6.26**

Ocorre que este processo (a mudança dos contornos de domínios em resposta a um campo externo) não é totalmente reversível: quando o campo é desligado, haverá um retorno parcial aos domínios com orientação aleatória, mas ele estará longe de ser total; restará a preponderância de domínios na direção original. O objeto torna-se, então, um ímã permanente.

Uma maneira simples de fazer isso na prática é enrolar um fio no objeto que será magnetizado (Figura 6.27). Passe uma corrente $I$ pelo fio; isso produz um campo magnético externo (que aponta à esquerda no diagrama). À medida que você aumenta a corrente, o campo aumenta, os contornos dos domínios se movimentam e a magnetização aumenta. Com o tempo você chegará ao ponto de saturação em que todos os dipolos estão alinhados e novos incrementos na corrente não têm efeito sobre $\mathbf{M}$ (Figura 6.28, ponto $b$).

Agora suponha que você *reduz* a corrente. Em vez de refazer o caminho de volta para $M = 0$, ocorre um retorno apenas *parcial* a domínios com orientação aleatória. $M$ diminui, mas mesmo com a corrente desligada, resta alguma magnetização residual (ponto $c$). A chave inglesa tornou-se um ímã permanente. Se você quiser eliminar a magnetização remanescente, terá de passar pelo fio uma corrente no sentido contrário (uma $I$ negativa). Nesse caso, o campo externo aponta para a direita e, à medida que $I$ aumenta (negativamente), $M$ cai a zero (ponto $d$). Se você aumentar $I$ ainda mais, logo chegará à saturação no outro sentido — todos os dipolos estarão apontando para a *direita* ($e$). Nesse estágio, desligar a corrente deixará a chave inglesa com uma magnetização permanente para a direita (ponto $f$). Para terminar a história, ligue $I$, novamente, no sentido positivo: $M$ volta a zero (ponto $g$) e, com o tempo, volta ao ponto de saturação mais à frente ($b$).

O caminho que traçamos chama-se **ciclo de histerese**. Observe que a magnetização da chave inglesa depende não somente dos campos aplicados (ou seja, de $I$), mas também do seu 'histórico' magnético prévio.[8] Por exemplo, em três momentos diferentes no nosso experimento a corrente tornou-se nula ($a$, $c$ e $f$) e, no entanto, a magnetização foi diferente em cada um deles. De fato, é costume traçar ciclos de histerese como gráficos de $B$ *versus* $H$, em vez de $M$ *versus* $I$. (Se nosso fio assemelhar-se a um solenoide longo com $n$ voltas por unidade de comprimento, então $H = nI$, de forma que $H$ e $I$ são proporcionais. Enquanto isso, $\mathbf{B} = \mu_0(\mathbf{H} + \mathbf{M})$, mas na prática $M$ é enorme se comparada a $H$, de forma que para todos os fins práticos $\mathbf{B}$ é proporcional a $\mathbf{M}$.)

Para deixar as unidades coerentes (teslas), coloquei $(\mu_0 H)$ horizontalmente no gráfico (Figura 6.29); observe, porém, que a escala vertical é $10^4$ vezes maior que a horizontal. A grosso modo, $\mu_0\mathbf{H}$ é o campo que nossa bobina *produziria* na ausência do ferro; $\mathbf{B}$ é o resultado *de fato* e em comparação a $\mu_0\mathbf{H}$ é gigantesco. Uma pequena corrente vai longe quando se tem materiais ferromagnéticos em volta. É por isso que qualquer um que queira fazer um eletromagneto poderoso irá enrolar a bobina em volta de um núcleo de ferro. Não é preciso muito em termos de campo externo para alterar os contornos dos domínios, e assim que isso acontece você tem todos os dipolos do ferro trabalhando a seu favor.

Um último comentário com relação ao ferromagnetismo: lembre-se de que tudo decorre do fato de que os dipolos dentro de um determinado domínio alinham-se paralelamente uns aos outros. Movimentos térmicos aleatórios competem com esse ordenamento, mas desde que a temperatura não fique muito alta, eles não conseguem desalinhar os dipolos. Não é surpresa, porém, que temperaturas *muito* altas destruam o alinhamento. O que *é* surpreendente é que isso ocorre a uma temperatura precisa (770° C, para o ferro). Abaixo dessa temperatura (chamada de **ponto de Curie**), o ferro é ferromagnético; acima, ele é paramagnético. O ponto de Curie é como o ponto de ebulição ou ponto de fusão, no sentido de que não há transição *gradual* entre o comportamento ferromagnético e o paramagnético, como não há entre a água e o gelo. Essas mudanças abruptas nas propriedades de uma substância e que ocorrem a temperaturas precisamente definidas são conhecidas na mecânica estatística como **transições de fase**.

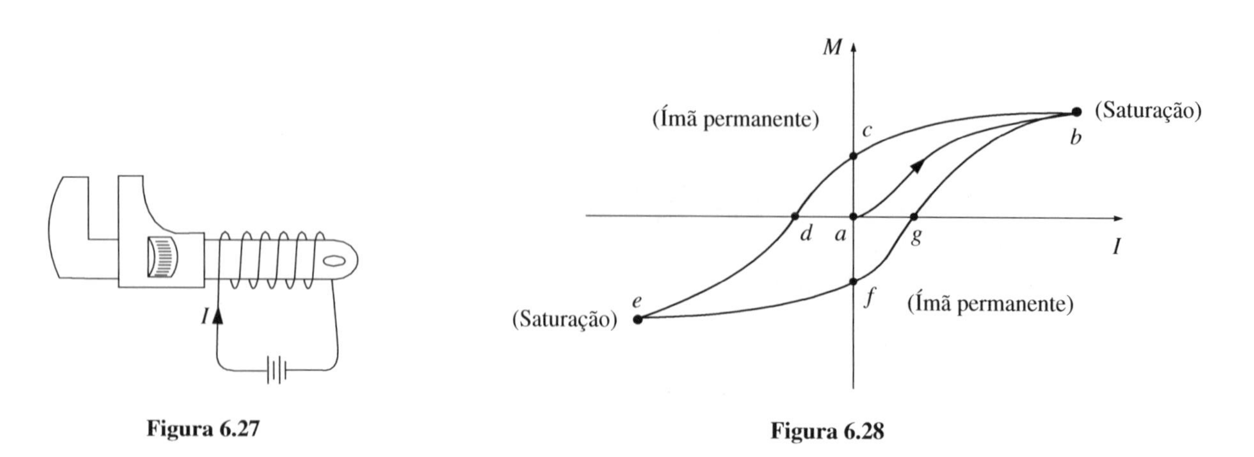


**Figura 6.27** **Figura 6.28**

8. Etimologicamente, a palavra *histerese* nada tem a ver com a palavra *história* — ou com a palavra *histeria*. Ela vem de um verbo grego que significa 'atrasar'.

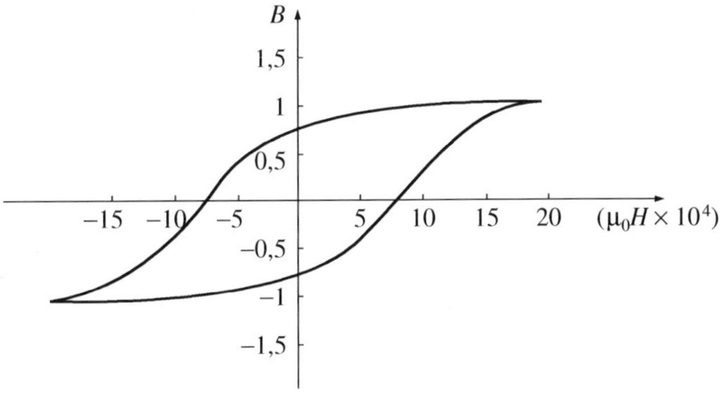

Figura 6.29

**Problema 6.20** Como você faria a *desmagnetização* de um ímã permanente (como a chave inglesa que discutimos, no ponto $c$ do ciclo de histerese)? Ou seja, como você o restauraria ao seu estado original, com $M = 0$ em $I = 0$?

**Problema 6.21**

(a) Mostre que a energia de um dipolo magnético em um campo magnético $\mathbf{B}$ é dada por

$$\boxed{U = -\mathbf{m} \cdot \mathbf{B}.} \tag{6.34}$$

[Assuma que a *magnitude* do momento de dipolo é *fixa*, e que tudo o que você tem a fazer é colocá-lo no lugar e rodá-lo ou girá-lo até sua orientação final. A energia necessária para manter a corrente fluindo é um outro problema que iremos abordar no Capítulo 7.] Compare à Equação 4.6.

(b) Mostre que a energia de interação de dois dipolos magnéticos separados por um deslocamento $\mathbf{r}$ é dada por

$$U = \frac{\mu_0}{4\pi}\frac{1}{r^3}[\mathbf{m}_1 \cdot \mathbf{m}_2 - 3(\mathbf{m}_1 \cdot \hat{\mathbf{r}})(\mathbf{m}_2 \cdot \hat{\mathbf{r}})]. \tag{6.35}$$

Compare à Equação 4.7.

(c) Expresse sua resposta para (b) em termos dos ângulos $\theta_1$ e $\theta_2$ na Figura 6.30, e use o resultado para encontrar a configuração estável que dois dipolos adotariam se mantidos a uma distância fixa, mas deixados livres para girar.

(d) Suponha que você tem uma grande coleção de agulhas de bússola montadas em pinos a intervalos regulares ao longo de uma linha reta. Em que direção elas apontariam (assumindo-se que o campo magnético da Terra pode ser desprezado)? [Um arranjo retangular de agulhas de bússola também se alinha espontaneamente e isso é às vezes usado como demonstração do comportamento 'ferromagnético' em grande escala. Mas é de certa forma um embuste, já que esse mecanismo é puramente clássico e muito mais fraco do que as **forças de interação de troca** da mecânica quântica que são na realidade responsáveis pelo ferromagnetismo.]

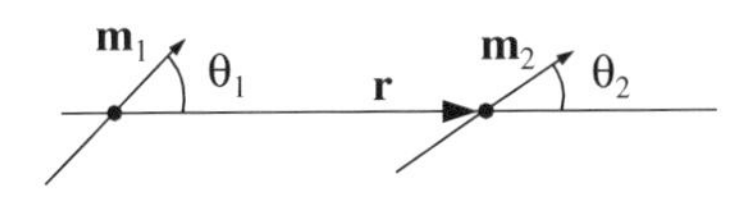


Figura 6.30

## Mais problemas do Capítulo 6

! **Problema 6.22** No Problema 6.4 você calculou a força em um dipolo através da 'força bruta'. Eis uma abordagem mais elegante. Primeiro expresse $\mathbf{B}(\mathbf{r})$ como uma expansão de Taylor em torno do centro da espira:

$$\mathbf{B}(\mathbf{r}) \cong \mathbf{B}(\mathbf{r}_0) + [(\mathbf{r} - \mathbf{r}_0) \cdot \boldsymbol{\nabla}_0]\mathbf{B}(\mathbf{r}_0),$$

onde $\mathbf{r}_0$ é a posição do dipolo e $\boldsymbol{\nabla}_0$ denota diferenciação com relação a $\mathbf{r}_0$. Coloque isso na lei de força de Lorentz (Equação 5.16) para obter

$$\mathbf{F} = I \oint d\mathbf{l} \times [(\mathbf{r} \cdot \boldsymbol{\nabla}_0)\mathbf{B}(\mathbf{r}_0)].$$

Ou, numerando as coordenadas cartesianas de 1 a 3:

$$F_i = I \sum_{j,k,l=1}^{3} \epsilon_{ijk} \left\{ \oint r_l \, dl_j \right\} [\nabla_{0_l} B_k(\mathbf{r}_0)],$$

onde $\epsilon_{ijk}$ é o **símbolo de Levi-Civita** ($+1$ se $ijk = 123$, $231$, ou $312$; $-1$ se $ijk = 132$, $213$, ou $321$; caso contrário, 0), em termos do qual o produto vetorial pode ser expresso $(\mathbf{A} \times \mathbf{B})_i = \sum_{j,k=1}^{3} \epsilon_{ijk} A_j B_k$. Use a Equação 1.108 para calcular a integral. Observe que

$$\sum_{j=1}^{3} \epsilon_{ijk}\epsilon_{ljm} = \delta_{il}\delta_{km} - \delta_{im}\delta_{kl},$$

onde $\delta_{ij}$ é o delta de Kronecker (Problema 3.45).

**Problema 6.23** Observe o seguinte paralelo:

$$\begin{cases} \nabla \cdot \mathbf{D} = 0, & \nabla \times \mathbf{E} = 0, & \epsilon_0 \mathbf{E} = \mathbf{D} - \mathbf{P}, & \text{(não há carga livre);} \\ \nabla \cdot \mathbf{B} = 0, & \nabla \times \mathbf{H} = 0, & \mu_0 \mathbf{H} = \mathbf{B} - \mu_0 \mathbf{M}, & \text{(não há corrente livre).} \end{cases}$$

Assim, a transcrição $\mathbf{D} \to \mathbf{B}$, $\mathbf{E} \to \mathbf{H}$, $\mathbf{P} \to \mu_0 \mathbf{M}$, $\epsilon_0 \to \mu_0$ torna um problema eletrostático em um problema magnetostático análogo. Use esta observação juntamente com seu conhecimento de resultados eletrostáticos para rededuzir

(a) o campo magnético dentro de uma esfera uniformemente magnetizada (Equação 6.16);

(b) o campo magnético dentro de uma esfera de material magnético linear em um campo magnético que inicialmente é uniforme (Problema 6.18);

(c) o campo magnético médio sobre uma esfera, devido a correntes estacionárias dentro da esfera (Equação 5.89).

**Problema 6.24** Compare as Equações 2.15, 4.9 e 6.11. Observe que se $\rho$, $\mathbf{P}$ e $\mathbf{M}$ são *uniformes*, a *mesma integral* está envolvida nos três:

$$\int \frac{\hat{\boldsymbol{\imath}}}{\imath^2} \, d\tau'.$$

Portanto, se você conhece o campo elétrico de um objeto uniformemente *carregado*, pode imediatamente escrever o potencial escalar de um objeto uniformemente *polarizado*, e o potencial vetorial de um objeto uniformemente *magnetizado* com o mesmo formato. Use esta observação para obter $V$ dentro e fora de uma esfera uniformemente polarizada (Exemplo 4.2) e $\mathbf{A}$ dentro e fora de uma esfera uniformemente magnetizada (Exemplo 6.1).

**Problema 6.25** Um brinquedo conhecido consiste de ímãs permanentes em forma de rosquinha (magnetização paralela ao eixo), que deslizam sem atrito em uma haste vertical (Figura 6.31). Trate os ímãs como dipolos, com massa $m_d$ e momento de dipolo $\mathbf{m}$.

(a) Se você colocar os ímãs na haste com os lados correspondentes voltados um para o outro, o ímã de cima 'flutuará' — a força magnética para cima anulará a força gravitacional para baixo. A que altura ($z$) ele flutua?

(b) Se você acrescentar um *terceiro* ímã (paralelo ao de baixo), qual será a *razão* entre as duas alturas? (Determine o valor de fato com três algarismos significativos.)
[*Resposta:* (a) $[3\mu_0 m^2/2\pi m_d g]^{1/4}$; (b) 0,8501]

**Problema 6.26** Na interface entre um material magnético linear e outro, as linhas do campo magnético curvam-se (veja a Figura 6.32). Mostre que $\operatorname{tg}\theta_2/\operatorname{tg}\theta_1 = \mu_2/\mu_1$, assumindo que não há corrente livre no contorno. Compare à Equação 4.68.

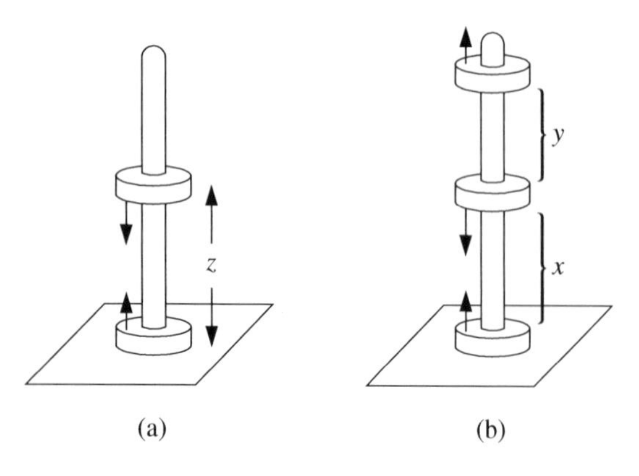


Figura 6.31

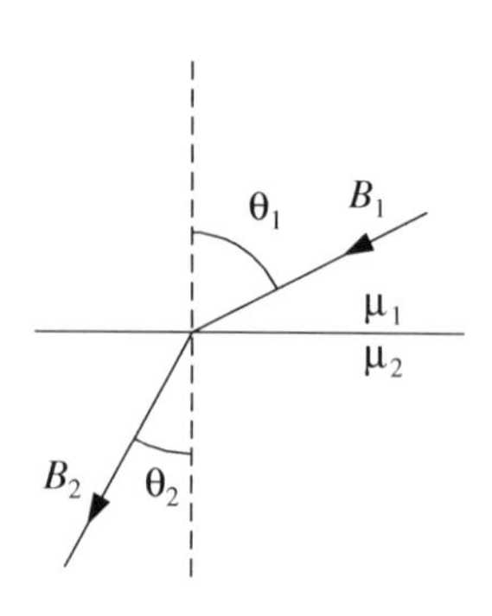


Figura 6.32

! **Problema 6.27** Um dipolo magnético $\mathbf{m}$ está embutido no centro de uma esfera (de raio $R$) de material magnético linear (com permeabilidade $\mu$). Mostre que o campo magnético dentro da esfera ($0 < r \leq R$) é

$$\frac{\mu}{4\pi}\left\{\frac{1}{r^3}[3(\mathbf{m}\cdot\hat{\mathbf{r}})\hat{\mathbf{r}} - \mathbf{m}] + \frac{2(\mu_0 - \mu)\mathbf{m}}{(2\mu_0 + \mu)R^3}\right\}.$$

Qual é o campo *fora* da esfera?

**Problema 6.28** Foi-lhe pedido para emitir parecer técnico sobre uma solicitação de auxílio à pesquisa que se propõe a determinar se a magnetização do ferro é devida aos dipolos de 'Ampère' (espiras de corrente) ou aos dipolos de 'Gilbert' (monopolos magnéticos separados). O experimento envolverá em um cilindro de ferro (de raio $R$ e comprimento $L = 10R$), uniformemente magnetizado ao longo da direção do eixo. Se os dipolos forem do tipo Ampère, a magnetização será equivalente a uma corrente superficial ligada $\mathbf{K}_M = M\,\hat{\boldsymbol{\phi}}$; se eles forem do tipo Gilbert, a magnetização será equivalente à densidade superficial dos monopolos $\sigma_M = \pm M$ nas duas extremidades. Infelizmente, essas duas configurações produzem campos magnéticos idênticos em pontos externos. No entanto, os campos *internos* são radicalmente diferentes — no primeiro caso $\mathbf{B}$ está na *mesma* direção geral que $\mathbf{M}$, enquanto no segundo fica a grosso modo *oposto* a $\mathbf{M}$. O solicitante se propõe a medir esse campo interno escavando uma pequena cavidade e encontrando o torque sobre uma pequena agulha de bússola colocada ali dentro.

Assumindo que as dificuldades técnicas óbvias possam ser superadas e que a questão em si valha a pena ser estudada, você seria a favor de financiar esse experimento? Em caso positivo, que formato de cavidade você recomendaria? Se não, o que há de errado com a proposta? [*Dica:* consulte os problemas 4.11, 4.16, 6.9 e 6.13.]

# Capítulo 7

# Eletrodinâmica

## 7.1 Força eletromotriz

### 7.1.1 Lei de Ohm

Para fazer uma corrente fluir, você tem de *empurrar* as cargas. A *velocidade* com que elas se movem, em resposta a um determinado empurrão, depende da natureza do material. Para a maioria das substâncias, a densidade de corrente **J** é proporcional à *força por unidade de carga*, **f**:

$$\mathbf{J} = \sigma\mathbf{f}. \tag{7.1}$$

O fator de proporcionalidade $\sigma$ (que não deve ser confundido com a densidade superficial de carga) é uma constante empírica que varia de um material para outro; é a chamada **condutividade** do meio. Na realidade, os manuais geralmente relacionam a *recíproca* de $\sigma$, chamada de **resistividade**: $\rho = 1/\sigma$ (que não deve ser confundida com a densidade de carga — sinto muito, mas estamos ficando sem letras gregas suficientes e essa é a notação padrão). Alguns valores típicos estão relacionados na Tabela 7.1. Observe que até mesmo os *isolantes* são ligeiramente condutores, embora a condutividade do metal seja astronomicamente maior — por um fator de $10^{22}$ aproximadamente. De fato, para a maioria dos fins, os metais podem ser considerados como **condutores perfeitos**, com $\sigma = \infty$.

Em princípio, a força que move as cargas para produzir a corrente pode ser de qualquer natureza — química, gravitacional ou formigas treinadas puxando com cordas minúsculas. Para o *nosso* objetivo, no entanto, é geralmente uma força eletromagnética que realiza a tarefa. Neste caso, a Equação 7.1 torna-se

$$\mathbf{J} = \sigma(\mathbf{E} + \mathbf{v} \times \mathbf{B}). \tag{7.2}$$

Normalmente, a velocidade das cargas é tão pequena que o segundo termo pode ser ignorado:

$$\boxed{\mathbf{J} = \sigma\mathbf{E}.} \tag{7.3}$$

**Tabela 7.1** Resistividades em ohms-metro (todos os valores são para 1 atm, a 20° C).

| Material | Resistividade | Material | Resistividade |
|---|---|---|---|
| *Condutores:* | | *Semicondutores:* | |
| Prata | $1,59 \times 10^{-8}$ | Água salgada (saturada) | $4,4 \times 10^{-2}$ |
| Cobre | $1,68 \times 10^{-8}$ | Germânio | $4,6 \times 10^{-1}$ |
| Ouro | $2,21 \times 10^{-8}$ | Silício | $2,5 \times 10^{3}$ |
| Alumínio | $2,65 \times 10^{-8}$ | *Isolantes:* | |
| Ferro | $9,61 \times 10^{-8}$ | Água (pura) | $2,5 \times 10^{5}$ |
| Mercúrio | $9,58 \times 10^{-7}$ | Madeira | $10^{8} - 10^{11}$ |
| Nicromo | $1,00 \times 10^{-6}$ | Vidro | $10^{10} - 10^{14}$ |
| Manganês | $1,44 \times 10^{-6}$ | Quartzo (fundido) | $\sim 10^{16}$ |
| Grafite | $1,4 \times 10^{-5}$ | | |

*Fonte: Handbook of Chemistry and Physics*, 78ª ed. (Boca Raton: CRC Press, Inc., 1997).

(No entanto, nos plasmas, por exemplo, a contribuição magnética para **f** pode ser significativa.) A Equação 7.3 é conhecida como **lei de Ohm**, embora a física por trás dela esteja realmente contida na Equação 7.1, da qual a Equação 7.3 é apenas um caso especial.

Já sei: você ficou confuso porque eu disse que $\mathbf{E} = 0$ dentro de um condutor (Seção 2.5.1). Mas isso para cargas *estacionárias* ($\mathbf{J} = 0$). Além do mais, para condutores *perfeitos* $\mathbf{E} = \mathbf{J}/\sigma = 0$ mesmo que a corrente *esteja* fluindo. Na prática, os metais são condutores tão bons que neles o campo elétrico necessário para movimentar a corrente é desprezível. Assim, rotineiramente tratamos os fios conectores dos circuitos elétricos (por exemplo) como equipotenciais. Os **resistores**, em contrapartida, são feitos de materiais *mal* condutores.

## Exemplo 7.1

Um resistor cilíndrico cujo corte transversal tem área $A$ e comprimento $L$ é feito de material com condutividade $\sigma$. (Veja a Figura 7.1; como indicado, o corte transversal não precisa ser circular, mas *assumo* que seja o mesmo em todo o comprimento.) Se o potencial é constante nas duas extremidades e a diferença de potencial entre as extremidades é $V$, que corrente está passando?

**Solução:** o que ocorre é que o campo elétrico é *uniforme* dentro do fio (*provarei* isso em instantes). Segue-se da Equação 7.3 que a densidade de corrente também é uniforme, portanto

$$I = JA = \sigma EA = \frac{\sigma A}{L}V.$$

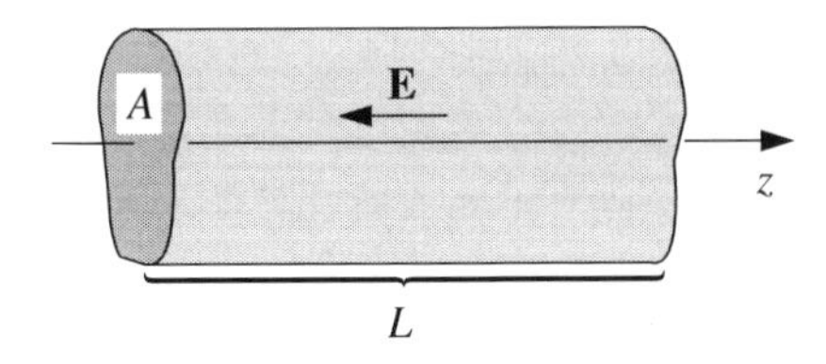


**Figura 7.1**

## Exemplo 7.2

Dois cilindros longos (de raios $a$ e $b$) estão separados por material com condutividade $\sigma$ (Figura 7.2). Se eles forem mantidos a uma diferença de potencial $V$, que corrente passa entre um e outro, em um comprimento $L$?

**Solução:** o campo entre os cilindros é

$$\mathbf{E} = \frac{\lambda}{2\pi\epsilon_0 s}\hat{\mathbf{s}},$$

onde $\lambda$ é a carga por unidade de comprimento do cilindro interno. A corrente é, portanto,

$$I = \int \mathbf{J} \cdot d\mathbf{a} = \sigma \int \mathbf{E} \cdot d\mathbf{a} = \frac{\sigma}{\epsilon_0}\lambda L.$$

(A integral é sobre qualquer superfície envolvendo o cilindro interno.) Enquanto isso, a diferença de potencial entre os dois cilindros é

$$V = -\int_b^a \mathbf{E} \cdot d\mathbf{l} = \frac{\lambda}{2\pi\epsilon_0}\ln\left(\frac{b}{a}\right),$$

então

$$I = \frac{2\pi\sigma L}{\ln(b/a)}V.$$

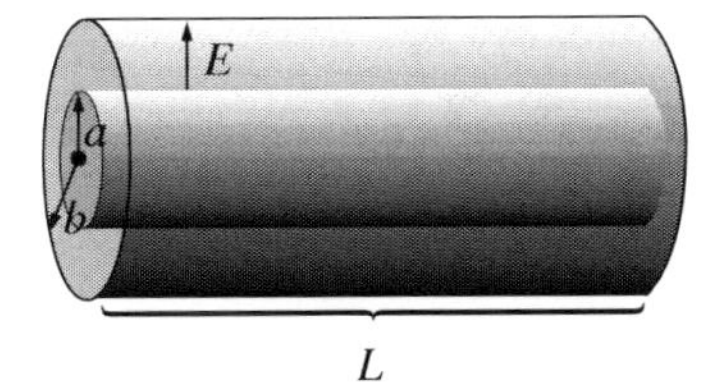


**Figura 7.2**

Como esses exemplos mostram, a corrente total que flui entre um **eletrodo** e outro é proporcional à diferença de potencial entre eles:

$$\boxed{V = IR.} \tag{7.4}$$

Esta, é claro, é a versão mais conhecida da lei de Ohm. A constante de proporcionalidade $R$ é chamada de **resistência**; é uma função da geometria do arranjo e da condutividade do meio entre os eletrodos. (No Exemplo 7.1, $R = (L/\sigma A)$; no Exemplo 7.2, $R = \ln(b/a)/2\pi\sigma L$.) A resistência é medida em **ohms** ($\Omega$): um ohm é um volt por ampère. Observe que a proporcionalidade entre $V$ e $I$ é consequência direta da Equação 7.3: se quiser dobrar $V$, você simplesmente dobra a carga em toda parte — mas isso duplica **E**, que duplica **J**, que duplica $I$.

Para correntes *estacionárias* e condutividade *uniforme*,

$$\nabla \cdot \mathbf{E} = \frac{1}{\sigma}\nabla \cdot \mathbf{J} = 0 \tag{7.5}$$

(Equação 5.31), a densidade de carga é zero; toda carga desbalanceada permanece na *superfície*. (Provamos isso faz tempo para o caso das cargas *estacionárias*, usando o fato de que $\mathbf{E} = 0$; evidentemente continua sendo verdadeiro quando as cargas podem se mover.) Segue-se, sobretudo, que a equação de Laplace continua verdadeira para materiais ôhmicos homogêneos pelos quais passe uma corrente estacionária, de forma que todas as ferramentas e truques do Capítulo 3 estão disponíveis para se calcular o potencial.

---

**Exemplo 7.3**

Afirmei que o campo no Exemplo 7.1 é *uniforme*. Vamos *prová-lo*.

**Solução:** dentro do cilindro $V$ obedece-se à equação de Laplace. Quais são as condições de contorno? Na extremidade esquerda, o potencial é constante — podemos muito bem designá-lo como igual a zero. Na extremidade direita o potencial também é constante — vamos chamá-lo de $V_0$. Na superfície do cilindro, $\mathbf{J} \cdot \hat{\mathbf{n}} = 0$, caso contrário a carga estaria vazando para o espaço circundante (que consideramos não condutor). Portanto $\mathbf{E} \cdot \hat{\mathbf{n}} = 0$, e consequentemente $\partial V/\partial n = 0$. Com $V$ ou sua derivada normal especificada em todas as superfícies, o potencial é univocamente determinado (Problema 3.4). Mas é *fácil* imaginar *um* potencial que obedece à equação de Laplace e se encaixa nessas condições de contorno:

$$V(z) = \frac{V_0 z}{L},$$

onde $z$ é medido ao longo do eixo. O teorema de unicidade garante que esta é a solução. O campo correspondente é

$$\mathbf{E} = -\nabla V = -\frac{V_0}{L}\hat{\mathbf{z}},$$

que é de fato uniforme. c.q.d.

Compare ao problema *consideravelmente* mais difícil que surge se o material condutor é removido, deixando apenas uma placa de metal em cada extremidade (Figura 7.3). Evidentemente, no caso em questão, a carga se distribui sobre a superfície do fio de forma a produzir um campo uniforme perfeito internamente.[1]

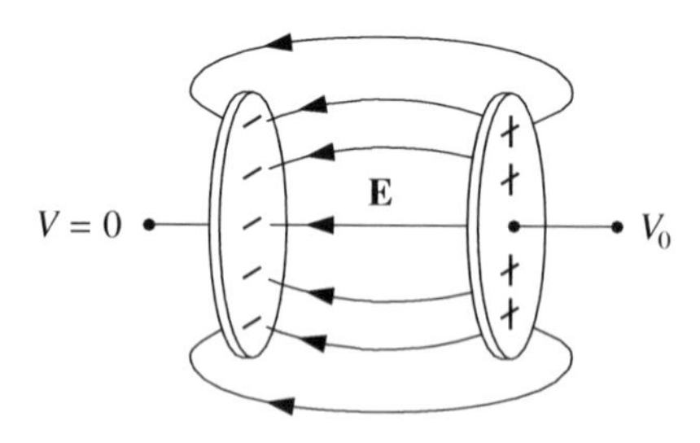


**Figura 7.3**

---

Suponho que não existe fórmula da física mais conhecida do que a lei de Ohm e, no entanto, ela não é verdadeiramente uma lei, no sentido da lei de Gauss ou da lei de Ampère; ela é mais uma 'regra geral' que se aplica bem a muitas substâncias. Você não vai ganhar um prêmio Nobel se encontrar uma exceção. Inclusive, pensando bem, é até surpreendente que a lei de

1. *Calcular* essa carga superficial não é fácil. Veja, por exemplo, J. D. Jackson, *Am. J. Phys.* **64**, 855 (1996). E também não é uma questão simples determinar o campo *externo* ao fio — veja o Problema 7.57.

Ohm funcione. Afinal, um dado campo **E** produz uma força $q\mathbf{E}$ (sobre uma carga $q$), e, conforme a segunda lei de Newton, a carga irá se acelerar. Mas se as cargas estão se *acelerando*, por que a corrente não *aumenta* com o tempo, ficando cada vez maior enquanto o campo estiver ligado? A lei de Ohm diz, pelo contrário, que um campo constante produz uma *corrente* constante, o que sugere uma *velocidade* constante. Isso não contradiz a lei de Newton?

Não, porque estamos nos esquecendo das frequentes colisões dos elétrons à medida que passam pelo fio. É mais ou menos assim: suponha que você está dirigindo por uma rua com um sinal de PARE a cada esquina, de forma que embora acelerando constantemente entre eles, você é obrigado a recomeçar do zero em cada quadra. A sua velocidade *média*, então, será uma constante, apesar do fato de que (exceto pelas paradas periódicas abruptas) você está sempre acelerando. Se o comprimento de uma quadra é $\lambda$ e a sua aceleração é $a$, o tempo que leva para percorrer uma quadra é

$$t = \sqrt{\frac{2\lambda}{a}},$$

e, portanto, a velocidade média é

$$v_{\text{média}} = \frac{1}{2}at = \sqrt{\frac{\lambda a}{2}}.$$

Mas espere! Isso *também* não está certo! Pois diz que a velocidade é proporcional à *raiz quadrada* da aceleração e que, portanto, a corrente deve ser proporcional à *raiz quadrada* do campo! Há uma outra reviravolta na história: as cargas, na prática, já estão se movendo com bastante rapidez em consequência da sua energia térmica. Mas as velocidades térmicas têm direção aleatória e sua média é nula. A **velocidade líquida de deriva** na qual estamos interessados é uma quantidade extra minúscula (Problema 5.19). Portanto, o tempo entre colisões é na realidade muito mais curto do que supúnhamos; de fato,

$$t = \frac{\lambda}{v_{\text{térmica}}},$$

e, portanto,

$$v_{\text{média}} = \frac{1}{2}at = \frac{a\lambda}{2v_{\text{térmica}}}.$$

Se existem $n$ moléculas por unidade de volume e $f$ elétrons livres por molécula, cada um com carga $q$ e massa $m$, a densidade de corrente é

$$\mathbf{J} = nfq\mathbf{v}_{\text{média}} = \frac{nfq\lambda}{2v_{\text{térmica}}}\frac{\mathbf{F}}{m} = \left(\frac{nf\lambda q^2}{2mv_{\text{térmica}}}\right)\mathbf{E}. \tag{7.6}$$

Não alego que o termo entre parênteses seja uma fórmula precisa para a condutividade,[2] mas ele indica os ingredientes básicos e prevê corretamente que a condutividade é proporcional à densidade das cargas em movimento e que (ordinariamente) diminui com o aumento da temperatura.

Como resultado de todas as colisões, o trabalho feito pela força elétrica é convertido em calor no resistor. Como o trabalho feito por unidade de carga é $V$ e a carga que flui por unidade de tempo é $I$, a potência resultante é

$$\boxed{P = VI = I^2R.} \tag{7.7}$$

Esta é a **lei de aquecimento de Joule**. Com $I$ em ampères e $R$ em ohms, $P$ é expresso em watts (joules por segundo).

---

**Problema 7.1** Duas cascas de metal, esféricas e concêntricas, de raios $a$ e $b$, respectivamente, são separadas por material mal condutor, de condutividade $\sigma$ (Figura 7.4a).

(a) Se elas forem mantidas a uma diferença de potencial $V$, que corrente passará de uma para a outra?

(b) Qual é a resistência entre as cascas?

(c) Observe que se $b \gg a$ o raio externo ($b$) é irrelevante. Como você explica isso? Explore esta observação para determinar a corrente que passa entre duas esferas de metal, ambas de raio $a$, mergulhadas no fundo do mar e mantidas a uma grande distância uma da outra (Figura 7.4b), se a diferença de potencial entre elas é $V$. (Esse arranjo pode ser usado para medir a condutividade da água do mar.)

2. Este modelo clássico (devido a Drude) tem pouca semelhança com a moderna teoria quântica de condutividade. Veja, por exemplo, D. Park em *Introduction to the Quantum Theory*, 3ª ed., Cap. 15 (Nova York: McGraw-Hill, 1992).

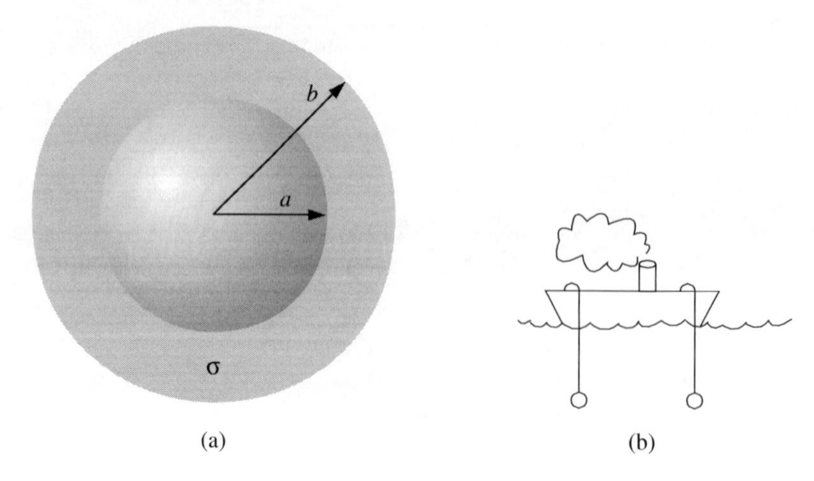


**Figura 7.4**

**Problema 7.2** Um capacitor $C$ foi carregado a um potencial $V_0$. No tempo $t = 0$ ele é ligado a um resistor $R$, e começa a descarregar (Figura 7.5a).

(a) Determine a carga do capacitor como função de tempo, $Q(t)$. Que corrente passa pelo resistor, $I(t)$?

(b) Qual era a energia original armazenada no capacitor (Equação 2.55)? Integrando a Equação 7.7, confirme que o calor fornecido ao resistor é igual à energia perdida pelo capacitor.

Agora imagine *carregar* o capacitor conectando-o (e também o resistor) a uma bateria de voltagem fixa $V_0$, no tempo $t = 0$ (Figura 7.5b).

(c) Determine novamente $Q(t)$ e $I(t)$.

(d) Encontre a energia total que sai da bateria ($\int V_0 I\,dt$). Determine o calor fornecido ao resistor. Qual a energia final armazenada no capacitor? Que fração do trabalho feito pela bateria aparece como energia no capacitor? [Observe que a resposta é independente de $R$!]

**Problema 7.3**

(a) Dois objetos de metal são embutidos em material fracamente condutor, cuja condutividade é $\sigma$ (Figura 7.6). Mostre que a resistência entre eles está relacionada à capacitância do arranjo por

$$R = \frac{\epsilon_0}{\sigma C}.$$

(b) Suponha que você conectou uma bateria entre 1 e 2 e carregou ambos a uma diferença de potencial $V_0$. Se você, agora, desconectar a bateria, a carga irá gradualmente escoar. Mostre que $V(t) = V_0 e^{-t/\tau}$, e encontre a **constante de tempo**, $\tau$, em termos de $\epsilon_0$ e $\sigma$.

**Problema 7.4** Suponha que a condutividade do material que separa os cilindros no Exemplo 7.2 não é uniforme; especificamente, $\sigma(s) = k/s$, para alguma constante $k$. Encontre a resistência entre os cilindros. [*Dica:* como $\sigma$ é uma função da posição, a Equação 7.5 não vale, a densidade de carga não é zero no meio resistivo e **E** não vai como $1/s$. Mas *sabemos* que para correntes estacionárias $I$ é a mesma através de cada superfície cilíndrica. Agora é com você.]

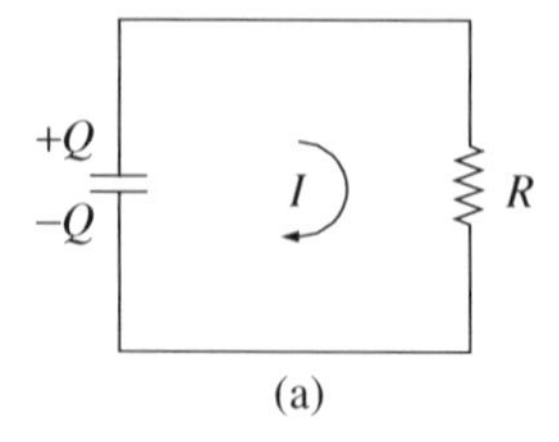


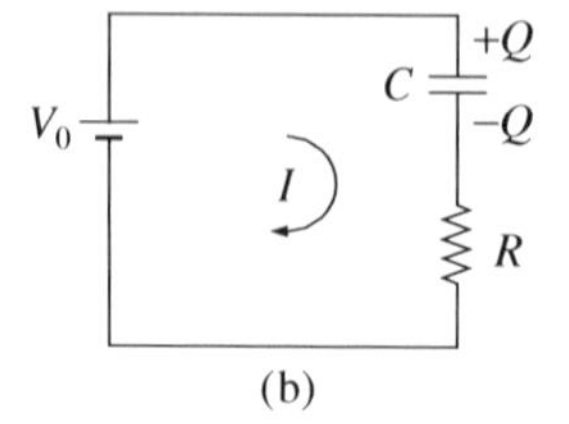


**Figura 7.5**

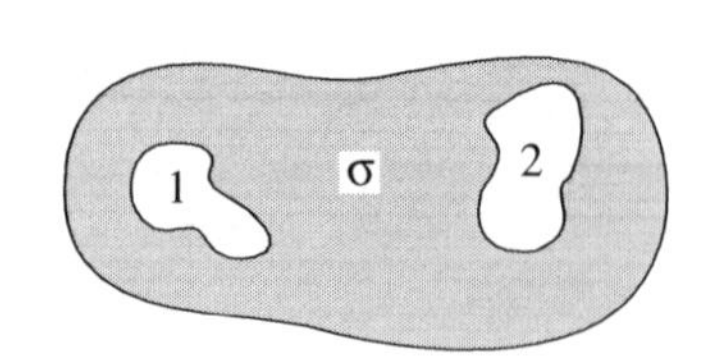


**Figura 7.6**

### 7.1.2 Força eletromotriz

Se você pensar em um circuito elétrico típico (Figura 7.7) — digamos, uma bateria ligada a uma lâmpada — surge uma questão desconcertante: na prática, a *corrente é a mesma à volta toda*, a qualquer momento; *por que* isso acontece se a única força motriz óbvia está dentro da bateria? Na hora você poderia esperar que isso gerasse uma grande corrente na bateria e nenhuma na lâmpada. Quem está empurrando no restante do circuito e como é que esse alguém empurra de uma forma exata que resulta na mesma corrente em cada segmento? E mais: dado que as cargas em um fio típico movem-se (literalmente) a passo de *lesma* (veja o Problema 5.19), por que não leva meia hora para a notícia chegar até a lâmpada? Como todas as cargas sabem movimentar-se no mesmo instante?

*Resposta:* se a corrente *não* é a mesma à volta toda (por exemplo, durante a primeira fração de segundo depois que a chave é fechada), então a carga está se acumulando em algum lugar e — aqui está a questão crucial — o campo elétrico dessa carga que se acumula está em uma direção tal que regulariza o fluxo. Suponha, por exemplo, que a corrente que *entra* na curva da Figura 7.8 é maior do que a corrente que *sai*. A carga, então, acumula-se no 'cotovelo', e isso cria um campo que aponta na direção contrária à dobra. Esse campo se *opõe* à corrente que está entrando (desacelerando-a) e *estimula* a corrente que está saindo (acelerando-a) até que essas correntes se igualem, ponto no qual não ocorre mais acúmulo de carga e o equilíbrio se estabelece. É um lindo sistema que se autocorrige de forma automática para manter a corrente uniforme. E ele faz isso com tanta rapidez que, na prática, você pode afirmar com segurança que a corrente é a mesma à volta toda do circuito, mesmo nos sistemas que oscilam em frequências de rádio.

A conclusão de tudo isso é que existem, na realidade, *duas* forças envolvidas na movimentação de uma corrente por um circuito: a *fonte* $\mathbf{f}_s$, que normalmente está confinada a uma parte do circuito (à bateria, digamos), e a força *eletrostática*, que serve para normalizar o fluxo e comunicar a influência da fonte às partes distantes do circuito:

$$\mathbf{f} = \mathbf{f}_s + \mathbf{E}. \tag{7.8}$$

O agente físico responsável por $\mathbf{f}_s$ pode ser qualquer uma de várias coisas: em uma bateria é a força química; em um cristal piezoelétrico a pressão mecânica é convertida em impulso elétrico; em um termopar é o gradiente de temperatura que executa a tarefa; em uma célula fotoelétrica é a luz, e em um gerador de Van de Graaff os elétrons são literalmente depositados em uma esteira rolante e levados adiante. Seja qual for o *mecanismo*, seu efeito final é determinado pela integral de linha de **f** em volta do circuito:

$$\boxed{\mathcal{E} \equiv \oint \mathbf{f} \cdot d\mathbf{l} = \oint \mathbf{f}_s \cdot d\mathbf{l}.} \tag{7.9}$$

(Como $\oint \mathbf{E} \cdot d\mathbf{l} = 0$ para campos eletrostáticos, não importa se você usa **f** ou $\mathbf{f}_s$.) $\mathcal{E}$ é a chamada **força eletromotriz**, ou **fem**, do circuito. É um termo ruim, já que não se trata de forma alguma de *força* — é a *integral* de uma *força por unidade de carga*. Algumas pessoas preferem a palavra **eletromoção**, mas fem já está de tal forma arraigada que acho melhor ficar com ela.

Em uma fonte ideal de fem (uma bateria sem resistência,[3] por exemplo), a força *líquida* sobre as cargas é *nula* (Equação 7.1 com $\sigma = \infty$), de forma que $\mathbf{E} = -\mathbf{f}_s$. A diferença de potencial entre os terminais ($a$ e $b$) é, portanto,

$$V = -\int_a^b \mathbf{E} \cdot d\mathbf{l} = \int_a^b \mathbf{f}_s \cdot d\mathbf{l} = \oint \mathbf{f}_s \cdot d\mathbf{l} = \mathcal{E} \tag{7.10}$$

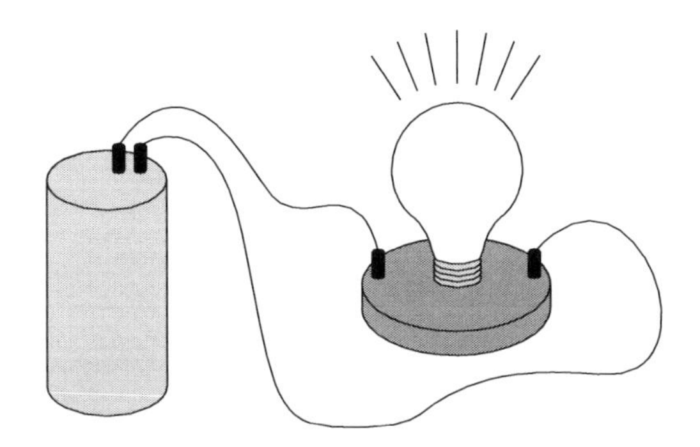

Figura 7.7

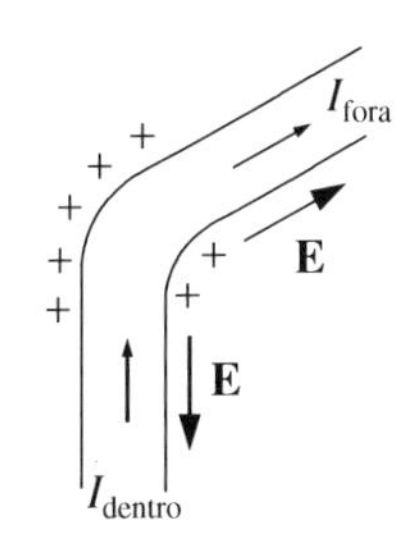


Figura 7.8

3. As baterias *de verdade* têm uma certa **resistência interna**, $r$, e a diferença de potencial entre seus terminais é $\mathcal{E} - Ir$, quando a corrente $I$ está passando. Para uma discussão esclarecedora sobre o funcionamento das baterias, veja D. Roberts, *Am. J. Phys.* **51**, 829 (1983).

(podemos estender a integral à volta toda porque $\mathbf{f}_s = 0$ fora da fonte). A função da bateria, portanto, é estabelecer e manter uma diferença de voltagem igual à força eletromotriz (uma bateria de 6 V, por exemplo, tem o terminal positivo 6 V acima do terminal negativo). O campo eletrostático resultante movimenta a corrente no restante do circuito (observe, porém, que *dentro* da bateria $\mathbf{f}_s$ movimenta a corrente no sentido *oposto* a $\mathbf{E}$).

Como é a integral de linha de $\mathbf{f}_s$, $\mathcal{E}$ pode ser interpretada como o *trabalho feito por unidade de carga*, pela fonte — de fato, em alguns livros a força eletromotriz é *definida* dessa forma. No entanto, como você verá na próxima seção, há algumas sutilezas implícitas nessa interpretação, de forma que prefiro a Equação 7.9.

---

**Problema 7.5** Uma bateria de fem $\mathcal{E}$ e resistência interna $r$ está ligada a uma resistência de 'carga' variável, $R$. Se você quiser fornecer o máximo possível de potência para a resistência de 'carga', que resistência $R$ deve escolher? (Você não pode, é claro, alterar $\mathcal{E}$ e $r$.)

**Problema 7.6** Uma espira retangular de fio está situada de forma que uma extremidade (altura $h$) fica entre as placas de um capacitor de placas paralelas (Figura 7.9), com orientação paralela ao campo $\mathbf{E}$. A outra extremidade fica bem para fora, onde o campo é essencialmente nulo. Qual é a fem dessa espira? Se a resistência total é $R$, que corrente passa? Explique. [*Alerta:* esta é uma pergunta capciosa, portanto tenha cuidado; se você inventou uma máquina de moto-perpétuo, ela provavelmente tem algum problema.]

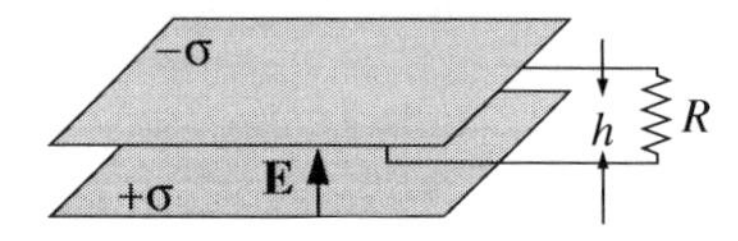


**Figura 7.9**

---

### 7.1.3 fem devida ao movimento

Na seção anterior foram relacionadas várias fontes possíveis de força eletromotriz em um circuito, sendo as baterias as mais conhecidas. Mas não mencionei a mais comum de todas: o **gerador**. Os geradores exploram a **força eletromotriz**, devida ao movimento e que surge quando você *movimenta um fio através de um campo magnético*. A Figura 7.10 mostra um modelo primitivo para um gerador. Na região sombreada há um campo magnético uniforme $\mathbf{B}$, apontando para dentro da página, e o resistor $R$ representa seja o que for (talvez uma lâmpada ou uma torradeira) pelo qual estamos querendo passar a corrente. Se a espira toda for puxada para a direita à velocidade $v$, as cargas do segmento $ab$ serão afetadas por uma força magnética cujo componente vertical $qvB$ impulsiona a corrente à volta toda no sentido horário. A fem é

$$\mathcal{E} = \oint \mathbf{f}_{\text{mag}} \cdot d\mathbf{l} = vBh, \tag{7.11}$$

onde $h$ é a largura da espira. (Os segmentos horizontais $bc$ e $ad$ não contribuem, já que a força aqui é perpendicular ao fio.)

Observe que a integral que você usa para calcular $\mathcal{E}$ (Equação 7.9 ou 7.11) aplica-se a *um instante no tempo* — tire um 'instantâneo' da espira, por assim dizer, e trabalhe a partir daí. Assim, $d\mathbf{l}$, para o segmento $ab$ da Figura 7.10, aponta

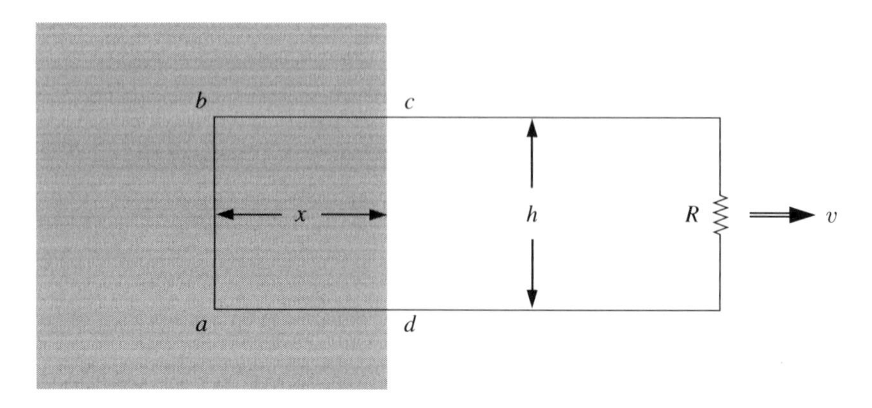


**Figura 7.10**

diretamente para cima, embora a espira esteja se movimentando para a direita. Não há o que discutir — é simplesmente a forma como a fem é *definida* — mas *é* importante que fique *claro*.

Sobretudo, embora a força magnética seja responsável por estabelecer a fem, ela certamente *não* está realizando qualquer trabalho — forças magnéticas *nunca* realizam trabalho. Quem, então, *está* fornecendo a energia que aquece o resistor? *Resposta:* a pessoa que está puxando a espira! Com a corrente fluindo, cargas no segmento $ab$ têm uma velocidade vertical (chame-a de **u**) além da velocidade horizontal **v** que elas herdam do movimento da espira. Da mesma forma, a força magnética tem um componente $quB$ para a esquerda. Para contrabalançar isso, a pessoa que está puxando o fio tem de exercer uma força por unidade de carga

$$f_{\text{puxar}} = uB$$

para a *direita* (Figura 7.11). Essa força é transmitida para a carga pela estrutura do fio. Enquanto isso, a partícula está de fato *movendo-se* na direção da velocidade resultante **w**, e a distância que ela percorre é $(h/\cos\theta)$. O trabalho realizado por unidade de carga, portanto,

$$\int \mathbf{f}_{\text{puxar}} \cdot d\mathbf{l} = (uB)\left(\frac{h}{\cos\theta}\right)\operatorname{sen}\theta = vBh = \mathcal{E}$$

($\operatorname{sen}\theta$ sendo resultado do produto escalar). Ao que se revela, então, o *trabalho realizado por unidade de carga é exatamente igual à fem*, embora as integrais sejam tomadas ao longo de caminhos totalmente diferentes (Figura 7.12) e forças completamente diferentes estejam envolvidas. Para calcular a fem você integra em volta da espira em *um determinado instante*, mas para calcular o trabalho realizado você acompanha a carga no seu movimento em volta do circuito; a contribuição de $\mathbf{f}_{\text{puxar}}$ para a fem é nula porque é perpendicular ao fio, enquanto $\mathbf{f}_{\text{mag}}$ não contribui para o trabalho porque é perpendicular ao movimento da carga.[4]

Existe uma maneira particularmente interessante de expressar a fem gerada em uma espira que se move. Considere que $\Phi$ é o fluxo de **B** através da espira:

$$\Phi \equiv \int \mathbf{B} \cdot d\mathbf{a}. \tag{7.12}$$

Para a espira retangular da Figura 7.10,

$$\Phi = Bhx.$$

À medida que a espira se movimenta, o fluxo diminui:

$$\frac{d\Phi}{dt} = Bh\frac{dx}{dt} = -Bhv.$$

(O sinal negativo se deve ao fato de que $dx/dt$ é negativo.) Mas essa é precisamente a equação da fem (Equação 7.11); evidentemente a fem gerada na espira é menos a taxa de mudança do fluxo através da espira:

$$\boxed{\mathcal{E} = -\frac{d\Phi}{dt}.} \tag{7.13}$$

Esta é a **regra do fluxo** para a fem devida ao movimento. Além dessa deliciosa simplicidade, ela tem a virtude de aplicar-se a espiras *não* retangulares movendo-se em direções *arbitrárias* através de campos magnéticos *não* uniformes: inclusive, a espira não precisa sequer manter uma forma fixa.

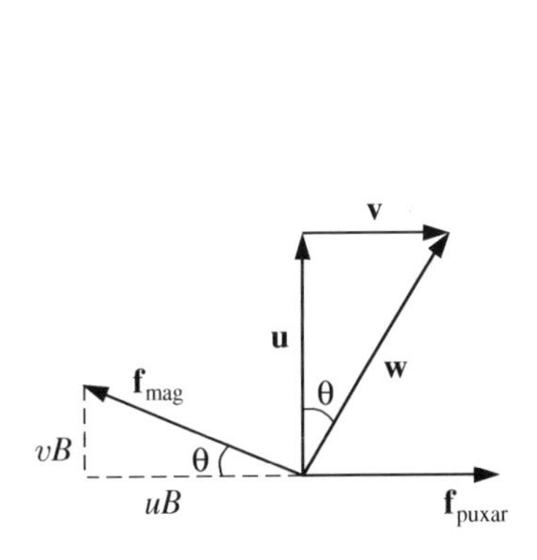


**Figura 7.11**

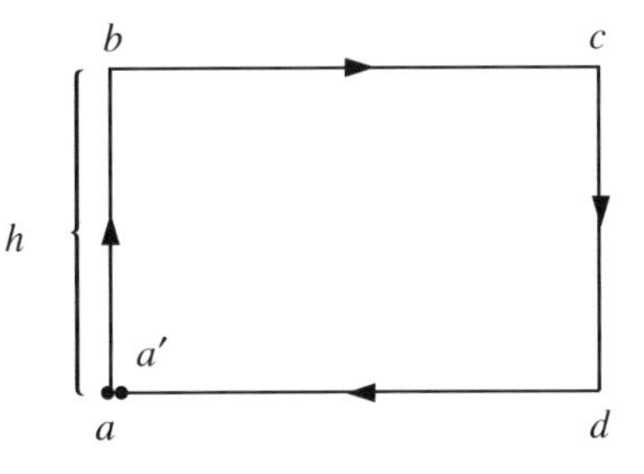


(a) Integração para calcular $\mathcal{E}$ (siga o fio em um instante no tempo).

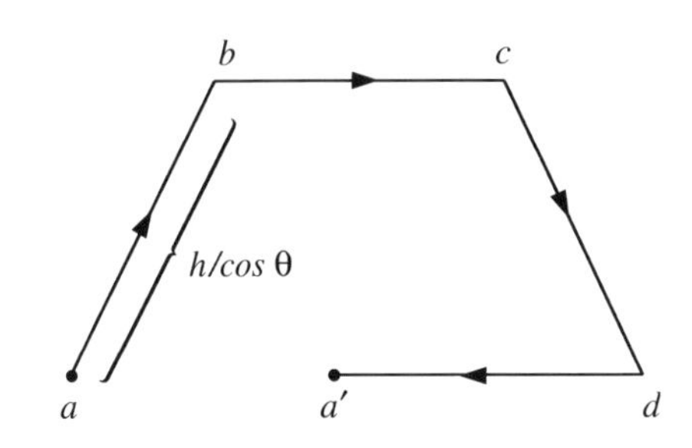


(b) Caminho de integração para calcular o trabalho realizado (siga a carga em volta da espira)

**Figura 7.12**

4. Para discussões mais detalhadas, veja E. P. Mosca, *Am. J. Phys.* **42**, 295 (1974).

**Prova:** a Figura 7.13 mostra uma espira de fio no tempo $t$ e também um curto espaço de tempo $dt$ depois. Suponha que calculemos o fluxo no momento $t$, usando a superfície $\mathcal{S}$, e o fluxo no momento $t + dt$, usando a superfície que consiste de $\mathcal{S}$ mais a 'faixa' que liga a nova posição da espira à antiga. A *mudança* de fluxo, então, é

$$d\Phi = \Phi(t + dt) - \Phi(t) = \Phi_{\text{faixa}} = \int_{\text{faixa}} \mathbf{B} \cdot d\mathbf{a}.$$

Concentre sua atenção no ponto $P$: no tempo $dt$ ele se move para $P'$. Considere $\mathbf{v}$ a velocidade do *fio*, e $\mathbf{u}$ a velocidade de uma carga que *desce* pelo fio; $\mathbf{w} = \mathbf{v} + \mathbf{u}$ é a velocidade resultante de uma carga em $P$. O elemento infinitesimal de área na faixa pode ser expresso como

$$d\mathbf{a} = (\mathbf{v} \times d\mathbf{l})\, dt$$

(veja a inserção na Figura 7.13). Portanto

$$\frac{d\Phi}{dt} = \oint \mathbf{B} \cdot (\mathbf{v} \times d\mathbf{l}).$$

Como $\mathbf{w} = (\mathbf{v} + \mathbf{u})$ e $\mathbf{u}$ é paralela a $d\mathbf{l}$, isso também pode ser expresso como

$$\frac{d\Phi}{dt} = \oint \mathbf{B} \cdot (\mathbf{w} \times d\mathbf{l}).$$

Agora o produto escalar triplo pode ser reescrito:

$$\mathbf{B} \cdot (\mathbf{w} \times d\mathbf{l}) = -(\mathbf{w} \times \mathbf{B}) \cdot d\mathbf{l},$$

então

$$\frac{d\Phi}{dt} = -\oint (\mathbf{w} \times \mathbf{B}) \cdot d\mathbf{l}.$$

Mas $(\mathbf{w} \times \mathbf{B})$ é a força magnética por unidade de carga, $\mathbf{f}_{\text{mag}}$, então

$$\frac{d\Phi}{dt} = -\oint \mathbf{f}_{\text{mag}} \cdot d\mathbf{l},$$

e a integral de $\mathbf{f}_{\text{mag}}$ é a fem

$$\mathcal{E} = -\frac{d\Phi}{dt}. \qquad \text{c.q.d.}$$

Existe uma ambiguidade de sinal na definição de fem (Equação 7.9): em que *sentido* ao redor da espira deve ser feita a integração? Existe uma ambiguidade compensatória na definição de *fluxo* (Equação 7.12): qual é o sentido positivo para $d\mathbf{a}$? Na aplicação da regra do fluxo, a coerência dos sinais é governada (como sempre) pela sua mão direita: se os seus dedos definem o sentido positivo em volta da espira, então o seu polegar indica o sentido de $d\mathbf{a}$. Se a fem resultar negativa, significa que a corrente fluirá no sentido negativo em torno do circuito.

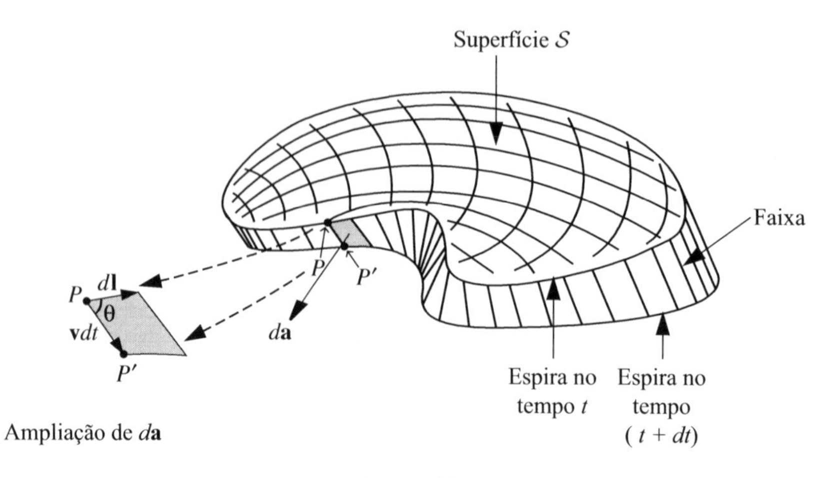


**Figura 7.13**

A regra do fluxo é um atalho elegante para se calcular fems devidas ao movimento. Ela *não* contém qualquer novidade em física. Ocasionalmente você encontrará problemas que não poderão ser tratados com a regra do fluxo; para esses será preciso voltar à própria lei de força de Lorentz.

---

## Exemplo 7.4

Um disco de metal de raio $a$ gira com velocidade angular $\omega$ em torno de um eixo vertical, através de um campo uniforme $\mathbf{B}$. Um circuito é feito conectando-se uma extremidade de um resistor ao eixo e a outra a um contato deslizante que toca a borda externa do disco (Figura 7.14). Encontre a corrente no resistor.

**Solução:** a velocidade de um ponto no disco a uma distância $s$ do eixo é $v = \omega s$, de forma que a força por unidade de carga é $\mathbf{f}_{\text{mag}} = \mathbf{v} \times \mathbf{B} = \omega s B \hat{\mathbf{s}}$. A fem é, portanto,

$$\mathcal{E} = \int_0^a f_{\text{mag}}\, ds = \omega B \int_0^a s\, ds = \frac{\omega B a^2}{2},$$

e a corrente é

$$I = \frac{\mathcal{E}}{R} = \frac{\omega B a^2}{2R}.$$

O problema com a regra do fluxo é que ela presume que a corrente flui através de um caminho bem definido, enquanto neste exemplo a corrente se espalha sobre todo o disco. Não fica sequer claro o que o 'fluxo através do circuito' *significaria* neste contexto. Mais complicado ainda é o caso das **correntes de Foucault**. Tome um pedaço de (digamos) alumínio e balance-o em um campo magnético não uniforme. Correntes serão geradas no material e você sentirá uma espécie de 'arraste viscoso' — como se você estivesse puxando o bloco dentro de melaço (essa é a força que chamei de $\mathbf{f}_{\text{puxar}}$ na discussão sobre fem devida ao movimento). As correntes de Foucault são notoriamente difíceis de calcular,[5] mas fáceis e impressionantes de demonstrar. Talvez você tenha visto o experimento clássico no qual um disco de alumínio montado como um pêndulo em um eixo vertical balança passando entre os dois polos de um ímã (Figura 7.15a). Quando entra na região do campo, ele de repente desacelera. Para confirmar que as correntes de Foucault são responsáveis, repete-se o processo usando um disco com várias fendas cortadas, para evitar o fluxo de correntes de grande escala (Figura 7.15b). Dessa vez o disco balança livremente, sem que o campo seja um obstáculo.

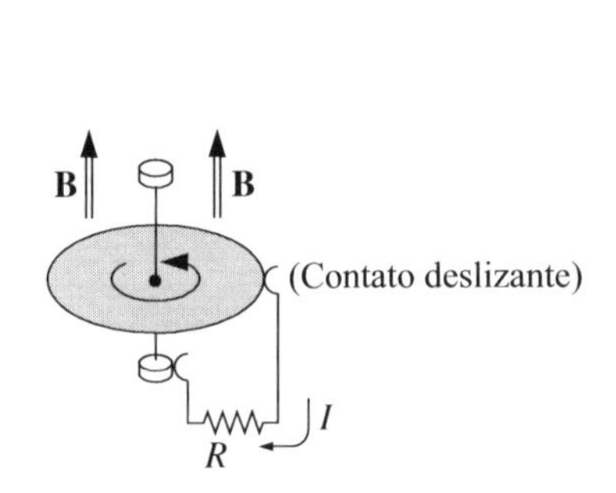


**Figura 7.14**

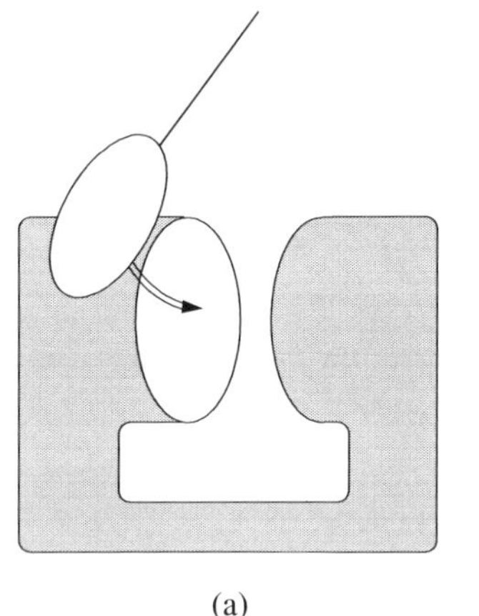

**Figura 7.15**

---

**Problema 7.7** Uma barra de metal de massa $m$ desliza sem atrito sobre dois trilhos condutores paralelos a uma distância $l$ um do outro (Figura 7.16). Um resistor $R$ está conectado entre os trilhos e um campo magnético uniforme $\mathbf{B}$, que aponta para dentro da página, preenche toda a região.

(a) Se a barra se move para a direita à velocidade $v$, qual é a corrente no resistor? Em que direção ela flui?

(b) Qual é a força magnética sobre a barra? Em que direção?

(c) Se a barra começar com velocidade $v_0$ no tempo $t = 0$, e for deixada para deslizar, qual será sua velocidade em um tempo posterior $t$?

(d) A energia cinética inicial da barra era, é claro, $\frac{1}{2}mv_0{}^2$. Verifique se a energia fornecida ao resistor é exatamente $\frac{1}{2}mv_0{}^2$.

5. Veja, por exemplo, W. M. Saslow, *Am. J. Phys.*, **60**, 693 (1992).

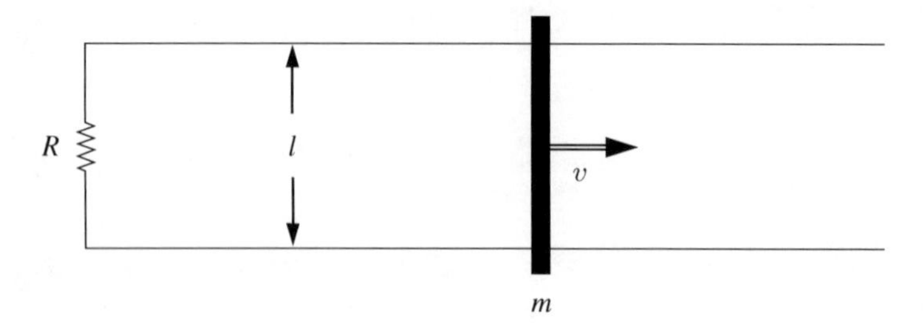


Figura 7.16

**Problema 7.8** Uma espira quadrada de fio (de lado $a$) está em uma mesa a uma distância $s$ de um fio muito longo e reto, pelo qual passa uma corrente $I$, como mostra a Figura 7.17.

(a) Encontre o fluxo de **B** através da espira.

(b) Se alguém puxar a espira afastando-a do fio, a uma velocidade $v$, que fem será gerada? Em que sentido (horário ou anti-horário) flui a corrente?

(c) E se a espira for puxada para a *direita* à velocidade $v$, em vez de afastada?

**Problema 7.9** Um número infinito de superfícies diferentes pode se encaixar em uma determinada linha de contorno e, no entanto, na definição do fluxo magnético através de uma espira, $\Phi = \int \mathbf{B} \cdot d\mathbf{a}$, não especifiquei qual a superfície a ser usada. Justifique essa aparente omissão.

**Problema 7.10** Uma espira quadrada (de lado $a$) é montada em uma haste vertical e gira à velocidade angular $\omega$ (Figura 7.18). Um campo magnético uniforme **B** aponta para a direita. Encontre $\mathcal{E}(t)$ para esse gerador de **corrente alternada**.

**Problema 7.11** Uma espira quadrada é recortada de uma folha grossa de alumínio. Ela é em seguida posicionada de forma que a sua parte superior esteja em um campo magnético uniforme **B**, e deixada em queda sob a ação da gravidade (Figura 7.19). (No diagrama, o sombreado indica a região do campo; **B** aponta para dentro da página.) Se o campo magnético é 1 T (um campo padrão em laboratórios), encontre a velocidade terminal da espira (em m/s). Encontre a velocidade da espira como função do tempo. Quanto tempo ela demora (em segundos) para alcançar, digamos, 90 por cento da velocidade terminal? O que aconteceria se você cortasse uma pequena fenda no anel, interrompendo o circuito? [*Observação:* o resultado não depende das dimensões da espira; determine os *números* de fato, nas unidades indicadas.]

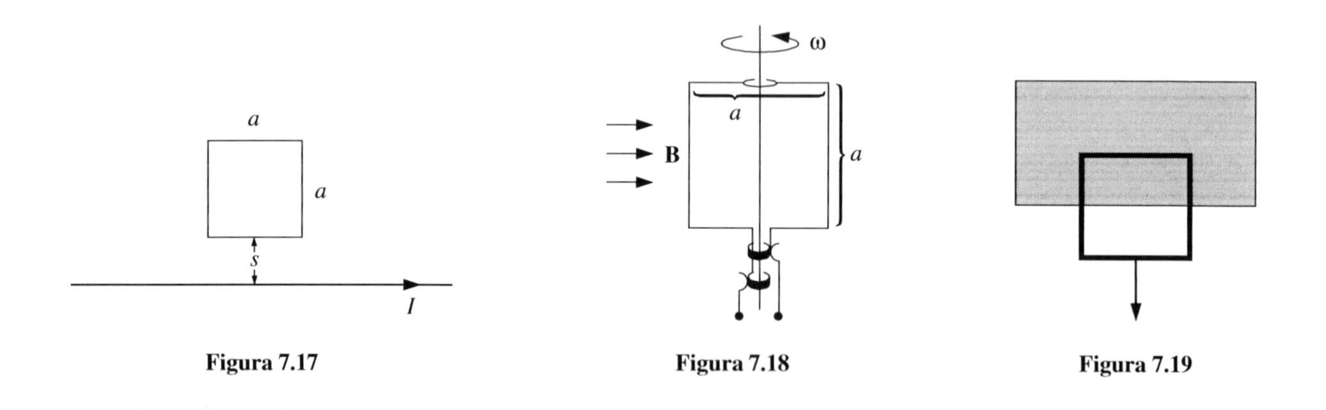


Figura 7.17 Figura 7.18 Figura 7.19

# 7.2 Indução eletromagnética

## 7.2.1 Lei de Faraday

Em 1831, Michael Faraday relatou uma série de experimentos, inclusive três que (com alguma agressão à história) podem ser caracterizados como se segue:

**Experimento 1.** Ele puxou uma espira de fio para a direita através de um campo magnético (Figura 7.20a). Uma corrente passou pela espira.

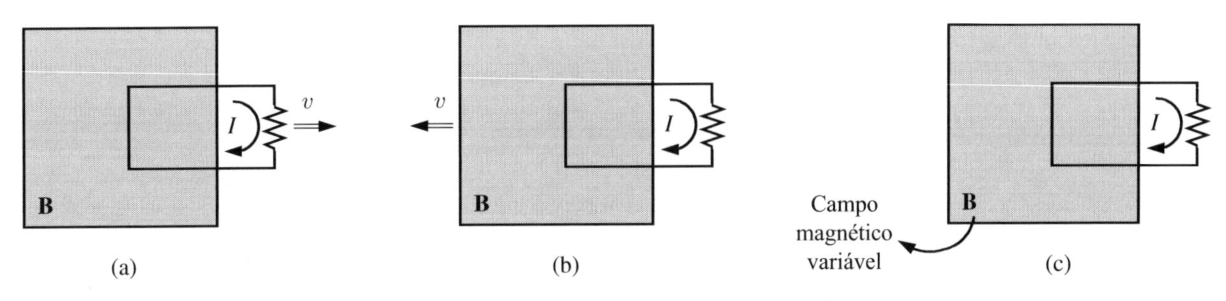


**Figura 7.20**

**Experimento 2.** Ele moveu o *ímã* para a *esquerda*, mantendo a espira parada (Figura 7.20b). Novamente, uma corrente passou pela espira.

**Experimento 3.** Com ambos, a espira e o ímã em repouso (Figura 7.20c), ele mudou a *intensidade* do campo (Faraday usou um eletromagneto e variou a corrente na bobina). Novamente, uma corrente passou pela bobina.

A primeira experiência, é claro, é um exemplo de fem devida ao movimento, convenientemente expressa pela regra do fluxo:

$$\mathcal{E} = -\frac{d\Phi}{dt}.$$

Não creio que irá surpreendê-lo saber que exatamente a mesma fem surge no Experimento 2 — tudo o que realmente importa é o movimento *relativo* do magneto e da espira. De fato, à luz da relatividade especial *tem* de ser assim. Mas Faraday não sabia nada sobre relatividade, e na eletrodinâmica clássica essa reciprocidade simples é uma coincidência, com implicações notáveis. Pois se a *espira* se move, é uma força *magnética* que estabelece a fem, mas se a espira estiver *estacionária*, a força *não* pode ser magnética — cargas estacionárias não são afetadas por forças magnéticas. Nesse caso, o que *é* responsável? Que tipo de campo exerce força sobre cargas em repouso? Bem, os campos *elétricos* o fazem, é claro, mas neste caso, aparentemente não há qualquer campo elétrico à vista.

Faraday teve uma inspiração engenhosa:

**Um campo magnético que varia induz um campo elétrico.**

É esse campo elétrico 'induzido' o responsável pela fem do Experimento 2.[6] De fato, se (como Faraday descobriu empiricamente) a fem for novamente igual à taxa de mudança do fluxo,

$$\mathcal{E} = \oint \mathbf{E} \cdot d\mathbf{l} = -\frac{d\Phi}{dt}, \tag{7.14}$$

então **E** está relacionado à alteração em **B** pela equação

$$\oint \mathbf{E} \cdot d\mathbf{l} = -\int \frac{\partial \mathbf{B}}{\partial t} \cdot d\mathbf{a}. \tag{7.15}$$

Esta é a **lei de Faraday** na forma de integral. Podemos convertê-la para a forma diferencial aplicando o teorema de Stokes:

$$\boxed{\nabla \times \mathbf{E} = -\frac{\partial \mathbf{B}}{\partial t}.} \tag{7.16}$$

Observe que a lei de Faraday se reduz à velha regra $\oint \mathbf{E} \cdot d\mathbf{l} = 0$ (ou, na forma diferencial, $\nabla \times \mathbf{E} = 0$) no caso estático (**B** constante) como, é claro, deveria.

No Experimento 3 o campo magnético varia por motivos totalmente diferentes, mas segundo a lei de Faraday, um campo elétrico será novamente induzido, dando origem a uma fem $-d\Phi/dt$. De fato, podemos subordinar os três casos (e também qualquer de suas combinações) a uma espécie de **regra universal do fluxo**:

Sempre (e seja qual for o motivo) que o fluxo magnético através de uma espira variar, uma fem

$$\mathcal{E} = -\frac{d\Phi}{dt} \tag{7.17}$$

surgirá na espira.

6. Você pode argumentar que o campo magnético do Experimento 2 não está realmente *variando* — apenas se *movendo*. O que eu quero dizer é que se você estiver em um *lugar fixo*, o campo *varia* à medida que o magneto passa.

Muitas pessoas chamam *isso* de 'lei de Faraday'. Talvez eu seja exigente demais, mas acho isso confuso. Existem, na realidade, *dois* mecanismos subjacentes à Equação 7.17, que são totalmente diferentes e identificar ambos como 'lei de Faraday' é mais ou menos como dizer que como dois gêmeos idênticos têm a mesma aparência, devemos chamá-los pelo mesmo nome. No primeiro experimento de Faraday, o que está em ação é a lei de força de Lorentz; a fem é *magnética*. Mas nos outros dois é um campo *elétrico* (induzido pela variação do campo magnético) que atua. Sob essa ótica, é de fato surpreendente que os três processos resultem na mesma fórmula para a fem. Inclusive, foi precisamente esta 'coincidência' o que levou Einstein à teoria especial da relatividade — ele buscou um entendimento mais profundo do que, na eletrodinâmica clássica, é um acidente peculiar. Mas isso será mostrado no Capítulo 12. Por enquanto reservaremos o termo 'lei de Faraday' para campos elétricos induzidos pela variação de campos magnéticos e *não* considero o Experimento 1 como um caso da lei de Faraday.

---

**Exemplo 7.5**

Um magneto cilíndrico longo de comprimento $L$ e raio $a$ tem magnetização uniforme $\mathbf{M}$ paralela ao eixo. Ele passa em velocidade constante $v$ através de um anel circular de diâmetro ligeiramente maior (Figura 7.21). Desenhe o gráfico da fem induzida no anel, como função de tempo.

**Solução:** o campo magnético é o mesmo de um longo solenoide com corrente superficial $\mathbf{K}_M = M\,\hat{\phi}$. Portanto, o campo interno é $\mathbf{B} = \mu_0 \mathbf{M}$, exceto próximo às extremidades, onde ele começa a se abrir. O fluxo através do anel é zero quando o magneto está distante; ele aumenta e atinge o máximo $\mu_0 M \pi a^2$ na passagem da primeira extremidade e cai de volta a zero à medida que a segunda extremidade deixa o anel (Figura 7.22a). A fem é a derivada (negativa) de $\Phi$ com relação ao tempo, de forma que consiste de dois picos, como mostra a Figura 7.22b.

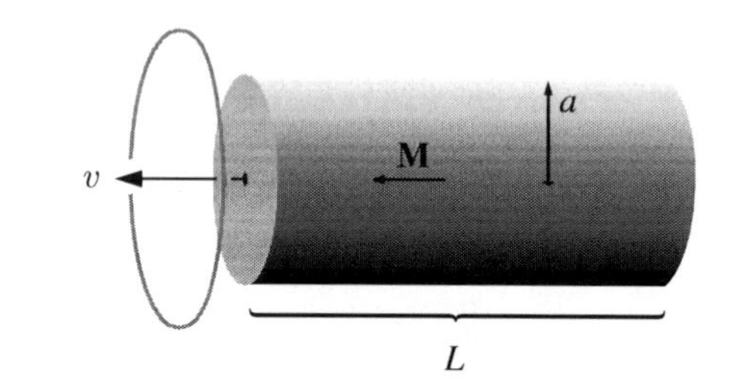


**Figura 7.21**

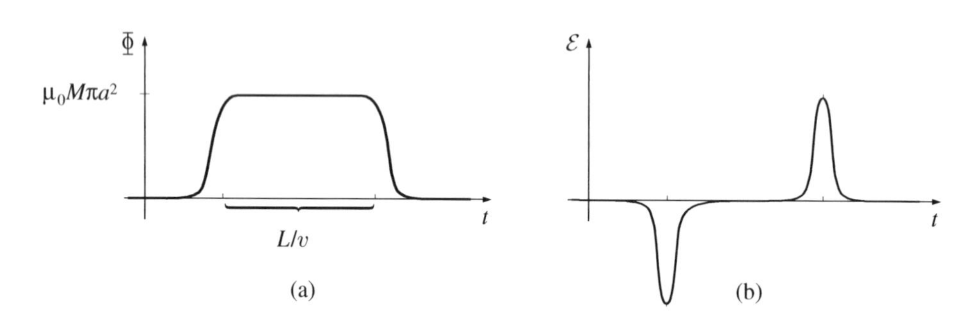


**Figura 7.22**

---

Ficar de olho nos *sinais* na lei de Faraday pode ser uma verdadeira dor de cabeça. No Exemplo 7.5 gostaríamos de saber em que *sentido* a corrente induzida flui em torno do anel. Em princípio, a regra da mão direita se aplica (consideramos $\Phi$ positiva para a esquerda, na Figura 7.21, de forma que o sentido positivo para a corrente no anel é anti-horário se visto da esquerda; como o primeiro pico da Figura 7.22b é *negativo*, o primeiro pulso de corrente flui no *sentido horário*, e o segundo no sentido anti-horário). Mas há uma regra útil chamada **lei de Lenz**, cujo único objetivo é ajudar a acertar os sentidos:[7]

**A natureza abomina mudanças no fluxo.**

A corrente induzida fluirá num sentido tal que o fluxo que ela produz tende a anular a mudança. (À medida que a extremidade dianteira do magneto no Exemplo 7.5 penetra no anel, o fluxo aumenta, de forma que a corrente no anel tem de

7. A lei de Lenz também se aplica às fems devidas ao *movimento*, mas para estas é geralmente mais fácil obter o sentido da corrente a partir da lei de força de Lorentz.

gerar um campo para a *direita* — ela, portanto, flui no *sentido horário*.) Observe que é a *variação* no fluxo, e não o fluxo em si, o que a natureza abomina (quando a extremidade posterior do magneto deixa o anel, o fluxo *cai*, de forma que a corrente induzida flui no *sentido anti-horário*, na tentativa de restaurá-lo). A indução de Faraday é uma espécie de fenômeno 'inercial': uma espira condutora 'gosta' de manter através de si um fluxo constante; quando você tenta *alterar* o fluxo, a espira reage enviando uma corrente que circula em um sentido de forma a frustrar os seus esforços. (Ela não é totalmente *bem-sucedida*; o fluxo produzido pela corrente é tipicamente apenas uma fração minúscula do original. Tudo o que a lei de Lenz vai lhe informar é o *sentido* do fluxo.)

---

**Exemplo 7.6**

**A demonstração do 'anel saltador'.** Se você enrolar uma bonina solenoide em torno de um núcleo de ferro (o ferro está ali para potencializar o campo magnético), colocar um anel de metal em cima e ligá-la na tomada, o anel irá saltar a uma altura de vários centímetros (Figura 7.23). Por quê?

**Solução:** *antes* que você ligasse a corrente, o fluxo através do anel era *nulo*. *Depois* um fluxo apareceu (para cima, no diagrama), e a fem gerada no anel levou a uma corrente (no anel) que, segundo a lei de Lenz, foi em um sentido tal que *seu* campo tendeu a cancelar esse novo fluxo. Isso significa que a corrente na espira é *oposta* à corrente no solenoide. E como correntes opostas se repelem, o anel salta.[8]

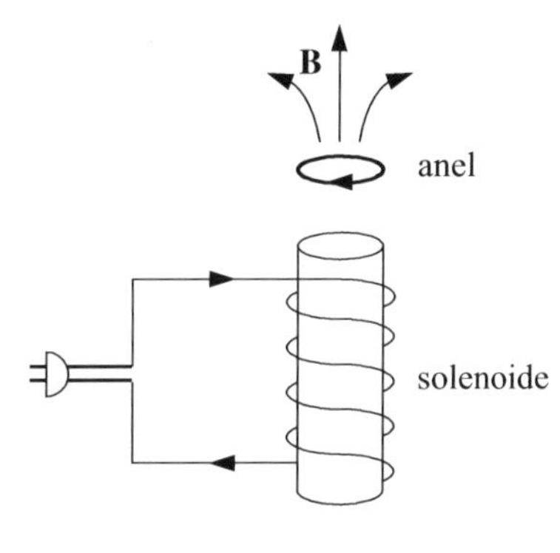


**Figura 7.23**

---

**Problema 7.12** Um longo solenoide de raio $a$ é acionado por uma corrente alternada, de forma que o campo interno é senoidal: $\mathbf{B}(t) = B_0 \cos(\omega t)\,\hat{\mathbf{z}}$. Uma espira circular de fio, de raio $a/2$ e resistência $R$, é colocada dentro do solenoide disposta coaxialmente. Encontre a corrente induzida na espira, como função de tempo.

**Problema 7.13** Uma espira de fio, quadrada e com lados de comprimento $a$, está no primeiro quadrante do plano $xy$, com um dos vértices na origem. Nessa região há um campo magnético $\mathbf{B}(y,t) = ky^3t^2\,\hat{\mathbf{z}}$ (onde $k$ é uma constante), não uniforme e dependente do tempo. Encontre a fem induzida na espira.

**Problema 7.14** Como demonstração em uma palestra, solta-se uma barra magnética cilíndrica e curta para que caia por um tubo vertical de alumínio de diâmetro ligeiramente maior e com cerca de 2 metros de comprimento. Ela demora vários segundos para ressurgir na parte inferior do tubo, enquanto um pedaço de ferro idêntico, porém *não magnetizado* percorre o mesmo trajeto em uma fração de segundo. Explique por que o magneto cai mais devagar.

---

### 7.2.2 O campo elétrico induzido

O que a descoberta de Faraday nos diz é que existem, na realidade, dois tipos distintos de campos elétricos: os que são atribuídos diretamente às cargas elétricas e os que estão associados a mudanças nos campos magnéticos.[9] Os primeiros podem

8. Para mais detalhes sobre o anel saltador (e o correlato 'anel flutuante'), veja C. S. Schneider e J. P. Ertel, *Am. J. Phys.* **66**, 686 (1998).

9. Você poderia, suponho, introduzir uma palavra totalmente nova para denotar o campo gerado pela variação de $\mathbf{B}$. A eletrodinâmica, então, abarcaria *três* campos: campos $\mathbf{E}$, produzidos por cargas elétricas $[\nabla \cdot \mathbf{E} = (1/\epsilon_0)\rho,\ \nabla \times \mathbf{E} = 0]$; campos $\mathbf{B}$, produzidos por correntes elétricas $[\nabla \cdot \mathbf{B} = 0,\ \nabla \times \mathbf{B} = \mu_0 \mathbf{J}]$; e campos $\mathbf{G}$, produzidos pela variação dos campos magnéticos $[\nabla \cdot \mathbf{G} = 0,\ \nabla \times \mathbf{G} = -\partial \mathbf{B}/\partial t]$. Como $\mathbf{E}$ e $\mathbf{G}$ exercem *forças* da mesma maneira $[\mathbf{F} = q(\mathbf{E} + \mathbf{G})]$, é melhor considerar sua soma como uma entidade *única* e chamar a coisa toda de 'campo elétrico'.

ser calculados (no caso estático) através da lei de Coulomb; os últimos podem ser encontrados explorando-se a analogia entre a lei de Faraday,

$$\nabla \times \mathbf{E} = -\frac{\partial \mathbf{B}}{\partial t},$$

e a lei de Ampère,

$$\nabla \times \mathbf{B} = \mu_0 \mathbf{J}.$$

É claro que o rotacional sozinho não basta para determinar um campo — você tem de especificar também o divergente. Mas desde que **E** seja um campo *puro* de Faraday, devido exclusivamente à variação de **B** (com $\rho = 0$), a lei de Gauss diz que

$$\nabla \cdot \mathbf{E} = 0,$$

enquanto para os campos magnéticos, é claro,

$$\nabla \cdot \mathbf{B} = 0$$

*sempre*. Assim o paralelo está completo e concluo que *os campos elétricos induzidos de Faraday são determinados por* $-(\partial \mathbf{B}/\partial t)$ *exatamente da mesma forma que os campos magnetostáticos são determinados por* $\mu_0 \mathbf{J}$.

Sobretudo, se a simetria permitir, podemos usar todos os truques associados à lei de Ampère na forma de integral,

$$\oint \mathbf{B} \cdot d\mathbf{l} = \mu_0 I_{\text{enc}},$$

só que desta vez é a lei de *Faraday* na forma de integral:

$$\oint \mathbf{E} \cdot d\mathbf{l} = -\frac{d\Phi}{dt}. \tag{7.18}$$

A taxa de variação do fluxo (magnético) através da espira amperiana desempenha o papel que anteriormente era atribuído a $\mu_0 I_{\text{enc}}$.

---

**Exemplo 7.7**

Um campo magnético uniforme $\mathbf{B}(t)$, que aponta diretamente para cima, preenche a região circular sombreada da Figura 7.24. Se **B** varia com o tempo, qual é o campo elétrico induzido?

**Solução:** **E** aponta na direção circunferencial, exatamente como o campo *magnético* dentro de um fio longo e reto com densidade de *corrente* uniforme. Desenhe uma espira amperiana de raio $s$, e aplique a lei de Faraday:

$$\oint \mathbf{E} \cdot d\mathbf{l} = E(2\pi s) = -\frac{d\Phi}{dt} = -\frac{d}{dt}\left(\pi s^2 B(t)\right) = -\pi s^2 \frac{dB}{dt}.$$

Portanto

$$\mathbf{E} = -\frac{s}{2}\frac{dB}{dt}\,\hat{\boldsymbol{\phi}}.$$

Se **B** está *aumentando*, **E** está no sentido *horário*, se visto de cima.

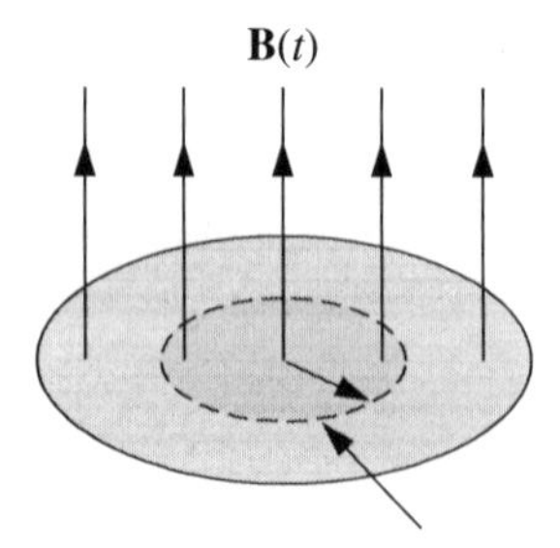


**Figura 7.24**

---

## Exemplo 7.8

Uma linha de carga com densidade $\lambda$ está grudada na beirada de uma roda de raio $b$, que é então suspensa horizontalmente, como mostra a Figura 7.25, de forma a rodar livremente (os raios são feitos de material não condutor — madeira, talvez). Na região central até o raio $a$ há um campo magnético uniforme $\mathbf{B}_0$, que aponta para cima. Agora, alguém desliga o campo. O que acontece?

**Solução:** a variação do campo magnético irá induzir um campo elétrico, enrolando-se (ou circundando) no eixo da roda. Esse campo elétrico exerce uma força sobre as cargas na beirada e a roda começa a girar. Conforme a lei de Lenz, ela irá girar em uma direção tal que *seu* campo tenda a restaurar o fluxo para cima. O movimento, então, será no sentido anti-horário, se visto de cima.

Quantitativamente, a lei de Faraday diz que

$$\oint \mathbf{E} \cdot d\mathbf{l} = -\frac{d\Phi}{dt} = -\pi a^2 \frac{dB}{dt}.$$

Ora, o torque em um segmento de comprimento $d\mathbf{l}$ é $(\mathbf{r} \times \mathbf{F})$, ou $b\lambda E\, dl$. O torque total na roda é, portanto,

$$N = b\lambda \oint E\, dl = -b\lambda\pi a^2 \frac{dB}{dt},$$

e o momento angular transmitido à roda é

$$\int N dt = -\lambda\pi a^2 b \int_{B_0}^{0} dB = \lambda\pi a^2 b B_0.$$

Não importa quão rápido ou devagar você desliga o campo; a velocidade angular final da roda será a mesma, de qualquer jeito. (Se você estiver imaginando de onde *veio* esse momento angular, estará se adiantando! Aguarde o próximo capítulo.)

Uma última palavra sobre este exemplo: é o campo *elétrico* que provoca a rotação. Para convencê-lo disso eu deliberadamente ajeitei as coisas de forma que o campo *magnético* seja sempre *zero* no local da carga (na beirada). A experimentadora pode lhe dizer que não incluiu nenhum campo elétrico — a única coisa que ela fez foi desligar o campo magnético. Mas quando ela fez isso, um campo elétrico automaticamente apareceu e foi esse campo elétrico que girou a roda.

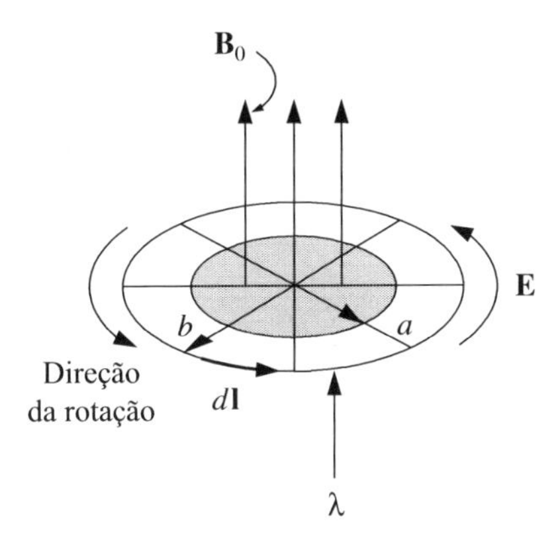


**Figura 7.25**

Preciso alertá-lo agora para uma pequena fraude que mancha muitas das aplicações da lei de Faraday: a indução eletromagnética, é claro, ocorre somente quando os campos magnéticos estão *variando*. No entanto, gostaríamos de usar o aparato da *magnetostática* (lei de Ampère, de Biot-Savart e tudo o mais) para *calcular* esses campos magnéticos. Tecnicamente, qualquer resultado derivado dessa forma é apenas aproximadamente correto. Mas, na prática, o erro é normalmente desprezível, a menos que o campo flutue de forma extremamente rápida ou você esteja interessado em pontos muito distantes da fonte. Mesmo o caso de um fio cortado com tesoura (Problema 7.18) é *estático o suficiente* para se aplicar a lei de Ampère. Esse regime, no qual as regras da magnetostática podem ser usadas para calcular o campo magnético do lado direito da lei de Faraday, é chamado de **quase-estático**. Falando genericamente, é somente quando chegamos às ondas eletromagnéticas e à radiação que temos de nos preocupar seriamente com o colapso da magnetostática em si.

## Exemplo 7.9

Por um fio reto infinitamente longo passa uma corrente que varia lentamente $I(t)$. Determine o campo elétrico induzido como função da distância $s$ ao fio.[10]

**Solução:** na aproximação quase-estática, o campo magnético é $(\mu_0 I/2\pi s)$, e circunda o fio. Como o campo **B** de um solenoide, aqui **E** é paralelo ao eixo. Para a 'espira amperiana' retangular da Figura 7.26, a lei de Faraday resulta em:

$$\begin{aligned}\oint \mathbf{E}\cdot d\mathbf{l} &= E(s_0)l - E(s)l = -\frac{d}{dt}\int \mathbf{B}\cdot d\mathbf{a}\\ &= -\frac{\mu_0 l}{2\pi}\frac{dI}{dt}\int_{s_0}^{s}\frac{1}{s'}\,ds' = -\frac{\mu_0 l}{2\pi}\frac{dI}{dt}(\ln s - \ln s_0).\end{aligned}$$

Assim,

$$\mathbf{E}(s) = \left[\frac{\mu_0}{2\pi}\frac{dI}{dt}\ln s + K\right]\hat{\mathbf{z}}, \tag{7.19}$$

onde $K$ é uma constante (o que equivale a dizer que é independente de $s$ — mesmo assim, pode ser uma função de $t$). O *valor* de fato de $K$ depende de todo o histórico da função $I(t)$ — veremos alguns exemplos no Capítulo 10.

A Equação 7.19 traz a sugestão peculiar de que $E$ explode à medida que $s$ tende ao infinito. *Isso* não pode ser verdade... O que está errado? *Resposta:* ultrapassamos o limite da aproximação quase-estática. Como veremos no Capítulo 9, as 'notícias' eletromagnéticas viajam à velocidade da luz, e a grandes distâncias **B** depende não da corrente *agora*, mas da corrente *como ela era* algum tempo antes (na verdade, toda uma *série* de tempos anteriores, já que diferentes pontos no fio estão a distâncias diferentes). Se $\tau$ é o tempo que $I$ leva para mudar substancialmente, então a aproximação quase-estática deve ser verdadeira apenas para

$$s \ll c\tau, \tag{7.20}$$

e, portanto, a Equação 7.19 simplesmente não se aplica para $s$ extremamente grande.

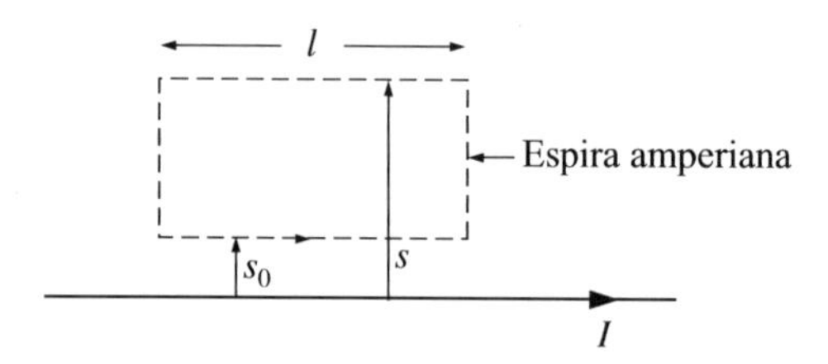


**Figura 7.26**

---

**Problema 7.15** Por um solenoide longo de raio $a$ e $n$ voltas por unidade de comprimento, passa uma corrente com dependência temporal $I(t)$ na direção $\hat{\phi}$. Encontre o campo elétrico (magnitude, direção e sentido) a uma distância $s$ do eixo (tanto dentro como fora do solenoide), por aproximação quase-estática.

**Problema 7.16** Uma corrente alternada $I = I_0\cos(\omega t)$ passa por um fio longo e reto, retornando através de um tubo condutor coaxial de raio $a$.

(a) Em que *direção* o campo elétrico induzido aponta (radial, circunferencial ou longitudinal)?

(b) Assumindo que o campo tente a zero à medida que $s \to \infty$, encontre $\mathbf{E}(s, t)$. [Incidentalmente, esta não é de forma alguma a maneira como os campos elétricos *realmente* se comportam nos cabos coaxiais, pelos motivos expostos na nota de rodapé 10. Veja a Seção 9.5.3, ou J. G. Cherveniak, *Am. J. Phys.*, **54**, 946 (1986), para um tratamento mais realista.]

**Problema 7.17** Em torno de um solenoide longo de raio $a$, com $n$ voltas por unidade de comprimento, passa uma espira de resistência $R$, como mostra a Figura 7.27.

(a) Se a corrente no solenoide está aumentando a uma taxa constante ($dI/dt = k$), que corrente passa pela espira e em que sentido (esquerda ou direita) ela passa pelo resistor?

(b) Se a corrente $I$ no solenoide é constante, mas o solenoide for tirado da espira e recolocado no sentido oposto, qual a carga total que passará pelo resistor?

---

10. Este exemplo é artificial, não somente no sentido usual de que envolve fios infinitos, mas em um aspecto mais sutil. Ele assume que a corrente é a mesma (em qualquer instante dado) em todo o comprimento do fio. Esse é um pressuposto seguro para fios *curtos* em circuitos elétricos típicos, mas não (na prática) para fios *longos* (linhas de transmissão), a menos que você inclua um mecanismo de acionamento distribuído e sincronizado. Mas não se preocupe, o problema não pergunta como você *produziria* tal corrente, mas apenas que *campos* resultariam se você o *fizesse*. (Variações deste problema são discutidas em M. A. Heald, *Am. J. Phys.* **54**, 1142 (1986), e referências ali citadas.)

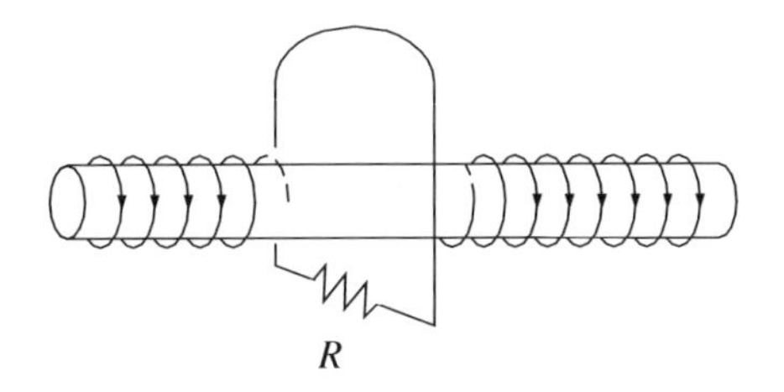


**Figura 7.27**

**Problema 7.18** Uma espira quadrada de lado $a$ e resistência $R$ está a uma distância $s$ de um fio reto infinito pelo qual passa uma corrente $I$ (Figura 7.28). Alguém corta o fio, de forma que $I$ cai a zero. Em que sentido a corrente induzida flui pela espira quadrada e qual a carga total que passa por um dado ponto da espira durante o tempo em que essa corrente flui? Se você não gosta do modelo com a tesoura, diminua a corrente *gradualmente*:

$$I(t) = \begin{cases} (1 - \alpha t)I, & \text{para } 0 \leq t \leq 1/\alpha, \\ 0, & \text{para } t > 1/\alpha. \end{cases}$$

**Problema 7.19** Uma bobina toroidal tem corte transversal retangular com raio interno $a$, raio externo $a + w$ e altura $h$. Ela tem um total de $N$ voltas compactas e a corrente aumenta a uma taxa constante ($dI/dt = k$). Se $w$ e $h$ forem ambos muito menores que $a$, encontre o campo elétrico no ponto $z$ acima do centro do toroide. [*Dica:* explore a analogia entre os campos de Faraday e os campos magnetostáticos e consulte o Exemplo 5.6.]

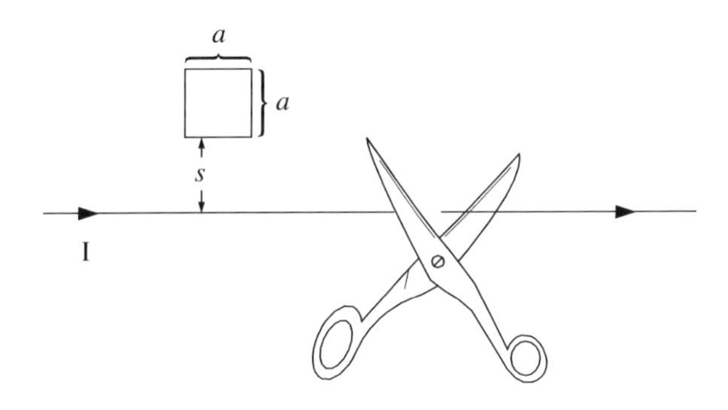


**Figura 7.28**

---

### 7.2.3 Indutância

Suponha que você tem duas espiras de fio em repouso (Figura 7.29). Se passar uma corrente estacionária $I_1$ pela espira 1, ela produzirá um campo magnético $\mathbf{B}_1$. Algumas das linhas do campo passam pela espira 2; considere $\Phi_2$ o fluxo de $\mathbf{B}_1$ passando por 2. Talvez você tenha dificuldade para realmente *calcular* $\mathbf{B}_1$, mas um olhar sobre a lei de Biot-Savart,

$$\mathbf{B}_1 = \frac{\mu_0}{4\pi} I_1 \oint \frac{d\mathbf{l}_1 \times \hat{\boldsymbol{\mathscr{r}}}}{\mathscr{r}^2},$$

revela um fato significativo sobre esse campo: *ele é proporcional à corrente* $I_1$. Portanto, o fluxo que passa pela espira 2 também o é:

$$\Phi_2 = \int \mathbf{B}_1 \cdot d\mathbf{a}_2.$$

Assim

$$\Phi_2 = M_{21} I_1, \tag{7.21}$$

onde $M_{21}$ é a constante de proporcionalidade; ela é conhecida como a **indutância mútua** das duas espiras.

Existe uma fórmula bonitinha para a indutância mútua que você pode deduzir expressando o fluxo em termos do potencial vetorial e recorrendo ao teorema de Stokes:

$$\Phi_2 = \int \mathbf{B}_1 \cdot d\mathbf{a}_2 = \int (\boldsymbol{\nabla} \times \mathbf{A}_1) \cdot d\mathbf{a}_2 = \oint \mathbf{A}_1 \cdot d\mathbf{l}_2.$$

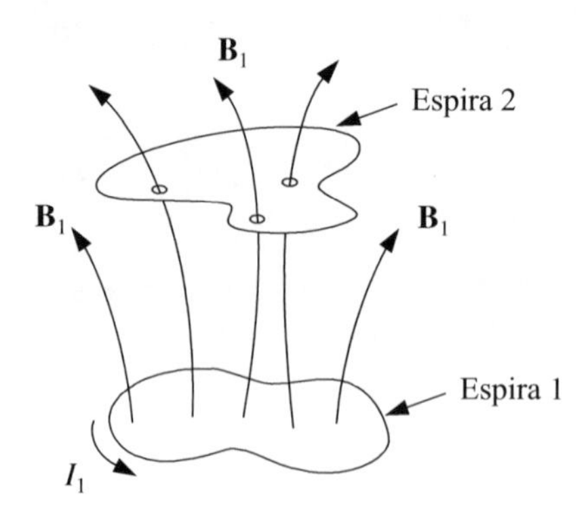


**Figura 7.29**

Ora, segundo a Equação 5.64,

$$\mathbf{A}_1 = \frac{\mu_0 I_1}{4\pi} \oint \frac{d\mathbf{l}_1}{\mathscr{r}},$$

e então

$$\Phi_2 = \frac{\mu_0 I_1}{4\pi} \oint \left( \oint \frac{d\mathbf{l}_1}{\mathscr{r}} \right) \cdot d\mathbf{l}_2.$$

Evidentemente

$$M_{21} = \frac{\mu_0}{4\pi} \oint \oint \frac{d\mathbf{l}_1 \cdot d\mathbf{l}_2}{\mathscr{r}}. \tag{7.22}$$

Esta é a **fórmula de Neumann**; ela envolve uma integral de linha dupla — uma integração em torno da espira 1 e outra em torno da espira 2 (Figura 7.30). Não é muito útil para cálculos práticos, mas revela duas coisas importantes sobre a indutância mútua:

1. $M_{21}$ é uma quantidade puramente geométrica relacionada aos tamanhos, formas e posições relativas das duas espiras.

2. A integral da Equação 7.22 permanece inalterada se mudarmos os papéis das espiras 1 e 2; segue-se que

$$M_{21} = M_{12}. \tag{7.23}$$

Esta é uma conclusão surpreendente: *sejam quais forem os formatos e posições das espiras, o fluxo através de 2 quando passamos uma corrente I por 1 é idêntico ao fluxo através de 1 quando passamos a mesma corrente I por 2*. Podemos muito bem deixar de lado os subscritos e chamar ambas de $M$.

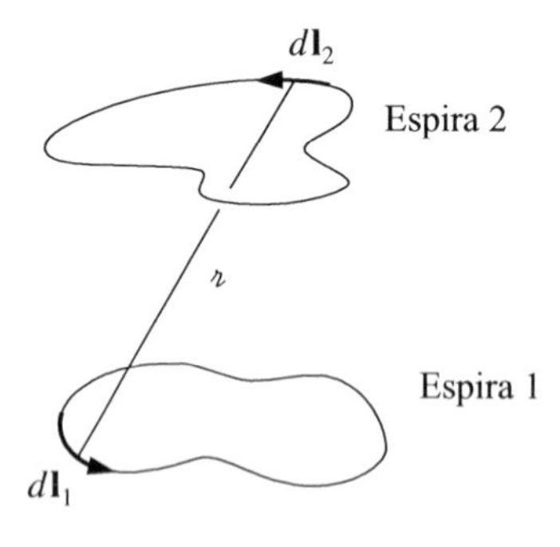


**Figura 7.30**

---

### Exemplo 7.10

Um solenoide curto (de comprimento $l$ e raio $a$, com $n_1$ voltas por unidade de comprimento) está no eixo de um solenoide muito longo (de raio $b$, $n_2$ voltas por unidade de comprimento) como mostra a Figura 7.31. A corrente $I$ passa pelo solenoide curto. Qual é o fluxo através do solenoide longo?

**Solução**: como o solenoide interno é curto, ele tem um campo muito complicado; além do mais, coloca uma quantidade diferente de fluxo em cada volta do solenoide externo. Seria uma tarefa *infeliz* calcular o fluxo total dessa forma. No entanto, se explorarmos

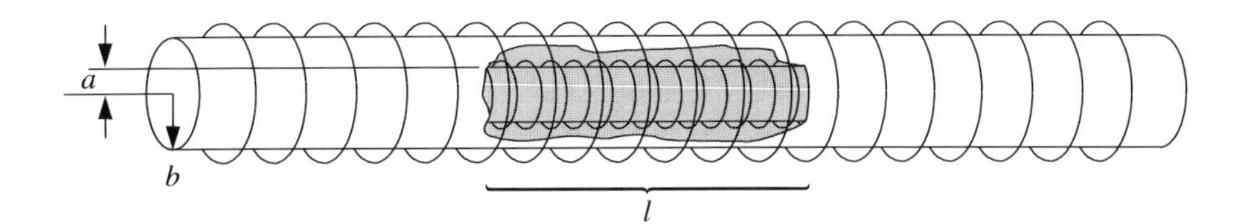


Figura 7.31

a igualdade das indutâncias mútuas, o problema torna-se muito fácil. Olhe a situação de forma inversa: passe a corrente $I$ pelo solenoide *externo* e calcule o fluxo pelo *interno*. O campo dentro do solenoide longo é constante:

$$B = \mu_0 n_2 I$$

(Equação 5.57), de forma que o fluxo através de uma única volta do solenoide curto é

$$B\pi a^2 = \mu_0 n_2 I \pi a^2.$$

Há $n_1 l$ voltas no total, de forma que o fluxo total através do solenoide interno é

$$\Phi = \mu_0 \pi a^2 n_1 n_2 l I.$$

Esse é também o fluxo que uma corrente $I$ no solenoide *curto* faria passar através do solenoide *longo*, que foi o que nos propusemos a descobrir. A propósito, a indutância mútua, neste caso, é

$$M = \mu_0 \pi a^2 n_1 n_2 l.$$

---

Suponha que você *varie* a corrente da espira 1. O fluxo através da espira 2 irá variar de forma correspondente e a lei de Faraday diz que essa alteração de fluxo induzirá uma fem na espira 2:

$$\mathcal{E}_2 = -\frac{d\Phi_2}{dt} = -M\frac{dI_1}{dt}. \tag{7.24}$$

(Citando a Equação 7.21 — que se baseia na lei de Biot-Savart — estou tacitamente supondo que as correntes se alteram lentamente o bastante para que a configuração seja considerada quase-estática.) Que coisa notável: sempre que você altera a corrente da espira 1, uma corrente induzida passa pela espira 2 — embora não haja fios ligando-as!

Pensando bem, uma corrente que varia não só induz uma fem nas espiras próximas, como também induz uma fem na *própria* espira fonte (Figura 7.32). Mais uma vez o campo (e, portanto, também o fluxo) é proporcional à corrente:

$$\Phi = LI. \tag{7.25}$$

A constante de proporcionalidade $L$ é chamada de **autoindutância** (ou simplesmente de **indutância**) da espira. Como acontece com $M$, ela também depende da geometria (tamanho e forma) da espira. Se a corrente varia, a fem induzida na espira é

$$\mathcal{E} = -L\frac{dI}{dt}. \tag{7.26}$$

A indutância é medida em **henries** (H); um henry equivale a um volt-segundo por ampère.

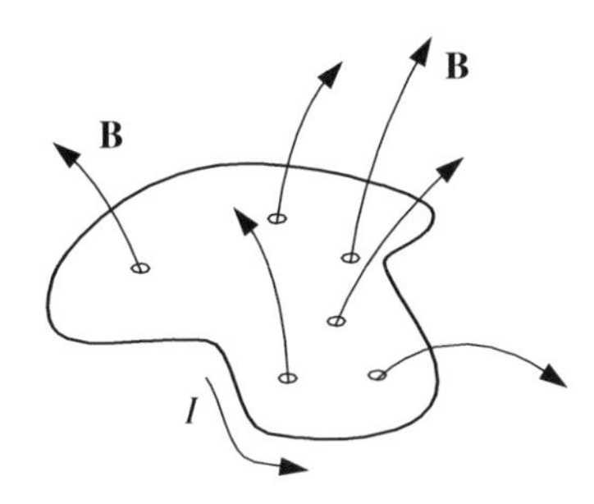


Figura 7.32

## Exemplo 7.11

Encontre a autoindutância de uma bobina toroidal com corte transversal retangular (raio interno $a$, raio externo $b$, altura $h$), com um total de $N$ voltas.

**Solução:** o campo magnético dentro do toroide é (Equação 5.58)

$$B = \frac{\mu_0 N I}{2\pi s}.$$

O fluxo que passa por uma única volta (Figura 7.33) é

$$\int \mathbf{B} \cdot d\mathbf{a} = \frac{\mu_0 N I}{2\pi} h \int_a^b \frac{1}{s}\, ds = \frac{\mu_0 N I h}{2\pi} \ln\left(\frac{b}{a}\right).$$

O fluxo *total* é $N$ vezes isso, de forma que a autoindutância (Equação 7.25) é

$$L = \frac{\mu_0 N^2 h}{2\pi} \ln\left(\frac{b}{a}\right). \tag{7.27}$$

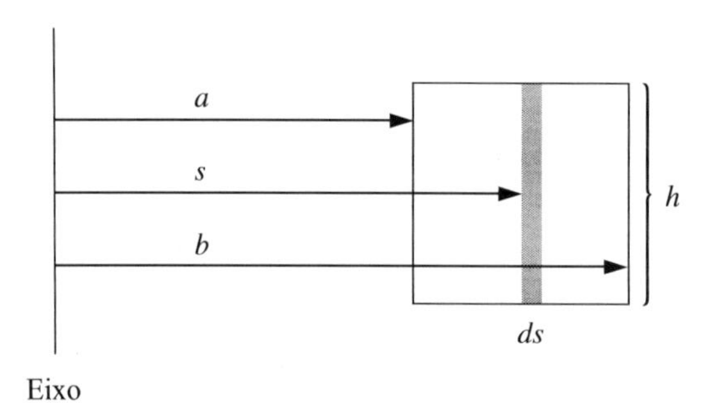


**Figura 7.33**

A indutância (como a capacitância) é uma quantidade intrinsecamente *positiva*. A lei de Lenz, que é guiada pelo sinal negativo da Equação 7.26, determina que a fem tenha um sentido tal que se *oponha* a qualquer *variação na corrente*. Por esta razão ela é chamada de **força contraeletromotriz**. Sempre que tentar alterar a corrente de um fio, você terá de lutar contra essa força contraeletromotriz. Portanto, a indutância desempenha nos circuitos elétricos um papel de certa forma semelhante ao da *massa* nos sistemas mecânicos: quanto maior $L$, mais difícil é variar a corrente, da mesma forma que quanto maior a massa, mais difícil é variar a velocidade de um objeto.

## Exemplo 7.12

Suponha que uma corrente $I$ está passando por uma espira quando alguém, de repente, corta o fio. A corrente cai 'instantaneamente' a zero. Isso gera uma força contraeletromotriz colossal, pois embora $I$ seja pequena, $dI/dt$ é enorme. É por isso que frequentemente sai uma faísca quando você desliga um ferro ou uma torradeira — a indução eletromagnética está desesperadamente tentando manter o fluxo da corrente, mesmo tendo que saltar a abertura do circuito.

Nada assim tão dramático acontece quando você liga a tomada de uma torradeira ou de um ferro. Nesse caso, a indução se opõe ao *aumento* repentino da corrente, determinando em vez disso um aumento suave e contínuo. Suponha, por exemplo, que uma bateria (que fornece uma fem constante $\mathcal{E}_0$) está ligada a um circuito de resistência $R$ e indutância $L$ (Figura 7.34). Que corrente passa?

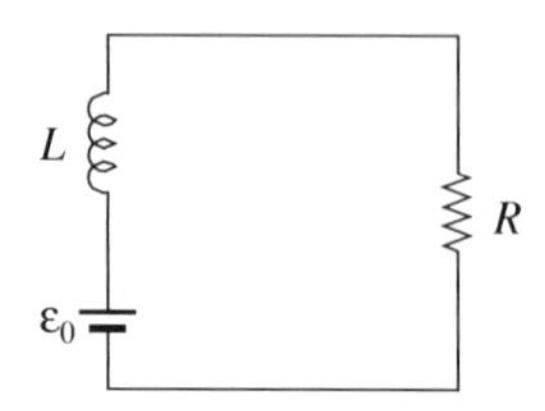


**Figura 7.34**

**Solução**: a fem total neste circuito é a fornecida pela bateria, somada à que resulta da autoindutância. A lei de Ohm, então, diz que[11]

$$\mathcal{E}_0 - L\frac{dI}{dt} = IR.$$

Esta é uma equação diferencial de primeira ordem para $I$ como função de tempo. A solução geral, como você pode facilmente deduzir por si mesmo, é

$$I(t) = \frac{\mathcal{E}_0}{R} + ke^{-(R/L)t},$$

onde $k$ é uma constante a ser determinada pelas condições iniciais. Particularmente, se o circuito for 'ligado' no tempo $t = 0$ (e, portanto, $I(0) = 0$), então o valor de $k$ é $-\mathcal{E}_0/R$, e

$$I(t) = \frac{\mathcal{E}_0}{R}\left[1 - e^{-(R/L)t}\right]. \tag{7.28}$$

O gráfico desta função está na Figura 7.35. Se não houvesse indutância no circuito, a corrente teria saltado imediatamente para $\mathcal{E}_0/R$. Na prática, *todo* circuito tem *alguma* autoindutância e a corrente aproxima-se de $\mathcal{E}_0/R$ assintoticamente. A grandeza $\tau \equiv L/R$ é chamada de **constante de tempo**; ela lhe diz quanto tempo a corrente leva para atingir uma fração substancial (por volta de dois terços) do seu valor final.

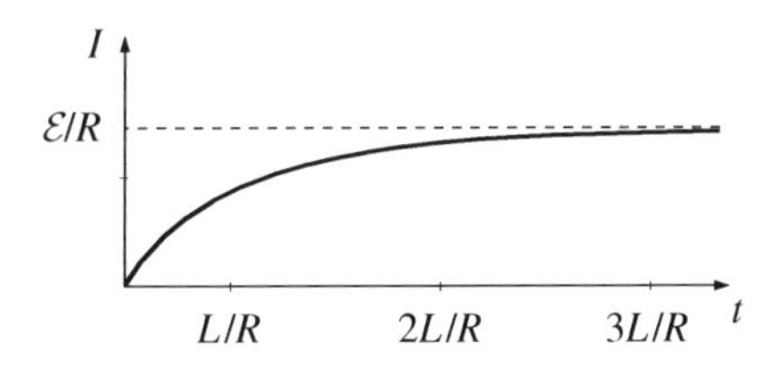


**Figura 7.35**

---

**Problema 7.20** Uma pequena espira de fio (de raio $a$) está a uma distância $z$ acima do centro de uma espira maior (de raio $b$), como mostra a Figura 7.36. Os planos das duas espiras são paralelos e perpendiculares ao eixo comum.

(a) Suponha que a corrente $I$ passa pela espira maior. Encontre o fluxo que passa através da espira menor. (A espira menor é tão pequena que você pode considerar o campo da espira grande como praticamente constante.)

(b) Suponha que a corrente $I$ passa pela espira pequena. Encontre o fluxo através da espira maior. (A espira menor é tão pequena que você pode tratá-la como um dipolo magnético.)

(c) Encontre as indutâncias mútuas e confirme que $M_{12} = M_{21}$.

**Problema 7.21** Uma espira quadrada, de lado $a$, está a meio caminho entre dois fios longos que estão no mesmo plano e a uma distância $3a$ um do outro. (Na realidade, os fios longos são os lados de uma grande espira retangular, mas os lados curtos estão tão distantes que podem ser desprezados.) Uma corrente no sentido horário $I$ na espira quadrada aumenta gradualmente: $dI/dt = k$ (uma constante). Encontre a fem induzida na espira grande. Em que sentido a corrente induzida fluirá?

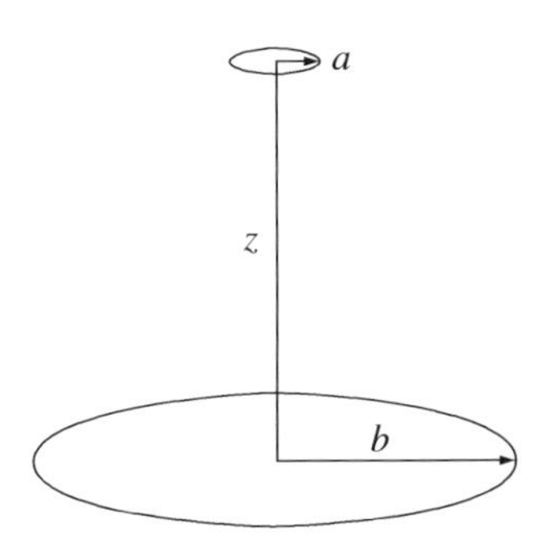


**Figura 7.36**

11. Observe que $-L(dI/dt)$ vai para o lado *esquerdo* da equação — faz parte da fem que (junto com $\mathcal{E}_0$) estabelece a voltagem através do resistor (Equação 7.10).

**Problema 7.22** Encontre a autoindutância por unidade de comprimento de um solenoide longo de raio $R$, com $n$ voltas por unidade de comprimento.

**Problema 7.23** Tente calcular a autoindutância da espira em forma de 'grampo de cabelo' mostrada na Figura 7.37. (Despreze a contribuição das extremidades; a maior parte do fluxo vem da parte longa e reta.) Você vai se deparar com um problema que é característico de muitos cálculos de autoindutância. Para obter uma resposta definitiva, assuma que o fio tem um raio minúsculo $\epsilon$, e ignore qualquer fluxo que passa pelo fio em si.

**Problema 7.24** Uma corrente alternada $I_0 \cos(\omega t)$ (amplitude 0,5 A, frequência 60 Hz) flui por um fio reto que passa ao longo do eixo de uma bobina toroidal com corte transversal retangular (raio interno 1 cm, raio externo 2 cm, altura 1 cm, 1.000 voltas). A bobina está ligada a um resistor de 500 Ω.

(a) Pela aproximação quase-estática, qual a fem induzida no toroide? Encontre a corrente $I_r(t)$ no resistor.

(b) Calcule a força contraeletromotriz na bobina, devida à corrente $I_r(t)$. Qual é a razão entre as amplitudes dessa força contraeletromotriz e a fem 'direta' em (a)?

**Problema 7.25** Um capacitor $C$ é carregado até um potencial $V$ e ligado a um indutor $L$, como mostra esquematicamente a Figura 7.38. No tempo $t = 0$ a chave $S$ é fechada. Encontre a corrente no circuito, como função de tempo. Como a sua resposta se altera se um resistor $R$ for incluído em série com $C$ e $L$?

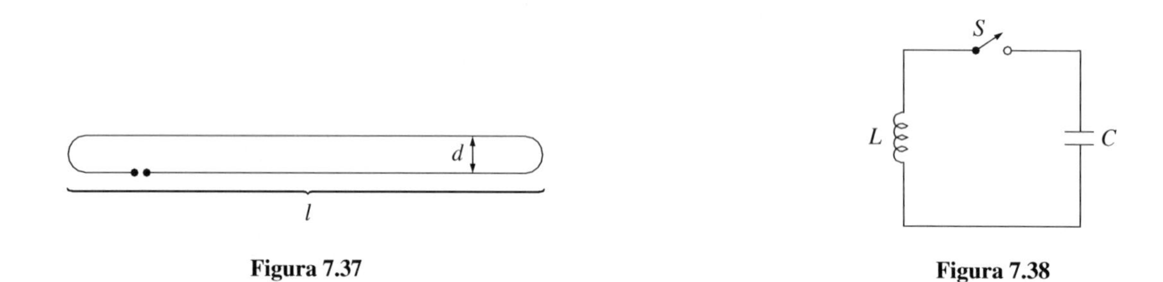


**Figura 7.37** **Figura 7.38**

### 7.2.4 A energia em campos magnéticos

É necessária uma certa quantidade de *energia* para que uma corrente comece a fluir por um circuito. Não estou falando sobre a energia fornecida aos resistores e convertida em calor — essa é irrecuperavelmente perdida no que se refere ao circuito e pode ser grande ou pequena, dependendo de por quanto tempo você deixa a corrente passar. Mais exatamente, o que me interessa é o trabalho que você precisa realizar *para vencer a força contraeletromotriz* e colocar a corrente em curso. É uma quantidade *fixa* e *recuperável*: você a obtém de volta quando a corrente é desligada. Nesse meio-tempo, ela representa a energia latente no circuito; como veremos em instantes, pode ser considerada como a energia armazenada no campo magnético.

O trabalho realizado sobre uma unidade de carga, contra a força contraeletromotriz, durante uma volta em torno do circuito é $-\mathcal{E}$ (o sinal negativo registra o fato de esse trabalho ser feito *por você contra* a fem; não é o trabalho realizado pela fem). A quantidade de carga por unidade de tempo que passa pelo fio é $I$. Portanto, o trabalho total realizado por unidade de tempo é

$$\frac{dW}{dt} = -\mathcal{E}I = LI\frac{dI}{dt}.$$

Se começarmos com corrente zero e formos aumentando até um valor final $I$, o trabalho realizado (integrando a última equação no tempo) é

$$\boxed{W = \frac{1}{2}LI^2.} \tag{7.29}$$

Não depende de *quanto tempo* demoramos para colocar a corrente em movimento, mas apenas da geometria da espira (na forma de $L$) e da corrente final $I$.

Há uma maneira mais interessante de expressar $W$, que tem a vantagem de ser prontamente generalizada para correntes superficiais e volumétricas. Lembre-se de que o fluxo $\Phi$ através da espira é igual a $LI$ (Equação 7.25). Por outro lado,

$$\Phi = \int_S \mathbf{B} \cdot d\mathbf{a} = \int_S (\boldsymbol{\nabla} \times \mathbf{A}) \cdot d\mathbf{a} = \oint_C \mathbf{A} \cdot d\mathbf{l},$$

onde $\mathcal{C}$ é o perímetro da espira e $\mathcal{S}$ é qualquer superfície delimitada por $\mathcal{C}$. Assim,

$$LI = \oint \mathbf{A} \cdot d\mathbf{l},$$

e, portanto,

$$W = \frac{1}{2} I \oint \mathbf{A} \cdot d\mathbf{l}.$$

A notação vetorial pode muito bem ser transferida para $I$:

$$W = \frac{1}{2} \oint (\mathbf{A} \cdot \mathbf{I})\, dl. \tag{7.30}$$

Desta forma, a generalização para correntes volumétricas fica óbvia:

$$W = \frac{1}{2} \int_{\mathcal{V}} (\mathbf{A} \cdot \mathbf{J})\, d\tau. \tag{7.31}$$

Mas podemos fazer ainda melhor e expressar $W$ inteiramente em termos do campo magnético: a lei de Ampère, $\boldsymbol{\nabla} \times \mathbf{B} = \mu_0 \mathbf{J}$, nos permite eliminar $\mathbf{J}$:

$$W = \frac{1}{2\mu_0} \int \mathbf{A} \cdot (\boldsymbol{\nabla} \times \mathbf{B})\, d\tau. \tag{7.32}$$

A integração por partes nos permite passar a derivada de $\mathbf{B}$ para $\mathbf{A}$; a regra de produto 6, especificamente, diz que

$$\boldsymbol{\nabla} \cdot (\mathbf{A} \times \mathbf{B}) = \mathbf{B} \cdot (\boldsymbol{\nabla} \times \mathbf{A}) - \mathbf{A} \cdot (\boldsymbol{\nabla} \times \mathbf{B}),$$

então

$$\mathbf{A} \cdot (\boldsymbol{\nabla} \times \mathbf{B}) = \mathbf{B} \cdot \mathbf{B} - \boldsymbol{\nabla} \cdot (\mathbf{A} \times \mathbf{B}).$$

Consequentemente,

$$\begin{aligned} W &= \frac{1}{2\mu_0} \left[ \int B^2\, d\tau - \int \boldsymbol{\nabla} \cdot (\mathbf{A} \times \mathbf{B})\, d\tau \right] \\ &= \frac{1}{2\mu_0} \left[ \int_{\mathcal{V}} B^2\, d\tau - \oint_{\mathcal{S}} (\mathbf{A} \times \mathbf{B}) \cdot d\mathbf{a} \right], \end{aligned} \tag{7.33}$$

onde $\mathcal{S}$ é a superfície que delimita o volume $\mathcal{V}$.

Ora, a integração na Equação 7.31 deve ser feita sobre *todo o volume ocupado pela corrente*. Mas qualquer região *maior* que essa também servirá, já que fora dela $\mathbf{J}$ é zero, de qualquer maneira. Na Equação 7.33, quanto maior a região que escolhermos, maior será a contribuição da integral de volume e menor a contribuição da integral de superfície (isso faz sentido: à medida que a superfície se afasta da corrente, $\mathbf{A}$ e $\mathbf{B}$ diminuem). Sobretudo, se concordamos em integrar em *todo* o espaço, a integral de superfície irá a zero e ficaremos com

$$\boxed{W = \frac{1}{2\mu_0} \int_{\text{todo o espaço}} B^2\, d\tau.} \tag{7.34}$$

Diante desse resultado, dizemos que a energia fica 'armazenada no campo magnético', na quantidade $(B^2/2\mu_0)$ por unidade de volume. Essa é uma maneira interessante de pensar, embora alguém que esteja olhando a Equação 7.31 talvez prefira dizer que a energia fica armazenada na *distribuição de corrente*, na quantidade $\frac{1}{2}(\mathbf{A} \cdot \mathbf{J})$ por unidade de volume. A distinção é uma questão contábil; a grandeza importante é a energia total $W$, e não vamos nos preocupar onde a energia está 'localizada' (se é que está em algum lugar).

Talvez você ache estranho que gasta-se energia para estabelecer um campo magnético — afinal, os campos magnéticos *em si* não realizam trabalho. A questão é que produzir um campo magnético onde antes não havia nenhum requer *alterar* o campo, e um campo $\mathbf{B}$ que varia, segundo Faraday, induz um campo *elétrico*. Este último, é claro, *pode* realizar trabalho. No início não há $\mathbf{E}$, e no fim não há $\mathbf{E}$; mas entre um e outro, enquanto $\mathbf{B}$ está crescendo, existe $\mathbf{E}$, e é contra *isso* que o trabalho é realizado. (Agora você vê por que não pude calcular a energia armazenada em um campo magnetostático no Capítulo 5.) Sob esta ótica, é extraordinária a semelhança entre as fórmulas de energia magnética e suas contrapartes eletrostáticas:

$$W_{\text{elet}} = \frac{1}{2} \int (V\rho)\, d\tau = \frac{\epsilon_0}{2} \int E^2\, d\tau, \tag{2.43 e 2.45}$$

$$W_{\text{mag}} = \frac{1}{2}\int (\mathbf{A}\cdot\mathbf{J})\,d\tau = \frac{1}{2\mu_0}\int B^2\,d\tau. \qquad (7.31 \text{ e } 7.34)$$

---

**Exemplo 7.13**

Por um longo cabo coaxial passa uma corrente $I$ (a corrente flui pela superfície do cilindro interno de raio $a$, e retorna ao longo do cilindro externo, de raio $b$) como mostra a Figura 7.39. Encontre a energia magnética armazenada em um trecho de comprimento $l$.

**Solução:** segundo a lei de Ampère, o campo entre os cilindros é

$$\mathbf{B} = \frac{\mu_0 I}{2\pi s}\hat{\boldsymbol{\phi}}.$$

Nos demais lugares o campo é zero. Portanto, a energia por unidade de volume é

$$\frac{1}{2\mu_0}\left(\frac{\mu_0 I}{2\pi s}\right)^2 = \frac{\mu_0 I^2}{8\pi^2 s^2}.$$

A energia em uma casca cilíndrica de comprimento $l$, raio $s$ e espessura $ds$, então, é

$$\left(\frac{\mu_0 I^2}{8\pi^2 s^2}\right) 2\pi l s\,ds = \frac{\mu_0 I^2 l}{4\pi}\left(\frac{ds}{s}\right).$$

Integrando de $a$ até $b$, temos:

$$W = \frac{\mu_0 I^2 l}{4\pi}\ln\left(\frac{b}{a}\right).$$

Aliás, isto sugere uma maneira bastante simples de calcular a autoindutância do cabo. Segundo a Equação 7.29, a energia também pode ser expressa como $\frac{1}{2}LI^2$. Comparando as duas expressões,[12]

$$L = \frac{\mu_0 l}{2\pi}\ln\left(\frac{b}{a}\right).$$

Este método para calcular a autoindutância é especialmente útil quando a corrente não está confinada a um único caminho, mas espalha-se por alguma superfície ou volume. Nesses casos, diferentes partes da corrente podem circular quantidades diferentes de fluxo e pode ficar muito complicado obter $L$ diretamente da Equação 7.25.

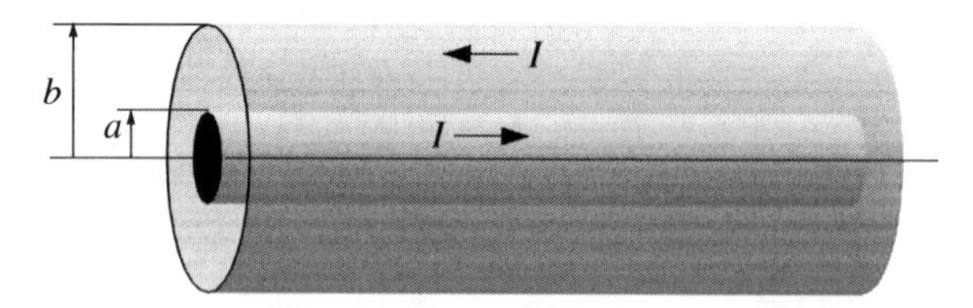


**Figura 7.39**

---

**Problema 7.26** Encontre a energia armazenada em uma seção de comprimento $l$ de um solenoide longo (raio $R$, corrente $I$, $n$ voltas por unidade de comprimento), (a) usando a Equação 7.29 (você calculou $L$ no Problema 7.22); (b) usando a Equação 7.30 (calculamos $\mathbf{A}$ no Exemplo 5.12); (c) usando a Equação 7.34; (d) usando a Equação 7.33 (considere como volume o tubo cilíndrico do raio $a < R$ ao raio $b > R$).

**Problema 7.27** Calcule a energia armazenada na bobina toroidal do Exemplo 7.11, aplicando a Equação 7.34. Use a resposta para verificar a Equação 7.27.

**Problema 7.28** Por um cabo longo passa em um sentido uma corrente uniformemente distribuída sobre a sua seção transversal (circular). A corrente retorna ao longo da superfície (há um revestimento isolante muito fino separando as correntes). Encontre a autoindutância por unidade de comprimento.

**Problema 7.29** Suponha que o circuito na Figura 7.40 ficou conectado por um longo tempo quando, de repente, no tempo $t = 0$, a chave $S$ é acionada, isolando da bateria.

(a) Qual é a corrente em qualquer tempo subsequente $t$?

(b) Qual é a energia total fornecida ao resistor?

(c) Mostre que ela é igual à energia originalmente armazenada no indutor.

---

12. Note a semelhança com a Equação 7.27 — nesse sentido, um toroide retangular *é* um cabo coaxial curto, encurvado.

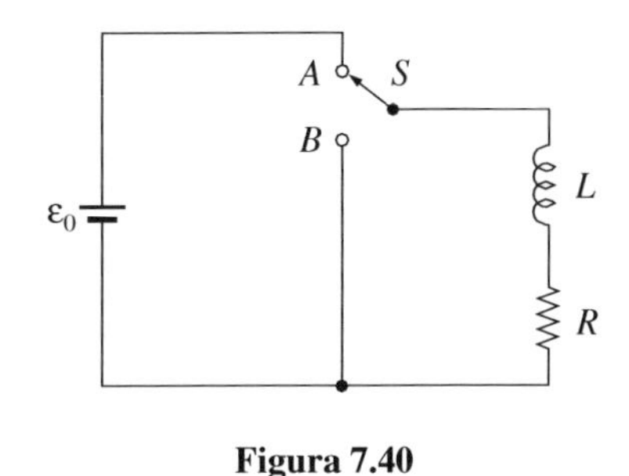


**Figura 7.40**

**Problema 7.30** Duas minúsculas espiras de fio, com áreas $\mathbf{a}_1$ e $\mathbf{a}_2$, estão situadas a um deslocamento $\boldsymbol{\mathscr{r}}$ uma da outra (Figura 7.41).

(a) Encontre a indutância mútua. [*Dica:* trate-as como dipolos magnéticos e use a Equação 5.87.] A sua fórmula é coerente com a Equação 7.23?

(b) Suponha que uma corrente $I_1$ está passando pela espira 1 e nos propomos a ligar uma corrente $I_2$ na espira 2. Quanto trabalho tem de ser realizado contra a fem mutuamente induzida para manter a corrente $I_1$ fluindo pela espira 1? À luz deste resultado, comente a Equação 6.35.

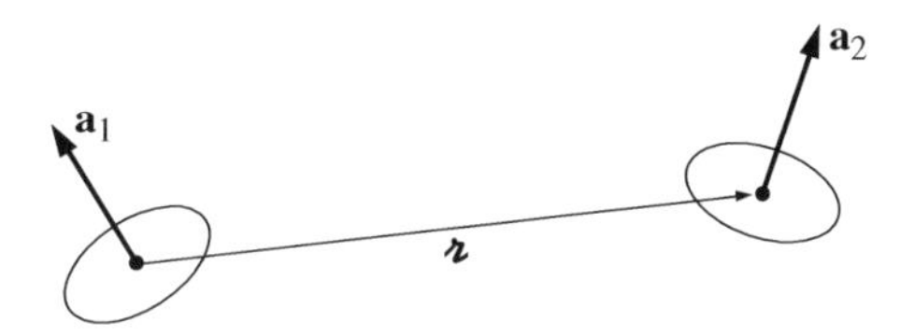


**Figura 7.41**

# 7.3 Equações de Maxwell

## 7.3.1 A eletrodinâmica antes de Maxwell

Até agora encontramos as seguintes leis que especificam o divergente e o rotacional dos campos elétricos e magnéticos:

$$\text{(i)} \quad \nabla \cdot \mathbf{E} = \frac{1}{\epsilon_0}\rho \quad \text{(lei de Gauss),}$$

$$\text{(ii)} \quad \nabla \cdot \mathbf{B} = 0 \quad \text{(sem nome),}$$

$$\text{(iii)} \quad \nabla \times \mathbf{E} = -\frac{\partial \mathbf{B}}{\partial t} \quad \text{(lei de Faraday),}$$

$$\text{(iv)} \quad \nabla \times \mathbf{B} = \mu_0 \mathbf{J} \quad \text{(lei de Ampère).}$$

Essas equações representam o estado da teoria eletromagnética há mais de um século, quando Maxwell começou seu trabalho. Elas não eram escritas de forma tão compacta naquela época, mas seu conteúdo, em termos de física, era familiar. Ora, ocorre que há uma incoerência fatal nessas fórmulas. Ela tem relação com a velha regra de que o divergente do rotacional é sempre nulo. Se você aplicar o divergente ao número (iii), tudo dá certo:

$$\nabla \cdot (\nabla \times \mathbf{E}) = \nabla \cdot \left(-\frac{\partial \mathbf{B}}{\partial t}\right) = -\frac{\partial}{\partial t}(\nabla \cdot \mathbf{B}).$$

O lado esquerdo é zero porque o divergente de um rotacional é nulo; o lado direito é zero em virtude da equação (ii). Mas quando você faz a mesma coisa ao número (iv), ocorre um problema:

$$\nabla \cdot (\nabla \times \mathbf{B}) = \mu_0 (\nabla \cdot \mathbf{J}); \tag{7.35}$$

o lado esquerdo tem de ser zero, mas o lado direito, em geral, *não* é. Para correntes *estacionárias*, o divergente de $\mathbf{J}$ é nulo, mas, evidentemente, quando vamos além da magnetostática, a lei de Ampère não pode estar certa.

Existe outra maneira de ver que a lei de Ampère tende a falhar para correntes não estacionárias. Suponha que estejamos no processo de carregar um capacitor (Figura 7.42). Na forma integral, a lei de Ampère é

$$\oint \mathbf{B} \cdot d\mathbf{l} = \mu_0 I_{\text{enc}}.$$

Quero aplicá-la à espira amperiana mostrada no diagrama. Como determino $I_{\text{enc}}$? Bem, é a corrente total que passa pela espira, ou mais precisamente, a corrente que penetra a superfície cujo contorno é a espira. Neste caso, a superfície *mais simples* está no plano da espira — o fio penetra essa superfície de forma que $I_{\text{enc}} = I$. Ótimo, mas e se eu desenhasse a superfície em forma de balão da Figura 7.42? *Nenhuma* corrente passa por *essa* superfície e eu concluo que $I_{\text{enc}} = 0$! Nunca tivemos este problema em magnetostática porque o conflito só surge quando a carga está se acumulando em algum lugar (neste caso, nas placas do capacitor). Mas *para correntes não estacionárias* (como esta) *'a corrente encerrada por uma espira' é uma noção mal definida*, já que depende totalmente de qual superfície você usa. (Se isto lhe parece meticuloso demais — 'é óbvio que se deve usar a superfície plana' — lembre-se de que a espira amperiana pode ter uma forma retorcida qualquer que nem sequer fica em um plano.)

É claro que não tínhamos o direito de *esperar* que a lei de Ampère fosse verdadeira fora da magnetostática; afinal, nós a derivamos da lei de Biot-Savart. No entanto, no tempo de Maxwell, não havia motivo *experimental* para duvidar de que a lei de Ampère tivesse uma validade mais ampla. A falha era puramente teórica e Maxwell a corrigiu com argumentos puramente teóricos.

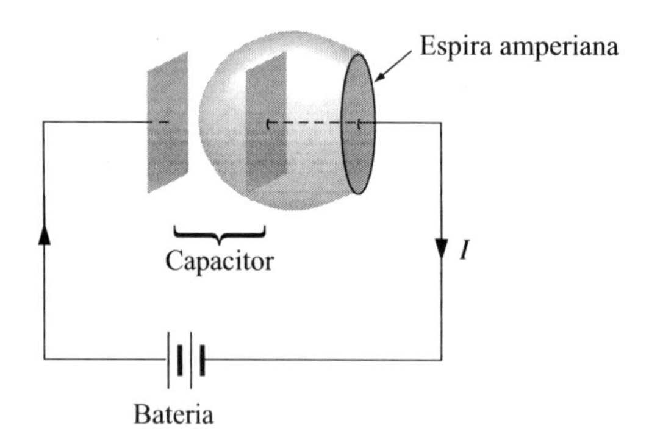


**Figura 7.42**

## 7.3.2 Como Maxwell corrigiu a lei de Ampère

O problema está do lado direito da Equação 7.35, que *deveria ser* zero, mas *não é*. Aplicando a equação de continuidade (5.29) e a lei de Gauss, o termo transgressor pode ser reescrito:

$$\nabla \cdot \mathbf{J} = -\frac{\partial \rho}{\partial t} = -\frac{\partial}{\partial t}(\epsilon_0 \nabla \cdot \mathbf{E}) = -\nabla \cdot \left(\epsilon_0 \frac{\partial \mathbf{E}}{\partial t}\right).$$

Talvez lhe ocorra que combinar $\epsilon_0(\partial \mathbf{E}/\partial t)$ com $\mathbf{J}$, na lei de Ampère, eliminaria na medida exata o divergente extra:

$$\boxed{\nabla \times \mathbf{B} = \mu_0 \mathbf{J} + \mu_0 \epsilon_0 \frac{\partial \mathbf{E}}{\partial t}.} \tag{7.36}$$

(O próprio Maxwell tinha outros motivos para querer acrescentar este termo à lei de Ampère. Para ele, resgatar a equação de continuidade foi um resultado muito mais feliz do que a motivação principal. Mas hoje reconhecemos que este argumento é muito mais convincente do que o de Maxwell, o qual se baseava em um modelo do éter, hoje desacreditado.)[13]

Essa modificação não altera nada no que se refere à *magnetostática*: quando $\mathbf{E}$ é constante, continuamos tendo $\nabla \times \mathbf{B} = \mu_0 \mathbf{J}$. De fato, o termo de Maxwell é difícil de ser detectado nos experimentos eletromagnéticos comuns, onde ele tem de competir com $\mathbf{J}$ para ser reconhecido; esse é o motivo pelo qual Faraday e outros não conseguiram descobri-lo em laboratório. No entanto, ele tem um papel crucial na propagação das ondas eletromagnéticas, como veremos no Capítulo 9.

13. Para o histórico desse assunto, veja A. M. Bork, *Am. J. Phys.* **31**, 854 (1963).

Além de sanar o defeito na lei de Ampère, o termo de Maxwell tem um certo apelo estético: como um campo *magnético* variável induz um campo *elétrico* (lei de Faraday), então

**Um campo elétrico variável induz um campo magnético.**

É claro que a conveniência teórica e a coerência estética são apenas *sugestivas* — poderia, afinal, haver outras maneiras de remediar a lei de Ampère. A verdadeira confirmação da teoria de Maxwell veio em 1888 com os experimentos de Hertz com ondas eletromagnéticas.

Maxwell chamava esse termo extra de **corrente de deslocamento**:

$$\mathbf{J}_d \equiv \epsilon_0 \frac{\partial \mathbf{E}}{\partial t}. \tag{7.37}$$

É um nome enganoso, já que $\epsilon_0(\partial \mathbf{E}/\partial t)$ nada tem a ver com corrente, exceto por se somar a $\mathbf{J}$ na lei de Ampère. Vejamos agora como a corrente de deslocamento resolve o paradoxo do capacitor carregando (Figura 7.42). Se as placas do capacitor estiverem muito próximas (não as *desenhei* dessa forma, mas assumindo isso o cálculo fica mais simples), então o campo elétrico entre elas é

$$E = \frac{1}{\epsilon_0}\sigma = \frac{1}{\epsilon_0}\frac{Q}{A},$$

onde $Q$ é a carga na placa e $A$ é a sua área. Assim, entre as placas

$$\frac{\partial E}{\partial t} = \frac{1}{\epsilon_0 A}\frac{dQ}{dt} = \frac{1}{\epsilon_0 A}I.$$

Ora, a Equação 7.36, na forma integral, diz

$$\oint \mathbf{B} \cdot d\mathbf{l} = \mu_0 I_{\text{enc}} + \mu_0\epsilon_0 \int \left(\frac{\partial \mathbf{E}}{\partial t}\right) \cdot d\mathbf{a}. \tag{7.38}$$

Se escolhermos a superfície *plana*, então $E = 0$ e $I_{\text{enc}} = I$. Se, por outro lado, usarmos a superfície em forma de balão, então $I_{\text{enc}} = 0$, mas $\int(\partial \mathbf{E}/\partial t) \cdot d\mathbf{a} = I/\epsilon_0$. Portanto, obtemos a mesma resposta para ambas as superfícies, embora no primeiro caso ela venha de uma corrente genuína, e no segundo, da corrente de deslocamento.

---

**Problema 7.31** Por um fio grosso de raio $a$ passa uma corrente constante $I$, distribuída uniformemente sobre sua seção transversal. Um intervalo estreito no fio, de largura $w \ll a$, forma um capacitor de placas paralelas, como mostra a Figura 7.43. Encontre o campo magnético no intervalo a uma distância $s < a$ do eixo.

**Problema 7.32** O problema anterior traz um modelo artificial de um capacitor carregando, criado de forma a evitar as complicações associadas ao espalhamento da corrente sobre a superfície das placas. Para um modelo mais realista, imagine fios *finos* que se conectam ao centro das placas (Figura 7.44a). Novamente, a corrente $I$ é constante, o raio do capacitor é $a$, e a separação das placas é $w \ll a$. Assuma que a corrente flui sobre as placas de forma que a carga superficial seja uniforme, a qualquer tempo dado e que ela é nula em $t = 0$.

(a) Encontre o campo elétrico entre as placas como função de $t$.

(b) Encontre a corrente de deslocamento através de um círculo de raio $s$ no plano que está a meio caminho entre as placas. Usando esse círculo como a sua 'espira amperiana' e a superfície plana que ela abarca, encontre o campo magnético a uma distância $s$ do eixo.

(c) Repita a parte (b), mas desta vez use a superfície cilíndrica da Figura 7.44b, que é aberta na extremidade direita e se estende para a esquerda através da placa e termina fora do capacitor. Observe que a corrente de deslocamento através dessa superfície é zero e que há duas contribuições para $I_{\text{enc}}$.[14]

**Problema 7.33** Consulte o Problema 7.16, para o qual a resposta correta é

$$\mathbf{E}(s,t) = \frac{\mu_0 I_0 \omega}{2\pi}\,\text{sen}(\omega t)\ln\left(\frac{a}{s}\right)\hat{\mathbf{z}}.$$

(a) Encontre a densidade de corrente de deslocamento $\mathbf{J}_d$.

---

14. Este problema suscita uma pergunta interessante e quase filosófica: medindo **B** no laboratório, você detectaria os efeitos da corrente de deslocamento (como (b) sugere), ou simplesmente confirmaria os efeitos das correntes comuns (como (c) sugere)? Veja D. F. Bartlett, *Am. J. Phys.* **58**, 1168 (1990).

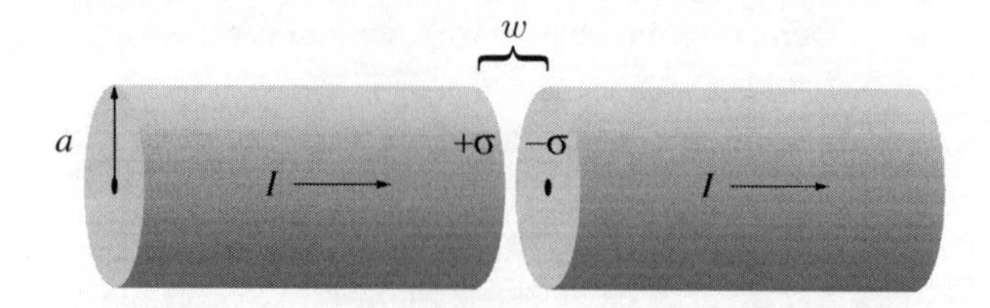


Figura 7.43

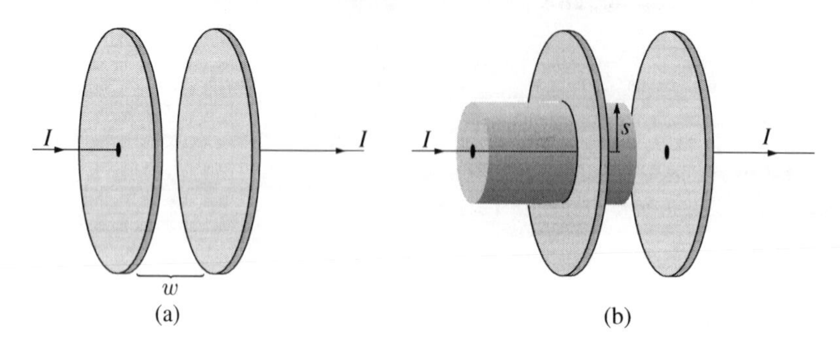


Figura 7.44

(b) Integre-a para obter a corrente de deslocamento total,

$$I_d = \int \mathbf{J}_d \cdot d\mathbf{a}.$$

(c) Compare $I_d$ e $I$. (Qual é a razão entre elas?) Se o cilindro externo tivesse, digamos, 2 mm de diâmetro, quão alta a frequência teria de ser para que $I_d$ fosse 1 por cento de $I$? [Este problema foi planejado para mostrar por que Faraday nunca descobriu as correntes de deslocamento e por que normalmente é seguro ignorá-las, a menos que a frequência seja extremamente alta.]

---

### 7.3.3 Equações de Maxwell

Na seção anterior demos os toques finais às equações de Maxwell:

$$\begin{array}{llll} \text{(i)} & \boldsymbol{\nabla}\cdot\mathbf{E} = \frac{1}{\epsilon_0}\rho & \text{(lei de Gauss)}, \\ \text{(ii)} & \boldsymbol{\nabla}\cdot\mathbf{B} = 0 & \text{(sem nome)}, \\ \text{(iii)} & \boldsymbol{\nabla}\times\mathbf{E} = -\frac{\partial\mathbf{B}}{\partial t} & \text{(lei de Faraday)}, \\ \text{(iv)} & \boldsymbol{\nabla}\times\mathbf{B} = \mu_0\mathbf{J} + \mu_0\epsilon_0\frac{\partial\mathbf{E}}{\partial t} & \text{(lei de Ampère com a correção de Maxwell).} \end{array} \tag{7.39}$$

Juntamente com a lei de força,

$$\mathbf{F} = q(\mathbf{E} + \mathbf{v}\times\mathbf{B}), \tag{7.40}$$

elas resumem todo o conteúdo teórico da eletrodinâmica clássica[15] (exceto por algumas propriedades especiais da matéria que vimos nos capítulos 4 e 6). Mesmo a equação de continuidade,

$$\boldsymbol{\nabla}\cdot\mathbf{J} = -\frac{\partial\rho}{\partial t}, \tag{7.41}$$

15. Como qualquer equação diferencial, as equações de Maxwell têm de ser suplementadas por *condições de contorno* adequadas. Como estas são tipicamente 'óbvias' conforme o contexto (por exemplo, **E** e **B** são nulos a grandes distâncias de uma distribuição localizada de carga), fica fácil esquecer que elas têm um papel essencial.

que é a expressão matemática da conservação de carga, pode ser deduzida das equações de Maxwell aplicando-se o divergente ao número (iv).

Escrevi as equações de Maxwell da forma tradicional, o que enfatiza que elas especificam o divergente e o rotacional de **E** e **B**. Dessa forma, reforçam a noção de que os campos elétricos podem ser produzidos *tanto* por cargas ($\rho$) *quanto* pela variação dos campos magnéticos ($\partial\mathbf{B}/\partial t$), e os campos magnéticos podem ser produzidos *tanto* por correntes (**J**) *quanto* pela variação dos campos elétricos ($\partial\mathbf{E}/\partial t$). Na realidade isso é um tanto enganoso porque, encarando os fatos, $\partial\mathbf{B}/\partial t$ e $\partial\mathbf{E}/\partial t$ são *em si* decorrentes de cargas e correntes. Creio que é logicamente preferível escrever

$$\left.\begin{array}{ll}\text{(i)}\ \boldsymbol{\nabla}\cdot\mathbf{E}=\dfrac{1}{\epsilon_0}\rho, & \text{(iii)}\ \boldsymbol{\nabla}\times\mathbf{E}+\dfrac{\partial\mathbf{B}}{\partial t}=0,\\[2ex] \text{(ii)}\ \boldsymbol{\nabla}\cdot\mathbf{B}=0, & \text{(iv)}\ \boldsymbol{\nabla}\times\mathbf{B}-\mu_0\epsilon_0\dfrac{\partial\mathbf{E}}{\partial t}=\mu_0\mathbf{J},\end{array}\right\} \tag{7.42}$$

com os campos (**E** e **B**) à esquerda e as fontes ($\rho$ e **J**) à direita. Essa notação enfatiza que todos os campos eletromagnéticos são, em última instância, atribuídos a cargas e correntes. As equações de Maxwell mostram como as *cargas* produzem *campos*; reciprocamente, a lei de força mostra como os *campos* afetam as *cargas*.

---

**Problema 7.34** Suponha que

$$\mathbf{E}(\mathbf{r},t)=-\frac{1}{4\pi\epsilon_0}\frac{q}{r^2}\theta(vt-r)\hat{\mathbf{r}};\quad \mathbf{B}(\mathbf{r},t)=0$$

(a função teta é definida no Problema 1.45b). Mostre que esses campos satisfazem todas as equações de Maxwell e determine $\rho$ e **J**. Descreva a situação física que dá surgimento a esses campos.

---

## 7.3.4 Carga magnética

Existe uma simetria agradável nas equações de Maxwell e ela se destaca particularmente no espaço livre, onde $\rho$ e **J** anulam-se:

$$\left.\begin{array}{ll}\boldsymbol{\nabla}\cdot\mathbf{E}=0, & \boldsymbol{\nabla}\times\mathbf{E}=-\dfrac{\partial\mathbf{B}}{\partial t},\\[2ex] \boldsymbol{\nabla}\cdot\mathbf{B}=0, & \boldsymbol{\nabla}\times\mathbf{B}=\mu_0\epsilon_0\dfrac{\partial\mathbf{E}}{\partial t}.\end{array}\right\}$$

Se você substituir **E** por **B** e **B** por $-\mu_0\epsilon_0\mathbf{E}$, o primeiro par de equações transforma-se no segundo e vice-versa. Mas essa simetria[16] entre **E** e **B** é estragada pelo termo da carga na lei de Gauss e pelo termo da corrente na lei de Ampère. Você não pode deixar de imaginar por que as quantidades correspondentes estão 'faltando' em $\boldsymbol{\nabla}\cdot\mathbf{B}=0$ e $\boldsymbol{\nabla}\times\mathbf{E}=-\partial\mathbf{B}/\partial t$. E se tivéssemos

$$\left.\begin{array}{ll}\text{(i)}\ \boldsymbol{\nabla}\cdot\mathbf{E}=\dfrac{1}{\epsilon_0}\rho_e, & \text{(iii)}\ \boldsymbol{\nabla}\times\mathbf{E}=-\mu_0\mathbf{J}_m-\dfrac{\partial\mathbf{B}}{\partial t},\\[2ex] \text{(ii)}\ \boldsymbol{\nabla}\cdot\mathbf{B}=\mu_0\rho_m, & \text{(iv)}\ \boldsymbol{\nabla}\times\mathbf{B}=\mu_0\mathbf{J}_e+\mu_0\epsilon_0\dfrac{\partial\mathbf{E}}{\partial t}.\end{array}\right\} \tag{7.43}$$

Então $\rho_m$ representaria a densidade de 'carga' magnética, e $\rho_e$, a densidade de carga elétrica; $\mathbf{J}_m$ seria a corrente da carga magnética, e $\mathbf{J}_e$, a corrente da carga elétrica. Ambas as cargas seriam conservadas:

$$\boldsymbol{\nabla}\cdot\mathbf{J}_m=-\frac{\partial\rho_m}{\partial t},\quad \text{e}\quad \boldsymbol{\nabla}\cdot\mathbf{J}_e=-\frac{\partial\rho_e}{\partial t}. \tag{7.44}$$

A primeira decorre da aplicação do divergente a (iii), e a segunda, tomando-se o divergente de (iv).

Em um certo sentido, as equações de Maxwell *imploram* pela existência da carga magnética — ela se encaixaria tão bem! E, no entanto, a despeito de uma busca diligente, até hoje nenhuma foi encontrada.[17] Até onde sabemos, $\rho_m$ é zero em toda parte, como também $\mathbf{J}_m$; **B** *não* está no mesmo pé que **E**: existem fontes estacionárias para **E** (cargas elétricas), mas não para

16. Não se distraia com as incômodas constantes $\mu_0$ e $\epsilon_0$; elas estão presentes apenas porque o sistema SI mede **E** e **B** em unidades diferentes, o que não ocorreria, por exemplo, no sistema gaussiano.

17. Para uma bibliografia abrangente, veja A. S. Goldhaber e W. P. Trower, *Am. J. Phys.* **58**, 429 (1990).

**B**. (Isso se reflete no fato de que as expansões multipolares magnéticas não têm termo de monopolo e os dipolos magnéticos consistem de espiras de corrente, e não de 'polos' norte e sul separados.) Aparentemente, Deus simplesmente não *fez* nenhuma carga magnética. (Aliás, na teoria quântica da eletrodinâmica é mais do que simplesmente uma pena, em termos estéticos, que a carga magnética aparentemente não exista: Dirac mostrou que a *existência* da carga *magnética* explicaria por que a carga *elétrica* é *quantizada*. Veja o Problema 8.12.)

---

**Problema 7.35** Assumindo que a 'lei de Coulomb' para cargas magnéticas ($q_m$) seja

$$\mathbf{F} = \frac{\mu_0}{4\pi}\frac{q_{m_1} q_{m_2}}{\mathscr{r}^2}\hat{\boldsymbol{\mathscr{r}}}, \tag{7.45}$$

calcule a lei de força para um monopolo $q_m$ movendo-se com velocidade **v** através dos campos elétrico e magnético **E** e **B**. [Para um comentário interessante, veja W. Rindler, *Am. J. Phys.* **57**, 993 (1989).]

**Problema 7.36** Suponha que um monopolo magnético $q_m$ passe através de uma espira de fio sem resistência e com autoindutância $L$. Que corrente é induzida na espira? [Este é um dos métodos usados para encontrar monopolos em laboratório. Veja B. Cabrera, *Phys. Rev. Lett.* **48**, 1378 (1982).]

---

### 7.3.5 Equações de Maxwell na matéria

As equações de Maxwell na forma 7.39 são completas e corretas como estão. No entanto, quando você está trabalhando com materiais sujeitos à polarização elétrica e magnética, existe um modo mais conveniente para *escrevê-las*. Dentro da matéria polarizada haverá acúmulos de cargas e correntes 'ligadas' sobre as quais você não exerce qualquer controle direto. Seria bom reformular as equações de Maxwell de forma que fizessem referência explícita somente às fontes que controlamos diretamente: as cargas e correntes 'livres'.

Já aprendemos com o caso estático que uma polarização elétrica **P** produz uma densidade de carga de polarização

$$\rho_p = -\nabla \cdot \mathbf{P} \tag{7.46}$$

(Equação 4.12). Da mesma forma, uma polarização magnética (ou 'magnetização') **M** resulta em uma corrente de magnetização

$$\mathbf{J}_M = \nabla \times \mathbf{M} \tag{7.47}$$

(Equação 6.13). Existe somente uma nova característica a considerar no caso *não* estático: qualquer *variação* na polarização elétrica implica um fluxo de carga (de polarização) (chame-o de $\mathbf{J}_p$), que deve ser incluído na corrente total. Pois suponha que examinemos um pedacinho de material polarizado (Figura 7.45). A polarização introduz uma densidade de carga $\sigma_p = P$ em uma extremidade e $-\sigma_p$ na outra (Equação 4.11). Se $P$ *aumentar* um pouco, a carga em cada extremidade aumentará, gerando uma corrente líquida

$$dI = \frac{\partial \sigma_p}{\partial t} da_\perp = \frac{\partial P}{\partial t} da_\perp.$$

A densidade de corrente, portanto, é

$$\mathbf{J}_p = \frac{\partial \mathbf{P}}{\partial t}. \tag{7.48}$$

Essa **corrente de polarização** não tem qualquer relação com a corrente de *magnetização* $\mathbf{J}_M$. Esta última está associada à *magnetização* do material e envolve o spin e o movimento orbital dos elétrons; $\mathbf{J}_p$, em contrapartida, é o resultado do movimento linear da carga quando a polarização se altera. Se **P** aponta para a direita e está aumentando, então todas as cargas

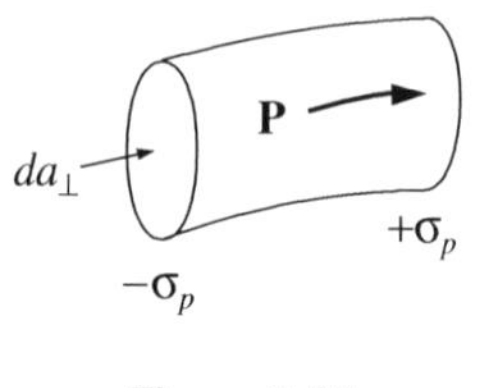

Figura 7.45

positivas movimentam-se um pouquinho para a direita e todas as cargas negativas para a esquerda; o efeito cumulativo é a corrente de polarização $\mathbf{J}_p$. Nessa conexão, temos de verificar se a Equação 7.48 é coerente com a equação de continuidade:

$$\nabla \cdot \mathbf{J}_p = \nabla \cdot \frac{\partial \mathbf{P}}{\partial t} = \frac{\partial}{\partial t}(\nabla \cdot \mathbf{P}) = -\frac{\partial \rho_p}{\partial t}.$$

*Sim*: a equação de continuidade *é* satisfeita; inclusive, $\mathbf{J}_p$ é essencial para explicar a conservação da carga de polarização. (A propósito, uma *magnetização* variável *não* leva a qualquer acúmulo análogo de carga ou corrente. A corrente de magnetização $\mathbf{J}_m = \nabla \times \mathbf{M}$ varia em resposta a mudanças em $\mathbf{M}$, com certeza, mas é só.)

Diante de tudo isso, a densidade total de carga pode ser separada em duas partes:

$$\rho = \rho_l + \rho_p = \rho_l - \nabla \cdot \mathbf{P}, \tag{7.49}$$

e a densidade de corrente, em *três* partes:

$$\mathbf{J} = \mathbf{J}_l + \mathbf{J}_M + \mathbf{J}_p = \mathbf{J}_l + \nabla \times \mathbf{M} + \frac{\partial \mathbf{P}}{\partial t}. \tag{7.50}$$

A lei de Gauss pode agora ser escrita como

$$\nabla \cdot \mathbf{E} = \frac{1}{\epsilon_0}(\rho_l - \nabla \cdot \mathbf{P}),$$

ou

$$\nabla \cdot \mathbf{D} = \rho_l, \tag{7.51}$$

onde $\mathbf{D}$, como no caso estático, é dada por

$$\mathbf{D} \equiv \epsilon_0 \mathbf{E} + \mathbf{P}. \tag{7.52}$$

Enquanto isso, a lei de Ampère (com os termos de Maxwell) torna-se

$$\nabla \times \mathbf{B} = \mu_0 \left( \mathbf{J}_l + \nabla \times \mathbf{M} + \frac{\partial \mathbf{P}}{\partial t} \right) + \mu_0 \epsilon_0 \frac{\partial \mathbf{E}}{\partial t},$$

ou

$$\nabla \times \mathbf{H} = \mathbf{J}_l + \frac{\partial \mathbf{D}}{\partial t}, \tag{7.53}$$

onde, como antes,

$$\mathbf{H} \equiv \frac{1}{\mu_0}\mathbf{B} - \mathbf{M}. \tag{7.54}$$

A lei de Faraday e $\nabla \cdot \mathbf{B} = 0$ não são afetadas pela nossa separação de carga e corrente em partes livres e ligadas, já que não envolvem $\rho$ ou $\mathbf{J}$.

Em termos de cargas e correntes *livres*, então, as equações de Maxwell dizem

$$\boxed{\begin{array}{ll} \text{(i)} \;\; \nabla \cdot \mathbf{D} = \rho_l, & \text{(iii)} \;\; \nabla \times \mathbf{E} = -\dfrac{\partial \mathbf{B}}{\partial t}, \\[2ex] \text{(ii)} \;\; \nabla \cdot \mathbf{B} = 0, & \text{(iv)} \;\; \nabla \times \mathbf{H} = \mathbf{J}_l + \dfrac{\partial \mathbf{D}}{\partial t}. \end{array}} \tag{7.55}$$

Algumas pessoas consideram essas como as 'verdadeiras' equações de Maxwell, mas, por favor, entenda que elas não são *de forma alguma* mais 'gerais' do que 7.39; simplesmente refletem uma divisão conveniente de carga e corrente em partes livres e não livres. E elas têm a desvantagem da notação híbrida, já que contêm $\mathbf{E}$ e $\mathbf{D}$, além de $\mathbf{B}$ e $\mathbf{H}$. Elas têm de ser suplementadas, portanto, pelas **relações constitutivas** apropriadas, dando $\mathbf{D}$ e $\mathbf{H}$ em termos de $\mathbf{E}$ e $\mathbf{B}$. Estas dependem da natureza do material; para os meios lineares

$$\mathbf{P} = \epsilon_0 \chi_e \mathbf{E}, \quad \text{e} \quad \mathbf{M} = \chi_m \mathbf{H}, \tag{7.56}$$

então

$$\mathbf{D} = \epsilon \mathbf{E}, \quad \text{e} \quad \mathbf{H} = \frac{1}{\mu}\mathbf{B}, \tag{7.57}$$

onde $\epsilon \equiv \epsilon_0(1+\chi_e)$ e $\mu \equiv \mu_0(1+\chi_m)$. Incidentalmente, você irá se lembrar de que **D** é chamado de 'deslocamento' elétrico; é por isso que o segundo termo da equação Ampère/Maxwell (iv) é chamado de **corrente de deslocamento**, generalizando a Equação 7.37:

$$\mathbf{J}_d = \frac{\partial \mathbf{D}}{\partial t}. \tag{7.58}$$

---

**Problema 7.37** Água do mar à frequência $\nu = 4 \times 10^8$ Hz tem permissividade $\epsilon = 81\epsilon_0$, permeabilidade $\mu = \mu_0$, e resistividade $\rho = 0,23\ \Omega \cdot \mathrm{m}$. Qual é a razão entre a corrente de condução e a corrente de deslocamento? [*Dica:* considere um capacitor de placas paralelas imerso em água do mar no qual é aplicada uma voltagem $V_0 \cos(2\pi\nu t)$.]

---

### 7.3.6 Condições de contorno

No geral, os campos **E**, **B**, **D** e **H** serão descontínuos no contorno entre dois meios diferentes, ou em uma superfície com densidade de carga $\sigma$ ou densidade de corrente **K**. A forma explícita dessas descontinuidades pode ser deduzida a partir das equações de Maxwell (7.55), na sua forma integral

$$\left.\begin{array}{ll}\text{(i)} & \oint_{\mathcal{S}} \mathbf{D} \cdot d\mathbf{a} = Q_{l_{\text{enc}}} \\ \text{(ii)} & \oint_{\mathcal{S}} \mathbf{B} \cdot d\mathbf{a} = 0\end{array}\right\} \text{ sobre qualquer superfície fechada } \mathcal{S}.$$

$$\left.\begin{array}{ll}\text{(iii)} & \oint_{\mathcal{C}} \mathbf{E} \cdot d\mathbf{l} = -\frac{d}{dt}\int_{\mathcal{S}} \mathbf{B} \cdot d\mathbf{a} \\ \text{(iv)} & \oint_{\mathcal{C}} \mathbf{H} \cdot d\mathbf{l} = I_{l_{\text{enc}}} + \frac{d}{dt}\int_{\mathcal{S}} \mathbf{D} \cdot d\mathbf{a}\end{array}\right\} \text{ para qualquer superfície } \mathcal{S} \text{ delimitada pela espira fechada } \mathcal{C}.$$

Aplicando (i) a uma superfície gaussiana na forma de 'caixa de pílulas' minúscula e com a espessura de uma lâmina, que penetra ligeiramente no material dos dois lados do contorno, obtemos (Figura 7.46):

$$\mathbf{D}_1 \cdot \mathbf{a} - \mathbf{D}_2 \cdot \mathbf{a} = \sigma_l\, a.$$

(A direção positiva para **a** é *de* 2 *para* 1. A beirada da plaquinha não contribui no limite em que a espessura tende a zero, bem como também não há contribuição de qualquer densidade volumétrica de carga.) Assim, o componente de **D** que é perpendicular à interface é descontínuo da quantia.

$$\boxed{D_1^{\perp} - D_2^{\perp} = \sigma_l.} \tag{7.59}$$

O mesmo raciocínio aplicado à equação (ii) resulta em

$$\boxed{B_1^{\perp} - B_2^{\perp} = 0.} \tag{7.60}$$

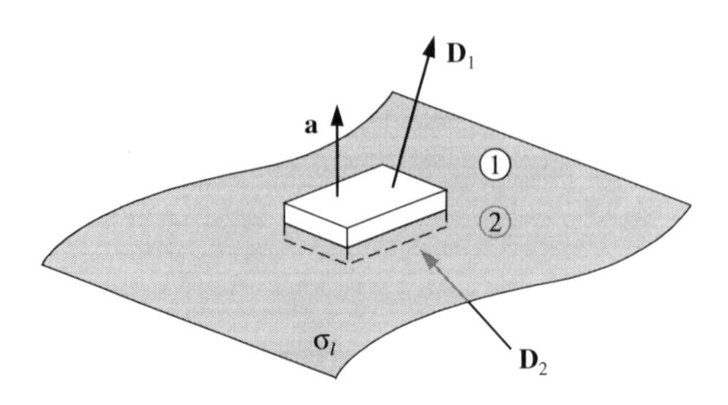


**Figura 7.46**

Em (iii), uma espira amperiana muito fina sobre a superfície resulta em

$$\mathbf{E}_1 \cdot \mathbf{l} - \mathbf{E}_2 \cdot \mathbf{l} = -\frac{d}{dt} \int_{\mathcal{S}} \mathbf{B} \cdot d\mathbf{a}.$$

Mas no limite, à medida que a largura da espira tende a zero, o fluxo se anula. (Com base no mesmo argumento já descartei a contribuição das duas extremidades para $\oint \mathbf{E} \cdot d\mathbf{l}$.) Portanto,

$$\boxed{\mathbf{E}_1^{\parallel} - \mathbf{E}_2^{\parallel} = 0.} \tag{7.61}$$

Ou seja, os componentes de $\mathbf{E}$ *paralelos* à interface são contínuos através do contorno. Da mesma forma, (iv) resulta

$$\mathbf{H}_1 \cdot \mathbf{l} - \mathbf{H}_2 \cdot \mathbf{l} = I_{l_{\text{enc}}},$$

onde $I_{l_{\text{enc}}}$ é a corrente livre que passa pela espira amperiana. Nenhuma densidade *volumétrica* de corrente irá contribuir (no limite de largura infinitesimal), mas isso pode acontecer com uma corrente *superficial*. De fato, se $\hat{\mathbf{n}}$ é um vetor unitário perpendicular à interface (apontando de 2 para 1), de forma que $(\hat{\mathbf{n}} \times \mathbf{l})$ seja normal à espira amperiana (Figura 7.47), então

$$I_{l_{\text{enc}}} = \mathbf{K}_l \cdot (\hat{\mathbf{n}} \times \mathbf{l}) = (\mathbf{K}_l \times \hat{\mathbf{n}}) \cdot \mathbf{l},$$

e, portanto,

$$\boxed{\mathbf{H}_1^{\parallel} - \mathbf{H}_2^{\parallel} = \mathbf{K}_l \times \hat{\mathbf{n}}.} \tag{7.62}$$

De forma que os componentes *paralelos* de $\mathbf{H}$ são descontínuos por uma quantia proporcional à densidade superficial de corrente livre.

As equações 7.59 a 7.62 são as condições gerais de contorno para a eletrodinâmica. No caso dos meios *lineares*, elas podem ser expressas em termos de $\mathbf{E}$ e $\mathbf{B}$ somente:

$$\left.\begin{array}{ll} \text{(i)}\ \epsilon_1 E_1^{\perp} - \epsilon_2 E_2^{\perp} = \sigma_l, & \text{(iii)}\ \mathbf{E}_1^{\parallel} - \mathbf{E}_2^{\parallel} = 0, \\ \text{(ii)}\ B_1^{\perp} - B_2^{\perp} = 0, & \text{(iv)}\ \dfrac{1}{\mu_1}\mathbf{B}_1^{\parallel} - \dfrac{1}{\mu_2}\mathbf{B}_2^{\parallel} = \mathbf{K}_l \times \hat{\mathbf{n}}. \end{array}\right\} \tag{7.63}$$

Em particular, se não há carga livre ou corrente livre na interface, então

$$\boxed{\begin{array}{ll} \text{(i)}\ \epsilon_1 E_1^{\perp} - \epsilon_2 E_2^{\perp} = 0, & \text{(iii)}\ \mathbf{E}_1^{\parallel} - \mathbf{E}_2^{\parallel} = 0, \\ \text{(ii)}\ B_1^{\perp} - B_2^{\perp} = 0, & \text{(iv)}\ \dfrac{1}{\mu_1}\mathbf{B}_1^{\parallel} - \dfrac{1}{\mu_2}\mathbf{B}_2^{\parallel} = 0. \end{array}} \tag{7.64}$$

Como veremos no Capítulo 9, estas equações são a base para a teoria da reflexão e refração.

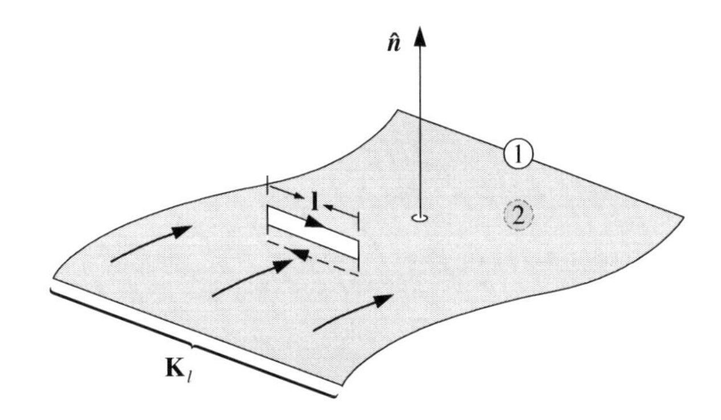


**Figura 7.47**

## Mais problemas do Capítulo 7

**Problema 7.38** Duas placas de metal muito grandes são mantidas a uma distância $d$ uma da outra, uma em potencial nulo e a outra em potencial $V_0$ (Figura 7.48). Uma esfera de metal de raio $a$ ($a \ll d$) é dividida em dois e um dos hemisférios é colocado na placa aterrada, de forma que seu potencial também é nulo. Se a região entre as placas for preenchida com material mal condutor, de condutividade $\sigma$, que corrente flui para o hemisfério? [*Resposta:* $(3\pi a^2\sigma/d)V_0$. *Dica:* estude o Exemplo 3.8.]

! **Problema 7.39** Dois tubos de cobre longos e retos, cada um de raio $a$, são mantidos a uma distância $2d$ um do outro (veja a Figura 7.49). Um tem potencial $V_0$, e o outro tem potencial $-V_0$. O espaço que cerca os tubos é preenchido com material mal condutor de condutividade $\sigma$. Encontre a corrente por unidade de comprimento que flui de um tubo para o outro. [*Dica:* consulte o Problema 3.11.]

**Problema 7.40** Um problema comum dos compêndios pede que você calcule a resistência de um objeto em forma de cone, com resistividade $\rho$, comprimento $L$, raio $a$ em uma das extremidades e raio $b$ na outra (Figura 7.50). As duas extremidades são planas e consideradas equipotenciais. O método sugerido é fatiar em discos circulares de espessura $dz$, encontrar a resistência de cada disco e integrar para chegar ao total.

(a) Calcule $R$ dessa maneira.

(b) Explique por que este método é fundamentalmente falho. [Veja J. D. Romano e R. H. Price, *Am. J. Phys.* **64**, 1150 (1996).]

(c) Suponha agora que as extremidades são superfícies esféricas, centradas no ápice do cone. Calcule a resistência nesse caso. (Considere $L$ a distância entre os centros dos perímetros circulares das tampas das extremidades.)
[*Resposta:* $(\rho/2\pi ab)(b-a)^2/(\sqrt{L^2+(b-a)^2}-L)$]

! **Problema 7.41** Um caso raro no qual o campo eletrostático **E** para um circuito pode de fato ser *calculado* é o seguinte [M. A. Heald, *Am. J. Phys.* **52**, 522 (1984)]: imagine uma folha cilíndrica infinitamente longa de resistividade uniforme e raio $a$. Uma reentrância (correspondente à bateria) é mantida em $\pm V_0/2$, em $\phi = \pm\pi$, e uma corrente estacionária flui pela superfície, como indica a Figura 7.51. Segundo a lei de Ohm, então,

$$V(a,\phi) = \frac{V_0\phi}{2\pi}, \quad (-\pi < \phi < +\pi).$$

(a) Use a separação de variáveis em coordenadas cilíndricas para determinar $V(s,\phi)$ dentro e fora do cilindro.
[*Resposta:* $(V_0/\pi)\,\text{arctg}[(s\,\text{sen}\,\phi)/(a+s\cos\phi)]$, $(s<a)$; $(V_0/\pi)\,\text{arctg}[(a\,\text{sen}\,\phi)/(s+a\cos\phi)]$, $(s>a)$]

(b) Encontre a densidade superficial de carga no cilindro. [*Resposta:* $(\epsilon_0 V_0/\pi a)\,\text{tg}(\phi/2)$]

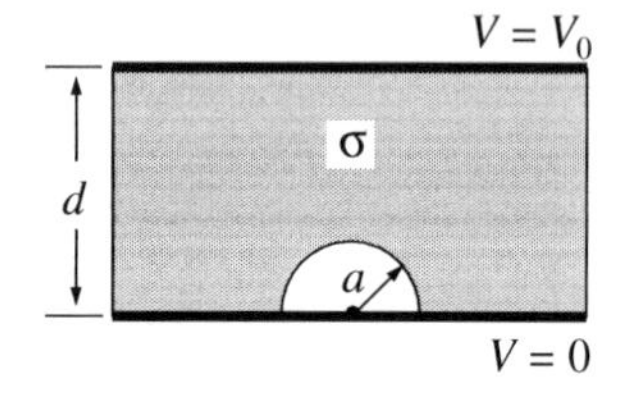


Figura 7.48

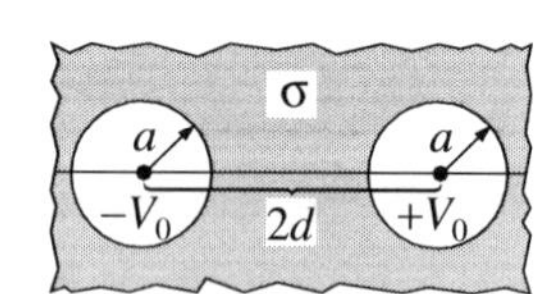


Figura 7.49

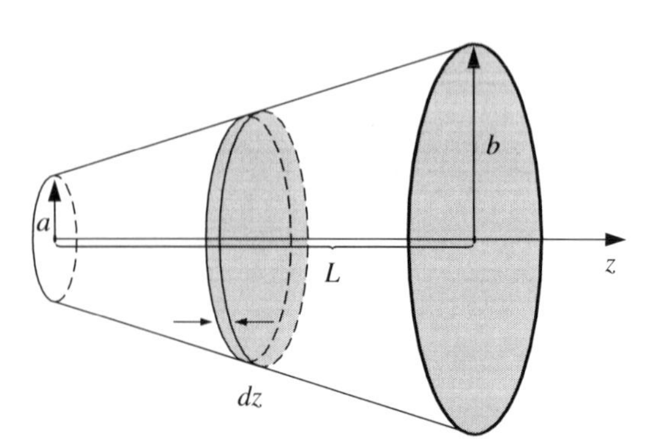


Figura 7.50

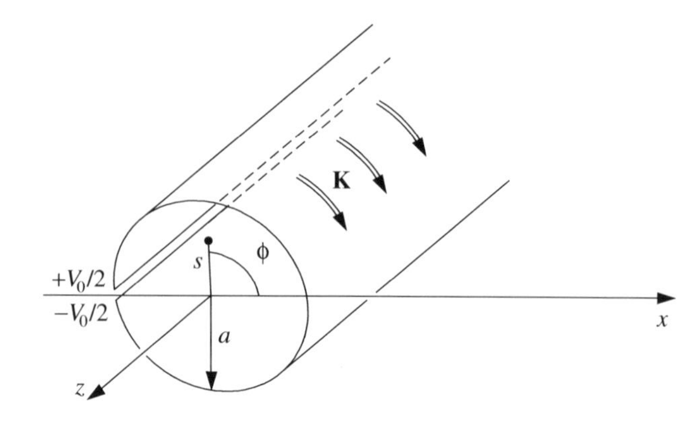


Figura 7.51

**Problema 7.42** Em um **condutor perfeito**, a condutividade é infinita, de forma que $\mathbf{E} = 0$ (Equação 7.3), e toda carga líquida reside na superfície (como acontece com um condutor *imperfeito* na *eletrostática*).

(a) Mostre que o campo magnético é constante ($\partial\mathbf{B}/\partial t = 0$), dentro de um condutor perfeito.

(b) Mostre que o fluxo magnético através de uma espira condutora perfeita é constante.

Um **supercondutor** é um condutor perfeito com a propriedade *adicional* de que o **B** (constante) interno é de fato *zero*. (Essa 'exclusão de fluxo' é conhecida como **efeito Meissner**.[18])

(c) Mostre que a corrente em um supercondutor fica confinada à superfície.

(d) A supercondutividade se perde acima de uma certa temperatura crítica ($T_c$), que varia de um material para outro. Suponha que você tem uma esfera (de raio $a$) acima da sua temperatura crítica e que a mantivesse em um campo magnético uniforme $B_0\hat{\mathbf{z}}$ enquanto resfria até uma temperatura abaixo de $T_c$. Encontre a densidade superficial de corrente induzida **K**, como função do ângulo polar $\theta$.

**Problema 7.43** Uma demonstração conhecida de supercondutividade (Problema 7.42) é a levitação de um magneto sobre um pedaço de material supercondutor. Esse fenômeno pode ser analisado usando-se o método das imagens.[19] Trate o magneto como um dipolo perfeito **m**, a uma altura $z$ acima da origem (e restrito a apontar na direção $z$), e faça de conta que o supercondutor ocupa todo o semi-espaço abaixo do plano $xy$. Devido ao efeito Meissner, $\mathbf{B} = 0$ para $z \leq 0$, e como **B** tem divergente nulo, o componente normal ($z$) é contínuo, de forma que $B_z = 0$ logo *acima* da superfície. Esta condição de contorno é satisfeita pela configuração de imagem na qual um dipolo idêntico é colocado em $-z$, como substituto do supercondutor; os dois arranjos, portanto, produzem o mesmo campo magnético na região $z > 0$.

(a) Em que sentido o dipolo da imagem deve apontar ($+z$ ou $-z$)?

(b) Encontre a força no magneto devida às correntes induzidas no supercondutor (o que equivale a dizer a força devida ao dipolo da imagem). Considere-a igual a $Mg$ (onde $M$ é a massa do magneto) para determinar a altura $h$ na qual o magneto irá 'flutuar'. [*Dica:* consulte o Problema 6.3.]

(c) A corrente induzida na superfície do supercondutor (o plano $xy$) pode ser determinada a partir da condição de contorno no componente *tangencial* de **B** (Equação 5.74): $\mathbf{B} = \mu_0(\mathbf{K} \times \hat{\mathbf{z}})$. Usando o campo que você obtém a partir da configuração de imagem, mostre que

$$\mathbf{K} = -\frac{3mrh}{2\pi(r^2+h^2)^{5/2}}\,\hat{\boldsymbol{\phi}},$$

onde $r$ é a distância à origem.

! **Problema 7.44** Se um dipolo magnético levitando acima de um plano supercondutor infinito (Problema 7.43) estiver livre para girar, que direção ele adotará e a que altura da superfície irá flutuar?

**Problema 7.45** Uma casca esférica de raio $a$ perfeitamente condutora gira em torno do eixo $z$ com velocidade angular $\omega$, em um campo magnético uniforme $\mathbf{B} = B_0\,\hat{\mathbf{z}}$. Calcule a fem desenvolvida entre o 'polo norte' e o Equador. [*Resposta:* $\frac{1}{2}B_0\omega a^2$]

! **Problema 7.46** Consulte o Problema 7.11 (e use o resultado do Problema 5.40, se ajudar):

(a) O anel quadrado cai mais depressa na direção mostrada (Figura 7.19), ou quando rodado a $45°$ em torno de um eixo que sai da página? Encontre a razão entre as duas velocidades terminais. Se você deixasse a espira cair, que direção ela tomaria na queda? [*Resposta:* $(\sqrt{2} - 2y/l)^2$, onde $l$ é o comprimento de um lado e $y$ é a altura do centro acima da beirada do campo magnético, na configuração rodada.]

(b) Quanto tempo leva para um anel *circular* atravessar a parte inferior do campo magnético na sua velocidade terminal (variável)?

**Problema 7.47**

(a) Use a analogia entre a lei de Faraday e a lei de Ampère, juntamente com a lei de Biot-Savart, para mostrar que

$$\mathbf{E}(\mathbf{r},t) = -\frac{1}{4\pi}\frac{\partial}{\partial t}\int \frac{\mathbf{B}(\mathbf{r}',t)\times\hat{\boldsymbol{\mathscr{r}}}}{\mathscr{r}^2}\,d\tau', \tag{7.65}$$

para campos elétricos com indução de Faraday.

(b) Considerando o Problema 5.50a, mostre que

$$\mathbf{E} = -\frac{\partial\mathbf{A}}{\partial t}, \tag{7.66}$$

onde **A** é o potencial vetorial. Verifique este resultado tomando o rotacional de ambos os lados.

(c) Uma casca esférica de raio $R$ tem uma carga superficial de densidade uniforme $\sigma$. Ela gira em torno de um eixo fixo com velocidade angular $\omega(t)$ que varia lentamente com o tempo. Encontre o campo elétrico dentro e fora da esfera. [*Dica:* aqui há *duas* contribuições, o campo de Coulomb devido à carga e o campo de Faraday devido à variação de **B**. Consulte o Exemplo 5.11 e use a Equação 7.66.]

---

18. O efeito Meissner é às vezes chamado de 'diamagnetismo perfeito', no sentido de que o campo interno não é meramente *reduzido*, mas totalmente cancelado. No entanto, as correntes superficiais responsáveis por isso são *livres*, não ligadas, de forma que o *mecanismo* de fato é bastante diferente.

19. W. M. Saslow, *Am. J. Phys.* **59**, 16 (1991).

**Problema 7.48** Elétrons submetidos a movimento ciclotrônico podem ser acelerados aumentando-se o campo magnético; o campo elétrico concomitante transmitirá aceleração tangencial. Esse é o princípio do **bétatron**. Deseja-se manter o raio da órbita constante durante o processo. Mostre que isso pode ser feito projetando-se um magneto tal que o campo médio sobre a área da órbita seja o dobro do campo na circunferência (Figura 7.52). Assuma que os elétrons partem do repouso em campo zero e que o aparato é simétrico em torno do centro da órbita. (Assuma também que a velocidade dos elétrons se mantém bem abaixo da velocidade da luz, de forma que a mecânica não relativística se aplica.) [*Dica:* diferencie a Equação 5.3 com relação ao tempo e use $F = ma = qE$.]

**Problema 7.49** Um elétron atômico (carga $q$) circula em torno do núcleo (carga $Q$) em uma órbita de raio $r$; a aceleração centrípeta é produzida, é claro, pela atração coulombiana de cargas opostas. Ora, um pequeno campo magnético $dB$ é ligado lentamente, perpendicular ao plano da órbita. Mostre que o aumento de energia cinética, $dT$, transmitido pelo campo elétrico induzido, é exato para manter o movimento circular *no mesmo raio r*. (Foi por isso que na minha discussão sobre diamagnetismo assumi que o raio é fixo. Veja a Seção 6.1.3 e as referências ali citadas.)

**Problema 7.50** A corrente em um solenoide longo está aumentando linearmente com o tempo, de forma que o fluxo é proporcional a $t$: $\Phi = \alpha t$. Dois voltímetros estão conectados a pontos diametralmente opostos ($A$ e $B$), juntamente com resistores ($R_1$ e $R_2$), como mostra a Figura 7.53. Qual é a leitura em cada voltímetro? Assuma que são voltímetros *ideais* que puxam uma corrente desprezível (têm uma resistência interna enorme), e que um voltímetro registra $-\int_a^b \mathbf{E} \cdot d\mathbf{l}$ entre os terminais e através do medidor. [*Resposta:* $V_1 = \alpha R_1/(R_1 + R_2)$; $V_2 = -\alpha R_2/(R_1 + R_2)$. Observe que $V_1 \neq V_2$, embora estejam conectados aos mesmos pontos! Veja R. H. Romer, *Am. J. Phys.* **50**, 1089 (1982).]

**Problema 7.51** Na discussão sobre fem devida ao movimento (Seção 7.1.3) assumi que a espira de fio (Figura 7.10) tem uma resistência $R$; a corrente gerada é então $I = vBh/R$. Mas e se o fio for feito de material perfeitamente condutor, de forma que $R$ seja *zero*? Nesse caso a corrente é limitada somente pela força contraeletromotriz associada à autoindutância $L$ na espira (que normalmente seria desprezível em comparação com $IR$). Mostre que nesse processo, a espira (de massa $m$) executa um movimento harmônico simples e encontre sua frequência.[20] [*Resposta:* $\omega = Bh/\sqrt{mL}$]

**Problema 7.52**

(a) Use a fórmula de Neumann (Equação 7.22) para calcular a indutância mútua da configuração na Figura 7.36, assumindo que $a$ seja muito pequeno ($a \ll b, a \ll z$). Compare sua resposta ao Problema 7.20.

(b) Para o caso geral (*não* assumindo que $a$ é pequeno) mostre que

$$M = \frac{\mu_0 \pi \beta}{2} \sqrt{ab\beta} \left(1 + \frac{15}{8}\beta^2 + \dots\right),$$

onde

$$\beta \equiv \frac{ab}{z^2 + a^2 + b^2}.$$

**Problema 7.53** Duas bobinas estão enroladas em torno de uma forma cilíndrica de maneira que *o mesmo fluxo passa por cada uma das voltas de ambas as bobinas.* (Na prática se consegue isso inserindo um núcleo de ferro através do cilindro, pois ele tem o efeito de concentrar o fluxo.) A bobina 'primária' tem $N_1$ voltas e a secundária tem $N_2$ (Figura 7.54). Se a corrente $I$ na bobina primária é variável, mostre que a fem da bobina secundária é dada por

$$\frac{\mathcal{E}_2}{\mathcal{E}_1} = \frac{N_2}{N_1}, \tag{7.67}$$

onde $\mathcal{E}_1$ é a força contraeletromotriz da bobina primária. [Isto é um **transformador** primitivo — um dispositivo para aumentar e diminuir a fem de uma fonte de corrente alternada. Escolhendo o número apropriado de voltas, qualquer fem secundária pode ser obtida. Se você acha que isto viola a lei de conservação de energia, verifique o Problema 7.54.]

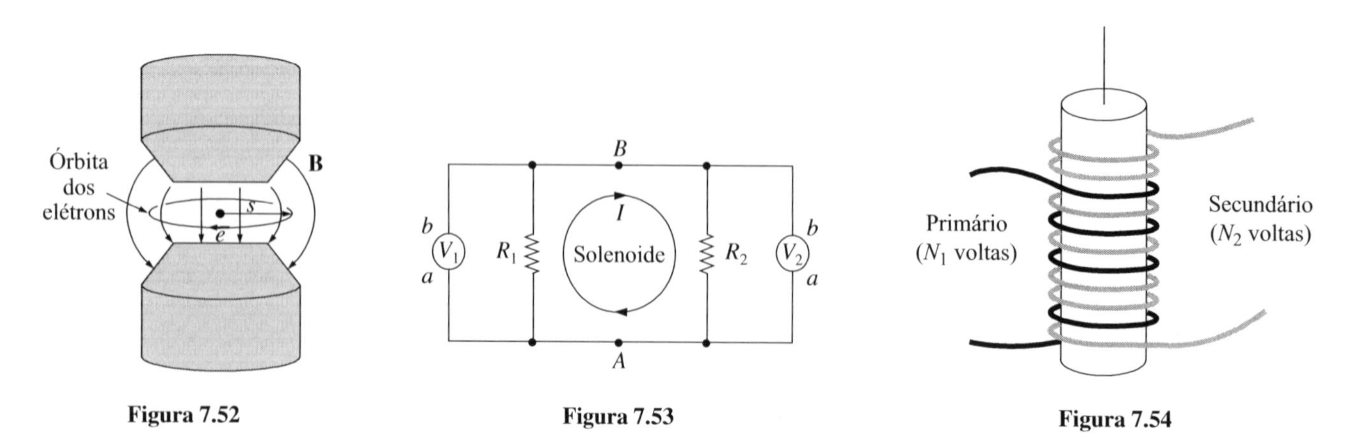


Figura 7.52 Figura 7.53 Figura 7.54

20. Para uma série de problemas correlatos, consulte W. M. Saslow, *Am. J. Phys.* **55**, 986 (1987), e R. H. Romer, *Eur. J. Phys.* **11**, 103 (1990).

**Problema 7.54** Um transformador (Problema 7.53) recebe uma voltagem de entrada alternada (AC) com amplitude $V_1$, e fornece uma voltagem de saída de amplitude $V_2$, que é determinada pela razão das voltas ($V_2/V_1 = N_2/N_1$). Se $N_2 > N_1$, a voltagem de saída será maior do que a voltagem de entrada. Por que isso não transgride a lei de conservação de energia? *Resposta:* potência é o produto de voltagem e corrente; evidentemente, se a voltagem *aumenta*, a corrente tem de *diminuir*. O objetivo deste problema é ver exatamente como isso funciona em um modelo simplificado.

(a) Em um transformador ideal, o mesmo fluxo passa por todas as voltas da bobina primária e da secundária. Mostre que neste caso $M^2 = L_1 L_2$, onde $M$ é a indutância mútua das bobinas e $L_1$, $L_2$ são as autoindutâncias individuais.

(b) Suponha que a bobina primária é acionada com voltagem $V_{\text{entrada}} = V_1 \cos(\omega t)$, e que a secundária está conectada a um resistor $R$. Mostre que as duas correntes satisfazem as relações

$$L_1 \frac{dI_1}{dt} + M \frac{dI_2}{dt} = V_1 \cos(\omega t); \quad L_2 \frac{dI_2}{dt} + M \frac{dI_1}{dt} = -I_2 R.$$

(c) Usando o resultado de (a), resolva estas equações para $I_1(t)$ e $I_2(t)$. (Assuma que $I_1$ não tem componente DC.)

(d) Mostre que a voltagem de saída ($V_{\text{saída}} = I_2 R$) dividida pela voltagem de entrada ($V_{\text{entrada}}$) é igual à razão entre as voltas: $V_{\text{saída}}/V_{\text{entrada}} = N_2/N_1$.

(e) Calcule a potência de entrada ($P_{\text{entrada}} = V_{\text{entrada}} I_1$) e a potência de saída ($P_{\text{saída}} = V_{\text{saída}} I_2$), e mostre que suas médias sobre um ciclo completo são iguais.

**Problema 7.55** Suponha que $\mathbf{J}(\mathbf{r})$ é constante no tempo, mas $\rho(\mathbf{r}, t)$ *não* — condições que podem ocorrer, por exemplo, quando um capacitor está sendo carregado.

(a) Mostre que a densidade de carga em qualquer ponto determinado é uma função linear de tempo:

$$\rho(\mathbf{r}, t) = \rho(\mathbf{r}, 0) + \dot{\rho}(\mathbf{r}, 0)t,$$

onde $\dot{\rho}(\mathbf{r}, 0)$ é a derivada temporal de $\rho$ em $t = 0$.

Esta *não* é uma configuração eletrostática ou magnetostática;[21] porém — um tanto surpreendentemente — tanto a lei de Coulomb (na forma da Equação 2.8) quanto a lei de Biot-Savart (Equação 5.39) se aplicam, como você pode confirmar mostrando que elas satisfazem as equações de Maxwell.

(b) Mostre que

$$\mathbf{B}(\mathbf{r}) = \frac{\mu_0}{4\pi} \int \frac{\mathbf{J}(\mathbf{r}') \times \hat{\boldsymbol{\mathscr{r}}}}{\mathscr{r}^2} d\tau'$$

obedece à lei de Ampère *com o termo de corrente de deslocamento de Maxwell.*

**Problema 7.56** O campo magnético de um fio reto infinito pelo qual passa uma corrente estacionária $I$ pode ser obtido a partir do termo de corrente de *deslocamento* na lei de Ampère/Maxwell, como se segue: imagine que a corrente consiste de uma densidade linear de carga uniforme $\lambda$ movendo-se ao longo do eixo $z$ à velocidade $v$ (de forma que $I = \lambda v$), com uma minúscula abertura de comprimento $\epsilon$, que chega à origem no tempo $t = 0$. No instante seguinte (até $t = \epsilon/v$) não há corrente *real* passando por uma espira amperiana no plano $xy$, mas *há* uma corrente de *deslocamento* devido à carga que 'falta' na abertura.

(a) Use a lei de Coulomb para calcular o componente $z$ do campo elétrico para pontos do plano $xy$ a uma distância $s$ da origem, devido a um segmento de fio com densidade uniforme $-\lambda$ estendendo-se de $z_1 = vt - \epsilon$ a $z_2 = vt$.

(b) Determine o fluxo desse campo elétrico através de um círculo de raio $a$ no plano $xy$.

(c) Encontre a corrente de deslocamento através desse círculo. Mostre que $I_d$ é igual a $I$, no limite em que a largura da abertura ($\epsilon$) tende a zero. [Para uma abordagem ligeiramente diferente do mesmo problema, veja W. K. Terry, *Am. J. Phys.* **50**, 742 (1982).]

**Problema 7.57** O campo *magnético* fora de um longo fio reto pelo qual passa uma corrente estacionária $I$ é (é claro)

$$\mathbf{B} = \frac{\mu_0}{2\pi} \frac{I}{s} \hat{\boldsymbol{\phi}}.$$

O *campo elétrico dentro* do fio é uniforme:

$$\mathbf{E} = \frac{I\rho}{\pi a^2} \hat{\mathbf{z}},$$

onde $\rho$ é a resistividade e $a$ é o raio (veja os Exemplos 7.1 e 7.3). *Pergunta:* qual é o campo elétrico *fora* do fio? Este é um problema famoso, primeiro analisado por Sommerfeld e conhecido na sua versão mais recente como 'problema de Merzbacher'.[22] A resposta

21. Alguns autores *considerariam* isso como magnetostático, já que **B** é independente de $t$. Para eles, a lei de Biot-Savart é uma regra geral da magnetostática, mas $\nabla \cdot \mathbf{J} = 0$ e $\nabla \times \mathbf{B} = \mu_0 \mathbf{J}$ aplicam-se apenas sob o pressuposto *adicional* de que $\rho$ é constante. Nessa formulação, o termo de deslocamento de Maxwell pode (nesse caso muito especial) ser *deduzido* da lei de Biot-Savart pelo método da parte (b). Veja D. F. Bartlett, *Am. J. Phys.* **58**, 1168 (1990); D. J. Griffiths e M. A. Heald, *Am. J. Phys.* **59**, 111 (1991).

22. A. Sommerfeld, *Electrodynamics*, p. 125 (Nova York: Academic Press, 1952); E. Merzbacher, *Am. J. Phys.* **48**, 104 (1980); outras referências em M. A. Heald, *Am. J. Phys.* **52**, 522 (1984).

depende de como se completa o circuito. Suponha que a corrente retorna ao longo de um cilindro coaxial aterrado e perfeitamente condutor, de raio $b$ (Figura 7.55). Na região $a < s < b$, o potencial $V(s, z)$ satisfaz a equação de Laplace com as condições de contorno

$$\text{(i)}\ V(a, z) = -\frac{I\rho z}{\pi a^2};\quad \text{(ii)}\ V(b, z) = 0.$$

Infelizmente isto não é suficiente para determinar a resposta — ainda precisamos especificar as condições de contorno nas duas extremidades. Na literatura é costume varrer essa ambiguidade para debaixo do tapete simplesmente *afirmando* (é exatamente isso) que $V(s, z)$ é proporcional a $z$: $V(s, z) = zf(s)$. Com base nisso:

(a) Determine $V(s, z)$.

(b) Encontre $\mathbf{E}(s, z)$.

(c) Calcule a densidade superficial de carga $\sigma(z)$ no fio.

[*Resposta:* $V = (-Iz\rho/\pi a^2)[\ln(s/b)/\ln(a/b)]$ Este é um resultado *peculiar*, já que $E_s$ e $\sigma(z)$ *não* são independentes de $z$ — como certamente seria de se esperar para um fio realmente *infinito*.]

**Problema 7.58** Uma certa linha de transmissão foi construída com duas 'fitas' finas de metal, de largura $w$, a uma distância muito pequena $h \ll w$ uma da outra. A corrente desce por uma faixa e volta pela outra. Em cada caso, ela se espalha uniformemente sobre a superfície da faixa.

(a) Encontre a capacitância por unidade de comprimento, $\mathcal{C}$.

(b) Encontre a indutância por unidade de comprimento, $\mathcal{L}$.

(c) Qual o produto $\mathcal{LC}$, numericamente? [$\mathcal{L}$ e $\mathcal{C}$, é claro, irão variar de um tipo de linha de transmissão para outro, mas seu *produto* é uma constante universal — verifique, por exemplo, o cabo do Exemplo 7.13 — desde que o espaço entre os condutores seja o vácuo. Na teoria das linhas de transmissão, este produto está relacionado à velocidade com que um pulso se propaga pela linha: $v = 1/\sqrt{\mathcal{LC}}$.]

(d) Se as faixas forem isoladas uma da outra com material não condutor de permissividade $\epsilon$ e permeabilidade $\mu$, qual será, então, o produto $\mathcal{LC}$? Qual é a velocidade de propagação? [*Dica:* veja o Exemplo 4.6; por que o fator $L$ se altera quando um indutor é imerso em material linear de permeabilidade $\mu$?]

**Problema 7.59** Prove o **teorema de Alfven**: em um fluido perfeitamente condutor (digamos, um gás com elétrons livres), o fluxo magnético através de qualquer espira fechada que se move dentro do fluido é constante no tempo. (As linhas do campo magnético ficam, por assim dizer, 'congeladas' no fluido.)

(a) Use a lei de Ohm, na forma da Equação 7.2, juntamente com a lei de Faraday, para provar que se $\sigma = \infty$ e $\mathbf{J}$ é finito, então

$$\frac{\partial \mathbf{B}}{\partial t} = \boldsymbol{\nabla} \times (\mathbf{v} \times \mathbf{B}).$$

(b) Considere $\mathcal{S}$ a superfície encerrada pela espira ($\mathcal{C}$) no tempo $t$, e $\mathcal{S}'$ uma superfície encerrada pela espira em sua nova posição ($\mathcal{C}'$) no tempo $t + dt$ (veja a Figura 7.56). A mudança de fluxo é

$$d\Phi = \int_{\mathcal{S}'} \mathbf{B}(t + dt) \cdot d\mathbf{a} - \int_{\mathcal{S}} \mathbf{B}(t) \cdot d\mathbf{a}.$$

Mostre que

$$\int_{\mathcal{S}'} \mathbf{B}(t + dt) \cdot d\mathbf{a} + \int_{\mathcal{R}} \mathbf{B}(t + dt) \cdot d\mathbf{a} = \int_{\mathcal{S}} \mathbf{B}(t + dt) \cdot d\mathbf{a}$$

(onde $\mathcal{R}$ é a 'faixa' que une $\mathcal{C}$ e $\mathcal{C}'$), e, portanto, que

$$d\Phi = dt \int_{\mathcal{S}} \frac{\partial \mathbf{B}}{\partial t} \cdot d\mathbf{a} - \int_{\mathcal{R}} \mathbf{B}(t + dt) \cdot d\mathbf{a}$$

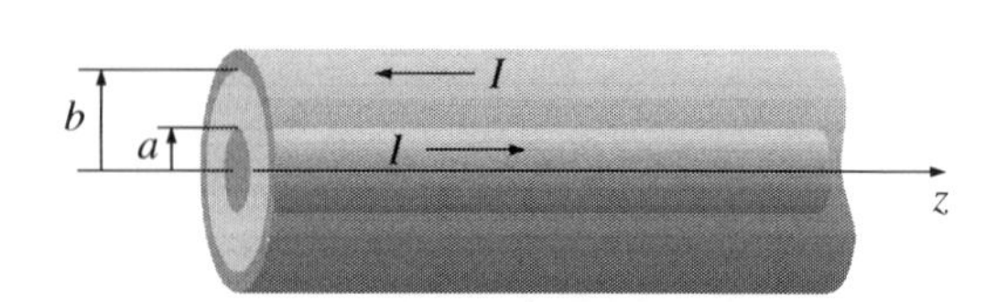


Figura 7.55

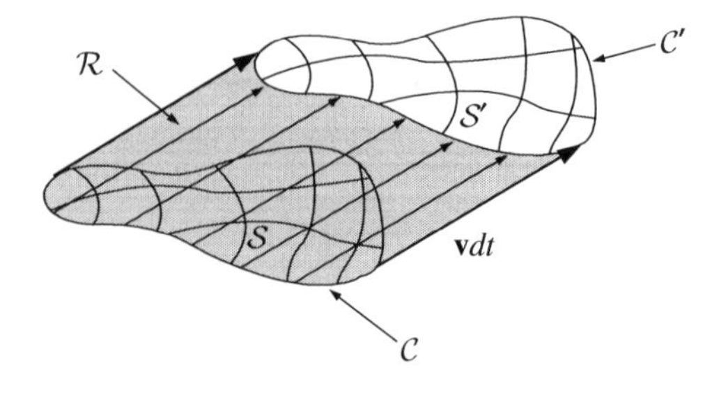


Figura 7.56

(para $dt$ infinitesimal). Use o método da Seção 7.1.3 para reescrever a segunda integral como

$$dt \oint_C (\mathbf{B} \times \mathbf{v}) \cdot d\mathbf{l},$$

e recorra ao teorema de Stokes para concluir que

$$\frac{d\Phi}{dt} = \int_S \left( \frac{\partial \mathbf{B}}{\partial t} - \boldsymbol{\nabla} \times (\mathbf{v} \times \mathbf{B}) \right) \cdot d\mathbf{a}.$$

Juntamente como resultado em (a), isso prova o teorema.

**Problema 7.60**

(a) Mostre que as equações de Maxwell com carga magnética (Equação 7.43) são invariantes sob a **transformação de dualidade**

$$\left.\begin{array}{lcl} \mathbf{E}' & = & \mathbf{E}\cos\alpha + c\mathbf{B}\,\mathrm{sen}\,\alpha, \\ c\mathbf{B}' & = & c\mathbf{B}\cos\alpha - \mathbf{E}\,\mathrm{sen}\,\alpha, \\ cq_e' & = & cq_e\cos\alpha + q_m\,\mathrm{sen}\,\alpha, \\ q_m' & = & q_m\cos\alpha - cq_e\,\mathrm{sen}\,\alpha, \end{array}\right\} \tag{7.68}$$

onde $c \equiv 1/\sqrt{\epsilon_0\mu_0}$ e $\alpha$ é um ângulo de rotação arbitrário no 'espaço **E/B**'. As densidades de carga e corrente se transformam da mesma forma que $q_e$ e $q_m$. [Isso significa, sobretudo, que se você conhece os campos produzidos por uma configuração de carga *elétrica*, pode imediatamente (usando $\alpha = 90°$) escrever os campos produzidos pelo arranjo correspondente de carga *magnética*.]

(b) Mostre que a lei de força (Problema 7.35)

$$\mathbf{F} = q_e(\mathbf{E} + \mathbf{v} \times \mathbf{B}) + q_m(\mathbf{B} - \frac{1}{c^2}\mathbf{v} \times \mathbf{E}) \tag{7.69}$$

é também invariante sob a transformação de dualidade.

# Intervalo

Agora nossas cartas estão todas na mesa e, em um certo sentido, meu trabalho está feito. Nos primeiros sete capítulos, montamos a eletrodinâmica peça por peça e, agora, com as equações de Maxwell no seu formato final, a teoria está completa. Não há mais leis a serem aprendidas, não há mais generalizações a serem consideradas e (com talvez uma exceção) não resta qualquer incoerência a ser resolvida. Se o seu curso é semestral, este seria um ponto razoável onde parar.

Mas em outro sentido, acabamos de chegar ao ponto de partida. Estamos finalmente de posse do baralho inteiro e conhecemos as regras do jogo — é hora de dar as cartas. Esta é a parte divertida na qual podemos apreciar o poder extraordinário e a riqueza da eletrodinâmica. Em um curso de dois semestres, deve haver tempo suficiente para estudar os capítulos que restam e talvez suplementá-los com um módulo em física dos plasmas ou, digamos, teoria dos circuitos de corrente alternada, ou até mesmo um pouco de Relatividade Geral. Mas se você só tem tempo para um tópico, recomendo o Capítulo 9 sobre Ondas Eletromagnéticas (é provavelmente melhor que você passe os olhos pelo Capítulo 8, como preparação). É a passagem para a ótica e, historicamente, a aplicação mais importante da teoria de Maxwell.

# Capítulo 8

# Leis de conservação

## 8.1 Carga e energia

### 8.1.1 Equação de continuidade

Neste capítulo estudaremos conservação de energia, momento e momento angular em eletrodinâmica. Mas começaremos revendo a conservação de *carga*, porque ela é o paradigma para todas as leis de conservação. O que, precisamente, nos diz a conservação de carga? Que a carga total no universo é estacionária? Bem, é claro — essa é a conservação **global** de carga; mas a conservação **local** de carga é uma declaração muito mais forte: se a carga total em um determinado volume se altera, então exatamente essa quantidade de carga deve ter passado para dentro ou para fora através da superfície. O tigre não pode simplesmente materializar-se novamente fora da jaula; se ele passou de dentro para fora, tem de ter encontrado um buraco na cerca.

Formalmente a carga em um volume $\mathcal{V}$ é

$$Q(t) = \int_{\mathcal{V}} \rho(\mathbf{r}, t)\, d\tau, \tag{8.1}$$

e a corrente que flui através do contorno $\mathcal{S}$ é $\oint_{\mathcal{S}} \mathbf{J} \cdot d\mathbf{a}$, então, a conservação de carga diz que

$$\frac{dQ}{dt} = -\oint_{\mathcal{S}} \mathbf{J} \cdot d\mathbf{a}. \tag{8.2}$$

Usando a Equação 8.1 para reescrever o lado esquerdo e recorrendo ao teorema do divergente no lado direito temos

$$\int_{\mathcal{V}} \frac{\partial \rho}{\partial t}\, d\tau = -\int_{\mathcal{V}} \boldsymbol{\nabla} \cdot \mathbf{J}\, d\tau, \tag{8.3}$$

já que isso é verdade para *qualquer* volume, segue-se que

$$\boxed{\frac{\partial \rho}{\partial t} = -\boldsymbol{\nabla} \cdot \mathbf{J}.} \tag{8.4}$$

Essa, é claro, é a equação de continuidade — a declaração matemática precisa da conservação local de carga. Como indiquei anteriormente, ela pode ser deduzida das equações de Maxwell — conservação de carga não é um pressuposto *independente*, mas uma *consequência* das leis da eletrodinâmica.

O objetivo deste capítulo é montar as equações correspondentes para a conservação de energia e a conservação de momento. No processo (e o que talvez é o mais importante) aprenderemos como expressar a densidade de energia e a densidade de momento (os análogos de $\rho$), bem como a 'corrente' de energia e a 'corrente' de momento (análogos de $\mathbf{J}$).

### 8.1.2 Teorema de Poynting

No Capítulo 2, descobrimos que o trabalho necessário para montar uma distribuição de carga estática (contra a repulsão Coulombiana de cargas semelhantes) é (Equação 2.45)

$$W_{\mathrm{e}} = \frac{\epsilon_0}{2} \int E^2\, d\tau,$$

onde $\mathbf{E}$ é o campo elétrico resultante. Da mesma forma, o trabalho necessário para movimentar as correntes (contra a força contraeletromotriz) é (Equação 7.34)

$$W_{\text{m}} = \frac{1}{2\mu_0} \int B^2 \, d\tau,$$

onde $\mathbf{B}$ é o campo magnético resultante. Isso sugere que a energia total armazenada nos campos eletromagnéticos é

$$U_{\text{em}} = \frac{1}{2} \int \left( \epsilon_0 E^2 + \frac{1}{\mu_0} B^2 \right) d\tau. \tag{8.5}$$

Proponho deduzir a Equação 8.5 de forma mais geral, agora, no contexto da lei de conservação de energia para a eletrodinâmica.

Suponha que temos uma configuração de carga e corrente que, no tempo $t$, produz campos $\mathbf{E}$ e $\mathbf{B}$. No instante seguinte, $dt$, as cargas se movimentam um pouco. *Pergunta*: quanto trabalho, $dW$, é realizado pelas forças eletromagnéticas que atuam nessas cargas no intervalo $dt$? Segundo a lei de força de Lorentz, o trabalho realizado sobre uma carga $q$ é

$$\mathbf{F} \cdot d\mathbf{l} = q(\mathbf{E} + \mathbf{v} \times \mathbf{B}) \cdot \mathbf{v} \, dt = q\mathbf{E} \cdot \mathbf{v} \, dt.$$

Agora, $q = \rho d\tau$ e $\rho \mathbf{v} = \mathbf{J}$, de forma que a taxa na qual o trabalho é realizado em todas as cargas de um volume $\mathcal{V}$ é

$$\frac{dW}{dt} = \int_{\mathcal{V}} (\mathbf{E} \cdot \mathbf{J}) \, d\tau. \tag{8.6}$$

Evidentemente $\mathbf{E} \cdot \mathbf{J}$ é o trabalho realizado por unidade de tempo, por unidade de volume — o que equivale a dizer a *potência* fornecida por unidade de volume. Podemos expressar essa quantidade em termos dos campos, isoladamente, usando a lei de Ampère-Maxwell para eliminar $\mathbf{J}$:

$$\mathbf{E} \cdot \mathbf{J} = \frac{1}{\mu_0} \mathbf{E} \cdot (\boldsymbol{\nabla} \times \mathbf{B}) - \epsilon_0 \mathbf{E} \cdot \frac{\partial \mathbf{E}}{\partial t}.$$

Da regra de produto 6,

$$\boldsymbol{\nabla} \cdot (\mathbf{E} \times \mathbf{B}) = \mathbf{B} \cdot (\boldsymbol{\nabla} \times \mathbf{E}) - \mathbf{E} \cdot (\boldsymbol{\nabla} \times \mathbf{B}).$$

Recorrendo à lei de Faraday ($\boldsymbol{\nabla} \times \mathbf{E} = -\partial \mathbf{B}/\partial t$), segue-se que

$$\mathbf{E} \cdot (\boldsymbol{\nabla} \times \mathbf{B}) = -\mathbf{B} \cdot \frac{\partial \mathbf{B}}{\partial t} - \boldsymbol{\nabla} \cdot (\mathbf{E} \times \mathbf{B}).$$

Enquanto isso,

$$\mathbf{B} \cdot \frac{\partial \mathbf{B}}{\partial t} = \frac{1}{2} \frac{\partial}{\partial t}(B^2), \quad \text{e} \quad \mathbf{E} \cdot \frac{\partial \mathbf{E}}{\partial t} = \frac{1}{2} \frac{\partial}{\partial t}(E^2), \tag{8.7}$$

então

$$\mathbf{E} \cdot \mathbf{J} = -\frac{1}{2} \frac{\partial}{\partial t} \left( \epsilon_0 E^2 + \frac{1}{\mu_0} B^2 \right) - \frac{1}{\mu_0} \boldsymbol{\nabla} \cdot (\mathbf{E} \times \mathbf{B}). \tag{8.8}$$

Colocando isso na Equação 8.6 e aplicando o teorema do divergente ao segundo termo, temos

$$\frac{dW}{dt} = -\frac{d}{dt} \int_{\mathcal{V}} \frac{1}{2} \left( \epsilon_0 E^2 + \frac{1}{\mu_0} B^2 \right) d\tau - \frac{1}{\mu_0} \oint_{\mathcal{S}} (\mathbf{E} \times \mathbf{B}) \cdot d\mathbf{a}, \tag{8.9}$$

onde $\mathcal{S}$ é a superfície que encerra $\mathcal{V}$. Esse é o **teorema de Poynting**; é o 'teorema de energia-trabalho' da eletrodinâmica. A primeira integral do lado direito é a energia total armazenada nos campos, $U_{\text{em}}$ (Equação 8.5). O segundo termo evidentemente representa a taxa à qual a energia é retirada de $\mathcal{V}$ pelos campos eletromagnéticos, através da superfície de contorno. O teorema de Poynting diz, então, que *o trabalho realizado sobre cargas pela força eletromagnética é igual ao decréscimo de energia armazenada no campo, menos a energia que fluiu para fora através da superfície*.

A *energia por unidade de tempo, por unidade de área*, transportada pelos campos é chamada de **vetor de Poynting**:

$$\boxed{\mathbf{S} \equiv \frac{1}{\mu_0} (\mathbf{E} \times \mathbf{B}).} \tag{8.10}$$

Especificamente, $\mathbf{S} \cdot d\mathbf{a}$ é a energia por unidade de tempo que atravessa a superfície infinitesimal $d\mathbf{a}$ — o *fluxo* de energia, se você preferir (de forma que $\mathbf{S}$ é a **densidade do fluxo de energia**).[1] Veremos muitas aplicações do vetor de Poynting nos capítulos 9 e 11, mas no momento estou mais interessado em usá-lo para expressar o teorema de Poynting de forma mais compacta:

$$\frac{dW}{dt} = -\frac{dU_{\text{em}}}{dt} - \oint_{\mathcal{S}} \mathbf{S} \cdot d\mathbf{a}. \tag{8.11}$$

É claro que o trabalho $W$ realizado sobre as cargas irá aumentar a sua energia mecânica (cinética, potencial, o que for). Se deixarmos que $u_{\text{mec}}$ denote a densidade de energia mecânica, de forma que

$$\frac{dW}{dt} = \frac{d}{dt}\int_{\mathcal{V}} u_{\text{mec}}\, d\tau, \tag{8.12}$$

e usarmos $u_{\text{em}}$ para a densidade de energia dos campos,

$$\boxed{u_{\text{em}} = \frac{1}{2}\left(\epsilon_0 E^2 + \frac{1}{\mu_0}B^2\right),} \tag{8.13}$$

então

$$\frac{d}{dt}\int_{\mathcal{V}} (u_{\text{mec}} + u_{\text{em}})\, d\tau = -\oint_{\mathcal{S}} \mathbf{S} \cdot d\mathbf{a} = -\int_{\mathcal{V}} (\nabla \cdot \mathbf{S})\, d\tau,$$

e, portanto,

$$\boxed{\frac{\partial}{\partial t}(u_{\text{mec}} + u_{\text{em}}) = -\nabla \cdot \mathbf{S}.} \tag{8.14}$$

Esta é a versão diferencial do teorema de Poynting. Compare-a com a equação de continuidade, expressando conservação de carga (Equação 8.4):

$$\frac{\partial \rho}{\partial t} = -\nabla \cdot \mathbf{J};$$

a densidade de carga é substituída pela densidade de energia (mecânica mais eletromagnética), e a densidade de corrente é substituída pelo vetor de Poynting. Este último representa o fluxo de *energia* exatamente da mesma forma que $\mathbf{J}$ descreve o fluxo de *carga*.[2]

---

**Exemplo 8.1**

Quando uma corrente flui por um fio, trabalho é realizado e ele aparece como o aquecimento Joule do fio (Equação 7.7). Embora existam maneiras *mais fáceis*, a energia por unidade de tempo fornecida ao fio pode ser calculada através do vetor de Poynting. Assumindo que é uniforme, o campo elétrico paralelo ao fio é

$$E = \frac{V}{L},$$

onde $V$ é a diferença de potencial entre as extremidades e $L$ é o comprimento do fio (Figura 8.1). O campo magnético é 'circunferencial'; na superfície (raio $a$) seu valor é

$$B = \frac{\mu_0 I}{2\pi a}.$$

Correspondentemente, a magnitude do vetor de Poynting é

$$S = -\frac{1}{\mu_0}\frac{V}{L}\frac{\mu_0 I}{2\pi a} = \frac{VI}{2\pi a L},$$

e ele aponta radialmente para dentro. A energia por unidade de tempo que passa através da superfície é, portanto,

$$\int \mathbf{S} \cdot d\mathbf{a} = S(2\pi a L) = VI,$$

que é exatamente o que concluímos de forma muito mais direta na Seção 7.1.1.

---

1. Se for muito meticuloso, você perceberá que há uma pequena falha nessa lógica: sabemos pela Equação 8.9 que $\oint \mathbf{S} \cdot d\mathbf{a}$ é a potência total que passa por uma superfície *fechada*, mas isso não prova que $\int \mathbf{S} \cdot d\mathbf{a}$ é a potência que passa através de qualquer superfície *aberta* (poderia haver um termo extra cuja integral dá zero em todas as superfícies fechadas). Essa é, no entanto, uma interpretação óbvia e natural; como sempre, a *localização* exata da energia não é realmente determinada na eletrodinâmica (veja a Seção 2.4.4).
2. Na presença de meio linear, interessa somente o trabalho realizado nas cargas e correntes *livres* (veja a Seção 4.4.3). Nesse caso, a densidade de energia adequada é $\frac{1}{2}(\mathbf{E} \cdot \mathbf{D} + \mathbf{B} \cdot \mathbf{H})$, e o vetor de Poynting torna-se $(\mathbf{E} \times \mathbf{H})$. Veja J. D. Jackson, *Classical Electrodynamics*, 3ª ed., Seção 6.7 (Nova York: John Wiley, 1999).

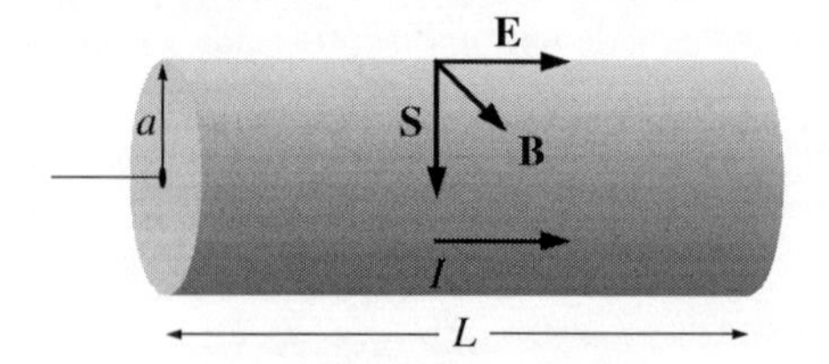


Figura 8.1

**Problema 8.1** Calcule a potência (energia por unidade de tempo) transportada pelos cabos do Exemplo 7.13 e do Problema 7.58, assumindo que os dois condutores são mantidos a uma diferença de potencial $V$, e que por eles passa uma corrente $I$ (em um sentido por um e no sentido inverso pelo outro).

**Problema 8.2** Considere o capacitor que está sendo carregado no Problema 7.31.

(a) Encontre os campos elétrico e magnético na abertura, como funções da distância $s$ ao eixo e ao tempo $t$. (Assuma que a carga é nula em $t = 0$.)

(b) Encontre a densidade de energia $u_{em}$ e o vetor de Poynting **S** na abertura. Observe especificamente a *direção* de **S**. Verifique se a Equação 8.14 é satisfeita.

(c) Determine a energia total na abertura, como função do tempo. Calcule a potência total que flui para a abertura, integrando o vetor de Poynting sobre a superfície adequada. Verifique se a entrada de potência é igual à taxa de aumento de energia na abertura (Equação 8.9 — neste caso $W = 0$, porque não há carga na abertura). [Se você está preocupado com os campos marginais, faça-o sobre um volume de raio $b < a$ bem dentro da abertura.]

# 8.2 Momento

## 8.2.1 Terceira lei de Newton na eletrodinâmica

Imagine uma carga pontual $q$ viajando ao longo do eixo $x$ a uma velocidade constante $v$. Como ela está em movimento, seu campo elétrico *não* é dado pela lei de Coulomb; mesmo assim, **E** ainda aponta radialmente para fora a partir da posição instantânea da carga (Figura 8.2a), como veremos no Capítulo 10. Como, além do mais, uma carga pontual não constitui uma corrente estacionária, seu campo magnético *não* é dado pela lei de Biot-Savart. Mesmo assim, é um fato que **B** ainda circunda o eixo na forma indicada pela regra da mão direita (Figura 8.2b); mais uma vez, a prova será dada no Capítulo 10.

Agora, suponha que essa carga encontra outra idêntica, viajando à mesma velocidade ao longo do eixo $y$. É claro que a força eletromagnética entre elas tenderia a levá-las para fora dos eixos, mas vamos assumir que elas estejam sobre trilhos ou algo assim, de forma que são forçadas a manter a mesma direção e a mesma velocidade (Figura 8.3). A força elétrica entre elas é repulsiva, mas e a força magnética? Bem, o campo magnético de $q_1$ aponta para dentro da página (na posição de $q_2$), de forma que a força magnética em $q_2$ é para a *direita*, enquanto o campo magnético de $q_2$ é para *fora* da página (na

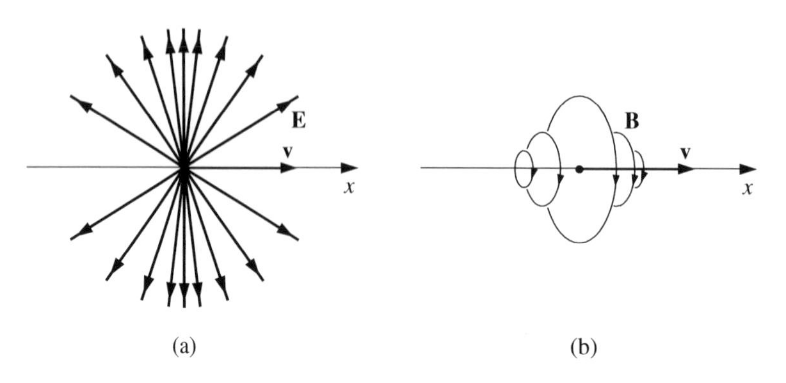


Figura 8.2

posição de $q_1$), e a força magnética de $q_1$ é para *cima*. *A força eletromagnética de $q_1$ sobre $q_2$ é igual, mas não oposta, à força de $q_2$ sobre $q_1$, contrariando a terceira lei de Newton*. Em *eletrostática* e *magnetostática* a terceira lei se aplica, mas em *eletrodinâmica não*.

Bem, essa é uma curiosidade interessante, mas com que frequência realmente se usa a terceira lei da prática? *Resposta:* o tempo todo! Pois a prova de conservação de momento apoia-se na anulação interna das forças, que decorre da terceira lei. Quando você mexe com a terceira lei, coloca a conservação do momento em perigo e não há princípio da física mais sagrado do que *esse*.

A conservação do momento é resgatada na eletrodinâmica pela constatação de que *os próprios campos têm momento*. Isso não é surpreendente quando você considera que já atribuímos *energia* aos campos. No caso das duas cargas pontuais da Figura 8.3, todo momento perdido para as partículas é adquirido pelos campos. Somente quando o momento do campo é acrescentado ao momento mecânico das cargas é que a conservação do momento é restaurada. Você verá como isso funciona quantitativamente nas seções a seguir.

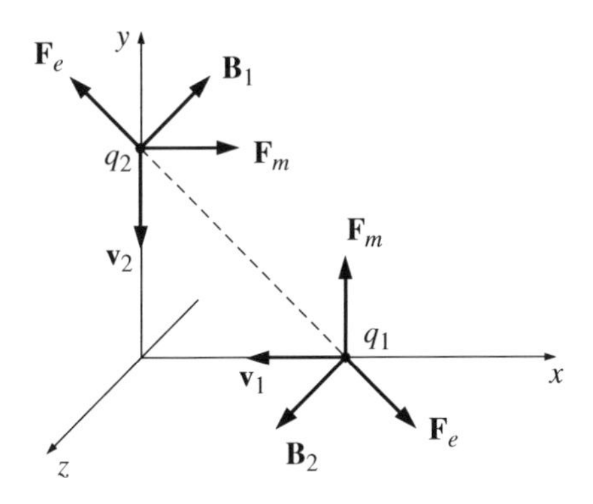


**Figura 8.3**

## 8.2.2 Tensor das tensões de Maxwell

Vamos calcular a força eletromagnética total sobre as cargas no volume $\mathcal{V}$:

$$\mathbf{F} = \int_{\mathcal{V}} (\mathbf{E} + \mathbf{v} \times \mathbf{B})\rho \, d\tau = \int_{\mathcal{V}} (\rho\mathbf{E} + \mathbf{J} \times \mathbf{B}) \, d\tau. \tag{8.15}$$

A *força por unidade de volume* é, evidentemente,

$$\mathbf{f} = \rho\mathbf{E} + \mathbf{J} \times \mathbf{B}. \tag{8.16}$$

Como antes, proponho escrever isso em termos de campo somente, eliminando $\rho$ e $\mathbf{J}$ com o uso das equações de Maxwell (i) e (iv):

$$\mathbf{f} = \epsilon_0(\boldsymbol{\nabla} \cdot \mathbf{E})\mathbf{E} + \left(\frac{1}{\mu_0}\boldsymbol{\nabla} \times \mathbf{B} - \epsilon_0\frac{\partial \mathbf{E}}{\partial t}\right) \times \mathbf{B}.$$

Agora

$$\frac{\partial}{\partial t}(\mathbf{E} \times \mathbf{B}) = \left(\frac{\partial \mathbf{E}}{\partial t} \times \mathbf{B}\right) + \left(\mathbf{E} \times \frac{\partial \mathbf{B}}{\partial t}\right),$$

e a lei de Faraday diz que

$$\frac{\partial \mathbf{B}}{\partial t} = -\boldsymbol{\nabla} \times \mathbf{E},$$

então

$$\frac{\partial \mathbf{E}}{\partial t} \times \mathbf{B} = \frac{\partial}{\partial t}(\mathbf{E} \times \mathbf{B}) + \mathbf{E} \times (\boldsymbol{\nabla} \times \mathbf{E}).$$

Assim,

$$\mathbf{f} = \epsilon_0[(\boldsymbol{\nabla} \cdot \mathbf{E})\mathbf{E} - \mathbf{E} \times (\boldsymbol{\nabla} \times \mathbf{E})] - \frac{1}{\mu_0}[\mathbf{B} \times (\boldsymbol{\nabla} \times \mathbf{B})] - \epsilon_0\frac{\partial}{\partial t}(\mathbf{E} \times \mathbf{B}). \tag{8.17}$$

Só para deixar as coisas mais simétricas, vamos acrescentar um termo $(\boldsymbol{\nabla} \cdot \mathbf{B})\mathbf{B}$; como $\boldsymbol{\nabla} \cdot \mathbf{B} = 0$, isso não nos custa nada. Enquanto isso, a regra de produto 4 diz que

$$\boldsymbol{\nabla}(E^2) = 2(\mathbf{E} \cdot \boldsymbol{\nabla})\mathbf{E} + 2\mathbf{E} \times (\boldsymbol{\nabla} \times \mathbf{E}),$$

então

$$\mathbf{E} \times (\boldsymbol{\nabla} \times \mathbf{E}) = \frac{1}{2}\boldsymbol{\nabla}(E^2) - (\mathbf{E} \cdot \boldsymbol{\nabla})\mathbf{E},$$

e o mesmo vale para **B**. Portanto,

$$\begin{aligned}\mathbf{f} = \; & \epsilon_0[(\boldsymbol{\nabla} \cdot \mathbf{E})\mathbf{E} + (\mathbf{E} \cdot \boldsymbol{\nabla})\mathbf{E}] + \frac{1}{\mu_0}[(\boldsymbol{\nabla} \cdot \mathbf{B})\mathbf{B} + (\mathbf{B} \cdot \boldsymbol{\nabla})\mathbf{B}] \\ & -\frac{1}{2}\boldsymbol{\nabla}\left(\epsilon_0 E^2 + \frac{1}{\mu_0}B^2\right) - \epsilon_0 \frac{\partial}{\partial t}(\mathbf{E} \times \mathbf{B}).\end{aligned} \tag{8.18}$$

*Que feio!* Mas isso pode ser simplificado introduzindo-se o **tensor das tensões de Maxwell**,

$$T_{ij} \equiv \epsilon_0 \left(E_i E_j - \frac{1}{2}\delta_{ij} E^2\right) + \frac{1}{\mu_0}\left(B_i B_j - \frac{1}{2}\delta_{ij} B^2\right). \tag{8.19}$$

Os índices $i$ e $j$ referem-se às coordenadas $x, y$ e $z$, de forma que o tensor das tensões tem um total de nove componentes ($T_{xx}, T_{yy}, T_{xz}, T_{yx}$ e assim por diante). O **delta de Kronecker**, $\delta_{ij}$, é 1 se os índices são os mesmos ($\delta_{xx} = \delta_{yy} = \delta_{zz} = 1$) e zero em caso contrário ($\delta_{xy} = \delta_{xz} = \delta_{yz} = 0$). Portanto,

$$\begin{aligned}T_{xx} = \; & \frac{1}{2}\epsilon_0(E_x^2 - E_y^2 - E_z^2) + \frac{1}{2\mu_0}(B_x^2 - B_y^2 - B_z^2), \\ T_{xy} = \; & \epsilon_0(E_x E_y) + \frac{1}{\mu_0}(B_x B_y),\end{aligned}$$

e assim por diante. Como tem *dois* índices, onde um vetor tem apenas um, $T_{ij}$ é às vezes escrito com uma seta dupla: $\overleftrightarrow{\mathbf{T}}$. Pode-se formar o produto escalar de $\overleftrightarrow{\mathbf{T}}$ com um vetor **a**:

$$(\mathbf{a} \cdot \overleftrightarrow{\mathbf{T}})_j = \sum_{i=x,y,z} a_i T_{ij}; \tag{8.20}$$

o objeto resultante que tem um índice remanescente, é em si um vetor. Sobretudo, o divergente de $\overleftrightarrow{\mathbf{T}}$ tem como seu $j$-ésimo componente

$$\begin{aligned}(\boldsymbol{\nabla} \cdot \overleftrightarrow{\mathbf{T}})_j = \; & \epsilon_0\left[(\boldsymbol{\nabla} \cdot \mathbf{E})E_j + (\mathbf{E} \cdot \boldsymbol{\nabla})E_j - \frac{1}{2}\boldsymbol{\nabla}_j E^2\right] \\ & + \frac{1}{\mu_0}\left[(\boldsymbol{\nabla} \cdot \mathbf{B})B_j + (\mathbf{B} \cdot \boldsymbol{\nabla})B_j - \frac{1}{2}\boldsymbol{\nabla}_j B^2\right].\end{aligned}$$

Portanto, a força por unidade de volume (Equação 8.18) pode ser escrita de forma muito mais simples

$$\mathbf{f} = \boldsymbol{\nabla} \cdot \overleftrightarrow{\mathbf{T}} - \epsilon_0 \mu_0 \frac{\partial \mathbf{S}}{\partial t}, \tag{8.21}$$

onde **S** é o vetor de Poynting (Equação 8.10).

A força *total* sobre as cargas em $\mathcal{V}$ (Equação 8.15) é, evidentemente,

$$\mathbf{F} = \oint_{\mathcal{S}} \overleftrightarrow{\mathbf{T}} \cdot d\mathbf{a} - \epsilon_0 \mu_0 \frac{d}{dt}\int_{\mathcal{V}} \mathbf{S}\, d\tau. \tag{8.22}$$

(Usei o teorema do divergente para converter o primeiro termo em integral de superfície.) No caso *estático* (ou, mais genericamente, sempre que $\int \mathbf{S}\, d\tau$ for independente de tempo), o segundo termo cai e a força eletromagnética sobre a configuração de carga pode ser expressa totalmente em termos do tensor das tensões no contorno. Fisicamente, $\overleftrightarrow{\mathbf{T}}$ é a força por unidade de área (ou **tensão**) agindo sobre a superfície. Mais precisamente, $T_{ij}$ é a força (por unidade de área) na $i$-ésima direção, agindo em um elemento de superfície orientado para a $j$-ésima direção — elementos 'diagonais' ($T_{xx}, T_{yy}, T_{zz}$) representam *pressões*, e elementos 'não diagonais' ($T_{xy}, T_{xz}$ etc.) são *tensões de cisalhamento*.

## Exemplo 8.2

Determine a força líquida no hemisfério 'norte' de uma esfera maciça uniformemente carregada de raio $R$ e carga $Q$ (a mesma do Problema 2.43, só que desta vez usaremos o tensor das tensões de Maxwell e a Equação 8.22).

**Solução:** a superfície de contorno consiste de duas partes — uma 'tigela' hemisférica no raio $R$, e um disco circular em $\theta = \pi/2$ (Figura 8.4). Para a tigela,

$$d\mathbf{a} = R^2 \operatorname{sen}\theta \, d\theta \, d\phi \, \hat{\mathbf{r}}$$

e

$$\mathbf{E} = \frac{1}{4\pi\epsilon_0} \frac{Q}{R^2} \hat{\mathbf{r}}.$$

Em componentes cartesianos,

$$\hat{\mathbf{r}} = \operatorname{sen}\theta \cos\phi \, \hat{\mathbf{x}} + \operatorname{sen}\theta \operatorname{sen}\phi \, \hat{\mathbf{y}} + \cos\theta \, \hat{\mathbf{z}},$$

então

$$T_{zx} = \epsilon_0 E_z E_x = \epsilon_0 \left(\frac{Q}{4\pi\epsilon_0 R^2}\right)^2 \operatorname{sen}\theta \cos\theta \cos\phi,$$

$$T_{zy} = \epsilon_0 E_z E_y = \epsilon_0 \left(\frac{Q}{4\pi\epsilon_0 R^2}\right)^2 \operatorname{sen}\theta \cos\theta \operatorname{sen}\phi,$$

$$T_{zz} = \frac{\epsilon_0}{2}(E_z^2 - E_x^2 - E_y^2) = \frac{\epsilon_0}{2} \left(\frac{Q}{4\pi\epsilon_0 R^2}\right)^2 (\cos^2\theta - \operatorname{sen}^2\theta). \tag{8.23}$$

A força líquida está obviamente na direção $z$, de forma que basta calcular

$$(\overleftrightarrow{\mathbf{T}} \cdot d\mathbf{a})_z = T_{zx} \, da_x + T_{zy} \, da_y + T_{zz} \, da_z = \frac{\epsilon_0}{2} \left(\frac{Q}{4\pi\epsilon_0 R}\right)^2 \operatorname{sen}\theta \cos\theta \, d\theta \, d\phi.$$

A força na 'tigela' é, portanto,

$$F_{\text{tigela}} = \frac{\epsilon_0}{2} \left(\frac{Q}{4\pi\epsilon_0 R}\right)^2 2\pi \int_0^{\pi/2} \operatorname{sen}\theta \cos\theta \, d\theta = \frac{1}{4\pi\epsilon_0} \frac{Q^2}{8R^2}. \tag{8.24}$$

Enquanto isso, para o disco equatorial,

$$d\mathbf{a} = -r \, dr \, d\phi \, \hat{\mathbf{z}}, \tag{8.25}$$

e (como agora estamos *dentro* da esfera)

$$\mathbf{E} = \frac{1}{4\pi\epsilon_0} \frac{Q}{R^3} \mathbf{r} = \frac{1}{4\pi\epsilon_0} \frac{Q}{R^3} r(\cos\phi \, \hat{\mathbf{x}} + \operatorname{sen}\phi \, \hat{\mathbf{y}}).$$

Então

$$T_{zz} = \frac{\epsilon_0}{2}(E_z^2 - E_x^2 - E_y^2) = -\frac{\epsilon_0}{2} \left(\frac{Q}{4\pi\epsilon_0 R^3}\right)^2 r^2,$$

e assim

$$(\overleftrightarrow{\mathbf{T}} \cdot d\mathbf{a})_z = \frac{\epsilon_0}{2} \left(\frac{Q}{4\pi\epsilon_0 R^3}\right)^2 r^3 \, dr \, d\phi.$$

A força no disco é, portanto,

$$F_{\text{disco}} = \frac{\epsilon_0}{2} \left(\frac{Q}{4\pi\epsilon_0 R^3}\right)^2 2\pi \int_0^R r^3 dr = \frac{1}{4\pi\epsilon_0} \frac{Q^2}{16R^2}. \tag{8.26}$$

Combinando as Equações 8.24 e 8.26, concluo que a força líquida no hemisfério norte é

$$F = \frac{1}{4\pi\epsilon_0} \frac{3Q^2}{16R^2}. \tag{8.27}$$

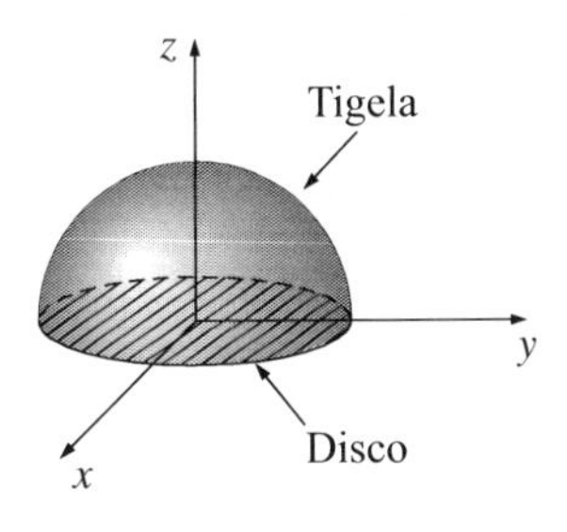


**Figura 8.4**

A propósito, na aplicação da Equação 8.22, *qualquer* volume que encerre toda a carga em questão (e nenhuma *outra* carga) funcionará. Por exemplo, no caso em questão poderíamos usar toda a região $z > 0$. Nesse caso, a superfície de contorno consiste de todo o plano $xy$ (mais um hemisfério em $r = \infty$, mas como lá $E = 0$ não há contribuição). No lugar da 'tigela', agora temos a porção externa do plano $(r > R)$. Aqui

$$T_{zz} = -\frac{\epsilon_0}{2}\left(\frac{Q}{4\pi\epsilon_0}\right)^2 \frac{1}{r^4}$$

(Equação 8.23 com $\theta = \pi/2$ e $R \to r$), e $d\mathbf{a}$ é dado pela Equação 8.25, então

$$(\overleftrightarrow{\mathbf{T}} \cdot d\mathbf{a})_z = \frac{\epsilon_0}{2}\left(\frac{Q}{4\pi\epsilon_0}\right)^2 \frac{1}{r^3}\, dr\, d\phi,$$

e a contribuição do plano para $r > R$ é

$$\frac{\epsilon_0}{2}\left(\frac{Q}{4\pi\epsilon_0}\right)^2 2\pi \int_R^\infty \frac{1}{r^3}\, dr = \frac{1}{4\pi\epsilon_0}\frac{Q^2}{8R^2},$$

o mesmo que para a tigela (Equação 8.24).

---

Espero que você não tenha ficado atolado demais nos detalhes do Exemplo 8.2. Se é esse o caso, pare um momento para ver bem o que aconteceu. Estávamos calculando a força sobre um objeto maciço, mas em vez de calcular a integral de *volume*, como seria de se esperar, a Equação 8.22 nos permitiu fazer o cálculo como de uma integral de *superfície*; de alguma forma, o tensor das tensões detecta o que está acontecendo na parte interna.

---

! **Problema 8.3** Calcule a força de atração magnética entre os hemisférios norte e sul de uma casca esférica uniformemente carregada e em rotação, de raio $R$, velocidade angular $\omega$ e densidade de carga superficial $\sigma$. [Este é o mesmo que o Problema 5.42, mas desta vez use o tensor das tensões de Maxwell e a Equação 8.22.]

**Problema 8.4**

(a) Considere duas cargas pontuais iguais $q$, separadas por uma distância $2a$. Construa o plano equidistante das duas cargas. Integrando o tensor das tensões de Maxwell sobre esse plano, determine a força de uma carga sobre a outra.

(b) Faça o mesmo para cargas com sinais opostos.

---

### 8.2.3 Conservação do momento

A segunda lei de Newton diz que a força sobre um objeto é igual à taxa de alteração do seu momento:

$$\mathbf{F} = \frac{d\mathbf{p}_{\text{mec}}}{dt}.$$

A Equação 8.22, portanto, pode ser escrita na forma

$$\frac{d\mathbf{p}_{\text{mec}}}{dt} = -\epsilon_0\mu_0 \frac{d}{dt}\int_{\mathcal{V}} \mathbf{S}\, d\tau + \oint_{\mathcal{S}} \overleftrightarrow{\mathbf{T}} \cdot d\mathbf{a}, \tag{8.28}$$

onde $\mathbf{p}_{\text{mec}}$ é o momento (mecânico) total das partículas contidas no volume $\mathcal{V}$. Essa expressão é semelhante, em estrutura, ao teorema de Poynting (Equação 8.9), e convida a uma interpretação análoga: a primeira integral representa *o momento armazenado nos próprios campos eletromagnéticos*:

$$\mathbf{p}_{\text{em}} = \mu_0\epsilon_0 \int_{\mathcal{V}} \mathbf{S}\, d\tau, \tag{8.29}$$

enquanto a segunda integral é o *momento por unidade de tempo que flui entrando através da superfície*. A Equação 8.28 é a declaração geral da *conservação do momento* em eletrodinâmica: qualquer aumento no momento *total* (mecânico mais eletromagnético) é igual ao momento trazido pelos campos. (Se $\mathcal{V}$ é *todo* o espaço, então *não* há momento fluindo para dentro ou para fora e $\mathbf{p}_{\text{mec}} + \mathbf{p}_{\text{em}}$ é constante.)

Como no caso da conservação de carga e da conservação de energia, a conservação de momento pode receber uma formulação diferente. Considere $\wp_{\text{mec}}$ a densidade do momento *mecânico*, e $\wp_{\text{em}}$ a densidade do momento nos campos:

$$\boxed{\wp_{\text{em}} = \mu_0\epsilon_0\mathbf{S}.} \tag{8.30}$$

Então a Equação 8.28, na forma diferencial, diz que

$$\boxed{\frac{\partial}{\partial t}(\wp_{\text{mec}} + \wp_{\text{em}}) = \nabla \cdot \overleftrightarrow{\mathbf{T}}.} \tag{8.31}$$

Evidentemente, $-\overleftrightarrow{\mathbf{T}}$ é a **densidade do fluxo de momento**, fazendo o papel de **J** (densidade de corrente) na equação de continuidade, ou de **S** (densidade do fluxo de energia) no teorema de Poynting. Especificamente, $-T_{ij}$ é o momento na direção $i$ atravessando uma superfície orientada na direção $j$, por unidade de área, por unidade de tempo. Observe que o vetor de Poynting apareceu em dois papéis muito diferentes: **S** em si é a energia por unidade de área, por unidade de tempo, transportada pelos campos eletromagnéticos, enquanto $\mu_0\epsilon_0\mathbf{S}$ é o momento por unidade de volume armazenado nesses campos. Similarmente, $\overleftrightarrow{\mathbf{T}}$ tem um papel duplo: $\overleftrightarrow{\mathbf{T}}$ em si é a tensão eletromagnética (força por unidade de área) agindo sobre uma superfície, e $-\overleftrightarrow{\mathbf{T}}$ descreve o fluxo do momento (a densidade de corrente do momento) transportado pelos campos.

## Exemplo 8.3

Um longo cabo coaxial de comprimento $l$ consiste de um condutor interno (de raio $a$) e de um condutor externo (de raio $b$). Ele está conectado a uma bateria em uma das extremidades e a um resistor na outra (Figura 8.5). O condutor interno tem uma distribuição de carga uniforme por unidade de comprimento $\lambda$, e uma corrente estacionária $I$ para a direita; o condutor externo tem a carga e a corrente opostas. Qual é o momento eletromagnético armazenado nos campos?

**Solução:** os campos são

$$\mathbf{E} = \frac{1}{2\pi\epsilon_0}\frac{\lambda}{s}\,\hat{\mathbf{s}}, \qquad \mathbf{B} = \frac{\mu_0}{2\pi}\frac{I}{s}\,\hat{\boldsymbol{\phi}}.$$

O vetor de Poynting, portanto, é

$$\mathbf{S} = \frac{\lambda I}{4\pi^2\epsilon_0 s^2}\,\hat{\mathbf{z}}.$$

Evidentemente a energia está fluindo pela linha, da bateria para o resistor. De fato, a potência transportada é

$$P = \int \mathbf{S}\cdot d\mathbf{a} = \frac{\lambda I}{4\pi^2\epsilon_0}\int_a^b \frac{1}{s^2}2\pi s\,ds = \frac{\lambda I}{2\pi\epsilon_0}\ln(b/a) = IV,$$

como deveria ser. Mas não é nisso que estamos interessados agora. O *momento* nos campos é

$$\mathbf{p}_{\text{em}} = \mu_0\epsilon_0\int \mathbf{S}\,d\tau = \frac{\mu_0\lambda I}{4\pi^2}\,\hat{\mathbf{z}}\int_a^b \frac{1}{s^2}l2\pi s\,ds = \frac{\mu_0\lambda I l}{2\pi}\ln(b/a)\,\hat{\mathbf{z}}.$$

Este é um resultado surpreendente. O cabo não está se movendo e os campos são estáticos; mesmo assim, nos é pedido que acreditemos que há momento no sistema. Se algo lhe diz que nessa história falta alguma coisa, sua intuição é boa. De fato, se o centro de massa de um sistema localizado está em repouso, seu momento total *tem de ser* nulo. Neste caso, no entanto, o centro de massa *não* está em repouso. A bateria está perdendo energia e a resistência está ganhando energia; assim, relativisticamente, há uma transferência líquida de massa ($m = E/c^2$) na direção $z$, o que corresponde precisamente ao momento nos campos.

Suponha agora que aumentemos a resistência, de forma que a corrente diminui. A variação no campo magnético irá induzir um campo elétrico (Equação 7.19):

$$\mathbf{E} = \left[\frac{\mu_0}{2\pi}\frac{dI}{dt}\ln s + K\right]\hat{\mathbf{z}}.$$

Esse campo exerce uma força sobre $\pm\lambda$:

$$\mathbf{F} = \lambda l\left[\frac{\mu_0}{2\pi}\frac{dI}{dt}\ln a + K\right]\hat{\mathbf{z}} - \lambda l\left[\frac{\mu_0}{2\pi}\frac{dI}{dt}\ln b + K\right]\hat{\mathbf{z}} = -\frac{\mu_0\lambda l}{2\pi}\frac{dI}{dt}\ln(b/a)\,\hat{\mathbf{z}}.$$

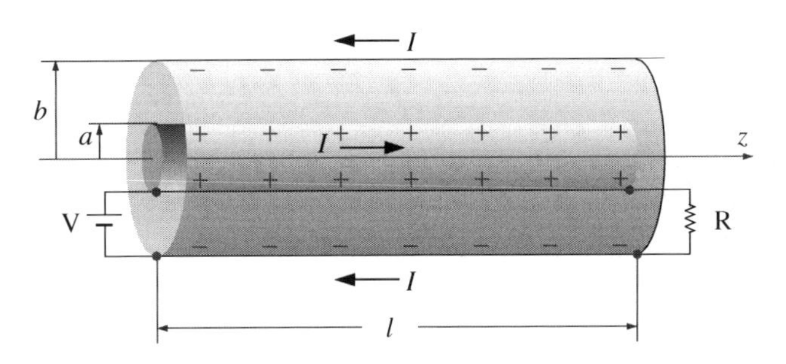


**Figura 8.5**

O momento total transmitido ao cabo, à medida que a corrente cai de $I$ para 0, é, portanto,

$$\mathbf{p}_{\text{mec}} = \int \mathbf{F}\, dt = \frac{\mu_0 \lambda I l}{2\pi} \ln(b/a)\, \hat{\mathbf{z}},$$

que é precisamente o momento originalmente armazenado nos campos.

---

**Problema 8.5** Considere um capacitor de placas paralelas infinito, cuja placa inferior (em $z = -d/2$) tem densidade de carga $-\sigma$, e cuja placa superior (em $z = +d/2$) tem densidade de carga $+\sigma$.

(a) Determine todos os nove elementos do tensor das tensões, na região entre as placas. Expresse sua resposta como uma matriz $3 \times 3$:

$$\begin{pmatrix} T_{xx} & T_{xy} & T_{xz} \\ T_{yx} & T_{yy} & T_{yz} \\ T_{zx} & T_{zy} & T_{zz} \end{pmatrix}$$

(b) Use a Equação 8.22 para determinar a força por unidade de área na placa superior. Compare com a Equação 2.51.

(c) Qual é o momento por unidade de área, por unidade de tempo que atravessa o plano $xy$ (ou qualquer outro plano paralelo a esse, entre as placas)?

(d) Nas placas, esse momento é absorvido e elas recuam (a menos que haja alguma força não elétrica que as mantenha em posição). Encontre a força de recuo por unidade de área na placa superior e compare sua resposta com (b). [*Observação:* essa não é uma força *adicional*, mas uma maneira alternativa de calcular a *mesma* força — em (b) nós a obtivemos pela lei de força, e em (d), pela conservação do momento.]

**Problema 8.6** Um capacitor de placas paralelas carregado (com campo elétrico uniforme $\mathbf{E} = E\,\hat{\mathbf{z}}$) é colocado em um campo magnético uniforme $\mathbf{B} = B\,\hat{\mathbf{x}}$, como mostra a Figura 8.6.[3]

(a) Encontre o momento eletromagnético no espaço entre as placas.

(b) Agora, um fio resistivo é conectado entre as duas placas, ao longo do eixo $z$, de forma que o capacitor é lentamente descarregado. A corrente através do fio sofrerá uma força magnética; qual é o impulso total fornecido ao sistema durante a descarga?

(c) Em vez de desligar o campo *elétrico* (como em (b)), suponha que diminuamos lentamente o campo *magnético*. Isso irá induzir um campo elétrico de Faraday que, por sua vez, exerce uma força sobre as placas. Qual é o impulso total entregue ao sistema?

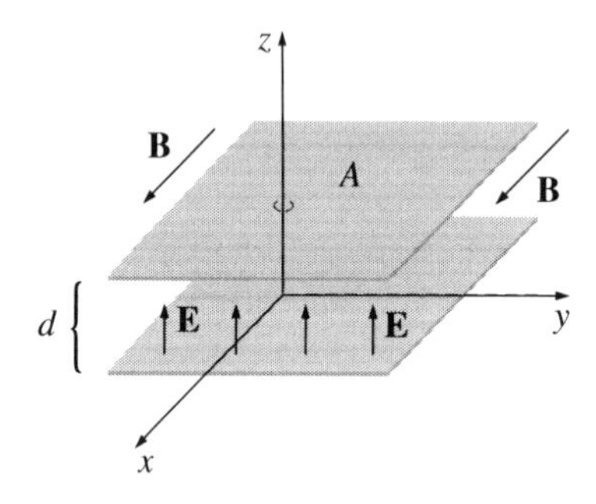


**Figura 8.6**

---

## 8.2.4 Momento angular

A esta altura, os campos eletromagnéticos (que começaram como mediadores de forças entre as cargas) adquiriram vida própria. Eles transportam *energia* (Equação 8.13)

$$u_{\text{em}} = \frac{1}{2}\left(\epsilon_0 E^2 + \frac{1}{\mu_0} B^2\right), \tag{8.32}$$

3. Veja F. S. Johnson, B. L. Cragin e R. R. Hodges, *Am. J. Phys.* **62**, 33 (1994). O momento nos campos é cancelado pelo momento (mecânico) escondido na fonte do campo magnético. Ver D. Babson, et al. *Am. J. Phis.* **77**, 826 (2009).

e *momento* (Equação 8.30)

$$\wp_{em} = \mu_0\epsilon_0\mathbf{S} = \epsilon_0(\mathbf{E}\times\mathbf{B}), \tag{8.33}$$

e, além disso, momento *angular*:

$$\boldsymbol{\ell}_{em} = \mathbf{r}\times\wp_{em} = \epsilon_0\left[\mathbf{r}\times(\mathbf{E}\times\mathbf{B})\right]. \tag{8.34}$$

*Mesmo campos perfeitamente estáticos* podem abrigar momento e momento angular desde que $\mathbf{E}\times\mathbf{B}$ não seja nulo, e é somente quando essas contribuições de campo são incluídas que as leis clássicas de conservação se aplicam.

---

**Exemplo 8.4**

Imagine um solenoide muito longo, de raio $R$, $n$ voltas por unidade de comprimento e corrente $I$. Coaxiais ao solenoide há duas longas cascas cilíndricas de comprimento $l$ — uma, *dentro* do solenoide e com raio $a$, tem carga $+Q$, distribuída uniformemente sobre a superfície; a outra, *fora* do solenoide e com raio $b$, tem carga $-Q$ (veja a Figura 8.7; $l$ deve ser muito maior que $b$). Quando a corrente no solenoide é gradualmente reduzida, os cilindros entram em rotação, como descobrimos no Exemplo 7.8. *Pergunta*: de onde vem o momento angular?[4]

**Solução**: ele estava inicialmente armazenado nos campos. Antes que a corrente fosse desligada, havia um campo elétrico,

$$\mathbf{E} = \frac{Q}{2\pi\epsilon_0 l}\frac{1}{s}\,\hat{\mathbf{s}}(a < s < b),$$

na região entre os cilindros e um campo magnético,

$$\mathbf{B} = \mu_0 nI\,\hat{\mathbf{z}}(s < R),$$

dentro do solenoide. A densidade de momento (Equação 8.33) era, portanto,

$$\wp_{em} = -\frac{\mu_0 nIQ}{2\pi l s}\,\hat{\boldsymbol{\phi}},$$

na região $a < s < R$. O componente $z$ da densidade de momento *angular* era

$$\boldsymbol{\ell}_{em} = \mathbf{r}\times\wp_{em} = -\frac{\mu_0 nIQ}{2\pi l}\,\hat{\mathbf{z}},$$

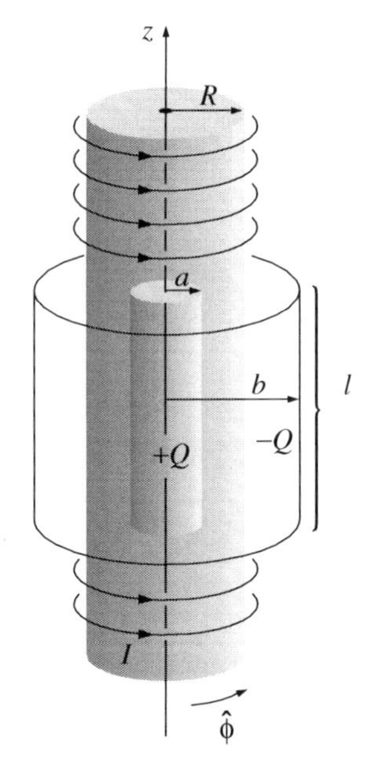


**Figura 8.7**

4. Esta é uma variação do 'paradoxo do disco de Feynman' (R. P. Feynman, R. B. Leighton e M. Sands, *The Feynman Lectures*, vol. 2, p. 17-5 (Reading, Mass.: Addison-Wesley, 1964) sugerida por F. L. Boos, Jr. (*Am. J. Phys.* **52**, 756 (1984)). Um modelo semelhante foi proposto anteriormente por R. H. Romer (*Am. J. Phys.* **34**, 772 (1966)). Para outras referências, veja T.-C. E. Ma, *Am. J. Phys.* **54**, 949 (1986).

que, aliás, é *constante*. Por simetria, a integral do componente radial dá zero; para obter o momento angular *total* dos campos, simplesmente multiplicamos pelo volume, $\pi(R^2 - a^2)l$:

$$\mathbf{L}_{\text{em}} = -\frac{1}{2}\mu_0 nIQ(R^2 - a^2)\,\hat{\mathbf{z}}. \tag{8.35}$$

Quando a corrente é desligada, a variação do campo magnético induz um campo elétrico circunferencial, dado pela lei de Faraday:

$$\mathbf{E} = \begin{cases} -\dfrac{1}{2}\mu_0 n \dfrac{dI}{dt}\dfrac{R^2}{s}\,\hat{\boldsymbol{\phi}}, & (s > R), \\[2ex] -\dfrac{1}{2}\mu_0 n \dfrac{dI}{dt} s\,\hat{\boldsymbol{\phi}}, & (s < R). \end{cases}$$

Assim, o torque no cilindro externo é

$$\mathbf{N}_b = \mathbf{r} \times (-Q\mathbf{E}) = \frac{1}{2}\mu_0 nQR^2 \frac{dI}{dt}\hat{\mathbf{z}},$$

e ele adquire um momento angular

$$\mathbf{L}_b = \frac{1}{2}\mu_0 nQR^2\,\hat{\mathbf{z}} \int_I^0 \frac{dI}{dt}dt = -\frac{1}{2}\mu_0 nIQR^2\,\hat{\mathbf{z}}.$$

Similarmente, o torque no cilindro interno é

$$\mathbf{N}_a = -\frac{1}{2}\mu_0 nQa^2 \frac{dI}{dt}\,\hat{\mathbf{z}},$$

e o aumento no seu momento angular é

$$\mathbf{L}_a = \frac{1}{2}\mu_0 nIQa^2\,\hat{\mathbf{z}}.$$

De forma que dá tudo certo: $\mathbf{L}_{\text{em}} = \mathbf{L}_a + \mathbf{L}_b$. O momento angular *perdido* pelos campos é precisamente igual ao momento angular *adquirido* pelos cilindros e o momento angular *total* (campo mais matéria) é conservado.

A propósito, o caso angular é, em alguns aspectos, *mais limpo* do que seu análogo linear (Problema 8.6), porque não há momento angular 'oculto' para compensar o momento angular nos campos e os cilindros realmente *giram* quando o campo magnético é desligado. Se um sistema localizado não está se movendo, seu momento *linear* total *tem* de ser zero,[5] mas não há teorema correspondente para o momento angular, e no Problema 8.12 você verá um lindo exemplo no qual absolutamente *nada* está se movendo — nem mesmo as correntes — e, no entanto, o momento angular não é nulo.

---

**Problema 8.7** No Exemplo 8.4, suponha que, em vez de desligar o campo *magnético* (reduzindo $I$), desliguemos o campo *elétrico*, conectando uma haste radial levemente condutora[6] entre os cilindros. (Teremos de fazer um corte no solenoide de forma que os cilindros ainda possam girar livremente.) A partir da força magnética da corrente na haste, determine o momento angular total fornecido aos cilindros, à medida que eles descarregam (eles agora estão rigidamente conectados, de forma que giram juntos). Compare o momento angular inicial armazenado nos campos (Equação 8.35). (Observe que o *mecanismo* pelo qual o momento angular é transferido dos campos para os cilindros é totalmente diferente nos dois casos: no Exemplo 8.4 foi a lei de Faraday, mas aqui é a lei de força de Lorentz.)

! **Problema 8.8**[7] Imagine uma esfera de ferro de raio $R$ que transporta uma carga $Q$ e uma magnetização uniforme $\mathbf{M} = M\hat{\mathbf{z}}$. A esfera está inicialmente em repouso.

(a) Calcule o momento angular armazenado nos campos eletromagnéticos.

(b) Suponha que a esfera é gradualmente (e uniformemente) desmagnetizada (talvez aquecendo-a além do ponto de Curie). Use a lei de Faraday para determinar o campo elétrico induzido, encontrar o torque que esse campo exerce sobre a esfera e calcular o momento angular total transmitido à esfera no curso da desmagnetização.

(c) Suponha que em vez de *desmagnetizar* a esfera, nós a *descarreguemos*, conectando um fio de aterramento ao polo norte. Assuma que a corrente flui sobre a superfície de forma que a densidade de carga permanece uniforme. Use a lei de força de Lorentz para determinar o torque na esfera e calcule o momento angular total transmitido à esfera durante a descarga. (O campo magnético é descontínuo na superfície... isso importa?) [*Resposta:* $\frac{2}{9}\mu_0 MQR^2$]

---

5. S. Coleman e J. H. van Vleck, *Phys. Rev.* **171**, 1370 (1968).
6. No Exemplo 8.4, desligamos a corrente lentamente para manter as coisas quase-estáticas; aqui reduzimos o campo elétrico lentamente para que a corrente de deslocamento se mantenha desprezível.
7. Esta versão do paradoxo do disco de Feynman foi proposta por N. L. Sharma (*Am. J. Phys.* **56**, 420 (1988)); modelos semelhantes foram analisados por E. M. Pugh e G. E. Pugh, *Am. J. Phys.* **35**, 153 (1967) e por R. H. Romer, *Am. J. Phys.* **35**, 445 (1967).

## Mais problemas do Capítulo 8

**Problema 8.9**[8] Um solenoide muito longo de raio $a$, com $n$ voltas por unidade de comprimento, transporta uma corrente $I_s$. Coaxial ao solenoide, com raio $b \gg a$, há um anel circular de fio com resistência $R$. Quando a corrente no solenoide (gradualmente) diminui, a corrente $I_r$ é induzida no anel.

(a) Calcule $I_r$, em termos de $dI_s/dt$.

(b) A potência ($I_r^2 R$) fornecida ao anel tem de ter vindo do solenoide. Confirme isso calculando o vetor de Poynting imediatamente fora do solenoide (o campo *elétrico* é devido à variação de fluxo no solenoide; o campo *magnético* é devido à corrente no anel). Integre sobre a superfície toda do solenoide e verifique se você resgata a potência total correta.

**Problema 8.10**[9] Uma esfera de raio $R$ tem polarização uniforme **P** e magnetização uniforme **M** (não necessariamente na mesma direção). Encontre o momento eletromagnético dessa configuração. [*Resposta:* $(4/9)\pi\mu_0 R^3(\mathbf{M} \times \mathbf{P})$]

**Problema 8.11**[10] Imagine o elétron como uma casca esférica uniformemente carregada, com carga $e$ e raio $R$, girando à velocidade angular $\omega$.

(a) Calcule a energia total contida nos campos eletromagnéticos.

(b) Calcule o momento angular total contido nos campos.

(c) Segundo a fórmula de Einstein ($E = mc^2$), a energia nos campos deve contribuir para a massa do elétron. Lorentz e outros especularam que *toda* a massa do elétron pode ser explicada da seguinte forma: $U_{\text{em}} = m_e c^2$. Suponha, além do mais, que o momento angular do *spin* do elétron é totalmente atribuído aos campos eletromagnéticos: $L_{\text{em}} = \hbar/2$. Com esses dois pressupostos, determine o raio e a velocidade angular do elétron. Qual é seu produto $\omega R$? Esse modelo clássico faz sentido?

! **Problema 8.12**[11] Suponha que você tem uma carga elétrica $q_e$ e um monopolo magnético $q_m$. O campo da carga elétrica é

$$\mathbf{E} = \frac{1}{4\pi\epsilon_0}\frac{q_e}{\mathscr{r}^2}\hat{\mathscr{r}},$$

é claro, e o campo do monopolo magnético é

$$\mathbf{B} = \frac{\mu_0}{4\pi}\frac{q_m}{\mathscr{r}^2}\hat{\mathscr{r}}.$$

Encontre o momento angular total armazenado nos campos, se as duas cargas estiverem separadas por uma distância $d$. [*Resposta:* $(\mu_0/4\pi)q_e q_m$.][12]

**Problema 8.13** Paul DeYoung, do Hope College, assinala que como os cilindros do Exemplo 8.4 são deixados em rotação (em velocidades angulares, digamos, $\omega_a$ e $\omega_b$), existe na realidade um campo magnético residual e, portanto, momento angular nos campos, mesmo depois que a corrente no solenoide foi extinta. Se os cilindros forem pesados, essa correção será desprezível, mas é interessante resolver o problema *sem* esse pressuposto.

(a) Calcule (em termos de $\omega_a$ e $\omega_b$) o momento angular final nos campos. (Defina $\omega = \omega\hat{\mathbf{z}}$, então $\omega_a$ e $\omega_b$ poderiam ser positivos ou negativos.)

(b) Como os cilindros começam a girar, seus campos magnéticos variáveis induzem um campo elétrico azimutal extra que, por sua vez, dá uma contribuição adicional aos torques. Encontre o momento angular extra resultante e compare-o com seu resultado para (a). [*Resposta:* $-\mu_0 Q^2\omega_b(b^2 - a^2)/4\pi l\hat{\mathbf{z}}$]

**Problema 8.14**[13] Uma carga pontual $q$ está a uma distância $a > R$ do eixo de um solenoide infinito (de raio $R$, $n$ voltas por unidade de comprimento e corrente $I$). Encontre o momento linear e o momento angular (sobre o centro) nos campos. (Coloque $q$ no eixo $x$, com o solenoide ao longo de $z$; trate o solenoide como não condutor, de forma que você não precise se preocupar com cargas induzidas na sua superfície.) [*Resposta:* $\mathbf{p}_{\text{em}} = (\mu_0 qnIR^2/2a)\,\hat{\mathbf{y}}$; $\mathbf{L}_{\text{em}} = 0$]

---

8. Para uma discussão abrangente, veja M. A. Heald, *Am. J. Phys.* **56**, 540 (1988).
9. Para uma discussão interessante e referências, veja R. H. Romer, *Am. J. Phys.* **63**, 777 (1995).
10. Veja J. Higbie, *Am. J. Phys.* **56**, 378 (1988).
11. Este sistema é conhecido como **dipolo de Thomson**. Veja I. Adawi, *Am. J. Phys.* **44**, 762 (1976) e *Phys. Rev.* **D31**, 3301 (1985), e K. R. Brownstein, *Am. J. Phys.* **57**, 420 (1989), para discussões e referências.
12. Observe que este resultado é *independente da distância de separação* $d$ (!); ele aponta de $q_e$ em direção a $q_m$. Na mecânica quântica o momento angular é dado em múltiplos semi-inteiros de $\hbar$, de forma que este resultado sugere que se os monopolos magnéticos existem, as cargas elétricas e magnéticas têm de ser quantizadas: $\mu_0 q_e q_m/4\pi = n\hbar/2$, para $n = 1, 2, 3, \ldots$, uma ideia proposta inicialmente por Dirac em 1931. Se *um* único monopolo existir em algum lugar no universo, isso 'explicaria' por que as cargas elétricas vêm em unidades discretas.
13. Veja F. S. Johnson, B. L. Cragin e R. R. Hodges, *Am. J. Phys.* **62**, 33 (1994), para uma discussão deste e outros problemas correlatos.

**Problema 8.15**[14] (a) Leve até o fim o argumento da Seção 8.1.2, começando com a Equação 8.6, mas usando $\mathbf{J}_l$ no lugar de $\mathbf{J}$. Mostre que o vetor de Poynting torna-se

$$\mathbf{S} = \mathbf{E} \times \mathbf{H},$$

e a taxa de mudança da densidade de energia no campo é

$$\frac{\partial u_{\text{em}}}{\partial t} = \mathbf{E} \cdot \frac{\partial \mathbf{D}}{\partial t} + \mathbf{H} \cdot \frac{\partial \mathbf{B}}{\partial t}.$$

Para um meio linear, mostre que

$$u_{\text{em}} = \frac{1}{2}(\mathbf{E} \cdot \mathbf{D} + \mathbf{B} \cdot \mathbf{H}).$$

(b) Com o mesmo espírito, reproduza o argumento da Seção 8.2.2, começando com a Equação 8.15, com $\rho_l$ e $\mathbf{J}_l$ em lugar de $\rho$ e $\mathbf{J}$. Não se preocupe em montar o tensor das tensões de Maxwell, mas mostre que a densidade de momento é

$$\wp = \mathbf{D} \times \mathbf{B}.$$

---

14. Este problema foi sugerido por David Thouless, da Universidade de Washington. Consulte a Seção 4.4.3 para o sentido de ‘energia’, neste contexto.

# Capítulo 9

# Ondas eletromagnéticas

## 9.1 Ondas em uma dimensão

### 9.1.1 A equação de onda

O que é uma 'onda'? Não creio que eu possa lhe dar uma resposta totalmente satisfatória — o conceito é intrinsecamente um tanto vago — mas eis um começo: uma onda é um *distúrbio de um meio contínuo que se propaga com uma forma fixa e em velocidade constante.* Tenho imediatamente que acrescentar qualificadores: na presença de absorção, a onda diminui de tamanho à medida que se move; se o meio for dispersivo, frequências diferentes viajarão a velocidades diferentes; em duas ou três dimensões, à medida que a onda se espalha, sua amplitude diminui; e é claro que ondas *estacionárias* não se propagam de forma alguma. Mas tudo isso é um refinamento; vamos começar com um caso simples: forma fixa, velocidade constante (Figura 9.1).

Como você representaria matematicamente um objeto assim? Na figura desenhei a onda em dois momentos diferentes, uma vez em $t = 0$, e novamente em algum tempo posterior $t$ — cada ponto na forma da onda simplesmente move-se para a direita uma quantidade $vt$, onde $v$ é a velocidade. Talvez a onda seja gerada agitando-se uma das pontas de uma corda esticada; $f(z,t)$ representa o deslocamento da corda no ponto $z$, no tempo $t$. Dada a forma *inicial* da corda, $g(z) \equiv f(z,0)$, qual é a forma subsequente, $f(z,t)$? Evidentemente, o deslocamento no ponto $z$, no tempo posterior $t$, é o mesmo que o deslocamento $vt$ à esquerda (isto é, em $z - vt$), de volta no tempo $t = 0$:

$$f(z,t) = f(z - vt, 0) = g(z - vt). \tag{9.1}$$

Essa expressão captura (matematicamente) a essência do movimento da onda. Ela nos diz que a função $f(z,t)$, que *poderia* depender de $z$ e $t$ de uma forma *qualquer* que fosse, de *fato* depende deles somente em uma combinação muito especial $z - vt$. Quando isso é verdade, a função $f(z,t)$ representa uma onda de forma fixa que viaja na direção $z$ com velocidade $v$. Por exemplo, se $A$ e $b$ são constantes (com as unidades adequadas),

$$f_1(z,t) = Ae^{-b(z-vt)^2}, \quad f_2(z,t) = A\,\text{sen}[b(z-vt)], \quad f_3(z,t) = \frac{A}{b(z-vt)^2+1}$$

são todas representações de ondas (com formas diferentes, é claro), mas

$$f_4(z,t) = Ae^{-b(bz^2+vt)} \quad \text{e} \quad f_5(z,t) = A\,\text{sen}(bz)\cos(bvt)^3$$

*não* são.

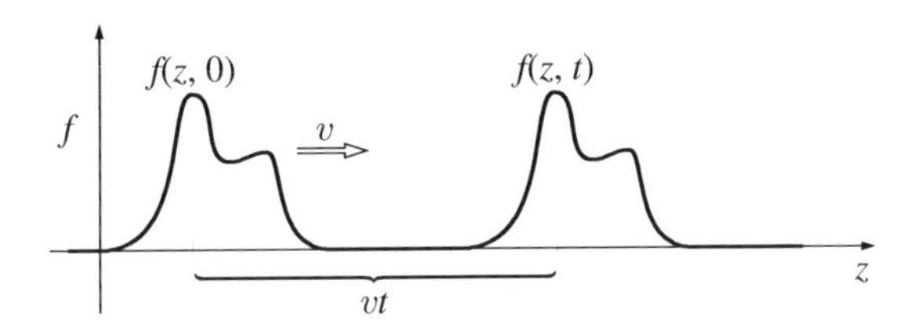


**Figura 9.1**

*Por que* uma corda esticada sustenta um movimento de onda? Na realidade isso decorre da segunda lei de Newton. Imagine uma corda muito longa, com tensão $T$. Se ela for deslocada do estado de equilíbrio, a força transversal líquida no segmento entre $z$ e $z + \Delta z$ (Figura 9.2) será

$$\Delta F = T \operatorname{sen}\theta' - T \operatorname{sen}\theta,$$

onde $\theta'$ é o ângulo que a corda forma com a direção $z$ no ponto $z + \Delta z$, e $\theta$ é o ângulo correspondente no ponto $z$. Desde que a distorção da corda não seja muito grande, esses ângulos são pequenos (a figura está exagerada, é óbvio), e podemos substituir o seno pela tangente:

$$\Delta F \cong T(\operatorname{tg}\theta' - \operatorname{tg}\theta) = T\left(\left.\frac{\partial f}{\partial z}\right|_{z+\Delta z} - \left.\frac{\partial f}{\partial z}\right|_{z}\right) \cong T\frac{\partial^2 f}{\partial z^2}\Delta z.$$

Se a massa por unidade de comprimento é $\mu$, a segunda lei de Newton diz que

$$\Delta F = \mu(\Delta z)\frac{\partial^2 f}{\partial t^2},$$

e, portanto,

$$\frac{\partial^2 f}{\partial z^2} = \frac{\mu}{T}\frac{\partial^2 f}{\partial t^2}.$$

Evidentemente, pequenas perturbações na corda satisfazem

$$\boxed{\frac{\partial^2 f}{\partial z^2} = \frac{1}{v^2}\frac{\partial^2 f}{\partial t^2},} \tag{9.2}$$

onde $v$ (que como logo veremos representa a velocidade de propagação) é

$$v = \sqrt{\frac{T}{\mu}}. \tag{9.3}$$

A Equação 9.2 é conhecida como a **equação de onda** (clássica), porque admite como soluções todas as funções da forma

$$f(z,t) = g(z - vt) \tag{9.4}$$

(ou seja, todas as funções que dependem das variáveis $z$ e $t$ na combinação especial $u \equiv z - vt$), e acabamos de saber que tais funções representam ondas propagando-se na direção $z$ à velocidade $v$. Pois a Equação 9.4 significa

$$\frac{\partial f}{\partial z} = \frac{dg}{du}\frac{\partial u}{\partial z} = \frac{dg}{du}, \quad \frac{\partial f}{\partial t} = \frac{dg}{du}\frac{\partial u}{\partial t} = -v\frac{dg}{du},$$

e

$$\frac{\partial^2 f}{\partial z^2} = \frac{\partial}{\partial z}\left(\frac{dg}{du}\right) = \frac{d^2 g}{du^2}\frac{\partial u}{\partial z} = \frac{d^2 g}{du^2},$$

$$\frac{\partial^2 f}{\partial t^2} = -v\frac{\partial}{\partial t}\left(\frac{dg}{du}\right) = -v\frac{d^2 g}{du^2}\frac{\partial u}{\partial t} = v^2\frac{d^2 g}{du^2},$$

então

$$\frac{d^2 g}{du^2} = \frac{\partial^2 f}{\partial z^2} = \frac{1}{v^2}\frac{\partial^2 f}{\partial t^2}. \qquad \text{c.q.d.}$$

Observe que $g(u)$ pode ser *qualquer função* (diferenciável). Se o distúrbio se propaga sem alterar sua forma, ela satisfaz a equação de onda.

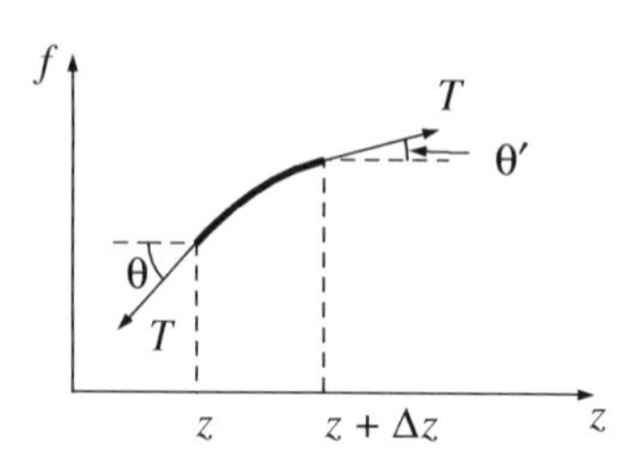


**Figura 9.2**

Mas funções com a forma $g(z - vt)$ não são as *únicas* soluções. A equação de onda envolve o *quadrado* de $v$, de forma que podemos gerar uma outra classe de soluções simplesmente alterando o sinal da velocidade:

$$f(z,t) = h(z + vt). \tag{9.5}$$

Isso, é claro, representa uma onda propagando-se no sentido de $z$ *negativo*, e é certamente razoável (com bases físicas) que tais soluções sejam permitidas. O que é talvez surpreendente é que a solução *mais geral* para a equação de onda é a soma de uma onda para a direita e de uma onda para a esquerda:

$$f(z,t) = g(z - vt) + h(z + vt). \tag{9.6}$$

(Observe que a equação de onda é **linear**: a soma de quaisquer duas soluções é, em si, uma solução.) *Toda* solução para a equação de onda pode ser expressa dessa forma.

Como a equação do oscilador harmônico simples, a equação de onda é onipresente na física. Se algo está vibrando, a equação do oscilador é quase que certamente responsável (pelo menos para pequenas amplitudes), e se algo está ondulando (seja o contexto mecânico, acústico, ótico ou oceanográfico), a equação de onda (talvez com alguns enfeites) deve estar implicada.

---

**Problema 9.1** Por diferenciação explícita, verifique se as funções $f_1$, $f_2$ e $f_3$ do texto satisfazem a equação de onda. Mostre que $f_4$ e $f_5$ *não* a satisfazem.

**Problema 9.2** Mostre que a **onda estacionária** $f(z,t) = A\,\text{sen}(kz)\cos(kvt)$ satisfaz a equação de onda e expresse-a como a soma de uma onda viajando para a esquerda e outra onda viajando para a direita (Equação 9.6).

---

### 9.1.2 Ondas senoidais

**(i) Terminologia**. De todas as formas possíveis de ondas, a senoidal

$$f(z,t) = A\cos[k(z - vt) + \delta] \tag{9.7}$$

é (por um bom motivo) a mais conhecida. A Figura 9.3 mostra essa função no tempo $t = 0$. $A$ é a **amplitude** da onda (ela é positiva e representa o deslocamento máximo a partir do estado de equilíbrio). O argumento do cosseno é chamado de **fase**, e $\delta$ é a **constante de fase** (obviamente você pode somar qualquer múltiplo inteiro de $2\pi$ a $\delta$ sem alterar $f(z,t)$; normalmente usa-se um valor no intervalo $0 \leq \delta < 2\pi$). Observe que em $z = vt - \delta/k$, a fase é nula; chamemos isso de 'máximo central'. Se $\delta = 0$, o máximo central passa pela origem no tempo $t = 0$; mais genericamente, $\delta/k$ é a distância pela qual o máximo central (e, portanto, a onda toda) é 'atrasada'. Finalmente, $k$ é o **número de onda**; ele está relacionado ao **comprimento de onda** $\lambda$ pela equação

$$\lambda = \frac{2\pi}{k}, \tag{9.8}$$

pois quando $z$ avança em $2\pi/k$, o cosseno executa um ciclo completo.

À medida que o tempo passa, todo o conjunto da onda avança para a direita à velocidade $v$. Em qualquer ponto fixo $z$, a corda vibra subindo e descendo, passando por um ciclo completo em um **período**

$$T = \frac{2\pi}{kv}. \tag{9.9}$$

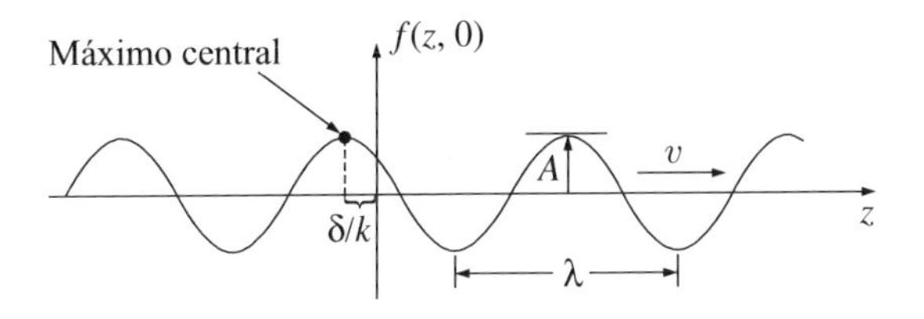


**Figura 9.3**

A **frequência** $\nu$ (número de oscilações por unidade de tempo) é

$$\nu = \frac{1}{T} = \frac{kv}{2\pi} = \frac{v}{\lambda}. \tag{9.10}$$

Para os nossos objetivos, uma unidade mais conveniente é a **frequência angular** $\omega$, assim chamada porque no caso análogo do movimento circular uniforme representa o número de radianos varridos por unidade de tempo:

$$\omega = 2\pi\nu = kv. \tag{9.11}$$

Normalmente é mais elegante escrever as ondas senoidais (Equação 9.7) em termos de $\omega$, do que $v$:

$$f(z,t) = A\cos(kz - \omega t + \delta). \tag{9.12}$$

A oscilação senoidal de número de onda $k$ e frequência (angular) $\omega$ viajando para a *esquerda* seria expressa como

$$f(z,t) = A\cos(kz + \omega t - \delta). \tag{9.13}$$

O sinal da constante de fase é escolhido por coerência com nossa convenção anterior de que $\delta/k$ deveria representar a distância pela qual uma onda é 'atrasada' (já que a onda agora está se movendo para a *esquerda*, um atraso significa uma mudança para a *direita*). Em $t = 0$, a onda se parece com a Figura 9.4. Como o cosseno é uma função *par*, podemos também escrever a Equação 9.13 assim:

$$f(z,t) = A\cos(-kz - \omega t + \delta). \tag{9.14}$$

A comparação com a Equação 9.12 revela que, de fato, *poderíamos simplesmente trocar o sinal de $k$* para produzir uma onda com a mesma amplitude, constante de fase, frequência e comprimento de onda, viajando na direção oposta.

**(ii) Notação complexa.** Diante da **fórmula de Euler**,

$$e^{i\theta} = \cos\theta + i\,\text{sen}\,\theta, \tag{9.15}$$

a onda senoidal (Equação 9.12) pode ser escrita

$$f(z,t) = \text{Re}[Ae^{i(kz-\omega t+\delta)}], \tag{9.16}$$

onde $\text{Re}(\xi)$ denota a parte real do número complexo $\xi$. Isso nos convida a introduzir a **função de onda complexa**

$$\tilde{f}(z,t) \equiv \tilde{A}e^{i(kz-\omega t)}, \tag{9.17}$$

com a **amplitude complexa** $\tilde{A} \equiv Ae^{i\delta}$ absorvendo a constante de fase. A função de onda *de fato* é a parte real de $\tilde{f}$:

$$f(z,t) = \text{Re}[\tilde{f}(z,t)]. \tag{9.18}$$

Se $\tilde{f}$ é conhecida, encontrar $f$ é simples; a *vantagem* da notação complexa é que exponenciais são muito mais fáceis de serem manipuladas do que senos e cossenos.

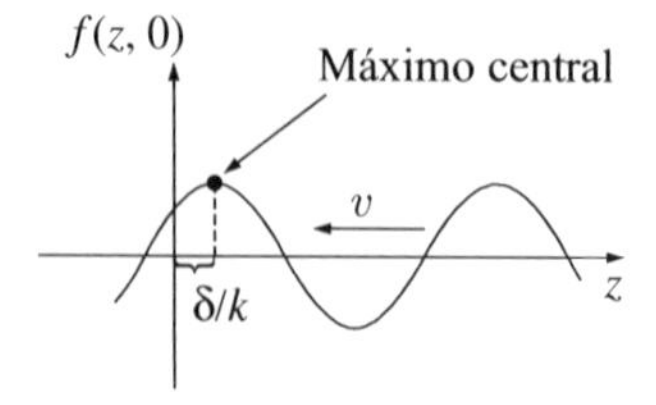


**Figura 9.4**

---

**Exemplo 9.1**

Suponha que você quer combinar duas ondas senoidais:

$$f_3 = f_1 + f_2 = \text{Re}(\tilde{f}_1) + \text{Re}(\tilde{f}_2) = \text{Re}(\tilde{f}_1 + \tilde{f}_2) = \text{Re}(\tilde{f}_3),$$

com $\tilde{f}_3 = \tilde{f}_1 + \tilde{f}_2$. Você simplesmente soma as funções de onda *complexas* correspondentes e depois toma a parte real. Aliás, se elas têm a mesma frequência e número de onda,

$$\tilde{f}_3 = \tilde{A}_1 e^{i(kz-\omega t)} + \tilde{A}_2 e^{i(kz-\omega t)} = \tilde{A}_3 e^{i(kz-\omega t)},$$

onde

$$\tilde{A}_3 = \tilde{A}_1 + \tilde{A}_2, \quad \text{ou} \quad A_3 e^{i\delta_3} = A_1 e^{i\delta_1} + A_2 e^{i\delta_2}; \tag{9.19}$$

evidentemente, você simplesmente soma as amplitudes (complexas). Na onda combinada a frequência e o comprimento de onda continuam os mesmos,

$$f_3(z,t) = A_3 \cos(kz - \omega t + \delta_3),$$

e você pode facilmente encontrar $A_3$ e $\delta_3$ a partir da Equação 9.19 (Problema 9.3). Tente fazer isso *sem* usar a notação complexa — você vai se ver procurando identidades trigonométricas e atolando em álgebra complicada.

---

**(iii) Combinações lineares de ondas senoidais.** Embora a função senoidal 9.17 seja um formato de onda muito especial, o fato é que *qualquer* onda pode ser expressa como uma combinação linear de ondas senoidais:

$$\tilde{f}(z,t) = \int_{-\infty}^{\infty} \tilde{A}(k) e^{i(kz-\omega t)}\, dk. \tag{9.20}$$

Aqui $\omega$ é uma função de $k$ (Equação 9.11), e permiti que $k$ corresse através de valores negativos a fim de incluir ondas que se movem em ambos os sentidos.[1]

A fórmula para $\tilde{A}(k)$, em termos das condições iniciais $f(z,0)$ e $\dot{f}(z,0)$, pode ser obtida a partir da teoria de transformadas de Fourier (veja o Problema 9.32), mas os detalhes não são relevantes para o meu objetivo aqui. O *que importa* é que qualquer onda pode ser escrita como uma combinação linear de ondas senoidais e portanto, se você sabe como as ondas senoidais se comportam, em princípio saberá como *qualquer* onda se comporta. A partir de agora vamos limitar a nossa atenção para ondas senoidais.

---

**Problema 9.3** Use a Equação 9.19 para determinar $A_3$ e $\delta_3$ em termos de $A_1$, $A_2$, $\delta_1$ e $\delta_2$.

**Problema 9.4** Obtenha a Equação 9.20 diretamente da equação de onda, pela separação das variáveis.

---

### 9.1.3 Condições de contorno: reflexão e transmissão

Até agora assumi que a corda é infinitamente longa — ou, pelo menos, longa o bastante para não termos de nos preocupar com o que acontece a uma onda quando ela chega à sua extremidade. De fato, o que acontece depende muito de como a corda está *presa* na extremidade — ou seja, das condições de contorno específicas às quais a onda está sujeita. Suponha, por exemplo, que a corda está simplesmente amarrada a uma *segunda* corda. A tensão $T$ é a mesma para ambas, mas a massa por unidade de comprimento $\mu$ presumivelmente não e, portanto, as velocidades de onda $v_1$ e $v_2$ são diferentes (lembre-se, $v = \sqrt{T/\mu}$). Digamos, por conveniência, que o nó ocorre em $z = 0$. A onda **incidente**

$$\tilde{f}_I(z,t) = \tilde{A}_I e^{i(k_1 z - \omega t)}, \quad (z < 0), \tag{9.21}$$

chegando pela esquerda, faz surgir uma onda **refletida**

$$\tilde{f}_R(z,t) = \tilde{A}_R e^{i(-k_1 z - \omega t)}, \quad (z < 0), \tag{9.22}$$

que viaja *de volta* pela corda 1 (daí o sinal negativo na frente de $k_1$), além de uma onda **transmitida**

$$\tilde{f}_T(z,t) = \tilde{A}_T e^{i(k_2 z - \omega t)}, \quad (z > 0), \tag{9.23}$$

que continua para a direita na corda 2.

A onda incidente $f_I(z,t)$ é uma oscilação senoidal que se estende (em princípio) desde $z = -\infty$, e que se comporta assim desde sempre. O mesmo vale para $f_R$ e $f_T$ (exceto que esta última, é claro, estende-se até $z = +\infty$). *Todas as partes do*

---

1. Isso não significa que $\lambda$ e $\omega$ são negativos — comprimento de onda e frequência são *sempre* positivos. Se permitirmos números de onda negativos, então as equações 9.8 e 9.11 deveriam ser escritas $\lambda = 2\pi/|k|$ e $\omega = |k|v$.

*sistema estão oscilando à mesma frequência* $\omega$ (uma frequência determinada pela pessoa em $z = -\infty$, que está agitando a corda, para início de conversa). No entanto, como as velocidades das ondas são diferentes nas duas cordas, os comprimentos de onda e números de onda também são diferentes:

$$\frac{\lambda_1}{\lambda_2} = \frac{k_2}{k_1} = \frac{v_1}{v_2}. \tag{9.24}$$

É claro que esta situação é bastante artificial — e mais, com ondas incidentes e refletidas de extensão infinita viajando na mesma corda, ficará difícil para um espectador diferenciá-las. Talvez, então, você prefira considerar uma onda incidente de extensão *finita* — digamos, o pulso mostrado na Figura 9.5. Você pode calcular os detalhes por si mesmo, se quiser (Problema 9.5). O *problema* com esta abordagem é que nenhum pulso *finito* é verdadeiramente senoidal. As ondas da Figura 9.5 podem *parecer* funções senos, mas *não* são: são *pedacinhos* de senos unidos em uma função totalmente *diferente* (a saber, nula). Como quaisquer outras ondas, elas podem ser formadas como *combinações lineares* de verdadeiras funções senoidais (Equação 9.20), mas somente juntando-se toda uma gama de frequências e comprimentos de onda. Se você quiser uma *única* frequência incidente (como irá acontecer no caso eletromagnético), terá de deixar suas ondas se estenderem ao infinito. Na prática, se você usar um pulso muito *longo* e com muitas oscilações, estará bem *perto* do ideal de uma frequência única.

Para uma onda senoidal incidente, então, o distúrbio líquido da corda é:

$$\tilde{f}(z,t) = \begin{cases} \tilde{A}_I e^{i(k_1 z - \omega t)} + \tilde{A}_R e^{i(-k_1 z - \omega t)}, & \text{para } z < 0, \\ \tilde{A}_T e^{i(k_2 z - \omega t)}, & \text{para } z > 0. \end{cases} \tag{9.25}$$

Na junção ($z = 0$), o deslocamento apenas ligeiramente à esquerda ($z = 0^-$) tem de ser igual ao deslocamento ligeiramente à direita ($z = 0^+$), caso contrário haveria uma quebra entre as duas cordas. Matematicamente, $f(z,t)$ é *contínua* em $z = 0$:

$$f(0^-,t) = f(0^+,t). \tag{9.26}$$

Se o nó da emenda em si tiver massa desprezível, então a *derivada* de $f$ *também* deve ser contínua:

$$\left.\frac{\partial f}{\partial z}\right|_{0^-} = \left.\frac{\partial f}{\partial z}\right|_{0^+}. \tag{9.27}$$

Caso contrário haveria uma força líquida sobre o nó e, portanto, uma aceleração infinita (Figura 9.6). Essas condições de contorno aplicam-se diretamente à *verdadeira* função de onda $f(z,t)$. Mas como a parte imaginária de $\tilde{f}$ difere da parte real somente na substituição do cosseno pelo seno (Equação 9.15), segue-se que a função de onda complexa $\tilde{f}(z,t)$ obedece às mesmas regras:

$$\tilde{f}(0^-,t) = \tilde{f}(0^+,t), \quad \left.\frac{\partial \tilde{f}}{\partial z}\right|_{0^-} = \left.\frac{\partial \tilde{f}}{\partial z}\right|_{0^+}. \tag{9.28}$$

Quando aplicadas à Equação 9.25, essas condições de contorno determinam as amplitudes de saída ($\tilde{A}_R$ e $\tilde{A}_T$) em termos de uma entrada ($\tilde{A}_I$):

$$\tilde{A}_I + \tilde{A}_R = \tilde{A}_T, \quad k_1(\tilde{A}_I - \tilde{A}_R) = k_2\tilde{A}_T,$$

do que segue-se que

$$\tilde{A}_R = \left(\frac{k_1 - k_2}{k_1 + k_2}\right)\tilde{A}_I, \quad \tilde{A}_T = \left(\frac{2k_1}{k_1 + k_2}\right)\tilde{A}_I. \tag{9.29}$$

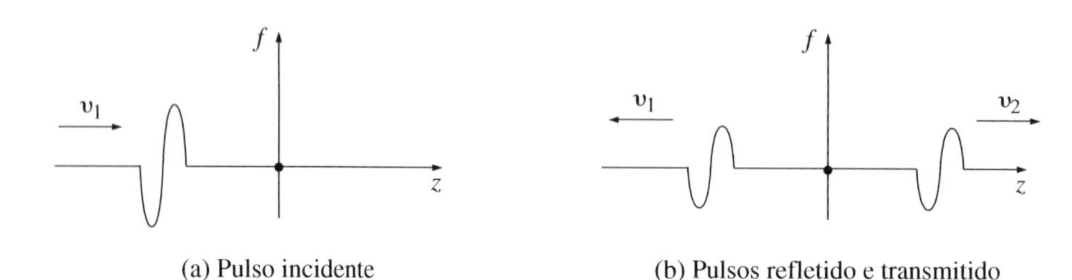

(a) Pulso incidente (b) Pulsos refletido e transmitido

**Figura 9.5**

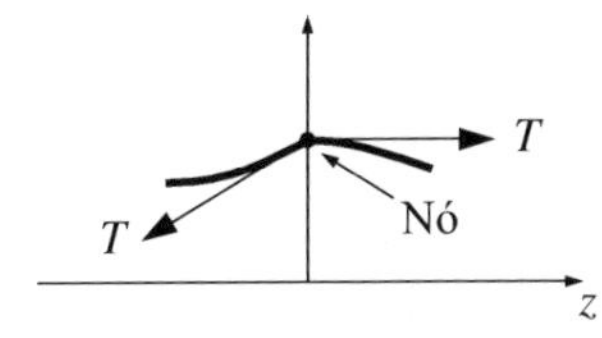

(a) Rampa descontínua; força na emenda (ou junção)

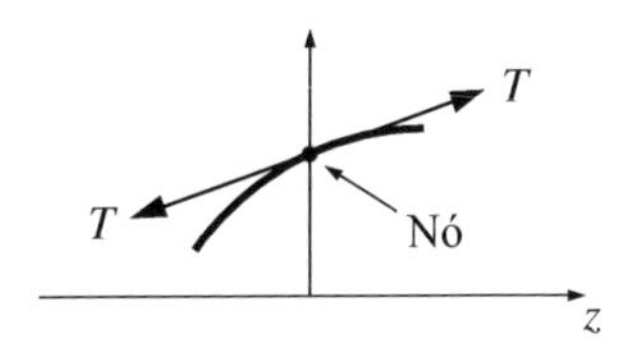

(b) Rampa contínua, sem força na emenda (ou junção)

**Figura 9.6**

Ou, em termos das velocidades (Equação 9.24):

$$\tilde{A}_R = \left(\frac{v_2 - v_1}{v_2 + v_1}\right)\tilde{A}_I, \quad \tilde{A}_T = \left(\frac{2v_2}{v_2 + v_1}\right)\tilde{A}_I. \tag{9.30}$$

As *verdadeiras* amplitudes e fases, então, são relacionadas por

$$A_R e^{i\delta_R} = \left(\frac{v_2 - v_1}{v_2 + v_1}\right) A_I e^{i\delta_I}, \quad A_T e^{i\delta_T} = \left(\frac{2v_2}{v_2 + v_1}\right) A_I e^{i\delta_I}. \tag{9.31}$$

Se a segunda corda for *mais leve* que a primeira ($\mu_2 < \mu_1$, de forma que $v_2 > v_1$), as três ondas terão o mesmo ângulo de fase ($\delta_R = \delta_T = \delta_I$), e as amplitudes de saída serão

$$A_R = \left(\frac{v_2 - v_1}{v_2 + v_1}\right) A_I, \quad A_T = \left(\frac{2v_2}{v_2 + v_1}\right) A_I. \tag{9.32}$$

Se a segunda corda for *mais pesada* que a primeira ($v_2 < v_1$), a onda refletida fica fora de fase por 180° ($\delta_R + \pi = \delta_T = \delta_I$). Em outras palavras, como

$$\cos(-k_1 z - \omega t + \delta_I - \pi) = -\cos(-k_1 z - \omega t + \delta_I),$$

a onda refletida fica 'de cabeça para baixo'. As amplitudes nesse caso são

$$A_R = \left(\frac{v_1 - v_2}{v_2 + v_1}\right) A_I \ \text{e} \ A_T = \left(\frac{2v_2}{v_2 + v_1}\right) A_I. \tag{9.33}$$

Particularmente, se a segunda corda tiver massa *infinitamente* grande — ou, o que dá no mesmo, se a primeira corda estiver simplesmente *pregada na ponta* — então

$$A_R = A_I \ \text{e} \ A_T = 0.$$

Naturalmente, nesse caso, *não* há onda transmitida — *toda* ela reflete de volta.

---

! **Problema 9.5** Suponha que você envia uma onda de formato específico, $g_I(z - v_1 t)$, por uma corda de número 1. Isso faz surgir uma onda refletida, $h_R(z + v_1 t)$, e uma onda transmitida, $g_T(z - v_2 t)$. Impondo as condições de contorno 9.26 e 9.27, encontre $h_R$ e $g_T$.

**Problema 9.6**

(a) Formule uma condição de contorno adequada para substituir a Equação 9.27, para o caso de duas cordas sob tensão $T$ unidas por um nó (emenda) de massa $m$.

(b) Encontre a amplitude e a fase das ondas transmitida e refletida para o caso onde o nó tem massa $m$ e a segunda corda não tem massa.

! **Problema 9.7** Suponha que a corda 2 está mergulhada em meio viscoso (como melaço, por exemplo), o qual impõe uma força de arraste que é proporcional à sua velocidade (transversal):

$$\Delta F_{\text{arraste}} = -\gamma \frac{\partial f}{\partial t} \Delta z.$$

(a) Deduza a equação de onda modificada que descreve o movimento da corda.

(b) Resolva esta equação, assumindo que a corda oscila na frequência incidente $\omega$. Ou seja, procure soluções na forma $\tilde{f}(z,t) = e^{i\omega t}\tilde{F}(z)$.

(c) Mostre que as ondas são **atenuadas** (ou seja, sua amplitude diminui com o aumento de $z$). Encontre a distância de penetração característica, na qual a amplitude é $1/e$ do seu valor original em termos de $\gamma, T, \mu$ e $\omega$.

(d) Se uma onda de amplitude $A_I$, fase $\delta_I = 0$ e frequência $\omega$ incide a partir da esquerda (corda 1), encontre a amplitude e a fase da onda refletida.

### 9.1.4 Polarização

As ondas que viajam por uma corda quando você a agita são chamadas de **transversais**, porque o deslocamento é perpendicular à direção de propagação. Se a corda for razoavelmente elástica, é possível também estimular ondas de *compressão*, dando pequenos puxões na corda. Ondas de compressão são difíceis de se ver em uma corda, mas se você tentar com uma mola maluca, elas são bastante perceptíveis (Figura 9.7). Essas ondas são chamadas de **longitudinais**, porque o deslocamento a partir do estado de equilíbrio ocorre ao longo da direção de propagação. As ondas sonoras, que nada mais são do que ondas de compressão no ar, são longitudinais; as ondas eletromagnéticas, como veremos, são transversais.

Ora, existem, é claro, *duas* dimensões perpendiculares a qualquer linha de propagação dada. Da mesma forma, as ondas transversais ocorrem em dois estados diferentes de **polarização**: você pode agitar a corda para cima e para baixo (polarização 'vertical' — Figura 9.8a),

$$\tilde{\mathbf{f}}_v(z,t) = \tilde{A}e^{i(kz-\omega t)}\,\hat{\mathbf{x}}, \tag{9.34}$$

da esquerda para a direita (polarização 'horizontal' — Figura 9.8b),

$$\tilde{\mathbf{f}}_h(z,t) = \tilde{A}e^{i(kz-\omega t)}\,\hat{\mathbf{y}}, \tag{9.35}$$

ou ao longo de qualquer outra direção do plano $xy$ (Figura 9.8c):

$$\tilde{\mathbf{f}}(z,t) = \tilde{A}e^{i(kz-\omega t)}\,\hat{\mathbf{n}}. \tag{9.36}$$

O **vetor de polarização** $\hat{\mathbf{n}}$ define o plano de vibração.[2] Como as ondas são transversais, $\hat{\mathbf{n}}$ é perpendicular à direção de propagação:

$$\hat{\mathbf{n}} \cdot \hat{\mathbf{z}} = 0. \tag{9.37}$$

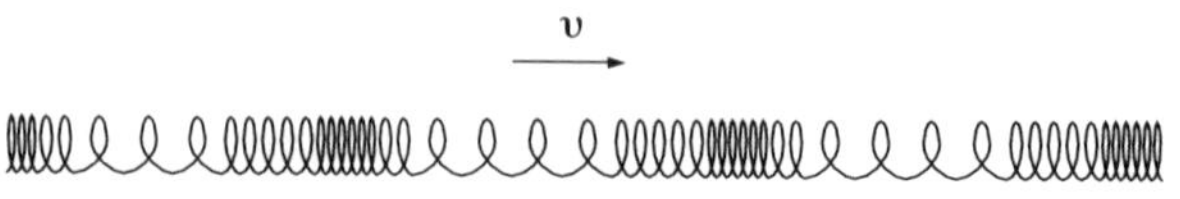

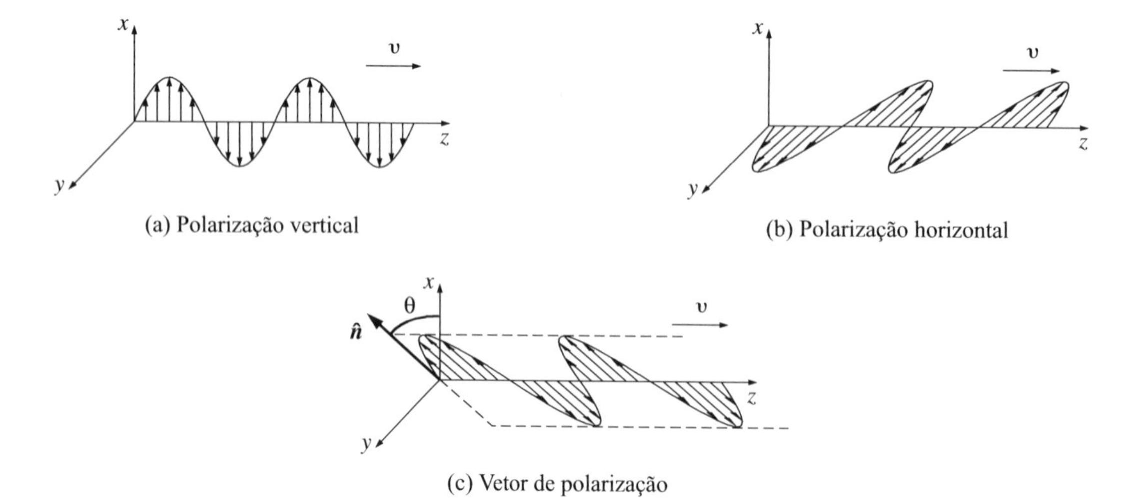


Figura 9.7

(a) Polarização vertical

(b) Polarização horizontal

(c) Vetor de polarização

Figura 9.8

2. Observe que você sempre pode trocar o *sinal* de $\hat{\mathbf{n}}$, desde que simultaneamente avance a constante de fase em $180°$, já que ambas as operações mudam o sinal da onda.

Em termos do **ângulo de polarização** $\theta$,

$$\hat{\mathbf{n}} = \cos\theta\,\hat{\mathbf{x}} + \operatorname{sen}\theta\,\hat{\mathbf{y}}. \tag{9.38}$$

Assim, a onda ilustrada na Figura 9.8c pode ser considerada uma superposição de duas ondas — uma polarizada horizontalmente e a outra verticalmente:

$$\tilde{\mathbf{f}}(z,t) = (\tilde{A}\cos\theta)e^{i(kz-\omega t)}\,\hat{\mathbf{x}} + (\tilde{A}\operatorname{sen}\theta)e^{i(kz-\omega t)}\,\hat{\mathbf{y}}. \tag{9.39}$$

---

**Problema 9.8** A Equação 9.36 descreve a onda em uma corda **linearmente** polarizada mais generalizada. Polarização linear (ou 'plana') (assim chamada porque o deslocamento é paralelo a um vetor fixo $\hat{\mathbf{n}}$) resulta da combinação de ondas horizontalmente e verticalmente polarizadas, de *mesma fase* (Equação 9.39). Se os dois componentes são de mesma amplitude, mas *fora de fase* por 90° (digamos, $\delta_v = 0$, $\delta_h = 90°$), o resultado é uma onda *circularmente* polarizada. Nesse caso:

(a) Em um ponto fixo $z$, mostre que uma corda se move em círculo em torno do eixo $z$. Seu movimento é *no sentido horário* ou *anti-horário* quando você olha ao longo do eixo em direção à origem? Como você criaria uma onda que circulasse no *outro* sentido? (Em ótica, o caso horário é chamado de **polarização circular à direita**, e o anti-horário, de **polarização circular à esquerda**.)

(b) Desenhe a corda no tempo $t = 0$.

(c) Como você agitaria a corda a fim de produzir uma onda circularmente polarizada?

---

# 9.2 Ondas eletromagnéticas no vácuo

## 9.2.1 A equação de onda para E e B

Em regiões do espaço onde não há carga ou corrente, as equações de Maxwell dizem que

$$\left.\begin{array}{llll} \text{(i)} & \nabla\cdot\mathbf{E} = 0, & \text{(iii)} & \nabla\times\mathbf{E} = -\dfrac{\partial\mathbf{B}}{\partial t}, \\ \text{(ii)} & \nabla\cdot\mathbf{B} = 0, & \text{(iv)} & \nabla\times\mathbf{B} = \mu_0\epsilon_0\dfrac{\partial\mathbf{E}}{\partial t}. \end{array}\right\} \tag{9.40}$$

Elas constituem um conjunto de equações diferenciais parciais acopladas, de primeira ordem para **E** e **B**. Elas podem ser *desacopladas* aplicando-se o rotacional a (iii) e (iv):

$$\begin{aligned} \nabla\times(\nabla\times\mathbf{E}) &= \nabla(\nabla\cdot\mathbf{E}) - \nabla^2\mathbf{E} = \nabla\times\left(-\frac{\partial\mathbf{B}}{\partial t}\right) \\ &= -\frac{\partial}{\partial t}(\nabla\times\mathbf{B}) = -\mu_0\epsilon_0\frac{\partial^2\mathbf{E}}{\partial t^2}, \\ \nabla\times(\nabla\times\mathbf{B}) &= \nabla(\nabla\cdot\mathbf{B}) - \nabla^2\mathbf{B} = \nabla\times\left(\mu_0\epsilon_0\frac{\partial\mathbf{E}}{\partial t}\right) \\ &= \mu_0\epsilon_0\frac{\partial}{\partial t}(\nabla\times\mathbf{E}) = -\mu_0\epsilon_0\frac{\partial^2\mathbf{B}}{\partial t^2}. \end{aligned}$$

Ou, como $\nabla\cdot\mathbf{E} = 0$ e $\nabla\cdot\mathbf{B} = 0$,

$$\boxed{\nabla^2\mathbf{E} = \mu_0\epsilon_0\frac{\partial^2\mathbf{E}}{\partial t^2}, \quad \nabla^2\mathbf{B} = \mu_0\epsilon_0\frac{\partial^2\mathbf{B}}{\partial t^2}.} \tag{9.41}$$

Nós agora temos equações *separadas* para **E** e **B**, mas elas são de *segunda* ordem; esse é o preço que você paga por desacoplá-las.

No vácuo, então, cada componente cartesiano de **E** e **B** satisfaz a **equação de onda tridimensional**,

$$\nabla^2 f = \frac{1}{v^2}\frac{\partial^2 f}{\partial t^2}.$$

(Isto é o mesmo que a Equação 9.2, exceto que $\partial^2 f/\partial z^2$ é substituído por sua generalização natural, $\nabla^2 f$.) Portanto, as equações de Maxwell sugerem que o espaço vazio comporta a propagação de ondas eletromagnéticas viajando a uma velocidade

$$v = \frac{1}{\sqrt{\epsilon_0 \mu_0}} = 3,00 \times 10^8 \, \mathrm{m/s}, \tag{9.42}$$

o que é precisamente a velocidade da luz, $c$. A implicação é estarrecedora: talvez a luz *seja* uma onda eletromagnética.[3] É claro que essa conclusão não surpreende ninguém hoje em dia, mas imagine que descoberta isso foi na época de Maxwell! Lembre-se de como $\epsilon_0$ e $\mu_0$ entraram na teoria no início: eram constantes nas leis de Coulomb e Biot-Savart, respectivamente. Elas são medidas em experimentos que incluem bolas de cortiça carregadas, baterias e fios — experimentos que nada têm a ver com luz. E no entanto, segundo a teoria de Maxwell, pode-se calcular $c$ a partir desses dois números. Observe o papel crucial da contribuição de Maxwell à lei de Ampère ($\mu_0\epsilon_0 \partial \mathbf{E}/\partial t$); sem ela, a equação de onda não surgiria e não haveria teoria eletromagnética da luz.

### 9.2.2 Ondas planas monocromáticas

Pelos motivos discutidos na Seção 9.1.2, podemos restringir nossa atenção às ondas senoidais de frequência $\omega$. Como frequências diferentes no espectro visível correspondem a *cores* diferentes, tais ondas são chamadas de **monocromáticas** (Tabela 9.1). Suponha, além disso, que as ondas estão viajando na direção $z$ e que não têm qualquer dependência com $x$ ou $y$; elas são chamadas de **ondas planas**,[4] porque os campos são uniformes sobre todos os planos perpendiculares à direção de propagação (Figura 9.9). Estamos interessados, então, em campos com a forma

$$\tilde{\mathbf{E}}(z,t) = \tilde{\mathbf{E}}_0 e^{i(kz-\omega t)}, \quad \tilde{\mathbf{B}}(z,t) = \tilde{\mathbf{B}}_0 e^{i(kz-\omega t)}, \tag{9.43}$$

onde $\tilde{\mathbf{E}}_0$ e $\tilde{\mathbf{B}}_0$ são as amplitudes (complexas) (os campos *físicos*, é claro, são as partes reais de $\tilde{\mathbf{E}}$ e $\tilde{\mathbf{B}}$).

Ora, as equações de onda para $\mathbf{E}$ e $\mathbf{B}$ (Equação 9.41) foram deduzidas das equações de Maxwell. No entanto, enquanto todas as soluções para as equações de Maxwell (no espaço vazio) têm de obedecer à equação de onda, o inverso *não* é verdade; as equações de Maxwell impõem restrições extras sobre $\tilde{\mathbf{E}}_0$ e $\tilde{\mathbf{B}}_0$. Particularmente, como $\boldsymbol{\nabla} \cdot \mathbf{E} = 0$ e $\boldsymbol{\nabla} \cdot \mathbf{B} = 0$, segue-se[5] que

$$(\tilde{E}_0)_z = (\tilde{B}_0)_z = 0. \tag{9.44}$$

Ou seja, *as ondas eletromagnéticas são transversais*: os campos elétrico e magnético são perpendiculares à direção de propagação. Além disso, a Lei de Faraday, $\boldsymbol{\nabla} \times \mathbf{E} = -\partial \mathbf{B}/\partial t$, estabelece uma relação entre as amplitudes elétrica e magnética, a saber:

$$-k(\tilde{E}_0)_y = \omega(\tilde{B}_0)_x, \quad k(\tilde{E}_0)_x = \omega(\tilde{B}_0)_y, \tag{9.45}$$

ou, de forma mais compacta:

$$\tilde{\mathbf{B}}_0 = \frac{k}{\omega}(\hat{\mathbf{z}} \times \tilde{\mathbf{E}}_0). \tag{9.46}$$

Evidentemente, $\mathbf{E}$ e $\mathbf{B}$ estão *em fase* e são *mutuamente perpendiculares;* suas amplitudes (reais) relacionam-se por

$$B_0 = \frac{k}{\omega} E_0 = \frac{1}{c} E_0. \tag{9.47}$$

A quarta equação de Maxwell, $\boldsymbol{\nabla} \times \mathbf{B} = \mu_0\epsilon_0(\partial \mathbf{E}/\partial t)$, não resulta em uma condição independente; ela simplesmente reproduz a Equação 9.45.

---

3. Como o próprio Maxwell disse, 'Dificilmente podemos evitar a inferência de que a luz consiste de ondulações transversais do mesmo meio que é a causa dos fenômenos elétricos e magnéticos.' Veja Ivan Tolstoy, *James Clerk Maxwell, A Biography* (Chicago: University of Chicago Press, 1983).
4. Para uma discussão sobre ondas *esféricas*, neste nível, veja J. R. Reitz, F. J. Milford e R. W. Christy, *Foundations of Electromagnetic Theory*, 3ª ed., Seção 17-5 (Reading, MA: Addison-Wesley, 1979). Ou resolva o Problema 9.33. É claro que em regiões pequenas o suficiente *qualquer* onda é essencialmente plana, desde que o comprimento de onda seja muito menor do que o raio de curvatura da frente da onda.
5. Como a parte real de $\tilde{\mathbf{E}}$ difere da parte imaginária somente na substituição do seno pelo cosseno, se o primeiro obedecer às equações de Maxwell, o mesmo ocorrerá com o segundo e, portanto, $\tilde{\mathbf{E}}$ também obedece.

**Tabela 9.1**

| Espectro eletromagnético | | |
|---|---|---|
| Frequência (Hz) | Tipo | Comprimento de onda (m) |
| $10^{22}$ | | $10^{-13}$ |
| $10^{21}$ | raios gama | $10^{-12}$ |
| $10^{20}$ | | $10^{-11}$ |
| $10^{19}$ | | $10^{-10}$ |
| $10^{18}$ | raios x | $10^{-9}$ |
| $10^{17}$ | | $10^{-8}$ |
| $10^{16}$ | ultravioleta | $10^{-7}$ |
| $10^{15}$ | visível | $10^{-6}$ |
| $10^{14}$ | infravermelho | $10^{-5}$ |
| $10^{13}$ | | $10^{-4}$ |
| $10^{12}$ | | $10^{-3}$ |
| $10^{11}$ | | $10^{-2}$ |
| $10^{10}$ | micro-ondas | $10^{-1}$ |
| $10^{9}$ | | 1 |
| $10^{8}$ | TV, FM | 10 |
| $10^{7}$ | | $10^{2}$ |
| $10^{6}$ | AM | $10^{3}$ |
| $10^{5}$ | | $10^{4}$ |
| $10^{4}$ | RF | $10^{5}$ |
| $10^{3}$ | | $10^{6}$ |

| Espectro visível | | |
|---|---|---|
| Frequência (Hz) | Cor | Comprimento de onda (m) |
| $1,0 \times 10^{15}$ | ultravioleta próximo | $3,0 \times 10^{-7}$ |
| $7,5 \times 10^{14}$ | azul mais curto visível | $4,0 \times 10^{-7}$ |
| $6,5 \times 10^{14}$ | azul | $4,6 \times 10^{-7}$ |
| $5,6 \times 10^{14}$ | verde | $5,4 \times 10^{-7}$ |
| $5,1 \times 10^{14}$ | amarelo | $5,9 \times 10^{-7}$ |
| $4,9 \times 10^{14}$ | laranja | $6,1 \times 10^{-7}$ |
| $3,9 \times 10^{14}$ | vermelho mais longo visível | $7,6 \times 10^{-7}$ |
| $3,0 \times 10^{14}$ | infravermelho próximo | $1,0 \times 10^{-6}$ |

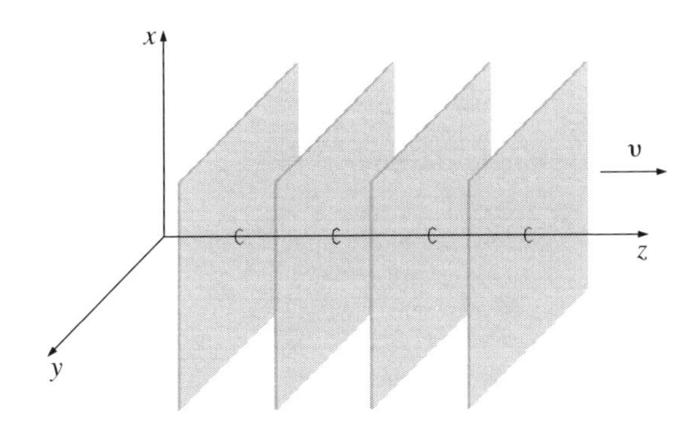


**Figura 9.9**

### Exemplo 9.2

Se **E** aponta na direção $x$, então **B** aponta na direção $y$ (Equação 9.46):

$$\tilde{\mathbf{E}}(z,t) = \tilde{E}_0 e^{i(kz-\omega t)}\hat{\mathbf{x}}, \quad \tilde{\mathbf{B}}(z,t) = \frac{1}{c}\tilde{E}_0 e^{i(kz-\omega t)}\hat{\mathbf{y}},$$

ou (tomando a parte real)

$$\boxed{\mathbf{E}(z,t) = E_0 \cos(kz - \omega t + \delta)\,\hat{\mathbf{x}}, \quad \mathbf{B}(z,t) = \frac{1}{c} E_0 \cos(kz - \omega t + \delta)\,\hat{\mathbf{y}}.} \tag{9.48}$$

Este é o paradigma para uma onda plana monocromática (veja a Figura 9.10). A onda, como um todo, é dita polarizada na direção $x$ (por convenção, usamos a direção de $\mathbf{E}$ para especificar a polarização de uma onda eletromagnética).

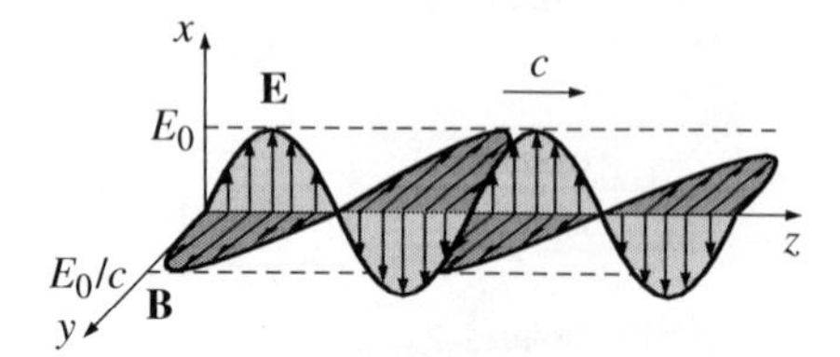


Figura 9.10

---

Não há nada especial na direção $z$ é claro — podemos facilmente generalizar para ondas monocromáticas viajando em uma direção arbitrária. A notação é facilitada pela introdução do **vetor de propagação** (ou de **onda**), $\mathbf{k}$, que aponta na direção da propagação e cuja magnitude é o número de onda $k$. O produto escalar $\mathbf{k}\cdot\mathbf{r}$ é a generalização apropriada para $kz$ (Figura 9.11), portanto,

$$\boxed{\begin{aligned} \tilde{\mathbf{E}}(\mathbf{r},t) &= \tilde{E}_0 e^{i(\mathbf{k}\cdot\mathbf{r}-\omega t)}\,\hat{\mathbf{n}}, \\ \tilde{\mathbf{B}}(\mathbf{r},t) &= \frac{1}{c}\tilde{E}_0 e^{i(\mathbf{k}\cdot\mathbf{r}-\omega t)}(\hat{\mathbf{k}}\times\hat{\mathbf{n}}) = \frac{1}{c}\hat{\mathbf{k}}\times\tilde{\mathbf{E}}, \end{aligned}} \tag{9.49}$$

onde $\hat{\mathbf{n}}$ é o vetor de polarização. Como $\mathbf{E}$ é transversal,

$$\hat{\mathbf{n}}\cdot\hat{\mathbf{k}} = 0. \tag{9.50}$$

(A transversalidade de $\mathbf{B}$ decorre automaticamente da Equação 9.49.) Os verdadeiros (reais) campos magnéticos de uma onda plana monocromática com vetor de propagação $\mathbf{k}$ e polarização $\hat{\mathbf{n}}$ são

$$\mathbf{E}(\mathbf{r},t) = E_0 \cos(\mathbf{k}\cdot\mathbf{r} - \omega t + \delta)\,\hat{\mathbf{n}}, \tag{9.51}$$

$$\mathbf{B}(\mathbf{r},t) = \frac{1}{c} E_0 \cos(\mathbf{k}\cdot\mathbf{r} - \omega t + \delta)(\hat{\mathbf{k}}\times\hat{\mathbf{n}}). \tag{9.52}$$

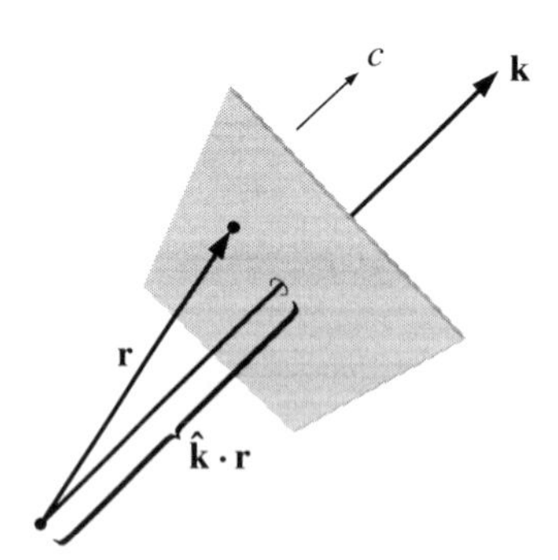


Figura 9.11

---

**Problema 9.9** Escreva os campos elétrico e magnético (reais) para uma onda plana monocromática $E_0$, de frequência $\omega$, e ângulo de fase zero que estejam (a) viajando no sentido de $x$ negativo e polarizados na direção $z$; (b) viajando a partir da origem para o ponto $(1, 1, 1)$, com polarização paralela ao plano $x\,z$. Em cada caso, desenhe a onda e dê os componentes cartesianos explícitos de $\mathbf{k}$ e $\hat{\mathbf{n}}$.

---

### 9.2.3 Energia e momento em ondas eletromagnéticas

Segundo a Equação 8.13, a energia por unidade de volume armazenada nos campos eletromagnéticos é

$$u = \frac{1}{2}\left(\epsilon_0 E^2 + \frac{1}{\mu_0}B^2\right). \tag{9.53}$$

No caso de uma onda plana monocromática (Equação 9.48)

$$B^2 = \frac{1}{c^2}E^2 = \mu_0\epsilon_0 E^2, \tag{9.54}$$

de forma que as *contribuições elétrica e magnética são iguais*:

$$u = \epsilon_0 E^2 = \epsilon_0 E_0^2 \cos^2(kz - \omega t + \delta). \tag{9.55}$$

À medida que a onda viaja, leva essa energia consigo. A densidade de fluxo de energia (energia por unidade de área, por unidade de tempo) transportada pelos campos é dada pelo vetor de Poynting (Equação 8.10):

$$\mathbf{S} = \frac{1}{\mu_0}(\mathbf{E}\times\mathbf{B}). \tag{9.56}$$

Para as ondas planas monocromáticas propagando-se na direção $z$,

$$\mathbf{S} = c\epsilon_0 E_0^2 \cos^2(kz - \omega t + \delta)\,\hat{\mathbf{z}} = cu\,\hat{\mathbf{z}}. \tag{9.57}$$

Observe que $\mathbf{S}$ é a densidade de energia ($u$) multiplicada pela velocidade das ondas ($c\,\hat{\mathbf{z}}$) — como *deveria* ser. Pois em um tempo $\Delta t$, um comprimento $c\,\Delta t$ passa pela área $A$ (Figura 9.12), transportando consigo uma energia $uAc\,\Delta t$. Portanto, a energia por unidade de tempo, por unidade de área, é $uc$.

Os campos eletromagnéticos não só transportam *energia*, como também *momento*. De fato, constatamos na Equação 8.30 que a densidade de momento armazenada nos campos é

$$\wp = \frac{1}{c^2}\mathbf{S}. \tag{9.58}$$

Para as ondas planas monocromáticas, então,

$$\wp = \frac{1}{c}\epsilon_0 E_0^2 \cos^2(kz - \omega t + \delta)\,\hat{\mathbf{z}} = \frac{1}{c}u\,\hat{\mathbf{z}}. \tag{9.59}$$

No caso da *luz*, o comprimento de onda é tão pequeno ($\sim 5\times 10^{-7}$ m) e o período tão curto ($\sim 10^{-15}$ s), que qualquer medida macroscópica irá abranger vários ciclos. Tipicamente, portanto, não estamos interessados no termo instável de cosseno ao quadrado das densidades de momento e energia; queremos apenas o valor *médio*. Ora, a média do cosseno ao quadrado sobre um ciclo completo[6] é $\frac{1}{2}$, portanto,

$$\langle u\rangle = \frac{1}{2}\epsilon_0 E_0^2, \tag{9.60}$$

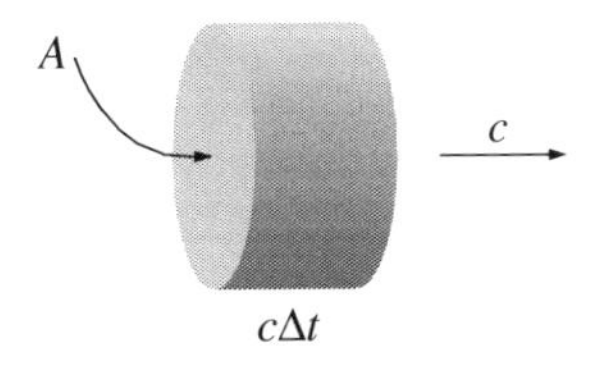


**Figura 9.12**

6. Há um truque inteligente para fazer isso de cabeça: $\text{sen}^2\,\theta + \cos^2\theta = 1$, e sobre um ciclo completo a média de $\text{sen}^2\,\theta$ é igual à média de $\cos^2\theta$, portanto $\langle\text{sen}^2\rangle = \langle\cos^2\rangle = 1/2$. Mais formalmente,

$$\frac{1}{T}\int_0^T \cos^2(kz - 2\pi t/T + \delta)\,dt = 1/2.$$

$$\langle \mathbf{S} \rangle = \frac{1}{2} c\epsilon_0 E_0^2 \, \hat{\mathbf{z}}, \tag{9.61}$$

$$\langle \boldsymbol{\wp} \rangle = \frac{1}{2c} \epsilon_0 E_0^2 \, \hat{\mathbf{z}}. \tag{9.62}$$

Uso colchetes, $\langle \ \rangle$, para denotar a média (temporal) de um ciclo completo (ou *vários* ciclos, se preferir). A potência média por unidade de área transportada por uma onda eletromagnética é chamada de **intensidade**:

$$I \equiv \langle S \rangle = \frac{1}{2} c\epsilon_0 E_0^2. \tag{9.63}$$

Quando a luz incide sobre um meio absorvedor perfeito, ela transmite seu momento à superfície. Em um tempo $\Delta t$ a transferência de momento é (Figura 9.12) $\Delta \mathbf{p} = \langle \wp \rangle A c \, \Delta t$, de forma que a **pressão de radiação** (força média por unidade de área) é

$$P = \frac{1}{A} \frac{\Delta p}{\Delta t} = \frac{1}{2} \epsilon_0 E_0^2 = \frac{I}{c}. \tag{9.64}$$

(Em um *refletor* perfeito a pressão é o *dobro* porque o momento troca de sentido em vez de ser simplesmente absorvido.) Podemos explicar qualitativamente essa pressão, como se segue: o campo elétrico (Equação 9.48) desloca cargas na direção $x$, e o campo magnético então exerce sobre elas uma força ($q\bar{\mathbf{v}} \times \mathbf{B}$) na direção $z$. A força líquida sobre todas as cargas na superfície produz a pressão.

---

**Problema 9.10** A intensidade da luz do Sol ao atingir a Terra é de aproximadamente 1.300 $\mathrm{W/m^2}$. Se a luz do Sol atingir um absorvedor perfeito, que pressão irá exercer? E sobre um refletor perfeito? A que fração da pressão atmosférica isso equivale?

**Problema 9.11** Em notação complexa há um dispositivo engenhoso para descobrir a média temporal de um produto. Suponha que $f(\mathbf{r}, t) = A \cos(\mathbf{k} \cdot \mathbf{r} - \omega t + \delta_a)$ e $g(\mathbf{r}, t) = B \cos(\mathbf{k} \cdot \mathbf{r} - \omega t + \delta_b)$. Mostre que $\langle fg \rangle = (1/2)\mathrm{Re}(\tilde{f}\tilde{g}^*)$, onde o asterisco denota o conjugado complexo. [Observe que isto só funciona se as duas ondas tiverem os mesmos **k** e $\omega$, mas não precisam ter a mesma amplitude ou fase.] Por exemplo,

$$\langle u \rangle = \frac{1}{4} \mathrm{Re}(\epsilon_0 \tilde{\mathbf{E}} \cdot \tilde{\mathbf{E}}^* + \frac{1}{\mu_0} \tilde{\mathbf{B}} \cdot \tilde{\mathbf{B}}^*) \quad \text{e} \quad \langle \mathbf{S} \rangle = \frac{1}{2\mu_0} \mathrm{Re}(\tilde{\mathbf{E}} \times \tilde{\mathbf{B}}^*).$$

**Problema 9.12** Encontre todos os elementos do tensor das tensões das Maxwell para uma onda plana monocromática viajando na direção $z$ e linearmente polarizada na direção $x$ (Equação 9.48). A sua resposta faz sentido? (Lembre-se de que $-\overleftrightarrow{\mathbf{T}}$ representa a densidade de fluxo de momento.) Como a densidade de fluxo de momento se relaciona com a densidade de energia neste caso?

---

# 9.3 Ondas eletromagnéticas na matéria

## 9.3.1 Propagação em meio linear

Dentro da matéria, mas em regiões onde não há carga *livre* ou corrente *livre*, as equações de Maxwell tornam-se

$$\left.\begin{array}{llll} \text{(i)} & \boldsymbol{\nabla} \cdot \mathbf{D} = 0, & \text{(iii)} & \boldsymbol{\nabla} \times \mathbf{E} = -\dfrac{\partial \mathbf{B}}{\partial t}, \\ \text{(ii)} & \boldsymbol{\nabla} \cdot \mathbf{B} = 0, & \text{(iv)} & \boldsymbol{\nabla} \times \mathbf{H} = \dfrac{\partial \mathbf{D}}{\partial t}. \end{array}\right\} \tag{9.65}$$

Se o meio é *linear*,

$$\mathbf{D} = \epsilon \mathbf{E}, \quad \mathbf{H} = \frac{1}{\mu} \mathbf{B}, \tag{9.66}$$

e *homogêneo* (de forma que $\epsilon$ e $\mu$ não variam de um ponto a outro), as equações de Maxwell reduzem-se a

$$\left.\begin{array}{llll} \text{(i)} & \boldsymbol{\nabla} \cdot \mathbf{E} = 0, & \text{(iii)} & \boldsymbol{\nabla} \times \mathbf{E} = -\dfrac{\partial \mathbf{B}}{\partial t}, \\ \text{(ii)} & \boldsymbol{\nabla} \cdot \mathbf{B} = 0, & \text{(iv)} & \boldsymbol{\nabla} \times \mathbf{B} = \mu\epsilon \dfrac{\partial \mathbf{E}}{\partial t}, \end{array}\right\} \tag{9.67}$$

que (extraordinariamente) diferem das análogas para o vácuo (Equação 9.40) somente na substituição de $\mu_0\epsilon_0$ por $\mu\epsilon$.[7] Evidentemente, as ondas eletromagnéticas propagam-se através de um meio homogêneo e linear a uma velocidade

$$v = \frac{1}{\sqrt{\epsilon\mu}} = \frac{c}{n}, \tag{9.68}$$

onde

$$n \equiv \sqrt{\frac{\epsilon\mu}{\epsilon_0\mu_0}} \tag{9.69}$$

é o **índice de refração** do material. Para a maior parte dos materiais, $\mu$ é muito próximo de $\mu_0$, de forma que

$$n \cong \sqrt{\epsilon_r}, \tag{9.70}$$

onde $\epsilon_r$ é a constante dielétrica (Equação 4.34). Como $\epsilon_r$ é quase sempre maior que 1, a luz viaja *mais lentamente* através da matéria — um fato bem conhecido da ótica.

Todos os nossos resultados anteriores se aplicam com a simples transcrição $\epsilon_0 \to \epsilon$, $\mu_0 \to \mu$ e, portanto, $c \to v$ (veja o Problema 8.15). A densidade de energia é[8]

$$u = \frac{1}{2}\left(\epsilon E^2 + \frac{1}{\mu}B^2\right), \tag{9.71}$$

e o vetor de Poynting é

$$\mathbf{S} = \frac{1}{\mu}(\mathbf{E} \times \mathbf{B}). \tag{9.72}$$

Para ondas planas monocromáticas, a frequência e o número de onda estão relacionados a $\omega = kv$ (Equação 9.11), a amplitude de **B** é $1/v$ multiplicado pela amplitude de **E** (Equação 9.47), e a intensidade é

$$I = \frac{1}{2}\epsilon v E_0^2. \tag{9.73}$$

A pergunta interessante é esta: o que acontece quando a onda passa de um meio transparente para outro — do ar para a água, digamos, ou do vidro para o plástico? Como no caso das ondas em uma corda, esperamos obter uma onda refletida e uma onda transmitida. Os detalhes dependem da natureza exata das condições de contorno da eletrodinâmica que deduzimos no Capítulo 7 (Equação 7.64):

$$\left.\begin{array}{ll} \text{(i)}\ \epsilon_1 E_1^{\perp} = \epsilon_2 E_2^{\perp}, & \text{(iii)}\ \mathbf{E}_1^{\parallel} = \mathbf{E}_2^{\parallel}, \\ \text{(ii)}\ B_1^{\perp} = B_2^{\perp}, & \text{(iv)}\ \dfrac{1}{\mu_1}\mathbf{B}_1^{\parallel} = \dfrac{1}{\mu_2}\mathbf{B}_2^{\parallel}. \end{array}\right\} \tag{9.74}$$

Essas equações relacionam os campos elétricos e magnéticos logo à esquerda e logo à direita da interface entre dois meios lineares. Nas próximas seções vamos usá-las para deduzir as leis que regem a reflexão e a refração das ondas eletromagnéticas.

## 9.3.2 Reflexão e transmissão para incidência normal

Suponha que o plano $xy$ forma o contorno entre dois meios lineares. Uma onda plana de frequência $\omega$, viajando na direção $z$ e polarizada na direção $x$ aproxima-se da interface a partir da esquerda (Figura 9.13):

$$\left.\begin{array}{l} \tilde{\mathbf{E}}_I(z,t) = \tilde{E}_{0_I} e^{i(k_1 z - \omega t)}\,\hat{\mathbf{x}}, \\ \tilde{\mathbf{B}}_I(z,t) = \dfrac{1}{v_1}\tilde{E}_{0_I} e^{i(k_1 z - \omega t)}\,\hat{\mathbf{y}}. \end{array}\right\} \tag{9.75}$$

Ela produz uma onda refletida

$$\left.\begin{array}{l} \tilde{\mathbf{E}}_R(z,t) = \tilde{E}_{0_R} e^{i(-k_1 z - \omega t)}\,\hat{\mathbf{x}}, \\ \tilde{\mathbf{B}}_R(z,t) = -\dfrac{1}{v_1}\tilde{E}_{0_R} e^{i(-k_1 z - \omega t)}\,\hat{\mathbf{y}}, \end{array}\right\} \tag{9.76}$$

7. Esta observação é matematicamente bastante trivial, mas as implicações físicas são surpreendentes: à medida que a onda atravessa, os campos ativamente polarizam e magnetizam todas as moléculas e os dipolos (oscilantes) resultantes, criam seus próprios campos elétricos e magnéticos. Estes combinam-se com os campos originais de tal forma que se cria uma *única* onda com a mesma frequência, mas velocidade diferente. Essa conspiração extraordinária é responsável pelo fenômeno da **transparência**. É uma consequência distintamente *não* trivial da *linearidade* do meio. Para uma discussão complementar, veja M. B. James e D. J. Griffiths, *Am. J. Phys.* **60**, 309 (1992).

8. Consulte a Seção 4.4.3 para o *significado* preciso de 'densidade de energia' no contexto de meios lineares.

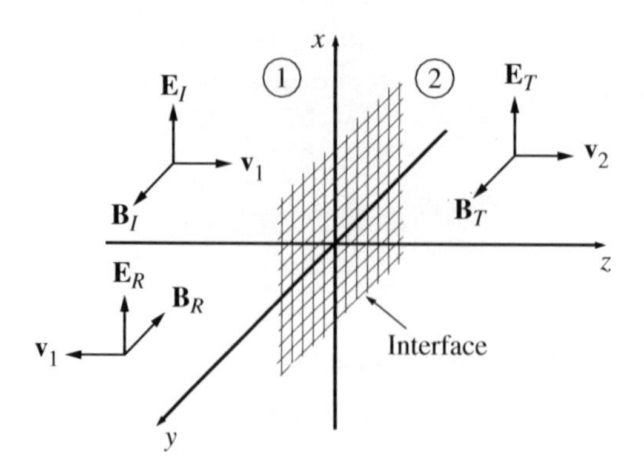


**Figura 9.13**

que viaja de volta para a esquerda no meio (1), e uma onda transmitida

$$\left.\begin{aligned}\tilde{\mathbf{E}}_T(z,t) &= \tilde{E}_{0_T} e^{i(k_2 z - \omega t)}\,\hat{\mathbf{x}},\\ \tilde{\mathbf{B}}_T(z,t) &= \frac{1}{v_2}\tilde{E}_{0_T} e^{i(k_2 z - \omega t)}\,\hat{\mathbf{y}},\end{aligned}\right\} \tag{9.77}$$

que continua para a direita no meio (2). Observe o sinal negativo em $\tilde{\mathbf{B}}_R$, como requer a Equação 9.49 — ou, se você preferir, pelo fato de que o vetor de Poynting aponta na direção de propagação.

Em $z = 0$, os campos combinados na esquerda, $\tilde{\mathbf{E}}_I + \tilde{\mathbf{E}}_R$ e $\tilde{\mathbf{B}}_I + \tilde{\mathbf{B}}_R$, devem juntar-se aos campos na direita, $\tilde{\mathbf{E}}_T$ e $\tilde{\mathbf{B}}_T$, de acordo com as condições de contorno 9.74. Nesse caso não há componentes perpendiculares à superfície, de forma que (i) e (ii) são triviais. No entanto, (iii) requer que

$$\tilde{E}_{0_I} + \tilde{E}_{0_R} = \tilde{E}_{0_T}, \tag{9.78}$$

enquanto (iv) diz que

$$\frac{1}{\mu_1}\left(\frac{1}{v_1}\tilde{E}_{0_I} - \frac{1}{v_1}\tilde{E}_{0_R}\right) = \frac{1}{\mu_2}\left(\frac{1}{v_2}\tilde{E}_{0_T}\right), \tag{9.79}$$

ou

$$\tilde{E}_{0_I} - \tilde{E}_{0_R} = \beta\tilde{E}_{0_T}, \tag{9.80}$$

onde

$$\beta \equiv \frac{\mu_1 v_1}{\mu_2 v_2} = \frac{\mu_1 n_2}{\mu_2 n_1}. \tag{9.81}$$

As equações 9.78 e 9.80 são facilmente resolvidas para as amplitudes de saída, em termos da amplitude incidente:

$$\tilde{E}_{0_R} = \left(\frac{1-\beta}{1+\beta}\right)\tilde{E}_{0_I}, \quad \tilde{E}_{0_T} = \left(\frac{2}{1+\beta}\right)\tilde{E}_{0_I}. \tag{9.82}$$

Esses resultados são visivelmente semelhantes aos de ondas em uma corda. De fato, se as permissividades $\mu$ forem tão próximas dos seus valores no vácuo (como, lembre-se, elas *são* para a maior parte dos meios), então $\beta = v_1/v_2$, e temos

$$\tilde{E}_{0_R} = \left(\frac{v_2 - v_1}{v_2 + v_1}\right)\tilde{E}_{0_I}, \quad \tilde{E}_{0_T} = \left(\frac{2v_2}{v_2 + v_1}\right)\tilde{E}_{0_I}, \tag{9.83}$$

que são *idênticas* às Equações 9.30. Nesse caso, como antes, a onda refletida está *em fase* (virado para cima) se $v_2 > v_1$ e *fora de fase* (de cabeça para baixo) se $v_2 < v_1$; as amplitudes reais relacionam-se por

$$E_{0_R} = \left|\frac{v_2 - v_1}{v_2 + v_1}\right| E_{0_I}, \quad E_{0_T} = \left(\frac{2v_2}{v_2 + v_1}\right) E_{0_I}, \tag{9.84}$$

ou, em termos de índices de refração,

$$E_{0_R} = \left|\frac{n_1 - n_2}{n_1 + n_2}\right| E_{0_I}, \quad E_{0_T} = \left(\frac{2n_1}{n_1 + n_2}\right) E_{0_I}. \tag{9.85}$$

Que fração da energia incidente é refletida e que fração é transmitida? Segundo a Equação 9.73, a intensidade (potência média por unidade de área) é

$$I = \frac{1}{2}\epsilon v E_0^2.$$

Se (novamente) $\mu_1 = \mu_2 = \mu_0$, então a relação entre a intensidade refletida e a intensidade incidente é

$$R \equiv \frac{I_R}{I_I} = \left(\frac{E_{0_R}}{E_{0_I}}\right)^2 = \left(\frac{n_1 - n_2}{n_1 + n_2}\right)^2, \tag{9.86}$$

enquanto a relação entre a intensidade transmitida e a intensidade incidente é

$$T \equiv \frac{I_T}{I_I} = \frac{\epsilon_2 v_2}{\epsilon_1 v_1}\left(\frac{E_{0_T}}{E_{0_I}}\right)^2 = \frac{4n_1 n_2}{(n_1 + n_2)^2}. \tag{9.87}$$

$R$ é o chamado **coeficiente de reflexão** e $T$ é o **coeficiente de transmissão**; eles medem a fração da energia incidente que é refletida e transmitida, respectivamente. Observe que

$$R + T = 1, \tag{9.88}$$

como a conservação de energia, é claro, requer. Por exemplo, quando a luz passa do ar ($n_1 = 1$) para o vidro ($n_2 = 1,5$), $R = 0,04$ e $T = 0,96$. Não surpreende que a maior parte da luz seja transmitida.

---

**Problema 9.13** Calcule os coeficientes *exatos* de reflexão de transmissão, *sem* assumir que $\mu_1 = \mu_2 = \mu_0$. Confirme que $R + T = 1$.

**Problema 9.14** Ao escrever as Equações 9.76 e 9.77, assumi tacitamente que as ondas refletidas e transmitidas têm a mesma *polarização* da onda incidente — ao longo da direção $x$. Prove que isso *tem* de ser assim. [*Dica:* deixe que os vetores de polarização das ondas transmitida e refletida sejam

$$\hat{\mathbf{n}}_T = \cos\theta_T\,\hat{\mathbf{x}} + \operatorname{sen}\theta_T\,\hat{\mathbf{y}}, \quad \hat{\mathbf{n}}_R = \cos\theta_R\,\hat{\mathbf{x}} + \operatorname{sen}\theta_R\,\hat{\mathbf{y}},$$

e prove a partir das condições de contorno que $\theta_T = \theta_R = 0$.]

---

### 9.3.3 Reflexão e transmissão para incidência oblíqua

Na seção anterior abordei a reflexão e a transmissão para incidência *normal* — ou seja, quando a onda que chega atinge a interface de frente. Agora vamos abordar o caso mais geral de incidência *oblíqua*, no qual a onda que chega encontra o contorno a um ângulo arbitrário $\theta_I$ (Figura 9.14). É claro que a incidência normal é apenas um caso especial da incidência oblíqua, com $\theta_I = 0$, mas quis tratá-los separadamente como uma espécie de aquecimento porque a álgebra agora vai ficar um pouco complicada.

Suponha, então, que uma onda plana monocromática

$$\tilde{\mathbf{E}}_I(\mathbf{r}, t) = \tilde{\mathbf{E}}_{0_I} e^{i(\mathbf{k}_I \cdot \mathbf{r} - \omega t)}, \quad \tilde{\mathbf{B}}_I(\mathbf{r}, t) = \frac{1}{v_1}(\hat{\mathbf{k}}_I \times \tilde{\mathbf{E}}_I) \tag{9.89}$$

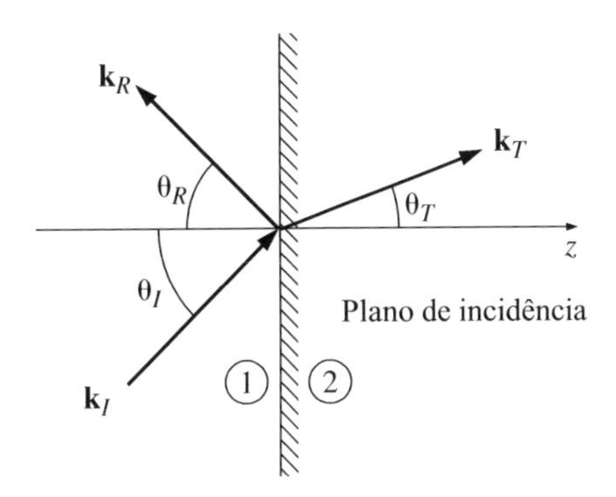


**Figura 9.14**

aproxima-se vindo da esquerda fazendo surgir uma onda refletida

$$\tilde{\mathbf{E}}_R(\mathbf{r},t) = \tilde{\mathbf{E}}_{0_R} e^{i(\mathbf{k}_R\cdot\mathbf{r}-\omega t)}, \quad \tilde{\mathbf{B}}_R(\mathbf{r},t) = \frac{1}{v_1}(\hat{\mathbf{k}}_R \times \tilde{\mathbf{E}}_R), \tag{9.90}$$

e uma onda transmitida

$$\tilde{\mathbf{E}}_T(\mathbf{r},t) = \tilde{\mathbf{E}}_{0_T} e^{i(\mathbf{k}_T\cdot\mathbf{r}-\omega t)}, \quad \tilde{\mathbf{B}}_T(\mathbf{r},t) = \frac{1}{v_2}(\hat{\mathbf{k}}_T \times \tilde{\mathbf{E}}_T). \tag{9.91}$$

As três ondas têm a mesma *frequência* $\omega$ — que é determinada definitivamente na origem (a lanterna ou seja lá o que for que produza o raio incidente). Os três números de onda são relacionados pela Equação 9.11:

$$k_I v_1 = k_R v_1 = k_T v_2 = \omega, \quad \text{ou} \quad k_I = k_R = \frac{v_2}{v_1} k_T = \frac{n_1}{n_2} k_T. \tag{9.92}$$

Os campos combinados no meio (1), $\tilde{\mathbf{E}}_I + \tilde{\mathbf{E}}_R$ e $\tilde{\mathbf{B}}_I + \tilde{\mathbf{B}}_R$, devem agora ser unidos aos campos $\tilde{\mathbf{E}}_T$ e $\tilde{\mathbf{B}}_T$ no meio (2), usando-se as condições de contorno 9.74. Todos eles partilham da estrutura genérica

$$(\ )e^{i(\mathbf{k}_I\cdot\mathbf{r}-\omega t)} + (\ )e^{i(\mathbf{k}_R\cdot\mathbf{r}-\omega t)} = (\ )e^{i(\mathbf{k}_T\cdot\mathbf{r}-\omega t)}, \quad \text{em } z = 0. \tag{9.93}$$

Preencherei os parênteses dentro de instantes; por enquanto, o importante é observar que a dependência em $x$, $y$ e $t$ está confinada aos expoentes. *Como as condições de contorno têm de ser válidas para todos os pontos do plano e em todos os tempos, esses fatores exponenciais têm de ser iguais* (quando $z = 0$). Caso contrário, uma leve mudança em $x$, por exemplo, destruiria a igualdade (veja o Problema 9.15). É claro que os fatores de tempo *já* são iguais (inclusive você pode considerar isso uma confirmação independente de que as frequências transmitida e refletida têm de combinar com a frequência incidente). Quanto aos termos espaciais, evidentemente

$$\mathbf{k}_I \cdot \mathbf{r} = \mathbf{k}_R \cdot \mathbf{r} = \mathbf{k}_T \cdot \mathbf{r}, \quad \text{quando } z = 0, \tag{9.94}$$

ou, mais explicitamente,

$$x(k_I)_x + y(k_I)_y = x(k_R)_x + y(k_R)_y = x(k_T)_x + y(k_T)_y, \tag{9.95}$$

para todo $x$ e todo $y$.

Mas a Equação 9.95 *só* é válida se os componentes forem separadamente iguais, pois se $x = 0$, teremos

$$(k_I)_y = (k_R)_y = (k_T)_y, \tag{9.96}$$

enquanto $y = 0$ resulta em

$$(k_I)_x = (k_R)_x = (k_T)_x. \tag{9.97}$$

Podemos muito bem orientar nossos eixos de forma que $\mathbf{k}_I$ esteja no plano $xz$ (isto é, $(k_I)_y = 0$); conforme a Equação 9.96, o mesmo vale para $\mathbf{k}_R$ e $\mathbf{k}_T$. *Conclusão:*

> **Primeira lei:** os vetores de ondas incidente, refletida e transmitida formam um plano (chamado **plano de incidência**), que também inclui a normal à superfície (aqui, o eixo $z$).

Enquanto isso, a Equação 9.97 implica que

$$k_I \operatorname{sen}\theta_I = k_R \operatorname{sen}\theta_R = k_T \operatorname{sen}\theta_T, \tag{9.98}$$

onde $\theta_I$ é o **ângulo de incidência**, $\theta_R$ é o **ângulo de reflexão** e $\theta_T$ ângulo de transmissão, mais conhecido como **ângulo de refração**, todos eles medidos com relação à normal (Figura 9.14). Diante da Equação 9.92, então,

> **Segunda lei:** o ângulo de incidência é igual ao ângulo de reflexão,
>
> $$\theta_I = \theta_R. \tag{9.99}$$
>
> Esta é a **lei da reflexão**.

Quanto ao ângulo de transmissão,

> **Terceira lei:**
>
> $$\frac{\operatorname{sen}\theta_T}{\operatorname{sen}\theta_I} = \frac{n_1}{n_2}. \tag{9.100}$$
>
> Esta é a **lei da refração**, ou **lei de Snell**.

Estas são as três leis fundamentais da ótica geométrica. É extraordinário de quão pouca *eletrodinâmica* de fato as compõe: ainda temos de abordar as condições de contorno *específicas* — usamos apenas a sua forma genérica (Equação 9.93). Portanto, quaisquer *outras* ondas (ondas na água, por exemplo, ou ondas sonoras) devem obedecer às mesmas leis 'óticas' quando passam de um meio para outro.

Agora que cuidamos dos fatores exponenciais — eles se cancelam, dada a Equação 9.94 — as condições de contorno 9.74 tornam-se:

$$\left.\begin{array}{l} \text{(i)}\ \epsilon_1(\tilde{\mathbf{E}}_{0_I} + \tilde{\mathbf{E}}_{0_R})_z = \epsilon_2(\tilde{\mathbf{E}}_{0_T})_z \\ \text{(ii)}\ (\tilde{\mathbf{B}}_{0_I} + \tilde{\mathbf{B}}_{0_R})_z = (\tilde{\mathbf{B}}_{0_T})_z \\ \text{(iii)}\ (\tilde{\mathbf{E}}_{0_I} + \tilde{\mathbf{E}}_{0_R})_{x,y} = (\tilde{\mathbf{E}}_{0_T})_{x,y} \\ \text{(iv)}\ \dfrac{1}{\mu_1}(\tilde{\mathbf{B}}_{0_I} + \tilde{\mathbf{B}}_{0_R})_{x,y} = \dfrac{1}{\mu_2}(\tilde{\mathbf{B}}_{0_T})_{x,y} \end{array}\right\} \tag{9.101}$$

onde $\tilde{\mathbf{B}}_0 = (1/v)\hat{\mathbf{k}} \times \tilde{\mathbf{E}}_0$ em cada caso. (As últimas duas representam *pares* de equações, uma para o componente $x$ e outra para o componente $y$.)

Suponha que a polarização da onda incidente seja *paralela* ao plano de incidência (o plano $xz$ da Figura 9.15); segue-se (veja o Problema 9.14) que as ondas refletida e transmitida são também polarizadas nesse plano. (Vou deixar que você mesmo analise o caso da polarização *perpendicular* ao plano de incidência; veja o Problema 9.16.) Então (i) fica assim

$$\epsilon_1(-\tilde{E}_{0_I} \operatorname{sen}\theta_I + \tilde{E}_{0_R} \operatorname{sen}\theta_R) = \epsilon_2(-\tilde{E}_{0_T} \operatorname{sen}\theta_T); \tag{9.102}$$

(ii) nada acrescenta ($0 = 0$), já que os campos magnéticos não têm componentes $z$; (iii) torna-se

$$\tilde{E}_{0_I} \cos\theta_I + \tilde{E}_{0_R} \cos\theta_R = \tilde{E}_{0_T} \cos\theta_T; \tag{9.103}$$

e (iv) diz que

$$\frac{1}{\mu_1 v_1}(\tilde{E}_{0_I} - \tilde{E}_{0_R}) = \frac{1}{\mu_2 v_2}\tilde{E}_{0_T}. \tag{9.104}$$

Dadas as leis de reflexão e refração, as equações 9.102 e 9.104 se reduzem a

$$\tilde{E}_{0_I} - \tilde{E}_{0_R} = \beta \tilde{E}_{0_T}, \tag{9.105}$$

onde (como antes)

$$\beta \equiv \frac{\mu_1 v_1}{\mu_2 v_2} = \frac{\mu_1 n_2}{\mu_2 n_1}, \tag{9.106}$$

e a Equação 9.103 diz que

$$\tilde{E}_{0_I} + \tilde{E}_{0_R} = \alpha \tilde{E}_{0_T}, \tag{9.107}$$

onde

$$\alpha \equiv \frac{\cos\theta_T}{\cos\theta_I}. \tag{9.108}$$

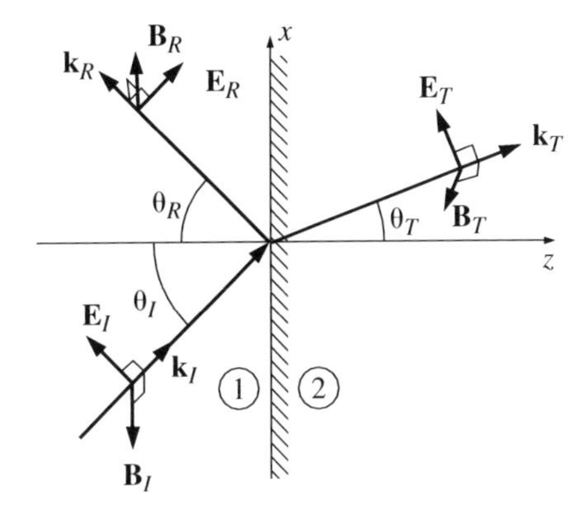


**Figura 9.15**

Resolvendo as equações 9.105 e 9.107 para as amplitudes refletida e transmitida obtemos

$$\boxed{\tilde{E}_{0_R} = \left(\frac{\alpha - \beta}{\alpha + \beta}\right)\tilde{E}_{0_I}, \quad \tilde{E}_{0_T} = \left(\frac{2}{\alpha + \beta}\right)\tilde{E}_{0_I}.} \tag{9.109}$$

Essas equações são conhecidas como **equações de Fresnel**, para o caso de polarização no plano de incidência. (Há duas outras equações de Fresnel que dão as amplitudes refletida e transmitida quando a polarização é *perpendicular* ao plano de incidência — veja o Problema 9.16.) Observe que a onda transmitida está sempre *em fase* com a onda incidente; a onda refletida está ou em fase ('virada para cima'), se $\alpha > \beta$, ou 180° fora de fase ('de cabeça para baixo'), se $\alpha < \beta$.[9]

A amplitude das ondas transmitida e refletida depende do ângulo de incidência, porque $\alpha$ é uma função de $\theta_I$:

$$\alpha = \frac{\sqrt{1 - \operatorname{sen}^2\theta_T}}{\cos\theta_I} = \frac{\sqrt{1 - [(n_1/n_2)\operatorname{sen}\theta_I]^2}}{\cos\theta_I}. \tag{9.110}$$

No caso de incidência normal ($\theta_I = 0$), $\alpha = 1$, e reencontramos a Equação 9.82. No caso de incidência rasante ($\theta_I = 90°$), $\alpha$ diverge e a onda é totalmente refletida (um fato que é dolorosamente conhecido por qualquer um que já tenha dirigido à noite em uma estrada molhada). Curiosamente, existe um ângulo intermediário, $\theta_B$ (chamado **ângulo de Brewster**), no qual a onda refletida se extingue completamente.[10] Segundo a Equação 9.109, isso ocorre quando $\alpha = \beta$, ou

$$\operatorname{sen}^2\theta_B = \frac{1 - \beta^2}{(n_1/n_2)^2 - \beta^2}. \tag{9.111}$$

Para o caso típico $\mu_1 \cong \mu_2$, então $\beta \cong n_2/n_1$, $\operatorname{sen}^2\theta_B \cong \beta^2/(1+\beta^2)$, e, portanto,

$$\operatorname{tg}\theta_B \cong \frac{n_2}{n_1}. \tag{9.112}$$

A Figura 9.16 mostra o gráfico das amplitudes transmitida e refletida, como funções de $\theta_I$, para luz incidente em vidro ($n_2 = 1,5$) a partir do ar ($n_1 = 1$). (No gráfico, um número *negativo* indica que a onda está 180° fora de fase com o raio incidente — a amplitude em si é o valor absoluto.)

A potência por unidade de área que atinge a interface é $\mathbf{S} \cdot \hat{\mathbf{z}}$. Portanto, a intensidade incidente é

$$I_I = \frac{1}{2}\epsilon_1 v_1 E_{0_I}^2 \cos\theta_I, \tag{9.113}$$

enquanto as intensidades refletida e transmitida são

$$I_R = \frac{1}{2}\epsilon_1 v_1 E_{0_R}^2 \cos\theta_R \quad \text{e} \quad I_T = \frac{1}{2}\epsilon_2 v_2 E_{0_T}^2 \cos\theta_T. \tag{9.114}$$

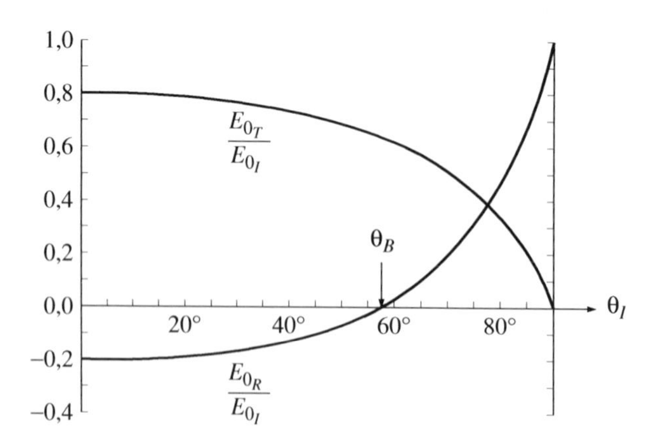


**Figura 9.16**

9. Existe uma ambiguidade inevitável na fase da onda refletida, já que (como mencionei na nota de rodapé 2) mudar o sinal do vetor de polarização é equivalente a uma mudança de fase de 180°. A convenção que adotei na Figura 9.15, com $\mathbf{E}_R$ positivo 'para cima', é coerente com alguns, mas não com todos os textos padrão em ótica.

10. Como as ondas polarizadas *perpendicularmente* ao plano de incidência não exibem supressão correspondente do componente refletido, um raio arbitrário incidente no ângulo de Brewster gera um raio refletido que é *totalmente* polarizado paralelamente à interface. É por isso que os vidros Polaroid, com eixo de transmissão vertical, ajudam a reduzir o brilho de uma superfície horizontal.

(Os cossenos estão aí porque estou falando sobre a potência média por unidade de área da *interface*, e a interface está em ângulo com a frente da onda.) Os coeficientes de reflexão e transmissão para ondas polarizadas paralelamente ao plano de incidência são

$$R \equiv \frac{I_R}{I_I} = \left(\frac{E_{0_R}}{E_{0_I}}\right)^2 = \left(\frac{\alpha - \beta}{\alpha + \beta}\right)^2, \tag{9.115}$$

$$T \equiv \frac{I_T}{I_I} = \frac{\epsilon_2 v_2}{\epsilon_1 v_1}\left(\frac{E_{0_T}}{E_{0_I}}\right)^2 \frac{\cos\theta_T}{\cos\theta_I} = \alpha\beta\left(\frac{2}{\alpha + \beta}\right)^2. \tag{9.116}$$

Eles estão traçados como funções do ângulo de incidência na Figura 9.17 (para a interface ar/vidro). $R$ é a fração da energia incidente que é refletida — naturalmente ela tende a zero no ângulo de Brewster; $T$ é a fração transmitida — ela tende a 1 em $\theta_B$. Observe que $R + T = 1$, como requer a conservação de energia: a energia por unidade de tempo que *chega* a uma determinada porção da área da superfície é igual à energia por unidade de tempo que *deixa* essa porção de área.

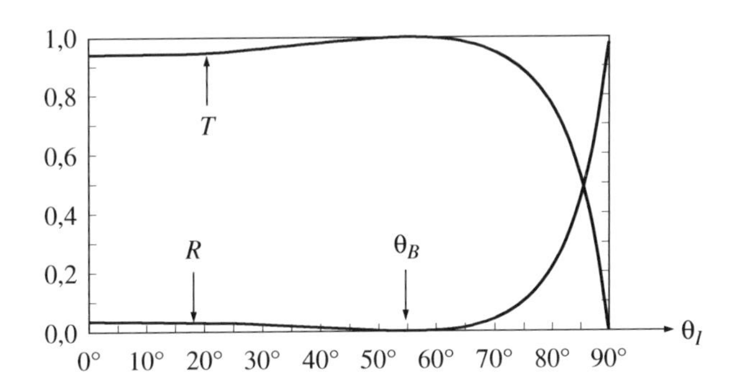


**Figura 9.17**

---

**Problema 9.15** Suponha que $Ae^{iax} + Be^{ibx} = Ce^{icx}$, para algumas constantes não nulas $A$, $B$, $C$, $a$, $b$, $c$, e para todo $x$. Prove que $a = b = c$ e $A + B = C$.

! **Problema 9.16** Analise o caso de polarização *perpendicular* ao plano de incidência (isto é, campos elétricos na direção $y$, na Figura 9.15). Imponha as condições de contorno 9.101, e obtenha as equações de Fresnel para $\tilde{E}_{0_R}$ e $\tilde{E}_{0_T}$. Desenhe $(\tilde{E}_{0_R}/\tilde{E}_{0_I})$ e $(\tilde{E}_{0_T}/\tilde{E}_{0_I})$ como funções de $\theta_I$, para o caso $\beta = n_2/n_1 = 1,5$. (Observe que para esse $\beta$ a onda refletida está *sempre* 180° fora de fase.) Mostre que não há ângulo de Brewster para *qualquer* $n_1$ e $n_2$: $\tilde{E}_{0_R}$ *nunca* é nulo (a menos, é claro, que $n_1 = n_2$ e $\mu_1 = \mu_2$, pois nesse caso os dois meios são oticamente indistinguíveis). Confirme que as suas equações de Fresnel se reduzem às formas apropriadas para incidência normal. Calcule os coeficientes de reflexão e transmissão e certifique-se de que sua soma é 1.

**Problema 9.17** O índice de refração do diamante é 2,42. Construa um gráfico análogo ao da Figura 9.16 para a interface ar/diamante. (Assuma que $\mu_1 = \mu_2 = \mu_0$.) Sobretudo, calcule (a) as amplitudes para incidência normal, (b) o ângulo de Brewster e (c) o ângulo 'onde as curvas se cruzam', no qual as amplitudes refletida e transmitida são iguais.

---

## 9.4 Absorção e dispersão

### 9.4.1 Ondas eletromagnéticas em condutores

Na Seção 9.3 estipulei que a densidade da carga livre $\rho_l$ e a densidade de corrente livre $\mathbf{J}_l$ são nulas e tudo o que se seguiu foi baseado nesse pressuposto. Tal restrição é perfeitamente razoável quando você está falando sobre propagação de ondas no vácuo ou através de materiais isolantes tais como vidro ou água (pura). Mas no caso dos condutores, não controlamos independentemente o fluxo de carga e, em geral, $\mathbf{J}_l$ certamente *não* é nula. De fato, segundo a lei de Ohm, a densidade de corrente (livre) em um condutor é proporcional ao campo elétrico:

$$\mathbf{J}_l = \sigma\mathbf{E}. \tag{9.117}$$

Com isso, as equações de Maxwell para os meios lineares assumem a forma

$$\left.\begin{array}{ll}\text{(i)}\ \nabla\cdot\mathbf{E}=\dfrac{1}{\epsilon}\rho_l, & \text{(iii)}\ \nabla\times\mathbf{E}=-\dfrac{\partial\mathbf{B}}{\partial t},\\ \text{(ii)}\ \nabla\cdot\mathbf{B}=0, & \text{(iv)}\ \nabla\times\mathbf{B}=\mu\sigma\mathbf{E}+\mu\epsilon\dfrac{\partial\mathbf{E}}{\partial t}.\end{array}\right\} \tag{9.118}$$

Agora, a equação de continuidade para carga livre,

$$\nabla\cdot\mathbf{J}_l=-\frac{\partial\rho_l}{\partial t}, \tag{9.119}$$

juntamente com as lei de Ohm e de Gauss (i) resulta em

$$\frac{\partial\rho_l}{\partial t}=-\sigma(\nabla\cdot\mathbf{E})=-\frac{\sigma}{\epsilon}\rho_l$$

para um meio linear homogêneo, do que segue que

$$\rho_l(t)=e^{-(\sigma/\epsilon)t}\rho_l(0). \tag{9.120}$$

Assim, qualquer densidade de carga livre inicial $\rho_l(0)$ dissipa-se em um tempo característico $\tau\equiv\epsilon/\sigma$. Isso reflete o fato familiar de que se você colocar alguma carga livre em um condutor, ela fluirá para as beiradas. A constante de tempo $\tau$ permite uma medida de quão 'bom' um condutor é: para um condutor 'perfeito' $\sigma=\infty$ and $\tau=0$; para um 'bom' condutor, $\tau$ é muito menor do que os outros tempos relevantes do problema (em sistemas oscilatórios, isso significa $\tau\ll 1/\omega$); para um 'mau' condutor, $\tau$ é *maior* do que os tempos característicos do problema ($\tau\gg 1/\omega$).[11] No momento não estamos interessados nesse comportamento transiente — vamos esperar que qualquer carga livre acumulada desapareça. Daí em diante $\rho_l=0$, e temos

$$\left.\begin{array}{ll}\text{(i)}\ \nabla\cdot\mathbf{E}=0, & \text{(iii)}\ \nabla\times\mathbf{E}=-\dfrac{\partial\mathbf{B}}{\partial t},\\ \text{(ii)}\ \nabla\cdot\mathbf{B}=0, & \text{(iv)}\ \nabla\times\mathbf{B}=\mu\epsilon\dfrac{\partial\mathbf{E}}{\partial t}+\mu\sigma\mathbf{E}.\end{array}\right\} \tag{9.121}$$

Essas equações diferem das suas correspondentes para meios *não* condutores (9.67) somente quanto ao acréscimo do último termo em (iv).

Aplicando o rotacional a (iii) e (iv), como antes, obtemos equações de onda modificadas para **E** e **B**:

$$\nabla^2\mathbf{E}=\mu\epsilon\frac{\partial^2\mathbf{E}}{\partial t^2}+\mu\sigma\frac{\partial\mathbf{E}}{\partial t},\quad \nabla^2\mathbf{B}=\mu\epsilon\frac{\partial^2\mathbf{B}}{\partial t^2}+\mu\sigma\frac{\partial\mathbf{B}}{\partial t}. \tag{9.122}$$

Essas equações ainda admitem soluções em ondas planas,

$$\tilde{\mathbf{E}}(z,t)=\tilde{\mathbf{E}}_0e^{i(\tilde{k}z-\omega t)},\quad \tilde{\mathbf{B}}(z,t)=\tilde{\mathbf{B}}_0e^{i(\tilde{k}z-\omega t)}, \tag{9.123}$$

mas desta vez, o 'número de onda' $\tilde{k}$ é complexo:

$$\tilde{k}^2=\mu\epsilon\omega^2+i\mu\sigma\omega, \tag{9.124}$$

como você pode facilmente verificar substituindo a Equação 9.123 na Equação 9.122. Tirando a raiz quadrada,

$$\tilde{k}=k+i\kappa, \tag{9.125}$$

onde

$$k\equiv\omega\sqrt{\frac{\epsilon\mu}{2}}\left[\sqrt{1+\left(\frac{\sigma}{\epsilon\omega}\right)^2}+1\right]^{1/2},\quad \kappa\equiv\omega\sqrt{\frac{\epsilon\mu}{2}}\left[\sqrt{1+\left(\frac{\sigma}{\epsilon\omega}\right)^2}-1\right]^{1/2}. \tag{9.126}$$

11. N. Ashby, *Am. J. Phys.* **43**, 553 (1975), ressalta que para bons condutores $\tau$ é absurdamente curto ($10^{-19}$ s, para o cobre, enquanto o tempo entre colisões é $\tau_c=10^{-14}$ s). O problema é que a própria lei de Ohm deixa de valer em escalas de tempo mais curtas do que $\tau_c$; de fato, o tempo que leva para uma carga livre se dissipar em um bom condutor é da ordem $\tau_c$, não $\tau$. Além disso, H. C. Ohanian, *Am. J. Phys.* **51**, 1020 (1983), mostra que demora ainda mais para os campos e correntes se equilibrarem. Mas nada disso é relevante para o nosso objetivo atual; a densidade de carga livre em um condutor *acaba se* dissipando, e exatamente quanto tempo esse processo demora vai além do que nos interessa.

A parte imaginária de $\tilde{k}$ resulta em uma atenuação da onda (amplitude decrescente com $z$ crescente):

$$\tilde{\mathbf{E}}(z,t) = \tilde{\mathbf{E}}_0 e^{-\kappa z} e^{i(kz-\omega t)}, \quad \tilde{\mathbf{B}}(z,t) = \tilde{\mathbf{B}}_0 e^{-\kappa z} e^{i(kz-\omega t)}. \tag{9.127}$$

A distância necessária para reduzir a amplitude por um fator de $1/e$ (cerca de um terço) é chamada de **profundidade de penetração**:

$$d \equiv \frac{1}{\kappa}; \tag{9.128}$$

e é uma medida da penetração da onda no condutor. Enquanto isso, a parte real de $\tilde{k}$ determina o comprimento de onda, a velocidade de propagação e o índice de refração, da maneira usual:

$$\lambda = \frac{2\pi}{k}, \quad v = \frac{\omega}{k}, \quad n = \frac{ck}{\omega}. \tag{9.129}$$

As ondas planas atenuadas (Equação 9.127) satisfazem a equação de onda modificada (9.122) para *qualquer* $\tilde{\mathbf{E}}_0$ e $\tilde{\mathbf{B}}_0$. Mas as equações de Maxwell (9.121) impõem outras restrições que servem para determinar as amplitudes, fases e polarizações relativas de **E** e **B**. Como antes, (i) e (ii) eliminam quaisquer componentes $z$: os campos são *transversais*. É preferível orientar nossos eixos de forma que **E** seja polarizado ao longo da direção $x$:

$$\tilde{\mathbf{E}}(z,t) = \tilde{E}_0 e^{-\kappa z} e^{i(kz-\omega t)}\,\hat{\mathbf{x}}. \tag{9.130}$$

Então (iii) fornece

$$\tilde{\mathbf{B}}(z,t) = \frac{\tilde{k}}{\omega}\tilde{E}_0 e^{-\kappa z} e^{i(kz-\omega t)}\,\hat{\mathbf{y}}. \tag{9.131}$$

(A Equação (iv) diz a mesma coisa.) Mais uma vez os campos elétrico e magnético são mutuamente perpendiculares. Como qualquer número complexo, $\tilde{k}$ pode ser expresso em termos de seu módulo (de sua fase):

$$\tilde{k} = Ke^{i\phi}, \tag{9.132}$$

onde

$$K \equiv |\tilde{k}| = \sqrt{k^2+\kappa^2} = \omega\sqrt{\epsilon\mu\sqrt{1+\left(\frac{\sigma}{\epsilon\omega}\right)^2}} \tag{9.133}$$

e

$$\phi \equiv \text{arctg}(\kappa/k). \tag{9.134}$$

Segundo as equações 9.130 e 9.131, as amplitudes complexas $\tilde{E}_0 = E_0 e^{i\delta_E}$ e $\tilde{B}_0 = B_0 e^{i\delta_B}$ são relacionadas por

$$B_0 e^{i\delta_B} = \frac{Ke^{i\phi}}{\omega} E_0 e^{i\delta_E}. \tag{9.135}$$

Evidentemente, os campos elétrico e magnético não estão mais em fase. Inclusive,

$$\delta_B - \delta_E = \phi; \tag{9.136}$$

o campo magnético *vem depois* do campo elétrico. Enquanto isso, as amplitudes (reais) de **E** e **B** são relacionadas por

$$\frac{B_0}{E_0} = \frac{K}{\omega} = \sqrt{\epsilon\mu\sqrt{1+\left(\frac{\sigma}{\epsilon\omega}\right)^2}}. \tag{9.137}$$

Os campos elétrico e magnético (reais) são, por fim,

$$\left.\begin{aligned} \mathbf{E}(z,t) &= E_0 e^{-\kappa z}\cos(kz-\omega t+\delta_E)\,\hat{\mathbf{x}}, \\ \mathbf{B}(z,t) &= B_0 e^{-\kappa z}\cos(kz-\omega t+\delta_E+\phi)\,\hat{\mathbf{y}}. \end{aligned}\right\} \tag{9.138}$$

Esses campos estão ilustrados na Figura 9.18.

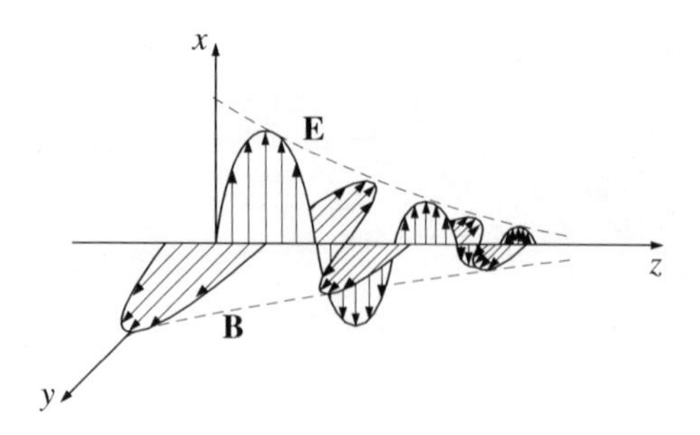


**Figura 9.18**

---

**Problema 9.18**

(a) Suponha que você incorporou alguma carga livre em um pedaço de vidro. Mais ou menos quanto demoraria para a carga fluir até a superfície?

(b) A prata é um excelente condutor, mas é cara. Suponha que você estivesse projetando um experimento com micro-ondas para operar a uma frequência de $10^{10}$ Hz. De que espessura você faria os revestimentos de prata?

(c) Encontre o comprimento de onda e a velocidade de propagação no cobre para ondas de rádio de 1 MHz. Compare aos valores correspondentes no ar (ou vácuo).

**Problema 9.19**

(a) Mostre que a profundidade de penetração em um mau condutor ($\sigma \ll \omega\epsilon$) é $(2/\sigma)\sqrt{\epsilon/\mu}$ (independentemente da frequência). Encontre a profundidade de penetração (em metros) para a água (pura).

(b) Mostre que a profundidade de penetração em um bom condutor ($\sigma \gg \omega\epsilon$) é $\lambda/2\pi$ (onde $\lambda$ é o comprimento de onda *dentro do condutor*). Encontre a profundidade de penetração (em nanômetros) para um metal típico ($\sigma \approx 10^7 (\Omega\text{ m})^{-1}$) no espectro visível ($\omega \approx 10^{15}$/s), assumindo que $\epsilon \approx \epsilon_0$ e $\mu \approx \mu_0$. Por que os metais são opacos?

(c) Mostre que em um bom condutor, o campo magnético atrasa-se $45°$ em relação ao campo elétrico, e encontre a razão entre suas amplitudes. Para um exemplo numérico, use o 'metal típico' da parte (b).

**Problema 9.20**

(a) Calcule a densidade de energia (por média temporal) de uma onda eletromagnética plana, em um meio condutor (Equação 9.138). Mostre que a contribuição magnética é sempre dominante. [*Resposta:* $(k^2/2\mu\omega^2)E_0^2 e^{-2\kappa z}$]

(b) Mostre que a intensidade é $(k/2\mu\omega)E_0^2 e^{-2\kappa z}$.

---

## 9.4.2 Reflexão em uma superfície condutora

As condições de contorno que usamos para analisar reflexão e refração em uma interface entre dois dielétricos não valem na presença de cargas livres e correntes. Em vez disso, temos as relações mais gerais (7.63):

$$\left.\begin{array}{ll}\text{(i)}\ \epsilon_1 E_1^{\perp} - \epsilon_2 E_2^{\perp} = \sigma_l, & \text{(iii)}\ \mathbf{E}_1^{\parallel} - \mathbf{E}_2^{\parallel} = 0, \\ \text{(ii)}\ B_1^{\perp} - B_2^{\perp} = 0, & \text{(iv)}\ \dfrac{1}{\mu_1}\mathbf{B}_1^{\parallel} - \dfrac{1}{\mu_2}\mathbf{B}_2^{\parallel} = \mathbf{K}_l \times \hat{\mathbf{n}},\end{array}\right\} \tag{9.139}$$

onde $\sigma_l$ (que não deve ser confundida com a condutividade) é a densidade superficial de carga livre, $\mathbf{K}_l$ é a densidade superficial de corrente livre e $\hat{\mathbf{n}}$ (que não deve ser confundido com a polarização da onda) é um vetor unitário perpendicular à superfície, apontando a partir do meio (2) para dentro do meio (1). Para os condutores ôhmicos ($\mathbf{J}_l = \sigma\mathbf{E}$) não pode haver corrente superficial livre, já que isso exigiria um campo elétrico infinito no contorno.

Suponha agora que o plano $xy$ forma o contorno entre um meio linear não condutor (1) e um condutor (2). Uma onda plana monocromática, viajando na direção $z$ e polarizada na direção $x$, aproxima-se pela esquerda, como na Figura 9.13:

$$\tilde{\mathbf{E}}_I(z,t) = \tilde{E}_{0_I} e^{i(k_1 z - \omega t)}\,\hat{\mathbf{x}}, \quad \tilde{\mathbf{B}}_I(z,t) = \frac{1}{v_1}\tilde{E}_{0_I} e^{i(k_1 z - \omega t)}\,\hat{\mathbf{y}}. \tag{9.140}$$

Esta onda incidente faz surgir uma onda refletida,

$$\tilde{\mathbf{E}}_R(z,t) = \tilde{E}_{0_R} e^{i(-k_1 z - \omega t)}\,\hat{\mathbf{x}}, \quad \tilde{\mathbf{B}}_R(z,t) = -\frac{1}{v_1}\tilde{E}_{0_R} e^{i(-k_1 z - \omega t)}\,\hat{\mathbf{y}}, \tag{9.141}$$

que se propaga de volta para a esquerda no meio (1), e uma onda transmitida

$$\tilde{\mathbf{E}}_T(z,t) = \tilde{E}_{0_T} e^{i(\tilde{k}_2 z - \omega t)}\,\hat{\mathbf{x}}, \quad \tilde{\mathbf{B}}_T(z,t) = \frac{\tilde{k}_2}{\omega}\tilde{E}_{0_T} e^{i(\tilde{k}_2 z - \omega t)}\,\hat{\mathbf{y}}, \tag{9.142}$$

que é atenuada à medida que penetra no condutor.

Em $z = 0$, a onda combinada no meio (1) tem de se juntar à onda no meio (2), obedecendo às condições de contorno 9.139. Como $E^{\perp} = 0$ em ambos os lados, a condição de contorno (i) resulta em $\sigma_l = 0$. Como $B^{\perp} = 0$, (ii) é automaticamente satisfeita. Enquanto isso, (iii) fornece

$$\tilde{E}_{0_I} + \tilde{E}_{0_R} = \tilde{E}_{0_T}, \tag{9.143}$$

e (iv) (com $\mathbf{K}_l = 0$) diz

$$\frac{1}{\mu_1 v_1}(\tilde{E}_{0_I} - \tilde{E}_{0_R}) - \frac{\tilde{k}_2}{\mu_2 \omega}\tilde{E}_{0_T} = 0, \tag{9.144}$$

ou

$$\tilde{E}_{0_I} - \tilde{E}_{0_R} = \tilde{\beta}\tilde{E}_{0_T}, \tag{9.145}$$

onde

$$\tilde{\beta} \equiv \frac{\mu_1 v_1}{\mu_2 \omega}\tilde{k}_2. \tag{9.146}$$

Segue-se que

$$\tilde{E}_{0_R} = \left(\frac{1-\tilde{\beta}}{1+\tilde{\beta}}\right)\tilde{E}_{0_I}, \quad \tilde{E}_{0_T} = \left(\frac{2}{1+\tilde{\beta}}\right)\tilde{E}_{0_I}. \tag{9.147}$$

Esses resultados são formalmente idênticos aos que se aplicam ao contorno entre *não* condutores (Equação 9.82), mas a semelhança é enganosa, já que $\tilde{\beta}$ agora é um número complexo.

Para um condutor *perfeito* ($\sigma = \infty$), $k_2 = \infty$ (Equação 9.126), de forma que $\tilde{\beta}$ é infinito, e

$$\tilde{E}_{0_R} = -\tilde{E}_{0_I}, \quad \tilde{E}_{0_T} = 0. \tag{9.148}$$

Nesse caso a onda é totalmente refletida, com uma mudança de fase de 180°. (É por isso que condutores excelentes dão bons espelhos. Na prática, você passa uma camada fina de prata em um painel de vidro — o vidro nada tem a ver com a *reflexão*; ele está ali apenas para sustentar a prata e evitar que ela escureça. Como a profundidade de penetração na prata em frequências óticas é da ordem de 100 Å, você não precisa de uma camada muito grossa.)

**Problema 9.21** Calcule o coeficiente de reflexão da luz em uma interface ar/prata ($\mu_1 = \mu_2 = \mu_0, \epsilon_1 = \epsilon_0, \sigma = 6 \times 10^7 (\Omega \cdot \mathrm{m})^{-1}$), em frequências óticas ($\omega = 4 \times 10^{15}$/s).

### 9.4.3 A dependência da permissividade com a frequência

Nas seções anteriores vimos que a propagação das ondas eletromagnéticas através da matéria é governada por três propriedades do material que consideramos constantes: a permissividade $\epsilon$, a permeabilidade $\mu$ e a condutividade $\sigma$. Na realidade, cada um desses parâmetros depende, até certo ponto, da frequência das ondas que você está considerando. De fato, se a permissividade fosse *realmente* constante, o índice de refração em um meio transparente $n \cong \sqrt{\epsilon_r}$ também seria constante. Mas sabe-se bem, graças à ótica, que $n$ é uma função do comprimento de onda (a Figura 9.19 mostra o gráfico para um vidro típico). Um prisma ou uma gota de chuva desviam a luz azul de forma mais acentuada que a vermelha e abrem a luz branca em um arco-íris de cores. Esse fenômeno é chamado de **dispersão**. Por extensão, sempre que a velocidade da onda for dependente da sua frequência, o meio que a sustenta é chamado de **dispersivo**.[12]

12. A propósito, os condutores são dispersivos: veja as equações 9.126 e 9.129.

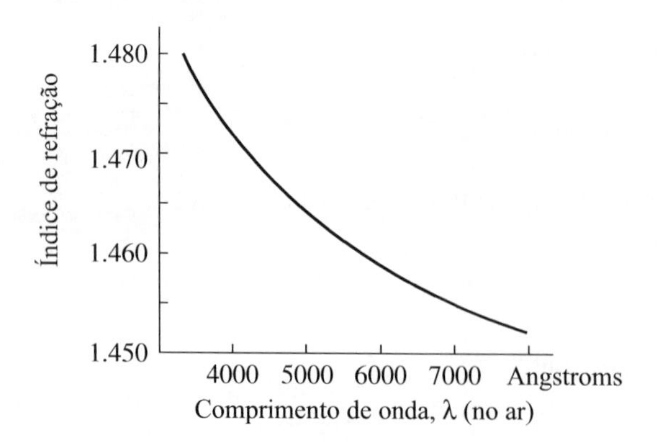


**Figura 9.19**

Como as ondas de diferentes frequências viajam a velocidades diferentes em um meio dispersivo, uma forma de onda que incorpore uma gama de frequências irá mudar de formato à medida que se propaga. Uma onda com um pico agudo normalmente se achata, e embora cada componente senoidal viaje à **velocidade** normal da **onda** (ou velocidade de **fase**),

$$v = \frac{\omega}{k}, \tag{9.149}$$

o pacote como um todo (o 'envelope') viaja à chamada **velocidade de grupo**[13]

$$v_g = \frac{d\omega}{dk}. \tag{9.150}$$

[Você pode demonstrar isso deixando uma pedra cair no lago mais próximo e observando as ondas que se formam: enquanto o distúrbio como um todo espalha-se em círculo, movendo-se à velocidade $v_g$, as ondulações que o formam viajam com o *dobro* da velocidade ($v = 2v_g$ neste caso). Elas surgem na traseira (parte de trás) do grupo, crescendo à medida que avançam para o centro, para depois encolher novamente e se anular na frente (Figura 9.20).] Não vamos nos preocupar com estas questões — vou me ater às ondas monocromáticas, para as quais não há esse problema. Mas devo apenas mencionar que a *energia* transportada por um pacote de ondas em um meio dispersivo, ordinariamente viaja à velocidade do *grupo*, e não à velocidade de fase. Portanto, não fique muito alarmado se, em algumas circunstâncias, $v$ resultar maior que $c$.[14]

Meu objetivo nesta seção é explicar a dependência de $\epsilon$ com a frequência em não condutores, usando um modelo simplificado para o comportamento dos elétrons nos dielétricos. Como todos os modelos clássicos dos fenômenos em escala atômica, ele é, na melhor das hipóteses, uma aproximação da verdade; mesmo assim, gera resultados qualitativamente satisfatórios e fornece um mecanismo plausível para a dispersão nos meios transparentes.

Em um não condutor os elétrons estão ligados a moléculas específicas. As forças de ligação, em si, podem ser bastante complicadas, mas vamos imaginar cada elétron como ligado à ponta de uma mola imaginária, com constante de força $k_{\text{mola}}$ (Figura 9.21):

$$F_{\text{ligação}} = -k_{\text{mola}}x = -m\omega_0^2 x, \tag{9.151}$$

onde $x$ é o deslocamento do equilíbrio, $m$ é a massa do elétron e $\omega_0$ é a frequência natural de oscilação, $\sqrt{k_{\text{mola}}/m}$. [Se esse modelo não lhe parece plausível, volte ao Exemplo 4.1, onde fomos levados a uma força que tem precisamente esta forma.

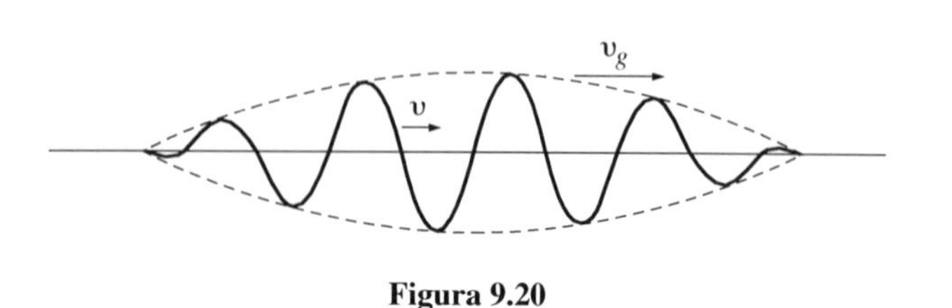


**Figura 9.20**

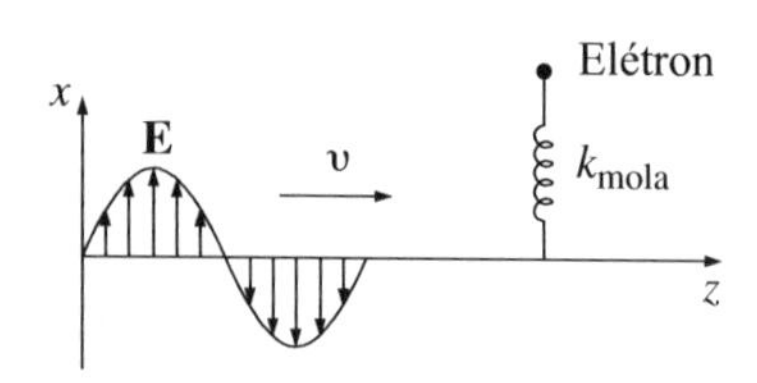


**Figura 9.21**

13. Veja A. P. French, *Vibrations and Waves*, p. 230 (Nova York: W. W. Norton & Co., 1971), ou F. S. Crawford, Jr., *Waves*, Seção 6.2 (Nova York: McGraw-Hill, 1968).
14. Mesmo a velocidade de grupo pode exceder $c$ em casos especiais — veja P. C. Peters, *Am. J. Phys.* **56**, 129 (1988). A propósito, se *duas* 'velocidades da luz' diferentes não bastam para satisfazê-lo, verifique S. C. Bloch, *Am. J. Phys.* **45**, 538 (1977), onde nada menos que *oito* velocidades diferentes são identificadas!

Aliás, praticamente *qualquer* força de ligação pode ser aproximada desta forma para deslocamentos do equilíbrio que sejam suficientemente pequenos, como você pode ver expandindo a energia potencial em uma série de Taylor em torno do ponto de equilíbrio:

$$U(x) = U(0) + xU'(0) + \frac{1}{2}x^2U''(0) + \cdots .$$

O primeiro termo é uma constante, sem significado na dinâmica (você pode sempre ajustar o zero da energia potencial, de forma que $U(0) = 0$). O segundo termo automaticamente se anula, já que $dU/dx = -F$, e pela natureza do equilíbrio, a força nesse ponto é zero. O terceiro termo é precisamente a energia potencial de uma mola com a constante de força $k_{\text{mola}} = d^2U/dx^2\big|_0$ (a segunda derivada é positiva para um ponto de equilíbrio estável). Desde que os deslocamentos sejam pequenos, os termos mais altos da série podem ser desprezados. Geometricamente, tudo o que estou dizendo é que praticamente *qualquer* função pode ser encaixada próxima a um mínimo por uma parábola adequada.]

Enquanto isso, haverá presumivelmente alguma força de amortecimento sobre o elétron:

$$F_{\text{amortecimento}} = -m\gamma\frac{dx}{dt}. \tag{9.152}$$

[Mais uma vez, escolhi a forma mais simples possível: o amortecimento deve ser no sentido oposto à velocidade, e torná-lo *proporcional* à velocidade é a forma mais fácil de chegar a isso. Aqui, a *causa* do amortecimento não nos preocupa — entre outras coisas, cargas oscilantes são radiantes e a radiação drena energia. Calcularemos esse 'amortecimento por radiação' no Capítulo 11.]

Na presença de uma onda eletromagnética de frequência $\omega$, polarizada na direção $x$ (Figura 9.21), o elétron está sujeito a uma força motriz

$$F_{\text{motriz}} = qE = qE_0\cos(\omega t), \tag{9.153}$$

onde $q$ é a carga do elétron e $E_0$ é a amplitude da onda no ponto $z$ onde o elétron está situado. (Como estamos interessados apenas em um ponto, reajustei o relógio de forma que $E$ máximo ocorre em $t = 0$.) Colocando tudo isso na segunda lei de Newton temos

$$m\frac{d^2x}{dt^2} = F_{\text{tot}} = F_{\text{ligação}} + F_{\text{amortecimento}} + F_{\text{motriz}},$$

ou

$$m\frac{d^2x}{dt^2} + m\gamma\frac{dx}{dt} + m\omega_0^2x = qE_0\cos(\omega t). \tag{9.154}$$

Nosso modelo, então, descreve o elétron como um oscilador harmônico amortecido, forçado a oscilar na frequência $\omega$. (Assumo que o núcleo, muito maior, permanece em repouso.)

A Equação 9.154 é mais fácil de manusear se a considerarmos como a parte real de uma equação *complexa*:

$$\frac{d^2\tilde{x}}{dt^2} + \gamma\frac{d\tilde{x}}{dt} + \omega_0^2\tilde{x} = \frac{q}{m}E_0e^{-i\omega t}. \tag{9.155}$$

No regime estacionário, o sistema oscila na frequência motriz:

$$\tilde{x}(t) = \tilde{x}_0e^{-i\omega t}. \tag{9.156}$$

Inserindo isso na Equação 9.155, obtemos

$$\tilde{x}_0 = \frac{q/m}{\omega_0^2 - \omega^2 - i\gamma\omega}E_0. \tag{9.157}$$

O momento de dipolo é a parte real de

$$\tilde{p}(t) = q\tilde{x}(t) = \frac{q^2/m}{\omega_0^2 - \omega^2 - i\gamma\omega}E_0e^{-i\omega t}. \tag{9.158}$$

O termo imaginário no denominador significa que $p$ está *fora de fase* com $E$ — atrasando-se por um ângulo $\text{arctg}[\gamma\omega/(\omega_0^2 - \omega^2)]$ que é muito pequeno quando $\omega \ll \omega_0$ e aumenta para $\pi$ quando $\omega \gg \omega_0$.

Em geral, elétrons em posições diferentes dentro de uma determinada molécula têm frequências naturais e coeficientes de amortecimento diferentes. Digamos que haja $f_j$ elétrons com frequência $\omega_j$ e amortecimento $\gamma_j$ em cada molécula. Se há $N$ moléculas por unidade de volume, a polarização **P** é dada pela[15] parte real de

$$\tilde{\mathbf{P}} = \frac{Nq^2}{m}\left(\sum_j \frac{f_j}{\omega_j^2 - \omega^2 - i\gamma_j\omega}\right)\tilde{\mathbf{E}}. \tag{9.159}$$

15. Isso se aplica diretamente ao caso de um gás diluído; para materiais mais densos a teoria se modifica ligeiramente, conforme a equação de Clausius-Mossotti (Problema 4.38). Aliás, não confunda a 'polarização' de um meio, **P**, com a 'polarização' de uma *onda* — a *palavra* é a mesma, mas são dois significados completamente sem relação um com o outro.

Ora, defino suscetibilidade elétrica como a constante de proporcionalidade entre **P** e **E** (especificamente, $\mathbf{P} = \epsilon_0 \chi_e \mathbf{E}$). No presente caso, **P** *não* é proporcional a **E** (este não é, estritamente falando, um meio linear) devido à diferença de fase. No entanto, a polarização *complexa* $\tilde{\mathbf{P}}$ *é* proporcional ao campo *complexo* $\tilde{\mathbf{E}}$, e isso sugere a introdução de uma **suscetibilidade complexa**, $\tilde{\chi}_e$:

$$\tilde{\mathbf{P}} = \epsilon_0 \tilde{\chi}_e \tilde{\mathbf{E}}. \tag{9.160}$$

Todas as manipulações pelas quais passamos antes se aplicam, entendendo-se que a polarização física é parte real de $\tilde{\mathbf{P}}$, justamente como o campo físico é a parte real de $\tilde{\mathbf{E}}$. Sobretudo, a proporcionalidade entre $\tilde{\mathbf{D}}$ e $\tilde{\mathbf{E}}$ é a **permissividade complexa** $\tilde{\epsilon} = \epsilon_0(1 + \tilde{\chi}_e)$, e a **constante dielétrica complexa** (neste modelo) é

$$\tilde{\epsilon}_r = 1 + \frac{Nq^2}{m\epsilon_0} \sum_j \frac{f_j}{\omega_j^2 - \omega^2 - i\gamma_j \omega}. \tag{9.161}$$

Normalmente, o termo imaginário é desprezível; no entanto, quando $\omega$ está muito próximo de uma das frequências de ressonância ($\omega_j$) ele tem um papel importante, como veremos.

Em um meio dispersivo, a equação de onda para uma frequência dada é

$$\nabla^2 \tilde{\mathbf{E}} = \tilde{\epsilon} \mu_0 \frac{\partial^2 \tilde{\mathbf{E}}}{\partial t^2}; \tag{9.162}$$

ela admite soluções em ondas planas, como antes,

$$\tilde{\mathbf{E}}(z,t) = \tilde{\mathbf{E}}_0 e^{i(\tilde{k}z - \omega t)}, \tag{9.163}$$

com o número de onda complexo

$$\tilde{k} \equiv \sqrt{\tilde{\epsilon}\mu_0}\, \omega. \tag{9.164}$$

Escrevendo $\tilde{k}$ em termos de suas partes real e imaginária,

$$\tilde{k} = k + i\kappa, \tag{9.165}$$

a Equação 9.163 torna-se

$$\tilde{\mathbf{E}}(z,t) = \tilde{\mathbf{E}}_0 e^{-\kappa z} e^{i(kz - \omega t)}. \tag{9.166}$$

Evidentemente a onda é *atenuada* (isso dificilmente é uma surpresa, já que o amortecimento absorve energia). Como a intensidade é proporcional a $E^2$ (e, portanto, a $e^{-2\kappa z}$), a grandeza

$$\alpha \equiv 2\kappa \tag{9.167}$$

é chamada de **coeficiente de absorção**. Enquanto isso, a velocidade da onda é $\omega/k$, e o índice de refração é

$$n = \frac{ck}{\omega}. \tag{9.168}$$

Usei deliberadamente uma notação que evoca a Seção 9.4.1. No entanto, neste caso $k$ e $\kappa$ nada têm a ver com condutividade; de fato, eles são determinados pelos parâmetros do nosso oscilador harmônico amortecido. Para gases, o segundo termo na Equação 9.161 é pequeno e podemos aproximar a raiz quadrada (Equação 9.164) pelo primeiro termo na expansão binomial, $\sqrt{1+\varepsilon} \cong 1 + \frac{1}{2}\varepsilon$. Então

$$\tilde{k} = \frac{\omega}{c}\sqrt{\tilde{\epsilon}_r} \cong \frac{\omega}{c}\left[1 + \frac{Nq^2}{2m\epsilon_0} \sum_j \frac{f_j}{\omega_j^2 - \omega^2 - i\gamma_j \omega}\right], \tag{9.169}$$

portanto,

$$n = \frac{ck}{\omega} \cong 1 + \frac{Nq^2}{2m\epsilon_0} \sum_j \frac{f_j(\omega_j^2 - \omega^2)}{(\omega_j^2 - \omega^2)^2 + \gamma_j^2 \omega^2}, \tag{9.170}$$

e

$$\alpha = 2\kappa \cong \frac{Nq^2\omega^2}{m\epsilon_0 c} \sum_j \frac{f_j \gamma_j}{(\omega_j^2 - \omega^2)^2 + \gamma_j^2 \omega^2}. \tag{9.171}$$

Na Figura 9.22 fiz o gráfico do índice de refração e do coeficiente de absorção nas proximidades de uma das ressonâncias. Na *maior* parte do tempo, o índice de refração *sobe* gradualmente com o aumento da frequência, o que é coerente com a nossa experiência em ótica (Figura 9.19). No entanto, na vizinhança imediata de uma ressonância, o índice de refração *cai* acentuadamente. Como esse comportamento é atípico, é chamado de **dispersão anômala**. Observe que a região de dispersão anômala ($\omega_1 < \omega < \omega_2$, na figura) coincide com a região de absorção máxima; inclusive, o material pode ser praticamente opaco nessa faixa de frequência. O motivo é que agora estamos movendo os elétrons na sua frequência 'favorita'; a amplitude da sua oscilação é relativamente grande, e uma quantidade de energia correspondentemente grande é dissipada pelo mecanismo de amortecimento.

Na Figura 9.22, $n$ está abaixo de 1 acima da ressonância, sugerindo que a velocidade da onda ultrapassa $c$. Como mencionado antes, isso não é motivo para alarme, já que a energia não viaja à velocidade da onda, mas à velocidade de *grupo* (veja o Problema 9.25). Além do mais, o gráfico não inclui as contribuições de outros termos da soma, o que acrescenta um 'fundo' relativamente constante que, em alguns casos, mantém $n > 1$ em ambos os lados da ressonância.

Se você concordar em ficar longe das ressonâncias, o amortecimento poderá ser ignorado e a fórmula para o índice de refração, simplificada:

$$n = 1 + \frac{Nq^2}{2m\epsilon_0} \sum_j \frac{f_j}{\omega_j^2 - \omega^2}. \tag{9.172}$$

Para a maior parte das substâncias, as frequências naturais $\omega_j$ estão espalhadas pelo espectro de forma um tanto caótica. Mas para os materiais transparentes, a ressonância significativa mais próxima está tipicamente no ultravioleta, de forma que $\omega < \omega_j$. Nesse caso

$$\frac{1}{\omega_j^2 - \omega^2} = \frac{1}{\omega_j^2}\left(1 - \frac{\omega^2}{\omega_j^2}\right)^{-1} \cong \frac{1}{\omega_j^2}\left(1 + \frac{\omega^2}{\omega_j^2}\right),$$

e a Equação 9.172 assume a forma

$$n = 1 + \left(\frac{Nq^2}{2m\epsilon_0} \sum_j \frac{f_j}{\omega_j^2}\right) + \omega^2 \left(\frac{Nq^2}{2m\epsilon_0} \sum_j \frac{f_j}{\omega_j^4}\right). \tag{9.173}$$

Ou, em termos de comprimento de onda no vácuo ($\lambda = 2\pi c/\omega$):

$$n = 1 + A\left(1 + \frac{B}{\lambda^2}\right). \tag{9.174}$$

Esta fórmula é conhecida como **fórmula de Cauchy**; a constante $A$ é chamada de **coeficiente de refração** e $B$ é chamada de **coeficiente de dispersão**. A equação de Cauchy aplica-se razoavelmente bem à maioria dos gases na região ótica.

O que descrevi nesta seção certamente não é a história completa da dispersão nos meios não condutores. Mesmo assim, indica como o movimento harmônico amortecido dos elétrons pode explicar a dependência com a frequência do índice de refração e também por que $n$ é ordinariamente uma função lentamente crescente de $\omega$, com regiões 'anômalas' ocasionais onde cai acentuadamente.

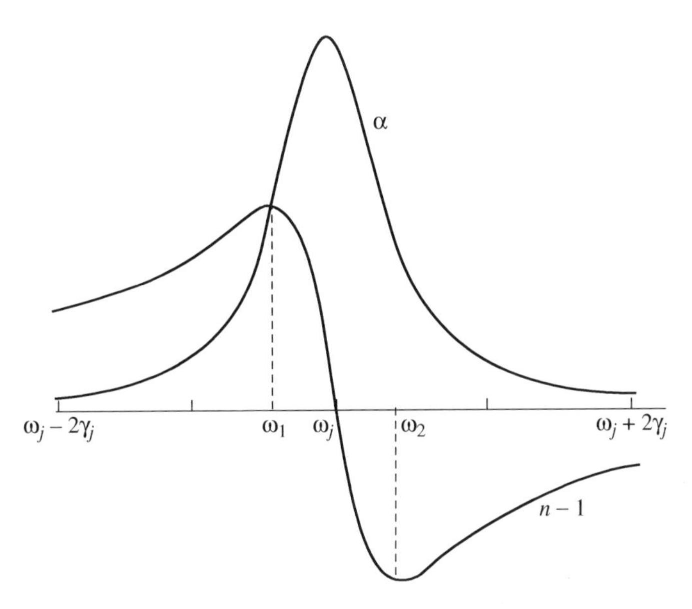


**Figura 9.22**

**Problema 9.22**

(a) A água rasa é não dispersiva; as ondas viajam a uma velocidade que é proporcional à raiz quadrada da profundidade. Em águas profundas, no entanto, as ondas não conseguem 'sentir' até o fundo — elas se comportam como se a profundidade fosse proporcional a $\lambda$. (Na realidade, a própria distinção entre 'raso' e 'fundo' depende do comprimento de onda; se a profundidade for menor que $\lambda$ a água é 'rasa'; se for substancialmente maior que $\lambda$ a água é 'funda'.) Mostre que a velocidade de onda das ondas em águas profundas é o *dobro* da velocidade de grupo.

(b) Em mecânica quântica, uma partícula livre de massa $m$ viajando na direção $x$ é descrita pela função de onda

$$\Psi(x,t) = Ae^{i(px-Et)/\hbar},$$

onde $p$ é o momento e $E = p^2/2m$ é a energia cinética. Calcule a velocidade de grupo e a velocidade de onda. Qual corresponde à velocidade clássica da partícula? Observe que a velocidade de onda é a *metade* da velocidade de grupo.

**Problema 9.23** Se você tomar o modelo do Exemplo 4.1 pelo seu valor nominal, qual será a frequência obtida? Coloque os números de fato. Onde isso se posiciona no espectro eletromagnético, assumindo que o raio do átomo é 0,5 Å? Encontre os coeficientes de refração e dispersão e compare-os aos do hidrogênio a 0°C e pressão atmosférica: $A = 1,36 \times 10^{-4}$, $B = 7,7 \times 10^{-15}\text{m}^2$.

**Problema 9.24** Encontre a largura da região de dispersão anômala para o caso de uma única ressonância na frequência $\omega_0$. Assuma que $\gamma \ll \omega_0$. Mostre que o índice de refração assume seus valores máximo e mínimo em pontos onde o coeficiente de absorção está a meia altura do pico.

**Problema 9.25** Assumindo um amortecimento desprezível ($\gamma_j = 0$), calcule a velocidade de grupo ($v_g = d\omega/dk$) das ondas descritas pelas equações 9.166 e 9.169. Mostre que $v_g < c$, mesmo quando $v > c$.

# 9.5 Ondas guiadas

## 9.5.1 Guias de ondas

Até agora lidamos com ondas planas de comprimento infinito; agora vamos considerar ondas eletromagnéticas confinadas no interior de um tubo oco, ou **guia de onda** (Figura 9.23). Vamos assumir que o guia de onda é um condutor perfeito, de forma que $\mathbf{E} = 0$ e $\mathbf{B} = 0$ dentro do próprio material e, portanto, as condições de contorno na parede interna são[16]

$$\left.\begin{aligned} &\text{(i)} \quad \mathbf{E}^{\parallel} = 0, \\ &\text{(ii)} \quad B^{\perp} = 0. \end{aligned}\right\} \tag{9.175}$$

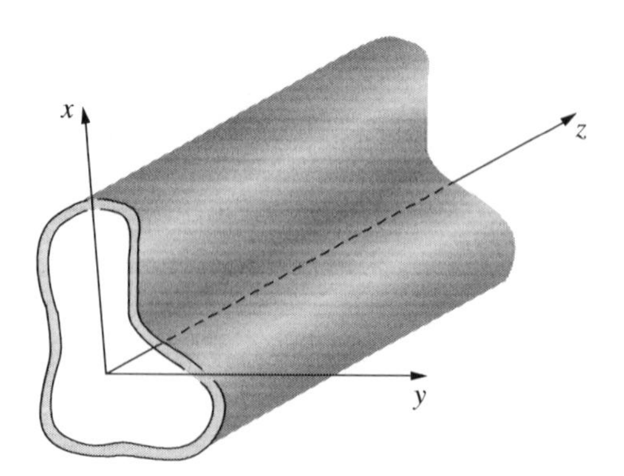


**Figura 9.23**

16. Veja a Equação 9.139 e o Problema 7.42. Em um condutor perfeito $\mathbf{E} = 0$ e, portanto (segundo a lei de Faraday), $\partial\mathbf{B}/\partial t = 0$; assumindo que o campo magnético *começou* nulo, ele então, irá *permanecer* assim.

Cargas e correntes livres serão induzidas na superfície de forma a forçar essas restrições. Estamos interessados em ondas monocromáticas que se propagam pelo tubo, de forma que **E** e **B** têm a forma genérica

$$\left.\begin{aligned} &\text{(i)} \quad \tilde{\mathbf{E}}(x,y,z,t) = \tilde{\mathbf{E}}_0(x,y)e^{i(kz-\omega t)}, \\ &\text{(ii)} \quad \tilde{\mathbf{B}}(x,y,z,t) = \tilde{\mathbf{B}}_0(x,y)e^{i(kz-\omega t)}. \end{aligned}\right\} \tag{9.176}$$

(Para os casos que interessam $k$ é real, de forma que dispensarei o til.) Os campos elétrico e magnético devem, é claro, satisfazer as equações de Maxwell no interior do guia de onda:

$$\left.\begin{aligned} &\text{(i)}\ \nabla \cdot \mathbf{E} = 0, \quad \text{(iii)}\ \nabla \times \mathbf{E} = -\frac{\partial \mathbf{B}}{\partial t}, \\ &\text{(ii)}\ \nabla \cdot \mathbf{B} = 0, \quad \text{(iv)}\ \nabla \times \mathbf{B} = \frac{1}{c^2}\frac{\partial \mathbf{E}}{\partial t}. \end{aligned}\right\} \tag{9.177}$$

O problema, então, é encontrar as funções $\tilde{\mathbf{E}}_0$ e $\tilde{\mathbf{B}}_0$ de forma que os campos (9.176) obedeçam às equações diferenciais (9.177), conforme as condições de contorno (9.175).

Como logo veremos, ondas *confinadas não* são (em geral) transversais; para nos adequarmos às condições de contorno, teremos de incluir componentes longitudinais ($E_z$ e $B_z$):[17]

$$\tilde{\mathbf{E}}_0 = E_x\,\hat{\mathbf{x}} + E_y\,\hat{\mathbf{y}} + E_z\,\hat{\mathbf{z}}, \qquad \tilde{\mathbf{B}}_0 = B_x\,\hat{\mathbf{x}} + B_y\,\hat{\mathbf{y}} + B_z\,\hat{\mathbf{z}}, \tag{9.178}$$

onde cada um dos componentes é uma função de $x$ e $y$. Colocando isso nas equações de Maxwell (iii) e (iv) obtemos (Problema 9.26a)

$$\left.\begin{aligned} &\text{(i)} \quad \frac{\partial E_y}{\partial x} - \frac{\partial E_x}{\partial y} = i\omega B_z, \quad \text{(iv)} \quad \frac{\partial B_y}{\partial x} - \frac{\partial B_x}{\partial y} = -\frac{i\omega}{c^2}E_z, \\ &\text{(ii)} \quad \frac{\partial E_z}{\partial y} - ikE_y = i\omega B_x, \quad \text{(v)} \quad \frac{\partial B_z}{\partial y} - ikB_y = -\frac{i\omega}{c^2}E_x, \\ &\text{(iii)} \quad ikE_x - \frac{\partial E_z}{\partial x} = i\omega B_y, \quad \text{(vi)} \quad ikB_x - \frac{\partial B_z}{\partial x} = -\frac{i\omega}{c^2}E_y. \end{aligned}\right\} \tag{9.179}$$

As equações (ii), (iii), (v) e (vi) podem ser resolvidas para $E_x$, $E_y$, $B_x$ e $B_y$:

$$\left.\begin{aligned} &\text{(i)} \quad E_x = \frac{i}{(\omega/c)^2 - k^2}\left(k\frac{\partial E_z}{\partial x} + \omega\frac{\partial B_z}{\partial y}\right), \\ &\text{(ii)} \quad E_y = \frac{i}{(\omega/c)^2 - k^2}\left(k\frac{\partial E_z}{\partial y} - \omega\frac{\partial B_z}{\partial x}\right), \\ &\text{(iii)} \quad B_x = \frac{i}{(\omega/c)^2 - k^2}\left(k\frac{\partial B_z}{\partial x} - \frac{\omega}{c^2}\frac{\partial E_z}{\partial y}\right), \\ &\text{(iv)} \quad B_y = \frac{i}{(\omega/c)^2 - k^2}\left(k\frac{\partial B_z}{\partial y} + \frac{\omega}{c^2}\frac{\partial E_z}{\partial x}\right). \end{aligned}\right\} \tag{9.180}$$

Basta, então, determinar os componentes longitudinais $E_z$ e $B_z$; se eles forem conhecidos podemos rapidamente calcular os demais apenas por diferenciação. Inserindo a Equação 9.180 nas equações de Maxwell que restam (Problema 9.26b) obtemos equações não acopladas para $E_z$ e $B_z$:

$$\left.\begin{aligned} &\text{(i)} \quad \left[\frac{\partial^2}{\partial x^2} + \frac{\partial^2}{\partial y^2} + (\omega/c)^2 - k^2\right]E_z = 0, \\ &\text{(ii)} \quad \left[\frac{\partial^2}{\partial x^2} + \frac{\partial^2}{\partial y^2} + (\omega/c)^2 - k^2\right]B_z = 0. \end{aligned}\right\} \tag{9.181}$$

17. Para evitar uma notação complicada, deixarei o 0 subscrito e o til de fora dos componentes individuais.

Se $E_z = 0$ as ondas são chamadas de **ondas TE** ('transversais elétricas'); se $B_z = 0$ elas são chamadas de **ondas TM** ('transversais magnéticas'); se tanto $E_z = 0$ e $B_z = 0$, elas são chamadas de **ondas TEM**.[18] Acontece que as ondas TEM não podem ocorrer em um guia de onda oco.

**Prova:** se $E_z = 0$, a lei de Gauss (Equação 9.177i) diz que

$$\frac{\partial E_x}{\partial x} + \frac{\partial E_y}{\partial y} = 0,$$

e se $B_z = 0$, a lei de Faraday (Equação 9.177iii) diz que

$$\frac{\partial E_y}{\partial x} - \frac{\partial E_x}{\partial y} = 0.$$

De fato, o vetor $\tilde{\mathbf{E}}_0$ na Equação 9.178 tem divergente e rotacional nulos. Ele pode, portanto, ser escrito como o gradiente de um potencial escalar que satisfaz a equação de Laplace. Mas a condição de contorno em $\mathbf{E}$ (Equação 9.175) requer que a superfície seja uma equipotencial e, como a equação de Laplace não admite máximos ou mínimos locais (Seção 3.1.4), isso significa que o potencial é constante no todo e que, portanto, o campo elétrico é *nulo* — não há qualquer onda. c.q.d.

Observe que este argumento se aplica apenas a um tubo totalmente *vazio* — se você passar um condutor separado pelo meio, o potencial na *sua* superfície não tem de ser o mesmo da parede externa e, portanto, um potencial não trivial é possível. Veremos um exemplo disso na Seção 9.5.3.

---

! **Problema 9.26**

(a) Deduza as Equações 9.179 e, a partir delas, obtenha as Equações 9.180.

(b) Coloque a Equação 9.180 nas equações Maxwell (i) e (ii) para obter a Equação 9.181. Verifique que você obtém os mesmos resultados usando (i) e (iv) da Equação 9.179.

---

## 9.5.2 Ondas TE em um guia de onda retangular

Suponha que temos um guia de onda de formato retangular (Figura 9.24), com altura $a$ e largura $b$, e que estamos interessados na propagação das ondas TE. O problema é resolver a Equação 9.181ii, dentro da condição de contorno 9.175ii. Faremos isso pela separação de variáveis. Considere

$$B_z(x, y) = X(x)Y(y),$$

de forma que

$$Y\frac{d^2X}{dx^2} + X\frac{d^2Y}{dy^2} + [(\omega/c)^2 - k^2]XY = 0.$$

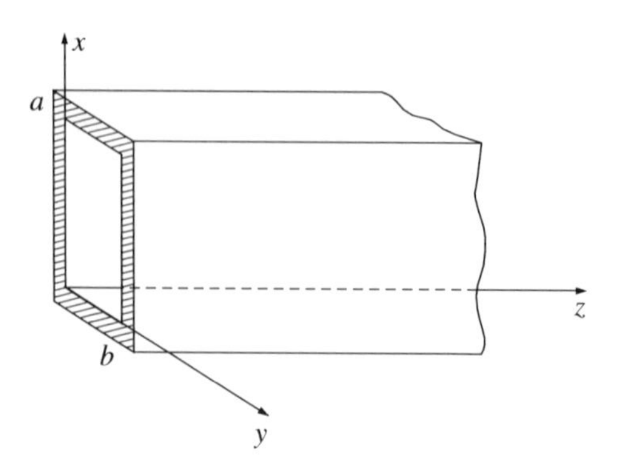


**Figura 9.24**

18. No caso das ondas TEM (inclusive as ondas planas não confinadas da Seção 9.2), $k = \omega/c$, as Equações 9.180 são indeterminadas e você tem de voltar às Equações 9.179.

Divida por $XY$ e observe que termos dependentes de $x$ e de $y$ têm de ser constantes:

$$\text{(i)}\ \frac{1}{X}\frac{d^2X}{dx^2} = -k_x^2, \quad \text{(ii)}\ \frac{1}{Y}\frac{d^2Y}{dy^2} = -k_y^2, \tag{9.182}$$

com

$$-k_x^2 - k_y^2 + (\omega/c)^2 - k^2 = 0. \tag{9.183}$$

A solução geral para a Equação 9.182i é

$$X(x) = A\,\text{sen}\,(k_x x) + B\cos(k_x x).$$

Mas as condições de contorno requerem que $B_x$ — e, portanto, também (Equação 9.180iii) $dX/dx$ — se anule em $x = 0$ e $x = a$. Portanto, $A = 0$, e

$$k_x = m\pi/a, \quad (m = 0, 1, 2, \ldots). \tag{9.184}$$

O mesmo vale para $Y$, com

$$k_y = n\pi/b, \quad (n = 0, 1, 2, \ldots), \tag{9.185}$$

e concluímos que

$$B_z = B_0 \cos(m\pi x/a)\cos(n\pi y/b). \tag{9.186}$$

Esta solução é chamada de modo $\text{TE}_{mn}$. (O primeiro índice é convencionalmente associado à dimensão *maior*, de forma que assumimos que $a \geq b$. Aliás, pelo menos *um* dos índices deve ser não nulo — veja o Problema 9.27.) O número de onda ($k$) é obtido colocando-se as equações 9.184 e 9.185 na Equação 9.183:

$$k = \sqrt{(\omega/c)^2 - \pi^2[(m/a)^2 + (n/b)^2]}. \tag{9.187}$$

Se

$$\omega < c\pi\sqrt{(m/a)^2 + (n/b)^2} \equiv \omega_{mn}, \tag{9.188}$$

o número de onda é imaginário e, em vez de uma onda viajando, temos campos exponencialmente atenuados (Equação 9.176). Por essa razão, $\omega_{mn}$ é chamada de **frequência de corte** para o modo em questão. A frequência de corte *mais baixa* para uma determinada onda ocorre para o modo $\text{TE}_{10}$:

$$\omega_{10} = c\pi/a. \tag{9.189}$$

Frequências mais baixas do que essa não se propagarão de forma alguma.

O número de onda pode ser escrito mais simplesmente em termos de frequência de corte:

$$k = \frac{1}{c}\sqrt{\omega^2 - \omega_{mn}^2}. \tag{9.190}$$

A velocidade da onda é

$$v = \frac{\omega}{k} = \frac{c}{\sqrt{1 - (\omega_{mn}/\omega)^2}}, \tag{9.191}$$

que é maior que $c$. No entanto (veja o Problema 9.29), a energia transportada pela onda viaja à velocidade de *grupo* (Equação 9.150):

$$v_g = \frac{1}{dk/d\omega} = c\sqrt{1 - (\omega_{mn}/\omega)^2} < c. \tag{9.192}$$

Há outra maneira de visualizar a propagação de uma onda eletromagnética em um tubo retangular e ela serve para iluminar muitos destes resultados. Considere uma onda *plana* ordinária viajando a um ângulo $\theta$ com o eixo $z$ e refletindo perfeitamente em cada superfície condutora (Figura 9.25). Nas direções $x$ e $y$ as ondas (multiplamente refletidas) interferem para formar padrões de ondas estacionárias, de comprimento de onda $\lambda_x = 2a/m$ e $\lambda_y = 2b/n$ (daí o número de onda $k_x = 2\pi/\lambda_x = \pi m/a$ e $k_y = \pi n/b$), respectivamente. Enquanto isso, na direção $z$ há outra onda viajando, com o número de onda $k_z = k$. O vetor de propagação para a onda plana 'original' é, portanto,

$$\mathbf{k}' = \frac{\pi m}{a}\,\hat{\mathbf{x}} + \frac{\pi n}{b}\,\hat{\mathbf{y}} + k\,\hat{\mathbf{z}},$$

e a frequência é

$$\omega = c|\mathbf{k}'| = c\sqrt{k^2 + \pi^2[(m/a)^2 + (n/b)^2]} = \sqrt{(ck)^2 + (\omega_{mn})^2}.$$

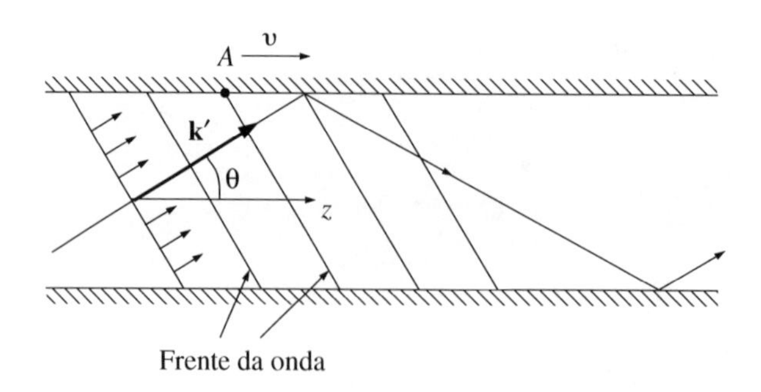


**Figura 9.25**

Somente certos ângulos levarão a um dos padrões permitidos de onda estacionária:

$$\cos\theta = \frac{k}{|\mathbf{k}'|} = \sqrt{1 - (\omega_{mn}/\omega)^2}.$$

A onda plana viaja à velocidade $c$, mas como está a um ângulo $\theta$ com o eixo $z$, sua velocidade final pelo guia de onda é

$$v_g = c\cos\theta = c\sqrt{1 - (\omega_{mn}/\omega)^2}.$$

A velocidade de *onda*, por outro lado, é a velocidade da frente da onda (digamos, $A$ na Figura 9.25) pelo tubo. Como a intersecção de uma série de ondas de arrebentação com a praia, elas podem se movimentar muito mais depressa do que as ondas em si — de fato

$$v = \frac{c}{\cos\theta} = \frac{c}{\sqrt{1 - (\omega_{mn}/\omega)^2)}}.$$

---

**Problema 9.27** Mostre que o modo $\mathrm{TE}_{00}$ não pode ocorrer em um guia de onda retangular. [*Dica:* neste caso, $\omega/c = k$, de forma que as Equações 9.180 são indeterminadas e você tem de voltar à Equação 9.179. Mostre que $B_z$ é uma constante e que, portanto — aplicando a lei de Faraday na forma integral a um corte transversal —, $B_z = 0$, assim, este seria um modo TEM.]

**Problema 9.28** Considere um guia de onda retangular com as dimensões $2,28$ cm $\times$ $1,01$ cm. Que modos TE se propagariam nesse guia de onda se a frequência é $1,70 \times 10^{10}$ Hz? Suponha que você queira excitar apenas *um* modo TE; que faixa de frequências você poderia usar? Quais são os comprimentos de onda correspondentes (no espaço aberto)?

**Problema 9.29** Confirme que a energia no modo $\mathrm{TE}_{mn}$ viaja à velocidade de grupo. [*Dica:* encontre a média temporal do vetor de Poynting $\langle \mathbf{S} \rangle$ e a densidade de energia $\langle u \rangle$ (use o Problema 9.11 se desejar). Integre sobre o corte transversal do guia de onda para obter a energia transportada pela onda por unidade de tempo e por unidade de comprimento e calcule a razão entre as duas.]

**Problema 9.30** Aplique a teoria dos modos TM a um guia de onda retangular. Encontre, especialmente, o campo elétrico longitudinal, as frequências de corte e as velocidades de onda e de grupo. Encontre a razão entre a frequência de corte TM mais baixa e a frequência de corte TE mais baixa para um guia de onda dado. [*Cuidado*: qual é o modo TM mais baixo?]

---

### 9.5.3 A linha de transmissão coaxial

Na Seção 9.5.1, mostrei que um guia de onda *oco* não pode sustentar ondas TEM. Mas uma linha de transmissão coaxial que consiste de um longo fio reto de raio $a$, cercado por um revestimento condutor cilíndrico de raio $b$ (Figura 9.26), admite *sim* modos com $E_z = 0$ e $B_z = 0$. Neste caso, as equações de Maxwell (na forma 9.179) resultam em

$$k = \omega/c \tag{9.193}$$

(de forma que as ondas viajam à velocidade $c$, e são não dispersivas),

$$cB_y = E_x \quad \text{e} \quad cB_x = -E_y \tag{9.194}$$

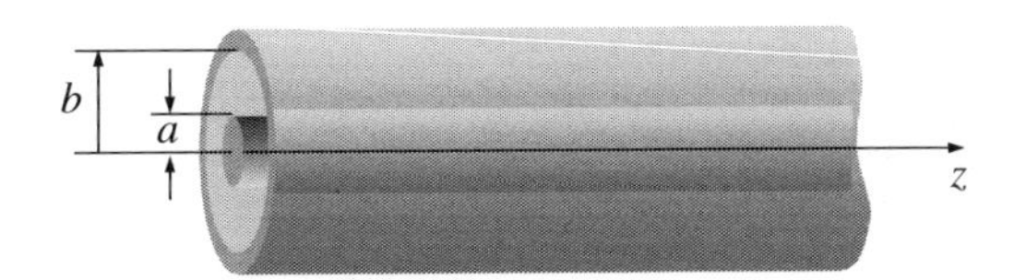


**Figura 9.26**

(portanto, **E** e **B** são mutuamente perpendiculares), e (juntamente com $\nabla \cdot \mathbf{E} = 0$, $\nabla \cdot \mathbf{B} = 0$):

$$\left.\begin{array}{ll} \dfrac{\partial E_x}{\partial x} + \dfrac{\partial E_y}{\partial y} = 0, & \dfrac{\partial E_y}{\partial x} - \dfrac{\partial E_x}{\partial y} = 0, \\[2ex] \dfrac{\partial B_x}{\partial x} + \dfrac{\partial B_y}{\partial y} = 0, & \dfrac{\partial B_y}{\partial x} - \dfrac{\partial B_x}{\partial y} = 0. \end{array}\right\} \tag{9.195}$$

Essas são, precisamente, as equações da *eletrostática* e da *magnetostática*, para o espaço vazio, em duas dimensões; a solução com simetria cilíndrica pode ser emprestada diretamente dos casos de uma linha de carga infinita e de uma reta infinita de corrente, respectivamente:

$$\mathbf{E}_0(s, \phi) = \frac{A}{s}\,\hat{\mathbf{s}}, \quad \mathbf{B}_0(s, \phi) = \frac{A}{cs}\,\hat{\boldsymbol{\phi}}, \tag{9.196}$$

para alguma constante $A$. Substituindo na Equação 9.176, e tomando a parte real:

$$\left.\begin{array}{l} \mathbf{E}(s, \phi, z, t) = \dfrac{A\cos(kz - \omega t)}{s}\,\hat{\mathbf{s}}, \\[2ex] \mathbf{B}(s, \phi, z, t) = \dfrac{A\cos(kz - \omega t)}{cs}\,\hat{\boldsymbol{\phi}}. \end{array}\right\} \tag{9.197}$$

---

**Problema 9.31**

(a) Mostre diretamente que as Equações 9.197 satisfazem as equações de Maxwell (9.177) e as condições de contorno 9.175.

(b) Encontre a densidade de carga, $\lambda(z, t)$, e a corrente, $I(z, t)$, no condutor interno.

---

## Mais problemas do Capítulo 9

! **Problema 9.32** O 'teorema de inversão' para transformadas de Fourier diz que

$$\tilde{\phi}(z) = \int_{-\infty}^{\infty} \tilde{\Phi}(k) e^{ikz}\, dk \iff \tilde{\Phi}(k) = \frac{1}{2\pi}\int_{-\infty}^{\infty} \tilde{\phi}(z) e^{-ikz}\, dz. \tag{9.198}$$

Use isso para determinar $\tilde{A}(k)$, na Equação 9.20, em termos de $f(z, 0)$ e $\dot{f}(z, 0)$.

[*Resposta:* $(1/2\pi)\int_{-\infty}^{\infty}[f(z,0) + (i/\omega)\dot{f}(z,0)]e^{-ikz}\,dz$]

**Problema 9.33** Suponha que

$$\mathbf{E}(r, \theta, \phi, t) = A\frac{\operatorname{sen}\theta}{r}\left[\cos(kr - \omega t) - (1/kr)\operatorname{sen}(kr - \omega t)\right]\hat{\boldsymbol{\phi}}, \quad \text{com } \frac{\omega}{k} = c.$$

(A propósito, esta é a **onda esférica** mais simples possível. Por conveniência de notação, considere $(kr - \omega t) \equiv u$ nos seus cálculos.)

(a) Mostre que **E** obedece às quatro equações de Maxwell no vácuo e encontre o campo magnético associado.

(b) Calcule o vetor de Poynting. Tome a média de **S** sobre um ciclo completo para obter o vetor intensidade **I**. (Ele aponta na direção esperada? Ele cai como $r^{-2}$, como deveria?)

(c) Integre $\mathbf{I} \cdot d\mathbf{a}$ sobre uma superfície esférica para determinar a potência total irradiada. [*Resposta:* $4\pi A^2/3\mu_0 c$]

! **Problema 9.34** Luz de frequência (angular) $\omega$ vem do meio 1 e atravessa uma placa do meio 2 (de espessura $d$) para o meio 3 (por exemplo, da água, através do vidro, para o ar, como na Figura 9.27). Mostre que o coeficiente de transmissão para incidência normal é dado por

$$T^{-1} = \frac{1}{4n_1n_3}\left[(n_1+n_3)^2 + \frac{(n_1^2-n_2^2)(n_3^2-n_2^2)}{n_2^2}\operatorname{sen}^2\left(\frac{n_2\omega d}{c}\right)\right]. \tag{9.199}$$

[*Dica:* à *esquerda* há uma onda incidente e uma onda refletida; à *direita* há uma onda transmitida; dentro da placa há uma onda para a direita e uma onda para a esquerda. Expresse cada uma em termos da sua amplitude complexa e relacione as amplitudes impondo condições de contorno adequadas nas duas interfaces. Os três meios são lineares e homogêneos; assuma que $\mu_1 = \mu_2 = \mu_3 = \mu_0$.]

**Problema 9.35** Uma antena de micro-ondas irradiando a 10 GHz tem de ser protegida do ambiente por um revestimento plástico de constante dielétrica 2,5. Qual a espessura mínima desse revestimento que permitirá uma transmissão perfeita (assumindo incidência normal)? [*Dica:* use a Equação 9.199]

**Problema 9.36** A luz de um aquário (Figura 9.27) passa da água ($n = \frac{4}{3}$) através de um painel de vidro ($n = \frac{3}{2}$) e vai para o ar ($n = 1$). Assumindo que se trata de uma onda plana monocromática e que ela atinge o vidro com incidência normal, encontre os coeficientes de transmissão máximo e mínimo (Equação 9.199). Você pode ver o peixe com clareza. Com que nitidez ele pode ver você?

! **Problema 9.37** Segundo a lei de Snell, quando a luz passa de um meio oticamente denso para outro menos denso ($n_1 > n_2$) o vetor de propagação **k** desvia-se *afastando-se* da normal (Figura 9.28). Em particular, se a luz incide no **ângulo crítico**

$$\theta_c \equiv \operatorname{sen}^{-1}(n_2/n_1), \tag{9.200}$$

então $\theta_T = 90°$, e o raio transmitido simplesmente passa rasante à superfície. Se $\theta_I$ *exceder* $\theta_c$, não haverá raio refratado de forma alguma, somente um raio refletido (esse é o fenômeno da **reflexão interna total**, no qual os tubos de luz e as fibras óticas se baseiam). Mas os *campos* não são nulos no meio 2; o que obtemos é a chamada **onda evanescente**, que é rapidamente atenuada e não transporta energia para o meio 2.[19]

Uma maneira rápida de construir a onda evanescente é simplesmente citar os resultados da Seção 9.3.3, com $k_T = \omega n_2/c$ e

$$\mathbf{k}_T = k_T(\operatorname{sen}\theta_T\,\hat{\mathbf{x}} + \cos\theta_T\,\hat{\mathbf{z}});$$

a única alteração é que

$$\operatorname{sen}\theta_T = \frac{n_1}{n_2}\operatorname{sen}\theta_I$$

agora é maior que 1 e

$$\cos\theta_T = \sqrt{1-\operatorname{sen}^2\theta_T} = i\sqrt{\operatorname{sen}^2\theta_T - 1}$$

é imaginário. (Obviamente, $\theta_T$ não pode mais ser interpretado como um *ângulo*!)

(a) Mostre que

$$\tilde{\mathbf{E}}_T(\mathbf{r},t) = \tilde{\mathbf{E}}_{0_T}e^{-\kappa z}e^{i(kx-\omega t)}, \tag{9.201}$$

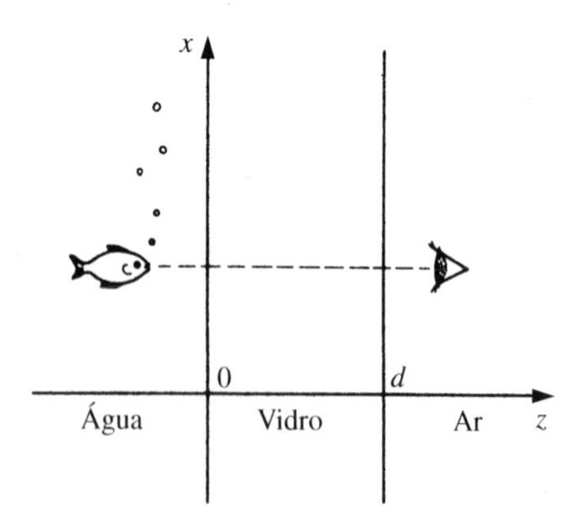


**Figura 9.27**

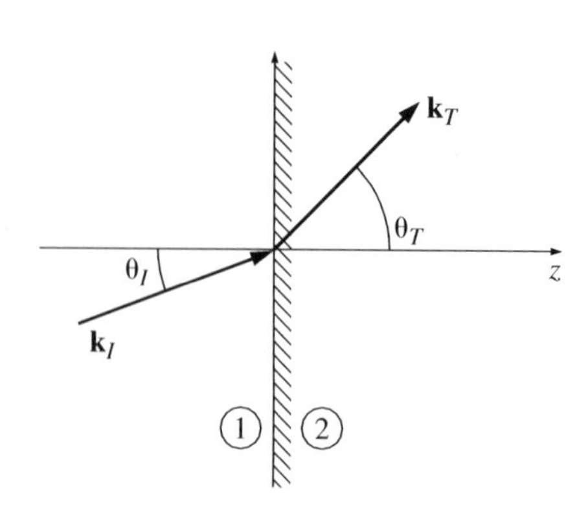


**Figura 9.28**

19. Os campos evanescentes podem ser detectados colocando-se uma segunda interface a uma curta distância à direita da primeira; em uma analogia próxima do **tunelamento** da mecânica quântica, a onda atravessa o intervalo e se recompõe à direita. Veja F. Albiol, S. Navas e M. V. Andres, *Am. J. Phys.* **61**, 165 (1993).

onde

$$\kappa \equiv \frac{\omega}{c}\sqrt{(n_1 \operatorname{sen}\theta_I)^2 - n_2^2} \quad \text{e} \quad k \equiv \frac{\omega n_1}{c} \operatorname{sen}\theta_I. \tag{9.202}$$

Esta é uma onda propagando-se na direção $x$ (*paralela* à interface!), e atenuada na direção $z$.

(b) Observando que $\alpha$ (Equação 9.108) é agora imaginário, use a Equação 9.109 para calcular o coeficiente de reflexão para polarização paralela ao plano de incidência. [Observe que você obtém 100 por cento de reflexão, o que é melhor do que em uma superfície condutora (veja, por exemplo, o Problema 9.21).]

(c) Faça o mesmo para a polarização perpendicular ao plano de incidência (use os resultados do Problema 9.16).

(d) Em caso de polarização perpendicular ao plano de incidência, mostre que os campos evanescentes (reais) são

$$\left.\begin{aligned} \mathbf{E}(\mathbf{r}, t) &= E_0 e^{-\kappa z} \cos(kx - \omega t)\,\hat{\mathbf{y}}, \\ \mathbf{B}(\mathbf{r}, t) &= \frac{E_0}{\omega} e^{-\kappa z} \left[\kappa \operatorname{sen}(kx - \omega t)\,\hat{\mathbf{x}} + k\cos(kx - \omega t)\,\hat{\mathbf{z}}\right]. \end{aligned}\right\} \tag{9.203}$$

(e) Verifique se os campos em (d) satisfazem todas as equações de Maxwell (9.67).

(f) Para os campos em (d), construa o vetor de Poynting e mostre que, na média, não há transmissão de energia na direção $z$.

! **Problema 9.38** Considere a **cavidade ressonante** produzida fechando-se ambas as extremidades de um guia de onda retangular em $z = 0$ e em $z = d$, tornando-o uma caixa vazia perfeitamente condutora. Mostre que as frequências ressonantes tanto para o modo TE quando para o modo TM são dadas por

$$\omega_{lmn} = c\pi\sqrt{(l/d)^2 + (m/a)^2 + (n/b)^2}, \tag{9.204}$$

para os números inteiros $l$, $m$ e $n$. Encontre os campos elétrico e magnético associados.

# Capítulo 10

# Potenciais e campos

## 10.1 A formulação do potencial

### 10.1.1 Potenciais escalar e vetorial

Neste capítulo perguntamos como as fontes ($\rho$ e $\mathbf{J}$) geram campos elétricos e magnéticos; em outras palavras, procuramos a solução *geral* para as equações de Maxwell,

$$\left.\begin{array}{llll}\text{(i)} & \boldsymbol{\nabla}\cdot\mathbf{E}=\frac{1}{\epsilon_0}\rho, & \text{(iii)} & \boldsymbol{\nabla}\times\mathbf{E}=-\frac{\partial\mathbf{B}}{\partial t}, \\ \text{(ii)} & \boldsymbol{\nabla}\cdot\mathbf{B}=0, & \text{(iv)} & \boldsymbol{\nabla}\times\mathbf{B}=\mu_0\mathbf{J}+\mu_0\epsilon_0\frac{\partial\mathbf{E}}{\partial t}.\end{array}\right\} \tag{10.1}$$

Dados $\rho(\mathbf{r},t)$ e $\mathbf{J}(\mathbf{r},t)$, quais são os campos $\mathbf{E}(\mathbf{r},t)$ e $\mathbf{B}(\mathbf{r},t)$? No caso estático, as leis de Coulomb e de Biot-Savart fornecem a resposta. O que estamos procurando, então, é a generalização dessas leis para configurações dependentes do tempo.

Este não é um problema fácil e vale a pena começar representando os campos em termos de potenciais. Em eletrostática $\boldsymbol{\nabla}\times\mathbf{E}=0$ nos permitiu escrever $\mathbf{E}$ como o gradiente de um potencial escalar: $\mathbf{E}=-\boldsymbol{\nabla}V$. Em *eletrodinâmica* isso não é mais possível porque o rotacional de $\mathbf{E}$ não é nulo. Mas $\mathbf{B}$ permanece com divergente nulo, de forma que ainda podemos escrever

$$\boxed{\mathbf{B}=\boldsymbol{\nabla}\times\mathbf{A},} \tag{10.2}$$

como na magnetostática. Colocando isso na lei de Faraday (iii) temos

$$\boldsymbol{\nabla}\times\mathbf{E}=-\frac{\partial}{\partial t}(\boldsymbol{\nabla}\times\mathbf{A}),$$

ou

$$\boldsymbol{\nabla}\times\left(\mathbf{E}+\frac{\partial\mathbf{A}}{\partial t}\right)=0.$$

Eis *aqui* uma grandeza cujo rotacional, ao contrário de $\mathbf{E}$ sozinho, *de fato* se anula; ela pode, portanto, ser escrita como o gradiente de um escalar:

$$\mathbf{E}+\frac{\partial\mathbf{A}}{\partial t}=-\boldsymbol{\nabla}V.$$

Em termos de $V$ e $\mathbf{A}$, então,

$$\boxed{\mathbf{E}=-\boldsymbol{\nabla}V-\frac{\partial\mathbf{A}}{\partial t}.} \tag{10.3}$$

Isto se reduz à velha forma, é claro, quando $\mathbf{A}$ é constante.

A representação potencial (equações 10.2 e 10.3) automaticamente preenche as duas equações homogêneas de Maxwell, (ii) e (iii). E quanto à lei de Gauss (i) e à lei de Ampère/Maxwell (iv)? Colocando a Equação 10.3 em (i), constatamos que

$$\nabla^2V+\frac{\partial}{\partial t}(\boldsymbol{\nabla}\cdot\mathbf{A})=-\frac{1}{\epsilon_0}\rho; \tag{10.4}$$

isso substitui a equação de Poisson (à qual se reduz no caso estático). Colocando as equações 10.2 e 10.3 em (iv) temos

$$\nabla \times (\nabla \times \mathbf{A}) = \mu_0 \mathbf{J} - \mu_0\epsilon_0 \nabla \left(\frac{\partial V}{\partial t}\right) - \mu_0\epsilon_0 \frac{\partial^2 \mathbf{A}}{\partial t^2},$$

ou, usando a identidade vetorial $\nabla \times (\nabla \times \mathbf{A}) = \nabla(\nabla \cdot \mathbf{A}) - \nabla^2 \mathbf{A}$, e rearranjando os termos um pouco:

$$\left(\nabla^2 \mathbf{A} - \mu_0\epsilon_0 \frac{\partial^2 \mathbf{A}}{\partial t^2}\right) - \nabla \left(\nabla \cdot \mathbf{A} + \mu_0\epsilon_0 \frac{\partial V}{\partial t}\right) = -\mu_0 \mathbf{J}. \qquad (10.5)$$

As equações 10.4 e 10.5 contêm todas as informações das equações de Maxwell.

---

**Exemplo 10.1**

Encontre as distribuições de carga e de corrente que fariam surgir os potenciais

$$V = 0, \quad \mathbf{A} = \begin{cases} \dfrac{\mu_0 k}{4c}(ct - |x|)^2\,\hat{\mathbf{z}}, & \text{para } |x| < ct, \\ 0, & \text{para } |x| > ct, \end{cases}$$

onde $k$ é uma constante e $c = 1/\sqrt{\epsilon_0\mu_0}$.

**Solução:** primeiro vamos determinar os campos elétrico e magnético, usando as equações 10.2 e 10.3:

$$\mathbf{E} = -\frac{\partial \mathbf{A}}{\partial t} = -\frac{\mu_0 k}{2}(ct - |x|)\,\hat{\mathbf{z}},$$

$$\mathbf{B} = \nabla \times \mathbf{A} = -\frac{\mu_0 k}{4c}\frac{\partial}{\partial x}(ct - |x|)^2\,\hat{\mathbf{y}} = \pm\frac{\mu_0 k}{2c}(ct - |x|)\,\hat{\mathbf{y}},$$

(positivo para $x > 0$, negativo para $x < 0$). Estes são para $|x| < ct$; quando $|x| > ct$, $\mathbf{E} = \mathbf{B} = 0$ (Figura 10.1). Calculando todas as derivadas à vista, encontro

$$\nabla \cdot \mathbf{E} = 0; \quad \nabla \cdot \mathbf{B} = 0; \quad \nabla \times \mathbf{E} = \mp\frac{\mu_0 k}{2}\hat{\mathbf{y}}; \quad \nabla \times \mathbf{B} = -\frac{\mu_0 k}{2c}\,\hat{\mathbf{z}};$$

$$\frac{\partial \mathbf{E}}{\partial t} = -\frac{\mu_0 kc}{2}\,\hat{\mathbf{z}}; \quad \frac{\partial \mathbf{B}}{\partial t} = \pm\frac{\mu_0 k}{2}\,\hat{\mathbf{y}}.$$

Como você pode facilmente verificar, todas as equações de Maxwell são satisfeitas com $\rho$ e $\mathbf{J}$ *nulos*. Observe, no entanto, que $\mathbf{B}$ tem uma descontinuidade em $x = 0$, e isso sinaliza a presença de uma densidade superficial de corrente $\mathbf{K}$ no plano $yz$; a condição de contorno (iv) na Equação 7.63 fornece

$$kt\,\hat{\mathbf{y}} = \mathbf{K} \times \hat{\mathbf{x}},$$

e, portanto,

$$\mathbf{K} = kt\,\hat{\mathbf{z}}.$$

Evidentemente, temos aqui uma corrente superficial uniforme fluindo na direção $z$ sobre o plano $x = 0$, que começa em $t = 0$, e aumenta proporcionalmente a $t$. Observe que a notícia se propaga (em ambas as direções) à velocidade da luz: para pontos $|x| > ct$ a mensagem (de que a corrente agora está fluindo) ainda não chegou, portanto os campos são nulos.

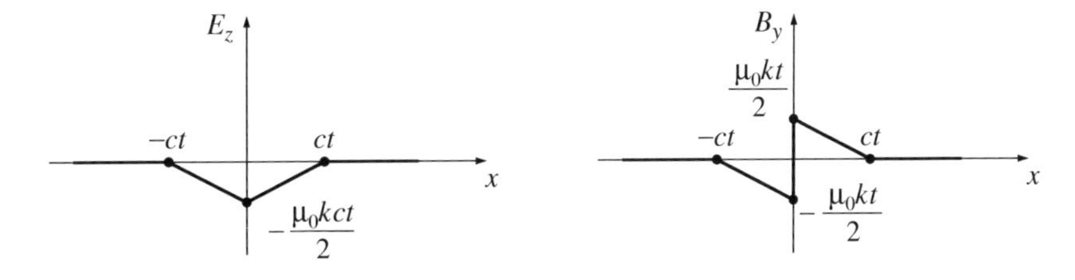


**Figura 10.1**

---

**Problema 10.1** Mostre que as equações diferenciais para $V$ e $\mathbf{A}$ (equações 10.4 e 10.5) podem ser escritas de forma mais simétrica

$$\left.\begin{aligned} \Box^2 V + \frac{\partial L}{\partial t} &= -\frac{1}{\epsilon_0}\rho, \\ \Box^2 \mathbf{A} - \boldsymbol{\nabla} L &= -\mu_0 \mathbf{J}, \end{aligned}\right\} \tag{10.6}$$

onde

$$\Box^2 \equiv \nabla^2 - \mu_0\epsilon_0 \frac{\partial^2}{\partial t^2} \quad \text{e} \quad L \equiv \boldsymbol{\nabla}\cdot\mathbf{A} + \mu_0\epsilon_0\frac{\partial V}{\partial t}.$$

**Problema 10.2** Para a configuração no Exemplo 10.1, considere uma caixa retangular de comprimento $l$, largura $w$ e altura $h$, situada a uma distância $d$ acima do plano $yz$ (Figura 10.2).

(a) Encontre a energia na caixa no tempo $t_1 = d/c$, e em $t_2 = (d+h)/c$.

(b) Encontre o vetor de Poynting e determine a energia por unidade de tempo que flui para dentro da caixa no intervalo $t_1 < t < t_2$.

(c) Integre o resultado em (b) de $t_1$ a $t_2$ e confirme que o aumento de energia (parte (a)) é igual ao influxo líquido.

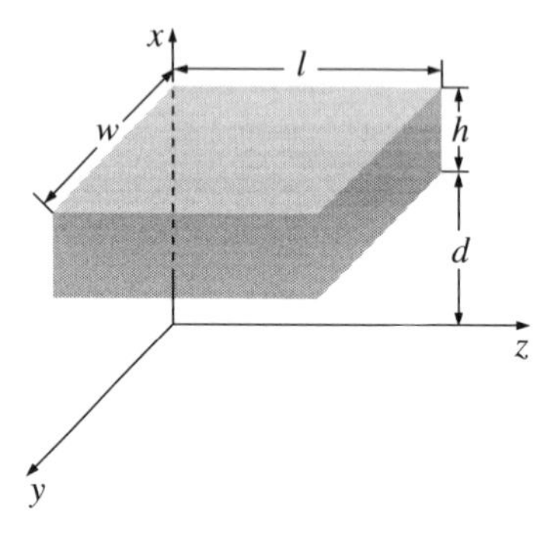


**Figura 10.2**

## 10.1.2 Transformações de calibre

As equações 10.4 e 10.5 são *feias*, e você pode se sentir inclinado, a esta altura, a abandonar de vez a formulação do potencial. No entanto, *conseguimos* reduzir seis problemas — encontrar $\mathbf{E}$ e $\mathbf{B}$ (três componentes cada) — para quatro: $V$ (um componente) e $\mathbf{A}$ (mais três). Além disso, as equações 10.2 e 10.3 não definem univocamente os potenciais; ficamos livres para impor condições extras a $V$ e $\mathbf{A}$, desde que nada aconteça com $\mathbf{E}$ e $\mathbf{B}$. Vamos descobrir precisamente o que essa **liberdade de calibre** acarreta. Suponha que temos dois conjuntos de potenciais, $(V, \mathbf{A})$ e $(V', \mathbf{A}')$, que correspondem aos *mesmos* campos elétrico e magnético. De quanto pode ser a diferença entre eles? Escreva

$$\mathbf{A}' = \mathbf{A} + \boldsymbol{\alpha} \quad \text{e} \quad V' = V + \beta.$$

Como os dois $\mathbf{A}$ resultam no mesmo $\mathbf{B}$, seus rotacionais devem ser iguais e, portanto,

$$\boldsymbol{\nabla}\times\boldsymbol{\alpha} = 0.$$

Podemos então escrever $\boldsymbol{\alpha}$ como o gradiente de algum escalar:

$$\boldsymbol{\alpha} = \boldsymbol{\nabla}\lambda.$$

Os dois potenciais também resultam no mesmo $\mathbf{E}$, então

$$\boldsymbol{\nabla}\beta + \frac{\partial\boldsymbol{\alpha}}{\partial t} = 0,$$

ou

$$\boldsymbol{\nabla}\left(\beta + \frac{\partial\lambda}{\partial t}\right) = 0.$$

O termo entre parênteses é, portanto, independente da posição (ele poderia, no entanto, depender do tempo); chame-o de $k(t)$:

$$\beta = -\frac{\partial \lambda}{\partial t} + k(t).$$

Na realidade é melhor já absorvermos $k(t)$ em $\lambda$, definindo um novo $\lambda$ com o acréscimo de $\int_0^t k(t')dt'$ ao antigo. Isso não irá afetar o gradiente de $\lambda$; simplesmente acrescenta $k(t)$ a $\partial\lambda/\partial t$. Segue-se que

$$\left.\begin{aligned} \mathbf{A}' &= \mathbf{A} + \boldsymbol{\nabla}\lambda, \\ V' &= V - \frac{\partial \lambda}{\partial t}. \end{aligned}\right\} \tag{10.7}$$

**Conclusão:** para qualquer função escalar $\lambda$, podemos impunemente acrescentar $\boldsymbol{\nabla}\lambda$ a $\mathbf{A}$, desde que subtraiamos simultaneamente $\partial\lambda/\partial t$ de $V$. Nada disso irá afetar as quantidades físicas $\mathbf{E}$ e $\mathbf{B}$. Tais mudanças em $V$ e $\mathbf{A}$ são chamadas de **transformações de calibre**. Elas podem ser exploradas para ajustar o divergente de $\mathbf{A}$, com o objetivo de simplificar as 'feias' equações 10.4 e 10.5. Em magnetostática, é melhor escolher $\boldsymbol{\nabla}\cdot\mathbf{A} = 0$ (Equação 5.61); em eletrodinâmica a situação não é tão definida e o calibre mais conveniente depende, até certo ponto, do problema em mãos. Existem muitos calibres famosos na literatura; mostraremos dois dos mais conhecidos.

---

**Problema 10.3** Encontre os campos e as distribuições de carga e de corrente correspondentes a

$$V(\mathbf{r},t) = 0, \quad \mathbf{A}(\mathbf{r},t) = -\frac{1}{4\pi\epsilon_0}\frac{qt}{r^2}\,\hat{\mathbf{r}}.$$

**Problema 10.4** Suponha que $V = 0$ e $\mathbf{A} = A_0\,\mathrm{sen}(kx - \omega t)\,\hat{\mathbf{y}}$, onde $A_0, \omega$ e $k$ são constantes. Encontre $\mathbf{E}$ e $\mathbf{B}$, e verifique se satisfazem as equações de Maxwell no vácuo. Que condição tem de ser imposta a $\omega$ e $k$?

**Problema 10.5** Use a função de calibre $\lambda = -(1/4\pi\epsilon_0)(qt/r)$ para transformar os potenciais do Problema 10.3, e comente o resultado.

---

### 10.1.3 Calibre de Coulomb e calibre de Lorentz*

**O calibre de Coulomb.** Como em magnetostática, escolhemos

$$\boldsymbol{\nabla}\cdot\mathbf{A} = 0. \tag{10.8}$$

Com isso, a Equação 10.4 torna-se

$$\nabla^2 V = -\frac{1}{\epsilon_0}\rho. \tag{10.9}$$

Esta é a equação de Poisson e já sabemos como resolvê-la: colocando $V = 0$ no infinito,

$$V(\mathbf{r},t) = \frac{1}{4\pi\epsilon_0}\int \frac{\rho(\mathbf{r}',t)}{\mathscr{r}}\,d\tau'. \tag{10.10}$$

Mas não se engane — diferente da eletrostática, $V$ sozinho não lhe fornece $\mathbf{E}$; você tem de conhecer $\mathbf{A}$ também (Equação 10.3).

Há algo peculiar sobre o potencial escalar no calibre de Coulomb: ele é determinado pela distribuição da carga *neste momento*. Se eu movimentar um elétron no meu laboratório, o potencial $V$ na Lua imediatamente registra essa mudança. Isso soa particularmente estranho à luz da relatividade especial, a qual não permite que mensagem alguma viaje mais rápido que a velocidade da luz. O fato é que $V$ *sozinho* não é uma grandeza fisicamente mensurável — tudo o que o homem na Lua pode medir é $\mathbf{E}$, e isso envolve $\mathbf{A}$ também. De alguma forma está inserido no potencial vetorial, no calibre de Coulomb, que embora $V$ reflita instantaneamente todas as mudanças em $\rho$, o mesmo *não* é verdade para a combinação $-\boldsymbol{\nabla}V - (\partial\mathbf{A}/\partial t)$; $\mathbf{E}$ mudará somente depois que tempo suficiente tenha se passado para que a 'notícia' chegue.[1]

---

*. É questionável se isso deve ser atribuído a H. A. Lorentz ou a L. V. Lorenz (veja J. Van Bladel, *IEEE Antennas and Propagation Magazine* **33**(2), 69 (1991)). Mas todos os livros texto incluem o t, e farei o mesmo para evitar confusão.

1. Veja O. L. Brill e B. Goodman. *Am. J. Phys.* **35**, 832 (1967).

A *vantagem* do calibre de Coulomb é que o potencial *escalar* é particularmente simples de ser calculado; a *desvantagem* (além da aparência não causal de $V$) é que $\mathbf{A}$ é particularmente *difícil* de ser calculado. A equação diferencial para $\mathbf{A}$ (10.5) no calibre de Coulomb é

$$\nabla^2\mathbf{A} - \mu_0\epsilon_0\frac{\partial^2\mathbf{A}}{\partial t^2} = -\mu_0\mathbf{J} + \mu_0\epsilon_0\nabla\left(\frac{\partial V}{\partial t}\right). \tag{10.11}$$

**O calibre de Lorentz.** No calibre de Lorentz, escolhemos

$$\boxed{\nabla\cdot\mathbf{A} = -\mu_0\epsilon_0\frac{\partial V}{\partial t}.} \tag{10.12}$$

O objetivo aqui é eliminar o termo médio da Equação 10.5 (na linguagem do Problema 10.1, faz-se $L = 0$). Com isso

$$\nabla^2\mathbf{A} - \mu_0\epsilon_0\frac{\partial^2\mathbf{A}}{\partial t^2} = -\mu_0\mathbf{J}. \tag{10.13}$$

Enquanto isso, a equação diferencial para $V$, (10.4), torna-se

$$\nabla^2 V - \mu_0\epsilon_0\frac{\partial^2 V}{\partial t^2} = -\frac{1}{\epsilon_0}\rho. \tag{10.14}$$

A virtude do calibre de Lorentz é que ele trata $V$ e $\mathbf{A}$ nas mesmas bases; o mesmo operador diferencial

$$\boxed{\nabla^2 - \mu_0\epsilon_0\frac{\partial^2}{\partial t^2} \equiv \Box^2,} \tag{10.15}$$

(chamado operador **d'alembertiano**) ocorre em ambas as equações:

$$\boxed{\begin{aligned} &\text{(i)} \quad \Box^2 V = -\frac{1}{\epsilon_0}\rho, \\ &\text{(ii)} \quad \Box^2\mathbf{A} = -\mu_0\mathbf{J}. \end{aligned}} \tag{10.16}$$

Esse tratamento democrático de $V$ e $\mathbf{A}$ é particularmente agradável no contexto da relatividade especial, onde o d'alembertiano é a generalização natural do laplaciano, e as Equações 10.16 podem ser consideradas versões quadridimensionais da equação de Poisson. (Nesse mesmo espírito, a equação de onda para a velocidade de propagação $c$, $\Box^2 f = 0$, pode ser considerada a versão quadridimensional da equação de Laplace.) No calibre de Lorentz $V$ e $\mathbf{A}$ satisfazem a **equação de onda não homogênea**, com um termo 'fonte' (em lugar de zero) à direita. Daqui por diante usarei exclusivamente o calibre de Lorentz e toda a eletrodinâmica se reduz ao problema de *resolver a equação de onda não homogênea para fontes especificadas*. Esse é o meu objetivo para a próxima seção.

---

**Problema 10.6** Qual dos potenciais no Exemplo 10.1, Problema 10.3 e Problema 10.4 estão no calibre de Coulomb? Quais estão no calibre de Lorentz? (Observe que esses calibres não são mutuamente excludentes.)

**Problema 10.7** No Capítulo 5 mostrei que é sempre possível escolher um potencial vetorial cujo divergente é nulo (calibre de Coulomb). Mostre que é sempre possível escolher $\nabla\cdot\mathbf{A} = -\mu_0\epsilon_0(\partial V/\partial t)$, como exigido pelo calibre de Lorentz, assumindo que você saiba como resolver as equações da forma 10.16. É sempre possível escolher $V = 0$? E quanto a $\mathbf{A} = 0$?

---

## 10.2 Distribuições contínuas

### 10.2.1 Potenciais retardados

No caso estático, as Equações 10.16 reduzem-se à (quatro cópias) equação de Poisson,

$$\nabla^2 V = -\frac{1}{\epsilon_0}\rho, \quad \nabla^2\mathbf{A} = -\mu_0\mathbf{J},$$

com as soluções conhecidas

$$V(\mathbf{r}) = \frac{1}{4\pi\epsilon_0}\int \frac{\rho(\mathbf{r}')}{\mathscr{r}}\,d\tau', \qquad \mathbf{A}(\mathbf{r}) = \frac{\mu_0}{4\pi}\int \frac{\mathbf{J}(\mathbf{r}')}{\mathscr{r}}\,d\tau', \tag{10.17}$$

onde $\mathscr{r}$, como sempre, é a distância entre o ponto fonte $\mathbf{r}'$ e o ponto $\mathbf{r}$ do campo (Figura 10.3). Agora, a 'notícia' eletromagnética viaja à velocidade da luz. No caso *não estático*, portanto, não é o *status* da fonte o que interessa *neste momento*, mas sim sua condição em algum tempo anterior $t_r$ (chamado de **tempo retardado**) quando a 'mensagem' partiu. Como essa mensagem deve percorrer a distância $\mathscr{r}$, o retardo é $\mathscr{r}/c$:

$$\boxed{t_r \equiv t - \frac{\mathscr{r}}{c}.} \tag{10.18}$$

A generalização natural da Equação 10.17 para fontes não estáticas é, portanto,

$$\boxed{V(\mathbf{r},t) = \frac{1}{4\pi\epsilon_0}\int \frac{\rho(\mathbf{r}',t_r)}{\mathscr{r}}\,d\tau', \qquad \mathbf{A}(\mathbf{r},t) = \frac{\mu_0}{4\pi}\int \frac{\mathbf{J}(\mathbf{r}',t_r)}{\mathscr{r}}\,d\tau'.} \tag{10.19}$$

Aqui $\rho(\mathbf{r}', t_r)$ é a densidade de carga que prevalecia no ponto $\mathbf{r}'$ no tempo retardado $t_r$. Como os integrandos são calculados no tempo retardado, são chamados de **potenciais retardados**. (Falo 'do' tempo retardado, mas é claro que as partes mais distantes da distribuição de carga têm tempos retardados anteriores aos das mais próximas. É como o céu noturno: a luz que vemos agora deixou cada estrela a um tempo retardado correspondente à distância que a estrela está da Terra.) Observe que os potenciais retardados reduzem-se adequadamente à Equação 10.17 no caso estático, para o qual $\rho$ e $\mathbf{J}$ são independentes do tempo.

Bem, tudo isso parece *razoável* — e surpreendentemente simples. Mas temos absoluta certeza de que estamos *certos*? Não *deduzi*, de fato, essas fórmulas para $V$ e $\mathbf{A}$; tudo o que fiz foi recorrer a um argumento heurístico ('a notícia eletromagnética viaja à velocidade da luz') para fazê-las parecer *plausíveis*. Para *prová-las*, preciso demonstrar que elas satisfazem a equação de onda não homogênea (10.16) e obedecem à condição de Lorentz (10.12). Caso você ache que estou sendo meticuloso demais, quero alertá-lo de que se aplicar o mesmo argumento aos *campos* obterá uma resposta totalmente *errada*:

$$\mathbf{E}(\mathbf{r},t) \neq \frac{1}{4\pi\epsilon_0}\int \frac{\rho(\mathbf{r}',t_r)}{\mathscr{r}^2}\hat{\boldsymbol{\mathscr{r}}}\,d\tau', \quad \mathbf{B}(\mathbf{r},t) \neq \frac{\mu_0}{4\pi}\int \frac{\mathbf{J}(\mathbf{r}',t_r)\times\hat{\boldsymbol{\mathscr{r}}}}{\mathscr{r}^2}\,d\tau',$$

como seria de se esperar se a mesma 'lógica' funcionasse para as leis de Coulomb e de Biot-Savart. Vamos parar e verificar, então, se o potencial escalar retardado satisfaz a Equação 10.16; em essência, o mesmo argumento serviria também para o potencial vetorial.[2] Deixarei para você (Problema 10.8) verificar se os potenciais retardados obedecem à condição de Lorentz.

No cálculo do laplaciano de $V(\mathbf{r}, t)$, o ponto crucial a observar é que o integrando (na Equação 10.19) depende de $\mathbf{r}$ em *dois* lugares: *explicitamente*, no denominador ($\mathscr{r} = |\mathbf{r} - \mathbf{r}'|$), e *implicitamente*, através de $t_r = t - \mathscr{r}/c$, no numerador. Assim

$$\nabla V = \frac{1}{4\pi\epsilon_0}\int \left[(\nabla\rho)\frac{1}{\mathscr{r}} + \rho\nabla\left(\frac{1}{\mathscr{r}}\right)\right]d\tau', \tag{10.20}$$

e

$$\nabla\rho = \dot{\rho}\nabla t_r = -\frac{1}{c}\dot{\rho}\nabla\mathscr{r} \tag{10.21}$$

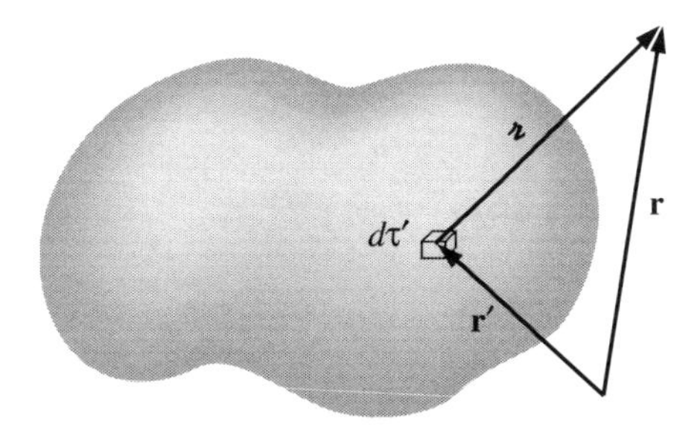


**Figura 10.3**

2. Vou lhe dar a prova direta, embora trabalhosa; para um argumento indireto engenhoso, veja M. A. Heald e J. B. Marion, *Classical Electromagnetic Radiation*, 3ª ed., Seção 8.1 (Orlando, FL: Saunders (1995)).

(o ponto denota diferenciação com relação ao tempo).[3] Agora $\nabla \mathscr{r} = \hat{\mathscr{r}}$ e $\nabla(1/\mathscr{r}) = -\hat{\mathscr{r}}/\mathscr{r}^2$ (Problema 1.13), então

$$\nabla V = \frac{1}{4\pi\epsilon_0}\int\left[-\frac{\dot{\rho}}{c}\frac{\hat{\mathscr{r}}}{\mathscr{r}} - \rho\frac{\hat{\mathscr{r}}}{\mathscr{r}^2}\right]d\tau'. \tag{10.22}$$

Tomando o divergente,

$$\nabla^2 V = \frac{1}{4\pi\epsilon_0}\int\left\{-\frac{1}{c}\left[\frac{\hat{\mathscr{r}}}{\mathscr{r}}\cdot(\nabla\dot{\rho}) + \dot{\rho}\nabla\cdot\left(\frac{\hat{\mathscr{r}}}{\mathscr{r}}\right)\right] - \left[\frac{\hat{\mathscr{r}}}{\mathscr{r}^2}\cdot(\nabla\rho) + \rho\nabla\cdot\left(\frac{\hat{\mathscr{r}}}{\mathscr{r}^2}\right)\right]\right\}d\tau'.$$

Mas

$$\nabla\dot{\rho} = -\frac{1}{c}\ddot{\rho}\nabla\mathscr{r} = -\frac{1}{c}\ddot{\rho}\hat{\mathscr{r}},$$

como na Equação 10.21, e

$$\nabla\cdot\left(\frac{\hat{\mathscr{r}}}{\mathscr{r}}\right) = \frac{1}{\mathscr{r}^2}$$

(Problema 1.62), enquanto

$$\nabla\cdot\left(\frac{\hat{\mathscr{r}}}{\mathscr{r}^2}\right) = 4\pi\delta^3(\boldsymbol{\mathscr{r}})$$

(Equação 1.100). Então

$$\nabla^2 V = \frac{1}{4\pi\epsilon_0}\int\left[\frac{1}{c^2}\frac{\ddot{\rho}}{\mathscr{r}} - 4\pi\rho\delta^3(\boldsymbol{\mathscr{r}})\right]d\tau' = \frac{1}{c^2}\frac{\partial^2 V}{\partial t^2} - \frac{1}{\epsilon_0}\rho(\mathbf{r},t),$$

confirmando que o potencial retardado (10.19) satisfaz a equação de onda não homogênea (10.16). c.q.d

A propósito, esta prova aplica-se igualmente bem a **potenciais avançados**,

$$V_a(\mathbf{r},t) = \frac{1}{4\pi\epsilon_0}\int\frac{\rho(\mathbf{r}',t_a)}{\mathscr{r}}d\tau', \quad \mathbf{A}_a(\mathbf{r},t) = \frac{\mu_0}{4\pi}\int\frac{\mathbf{J}(\mathbf{r}',t_a)}{\mathscr{r}}d\tau', \tag{10.23}$$

nos quais as densidades de carga e de corrente são calculadas no **tempo avançado**

$$t_a \equiv t + \frac{\mathscr{r}}{c}. \tag{10.24}$$

Uns poucos sinais mudam, mas o resultado final fica inalterado. Embora os potenciais avançados sejam totalmente coerentes com as equações de Maxwell, violam o mais sagrado dos princípios da física: o princípio da **causalidade**. Eles sugerem que os potenciais *agora* dependem do que as distribuições de carga e de corrente *serão* em algum tempo futuro — o efeito, em outras palavras, precede a causa. Embora os potenciais avançados sejam teoricamente interessantes, não têm significado físico direto.[4]

---

**Exemplo 10.2**

Um fio reto infinito transporta a corrente

$$I(t) = \begin{cases} 0, & \text{para } t \leq 0, \\ I_0, & \text{para } t > 0. \end{cases}$$

Ou seja, uma corrente estática $I_0$ é ligada abruptamente em $t = 0$. Encontre os campos elétrico e magnético resultantes.

**Solução:** presumivelmente o fio é eletricamente neutro, de forma que o potencial escalar é zero. Considere que o fio está ao longo do eixo $z$ (Figura 10.4); o potencial vetorial retardado no ponto $P$ é

$$\mathbf{A}(s,t) = \frac{\mu_0}{4\pi}\hat{\mathbf{z}}\int_{-\infty}^{\infty}\frac{I(t_r)}{\mathscr{r}}dz.$$

Para $t < s/c$, a 'notícia' ainda não chegou a $P$, e o potencial é nulo. Para $t > s/c$, somente o segmento

$$|z| \leq \sqrt{(ct)^2 - s^2} \tag{10.25}$$

3. Observe que $\partial/\partial t_r = \partial/\partial t$, já que $t_r = t - \mathscr{r}/c$ e $\mathscr{r}$ é independente de $t$.

4. Como o d'alembertiano envolve $t^2$ (em oposição a $t$), a teoria em si é **invariante sob inversão temporal**, e não distingue 'passado' de 'futuro'. A assimetria temporal é introduzida quando preferimos os potenciais retardados aos potenciais avançados, refletindo a crença (bastante razoável!) de que as influências eletromagnéticas propagam-se para a frente, e não para trás, no tempo.

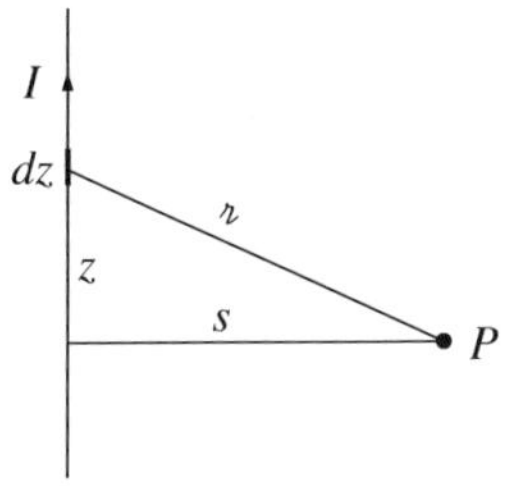

**Figura 10.4**

contribui (fora desse âmbito $t_r$ é negativo, de forma que $I(t_r) = 0$); assim

$$\begin{aligned}\mathbf{A}(s,t) &= \left(\frac{\mu_0 I_0}{4\pi}\,\hat{\mathbf{z}}\right) 2\int_0^{\sqrt{(ct)^2-s^2}} \frac{dz}{\sqrt{s^2+z^2}} \\ &= \frac{\mu_0 I_0}{2\pi}\,\hat{\mathbf{z}}\,\ln\left(\sqrt{s^2+z^2}+z\right)\Big|_0^{\sqrt{(ct)^2-s^2}} = \frac{\mu_0 I_0}{2\pi}\ln\left(\frac{ct+\sqrt{(ct)^2-s^2}}{s}\right)\hat{\mathbf{z}}.\end{aligned}$$

O campo elétrico é

$$\mathbf{E}(s,t) = -\frac{\partial \mathbf{A}}{\partial t} = -\frac{\mu_0 I_0 c}{2\pi\sqrt{(ct)^2-s^2}}\,\hat{\mathbf{z}},$$

e o campo magnético é

$$\mathbf{B}(s,t) = \boldsymbol{\nabla}\times\mathbf{A} = -\frac{\partial A_z}{\partial s}\,\hat{\boldsymbol{\phi}} = \frac{\mu_0 I_0}{2\pi s}\frac{ct}{\sqrt{(ct)^2-s^2}}\,\hat{\boldsymbol{\phi}}.$$

Observe que à medida que $t \to \infty$ reencontramos o caso estático: $\mathbf{E} = 0$, $\mathbf{B} = (\mu_0 I_0/2\pi s)\,\hat{\boldsymbol{\phi}}$.

---

! **Problema 10.8** Confirme que os potenciais retardados satisfazem a condição do calibre de Lorentz. [*Dica:* mostre primeiro que

$$\boldsymbol{\nabla}\cdot\left(\frac{\mathbf{J}}{\mathscr{r}}\right) = \frac{1}{\mathscr{r}}(\boldsymbol{\nabla}\cdot\mathbf{J}) + \frac{1}{\mathscr{r}}(\boldsymbol{\nabla}'\cdot\mathbf{J}) - \boldsymbol{\nabla}'\cdot\left(\frac{\mathbf{J}}{\mathscr{r}}\right),$$

onde $\boldsymbol{\nabla}$ denota derivadas com respeito a $\mathbf{r}$, e $\boldsymbol{\nabla}'$ denota derivadas com respeito a $\mathbf{r}'$. Em seguida, observando que $\mathbf{J}(\mathbf{r}', t - \mathscr{r}/c)$ depende de $\mathbf{r}'$ tanto explicitamente quanto através de $\mathscr{r}$, enquanto depende de $\mathbf{r}$ somente através de $\mathscr{r}$, confirme que

$$\boldsymbol{\nabla}\cdot\mathbf{J} = -\frac{1}{c}\dot{\mathbf{J}}\cdot(\boldsymbol{\nabla}\mathscr{r}), \quad \boldsymbol{\nabla}'\cdot\mathbf{J} = -\dot{\rho} - \frac{1}{c}\dot{\mathbf{J}}\cdot(\boldsymbol{\nabla}'\mathscr{r}).$$

Use isso para calcular o divergente de $\mathbf{A}$ (Equação 10.19).]

! **Problema 10.9**

(a) Suponha que pelo fio do Exemplo 10.2 passa uma corrente que aumenta linearmente

$$I(t) = kt,$$

para $t > 0$. Encontre os campos elétrico e magnético gerados.

(b) Faça o mesmo para o caso de um pulso repentino de corrente:

$$I(t) = q_0\delta(t).$$

**Problema 10.10** Por um pedaço de fio dobrado na forma de espira, como mostra a Figura 10.5, passa uma corrente que aumenta linearmente com o tempo:

$$I(t) = kt \qquad (-\infty < t < \infty).$$

Calcule o potencial vetorial retardado $\mathbf{A}$ no centro. Encontre o campo elétrico no centro. Por que esse fio (neutro) produz um campo *elétrico*? (Por que você não pode determinar o campo *magnético* a partir desta expressão para $\mathbf{A}$?)

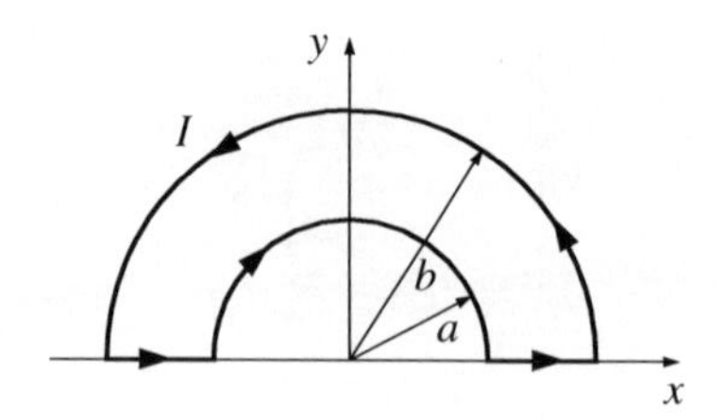


Figura 10.5

## 10.2.2 Equações de Jefimenko

Dados os potenciais retardados

$$V(\mathbf{r},t)=\frac{1}{4\pi\epsilon_0}\int\frac{\rho(\mathbf{r}',t_r)}{\mathscr{r}}\,d\tau',\qquad \mathbf{A}(\mathbf{r},t)=\frac{\mu_0}{4\pi}\int\frac{\mathbf{J}(\mathbf{r}',t_r)}{\mathscr{r}}\,d\tau',\tag{10.26}$$

em princípio é uma questão simples determinar os campos:

$$\mathbf{E}=-\boldsymbol{\nabla}V-\frac{\partial\mathbf{A}}{\partial t},\qquad \mathbf{B}=\boldsymbol{\nabla}\times\mathbf{A}.\tag{10.27}$$

Mas os detalhes não são totalmente triviais porque, como mencionei antes, os integrandos dependem de $\mathbf{r}$ tanto explicitamente, através de $\mathscr{r}=|\mathbf{r}-\mathbf{r}'|$ no denominador, quanto implicitamente, através do tempo retardado $t_r=t-\mathscr{r}/c$ no argumento do numerador.

Já calculei o gradiente de $V$ (Equação 10.22); a derivada temporal de $\mathbf{A}$ é fácil:

$$\frac{\partial\mathbf{A}}{\partial t}=\frac{\mu_0}{4\pi}\int\frac{\dot{\mathbf{J}}}{\mathscr{r}}\,d\tau'.\tag{10.28}$$

Colocando-os juntos (e usando $c^2=1/\mu_0\epsilon_0$):

$$\boxed{\mathbf{E}(\mathbf{r},t)=\frac{1}{4\pi\epsilon_0}\int\left[\frac{\rho(\mathbf{r}',t_r)}{\mathscr{r}^2}\hat{\boldsymbol{\mathscr{r}}}+\frac{\dot\rho(\mathbf{r}',t_r)}{c\mathscr{r}}\hat{\boldsymbol{\mathscr{r}}}-\frac{\dot{\mathbf{J}}(\mathbf{r}',t_r)}{c^2\mathscr{r}}\right]d\tau'.}\tag{10.29}$$

Esta é a generalização da lei de Coulomb para o caso dependente do tempo, à qual se reduz ao caso estático (onde o segundo e o terceiro termo caem fora e o primeiro termo perde sua dependência em $t_r$).

Quando para $\mathbf{B}$, o rotacional de $\mathbf{A}$ contém dois termos:

$$\boldsymbol{\nabla}\times\mathbf{A}=\frac{\mu_0}{4\pi}\int\left[\frac{1}{\mathscr{r}}(\boldsymbol{\nabla}\times\mathbf{J})-\mathbf{J}\times\boldsymbol{\nabla}\left(\frac{1}{\mathscr{r}}\right)\right]d\tau'.$$

Agora

$$(\boldsymbol{\nabla}\times\mathbf{J})_x=\frac{\partial J_z}{\partial y}-\frac{\partial J_y}{\partial z},$$

e

$$\frac{\partial J_z}{\partial y}=\dot{J}_z\frac{\partial t_r}{\partial y}=-\frac{1}{c}\dot{J}_z\frac{\partial\mathscr{r}}{\partial y},$$

então

$$(\boldsymbol{\nabla}\times\mathbf{J})_x=-\frac{1}{c}\left(\dot{J}_z\frac{\partial\mathscr{r}}{\partial y}-\dot{J}_y\frac{\partial\mathscr{r}}{\partial z}\right)=\frac{1}{c}\left[\dot{\mathbf{J}}\times(\boldsymbol{\nabla}\mathscr{r})\right]_x.$$

Mas $\boldsymbol{\nabla}\mathscr{r}=\hat{\boldsymbol{\mathscr{r}}}$ (Problema 1.13), portanto

$$\boldsymbol{\nabla}\times\mathbf{J}=\frac{1}{c}\dot{\mathbf{J}}\times\hat{\boldsymbol{\mathscr{r}}}.\tag{10.30}$$

Enquanto isso $\nabla(1/\mathscr{r}) = -\hat{\mathscr{r}}/\mathscr{r}^2$ (novamente, Problema 1.13), e consequentemente

$$\boxed{\mathbf{B}(\mathbf{r}, t) = \frac{\mu_0}{4\pi}\int\left[\frac{\mathbf{J}(\mathbf{r}', t_r)}{\mathscr{r}^2} + \frac{\dot{\mathbf{J}}(\mathbf{r}', t_r)}{c\mathscr{r}}\right] \times \hat{\mathscr{r}}\, d\tau'.} \tag{10.31}$$

Esta é a generalização da lei de Biot-Savart para o caso dependente do tempo, ao qual se reduz no caso estático.

As equações 10.29 e 10.31 são as soluções (causais) para as equações de Maxwell. Por alguma razão, elas aparentemente não foram publicadas até recentemente — a primeira declaração explícita da qual tenho conhecimento é de Oleg Jefimenko, em 1966.[5] Na prática, as **equações de Jefimenko** têm utilidade limitada, já que é tipicamente mais fácil calcular os potenciais retardados e diferenciá-los do que ir diretamente aos campos. Mesmo assim, elas fornecem uma sensação satisfatória de fechamento para a teoria. E também ajudam a esclarecer uma observação que fiz na seção anterior: para obter os *potenciais* retardados, basta substituir $t$ por $t_r$ nas fórmulas eletrostática e magnetostática, mas no caso dos *campos* não só o tempo é substituído pelo tempo retardado, mas aparecem termos completamente novos (inclusive derivadas de $\rho$ e $\mathbf{J}$). E eles se revelam um apoio surpreendentemente forte para a aproximação quase-estática (veja o Problema 10.12).

---

**Problema 10.11** Suponha que $\mathbf{J}(\mathbf{r})$ é constante no tempo, portanto (Problema 7.55) $\rho(\mathbf{r}, t) = \rho(\mathbf{r}, 0) + \dot{\rho}(\mathbf{r}, 0)t$. Mostre que

$$\mathbf{E}(\mathbf{r}, t) = \frac{1}{4\pi\epsilon_0}\int \frac{\rho(\mathbf{r}', t)}{\mathscr{r}^2}\hat{\mathscr{r}}\, d\tau';$$

ou seja, a lei de Coulomb se aplica com a densidade de carga calculada no tempo *não retardado*.

**Problema 10.12** Suponha que a densidade de corrente varie de forma suficientemente lenta para que possamos (em boa aproximação) ignorar todas as derivadas mais altas na expansão de Taylor

$$\mathbf{J}(t_r) = \mathbf{J}(t) + (t_r - t)\dot{\mathbf{J}}(t) + \ldots$$

(para maior clareza, suprimo a dependência em $\mathbf{r}$, que não está em questão). Mostre que um cancelamento fortuito na Equação 10.31 resulta em

$$\mathbf{B}(\mathbf{r}, t) = \frac{\mu_0}{4\pi}\int \frac{\mathbf{J}(\mathbf{r}', t) \times \hat{\mathscr{r}}}{\mathscr{r}^2}\, d\tau'.$$

Ou seja: a lei de Biot-Savart se aplica com $\mathbf{J}$ calculado em tempo *não retardado*. Isso significa que a aproximação quase-estática é, de fato, *muito melhor* do que poderíamos esperar: os *dois* erros envolvidos (desprezar o retardamento e eliminar o segundo termo na Equação 10.31) *cancelam* em primeira ordem.

---

# 10.3 Cargas pontuais

## 10.3.1 Potenciais de Liénard-Wiechert

Meu próximo objetivo é calcular os potenciais (retardados), $V(\mathbf{r}, t)$ e $\mathbf{A}(\mathbf{r}, t)$, de uma carga pontual $q$ que está se movendo em uma trajetória específica

$$\mathbf{w}(t) \equiv \text{ posição de } q \text{ no tempo } t. \tag{10.32}$$

O tempo retardado é determinado implicitamente pela equação

$$|\mathbf{r} - \mathbf{w}(t_r)| = c(t - t_r), \tag{10.33}$$

pois o lado esquerdo é a distância que a 'notícia' tem de viajar, e $(t - t_r)$ é o tempo que leva para fazer a viagem (Figura 10.6). Vou chamar $\mathbf{w}(t_r)$ de **posição retardada** da carga; $\boldsymbol{\mathscr{r}}$ é o vetor entre a posição retardada e o ponto $\mathbf{r}$ do campo:

$$\boldsymbol{\mathscr{r}} = \mathbf{r} - \mathbf{w}(t_r). \tag{10.34}$$

---

5. O. D. Jefimenko, *Electricity and Magnetism*, Seção 15.7 (Nova York: Appleton-Century-Crofts, 1996). Expressões bastante próximas aparecem em W. K. H. Panofsky e M. Phillips, *Classical Electricity and Magnetism*, Seção 14.3 (Reading, MA: Addison-Wesley, 1962). Veja K. T. McDonald, *Am. J. Phys.* **65**, 1074 (1997) para comentários e referências esclarecedores.

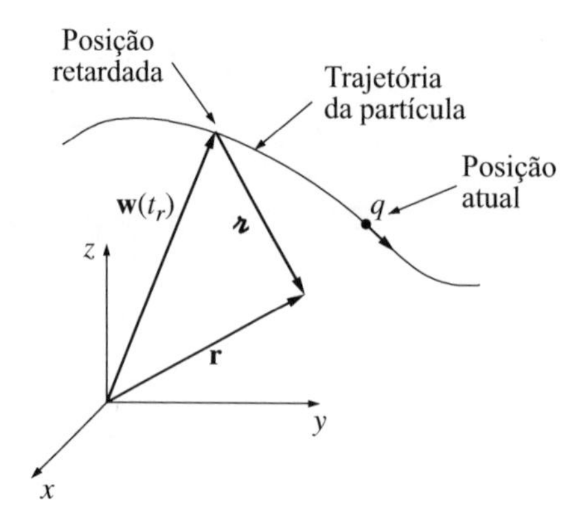


**Figura 10.6**

É importante observar que no máximo *um* ponto da trajetória está 'em comunicação' com **r** em qualquer tempo determinado $t$. Pois suponha que houvesse *dois* desses pontos, com tempos retardados $t_1$ e $t_2$:

$$\mathscr{r}_1 = c(t - t_1) \quad \text{e} \quad \mathscr{r}_2 = c(t - t_2).$$

Então $\mathscr{r}_1 - \mathscr{r}_2 = c(t_2 - t_1)$, de forma que a velocidade média da partícula em direção ao ponto **r** teria de ser $c$ — e isso sem contar a velocidade, seja ela qual for, que a carga pode ter em *outras* direções. Como nenhuma partícula carregada pode viajar à velocidade da luz, segue-se que somente *um ponto retardado contribui para os potenciais, em qualquer momento dado.*[6]

Agora, uma leitura ingênua da fórmula

$$V(\mathbf{r}, t) = \frac{1}{4\pi\epsilon_0} \int \frac{\rho(\mathbf{r}', t_r)}{\mathscr{r}} \, d\tau' \tag{10.35}$$

talvez sugira a você que o potencial retardado de uma carga pontual é, simplesmente,

$$\frac{1}{4\pi\epsilon_0} \frac{q}{\mathscr{r}}$$

(o mesmo que no caso estático, mas com o entendimento de que $\mathscr{r}$ é a distância à posição *retardada* da carga). Mas isso está errado por um motivo muito sutil: é verdade que para uma carga pontual o denominador $\mathscr{r}$ sai da integral,[7] mas o que resta,

$$\int \rho(\mathbf{r}', t_r) \, d\tau', \tag{10.36}$$

*não* é igual à carga da partícula. Para calcular a carga total de uma configuração, você tem de integrar $\rho$ sobre toda a distribuição em um *instante de tempo*, mas aqui o retardo, $t_r = t - \mathscr{r}/c$, nos obriga a calcular $\rho$ em *tempos diferentes* para partes diferentes da configuração. Se a fonte estiver se movendo, isso nos dará uma imagem distorcida da carga total. Você pode pensar que esse problema desapareceria para cargas *pontuais*, mas não desaparece. Na eletrodinâmica de Maxwell, formulada como é em termos de *densidades* de cargas e de correntes, uma carga pontual tem de ser considerada como o contorno de uma carga ampliada, quando o tamanho diminui a zero. E para uma partícula ampliada, por menor que seja, o retardo na Equação 10.36 acrescenta um fator $(1 - \hat{\mathscr{r}} \cdot \mathbf{v}/c)^{-1}$, onde **v** é a velocidade da carga no tempo retardado:

$$\int \rho(\mathbf{r}', t_r) \, d\tau' = \frac{q}{1 - \hat{\mathscr{r}} \cdot \mathbf{v}/c}. \tag{10.37}$$

**Prova:** este é um efeito puramente *geométrico* e contar a história em um contexto menos abstrato pode ajudar. Você não terá notado, por motivos óbvios, mas o fato é que um trem que vem na sua direção parece um pouco mais longo do que realmente é, já que a luz que você recebe do último vagão partiu antes da luz que você recebe simultaneamente da locomotiva e naquele primeiro momento o trem estava mais longe (Figura 10.7). No intervalo que a luz do último vagão leva para percorrer a distância extra $L'$, o próprio trem movimenta-se uma distância $L' - L$:

---

6. Pela mesma razão, um observador em **r** *vê* a partícula em apenas um lugar por vez. Em contrapartida, é possível *ouvir* um objeto em dois lugares ao mesmo tempo. Considere um urso que ruge para você e depois corre na sua direção à velocidade do som e ruge novamente; você ouvirá os dois rugidos ao mesmo tempo, vindo de dois lugares diferentes, mas o urso é um só.

7. Existe, no entanto, uma mudança implícita na sua dependência funcional: *antes* da integração, $\mathscr{r} = |\mathbf{r} - \mathbf{r}'|$ é uma função de **r** e $\mathbf{r}'$; *depois* da integração (que fixa $\mathbf{r}' = \mathbf{w}(t_r)$) $\mathscr{r} = |\mathbf{r} - \mathbf{w}(t_r)|$ é (como $t_r$) uma função de **r** e $t$.

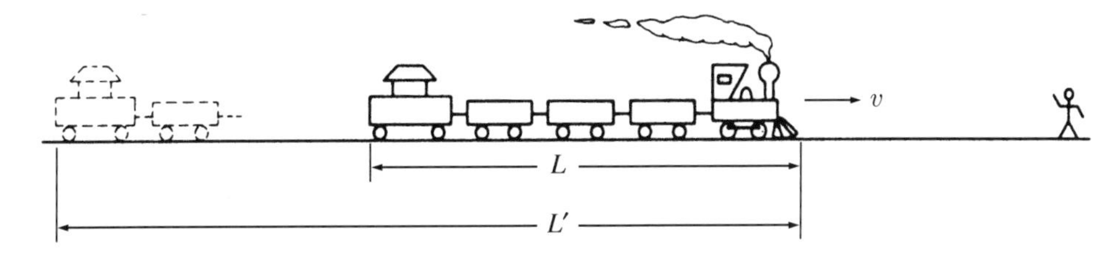


**Figura 10.7**

$$\frac{L'}{c} = \frac{L' - L}{v}, \quad \text{ou} \quad L' = \frac{L}{1 - v/c}.$$

De forma que trens que se aproximam parecem mais *longos*, por um fator $(1 - v/c)^{-1}$. Em contrapartida, um trem que *se afasta* de você parece mais *curto*,[8] por um fator $(1 + v/c)^{-1}$. Em geral, se a velocidade do trem forma um ângulo $\theta$ com a sua linha de visão,[9] a distância a mais que a luz do último vagão tem de percorrer é $L' \cos\theta$ (Figura 10.8). No tempo $L' \cos\theta/c$, o trem movimenta-se uma distância $(L' - L)$:

$$\frac{L' \cos\theta}{c} = \frac{L' - L}{v}, \quad \text{ou} \quad L' = \frac{L}{1 - v\cos\theta/c}.$$

Observe que este efeito *não* distorce as dimensões perpendiculares ao movimento (altura e largura do trem). Não se preocupe que a luz do lado distante se atrase para chegar até você (com relação à luz do lado mais próximo) — já que não há *movimento* nesse sentido, elas ainda parecerão estar separadas pela mesma distância. O *volume* aparente $\tau'$ do trem, então, está relacionado ao volume *de fato* $\tau$ por

$$\tau' = \frac{\tau}{1 - \hat{\boldsymbol{\mathscr{r}}} \cdot \mathbf{v}/c}, \tag{10.38}$$

onde $\hat{\boldsymbol{\mathscr{r}}}$ é um vetor unitário do trem para o observador.

Caso a conexão entre trens em movimento e potenciais retardados lhe escape, o caso é o seguinte: sempre que você resolve uma integral do tipo 10.37, na qual o integrando é calculado no tempo retardado, o volume de fato é modificado pelo fator da Equação 10.38, justamente como o volume aparente do trem o foi — e pelo mesmo motivo. Como esse fator de correção não faz referência ao tamanho da partícula, é tão significativo para uma carga pontual quanto para uma carga ampliada. c.q.d

Segue-se então que

$$\boxed{V(\mathbf{r}, t) = \frac{1}{4\pi\epsilon_0} \frac{qc}{(\mathscr{r}c - \boldsymbol{\mathscr{r}} \cdot \mathbf{v})},} \tag{10.39}$$

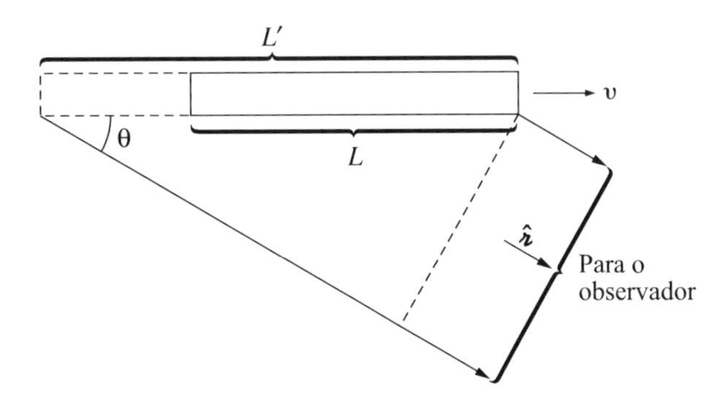


**Figura 10.8**

8. Por favor, observe que isto nada tem a ver com a relatividade especial ou com a contração de Lorentz — $L$ é o comprimento do trem *em movimento* e seu comprimento em *repouso* não está em questão. O argumento de certa forma lembra o efeito Doppler.

9. Assumo que o trem esteja longe o suficiente ou, melhor ainda, seja *curto* o bastante para que os raios que vêm do último vagão e da locomotiva possam ser considerados paralelos.

onde $\mathbf{v}$ é a velocidade da carga no tempo retardado e $\boldsymbol{\mathscr{r}}$ é o vetor da posição retardada para o ponto $\mathbf{r}$ do campo. Enquanto isso, como a densidade de corrente de um objeto rígido é $\rho\mathbf{v}$ (Equação 5.26), temos também

$$\mathbf{A}(\mathbf{r}, t) = \frac{\mu_0}{4\pi} \int \frac{\rho(\mathbf{r}', t_r)\mathbf{v}(t_r)}{\mathscr{r}} \, d\tau' = \frac{\mu_0}{4\pi} \frac{\mathbf{v}}{\mathscr{r}} \int \rho(\mathbf{r}', t_r) \, d\tau',$$

ou

$$\boxed{\mathbf{A}(\mathbf{r}, t) = \frac{\mu_0}{4\pi} \frac{qc\mathbf{v}}{(\mathscr{r}c - \boldsymbol{\mathscr{r}} \cdot \mathbf{v})} = \frac{\mathbf{v}}{c^2} V(\mathbf{r}, t).} \tag{10.40}$$

As equações 10.39 e 10.40 são os famosos **potenciais de Liénard-Wiechert** para uma carga pontual em movimento.[10]

---

**Exemplo 10.3**

Encontre os potenciais de uma carga pontual movendo-se a velocidade constante.

**Solução:** por conveniência, digamos que a partícula passa pela origem no tempo $t = 0$, de forma que

$$\mathbf{w}(t) = \mathbf{v}t.$$

Primeiro calculamos o tempo retardado, usando a Equação 10.33:

$$|\mathbf{r} - \mathbf{v}t_r| = c(t - t_r),$$

ou, elevando ao quadrado:

$$r^2 - 2\mathbf{r} \cdot \mathbf{v}t_r + v^2 t_r^2 = c^2(t^2 - 2tt_r + t_r^2).$$

Resolvendo para $t_r$ pela fórmula quadrática, concluo que

$$t_r = \frac{(c^2 t - \mathbf{r} \cdot \mathbf{v}) \pm \sqrt{(c^2 t - \mathbf{r} \cdot \mathbf{v})^2 + (c^2 - v^2)(r^2 - c^2 t^2)}}{c^2 - v^2}. \tag{10.41}$$

Para escolher o sinal, considere o limite $v = 0$:

$$t_r = t \pm \frac{r}{c}.$$

Neste caso, a carga está em repouso na origem e o tempo retardado deve ser $(t - r/c)$; evidentemente queremos o sinal *negativo*.

Agora, das equações 10.33 e 10.34,

$$\mathscr{r} = c(t - t_r) \quad \text{e} \quad \hat{\boldsymbol{\mathscr{r}}} = \frac{\mathbf{r} - \mathbf{v}t_r}{c(t - t_r)},$$

então

$$\begin{aligned} \mathscr{r}(1 - \hat{\boldsymbol{\mathscr{r}}} \cdot \mathbf{v}/c) &= c(t - t_r)\left[1 - \frac{\mathbf{v}}{c} \cdot \frac{(\mathbf{r} - \mathbf{v}t_r)}{c(t - t_r)}\right] = c(t - t_r) - \frac{\mathbf{v} \cdot \mathbf{r}}{c} + \frac{v^2}{c} t_r \\ &= \frac{1}{c}[(c^2 t - \mathbf{r} \cdot \mathbf{v}) - (c^2 - v^2)t_r] \\ &= \frac{1}{c}\sqrt{(c^2 t - \mathbf{r} \cdot \mathbf{v})^2 + (c^2 - v^2)(r^2 - c^2 t^2)} \end{aligned}$$

(Usei a Equação 10.41 com o sinal negativo no último passo). Portanto,

$$V(\mathbf{r}, t) = \frac{1}{4\pi\epsilon_0} \frac{qc}{\sqrt{(c^2 t - \mathbf{r} \cdot \mathbf{v})^2 + (c^2 - v^2)(r^2 - c^2 t^2)}}, \tag{10.42}$$

e (Equação 10.40)

$$\mathbf{A}(\mathbf{r}, t) = \frac{\mu_0}{4\pi} \frac{qc\mathbf{v}}{\sqrt{(c^2 t - \mathbf{r} \cdot \mathbf{v})^2 + (c^2 - v^2)(r^2 - c^2 t^2)}}. \tag{10.43}$$

---

10. Há muitas maneiras de obter os potenciais de Liénard-Wiechert. Procurei enfatizar a origem *geométrica* do fator $(1 - \hat{\boldsymbol{\mathscr{r}}} \cdot \mathbf{v}/c)^{-1}$; para um comentário esclarecedor veja W. K. H. Panofsky e M. Phillips, *Classical Electricity and Magnetism*, 2ª ed., p. 342-3 (Reading, MA: Addison-Wesley, 1962). Uma dedução mais rigorosa pode ser encontrada em J. R. Reitz, F. J. Milford e R. W. Christy, *Foundations of Electromagnetic Theory*, 3ª ed., Seção 21.1 (Reading, MA: Addison-Wesley, 1979), ou M. A. Heald e J. B. Marion, *Classical Electromagnetic Radiation*, 3ª ed., Seção 8.3 (Orlando, FL: Saunders, 1995).

**Problema 10.13** Uma partícula de carga $q$ move-se em um círculo de raio $a$ a uma velocidade angular constante $\omega$. (Assuma que o círculo está no plano $xy$, centrado na origem, e no tempo $t = 0$ a carga está em $(a, 0)$, no eixo $x$ positivo.) Encontre os potenciais de Liénard-Wiechert para pontos no eixo $z$.

• **Problema 10.14** Mostre que o potencial escalar de uma carga pontual movendo-se a velocidade constante (Equação 10.42) pode ser escrito de forma equivalente como

$$V(\mathbf{r}, t) = \frac{1}{4\pi\epsilon_0} \frac{q}{R\sqrt{1 - v^2 \operatorname{sen}^2 \theta / c^2}}, \tag{10.44}$$

onde $\mathbf{R} \equiv \mathbf{r} - \mathbf{v}t$ é o vetor *posição presente (!)* da partícula para o ponto $\mathbf{r}$ de campo, e $\theta$ é o ângulo entre $\mathbf{R}$ e $\mathbf{v}$ (Figura 10.9). Evidentemente, para velocidades não relativísticas ($v^2 \ll c^2$),

$$V(\mathbf{r}, t) = \frac{1}{4\pi\epsilon_0} \frac{q}{R}.$$

**Problema 10.15** Mostrei que *no máximo um* ponto da trajetória da partícula se comunica com $\mathbf{r}$ em qualquer tempo dado. Em alguns casos, esse ponto pode *não* existir (um observador em $\mathbf{r}$ não veria a partícula — na colorida linguagem da Relatividade Geral, ela está 'além do **horizonte**'). Como exemplo, considere uma partícula em **movimento hiperbólico** ao longo do eixo $x$:

$$\mathbf{w}(t) = \sqrt{b^2 + (ct)^2}\,\hat{\mathbf{x}} \qquad (-\infty < t < \infty). \tag{10.45}$$

(Na Relatividade Especial, essa é a trajetória de uma partícula sujeita a uma força constante $F = mc^2/b$.) Desenhe o gráfico de $w$ versus $t$. Com quatro ou cinco pontos representativos na curva, desenhe a trajetória de um sinal de luz emitido pela partícula naquele ponto — tanto no sentido de $x$ positivo quanto no de $x$ negativo. Que região do seu gráfico corresponde aos pontos e tempos $(x, t)$ dos quais a partícula não pode ser vista? Em que tempo alguém no ponto $x$ vê primeiro a partícula? (Antes disso o potencial em $x$ é, evidentemente, zero.) Depois de já ter sido vista, uma partícula pode *desaparecer* do campo de visão?

! **Problema 10.16** Determine os potenciais de Liénard-Wiechert para uma carga em movimento hiperbólico (Equação 10.45). Assuma que o ponto $\mathbf{r}$ está no eixo $x$ e à direita da carga.

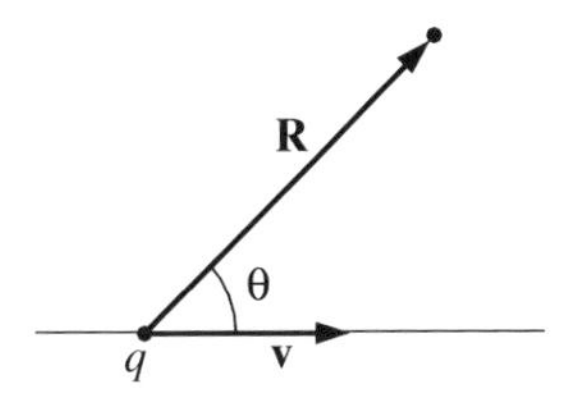


**Figura 10.9**

## 10.3.2 Os campos de uma carga pontual em movimento

Estamos agora em posição de calcular os campos elétrico e magnético de uma carga pontual em movimento arbitrário, usando os potenciais de Liénard-Wiechert:[11]

$$V(\mathbf{r}, t) = \frac{1}{4\pi\epsilon_0} \frac{qc}{(\mathscr{r}c - \boldsymbol{\mathscr{r}} \cdot \mathbf{v})}, \qquad \mathbf{A}(\mathbf{r}, t) = \frac{\mathbf{v}}{c^2} V(\mathbf{r}, t), \tag{10.46}$$

e as equações para $\mathbf{E}$ e $\mathbf{B}$:

$$\mathbf{E} = -\nabla V - \frac{\partial \mathbf{A}}{\partial t}, \qquad \mathbf{B} = \nabla \times \mathbf{A}.$$

A diferenciação, no entanto, é complicada porque

$$\boldsymbol{\mathscr{r}} = \mathbf{r} - \mathbf{w}(t_r) \quad \text{e} \quad \mathbf{v} = \dot{\mathbf{w}}(t_r) \tag{10.47}$$

11. Você pode obter os campos diretamente das equações de Jefimenko, mas não é fácil. Veja, por exemplo, M. A. Heald e J. B. Marion, *Classical Electromagnetic Radiation*, 3ª ed., Seção 8.4 (Orlando, FL: Saunders, 1995).

são ambos calculados no tempo retardado e $t_r$ — definido implicitamente pela equação

$$|\mathbf{r}-\mathbf{w}(t_r)| = c(t-t_r) \tag{10.48}$$

— é *em si* uma função de $\mathbf{r}$ e $t$.[12] Então, fique firme: as duas próximas páginas são trabalhosas... mas a resposta vale o esforço.

Vamos começar com o gradiente de $V$:

$$\boldsymbol{\nabla} V = \frac{qc}{4\pi\epsilon_0}\frac{-1}{(\mathscr{r}c-\boldsymbol{\mathscr{r}}\cdot\mathbf{v})^2}\boldsymbol{\nabla}(\mathscr{r}c-\boldsymbol{\mathscr{r}}\cdot\mathbf{v}). \tag{10.49}$$

Como $\mathscr{r} = c(t-t_r)$,

$$\boldsymbol{\nabla}\mathscr{r} = -c\boldsymbol{\nabla} t_r. \tag{10.50}$$

Quanto ao segundo termo, a regra de produto 4 resulta em

$$\boldsymbol{\nabla}(\boldsymbol{\mathscr{r}}\cdot\mathbf{v}) = (\boldsymbol{\mathscr{r}}\cdot\boldsymbol{\nabla})\mathbf{v}+(\mathbf{v}\cdot\boldsymbol{\nabla})\boldsymbol{\mathscr{r}}+\boldsymbol{\mathscr{r}}\times(\boldsymbol{\nabla}\times\mathbf{v})+\mathbf{v}\times(\boldsymbol{\nabla}\times\boldsymbol{\mathscr{r}}). \tag{10.51}$$

Calculando esses termos, um de cada vez:

$$\begin{aligned}(\boldsymbol{\mathscr{r}}\cdot\boldsymbol{\nabla})\mathbf{v} &= \left(\mathscr{r}_x\frac{\partial}{\partial x}+\mathscr{r}_y\frac{\partial}{\partial y}+\mathscr{r}_z\frac{\partial}{\partial z}\right)\mathbf{v}(t_r)\\ &= \mathscr{r}_x\frac{d\mathbf{v}}{dt_r}\frac{\partial t_r}{\partial x}+\mathscr{r}_y\frac{d\mathbf{v}}{dt_r}\frac{\partial t_r}{\partial y}+\mathscr{r}_z\frac{d\mathbf{v}}{dt_r}\frac{\partial t_r}{\partial z}\\ &= \mathbf{a}(\boldsymbol{\mathscr{r}}\cdot\boldsymbol{\nabla} t_r),\end{aligned} \tag{10.52}$$

onde $\mathbf{a}\equiv\dot{\mathbf{v}}$ é a *aceleração* da partícula no tempo retardado. Agora

$$(\mathbf{v}\cdot\boldsymbol{\nabla})\boldsymbol{\mathscr{r}} = (\mathbf{v}\cdot\boldsymbol{\nabla})\mathbf{r}-(\mathbf{v}\cdot\boldsymbol{\nabla})\mathbf{w}, \tag{10.53}$$

e

$$\begin{aligned}(\mathbf{v}\cdot\boldsymbol{\nabla})\mathbf{r} &= \left(v_x\frac{\partial}{\partial x}+v_y\frac{\partial}{\partial y}+v_z\frac{\partial}{\partial z}\right)(x\,\hat{\mathbf{x}}+y\,\hat{\mathbf{y}}+z\,\hat{\mathbf{z}})\\ &= v_x\,\hat{\mathbf{x}}+v_y\,\hat{\mathbf{y}}+v_z\,\hat{\mathbf{z}} = \mathbf{v},\end{aligned} \tag{10.54}$$

enquanto

$$(\mathbf{v}\cdot\boldsymbol{\nabla})\mathbf{w} = \mathbf{v}(\mathbf{v}\cdot\boldsymbol{\nabla} t_r)$$

(o mesmo raciocínio da Equação 10.52). Passando ao terceiro termo da Equação 10.51,

$$\begin{aligned}\boldsymbol{\nabla}\times\mathbf{v} &= \left(\frac{\partial v_z}{\partial y}-\frac{\partial v_y}{\partial z}\right)\hat{\mathbf{x}}+\left(\frac{\partial v_x}{\partial z}-\frac{\partial v_z}{\partial x}\right)\hat{\mathbf{y}}+\left(\frac{\partial v_y}{\partial x}-\frac{\partial v_x}{\partial y}\right)\hat{\mathbf{z}}\\ &= \left(\frac{dv_z}{dt_r}\frac{\partial t_r}{\partial y}-\frac{dv_y}{dt_r}\frac{\partial t_r}{\partial z}\right)\hat{\mathbf{x}}+\left(\frac{dv_x}{dt_r}\frac{\partial t_r}{\partial z}-\frac{dv_z}{dt_r}\frac{\partial t_r}{\partial x}\right)\hat{\mathbf{y}}+\left(\frac{dv_y}{dt_r}\frac{\partial t_r}{\partial x}-\frac{dv_x}{dt_r}\frac{\partial t_r}{\partial y}\right)\hat{\mathbf{z}}\\ &= -\mathbf{a}\times\boldsymbol{\nabla} t_r.\end{aligned} \tag{10.55}$$

Finalmente,

$$\boldsymbol{\nabla}\times\boldsymbol{\mathscr{r}} = \boldsymbol{\nabla}\times\mathbf{r}-\boldsymbol{\nabla}\times\mathbf{w}, \tag{10.56}$$

mas $\boldsymbol{\nabla}\times\mathbf{r}=0$, enquanto pelo mesmo argumento da Equação 10.55,

$$\boldsymbol{\nabla}\times\mathbf{w} = -\mathbf{v}\times\boldsymbol{\nabla} t_r. \tag{10.57}$$

Colocando tudo isso de volta na Equação 10.51, e usando a regra 'BAC-CAB' para reduzir os produtos vetoriais triplos,

$$\begin{aligned}\boldsymbol{\nabla}(\boldsymbol{\mathscr{r}}\cdot\mathbf{v}) &= \mathbf{a}(\boldsymbol{\mathscr{r}}\cdot\boldsymbol{\nabla} t_r)+\mathbf{v}-\mathbf{v}(\mathbf{v}\cdot\boldsymbol{\nabla} t_r)-\boldsymbol{\mathscr{r}}\times(\mathbf{a}\times\boldsymbol{\nabla} t_r)+\mathbf{v}\times(\mathbf{v}\times\boldsymbol{\nabla} t_r)\\ &= \mathbf{v}+(\boldsymbol{\mathscr{r}}\cdot\mathbf{a}-v^2)\boldsymbol{\nabla} t_r.\end{aligned} \tag{10.58}$$

12. O cálculo a seguir foi feito pelo método mais direto da 'força bruta'. Para uma abordagem mais inteligente e eficiente, veja J. D. Jackson, *Classical Electrodynamics*, 3ª ed., Seção 14.1 (Nova York: John Wiley, 1999).

Juntando as equações 10.50 e 10.58, temos

$$\nabla V = \frac{qc}{4\pi\epsilon_0} \frac{1}{(\mathscr{r}c - \boldsymbol{\mathscr{r}} \cdot \mathbf{v})^2} \left[ \mathbf{v} + (c^2 - v^2 + \boldsymbol{\mathscr{r}} \cdot \mathbf{a}) \nabla t_r \right]. \tag{10.59}$$

Para completar o cálculo, precisamos conhecer $\nabla t_r$. Isso pode ser feito tomando-se o gradiente da equação que define (10.48) — o que já fizemos na Equação 10.50 — e expandindo $\nabla \mathscr{r}$:

$$\begin{aligned} -c\nabla t_r &= \nabla \mathscr{r} = \nabla\sqrt{\boldsymbol{\mathscr{r}} \cdot \boldsymbol{\mathscr{r}}} = \frac{1}{2\sqrt{\boldsymbol{\mathscr{r}} \cdot \boldsymbol{\mathscr{r}}}} \nabla(\boldsymbol{\mathscr{r}} \cdot \boldsymbol{\mathscr{r}}) \\ &= \frac{1}{\mathscr{r}}[(\boldsymbol{\mathscr{r}} \cdot \nabla)\boldsymbol{\mathscr{r}} + \boldsymbol{\mathscr{r}} \times (\nabla \times \boldsymbol{\mathscr{r}})]. \end{aligned} \tag{10.60}$$

Mas

$$(\boldsymbol{\mathscr{r}} \cdot \nabla)\boldsymbol{\mathscr{r}} = \mathbf{v} - \mathbf{v}(\boldsymbol{\mathscr{r}} \cdot \nabla t_r)$$

(a mesma ideia que da Equação 10.53), enquanto (das equações 10.56 e 10.57)

$$\nabla \times \boldsymbol{\mathscr{r}} = (\mathbf{v} \times \nabla t_r).$$

Assim

$$-c\nabla t_r = \frac{1}{\mathscr{r}}[\mathbf{v} - \mathbf{v}(\boldsymbol{\mathscr{r}} \cdot \nabla t_r) + \boldsymbol{\mathscr{r}} \times (\mathbf{v} \times \nabla t_r)] = \frac{1}{\mathscr{r}}[\boldsymbol{\mathscr{r}} - (\boldsymbol{\mathscr{r}} \cdot \mathbf{v})\nabla t_r],$$

e então

$$\nabla t_r = \frac{-\boldsymbol{\mathscr{r}}}{\mathscr{r}c - \boldsymbol{\mathscr{r}} \cdot \mathbf{v}}. \tag{10.61}$$

Incorporando esse resultado à Equação 10.59, concluo que

$$\nabla V = \frac{1}{4\pi\epsilon_0} \frac{qc}{(\mathscr{r}c - \boldsymbol{\mathscr{r}} \cdot \mathbf{v})^3} \left[ (\mathscr{r}c - \boldsymbol{\mathscr{r}} \cdot \mathbf{v})\mathbf{v} - (c^2 - v^2 + \boldsymbol{\mathscr{r}} \cdot \mathbf{a})\boldsymbol{\mathscr{r}} \right]. \tag{10.62}$$

Um cálculo semelhante que deixarei para você (Problema 10.17) resulta em

$$\begin{aligned} \frac{\partial \mathbf{A}}{\partial t} &= \frac{1}{4\pi\epsilon_0} \frac{qc}{(\mathscr{r}c - \boldsymbol{\mathscr{r}} \cdot \mathbf{v})^3} \Big[ (\mathscr{r}c - \boldsymbol{\mathscr{r}} \cdot \mathbf{v})(-\mathbf{v} + \mathscr{r}\mathbf{a}/c) \\ &+ \frac{\mathscr{r}}{c}(c^2 - v^2 + \boldsymbol{\mathscr{r}} \cdot \mathbf{a})\mathbf{v} \Big]. \end{aligned} \tag{10.63}$$

Combinando esses resultados e introduzindo o vetor

$$\mathbf{u} \equiv c\hat{\boldsymbol{\mathscr{r}}} - \mathbf{v}, \tag{10.64}$$

encontro

$$\boxed{\mathbf{E}(\mathbf{r}, t) = \frac{q}{4\pi\epsilon_0} \frac{\mathscr{r}}{(\boldsymbol{\mathscr{r}} \cdot \mathbf{u})^3}[(c^2 - v^2)\mathbf{u} + \boldsymbol{\mathscr{r}} \times (\mathbf{u} \times \mathbf{a})].} \tag{10.65}$$

Enquanto isso,

$$\nabla \times \mathbf{A} = \frac{1}{c^2}\nabla \times (V\mathbf{v}) = \frac{1}{c^2}[V(\nabla \times \mathbf{v}) - \mathbf{v} \times (\nabla V)].$$

Já calculamos $\nabla \times \mathbf{v}$ (Equação 10.55) e $\nabla V$ (Equação 10.62). Juntando ambos,

$$\nabla \times \mathbf{A} = -\frac{1}{c}\frac{q}{4\pi\epsilon_0}\frac{1}{(\mathbf{u} \cdot \boldsymbol{\mathscr{r}})^3}\boldsymbol{\mathscr{r}} \times [(c^2 - v^2)\mathbf{v} + (\boldsymbol{\mathscr{r}} \cdot \mathbf{a})\mathbf{v} + (\boldsymbol{\mathscr{r}} \cdot \mathbf{u})\mathbf{a}].$$

A grandeza entre colchetes é visivelmente semelhante à da Equação 10.65, que pode ser escrita usando-se a regra BAC-CAB, como $[(c^2 - v^2)\mathbf{u} + (\boldsymbol{\mathscr{r}} \cdot \mathbf{a})\mathbf{u} - (\boldsymbol{\mathscr{r}} \cdot \mathbf{u})\mathbf{a}]$; a principal diferença é que temos **v** em vez de **u** nos dois primeiros termos. De fato, como *de qualquer forma* está tudo multiplicado vetorialmente por $\boldsymbol{\mathscr{r}}$, podemos impunemente *trocar* **v** por $-\mathbf{u}$; o termo extra proporcional a $\hat{\boldsymbol{\mathscr{r}}}$ anula-se no produto vetorial. Segue-se que

$$\boxed{\mathbf{B}(\mathbf{r}, t) = \frac{1}{c}\hat{\boldsymbol{\mathscr{r}}} \times \mathbf{E}(\mathbf{r}, t).} \tag{10.66}$$

Evidentemente, *o campo magnético de uma carga pontual é sempre perpendicular ao campo elétrico e ao vetor a partir do ponto retardado.*

O primeiro termo em $\mathbf{E}$ (o que envolve $(c^2 - v^2)\mathbf{u}$) cai com o inverso do *quadrado* da distância da partícula. Se a velocidade e a aceleração são nulas, somente esse termo permanece, reduzindo-se ao velho resultado eletrostático

$$\mathbf{E} = \frac{1}{4\pi\epsilon_0} \frac{q}{\mathscr{r}^2} \hat{\boldsymbol{\mathscr{r}}}.$$

Por essa razão, o primeiro termo em $\mathbf{E}$ é às vezes chamado de **campo de Coulomb generalizado**. (Como ele não depende da aceleração, é também conhecido como **campo de velocidade**.) O segundo termo (que envolve $\boldsymbol{\mathscr{r}} \times (\mathbf{u} \times \mathbf{a})$) cai com o inverso da *primeira* potência de $\mathscr{r}$ e é, portanto, dominante a grandes distâncias. Como veremos no Capítulo 11, este é o termo responsável pela radiação eletromagnética; coerentemente, ele é chamado de **campo de radiação** — ou, como é proporcional a $a$, de **campo de aceleração**. A mesma terminologia se aplica ao campo magnético.

No Capítulo 2, comentei que se pudéssemos escrever a fórmula para a força que uma carga exerce sobre outra, toda a eletrodinâmica, em princípio, estaria resolvida. Isso, juntamente com o princípio da superposição, nos diria qual a força exercida em uma carga de prova $Q$ por qualquer que fosse a configuração. Bem... aqui está: as equações 10.65 e 10.66 nos dão os campos e a lei de força de Lorentz determina a força resultante:

$$\begin{aligned} \mathbf{F} &= \frac{qQ}{4\pi\epsilon_0} \frac{\mathscr{r}}{(\boldsymbol{\mathscr{r}} \cdot \mathbf{u})^3} \Big\{ [(c^2 - v^2)\mathbf{u} + \boldsymbol{\mathscr{r}} \times (\mathbf{u} \times \mathbf{a})] \\ &+ \frac{\mathbf{V}}{c} \times \big[ \hat{\boldsymbol{\mathscr{r}}} \times [(c^2 - v^2)\mathbf{u} + \boldsymbol{\mathscr{r}} \times (\mathbf{u} \times \mathbf{a})] \big] \Big\}, \end{aligned} \tag{10.67}$$

onde $\mathbf{V}$ é a velocidade de $Q$, e $\boldsymbol{\mathscr{r}}$, $\mathbf{u}$, $\mathbf{v}$ e $\mathbf{a}$ são todos calculados no tempo retardado. Toda a teoria da eletrodinâmica clássica está contida nessa equação... mas você vê por que preferi começar pela lei de Coulomb.

---

**Exemplo 10.4**

Calcule os campos elétrico e magnético de uma carga pontual que se move com velocidade constante.

**Solução:** colocando $\mathbf{a} = 0$ na Equação 10.65,

$$\mathbf{E} = \frac{q}{4\pi\epsilon_0} \frac{(c^2 - v^2)\mathscr{r}}{(\boldsymbol{\mathscr{r}} \cdot \mathbf{u})^3} \mathbf{u}.$$

Neste caso, usando $\mathbf{w} = \mathbf{v}t$,

$$\mathscr{r}\mathbf{u} = c\boldsymbol{\mathscr{r}} - \mathscr{r}\mathbf{v} = c(\mathbf{r} - \mathbf{v}t_r) - c(t - t_r)\mathbf{v} = c(\mathbf{r} - \mathbf{v}t).$$

No Exemplo 10.3 constatamos que

$$\mathscr{r}c - \boldsymbol{\mathscr{r}} \cdot \mathbf{v} = \boldsymbol{\mathscr{r}} \cdot \mathbf{u} = \sqrt{(c^2 t - \mathbf{r} \cdot \mathbf{v})^2 + (c^2 - v^2)(r^2 - c^2 t^2)}.$$

No Problema 10.14, você demonstrou que esse radical poderia ser escrito como

$$Rc\sqrt{1 - v^2 \operatorname{sen}^2 \theta / c^2},$$

onde

$$\mathbf{R} \equiv \mathbf{r} - \mathbf{v}t$$

é o vetor da posição *presente* da partícula até $\mathbf{r}$, e $\theta$ é o ângulo entre $\mathbf{R}$ e $\mathbf{v}$ (Figura 10.9). Assim,

$$\boxed{\mathbf{E}(\mathbf{r}, t) = \frac{q}{4\pi\epsilon_0} \frac{1 - v^2/c^2}{(1 - v^2 \operatorname{sen}^2 \theta / c^2)^{3/2}} \frac{\hat{\mathbf{R}}}{R^2}.} \tag{10.68}$$

Observe que $\mathbf{E}$ aponta ao longo da linha a partir da posição *presente* da partícula. Essa é uma coincidência *extraordinária*, uma vez que a 'mensagem' veio da posição *retardada*. Devido ao $\operatorname{sen}^2 \theta$ no denominador, o campo de uma carga que se move em alta velocidade fica achatado na direção perpendicular ao movimento (Figura 10.10). Nas direções para a frente e para trás, $\mathbf{E}$ é *reduzido* por um fator $(1 - v^2/c^2)$ em relação ao campo de uma carga em repouso; na direção perpendicular ele é *aumentado* por um fator $1/\sqrt{1 - v^2/c^2}$.

Quanto a $\mathbf{B}$, temos

$$\hat{\boldsymbol{\mathscr{r}}} = \frac{\mathbf{r} - \mathbf{v}t_r}{\mathscr{r}} = \frac{(\mathbf{r} - \mathbf{v}t) + (t - t_r)\mathbf{v}}{\mathscr{r}} = \frac{\mathbf{R}}{\mathscr{r}} + \frac{\mathbf{v}}{c},$$

e, portanto,

$$\boxed{\mathbf{B} = \frac{1}{c}(\hat{\boldsymbol{\mathscr{r}}} \times \mathbf{E}) = \frac{1}{c^2}(\mathbf{v} \times \mathbf{E}).} \tag{10.69}$$

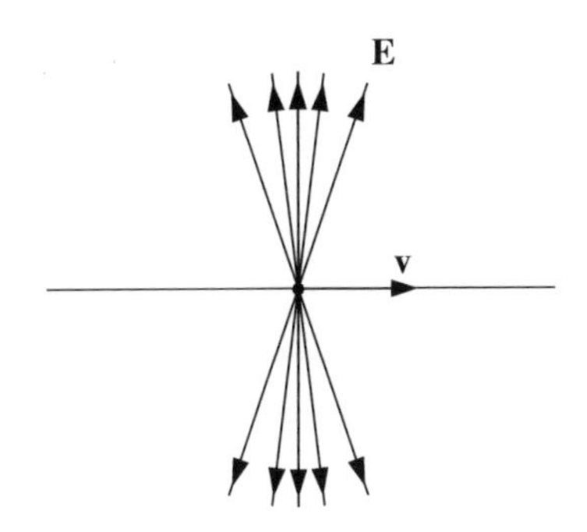


**Figura 10.10**

Linhas de **B** *circundam a* carga, como mostra a Figura 10.11.

Os campos de uma carga pontual movendo-se em velocidade constante (equações 10.68 e 10.69) foram primeiro obtidos por Oliver Heaviside em 1888.[13] Quando $v^2 \ll c^2$ eles se reduzem a

$$\mathbf{E}(\mathbf{r}, t) = \frac{1}{4\pi\epsilon_0} \frac{q}{R^2} \hat{\mathbf{R}}; \qquad \mathbf{B}(\mathbf{r}, t) = \frac{\mu_0}{4\pi} \frac{q}{R^2} (\mathbf{v} \times \hat{\mathbf{R}}). \tag{10.70}$$

O primeiro é, em essência, a lei de Coulomb e o segundo é a 'lei de Biot-Savart para uma carga pontual' sobre a qual eu o alertei no Capítulo 5 (Equação 5.40).

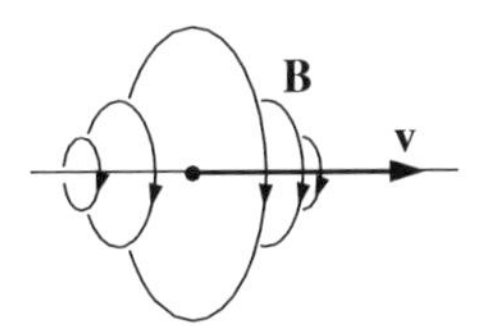


**Figura 10.11**

---

**Problema 10.17** Deduza a Equação 10.63. Mostre primeiro que

$$\frac{\partial t_r}{\partial t} = \frac{\mathscr{r} c}{\boldsymbol{\mathscr{r}} \cdot \mathbf{u}}. \tag{10.71}$$

**Problema 10.18** Suponha que uma carga pontual $q$ está restrita a movimentar-se ao longo do eixo $x$. Mostre que os campos em pontos do eixo à *direita* da carga são dados por

$$\mathbf{E} = \frac{q}{4\pi\epsilon_0} \frac{1}{\mathscr{r}^2} \left( \frac{c+v}{c-v} \right) \hat{\mathbf{x}}, \qquad \mathbf{B} = 0.$$

Quais são os campos no eixo à *esquerda* da carga?

**Problema 10.19**

(a) Use a Equação 10.68 para calcular o campo elétrico a uma distância $d$ de um fio reto infinito que possui uma densidade linear de carga uniforme $\lambda$, movendo-se a uma velocidade constante $v$ pelo fio.

(b) Use a Equação 10.69 para encontrar o campo *magnético* desse fio.

**Problema 10.20** Para a configuração do Problema 10.13, encontre os campos elétrico e magnético no centro. A partir da sua fórmula para **B**, determine o campo magnético no centro de uma espira circular pela qual passa uma corrente estacionária $I$, e compare sua resposta com o resultado do Exemplo 5.6.

---

13. Para histórico e referências, veja O. J. Jefimenko, *Am. J. Phys.* **62**, 79 (1994).

## Mais problemas do Capítulo 10

**Problema 10.21** Suponha que você tome um anel de plástico de raio $a$ e cole nele uma carga, de forma que a densidade linear de carga seja $\lambda_0|\,\mathrm{sen}(\theta/2)|$. Em seguida, você gira a espira em torno do próprio eixo a uma velocidade angular $\omega$. Encontre os potenciais escalar e vetorial (exatos) no centro do anel. [*Resposta:* $\mathbf{A} = (\mu_0\lambda_0\omega a/3\pi)\,\{\mathrm{sen}[\omega(t - a/c)]\,\hat{\mathbf{x}} - \cos[\omega(t - a/c)]\,\hat{\mathbf{y}}\}$]

**Problema 10.22** A Figura 2.35 resume as leis da *eletrostática* em um 'diagrama triangular' relacionando a *fonte* ($\rho$), o *campo* ($\mathbf{E}$) e o *potencial* ($V$). A Figura 5.48 faz o mesmo para a *magnetostática*, onde a fonte é $\mathbf{J}$, o campo é $\mathbf{B}$ e o potencial é $\mathbf{A}$. Construa o diagrama análogo para a *eletrodinâmica*, com as fontes $\rho$ e $\mathbf{J}$ (ligadas pela equação de continuidade), os campos $\mathbf{E}$ e $\mathbf{B}$, e os potenciais $V$ e $\mathbf{A}$ (ligados pela condição de calibre de Lorentz). Não inclua fórmulas para $V$ e $\mathbf{A}$ em termos de $\mathbf{E}$ e $\mathbf{B}$.

**Problema 10.23** Verifique se os potenciais para uma carga pontual em movimento a uma velocidade constante (equações 10.42 e 10.43) satisfazem a condição de calibre de Lorentz (Equação 10.12).

**Problema 10.24** Uma partícula de carga $q_1$ é mantida em repouso na origem. Outra partícula, de carga $q_2$, aproxima-se ao longo do eixo $x$ em movimento hiperbólico:

$$x(t) = \sqrt{b^2 + (ct)^2}\,;$$

ela alcança o ponto mais próximo, $b$, no tempo $t = 0$, e depois retorna ao infinito.

(a) Qual é a força $F_2$ sobre $q_2$ (devido a $q_1$) no tempo $t$?

(b) Qual é o impulso total ($I_2 = \int_{-\infty}^{\infty} F_2 dt$) fornecido a $q_2$ por $q_1$?

(c) Qual é a força $F_1$ sobre $q_1$ (devido a $q_2$) no tempo $t$?

(d) Qual é o impulso total ($I_1 = \int_{-\infty}^{\infty} F_1 dt$) fornecido a $q_1$ por $q_2$? [*Dica:* rever o Problema 10.15 antes de calcular esta integral pode ajudar. *Resposta:* $I_2 = -I_1 = q_1 q_2/4\epsilon_0 bc$]

**Problema 10.25** Uma partícula de carga $q$ está viajando a uma velocidade constante $v$ ao longo do eixo $x$. Calcule a potência total que passa pelo plano $x = a$, no momento em que a partícula em si está na origem. [*Resposta:* $q^2 v/32\pi\epsilon_0 a^2$]

**Problema 10.26**[14] Uma partícula de carga $q_1$ está em repouso na origem. Uma segunda partícula de carga $q_2$ move-se ao longo do eixo $z$ com velocidade constante $v$.

(a) Encontre a força $\mathbf{F}_{12}(t)$ de $q_1$ sobre $q_2$, no tempo $t$ (quando $q_2$ está em $z = vt$).

(b) Encontre a força $\mathbf{F}_{21}(t)$ de $q_2$ sobre $q_1$, no tempo $t$. A terceira lei de Newton aplica-se neste caso?

! (c) Calcule o momento linear $\mathbf{p}(t)$ nos campos eletromagnéticos, no tempo $t$. (Não se preocupe com quaisquer termos que sejam constantes no tempo, já que não precisará deles na parte (d)). [*Resposta:* $(\mu_0 q_1 q_2/4\pi t)\,\hat{\mathbf{z}}$]

(d) Mostre que a soma das forças é igual a menos a taxa de variação do momento nos campos, e interprete o resultado fisicamente.

14. Veja J. J. G. Scanio, *Am. J. Phys.* **43**, 258 (1975).

# Capítulo 11

# Radiação

## 11.1 Radiação dipolar

### 11.1.1 O que é radiação?

No Capítulo 9 discutimos a propagação de ondas eletromagnéticas planas através de vários meios, mas eu não lhe disse como as ondas tiveram origem, para começar. Como todos os campos eletromagnéticos, sua fonte é algum arranjo de cargas elétricas. Mas uma carga elétrica em repouso não gera ondas eletromagnéticas e uma corrente estacionária também não. É preciso *acelerar* as cargas e *mudar* as correntes, como veremos. Meu objetivo neste capítulo é mostrar como tais configurações produzem ondas eletromagnéticas — ou seja, como elas **radiam**.

Uma vez estabelecidas, as ondas eletromagnéticas no vácuo propagam-se 'ao infinito', transportando consigo energia; a *assinatura* da radiação é esse fluxo irreversível de energia que se afasta da fonte. No decorrer deste capítulo, vou assumir que a fonte está *localizada*[1] próxima à origem. Imagine uma casca oca gigantesca, de raio $r$ (Figura 11.1); a potência total que sai atravessando a superfície é a integral do vetor de Poynting:

$$P(r) = \oint \mathbf{S} \cdot d\mathbf{a} = \frac{1}{\mu_0} \oint (\mathbf{E} \times \mathbf{B}) \cdot d\mathbf{a}. \tag{11.1}$$

A potência *radiada* é o limite desta quantidade à medida que $r$ tende ao infinito:

$$P_{\text{rad}} \equiv \lim_{r \to \infty} P(r). \tag{11.2}$$

Esta é a energia (por unidade de tempo) transportada ao infinito, e ela nunca volta.

Ora, a área da esfera é $4\pi r^2$, de forma que para que a radiação ocorra, o vetor de Poynting deve decrescer (para $r$ grande) a no máximo $1/r^2$ (a $1/r^3$, por exemplo, $P(r)$ seria da forma $1/r$ e $P_{\text{rad}}$ seria nulo). Segundo a lei de Coulomb, os campos *eletrostáticos* caem com $1/r^2$ (ou até mais rápido se a carga total é nula), e a lei de Biot-Savart diz que os campos *magnetostáticos* vão com $1/r^2$ (ou mais rápido), o que significa que $S \sim 1/r^4$ para configurações estáticas. De forma que as fontes *estáticas* não radiam. Mas as equações de Jefimenko (10.29 e 10.31) indicam que campos *dependentes do tempo* incluem termos (envolvendo $\dot{\rho}$ e $\dot{\mathbf{J}}$) que vão com $1/r$; são *esses* os termos responsáveis pela radiação eletromagnética.

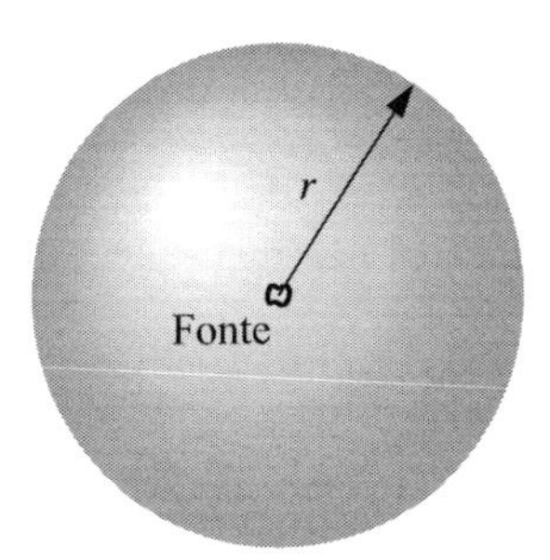


**Figura 11.1**

1. Para fontes *não* localizadas, tais como planos, fios ou solenoides infinitos, todo o conceito de 'radiação' tem de ser reformulado — veja o Problema 11.24.

O estudo da radiação, portanto, envolve escolher partes de **E** e **B** que vão como $1/r$ a grandes distâncias da fonte, construir a partir delas o termo $1/r^2$ em **S**, integrar sobre uma grande superfície esférica[2] e tomar o limite $r \to \infty$. Vou levar a cabo este procedimento, primeiro para dipolos elétricos e magnéticos oscilantes; depois, na Seção 11.2, consideraremos o caso mais difícil da radiação de uma carga pontual acelerada.

### 11.1.2 Radiação de dipolo elétrico

Imagine duas minúsculas esferas de metal separadas por uma distância $d$ e conectadas por um fio fino (Figura 11.2). No tempo $t$ a carga da esfera superior é $q(t)$, e a carga da esfera inferior é $-q(t)$. Suponha que movimentemos a carga pelo fio indo e vindo de uma extremidade à outra, a uma frequência angular $\omega$:

$$q(t) = q_0 \cos(\omega t). \tag{11.3}$$

O resultado é um dipolo elétrico oscilante:[3]

$$\mathbf{p}(t) = p_0 \cos(\omega t)\,\hat{\mathbf{z}}, \tag{11.4}$$

onde

$$p_0 \equiv q_0 d$$

é o valor máximo do momento de dipolo.

O potencial retardado (Equação 10.19) é

$$V(\mathbf{r}, t) = \frac{1}{4\pi\epsilon_0}\left\{\frac{q_0\cos[\omega(t - \mathscr{r}_+/c)]}{\mathscr{r}_+} - \frac{q_0\cos[\omega(t - \mathscr{r}_-/c)]}{\mathscr{r}_-}\right\}, \tag{11.5}$$

onde, pela lei dos cossenos,

$$\mathscr{r}_\pm = \sqrt{r^2 \mp rd\cos\theta + (d/2)^2}. \tag{11.6}$$

Agora, para tornar este dipolo *físico* um dipolo *perfeito*, queremos que a distância de separação seja extremamente pequena:

$$\textbf{aproximação 1:}\quad d \ll r. \tag{11.7}$$

É claro que se $d$ é *nulo* não temos potencial nenhum; o que queremos é uma expansão até a *primeira ordem* em $d$. Assim

$$\mathscr{r}_\pm \cong r\left(1 \mp \frac{d}{2r}\cos\theta\right). \tag{11.8}$$

Segue-se que

$$\frac{1}{\mathscr{r}_\pm} \cong \frac{1}{r}\left(1 \pm \frac{d}{2r}\cos\theta\right), \tag{11.9}$$

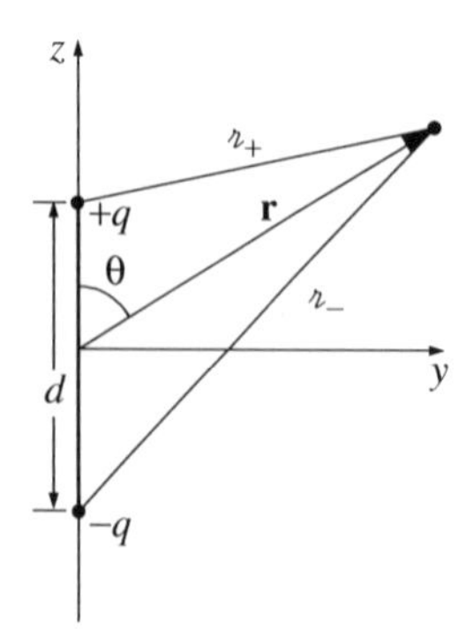


**Figura 11.2**

2. Não precisa ser uma esfera, é claro, mas isso torna os cálculos bem mais fáceis.
3. Talvez lhe ocorra que um modelo mais natural consistiria de cargas iguais e opostas colocadas, digamos, em uma mola, de forma que $q$ é constante enquanto $d$ oscila, em vez do contrário. Tal modelo levaria ao mesmo resultado, mas cargas de pontos móveis são difíceis de trabalhar (por causa do denominador estranho nos potenciais de Liénard-Wiechert), e essa formulação é muito mais simples.

e

$$\cos[\omega(t - \mathscr{r}_{\pm}/c)] \cong \cos\left[\omega(t - r/c) \pm \frac{\omega d}{2c}\cos\theta\right]$$

$$= \cos[\omega(t - r/c)]\cos\left(\frac{\omega d}{2c}\cos\theta\right) \mp \operatorname{sen}[\omega(t - r/c)]\operatorname{sen}\left(\frac{\omega d}{2c}\cos\theta\right).$$

No limite do dipolo perfeito, temos, também,

$$\textbf{aproximação 2:}\quad d \ll \frac{c}{\omega}. \tag{11.10}$$

(Como ondas de frequência $\omega$ têm um comprimento de onda $\lambda = 2\pi c/\omega$, isso resulta no requisito $d \ll \lambda$.) Nessas condições

$$\cos[\omega(t - \mathscr{r}_{\pm}/c)] \cong \cos[\omega(t - r/c)] \mp \frac{\omega d}{2c}\cos\theta\operatorname{sen}[\omega(t - r/c)]. \tag{11.11}$$

Colocando as equações 11.9 e 11.11 na Equação 11.5, obtemos o potencial de um dipolo perfeito oscilante:

$$V(r, \theta, t) = \frac{p_0\cos\theta}{4\pi\epsilon_0 r}\left\{-\frac{\omega}{c}\operatorname{sen}[\omega(t - r/c)] + \frac{1}{r}\cos[\omega(t - r/c)]\right\}. \tag{11.12}$$

No contorno estático ($\omega \to 0$), o segundo termo reproduz a velha fórmula para o potencial de um dipolo estacionário (Equação 3.99):

$$V = \frac{p_0\cos\theta}{4\pi\epsilon_0 r^2}.$$

Este, no entanto, não é o termo que nos preocupa agora; estamos interessados nos campos que sobrevivem *a grandes distâncias da fonte*, na chamada **zona de radiação**:[4]

$$\textbf{aproximação 3:}\quad r \gg \frac{c}{\omega}. \tag{11.13}$$

(Ou, em termos de comprimento de onda, $r \gg \lambda$.) Nessa região, o potencial se reduz a

$$\boxed{V(r, \theta, t) = -\frac{p_0\omega}{4\pi\epsilon_0 c}\left(\frac{\cos\theta}{r}\right)\operatorname{sen}[\omega(t - r/c)].} \tag{11.14}$$

Enquanto isso, o potencial *vetorial* é determinado pela corrente que passa pelo fio:

$$\mathbf{I}(t) = \frac{dq}{dt}\,\hat{\mathbf{z}} = -q_0\omega\operatorname{sen}(\omega t)\,\hat{\mathbf{z}}. \tag{11.15}$$

Consultando a Figura 11.3,

$$\mathbf{A}(\mathbf{r}, t) = \frac{\mu_0}{4\pi}\int_{-d/2}^{d/2}\frac{-q_0\omega\operatorname{sen}[\omega(t - \mathscr{r}/c)]\,\hat{\mathbf{z}}}{\mathscr{r}}\,dz. \tag{11.16}$$

Como a integração em si introduz um fator $d$, podemos, em primeira ordem, substituir o integrando pelo seu valor no centro:

$$\boxed{\mathbf{A}(r, \theta, t) = -\frac{\mu_0 p_0\omega}{4\pi r}\operatorname{sen}[\omega(t - r/c)]\,\hat{\mathbf{z}}.} \tag{11.17}$$

(Observe que embora eu tenha implicitamente usado as aproximações 1 e 2, mantendo somente a primeira ordem em $d$, a Equação 11.17 *não* está sujeita à aproximação 3.)

A partir dos potenciais, calcular os campos é uma questão simples.

$$\nabla V = \frac{\partial V}{\partial r}\,\hat{\mathbf{r}} + \frac{1}{r}\frac{\partial V}{\partial\theta}\,\hat{\boldsymbol{\theta}}$$

$$= -\frac{p_0\omega}{4\pi\epsilon_0 c}\left\{\cos\theta\left(-\frac{1}{r^2}\operatorname{sen}[\omega(t - r/c)] - \frac{\omega}{rc}\cos[\omega(t - r/c)]\right)\hat{\mathbf{r}} - \frac{\operatorname{sen}\theta}{r^2}\operatorname{sen}[\omega(t - r/c)]\,\hat{\boldsymbol{\theta}}\right\}$$

$$\cong \frac{p_0\omega^2}{4\pi\epsilon_0 c^2}\left(\frac{\cos\theta}{r}\right)\cos[\omega(t - r/c)]\,\hat{\mathbf{r}}.$$

4. Observe que as aproximações 2 e 3 incluem a aproximação 1. No todo, temos $d \ll \lambda \ll r$.

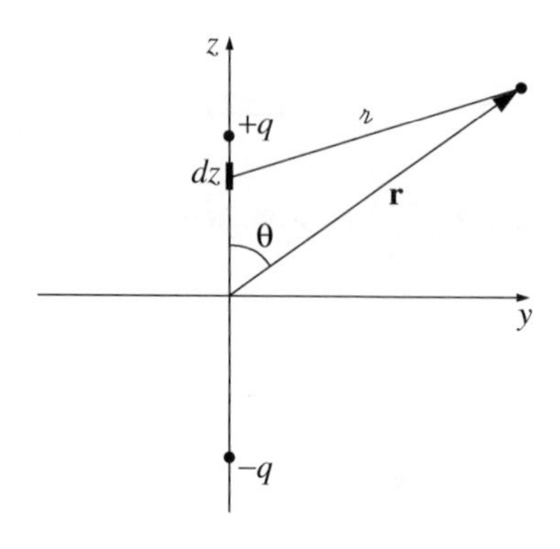


**Figura 11.3**

(Excluí o primeiro e o último termos, conforme a aproximação 3.) Da mesma forma,

$$\frac{\partial \mathbf{A}}{\partial t} = -\frac{\mu_0 p_0 \omega^2}{4\pi r}\cos[\omega(t - r/c)](\cos\theta\,\hat{\mathbf{r}} - \operatorname{sen}\theta\,\hat{\boldsymbol{\theta}}),$$

e, portanto,

$$\boxed{\mathbf{E} = -\nabla V - \frac{\partial \mathbf{A}}{\partial t} = -\frac{\mu_0 p_0 \omega^2}{4\pi}\left(\frac{\operatorname{sen}\theta}{r}\right)\cos[\omega(t - r/c)]\,\hat{\boldsymbol{\theta}}.} \tag{11.18}$$

Enquanto isso,

$$\begin{aligned}\nabla \times \mathbf{A} &= \frac{1}{r}\left[\frac{\partial}{\partial r}(rA_\theta) - \frac{\partial A_r}{\partial \theta}\right]\hat{\boldsymbol{\phi}} \\ &= -\frac{\mu_0 p_0 \omega}{4\pi r}\left\{\frac{\omega}{c}\operatorname{sen}\theta\cos[\omega(t - r/c)] + \frac{\operatorname{sen}\theta}{r}\operatorname{sen}[\omega(t - r/c)]\right\}\hat{\boldsymbol{\phi}}.\end{aligned}$$

O segundo termo é novamente eliminado pela aproximação 3, então

$$\boxed{\mathbf{B} = \nabla \times \mathbf{A} = -\frac{\mu_0 p_0 \omega^2}{4\pi c}\left(\frac{\operatorname{sen}\theta}{r}\right)\cos[\omega(t - r/c)]\,\hat{\boldsymbol{\phi}}.} \tag{11.19}$$

As equações 11.18 e 11.19 representam ondas monocromáticas de frequência $\omega$ viajando na direção radial, à velocidade da luz. **E** e **B** estão em fase, são mutuamente perpendiculares e transversais; a razão de suas amplitudes é $E_0/B_0 = c$. Tudo isso é precisamente o que esperamos para ondas eletromagnéticas no espaço livre. (Essas são, de fato, ondas *esféricas*, não ondas planas, e sua amplitude diminui com $1/r$ à medida que elas avançam. Mas para $r$ grande, elas são aproximadamente planas sobre regiões pequenas — da mesma forma que a superfície da Terra é razoavelmente plana, em uma região limitada.)

A energia radiada por um dipolo elétrico oscilante é determinada pelo vetor de Poynting:

$$\mathbf{S} = \frac{1}{\mu_0}(\mathbf{E} \times \mathbf{B}) = \frac{\mu_0}{c}\left\{\frac{p_0 \omega^2}{4\pi}\left(\frac{\operatorname{sen}\theta}{r}\right)\cos[\omega(t - r/c)]\right\}^2\hat{\mathbf{r}}. \tag{11.20}$$

A intensidade é obtida tomando-se a média (no tempo) de um ciclo completo:

$$\langle \mathbf{S} \rangle = \left(\frac{\mu_0 p_0^2 \omega^4}{32\pi^2 c}\right)\frac{\operatorname{sen}^2\theta}{r^2}\,\hat{\mathbf{r}}. \tag{11.21}$$

Observe que não há radiação ao longo do *eixo* do dipolo (aqui $\operatorname{sen}\theta = 0$); o perfil de intensidade[5] toma a forma de uma rosquinha, com seu máximo no plano equatorial (Figura 11.4). A potência total radiada é determinada integrando-se $\langle \mathbf{S} \rangle$ sobre uma esfera de raio $r$:

$$\langle P \rangle = \int \langle \mathbf{S} \rangle \cdot d\mathbf{a} = \frac{\mu_0 p_0^2 \omega^4}{32\pi^2 c}\int \frac{\operatorname{sen}^2\theta}{r^2} r^2 \operatorname{sen}\theta\, d\theta\, d\phi = \frac{\mu_0 p_0^2 \omega^4}{12\pi c}. \tag{11.22}$$

Ela é independente do raio da esfera, como seria de se esperar considerando-se a conservação de energia (com a aproximação 3 estamos antecipando o limite $r \to \infty$).

5. A coordenada 'radial' da Figura 11.4 representa a magnitude de $\langle \mathbf{S} \rangle$ (para $r$ fixo), como função de $\theta$ e $\phi$.

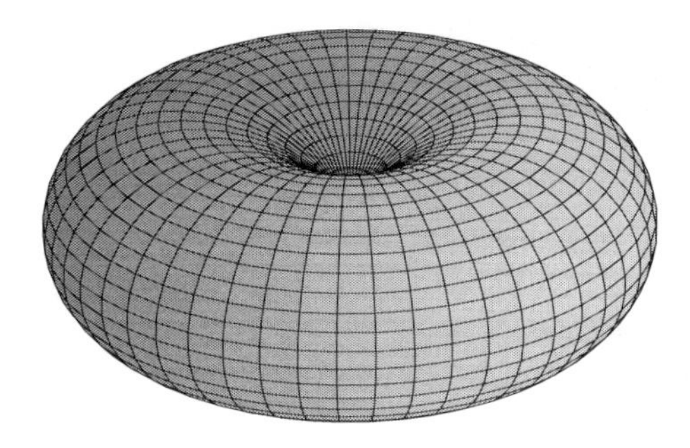

**Figura 11.4**

## Exemplo 11.1

A acentuada dependência que a fórmula da potência tem com a frequência é a causa da cor azul do céu. A luz que passa pela atmosfera estimula os átomos a oscilarem como minúsculos dipolos. A radiação solar incidente cobre uma ampla gama de frequências (luz branca), mas a energia absorvida e rerradiada pelos dipolos atmosféricos é mais forte nas frequências mais altas devido a $\omega^4$ na Equação 11.22. Então, é mais intensa no azul do que no vermelho. É essa luz rerradiada que você vê quando olha para o céu — a menos, é claro, que esteja olhando diretamente para o sol.

Como as ondas eletromagnéticas são transversais, os dipolos oscilam em um plano ortogonal aos raios do sol. No arco celestial perpendicular a esses raios, onde o azul é mais pronunciado, os dipolos que oscilam ao longo da linha de visão não enviam radiação ao observador (devido a $\text{sen}^2\,\theta$ na Equação 11.21); a luz recebida nesse ângulo é, portanto, polarizada perpendicularmente aos raios do sol (Figura 11.5).

O vermelho do pôr do sol é o outro lado da mesma moeda: a luz do sol que chega tangente à superfície da Terra tem de passar através de um trecho muito maior de atmosfera do que a luz que vem de cima (Figura 11.6). Consequentemente, muito do azul é *removido* pelo espalhamento e o que sobra é o vermelho.

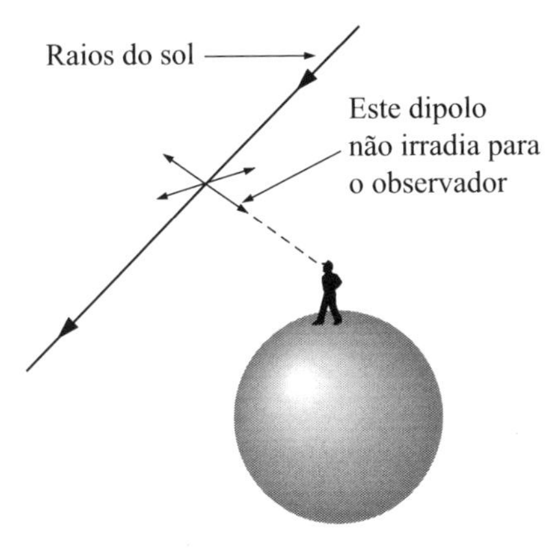


**Figura 11.5**

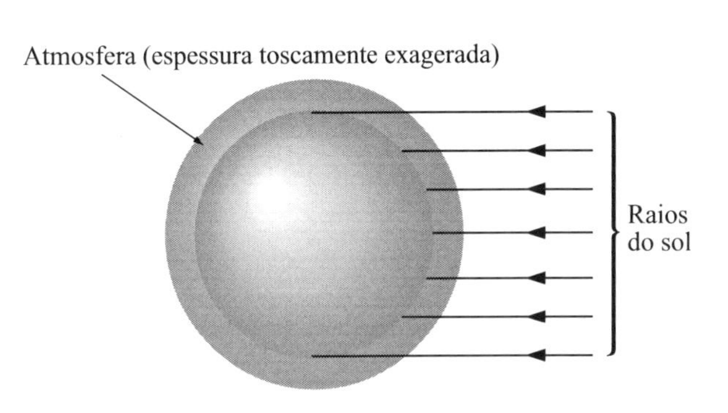


**Figura 11.6**

---

**Problema 11.1** Verifique se os potenciais retardados de um dipolo oscilante (equações 11.12 e 11.17) satisfazem a condição de calibre de Lorentz. *Não* use a aproximação 3.

**Problema 11.2** A Equação 11.14 pode ser expressa em uma forma 'livre de coordenadas' escrevendo-se $p_0 \cos\theta = \mathbf{p}_0 \cdot \hat{\mathbf{r}}$. Faça isso, e repita para as equações 11.17, 11.18, 11.19 e 11.21.

**Problema 11.3** Encontre a **resistência de radiação** do fio que junta as duas extremidades do dipolo. (Essa é a resistência que teria a mesma perda média de potência — para o calor — que o dipolo *de fato* emite na forma de radiação.) Mostre que $R = 790\ (d/\lambda)^2\ \Omega$, onde $\lambda$ é o comprimento de onda da radiação. No caso dos fios de um rádio comum (de, digamos, $d = 5$ cm), você deve se preocupar com a contribuição radiativa para a resistência total?

! **Problema 11.4** Pode-se pensar em um dipolo elétrico em *rotação* como a superposição de dois dipolos *oscilantes*, um ao longo do eixo $x$ e o outro ao longo do eixo $y$ (Figura 11.7), estando o segundo fora de fase por 90°:

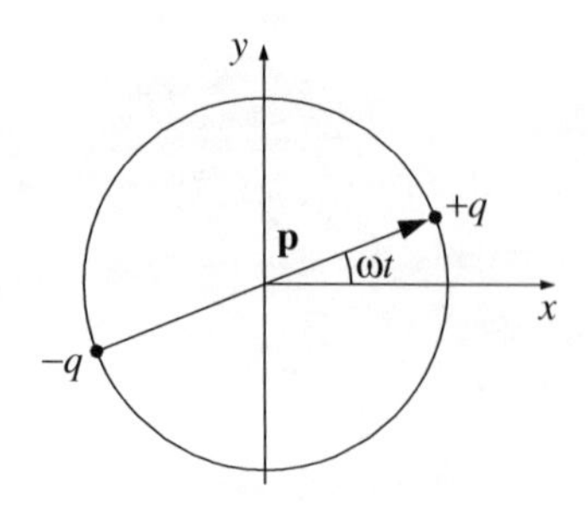


**Figura 11.7**

$$\mathbf{p} = p_0[\cos(\omega t)\,\hat{\mathbf{x}} + \text{sen}(\omega t)\,\hat{\mathbf{y}}].$$

Usando o princípio da superposição e as equações 11.18 e 11.19 (talvez na forma sugerida pelo Problema 11.2), encontre os campos de um dipolo em rotação. Encontre também o vetor de Poynting e a intensidade de radiação. Faça o gráfico do perfil de intensidade como função do ângulo polar $\theta$, e calcule a potência total radiada. A resposta parece razoável? (Observe que a potência, sendo *quadrática* nos campos, *não* satisfaz o princípio da superposição. Neste caso, no entanto, *parece* que sim. Você pode explicar isso?)

---

### 11.1.3 Radiação de dipolo magnético

Suponha agora que temos uma espira de fio de raio $b$ (Figura 11.8), em torno da qual passamos uma corrente alternada:

$$I(t) = I_0 \cos(\omega t). \tag{11.23}$$

Este é um modelo para um dipolo *magnético* oscilante,

$$\mathbf{m}(t) = \pi b^2 I(t)\,\hat{\mathbf{z}} = m_0 \cos(\omega t)\,\hat{\mathbf{z}}, \tag{11.24}$$

onde

$$m_0 \equiv \pi b^2 I_0 \tag{11.25}$$

é o valor máximo do momento de dipolo magnético.

A espira está sem carga, de forma que o potencial escalar é nulo. O potencial vetorial retardado é

$$\mathbf{A}(\mathbf{r}, t) = \frac{\mu_0}{4\pi} \int \frac{I_0 \cos[\omega(t - \mathscr{r}/c)]}{\mathscr{r}}\, d\mathbf{l}'. \tag{11.26}$$

Para um ponto $\mathbf{r}$ diretamente acima do eixo $x$ (Figura 11.8), $\mathbf{A}$ tem de estar voltado para a direção $y$, já que os componentes $x$ de pontos simetricamente colocados dos dois lados do eixo $x$ irão se anular. Assim

$$\mathbf{A}(\mathbf{r}, t) = \frac{\mu_0 I_0 b}{4\pi}\,\hat{\mathbf{y}} \int_0^{2\pi} \frac{\cos[\omega(t - \mathscr{r}/c)]}{\mathscr{r}} \cos\phi'\, d\phi' \tag{11.27}$$

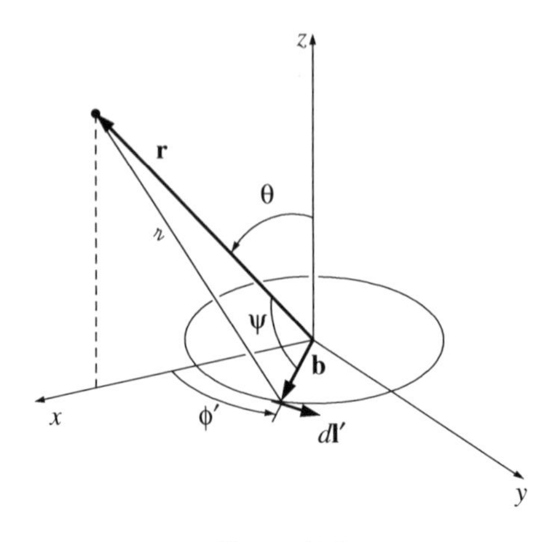


**Figura 11.8**

($\cos\phi'$ serve para escolher o componente $y$ de $d\mathbf{l}'$). Pela lei dos cossenos,

$$\mathscr{r} = \sqrt{r^2 + b^2 - 2rb\cos\psi},$$

onde $\psi$ é o ângulo entre os vetores $\mathbf{r}$ e $\mathbf{b}$:

$$\mathbf{r} = r\,\text{sen}\,\theta\,\hat{\mathbf{x}} + r\cos\theta\,\hat{\mathbf{z}}, \quad \mathbf{b} = b\cos\phi'\,\hat{\mathbf{x}} + b\,\text{sen}\,\phi'\,\hat{\mathbf{y}}.$$

Então $rb\cos\psi = \mathbf{r}\cdot\mathbf{b} = rb\,\text{sen}\,\theta\cos\phi'$, e, portanto,

$$\mathscr{r} = \sqrt{r^2 + b^2 - 2rb\,\text{sen}\,\theta\cos\phi'}. \tag{11.28}$$

Para um dipolo 'perfeito', queremos que a espira seja extremamente pequena:

$$\textbf{aproximação 1:} \quad b \ll r. \tag{11.29}$$

Até a primeira ordem em $b$, então,

$$\mathscr{r} \cong r\left(1 - \frac{b}{r}\,\text{sen}\,\theta\cos\phi'\right),$$

portanto,

$$\frac{1}{\mathscr{r}} \cong \frac{1}{r}\left(1 + \frac{b}{r}\,\text{sen}\,\theta\cos\phi'\right) \tag{11.30}$$

e

$$\cos[\omega(t - \mathscr{r}/c)] \cong \cos\left[\omega(t - r/c) + \frac{\omega b}{c}\,\text{sen}\,\theta\cos\phi'\right]$$

$$= \cos[\omega(t - r/c)]\cos\left(\frac{\omega b}{c}\,\text{sen}\,\theta\cos\phi'\right) - \text{sen}[\omega(t - r/c)]\,\text{sen}\left(\frac{\omega b}{c}\,\text{sen}\,\theta\cos\phi'\right).$$

Como antes, também assumimos que o tamanho do dipolo é pequeno em comparação com o comprimento de onda radiada:

$$\textbf{aproximação 2:} \quad b \ll \frac{c}{\omega}. \tag{11.31}$$

Nesse caso,

$$\cos[\omega(t - \mathscr{r}/c)] \cong \cos[\omega(t - r/c)] - \frac{\omega b}{c}\,\text{sen}\,\theta\cos\phi'\,\text{sen}[\omega(t - r/c)]. \tag{11.32}$$

Inserindo as equações 11.30 e 11.32 na Equação 11.27, e eliminando o termo de segunda ordem:

$$\mathbf{A}(\mathbf{r}, t) \cong \frac{\mu_0 I_0 b}{4\pi r}\,\hat{\mathbf{y}}\int_0^{2\pi}\Big\{\cos[\omega(t - r/c)]$$

$$+ b\,\text{sen}\,\theta\cos\phi'\left(\frac{1}{r}\cos[\omega(t - r/c)] - \frac{\omega}{c}\,\text{sen}[\omega(t - r/c)]\right)\Big\}\cos\phi'\,d\phi'.$$

A integral do primeiro termo é nula:

$$\int_0^{2\pi}\cos\phi'\,d\phi' = 0.$$

O segundo termo envolve a integral do quadrado do cosseno:

$$\int_0^{2\pi}\cos^2\phi'\,d\phi' = \pi.$$

Acrescentando isso e observando que, em geral, $\mathbf{A}$ aponta na direção $\hat{\boldsymbol{\phi}}$, concluo que o potencial vetorial de um dipolo magnético perfeito oscilante é

$$\mathbf{A}(r, \theta, t) = \frac{\mu_0 m_0}{4\pi}\left(\frac{\text{sen}\,\theta}{r}\right)\left\{\frac{1}{r}\cos[\omega(t - r/c)] - \frac{\omega}{c}\,\text{sen}[\omega(t - r/c)]\right\}\hat{\boldsymbol{\phi}}. \tag{11.33}$$

No limite estático ($\omega = 0$) reproduzimos a conhecida fórmula para o potencial de um dipolo magnético (Equação 5.85)

$$\mathbf{A}(r, \theta) = \frac{\mu_0}{4\pi}\frac{m_0\,\text{sen}\,\theta}{r^2}\,\hat{\boldsymbol{\phi}}.$$

Na zona de radiação,

$$\textbf{aproximação 3:} \quad r \gg \frac{c}{\omega}, \tag{11.34}$$

o primeiro termo em **A** é desprezível, de forma que

$$\boxed{\mathbf{A}(r,\theta,t) = -\frac{\mu_0 m_0 \omega}{4\pi c}\left(\frac{\operatorname{sen}\theta}{r}\right)\operatorname{sen}[\omega(t-r/c)]\,\hat{\boldsymbol{\phi}}.} \tag{11.35}$$

De **A** obtemos os campos para $r$ grande:

$$\boxed{\mathbf{E} = -\frac{\partial \mathbf{A}}{\partial t} = \frac{\mu_0 m_0 \omega^2}{4\pi c}\left(\frac{\operatorname{sen}\theta}{r}\right)\cos[\omega(t-r/c)]\,\hat{\boldsymbol{\phi}},} \tag{11.36}$$

e

$$\boxed{\mathbf{B} = \boldsymbol{\nabla}\times\mathbf{A} = -\frac{\mu_0 m_0 \omega^2}{4\pi c^2}\left(\frac{\operatorname{sen}\theta}{r}\right)\cos[\omega(t-r/c)]\,\hat{\boldsymbol{\theta}}.} \tag{11.37}$$

(Usei a aproximação 3 no cálculo de **B**.) Estes campos estão em fase, são mutuamente perpendiculares, transversais à direção de propagação ($\hat{\mathbf{r}}$), e a razão de suas amplitudes é $E_0/B_0 = c$, tudo conforme o esperado para ondas eletromagnéticas. Eles são, de fato, extraordinariamente semelhantes em estrutura aos campos de um dipolo *elétrico* oscilante (equações 11.18 e 11.19), exceto que desta vez é **B** que aponta na direção $\hat{\boldsymbol{\theta}}$ e **E** na direção $\hat{\boldsymbol{\phi}}$, enquanto no caso dos dipolos elétricos ocorre o contrário.

O fluxo de energia para a radiação por dipolo magnético é

$$\mathbf{S} = \frac{1}{\mu_0}(\mathbf{E}\times\mathbf{B}) = \frac{\mu_0}{c}\left\{\frac{m_0\omega^2}{4\pi c}\left(\frac{\operatorname{sen}\theta}{r}\right)\cos[\omega(t-r/c)]\right\}^2\hat{\mathbf{r}}, \tag{11.38}$$

a intensidade é

$$\langle \mathbf{S}\rangle = \left(\frac{\mu_0 m_0^2 \omega^4}{32\pi^2 c^3}\right)\frac{\operatorname{sen}^2\theta}{r^2}\,\hat{\mathbf{r}}, \tag{11.39}$$

e a potência total radiada é

$$\langle P\rangle = \frac{\mu_0 m_0^2 \omega^4}{12\pi c^3}. \tag{11.40}$$

Mais uma vez, o perfil de intensidade tem o formato de uma rosquinha (Figura 11.4), e a potência radiada vai com $\omega^4$. Existe, no entanto, uma diferença importante entre a radiação de dipolo elétrico e de dipolo magnético: para configurações com dimensões comparáveis, a potência radiada eletricamente é imensamente maior. Comparando as equações 11.22 e 11.40,

$$\frac{P_{\text{magnético}}}{P_{\text{elétrico}}} = \left(\frac{m_0}{p_0 c}\right)^2, \tag{11.41}$$

onde (lembre-se) $m_0 = \pi b^2 I_0$ e $p_0 = q_0 d$. A amplitude de corrente no caso elétrico era $I_0 = q_0\omega$ (Equação 11.15). Estabelecendo $d = \pi b$, para fins de comparação, obtenho

$$\frac{P_{\text{magnético}}}{P_{\text{elétrico}}} = \left(\frac{\omega b}{c}\right)^2. \tag{11.42}$$

Mas $\omega b/c$ é precisamente a quantidade que assumimos que fosse muito pequena (aproximação 2), e aqui ela aparece ao *quadrado*. Normalmente, então, deve-se esperar que a radiação de dipolo elétrico predomine. Somente quando o sistema é cuidadosamente concebido para excluir qualquer contribuição elétrica (como no caso que acabamos de abordar) é que a radiação de dipolo magnético irá se revelar.

**Problema 11.5** Calcule os campos elétrico e magnético de um dipolo magnético oscilante *sem* usar a aproximação 3. [Eles parecem familiares? Compare ao Problema 9.33.] Encontre o vetor de Poynting e mostre que a intensidade da radiação é exatamente a mesma que obtivemos usando a aproximação 3.

**Problema 11.6** Encontre a resistência de radiação (Problema 11.3) para o dipolo magnético oscilante da Figura 11.8. Expresse sua resposta em termos de $\lambda$ e $b$, e compare à resistência de radiação do dipolo *elétrico*. [*Resposta:* $3 \times 10^5\ (b/\lambda)^4\ \Omega$]

**Problema 11.7** Use a transformação de 'dualidade' do Problema 7.60, juntamente com os campos de um dipolo *elétrico* oscilante (equações 11.18 e 11.19), para determinar os campos que seriam produzidos por um dipolo *magnético* oscilante 'de Gilbert' (composto de cargas magnéticas iguais e opostas, em vez de uma espira de corrente elétrica). Compare as equações 11.36 e 11.37, e comente o resultado.

### 11.1.4 Radiação de uma fonte arbitrária

Nas seções anteriores estudamos a radiação produzida por dois sistemas específicos: dipolos elétricos oscilantes e dipolos magnéticos oscilantes. Agora quero aplicar os mesmos procedimentos a uma configuração de carga e corrente que é totalmente arbitrária, exceto pelo fato de que está localizada dentro de algum volume finito próximo à origem (Figura 11.9). O potencial escalar retardado é

$$V(\mathbf{r}, t) = \frac{1}{4\pi\epsilon_0} \int \frac{\rho(\mathbf{r}', t - \mathscr{r}/c)}{\mathscr{r}}\, d\tau', \tag{11.43}$$

onde

$$\mathscr{r} = \sqrt{r^2 + r'^2 - 2\mathbf{r}\cdot\mathbf{r}'}. \tag{11.44}$$

Como antes, vamos assumir que o ponto de observação $\mathbf{r}$ está longe em comparação às dimensões da fonte:

$$\textbf{aproximação 1:} \quad r' \ll r. \tag{11.45}$$

(De fato, $r'$ é uma variável de integração; a aproximação 1 significa que o valor *máximo* de $r'$, à medida que ele varia sobre a fonte, é muito menor do que $r$.) Com base nesse pressuposto,

$$\mathscr{r} \cong r\left(1 - \frac{\mathbf{r}\cdot\mathbf{r}'}{r^2}\right), \tag{11.46}$$

então

$$\frac{1}{\mathscr{r}} \cong \frac{1}{r}\left(1 + \frac{\mathbf{r}\cdot\mathbf{r}'}{r^2}\right) \tag{11.47}$$

e

$$\rho(\mathbf{r}', t - \mathscr{r}/c) \cong \rho\left(\mathbf{r}', t - \frac{r}{c} + \frac{\hat{\mathbf{r}}\cdot\mathbf{r}'}{c}\right).$$

Expandindo $\rho$ como uma série de Taylor em $t$ em torno do tempo retardado na origem,

$$t_0 \equiv t - \frac{r}{c}, \tag{11.48}$$

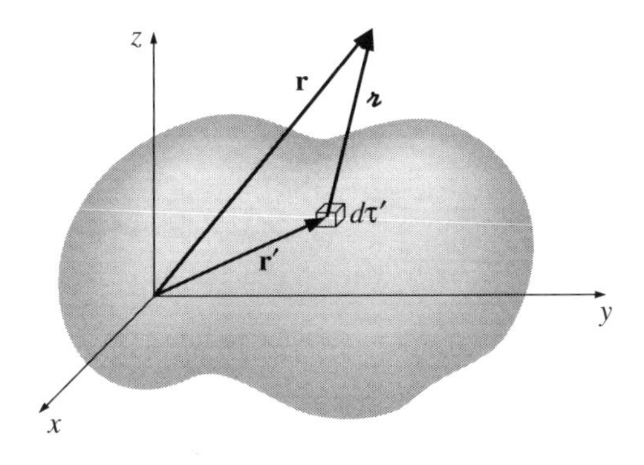


**Figura 11.9**

temos

$$\rho(\mathbf{r}', t - \imath/c) \cong \rho(\mathbf{r}', t_0) + \dot{\rho}(\mathbf{r}', t_0)\left(\frac{\hat{\mathbf{r}} \cdot \mathbf{r}'}{c}\right) + \ldots \tag{11.49}$$

onde o ponto significa diferenciação com relação ao tempo. Os próximos termos da série seriam

$$\frac{1}{2}\ddot{\rho}\left(\frac{\hat{\mathbf{r}} \cdot \mathbf{r}'}{c}\right)^2, \quad \frac{1}{3!}\dddot{\rho}\left(\frac{\hat{\mathbf{r}} \cdot \mathbf{r}'}{c}\right)^3, \ldots.$$

Podemos eliminá-los, desde que

$$\textbf{aproximação 2:} \quad r' \ll \frac{c}{|\ddot{\rho}/\dot{\rho}|}, \frac{c}{|\dddot{\rho}/\dot{\rho}|^{1/2}}, \frac{c}{|\ddddot{\rho}/\dot{\rho}|^{1/3}}, \ldots \tag{11.50}$$

Para um sistema oscilante, cada uma dessas razões é $c/\omega$, e encontramos a velha aproximação 2. No caso geral é mais difícil interpretar a Equação 11.50, mas como questão prática, as aproximações 1 e 2 equivalem a *manter somente os termos de primeira ordem em* $r'$.

Colocando as equações 11.47 e 11.49 na fórmula para $V$ (Equação 11.43), e novamente descartando o termo de segunda ordem:

$$V(\mathbf{r}, t) \cong \frac{1}{4\pi\epsilon_0 r}\left[\int \rho(\mathbf{r}', t_0)\, d\tau' + \frac{\hat{\mathbf{r}}}{r} \cdot \int \mathbf{r}'\rho(\mathbf{r}', t_0)\, d\tau' + \frac{\hat{\mathbf{r}}}{c} \cdot \frac{d}{dt}\int \mathbf{r}'\rho(\mathbf{r}', t_0)\, d\tau'\right].$$

A primeira integral é simplesmente a carga total, $Q$, no tempo $t_0$. No entanto, como a carga é conservada, $Q$ é na realidade *independente* do tempo. As duas outras integrais representam o momento de dipolo elétrico no tempo $t_0$. Assim

$$V(\mathbf{r}, t) \cong \frac{1}{4\pi\epsilon_0}\left[\frac{Q}{r} + \frac{\hat{\mathbf{r}} \cdot \mathbf{p}(t_0)}{r^2} + \frac{\hat{\mathbf{r}} \cdot \dot{\mathbf{p}}(t_0)}{rc}\right]. \tag{11.51}$$

No caso estático, os dois primeiros termos são as contribuições de monopolo e de dipolo à expansão multipolar para $V$; o terceiro termo, é claro, não estaria presente.

Enquanto isso, o potencial vetorial é

$$\mathbf{A}(\mathbf{r}, t) = \frac{\mu_0}{4\pi}\int \frac{\mathbf{J}(\mathbf{r}', t - \imath/c)}{\imath}\, d\tau'. \tag{11.52}$$

Como você verá logo mais, para a primeira ordem em $r'$ basta substituir $\imath$ por $r$ no integrando:

$$\mathbf{A}(\mathbf{r}, t) \cong \frac{\mu_0}{4\pi r}\int \mathbf{J}(\mathbf{r}', t_0)\, d\tau'. \tag{11.53}$$

Segundo o Problema 5.7, a integral de $\mathbf{J}$ é a derivada temporal do momento de dipolo, portanto

$$\mathbf{A}(\mathbf{r}, t) \cong \frac{\mu_0}{4\pi}\frac{\dot{\mathbf{p}}(t_0)}{r}. \tag{11.54}$$

Agora você vê por que foi desnecessário levar a aproximação de $\imath$ além da ordem zero ($\imath \cong r$): $\mathbf{p}$ *já* é de primeira ordem em $r'$, e quaisquer refinamentos seriam correções de *segunda* ordem.

Em seguida temos de calcular os campos. Mais uma vez estamos interessados na zona de radiação (isto é, nos campos que sobrevivem a grandes distâncias da fonte), portanto mantemos apenas os termos que vão com $1/r$:

$$\textbf{aproximação 3:} \quad \text{descarte os termos } 1/r^2 \text{ em } \mathbf{E} \text{ e } \mathbf{B}. \tag{11.55}$$

Por exemplo, o campo de Coulomb,

$$\mathbf{E} = \frac{1}{4\pi\epsilon_0}\frac{Q}{r^2}\hat{\mathbf{r}},$$

que vem do primeiro termo da Equação 11.51, não contribui para a radiação eletromagnética. De fato, a radiação vem totalmente dos termos nos quais diferenciamos o argumento $t_0$. A partir da Equação 11.48 segue-se que

$$\nabla t_0 = -\frac{1}{c}\nabla r = -\frac{1}{c}\hat{\mathbf{r}},$$

e, então,

$$\nabla V \cong \nabla\left[\frac{1}{4\pi\epsilon_0}\frac{\hat{\mathbf{r}} \cdot \dot{\mathbf{p}}(t_0)}{rc}\right] \cong \frac{1}{4\pi\epsilon_0}\left[\frac{\hat{\mathbf{r}} \cdot \ddot{\mathbf{p}}(t_0)}{rc}\right]\nabla t_0 = -\frac{1}{4\pi\epsilon_0 c^2}\frac{[\hat{\mathbf{r}} \cdot \ddot{\mathbf{p}}(t_0)]}{r}\hat{\mathbf{r}}.$$

Da mesma forma,

$$\nabla \times \mathbf{A} \cong \frac{\mu_0}{4\pi r}[\nabla \times \dot{\mathbf{p}}(t_0)] = \frac{\mu_0}{4\pi r}[(\nabla t_0) \times \ddot{\mathbf{p}}(t_0)] = -\frac{\mu_0}{4\pi r c}[\hat{\mathbf{r}} \times \ddot{\mathbf{p}}(t_0)],$$

enquanto

$$\frac{\partial \mathbf{A}}{\partial t} \cong \frac{\mu_0}{4\pi}\frac{\ddot{\mathbf{p}}(t_0)}{r}.$$

Portanto

$$\boxed{\mathbf{E}(\mathbf{r}, t) \cong \frac{\mu_0}{4\pi r}[(\hat{\mathbf{r}} \cdot \ddot{\mathbf{p}})\hat{\mathbf{r}} - \ddot{\mathbf{p}}] = \frac{\mu_0}{4\pi r}[\hat{\mathbf{r}} \times (\hat{\mathbf{r}} \times \ddot{\mathbf{p}})],} \tag{11.56}$$

onde $\ddot{\mathbf{p}}$ é calculado no tempo $t_0 = t - r/c$, e

$$\boxed{\mathbf{B}(\mathbf{r}, t) \cong -\frac{\mu_0}{4\pi r c}[\hat{\mathbf{r}} \times \ddot{\mathbf{p}}].} \tag{11.57}$$

Em particular, se usarmos coordenadas polares esféricas, com o eixo $z$ na direção de $\ddot{\mathbf{p}}(t_0)$, então

$$\left.\begin{aligned} \mathbf{E}(r, \theta, t) &\cong \frac{\mu_0 \ddot{p}(t_0)}{4\pi}\left(\frac{\operatorname{sen}\theta}{r}\right)\hat{\boldsymbol{\theta}}, \\ \mathbf{B}(r, \theta, t) &\cong \frac{\mu_0 \ddot{p}(t_0)}{4\pi c}\left(\frac{\operatorname{sen}\theta}{r}\right)\hat{\boldsymbol{\phi}}. \end{aligned}\right\}. \tag{11.58}$$

O vetor de Poynting é

$$\mathbf{S} \cong \frac{1}{\mu_0}(\mathbf{E} \times \mathbf{B}) = \frac{\mu_0}{16\pi^2 c}[\ddot{p}(t_0)]^2\left(\frac{\operatorname{sen}^2\theta}{r^2}\right)\hat{\mathbf{r}}, \tag{11.59}$$

e a potência total radiada é

$$P \cong \int \mathbf{S} \cdot d\mathbf{a} = \frac{\mu_0 \ddot{p}^2}{6\pi c}. \tag{11.60}$$

Observe que $\mathbf{E}$ e $\mathbf{B}$ são mutuamente perpendiculares, transversais à direção de propagação ($\hat{\mathbf{r}}$), e a razão $E/B = c$, como sempre acontece para os campos de radiação.

---

**Exemplo 11.2**

(a) No caso de um dipolo elétrico oscilante,

$$p(t) = p_0 \cos(\omega t), \quad \ddot{p}(t) = -\omega^2 p_0 \cos(\omega t),$$

e reencontramos os resultados da Seção 11.1.2.

(b) Para uma única carga pontual $q$, o momento de dipolo é

$$\mathbf{p}(t) = q\mathbf{d}(t),$$

onde $\mathbf{d}$ é a posição de $q$ com relação à origem. Pelo mesmo critério,

$$\ddot{\mathbf{p}}(t) = q\mathbf{a}(t),$$

onde $\mathbf{a}$ é a aceleração da carga. Neste caso, a potência radiada (Equação 11.60) é

$$P = \frac{\mu_0 q^2 a^2}{6\pi c}. \tag{11.61}$$

Esta é a famosa **fórmula de Larmor**; vou deduzi-la novamente por meios muito diferentes, na próxima seção. Observe que a potência radiada por uma carga pontual é proporcional ao *quadrado* da sua *aceleração*.

---

O que fiz nesta seção corresponde a uma expansão multipolar dos potenciais retardados, levada à ordem mais baixa em $r'$ que é capaz de produzir radiação eletromagnética (campos que vão com $1/r$). Ocorre que se trata do termo de dipolo elétrico. Como a carga é conservada, o *monopolo* elétrico não radia — se a carga *não* fosse conservada, o primeiro termo da Equação 11.51 seria

$$V_{\text{mono}} = \frac{1}{4\pi\epsilon_0}\frac{Q(t_0)}{r},$$

e obteríamos um campo monopolar proporcional a $1/r$:

$$\mathbf{E}_{\text{mono}} = \frac{1}{4\pi\epsilon_0 c}\frac{\dot{Q}(t_0)}{r}\,\hat{\mathbf{r}}.$$

Talvez você pense que uma esfera carregada cujo raio oscila para dentro e para fora radie, mas *não* — o campo externo, segundo a lei de Gauss, é exatamente $(Q/4\pi\epsilon_0 r^2)\hat{\mathbf{r}}$, sejam quais forem as variações de tamanho. (Diga-se de passagem que na análoga acústica, os monopolos de fato radiam: veja o coaxar do sapo-boi.)

Se o momento de dipolo elétrico se anular (ou, então, se sua segunda derivada temporal for nula), não haverá radiação dipolar elétrica e teremos de calcular o termo seguinte: o termo de *segunda* ordem em $r'$. Ocorre que esse termo pode ser separado em duas partes, uma das quais está relacionada ao momento de dipolo *magnético* da fonte e a outra ao seu momento *quadrupolar* elétrico. (O primeiro é uma generalização da radiação dipolar magnética que consideramos na Seção 11.1.3.) Se as contribuições do dipolo magnético e do quadrupolo elétrico se anularem, o termo $(r')^3$ deverá ser considerado. Ele resulta em radiação quadrupolar magnética e octopolar elétrica... e assim por diante.

---

**Problema 11.8** Aplique as equações 11.59 e 11.60 ao dipolo em rotação do Problema 11.4. Explique qualquer aparente discrepância quanto à sua resposta anterior.

**Problema 11.9** Um anel circular isolante (de raio $b$) está no plano $xy$, centrado na origem. Ele possui uma densidade linear de carga $\lambda = \lambda_0 \operatorname{sen}\phi$, onde $\lambda_0$ é constante e $\phi$ é o ângulo azimutal usual. O anel é agora colocado para girar a uma velocidade angular estacionária $\omega$ em torno do eixo $z$. Calcule a potência radiada.

**Problema 11.10** Um elétron sai do repouso e cai sob a influência da gravidade. No primeiro centímetro, que fração da energia potencial perdida é radiada?

! **Problema 11.11** Como modelo de radiação quadrupolar elétrica, considere dois dipolos elétricos oscilantes com orientações opostas, separados por uma distância $d$, como mostra a Figura 11.10. Use os resultados da Seção 11.1.2 para os potenciais de cada dipolo, mas observe que eles *não* estão localizados na origem. Mantendo somente os termos de primeira ordem em $d$:

(a) Encontre os potenciais escalar e vetorial.

(b) Encontre os campos magnético e elétrico.

(c) Encontre o vetor de Poynting e a potência radiada. Faça o gráfico do perfil de intensidade como função de $\theta$.

! **Problema 11.12** Uma corrente $I(t)$ flui em torno do anel circular da Figura 11.8. Deduza a fórmula geral para a potência radiada (análoga à Equação 11.60), expressando sua resposta em termos de momento de dipolo magnético ($m(t)$) da espira. [*Resposta:* $P = \mu_0 \ddot{m}^2/6\pi c^3$]

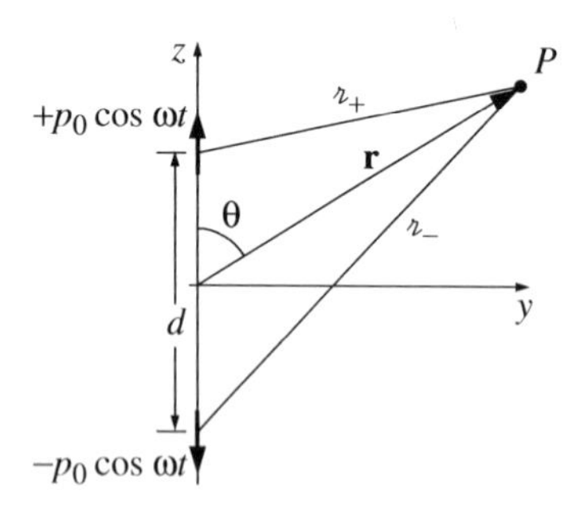


**Figura 11.10**

---

# 11.2 Cargas pontuais

## 11.2.1 Potência radiada por uma carga pontual

No Capítulo 10 deduzimos os campos de uma carga pontual $q$ em movimento arbitrário (equações 10.65 e 10.66):

$$\mathbf{E}(\mathbf{r}, t) = \frac{q}{4\pi\epsilon_0}\frac{\mathscr{r}}{(\boldsymbol{\mathscr{r}}\cdot\mathbf{u})^3}[(c^2 - v^2)\mathbf{u} + \boldsymbol{\mathscr{r}} \times (\mathbf{u} \times \mathbf{a})], \tag{11.62}$$

onde $\mathbf{u} = c\hat{\boldsymbol{\mathscr{r}}} - \mathbf{v}$, e

$$\mathbf{B}(\mathbf{r}, t) = \frac{1}{c}\hat{\boldsymbol{\mathscr{r}}} \times \mathbf{E}(\mathbf{r}, t). \tag{11.63}$$

O primeiro termo da Equação 11.62 chama-se **campo de velocidade**, e o segundo (com o produto vetorial triplo) é chamado de **campo de aceleração**.

O vetor de Poynting é

$$\mathbf{S} = \frac{1}{\mu_0}(\mathbf{E} \times \mathbf{B}) = \frac{1}{\mu_0 c}[\mathbf{E} \times (\hat{\boldsymbol{\mathscr{r}}} \times \mathbf{E})] = \frac{1}{\mu_0 c}[E^2\hat{\boldsymbol{\mathscr{r}}} - (\hat{\boldsymbol{\mathscr{r}}} \cdot \mathbf{E})\mathbf{E}]. \tag{11.64}$$

No entanto, nem todo esse fluxo de energia é *radiação*; parte dele é simplesmente energia do campo levada pela partícula quando ela se movimenta. A energia *radiada* é aquilo que, de fato, se *desprende* da carga e radia-se ao infinito. (É como as moscas procriando em um caminhão de lixo: algumas delas ficam voando em volta do caminhão enquanto ele faz sua rota; outras voam para longe e não voltam mais.) Para calcular a potência total radiada pela partícula no tempo $t_r$, temos de desenhar uma esfera enorme de raio $\mathscr{r}$ (Figura 11.11), centrada na posição da partícula (no tempo $t_r$), esperar pelo intervalo apropriado

$$t - t_r = \frac{\mathscr{r}}{c} \tag{11.65}$$

para que a radiação chegue à esfera e, nesse momento, integrar o vetor de Poynting sobre a superfície.[6] Usei a notação $t_r$ porque, de fato, esse *é* o tempo retardado para todos os pontos da esfera no tempo $t$.

Ora, a área da esfera é proporcional a $\mathscr{r}^2$, de forma que qualquer termo em $\mathbf{S}$ que vai com $1/\mathscr{r}^2$ resultará em uma resposta finita, mas termos como $1/\mathscr{r}^3$ ou $1/\mathscr{r}^4$ não terão qualquer contribuição no limite $\mathscr{r} \to \infty$. Por esse motivo, somente os campos de *aceleração* representam a verdadeira radiação (daí seu outro nome, **campos de radiação**):

$$\mathbf{E}_{\text{rad}} = \frac{q}{4\pi\epsilon_0}\frac{\mathscr{r}}{(\boldsymbol{\mathscr{r}} \cdot \mathbf{u})^3}[\boldsymbol{\mathscr{r}} \times (\mathbf{u} \times \mathbf{a})]. \tag{11.66}$$

O campos de velocidade transportam energia, com certeza, e à medida que a carga se movimenta arrasta essa energia — mas ela não é *radiação*. (É como as moscas que ficam no caminhão de lixo.) Agora $\mathbf{E}_{\text{rad}}$ é perpendicular a $\hat{\boldsymbol{\mathscr{r}}}$, de forma que o segundo termo da Equação 11.64 se anula:

$$\mathbf{S}_{\text{rad}} = \frac{1}{\mu_0 c}E_{\text{rad}}^2\hat{\boldsymbol{\mathscr{r}}}. \tag{11.67}$$

Se a carga está momentaneamente em *repouso* (no tempo $t_r$), então $\mathbf{u} = c\hat{\boldsymbol{\mathscr{r}}}$, e

$$\mathbf{E}_{\text{rad}} = \frac{q}{4\pi\epsilon_0 c^2\mathscr{r}}[\hat{\boldsymbol{\mathscr{r}}} \times (\hat{\boldsymbol{\mathscr{r}}} \times \mathbf{a})] = \frac{\mu_0 q}{4\pi\mathscr{r}}[(\hat{\boldsymbol{\mathscr{r}}} \cdot \mathbf{a})\hat{\boldsymbol{\mathscr{r}}} - \mathbf{a}]. \tag{11.68}$$

Nesse caso,

$$\mathbf{S}_{\text{rad}} = \frac{1}{\mu_0 c}\left(\frac{\mu_0 q}{4\pi\mathscr{r}}\right)^2[a^2 - (\hat{\boldsymbol{\mathscr{r}}} \cdot \mathbf{a})^2]\hat{\boldsymbol{\mathscr{r}}} = \frac{\mu_0 q^2 a^2}{16\pi^2 c}\left(\frac{\operatorname{sen}^2\theta}{\mathscr{r}^2}\right)\hat{\boldsymbol{\mathscr{r}}}, \tag{11.69}$$

onde $\theta$ é o ângulo entre $\hat{\boldsymbol{\mathscr{r}}}$ e $\mathbf{a}$. Nenhuma potência é radiada para a frente ou para trás — em vez disso ela é emitida em forma de rosquinha em torno da direção de aceleração instantânea (Figura 11.12).

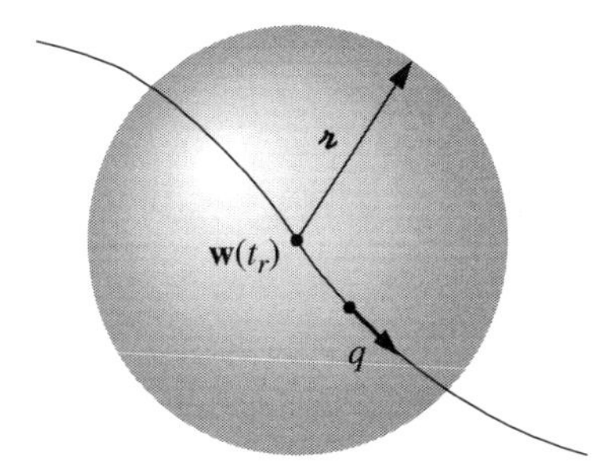


**Figura 11.11**

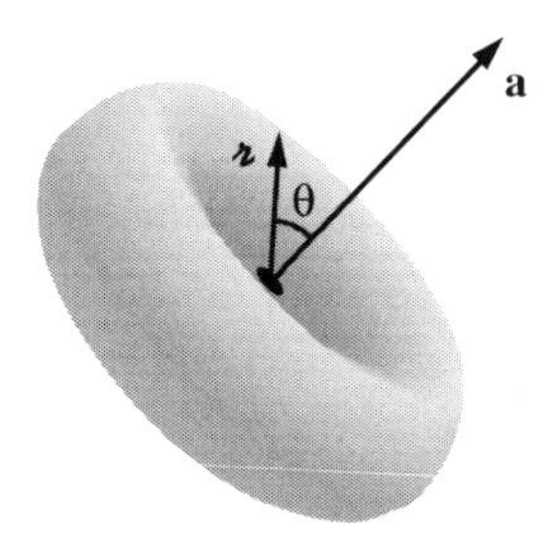


**Figura 11.12**

6. Observe aqui uma sutil mudança de estratégia: na Seção 11.1 trabalhamos a partir de um ponto fixo (a origem), mas aqui é mais adequado usar a localização (móvel) da carga. As implicações dessa mudança de perspectiva ficarão mais claras em instantes.

A potência total radiada é, evidentemente,

$$P = \oint \mathbf{S}_{\text{rad}} \cdot d\mathbf{a} = \frac{\mu_0 q^2 a^2}{16\pi^2 c} \int \frac{\operatorname{sen}^2 \theta}{\mathscr{r}^2} \mathscr{r}^2 \operatorname{sen}\theta \, d\theta \, d\phi,$$

ou

$$\boxed{P = \frac{\mu_0 q^2 a^2}{6\pi c}.} \tag{11.70}$$

Esta é, novamente, a **fórmula de Larmor**, que obtivemos anteriormente por um outro caminho (Equação 11.61).

Embora eu as tenha *deduzido* sob o pressuposto de que $v = 0$, as equações 11.69 e 11.70 na realidade se aplicam a uma boa aproximação desde que $v \ll c$. Um tratamento exato do caso $v \neq 0$ é mais difícil,[7] tanto pelo motivo óbvio de que $\mathbf{E}_{\text{rad}}$ é mais complicado quanto pela razão mais sutil de que $\mathbf{S}_{\text{rad}}$, a taxa à qual a energia passa pela esfera, *não* não é a mesma que a taxa à qual a energia deixou a partícula. Suponha que alguém está disparando uma sequência de balas pela janela de um carro em movimento (Figura 11.13). A taxa $N_t$ à qual as balas atingem um alvo estacionário não é igual à taxa $N_g$ à qual elas saíram da arma, devido ao movimento do carro. De fato, você pode facilmente verificar que $N_g = (1 - v/c)N_t$, se o carro estiver se movendo em direção ao alvo e

$$N_g = \left(1 - \frac{\hat{\mathscr{r}} \cdot \mathbf{v}}{c}\right) N_t$$

para direções arbitrárias (aqui $\mathbf{v}$ é a velocidade do carro, $c$ a velocidade das balas — em relação ao chão — e $\hat{\mathscr{r}}$ é um vetor unitário entre o carro e o alvo). No nosso caso, se $dW/dt$ é a taxa à qual a energia atravessa a esfera de raio $\mathscr{r}$, então a taxa à qual a energia deixou a carga foi

$$\frac{dW}{dt_r} = \frac{dW/dt}{\partial t_r/\partial t} = \left(\frac{\boldsymbol{\mathscr{r}} \cdot \mathbf{u}}{\mathscr{r} c}\right) \frac{dW}{dt}. \tag{11.71}$$

(Usei a Equação 10.71 para expressar $\partial t_r / \partial t$.) Mas

$$\frac{\boldsymbol{\mathscr{r}} \cdot \mathbf{u}}{\mathscr{r} c} = 1 - \frac{\hat{\mathscr{r}} \cdot \mathbf{v}}{c},$$

que é precisamente a razão de $N_g$ por $N_t$; é um fator puramente geométrico (o mesmo que no efeito Doppler).

A potência radiada pela partícula em um trecho de área $\mathscr{r}^2 \operatorname{sen}\theta \, d\theta \, d\phi = \mathscr{r}^2 \, d\Omega$ da esfera é, portanto, dada por

$$\frac{dP}{d\Omega} = \left(\frac{\boldsymbol{\mathscr{r}} \cdot \mathbf{u}}{\mathscr{r} c}\right) \frac{1}{\mu_0 c} E_{\text{rad}}^2 \mathscr{r}^2 = \frac{q^2}{16\pi^2 \epsilon_0} \frac{|\hat{\mathscr{r}} \times (\mathbf{u} \times \mathbf{a})|^2}{(\hat{\mathscr{r}} \cdot \mathbf{u})^5}, \tag{11.72}$$

onde $d\Omega = \operatorname{sen}\theta \, d\theta \, d\phi$ é o **ângulo sólido** no qual essa potência é radiada. Integrar sobre $\theta$ e $\phi$ não é fácil e desta vez vou simplesmente dar a resposta:

$$P = \frac{\mu_0 q^2 \gamma^6}{6\pi c} \left(a^2 - \left|\frac{\mathbf{v} \times \mathbf{a}}{c}\right|^2\right), \tag{11.73}$$

onde $\gamma \equiv 1/\sqrt{1 - v^2/c^2}$. Esta é a **generalização de Liénard** para a fórmula de Larmor (à qual ela se reduz quando $v \ll c$). O fator $\gamma^6$ significa que a potência radiada aumenta enormemente à medida que a velocidade da partícula aproxima-se da velocidade da luz.

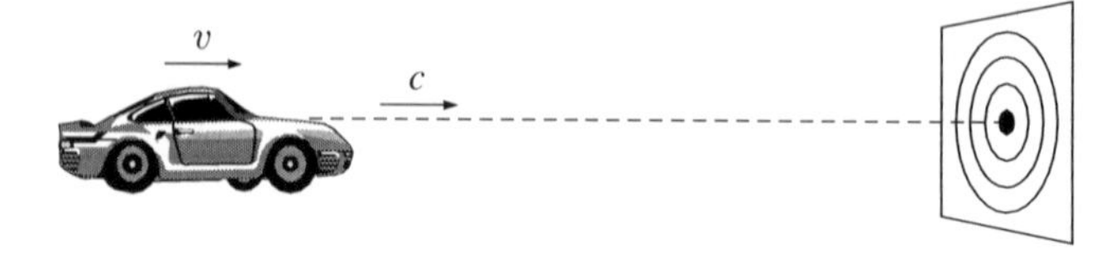


**Figura 11.13**

7. No contexto da relatividade especial, a condição $v = 0$ representa simplesmente uma escolha astuta do sistema de referência, sem qualquer perda de generalidade. Se você pode decidir como $P$ se transforma, você pode *deduzir* o resultado geral (fórmula de Liénard) a partir do caso $v = 0$ (fórmula de Larmor) (veja o Problema 12.69).

**Exemplo 11.3**

Suponha que **v** e **a** sejam momentaneamente colineares (no tempo $t_r$), como, por exemplo, no movimento em linha reta. Encontre a distribuição angular da radiação (Equação 11.72) e a potência total emitida.

**Solução:** neste caso $(\mathbf{u} \times \mathbf{a}) = c(\hat{\boldsymbol{\imath}} \times \mathbf{a})$, portanto

$$\frac{dP}{d\Omega} = \frac{q^2 c^2}{16\pi^2\epsilon_0} \frac{|\hat{\boldsymbol{\imath}} \times (\hat{\boldsymbol{\imath}} \times \mathbf{a})|^2}{(c - \hat{\boldsymbol{\imath}} \cdot \mathbf{v})^5}.$$

Agora

$$\hat{\boldsymbol{\imath}} \times (\hat{\boldsymbol{\imath}} \times \mathbf{a}) = (\hat{\boldsymbol{\imath}} \cdot \mathbf{a})\hat{\boldsymbol{\imath}} - \mathbf{a}, \quad \text{portanto } |\hat{\boldsymbol{\imath}} \times (\hat{\boldsymbol{\imath}} \times \mathbf{a})|^2 = a^2 - (\hat{\boldsymbol{\imath}} \cdot \mathbf{a})^2.$$

Particularmente se deixarmos que o eixo $z$ aponte ao longo de **v**, então

$$\frac{dP}{d\Omega} = \frac{\mu_0 q^2 a^2}{16\pi^2 c} \frac{\operatorname{sen}^2\theta}{(1 - \beta\cos\theta)^5}, \tag{11.74}$$

onde $\beta \equiv v/c$. Isto é coerente, é claro, com a Equação 11.69, no caso de $v = 0$. No entanto, para $v$ muito grande ($\beta \approx 1$), a rosquinha de radiação (Figura 11.12) é esticada para fora e empurrada para a frente pelo fator $(1 - \beta\cos\theta)^{-5}$, como indica a Figura 11.14. Embora ainda não haja radiação na direção *precisamente* à frente, sua maior parte está concentrada dentro de um cone cada vez mais estreito, *em torno* da direção à frente (veja o Problema 11.15).

A potência *total* emitida é encontrada integrando-se a Equação 11.74 sobre todos os ângulos:

$$P = \int \frac{dP}{d\Omega}\, d\Omega = \frac{\mu_0 q^2 a^2}{16\pi^2 c} \int \frac{\operatorname{sen}^2\theta}{(1 - \beta\cos\theta)^5} \operatorname{sen}\theta\, d\theta\, d\phi.$$

A integral em $\phi$ é $2\pi$; A integral em $\theta$ é simplificada pela substituição $x \equiv \cos\theta$:

$$P = \frac{\mu_0 q^2 a^2}{8\pi c} \int_{-1}^{+1} \frac{(1 - x^2)}{(1 - \beta x)^5}\, dx.$$

A integração por partes resulta em $\frac{4}{3}(1 - \beta^2)^{-3}$, e concluo que

$$P = \frac{\mu_0 q^2 a^2 \gamma^6}{6\pi c}. \tag{11.75}$$

Este resultado é coerente com a fórmula de Liénard (Equação 11.73), para o caso de **v** e **a** colineares. Observe que a distribuição angular da radiação é a mesma esteja a partícula *acelerando* ou *desacelerando*; ela só depende do *quadrado* de $a$, e se concentra na direção à frente (com respeito à velocidade) em ambos os casos. Quando um elétron em alta velocidade atinge um alvo de metal, ele rapidamente desacelera emitindo *bremsstrahlung*, ou 'radiação de frenagem'. O que descrevi neste exemplo é, em essência, a teoria clássica de *bremsstrahlung*.

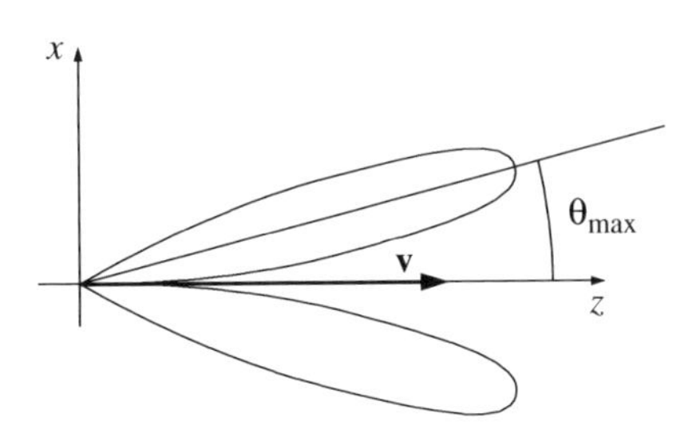


**Figura 11.14**

**Problema 11.13**

(a) Suponha que um elétron desacelera a uma taxa constante $a$ de uma velocidade inicial $v_0$ até chegar a zero. Que fração de sua energia cinética inicial se perde para a radiação? (O restante é absorvido pelo mecanismo, seja ele qual for, que mantém a aceleração constante.) Assuma que $v_0 \ll c$ de forma que a fórmula de Larmor possa ser usada.

(b) Para ter uma ideia dos números envolvidos, suponha que a velocidade inicial é térmica (por volta de $10^5$m/s) e a distância que o elétron percorre é 30 Å. O que você pode concluir sobre as perdas de radiação para os elétrons em um condutor comum?

**Problema 11.14** Na teoria de Bohr sobre o hidrogênio, o elétron no seu estado fundamental deveria supostamente viajar em um círculo de raio $5 \times 10^{-11}$ m, mantido em órbita pela atração Coulombiana do próton. Segundo a eletrodinâmica clássica, esse elétron deve radiar e, portanto, espiralar para dentro do núcleo. Mostre que $v \ll c$ para a maior parte da viagem (para que você possa usar a fórmula de Larmor), e calcule o tempo de vida do átomo de Bohr. (Assuma que cada revolução é essencialmente circular.)

**Problema 11.15** Encontre o ângulo $\theta_{\text{max}}$ no qual a radiação máxima é emitida, no Exemplo 11.3 (veja a Figura 11.14). Mostre que para velocidades ultrarrelativísticas ($v$ próxima de $c$), $\theta_{\text{max}} \cong \sqrt{(1-\beta)/2}$. Qual a intensidade da radiação nessa direção máxima (no caso ultrarrelativístico), em proporção à mesma quantidade para uma partícula momentaneamente em repouso? Dê sua resposta em termos de $\gamma$.

! **Problema 11.16** No Exemplo 11.3 assumimos que velocidade e aceleração eram (pelo menos momentaneamente) *colineares*. Faça a mesma análise para o caso em que elas são *perpendiculares*. Escolha os eixos de forma que **v** esteja ao longo do eixo $z$ e **a** ao longo do eixo $x$ (Figura 11.15), de forma que $\mathbf{v} = v\,\hat{\mathbf{z}}$, $\mathbf{a} = a\,\hat{\mathbf{x}}$ e $\hat{\boldsymbol{\imath}} = \operatorname{sen}\theta\cos\phi\,\hat{\mathbf{x}} + \operatorname{sen}\theta\operatorname{sen}\phi\,\hat{\mathbf{y}} + \cos\theta\,\hat{\mathbf{z}}$. Verifique se $P$ é consistente com a fórmula de Liénard. [*Resposta:*

$$\frac{dP}{d\Omega} = \frac{\mu_0 q^2 a^2}{16\pi^2 c}\frac{[(1-\beta\cos\theta)^2 - (1-\beta^2)\operatorname{sen}^2\theta\cos^2\phi]}{(1-\beta\cos\theta)^5}, \quad P = \frac{\mu_0 q^2 a^2 \gamma^4}{6\pi c}.$$

Para velocidades relativísticas ($\beta \approx 1$) a radiação novamente atinge um pico acentuado na direção à frente (Figura 11.16). A aplicação mais importante dessas fórmulas é para o movimento *circular* — nesse caso, a radiação é chamada de **radiação sincrotrônica**. No caso de um elétron relativístico, a radiação flui como a luz de um farol de locomotiva à medida que a partícula se move.]

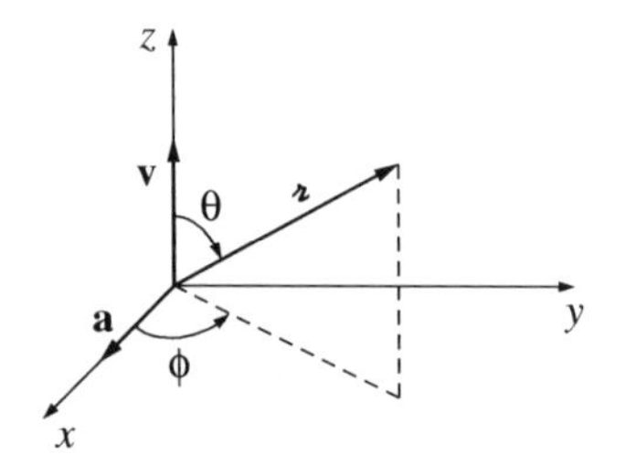


Figura 11.15

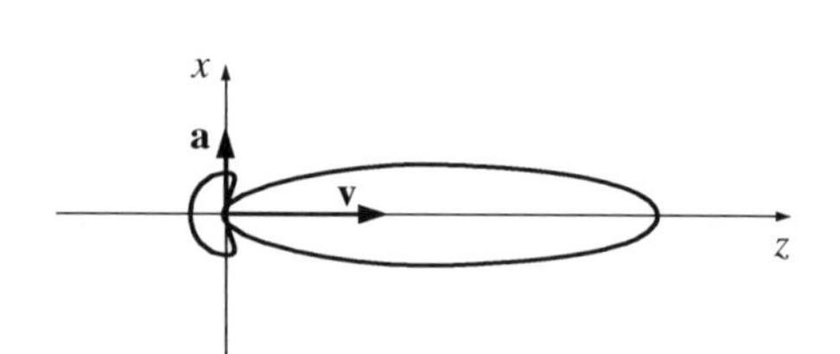


Figura 11.16

## 11.2.2 Reação de radiação

Segundo as leis da eletrodinâmica clássica, uma carga acelerada radia. Essa radiação leva energia à custa da energia cinética da partícula. Sob a influência de uma determinada força, portanto, uma partícula carregada acelera *menos* do que outra neutra de mesma massa. A radiação evidentemente exerce uma força ($\mathbf{F}_{\text{rad}}$) de volta sobre a carga — uma força de *recuo* um tanto quanto o coice de uma arma. Nesta seção vamos deduzir a força de **reação de radiação** a partir da conservação de energia. Depois, na próxima seção, mostrarei o *mecanismo* responsável de fato e farei novamente a dedução da força de reação, no contexto de um modelo simples.

Para uma partícula não relativística ($v \ll c$) a potência total radiada é dada pela fórmula de Larmor (Equação 11.70):

$$P = \frac{\mu_0 q^2 a^2}{6\pi c}. \tag{11.76}$$

A conservação de energia sugere que essa também é a taxa à qual a partícula *perde* energia, sob influência da força de reação de radiação $\mathbf{F}_{\text{rad}}$:

$$\mathbf{F}_{\text{rad}} \cdot \mathbf{v} = -\frac{\mu_0 q^2 a^2}{6\pi c}. \tag{11.77}$$

Digo 'sugere' deliberadamente porque essa equação de fato está *errada*. Pois calculamos a potência radiada integrando o vetor de Poynting sobre uma esfera de raio 'infinito'; nesse cálculo, os campos de *velocidade* não tiveram participação, já que diminuem depressa demais como função de $\imath$ para dar qualquer contribuição. Mas os campos de velocidade transportam *sim* energia — só não a transportam para o infinito. À medida que a partícula acelera e desacelera, ela troca energia com os campos de velocidade, ao mesmo tempo em que a energia é irrecuperavelmente radiada para longe pelos campos de aceleração. A Equação 11.77 responde apenas pelo segundo caso, mas se quisermos saber qual a força de recuo exercida pelos campos sobre a carga, temos de considerar a potência *total* perdida em qualquer instante, não apenas a porção que consequentemente escape na forma de radiação. (O termo 'reação de radiação' é um nome impróprio. Deveríamos chamá-la de *reação de campo*. De fato, logo veremos que $\mathbf{F}_{\text{rad}}$ é determinada pela *derivada temporal* da aceleração e pode ser não nula mesmo que a aceleração em si seja momentaneamente nula, de forma que a partícula não esteja radiando.)

A energia perdida pela partícula em um determinado intervalo de tempo, então, deve igualar-se à energia levada pela radiação *mais* qualquer energia extra que tenha sido acrescentada aos campos de velocidade.[8] No entanto, se concordamos em considerar somente os intervalos nos quais o sistema retorna ao seu estado inicial, então a energia nos campos de velocidade será a mesma em ambas as extremidades e a única perda *líquida* será na forma de radiação. Assim, a Equação 11.77, embora *momentaneamente* incorreta, é válida na *média*:

$$\int_{t_1}^{t_2} \mathbf{F}_{\text{rad}} \cdot \mathbf{v}\, dt = -\frac{\mu_0 q^2}{6\pi c}\int_{t_1}^{t_2} a^2\, dt, \tag{11.78}$$

com a condição de que *o estado do sistema é idêntico em $t_1$ e $t_2$*. No caso de movimento periódico, por exemplo, devemos integrar sobre um número total de ciclos completos.[9] Ora, o lado direito da Equação 11.78 pode ser integrado por partes:

$$\int_{t_1}^{t_2} a^2\, dt = \int_{t_1}^{t_2}\left(\frac{d\mathbf{v}}{dt}\right)\cdot\left(\frac{d\mathbf{v}}{dt}\right) dt = \left(\mathbf{v}\cdot\frac{d\mathbf{v}}{dt}\right)\Bigg|_{t_1}^{t_2} - \int_{t_1}^{t_2}\frac{d^2\mathbf{v}}{dt^2}\cdot\mathbf{v}\, dt.$$

O termo de contorno some, já que as velocidades e acelerações são idênticas em $t_1$ e $t_2$, e, portanto, a Equação 11.78 pode ser escrita de forma equivalente como

$$\int_{t_1}^{t_2}\left(\mathbf{F}_{\text{rad}} - \frac{\mu_0 q^2}{6\pi c}\dot{\mathbf{a}}\right)\cdot\mathbf{v}\, dt = 0. \tag{11.79}$$

A Equação 11.79 certamente seria satisfeita se

$$\boxed{\mathbf{F}_{\text{rad}} = \frac{\mu_0 q^2}{6\pi c}\dot{\mathbf{a}}.} \tag{11.80}$$

Esta é a **fórmula de Abraham-Lorentz** para a força de reação de radiação.

É claro que a Equação 11.79 não *prova* a Equação 11.80. Ela não diz absolutamente nada sobre o componente $\mathbf{F}_{\text{rad}}$ *perpendicular* a $\mathbf{v}$; e só informa a *média temporal* do componente paralelo — uma média, aliás, sobre intervalos de tempo muito específicos. Como veremos na próxima seção, há outros motivos para acreditar na fórmula de Abraham-Lorentz, mas, por enquanto, o máximo que podemos dizer é que ela representa a forma mais *simples* que a força de reação de radiação pode assumir, sendo coerente com a conservação de energia.

A fórmula de Abraham-Lorentz tem implicações perturbadoras, as quais ainda não são totalmente compreendidas, mesmo tendo se passado quase um século desde que a lei foi proposta pela primeira vez. Pois, suponha que uma partícula não esteja sujeita a qualquer força *externa*; a segunda lei de Newton diz então que

$$F_{\text{rad}} = \frac{\mu_0 q^2}{6\pi c}\dot{a} = ma,$$

do que se segue que

$$a(t) = a_0 e^{t/\tau}, \tag{11.81}$$

onde

$$\tau \equiv \frac{\mu_0 q^2}{6\pi m c}. \tag{11.82}$$

(No caso do elétron, $\tau = 6\times 10^{-24}$s.) A aceleração espontaneamente *aumenta* de forma exponencial com o tempo! Essa conclusão absurda pode ser evitada se insistirmos que $a_0 = 0$, mas ocorre que a exclusão sistemática de tais **soluções exponencialmente divergentes** tem uma consequência ainda mais desagradável: se você *aplicar* uma força externa, a partícula

8. Na realidade, enquanto o campo total é a soma dos campos de velocidade e de aceleração, $\mathbf{E} = \mathbf{E}_v + \mathbf{E}_a$, a *energia* é proporcional a $E^2 = E_v^2 + 2\mathbf{E}_v\cdot\mathbf{E}_a + E_a^2$ e contém *três* termos: energia armazenada somente nos campos de velocidade ($E_v^2$), energia radiada para longe ($E_a^2$) e um termo *cruzado* $\mathbf{E}_v\cdot\mathbf{E}_a$. Por simplicidade, estou me referindo à *combinação* ($E_v^2 + 2\mathbf{E}_v\cdot\mathbf{E}_a$) como 'energia armazenada nos campos de velocidade'. Esses termos vão como $1/\mathscr{r}^4$ e $1/\mathscr{r}^3$, de forma que nenhum deles contribui para a radiação.

9. Para movimento *não* periódico, a condição de que a energia nos campos de velocidade seja a mesma em $t_1$ e $t_2$ é mais difícil de ser cumprida. Não basta que as velocidades e acelerações momentâneas sejam iguais, já que os campos mais distantes dependem de $v$ e $a$ em *tempos anteriores*. Portanto, *em princípio*, $v$ e $a$ *e todas as derivadas de ordens superiores* devem ser idênticas em $t_1$ e $t_2$. Na *prática*, como os campos de velocidade diminuem rapidamente com $\mathscr{r}$, basta que $v$ e $a$ sejam iguais sobre o breve intervalo anterior a $t_1$ e $t_2$.

começará a responder *antes que a força comece a agir!* (Veja o Problema 11.19.) Esta **pré-aceleração** não causal começa antes por um tempo curto $\tau$; mesmo assim, é (no meu entender) filosoficamente repugnante que a teoria sequer o permita.[10]

---

**Exemplo 11.4**

Calcule o **amortecimento de radiação** de uma partícula carregada ligada a uma mola de frequência natural $\omega_0$, movida a uma frequência $\omega$.

**Solução**: a equação de movimento é

$$m\ddot{x} = F_{\text{mola}} + F_{\text{rad}} + F_{\text{motriz}} = -m\omega_0^2 x + m\tau\dddot{x} + F_{\text{motriz}}.$$

Com o sistema oscilando à frequência $\omega$,

$$x(t) = x_0 \cos(\omega t + \delta),$$

então,

$$\dddot{x} = -\omega^2 \dot{x}.$$

Portanto,

$$m\ddot{x} + m\gamma\dot{x} + m\omega_0^2 x = F_{\text{motriz}}, \tag{11.83}$$

e o fator de amortecimento $\gamma$ é dado por

$$\gamma = \omega^2 \tau. \tag{11.84}$$

[Quando escrevi $F_{\text{amortecimento}} = -\gamma m v$, no Capítulo 9 (Equação 9.152), assumi, para simplificar, que o amortecimento era proporcional à velocidade. Agora sabemos que o amortecimento de *radiação*, pelo menos, é proporcional a $\ddot{v}$. Mas não importa: para as oscilações senoidais *qualquer* número par de derivadas de $v$ serviria, já que são todas proporcionais a $v$.]

---

**Problema 11.17**

(a) Uma partícula de carga $q$ move-se em um círculo de raio $R$ a uma velocidade constante $v$. Para manter o movimento, você precisa, é claro, de uma força centrípeta $mv^2/R$; que força *adicional* ($\mathbf{F}_e$) você precisa exercer para neutralizar a reação de radiação? [É mais fácil expressar a resposta em termos da velocidade momentânea $\mathbf{v}$.] Que potência ($P_e$) essa força extra fornece? Compare $P_e$ com a potência radiada (use a fórmula de Larmor).

(b) Repita a parte (a) para uma partícula em movimento harmônico simples com amplitude $A$ e frequência angular $\omega$ ($\mathbf{w}(t) = A\cos(\omega t)\,\hat{\mathbf{z}}$). Explique a discrepância.

(c) Considere o caso de uma partícula em queda livre (aceleração constante $g$). Qual é a força de reação de radiação? Qual é a potência radiada? Comente esses resultados.

**Problema 11.18**

(a) Assumindo (de maneira pouco lógica) que $\gamma$ é totalmente atribuído ao amortecimento de radiação (Equação 11.84), mostre que para a dispersão ótica, o amortecimento é 'pequeno' ($\gamma \ll \omega_0$). Assuma que as ressonâncias relevantes estão na faixa de frequências óticas ou próximas dela.

(b) Usando os resultados do Problema 9.24, estime a largura da região de dispersão anômala para o modelo do Problema 9.23.

! **Problema 11.19** Com a inclusão da força de reação de radiação (Equação 11.80), a segunda lei de Newton para uma partícula carregada torna-se

$$a = \tau\dot{a} + \frac{F}{m},$$

onde $F$ é a força externa agindo sobre a partícula.

(a) Em contraste com o caso de uma partícula *não carregada* ($a = F/m$), a aceleração (como a posição e a velocidade) deve agora ser uma função *contínua* do tempo, mesmo que a força mude abruptamente. (Fisicamente, a reação de radiação amortece qualquer alteração rápida em $a$.) *Prove* que $a$ é contínuo em qualquer tempo $t$, integrando a equação de movimento acima de $(t-\epsilon)$ até $(t+\epsilon)$ e tomando o limite $\epsilon \to 0$.

(b) Uma partícula está sujeita a uma força constante $F$, que começa no tempo $t = 0$ e dura até o tempo $T$. Encontre a solução mais geral $a(t)$ para a equação de movimento em cada um dos três períodos: (i) $t < 0$; (ii) $0 < t < T$; (iii) $t > T$.

---

10. Tais dificuldades persistem na versão relativística da equação de Abraham-Lorentz que pode ser deduzida a partir da fórmula de Liénard em vez da de Larmor (veja o Problema 12.70). Talvez elas estejam nos dizendo que não pode existir algo como uma carga pontual em eletrodinâmica clássica, ou talvez pressagiem o início da mecânica quântica. Para um guia da literatura pertinente consulte o capítulo de Philip Pearle em D. Teplitz, ed., *Electromagnetism: Paths to Research* (Nova York: Plenum, 1982) e F. Rohrlich, *Am. J. Phys.* **65**, 1051 (1997).

(c) Imponha a condição de continuidade (a) em $t = 0$ e $t = T$. Mostre que você pode eliminar a divergência exponencial na região (iii) *ou* evitar a pré-aceleração na região (i), *mas não ambas*.

(d) Se resolver eliminar a divergência exponencial, qual é a aceleração como função temporal, em cada intervalo? E quanto à velocidade? (Esta deve, é claro, ser contínua em $t = 0$ e $t = T$.) Assuma que a partícula estava originalmente em repouso: $v(-\infty) = 0$.

(e) Desenhe o gráfico de $a(t)$ e $v(t)$, tanto para uma partícula *sem carga* quanto para uma partícula com carga (sem divergência exponencial) sujeitas a essa força.

### 11.2.3 Fundamentos físicos da reação de radiação

Na seção anterior deduzi a fórmula de Abraham-Lorentz para a reação de radiação, usando a conservação de energia. Não fiz qualquer tentativa de identificar o *mecanismo* que de fato é responsável por essa força, exceto ressaltar que deve ser um efeito de coice dos campos da própria partícula, agindo de volta sobre a carga. Infelizmente, os campos de uma carga pontual explodem exatamente na partícula, de forma que é difícil ver como se pode calcular a força que eles exercem.[11] Vamos evitar esse problema considerando uma distribuição *estendida* de carga para a qual o campo é finito em toda parte; ao final tomaremos o limite à medida que o tamanho da partícula tender a zero. Em geral, a força eletromagnética de uma parte ($A$) sobre outra parte ($B$) *não* é igual e oposta à força de $B$ sobre $A$ (Figura 11.17). Se a distribuição estiver dividida em porções infinitesimais e os desequilíbrios forem somados para todos esses pares, o resultado será *a força líquida da carga* sobre si mesma. É essa **autoforça**, resultante da invalidação da terceira lei de Newton dentro da estrutura da partícula, que responde pela reação de radiação.

Lorentz originalmente calculou a autoforça eletromagnética usando uma distribuição esférica de carga, o que parece razoável, mas torna os cálculos um tanto trabalhosos.[12] Como estou apenas tentando elucidar o *mecanismo* envolvido, usarei um modelo menos realista: um 'halter' no qual a carga total $q$ está dividida em duas metades separadas por uma distância fixa $d$ (Figura 11.18). Este é o arranjo de carga mais simples possível que permite que o mecanismo essencial (o desequilíbrio das forças eletromagnéticas internas) funcione. Não se preocupe por ser um modelo improvável para uma partícula elementar: no limite do ponto ($d \to 0$) *qualquer* modelo deve gerar a fórmula de Abraham-Lorentz, de forma que a conservação de energia por si dita essa resposta.

Vamos assumir que o halter se move na direção $x$, e está (momentaneamente) em repouso no tempo retardado. O campo elétrico em (1) devido a (2) é

$$\mathbf{E}_1 = \frac{(q/2)}{4\pi\epsilon_0}\frac{\mathscr{r}}{(\boldsymbol{\mathscr{r}}\cdot\mathbf{u})^3}[(c^2 + \boldsymbol{\mathscr{r}}\cdot\mathbf{a})\mathbf{u} - (\boldsymbol{\mathscr{r}}\cdot\mathbf{u})\mathbf{a}] \tag{11.85}$$

(Equação 10.65), onde

$$\mathbf{u} = c\hat{\boldsymbol{\mathscr{r}}} \quad \text{e} \quad \boldsymbol{\mathscr{r}} = l\,\hat{\mathbf{x}} + d\,\hat{\mathbf{y}}, \tag{11.86}$$

de forma que

$$\boldsymbol{\mathscr{r}}\cdot\mathbf{u} = c\mathscr{r}, \quad \boldsymbol{\mathscr{r}}\cdot\mathbf{a} = la \quad \text{e} \quad \mathscr{r} = \sqrt{l^2 + d^2}. \tag{11.87}$$

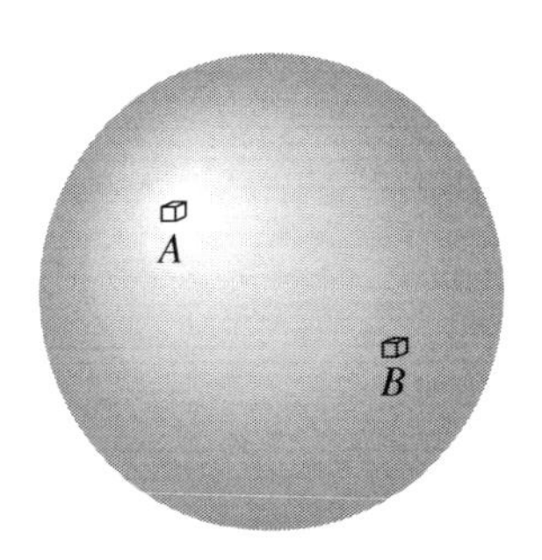


**Figura 11.17**

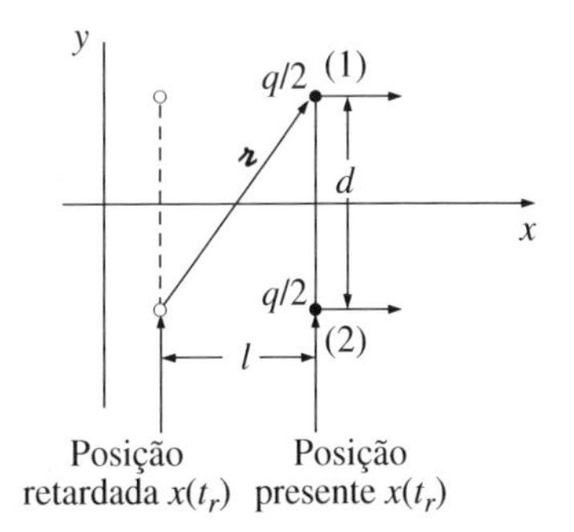


**Figura 11.18**

11. Pode ser feito tomando-se adequadamente a média do campo, mas não é fácil. Veja T. H. Boyer, *Am. J. Phys.* **40**, 1843 (1972), e as referências ali citadas.

12. Veja J. D. Jackson, *Classical Electrodynamics*, 3ª ed., Seção 16.3 (Nova York: John Wiley, 1999).

Só estamos interessados, de fato, no componente $x$ de $\mathbf{E}_1$, já que os componentes $y$ serão cancelados quando somarmos as forças nas duas extremidades (pelo mesmo motivo, não precisamos nos preocupar com as forças magnéticas). Agora

$$u_x = \frac{cl}{\mathscr{r}}, \tag{11.88}$$

e então

$$E_{1_x} = \frac{q}{8\pi\epsilon_0 c^2}\frac{(lc^2 - ad^2)}{(l^2+d^2)^{3/2}}. \tag{11.89}$$

Por simetria, $E_{2_x} = E_{1_x}$, de forma que a força líquida no halter é

$$\mathbf{F}_{\text{auto}} = \frac{q}{2}(\mathbf{E}_1 + \mathbf{E}_2) = \frac{q^2}{8\pi\epsilon_0 c^2}\frac{(lc^2 - ad^2)}{(l^2+d^2)^{3/2}}\,\hat{\mathbf{x}}. \tag{11.90}$$

Por enquanto está tudo exato. A ideia agora é expandir em potências de $d$; quando o tamanho da partícula tender a zero, todas as potências *positivas* irão se anular. Usando o teorema de Taylor

$$x(t) = x(t_r) + \dot{x}(t_r)(t-t_r) + \frac{1}{2}\ddot{x}(t_r)(t-t_r)^2 + \frac{1}{3!}\dddot{x}(t_r)(t-t_r)^3 + \cdots,$$

temos

$$l = x(t) - x(t_r) = \frac{1}{2}aT^2 + \frac{1}{6}\dot{a}T^3 + \cdots, \tag{11.91}$$

onde $T \equiv t - t_r$, para abreviar. Ora, $T$ é determinado pela condição de tempo retardado

$$(cT)^2 = l^2 + d^2, \tag{11.92}$$

então

$$d = \sqrt{(cT)^2 - l^2} = cT\sqrt{1 - \left(\frac{aT}{2c} + \frac{\dot{a}T^2}{6c} + \cdots\right)^2} = cT - \frac{a^2}{8c}T^3 + (\ )T^4 + \cdots.$$

Esta equação nos fornece $d$, em termos de $T$; precisamos 'resolvê-la' para $T$ como função de $d$. Existe um procedimento sistemático para isso, conhecido como **reversão de séries**,[13] mas podemos obter os primeiros termos mais informalmente, como segue: ignorando todas as potências mais altas de $T$,

$$d \cong cT \quad \Rightarrow \quad T \cong \frac{d}{c};$$

usando isso como aproximação para o termo cúbico,

$$d \cong cT - \frac{a^2}{8c}\frac{d^3}{c^3} \quad \Rightarrow \quad T \cong \frac{d}{c} + \frac{a^2 d^3}{8c^5},$$

e assim por diante. Evidentemente

$$T = \frac{1}{c}d + \frac{a^2}{8c^5}d^3 + (\ )d^4 + \cdots. \tag{11.93}$$

Voltando à Equação 11.91, construímos a série de potências para $l$ em termos de $d$:

$$l = \frac{a}{2c^2}d^2 + \frac{\dot{a}}{6c^3}d^3 + (\ )d^4 + \cdots. \tag{11.94}$$

Colocando isso na Equação 11.90, concluo que

$$\mathbf{F}_{\text{auto}} = \frac{q^2}{4\pi\epsilon_0}\left[-\frac{a}{4c^2 d} + \frac{\dot{a}}{12c^3} + (\ )d + \cdots\right]\hat{\mathbf{x}}. \tag{11.95}$$

Aqui $a$ e $\dot{a}$ são calculados no tempo *retardado* ($t_r$), mas é fácil reescrever o resultado em termos do tempo *presente* $t$:

$$a(t_r) = a(t) + \dot{a}(t)(t_r - t) + \cdots = a(t) - \dot{a}(t)T + \cdots = a(t) - \dot{a}(t)\frac{d}{c} + \cdots,$$

13. Veja, por exemplo, *CRC Standard Mathematical Tables* (Cleveland: CRC Press).

e segue-se que

$$\mathbf{F}_{\text{auto}} = \frac{q^2}{4\pi\epsilon_0}\left[-\frac{a(t)}{4c^2 d} + \frac{\dot{a}(t)}{3c^3} + (\ )d + \cdots\right]\hat{\mathbf{x}}. \tag{11.96}$$

O primeiro termo à direita é proporcional à aceleração da carga; se o puxarmos para o outro lado da segunda lei de Newton, ele simplesmente se somará à massa do halter. De fato, a inércia total do halter carregado é

$$m = 2m_0 + \frac{1}{4\pi\epsilon_0}\frac{q^2}{4dc^2}, \tag{11.97}$$

onde $m_0$ é a massa de qualquer um dos lados sozinho. No contexto da relatividade especial, não surpreende que a repulsão elétrica das cargas aumente a massa do halter. Pois a energia potencial desta configuração (no caso estático) é

$$\frac{1}{4\pi\epsilon_0}\frac{(q/2)^2}{d}, \tag{11.98}$$

e segundo a fórmula de Einstein $E = mc^2$, esta energia contribui para a inércia do objeto.[14]

O segundo termo da Equação 11.96 é a reação de radiação:

$$F_{\text{rad}}^{\text{int}} = \frac{\mu_0 q^2 \dot{a}}{12\pi c}. \tag{11.99}$$

Sozinha (sem a correção de massa[15]) ela sobrevive no limite do 'halter pontual' $d \to 0$. Infelizmente ela difere da fórmula de Abraham-Lorentz por um fator de 2. Porém, esta é apenas a autoforça associada à *interação* entre 1 e 2 — daí o sobrescrito 'int'. Resta a força de *cada extremidade sobre si mesma.* Quando esta última é incluída (veja o Problema 11.20) o resultado é

$$F_{\text{rad}} = \frac{\mu_0 q^2 \dot{a}}{6\pi c}, \tag{11.100}$$

reproduzindo, com exatidão, a fórmula de Abraham-Lorentz. *Conclusão: a reação de radiação é devida à força da carga sobre si mesma* — ou, de forma mais elaborada, é a força líquida exercida pelos campos gerados por diferentes partes da distribuição de carga agindo uns sobre os outros.

---

**Problema 11.20** Deduza a Equação 11.100 da Equação 11.99, como se segue:

(a) Use a fórmula de Abraham-Lorentz para determinar a reação de radiação em cada extremidade do halter; acrescente isso ao termo de interação (Equação 11.99).

(b) O método (a) tem o defeito de *usar* a fórmula de Abraham-Lorentz — exatamente aquilo que estamos tentando *deduzir*. Para evitar isso, espalhe as cargas ao longo de uma faixa de comprimento $L$ direcionada perpendicularmente ao movimento (a densidade de carga, então, será $\lambda = q/L$); encontre a força de interação cumulativa para todos os pares de segmentos, usando a Equação 11.99 (com a correspondência $q/2 \to \lambda\, dy_1$, em uma extremidade e $q/2 \to \lambda\, dy_2$ na outra). Certifique-se de não contar o mesmo par duas vezes.

---

## Mais problemas do Capítulo 11

**Problema 11.21** Uma partícula de massa $m$ e carga $q$ está ligada a uma mola com constante de força $k$, pendurada do teto (Figura 11.19). Sua posição de equilíbrio é uma distância $h$ acima do chão. A mola é puxada para baixo até uma distância $d$ abaixo do ponto de equilíbrio e liberada no tempo $t = 0$.

(a) Sob os pressupostos normais ($d \ll \lambda \ll h$), calcule a intensidade da radiação que atinge o chão como função da distância $R$ a partir do ponto diretamente abaixo de $q$. [*Observação:* a intensidade, aqui, é a potência média por unidade de área do *chão*.] Em que $R$ a radiação é mais intensa? Despreze o amortecimento radiativo do oscilador. [*Resposta:* $\mu_0 q^2 d^2 \omega^4 R^2 h / 32\pi^2 c(R^2 + h^2)^{5/2}$]

(b) Como verificação da sua fórmula, assuma que o chão tem extensão infinita e calcule a energia média por unidade de tempo que atinge todo o chão. É o que você esperava?

(c) Como está perdendo energia na forma de radiação, a amplitude da oscilação irá gradualmente diminuir. Depois de que tempo $\tau$ a amplitude foi reduzida a $d/e$? (Assuma que a fração de energia total perdida em um ciclo é muito pequena.)

---

14. O fato de que os *números* funcionam perfeitamente é uma característica feliz desta configuração. Se você fizer o mesmo cálculo para o halter em movimento *longitudinal*, a correção de massa será apenas a *metade* do que 'deveria' ser (haverá um 2 em vez de um 4 na Equação 11.97), e no caso de uma esfera estaria fora por um fator de $3/4$. Este paradoxo notório já foi objeto de muito debate no decorrer dos anos. Veja D. J. Griffiths e R. E. Owen, *Am. J. Phys.* **51**, 1120 (1983).

15. É claro que o limite $d \to 0$ tem um efeito constrangedor no termo de massa. Em um certo sentido, não importa já que somente a massa *total* $m$ é observável; talvez $m_0$ tenha de alguma forma um infinito (negativo!) compensador, de forma que $m$ resulta finita. Esse estranho problema persiste na eletrodinâmica *quântica*, onde é 'varrido para debaixo do tapete' em um processo conhecido como **renormalização da massa**.

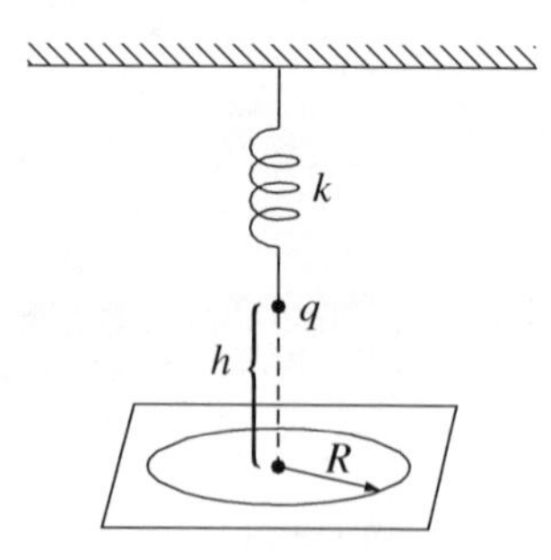


**Figura 11.19**

**Problema 11.22** Uma torre de rádio ergue-se a uma altura $h$ acima de um chão horizontal plano. No topo está uma antena de dipolo magnético, de raio $b$, e com eixo vertical. A estação de FM KRUD transmite a partir dessa antena à frequência angular $\omega$, com uma potência radiada total $P$ (em média, é claro, sobre um ciclo completo). Os vizinhos estão reclamando de problemas que eles atribuem ao excesso de radiação da torre — interferência nos aparelhos de som, portas de garagem que abrem e fecham-se misteriosamente e uma série de problemas de saúde suspeitos. Mas o engenheiro da prefeitura que mediu o nível de radiação na base da torre constatou que ele está muito abaixo do padrão aceitável. Você foi contratado pela Associação de Moradores para avaliar o relatório do engenheiro.

(a) Em termos das variáveis dadas (das quais é possível que nem todas sejam relevantes, é claro), encontre a fórmula para a intensidade de radiação no nível do chão, a uma distância $R$ da base da torre. Você pode assumir que $a \ll c/\omega \ll h$. [*Observação:* estamos interessados somente na *magnitude* da radiação, não na sua *direção* — quando as medidas são tomadas, o detector fica voltado diretamente para a antena.]

(b) A que distância da base da torre o engenheiro *deveria* ter feito a medição? Qual é a fórmula para a intensidade nesse local?

(c) A potência de saída da KRUD, de fato, é 35 kilowatts, sua frequência é 90 MHz, o raio da antena é 6 cm e a altura da torre é 200 m. O limite para as transmissões de rádio da cidade é de 200 microwatts/cm$^2$. A KRUD atende aos padrões?

**Problema 11.23** Como você sabe, o polo norte magnético da Terra não coincide com o polo norte geográfico — de fato, a divergência é de cerca de $11^\circ$. Com relação ao eixo fixo de rotação, portanto, o vetor momento de dipolo magnético da Terra está mudando com o tempo e a Terra deve estar liberando radiação magnética dipolar.

(a) Encontre a fórmula para a potência total radiada, em termos dos seguintes parâmetros: $\Psi$ (o ângulo entre os polos norte geográfico e magnético), $M$ (a magnitude do momento de dipolo magnético da Terra) e $\omega$ (a velocidade angular de rotação da Terra). [*Dica:* consulte o Problema 11.4 ou o Problema 11.12.]

(b) Usando o fato de que o campo magnético da Terra é de aproximadamente meio gauss no equador, estime o momento de dipolo magnético $M$ da Terra.

(c) Encontre a potência radiada. [*Resposta:* $4 \times 10^{-5}$ W]

(d) Acredita-se que os pulsares são estrelas de nêutrons em rotação, com um raio típico de 10 km, um período rotacional de $10^{-3} s$ e um campo magnético superficial de $10^8$ T. Que tipo de potência radiada seria de se esperar de tal estrela? [Veja J. P. Ostriker e J. E. Gunn, *Astrophys. J.* **157**, 1395 (1969).] [*Resposta:* $2 \times 10^{36}$ W]

**Problema 11.24** Suponha que o plano $yz$ (eletricamente neutro) carrega uma corrente superficial dependente do tempo, porém com densidade uniforme $K(t)\,\hat{\mathbf{z}}$.

(a) Encontre os campos elétrico e magnético a uma altura $x$ acima do plano se

(i) uma corrente constante for ligada em $t = 0$:

$$K(t) = \begin{cases} 0, & t \leq 0, \\ K_0, & t > 0. \end{cases}$$

(ii) uma corrente que aumenta linearmente é ligada em $t = 0$:

$$K(t) = \begin{cases} 0, & t \leq 0, \\ \alpha t, & t > 0. \end{cases}$$

(b) Mostre que o potencial vetorial retardado pode ser escrito da seguinte forma

$$\mathbf{A}(x,t) = \frac{\mu_0 c}{2}\,\hat{\mathbf{z}} \int_0^\infty K\left(t - \frac{x}{c} - u\right) du,$$

e a partir dele, determine **E** e **B**.

(c) Mostre que a potência total radiada por unidade de área da superfície é

$$\frac{\mu_0 c}{2}[K(t)]^2.$$

Explique o que você quer dizer com 'radiação' neste caso, dado que a fonte não é localizada. [Para discussão e problemas correlatos, veja B. R. Holstein, *Am. J. Phys.* **63**, 217 (1995), T. A. Abbott e D. J. Griffiths, *Am. J. Phys.* **53**, 1203 (1985).]

**Problema 11.25** Quando uma partícula carregada aproxima-se (ou afasta-se) de uma superfície condutora, radiação é emitida, em decorrência da variação no momento de dipolo elétrico da carga e sua imagem. Se a partícula tem massa $m$ e carga $q$, encontre a potência radiada total como função da sua altura $z$ acima do plano. [*Resposta:* $(\mu_0 cq^2/4\pi)^3/6m^2z^4$]

**Problema 11.26** Use a transformação de dualidade (Problema 7.60) para construir os campos elétrico e magnético de um monopolo magnético $q_m$ em movimento arbitrário e encontre a 'fórmula de Larmor' para a potência radiada. [Para aplicações correlatas veja J. A. Heras, *Am. J. Phys.* **63**, 242 (1995).]

**Problema 11.27** Assumindo que você exclua a solução não-física do Problema 11.19, calcule

(a) o trabalho realizado pela força externa,

(b) a energia cinética final (assuma que a energia cinética inicial era nula),

(c) a energia total radiada.

Verifique se a energia é conservada neste processo.[16]

**Problema 11.28**

(a) Repita o Problema 11.19, mas desta vez deixemos que a força externa seja uma função delta de Dirac: $F(t) = k\delta(t)$ (para alguma constante $k$).[17] [Observe que a aceleração agora é *descontínua* em $t = 0$ (embora a *velocidade* ainda seja obrigatoriamente contínua); use o método do Problema 11.19 (a) para mostrar que $\Delta a = -k/m\tau$. Neste problema só existem *dois* intervalos a considerar: (i) $t < 0$ e (ii) $t > 0$.]

(b) Como no Problema 11.27, verifique se a energia é conservada neste processo.

! **Problema 11.29** Uma partícula carregada vindo de $-\infty$ ao longo do eixo $x$ encontra uma barreira retangular de energia potencial

$$U(x) = \begin{cases} U_0, & \text{se } 0 < x < L, \\ 0, & \text{caso contrário.} \end{cases}$$

Mostre que, devido à reação de radiação, a partícula pode **tunelar** através da barreira — ou seja: mesmo que a energia cinética incidente seja inferior a $U_0$, a partícula pode atravessar. (Veja F. Denef *et al.*, *Phys. Rev.* *E* **56**, 3624 (1997).) [*Dica:* sua tarefa é resolver a equação

$$a = \tau\dot{a} + \frac{F}{m},$$

sujeita à força

$$F(x) = U_0[-\delta(x) + \delta(x - L)].$$

Consulte os problemas 11.19 e 11.28, mas observe que desta vez a força é uma função específica de $x$, não $t$. Há três regiões a considerar: (i) $x < 0$, (ii) $0 < x < L$, (iii) $x > L$. Encontre a solução geral (para $a(t)$, $v(t)$ e $x(t)$) em cada região, exclua a divergência exponencial na região (iii), e imponha as condições limite adequadas em $x = 0$ e $x = L$. Mostre que a velocidade final ($v_f$) está relacionada ao tempo $T$ gasto atravessando a barreira, pela equação

$$L = v_f T - \frac{U_0}{mv_f}\left(\tau e^{-T/\tau} + T - \tau\right),$$

e que a velocidade inicial (em $x = -\infty$) é

$$v_i = v_f - \frac{U_0}{mv_f}\left[1 - \frac{1}{1 + \frac{U_0}{mv_f^2}\left(e^{-T/\tau} - 1\right)}\right].$$

Para simplificar estes resultados (já que o que estamos procurando é apenas um exemplo específico), suponha que a energia cinética final é a metade da altura da barreira. Mostre que, nesse caso

$$v_i = \frac{v_f}{1 - (L/v_f\tau)}.$$

Particularmente se você escolher $L = v_f\tau/4$ e depois $v_i = (4/3)v_f$, a energia cinética inicial será $(8/9)U_0$, e a partícula conseguirá atravessar, mesmo que não tenha energia suficiente para passar por cima da barreira!]

16. Os problemas 11.27 e 11.28 foram sugeridos por G. L. Pollack.

17. Este exemplo foi primeiro analisado por P. A. M. Dirac, *Proc. Roy. Soc.* **A167**, 148 (1938).

! **Problema 11.30**

(a) Encontre a força de reação de radiação sobre uma partícula que se move a uma velocidade arbitrária, em linha reta, reconstruindo o argumento da Seção 11.2.3 *sem* assumir que $v(t_r) = 0$. [*Resposta:* $(\mu_0 q^2 \gamma^4 / 6\pi c)(\dot{a} + 3\gamma^2 a^2 v/c^2)$]

(b) Mostre que este resultado é coerente (no sentido da Equação 11.78) com a potência radiada por essa partícula (Equação 11.75).

**Problema 11.31**

(a) Uma partícula em movimento hiperbólico (Equação 10.45) radia? (Use a fórmula exata (Equação 11.75) para calcular a potência radiada.)

(b) Uma partícula em movimento hiperbólico sofre reação de radiação? (Use a fórmula exata (Problema 11.30) para determinar a força de reação.)

[*Comentário:* essas famosas questões têm implicações importantes para o **princípio da equivalência**. Veja T. Fulton e F. Rohrlich, *Annals of Physics* **9**, 499 (1960); J. Cohn, *Am. J. Phys.* **46**, 225 (1978); Capítulo 8 de R. Peierls, *Surprises in Theoretical Physics* (Princeton: Princeton University Press, 1979); e o artigo de P. Pearle em *Electromagnetism: Paths to Research*, ed. D. Teplitz (Nova York: Plenum Press, 1982).]

# Capítulo 12

# Eletrodinâmica e relatividade

## 12.1 A teoria especial da relatividade

### 12.1.1 Postulados de Einstein

A mecânica clássica obedece ao **princípio da relatividade**: as mesmas leis se aplicam em qualquer **sistema de referência inercial**. Por 'inercial' quero dizer que o sistema está em repouso ou em movimento a uma velocidade constante.[1] Imagine, por exemplo, que você colocou uma mesa de bilhar em um vagão de trem e que o trem está viajando a uma velocidade constante sobre trilhos retos e uniformes. Um jogo poderia ser jogado exatamente como se o trem estivesse parado na estação: você não precisaria 'corrigir' as suas tacadas pelo fato de que o trem está em movimento — de fato, se fechasse todas as cortinas, você não teria como saber se o trem está em movimento ou não. Observe, em contrapartida, que você saberia *imediatamente* se o trem acelerasse ou desacelerasse, ou fizesse uma curva ou passasse por cima de uma protuberância — as bolas de bilhar rolariam em trajetórias curvas estranhas e você mesmo sentiria o balanço. As leis da mecânica, portanto, certamente *não* são as mesmas no caso de sistemas de referência *acelerados*.

Em sua aplicação na mecânica clássica, o princípio da relatividade não tem nada de novo; ele foi expresso claramente por Galileu. *Pergunta:* ele também se aplica às leis da eletrodinâmica? À primeira vista a resposta aparentemente seria *não*. Afinal, uma carga em movimento produz um campo magnético, enquanto uma carga em repouso não. Uma carga transportada junto com o trem geraria um campo magnético, mas alguém que estivesse no trem aplicando as leis da eletrodinâmica a esse sistema não iria prever um campo magnético. De fato, muitas das equações da eletrodinâmica, começando com a lei de força de Lorentz, fazem referência explícita à velocidade da carga. Certamente parece, portanto, que a teoria eletromagnética pressupõe a existência de um sistema de referência estacionário em relação ao qual todas as velocidades devem ser medidas.

E, no entanto, há uma coincidência extraordinária que nos dá o que pensar. Suponha que montemos uma espira de fio em um vagão e façamos o trem passar entre os polos de um ímã gigante (Figura 12.1). À medida que o trem passa pelo campo magnético, uma fem devida ao movimento se estabelece; segundo a regra de fluxo (Equação 7.13),

$$\mathcal{E} = -\frac{d\Phi}{dt}.$$

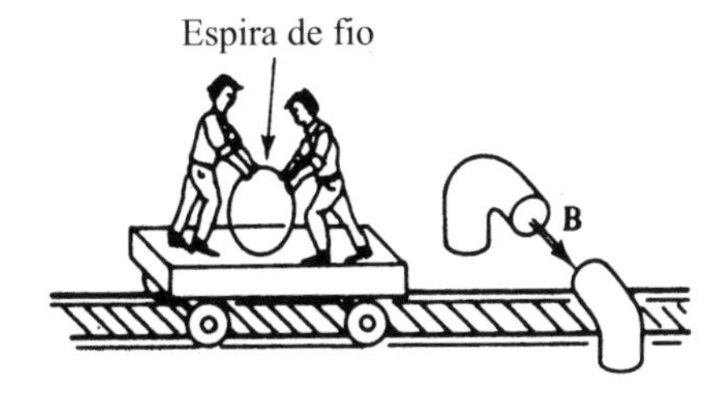


**Figura 12.1**

1. Isto suscita um problema complicado: se as leis da física se aplicam da mesma forma em um sistema com movimento uniforme, não temos como identificar um sistema 'em repouso' para início de conversa e, consequentemente, não há como verificar se algum outro sistema está se movimentando em velocidade constante. Para evitar esta armadilha, definimos formalmente um *sistema inercial como aquele ao qual se aplica a primeira lei de Newton*. Se você quiser saber se está em um sistema inercial, jogue algumas pedras à sua volta — se elas se moverem em linha reta em velocidade constante, você está em um sistema inercial e qualquer sistema que se movimente com velocidade constante em relação a você será outro sistema inercial (veja o Problema 12.1).

Esta fem, lembre-se, é devida à força magnética sobre as cargas na espira de fio que estão se movendo junto com o trem. Por outro lado, se alguém no trem ingenuamente aplicasse as leis da eletrodinâmica a *esse* sistema, qual seria a previsão? Nada de força *magnética* porque a espira está em repouso. Mas à medida que o ímã passar, o campo magnético do vagão irá se alterar e um campo magnético que varia induz um campo elétrico, segundo a lei de Faraday. A força *elétrica* resultante geraria na espira uma fem dada pela Equação 7.14:

$$\mathcal{E} = -\frac{d\Phi}{dt}.$$

Como a lei de Faraday e a regra do fluxo preveem exatamente a mesma fem, as pessoas no trem obterão a mesma resposta, *embora sua interpretação física do processo esteja completamente errada.*

Mas *está* mesmo? Einstein não conseguia acreditar que isso fosse mera coincidência; ao contrário, ele tomou isso como pista de que os fenômenos eletromagnéticos, assim como os mecânicos, obedecem ao princípio da relatividade. Na sua visão, a análise pelo observador no trem é tão válida quanto a do observador no solo. Se as suas *interpretações* diferem (um chamando o processo de elétrico e o outro de magnético), que seja; as *previsões* de fato, estão de acordo. Eis o que ele escreveu na primeira página de seu trabalho de 1905 apresentando a **teoria da relatividade especial**:

> Sabe-se que a eletrodinâmica de Maxwell — como é, em geral, entendida atualmente — quando aplicada a corpos em movimento leva a assimetrias que não parecem ser inerentes ao fenômeno. Tome-se, por exemplo, a ação eletrodinâmica recíproca de um magneto e um condutor. O fenômeno observável, aqui, depende somente do movimento relativo do condutor e do magneto, enquanto a visão costumeira traça uma distinção incisiva entre os dois casos nos quais um ou outro desses corpos está em movimento. Pois se o magneto estiver em movimento e o condutor em repouso, surge em torno do magneto um campo elétrico... produzindo uma corrente nos lugares onde partes do condutor estão situadas. Mas se o magneto estiver parado e o condutor em movimento, não surge campo elétrico nas proximidades do magneto. No condutor, porém, encontramos uma força eletromotriz... que faz surgir — presumindo-se igualdade de movimento relativo nos dois casos em discussão — correntes elétricas com o mesmo caminho e intensidade daquelas produzidas pelas forças elétricas do caso anterior.
>
> Exemplos desse tipo, juntamente com tentativas malsucedidas de descobrir qualquer movimento da Terra em relação ao 'meio luminoso', sugerem que os fenômenos da eletrodinâmica, bem como os da mecânica, não possuem qualquer propriedade correspondente à ideia de repouso absoluto.[2]

Mas estou me adiantando. Para os antecessores de Einstein, a igualdade de duas fem era apenas um acidente feliz; eles não tinham dúvida de que um observador estava certo e o outro errado. Consideravam os campos elétrico e magnético deformações em um meio invisível semelhante a uma gelatina, chamado **éter**, e que permeava todo o espaço. A velocidade da carga deveria ser medida *com relação ao éter* — só então as leis da eletrodinâmica seriam válidas. O observador do trem está errado porque o sistema está em *movimento* com relação ao éter.

Mas espere! Como sabemos que o observador no *solo* também não está se movendo com relação ao éter? Afinal, a Terra gira sobre o próprio eixo uma vez por dia e em torno do Sol uma vez por ano; o sistema solar circula pela galáxia e, até onde eu sei, a própria galáxia pode estar se movendo em alta velocidade pelo cosmos. Considerando tudo, devemos estar viajando a bem mais que 50 km/s com relação ao éter. Como um piloto de motocicleta em uma estrada descampada, enfrentamos um 'vento do éter' em alta velocidade — a menos que por alguma miraculosa coincidência estejamos em um vento a favor que tem precisamente a intensidade certa, ou então a Terra tem uma espécie de 'parabrisa' e carrega consigo seu próprio estoque de éter. De repente, torna-se uma questão de importância vital *encontrar* o sistema do éter, experimentalmente, ou *todos* os nossos cálculos serão inválidos.

O problema, então, é determinar nosso movimento através do éter — medir a velocidade e direção do 'vento do éter'. Como faremos isso? À primeira vista talvez você suponha que praticamente *qualquer* experimento eletromagnético seria suficiente: se as equações de Maxwell forem válidas somente com relação ao sistema do éter, qualquer discrepância entre o resultado experimental e a previsão teórica seria atribuída ao vento do éter. Infelizmente, como os físicos do século XIX logo perceberam, o erro esperado em um experimento típico é extremamente pequeno; como no exemplo acima, 'coincidências' sempre parecem conspirar para esconder o fato de que estamos usando o sistema de referência 'errado'. Portanto, é necessário um experimento extraordinariamente delicado para realizar a tarefa.

Ora, entre os resultados da eletrodinâmica clássica está a previsão de que as ondas eletromagnéticas viajam através do vácuo à velocidade

$$\frac{1}{\sqrt{\epsilon_0\mu_0}} = 3,00 \times 10^8 \mathrm{m/s},$$

*relativa* (presumivelmente) *ao éter*. Em princípio, portanto, deve ser possível detectar o vento do éter simplesmente medindo a velocidade da luz em várias direções. Como em um barco a motor em um rio, a velocidade líquida 'a jusante' deve ser

2. Uma tradução do primeiro trabalho de Einstein sobre relatividade, 'On the Electrodynamics of Moving Bodies', foi reimpressa em *The Principle of Relativity*, de H. A. Lorentz et al. (Nova York: Dover, 1923).

máxima, já que aqui a luz é levada pelo éter; no sentido oposto, onde está enfrentando a corrente, a velocidade deve ser mínima (Figura 12.2). Enquanto a *ideia* desse experimento não poderia ser mais simples, sua *execução* é uma outra história porque a velocidade da luz é inconvenientemente grande. Se não fosse por esse 'detalhe técnico' tudo poderia ser feito com uma lanterna e um cronômetro. Mas ocorre que um experimento elaborado e adorável foi criado por Michelson e Morley, usando um interferômetro ótico de precisão fantástica. Não vou entrar em detalhes aqui, porque não quero desviar sua atenção de dois pontos essenciais: (1) tudo o que Michelson e Morley estavam tentando fazer era comparar a velocidade da luz em várias direções e (2) o que eles de fato *descobriram* é que essa velocidade é *exatamente a mesma em todas as direções*.

Hoje em dia, os estudantes do ensino médio aprendem a rir da ingenuidade do modelo do éter e é preciso um pouco de imaginação para entender como esse resultado deve ter sido totalmente desconcertante na época. Todas as outras ondas (ondas na água, sonoras, ondas em uma corda) viajam a uma determinada velocidade *relativa ao meio de propagação* (a coisa que ondula), e se esse meio estiver em movimento em relação ao observador, a velocidade líquida é sempre maior 'a jusante' do que 'a montante'. Nos 20 anos que se seguiram, uma série de esquemas improváveis foi inventada na tentativa de explicar por que isso *não* ocorre com a luz. Os próprios Michelson e Morley interpretaram seu experimento como a confirmação da hipótese de 'arraste do éter', segundo a qual a Terra de alguma forma leva o éter consigo. Mas constatou-se que isso era incoerente com outras observações, principalmente a refração da luz das estrelas.[3] Várias supostas teorias de 'emissão' foram propostas, segundo as quais a velocidade das ondas eletromagnéticas é governada pelo movimento da *fonte* — como no caso de uma teoria corpuscular (que concebe a luz como um fluxo de partículas). Tais teorias pediam modificações implausíveis nas equações de Maxwell, mas de qualquer forma elas foram descartadas por experimentos usando fontes de luz extraterrestres. Enquanto isso, Fitzgerald e Lorentz sugeriam que o vento do éter comprimia fisicamente toda a matéria (inclusive o próprio aparato de Michelson-Morley), de forma a compensar exatamente e, portanto, ocultar, a variação de velocidade decorrente da direção. Ocorre que isso tem um pouco de verdade, embora a ideia deles quanto ao motivo da contração estivesse bastante errada.

De qualquer forma, foi só a partir de Einstein que o resultado obtido por Michelson e Morley passou a ser considerado pelo seu valor real, sugerindo que a velocidade da luz é uma constante universal, igual em todas as direções, independentemente do movimento do observador ou da fonte. Não *existe* vento do éter, porque não existe éter. *Qualquer* sistema inercial é um sistema de referência adequado para a aplicação das equações de Maxwell e a velocidade de uma carga deve ser medida *não* com relação a um sistema (inexistente) em repouso absoluto ou com relação a um éter (inexistente), mas simplesmente em relação ao sistema de referência particular que você escolheu.

Inspirado, então, tanto pelas pistas teóricas internas (o fato de que as leis da eletrodinâmica dão a resposta certa mesmo quando aplicadas ao sistema 'errado') quanto pelas evidências empíricas externas (o experimento de Michelson-Morley[4]), Einstein formulou seus dois famosos postulados:

1. **O princípio da relatividade.** As leis da física aplicam-se em todos os sistemas de referência inerciais.
2. **A velocidade universal da luz.** A velocidade da luz no vácuo é a mesma para todos os observadores inerciais, independentemente do movimento da fonte.

A teoria especial da relatividade é obtida desses dois postulados. O primeiro eleva a observação de Galileu sobre a mecânica clássica ao *status* de lei geral que se aplica a *toda* a física. Ele afirma que não existe estado de repouso absoluto. O segundo pode ser considerado a resposta de Einstein ao experimento de Michelson-Morley. Ele significa que não existe éter. (Alguns autores consideram o segundo postulado de Einstein redundante — não mais que um caso especial do primeiro. Eles alegam que a própria existência do éter violaria o princípio da relatividade, no sentido de que definiria um sistema de referência estacionário, singular. Acho que isso é bobagem. A existência do ar como meio para o som não invalida a teoria da

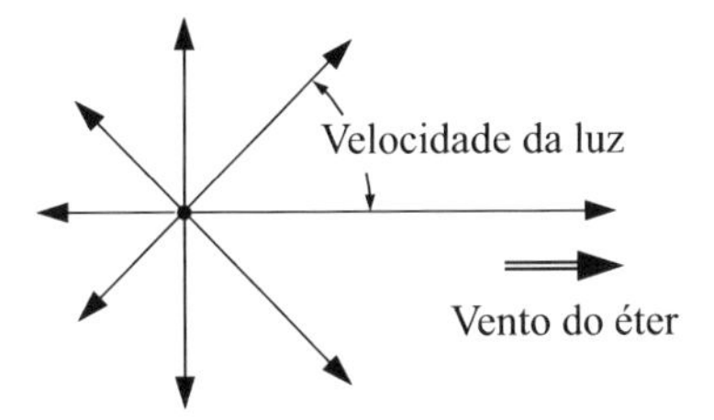


**Figura 12.2**

3. Uma discussão sobre o experimento de Michelson-Morley e questões correlatas pode ser encontrada em R. Resnick, em *Introduction to Special Relativity*, Cap. 1 (Nova York: John Wiley, 1968).
4. Na realidade, aparentemente Einstein pouco sabia do experimento de Michelson-Morley na época. Para ele, o argumento teórico por si foi decisivo.

relatividade. O éter não é um sistema em repouso absoluto, mais do que a água em um aquário — que é um sistema *especial* se você for um peixinho, mas que dificilmente é 'absoluto'.)[5]

Ao contrário do princípio da relatividade, cujas raízes remontavam a vários séculos, o da velocidade universal da luz era radicalmente novo — e, aparentemente absurdo. Pois se eu andar a 5 mi/h pelo corredor de um trem que está a 60 mi/h, minha velocidade líquida em relação ao solo é 'obviamente' 65 mi/h — a velocidade de $A$ (eu) com relação a $C$ (solo) é igual à velocidade de $A$ com relação a $B$ (o trem) mais a velocidade de $B$ com relação a $C$:

$$v_{AC} = v_{AB} + v_{BC}. \tag{12.1}$$

E, no entanto, se $A$ é um sinal de *luz* (venha ela de uma lanterna no trem, de uma luminária no solo ou de uma estrela no céu), Einstein queria que acreditássemos que sua velocidade é $c$ com relação ao trem $c$ com relação ao solo:

$$v_{AC} = v_{AB} = c. \tag{12.2}$$

Evidentemente, a Equação 12.1, que hoje chamamos de **regra da adição de velocidades de Galileu** (ninguém antes de Einstein importou-se em lhe dar um nome) é incompatível com o segundo postulado. Na relatividade especial, como veremos, ela é substituída pela **regra de adição de velocidades de Einstein**:

$$\boxed{v_{AC} = \frac{v_{AB} + v_{BC}}{1 + (v_{AB}v_{BC}/c^2)}.} \tag{12.3}$$

Para velocidades 'comuns' ($v_{AB} \ll c, v_{BC} \ll c$), o denominador é tão próximo de 1 que a discrepância entre a fórmula de Einstein e a de Galileu é desprezível. Por outro lado, a fórmula de Einstein tem a desejável propriedade de que se $v_{AB} = c$, então, *automaticamente* $v_{AC} = c$:

$$v_{AC} = \frac{c + v_{BC}}{1 + (cv_{BC}/c^2)} = c.$$

Mas como a regra de Galileu, que parece se apoiar em nada além do bom senso, pode estar errada? E se ela *está* errada, como isso afeta toda a física clássica? A resposta é que a relatividade especial nos leva a alterar nossas noções de tempo e espaço em si e, consequentemente, também grandezas decorrentes como velocidade, momento e energia. Embora ela tenha historicamente se desenvolvido a partir da contemplação de Einstein da eletrodinâmica, a teoria especial não está limitada a qualquer classe particular de fenômeno — aliás, ela é uma descrição da 'arena' espaço-temporal na qual *todos* os fenômenos físicos acontecem. E apesar da referência à velocidade da luz no segundo postulado, a relatividade nada tem a ver com a luz: $c$ é evidentemente uma velocidade fundamental e ocorre que a luz viaja a essa velocidade, mas é perfeitamente possível conceber um universo no qual não existam cargas elétricas e, portanto, nem campos ou ondas eletromagnéticos, mas onde a relatividade ainda prevaleceria. Como a relatividade define a estrutura do espaço e do tempo, ela reivindica autoridade não somente sobre todos os fenômenos conhecidos hoje, mas sobre aqueles ainda desconhecidos. É, como diria Kant, um 'prolegômeno de qualquer física futura'.

---

**Problema 12.1** Considere $\mathcal{S}$ um sistema de referência inercial.

(a) Suponha que $\bar{\mathcal{S}}$ move-se com velocidade constante em relação a $\mathcal{S}$. Mostre que $\bar{\mathcal{S}}$ é também um sistema de referência inercial. [*Dica:* use a definição da nota de rodapé 1.]

(b) Inversamente, mostre que se $\bar{\mathcal{S}}$ é um sistema inercial, ele se move com relação a $\mathcal{S}$ a velocidade constante.

**Problema 12.2** Como uma ilustração do princípio da relatividade na mecânica clássica, considere a seguinte colisão genérica: no sistema inercial $\mathcal{S}$, a partícula $A$ (massa $m_A$, velocidade $\mathbf{u}_A$) atinge a partícula $B$ (massa $m_B$, velocidade $\mathbf{u}_B$). No curso da colisão, uma certa massa passa de $A$ para $B$, e ficamos com partículas $C$ (massa $m_C$, velocidade $\mathbf{u}_C$) e $D$ (massa $m_D$, velocidade $\mathbf{u}_D$). Assuma que o momento ($\mathbf{p} \equiv m\mathbf{u}$) é conservado em $\mathcal{S}$.

(a) Prove que o momento também é conservado no sistema inercial $\bar{\mathcal{S}}$, que se move à velocidade $\mathbf{v}$ com relação a $\mathcal{S}$. [Use a regra de adição de velocidades de Galileu — este é um cálculo totalmente clássico. O que você deve assumir sobre a massa?]

(b) Suponha que a colisão é elástica em $\mathcal{S}$; mostre que também é elástica em $\bar{\mathcal{S}}$.

5. Coloco desta maneira no intuito de dissipar algum mal-entendido quanto ao que constitui um sistema em repouso absoluto. Em 1977, tornou-se possível medir a velocidade da Terra através da radiação de fundo a 3 K que sobrou do '*big bang*'. Isso significa que encontramos um sistema em repouso absoluto e a relatividade está descartada? É claro que não.

**Problema 12.3**

(a) Qual o percentual de erro introduzido quando se usa a regra de Galileu, em vez da regra de Einstein, em $v_{AB} = 8$ km/h e $v_{BC} = 96$ km/h?

(b) Suponha que você pode correr à metade da velocidade da luz pelo corredor de um trem que está a três-quartos da velocidade da luz. Qual seria a sua velocidade com relação ao solo?

(c) Prove, usando a Equação 12.3, que se $v_{AB} < c$ e $v_{BC} < c$, então $v_{AC} < c$. Interprete este resultado.

**Problema 12.4** Enquanto os bandidos fogem em um carro que está a $\frac{3}{4}c$, o policial dispara um bala da viatura, cuja velocidade é apenas $\frac{1}{2}c$ (Figura 12.3). A velocidade da bala no cano (com relação à arma) é $\frac{1}{3}c$. A bala atingirá seu alvo (a) segundo Galileu, (b) segundo Einstein?

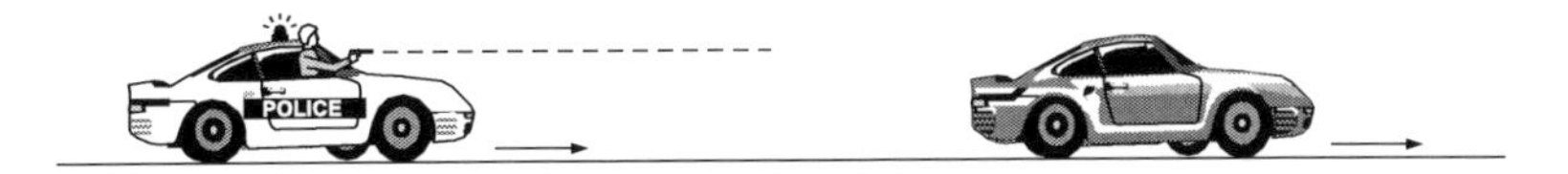


**Figura 12.3**

## 12.1.2 A geometria da relatividade

Nesta seção apresento uma série de experimentos *gedanken* (imaginários), que servem para introduzir as três consequências geométricas mais impressionantes dos postulados de Einstein: dilatação do tempo, contração de Lorentz e relatividade da simultaneidade. Na Seção 12.1.3, os mesmos resultados serão deduzidos mais sistematicamente, usando as transformações de Lorentz.

**(i) A relatividade da simultaneidade**. Imagine um vagão viajando a velocidade constante sobre trilhos retos e uniformes (Figura 12.4). Bem no centro do vagão está pendurada uma lâmpada. Quando alguém liga a lâmpada, a luz espalha-se em todas as direções à velocidade $c$. Como a lâmpada está equidistante das duas extremidades, um observador no trem verá que a luz atinge a extremidade dianteira ao mesmo tempo que atinge a extremidade traseira: os dois eventos em questão — (a) luz chega à extremidade dianteira e (b) luz chega à extremidade traseira — ocorrem *simultaneamente*. Porém, para um observador no *solo*, esses mesmos dois eventos *não* são simultâneos, pois à medida que a luz sai da lâmpada, o trem em si move-se para a frente de forma que o raio que vai para o fundo tem uma distância menor a percorrer do que aquele que vai para a frente (Figura 12.5). Segundo este observador, portanto, o evento (b) acontece *antes* do evento (a). Um observador que passasse ao lado em um trem expresso, enquanto isso, diria que (a) precede (b). *Conclusão*:

**Dois eventos que são simultâneos em um sistema inercial não são, em geral, simultâneos em outro.**

Naturalmente o trem teria de estar a uma velocidade extremamente grande para que a discrepância fosse detectável — essa é a razão pela qual você não percebe isso o tempo todo.

É claro que é *sempre* possível para uma testemunha ingênua *enganar-se* sobre a simultaneidade: você ouve o trovão *depois* de ver o raio, e uma criança poderia pensar que a origem da luz não é simultânea à origem do som. Mas esse é um erro trivial que nada tem a ver com observadores em movimento e relatividade — *é óbvio* que você tem de fazer a correção para o tempo que o sinal (som, luz, pombo-correio, o que for) demora para chegar até você. Quando falo em **observador**, me refiro a alguém que tem o bom senso de fazer essa correção, e uma **observação** é aquilo que um observador registra *depois* de fazer essa correção. O que você *vê*, portanto, não é o mesmo que aquilo que você *observa*. Uma observação não pode ser feita com uma câmera — ela é uma reconstrução artificial após o fato, quando todos os dados são considerados. De fato, um observador sábio evitaria todo esse problema colocando assistentes em pontos estratégicos, cada um deles com um relógio sincronizado a um relógio mestre, de forma que as medições de tempo podem ser feitas no local. Estou detalhando excessivamente este ponto para enfatizar que a relatividade da simultaneidade é uma discrepância genuína entre medições feitas por observadores

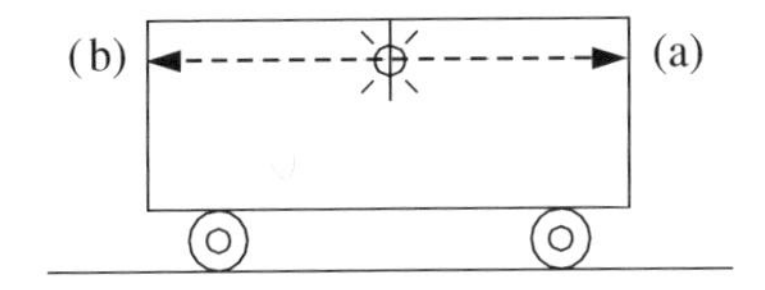


**Figura 12.4**

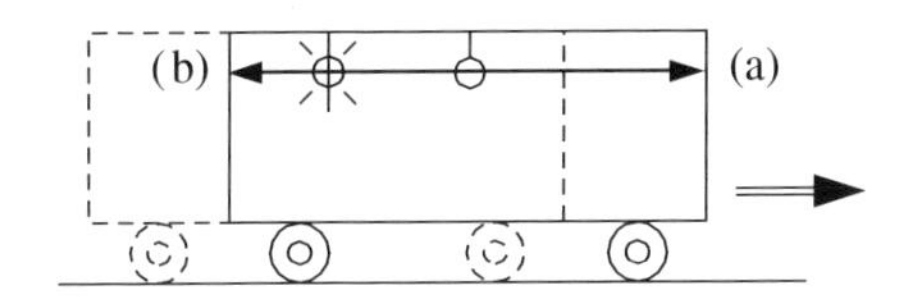


**Figura 12.5**

competentes em movimento relativo, e não um simples erro resultante da falha em considerar o tempo de caminho dos sinais de luz.

---

**Problema 12.5** Relógios sincronizados estão colocados em intervalos regulares de um milhão de quilômetros, ao longo de uma linha reta. Quando o relógio perto de você marcar meio-dia:

(a) Que horas você *verá* no 90º relógio à frente?

(b) Que horas você *observará* nesse relógio?

**Problema 12.6** A cada dois anos, mais ou menos, o *The New York Times* publica um artigo no qual algum astrônomo alega que encontrou um objeto viajando a uma velocidade maior que a da luz. Muitos desses relatos resultam da falha em distinguir o que é *visto* do que é *observado* — ou seja, da falha ao considerar o tempo de viagem da luz. Eis um exemplo: uma estrela está viajando à velocidade $v$ com um ângulo $\theta$ em relação à linha de visão (Figura 12.6). Qual a sua velocidade aparente através do céu? (Suponha que o sinal de luz de $b$ chega à Terra em um tempo $\Delta t$ após o sinal de $a$, e a estrela, nesse meio tempo, avançou uma distância $\Delta s$ através da esfera celeste; por 'velocidade aparente' quero dizer $\Delta s/\Delta t$.) Que ângulo $\theta$ dá a máxima velocidade aparente? Mostre que a velocidade aparente pode ser muito maior que $c$, mesmo que $v$ seja menor do que $c$.

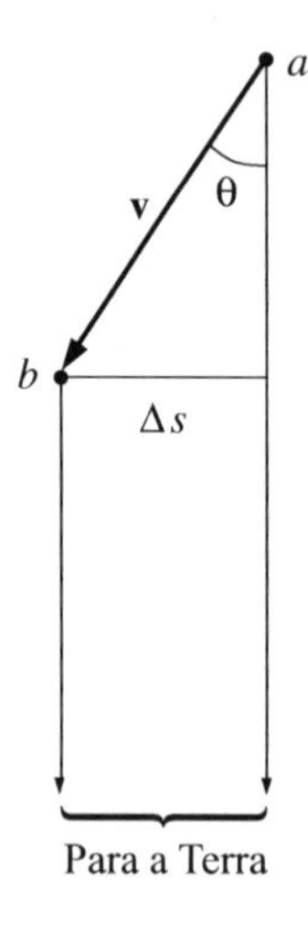


**Figura 12.6**

---

**(ii) Dilatação do tempo**. Agora consideremos um raio de luz que sai da lâmpada e atinge o chão do vagão diretamente abaixo. *Pergunta*: quanto tempo a luz demora para fazer esse caminho? Do ponto de vista de um observador no trem, a resposta é fácil: se a altura do vagão é $h$, o tempo é

$$\Delta\bar{t} = \frac{h}{c}. \tag{12.4}$$

(Usarei um traço sobrescrito para denotar as medidas feitas no trem.) Por outro lado, a partir de uma observação no solo, o mesmo raio tem de viajar mais longe porque o trem em si está em movimento. A partir da Figura 12.7, vejo que essa distância é $\sqrt{h^2 + (v\Delta t)^2}$, então

$$\Delta t = \frac{\sqrt{h^2 + (v\Delta t)^2}}{c}.$$

Resolvendo para $\Delta t$, temos

$$\Delta t = \frac{h}{c}\frac{1}{\sqrt{1 - v^2/c^2}},$$

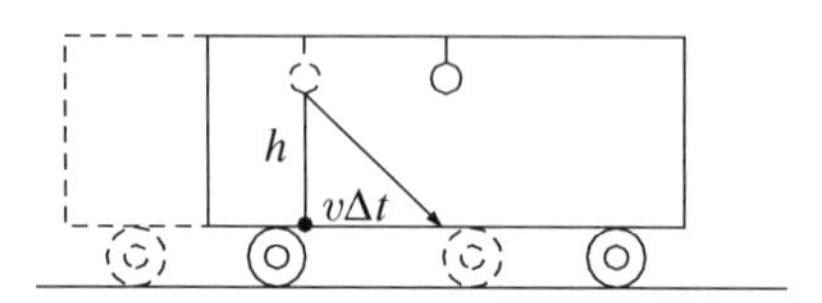


**Figura 12.7**

e, portanto,

$$\boxed{\Delta\bar{t} = \sqrt{1 - v^2/c^2}\,\Delta t.} \tag{12.5}$$

Evidentemente, tempo transcorrido entre os *mesmos dois eventos* — (a) luz sai da lâmpada e (b) luz atinge o chão — é diferente para os dois observadores. De fato, o intervalo registrado no relógio do trem, $\Delta\bar{t}$, é *mais curto* pelo fator

$$\boxed{\gamma \equiv \frac{1}{\sqrt{1 - v^2/c^2}}.} \tag{12.6}$$

*Conclusão*:

**Relógios em movimento andam mais devagar.**

Esta é a chamada **dilatação do tempo**. Ela nada tem a ver com a mecânica dos relógios; é uma declaração sobre a natureza do tempo que se aplica a *todos* os relógios que estejam funcionando adequadamente.

De todas as previsões de Einstein, nenhuma teve confirmação mais espetacular e persuasiva do que a dilatação do tempo. As partículas mais elementares são instáveis: elas se desintegram após um tempo de vida característico[6] que varia de uma espécie para outra. O tempo de vida de um nêutron é de 15 minutos, o de um múon, $2 \times 10^{-6}$ s, o de um píon neutro, $9 \times 10^{-17}$ s. Mas esses são tempos de vida das partículas *em repouso*. Quando as partículas estão se movendo a velocidades próximas de $c$ elas duram muito mais tempo, pois seus relógios internos (seja lá o que for que diz a elas que o tempo acabou) andam mais devagar, segundo a fórmula de Einstein de dilatação do tempo.

---

**Exemplo 12.1**

Um múon está viajando pelo laboratório a 3/5 da velocidade da luz. Quanto tempo ele dura?

**Solução**: neste caso,

$$\gamma = \frac{1}{\sqrt{1 - (3/5)^2}} = \frac{5}{4},$$

de forma que ele vive mais tempo (do que em repouso) por um fator de $\frac{5}{4}$:

$$\frac{5}{4} \times (2 \times 10^{-6})\,\text{s} = 2,5 \times 10^{-6}\,\text{s}.$$

---

Talvez lhe pareça que a dilatação do tempo é incoerente com o princípio da relatividade. Pois se o observador no solo disser que o relógio do trem está lento, o observador no trem poderá, com a mesma razão, dizer que o relógio no *solo* é que está lento — afinal, do ponto de vista do trem, é o solo que está em movimento. Quem tem razão? *Resposta: ambos* estão certos! Se analisarmos mais de perto, a 'contradição', que parece tão acentuada, se evapora. Deixe-me explicar: para verificar a marcha do relógio do trem, o observador no solo usa *dois* dos seus próprios relógios (Figura 12.8): um para comparar os tempos no início do intervalo, quando o relógio do trem passa pelo ponto $A$, e outro para comparar os tempos no fim do intervalo, quando o relógio do trem passa pelo ponto $B$. É claro que ele tem de ter o cuidado de sincronizar seus relógios antes do experimento. O que ele constata é que enquanto no relógio do trem passaram-se, digamos, 3 minutos, o intervalo entre seus próprios dois relógios foi de 5 minutos. Ele conclui que o relógio do *trem* está lento.

Enquanto isso, a observadora no trem está verificando a marcha do relógio no solo, com o mesmo procedimento: ela usa dois relógios cuidadosamente sincronizados, no trem, e compara seus tempos com um único relógio no solo, quando passa por cada um deles, um depois do outro (Figura 12.9). Ela constata que embora no relógio no solo tenham se passado 3 minutos, o intervalo entre seus relógios no trem é de 5 minutos, e conclui que o relógio no *solo* está lento. Existe uma contradição? *Não*, já que os dois observadores mediram *coisas diferentes*. O observador no solo comparou *um* relógio no trem a *dois* relógios no solo; a observadora no trem comparou um relógio no *solo* com dois relógios no *trem*. Ambos seguiram procedimentos corretos e sensatos, comparando um único relógio em movimento a dois relógios estacionários. 'E daí', dirá você, 'Os relógios estacionários estavam sincronizados em ambos os casos, de forma que não pode fazer diferença se eles usaram dois relógios diferentes.' Mas aqui está o obstáculo: *relógios que estão corretamente sincronizados em um sistema não estarão sincronizados quando observados a partir de outro sistema.* Eles *não podem* estar, já que dizer que dois relógios estão sincronizados é dizer que eles indicam meio-dia *simultaneamente*, e já vimos que o que é simultâneo para um observador

---

6. Na realidade, uma partícula individual pode durar mais ou menos que isso. A desintegração de partículas é um processo aleatório e eu deveria realmente falar do tempo *médio* de vida de cada espécie. Mas para evitar complicações irrelevantes, farei de conta que cada partícula se desintegra precisamente após o tempo médio de vida.

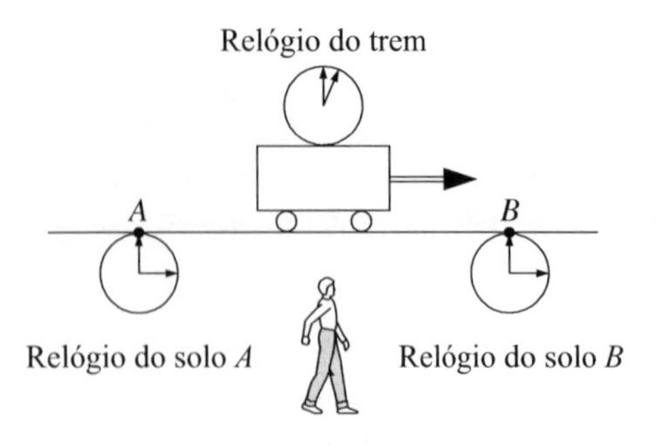


Figura 12.8

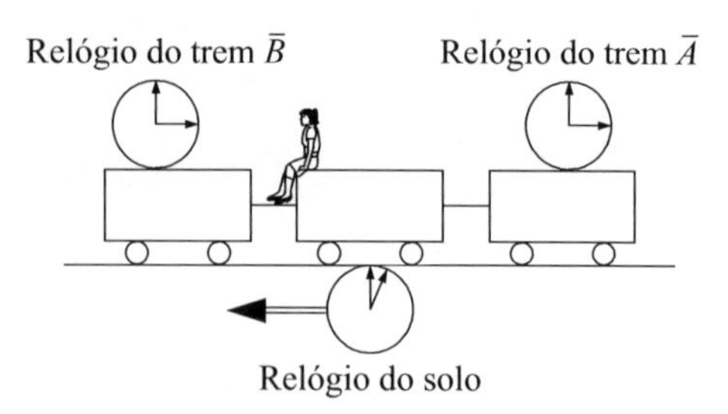


Figura 12.9

*não* é simultâneo para o outro. Portanto, embora cada observador tenha conduzido uma medição perfeitamente correta, a partir do seu ponto de vista, o *outro* observador, vendo o processo, considera que ele/ela cometeu um erro elementar usando dois relógios não sincronizados. É assim que, apesar dos relógios *dele* 'de fato' funcionarem devagar, ele consegue concluir que os *dela* é que estão lentos (e vice-versa).

Como os relógios em movimento não estão sincronizados, na verificação da dilatação do tempo é essencial concentrar a atenção em um *único* relógio em movimento. *Todos* os relógios em movimento são lentos, pelo mesmo fator, mas você não pode começar a contar o tempo em um relógio e depois mudar para outro, porque desde o início eles não estavam no mesmo passo. Mas você pode usar quantos relógios *estacionários* (estacionários com relação a você, o observador) quiser, já que eles *estão* adequadamente sincronizados (observadores em movimento questionariam isso, mas esse é um problema *deles*).

### Exemplo 12.2

**O paradoxo dos gêmeos.** No seu 21º aniversário, uma astronauta parte em um foguete a uma velocidade de $\frac{12}{13}c$. Depois de passarem 5 anos segundo o seu relógio, ela volta à mesma velocidade para juntar-se ao irmão gêmeo que ficou em casa. *Pergunta*: Que idade cada um dos gêmeos terá quando se reencontrarem?

**Solução:** a gêmea que viajou ficou 10 anos mais velha (5 anos de ida e 5 anos de volta); ela chega em casa bem a tempo de comemorar seu 31º aniversário. No entanto, visto da Terra, o relógio em movimento estava mais lento por um fator de

$$\gamma = \frac{1}{\sqrt{1-(12/13)^2}} = \frac{13}{5}.$$

O tempo transcorrido nos relógios que ficaram na Terra é de $\frac{13}{5} \times 10 = 26$, e o irmão dela, portanto, está celebrando seu 47º aniversário — ele é agora 16 anos mais velho que sua irmã gêmea! Mas não se engane: não se trata de uma fonte da juventude para a gêmea que viajou, pois embora ela possa morrer mais tarde que o irmão, não terá vivido *mais* — apenas mais *devagar*. Durante o voo, todos os seus processos biológicos — metabolismo, pulso, pensamento e fala — ficaram sujeitos à mesma dilatação que afeta seu relógio.

O assim chamado **paradoxo dos gêmeos** surge quando você tenta contar a história do ponto de vista da gêmea que *viajou*. Ela vê a *Terra* se distanciar a $\frac{12}{13}c$, e depois de 5 anos retorna. Do seu ponto de vista, portanto, parece que *ela* está em repouso enquanto seu *irmão* está em movimento e, portanto, é *ele* quem deve estar mais jovem na reunião. Uma quantidade enorme já foi escrita sobre o paradoxo dos gêmeos, mas a verdade é que aqui não há paradoxo algum: essa segunda análise está simplesmente *errada*. Os dois gêmeos *não* são equivalentes. A gêmea que viaja sofre *aceleração* quando volta para casa, mas seu irmão *não*. Em linguagem mais sofisticada, a gêmea que viaja não está em um sistema inercial — mais precisamente, ela está em *um* sistema inercial na ida e em outro completamente diferente na volta. Você verá no Problema 12.16 como analisar este problema *corretamente* do ponto de vista dela, mas no que se refere à solução do 'paradoxo', basta observar que *a gêmea que viaja não pode alegar que é uma observadora estacionária*, porque não se pode sofrer aceleração e permanecer estacionário.

---

**Problema 12.7** Em um experimento de laboratório, observa-se que um múon percorre 800 m antes de se desintegrar. Um estudante consulta o tempo de vida de um múon ($2 \times 10^{-6}$ s) e conclui que sua velocidade era de

$$v = \frac{800\text{ m}}{2 \times 10^{-6}\text{ s}} = 4 \times 10^8\text{ m/s}.$$

Mais rápida que a da luz! Identifique o erro do estudante e calcule a velocidade *de fato* do múon.

**Problema 12.8** Um foguete deixa a Terra à velocidade de $\frac{3}{5}c$. Quando um relógio no foguete diz que 1 hora se passou, o foguete envia um sinal de luz de volta à Terra.

(a) Segundo os relógios na *Terra*, quando o sinal foi enviado?

(b) Segundo os relógios na *Terra*, quanto tempo depois da partida do foguete o sinal chegou à Terra?

(c) Segundo o observador no *foguete*, quanto tempo depois da partida do foguete o sinal chegou à Terra?

---

**(iii) Contração de Lorentz.** Para o terceiro experimento *gedanken* você deve imaginar que montamos uma lâmpada em uma extremidade de um vagão e um espelho na outra, de forma que um sinal de luz pode ser enviado e retornar (Figura 12.10). *Pergunta*: Quanto tempo um sinal leva para fazer o caminho todo? Para um observador no trem, a resposta é

$$\Delta\bar{t} = 2\frac{\Delta\bar{x}}{c}, \tag{12.7}$$

onde $\Delta\bar{x}$ é o comprimento do vagão (o traço sobrescrito, como antes, denota medições feitas no trem). Para um observador no solo, o processo é mais complicado devido ao movimento do trem. Se $\Delta t_1$ é o tempo que o sinal de luz leva para atingir a extremidade dianteira e $\Delta t_2$ é o tempo de retorno, então (veja a Figura 12.11):

$$\Delta t_1 = \frac{\Delta x + v\Delta t_1}{c}, \quad \Delta t_2 = \frac{\Delta x - v\Delta t_2}{c},$$

ou, resolvendo para $\Delta t_1$ e $\Delta t_2$:

$$\Delta t_1 = \frac{\Delta x}{c - v}, \quad \Delta t_2 = \frac{\Delta x}{c + v}.$$

Portanto, o tempo da viagem de ida e volta é

$$\Delta t = \Delta t_1 + \Delta t_2 = 2\frac{\Delta x}{c}\frac{1}{(1 - v^2/c^2)}. \tag{12.8}$$

Enquanto isso, esses mesmos intervalos estão relacionados pela fórmula de dilatação do tempo, Equação 12.5:

$$\Delta\bar{t} = \sqrt{1 - v^2/c^2}\,\Delta t.$$

Aplicando isso às equações 12.7 e 12.8, concluo que

$$\boxed{\Delta\bar{x} = \frac{1}{\sqrt{1 - v^2/c^2}}\Delta x.} \tag{12.9}$$

O comprimento do vagão não é o mesmo quando medido por um observador no solo, e quando é medido por um observador no trem — do ponto de vista de quem está no solo, ele é um tanto *mais curto*. *Conclusão*:

**Objetos em movimento são encurtados.**

Essa é a chamada **contração de Lorentz**. Observe que o mesmo fator,

$$\gamma \equiv \frac{1}{\sqrt{1 - v^2/c^2}},$$

aparece tanto na fórmula de dilatação do tempo quanto na fórmula de contração de Lorentz. Isso torna tudo mais fácil de lembrar: relógios em movimento são mais lentos, varetas em movimento são mais curtas e o fator é sempre $\gamma$.

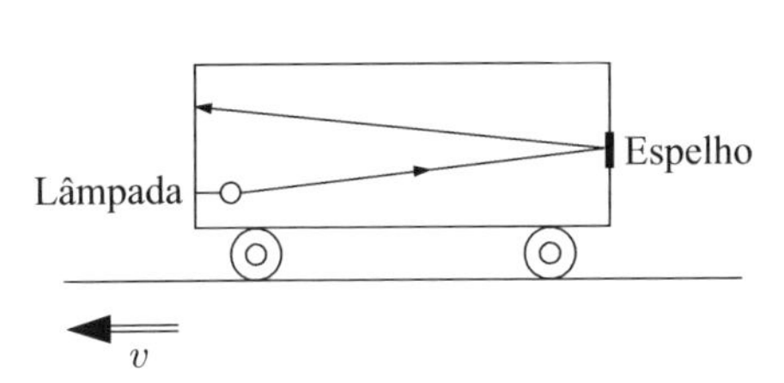


**Figura 12.10**

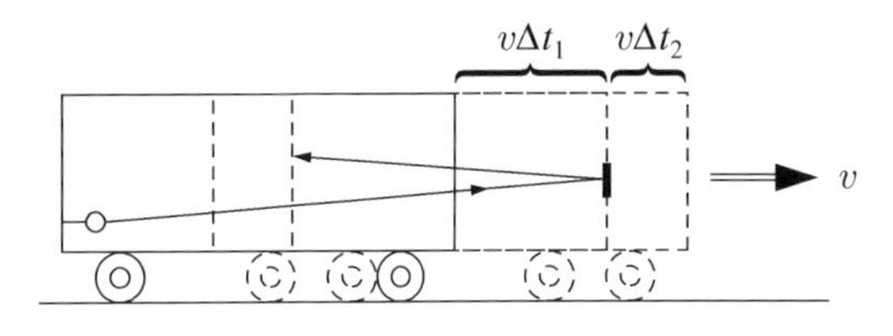


**Figura 12.11**

É claro que a observadora no trem não acha que seu vagão foi encurtado — sua trena se contrai pelo mesmo fator, de forma que todas as medições resultam iguais às tomadas quando o trem estava parado na estação. De fato, do ponto de vista *dela* os objetos no *solo* é que ficam mais curtos. Isso novamente suscita um problema paradoxal: se $A$ diz que as varetas de $B$ são mais curtas e $B$ diz que as varetas de $A$ são mais curtas, quem está certo? *Resposta: Ambos* estão! Mas para conciliar as alegações rivais temos de estudar cuidadosamente o processo pelo qual o comprimento é medido.

Suponha que você quer encontrar o comprimento de uma prancha. Se ela estiver em repouso (com relação a você), você simplesmente coloca a régua ao lado da prancha, registra as leituras em cada extremidade e subtrai para obter o comprimento da prancha (Figura 12.12). (Se você for esperto irá alinhar a extremidade esquerda da régua com a extremidade esquerda das prancha, e assim terá de ler apenas *um* número.)

Mas e se a prancha estiver em *movimento*? É a mesma história, só que desta vez, é claro, você precisa tomar o cuidado de ler as medições nas duas extremidades *no mesmo instante de tempo*. Se não, a prancha irá se mover durante a medição e, obviamente, você obterá a resposta errada. Mas aí existe um problema: devido à relatividade da simultaneidade, os dois observadores discordam do que consiste 'no mesmo instante de tempo'. Quando a pessoa que está no solo mede o comprimento do vagão, lê a posição das duas extremidades no mesmo instante *no seu sistema*. Mas a pessoa no trem que o está observando reclama que ele fez a leitura na extremidade dianteira primeiro e aguardou um momento antes de tomar a leitura na extremidade traseira. *Naturalmente*, ficou mais curto, apesar do fato de que (para ela) ele estava usando uma trena pequena demais que, caso contrário, teria resultado em um número *grande* demais. Ambos os observadores mediram os comprimentos corretamente (do ponto de vista de seus respectivos sistemas inerciais) e cada um acha que a trena do outro era curta demais. No entanto, não há incoerência, já que eles estão medindo coisas diferentes e cada um considera o método do outro inadequado.

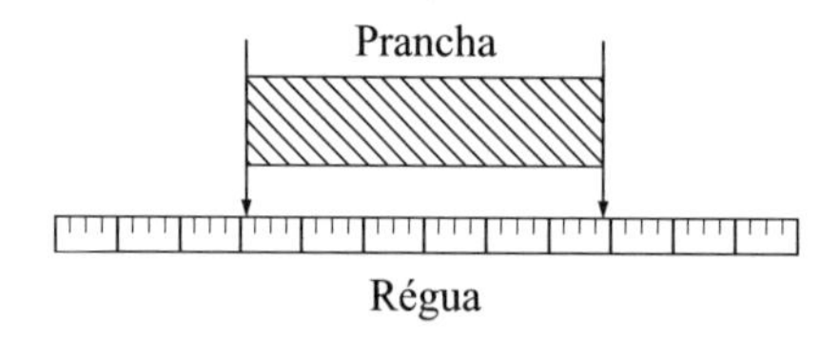


**Figura 12.12**

---

### Exemplo 12.3

**Paradoxo do celeiro e da escada.** Ao contrário da dilatação do tempo, não há confirmação experimental direta da contração de Lorentz, simplesmente porque é difícil demais obter um objeto de tamanho mensurável que chegue sequer perto da velocidade da luz. A seguinte parábola ilustra o quanto o mundo seria bizarro se a velocidade da luz fosse mais acessível.

Era uma vez um fazendeiro que tinha uma escada grande demais para guardar no seu celeiro (Figura 12.13a). Um dia, ele por acaso leu um pouco sobre relatividade e lhe ocorreu uma solução para o problema. O fazendeiro pediu à sua filha que corresse com a escada o mais depressa que pudesse — quando a escada em movimento sofrendo a contração de Lorentz chegasse a um tamanho que caberia facilmente no celeiro, ela deveria entrar correndo no celeiro e ele fecharia a porta, deixando a escada lá dentro (Figura 12.13b). A filha, no entanto, leu um pouco mais sobre relatividade e ressaltou que no *seu* sistema de referência o *celeiro*, e não a escada, se contrairia e o resultado seria pior do que se ambos permanecessem em repouso (Figura 12.13c). *Pergunta*: quem tem razão? A escada caberá dentro do celeiro, ou não?

**Solução:** *ambos* estão certos! Quando você diz que 'a escada está dentro do celeiro', quer dizer que todas as partes dela estão dentro do celeiro *em um instante do tempo*, mas em vista da relatividade da simultaneidade, essa é uma condição que depende do observador. Na realidade, aqui, há *dois* eventos relevantes:

*a*. Extremidade traseira da escada entra pela porta.
*b*. Extremidade dianteira da escada bate na parede oposta do celeiro.

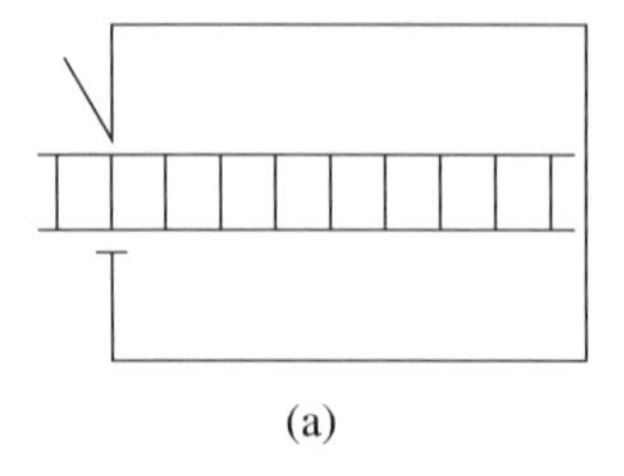
(a)

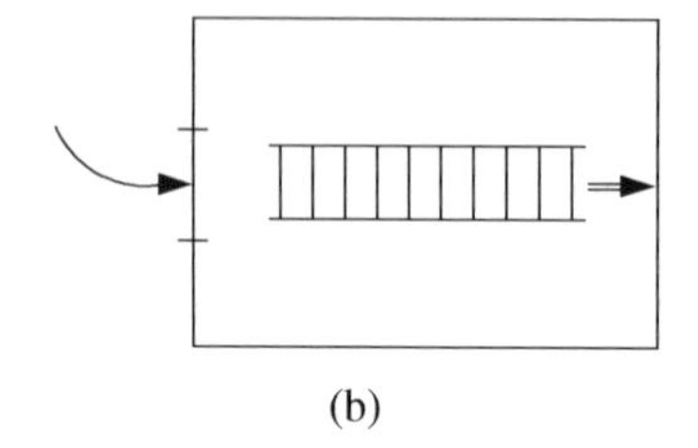
(b)

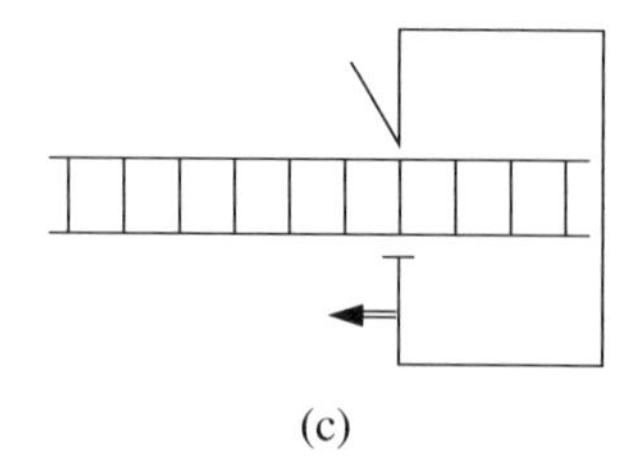
(c)

**Figura 12.13**

O fazendeiro diz que $a$ acontece antes de $b$, de forma que *há* tempo para que a escada esteja inteira dentro do celeiro. A filha diz que $b$ precede $a$, portanto *não* há tempo. *Contradição?* Não, apenas uma diferença de perspectiva.

Estou ouvindo os seus protestos: 'Mas ora, no final, quando a poeira baixar, a escada estará dentro do celeiro ou não. Quanto a *isso* não pode haver discussão.' De fato, mas agora você está introduzindo um novo elemento na história: o que acontece *quando a escada para?* Suponhamos que o fazendeiro segure firmemente o último degrau da escada com uma mão enquanto fecha a porta com a outra. Presumindo que ela permaneça intacta, a escada deverá agora esticar-se até o seu comprimento de repouso. Evidentemente, a extremidade dianteira continuará avançando, mesmo que a extremidade traseira tenha parado! Expandindo-se como uma sanfona, a extremidade dianteira da escada bate contra a parede distante do celeiro. Na realidade, toda a noção de objeto 'rígido' perde o sentido na relatividade, pois quando ele muda a sua velocidade, as várias partes, em geral, não se aceleram simultaneamente — dessa forma, o material estica-se ou encolhe-se até atingir o comprimento apropriado à sua nova velocidade.

Mas voltando à questão em pauta: quando a escada finalmente parar, ela estará dentro do celeiro ou não? A resposta é indeterminada. Quando a extremidade dianteira da escada atingir a parede distante do celeiro, algo terá que ceder e o fazendeiro terá uma escada quebrada dentro do celeiro ou a escada intacta e um buraco na parede. De qualquer maneira, é improvável que ele fique satisfeito com o resultado.

---

Um último comentário sobre a contração de Lorentz. Um objeto em movimento se encurta *apenas ao longo da direção em que está se movendo:*

**Dimensões perpendiculares à velocidade não sofrem contração.**

De fato, ao deduzir a fórmula de dilatação do tempo, tomei como certo que a *altura* do trem era a mesma para ambos os observadores. Agora justificarei isso usando um adorável experimento *gedanken* sugerido por Taylor e Wheeler.[7] Imagine que construímos uma parede ao lado dos trilhos da ferrovia e 1 m acima dos trilhos, conforme *medição feita no solo*, pintamos uma linha horizontal azul. Quando o trem passa, um passageiro estica-se para fora da janela com um pincel molhado, 1 metro acima dos trilhos, *conforme medição feita no trem*, e deixa uma linha horizontal *vermelha* na parede. *Pergunta*: a linha vermelha do passageiro ficará acima ou abaixo da nossa linha azul? Se a regra fosse de que as direções perpendiculares se contraem, então a pessoa no solo iria prever que a linha *vermelha* é mais baixa, enquanto a pessoa no trem diria que é a *azul* (para esta última, é claro, o *chão* está se movendo). O princípio da relatividade diz que ambos os observadores são igualmente justificados, mas não podem ambos estar certos. Não há sutileza de simultaneidade ou sincronização que possa racionalizar esta contradição; uma das duas, a linha azul ou a vermelha, ficará mais alta — *a menos que elas coincidam exatamente*, que é a conclusão inevitável. *Não pode* haver uma lei de contração (ou expansão) das dimensões perpendiculares, pois isso levaria a previsões irreconciliavelmente incoerentes.

---

**Problema 12.9** Um Lincoln Continental tem o dobro do comprimento de um Fusca, quando ambos estão em repouso. À medida que o Continental ultrapassa o Fusca, passando por um radar, um policial (estacionário) observa que ambos têm o mesmo comprimento. O Fusca está à metade da velocidade da luz. A que velocidade está o Lincoln? (Deixe sua resposta em um múltiplo de $c$.)

**Problema 12.10** Um barco foi fabricado de forma que o mastro inclina-se a um ângulo $\bar{\theta}$ em relação ao convés. Um observador em pé no cais vê o barco passar a uma velocidade $v$ (Figura 12.14). A que ângulo esse *observador* diz que o mastro está?

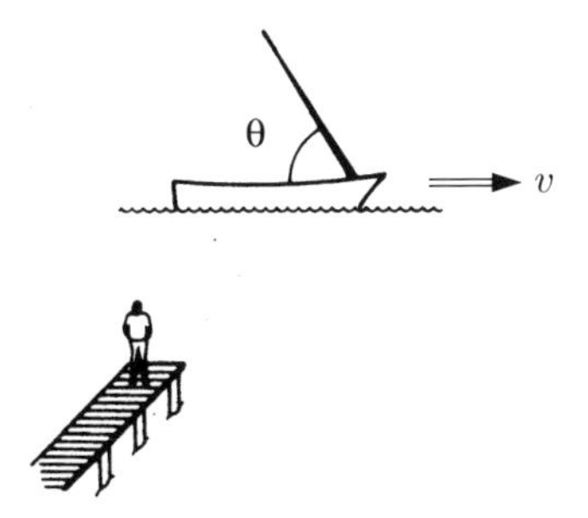


**Figura 12.14**

7. E. F. Taylor e J. A. Wheeler, *Spacetime Physics* (São Francisco: W. H. Freeman, 1966). Uma versão um pouco diferente do mesmo argumento é dada por J. H. Smith em *Introduction to Special Relativity* (Champaign, IL: Stipes, 1965).

! **Problema 12.11** Um prato de toca-discos de raio $R$ gira à velocidade angular $\omega$ (Figura 12.15). A circunferência presumivelmente sofre a contração de Lorentz, mas o raio (sendo perpendicular à velocidade) *não*. Qual a razão entre a circunferência e o diâmetro, em termos de $\omega$ e $R$? Segundo as regras da geometria ordinária, tem de ser $\pi$. O que está acontecendo aqui? [Este é o chamado **paradoxo de Ehrenfest**; para discussões e referências veja H. Arzelies, *Relativistic Kinematics*, Cap. IX (Elmsford, NY: Pergamon Press, 1966) e T. A. Weber, *Am. J. Phys.* **65**, 486 (1997).]

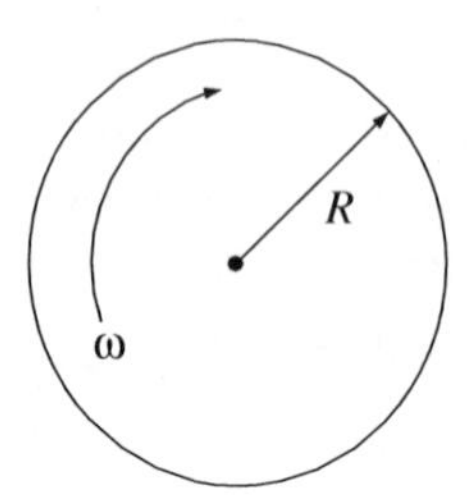


**Figura 12.15**

### 12.1.3 As transformações de Lorentz

Qualquer processo físico consiste de um ou mais **eventos**. Um 'evento' é algo que acontece em um lugar específico $(x, y, z)$, em um tempo preciso $(t)$. A explosão de uma bombinha de fogo de artifício, por exemplo, é um evento; uma viagem pela Europa, não. Suponha que conhecemos as coordenadas $(x, y, z, t)$ de um evento particular $E$ em *um* sistema inercial $\mathcal{S}$, e gostaríamos de calcular as coordenadas $(\bar{x}, \bar{y}, \bar{z}, \bar{t})$ desse *mesmo evento* em algum outro sistema inercial $\bar{\mathcal{S}}$. O que precisamos é de um 'dicionário' para traduzir a linguagem de $\mathcal{S}$ para a linguagem de $\bar{\mathcal{S}}$.

É preferível orientar os eixos como mostra a Figura 12.16, de forma que $\bar{\mathcal{S}}$ deslize ao longo do eixo $x$ à velocidade $v$. Se começamos a 'marcar o tempo' ($t = 0$) no momento em que as origens ($\mathcal{O}$ e $\bar{\mathcal{O}}$) coincidirem, então no tempo $t$, $\bar{\mathcal{O}}$ estará a uma distância $vt$ de $\mathcal{O}$, e, portanto,

$$x = d + vt, \tag{12.10}$$

onde $d$ é a distância entre $\bar{\mathcal{O}}$ e $\bar{A}$ no tempo $t$ ($\bar{A}$ é o ponto no eixo $\bar{x}$ que está paralelo a $E$ quando o evento ocorre). Antes de Einstein, qualquer um teria dito imediatamente que

$$d = \bar{x}, \tag{12.11}$$

e, assim, construído o 'dicionário'

$$\left.\begin{aligned} &\text{(i)}\ \bar{x} = x - vt, \\ &\text{(ii)}\ \bar{y} = y, \\ &\text{(iii)}\ \bar{z} = z, \\ &\text{(iv)}\ \bar{t} = t. \end{aligned}\right\} \tag{12.12}$$

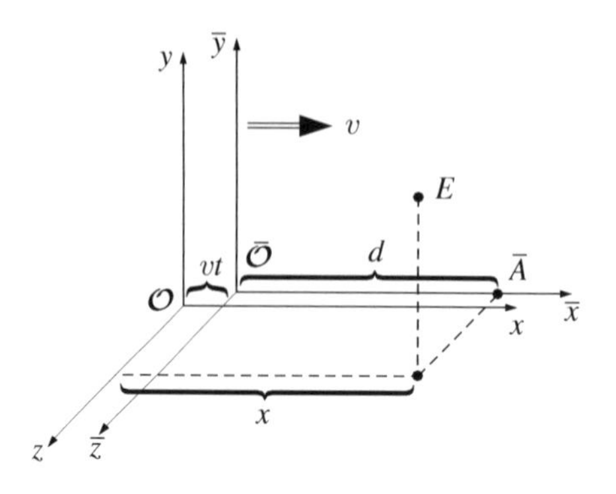


**Figura 12.16**

Hoje estas são chamadas de **transformações de Galileu**, embora dificilmente mereçam um título tão honroso — a última, em particular, nem era preciso dizer, já que todos assumiam que o fluxo de tempo era o mesmo para todos os observadores. No contexto da relatividade especial, porém, temos de esperar que (iv) seja substituída por uma regra que incorpore a dilatação do tempo, a relatividade da simultaneidade, e a não sincronia de relógios em movimento. Da mesma forma, haverá uma modificação em (i) para explicar a contração de Lorentz. Quanto a (ii) e (iii), essas, pelo menos, permanecem inalteradas, pois já vimos que não pode haver modificação nos comprimentos perpendiculares ao movimento.

Mas onde a dedução clássica de (i) falha? *Resposta:* na Equação 12.11. Pois $d$ é a distância entre $\bar{\mathcal{O}}$ e $\bar{A}$ *medida em* $\mathcal{S}$, enquanto $\bar{x}$ é a distância entre $\bar{\mathcal{O}}$ e $\bar{A}$ *medida em* $\bar{\mathcal{S}}$. Como $\bar{\mathcal{O}}$ e $\bar{A}$ estão em repouso em $\bar{\mathcal{S}}$, $\bar{x}$ é a 'vareta em movimento', que aparece contraída para $\mathcal{S}$:

$$d = \frac{1}{\gamma}\bar{x}. \tag{12.13}$$

Quando isso é inserido na Equação 12.10 obtemos a versão relativística de (i):

$$\bar{x} = \gamma(x - vt). \tag{12.14}$$

É claro que poderíamos ter discorrido o mesmo argumento do ponto de vista de $\bar{\mathcal{S}}$. O diagrama (Figura 12.17) parece semelhante, mas neste caso ele mostra a cena *no tempo* $\bar{t}$, enquanto a Figura 12.16 mostrava a cena *no tempo* $t$. (Observe que $t$ e $\bar{t}$ representam o mesmo instante físico em $E$, mas não em outra parte, devido à relatividade da simultaneidade.) Se assumirmos que $\bar{\mathcal{S}}$ também começa a contagem de tempo quando as origens coincidem, então, no tempo $\bar{t}$, $\mathcal{O}$ estará a uma distância $v\bar{t}$ de $\bar{\mathcal{O}}$ e, portanto,

$$\bar{x} = \bar{d} - v\bar{t}, \tag{12.15}$$

onde $\bar{d}$ é a distância entre $\mathcal{O}$ e $A$ no tempo $\bar{t}$, e $A$ é aquele ponto no eixo $x$ que está paralelo a $E$ quando o evento ocorre. O físico clássico diria que $x = \bar{d}$, e, usando (iv), recuperaria (i). Mas como antes, a relatividade exige que observemos uma distinção sutil: $x$ é a distância entre $\mathcal{O}$ e $A$ *em* $\mathcal{S}$, enquanto $\bar{d}$ é a distância entre $\mathcal{O}$ e $A$ *em* $\bar{\mathcal{S}}$. Como $\mathcal{O}$ e $A$ estão em repouso em $\mathcal{S}$, $x$ é a 'vareta móvel', e

$$\bar{d} = \frac{1}{\gamma}x. \tag{12.16}$$

Segue-se que

$$x = \gamma(\bar{x} + v\bar{t}). \tag{12.17}$$

Esta última equação não é surpresa, já que a simetria da situação dita que a fórmula para $x$, em termos de $\bar{x}$ e $\bar{t}$, deveria ser idêntica à fórmula para $\bar{x}$ em termos de $x$ e $t$ (Equação 12.14), exceto pela troca de sinal de $v$. (Se $\bar{\mathcal{S}}$ for para a *direita* à velocidade $v$, com relação a $\mathcal{S}$, então $\mathcal{S}$ vai para a *esquerda* à velocidade $v$, com relação a $\bar{\mathcal{S}}$.) Mesmo assim, este é um resultado útil, pois se substituirmos $\bar{x}$ da Equação 12.14, e resolvermos para $\bar{t}$, completaremos o 'dicionário' relativístico:

$$\boxed{\begin{aligned} &\text{(i)}\ \ \bar{x} = \gamma(x - vt), \\ &\text{(ii)}\ \ \bar{y} = y, \\ &\text{(iii)}\ \ \bar{z} = z, \\ &\text{(iv)}\ \ \bar{t} = \gamma\left(t - \frac{v}{c^2}x\right). \end{aligned}} \tag{12.18}$$

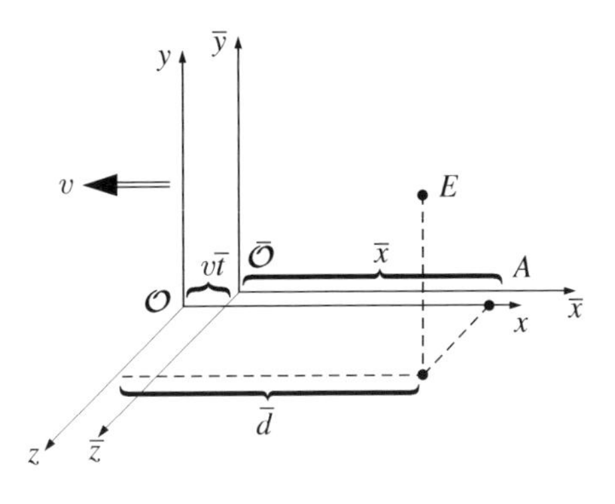


Figura 12.17

Estas são as famosas **transformações de Lorentz**, com as quais Einstein substituiu as de Galileu. Elas contêm toda a informação geométrica na teoria especial, como ilustra o próximo exemplo. O dicionário inverso que o leva de $\bar{S}$ de volta a $S$ pode ser obtido algebricamente resolvendo (i) e (iv) para $x$ e $t$, ou, mais simplesmente, trocando o sinal de $v$:

$$\left.\begin{aligned} &(\text{i}')\ \ x = \gamma(\bar{x} + v\bar{t}), \\ &(\text{ii}')\ \ y = \bar{y}, \\ &(\text{iii}')\ \ z = \bar{z}, \\ &(\text{iv}')\ \ t = \gamma\left(\bar{t} + \frac{v}{c^2}\bar{x}\right). \end{aligned}\right\} \tag{12.19}$$

---

**Exemplo 12.4**

**Simultaneidade, sincronização e dilatação do tempo.** Suponha que um evento $A$ ocorra em $x_A = 0, t_A = 0$, e um evento $B$ ocorra em $x_B = b, t_B = 0$. Os dois eventos são simultâneos em $S$ (ambos ocorrem em $t = 0$). Mas eles *não* são simultâneos em $\bar{S}$, pois as transformações de Lorentz dão $\bar{x}_A = 0, \bar{t}_A = 0$ e $\bar{x}_B = \gamma b, \bar{t}_B = -\gamma(v/c^2)b$. Segundo os relógios de $\bar{S}$, então, $B$ ocorreu *antes* de $A$. Isso não é nenhuma *novidade*, é claro — apenas a relatividade da simultaneidade. Mas eu queria que você visse como decorre das transformações de Lorentz.

Agora, suponhamos que no tempo $t = 0$ o observador $S$ decida examinar *todos* os relógios em $\bar{S}$. Ele constata que eles apresentam tempos *diferentes*, dependendo da sua localização; de (iv):

$$\bar{t} = -\gamma\frac{v}{c^2}x.$$

Os que estão à esquerda da origem ($x$ negativo) estão *adiantados*, e os que estão à direita estão *atrasados* por uma quantidade que aumenta proporcionalmente à distância (Figura 12.18). Somente o relógio mestre da origem mostra $\bar{t} = 0$. Assim, também a não sincronização de relógios em movimento decorre diretamente das transformações de Lorentz. É claro que do ponto de vista de $\bar{S}$ são os relógios de $S$ que estão fora de sincronia, como você pode verificar colocando $\bar{t} = 0$ na equação (iv′).

Por fim, suponha que $S$ concentra sua atenção em um único relógio do sistema $\bar{S}$ (digamos, o que está em $\bar{x} = a$), e o observa durante um intervalo $\Delta t$. Quanto tempo se passa no relógio em movimento? Como $\bar{x}$ é fixo, (iv′) fornece $\Delta t = \gamma\Delta\bar{t}$, ou

$$\Delta\bar{t} = \frac{1}{\gamma}\Delta t.$$

Esta é a velha fórmula da dilatação, obtida agora das transformações de Lorentz. Por favor, observe que, aqui, é $\bar{x}$ que mantemos constante, porque estamos observando um *único relógio em movimento*. Se você mantiver $x$ fixo estará observando toda uma série de diferentes relógios $\bar{S}$ à medida que passam, e isso não lhe dirá se algum deles está lento.

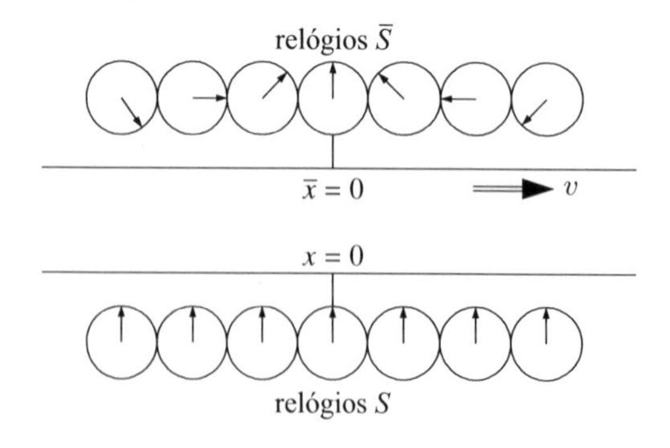


**Figura 12.18**

---

**Exemplo 12.5**

**Contração de Lorentz.** Imagine uma vareta que se move para a direita à velocidade $v$. Seu comprimento de repouso (isto é, seu comprimento conforme medido em $\bar{S}$) é $\Delta\bar{x} = \bar{x}_d - \bar{x}_e$, onde os subscritos denotam as extremidades direita e esquerda da vareta. Se um observador em $\mathcal{S}$ medisse a vareta, ele subtrairia as posições das duas extremidades em um instante do *seu* tempo $t$: $\Delta x = x_d - x_e$. Seguindo (i), então,

$$\Delta x = \frac{1}{\gamma}\Delta \bar{x}.$$

Esta é a velha fórmula de contração de Lorentz. Observe que aqui é $t$ que mantemos constante, porque estamos falando sobre uma medição feita por $\mathcal{S}$, e ele marca as duas extremidades no mesmo instante do tempo. ($\bar{\mathcal{S}}$ não precisa ser tão meticulosa, já que a vareta no seu sistema está em repouso.)

---

## Exemplo 12.6

**Regra de adição de velocidades de Einstein.** Suponha que uma partícula se move uma distância $dx$ (em $\mathcal{S}$) em um tempo $dt$. Sua velocidade $u$ então é

$$u = \frac{dx}{dt}.$$

Enquanto isso, em $\bar{\mathcal{S}}$, ela se moveu de uma distância

$$d\bar{x} = \gamma(dx - v dt),$$

como vemos a partir de (i), em um tempo dado por (iv):

$$d\bar{t} = \gamma\left(dt - \frac{v}{c^2}dx\right).$$

A velocidade em $\bar{\mathcal{S}}$, portanto, é

$$\bar{u} = \frac{d\bar{x}}{d\bar{t}} = \frac{\gamma(dx - v dt)}{\gamma\left(dt - v/c^2 dx\right)} = \frac{(dx/dt - v)}{1 - v/c^2 dx/dt} = \frac{u - v}{1 - uv/c^2}. \tag{12.20}$$

Esta é a **regra de adição de velocidades de Einstein**. Para voltar à notação mais transparente da Equação 12.3, considere que $A$ é a partícula, $B$ é o $\mathcal{S}$, e $C$ é o $\bar{\mathcal{S}}$; então $u = v_{AB}, \bar{u} = v_{AC}$ e $v = v_{CB} = -v_{BC}$, de forma que a Equação 12.20 torna-se

$$v_{AC} = \frac{v_{AB} + v_{BC}}{1 + (v_{AB}v_{BC}/c^2)},$$

como antes.

---

**Problema 12.12** Resolva as Equações 12.18 para $x, y, z, t$ em termos de $\bar{x}, \bar{y}, \bar{z}, \bar{t}$, e verifique se você obtém a Equação 12.19.

**Problema 12.13** A vidente Sophie Zabar gritou de dor precisamente no instante em que seu irmão gêmeo, a 500 km de distância, atingiu o polegar com um martelo. Um cientista cético observou os dois eventos (o acidente do irmão e o grito de Sophie) de um avião que voava a uma velocidade de $\frac{12}{13}c$ para a direita (veja a Figura 12.19). Que evento ocorreu primeiro, segundo o cientista? Quanto *tempo* antes, em segundos, ele aconteceu?

**Problema 12.14**

(a) No Exemplo 12.6 constatamos como as velocidades *na direção* $x$ se transformam quando você passa de $\mathcal{S}$ para $\bar{\mathcal{S}}$. Deduza as fórmulas análogas para velocidades nas direções $y$ e $z$.

(b) Um holofote é montado em um barco de maneira que seu feixe de luz forma um ângulo $\bar{\theta}$ com o convés (Figura 12.20). Se esse barco for então posto em movimento à velocidade $v$, que ângulo $\theta$ uma trajetória de fótons individuais faz com o convés, de acordo com o observador no cais? Que ângulo o feixe (iluminado, digamos, por uma névoa de luz) faz? Compare ao Problema 12.10.

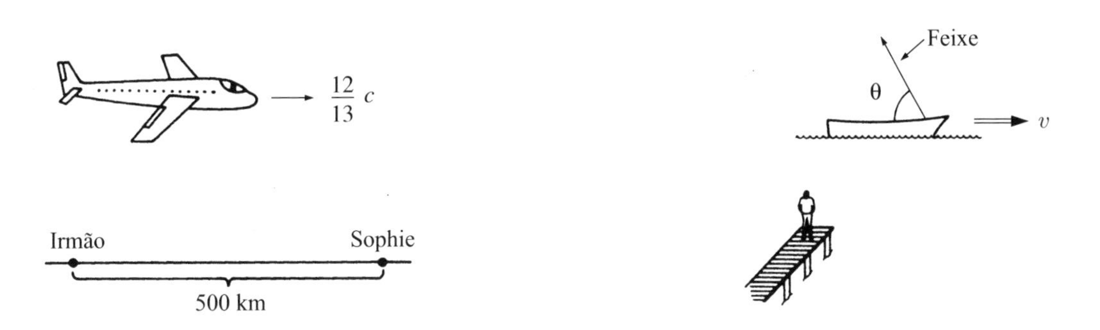


**Figura 12.19** **Figura 12.20**

**Problema 12.15** Você provavelmente resolveu o Problema 12.4 a partir do ponto de vista de um observador no *solo*. Faça-o agora do ponto de vista da viatura da polícia, dos bandidos e da bala. Ou seja, preencha os espaços da seguinte tabela:

| velocidade de → relativa a ↓ | Solo | Polícia | Bandidos | Bala | Eles escapam? |
|---|---|---|---|---|---|
| Solo | 0 | $\frac{1}{2}c$ | $\frac{3}{4}c$ | | |
| Polícia | | | | $\frac{1}{3}c$ | |
| Bandidos | | | | | |
| Bala | | | | | |

! **Problema 12.16 O paradoxo dos gêmeos revisitado.** No seu 21º aniversário, a gêmea sobe em uma calçada rolante que a leva à estrela X à velocidade $\frac{4}{5}c$; seu irmão gêmeo fica em casa. Quando a irmã que viajou chega à estrela X, ela imediatamente pula para a calçada rolante de volta e retorna à Terra, novamente à velocidade de $\frac{4}{5}c$. Ela chega no seu 39º aniversário (conforme *seu* próprio relógio).

(a) Que idade tem seu irmão gêmeo (que ficou em casa)?

(b) A que distância fica a estrela X? (Dê sua resposta em anos luz.)

Vamos chamar o sistema da calçada rolante de ida de $\bar{S}$ e o da calçada de volta de $\tilde{S}$ (o sistema da Terra é $S$). Os três sistemas ajustam os relógios mestres e escolhem suas origens, de forma que $x = \bar{x} = \tilde{x} = 0, t = \bar{t} = \tilde{t} = 0$ no momento da partida.

(c) Quais são as coordenadas $(x, t)$ do pulo (da calçada de ida para a calçada de volta) em $S$?

(d) Quais são as coordenadas $(\bar{x}, \bar{t})$ do pulo em $\bar{S}$?

(e) Quais são as coordenadas $(\tilde{x}, \tilde{t})$ do pulo em $\tilde{S}$?

(f) Se a gêmea que viajou quisesse que seu relógio de pulso estivesse de acordo com o relógio em $\tilde{S}$, como ela teria que reajustá-lo imediatamente após o pulo? Se ela *fizesse* isso, o que seu relógio marcaria quando ela chegasse em casa? (Isso não mudaria sua *idade*, é claro — ela ainda teria 39 anos — apenas faria com que seu relógio concordasse com a sincronização padrão em $\tilde{S}$.)

(g) Se fosse perguntado à gêmea que viajou, 'Que idade tem seu irmão *agora*?', qual seria a resposta correta (i) pouco *antes* de ela pular, (ii) pouco *depois* de ela pular? (Nada de dramático acontece com o irmão na fração de segundo entre (i) e (ii), é claro; o que *muda* abruptamente é a noção da irmã quanto ao significado de 'agora, lá em casa'.)

(h) Quantos anos da Terra demora a viagem de volta? Some isso a (ii) de (g) para determinar que idade *ela* espera que ele tenha quando eles se reencontrarem. Compare sua resposta a (a).

---

### 12.1.4 A estrutura do espaço-tempo

**(i) Quadrivetores.** As transformações de Lorentz assumem um aspecto mais simples quando expressas em termos de quantidades

$$x^0 \equiv ct, \quad \beta \equiv \frac{v}{c}. \tag{12.21}$$

Usar $x^0$ (em vez de $t$) e $\beta$ (em vez de $v$) significa trocar a unidade de tempo de *segundo* para *metro* — 1 metro de $x^0$ corresponde ao tempo que leva para a luz viajar 1 metro (no vácuo). Se ao mesmo tempo numerarmos as coordenadas $x, y, z$ de forma que

$$x^1 = x, \quad x^2 = y, \quad x^3 = z, \tag{12.22}$$

as transformações de Lorentz ficarão

$$\left.\begin{aligned} \bar{x}^0 &= \gamma(x^0 - \beta x^1), \\ \bar{x}^1 &= \gamma(x^1 - \beta x^0), \\ \bar{x}^2 &= x^2, \\ \bar{x}^3 &= x^3. \end{aligned}\right\} \tag{12.23}$$

Ou, na forma matricial:

$$\begin{pmatrix} \bar{x}^0 \\ \bar{x}^1 \\ \bar{x}^2 \\ \bar{x}^3 \end{pmatrix} = \begin{pmatrix} \gamma & -\gamma\beta & 0 & 0 \\ -\gamma\beta & \gamma & 0 & 0 \\ 0 & 0 & 1 & 0 \\ 0 & 0 & 0 & 1 \end{pmatrix} \begin{pmatrix} x^0 \\ x^1 \\ x^2 \\ x^3 \end{pmatrix}. \tag{12.24}$$

Deixando que os índices gregos operem de 0 a 3, isso pode ser destilado em uma única equação:

$$\bar{x}^\mu = \sum_{\nu=0}^{3} (\Lambda^\mu_\nu) x^\nu, \tag{12.25}$$

onde $\Lambda$ é a **matriz de transformação de Lorentz** da Equação 12.24 (o sobrescrito $\mu$ indica a linha e o subscrito $\nu$ indica a coluna). Uma virtude de escrever as coisas dessa maneira abstrata é podermos manipular no mesmo formato uma transformação mais genérica na qual o movimento relativo *não* acontece ao longo de um eixo comum $x\,\bar{x}$; a matriz $\Lambda$ seria mais complicada, mas a estrutura da Equação 12.25 permanece inalterada.

Se isto lembra você das *rotações* que estudamos na Seção 1.1.5, não é por acaso. Lá nos preocupávamos com as mudanças nos componentes quando você muda para um sistema de coordenadas rodado; aqui estamos interessados na mudança de componentes quando você passa para um sistema em *movimento*. No Capítulo 1 identificamos um (tri)vetor como qualquer conjunto de três componentes que, sob rotações, se transforma da mesma forma que $(x, y, z)$; por extensão, agora definimos um **quadrivetor** como qualquer conjunto de *quatro* componentes que se transformam da mesma maneira que $(x^0, x^1, x^2, x^3)$ sob as transformações de Lorentz:

$$\bar{a}^\mu = \sum_{\nu=0}^{3} \Lambda^\mu_\nu a^\nu. \tag{12.26}$$

Para o caso específico de uma transformação ao longo do eixo $x$:

$$\left.\begin{aligned} \bar{a}^0 &= \gamma(a^0 - \beta a^1), \\ \bar{a}^1 &= \gamma(a^1 - \beta a^0), \\ \bar{a}^2 &= a^2, \\ \bar{a}^3 &= a^3. \end{aligned}\right\} \tag{12.27}$$

Há um análogo ao produto escalar ($\mathbf{A} \cdot \mathbf{B} \equiv A_x B_x + A_y B_y + A_z B_z$) para quadrivetores, mas ele não é apenas a soma dos produtos de componentes correspondentes; mais exatamente, os componentes de índice 0 têm sinal negativo:

$$-a^0 b^0 + a^1 b^1 + a^2 b^2 + a^3 b^3. \tag{12.28}$$

Este é o **produto escalar quadridimensional**; você deve verificar por si mesmo (Problema 12.17) que ele tem o mesmo valor em todos os sistemas inerciais:

$$-\bar{a}^0 \bar{b}^0 + \bar{a}^1 \bar{b}^1 + \bar{a}^2 \bar{b}^2 + \bar{a}^3 \bar{b}^3 = -a^0 b^0 + a^1 b^1 + a^2 b^2 + a^3 b^3. \tag{12.29}$$

Assim como o produto escalar ordinário é **invariante** (inalterado) sob rotações, esta combinação é invariante sob as transformações de Lorentz.

Para não perder de vista o sinal negativo, é conveniente introduzir o vetor **covariante** $a_\mu$, que difere do **contravariante** $a^\mu$ somente no sinal do componente de índice 0:

$$a_\mu = (a_0, a_1, a_2, a_3) \equiv (-a^0, a^1, a^2, a^3). \tag{12.30}$$

Você deve ser escrupulosamente cuidadoso sobre a colocação dos índices neste assunto: índices *superiores* designam vetores *contravariantes*; índices *inferiores* são para vetores *covariantes*. Subir ou baixar o índice temporal custa um sinal negativo ($a_0 = -a^0$); subir ou baixar um índice espacial não altera nada ($a_1 = a^1, a_2 = a^2, a_3 = a^3$). O produto escalar agora pode ser escrito com o símbolo de somatória,

$$\sum_{\mu=0}^{3} a_\mu b^\mu, \tag{12.31}$$

ou, de forma ainda mais compacta,

$$a_\mu b^\mu. \tag{12.32}$$

A somatória está *implícita* sempre que um índice grego se repete em um produto — uma vez como índice covariante e outra como índice contravariante. Esta é a chamada **notação de Einstein**, em homenagem ao seu inventor, que a considerava uma de suas contribuições mais importantes. É claro que poderíamos também dar conta do sinal negativo, mudando $b$ para covariante:

$$a_\mu b^\mu = a^\mu b_\mu = -a^0 b^0 + a^1 b^1 + a^2 b^2 + a^3 b^3. \tag{12.33}$$

---

• **Problema 12.17** Verifique a Equação 12.29, usando a Equação 12.27. [Isto só prova a invariância do produto escalar para transformações ao longo da direção $x$. Mas o produto escalar é também invariante sob *rotações*, já que o primeiro termo não é afetado de forma alguma e os últimos três constituem o produto escalar tridimensional $\mathbf{a}\cdot\mathbf{b}$. Com uma rotação adequada, a direção $x$ pode apontar em qualquer sentido que você desejar, de forma que o produto escalar quadridimensional é de fato invariante sob transformações de Lorentz *arbitrárias*.]

**Problema 12.18**

(a) Escreva a matriz que descreve uma transformação de *Galileu* (Equação 12.12).

(b) Escreva a matriz que descreve uma transformação de Lorentz ao longo do eixo $y$.

(c) Encontre a matriz que descreve uma transformação de Lorentz com velocidade $v$ ao longo do eixo $x$ seguida por uma transformação de Lorentz com velocidade $\bar{v}$ ao longo do eixo $y$. Faz diferença em que ordem as transformações são realizadas?

**Problema 12.19** O paralelo entre rotações e transformações de Lorentz é ainda mais impressionante se introduzirmos a **rapidez**:

$$\theta \equiv \operatorname{arctgh}(v/c). \tag{12.34}$$

(a) Expresse a matriz $\Lambda$ (Equação 12.24) em termos de $\theta$, e compare-a à matriz de rotação (Equação 1.29).

Em alguns aspectos, a rapidez é uma maneira mais natural de descrever o movimento do que a velocidade. [Veja E. F. Taylor e J. A. Wheeler, *Spacetime Physics* (San Francisco: W. H. Freeman, 1966).] Por exemplo, ela abrange de $-\infty$ a $+\infty$, em vez de $-c$ a $+c$. E ainda mais importante, rapidez se soma, enquanto velocidades não.

(b) Expresse a lei de soma de velocidades de Einstein, em termos de rapidez.

---

**(ii) O intervalo invariante**. Suponha que o evento $A$ ocorre em $(x_A^0, x_A^1, x_A^2, x_A^3)$, e o evento $B$ em $(x_B^0, x_B^1, x_B^2, x_B^3)$. A diferença,

$$\Delta x^\mu \equiv x_A^\mu - x_B^\mu, \tag{12.35}$$

é o **quadrivetor deslocamento**. O produto escalar de $\Delta x^\mu$ consigo mesmo é uma grandeza de importância especial que chamamos de **intervalo** entre dois eventos:

$$I \equiv (\Delta x)_\mu (\Delta x)^\mu = -(\Delta x^0)^2 + (\Delta x^1)^2 + (\Delta x^2)^2 + (\Delta x^3)^2 = -c^2t^2 + d^2, \tag{12.36}$$

onde $t$ é a diferença de tempo entre dois eventos e $d$ é a sua separação espacial. Quando você transforma para um sistema em movimento, o *tempo* entre $A$ e $B$ é alterado ($\bar{t} \neq t$), e também a *separação espacial* ($\bar{d} \neq d$), mas o intervalo $I$ permanece o mesmo.

Dependendo dos dois eventos em questão, o intervalo pode ser positivo, negativo ou nulo:

1. Se $I < 0$ dizemos que o intervalo é **do tipo temporal**, pois esse é o sinal que obtemos quando os dois ocorrem no *mesmo lugar* ($d = 0$), e estão separados apenas temporalmente.
2. Se $I > 0$ dizemos que o intervalo é **do tipo espacial**, pois esse é o sinal que obtemos quando os dois ocorrem ao *mesmo tempo* ($t = 0$), e estão separados apenas espacialmente.
3. Se $I = 0$ dizemos que o intervalo é **do tipo luminoso**, pois essa é a relação que vale quando os dois eventos estão ligados por um sinal que viaja à velocidade da luz.

Se o intervalo entre os dois eventos é do tipo temporal, existe um sistema inercial (acessível pela transformação de Lorentz) no qual eles ocorrem no mesmo ponto. Pois se eu subir em um trem que vai de ($A$) a ($B$) à velocidade $v = d/t$, deixando o evento $A$ quando ele ocorre, estarei bem a tempo de passar por $B$ quando *ele* ocorrer; no sistema do trem, $A$ e $B$ ocorrem no mesmo ponto. Você não pode fazer isso, é claro, para intervalos *do tipo espacial*, porque $v$ teria de ser maior que $c$, e nenhum observador pode ultrapassar a velocidade da luz ($\gamma$ seria imaginário e as transformações de Lorentz não teriam sentido). Por outro lado, se o intervalo é do tipo espacial, então existe um sistema no qual os dois eventos ocorrem ao mesmo tempo (veja o Problema 12.21).

---

**Problema 12.20**

(a) O evento $A$ acontece no ponto ($x_A = 5, y_A = 3, z_A = 0$) e no tempo $t_A$ dado por $ct_A = 15$; o evento $B$ ocorre em (10, 8, 0) e $ct_B = 5$, ambos no sistema $\mathcal{S}$.

(i) Qual é o intervalo invariante entre $A$ e $B$?

(ii) Existe um sistema inercial no qual eles ocorrem *simultaneamente*? Se existe, encontre sua velocidade (magnitude e direção) relativa a $\mathcal{S}$.

(iii) Existe um sistema inercial no qual eles ocorrem no mesmo ponto? Se existe, encontre sua velocidade relativa a $\mathcal{S}$

(b) Repita a parte (a) para $A = (2, 0, 0), ct = 1$; e $B = (5, 0, 0), ct = 3$.

**Problema 12.21** As coordenadas do evento $A$ são $(x_A, 0, 0), t_A$, e as coordenadas do evento $B$ são $(x_B, 0, 0), t_B$. Assumindo que o intervalo entre eles é espacial, encontre a velocidade do sistema na qual eles são simultâneos.

---

**(iii) Diagramas espaço-tempo**. Se você quer representar geograficamente o movimento de uma partícula, o costume é traçar a posição *versus* o tempo (ou seja, com $x$ verticalmente e $t$ horizontalmente). Em um gráfico assim, a velocidade pode ser lida como a inclinação da curva. Por alguma razão, na relatividade a convenção é inversa: todo mundo coloca a posição horizontalmente no gráfico e o tempo (ou melhor, $x^0 = ct$) verticalmente. A velocidade é então dada pelo *recíproco* da inclinação. Uma partícula em repouso é representada por uma linha vertical; um fóton viajando à velocidade da luz é descrito por uma linha a 45° e um foguete a uma velocidade intermediária segue uma linha com inclinação $c/v = 1/\beta$ (Figura 12.21). Chamamos esses gráficos de **diagramas de Minkowski**.

A trajetória de uma partícula em um diagrama de Minkowski é chamada de **linha do universo**. Suponha que você partiu da origem no tempo $t = 0$. Como nenhum objeto material pode viajar mais rápido que a luz, a sua linha do universo nunca pode ter uma inclinação menor que 1. Assim sendo, o seu movimento fica restrito à região em forma de cunha delimitada pelas duas linhas a 45° (Figura 12.22). Dizemos que isso é o seu 'futuro', no sentido de que é o lugar de todos os pontos acessíveis a você. É claro que à medida que o tempo passa e você se movimenta ao longo da linha do universo que escolheu, suas opções vão progressivamente ficando mais restritas: o seu 'futuro' a qualquer momento é a 'cunha' à frente construída no ponto, seja ele qual for, em que você se encontra. Enquanto isso, a cunha *para trás* representa o seu 'passado', no sentido de que é o lugar de todos os pontos dos quais você pode ter vindo. Quanto ao resto (a região fora das cunhas à frente e para trás) é o 'presente' generalizado. Você não *pode* chegar lá e você não *veio* de lá. De fato, não há como você possa influenciar qualquer evento no presente (a mensagem teria de viajar mais depressa do que a luz); é uma vasta extensão do espaço-tempo que é absolutamente inacessível a você.

Venho ignorando as direções $y$ e $z$. Se incluirmos um eixo $y$ saindo da página, as 'cunhas' tornam-se cones — e com um eixo $z$ impossível de ser desenhado, hipercones. Como seus contornos são as trajetórias de raios de luz, nós os chamamos de

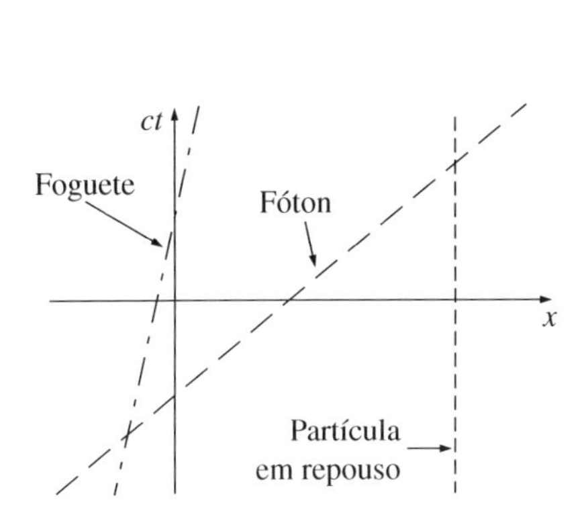


Figura 12.21

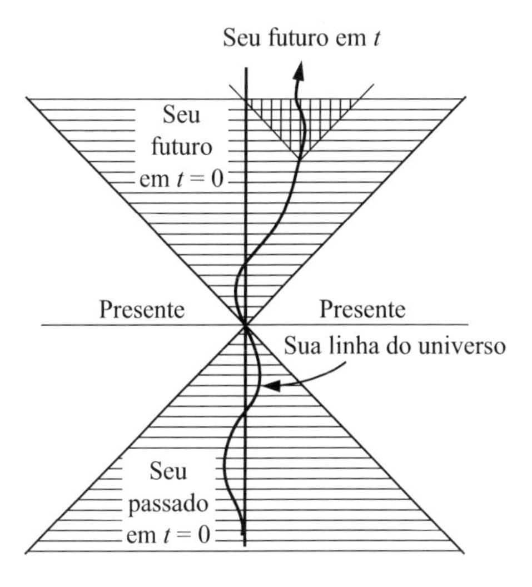


Figura 12.22

**cone de luz do futuro** e **cone de luz do passado**. O seu futuro, em outras palavras, está no seu cone de luz do futuro e o seu passado está no seu cone de luz do passado.

Observe que a inclinação da linha que conecta os dois eventos em um diagrama espaço-tempo diz de imediato se o intervalo invariante entre eles é do tipo temporal (inclinação maior do que 1), espacial (inclinação menor do que 1), ou do tipo luminoso (inclinação 1). Por exemplo, todos os pontos do passado e do futuro são do tipo temporal com relação à sua localização presente, enquanto pontos do presente são do tipo espacial e pontos no cone de luz são do tipo luminoso.

Herman Minkowski, que foi o primeiro a reconhecer plenamente a importância geométrica da relatividade especial, iniciou um documento clássico com as palavras: 'Daqui por diante, o espaço por si e o tempo por si estão condenados a desaparecer nas sombras e somente uma espécie de união dos dois preservará uma realidade independente.' É um pensamento adorável, mas você deve ter cuidado para não exagerar o seu significado. Pois de forma alguma o tempo é 'apenas mais uma coordenada, no mesmo pé que $x, y$ e $z$' (exceto que por razões obscuras, ele é medido por relógios, e não por réguas). *Não:* o tempo é *totalmente diferente* das outras e a marca da sua distinção é o sinal negativo no intervalo invariante. Esse sinal negativo confere ao espaço-tempo uma geometria hiperbólica que é muito mais rica do que a geometria circular do espaço tridimensional.

Sob rotações em torno do eixo $z$, um ponto $P$ no plano $xy$ descreve um *círculo:* o lugar de todos os pontos é uma distância fixa $r = \sqrt{x^2 + y^2}$ da origem (Figura 12.23). Sob as transformações de Lorentz, no entanto, é o intervalo $I = (x^2 - c^2t^2)$ que é preservado e o lugar de todos os pontos com um dado valor de $I$ é uma *hipérbole* — ou, se incluirmos o eixo $y$, uma *hiperboloide de revolução*. Quando o intervalo é *do tipo temporal*, é um 'hiperboloide de duas folhas' (Figura 12.24a); quando o intervalo é *do tipo espacial*, é um 'hiperboloide de uma folha' (Figura 12.24b). Quando você faz uma transformação de Lorentz (ou seja, quando passa para um sistema inercial em movimento), as coordenadas $(x, t)$ de um dado evento mudarão para $(\bar{x}, \bar{t})$, mas essas coordenadas *estarão na mesma hipérbole* que $(x, t)$. Através de combinações apropriadas das transformações de Lorentz e rotações, um ponto pode ser movimentado à vontade sobre a superfície de um determinado hiperboloide, mas nenhuma transformação poderá levá-lo, digamos, da folha superior à folha inferior do hiperboloide do tipo temporal ou para um hiperboloide do tipo espacial.

Quando estávamos discutindo simultaneidade, ressaltei que a ordenação temporal de dois eventos pode, pelo menos em certos casos, ser invertida, simplesmente passando-se para um sistema em movimento. Mas agora vemos que isso nem *sempre* é possível: *se o intervalo invariante entre dois eventos é do tipo temporal, seu ordenamento é absoluto; se o intervalo é do tipo espacial, seu ordenamento depende do sistema inercial a partir do qual eles são observados.* Em termos do diagrama de espaço-tempo, um evento na folha superior de um hiperboloide do tipo temporal *com certeza* ocorreu *depois* de (0, 0), e um evento na folha inferior certamente ocorreu *antes;* mas um evento em um hiperboloide do tipo espacial ocorreu em $t$ positivo ou em $t$ negativo, dependendo do seu sistema de referência. Esta não é uma curiosidade inútil, pois ela resgata a noção de **causalidade**, na qual toda a física se baseia. Se fosse *sempre* possível reverter a ordem de dois eventos, então nunca poderíamos dizer '$A$ causou $B$', já que um observador rival poderia retrucar que $B$ *precedeu* $A$. Esse constrangimento é evitado desde que entre os dois eventos haja um intervalo do tipo temporal. E eventos relacionados à causalidade *são* separados por intervalos do tipo temporal — caso contrário não seria possível que um influenciasse o outro. *Conclusão:* o intervalo invariante entre eventos relacionados à causalidade é sempre do tipo temporal e seu ordenamento temporal é o mesmo para todos os observadores inerciais.

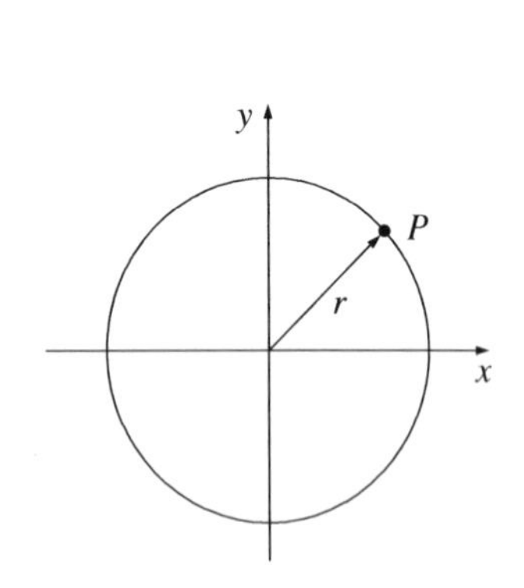


**Figura 12.23**

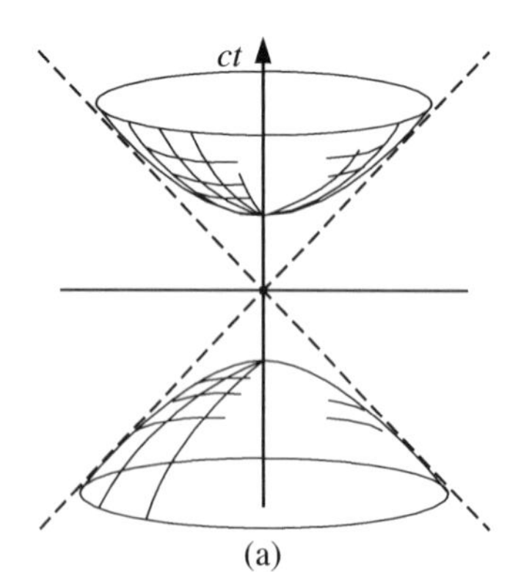


**Figura 12.24**

---

**Problema 12.22**

(a) Desenhe um diagrama espaço-tempo representando um jogo de bola (ou uma conversa) entre duas pessoas que estão a três metros uma da outra. Como é possível que elas se comuniquem, já que sua separação é do tipo espacial?

(b) Há um antigo versinho que diz:

> Era uma vez uma moça chamada Srta. Bright,
> Que viajava muito mais depressa que a luz.
> Ela partiu certo dia,
> À moda de Einstein,
> E voltou na noite anterior.

O que você acha? Mesmo que ela *pudesse* viajar a uma velocidade maior que a da luz, poderia voltar antes de partir? Ela poderia chegar a algum destino intermediário antes de partir? Desenhe um diagrama espaço-tempo representando essa viagem.

**Problema 12.23** O sistema inercial $\bar{S}$ move-se na direção $x$ à velocidade $\frac{3}{5}c$ em relação ao sistema $S$. (O eixo $\bar{x}$ desliza ao longo do eixo $x$ e as origens coincidem em $t = \bar{t} = 0$, como de costume.)

(a) Em papel milimetrado, monte um sistema de coordenadas cartesianas com eixos $ct$ e $x$. Desenhe cuidadosamente linhas que representam $\bar{x} = -3, -2, -1, 0, 1, 2$ e $3$. Desenhe também linhas que correspondem a $c\bar{t} = -3, -2, -1, 0, 1, 2$ e $3$. Identifique claramente as linhas.

(b) Em $\bar{S}$, observa-se que uma partícula livre viaja do ponto $\bar{x} = -2$ no tempo $c\bar{t} = -2$ para o ponto $\bar{x} = 2$ em $c\bar{t} = +3$. Indique esse deslocamento no seu gráfico. Da inclinação dessa linha, determine a velocidade da partícula em $S$.

(c) Use a regra de adição de velocidades para determinar a velocidade de $S$ algebricamente e verifique se sua resposta é coerente com a solução gráfica em (b).

---

# 12.2 Mecânica relativística

## 12.2.1 Tempo próprio e velocidade própria

À medida que você avança na sua linha do universo, o seu relógio se desacelera; enquanto o relógio na parede avança um intervalo $dt$, o seu relógio de punho avança apenas $d\tau$:

$$d\tau = \sqrt{1 - u^2/c^2}\, dt. \tag{12.37}$$

(Usarei $u$ para a velocidade de um objeto em particular — que neste caso é você — e reservarei $v$ para a velocidade relativa de dois sistemas inerciais.) O tempo $\tau$ que o seu relógio de pulso marca (ou, mais genericamente, o tempo associado ao objeto em movimento) chama-se **tempo próprio**. (A palavra sugere uma tradução pobre — do francês, *propre* —, que significa 'próprio'.) Em alguns casos, $\tau$ pode ser uma grandeza mais relevante e útil do que $t$. Por exemplo, o tempo próprio é invariante enquanto o tempo 'ordinário' depende do sistema de referência específico que você tem em mente.

Agora imagine que você está em um voo para Los Angeles e o piloto anuncia que a velocidade do avião é $\frac{4}{5}c$, para o sul. O que exatamente ele quer dizer com 'velocidade'? Bem, é claro que ele quer dizer deslocamento dividido por tempo:

$$\mathbf{u} = \frac{d\mathbf{l}}{dt}, \tag{12.38}$$

e como ele está presumivelmente falando da velocidade relativa ao solo, $d\mathbf{l}$ e $dt$ devem ser medidos por um observador no solo. Esse é o número importante para saber se você está preocupado em chegar a tempo para um compromisso em Los Angeles. Mas se a sua preocupação é se estará com fome quando chegar, talvez esteja mais interessado na distância percorrida por unidade de tempo *próprio*:

$$\boldsymbol{\eta} \equiv \frac{d\mathbf{l}}{d\tau}. \tag{12.39}$$

Esta grandeza híbrida — distância medida no solo sobre o tempo medido no avião — chama-se **velocidade própria**; para diferenciação, chamarei $\mathbf{u}$ de **velocidade ordinária**. As duas estão relacionadas conforme a Equação 12.37:

$$\boldsymbol{\eta} = \frac{1}{\sqrt{1 - u^2/c^2}}\mathbf{u}. \tag{12.40}$$

Para velocidades muito menores que $c$, é claro, a diferença entre velocidade ordinária e velocidade própria é desprezível.

De um ponto de vista teórico, no entanto, a velocidade própria tem uma vantagem enorme sobre a velocidade ordinária: a transformação é simples quando se passa de um sistema inercial para outro. De fato, $\boldsymbol{\eta}$ é a parte espacial de um quadrivetor,

$$\eta^\mu \equiv \frac{dx^\mu}{d\tau}, \tag{12.41}$$

cujo componente de índice 0 é

$$\eta^0 = \frac{dx^0}{d\tau} = c\frac{dt}{d\tau} = \frac{c}{\sqrt{1-u^2/c^2}}. \tag{12.42}$$

Pois o numerador, $dx^\mu$, é um quadrivetor de deslocamento, enquanto o denominador, $d\tau$, é invariante. Assim, por exemplo, quando você passa do sistema $\mathcal{S}$ para o sistema $\bar{\mathcal{S}}$, movendo-se à velocidade $v$ ao longo do eixo comum $x\,\bar{x}$,

$$\left.\begin{aligned} \bar{\eta}^0 &= \gamma(\eta^0 - \beta\eta^1), \\ \bar{\eta}^1 &= \gamma(\eta^1 - \beta\eta^0), \\ \bar{\eta}^2 &= \eta^2, \\ \bar{\eta}^3 &= \eta^3. \end{aligned}\right\} \tag{12.43}$$

Mais genericamente,

$$\bar{\eta}^\mu = \Lambda^\mu_\nu \eta^\nu; \tag{12.44}$$

$\eta^\mu$ é chamado de **quadrivetor de velocidade própria**, ou simplesmente **quadrivetor velocidade**.

Em contrapartida, a regra de transformação para velocidades *ordinárias* é extremamente trabalhosa, como constatamos no Exemplo 12.6 e no Problema 12.14:

$$\left.\begin{aligned} \bar{u}_x &= \frac{d\bar{x}}{d\bar{t}} = \frac{u_x - v}{(1 - vu_x/c^2)}, \\ \bar{u}_y &= \frac{d\bar{y}}{d\bar{t}} = \frac{u_y}{\gamma(1 - vu_x/c^2)}, \\ \bar{u}_z &= \frac{d\bar{z}}{d\bar{t}} = \frac{u_z}{\gamma(1 - vu_x/c^2)}. \end{aligned}\right\} \tag{12.45}$$

O *motivo* para a complexidade adicional é simples: somos obrigados a transformar tanto o numerador $d\mathbf{l}$ *quanto o denominador* $dt$, enquanto para a velocidade *própria* o denominador $d\tau$ é invariante, de forma que a razão herda a regra de transformação somente do numerador.

---

**Problema 12.24**

(a) A Equação 12.40 define a velocidade própria em termos da velocidade ordinária. Inverta a equação para obter a fórmula para $\mathbf{u}$ em termos de $\boldsymbol{\eta}$.

(b) Qual é a relação entre a velocidade própria e a *rapidez* (Equação 12.34)? Assuma que a velocidade é ao longo da direção do eixo $x$, e encontre $\eta$ como função de $\theta$.

**Problema 12.25** Um carro está viajando ao longo da linha de $45°$ em $\mathcal{S}$ (Figura 12.25), à velocidade (ordinária) $(2\sqrt{5})c$.

(a) Encontre os componentes $u_x$ e $u_y$ da velocidade (ordinária).

(b) Encontre os componentes $\eta_x$ e $\eta_y$ da velocidade própria.

(c) Encontre o componente de índice 0 do quadrivetor velocidade, $\eta^0$.

O sistema $\bar{\mathcal{S}}$ está se movendo na direção $x$ com velocidade (ordinária) $\sqrt{2/5}\,c$, relativa a $\mathcal{S}$. Usando as leis de transformação adequadas:

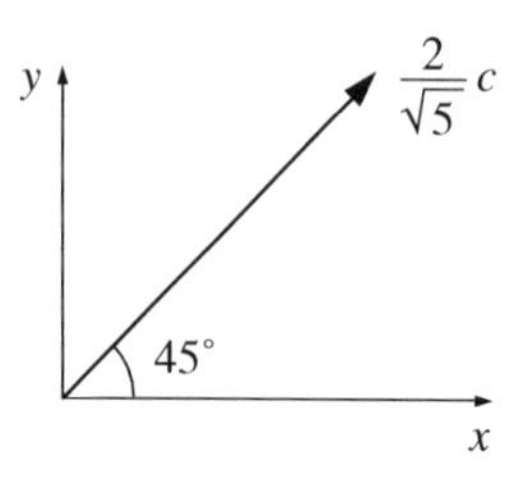


**Figura 12.25**

(d) Encontre os componentes de velocidade (ordinária) $\bar{u}_x$ e $\bar{u}_y$ em $\bar{S}$.

(e) Encontre os componentes de velocidade própria $\bar{\eta}_x$ e $\bar{\eta}_y$ em $\bar{S}$.

(f) Como verificação de coerência, verifique se

$$\bar{\boldsymbol{\eta}} = \frac{\bar{\mathbf{u}}}{\sqrt{1-\bar{u}^2/c^2}}.$$

• **Problema 12.26** Encontre o produto invariante do quadrivetor velocidade com ele mesmo, $\eta^\mu \eta_\mu$.

**Problema 12.27** Considere a partícula em movimento hiperbólico,

$$x(t) = \sqrt{b^2 + (ct)^2}, \quad y = z = 0.$$

(a) Encontre o tempo próprio $\tau$ como função de $t$, assumindo que os relógios estão ajustados de forma que $\tau = 0$ quando $t = 0$. [*Dica:* integre a Equação 12.37.]

(b) Encontre $x$ e $v$ (velocidade ordinária) como funções de $\tau$.

(c) Encontre $\eta^\mu$ (velocidade própria) como função de $t$.

---

### 12.2.2 Energia e momento relativístico

Na mecânica clássica, momento é massa multiplicada pela velocidade. Eu gostaria de estender essa definição aos domínios da relatividade, mas imediatamente surge uma questão: devo usar a velocidade *ordinária* ou a velocidade *própria*? Na física clássica, $\boldsymbol{\eta}$ e $\mathbf{u}$ são idênticas, de forma que *a priori* não há motivo para favorecer uma sobre a outra. No entanto, no contexto da relatividade é essencial que usemos a velocidade *própria*, pois a lei de conservação do momento seria incoerente com o princípio da relatividade se definíssemos momento como $m\mathbf{u}$ (veja o Problema 12.28). Assim,

$$\boxed{\mathbf{p} \equiv m\boldsymbol{\eta} = \frac{m\mathbf{u}}{\sqrt{1-u^2/c^2}};} \tag{12.46}$$

é o **momento relativístico**.

O momento relativístico é a parte espacial de um quadrivetor,

$$p^\mu \equiv m\eta^\mu, \tag{12.47}$$

e é natural perguntar o que o componente temporal,

$$p^0 = m\eta^0 = \frac{mc}{\sqrt{1-u^2/c^2}} \tag{12.48}$$

representa. Einstein chamava

$$m_{\text{rel}} \equiv \frac{m}{\sqrt{1-u^2/c^2}} \tag{12.49}$$

de **massa relativística** (de forma que $p^0 = m_{\text{rel}}c$ e $\mathbf{p} = m_{\text{rel}}\mathbf{u}$; $m$ em si foi então chamada de **massa de repouso**), mas modernamente essa terminologia foi abandonada em favor de **energia relativística**:

$$\boxed{E \equiv \frac{mc^2}{\sqrt{1-u^2/c^2}}} \tag{12.50}$$

(portanto, $p^0 = E/c$).[8] Como $p^0$ é (à parte do fator $1/c$) a energia relativística, $p^\mu$ é chamado de **quadrivetor energia-momento** (ou **quadrivetor momento**, para abreviar).

Observe que a energia relativística é não nula *mesmo quando o objeto está estacionário*; chamamos isso de **energia de repouso**:

$$E_{\text{rep}} \equiv mc^2. \tag{12.51}$$

8. Como $E$ e $m_{\text{rel}}$ diferem somente por um fator constante ($c^2$), não há nada a ganhar mantendo ambos os termos em circulação, e $m_{\text{rel}}$ teve o mesmo destino que a nota de dois dólares.

O restante, que é atribuído ao *movimento*, chamamos de **energia cinética**

$$E_{\text{cin}} \equiv E - mc^2 = mc^2\left(\frac{1}{\sqrt{1-u^2/c^2}} - 1\right). \tag{12.52}$$

No processo não relativístico ($u \ll c$), a raiz quadrada pode ser expandida em potências de $u^2/c^2$, resultando em

$$E_{\text{cin}} = \frac{1}{2}mu^2 + \frac{3}{8}\frac{mu^4}{c^2} + \cdots; \tag{12.53}$$

onde o primeiro termo reproduz a fórmula clássica.

Por enquanto, tudo isso é apenas *notação*. A *física* está no fato experimental de que $E$ e $\mathbf{p}$, como definidos pelas equações 12.46 e 12.50, são *conservados*:

**Em todo sistema fechado,[9] a energia e o momento relativísticos totais são conservados.**

A 'massa relativística' (se você quer usar esse termo) é *também* conservada — mas isso equivale à conservação de energia. A massa de *repouso não* é conservada — um fato que é dolorosamente conhecido por todos desde 1945 (embora a assim chamada 'conversão de massa em energia' seja, na realidade, a conversão de energia de *repouso* em energia *cinética*). Observe a distinção entre uma grandeza **invariante** (o mesmo valor em todos os sistemas inerciais) e uma grandeza **conservada** (o mesmo valor antes e depois de algum processo). A massa é invariante, mas não conservada; a energia é conservada, mas não invariante; a carga elétrica (como veremos) é tanto conservada *quanto* invariante; a velocidade não é conservada *nem* invariante.

O produto escalar de $p^\mu$ com ele mesmo é

$$p^\mu p_\mu = -(p^0)^2 + (\mathbf{p}\cdot\mathbf{p}) = -m^2c^2, \tag{12.54}$$

como você pode rapidamente verificar usando o resultado do Problema 12.26. Em termos da energia relativística,

$$\boxed{E^2 - p^2c^2 = m^2c^4.} \tag{12.55}$$

Este resultado é extremamente útil, pois ele lhe permite calcular $E$ (se você conhece $p$), ou $p$ (se $E$ é conhecida), sem nunca ter que determinar a velocidade.

---

**Problema 12.28**

(a) Repita o Problema 12.2(a) usando a definição (incorreta) $\mathbf{p} = m\mathbf{u}$, mas com a regra de adição de velocidades de Einstein (correta). Observe que se o momento (assim definido) é conservado em $\mathcal{S}$, ele *não* é conservado em $\bar{\mathcal{S}}$. Assuma que todo movimento ocorre ao longo do eixo $x$.

(b) Agora faça o mesmo usando a definição correta, $\mathbf{p} = m\boldsymbol{\eta}$. Observe que se o momento (assim definido) for conservado em $\mathcal{S}$ será automaticamente conservado em $\bar{\mathcal{S}}$. [*Dica:* use a Equação 12.43 para transformar a velocidade própria.] O que você deve assumir sobre a energia relativística?

**Problema 12.29** Se a energia cinética de uma partícula é $n$ vezes sua energia de repouso, qual é sua velocidade?

**Problema 12.30** Suponha que você tem um grupo de partículas, todas movendo-se na direção $x$, com energias $E_1$, $E_2$, $E_3$,... e momentos $p_1$, $p_2$, $p_3$,.... Encontre a velocidade do referencial do **centro do momento**, no qual o momento total é nulo.

---

### 12.2.3 Cinemática relativística

Nesta seção, vamos explorar algumas aplicações das leis de conservação ao decaimento de partículas e colisões.

9. Se há forças *externas* atuando, então (da mesma forma que no caso clássico) a energia e o momento do sistema, em geral, *não* serão conservados.

### Exemplo 12.7

Dois blocos de argila, cada um com massa (repouso) $m$, colidem frontalmente a $\frac{3}{5}c$ (Figura 12.26). Eles ficam grudados. *Pergunta*: qual é a massa $(M)$ do bloco composto?

**Solução:** neste caso, a conservação do momento é trivial: nulo antes e nulo depois. A energia de cada bloco antes da colisão é

$$\frac{mc^2}{\sqrt{1-(3/5)^2}} = \tfrac{5}{4}mc^2,$$

e a energia do bloco composto após a colisão é $Mc^2$ (já que está em repouso). Portanto, a conservação de energia diz que

$$\tfrac{5}{4}mc^2 + \tfrac{5}{4}mc^2 = Mc^2,$$

e consequentemente

$$M = \tfrac{5}{2}m.$$

Observe que isto é *mais* do que a soma das massas iniciais! A massa não se conservou nesta colisão; a energia cinética converteu-se em energia de repouso, portanto, a massa aumentou.

Na análise *clássica* de tal colisão, dizemos que a energia cinética foi convertida em energia *térmica* — o bloco composto é *mais quente* do que as duas partes que colidiram. Isso, é claro, é verdade também no âmbito relativístico. Mas o que *é* energia térmica? É a soma total de toda a energia cinética e potencial aleatória de todos os átomos e moléculas da substância. A relatividade nos diz que essas energias microscópicas estão representadas na *massa* do objeto: uma batata quente é *mais pesada* do que uma batata fria e uma mola comprimida é *mais pesada* do que uma mola relaxada. Não por *muito*, é verdade — a energia interna $(U)$ contribui com uma quantidade $U/c^2$ para a massa e $c^2$ é um número muito grande para os padrões do dia a dia. Você pode nunca conseguir que dois blocos de argila cheguem sequer *perto* da velocidade suficiente para se detectar a não conservação de massa no ato de sua colisão. Mas no universo das partículas elementares, o efeito pode ser muito impressionante. Por exemplo, quando um méson pi neutro (massa $2,4 \times 10^{-28}$ kg) se decompõe em um elétron e um pósitron (cada um com massa $9,11 \times 10^{-31}$ kg), a energia de repouso é convertida *quase que inteiramente* em energia cinética — resta menos de 1 por cento da massa original.

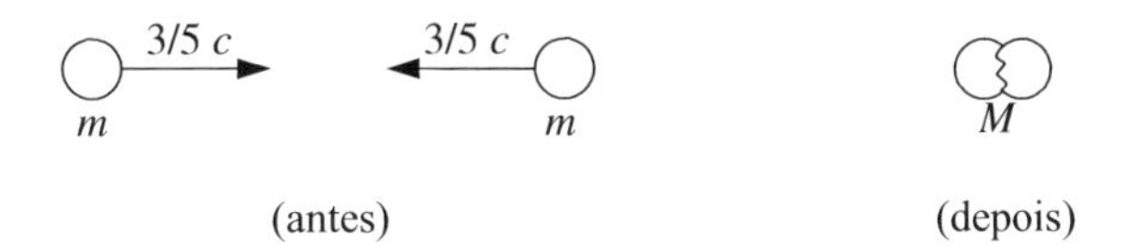


**Figura 12.26**

Na mecânica clássica não existe tal coisa como uma partícula sem massa — sua energia cinética $(\frac{1}{2}mu^2)$ e seu momento $(m\mathbf{u})$ seriam nulos, você não poderia aplicar uma força a ela $(\mathbf{F} = m\mathbf{a})$ e, portanto (conforme a terceira lei de Newton), *ela* em si não poderia aplicar força a nada — é uma nulidade no que se refere à física. Você pode de início assumir que isso é verdadeiro na relatividade; afinal, $\mathbf{p}$ e $E$ continuam sendo proporcionais a $m$. No entanto, uma inspeção mais atenta das equações 12.46 e 12.50 revela uma brecha de fazer inveja a um político: se $u = c$, então o zero no numerador é equilibrado pelo zero no denominador, deixando $\mathbf{p}$ e $E$ indeterminados (zero sobre zero). É concebível, portanto, que uma partícula sem massa possa ter energia e momento, *desde que ela esteja sempre à velocidade da luz.* Embora as equações 12.46 e 12.50 não sejam mais suficientes para determinar $E$ e $\mathbf{p}$, a Equação 12.55 sugere que ambas devem ser relacionadas por

$$E = pc. \tag{12.56}$$

Eu pessoalmente consideraria esse argumento uma piada se não fosse pelo fato de que se conhece pelo menos uma partícula sem massa na natureza: o fóton.[10] Os fótons viajam *de fato* à velocidade da luz e obedecem à Equação 12.56.[11] Eles nos forçam a levar a 'brecha' a sério. (Aliás, você pode se perguntar o que distingue um fóton com *muita* energia de outro com pouquíssima energia — afinal, todos eles têm a mesma massa (nula) e a mesma velocidade $(c)$. A relatividade não tem resposta para essa pergunta; curiosamente a mecânica quântica *tem*: segundo a fórmula de Planck, $E = h\nu$, onde $h$ é a **constante de Planck** e $\nu$ é a *frequência.* Um fóton *azul* é mais energético do que um fóton *vermelho*!)

10. Até recentemente era uma suposição geral que os neutrinos também não tivessem massa, mas experimentos em 1998 indicaram que eles podem, na realidade, ter massa (muito pequena).

11. O fóton é o **quantum** do campo eletromagnético, e não é por acidente que a mesma razão entre energia e momento se aplica às ondas eletromagnéticas (veja as equações 9.60 e 9.62).

**Exemplo 12.8**

Um píon em repouso decai em um múon e um neutrino (Figura 12.27). Encontre a energia do múon emitido em termos das duas massas, $m_\pi$ e $m_\mu$ (assuma que $m_\nu = 0$).

**Solução:** neste caso

$$E_{\text{antes}} = m_\pi c^2, \qquad \mathbf{p}_{\text{antes}} = 0,$$

$$E_{\text{depois}} = E_\mu + E_\nu, \qquad \mathbf{p}_{\text{depois}} = \mathbf{p}_\mu + \mathbf{p}_\nu.$$

A conservação do momento requer que $\mathbf{p}_\nu = -\mathbf{p}_\mu$. A conservação de energia diz que

$$E_\mu + E_\nu = m_\pi c^2.$$

Ora, $E_\nu = |\mathbf{p}_\nu|c$, pela Equação 12.56, enquanto $|\mathbf{p}_\mu| = \sqrt{E_\mu^2 - m_\mu^2 c^4}\,/c$, pela Equação 12.55, portanto

$$E_\mu + \sqrt{E_\mu^2 - m_\mu^2 c^4} = m_\pi c^2,$$

de onde se segue que

$$E_\mu = \frac{(m_\pi^2 + m_\mu^2)c^2}{2m_\pi}.$$

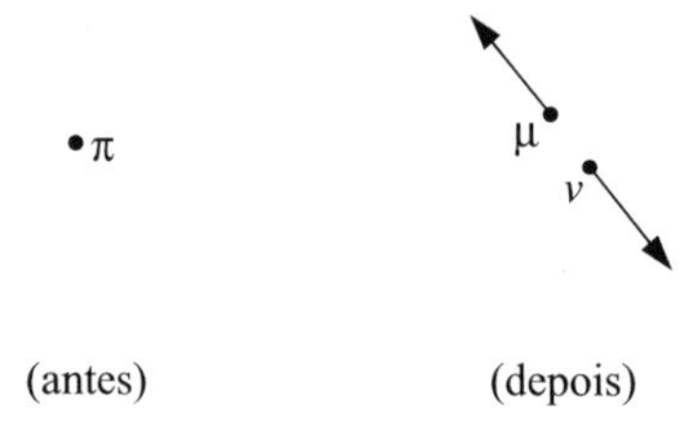


**Figura 12.27**

Em uma colisão clássica, momento e massa são sempre conservados, enquanto a energia cinética, em geral, não. Uma colisão 'aderente' gera calor, à custa da energia cinética; uma colisão 'explosiva' gera energia cinética à custa da energia química (ou de algum outro tipo). Se a energia cinética *é* conservada, como em uma colisão ideal de duas bolas de bilhar, chamamos o processo de *elástico.* No caso relativístico, o momento e a energia total são sempre conservados, mas a massa e a energia cinética, em geral, não. Mais uma vez, chamamos o processo de **elástico** se a energia cinética é conservada. Nesse caso, o restante da energia (sendo total menos cinética) é *também* conservado, e, portanto, a massa também o é. Na prática, isso significa que as partículas que saem são as mesmas que entram. Os exemplos 12.7 e 12.8 foram processos *inelásticos*; o próximo é *elástico*.

**Exemplo 12.9**

**Espalhamento Compton.** Um fóton de energia $E_0$ 'ricocheteia' em um elétron que estava inicialmente em repouso. Encontre a energia $E$ do fóton ricocheteado como função do **ângulo de espalhamento** $\theta$ (veja a Figura 12.28).

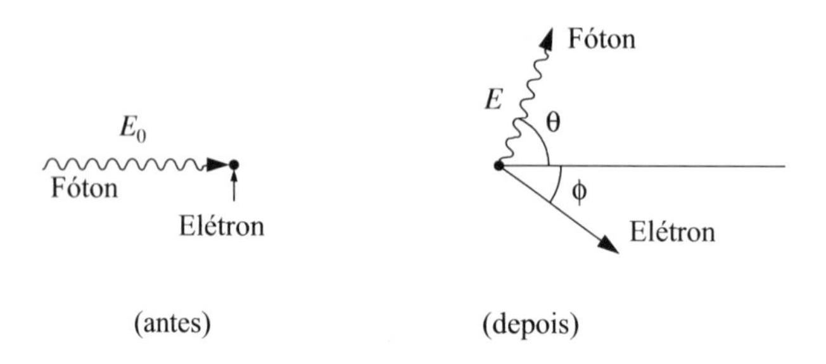


**Figura 12.28**

**Solução:** a conservação do momento na direção 'vertical' resulta em $p_f \operatorname{sen}\phi = p_f \operatorname{sen}\theta$, ou, como $p_f = E/c$, ou, desde que $p_p = E/c$,

$$\operatorname{sen}\phi = \frac{E}{p_e c}\operatorname{sen}\theta.$$

A conservação do momento da direção 'horizontal' resulta em

$$\frac{E_0}{c} = p_f\cos\theta + p_e\cos\phi = \frac{E}{c}\cos\theta + p_e\sqrt{1-\left(\frac{E}{p_e c}\operatorname{sen}\theta\right)^2},$$

ou

$$p_e^2c^2 = (E_0 - E\cos\theta)^2 + E^2\operatorname{sen}^2\theta = E_0^2 - 2E_0E\cos\theta + E^2.$$

Por fim, a conservação de energia diz que

$$\begin{aligned} E_0 + mc^2 &= E + E_e = E + \sqrt{m^2c^4 + p_e^2c^2} \\ &= E + \sqrt{m^2c^4 + E_0^2 - 2E_0E\cos\theta + E^2}. \end{aligned}$$

Resolvendo para $E$, constato que

$$E = \frac{1}{(1-\cos\theta/mc^2) + (1/E_0)}. \tag{12.57}$$

A resposta fica mais agradável quando expressa em termos do *comprimento de onda* do fóton:

$$E = h\nu = \frac{hc}{\lambda},$$

então,

$$\lambda = \lambda_0 + \frac{h}{mc}(1-\cos\theta). \tag{12.58}$$

A grandeza $(h/mc)$ é o chamado **comprimento de onda de Compton** do elétron.

---

**Problema 12.31** Encontre a velocidade do múon do Exemplo 12.8.

**Problema 12.32** Uma partícula de massa $m$ cuja energia total é o dobro da sua energia de repouso colide com uma partícula idêntica que está em repouso. Se elas aderirem uma à outra, qual será a massa da partícula composta resultante? Qual a sua velocidade?

**Problema 12.33** Um píon neutro de massa (de repouso) $m$ e momento (relativístico) $p = \frac{3}{4}mc$ decai em dois fótons. Um dos fótons é emitido na mesma direção e sentido que o píon original e o outro, no sentido oposto. Encontre a energia (relativística) de cada fóton.

**Problema 12.34** No passado, a maioria dos experimentos da física de partículas incluía alvos estacionários: uma partícula (geralmente um próton ou um elétron) era acelerada a uma alta energia $E$, e colidia com uma partícula alvo em repouso (Figura 12.29a). Energias *relativas* muito maiores podem ser obtidas (com o mesmo acelerador) se *ambas* as partículas forem aceleradas até a energia $E$, e disparadas uma contra a outra (Figura 12.29b). *Classicamente,* a energia $\bar{E}$ de uma partícula em relação à outra é de apenas 4E (por quê?) — não há muito a ganhar (apenas um fator de 4). Mas, *relativisticamente*, o ganho pode ser *enorme*. Assumindo que as duas partículas têm a mesma massa $m$, mostre que

$$\bar{E} = \frac{2E^2}{mc^2} - mc^2. \tag{12.59}$$

Suponha que você use prótons ($mc^2 = 1$ GeV) com $E = 30$ GeV. Que $\bar{E}$ obterá? A que múltiplo de $E$ isso equivale? (1 GeV=$10^9$ elétron volts.) [Em virtude desse acréscimo relativístico, a maioria dos experimentos modernos com partículas inclui **feixes colidentes**, em vez de alvos fixos.]

**Problema 12.35** Em um experimento de **aniquilação de par**, um elétron (de massa $m$) com momento $p_e$ atinge um pósitron (com a mesma massa, mas carga oposta) em repouso. Eles se aniquilam, produzindo dois fótons. (Por que eles não poderiam produzir apenas *um* fóton?) Se um dos fótons emerge a $60^\circ$ da direção do elétron incidente, qual a sua energia?

**Figura 12.29**

### 12.2.4 Dinâmica relativística

A *primeira* lei de Newton está embutida no princípio da relatividade. Sua segunda lei, na forma

$$\boxed{\mathbf{F} = \frac{d\mathbf{p}}{dt},} \tag{12.60}$$

mantém sua validade na mecânica relativística, *desde que usemos o momento relativístico.*

---

**Exemplo 12.10**

**Movimento sob uma força constante.** Uma partícula de massa $m$ está sujeita a uma força constante $F$. Se ela parte do repouso na origem no tempo $t = 0$, encontre sua posição ($x$) como função de tempo.

**Solução:**

$$\frac{dp}{dt} = F \Rightarrow p = Ft + \text{constante},$$

mas como $p = 0$ em $t = 0$, a constante tem de ser nula e, consequentemente,

$$p = \frac{mu}{\sqrt{1 - u^2/c^2}} = Ft.$$

Resolvendo para $u$, obtemos

$$u = \frac{(F/m)t}{\sqrt{1 + (Ft/mc)^2}}. \tag{12.61}$$

O numerador, é claro, é a resposta clássica — está aproximadamente certo se $(F/m)t \ll c$. Mas o denominador relativístico garante que $u$ nunca ultrapasse $c$; de fato, à medida que $t \to \infty, u \to c$.

Para completar o problema, temos de integrar novamente:

$$\begin{aligned} x(t) &= \frac{F}{m}\int_0^t \frac{t'}{\sqrt{1 + (Ft'/mc)^2}}\, dt' \\ &= \frac{mc^2}{F}\sqrt{1 + (Ft'/mc)^2}\Big|_0^t = \frac{mc^2}{F}\left[\sqrt{1 + (Ft/mc)^2} - 1\right]. \end{aligned} \tag{12.62}$$

Em lugar da parábola clássica, $x(t) = (F/2m)t^2$, o gráfico é uma *hipérbole* (Figura 12.30); por esse motivo, o movimento sob uma força constante é frequentemente chamado de **movimento hiperbólico.** Ele ocorre, por exemplo, quando uma partícula carregada é colocada em um campo elétrico uniforme.

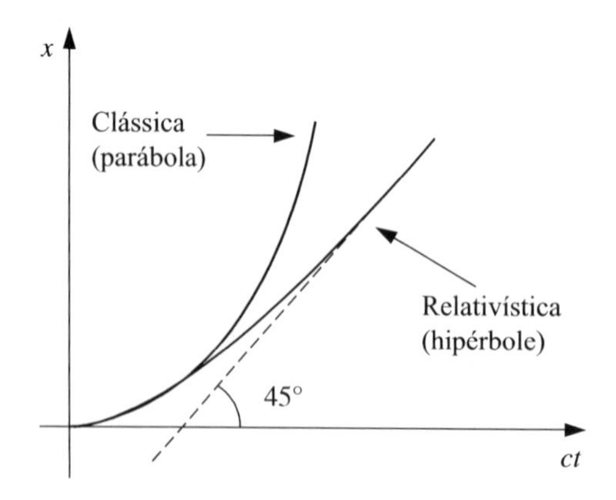


**Figura 12.30**

---

O trabalho, como sempre, é a integral de linha da força:

$$W \equiv \int \mathbf{F} \cdot d\mathbf{l}. \tag{12.63}$$

O **teorema do trabalho-energia** ('o trabalho líquido realizado sobre uma partícula é igual ao aumento na sua energia cinética') aplica-se relativisticamente:

$$W = \int \frac{d\mathbf{p}}{dt} \cdot d\mathbf{l} = \int \frac{d\mathbf{p}}{dt} \cdot \frac{d\mathbf{l}}{dt}\, dt = \int \frac{d\mathbf{p}}{dt} \cdot \mathbf{u}\, dt,$$

enquanto

$$\begin{aligned} \frac{d\mathbf{p}}{dt} \cdot \mathbf{u} &= \frac{d}{dt}\left(\frac{m\mathbf{u}}{\sqrt{1-u^2/c^2}}\right) \cdot \mathbf{u} \\ &= \frac{m\mathbf{u}}{(1-u^2/c^2)^{3/2}} \cdot \frac{d\mathbf{u}}{dt} = \frac{d}{dt}\left(\frac{mc^2}{\sqrt{1-u^2/c^2}}\right) = \frac{dE}{dt}, \end{aligned} \tag{12.64}$$

portanto

$$W = \int \frac{dE}{dt}\, dt = E_{\text{final}} - E_{\text{inicial}}. \tag{12.65}$$

(Como a energia de *repouso* é constante, aqui não importa se usamos a energia total ou a energia cinética.)

Ao contrário das duas primeiras, a *terceira* lei de Newton, em geral, *não* se estende aos domínios relativísticos. De fato, se os dois objetos em questão estão separados no espaço, a terceira lei é incompatível com a relatividade da simultaneidade. Pois suponha que a força de $A$ sobre $B$ em algum instante $t$ é $\mathbf{F}(t)$, e que a força de $B$ sobre $A$, no mesmo instante, é $-\mathbf{F}(t)$; então a terceira lei se aplica neste *sistema de referência.* Mas um observador em movimento dirá que essas são forças iguais e opostas que ocorreram em *tempos diferentes;* no sistema dele, portanto, a terceira lei é *transgredida.* Somente nos casos de interações de contato, nos quais as duas forças são aplicadas ao *mesmo ponto físico* (e no caso trivial em que as forças são *constantes*), a terceira lei pode se manter.

Como $\mathbf{F}$ é uma derivada do momento em relação ao tempo *ordinário*, ela partilha o mesmo comportamento feio da velocidade (ordinária), quando se passa de um sistema inercial para outro: ambos, o numerador *e o denominador*, têm de ser transformados. Assim,[12]

$$\bar{F}_y = \frac{d\bar{p}_y}{d\bar{t}} = \frac{dp_y}{\gamma\, dt - \dfrac{\gamma\beta}{c}\, dx} = \frac{dp_y/dt}{\gamma\left(1 - \dfrac{\beta}{c}\dfrac{dx}{dt}\right)} = \frac{F_y}{\gamma(1-\beta u_x/c)}, \tag{12.66}$$

e similarmente para o componente $z$:

$$\bar{F}_z = \frac{F_z}{\gamma(1-\beta u_x/c)}.$$

O componente $x$ é pior ainda:

$$\bar{F}_x = \frac{d\bar{p}_x}{d\bar{t}} = \frac{\gamma\, dp_x - \gamma\beta\, dp^0}{\gamma\, dt - \dfrac{\gamma\beta}{c}\, dx} = \frac{\dfrac{dp_x}{dt} - \beta\dfrac{dp^0}{dt}}{1 - \dfrac{\beta}{c}\dfrac{dx}{dt}} = \frac{F_x - \dfrac{\beta}{c}\left(\dfrac{dE}{dt}\right)}{1-\beta u_x/c}.$$

Calculamos $dE/dt$ na Equação 12.64; acrescentando agora

$$\bar{F}_x = \frac{F_x - \beta(\mathbf{u}\cdot\mathbf{F})/c}{1-\beta u_x/c}. \tag{12.67}$$

Apenas em um caso especial essas equações são razoavelmente manejáveis: *se a partícula está (momentaneamente) em repouso em* $\mathcal{S}$, de forma que $\mathbf{u} = 0$, então

$$\bar{\mathbf{F}}_\perp = \frac{1}{\gamma}\mathbf{F}_\perp, \quad \bar{F}_\parallel = F_\parallel. \tag{12.68}$$

Ou seja, o componente de $\mathbf{F}$ *paralelo* ao movimento de $\bar{\mathcal{S}}$ fica inalterado enquanto os componentes perpendiculares são divididos por $\gamma$.

Talvez tenha lhe ocorrido que podemos evitar o mau comportamento de $\mathbf{F}$ nas transformações, introduzindo uma força 'própria', análoga à velocidade própria e que seria a derivada do momento com relação ao tempo *próprio*:

$$K^\mu \equiv \frac{dp^\mu}{d\tau}. \tag{12.69}$$

12. Lembre-se: $\gamma$ e $\beta$ pertencem ao movimento de $\bar{\mathcal{S}}$ com respeito a $\mathcal{S}$ — eles são *constantes;* $\mathbf{u}$ é a velocidade da *partícula* com relação a $\mathcal{S}$.

Essa é a chamada **força de Minkowski**; ela é claramente um quadrivetor, já que $p^\mu$ é um quadrivetor e o tempo próprio é invariante. Os componentes espaciais de $K^\mu$ estão relacionados à força 'ordinária' por

$$\mathbf{K} = \left(\frac{dt}{d\tau}\right)\frac{d\mathbf{p}}{dt} = \frac{1}{\sqrt{1-u^2/c^2}}\mathbf{F}, \tag{12.70}$$

enquanto o componente de índice 0,

$$K^0 = \frac{dp^0}{d\tau} = \frac{1}{c}\frac{dE}{d\tau}, \tag{12.71}$$

é, à parte do $1/c$, a taxa (própria) à qual a energia da partícula aumenta — em outras palavras, a *potência* (própria) fornecida à partícula.

A dinâmica relativística pode ser formulada em termos da força ordinária *ou* em termos da força de Minkowski. Esta última é geralmente muito mais *elegante*, mas como a longo prazo estamos interessados na trajetória da partícula como função do tempo *ordinário*, a primeira é frequentemente mais útil. Quando queremos generalizar alguma lei de força clássica, tal como a de Lorentz, para os domínios relativísticos, surge a questão: a fórmula clássica corresponde à força *ordinária* ou à força de Minkowski? Em outras palavras, devemos escrever

$$\mathbf{F} = q(\mathbf{E} + \mathbf{u}\times\mathbf{B}),$$

ou deve ser

$$\mathbf{K} = q(\mathbf{E} + \mathbf{u}\times\mathbf{B})?$$

Como o tempo próprio e o tempo ordinário são idênticos na física clássica, nesta etapa não há como decidir a questão. Ao que se revela, a lei de força de Lorentz é uma força *ordinária* — mais tarde explicarei por que e mostrarei como construir a força eletromagnética de Minkowski.

---

**Exemplo 12.11**

A trajetória típica de uma partícula carregada em um campo *magnético* uniforme é o **movimento ciclotrônico** (Figura 12.31). A força magnética que aponta em direção ao centro,

$$F = QuB,$$

fornece a aceleração centrípeta necessária para sustentar o movimento circular. No entanto, esteja atento — na relatividade especial a força centrípeta *não* é $mu^2/R$, como na mecânica clássica. Em vez disso, como você pode ver pela Figura 12.32, $dp = p\,d\theta$, portanto,

$$F = \frac{dp}{dt} = p\frac{d\theta}{dt} = p\frac{u}{R}.$$

(Em termos clássicos, é claro, $p = mu$, portanto, $F = mu^2/R$.) Assim,

$$QuB = p\frac{u}{R},$$

ou

$$p = QBR. \tag{12.72}$$

Nesta forma, a fórmula ciclotrônica relativística é idêntica à não relativística, Equação 5.3 — a única diferença é que $p$ agora é o momento relativístico.

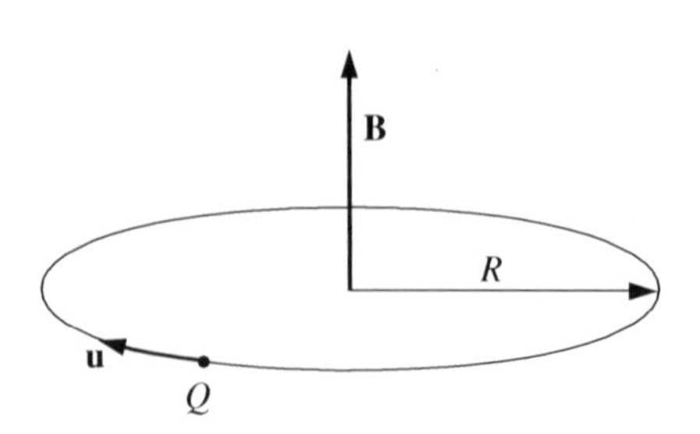


**Figura 12.31**

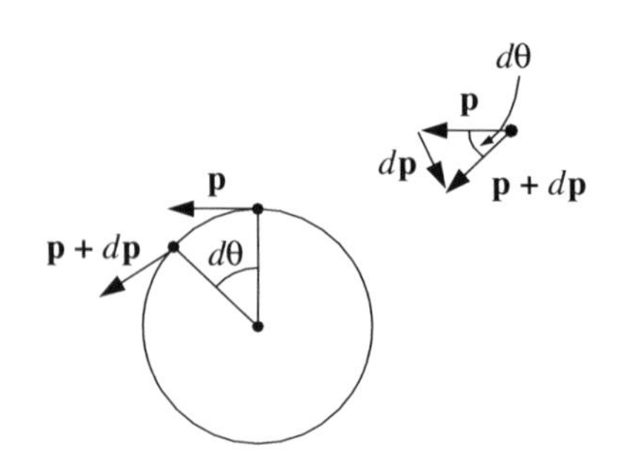


**Figura 12.32**

---

## Exemplo 12.12

**Momento oculto.** Como modelo para um dipolo magnético **m**, considere uma espira retangular de fio, pela qual passa uma corrente estacionária. Imagine a corrente como um fluxo de cargas positivas que não interagem e que se movimentam livremente dentro do fio. Quando um campo elétrico uniforme **E** é aplicado (Figura 12.33), as cargas são aceleradas no segmento esquerdo e desaceleradas no direito.[13] Encontre o momento total de todas as cargas na espira.

**Solução:** os momentos dos segmentos esquerdo e direito se anulam e, portanto, temos de considerar apenas os segmentos superior e inferior. Digamos que há $N_+$ cargas no segmento superior, a uma velocidade $u_+$ para a direita e $N_-$ cargas no segmento inferior, a uma velocidade (mais lenta) $u_-$ para a esquerda. A corrente ($I = \lambda u$) é a mesma nos quatro segmentos (caso contrário as cargas estariam se acumulando em algum lugar); especialmente,

$$I = \frac{QN_+}{l}u_+ = \frac{QN_-}{l}u_-, \quad \text{então} \quad N_\pm u_\pm = \frac{Il}{Q},$$

onde $Q$ é carga de cada partícula e $l$ é o comprimento do retângulo. *Classicamente,* o momento de uma única partícula é $\mathbf{p} = M\mathbf{u}$ (onde $M$ é a sua massa), e o momento total (para a direita) é

$$p_{\text{clássica}} = MN_+u_+ - MN_-u_- = M\frac{Il}{Q} - M\frac{Il}{Q} = 0,$$

como certamente seria de se esperar (afinal a espira, como um todo, não está se movendo). Mas relativisticamente $\mathbf{p} = \gamma M\mathbf{u}$, e obtemos

$$p = \gamma_+ MN_+u_+ - \gamma_- MN_-u_- = \frac{MIl}{Q}(\gamma_+ - \gamma_-),$$

que *não* é nulo, porque as partículas no segmento superior estão se movimentando mais depressa.

Inclusive, o ganho de energia ($\gamma Mc^2$), à medida que uma partícula sobe pelo segmento esquerdo, é igual ao trabalho realizado pela força elétrica, $QEw$, onde $w$ é a altura do retângulo, portanto,

$$\gamma_+ - \gamma_- = \frac{QEw}{Mc^2},$$

e então

$$p = \frac{IlEw}{c^2}.$$

Mas $Ilw$ é o momento de dipolo magnético da espira; como vetores, **m** aponta para dentro da página e **p** para a direita, portanto,

$$\mathbf{p} = \frac{1}{c^2}(\mathbf{m} \times \mathbf{E}).$$

Assim, o dipolo magnético em um campo elétrico tem momento linear, *embora não esteja se movendo!* O assim chamado **momento oculto** é estritamente relativístico e puramente mecânico; ele anula precisamente o momento eletromagnético armazenado nos campos (veja o Exemplo 8.3; observe que ambos os resultados podem ser expressos na forma $p = IlV/c^2$).

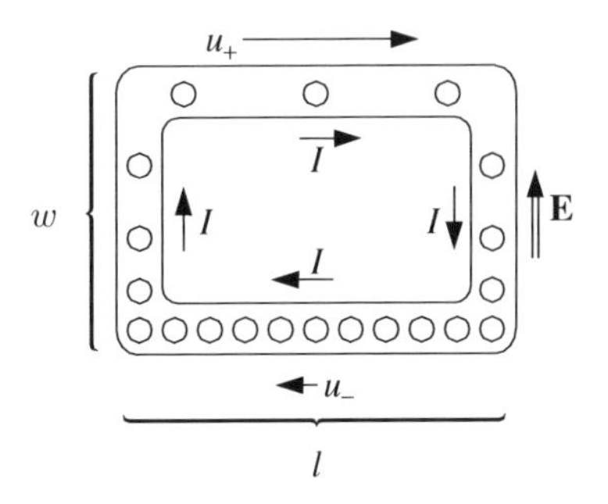


**Figura 12.33**

13. Este não é um modelo muito realista para uma espira pela qual passa uma corrente, obviamente, mas outros modelos levam exatamente ao mesmo resultado. Veja V. Hnizdo, *Am. J. Phys.* **65**, 92 (1997).

**Problema 12.36** Na mecânica clássica, a lei de Newton pode ser escrita na forma mais conhecida $\mathbf{F} = m\mathbf{a}$. A equação relativística, $\mathbf{F} = d\mathbf{p}/dt$, *não pode* ser expressa de forma tão simples. Mostre, mais exatamente, que

$$\mathbf{F} = \frac{m}{\sqrt{1 - u^2/c^2}} \left[\mathbf{a} + \frac{\mathbf{u}(\mathbf{u} \cdot \mathbf{a})}{c^2 - u^2}\right], \tag{12.73}$$

onde $\mathbf{a} \equiv d\mathbf{u}/dt$ é a **aceleração ordinária**.

**Problema 12.37** Mostre que é possível ser mais rápido que um raio de luz se você tiver dianteira suficiente e seus pés gerarem uma força constante.

**Problema 12.38** Defina **aceleração própria** da maneira óbvia:

$$\alpha^\mu \equiv \frac{d\eta^\mu}{d\tau} = \frac{d^2 x^\mu}{d\tau^2}. \tag{12.74}$$

(a) Encontre $\alpha^0$ e $\boldsymbol{\alpha}$ em termos de **u** e **a** (a aceleração ordinária).

(b) Expresse $\alpha_\mu \alpha^\mu$ em termos de **u** e **a**.

(c) Mostre que $\eta^\mu \alpha_\mu = 0$.

(d) Escreva a versão de Minkowski para a segunda lei de Newton, Equação 12.69, em termos de $\alpha^\mu$. Calcule o produto invariante $K^\mu \eta_\mu$.

**Problema 12.39** Mostre que

$$K_\mu K^\mu = \frac{1 - (u^2/c^2)\cos^2\theta}{1 - u^2/c^2} F^2,$$

onde $\theta$ é o ângulo entre **u** e **F**.

**Problema 12.40** Mostre que a aceleração (ordinária) de uma partícula de massa $m$ e carga $q$, movendo-se à velocidade **u** sob a influência dos campos eletromagnéticos **E** e **B**, é dada por

$$\mathbf{a} = \frac{q}{m}\sqrt{1 - u^2/c^2}\left[\mathbf{E} + \mathbf{u} \times \mathbf{B} - \frac{1}{c^2}\mathbf{u}(\mathbf{u} \cdot \mathbf{E})\right].$$

[*Dica:* use a Equação 12.73.]

# 12.3 Eletrodinâmica relativística

## 12.3.1 O magnetismo como fenômeno relativístico

Diferente da mecânica newtoniana, a eletrodinâmica clássica *já* é coerente com a relatividade especial. As equações de Maxwell e a lei de força de Lorentz podem ser legitimamente aplicadas a qualquer sistema inercial. É claro que o que um observador interpreta como um processo elétrico, outro pode considerar magnético, mas os movimentos das partículas que eles preveem, em si, serão idênticos. O fato de que isso *não* deu certo para Lorentz e outros, que estudaram a questão no final do século XIX, deve-se à falha na mecânica não relativística que eles usaram, e não na eletrodinâmica. Uma vez corrigida a mecânica newtoniana, estamos agora em uma posição na qual podemos desenvolver uma formulação completa e coerente da eletrodinâmica relativística. Mas enfatizo que não iremos mudar as regras da eletrodinâmica em nada — em vez disso, iremos *expressar* essas regras em uma notação que expõe e esclarece seu caráter relativístico. À medida que avançarmos, farei pausas aqui e ali para deduzir novamente, usando as transformações de Lorentz, os resultados obtidos anteriormente por meios mais trabalhosos. Mas o objetivo principal desta seção é proporcionar a você uma compreensão mais profunda da estrutura da eletrodinâmica — leis que antes pareciam arbitrárias e sem relação entre si adquirem uma espécie de coerência e inevitabilidade quando abordadas a partir do ponto de vista da relatividade.

Para começar, gostaria de lhe mostrar por que teria de *haver* algo como o magnetismo, dadas a eletrostática e a relatividade, e, especialmente, como você pode calcular a força magnética entre um fio pelo qual passa uma corrente e uma carga em movimento sem jamais recorrer às leis do magnetismo.[14] Suponha que você tem uma série de cargas positivas movendo-se

14. Este e vários outros argumentos desta seção foram adaptados de E. M. Purcell, *Electricity and Magnetism*, 2ª ed. (Nova York: McGraw-Hill, 1985).

para a direita à velocidade $v$. Vou assumir que as cargas estão próximas o suficiente para que possamos considerá-las uma linha contínua de carga de densidade $\lambda$. Sobreposta a essa linha positiva há outra, negativa, de densidade $-\lambda$ que vai para a esquerda à mesma velocidade $v$. Temos, então, uma corrente líquida para a direita de magnitude

$$I = 2\lambda v. \tag{12.75}$$

Enquanto isso, a uma distância $s$ há uma carga pontual $q$ movendo-se para a direita à velocidade $u < v$ (Figura 12.34a). Como as duas linhas de carga se anulam, não há *força elétrica sobre* $q$ neste sistema ($\mathcal{S}$).

No entanto, vamos examinar a mesma situação do ponto de vista do sistema $\bar{\mathcal{S}}$, que se move para a direita à velocidade $u$ (Figura 12.34b). Nesse sistema de referência $q$ está em repouso. Segundo a regra de adição de velocidades de Einstein, as velocidades das linhas positiva e negativa são, agora,

$$v_\pm = \frac{v \mp u}{1 \mp vu/c^2}. \tag{12.76}$$

Como $v_-$ é maior do que $v_+$, a contração de Lorentz do espaço entre as cargas negativas é mais acentuada do que entre as cargas positivas; *neste sistema,* portanto, *o fio tem uma carga líquida negativa!* Inclusive,

$$\lambda_\pm = \pm(\gamma_\pm)\lambda_0, \tag{12.77}$$

onde

$$\gamma_\pm = \frac{1}{\sqrt{1 - v_\pm^2/c^2}}, \tag{12.78}$$

e $\lambda_0$ é a densidade linear de carga positiva no seu próprio sistema de repouso. Não é o mesmo que $\lambda$, é claro — em $\mathcal{S}$ elas já estão se movendo à velocidade $v$, portanto

$$\lambda = \gamma\lambda_0, \tag{12.79}$$

onde

$$\gamma = \frac{1}{\sqrt{1 - v^2/c^2}}. \tag{12.80}$$

É preciso um pouco de álgebra para colocar $\gamma_\pm$ em uma forma simples:

$$\begin{aligned} \gamma_\pm &= \frac{1}{\sqrt{1 - \frac{1}{c^2}(v \mp u)^2(1 \mp vu/c^2)^{-2}}} = \frac{c^2 \mp uv}{\sqrt{(c^2 \mp uv)^2 - c^2(v \mp u)^2}} \\ &= \frac{c^2 \mp uv}{\sqrt{(c^2 - v^2)(c^2 - u^2)}} = \gamma\frac{1 \mp uv/c^2}{\sqrt{1 - u^2/c^2}}. \end{aligned} \tag{12.81}$$

Evidentemente, então, a linha de carga líquida em $\bar{\mathcal{S}}$ é

$$\lambda_{\text{tot}} = \lambda_+ + \lambda_- = \lambda_0(\gamma_+ - \gamma_-) = \frac{-2\lambda uv}{c^2\sqrt{1 - u^2/c^2}}. \tag{12.82}$$

*Conclusão*: como resultado da desigualdade da contração de Lorentz entre as linhas positiva e negativa, um fio pelo qual passa uma corrente que é eletricamente neutra em um sistema será carregado em outro.

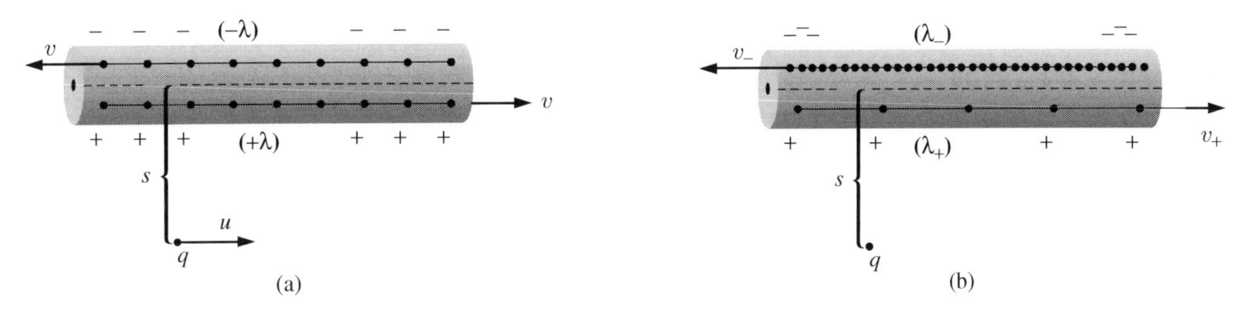


**Figura 12.34**

Ora, uma linha de carga $\lambda_{\text{tot}}$ estabelece um campo *elétrico*

$$E = \frac{\lambda_{\text{tot}}}{2\pi\epsilon_0 s},$$

de forma que *há uma força elétrica sobre q em $\bar{\mathcal{S}}$*, a saber:

$$\bar{F} = qE = -\frac{\lambda v}{\pi\epsilon_0 c^2 s}\frac{qu}{\sqrt{1 - u^2/c^2}}. \tag{12.83}$$

Mas se existe uma força sobre $q$ em $\bar{\mathcal{S}}$, deve haver uma em $\mathcal{S}$; de fato, podemos *calculá-la* usando as regras de transformação para forças. Como $q$ está em repouso em $\bar{\mathcal{S}}$, e $\bar{F}$ é perpendicular a $u$, a força em $\mathcal{S}$ é dada pela Equação 12.68:

$$F = \sqrt{1 - u^2/c^2}\,\bar{F} = -\frac{\lambda v}{\pi\epsilon_0 c^2}\frac{qu}{s}. \tag{12.84}$$

A carga é atraída em direção ao fio por uma força que é puramente elétrica em $\bar{\mathcal{S}}$ (onde o fio está carregado e $q$ está em repouso), mas distintamente *não* elétrica em $\mathcal{S}$ (onde o fio é neutro). Tomados juntos, então, eletrostática e relatividade indicam a existência de uma outra força. Essa 'outra força', é claro, é *magnética.* De fato, podemos moldar a Equação 12.84 em uma forma mais familiar, usando $c^2 = (\epsilon_0\mu_0)^{-1}$ e expressando $\lambda v$ em termos da corrente (Equação 12.75):

$$F = -qu\left(\frac{\mu_0 I}{2\pi s}\right). \tag{12.85}$$

O termo entre parênteses é o campo magnético de um fio longo e reto e a força é, precisamente, o que teríamos obtido usando a lei de força de Lorentz no sistema $\mathcal{S}$.

## 12.3.2 Como os campos se transformam

Aprendemos em vários casos especiais que o campo elétrico de um observador é o campo magnético de outro. Seria bom conhecer as regras *gerais* de transformação para os campos eletromagnéticos: dados os campos em $\mathcal{S}$, quais são os campos em $\bar{\mathcal{S}}$? Sua primeira suposição pode ser de que **E** é a parte espacial de um quadrivetor e **B** é a parte espacial de outro. Se for assim, a sua intuição está errada — é mais complicado que isso. Vou começar explicitando uma suposição que já foi usada implicitamente na Seção 12.3.1: *a carga é invariante.* Como a massa, mas ao contrário da energia, a carga de uma partícula é um número fixo que independe da velocidade a que ela está se movendo. Vamos supor também que as regras de transformação são as mesmas, não importa como os campos sejam produzidos — campos elétricos gerados por campos magnéticos variáveis transformam-se da mesma forma que aqueles estabelecidos por cargas estacionárias. Se não fosse assim, teríamos de abandonar toda a formulação de campo, pois essa é a essência da teoria de campo segundo a qual os campos em um determinado ponto revelam *tudo o que há para revelar,* eletromagneticamente, sobre aquele ponto; você *não* precisa acrescentar informações a mais com relação à sua fonte.

Com isso em mente, considere o campo elétrico *mais simples possível*, o campo uniforme na região entre as placas de um grande capacitor de placas paralelas (Figura 12.35a). Digamos que o capacitor está em repouso em $\mathcal{S}_0$ e tem uma carga superficial $\pm\sigma_0$. Então,

$$\mathbf{E}_0 = \frac{\sigma_0}{\epsilon_0}\,\hat{\mathbf{y}}. \tag{12.86}$$

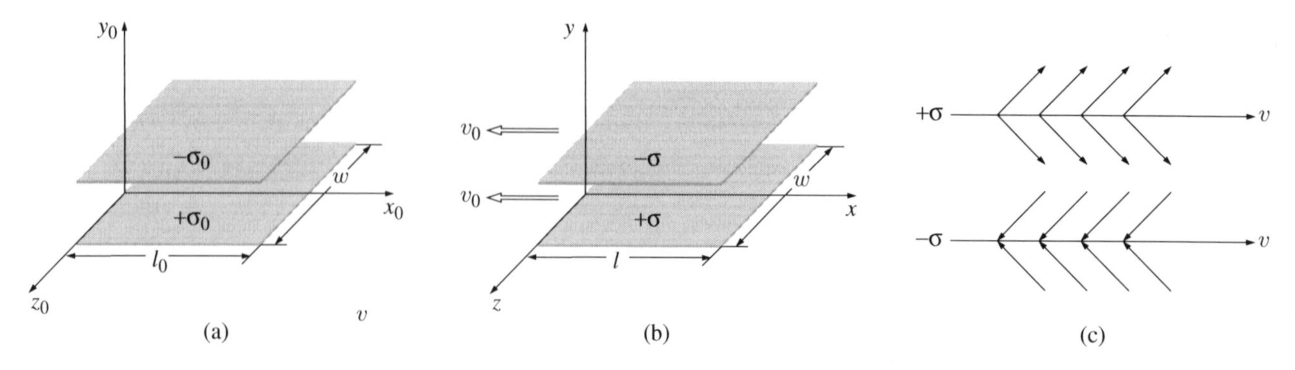


**Figura 12.35**

Mas e se examinarmos esse mesmo capacitor a partir do sistema $\mathcal{S}$, movendo-se para a direita à velocidade $v_0$ (Figura 12.35b)? Nesse sistema, as placas estão se movendo para a esquerda, mas o campo ainda assume a forma

$$\mathbf{E} = \frac{\sigma}{\epsilon_0}\,\hat{\mathbf{y}}; \tag{12.87}$$

a única diferença é o valor da carga superficial $\sigma$. [Espere um pouco! Essa *é* mesmo a única diferença? A fórmula $E = \sigma/\epsilon_0$ para um capacitor de placas paralelas veio da lei de Gauss, e enquanto a lei de Gauss é perfeitamente válida para cargas em movimento, esta aplicação particular também depende da simetria. Temos certeza de que o campo continua perpendicular às placas? E se o campo de uma placa em movimento *inclina-se*, digamos, na direção do movimento, como mostra a Figura 12.35c? Bem, *mesmo que se inclinasse* (*não* se inclina), o campo entre as placas, sendo a superposição do campo $+\sigma$ e $-\sigma$ ficaria, de qualquer forma, perpendicular às placas. Pois o campo $-\sigma$ iria na direção indicada na Figura 12.35c (mudar o sinal da carga inverte a direção do campo), e a soma vetorial anula os componentes paralelos.]

Ora, a carga total em cada placa é invariante e a *largura* ($w$) permanece inalterada, mas o *comprimento* ($l$) sofre a contração de Lorentz por um fator

$$\frac{1}{\gamma_0} = \sqrt{1 - v_0^2/c^2}, \tag{12.88}$$

de forma que a carga por unidade de área *aumenta* por um fator $\gamma_0$:

$$\sigma = \gamma_0 \sigma_0. \tag{12.89}$$

Da mesma forma,

$$\mathbf{E}^{\perp} = \gamma_0 \mathbf{E}_0{}^{\perp}. \tag{12.90}$$

Coloquei o sobrescrito $\perp$ para deixar claro que esta regra aplica-se aos componentes de $\mathbf{E}$ que são *perpendiculares* à direção do movimento de $\mathcal{S}$. Para obter a regra relativa aos componentes *paralelos*, considere o capacitor alinhado com o plano $y\,z$ (Figura 12.36). Desta vez é a separação das placas ($d$) que sofre a contração de Lorentz, enquanto $l$ e $w$ (e portanto também $\sigma$) são os mesmos em ambos os sistemas. Como o campo não depende de $d$, segue-se que

$$E^{\parallel} = E_0{}^{\parallel}. \tag{12.91}$$

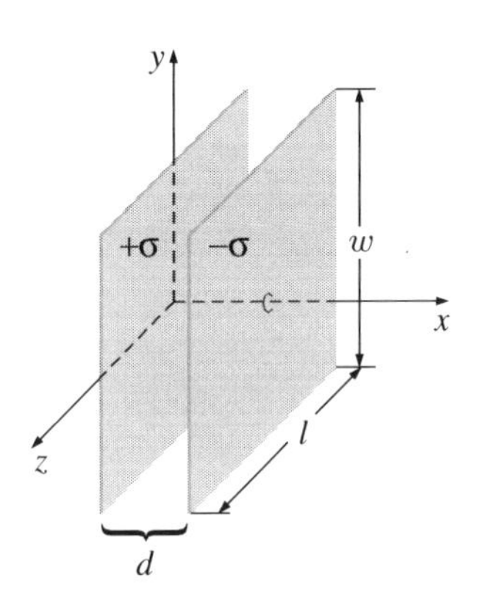


**Figura 12.36**

---

## Exemplo 12.13

**Campo elétrico de uma carga pontual em movimento uniforme.** Uma carga pontual $q$ está em repouso na origem no sistema $\mathcal{S}_0$. *Pergunta*: qual é o campo elétrico dessa mesma carga no sistema $\mathcal{S}$, que se movimenta para a direita à velocidade $v_0$ relativa a $\mathcal{S}_0$?

**Solução:** em $\mathcal{S}_0$ o campo é

$$\mathbf{E}_0 = \frac{1}{4\pi\epsilon_0}\frac{q}{r_0^2}\,\hat{\mathbf{r}}0,$$

ou

$$\left\{\begin{aligned} E_{x0} &= \frac{1}{4\pi\epsilon_0}\frac{q x_0}{(x_0^2+y_0^2+z_0^2)^{3/2}}, \\ E_{y0} &= \frac{1}{4\pi\epsilon_0}\frac{q y_0}{(x_0^2+y_0^2+z_0^2)^{3/2}}, \\ E_{z0} &= \frac{1}{4\pi\epsilon_0}\frac{q z_0}{(x_0^2+y_0^2+z_0^2)^{3/2}}. \end{aligned}\right.$$

A partir das regras de transformação (equações 12.90 e 12.91), temos

$$\begin{cases} E_x = E_{x0} = \dfrac{1}{4\pi\epsilon_0}\dfrac{qx_0}{(x_0^2+y_0^2+z_0^2)^{3/2}}, \\ E_y = \gamma_0 E_{y0} = \dfrac{1}{4\pi\epsilon_0}\dfrac{\gamma_0 q y_0}{(x_0^2+y_0^2+z_0^2)^{3/2}}, \\ E_z = \gamma_0 E_{z0} = \dfrac{1}{4\pi\epsilon_0}\dfrac{\gamma_0 q z_0}{(x_0^2+y_0^2+z_0^2)^{3/2}}. \end{cases}$$

Tudo isso ainda está expresso em termos das coordenadas $\mathcal{S}_0$ $(x_0, y_0, z_0)$ do ponto de observação ($P$); eu prefiro escrevê-las em termos das coordenadas $\mathcal{S}$ do ponto $P$. A partir das transformações de Lorentz (ou, na realidade, das transformações inversas),

$$\begin{cases} x_0 = \gamma_0(x + v_0 t) = \gamma_0 R_x, \\ y_0 = y = R_y, \\ z_0 = z = R_z, \end{cases}$$

onde **R** é o vetor de $q$ até $P$ (Figura 12.37). Assim,

$$\mathbf{E} = \frac{1}{4\pi\epsilon_0}\frac{\gamma_0 q\mathbf{R}}{(\gamma_0^2 R^2\cos^2\theta + R^2\,\mathrm{sen}^2\,\theta)^{3/2}} = \frac{1}{4\pi\epsilon_0}\frac{q(1-v_0^2/c^2)}{[1-(v_0^2/c^2)\,\mathrm{sen}^2\,\theta]^{3/2}}\frac{\hat{\mathbf{R}}}{R^2}. \tag{12.92}$$

Este é, então, o campo de uma carga em movimento uniforme; obtivemos o mesmo resultado no Capítulo 10 usando os potenciais retardados (Equação 10.68). A dedução atual é muito mais eficiente e esclarece um pouco sobre o fato extraordinário de que o campo aponta para fora da posição momentânea da carga (em oposição à posição retardada): $E_x$ recebe um fator $\gamma_0$ da transformação de Lorentz para as *coordenadas;* $E_y$ e $E_z$ recebem os seus a partir da transformação do *campo.* É o equilíbrio desses dois $\gamma_0$ o que deixa **E** paralelo a **R**.

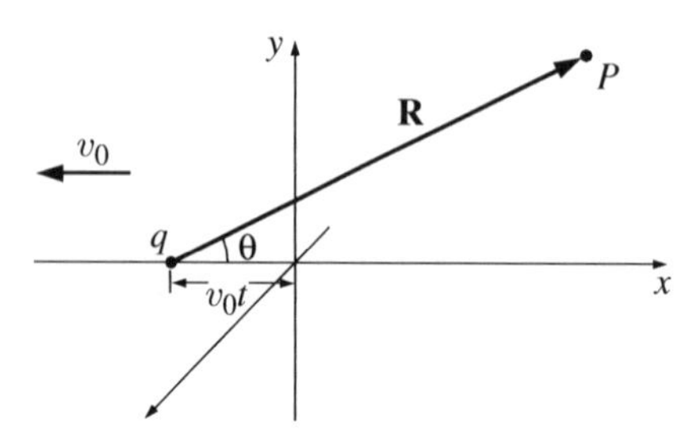


**Figura 12.37**

---

Mas as equações 12.90 e 12.91 não são as leis de transformação mais gerais, pois começamos com um sistema $\mathcal{S}_0$ no qual as cargas estavam em repouso e, consequentemente, não havia campo magnético. Para deduzir a regra *geral* temos de começar em um sistema que tenha tanto campo elétrico quanto magnético. Para esse fim, $\mathcal{S}$ servirá perfeitamente. Além do campo elétrico

$$E_y = \frac{\sigma}{\epsilon_0}, \tag{12.93}$$

há um campo *magnético* devido às correntes superficiais (Figura 12.35b):

$$\mathbf{K}_\pm = \mp\sigma v_0\,\hat{\mathbf{x}}. \tag{12.94}$$

Pela regra da mão direita, este campo aponta no sentido negativo $z$; sua magnitude é dada pela lei de Ampère:

$$B_z = -\mu_0\sigma v_0. \tag{12.95}$$

Em um *terceiro* sistema, $\bar{\mathcal{S}}$, movendo-se para a direita com velocidade $v$ com relação a $\mathcal{S}$ (Figura 12.38), os campos seriam

$$\bar{E}_y = \frac{\bar{\sigma}}{\epsilon_0}, \quad \bar{B}_z = -\mu_0\bar{\sigma}\bar{v}, \tag{12.96}$$

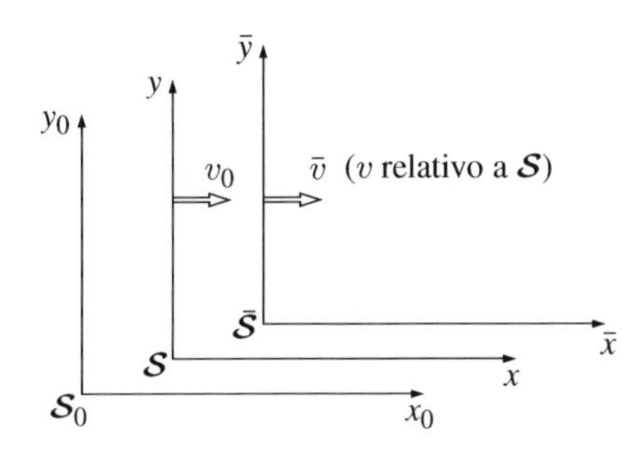


**Figura 12.38**

onde $\bar{v}$ é a velocidade de $\bar{\mathcal{S}}$ relativa a $\mathcal{S}_0$:

$$\bar{v} = \frac{v + v_0}{1 + vv_0/c^2}, \quad \bar{\gamma} = \frac{1}{\sqrt{1 - \bar{v}^2/c^2}}, \tag{12.97}$$

e

$$\bar{\sigma} = \bar{\gamma}\sigma_0. \tag{12.98}$$

Falta apenas expressar $\bar{\mathbf{E}}$ e $\bar{\mathbf{B}}$ (Equação 12.96), em termos de $\mathbf{E}$ e $\mathbf{B}$ (equações 12.93 e 12.95). Diante das equações 12.89 e 12.98, temos

$$\bar{E}_y = \left(\frac{\bar{\gamma}}{\gamma_0}\right)\frac{\sigma}{\epsilon_0}, \quad \bar{B}_z = -\left(\frac{\bar{\gamma}}{\gamma_0}\right)\mu_0\sigma\bar{v}. \tag{12.99}$$

Com um pouco de álgebra, você irá constatar que

$$\frac{\bar{\gamma}}{\gamma_0} = \frac{\sqrt{1 - v_0^2/c^2}}{\sqrt{1 - \bar{v}^2/c^2}} = \frac{1 + vv_0/c^2}{\sqrt{1 - v^2/c^2}} = \gamma\left(1 + \frac{vv_0}{c^2}\right), \tag{12.100}$$

onde

$$\gamma = \frac{1}{\sqrt{1 - v^2/c^2}}, \tag{12.101}$$

como sempre. Assim,

$$\bar{E}_y = \gamma\left(1 + \frac{vv_0}{c^2}\right)\frac{\sigma}{\epsilon_0} = \gamma\left(E_y - \frac{v}{c^2\epsilon_0\mu_0}B_z\right),$$

enquanto

$$\bar{B}_z = -\gamma\left(1 + \frac{vv_0}{c^2}\right)\mu_0\sigma\left(\frac{v + v_0}{1 + vv_0/c^2}\right) = \gamma(B_z - \mu_0\epsilon_0 v E_y).$$

Ou, como $\mu_0\epsilon_0 = 1/c^2$,

$$\left.\begin{aligned} \bar{E}_y &= \gamma(E_y - vB_z), \\ \bar{B}_z &= \gamma\left(B_z - \frac{v}{c^2}E_y\right). \end{aligned}\right\} \tag{12.102}$$

Isso nos mostra como $E_y$ e $B_z$ se transformam — para calcular $E_z$ e $B_y$ simplesmente alinhamos o mesmo capacitor paralelamente ao plano $xy$ em vez do plano $xz$ (Figura 12.39). Os campos em $\mathcal{S}$, então, são

$$E_z = \frac{\sigma}{\epsilon_0}, \quad B_y = \mu_0\sigma v_0.$$

(Use a regra da mão direita para obter o sinal de $B_y$.) O restante do argumento é idêntico — em toda parte onde antes havia $E_y$, leia $E_z$, e onde havia $B_z$, leia $-B_y$:

$$\left.\begin{aligned} \bar{E}_z &= \gamma(E_z + vB_y), \\ \bar{B}_y &= \gamma\left(B_y + \frac{v}{c^2}E_z\right). \end{aligned}\right\} \tag{12.103}$$

Quanto aos componentes $x$, já vimos (posicionando o capacitor paralelamente ao plano $yz$) que

$$\bar{E}_x = E_x. \tag{12.104}$$

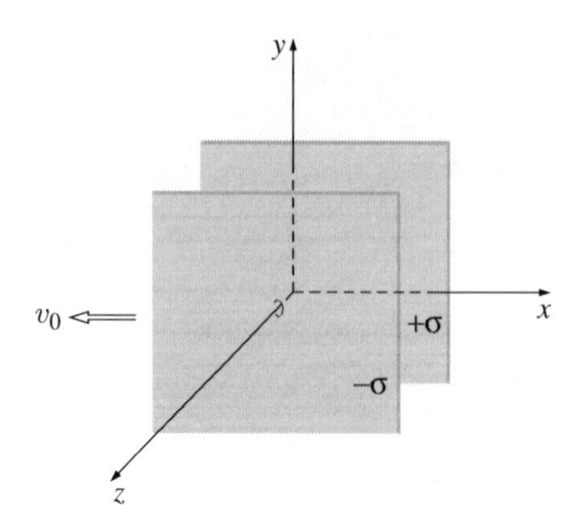


Figura 12.39

Como neste caso não há campo magnético concomitante, não podemos deduzir a regra de transformação para $B_x$. Mas outra configuração funcionará: imagine um longo *solenoide* alinhado paralelamente ao eixo $x$ (Figura 12.40) e em repouso em $\mathcal{S}$. O campo magnético dentro da bobina é

$$B_x = \mu_0 n I, \tag{12.105}$$

onde $n$ é o número de voltas por unidade de comprimento e $I$ é a corrente. No sistema $\bar{\mathcal{S}}$, o comprimento se contrai, de forma que $n$ *aumenta:*

$$\bar{n} = \gamma n. \tag{12.106}$$

Por outro lado, o tempo se *dilata:* o relógio de $\mathcal{S}$, que acompanha o solenoide, fica lento, de forma que a corrente (carga *por unidade de tempo*) em $\bar{\mathcal{S}}$ é dada por

$$\bar{I} = \frac{1}{\gamma} I. \tag{12.107}$$

Os dois fatores de $\gamma$ anulam-se exatamente e concluímos que

$$\bar{B}_x = B_x.$$

Como **E**, o componente de **B** *paralelo* ao movimento fica inalterado.

Vamos agora reunir o conjunto completo de regras de transformação:

$$\boxed{\begin{array}{lll} \bar{E}_x = E_x, & \bar{E}_y = \gamma(E_y - vB_z), & \bar{E}_z = \gamma(E_z + vB_y), \\ \bar{B}_x = B_x, & \bar{B}_y = \gamma\left(B_y + \dfrac{v}{c^2}E_z\right), & \bar{B}_z = \gamma\left(B_z - \dfrac{v}{c^2}E_y\right). \end{array}} \tag{12.108}$$

Dois casos especiais justificam uma atenção maior:

**1.** Se $\mathbf{B} = 0$ em $\mathcal{S}$, então

$$\bar{\mathbf{B}} = \gamma \frac{v}{c^2}(E_z\,\hat{\mathbf{y}} - E_y\,\hat{\mathbf{z}}) = \frac{v}{c^2}(\bar{E}_z\,\hat{\mathbf{y}} - \bar{E}_y\,\hat{\mathbf{z}}),$$

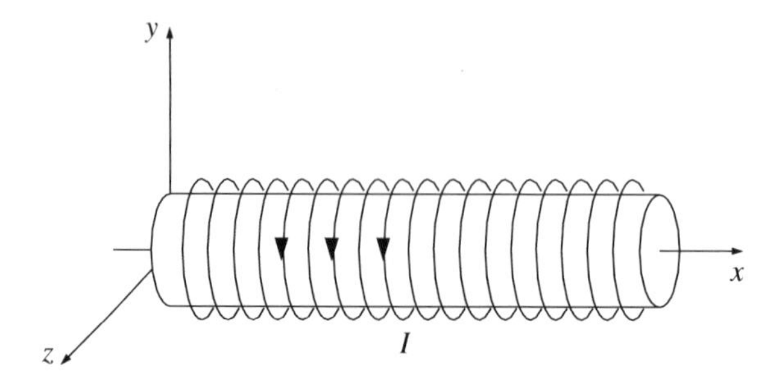


Figura 12.40

ou, como $\mathbf{v} = v\,\hat{\mathbf{x}}$,

$$\boxed{\bar{\mathbf{B}} = -\frac{1}{c^2}(\mathbf{v} \times \bar{\mathbf{E}}).} \tag{12.109}$$

**2.** Se $\mathbf{E} = 0$ em $\mathcal{S}$, então

$$\bar{\mathbf{E}} = -\gamma v(B_z\,\hat{\mathbf{y}} - B_y\,\hat{\mathbf{z}}) = -v(\bar{B}_z\,\hat{\mathbf{y}} - \bar{B}_y\,\hat{\mathbf{z}}),$$

ou

$$\boxed{\bar{\mathbf{E}} = \mathbf{v} \times \bar{\mathbf{B}}.} \tag{12.110}$$

Em outras palavras, se **E** ou **B** são nulos (em um determinado ponto) em *um* sistema, então em qualquer outro sistema os campos (naquele ponto) se relacionam de forma muito simples pela Equação 12.109 ou Equação 12.110.

---

### Exemplo 12.14

**O campo magnético de uma carga pontual em movimento uniforme.** Encontre o campo *magnético* de uma carga pontual $q$ movendo-se com velocidade constante **v**.

**Solução:** no sistema de *repouso* da partícula ($\mathcal{S}_0$) o campo magnético é nulo (em toda parte), de forma que em um sistema $\mathcal{S}$ movendo-se para a direita à velocidade $v$,

$$\mathbf{B} = -\frac{1}{c^2}(\mathbf{v} \times \mathbf{E}).$$

Calculamos o campo *elétrico* no Exemplo 12.13. O campo magnético é, então,

$$\mathbf{B} = \frac{\mu_0}{4\pi}\frac{qv(1 - v^2/c^2)\,\mathrm{sen}\,\theta}{[1 - (v^2/c^2)\,\mathrm{sen}^2\,\theta]^{3/2}}\frac{\hat{\boldsymbol{\phi}}}{R^2}, \tag{12.111}$$

onde $\hat{\boldsymbol{\phi}}$ aponta no sentido anti-horário se você estiver olhando para a carga que chega. A propósito, no limite não relativístico ($v^2 \ll c^2$), a Equação 12.111 se reduz a

$$\mathbf{B} = \frac{\mu_0}{4\pi}q\frac{\mathbf{v} \times \mathbf{R}}{R^2},$$

que é exatamente o que você obteria pela aplicação ingênua da lei de Biot-Savart a uma carga pontual (Equação 5.40).

---

**Problema 12.41** Por que o campo elétrico da Figura 12.35b não pode ter um componente $z$? Afinal, o campo *magnético* tem.

**Problema 12.42** Um capacitor de placas paralelas em repouso em $\mathcal{S}_0$ e com inclinação de $45°$ em relação ao eixo $x_0$ tem densidades de carga $\pm\sigma_0$ nas duas placas (Figura 12.41). O sistema $\mathcal{S}$ move-se para a direita à velocidade $v$ em relação a $\mathcal{S}_0$.

(a) Encontre $\mathbf{E}_0$, o campo em $\mathcal{S}_0$.

(b) Encontre **E**, o campo em $\mathcal{S}$.

(c) Que ângulo as placas formam com o eixo $x$?

(d) O campo é perpendicular às placas em $\mathcal{S}$?

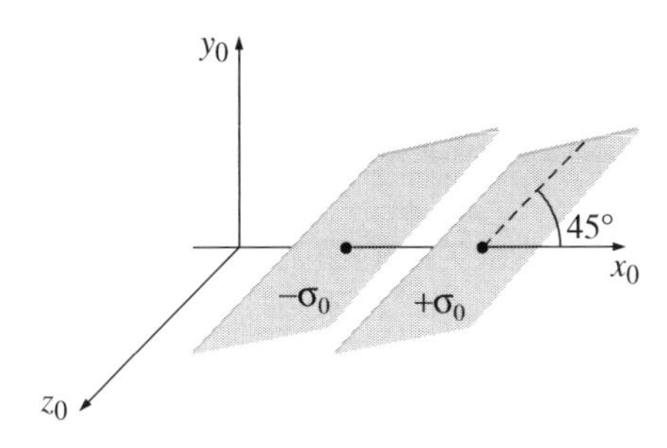


**Figura 12.41**

**Problema 12.43**

(a) Verifique se a lei de Gauss, $\oint \mathbf{E} \cdot d\mathbf{a} = (1/\epsilon_0)Q_{\text{enc}}$, é obedecida pelo campo de uma carga pontual em movimento uniforme, integrando sobre uma esfera de raio $R$ centrada na carga.

(b) Encontre o vetor de Poynting para uma carga em movimento uniforme. (Considere que a carga move-se na direção $z$ à velocidade $v$, e calcule $\mathbf{S}$ no instante em que $q$ passa pela origem.)

**Problema 12.44**

(a) A carga $q_A$ está em repouso na origem no sistema $\mathcal{S}$; a carga $q_B$ passa à velocidade $v$ em uma trajetória paralela ao eixo $x$, mas em $y = d$. Qual é a força eletromagnética sobre $q_B$ quando ela cruza o eixo $y$?

(b) Agora estude o mesmo problema a partir do sistema $\bar{\mathcal{S}}$, que se move para a direita à velocidade $v$. Qual é a força sobre $q_B$ quando $q_A$ passa pelo eixo $\bar{y}$? [Faça de duas maneiras: (i) usando a sua resposta para (a) e transformando a força; (ii) calculando os campos em $\bar{\mathcal{S}}$ e usando a lei de força de Lorentz.]

**Problema 12.45** Duas cargas $\pm q$ estão em trajetórias paralelas a uma distância $d$, uma da outra, movendo-se à mesma velocidade $v$ em sentidos opostos. Estamos interessados na força sobre $+q$ devido a $-q$ no instante em que elas se cruzam (Figura 12.42). Preencha a tabela abaixo, fazendo, durante o processo, todas as verificações de coerência que puder pensar.

| | Sistema $A$ (Figura 12.42) | Sistema $B$ ($+q$ em repouso) | Sistema $C$ ($-q$ em repouso) |
|---|---|---|---|
| **E** em $+q$ devido a $-q$: | | | |
| **B** em $+q$ devido a $-q$: | | | |
| **F** em $+q$ devido a $-q$: | | | |

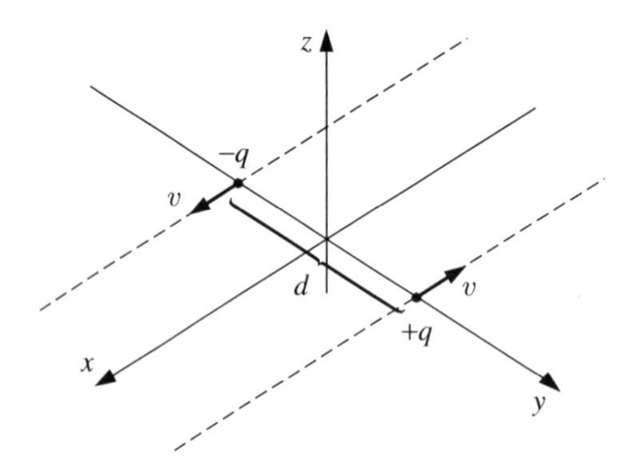


**Figura 12.42**

**Problema 12.46**

(a) Mostre que $(\mathbf{E} \cdot \mathbf{B})$ é relativisticamente invariante.

(b) Mostre que $(E^2 - c^2B^2)$ é relativisticamente invariante.

(c) Suponha que em um sistema inercial $\mathbf{B} = 0$, mas $\mathbf{E} \neq 0$ (em algum ponto $P$). É possível encontrar outro sistema no qual o campo *elétrico* é nulo em $P$?

**Problema 12.47** Uma onda plana eletromagnética de frequência (angular) $\omega$ viaja na direção $x$ através do vácuo. Ela está polarizada na direção $y$, e a amplitude do campo elétrico é $E_0$.

(a) Escreva os campos elétrico e magnético, $\mathbf{E}(x, y, z, t)$ e $\mathbf{B}(x, y, z, t)$. [Certifique-se de definir quaisquer grandezas auxiliares que você introduzir, em termos de $\omega$, $E_0$, e as constantes da natureza.]

(b) Essa mesma onda é observada a partir de um sistema inercial $\bar{\mathcal{S}}$ movendo-se na direção $x$ com velocidade $v$ relativa ao sistema original $\mathcal{S}$. Encontre os campos elétrico e magnético em $\bar{\mathcal{S}}$, e expresse-os em termos das coordenadas de $\bar{\mathcal{S}}$: $\bar{\mathbf{E}}(\bar{x}, \bar{y}, \bar{z}, \bar{t})$ e $\bar{\mathbf{B}}(\bar{x}, \bar{y}, \bar{z}, \bar{t})$. [Mais uma vez, não deixe de definir quaisquer grandezas auxiliares que você introduzir.]

(c) Qual é a frequência $\bar{\omega}$ da onda em $\bar{\mathcal{S}}$? Interprete este resultado. Qual é o comprimento de onda $\bar{\lambda}$ da onda em $\bar{\mathcal{S}}$? A partir de $\bar{\omega}$ e $\bar{\lambda}$, determine a velocidade das ondas em $\bar{\mathcal{S}}$. É o que você esperava?

(d) Qual é a relação entre a intensidade em $\bar{\mathcal{S}}$ e a intensidade em $\mathcal{S}$? Quando jovem, Einstein imaginava como seria uma onda eletromagnética se você pudesse correr ao seu lado à velocidade da luz. O que você pode dizer a ele quanto à amplitude, frequência e intensidade da onda à medida que $v$ aproxima-se de $c$?

### 12.3.3 O tensor de campo

Como a Equação 12.108 indica, **E** e **B** certamente *não* se transformam como as partes espaciais dos dois quadrivetores — de fato, os componentes de **E** e **B** são misturados quando se passa de um sistema inercial para o outro. Que tipo de objeto é esse que tem seis componentes e se transforma de acordo com a Equação 12.108? *Resposta*: é um **tensor antissimétrico de segunda ordem**.

Lembre-se de que um quadrivetor transforma-se segundo a regra

$$\bar{a}^{\mu} = \Lambda^{\mu}_{\nu} a^{\nu} \tag{12.112}$$

(a somatória sobre $\nu$ está implícita), onde $\Lambda$ é a matriz de transformação de Lorentz. Se $\bar{\mathcal{S}}$ move-se na direção $x$ à velocidade $v$, $\Lambda$ tem a forma

$$\Lambda = \begin{pmatrix} \gamma & -\gamma\beta & 0 & 0 \\ -\gamma\beta & \gamma & 0 & 0 \\ 0 & 0 & 1 & 0 \\ 0 & 0 & 0 & 1 \end{pmatrix}, \tag{12.113}$$

e $\Lambda^{\mu}_{\nu}$ é o elemento na linha $\mu$, coluna $\nu$. Um tensor (de segunda ordem) é um objeto com *dois* índices que se transformam com *dois* fatores de $\Lambda$ (um para cada índice):

$$\bar{t}^{\mu\nu} = \Lambda^{\mu}_{\lambda}\Lambda^{\nu}_{\sigma} t^{\lambda\sigma}. \tag{12.114}$$

Um tensor (em 4 dimensões) tem $4 \times 4 = 16$ componentes, que podemos representar em um arranjo $4 \times 4$:

$$t^{\mu\nu} = \left\{ \begin{matrix} t^{00} & t^{01} & t^{02} & t^{03} \\ t^{10} & t^{11} & t^{12} & t^{13} \\ t^{20} & t^{21} & t^{22} & t^{23} \\ t^{30} & t^{31} & t^{32} & t^{33} \end{matrix} \right\}.$$

No entanto, os 16 elementos não precisam ser todos diferentes. Por exemplo, um tensor *simétrico* tem a propriedade

$$t^{\mu\nu} = t^{\nu\mu} \quad \textbf{(tensor simétrico)}. \tag{12.115}$$

Nesse caso há 10 componentes distintos; 6 dos 16 são repetições ($t^{01} = t^{10}$, $t^{02} = t^{20}$, $t^{03} = t^{30}$, $t^{12} = t^{21}$, $t^{13} = t^{31}$, $t^{23} = t^{32}$). Similarmente, um tensor *antissimétrico* obedece a

$$t^{\mu\nu} = -t^{\nu\mu} \quad \textbf{(tensor antissimétrico)}. \tag{12.116}$$

Esse objeto tem apenas 6 elementos distintos — dos 16 originais, 6 são repetições (os mesmos de antes, só que desta vez com sinal negativo) e 4 são nulos ($t^{00}$, $t^{11}$, $t^{22}$ e $t^{33}$). Assim, o tensor antissimétrico genérico tem a forma

$$t^{\mu\nu} = \left\{ \begin{matrix} 0 & t^{01} & t^{02} & t^{03} \\ -t^{01} & 0 & t^{12} & t^{13} \\ -t^{02} & -t^{12} & 0 & t^{23} \\ -t^{03} & -t^{13} & -t^{23} & 0 \end{matrix} \right\}.$$

Vejamos como a regra de transformação 12.114 funciona para os seis componentes distintos de um tensor antissimétrico. Começando com $\bar{t}^{01}$, temos

$$\bar{t}^{01} = \Lambda^{0}_{\lambda}\Lambda^{1}_{\sigma} t^{\lambda\sigma},$$

mas segundo a Equação 12.113, $\Lambda^{0}_{\lambda} = 0$ a menos que $\lambda = 0$ ou 1, e $\Lambda^{1}_{\sigma} = 0$ a menos que $\sigma = 0$ ou 1. Portanto, há 4 termos na soma:

$$\bar{t}^{01} = \Lambda^{0}_{0}\Lambda^{1}_{0} t^{00} + \Lambda^{0}_{0}\Lambda^{1}_{1} t^{01} + \Lambda^{0}_{1}\Lambda^{1}_{0} t^{10} + \Lambda^{0}_{1}\Lambda^{1}_{1} t^{11}.$$

Por outro lado, $t^{00} = t^{11} = 0$, enquanto $t^{01} = -t^{10}$, então

$$\bar{t}^{01} = (\Lambda^{0}_{0}\Lambda^{1}_{1} - \Lambda^{0}_{1}\Lambda^{1}_{0}) t^{01} = (\gamma^2 - (\gamma\beta)^2) t^{01} = t^{01}.$$

Deixarei que você calcule os demais — o conjunto completo de regras de transformação é

$$\left. \begin{matrix} \bar{t}^{01} = t^{01}, & \bar{t}^{02} = \gamma(t^{02} - \beta t^{12}), & \bar{t}^{03} = \gamma(t^{03} + \beta t^{31}), \\ \bar{t}^{23} = t^{23}, & \bar{t}^{31} = \gamma(t^{31} + \beta t^{03}), & \bar{t}^{12} = \gamma(t^{12} - \beta t^{02}). \end{matrix} \right\} \tag{12.117}$$

Essas são precisamente as regras que deduzimos em bases físicas para os campos eletromagnéticos (Equação 12.108) — inclusive, podemos construir o **tensor de campo** $F^{\mu\nu}$ por comparação direta:[15]

$$F^{01} \equiv \frac{E_x}{c},\ F^{02} \equiv \frac{E_y}{c},\ F^{03} \equiv \frac{E_z}{c},\ F^{12} \equiv B_z,\ F^{31} \equiv B_y,\ F^{23} \equiv B_x.$$

Na forma matricial,

$$F^{\mu\nu} = \left\{ \begin{array}{cccc} 0 & E_x/c & E_y/c & E_z/c \\ -E_x/c & 0 & B_z & -B_y \\ -E_y/c & -B_z & 0 & B_x \\ -E_z/c & B_y & -B_x & 0 \end{array} \right\}. \tag{12.118}$$

Assim a relatividade completa e aperfeiçoa o trabalho iniciado por Oersted, combinando os campos elétrico e magnético em uma única entidade, $F^{\mu\nu}$.

Se você acompanhou esse argumento com extremo cuidado, pode ter percebido que havia uma maneira *diferente* de inserir **E** e **B** em um tensor antissimétrico: em vez de comparar a primeira linha da Equação 12.108 com a primeira linha da Equação 12.117, e a segunda com a segunda, podemos relacionar a primeira linha da Equação 12.108 com a *segunda* linha da Equação 12.117, e vice-versa. Isso leva ao **tensor dual,** $G^{\mu\nu}$:

$$G^{\mu\nu} = \left\{ \begin{array}{cccc} 0 & B_x & B_y & B_z \\ -B_x & 0 & -E_z/c & E_y/c \\ -B_y & E_z/c & 0 & -E_x/c \\ -B_z & -E_y/c & E_x/c & 0 \end{array} \right\}. \tag{12.119}$$

$G^{\mu\nu}$ pode ser obtido diretamente de $F^{\mu\nu}$ pela substituição $\mathbf{E}/c \to \mathbf{B},\ \mathbf{B} \to -\mathbf{E}/c$. Observe que esta operação deixa a Equação 12.108 inalterada — é por isso que ambos os tensores geram as regras de transformação corretas para **E** e **B.**

---

**Problema 12.48** Calcule as cinco partes que faltam da Equação 12.117.

**Problema 12.49** Prove que a simetria (ou antissimetria) de um tensor é preservada pela transformação de Lorentz (ou seja: se $t^{\mu\nu}$ é simétrico, mostre que $\bar{t}^{\mu\nu}$ também é simétrico e faça o mesmo para o caso assimétrico).

**Problema 12.50** Lembre-se de que um quadrivetor *covariante* é obtido de outro *contravariante* mudando-se o sinal do componente de índice 0. O mesmo vale para os tensores: quando você 'baixa um índice' para torná-lo covariante, muda o seu sinal se o índice for zero. Calcule os invariantes tensoriais

$$F^{\mu\nu}F_{\mu\nu},\ G^{\mu\nu}G_{\mu\nu} \ \text{ e } \ F^{\mu\nu}G_{\mu\nu},$$

em termos de **E** e **B.** Compare ao Problema 12.46.

**Problema 12.51** Por um fio reto ao longo do eixo $z$ passa uma densidade de carga $\lambda$ no sentido $+z$ à velocidade $v$. Construa o tensor de campo e o tensor dual no ponto $(x, 0, 0)$.

---

### 12.3.4 Eletrodinâmica em notação tensorial

Agora que sabemos como representar os campos em notação relativística, é hora de reformular as leis da eletrodinâmica (as equações de Maxwell e a lei de força de Lorentz) nessa linguagem. Para começar, precisamos determinar como as *fontes* dos campos, $\rho$ e **J**, se transformam. Imagine uma nuvem de carga passando; nos concentramos em um volume infinitesimal $V$, que contém carga $Q$ movendo-se a uma velocidade **u** (Figura 12.43). A densidade de carga é

$$\rho = \frac{Q}{V},$$

e a densidade da corrente[16] é

$$\mathbf{J} = \rho\mathbf{u}.$$

15. Alguns autores preferem a convenção $F^{01} \equiv E_x,\ F^{12} \equiv cB_z$, e assim por diante, e alguns usam sinais opostos. Consequentemente, a maioria das equações daqui por diante ficará um pouco diferente, dependendo do texto.

16. Estou assumindo que a carga em $V$ só tem um sinal e que tudo tem a mesma velocidade. Se não, teremos de tratar os componentes separadamente: $\mathbf{J} = \rho_+\mathbf{u}_+ + \rho_-\mathbf{u}_-$. Mas o argumento é o mesmo.

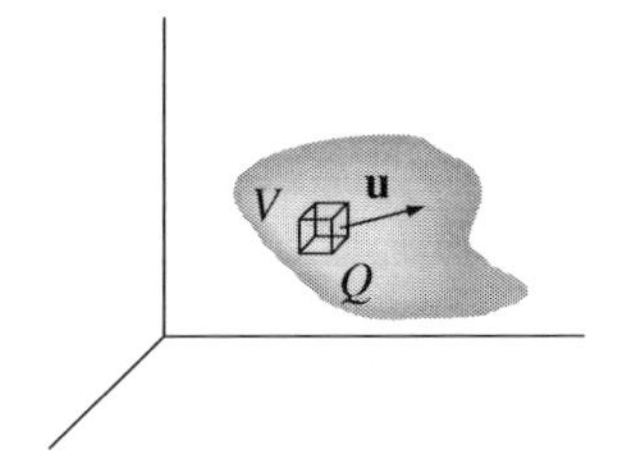


**Figura 12.43**

Eu gostaria de expressar estas quantidades em termos da **densidade de carga própria** $\rho_0$, a densidade *no sistema da carga em repouso:*

$$\rho_0 = \frac{Q}{V_0},$$

onde $V_0$ é o volume da porção em repouso. Como uma das dimensões (a que corresponde à direção do movimento) sofre a contração de Lorentz,

$$V = \sqrt{1 - u^2/c^2}\, V_0, \tag{12.120}$$

e, portanto,

$$\rho = \rho_0 \frac{1}{\sqrt{1 - u^2/c^2}}, \quad \mathbf{J} = \rho_0 \frac{\mathbf{u}}{\sqrt{1 - u^2/c^2}}. \tag{12.121}$$

Comparando isso com as equações 12.40 e 12.42, reconhecemos aqui os componentes da *velocidade própria*, multiplicada pelo invariante $\rho_0$. Evidentemente, a densidade de carga e a densidade de corrente juntam-se para formar um quadrivetor:

$$J^\mu = \rho_0 \eta^\mu, \tag{12.122}$$

cujos componentes são

$$\boxed{J^\mu = (c\rho, J_x, J_y, J_z, ).} \tag{12.123}$$

Vamos chamá-lo de **quadrivetor de densidade de corrente**.

A equação de continuidade (Equação 5.29),

$$\boldsymbol{\nabla} \cdot \mathbf{J} = -\frac{\partial \rho}{\partial t},$$

expressando a conservação local da carga, assume uma elegante forma compacta quando escrita em termos de $J^\mu$. Pois

$$\boldsymbol{\nabla} \cdot \mathbf{J} = \frac{\partial J_x}{\partial x} + \frac{\partial J_y}{\partial y} + \frac{\partial J_z}{\partial z} = \sum_{i=1}^{3} \frac{\partial J^i}{\partial x^i},$$

enquanto

$$\frac{\partial \rho}{\partial t} = \frac{1}{c}\frac{\partial J^0}{\partial t} = \frac{\partial J^0}{\partial x^0}. \tag{12.124}$$

Assim, trazendo $\partial\rho/\partial t$ para o lado esquerdo (na equação de continuidade), temos:

$$\boxed{\frac{\partial J^\mu}{\partial x^\mu} = 0,} \tag{12.125}$$

com a somatória implícita sobre $\mu$. A propósito, $\partial J^\mu/\partial x^\mu$ é o *divergente* quadridimensional de $J^\mu$, de forma que a equação de continuidade diz que o quadrivetor de densidade de corrente tem divergente nulo.

Quanto às equações Maxwell, elas podem ser escritas

$$\boxed{\frac{\partial F^{\mu\nu}}{\partial x^\nu} = \mu_0 J^\mu, \quad \frac{\partial G^{\mu\nu}}{\partial x^\nu} = 0,} \tag{12.126}$$

com a somatória sobre $\nu$ implícita. Cada uma dessas representa quatro equações — uma para cada valor de $\mu$. Se $\mu = 0$, a primeira equação é

$$\begin{aligned}\frac{\partial F^{0\nu}}{\partial x^\nu} &= \frac{\partial F^{00}}{\partial x^0} + \frac{\partial F^{01}}{\partial x^1} + \frac{\partial F^{02}}{\partial x^2} + \frac{\partial F^{03}}{\partial x^3} \\ &= \frac{1}{c}\left(\frac{\partial E_x}{\partial x} + \frac{\partial E_y}{\partial y} + \frac{\partial E_z}{\partial z}\right) = \frac{1}{c}(\boldsymbol{\nabla}\cdot\mathbf{E}) \\ &= \mu_0 J^0 = \mu_0 c\rho,\end{aligned}$$

ou

$$\boldsymbol{\nabla}\cdot\mathbf{E} = \frac{1}{\epsilon_0}\rho.$$

Essa, é claro, é a lei de Gauss. Se $\mu = 1$, temos

$$\begin{aligned}\frac{\partial F^{1\nu}}{\partial x^\nu} &= \frac{\partial F^{10}}{\partial x^0} + \frac{\partial F^{11}}{\partial x^1} + \frac{\partial F^{12}}{\partial x^2} + \frac{\partial F^{13}}{\partial x^3} \\ &= -\frac{1}{c^2}\frac{\partial E_x}{\partial t} + \frac{\partial B_z}{\partial y} - \frac{\partial B_y}{\partial z} = \left(-\frac{1}{c^2}\frac{\partial \mathbf{E}}{\partial t} + \boldsymbol{\nabla}\times\mathbf{B}\right)_x \\ &= \mu_0 J^1 = \mu_0 J_x.\end{aligned}$$

Combinando isso com os resultados correspondentes para $\mu = 2$ e $\mu = 3$ temos

$$\boldsymbol{\nabla}\times\mathbf{B} = \mu_0\mathbf{J} + \mu_0\epsilon_0\frac{\partial\mathbf{E}}{\partial t},$$

que é a lei de Ampère com a correção de Maxwell.

Enquanto isso, a segunda equação em 12.126, com $\mu = 0$, torna-se

$$\begin{aligned}\frac{\partial G^{0\nu}}{\partial x^\nu} &= \frac{\partial G^{00}}{\partial x^0} + \frac{\partial G^{01}}{\partial x^1} + \frac{\partial G^{02}}{\partial x^2} + \frac{\partial G^{03}}{\partial x^3} \\ &= \frac{\partial B_x}{\partial x} + \frac{\partial B_y}{\partial y} + \frac{\partial B_z}{\partial z} = \boldsymbol{\nabla}\cdot\mathbf{B} = 0\end{aligned}$$

(a terceira das equações de Maxwell), enquanto $\mu = 1$ fornece

$$\begin{aligned}\frac{\partial G^{1\nu}}{\partial x^\nu} &= \frac{\partial G^{10}}{\partial x^0} + \frac{\partial G^{11}}{\partial x^1} + \frac{\partial G^{12}}{\partial x^2} + \frac{\partial G^{13}}{\partial x^3} \\ &= -\frac{1}{c}\frac{\partial B_x}{\partial t} - \frac{1}{c}\frac{\partial E_z}{\partial y} + \frac{1}{c}\frac{\partial E_y}{\partial z} = -\frac{1}{c}\left(\frac{\partial\mathbf{B}}{\partial t} + \boldsymbol{\nabla}\times\mathbf{E}\right)_x = 0.\end{aligned}$$

Então, combinando isso com os resultados correspondentes para $\mu = 2$ e $\mu = 3$,

$$\boldsymbol{\nabla}\times\mathbf{E} = -\frac{\partial\mathbf{B}}{\partial t},$$

que é a lei de Faraday. Em notação relativística então, as quatro equações um tanto pesadas de Maxwell reduzem-se a duas deliciosamente simples.

Em termos de $F^{\mu\nu}$ e da velocidade própria $\eta^\mu$, a força de *Minkowski* sobre uma carga $q$ é dada por

$$\boxed{K^\mu = q\eta_\nu F^{\mu\nu}.} \tag{12.127}$$

Pois se $\mu = 1$, temos

$$\begin{aligned}K^1 &= q\eta_\nu F^{1\nu} = q(-\eta^0 F^{10} + \eta^1 F^{11} + \eta^2 F^{12} + \eta^3 F^{13}) \\ &= q\left[\frac{-c}{\sqrt{1-u^2/c^2}}\left(\frac{-E_x}{c}\right) + \frac{u_y}{\sqrt{1-u^2/c^2}}(B_z) + \frac{u_z}{\sqrt{1-u^2/c^2}}(-B_y)\right] \\ &= \frac{q}{\sqrt{1-u^2/c^2}}\left[\mathbf{E} + (\mathbf{u}\times\mathbf{B})\right]_x,\end{aligned}$$

com uma fórmula similar para $\mu = 2$ e $\mu = 3$. Assim,

$$\mathbf{K} = \frac{q}{\sqrt{1 - u^2/c^2}} [\mathbf{E} + (\mathbf{u} \times \mathbf{B})], \tag{12.128}$$

e, portanto, voltando à Equação 12.70,

$$\mathbf{F} = q[\mathbf{E} + (\mathbf{u} \times \mathbf{B})],$$

que é a lei de força de Lorentz. A Equação 12.127, então, representa a força de Lorentz em notação relativística. Vou deixar com você a interpretação do componente de índice 0 (Problema 12.54).

---

**Problema 12.52** Obtenha a equação de continuidade (12.125) diretamente das equações de Maxwell (12.126).

**Problema 12.53** Mostre que a segunda equação em (12.126) pode ser expressa em termos de tensor de campo $F^{\mu\nu}$ como se segue:

$$\frac{\partial F_{\mu\nu}}{\partial x^\lambda} + \frac{\partial F_{\nu\lambda}}{\partial x^\mu} + \frac{\partial F_{\lambda\mu}}{\partial x^\nu} = 0. \tag{12.129}$$

**Problema 12.54** Calcule e interprete fisicamente o componente $\mu = 0$ da lei de força eletromagnética, Equação 12.127.

---

### 12.3.5 Potenciais relativísticos

Conforme o Capítulo 10, sabemos que os campos elétrico e magnético podem ser expressos em termos de um potencial escalar $V$ e um potencial vetorial $\mathbf{A}$:

$$\mathbf{E} = -\boldsymbol{\nabla} V - \frac{\partial \mathbf{A}}{\partial t}, \quad \mathbf{B} = \boldsymbol{\nabla} \times \mathbf{A}. \tag{12.130}$$

Como você pode adivinhar, $V$ e $\mathbf{A}$ juntos constituem um quadrivetor:

$$\boxed{A^\mu = (V/c, A_x, A_y, A_z).} \tag{12.131}$$

Em termos desse **quadrivetor potencial**, o tensor de campo pode ser escrito

$$\boxed{F^{\mu\nu} = \frac{\partial A^\nu}{\partial x_\mu} - \frac{\partial A^\mu}{\partial x_\nu}.} \tag{12.132}$$

(Observe que a diferenciação é com respeito aos vetores *covariantes* $x_\mu$ e $x_\nu$; lembre-se, isso muda o sinal do componente de índice 0: $x_0 = -x^0$. Veja o Problema 12.55.)

Para verificar se a Equação 12.132 é equivalente à Equação 12.130, vamos calcular alguns termos explicitamente. Para $\mu = 0, \nu = 1$,

$$\begin{aligned} F^{01} &= \frac{\partial A^1}{\partial x_0} - \frac{\partial A^0}{\partial x_1} = -\frac{\partial A_x}{\partial (ct)} - \frac{1}{c}\frac{\partial V}{\partial x} \\ &= -\frac{1}{c}\left(\frac{\partial \mathbf{A}}{\partial t} + \boldsymbol{\nabla} V\right)_x = \frac{E_x}{c}. \end{aligned}$$

Essa (juntamente com suas companheiras com $\nu = 2$ e $\nu = 3$) é a primeira equação em 12.130. Para $\mu = 1, \nu = 2$, temos

$$F^{12} = \frac{\partial A^2}{\partial x_1} - \frac{\partial A^1}{\partial x_2} = \frac{\partial A_y}{\partial x} - \frac{\partial A_x}{\partial y} = (\boldsymbol{\nabla} \times \mathbf{A})_z = B_z,$$

a qual (juntamente com os resultados correspondentes para $F^{13}$ e $F^{23}$) é a segunda equação em 12.130.

A formulação potencial automaticamente dá conta da equação homogênea de Maxwell ($\partial G^{\mu\nu}/\partial x^\nu = 0$). Quanto à equação não homogênea ($\partial F^{\mu\nu}/\partial x^\nu = \mu_0 J^\mu$), ela se torna

$$\frac{\partial}{\partial x_\mu}\left(\frac{\partial A^\nu}{\partial x^\nu}\right) - \frac{\partial}{\partial x_\nu}\left(\frac{\partial A^\mu}{\partial x^\nu}\right) = \mu_0 J^\mu. \tag{12.133}$$

Como está, essa equação é espinhosa. No entanto, lembre-se de que os potenciais não são univocamente determinados pelos campos — de fato, fica claro pela Equação 12.132 que você poderia acrescentar a $A^\mu$ o gradiente de qualquer função escalar $\lambda$:

$$A^\mu \longrightarrow A^{\mu\prime} = A^\mu + \frac{\partial \lambda}{\partial x_\mu}, \tag{12.134}$$

sem alterar $F^{\mu\nu}$. Essa é precisamente a **invariância de calibre** que observamos no Capítulo 10; podemos explorá-la para simplificar a Equação 12.133. Particularmente, a condição de calibre de Lorentz (Equação 10.12)

$$\boldsymbol{\nabla} \cdot \mathbf{A} = -\frac{1}{c^2}\frac{\partial V}{\partial t}$$

torna-se, em notação relativística,

$$\frac{\partial A^\mu}{\partial x^\nu} = 0. \tag{12.135}$$

No calibre de Lorentz, portanto, a Equação 12.133 se reduz para

$$\boxed{\Box^2 A^\mu = -\mu_0 J^\mu,} \tag{12.136}$$

onde $\Box^2$ é o **d'Alembertiano**,

$$\Box^2 \equiv \frac{\partial}{\partial x_\nu}\frac{\partial}{\partial x^\nu} = \nabla^2 - \frac{1}{c^2}\frac{\partial^2}{\partial t^2}. \tag{12.137}$$

A Equação 12.136 combina nossos resultados anteriores em uma única equação quadrivetorial — ela representa a formulação mais elegante (e simples) das equações de Maxwell.[17]

---

**Problema 12.55** Você talvez tenha notado que o operador **gradiente quadridimensional** $\partial/\partial x^\mu$ funciona como um quadrivetor *covariante* — inclusive ele é muitas vezes escrito de forma abreviada $\partial_\mu$. Por exemplo, a equação de continuidade, $\partial_\mu J^\mu = 0$, tem a forma de um produto invariante de dois vetores. O gradiente *contravariante* correspondente seria $\partial^\mu \equiv \partial/\partial x_\mu$. *Prove* que $\partial^\mu \phi$ é um quadrivetor (contravariante), se $\phi$ for uma função escalar, calculando sua lei de transformação, usando a regra de cadeia.

**Problema 12.56** Mostre que a representação potencial (Equação 12.132) automaticamente satisfaz $\partial G^{\mu\nu}/\partial x^\nu = 0$. [*Sugestão:* use o Problema 12.53.]

---

## Mais problemas do Capítulo 12

**Problema 12.57** O sistema inercial $\bar{S}$ move-se a uma velocidade constante $\mathbf{v} = \beta c(\cos\phi\,\hat{\mathbf{x}} + \operatorname{sen}\phi\,\hat{\mathbf{y}})$ com relação a $S$. Seus eixos são paralelos um ao outro e suas origens coincidem em $t = \bar{t} = 0$, como de costume. Encontre a matriz $\Lambda$ (Equação 12.25).

$$\left[ Resposta: \begin{pmatrix} \gamma & -\gamma\beta\cos\phi & -\gamma\beta\operatorname{sen}\phi & 0 \\ -\gamma\beta\cos\phi & (\gamma\cos^2\phi + \operatorname{sen}^2\phi) & (\gamma-1)\operatorname{sen}\phi\cos\phi & 0 \\ -\gamma\beta\operatorname{sen}\phi & (\gamma-1)\operatorname{sen}\phi\cos\phi & (\gamma\operatorname{sen}^2\phi + \cos^2\phi) & 0 \\ 0 & 0 & 0 & 1 \end{pmatrix} \right]$$

**Problema 12.58** Calcule o momento **limiar** (mínimo) que o píon deve ter para que o processo $\pi + p \to K + \Sigma$ ocorra. O próton $p$ está inicialmente em repouso. Use $m_\pi c^2 = 150$, $m_K c^2 = 500$, $m_p c^2 = 900$, $m_\Sigma c^2 = 1200$ (todos em MeV). [*Dica:* para formular a condição de limiar, examine a colisão no sistema do centro de momento (Problema 12.30). *Resposta:* 1133 MeV/c]

**Problema 12.59** Uma partícula de massa $m$ com velocidade $v$ colide elasticamente com uma partícula idêntica em repouso. *Classicamente*, as trajetórias de emissão sempre fazem um ângulo de 90°. Calcule esse ângulo *relativisticamente*, em termos de $\phi$, o ângulo de espalhamento no sistema do centro de momento. [*Resposta:* $\operatorname{arctg}(2c^2/v^2\gamma\operatorname{sen}\phi)$]

**Problema 12.60** Encontre $x$ como função de $t$ para um movimento que começa em repouso, na origem, sob a influência de uma força constante de *Minkowski* na direção $x$. Deixe sua resposta na forma implícita ($t$ como função de $x$). [*Resposta:* $2Kt/mc = z\sqrt{1+z^2} + \ln(z + \sqrt{1+z^2})$, onde $z \equiv \sqrt{2Kx/mc^2}$]

---

17. A propósito, o calibre de *Coulomb* é um *mau* calibre, do ponto de vista da relatividade, porque a condição que o define, $\boldsymbol{\nabla} \cdot \mathbf{A} = 0$, é destruída pela transformação de Lorentz. Para restaurar essa condição é necessário realizar uma transformação de calibre adequada, sempre que você passar a um novo sistema inercial, *além* da própria transformação de Lorentz. Nesse sentido $A^\mu$ não é um verdadeiro quadrivetor no calibre de Coulomb.

! **Problema 12.61** Um dipolo elétrico consiste de duas cargas pontuais ($\pm q$), cada uma com massa $m$, fixadas nas extremidades de uma haste (de massa nula) de comprimento $d$. (*Não* assuma que $d$ é pequeno.)

(a) Encontre a autoforça líquida no dipolo quando ele entra em movimento hiperbólico (Equação 12.62) ao longo de uma linha perpendicular ao seu eixo. [*Dica:* comece modificando apropriadamente a Equação 11.90.]

(b) Observe que essa auto força é *constante* ($t$ é eliminado) e aponta na direção do movimento — justamente para *produzir* o movimento hiperbólico. Assim, é possível que o dipolo entre em *movimento acelerado autossustentável* sem qualquer força externa![18] [De onde você supõe que vem a energia?] Determine a força autossustentável, $F$, em termos de $m$, $q$ e $d$. [*Resposta:* $(2mc^2/d)\sqrt{(\mu_0 q^2/8\pi m d)^{2/3} - 1}$]

**Problema 12.62** Um dipolo magnético ideal de momento $\mathbf{m}$ está localizado na origem de um sistema inercial $\bar{S}$ que se move à velocidade $v$ na direção $x$ em relação ao sistema inercial $S$. Em $\bar{S}$ o potencial vetorial é

$$\bar{\mathbf{A}} = \frac{\mu_0}{4\pi}\frac{\bar{\mathbf{m}} \times \hat{\bar{\mathbf{r}}}}{\bar{r}^2},$$

(Equação 5.83), e o potencial elétrico $\bar{V}$ é nulo.

(a) Encontre o potencial escalar $V$ em $S$. [*Resposta:* $(1/4\pi\epsilon_0)(\hat{\mathbf{R}} \cdot (\mathbf{v} \times \mathbf{m})/c^2 R^2)(1 - v^2/c^2)/(1 - (v^2/c^2)\,\text{sen}^2\,\theta)^{3/2}$]

(b) No limite não relativístico, mostre que o potencial escalar em $S$ é o de um dipolo *elétrico* ideal de magnitude

$$\mathbf{p} = \frac{\mathbf{v} \times \mathbf{m}}{c^2},$$

localizado em $\bar{\mathcal{O}}$.

! **Problema 12.63** Um dipolo magnético estacionário, $\mathbf{m} = m\,\hat{\mathbf{z}}$, está situado acima de uma corrente superficial uniforme e infinita, $\mathbf{K} = K\,\hat{\mathbf{x}}$ (Figura 12.44).

(a) Encontre o torque no dipolo usando a Equação 6.1.

(b) Suponha que a corrente superficial consiste de uma carga superficial de densidade uniforme $\sigma$, movendo-se à velocidade $\mathbf{v} = v\,\hat{\mathbf{x}}$, de forma que $\mathbf{K} = \sigma\mathbf{v}$, e o dipolo magnético consiste de uma linha de carga de densidade $\lambda$, circulando em velocidade $v$ (o mesmo $v$) em torno de uma espira quadrada de lado $l$, como mostrado, de forma que $m = \lambda v l^2$. Examine a mesma configuração do ponto de vista do sistema $\bar{S}$, movendo-se na direção $x$ à velocidade $v$. Em $\bar{S}$ a carga superficial está em *repouso*, de forma que não gera campo magnético. Mostre que, nesse sistema, a espira de corrente tem um momento de dipolo *elétrico* e calcule o torque resultante, usando a Equação 4.4.

**Problema 12.64** Em um determinado sistema inercial $S$, o campo elétrico $\mathbf{E}$ e o campo magnético $\mathbf{B}$ não são nem paralelos e nem perpendiculares em um certo ponto no espaço-tempo. Mostre que em um sistema inercial diferente $\bar{S}$, movendo-se relativamente a $S$ com velocidade $\mathbf{v}$ dada por

$$\frac{\mathbf{v}}{1 + v^2/c^2} = \frac{\mathbf{E} \times \mathbf{B}}{B^2 + E^2/c^2},$$

os campos $\bar{\mathbf{E}}$ e $\bar{\mathbf{B}}$ são *paralelos* nesse ponto. Existe um sistema no qual os dois são *perpendiculares?*

**Problema 12.65** Duas cargas $\pm q$ aproximam-se da origem com velocidade constante, vindas de sentidos opostos ao longo do eixo $x$. Elas colidem e aderem-se, formando uma partícula neutra em repouso. Desenhe o campo elétrico antes e pouco depois da colisão (lembre-se de que a 'notícia' eletromagnética viaja à velocidade da luz). Como você interpreta fisicamente o campo após a colisão?[19]

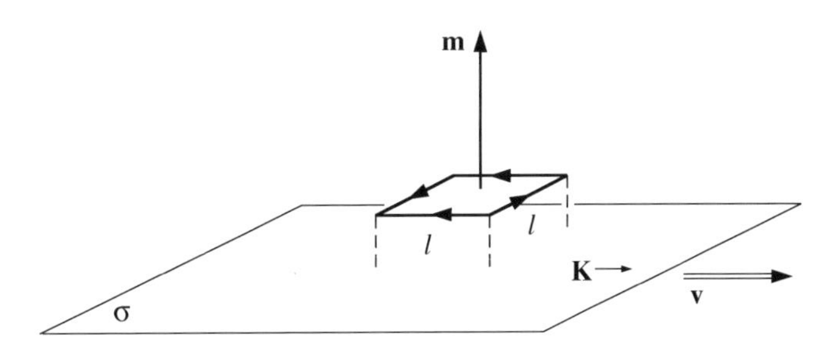


**Figura 12.44**

18. F. H. J. Cornish, *Am. J. Phys.* **54,** 166 (1986).
19. Veja E. M. Purcell, *Electricity and Magnetism,* 2ª ed. (Nova York: McGraw-Hill, 1985), Seção 5.7 e Apêndice B (no qual Purcell obtém a fórmula de Larmor através de uma análise magistral de uma construção geométrica semelhante), e R. Y. Tsien, *Am. J. Phys.* **40**, 46 (1972).

**Problema 12.66** 'Deduza' a lei de força de Lorentz, como se segue: considere que a carga $q$ está em repouso em $\bar{S}$, de forma que $\bar{\mathbf{F}} = q\bar{\mathbf{E}}$, e que $\bar{S}$ move-se à velocidade $\mathbf{v} = v\,\hat{\mathbf{x}}$ com relação a $S$. Use as regras de transformação (equações 12.68 e 12.108) para reescrever $\bar{\mathbf{F}}$ em termos de $\mathbf{F}$, e $\bar{\mathbf{E}}$ em termos de $\mathbf{E}$ e $\mathbf{B}$. A partir daí deduza a fórmula para $\mathbf{F}$ em termos de $\mathbf{E}$ e $\mathbf{B}$.

**Problema 12.67** Uma carga $q$ é liberada do repouso na origem, na presença de um campo elétrico uniforme $\mathbf{E} = E_0\hat{\mathbf{z}}$ e de um campo magnético uniforme $\mathbf{B} = B_0\,\hat{\mathbf{x}}$. Determine a trajetória da partícula transformando para um sistema no qual $\mathbf{E} = 0$, encontrando o caminho nesse sistema e depois transformando de volta para o sistema original. Assuma que $E_0 < cB_0$. Compare o seu resultado com o Exemplo 5.2.

**Problema 12.68**

(a) Construa um tensor $D^{\mu\nu}$ (análogo a $F^{\mu\nu}$), a partir de **D** e **H**. Use-o para expressar as equações de Maxwell dentro da matéria em termos da densidade de corrente livre $J^\mu_l$. [*Resposta:* $D^{01} \equiv cD_x$, $D^{12} \equiv H_z$ etc.; $\partial D^{\mu\nu}/\partial x^\nu = J^\mu_l$.]

(b) Construa o tensor dual $H^{\mu\nu}$ (análogo a $G^{\mu\nu}$). [*Resposta:* $H^{01} \equiv H_x$, $H^{12} \equiv -cD_z$ etc.]

(c) Minkowski propôs as **relações constitutivas relativísticas** para um meio linear:

$$D^{\mu\nu}\eta_\nu = c^2\epsilon F^{\mu\nu}\eta_\nu \quad \text{e} \quad H^{\mu\nu}\eta_\nu = \frac{1}{\mu}G^{\mu\nu}\eta_\nu,$$

onde $\epsilon$ é a permissividade própria,[20] $\mu$ é a permeabilidade própria e $\eta^\mu$ é a quadrivelocidade do material. Mostre que as fórmulas de Minkowski reproduzem as equações 4.32 e 6.31, quando o material está em repouso.

(d) Calcule as fórmulas que relacionam **D** e **H** a **E** e **B** para um meio que se move com velocidade (ordinária) **u**.

! **Problema 12.69** Use a fórmula de Larmor (Equação 11.70) e a relatividade especial para deduzir a fórmula de Liénard (Equação 11.73).

**Problema 12.70** A generalização relativística natural da fórmula de Abraham-Lorentz (Equação 11.80) aparentemente seria

$$K^\mu_{\text{rad}} = \frac{\mu_0 q^2}{6\pi c}\frac{d\alpha^\mu}{d\tau}.$$

É, com certeza, um quadrivetor e se reduz à fórmula de Abraham-Lorentz no limite não relativístico $v \ll c$.

(a) Mostre, mesmo assim, que essa não é uma força de Minkowski possível. [*Dica:* veja o Problema 12.38d.]

(b) Encontre um termo de correção que, quando acrescentado ao lado direito, remove a objeção que você levantou em (a), sem afetar o caráter quadrivetorial da fórmula ou seu limite relativístico.[21]

**Problema 12.71** Generalize as leis da eletrodinâmica relativística (equações 12.126 e 12.127) para incluir carga magnética. [Consulte a Seção 7.3.4.]

---

20. Como sempre, 'própria' significa 'no sistema de repouso do material'.

21. Para um comentário interessante sobre a reação de radiação relativística, veja F. Rohrlich, *Am. J. Phys.* **65**, 1051 (1997).

# Apêndice A

# Cálculo vetorial em coordenadas curvilíneas

## A.1 Introdução

Neste apêndice esboço provas dos três teoremas fundamentais do cálculo vetorial. Meu objetivo é transmitir a *essência* do argumento e não rastrear todos os épsilons e deltas. Um tratamento muito mais elegante, moderno e unificado — mas necessariamente, também muito mais longo — será encontrado no livro de M. Spivak, *Calculus on Manifolds* (Nova York: Benjamin, 1965).

Visando a generalidade, usarei coordenadas curvilíneas arbitrárias (ortogonais) $(u, v, w)$, desenvolvendo fórmulas para o gradiente, o divergente, o rotacional e o laplaciano para qualquer sistema desse tipo. Você pode, depois, especificá-las para coordenadas cartesianas, esféricas ou cilíndricas, ou ainda para qualquer outro sistema que deseje usar. Se a generalidade o incomoda em uma primeira leitura e você prefere ficar com as coordenadas cartesianas, basta ler $(x, y, z)$ sempre que encontrar $(u, v, w)$, e fazer as simplificações correlatas à medida que for avançando.

## A.2 Notação

Identificamos um ponto no espaço pelas suas três *coordenadas*, $u$, $v$ e $w$ (no sistema Cartesiano, $(x, y, z)$; no sistema esférico, $(r, \theta, \phi)$; no sistema cilíndrico, $(s, \phi, z)$). Vou assumir que o sistema é *ortogonal*, no sentido de que os três *vetores unitários*, $\hat{\mathbf{u}}$, $\hat{\mathbf{v}}$ e $\hat{\mathbf{w}}$, apontando no sentido em que as coordenadas correspondentes aumentam, são mutuamente perpendiculares. Observe que os vetores unitários são *funções de posição*, já que suas *direções* (exceto no caso cartesiano) variam de ponto a ponto. Qualquer vetor pode ser expresso em termos de $\hat{\mathbf{u}}$, $\hat{\mathbf{v}}$ e $\hat{\mathbf{w}}$ — particularmente o vetor deslocamento infinitesimal de $(u, v, w)$ para $(u + du, v + dv, w + dw)$ pode ser escrito

$$d\mathbf{l} = f\, du\, \hat{\mathbf{u}} + g\, dv\, \hat{\mathbf{v}} + h\, dw\, \hat{\mathbf{w}}, \tag{A.1}$$

onde $f$, $g$ e $h$ são funções de posição características daquele sistema particular de coordenadas (em coordenadas cartesianas $f = g = h = 1$; em coordenadas esféricas $f = 1$, $g = r$, $h = r \operatorname{sen} \theta$; e em coordenadas cilíndricas $f = h = 1$, $g = s$). Como você logo verá, essas três funções lhe dizem tudo o que é necessário saber sobre um sistema de coordenadas.

## A.3 Gradiente

Se você se move do ponto $(u, v, w)$ ao ponto $(u + du, v + dv, w + dw)$, uma função escalar $t(u, v, w)$ modifica-se por uma quantidade

$$dt = \frac{\partial t}{\partial u} du + \frac{\partial t}{\partial v} dv + \frac{\partial t}{\partial w} dw; \tag{A.2}$$

este é um teorema padrão em diferenciação parcial.[1] Podemos escrevê-lo como um produto escalar,

$$dt = \boldsymbol{\nabla} t \cdot d\mathbf{l} = (\boldsymbol{\nabla} t)_u\, f\, du + (\boldsymbol{\nabla} t)_v\, g\, dv + (\boldsymbol{\nabla} t)_w\, h\, dw, \tag{A.3}$$

desde que definamos

$$(\boldsymbol{\nabla} t)_u \equiv \frac{1}{f}\frac{\partial t}{\partial u}, \quad (\boldsymbol{\nabla} t)_v \equiv \frac{1}{g}\frac{\partial t}{\partial v}, \quad (\boldsymbol{\nabla} t)_w \equiv \frac{1}{h}\frac{\partial t}{\partial w}.$$

1. M. Boas, *Mathematical Methods in the Physical Sciences*, 2ª ed., Capítulo 4, Seção 3 (Nova York: John Wiley, 1983).

O **gradiente** de $t$, então, é

$$\boxed{\nabla t \equiv \frac{1}{f}\frac{\partial t}{\partial u}\hat{\mathbf{u}} + \frac{1}{g}\frac{\partial t}{\partial v}\hat{\mathbf{v}} + \frac{1}{h}\frac{\partial t}{\partial w}\hat{\mathbf{w}}.} \tag{A.4}$$

Se você agora escolher as expressões apropriadas para $f, g$ e $h$ da Tabela A.1, poderá facilmente gerar fórmulas para $\nabla t$ em coordenadas cartesianas, esféricas e cilíndricas, como aparecem nas páginas finais do livro.

Da Equação A.3 segue-se que a variação *total* em $t$, à medida que você vai do ponto **a** ao ponto **b** (Figura A.1), é

$$t(\mathbf{b}) - t(\mathbf{a}) = \int_{\mathbf{a}}^{\mathbf{b}} dt = \int_{\mathbf{a}}^{\mathbf{b}} (\nabla t) \cdot d\mathbf{l}, \tag{A.5}$$

que é o **teorema fundamental para gradientes** (neste caso, realmente, não há muito o que provar). Observe que a integral é independente do caminho tomado entre **a** e **b**.

**Tabela A.1**

| Sistema | $u$ | $v$ | $w$ | $f$ | $g$ | $h$ |
|---|---|---|---|---|---|---|
| Cartesiano | $x$ | $y$ | $z$ | 1 | 1 | 1 |
| Esférico | $r$ | $\theta$ | $\phi$ | 1 | $r$ | $r \operatorname{sen}\theta$ |
| Cilíndrico | $s$ | $\phi$ | $z$ | 1 | $s$ | 1 |

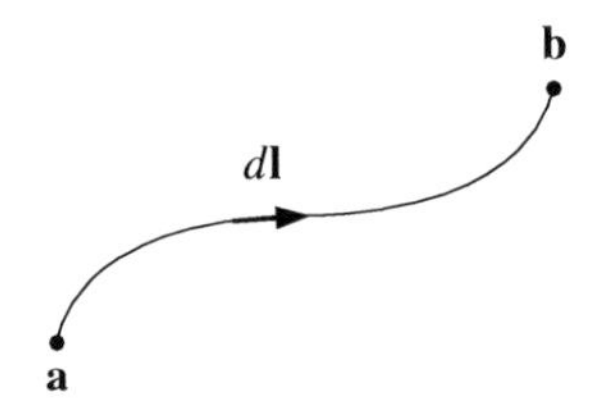


**Figura A.1**

## A.4 Divergente

Suponha que temos uma função *vetorial*,

$$\mathbf{A}(u, v, w) = A_u\,\hat{\mathbf{u}} + A_v\,\hat{\mathbf{v}} + A_w\hat{\mathbf{w}},$$

e queremos calcular a integral $\oint \mathbf{A} \cdot d\mathbf{a}$ sobre a superfície do volume infinitesimal gerado começando no ponto $(u, v, w)$ e aumentando cada uma das coordenadas sucessivamente por uma quantidade infinitesimal (Figura A.2). Como as coordenadas são ortogonais, trata-se (pelo menos no limite infinitesimal) de um sólido retangular cujos lados têm os comprimentos $dl_u = f\,du$, $dl_v = g\,dv$ e $dl_w = h\,dw$, e cujo volume é, portanto,

$$d\tau = dl_u\,dl_v\,dl_w = (fgh)\,du\,dv\,dw. \tag{A.6}$$

(Os lados *não* são apenas $du$, $dv$, $dw$ — afinal, $v$ pode ser um *ângulo*, e, nesse caso, $dv$ nem sequer tem *dimensões* de comprimento. As expressões corretas decorrem da Equação A.1.)

Para a superfície *frontal*,

$$d\mathbf{a} = -(gh)\,dv\,dw\,\hat{\mathbf{u}},$$

de forma que

$$\mathbf{A} \cdot d\mathbf{a} = -(ghA_u)\,dv\,dw.$$

A superfície *traseira* é idêntica (exceto pelo sinal), *só que desta vez a quantidade $ghA_u$ deve ser avaliada em $(u + du)$, em vez de $u$.* Como para qualquer função (diferenciável) $F(u)$,

$$F(u + du) - F(u) = \frac{dF}{du}\,du,$$

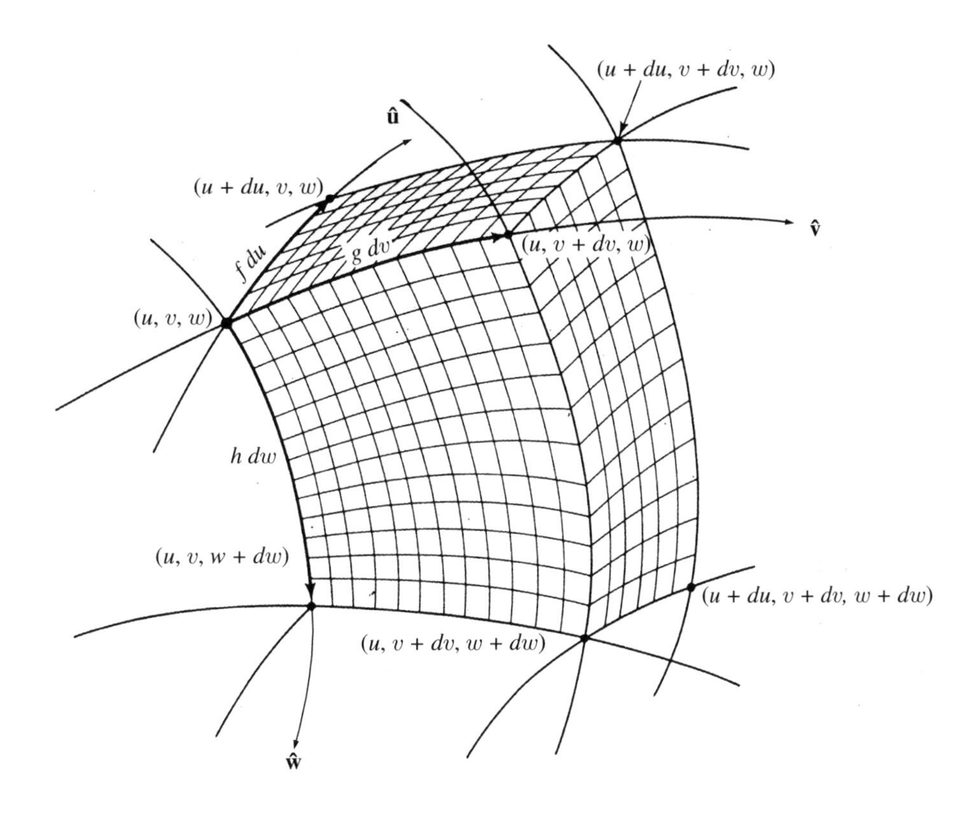


Figura A.2

(no limite), as partes frontal e traseira, juntas, representam uma contribuição de

$$\left[\frac{\partial}{\partial u}(ghA_u)\right] du\,dv\,dw = \frac{1}{fgh}\frac{\partial}{\partial u}(ghA_u)\,d\tau.$$

Da mesma forma, os lados direito e esquerdo resultam em

$$\frac{1}{fgh}\frac{\partial}{\partial v}(fhA_v)\,d\tau,$$

e as partes superior e inferior resultam em

$$\frac{1}{fgh}\frac{\partial}{\partial w}(fgA_w)\,d\tau.$$

No total, então,

$$\oint \mathbf{A}\cdot d\mathbf{a} = \frac{1}{fgh}\left[\frac{\partial}{\partial u}(ghA_u) + \frac{\partial}{\partial v}(fhA_v) + \frac{\partial}{\partial w}(fgA_w)\right] d\tau. \tag{A.7}$$

O coeficiente de $d\tau$ serve para definir o **divergente** de **A** em coordenadas curvilíneas:

$$\boxed{\boldsymbol{\nabla}\cdot\mathbf{A} \equiv \frac{1}{fgh}\left[\frac{\partial}{\partial u}(ghA_u) + \frac{\partial}{\partial v}(fhA_v) + \frac{\partial}{\partial w}(fgA_w)\right],} \tag{A.8}$$

e a Equação A.7 torna-se

$$\oint \mathbf{A}\cdot d\mathbf{a} = (\boldsymbol{\nabla}\cdot\mathbf{A})\,d\tau. \tag{A.9}$$

Usando a Tabela A.1, você pode agora encontrar as fórmulas para o divergente em coordenadas cartesianas, esféricas e cilíndricas que aparecem nas páginas finais do livro.

Como está, a Equação A.9 não prova o teorema do divergente, já que diz respeito somente a volumes *infinitesimais*, e volumes infinitesimais um tanto especiais, diga-se de passagem. É claro que um volume finito pode ser dividido em pedaços infinitesimais e a Equação A.9 pode ser aplicada a cada um deles. O problema é que quando você soma todos os pedacinhos, o lado esquerdo não é apenas uma integral da superfície *externa*, mas de todas aquelas minúsculas superfícies *internas* também. Por sorte, porém, essas contribuições cancelam-se em pares, já que cada superfície interna ocorre como contorno de *dois* volumes infinitesimais adjacentes. E como $d\mathbf{a}$ sempre aponta *para fora*, $\mathbf{A} \cdot d\mathbf{a}$ tem o sinal oposto para os dois membros de cada par (Figura A.3). Somente as superfícies que encerram um *único* pedaço — o que equivale a dizer, somente as que estão no contorno externo — restam quando tudo é somado. Para regiões *finitas*, então,

$$\oint \mathbf{A} \cdot d\mathbf{a} = \int (\boldsymbol{\nabla} \cdot \mathbf{A})\, d\tau, \tag{A.10}$$

e você só precisa integrar sobre a superfície *externa*.[2] Isso estabelece o **teorema do divergente**.

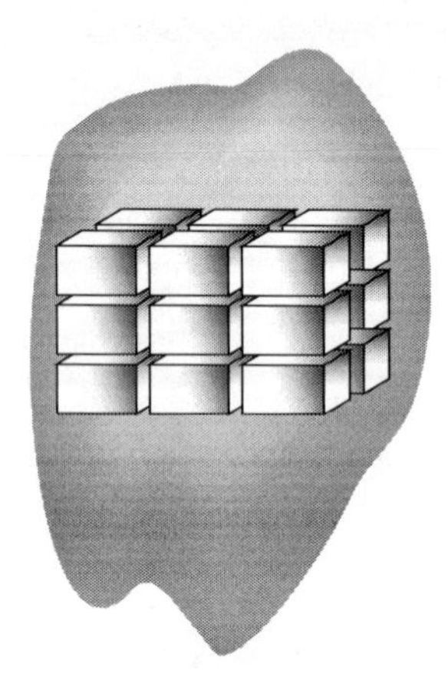

**Figura A.3**

## A.5 Rotacional

Para obter o rotacional em coordenadas curvilíneas, calculamos a integral de linha,

$$\oint \mathbf{A} \cdot d\mathbf{l},$$

em torno de uma espira infinitesimal gerada começando em $(u, v, w)$ e aumentando sucessivamente $u$ e $v$ em quantidades infinitesimais enquanto $w$ se mantém constante (Figura A.4). A superfície é um retângulo (pelo menos, no limite infinitesimal), de comprimento $dl_u = f\, du$, largura $dl_v = g\, dv$ e área

$$d\mathbf{a} = (fg) du\, dv\, \hat{\mathbf{w}}. \tag{A.11}$$

Assumindo que o sistema de coordenadas é destrógiro, $\hat{\mathbf{w}}$ aponta para fora da página, na Figura A.4. Uma vez que essa é a direção escolhida como positiva para $d\mathbf{a}$, somos obrigados, pela regra da mão direita, a calcular a integral de linha no sentido anti-horário, como mostrado.

Ao longo do segmento inferior,

$$d\mathbf{l} = f\, du\, \hat{\mathbf{u}},$$

então

$$\mathbf{A} \cdot d\mathbf{l} = (fA_u)\, du.$$

Ao longo do trecho superior o sinal é invertido e $fA_u$ é calculado em $(v + dv)$ em vez de $v$. Tomadas juntas, essas duas beiradas resultam em

$$\left[-(fA_u)\big|_{v+dv} + (fA_u)\big|_v\right] du = -\left[\frac{\partial}{\partial v}(fA_u)\right] du\, dv.$$

2. E as regiões que não se encaixam perfeitamente em retângulos sólidos, por mais minúsculos que sejam — tais como planos formando ângulos com as linhas coordenadas? Não é difícil resolver este caso; tente por si mesmo ou consulte H. M. Schey em *Div, Grad, Curl and All That* (Nova York: W. W. Norton, 1973), começando com o Problema II-15.

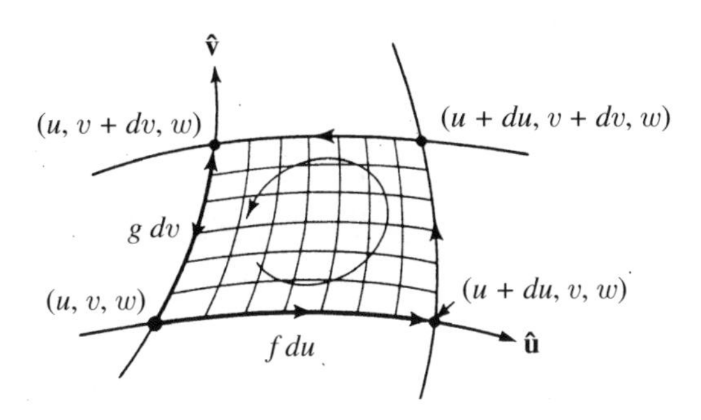


**Figura A.4**

Da mesma forma, os lados direito e esquerdo fornecem

$$\left[\frac{\partial}{\partial u}(gA_v)\right] du\,dv,$$

e, portanto, o total é

$$\begin{aligned}\oint \mathbf{A}\cdot d\mathbf{l} &= \left[\frac{\partial}{\partial u}(gA_v) - \frac{\partial}{\partial v}(fA_u)\right] du\,dv \\ &= \frac{1}{fg}\left[\frac{\partial}{\partial u}(gA_v) - \frac{\partial}{\partial v}(fA_u)\right] \hat{\mathbf{w}}\cdot d\mathbf{a}.\end{aligned} \tag{A.12}$$

O coeficiente de $d\mathbf{a}$ à direita serve para definir o componente $w$ do **rotacional**. Construindo os componentes $u$ e $v$ da mesma forma, temos

$$\begin{aligned}\boldsymbol{\nabla}\times\mathbf{A} \equiv\ & \frac{1}{gh}\left[\frac{\partial}{\partial v}(hA_w) - \frac{\partial}{\partial w}(gA_v)\right]\hat{\mathbf{u}} + \frac{1}{fh}\left[\frac{\partial}{\partial w}(fA_u) - \frac{\partial}{\partial u}(hA_w)\right]\hat{\mathbf{v}} \\ & + \frac{1}{fg}\left[\frac{\partial}{\partial u}(gA_v) - \frac{\partial}{\partial v}(fA_u)\right]\hat{\mathbf{w}},\end{aligned} \tag{A.13}$$

e a Equação A.11 é generalizada para

$$\oint \mathbf{A}\cdot d\mathbf{l} = (\boldsymbol{\nabla}\times\mathbf{A})\cdot d\mathbf{a}. \tag{A.14}$$

Usando a Tabela A.1, você pode agora obter as fórmulas do rotacional em coordenadas cartesianas, esféricas e cilíndricas.

No entanto, a Equação A.14 por si não prova o teorema de Stokes, porque a esta altura ela diz respeito apenas a superfícies infinitesimais muito especiais. Novamente, podemos cortar qualquer superfície *finita* em porções infinitesimais e aplicar a Equação A.14 a cada uma delas (Figura A.5). Quando somamos todas elas, porém, obtemos (à esquerda) não só uma integral de linha em torno do contorno externo, mas uma porção de minúsculas integrais de linha em torno das espiras internas também. Felizmente, como antes, as contribuições internas anulam-se em pares, já que toda linha interna é a beirada de *duas* espiras adjacentes percorridos em sentidos opostos. Consequentemente, a Equação A.14 pode ser estendida a superfícies finitas,

$$\oint \mathbf{A}\cdot d\mathbf{l} = \int (\boldsymbol{\nabla}\times\mathbf{A})\cdot d\mathbf{a}, \tag{A.15}$$

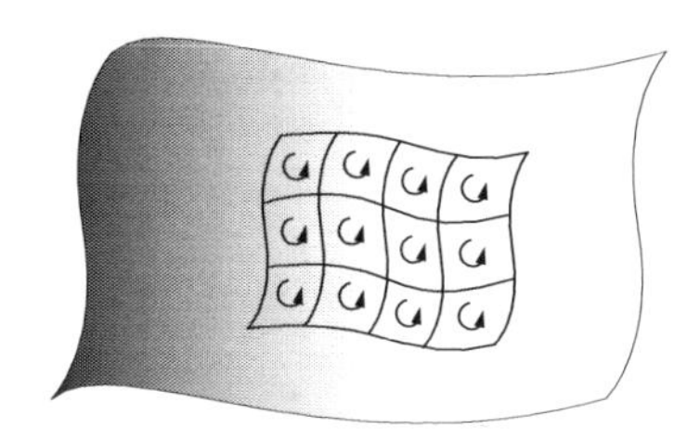

**Figura A.5**

e a integral de linha deve ser tomada somente sobre o contorno externo.[3] Isso estabelece o **teorema de Stokes**.

## A.6 Laplaciano

Como o **Laplaciano** de um escalar é, por definição, o divergente do gradiente, podemos extrair das equações A.4 e A.8 a fórmula geral

$$\boxed{\nabla^2 t \equiv \frac{1}{fgh}\left[\frac{\partial}{\partial u}\left(\frac{gh}{f}\frac{\partial t}{\partial u}\right)+\frac{\partial}{\partial v}\left(\frac{fh}{g}\frac{\partial t}{\partial v}\right)+\frac{\partial}{\partial w}\left(\frac{fg}{h}\frac{\partial t}{\partial w}\right)\right].} \tag{A.16}$$

Mais uma vez você está convidado a usar a Tabela A.1 para encontrar o laplaciano em coordenadas cartesianas, esféricas e cilíndricas confirmando, assim, as fórmulas das páginas finais.

3. E as regiões que não se encaixam perfeitamente em retângulos sólidos, por mais minúsculos que sejam (tais como os triângulos) ou superfícies que não correspondem à manutenção de uma coordenada fixa? Se isso o preocupa e você não consegue resolver por si mesmo, consulte H. M. Schey em *Div, Grad, Curl, and All That*, Prob. III-2 (Nova York: W. W. Norton, 1973).

# Apêndice B

# O teorema de Helmholtz

Suponha que nos digam que o divergente de uma função vetorial $\mathbf{F}(\mathbf{r})$ é uma função escalar específica $D(\mathbf{r})$:

$$\boldsymbol{\nabla} \cdot \mathbf{F} = D, \tag{B.1}$$

e que o rotacional de $\mathbf{F}(\mathbf{r})$ é uma função vetorial específica $\mathbf{C}(\mathbf{r})$:

$$\boldsymbol{\nabla} \times \mathbf{F} = \mathbf{C}. \tag{B.2}$$

Por coerência, $\mathbf{C}$ deve ser irrotacional,

$$\boldsymbol{\nabla} \cdot \mathbf{C} = 0, \tag{B.3}$$

porque o divergente de um rotacional é sempre nulo. *Pergunta:* com base nesta informação, podemos determinar a função $\mathbf{F}$? Se $D(\mathbf{r})$ e $\mathbf{C}(\mathbf{r})$ tenderem a zero suficientemente rápido no infinito, a resposta é *sim*, como vou demonstrar através de construção explícita.

Alego que

$$\mathbf{F} = -\boldsymbol{\nabla} U + \boldsymbol{\nabla} \times \mathbf{W}, \tag{B.4}$$

onde

$$U(\mathbf{r}) \equiv \frac{1}{4\pi} \int \frac{D(\mathbf{r}')}{\mathscr{r}}\, d\tau', \tag{B.5}$$

e

$$\mathbf{W}(\mathbf{r}) \equiv \frac{1}{4\pi} \int \frac{\mathbf{C}(\mathbf{r}')}{\mathscr{r}}\, d\tau'; \tag{B.6}$$

as integrais são tomadas sobre todo o espaço e, como sempre, $\mathscr{r} = |\mathbf{r} - \mathbf{r}'|$. Pois se $\mathbf{F}$ é dado pela Equação B.4, então seu divergente (usando a Equação 1.102) é

$$\boldsymbol{\nabla} \cdot \mathbf{F} = -\nabla^2 U = -\frac{1}{4\pi} \int D\, \nabla^2 \left(\frac{1}{\mathscr{r}}\right) d\tau' = \int D(\mathbf{r}')\, \delta^3(\mathbf{r} - \mathbf{r}')\, d\tau' = D(\mathbf{r}).$$

(Lembre-se de que o divergente de um rotacional é nulo, de forma que o termo envolvendo $\mathbf{W}$ some. E observe que a diferenciação é com relação a $\mathbf{r}$, que está contido em $\mathscr{r}$.)

Portanto o divergente está certo. E o rotacional?

$$\boldsymbol{\nabla} \times \mathbf{F} = \boldsymbol{\nabla} \times (\boldsymbol{\nabla} \times \mathbf{W}) = -\nabla^2 \mathbf{W} + \boldsymbol{\nabla}(\boldsymbol{\nabla} \cdot \mathbf{W}). \tag{B.7}$$

(Como o rotacional de um gradiente é nulo, o termo em $U$ some.) Ora,

$$-\nabla^2 \mathbf{W} = -\frac{1}{4\pi} \int \mathbf{C}\, \nabla^2 \left(\frac{1}{\mathscr{r}}\right) d\tau' = \int \mathbf{C}(\mathbf{r}')\delta^3(\mathbf{r} - \mathbf{r}')\, d\tau' = \mathbf{C}(\mathbf{r}),$$

o que é perfeito. Terei concluído se puder apenas persuadi-lo de que o *segundo* termo do lado direito da Equação B.7 se anula. Usando a integração por partes (Equação 1.59), e observando que as derivadas de $\mathscr{r}$ com respeito às coordenadas *linha* diferem quanto ao sinal com relação às coordenadas *sem linha*, temos

$$\begin{aligned} 4\pi \boldsymbol{\nabla} \cdot \mathbf{W} &= \int \mathbf{C} \cdot \boldsymbol{\nabla} \left(\frac{1}{\mathscr{r}}\right) d\tau' = -\int \mathbf{C} \cdot \boldsymbol{\nabla}' \left(\frac{1}{\mathscr{r}}\right) d\tau' \\ &= \int \frac{1}{\mathscr{r}} \boldsymbol{\nabla}' \cdot \mathbf{C}\, d\tau - \oint \frac{1}{\mathscr{r}} \mathbf{C} \cdot d\mathbf{a}. \end{aligned} \tag{B.8}$$

Mas o divergente de **C** é nulo, por pressuposto (Equação B.3), e a integral de superfície (longe, no infinito) irá se anular desde que **C** tenda a zero suficientemente rápido.

É claro que essa prova tacitamente assume que as integrais nas equações B.5 e B.6 *convergem* — caso contrário $U$ e $\mathbf{W}$ não existiriam de forma alguma. No limite de $r'$ grande, onde $\mathcal{r} \approx r'$, as integrais têm a forma

$$\int^{\infty} \frac{X(r')}{r'} r'^2 \, dr' = \int^{\infty} r' X(r') \, dr'. \tag{B.9}$$

(Aqui $X$ está no lugar de $D$ ou $\mathbf{C}$, conforme o caso). Obviamente, $X(r')$ tem de tender a zero para $r'$ grande — mas isso não basta: se $X \sim 1/r'$, o integrando é constante e, portanto, a integral explode e mesmo que $X \sim 1/r'^2$, a integral é um logaritmo, o que também não adianta em $r' \to \infty$. Evidentemente, o divergente e o rotacional de $\mathbf{F}$ têm de tender a zero *mais rapidamente do que* $1/r^2$ para que a prova se aplique. (A propósito, isso é *mais* que suficiente para garantir que a integral de superfície da Equação B.8 se anule.)

Agora, assumindo que essas condições em $D(\mathbf{r})$ e $\mathbf{C}(\mathbf{r})$ sejam atendidas, será que a solução da Equação B.4 é *única?* A resposta claramente é *não*, pois podemos acrescentar a $\mathbf{F}$ qualquer função vetorial cujos divergente e rotacional se anulam que o resultado ainda terá divergente $D$ e rotacional $\mathbf{C}$. No entanto, acontece que *não* existe função que tenha o divergente e o rotacional nulo em toda parte *e* que tenda a zero no infinito (veja a Seção 3.1.5). Portanto, se incluirmos o requisito de que $\mathbf{F}(\mathbf{r})$ tenda a zero à medida que $r \to \infty$, então a solução B.4 é única.[1]

Agora que todas as cartas estão na mesa, posso expressar o **teorema de Helmholtz** de forma mais rigorosa:

> Se o divergente $D(\mathbf{r})$ e o rotacional $\mathbf{C}(\mathbf{r})$ de uma função vetorial $\mathbf{F}(\mathbf{r})$ forem especificados e se ambos tenderem a zero mais rápido do que $1/r^2$ à medida que $r \to \infty$, e se $\mathbf{F}(\mathbf{r})$ tender a zero à medida que $r \to \infty$, então $\mathbf{F}$ é dada univocamente pela Equação B.4.

O teorema de Helmholtz tem um **corolário** interessante:

> Qualquer função vetorial (diferenciável) $\mathbf{F}(\mathbf{r})$ que tende a zero mais depressa do que $1/r$ à medida que $r \to \infty$ pode ser expressa como um escalar mais o rotacional de um vetor:[2]

$$\mathbf{F}(\mathbf{r}) = \boldsymbol{\nabla}\left(\frac{-1}{4\pi}\int \frac{\boldsymbol{\nabla}' \cdot \mathbf{F}(\mathbf{r}')}{\mathcal{r}} \, d\tau'\right) + \boldsymbol{\nabla} \times \left(\frac{1}{4\pi}\int \frac{\boldsymbol{\nabla}' \times \mathbf{F}(\mathbf{r}')}{\mathcal{r}} \, d\tau'\right). \tag{B.10}$$

Por exemplo, em eletrostática $\boldsymbol{\nabla} \cdot \mathbf{E} = \rho/\epsilon_0$ e $\boldsymbol{\nabla} \times \mathbf{E} = 0$, portanto

$$\mathbf{E}(\mathbf{r}) = -\boldsymbol{\nabla}\left(\frac{1}{4\pi\epsilon_0}\int \frac{\rho(\mathbf{r}')}{\mathcal{r}} \, d\tau'\right) = -\boldsymbol{\nabla} V, \tag{B.11}$$

onde $V$ é o potencial escalar, enquanto em magnetostática $\boldsymbol{\nabla} \cdot \mathbf{B} = 0$ e $\boldsymbol{\nabla} \times \mathbf{B} = \mu_0 \mathbf{J}$, então

$$\mathbf{B}(\mathbf{r}) = \boldsymbol{\nabla} \times \left(\frac{\mu_0}{4\pi}\int \frac{\mathbf{J}(\mathbf{r}')}{\mathcal{r}} \, d\tau'\right) = \boldsymbol{\nabla} \times \mathbf{A}, \tag{B.12}$$

onde **A** é o potencial vetorial.

1. Tipicamente esperamos que os campos elétrico e magnético tendam a zero a grandes distâncias das cargas e correntes que os produzem, de forma que esta não é uma condição absurda. Ocasionalmente encontramos problemas artificiais nos quais a distribuição de carga ou corrente em si estende-se ao infinito; fios infinitos, por exemplo, ou planos infinitos. Nesses casos, outros meios devem ser encontrados para estabelecer a existência e unicidade das soluções para as equações de Maxwell.
2. De fato, uma função vetorial diferenciável, *seja ela qual for* (independentemente do seu comportamento no infinito) pode ser expressa como a soma de um gradiente e um rotacional, mas esse resultado mais geral não decorre diretamente do teorema de Helmholtz, e nem a Equação B.10 fornece a construção explícita, já que as integrais, em geral, divergem.

# Apêndice C

# Unidades

No nosso sistema de unidades (o **Sistema Internacional**) a lei de Coulomb é expressa

$$\mathbf{F} = \frac{1}{4\pi\epsilon_0}\frac{q_1 q_2}{\mathscr{r}^2}\hat{\boldsymbol{\mathscr{r}}} \quad \text{(SI)}. \tag{C.1}$$

Quantidades mecânicas são medidas em metros, quilogramas e segundos e as cargas são medidas em **coulombs** (Tabela C.1). No **sistema gaussiano**, a constante na frente é, de fato, absorvida pela unidade de carga de forma que

$$\mathbf{F} = \frac{q_1 q_2}{\mathscr{r}^2}\hat{\boldsymbol{\mathscr{r}}} \quad \text{(Gaussiano)}. \tag{C.2}$$

As quantidades mecânicas são medidas em centímetros, gramas e segundos e as cargas em **unidades eletrostáticas** (ou **esu**). Aliás, um esu é evidentemente uma $(\text{dina})^{1/2}$-centímetro. Converter equações eletrostáticas de unidades SI para gaussianas não é difícil: basta estabelecer

$$\epsilon_0 \to \frac{1}{4\pi}.$$

Por exemplo, a energia armazenada em um campo elétrico (Equação 2.45),

$$U = \frac{\epsilon_0}{2}\int E^2\,d\tau \quad \text{(SI)},$$

torna-se

$$U = \frac{1}{8\pi}\int E^2\,d\tau \quad \text{(Gaussiano)}.$$

(Fórmulas pertinentes a campos dentro de dielétricos não são tão fáceis de serem traduzidas, devido à diferença entre as definições de deslocamento, suscetibilidade e assim por diante; veja a Tabela C.2.)

A lei de Biot-Savart que para nós é expressa

$$\mathbf{B} = \frac{\mu_0}{4\pi} I \int \frac{d\mathbf{l}\times\hat{\boldsymbol{\mathscr{r}}}}{\mathscr{r}^2} \quad \text{(SI)}, \tag{C.3}$$

torna-se, no sistema gaussiano,

$$\mathbf{B} = \frac{I}{c}\int \frac{d\mathbf{l}\times\hat{\boldsymbol{\mathscr{r}}}}{\mathscr{r}^2} \quad \text{(Gaussiano)}, \tag{C.4}$$

onde $c$ é a velocidade da luz e as correntes são medidas em esu/s. A unidade gaussiana do campo magnético (o **gauss**) é uma grandeza desse sistema usada no dia a dia: as pessoas falam em volts, ampères, henries e assim por diante (todas unidades SI), mas por algum motivo tendem a medir os campos magnéticos em gauss (unidade gaussiana); a unidade SI correta é o **tesla** ($10^4$ gauss).

Uma grande virtude do sistema gaussiano é que os campos elétrico e magnético têm as mesmas dimensões (em princípio, é possível medir campos elétricos em gauss, também, embora ninguém use a unidade nesse contexto). Portanto, a lei de força de Lorentz que expressamos

$$\mathbf{F} = q(\mathbf{E} + \mathbf{v}\times\mathbf{B}) \quad \text{(SI)}, \tag{C.5}$$

(indicando que $E/B$ tem dimensões de *velocidade*), toma a forma

$$\mathbf{F} = q\left(\mathbf{E} + \frac{\mathbf{v}}{c}\times\mathbf{B}\right) \quad \text{(Gaussiano)}. \tag{C.6}$$

**Tabela C.1** Fatores de conversão.
[*Observação:* exceto nos expoentes, todo '3' é uma abreviação para $\alpha \equiv 2,99792458$ (o valor numérico da velocidade da luz), '9' significa $\alpha^2$, e '12' é $4\alpha$.]

| Grandeza | SI | Fator | Gaussiano |
|---|---|---|---|
| Comprimento | metro (m) | $10^2$ | centímetro |
| Massa | quilograma (kg) | $10^3$ | grama |
| Tempo | segundo (s) | 1 | segundo |
| Força | newton (N) | $10^5$ | dina |
| Energia | joule (J) | $10^7$ | erg |
| Potência | watt (W) | $10^7$ | erg/segundo |
| Carga | coulomb (C) | $3 \times 10^9$ | esu (statcoulomb) |
| Corrente | ampère (A) | $3 \times 10^9$ | esu/segundo (statampère) |
| Campo elétrico | volt/metro | $(1/3) \times 10^{-4}$ | statvolt/centímetro |
| Potencial | volt (V) | $1/300$ | statvolt |
| Deslocamento | coulomb/metro$^2$ | $12\pi \times 10^5$ | statcoulomb/centímetro$^2$ |
| Resistência | ohm ($\Omega$) | $(1/9) \times 10^{-11}$ | segundo/centímetro |
| Capacitância | farad (F) | $9 \times 10^{11}$ | centímetro |
| Campo magnético | tesla (T) | $10^4$ | gauss |
| Fluxo magnético | weber (Wb) | $10^8$ | maxwell |
| **H** | ampère/metro | $4\pi \times 10^{-3}$ | oersted |
| Indutância | henry (H) | $(1/9) \times 10^{-11}$ | segundo$^2$/centímetro |

De fato, o campo magnético cresce 'em escala' por um fator de $c$. Isso revela de forma mais incisiva a estrutura paralela entre eletricidade e magnetismo. Por exemplo, a energia total armazenada no campo eletromagnético é

$$U = \frac{1}{8\pi} \int (E^2 + B^2)\, d\tau \quad \text{(Gaussiano)}, \tag{C.7}$$

eliminando o $\epsilon_0$ e o $\mu_0$ que estragam a simetria na fórmula,

$$U = \frac{1}{2} \int \left( \epsilon_0 E^2 + \frac{1}{\mu_0} B^2 \right) d\tau \quad \text{(SI)}. \tag{C.8}$$

A Tabela C.2 relaciona algumas das fórmulas básicas da eletrodinâmica em ambos os sistemas. Para as equações que você não encontrou aqui e para as unidades Heaviside-Lorentz, consulte o apêndice de J. D. Jackson, *Classical Electrodynamics*, 3ª ed. (Nova York: John Wiley, 1999), onde uma listagem mais completa pode ser encontrada.[1]

1. Para uma 'cartilha' interessante sobre as unidades elétricas SI, consulte N. M. Zimmerman, *Am. J. Phys.* **66**, 324 (1998).

**Tabela C.2** Equações fundamentais em unidades SI e gaussianas.

| | SI | Gaussiano |
|---|---|---|
| **Equações de Maxwell** | | |
| Em geral: | $\left\{\begin{array}{l}\nabla \cdot \mathbf{E} = \frac{1}{\epsilon_0}\rho \\ \nabla \times \mathbf{E} = -\partial \mathbf{B}/\partial t \\ \nabla \cdot \mathbf{B} = 0 \\ \nabla \times \mathbf{B} = \mu_0 \mathbf{J} + \mu_0\epsilon_0 \partial \mathbf{E}/\partial t\end{array}\right.$ | $\begin{array}{l}\nabla \cdot \mathbf{E} = 4\pi\rho \\ \nabla \times \mathbf{E} = -\frac{1}{c}\partial \mathbf{B}/\partial t \\ \nabla \cdot \mathbf{B} = 0 \\ \nabla \times \mathbf{B} = \frac{4\pi}{c}\mathbf{J} + \frac{1}{c}\partial \mathbf{E}/\partial t\end{array}$ |
| Na matéria: | $\left\{\begin{array}{l}\nabla \cdot \mathbf{D} = \rho_l \\ \nabla \times \mathbf{E} = -\partial \mathbf{B}/\partial t \\ \nabla \cdot \mathbf{B} = 0 \\ \nabla \times \mathbf{H} = \mathbf{J}_l + \partial \mathbf{D}/\partial t\end{array}\right.$ | $\begin{array}{l}\nabla \cdot \mathbf{D} = 4\pi\rho_l \\ \nabla \times \mathbf{E} = -\frac{1}{c}\partial \mathbf{B}/\partial t \\ \nabla \cdot \mathbf{B} = 0 \\ \nabla \times \mathbf{H} = \frac{4\pi}{c}\mathbf{J}_l + \frac{1}{c}\partial \mathbf{D}/\partial t\end{array}$ |
| **D e H** | | |
| Definições: | $\left\{\begin{array}{l}\mathbf{D} = \epsilon_0\mathbf{E} + \mathbf{P} \\ \mathbf{H} = \frac{1}{\mu_0}\mathbf{B} - \mathbf{M}\end{array}\right.$ | $\begin{array}{l}\mathbf{D} = \mathbf{E} + 4\pi\mathbf{P} \\ \mathbf{H} = \mathbf{B} - 4\pi\mathbf{M}\end{array}$ |
| Meio linear: | $\left\{\begin{array}{ll}\mathbf{P} = \epsilon_0\chi_e\mathbf{E}, & \mathbf{D} = \epsilon\mathbf{E} \\ \mathbf{M} = \chi_m\mathbf{H}, & \mathbf{H} = \frac{1}{\mu}\mathbf{B}\end{array}\right.$ | $\begin{array}{ll}\mathbf{P} = \chi_e\mathbf{E}, & \mathbf{D} = \epsilon\mathbf{E} \\ \mathbf{M} = \chi_m\mathbf{H}, & \mathbf{H} = \frac{1}{\mu}\mathbf{B}\end{array}$ |
| **Lei de força de Lorentz** | $\mathbf{F} = q(\mathbf{E} + \mathbf{v} \times \mathbf{B})$ | $\mathbf{F} = q\left(\mathbf{E} + \frac{\mathbf{v}}{c} \times \mathbf{B}\right)$ |
| **Energia e potência** | | |
| Energia: | $U = \frac{1}{2}\int(\epsilon_0 E^2 + \frac{1}{\mu_0}B^2)\,d\tau$ | $U = \frac{1}{8\pi}\int\left(E^2 + B^2\right)\,d\tau$ |
| Vetor de Poynting: | $\mathbf{S} = \frac{1}{\mu_0}(\mathbf{E} \times \mathbf{B})$ | $\mathbf{S} = \frac{c}{4\pi}(\mathbf{E} \times \mathbf{B})$ |
| Fórmula de Larmor: | $P = \frac{1}{4\pi\epsilon_0}\frac{2}{3}\frac{q^2a^2}{c^3}$ | $P = \frac{2}{3}\frac{q^2a^2}{c^3}$ |

# Índice remissivo

Campo rotacional zero, 38, 55-6

**Coordenadas cartesianas.** $d\mathbf{l} = dx\,\hat{\mathbf{x}} + dy\,\hat{\mathbf{y}} + dz\,\hat{\mathbf{z}}; \quad d\tau = dx\,dy\,dz$

*Gradiente:* $$\nabla t = \frac{\partial t}{\partial x}\hat{\mathbf{x}} + \frac{\partial t}{\partial y}\hat{\mathbf{y}} + \frac{\partial t}{\partial z}\hat{\mathbf{z}}$$

*Divergente:* $$\nabla \cdot \mathbf{v} = \frac{\partial v_x}{\partial x} + \frac{\partial v_y}{\partial y} + \frac{\partial v_z}{\partial z}$$

*Rotacional:* $$\nabla \times \mathbf{v} = \left(\frac{\partial v_z}{\partial y} - \frac{\partial v_y}{\partial z}\right)\hat{\mathbf{x}} + \left(\frac{\partial v_x}{\partial z} - \frac{\partial v_z}{\partial x}\right)\hat{\mathbf{y}} + \left(\frac{\partial v_y}{\partial x} - \frac{\partial v_x}{\partial y}\right)\hat{\mathbf{z}}$$

*Laplaciano:* $$\nabla^2 t = \frac{\partial^2 t}{\partial x^2} + \frac{\partial^2 t}{\partial y^2} + \frac{\partial^2 t}{\partial z^2}$$

**Coordenadas esféricas.** $d\mathbf{l} = dr\,\hat{\mathbf{r}} + r\,d\theta\,\hat{\boldsymbol{\theta}} + r\,\mathrm{sen}\,\theta\,d\phi\,\hat{\boldsymbol{\phi}}; \quad d\tau = r^2\,\mathrm{sen}\,\theta\,dr\,d\theta\,d\phi$

*Gradiente:* $$\nabla t = \frac{\partial t}{\partial r}\hat{\mathbf{r}} + \frac{1}{r}\frac{\partial t}{\partial \theta}\hat{\boldsymbol{\theta}} + \frac{1}{r\,\mathrm{sen}\,\theta}\frac{\partial t}{\partial \phi}\hat{\boldsymbol{\phi}}$$

*Divergente:* $$\nabla \cdot \mathbf{v} = \frac{1}{r^2}\frac{\partial}{\partial r}(r^2 v_r) + \frac{1}{r\,\mathrm{sen}\,\theta}\frac{\partial}{\partial \theta}(\mathrm{sen}\,\theta\,v_\theta) + \frac{1}{r\,\mathrm{sen}\,\theta}\frac{\partial v_\phi}{\partial \phi}$$

*Rotacional:* $$\nabla \times \mathbf{v} = \frac{1}{r\,\mathrm{sen}\,\theta}\left[\frac{\partial}{\partial \theta}(\mathrm{sen}\,\theta\,v_\phi) - \frac{\partial v_\theta}{\partial \phi}\right]\hat{\mathbf{r}} + \frac{1}{r}\left[\frac{1}{\mathrm{sen}\,\theta}\frac{\partial v_r}{\partial \phi} - \frac{\partial}{\partial r}(r v_\phi)\right]\hat{\boldsymbol{\theta}} + \frac{1}{r}\left[\frac{\partial}{\partial r}(r v_\theta) - \frac{\partial v_r}{\partial \theta}\right]\hat{\boldsymbol{\phi}}$$

*Laplaciano:* $$\nabla^2 t = \frac{1}{r^2}\frac{\partial}{\partial r}\left(r^2\frac{\partial t}{\partial r}\right) + \frac{1}{r^2\,\mathrm{sen}\,\theta}\frac{\partial}{\partial \theta}\left(\mathrm{sen}\,\theta\frac{\partial t}{\partial \theta}\right) + \frac{1}{r^2\,\mathrm{sen}^2\,\theta}\frac{\partial^2 t}{\partial \phi^2}$$

**Coordenadas cilíndricas.** $d\mathbf{l} = ds\,\hat{\mathbf{s}} + s\,d\phi\,\hat{\boldsymbol{\phi}} + dz\,\hat{\mathbf{z}}; \quad d\tau = s\,ds\,d\phi\,dz$

*Gradiente:* $$\nabla t = \frac{\partial t}{\partial s}\hat{\mathbf{s}} + \frac{1}{s}\frac{\partial t}{\partial \phi}\hat{\boldsymbol{\phi}} + \frac{\partial t}{\partial z}\hat{\mathbf{z}}$$

*Divergente:* $$\nabla \cdot \mathbf{v} = \frac{1}{s}\frac{\partial}{\partial s}(s v_s) + \frac{1}{s}\frac{\partial v_\phi}{\partial \phi} + \frac{\partial v_z}{\partial z}$$

*Rotacional:* $$\nabla \times \mathbf{v} = \left[\frac{1}{s}\frac{\partial v_z}{\partial \phi} - \frac{\partial v_\phi}{\partial z}\right]\hat{\mathbf{s}} + \left[\frac{\partial v_s}{\partial z} - \frac{\partial v_z}{\partial s}\right]\hat{\boldsymbol{\phi}} + \frac{1}{s}\left[\frac{\partial}{\partial s}(s v_\phi) - \frac{\partial v_s}{\partial \phi}\right]\hat{\mathbf{z}}$$

*Laplaciano:* $$\nabla^2 t = \frac{1}{s}\frac{\partial}{\partial s}\left(s\frac{\partial t}{\partial s}\right) + \frac{1}{s^2}\frac{\partial^2 t}{\partial \phi^2} + \frac{\partial^2 t}{\partial z^2}$$

## IDENTIDADES VETORIAIS

**Produtos triplos**

(1) $\mathbf{A} \cdot (\mathbf{B} \times \mathbf{C}) = \mathbf{B} \cdot (\mathbf{C} \times \mathbf{A}) = \mathbf{C} \cdot (\mathbf{A} \times \mathbf{B})$

(2) $\mathbf{A} \times (\mathbf{B} \times \mathbf{C}) = \mathbf{B}(\mathbf{A} \cdot \mathbf{C}) - \mathbf{C}(\mathbf{A} \cdot \mathbf{B})$

**Regras de produtos**

(3) $\boldsymbol{\nabla}(fg) = f(\boldsymbol{\nabla} g) + g(\boldsymbol{\nabla} f)$

(4) $\boldsymbol{\nabla}(\mathbf{A} \cdot \mathbf{B}) = \mathbf{A} \times (\boldsymbol{\nabla} \times \mathbf{B}) + \mathbf{B} \times (\boldsymbol{\nabla} \times \mathbf{A}) + (\mathbf{A} \cdot \boldsymbol{\nabla})\mathbf{B} + (\mathbf{B} \cdot \boldsymbol{\nabla})\mathbf{A}$

(5) $\boldsymbol{\nabla} \cdot (f\mathbf{A}) = f(\boldsymbol{\nabla} \cdot \mathbf{A}) + \mathbf{A} \cdot (\boldsymbol{\nabla} f)$

(6) $\boldsymbol{\nabla} \cdot (\mathbf{A} \times \mathbf{B}) = \mathbf{B} \cdot (\boldsymbol{\nabla} \times \mathbf{A}) - \mathbf{A} \cdot (\boldsymbol{\nabla} \times \mathbf{B})$

(7) $\boldsymbol{\nabla} \times (f\mathbf{A}) = f(\boldsymbol{\nabla} \times \mathbf{A}) - \mathbf{A} \times (\boldsymbol{\nabla} f)$

(8) $\boldsymbol{\nabla} \times (\mathbf{A} \times \mathbf{B}) = (\mathbf{B} \cdot \boldsymbol{\nabla})\mathbf{A} - (\mathbf{A} \cdot \boldsymbol{\nabla})\mathbf{B} + \mathbf{A}(\boldsymbol{\nabla} \cdot \mathbf{B}) - \mathbf{B}(\boldsymbol{\nabla} \cdot \mathbf{A})$

**Segundas derivadas**

(9) $\boldsymbol{\nabla} \cdot (\boldsymbol{\nabla} \times \mathbf{A}) = 0$

(10) $\boldsymbol{\nabla} \times (\boldsymbol{\nabla} f) = 0$

(11) $\boldsymbol{\nabla} \times (\boldsymbol{\nabla} \times \mathbf{A}) = \boldsymbol{\nabla}(\boldsymbol{\nabla} \cdot \mathbf{A}) - \nabla^2 \mathbf{A}$

## TEOREMAS FUNDAMENTAIS

**Teorema do gradiente:** $\int_{\mathbf{a}}^{\mathbf{b}} (\boldsymbol{\nabla} f) \cdot d\mathbf{l} = f(\mathbf{b}) - f(\mathbf{a})$

**Teorema do divergente:** $\int (\boldsymbol{\nabla} \cdot \mathbf{A})\, d\tau = \oint \mathbf{A} \cdot d\mathbf{a}$

**Teorema do rotacional:** $\int (\boldsymbol{\nabla} \times \mathbf{A}) \cdot d\mathbf{a} = \oint \mathbf{A} \cdot d\mathbf{l}$

**Equações de Maxwell**

*Em geral:*

$$\begin{cases} \nabla \cdot \mathbf{E} = \dfrac{1}{\epsilon_0}\rho \\ \nabla \times \mathbf{E} = -\dfrac{\partial \mathbf{B}}{\partial t} \\ \nabla \cdot \mathbf{B} = 0 \\ \nabla \times \mathbf{B} = \mu_0 \mathbf{J} + \mu_0 \epsilon_0 \dfrac{\partial \mathbf{E}}{\partial t} \end{cases}$$

*Na matéria:*

$$\begin{cases} \nabla \cdot \mathbf{D} = \rho_l \\ \nabla \times \mathbf{E} = -\dfrac{\partial \mathbf{B}}{\partial t} \\ \nabla \cdot \mathbf{B} = 0 \\ \nabla \times \mathbf{H} = \mathbf{J}_l + \dfrac{\partial \mathbf{D}}{\partial t} \end{cases}$$

**Campos auxiliares**

*Definições:*

$$\begin{cases} \mathbf{D} = \epsilon_0 \mathbf{E} + \mathbf{P} \\ \mathbf{H} = \dfrac{1}{\mu_0}\mathbf{B} - \mathbf{M} \end{cases}$$

*Meio linear:*

$$\begin{cases} \mathbf{P} = \epsilon_0 \chi_e \mathbf{E}, \quad \mathbf{D} = \epsilon \mathbf{E} \\ \mathbf{M} = \chi_m \mathbf{H}, \quad \mathbf{H} = \dfrac{1}{\mu}\mathbf{B} \end{cases}$$

**Potenciais**

$$\mathbf{E} = -\nabla V - \frac{\partial \mathbf{A}}{\partial t}, \qquad \mathbf{B} = \nabla \times \mathbf{A}$$

**Lei de força de Lorentz**

$$\mathbf{F} = q(\mathbf{E} + \mathbf{v} \times \mathbf{B})$$

**Energia, momento e potência**

*Energia:* $U = \dfrac{1}{2}\displaystyle\int \left(\epsilon_0 E^2 + \frac{1}{\mu_0}B^2\right) d\tau$

*Momento:* $\mathbf{P} = \epsilon_0 \int (\mathbf{E} \times \mathbf{B})\, d\tau$

*Vetor de Poynting:* $\mathbf{S} = \dfrac{1}{\mu_0}(\mathbf{E} \times \mathbf{B})$

*Fórmula de Larmor:* $P = \dfrac{\mu_0}{6\pi c}\, q^2 a^2$

## CONSTANTES FUNDAMENTAIS

$$\epsilon_0 = 8,85 \times 10^{-12}\,\mathrm{C^2/Nm^2}$$ (permissividade do espaço livre)

$$\mu_0 = 4\pi \times 10^{-7}\,\mathrm{N/A^2}$$ (permeabilidade do espaço livre)

$$c = 3,00 \times 10^{8}\,\mathrm{m/s}$$ (velocidade da luz)

$$e = 1,60 \times 10^{-19}\,\mathrm{C}$$ (carga do elétron)

$$m = 9,11 \times 10^{-31}\,\mathrm{kg}$$ (massa do elétron)

## COORDENADAS ESFÉRICAS E CILÍNDRICAS

**Esféricas**

$$\begin{cases} x = r \operatorname{sen}\theta\cos\phi \\ y = r\operatorname{sen}\theta\operatorname{sen}\phi \\ z = r\cos\theta \end{cases} \qquad \begin{cases} \hat{\mathbf{x}} = \operatorname{sen}\theta\cos\phi\,\hat{\mathbf{r}} + \cos\theta\cos\phi\,\hat{\boldsymbol{\theta}} - \operatorname{sen}\phi\,\hat{\boldsymbol{\phi}} \\ \hat{\mathbf{y}} = \operatorname{sen}\theta\operatorname{sen}\phi\,\hat{\mathbf{r}} + \cos\theta\operatorname{sen}\phi\,\hat{\boldsymbol{\theta}} + \cos\phi\,\hat{\boldsymbol{\phi}} \\ \hat{\mathbf{z}} = \cos\theta\,\hat{\mathbf{r}} - \operatorname{sen}\theta\,\hat{\boldsymbol{\theta}} \end{cases}$$

$$\begin{cases} r = \sqrt{x^2+y^2+z^2} \\ \theta = \operatorname{arctg}(\sqrt{x^2+y^2}/z) \\ \phi = \operatorname{arctg}(y/x) \end{cases} \qquad \begin{cases} \hat{\mathbf{r}} = \operatorname{sen}\theta\cos\phi\,\hat{\mathbf{x}} + \operatorname{sen}\theta\operatorname{sen}\phi\,\hat{\mathbf{y}} + \cos\theta\,\hat{\mathbf{z}} \\ \hat{\boldsymbol{\theta}} = \cos\theta\cos\phi\,\hat{\mathbf{x}} + \cos\theta\operatorname{sen}\phi\,\hat{\mathbf{y}} - \operatorname{sen}\theta\,\hat{\mathbf{z}} \\ \hat{\boldsymbol{\phi}} = -\operatorname{sen}\phi\,\hat{\mathbf{x}} + \cos\phi\,\hat{\mathbf{y}} \end{cases}$$

**Cilíndricas**

$$\begin{cases} x = s\cos\phi \\ y = s\operatorname{sen}\phi \\ z = z \end{cases} \qquad \begin{cases} \hat{\mathbf{x}} = \cos\phi\,\hat{\mathbf{s}} - \operatorname{sen}\phi\,\hat{\boldsymbol{\phi}} \\ \hat{\mathbf{y}} = \operatorname{sen}\phi\,\hat{\mathbf{s}} + \cos\phi\,\hat{\boldsymbol{\phi}} \\ \hat{\mathbf{z}} = \hat{\mathbf{z}} \end{cases}$$

$$\begin{cases} s = \sqrt{x^2+y^2} \\ \phi = \operatorname{arctg}(y/x) \\ z = z \end{cases} \qquad \begin{cases} \hat{\mathbf{s}} = \cos\phi\,\hat{\mathbf{x}} + \operatorname{sen}\phi\,\hat{\mathbf{y}} \\ \hat{\boldsymbol{\phi}} = -\operatorname{sen}\phi\,\hat{\mathbf{x}} + \cos\phi\,\hat{\mathbf{y}} \\ \hat{\mathbf{z}} = \hat{\mathbf{z}} \end{cases}$$